KB264699

World Book 83

Victor Hugo
LES MISÉRABLES
레 미제라블 Ⅰ
빅또르 위고/송면 옮김

동서문화사

디자인 : 동서랑 미술팀/표지그림 :「꼬제뜨」, 바야르 작

레 미제라블 Ⅰ Ⅱ
총차례

레 미제라블 Ⅰ

제1부 팡띤느

제3부 마리우스

레 미제라블 Ⅱ

제4부 쁠뤼메 거리 목가 쌩 드니 거리 서사시

주요인물

장 발장 가난과 굶주림 때문에 한 조각의 빵을 훔치다가 붙잡혀 뚤롱의 감옥으로 가게 된다. 탈옥을 거듭한 끝에 19년간의 형기를 마치고 석방되는 1815년이 이야기의 시작이다. 그뒤 그는 몽트뢰이유 쉬르 메르의 시장 마들렌느 씨가 된다. 그러나 운명은 그를 또다시 암흑의 세계로 들게 한다. 뒤에 르블랑, 윌띠므 포슐르방이라고 이름을 바꾼다. 그의 파란만장한 생애를 둘러싸고 펼쳐지는 이 이야기는 그의 죽음으로 끝난다.

샤를르 프랑스와 비앵브뉘 미리엘 디뉴의 주교(主敎). 덕망있는 인물로 도형수 장 발장에게 큰 정신적 영향을 준다.

바띠스띤느 미리엘 주교의 누이동생. 노처녀.

마글르와르 미리엘 주교와 그 누이동생을 보살피는 늙은 하녀.

쁘띠 제르베 굴뚝 청소를 하며 떠도는 사브와의 소년.

루이 18세 정통 왕조파 국왕. 프랑스 대혁명으로 처형된 루이 16세의 아우. 1814년 나뽈레옹 실각 후 왕위에 오른다. 1815년 나뽈레옹의 백일 천하 뒤에 중임. 1824년 사망. 아우 샤를르 10세가 그 뒤를 이음(1830년까지). 왕정 복고 시기의 국왕.

팡띤느 몽트뢰이유 쉬르 메르 출신의 고아. 빠리에서 재봉사 노릇을 함. 남자에게 버림받고 고향에서 여공 노릇을 하다가 끝내는 매춘부가 되어 마들렌느 씨의 진료소에서 폐병으로 죽는 불행한 여인. 꼬제뜨의 어머니.

펠릭스 똘로미에스 팡띤느를 유혹했다가 버린 빠리의 불량한 대학생.

꼬제뜨 팡띤느와 똘로미에스 사이에 태어난 사생아. 고아가 되어 시골에 맡겨져 '종달새'라고 불리며 학대받는다. 장 발장에게 구원되어 빠리로 나와 그의 딸이 된다. 라느와르라고도 불리며, 뒤에 행복한 결혼을 한다.

떼나르디에 부부 몽페르메이유의 여관 주인. 둘 다 냉혹하고 욕심이 많다. 남자는 워털루 참전 중사라고 하지만 꺼림칙한 과거가 있다. 꼬제뜨를 맡아 부려먹으며 학대한다. 가족은 뒤에 빠리로 나와 비천한 생활을 하게 된다.

자베르 장 발장을 철저히 추적하는 청렴 결백하고 냉혹한 경위.

포슐르방 몽트뢰이유 쉬르 메르에서 마차에 치었을 때 마들렌느(장 발장) 씨에게 구출된다. 뒤에 수도원의 정원사가 되어 장 발장을 헌신적으로 돕는다.

샹마띠외 장 발장으로 오인되어 처형당할 뻔한 노인.

쌩쁠리스 수녀 나사로회 수녀로, 마들렌느 씨의 진료소에서 일하는 자선 간호원. 병든 팡띤느를 헌신적으로 간호하며 그의 임종을 보살피는 성스러운 동정녀. 마들렌느 씨(장 발장)를 자베르의 손에서 벗어나게 하기 위해 평생 처음이자 마지막인 거짓말을 한다.

나뽈레옹 보나빠르뜨 워털루 전투에 대한 지은이의 회상에 등장한다.

이노쌍뜨 수도원장 늘 성체조배를 하는 르 쁘띠 삑 쀠스 수도원 원장.

마리우스 뽕메르씨 나뽈레옹으로부터 남작 작위를 받은 군인과 빠리의 부르주아 딸 사이에 태어난 젊은이. 꼬제뜨의 연인이 되어, 바리케이드에서 장 발장에게 목숨을 구원받는다.

조르즈 뽕메르씨 마리우스의 아버지, 용맹 과감한 육군 대령. 나뽈레옹에게 헌신하였으며 워털루 전장에서 떼나르디에에게 구출받는 것처럼 된다. 왕정 복고 뒤 가족들과 떨어져 고독하게 살다가 죽는다.

뤼끄 에스프리 질노르망 마리우스의 외할아버지. 여자를 좋아하는 사교인으로 통했던 부르주아 노인. 완고한 왕당파.

에뽀닌느 떼나르디에 부부의 맏딸. 남몰래 마리우스를 사랑하여 그의 목숨을 구하려다가 바리케이드에서 희생되어 죽는다.

가브로슈 떼나르디에 부부의 아들. 가족들의 사랑을 받지 못한 끝에 빠리의 부랑자 무리에 섞여든다.

루이 필립 왕 오를레앙 왕조파 국왕. 1830년 7월 혁명으로 프랑스 국민의 왕이 된다(1845년의 2월 혁명까지). 7월 왕정기(王政期)의 국왕.

마뵈프 쌩 쐴삐스 성당의 교구 재산 관리 위원으로 식물 연구가. 마리우스에게 호의를 갖고 있는 노인. 뒤에 바리케이드에서 죽는다.

떼오뒬르 질노르망 씨 조카의 아들. 맏딸인 질노르망 앙에게 귀염을 받는 육군 중위.

앙졸라, 꽁브페르, 프루뻬르, 꾸르페락, 푀이, 바오렐, 레글르(보쒸에), 졸리, 그랑떼르 정치 비밀 결사 'ABC의 벗'회의 회원. 정열적인 공화주의 혁명가들. 앙졸라는 그들의 우두머리격. 마리우스를 가입시켜 1832년 6월 5일의 반란을 일으키고 샹브르리 거리의 바리케이드에서 농성하여 국민군에 저항하다가 전멸한다.

사회에는 법률과 풍습으로 말미암은 처벌이 존재하여 그것이 문명 속에 인위적으로 지옥을 만들어내어 신성한 운명을 인간의 불행으로 뒤얽히게 하는 한, 그리고 이 시대의 세 가지 문제, 프롤레타리아 탓으로 남자가 낙오되고, 굶주림으로 여자가 타락하고, 어둠 때문에 아이들이 비뚤어지는 세 문제가 해결되지 않는 한, 또 어떤 지역에서 사회의 질식 상태가 생길 가능성이 있는 한, 다시 말해 좀더 넓게 보아 이 지상에 무지와 비참이 있는 한 이러한 책들이 쓸모 없지는 않을 것이다.

1862년 1월 1일
오뜨빌하우스

제1부 팡띤느

1re PARTIE
FANTINE

제1편 올바른 사람

미리엘 씨

1815년 샤를르 프랑스와 비앵브뉘 미리엘 씨는 디뉴의 주교였다. 75살쯤 된 노인으로 1806년 이래 디뉴의 주교직을 맡고 있었다.

그가 이 교구에 도착한 무렵 그에 대해 퍼져 있던 여러 가지 소문이나 평판을 여기 적는 것은 이제부터 이야기하려는 내용 그 자체와 아무 상관 없는 일이지만, 정확을 기한다는 점에서 아주 소용없는 일은 아닐 것이다. 진실이건 거짓이건, 어떤 사람에 대한 세상의 소문이란 그 사람의 생애에, 더욱이 그 사람의 운명에 때로 실제 행동과 마찬가지로 중요한 위치를 차지하기도 한다. 미리엘 씨는 액스 고등법원 평의원의 아들로 고귀한 법관 가문 출신이었다. 전하는 이야기에 따르면, 그의 아버지는 아들에게 자신의 지위를 잇게 하려고 고등법원 관계 집안들 사이에 그즈음 널리 유행한 관습에 따라 그가 18살인가 20살 되던 해에 일찍 결혼시켰다고 한다. 샤를르 미리엘은 결혼한 뒤에도 많은 소문거리를 만들어냈다.

그는 풍채 좋은 사나이로 키가 작달막했으나 품위 있고 우아하며 재치있었다. 그는 젊은 시절을 사교와 정사(情事)로 보냈다. 혁명이 일어나고 여러 사건이 꼬리를 물고 일어났다. 고등법원과 관계되는 집안 사람늘은 무수히 살해되고 추방되고 추적되고 흩어졌다.

샤를르 미리엘 씨는 혁명 초 이탈리아로 망명했다. 그의 아내는 앓아 오던 폐병으로 이탈리아에서 숨졌다. 그들에게는 자식이 없었다. 그 뒤 미리엘 씨의 운명에 어떤 일이 일어났던가. 프랑스 옛체제의 붕괴, 집안의 몰락, 1793년의 비극적인 광경—격렬한 공포심을 품고 멀리서 바라보는 그들 망명자로서는 더더욱 무시무시했을 그 광경—등이 그의 마음에 속세를 버리고 고독으로 달랠 생각을 싹트게 했던 것일까?

세상의 크나큰 변동으로 생활과 재산을 다 빼앗기고도 오히려 태연한 사람, 그 같은 사람도 때로는 그 마음에 타격을 가함으로써 뒤엎는 저 신비롭고 무서운 타격과도 같은 것이, 그즈음 그의 생활을 온통 차지하고 있던 향락과 애정의 삼매경에 갑자기 떨어져 왔던 것일까? 아무도 그것에 대해 말할 수는 없으리라. 알 수 있는 것은 다만 그가 이탈리아에서 돌아왔을 때 사제가 되어 있었다는 사실뿐이다.

1804년 미리엘 씨는 브리뇰의 주임사제였다. 그는 이미 노인이 되어 은둔 생활을 하고 있었다.

대관식 (1804년 12월. 나뽈레옹 황제 대관식)이 있던 무렵, 주임사제의 어떤 조그만 직무상 일로 그는 빠리에 나갔다. 자기 교구 사람들을 위해 많은 유력자 가운데 페슈 추기경 (나뽈레옹의 숙부로 리옹의 대주교이며 바티칸 주재 프랑스 대사였음)에게로 도움을 청하러 간 것이었다.

황제가 숙부인 추기경을 만나러 와 있어, 현관방에서 기다리던 이 풍채 좋은 주임사제는 때마침 폐하의 행차와 마주쳤다. 나뽈레옹은 이 노인이 특별히 주의깊게 자기를 바라보는 것을 알고 홱 돌아서면서 느닷없이 물었다.

"거기서 나를 바라보고 있는 노인은 대체 누구인가?"

"폐하" 하고 미리엘 씨는 말했다. "폐하께서는 한 늙은이를 보고 계시옵고, 저는 한 위인을 보고 있습니다. 폐하도 저도 저마다 얻는 바가 있을 것이옵니다."

황제는 바로 그날 밤 추기경에게 이 주임사제의 이름을 물었으며, 그 뒤 얼마 안 되어 미리엘 씨는 자신이 디뉴의 주교로 임명된 것을 알고 몹시 놀랐다.

미리엘 씨의 젊은 시절 생활에 대해 전해지는 이야기는 얼마나 진실된 것일까? 그것은 아무도 알 수 없는 일이다. 혁명 이전의 미리엘 가문을 아는 집안은 거의 없었다.

미리엘 씨는 작은 도시에 새로 온 사람이면 으레 당하게 마련인 운명에 따르지 않으면 안 되었다. 그 같은 거리에는 흔히 쑥덕공론을 하는 패들은 많아도 생각이 깊은 사람은 거의 없는 법이다. 그는 주교였음에도 불구하고, 아니 주교였기 때문에 그 같은 운명을 감수해야만 했다. 그러나 결국 그에 관련된 이야기는 아마 단순한 화제에 지나지 않았을 것이리라. 그것은 소문이고 험담이며 뒷공론이었을 것이다. 뒷공론이라기보다는 차라리, 남부지방의 떠들썩한 말로 표현한다면 이른바 '횡설수설'에 지나지 않았으리라.

미리엘 주교

어찌되었든 디뉴의 주교직에 9년째 머물러 있는 지금에 이르러서는, 조그만 거리에서 처음에 소시민들의 화제가 되었던 그런 여러 가지 소문은 깊은 망각 속으로 사라졌다. 아무도 감히 그것을 이야기하려고 하지 않았으며, 아무도 감히 그것을 생각해 내려고 하지 않았다.

미리엘 씨는 디뉴로 부임할 때 노처녀를 하나 데리고 왔다. 노처녀 바띠스띤느 양은 그의 누이동생으로, 그보다 10살 아래였다.

그에게는 시중들 사람으로 바띠스띤느 양과 나이가 같은 하녀가 하나 있을 뿐이었는데, 그녀는 마글르와르 부인이라고 불렸으며 '주임 사제님의 하녀' 신분에서 지금은 노처녀의 하녀이자 주교 각하의 가정부라는 이중 직함을 가지게 되었다.

바띠스띤느 양은 키크고 얼굴빛이 핼쑥하며 여위고 온순한 여자였다. 그녀는 '존경할 만하다'는 말이 지니고 있는 의미 그대로의 여자였다. 왜냐하면 여성이 존경받게 되려면 우선 어머니여야만 될 것같이 생각되기 때문이다.

그녀는 일찍이 아름다웠던 적이 한 번도 없었다. 이제까지 하느님을 받드는 일에만 줄곧 종사해 온 그녀의 일생은, 마침내 그 몸에 어떤 성스러움과 밝은 빛을 갖게 했다.

늙어감에 따라 온화한 아름다움이라고도 할 만한 것을 지니게 되었다. 젊은 시절 가날폈던 몸의 느낌은 나이를 먹어감에 따라 투명함으로 변했다. 그리하여 그 투명한 몸을 통하여 천사가 보이는 듯했다. 그것은 처녀라기보다 그 이상의 한 영혼이었다. 그녀의 몸은 그림자로 이루어진 듯했다. 그 육체는 남녀의 성(性)이 들어갈 만한 여유도 거의 없었다. 무언가 빛을 내포하고 있는 사소한 물질, 언제나 내리깔린 커다란 눈, 영혼이 지상에 머물기 위한 하나의 매개체였다.

마글르와르 부인은 키가 작고 살결이 희며 살이 찐 늘 바쁜 할멈으로 첫째는 일을 많이 하기 때문에, 둘째로는 해수병 때문에 언제나 숨을 헐떡거리고 있었다.

도착하던 날, 미리엘 씨는 주교를 여단장의 바로 다음 지위로 정한 칙령에 알맞는 명예로운 대우를 받으며 주교관에 들었다. 시장과 시의회 의장이 맨 처음 그를 방문했고, 그 쪽에서는 먼저 장군과 지사를 찾아갔다.

취임식이 끝나자 디뉴 시는 주교가 일을 시작하기를 기다렸다.

미리엘 주교, 비앵브뉘 각하가 되다

디뉴의 주교관은 공립 자선병원과 나란히 있었다.

주교관은 넓고 아름다운 석조 건물로, 씨모르의 수도원장으로 1712년에 디뉴의 주교가 된 빠리대학 신학박사 앙리 뿨제 각하에 의해 18세기 초에 지어졌다. 이 석조 건물은 그야말로 교구의 우두머리에 어울리는 당당한 주택이었다. 모든 것이 장엄해 보였다―주교의 거실도, 객실도, 서재도, 고대 피렌체 양식을 그대로 따온 아치 모양 회랑이 있는 산책용 널따란 뜰도, 훌륭한 나무들이 심어진 정원도.

정원 쪽으로 향한 맨 아래층에 있는 장려한 긴 회랑식 식당에서는 1714년 7월 29일에 앙리 뿨제 각하가 앙브렁의 대주교이며 공작인 샤를르 브릴라르 드 장리 각하, 프란체스코 파이며 그라쓰의 주교인 앙뜨와느 드 메그리니 각하, 프랑스 대수도원 원장이며 쨍 또노레 드레랭의 수도원장인 필립 드 방돔 므 각하, 방스의 주교인 남작 프랑스와 드 베르똥 드 그리용 각하, 글랑데브 의 주교 영주인 세자르 드 사브랑 드 포르깔끼에 각하, 그리고 스네의 주교 영주이자 오라뜨와르 파이며 국왕의 상임 설교사인 장 쏘낭 각하를 만찬에 초대한 일이 있었다. 이들 7명의 고귀한 성직자들 초상화가 이 방을 장식하 고 있었고, 그 '1714년 7월 29일'이라는 기념할 만한 날짜가 흰 대리석 판에 금으로 새겨져 있었다.

자선병원은 조그마한 뜰이 딸린, 좁고 낮은 2층 건물이었다.

도착한 지 사흘째 되는 날 주교는 병원을 방문했다. 방문을 끝낸 미리엘 주교는 원장에게 자기 집까지 와달라고 청했다.

"원장님, 지금 환자가 몇 명이나 됩니까?"

"26명입니다, 각하."

"내가 세어 보아도 그랬습니다."

"침대가 너무……" 원장은 말을 이었다. "붙어 있습니다."

"나도 그렇게 생각했습니다."

"병실이 모두 비좁아 통풍도 잘 안 되고요."

"내가 봐도 그렇습니다."

디뉴의 주교관

“게다가 햇빛이 들 때도, 뜰은 회복기 환자들이 산책하기에 너무 좁습니다.”

“나도 그렇게 생각했습니다.”

“전염병이라도 퍼지면—올해도 티푸스가 돌았고, 이태 전에는 속립(粟粒)결핵이 유행하여—때로 100명이나 환자가 생기는데도 어떻게 해야 할지 모르고 있습니다.”

“나도 아까 문득 그런 경우를 생각해 봤습니다.”

“할 수 없지요.” 원장은 말했다. “단념할 수밖에요.”

이 대화는 주교관 맨 아래층 회랑 식당에서 주고 받고 있었다.

주교는 잠시 침묵을 지키다가 갑자기 원장 쪽을 돌아보았다.

“원장님, 이 방 안에 침대를 몇 개나 들여놓을 수 있다고 생각하십니까?”

원장은 깜짝 놀라 소리쳤다.

“각하의 이 식당에 말씀입니까?”

주교는 홀을 둘러보며 눈어림으로 재고 계산을 해 보았다.

“20개 쯤은 넉넉히 놓겠군……” 주교는 마치 혼잣말처럼 중얼거렸다. 그리고는 목청을 돋우면서 “이것 보시오, 원장님. 말씀을 좀 드려야겠는데 분명 잘못된 점이 있습니다. 당신 병원에는 대여섯의 조그만 방에 26명이나 들어 있는데, 우리들 쪽은 세 사람이 60명이 들 만한 공간을 차지하고 있습니다. 이것은 잘못된 일입니다. 당신이 내 집에 와서 살고, 내가 당신 집에 가서 살기로 합시다. 내가 살 집을 비워 주십시오. 여기는 당신 집입니다.”

이튿날 26명의 불쌍한 사람들은 주교관으로 옮겨지고 주교는 병원으로 이사했다.

미리엘 주교는 재산이 전혀 없었다. 그의 집안은 혁명으로 파산했던 것이다. 그의 누이동생은 500프랑의 종신 연금을 받고 있어, 주교관에서 그녀 자신의 비용으로는 충분했다. 미리엘 씨는 국가로부터 1만 5천 프랑의 주교 봉급을 받고 있었다. 자선병원으로 옮긴 그날, 미리엘 주교는 그 돈을 다음과 같이 쓰기로 결심했다.

그가 손수 적은 예산서를 여기 옮겨 보기로 하자.

우리 집 지출 예산서

신학예비교를 위해 ·· 1500리브르
전교회 ··· 100리브르
몽디디에의 성 라자로 회원을 위해 ····························· 100리브르
빠리 외국 선교회 신학교 ·· 200리브르
성령수도회 ·· 150리브르
성지(聖地) 종교회관 ··· 100리브르
성모 자선회 ·· 300리브르
아를르의 같은 회를 위해 ··· 50리브르
감옥 개선사업 ·· 400리브르
죄수위문 및 구제사업 ··· 500리브르
빚으로 투옥된 가장의 석방을 위해 ····························· 1000리브르
관할 교구 가난한 교사 급료 보조 ····························· 2000리브르
오뜨 알쁘의 곡물저장고 ·· 100리브르
빈민 여자 무료교육을 위한 디뉴, 마노스끄 및 씨스트롱 각 지구의 부인
수도회 ··· 1500리브르
가난한 사람들을 위해 ··· 6000리브르
나의 개인 비용 ··· 1000리브르
합계 ·· 15000리브르

디뉴의 주교직에 있는 동안 미리엘 주교는 이것을 거의 변경하지 않았다. 위에 보는 바와 같이, '우리 집 지출 예산서'라고 부르고 있었다.

바띠스띤느 양도 여기에 절대로 복종하고 있었다. 이 성스러운 노처녀에게 디뉴의 주교는 오빠이면서 아울러 주교였으며, 자연인으로 따지자면 다정한 친구요, 성당으로 보면 원장이었다.

바띠스띤느 양은 아주 단순하게 그를 사랑하고 숭배하고 있었다. 주교가 뭐라고 말하면 잠자코 그 말을 따랐으며, 무슨 일이든 도왔다.

다만 하녀 마글르와르 부인만은 가끔 불평하곤 했다. 위 예산서에서 보듯, 주교는 자신을 위해 1천 리브르밖에 남겨 놓지 않아 바띠스띤느 양의 연금

과 합해서 1년에 1천 5백 프랑밖에 되지 않았다. 이 1천 5백 프랑으로 두 노부인과 노인은 생활하고 있었던 것이다. 그러면서도 마을의 주임사제가 디뉴에 올 때면, 마글르와르 부인의 엄격한 절약과 바띠스띤느 양의 알뜰한 살림 덕분에 주교는 볼썽사납지 않게 접대할 수 있었다.

디뉴에서 석 달쯤 지낸 무렵 어느 날 주교가 말했다.

"이것만으로는 너무 옹색한데."

"그렇구말구요." 마글르와르 부인이 소리쳤다. "주교님께서 시내에서 타시는 마차삯과 교구순회비를 위해 도에서 당연히 내야 할 연금조차도 청구하지 않으시니 그런 거예요. 이전의 주교님은 모두 청구하셨답니다."

"그렇군" 하고 주교는 말했다. "과연 당신 말이 옳소, 마글르와르 부인."

그는 그것을 청구했다.

얼마 뒤 도의회는 이 청구에 대해 협의하고, 다음과 같은 명목으로 그에게 해마다 3천 프랑씩 지불하기로 결정했다—'사륜 마차비, 역마차비 및 교구 순회 비용으로 주교에게 지급할 것임.'

그런데 이곳 지방의 시민층에서 반발이 일어났다. 그리고 이것을 기회로 삼아, 그즈음 국회 상원의원이며 혁명력 2월 18일 사건(이 날은 나뽈레옹이 이집트에서 회군하여 다섯 집정관 정부를 전복시킨 1799년 11월 9일에 해당함)에 공을 세운 500인회의 한 사람으로서 디뉴 시 근처에 엄청난 세습 재산을 소유한 어떤 사람은, 종교대신 비고 드 프레아므뇌 씨에게 분개하는 비밀편지를 보냈다.

그 가운데 믿을 만한 몇 줄을 여기에 인용해 보겠다.

'……사륜 마차비라구요? 인구 4천도 안 되는 작은 도시에서 어찌 그런 것을 사용합니까? 역마차비 및 교구순회 비용이라구요? 대체 순회할 필요가 어디 있단 말입니까? 또한 이런 산간벽지에서 어떻게 역마차를 달릴 수 있단 말입니까? 길다운 길도 없어 오로지 말을 타고 다닐 수밖에 없을 터인데. 샤또 아르누에 이르는 뒤랑스강 다리만 해도 이륜마차조차 지탱하기 어려울 지경입니다.

그들 사제녀석들은 모두 그런 형편입니다. 모두 탐욕스럽고 인색합니다. 이번 사제도 부임할 즈음에는 선량한 사도처럼 행동했습니다만, 지금은 다른 녀석들과 다를 게 없습니다. 그에게도 사륜마차와 역마차가 필요한 것이겠지요. 이제까지의 주교들과 마찬가지로 그에게도 호사가 필요한 모양입니다. 아, 정말로! 사제녀석들은 모두 똑같습니다! 백작이여, 황제 폐하께서 이들 사제녀석들로부터 우리를 해방시켜 주실 때가 오기까지는, 모든 게 이 모양 이 꼴일 것입니다. 타도하자, 교황! —그즈음 여러 가지 사건으로 로마와 분규를 일으키고 있었다—소생은 오직 황제 폐하 한 분만을 위해 있습니다……'

이와 반대로 그 일은 마글르와르 부인을 아주 기쁘게 했다.

그녀는 바띠스띤느 양에게 말했다.

"참 잘됐어요. 주교님께서는 우선 남을 위한 일부터 시작하셨지만 결국은 자신의 일을 하시지 않으면 안 되었던 거예요. 자선사업 일은 이미 다 결정되었으니 이 3천 리브르는 우리가 쓰게 되겠군요, 이제야 겨우!"

그날 밤, 주교는 다음과 같은 예산서를 적어 누이동생 바띠스띤느 양에게 건네 주었다.

마차와 순회 비용

자선병원 환자에게 고깃국을 주기 위해	1500리브르
액스의 성모 자선회를 위해	250리브르
드라기냥의 성모 자선회를 위해	250리브르
버려진 아이를 위해	500리브르
고아를 위해	500리브르
합계	3000리브르

이것이 미리엘 주교의 예산서였다.

주교는 관할 교구의 성식(聖式) 사례비—곧 결혼 공시(公示) 면제, 결혼 허가, 영세, 강론, 성당 또는 예배당의 성체 강복식(聖體降福式), 결혼식 등의 수입도 가난한 사람들에게 나누어 주기 위해 부자들에게서 되도록 많이 징수했다.

얼마 지나자 헌금이 쏟아져 들어왔다. 있는 이도 없는 이도 미리엘 주교의 문을 두드렸다. 어떤 사람은 희사하러 오고, 또 어떤 사람은 그것을 받으러 오는 것이었다. 주교는 1년도 채 되기 전에 모든 자선단체의 회계원이 되고,

모든 빈궁의 금전출납계가 되었다. 거액의 돈이 그의 손을 거치게 되었다. 그러나 그의 생활은 아무 변화도 없었으며 무엇 하나 자신을 위하여 헌금을 사용하지 않았다.

아니, 그럴 겨를도 없었다. 언제나 위로 인정 있는 자보다 아래로 비참한 자가 더 많은 법이므로, 모든 것은 받기도 전에 다 나가 버리는 것이었다. 밑 빠진 독에 물붓기였다. 아무리 돈을 많이 받아도 언제나 빈털터리였다. 그럴 때면 주교는 입고 있는 옷까지도 벗었다.

관습에 따라 주교는 모든 종교상의 명령이며 교서의 첫머리에 자기 세례 명을 쓰게 되어 있으므로, 이 지방의 가난한 사람들은 어떤 본능적인 애정에서 이 주교의 긴 이름 가운데 그들에게 어떤 뜻이 있다고 여겨지는 것을 골라 그를 비앵브뉘(Bienvenu는 welcome이라는 뜻) 각하라고 불렀다. 우리도 앞으로 그들처럼 경우에 따라서는 그렇게 부르기로 하자. 더욱이 이 호칭은 그의 마음에 들기도 했다.

"나는 이 이름이 좋아. 비앵브뉘라는 말은 각하라는 말을 부드럽게 해주거든" 하고 그는 말했다.

우리는 여기에 그리고 있는 그의 모습이 굳이 진실 그대로라고 주장하지는 않겠다. 다만 사실과 비슷하다고만 말해 두겠다.

착한 주교에 어려운 교구

주교는 마차비를 자선에 써버렸지만 순회를 그만두지는 않았다. 디뉴의 교구는 지형이 험한 고장이었다. 앞서 말한 바와 같이 평지는 매우 적고, 산이 많으며, 길다운 길이 거의 없었다. 32개의 사제관과 41개의 사제보관과 285군데의 분교회당이 있었다. 그것들을 모두 찾아다니는 것은 여간 어려운 일이 아니었다. 주교는 그것을 다 해냈다. 가까운 데는 걸어서, 평지는 삼륜 마차로, 산은 나귀의 의자식 안장에 의지하여 순회했다. 두 노부인도 동행했다. 주교는 이 두 사람에게 길이 너무 험하다고 생각될 때에는 혼자 다녔다.

어느 날 주교는 옛 주교관 소재지였던 스네즈라는 도시로 나귀를 타고 갔다. 그때 그는 돈이 한푼도 없어 다른 것을 탈 수 없었던 것이다. 시장이 주교관 문 앞까지 마중나와, 그가 나귀 등에서 내리는 것을 화난 듯한 눈초리로 바라보고 있었다. 몇몇의 시민들이 그 주위에서 웃고 있었다.

"시장님, 그리고 그밖의 여러분들, 당신네들이 왜 화내고 계시는지 나는 잘 알고 있습니다. 예수 그리스도께서 타시던 나귀를 탄다는 것은, 한낱 보잘것없는 목자로서 심히 오만 무례한 일이라고 생각하신 거지요? 그러나 나는 부득이 그런 것이지 결코 허영에서가 아닙니다" 하고 주교는 말했다.

순회중 그는 너그럽고 온화했으며 강론한다기보다 차라리 무릎을 마주대고 이야기하는 듯했다. 그는 성덕을 강론할 때도 결코 접근할 수 없는 높은 곳에 떠받쳐 놓지 않았다. 자신의 이론이며 본보기를 구함에 있어서도 결코 동떨어진 데서 그것을 찾지 않았다. 어느 지방 사람들에게나 그 이웃에서 예를 가져오는 것이었다. 가난한 사람들에게 가혹하게 구는 마을에서는 이렇게 말했다.

"브리앙송 사람들을 보십시오. 거기에서는 가난한 사람이나 미망인이나 고아에게는 다른 사람보다 사흘 전에 목장의 풀을 베게 하고 있습니다. 그 사람들의 집이 허물어지면 무료로 개축해 줍니다. 그러므로 그곳은 신의 축복을 받고 있습니다. 한 세기 동안 거기에서는 단 한 명의 살인자도 없었습니다."

이익이나 추수에만 욕심 많은 마을에서 주교는 말했다.

"앙브렁 사람들을 보십시오. 만약 추수할 때 아들들은 군대에 나가고 딸들은 도시에 돈벌이하러 가 있고, 아버지는 병들어 일할 수 없을 경우 신부는 주일 미사 뒤의 강론에서 그런 사정을 사람들에게 알립니다. 그러면 미사가 끝난 뒤 마을의 남자, 여자, 어른, 아이 할 것 없이 모두들 그 가엾은 사람 밭으로 가서 추수를 하여 짚단이랑 곡식을 광으로 거두어 들여 줍니다."

돈이나 상속문제로 싸우는 가족들에게는 이렇게 말했다.

"드볼니의 산골 사람들을 보십시오. 그곳은 50년 동안 한 번도 꾀꼬리 소리를 듣지 못했다는 황폐한 고장입니다. 그런데, 한 집안의 가장이 죽으면 누이들이 시집갈 수 있도록 재산을 남겨 주고 아들들은 다른 데로 벌이하러 떠난다고 합니다."

재판을 좋아하여 소작인이 서류에 붙이는 인지값 때문에 파산해 버리는 마을에서는 이렇게 말했다.

"께이라스 산골의 저 착한 농부들을 보십시오. 거기에는 3천 명의 사람이 살고 있습니다. 정말로 그곳은 하나의 작은 공화국 같습니다. 그곳에는 한 사람의 재판관도 한 사람의 집달관도 없습니다. 무슨 일이고 마을 이장이 모두 합니다. 그는 세금을 매기고, 양심적으로 모든 사람에게서 추렴을 하고, 무료로 싸움을 판가름해 주고, 보수없이 유산을 분배해 주고, 비용도 받는 일 없이 판결을 내려 줍니다. 그리고 모두들 그에게 복종하고 있습니다. 그것은 단지 그가 순박한 사람들 중에서도 더욱 올바른 인간이기 때문입니다.”

학교와 교사가 없는 마을에서는 다시 께이라스 사람들을 본보기로 끌어내었다.

“그곳 사람들이 어떻게 하는지 아십니까? 열두엇 내지 열다섯 집쯤 되는 조그만 마을에서는 선생님 한 분을 줄곧 모실 수 없어, 그 산간 지방 전체에서 교사 몇 분을 공동으로 모시고 있습니다. 선생님들은 마을을 돌아다니며 여기에서 일주일, 저기에서 열흘, 이렇게 가르칩니다. 그 선생님들은 장터에도 나옵니다. 나는 거기서 본 적이 있습니다. 그들은 모자의 리본에 깃털 펜을 꽂고 있기 때문에 곧 알아볼 수 있지요. 읽기만을 가르치는 사람은 깃털 펜을 한 개, 읽기와 산수를 가르치는 사람은 두 개, 읽기와 산수와 라틴 말을 가르치는 사람은 세 개 꽂고 있습니다. 세 개 꽂은 사람은 대학자인 셈이지요. 무식하다는 것은 참으로 부끄러운 일이 아니겠습니까! 이 께이라스 사람들처럼 하십시오.”

그는 이렇듯 진지하게 자애로운 아버지처럼 말했다. 실제로 들 예가 없을 때는 우화를 만들어내고, 말수가 적으면서도 머리에 쏙 들어가도록 바로 요점을 찌르는 것이었다. 그것은 스스로 확신을 가지고 사람을 설복시키는 예수 그리스도의 가르치심 그대로였다.

말과 일치되는 행위

주교의 이야기는 차근차근하면서도 명랑했다. 자기 곁에서 평생을 보내고 있는 두 노부인에게도 잘 알아든도록 이야기했다. 웃을 때에는 마치 초등학교 학생 같았다.

마글르와르 부인은 그를 ‘전하’라고 부르기 좋아했다. 어느 날 그는 안락의자에서 일어나 책을 찾으러 서재로 갔다. 그 책은 책장 높은 곳에 있었다. 주교는 키가 작으므로 거기에 손이 닿지 않았다.

“마글르와르 부인, 의자를 좀 가져와요. 아무리 전하(전하의 원어는 키가 크다는 뜻도 됨)라도 저기까지는 손이 닿지 않는구료” 하고 그는 말했다.

주교의 먼 친척뻘 되는 로 백작부인은, 그의 앞에서 기회만 있으면 자기 세 아들의 이른바 ‘유산받을 희망’에 대하여 늘어놓기를 잊는 일이 없었다. 백작부인에게는 늙어서 죽을 날이 머지 않은 친척이 매우 많아 그녀의 아들들이 자연히 상속받게 되어 있었다. 세 아들 중 막내는 대고모에게서 자그마치 십만 리브르의 연금을, 가운데 아들은 큰아버지의 공작 칭호를, 맏아들은 그 할아버지의 작위를 저마다 이어받기로 되어 있었다. 주교는 늘 잠자코 그와 같은 악의 없는 어리석은 어머니의 자랑을 듣고 있었다.

그러나 한번은 로 부인이 또다시 그 상속과 ‘희망’에 대해 끈덕지게 되풀이 이야기하고 있을 때 여느 때와 달리 어떤 생각에 잠겨 있는 것처럼 보였다. 로 부인은 짜증스럽게 이야기를 중단했다.

“아이구, 오라버님도! 뭘 그렇게 생각하고 계세요?”

“음, 좀 묘한 일을 생각하고 있지. 아마도 성 아우구스티누스에 나오는 말이라고 생각되는데, 이런 구절이 있어. ‘뒤를 이을 자를 남기지 않는 사람에게 그대의 희망을 걸라’” 하고 주교는 말했다.

또 어느 때 주교는 그 지방 어느 귀족의 부고를 받았는데, 거기에 고인의 작위는 물론 모든 친척의 봉건 귀족 칭호까지 남김없이 죽 적혀 있었다.

“죽음이란 정말 튼튼한 어깨를 가지고 있군! 죽음에다 칭호의 무거운 짐을 한짐 가득 거뜬히 짊어지웠구먼! 이렇게 무덤조차도 허영을 위해 쓰다니, 인간의 재간이란 참으로 굉장해!” 하고 주교는 소리쳤다.

그는 때로 가벼운 농담을 하는 일이 있었는데, 그것은 거의 언제나 진지한 뜻을 지녔다. 사순절에 한 젊은 사제보가 디뉴로 와서 대성당에서 강론을 한 일이 있었다. 그는 상당한 웅변가였다. 강론 제목은 ‘자선’이었다. 그는 되도록 무시무시하게 지옥을 그려 보이고 또 천국을 즐겁고 아름답게 묘사하여, 그와 같은 지옥을 피하고 천국에 들어가기 위해 가난한 사람들에게 자선을 하라고 부자들에게 권했다.

청중 가운데 제보랑이라고 불리는, 은퇴한 부자 상인이 있었다. 그는 품질이 좋지 못한 나사(羅紗)며 서지(serge)며 능직포(綾織布)며 터키 모자 같은 것을 만들어 50만 리브르쯤 돈을 벌었다. 제보랑 씨는 평생 단 한 번도 불쌍한 사람에게 무엇을 주어본 일이 없었다. 그런데 이 강론을 들은 뒤부터, 주일이 되면 언제나 대성당 현관 앞 늙은 여자 거지에게 1수를 주는 것이 눈에 띄었다. 그 1수$\left(\frac{1프랑의}{20분의 1}\right)$를 여자 거지 여섯이 나누어 가져야 하는 것이었다. 어느 날 주교는 제보랑 씨가 적선하고 있는 것을 보고 빙그레 웃으면서 누이 동생에게 말했다.

"저것 봐라, 제보랑 씨가 1수로 천국을 사고 있구나."

자선에 관한 일이라면 주교는 거절당해도 물러서지 않고 상대방으로 하여금 돌이켜 생각케 할 만한 말을 찾아내곤 했다. 어느 때 그는 거리의 어느 살롱에서 빈민들을 위하여 기부를 받고 있었다. 그 자리에 인색하기 그지없는 샹떼르씨에 후작이라는 돈많은 노인이 있었다. 이 사람은 과격한 왕당파이면서 아울러 과격한 볼떼르 파이기도 했다. 그러한 곡예사가 세상에는 꽤 있는 법이다. 주교는 그 사람에게로 다가가 그의 팔을 가볍게 건드렸다. "후작님, 당신도 내게 뭘 좀 주셔야겠습니다." 후작은 돌아보며 쌀쌀하게 대답했다. "각하, 내게도 빈민이 있는데요." 그러자 주교는 "그걸 내게 달란 말입니다" 하고 말했다.

어느 날 주교는 대성당에서 다음과 같은 강론을 했다.

"친애하는 형제들이여, 나의 선량한 친구인 여러분, 프랑스에는 출입문과 창문을 합쳐서 문이 세 개밖에 없는 농가가 132만 호, 출입문과 창문 두 개밖에 없는 집이 181만 7천 호, 그리고 출입문 하나밖에 없는 오막살이가 34만 6천 호 있습니다.

그것은 출입문세, 창문세라는 게 있는 데서 유래된 일입니다. 가난한 가족, 늙은 부인네와 어린아이들을 그 같은 집에 살게 두니 온갖 질병이 생기는 것도 당연한 일입니다. 아, 어찌 슬픈 일이 아니리오! 주께서는 인간에게 공기를 주셨는데, 법률은 그것을 인간에게 팔고 있습니다.

그러나 나는 법률을 탓하는 게 아니라 주를 찬양하는 것입니다. 이제르 현(縣), 바르 현, 상하 두 알쁘 현에서는 농부들이 손수레조차 없어서 사람의 등으로 거름을 져내고 있습니다. 그들은 초도 없어서 관솔이나 송진에 적신 새끼 같은 것을 태웁니다. 도피네의 산간 지방에서도 마찬가지입니다. 그들은 반년치 빵을 한꺼번에 만들어, 말린 쇠똥으로 구워냅니다. 겨울에는 그 빵을 도끼로 쪼개어 먹을 수 있도록 하루 종일 물에 담가 둡니다. 형제들이여, 동정을 베풀어 주십시오! 여러분들 주위에서 얼마나 많은 사람이 고생하고 있는지 똑똑히 보십시오!"

프로방스 지방 태생인 주교는, 남부 지방의 갖가지 사투리를 구사할 수 있었다. 이를테면 그는 랑그도끄 지방의 사투리 그대로, 'Eh bé! moussu, sès sagé? (Eh bien, monsieur, êtes-vous sage? 밤새 편안하셨시유?)'라고 말하거나, 또는 알쁘 지방 사투리 그대로 'Onté anaras passa? (Où iras-tu passé? 어디 갔다 왔노?)'라고 말하거나, 또는 도피네 지방 사투리로 'Puere un bouen moutou embe un bouen froumage grase.(J'apporte un bon mouton avec un bon fromage gras. 좋은 양고기와 맛좋은 기름진 치즈를 가져왔당께)'라고 곧잘 말하곤 했다. 이것이 민중들을 기쁘게 하고 갖가지 사람들과 마주할 기회를 그에게 주는 데 적지않이 도움되었다.

주교는 두 오막집 속에 있을 때나 두메산골에 있을 때나 거침없이 행동했다. 그는 아주 평범한 말투로 매우 심오한 것을 표현할 수 있었다. 여러 지방의 사투리를 구사하며 모든 사람의 마음속으로 파고드는 것이었다.

게다가 주교는 상류사회 사람들이나 하류계급 사람들이나 마찬가지로 대했다.

지레짐작으로 주위의 상황을 판단하지도 않고 잘못된 일을 탓하거나 하는 일도 없었다. 그는 곧잘 이렇게 말했다.

"잘못을 저지르게 된 경위를 들어 보세나."

자기 자신을 "본디 죄인이었다"고 미소지으며 말하는 그는 준엄하게 나무라는 법이 결코 없었고, 지엄한 도덕군자처럼 눈살을 찌푸리거나 하는 일 없이 당당하게 하나의 교리를 공언하고 있었다. 그것은 대략 다음과 같은 것이었다.

"인간은 육체를 지니고 있는데, 그것은 인간에게 무거운 짐이며 아울러 유혹이다. 인간은 그것을 짊어지고 다니며 또 그것에 끌려다닌다. 인간은 그것을 감시하고 제어하고 억제하여, 최후의 막다른 길에 이르러서가 아니면 결코 굴복해선 안 된다. 그러한 굴복에도 역시 과실은 있을 수 있지만, 그렇게 저질러진 과실은 용서받을 수 있다. 그것은 하나의 실추이기는 해도 무릎 위에 떨어진 것에 불과하므로, 기도로 끝날 수 있는 일이다.

성자가 되는 것은 예외요, 올바른 사람이 되는 것은 통칙이다. 판단을 그르치고, 게으르부리고, 죄를 범하는 일이 있을지라도 올바른 사람이 되라.

되도록 죄를 적게 저지르는 것이 인간의 법도이다. 죄를 전혀 저지르지 않는 것은 천사의 꿈이다. 땅 위의 모든 것은 죄를 면할 수 없다. 죄는 일종의 인력(引力)이다."

사람들이 큰 소리로 고함지르고 화내는 것을 보면 "저런!" 하고 빙그레 웃으며 말하는 것이었다. "그것은 커다란 죄인듯 보이지만, 모든 사람이 범하고 있는 죄이다. 그것은 위선이 갑자기 위협을 받아 엉겁결에 변명하고 덮어씌우고 감추려는 것이다."

인간 사회의 무거운 짐에 짓눌리는 부인들이나 가난한 사람에 대해서는 언제나 너그러웠다. "여자와 어린이와 하인과 약한 자와 가난한 자와 무지한 자의 과실은, 모두 남편과 어버이와 주인과 강한 자와 부자와 학문 있는 자의 탓이다."

주교는 또 이렇게 말하는 것이었다.

"무지한 인간에게는 되도록 많은 것을 가르쳐 주지 않으면 안 된다. 무료로 교육하지 않는 사회는 죄악이다. 사회는 스스로가 만들어내는 암흑에 책임을 져야 한다. 우리의 영혼에 그늘이 가득차 있게 되면, 거기서 죄가 이루어진다. 죄인은 죄를 저지른 자가 아니라 영혼 속에 그늘을 만들어 준 자이다."

이제까지 보아 온 바와 같이, 주교는 사물을 판단함에 있어 좀 색다르고 독특한 방법을 지니고 있었다. 나는 주교가 그것을 아마도 복음서에서 얻은 게 아닌가 생각한다.

어느 날 한 살롱에서, 이미 예심이 끝나 머지않아 판결이 내려질 어떤 형사소송 사건 이야기를 들었다. 한 불쌍한 남자가 한 여자와 함께 그 여자와의 사이에 난 아이를 너무나 사랑한 나머지 궁여지책으로 위조지폐를 만들었다. 그 무렵 돈을 위조한 자는 사형에 처해지고 있었다. 남자가 만든 위조된 돈을 여자가 처음으로 쓰다가 붙잡혔다. 그녀는 구속되었지만, 그 여자가 위조된 돈을 썼다는 것 외에는 아무 증거도 드러나지 않았다. 다만 그녀의 자백만이 그녀의 정부(情夫)에게 죄를 뒤집어씌우고 파멸의 구렁텅이로 몰아넣을 수 있었다. 그러나 여자는 부인했다. 아무리 신문해도 끝까지 강경하게 부인할 따름이었다.

왕국(^{루이 18}_{세 치하})의 검사는 한 가지 방법을 생각해 냈다. 검사는 남자의 행위를 거짓으로 꾸며내 교묘하게 만든 위조편지 조각을 여자에게 보여 주어, 그녀에게는 가엾게도 연적이 있으며 남자에게 속고 있다고 믿게 했다. 그리하여 질투에 불타게 된 그 여자는 정부의 죄를 고발하며 모든 것을 자백하고 입증해 버렸다.

남자는 궁지에 몰렸다. 머지않아 공범인 그 여자와 함께 액스에서 판결을 받게 되어 있었다. 사람들은 이런 사실을 이야기하며 모두들 그 법관의 교묘한 솜씨에 혀를 내둘렀다. 질투심을 이용하여 격분된 마음으로부터 진실을 알아내었고, 복수심으로부터 정의를 끌어냈던 것이다. 주교는 처음부터 끝까지 잠자코 듣고 있었다. 이야기가 끝나자 그는 물었다.

"그 남자와 여자는 어디서 재판을 받습니까?"

"중죄 재판소에서입니다."

주교는 다시 말을 이었다.

"그러면 그 검사는 어디서 재판을 받습니까?"

이때 디뉴에 또 하나 비극적인 사건이 일어났다. 한 사나이가 살인죄로 사형에 처해지게 되었다. 이 불행한 사나이는 유식하지 못했으나 무식한 편도 아니었다. 그는 장터를 돌아다니며 마술사 노릇을 하기도 하고 대서인(代書人) 노릇도 했었다.

이 재판은 시민들의 관심을 끌기에 충분했다. 사형집행 전날 감옥의 교회사(教誨師)가 병이 났다. 사형수의 최후 순간을 위해 사제가 필요하게 되었다. 그래서 사제를 부르러 사람을 보냈다. 그러나 주임사제는 거절했다.

"그건 나와 전혀 관계가 없는 일이오. 그런 시끄러운 일이나 마술사 따위는 내가 알 바 아니오. 나도 몸이 편치 않소. 더욱이 그런 일은 내 직책이 아니외다."

사제가 이렇게 대답했다는 보고가 주교의 귀에 들어왔다. 그러자 주교는 말했다.

"주임사제의 말이 옳다. 그런 일은 그의 직책이 아니라 내 직책이다."

그는 곧 감옥으로 달려가 그 마술사의 감방으로 갔다. 그는 그 사나이의 이름을 부르며 손을 잡고 이야기했다. 주교는 하루 낮과 하룻밤을 꼬박 이 사나이 곁에서 지내면서 침식도 잊고 사형수의 영혼을 위해 주님께 기도드리고, 또 자신의 영혼을 위해 그 사형수에게 기도했다. 그는 가장 단순한 최선의 진리를 그 사나이에게 이야기해 주었다.

주교는 그 사나이의 아버지이며 형제이며 친구가 되어 주었다. 다만 축복을 내리기 위해서만 주교가 되었다. 그 사나이를 안심시키고 위로하면서 모든 것을 가르쳐 주었다.

그 사나이는 절망을 안고 죽어가던 참이었다. 죽음은 그 사나이에게 심연과도 같았다. 그 어두운 죽음의 입구에 서서, 떨면서 두려움에 뒷걸음질치고 있었다. 그는 완전히 태연하게 있을 정도로 무지하지 않았다. 그 처형은, 그 심한 진동은 사물의 신비로부터 우리를 가로막고 있는, 우리가 인생이라고 부르는 저 장벽을 그 사나이의 주위에 여기저기 무너뜨려 놓은 것 같았다. 그는 그 참혹한 틈바구니 사이로 끊임없이 세상 밖을 내다보고, 거기서 어둠을 보았다. 그러나 주교는 그 사나이에게 어떤 빛을 주었다.

이튿날 사람들이 그 불행한 사나이를 데리러 갔을 때, 주교는 아직도 거기 있었다. 그는 죄수의 뒤를 따랐다. 자줏빛 법의를 걸치고 목에 주교 십자가를 두른 주교의 모습이, 밧줄로 묶인 불쌍한 사나이와 나란히 군중 앞에 나타났다.

주교는 죄수와 함께 수레를 타고, 죄수와 함께 단두대에 올랐다. 전날만 해도 그토록 시름에 잠기고 풀이 죽어 있던 사형수가 지금은 빛으로 충만해 있었다. 그는 영혼의 구원을 느끼고 있는 듯했으며, 주님께 희망을 걸고 있었다.

주교는 죄수를 포옹했다. 그리고 마침내 칼이 내려지려고 할 때 죄수에게 말했다.

"인간이 죽인 자를 주님께서 되살려 주실 것이오. 동포에게 쫓긴 자는 아버지인 주님을 발견하게 될 것이오. 기도하고 믿고 생명 속으로 들어가시오! 아버지인 주님께서는 저기에 계십니다."

단두대에서 주교가 내려섰을 때, 그 눈 속에 무언가 빛나는 것이 있어 군중으로 하여금 저도 모르게 옷깃을 여미게 했다. 모두의 마음을 강렬하게 울린 것이 그의 창백함이었는지 또는 태연자약함이었는지 사람들은 알 수 없었다.

주교는 '나의 궁전'이라고 스스로 이름지어 부르는 그 초라한 숙소로 돌아오자 누이동생에게 말했다.

"나는 지금 주교의 의식을 마치고 왔다."

가장 숭고한 것은 가장 이해되지 않는 경우가 많은 법인지라, 이 거리에는 주교의 그와 같은 행위를 가리켜 "저것은 가식이다"라고 말하는 사람들도 있었다. 그러나 그것은 살롱의 이야깃거리에 지나지 않았다. 신성한 행위에 악의를 덮어씌울 줄 모르는 민중들은 깊이 감동하고 찬탄했다.

주교로서는 단두대에서 처형을 지켜본 것이 하나의 충격이었다. 그 충격에서 안정을 되찾기까지 오랜 시일이 걸렸다.

사실 단두대가 조립되어 세워질 때, 거기에는 무엇인가 환각을 일으키게 하는 것이 있다. 단두대에서의 처형을 자기 눈으로 보지 않는 한, 사람들은 죽음의 고통에 대하여 어느 정도 무관심할 수 있고, 그 옳고 그름을 말하지 않을 수 있을지도 모른다. 그러나 한 번 단두대를 보고 나면, 받는 충격이 너무나 커서 단연코 찬반 양자 간에 결단을 내리지 않고는 견딜 수 없다. 어떤 사람은 메스트르(프랑스의 종교 철학자.《교황론》《성 삐쩨르부르그의 밤》 등의 저서가 있음. 1763~1852.)처럼 찬성하고, 어떤 사람은 베까리아(이탈리아의 철학자이며 형법학자.《범죄 및 형벌론》이라는 저서가 있음. 1738~1794.)처럼 저주한다.

단두대는 법률의 구현이다. 그리고 뱅딕트(사회적 복수의 형벌)라고 불리며, 중성이 아니므로 사람으로 하여금 중립의 위치에 서는 것을 허용하지 않는다. 그것을 눈으로 보는 자는 가장 신비로운 전율을 느낀다. 모든 사회문제는 이 단두대의 칼날 주위에 그 의문점을 던진다. 단두대는 환영이다. 단두대는 나무 뼈대가 아니다. 단두대는 기계가 아니다. 단두대는 나무와 쇠와 밧줄로 이루어진, 피가 통하지 않는 기계장치가 아니다. 그것은 일종의 생물이며, 더할 나위 없이 음산한 힘을 가진 것으로 생각된다. 마치 이 나무 뼈대는 눈으로 보고, 이 기계는 귀로 듣고, 이 기계장치는 머리로 이해하고, 이 나무와 쇠와 밧줄은 의지로 영원한 것 같다. 그것을 보며 영혼이 그 속으로 빠져들어가는 무서운 몽상 속에서 단두대는 공포의 모습으로 나타나며, 거기서 이루어지는 일과 뒤얽혀든다.

단두대는 사형 집행인의 조력자다. 그것은 사람을 삼키고 고기를 씹고 피를 빨아마신다. 단두대는 재판관과 목수가 만들어 낸 일종의 괴물로, 자신이 행한 모든 죽음으로 형성된 그 어떤 무서운 생명으로 살아가는 것처럼 보여지는 하나의 악귀이다.

그러므로 그 인상은 음산하고도 심각했다. 사형이 집행된 다음날과 그 뒤

단두대에서 사형수를 위로하는 미리엘 주교

많은 날이 지난 뒤까지도 주교는 허탈 상태에 빠져 있었다. 저 사형이 집행되던 마지막 순간 보였던 깊은 침착성은 사라져 버리고, 사회 정의의 환상이 그를 괴롭히며 놓아 주지 않았다. 어떤 일에서나 늘 흐뭇한 만족감을 안고 돌아왔던 그가, 이제는 스스로를 매질하고 있는 듯했다.

그는 때로 스스로에게 물어 보며, 나직한 목소리로 음울한 독백을 되뇌이곤 했다.

다음 말은, 어느 날 밤 누이동생이 그의 혼잣말을 듣고 적어 놓은 것이다. ‘그것이 그다지도 무서운 것인 줄 몰랐다. 인간의 규범을 모르고 있을 만큼 신의 규범에 몰두했다는 것은 잘못이다. 죽음은 오직 주의 뜻에 달린 것이다. 그런데 무슨 권리가 있어서, 인간은 이 알 수 없는 일에 끼어드는 것인가?’

시간이 흐름에 따라 그 인상도 흐려져 갔다. 그리고 마침내 사라져 버렸으리라. 그러나 사람들은 주교가 그 뒤로 형장을 지나는 것을 피하는 사실을 알 수 있었다.

병자나 죽어가는 사람이 있는 곳에 사람들은 언제나 미리엘 씨를 불러올 수 있었다. 그는 그것이 자기의 가장 큰 의무이며 가장 큰 직책임을 잘 알고 있었다. 과부나 고아의 집에서는 일부러 청하러 갈 필요조차도 없었다. 그편에서 자진해서 와주었다. 사랑하는 아내를 잃은 사나이나 아들을 잃은 어머니 곁에 주교는 몇 시간이고 말없이 앉아 있어 주었다. 잠자코 있어야 할 때를 아는 것과 마찬가지로, 또한 이야기할 때를 알고 있었다. 아, 실로 훌륭한 위안자여! 그는 잊음으로써 고통을 지우려는 게 아니라, 희망으로써 그것을 키우고 존엄한 것으로 만들려 했다.

그는 말했다.

“여러분은 죽은 사람을 회상하는 방법에 주의해야 합니다. 썩어 가는 것을 생각해서는 안 됩니다. 똑똑히 들여다보십시오. 그러면 여러분들은 하늘저 높은 곳에서 사랑하는 고인의 생생한 빛을 보실 수 있을 것입니다.”

신앙이란 건전한 것임을 그는 믿고 있었다. 참고 견디는 사람의 예를 들어 절망에 우는 자를 인도하고 그 마음을 어루만져 주었으며, 별을 바라보는 사람의 슬픔을 들어 무덤을 바라보는 사람의 슬픔(유족의 슬픔)을 달래 주려고 힘썼다.

비앵브뉘 각하는 같은 법의를 너무 오래 입었다

미리엘 씨의 개인생활은 그의 공적인 생활과 같은 사상으로 채워져 있었다. 이 디뉴의 주교님이 스스로 감수하고 있던 그 의지적인 청빈은, 그것을 직접 볼 수 있는 사람에게 실로 장엄하고도 아름다운 광경이었을 것이다.

모든 노인과 대부분의 사상가들이 그렇듯 그는 거의 잠을 자지 않았다. 그러나 짧은 시간 깊이 잠들었다. 아침에는 한 시간쯤 명상에 잠기고, 그런 다음에 대성당이나 또한 자기집 기도실에서 미사를 드렸다. 미사가 끝나면 집에서 기르는 젖소에서 짠 우유에 한 덩이의 호밀빵을 적셔 아침을 먹는다. 그러고 나서 일을 시작했다.

주교란 하는 일이 매우 많은 직업이다. 날마다 주교관의 서기^(주교회원이 대개 이 일을 맡아보았음)와 만나고 또 거의 날마다 관할 교구의 주요 사제보들을 만나지 않으면 안 된다. 각종 수도회를 감독하고, 특권을 주고, 기도서며 교구 안의 교리문답과 일과(日課) 기도서 등 교리에 관한 모든 서류를 살펴보고, 교서를 쓰고, 강론을 인가하고, 주임사제와 시장 및 읍장 사이를 조절하고, 한편으로는 정부에, 또 한편으로는 바티칸에 행정상·종교상의 서신을 띄우는 등 처리해야 할 사무가 수없이 많았다.

그러한 수많은 사무와 크고 작은 미사를 끝내고 남은 시간을, 그는 우선 가난한 자와 병자와 고민하는 자에게 주었다. 어떤 때는 자택 정원의 꽃밭을 가꾸고, 어떤 때는 책을 읽고 글을 썼다. 이 두 종류의 일에 대해 그는 한 가지 말밖에 사용하지 않았다. 곧 그것을 그는 밭일이라고 부르고 있었다. "인간의 정신도 밭이다"라고 그는 말하곤 했다.

정오에 그는 점심을 들었다. 점심도 아침과 같이 검소했다.

날씨가 좋을 때면 그는 2시쯤 집을 나서, 들과 시내를 돌아다니며 오두막 집에도 곧잘 찾아들었다. 긴 지팡이를 짚고, 푹신한 자줏빛 솜 외투를 입고, 보랏빛 긴 양말에 큼직한 신을 신고, 세 귀퉁이에 금빛 술이 늘어진 납작한 모자를 쓴 채 깊은 생각에 잠겨 눈길을 떨어뜨리고 혼자 걸어가는 그의 모습을 사람들은 흔히 볼 수 있었다.

그가 모습을 나타내는 곳은 어디나 잔치가 벌어지는 것 같았다. 그가 지나가면 그 언저리는 따스함에 싸이고 빛나는 듯했다. 어린아이와 노인들은 마치 햇빛을 받으려는 듯 주교를 보러 문 밖으로 나왔다. 그는 사람들에게 축복을 내리고 사람들은 그를 축복했다. 무엇이든 어려움을 겪고 있는 사람에게는 모두들 주교의 집을 가르쳐 주었다.

가는 곳곳마다 주교는 발길을 멈추고 남자아이나 여자아이에게 말을 걸고, 그 어머니들에게 미소를 보냈다. 주교는 돈이 있는 동안에는 가난한 사람들을 찾고, 돈이 떨어지면 부자들을 찾아갔다.

주교는 같은 법의를 너무 오래 입고 지냈으므로 그것을 사람들이 알아차리게 하고 싶지 않아, 밖으로 나갈 때는 반드시 자줏빛 솜 외투를 입었다. 그래서 여름철에는 좀 난처했다.

저녁 8시 반에 주교는 누이동생과 함께 저녁식사를 했으며, 마글르와르 부인이 두 사람 뒤에 서서 시중들었다. 그것은 몹시 검소한 식사였다. 그러나 어느 주임사제에게 저녁식사를 대접하게 될 때면 마글르와르 부인은 그런 기회를 놓칠세라 호수에서 잡은 싱싱한 생선과 산에서 잡히는 맛좋은 새고기를 각하의 식탁에 늘어놓았다. 주임사제라면 누구나 맛좋은 요리를 대접해야 한다는 핑계였다. 주교는 그대로 내버려두었다. 그런 때를 제외한 여느 날의 식사는 거의 언제나 삶은 야채와 기름 수프뿐이었다. 그래서 시내 사람들은 곧잘 이렇게 말했다.

"주교님은 사제에게 식사 대접을 하시지 않을 때, 트라피스트^(매우 검소한 생활을 하는 트라프 파의 수도사)의 식사를 하신대."

저녁식사 뒤에는 반 시간쯤 바띠스띤느 양과 마글르와르 부인과 함께 이야기를 나누고 자기 방으로 돌아가, 루스리프나 이절본의 여백에 글을 쓰기 시작한다. 주교는 글을 잘 썼으며 학자이기도 했다. 꽤 진귀한 것이 씌어진 대여섯 편의 원고를 남기고 있다. 그 가운데 《창세기》의 다음 구절에 관한 논문이 있다. "태초에 하느님의 영(靈)이 물 위를 덮고 있었다." 그는 이 구절을 세 가지 원전(原典)과 대조시키고 있다. 아라비아말 번역에는 '신의 바람이 불고 있었다'고 되어 있고, 플라비우스 조셉^(유태인 역사가. 37~95년)에 의하면 '천상의 바람이 지상에 불어내리고 있었다'로 되어 있고, 마지막으로 옹켈로스가 칼데아어로 한 해석에 의하면 '신의 바람이 물 위를 불고 있었다'로 되어 있다는 것이다.

그리고 또 다른 논문에서 주교는 이 책^(레미제라블) 저자의 종증조부뻘 되는 프톨레마이스의 주교인 위고의 신학상의 저술을 검토하여, 18세기에 바를레이

꾸르라는 필명으로 공표된 몇 가지의 작은 저서를 주교인 위고가 쓴 것으로 인정해야 된다고 주장하고 있다.

때로는 손에 들고 있는 책이 무엇이든지 한참 독서하다가 갑자기 그는 깊은 명상에 잠겼다. 그리고 명상에서 깨어날 때면 반드시 그 책 페이지 위에 몇 줄 적어넣는 것이었다. 그러나 그 말들은 그것이 씌어진 책과 아무 관계도 없는 일이 많았다. 여기에 그가 적어 넣은 그 같은 구절이 하나 있는데, 그것은 다음과 같은 표제의 사절판 책—제르맹 경위, 클린턴 장군, 콘월리스 장군, 그리고 미국 주둔군의 여러 사령관들과 주고 받은 서간집. 베르사이유, 프랭쏘 서점 및 빠리 오귀스땡 강변 삐쏘 서점 간행. —의 여백에 쓰여져 있다.

그 구절은 다음과 같다.

'아, 당신은 누구인가! 전도서는 당신을 전능이라 부르고, 마카베아서는 당신을 창조주라 부르고, 에페소서는 당신을 자유라 일컫고, 바오로는 당신을 광대 무변이라고 이름지었고, 시편은 당신을 지혜와 진리라 부르고, 요한은 당신을 빛이라 부르고, 열왕기는 당신을 주님이라 부르고, 출애굽기는 당신을 섭리라 부르고, 레위기는 성스러운 자라 부르고, 에즈라기는 정의라 이름짓고, 천지만물은 당신을 신이라 부르며, 인간은 당신을 아버지라고 부른다. 그러나 솔로몬은 당신을 자비라고 불렀다. 그리고 그것이야말로 당신의 모든 이름 가운데에서 가장 아름다운 이름이다.'

9시쯤에 두 부인은 물러나 저마다 2층의 자기 방으로 올라가고, 주교는 아침까지 아래층에 혼자 남아 있는다.

여기서 우리들은 디뉴의 주교님 주택에 관하여 정확한 개념을 알아둘 필요가 있을 것 같다.

그는 누구에게 집을 지키게 했나

주교가 살고 있는 집은 이미 말한 바와 같이 아래층과 위층으로 되어 있었다. 아래층에 방이 세 개, 2층에 방이 세 개, 그밖에 다락방이 하나 있었고 집 뒤에 4분의 1에이커쯤 되는 뜰이 있었다. 두 부인이 위층을 차지하고, 주교는 아래층에 살고 있었다. 한길 쪽에 면한 첫째 방은 식당으로, 다음 방은 침실로, 셋째 방은 기도실로 쓰였다.

미리엘 주교가 살고 있는 집

기도실에서 나오려면 침실을 지나고, 침실에서 나오려면 식당을 거쳐야만 되었다. 기도실 안쪽에는 손님용 침대를 마련해 놓은 문달린 알꼬브(침대를 놓기 위한 벽장)가 있었다. 주교님은 이 침대를 교구의 사무나 볼일로 디뉴에 오는 시골 사제들에게 제공하고 있었다.

몸채에 붙어서 뜰로 불쑥 튀어나온 조그만 건물은 자선병원 때의 약국으로 지금은 부엌 겸 광으로 바뀌어 있었다.

그밖에 마당 가운데 외양간이 하나 있었다. 이것은 자선병원 때의 조리실로 거기에 주교는 젖소를 두 마리 기르고 있었다. 그 두 마리에서 짜내는 우유의 양이 얼마이든지 아침마다 그 절반을 반드시 병원 환자들에게 보냈다. "나의 십일조를 보냅니다"라고 주교는 말하는 것이었다.

주교의 방은 꽤 넓어, 추운 계절에는 여간해서 따뜻해지지 않았다. 디뉴에서는 장작값이 굉장히 비싸므로 주교는 외양간에 판자로 칸을 막아 방을 하나 만들 것을 생각해 냈다. 추운 겨울 동안 주교는 그곳에서 저녁을 보냈다. 주교는 그곳을 자기의 겨울 응접실이라고 불렀다.

이 겨울 응접실에는 식당과 마찬가지로 칠하지 않은 나무로 만든 네모진 테이블 한 개와 짚의자 네 개 외에 아무 가구도 없었다. 식당에는 그밖에 발그스름하게 칠해진 낡은 그릇장이 하나 놓여 있었다. 그와 비슷한 모양의 찬장에 주교는 흰 테이블보 같은 레이스를 덮어 제단으로 사용했으며, 그것이 그의 기도실을 장식하고 있었다.

그로 말미암아 회개하게 된 부잣집 부인네들과 디뉴의 독실한 부인네들이 각하의 기도실에 훌륭한 새 제단을 마련하기 위한 비용을 추렴했으나, 그는 번번이 그 돈을 받아서는 가난한 사람들에게 나눠 주었다. "가장 훌륭한 제단은 주님께 감사드리는, 위로받은 불행한 사람의 영혼입니다"라고 그는 말했다.

그의 기도실에는 기도용 짚의자가 둘 있었고, 침실에는 역시 짚을 넣은 팔걸이의자가 하나 있었다. 때로 한꺼번에 7~8명의 손님을 접대하게 될 경우, 이를테면 도지사라든가 주둔 부대의 참모라든가 신학예비교의 여러 학생들을 맞이하는 그런 때는 외양간에 있는 겨울 응접실의 의자와 기도실의 기도용 의자와 침실의 팔걸이의자를 가지러 가야만 했다. 그리하여 손님을 위한 자리를 11개까지 마련할 수 있었다. 새로 손님이 방문해 올 적마다 방의 가구를 움직여야 했다.

때로는 손님 수가 12명일 때도 있었다. 그럴 경우 주교는, 겨울이면 벽난로 앞에 서고, 여름이면 뜰을 한 바퀴 돌자고 제의하여 난처한 입장을 얼버무리는 것이었다.

문이 꼭 닫혀져 있는 알꼬브 속에도 의자가 하나 있기는 했지만, 그것은 짚이 절반쯤 빠진데다 다리가 세 개뿐이었으므로 벽에 기대어 놓지 않으면 소용되지 않았다. 바띠스띤느 양의 방에도 남경(南京) 공단으로 덮어씌운 본디 금칠을 했던 굉장히 큰 꽃무늬 안락의자가 하나 있었으나, 층계가 몹시 좁아서 창문을 통해 2층에 올려간 것이었으므로 예비가구로 여길 수가 없었다.

바띠스띤느 양은 장미꽃 무늬가 있는 노란 위트레히트^(네덜란드 의 도시) 벨벳을 씌우고 백조 머리를 조각한 마호가니 응접 세트를 긴 의자와 함께 사고 싶었다. 그러려면 적어도 500프랑은 있어야 했다. 그리고 그것을 사기 위해 아무리 돈을 모아도, 5년 동안에 겨우 42프랑 10수밖에 되지 않는 것을 알게 되자, 그녀는 그만 단념해 버렸다. 하지만 대체 누가 자기 소망을 다 이룰 수 있으랴?

주교의 침실만큼 간단하기 이를 데 없는 침실도 없을 것이다. 창과 문을 겸하는 하나의 출입구가 뜰 쪽으로 나 있고, 그 출입구 맞은편에 놓인 철제로 된 병원침대에는 녹색 서지 휘장이 둘러져 있었다. 커튼 안쪽 침대 그늘에는 화장 도구가 놓여져 그 옛날 사교계에 출입했던 사람의 우아한 습관의 흔적을 보여 주었다. 두 개의 문이 있어 하나는 벽난로 옆에 붙어 기도실로 통하고, 다른 하나는 책상 옆에 붙어 식당으로 통하고 있었다. 큰 유리창이 달린 책장은 책으로 가득했다. 대리석 무늬를 칠한 목재로 짜여진 벽난로는 여느 때 불기가 없었다. 벽난로에는 쇠로 된 장작 받침대가 한 쌍 있고, 그것에 붙은 두 개의 화병 장식에는 옛날에 은칠을 해서 빛을 냈던 꽃무늬와 홈이 패어 있었다. 그것은 이 주교관에서는 일종의 사치품이었다. 흔히 거울 같은 것을 놓는 벽난로 위에는, 은칠이 벗겨진 구리 십자가가 금칠이 벗겨진 나무틀 속에 낡아빠진 검은 벨벳으로 매어져 있었다. 출입구 옆에는 잉크병이 놓인 커다란 테이블이 자리하고, 그 위에 두서없이 쌓인 서류와 큼직한 책들이 몇 권 놓여 있었다. 테이블 앞에는 짚을 넣은 팔걸이의자가 놓이고, 침대 앞에는 기도실에서 가져온 기도대가 있었다.

바띠스띤느

타원형 액자에 든 초상화 두 개가 침대 양쪽 벽에 걸려 있었다. 인물 옆 캔버스에 조그마한 글자로 초상화 주인공들의 이름이 씌어져 있었다. 그 하나는 쌩 끌로드의 주교로 살리오의 대수도원장이고, 다른 하나는 아그드의 주교 총대리이며 그랑 샹 수도원장이자 샤르트르 교구의 시또 회원인 뚜르또 신부였다. 주교는 이 방을 병원환자들로부터 이어받았을 때, 이 두 초상화를 발견했으나 그대로 두었다. 두 사람은 사제였으며, 아마도 이 자선병원에 기부를 한 사람인 모양이었다. 이 두 가지 이유로 주교는 그들을 존경했던 것이다.

이 두 인물에 대해 그가 아는 일이라고는 그들이 같은 날인 1785년 4월 27일에 국왕의 명령으로 하나는 주교직에, 다른 하나는 유급(有給)성직에 임명되었다는 사실뿐이었다. 마글르와르 부인이 먼지를 털려고 그 초상화를 벽에서 떼어냈을 때, 네모진 조그마한 종이조각에 희끄무레한 잉크로 씌어진 것이 주교의 눈에 띄었다. 그 종이는 해묵어 누렇게 바랜 채 그랑 샹 수도원장의 초상화 뒤에 네 개의 봉함(封緘)풀로 붙여져 있었다.

창문에는 값싼 모직물로 된 구식 커튼이 매달려 있었다. 아주 낡아서 새로 장만해야 했으나 쓸데없는 지출을 피하기 위해 마글르와르 부인은 그 한복판에 커다란 헝겊을 대어 꿰매지 않으면 안 되었다. 그 꿰맨 자국은 십자가 형태를 이루고 있었다. 주교는 이따금 그것을 가리키며 "정말 잘됐어!" 하고 말했다.

아래층이건 위층이건 모두 예외없이 석회유로 하얗게 칠해져 있었다. 그것은 병영이나 자선병원에서 흔히 하는 방법이었다. 그러나 바띠스띤느 양의 방에는 이 하얀 칠을 한 벽지 아래 그림이 그려져 있는 것을 마글르와르 부인이 나중에 발견했다. 병원이 되기 전에 이 집은 부르주아들의 집회소였다. 그래서 이런 장식이 있는 것이었다. 방바닥에는 붉은 벽돌이 깔려져 주일마다 그것을 물로 닦았으며, 침대마다 앞에 짚으로 엮은 방석이 놓여 있었다. 더욱이 이 집은 두 여자가 살림을 맡고 있었기 때문에 구석구석 청결하고 말끔해서 기분이 좋았다. 그것이 주교가 허락한 단 하나의 사치였다. 그는 이렇게 말하는 것이었다.

"그것은 가난한 사람들에게서 아무것도 빼앗지 않는다."

그러나 주교에게는 옛 소유물 중에서 여섯 벌의 은그릇과 커다란 수프용의 스푼이 하나 남아 있었다는 사실을 알려 두지 않으면 안 되겠다. 마글르와르 부인은 그것들이 초라한 흰 테이블보 위에서 찬란하게 번뜩이는 것을 날마다 바라보며 즐거워했다.

그리고 우리는 여기서 디뉴의 주교를 있는 그대로 그리는 것이므로 다음 사실도 덧붙여 놓지 않을 수 없다. 그는 몇 번이나 이렇게 말한 적이 있었다.

"나는 은그릇으로 식사하는 것을 그만두려고 마음먹지만 여간 어려운 일이 아니군."

이 은그릇 외에 두 개의 커다란 은촛대가 있었다. 이것은 그가 어느 대고모로부터 물려받은 것이었다. 이 두 촛대에는 늘 초가 꽂혀져 주교의 벽난로 위에 놓여 있었다. 저녁식사에 손님을 초대할 때면, 마글르와르 부인은 양쪽 두 초에 불을 붙여 그 촛대들을 테이블 위에 놓았다.

주교의 방에는 침대 머리맡에 조그만 벽장이 있었다. 마글르와르 부인은 저녁마다 여섯 벌의 은그릇과 커다란 스푼을 거기 넣어 두었다. 벽장 열쇠는 언제나 거기에 꽂힌 채 두었다는 말도 덧붙이지 않으면 안 되겠다.

초라한 건물로 말미암아 뜰은 좀 살풍경했으며, 하수도 웅덩이 주위에 십자로 교차된 네 개의 통로로 나뉘어 있었다. 또 하나의 통로는 흰 담을 따라 뜰을 빙 돌게 되어 있었다. 이들 통로는 저마다 다른 길과의 사이에 네 개의 장방형을 안고 있었으며, 그 장방형 둘레는 회양목으로 둘러싸여 있었다. 그 중 셋은 마글르와르 부인이 채소를 가꾸고, 나머지 하나에는 주교가 꽃을 심었다. 여기저기에 과일나무도 몇 그루 있었다.

한번은 마글르와르 부인이 슬쩍 비꼬듯 말한 적 있었다.

"각하께서는 무엇이나 이용하시면서도 이 땅만은 내버려 두시는군요. 꽃보다는 채소를 심는 게 나을 텐데요."

그러자 주교가 말했다.

"마글르와르 부인, 그건 그렇지 않소. 아름다운 것은 쓸모 있는 것과 마찬가지로 유익하다오."

그리고는 잠시 침묵한 뒤 덧붙였다.

"아니, 그 이상일지도 모르오."

서너 개의 꽃밭으로 이루어진 이 네 번째 구획은, 책과 거의 마찬가지로 주교의 마음을 사로잡고 있었다. 주교는 즐겨 여기서 한두 시간을 보내며 가위질하고 풀을 뽑고 여기저기 땅을 파서 씨를 뿌리곤 했다. 그는 원예가들처럼 벌레를 보고 질색하지도 않았다. 더욱이 식물학에 대해서 아무런 주의 주장도 가지고 있지 않았다. 갖가지 분류법이며 조직의 경화(硬化)에 관한 병리학설에 대해서도 아는 바 없었다. 뚜르느포르(프랑스의 식물학자)의 분류법과 자연적인 재래 분류법 중 어느 쪽을 택하는 일도 없었으므로 떡잎에서 열매를 얻으려 하지 않았고 리뇌(스위스의 식물학자)에게서 쥐씨외(프랑스의 식물학자)의 학설을 찾는 일도 없었다. 주교는 식물을 연구하는 것이 아니라 다만 꽃을 사랑할 뿐이었다. 주교는 학자를 더할 나위 없이 존경하고 있었지만 그 이상으로 무지한 사람들을 사랑했다. 그리하여 이 양쪽에 대한 존경을 결코 잊는 일 없이, 여름에는 저녁마다 파랗게 칠한 함석 물뿌리개로 늘 화단에 물을 주었다.

집 안에는 자물쇠로 채운 문이 하나도 없었다. 식당문은 돌층계도 없이 곧바로 성당 광장으로 나갈 수 있게 되어 있었다. 옛날에는 감옥문처럼 자물쇠와 빗장이 질러져 있었지만 주교는 그런 쇠붙이들을 모두 떼어 버렸으므로 이 문은 밤이나 낮이나 손잡이만으로 닫아 놓을 뿐이었다. 지나가는 사람은 누구나 언제든 밀기만 하면 열렸다.

처음에 두 노부인은 잠그지 않는 이 문을 몹시 걱정했으나 디뉴의 주교는 그녀들에게 말했다.

"원한다면 자신들 방에나 빗장을 걸도록 해."

마침내 그녀들도 주교와 마찬가지로 안심하게 되었다―아니, 차라리 안심하는 체했다는 것이 옳으리라. 마글르와르 부인만은 가끔 무서워했다. 주교는 어떠했는가 하면, 성서의 여백에 그가 적어 놓은 다음과 같은 석 줄의 글귀에 그의 생각이 설명되어 있다. 아니, 적어도 표명되어 있다.

'여기에 그 미묘한 의미가 있다. 의사의 문은 결코 닫혀 있지 않고, 사제의 문은 언제나 열려 있지 않으면 안 된다.'

《의학의 철리(哲理)》라는 제목의 다른 책 속에 그는 이렇게 적어 놓고 있었다.

'나 또한 그들과 마찬가지로 의사가 아닌가? 나에게도 병자가 있다. 먼저 그들이 병자라고 부르는 병자가 있고, 다음에 내가 불행한 사람들이라고 부르는 병자가 있다.'

다시 또 그는 다른 책에 이렇게 쓰고 있다.

'잠자리를 구하는 자에게 이름을 물어서는 안 된다. 몸을 의지할 데를 필요로 하는 자는 스스로 이름을 알리기 꺼리는 사람이기 때문이다.'

어느 날 어느 훌륭한 사제 하나가, 꿀루브루의 주임사제였는지 뽕삐에리의 주임사제였는지 잊어버렸지만 아마도 마글르와르 부인의 꼬드김을 받은 모양으로 주교에게 다음과 같이 물어 보았다. 누구나 들어오고 싶은 사람은 언제든지 들어올 수 있도록 밤이나 낮이나 문을 잠그지 않는 것은 어느 정도 경솔한 처사라고 각하는 생각하지 않으시는지, 그처럼 문단속을 소홀히 하는 집에 무슨 불행이 일어나지나 않을까 하는 두려움은 없으시냐고. 그러자 주교는 엄격하나 자애롭게 상대방의 어깨에 손을 얹으며 말했다.

"주님께서 집을 지켜 주시지 않는다면, 사람이 아무리 지킨들 헛수고일 따름이오." 그리고 다른 이야기로 옮아갔다.

그는 곧잘 이런 말을 했다. "용기병(龍騎兵) 대장의 용기라는 것이 있듯, 사제의 용기라는 것이 있다." 그리고 그는 덧붙였다. "다만 우리들 사제의 용기는 조용한 것이어야만 한다."

크라바뜨

여기서 마땅히, 아무래도 빼놓을 수 없는 사실 하나를 말해 두어야겠다. 왜냐하면 그것은 디뉴의 주교가 어떤 인물인지 더욱 잘 나타내는 사실 가운데 하나이기 때문이므로.

올리울 골짜기 일대에서 날뛰던 가스빠르 베스 일당이 흩어져 없어진 뒤, 그 부두목의 하나였던 크라바뜨라는 자가 산 속으로 달아났다. 그는 가스빠르 베스의 잔당인 부하 산적들과 얼마 동안 니스의 백작 영지에 숨어 있었으나, 이윽고 삐에몽 지방으로 옮겨갔다가 갑자기 바르슬로네뜨 방면에 나타났다. 먼저 조지에르에, 이어서 뛸르에 그 모습을 나타냈다. 주 드 레글르의 동굴에 숨어 살면서, 거기서 위베이예와 위베예뜨 골짜기를 지나 마을 쪽으로 내려오곤 했다. 크라바뜨는 대담하게도 앙브렁까지 밀고들어와, 어느 날 밤 대성당에 침입하여 성기실의 물건을 훔쳐갔다.

그의 포악성에 온 지방이 떨고 있었다. 헌병에게 뒤쫓게 하였으나 헛수고였다. 그는 언제나 교묘하게 도망쳤고, 때로는 맹렬하게 저항했다. 실로 대담무쌍한 악당이었다.

이렇게 한창 공포에 떨고 있을 즈음 주교가 그 지방에 왔다. 순회중이었다. 샤스뜰롱의 읍장이 그를 찾아와 되돌아갈 것을 권했다. 크라바뜨가 아르슈 저쪽까지 산을 점령하고 있다는 것이었다. 호위병을 거느려도 위험하며, 공연히 서너 명의 헌병을 헛되이 죽음으로 몰아넣을 뿐이라고 했다.

주교는 말했다.

"그렇다면 호위병 없이 가겠소."

읍장이 소리쳤다.

"진심으로 하시는 말씀입니까, 각하?"

"정말입니다. 헌병은 절대로 거절하는 바입니다. 한 시간 뒤에 출발하겠소."

"출발하시겠다구요?"

"출발하겠소."

"혼자서요?"

"혼자서."

"각하, 그건 안 됩니다!"

주교는 말을 이었다.

"저 산 속에는 이곳같이 가난한 작은 마을이 있습니다. 나는 3년 동안이나 그곳을 찾아가지 못했소. 그곳 사람들은 모두 나의 좋은 친구들이오. 선량하고 정직한 양치는 사람들이오. 그들이 지키는 양 가운데 서른 마리에 한 마리 꼴은 자기들 몫이지요. 그들은 갖가지 빛깔의 아름다운 털실을 만들고, 여섯 개의 구멍이 뚫린 작은 피리로 여러 가지 산노래를 불기도 합니다. 이따금 그들에게도 주님의 말씀을 전해 줘야 하지 않겠소? 주교라는 이가 두려움에 떤다는 말을 듣는다면, 그들이 뭐라고 하겠소? 내가 가지 않는다면 그들이 뭐라고 하겠소?"

"그러나 각하, 산적이 있습니다! 만일 산적을 만나신다면 어쩌시렵니까!"

"뭘요, 그 점도 생각하고 있소. 물론 당신이 염려하는 대로 산적을 만날지도 모르지요. 그들도 역시 주님의 말씀을 필요로 할 거요."

"각하! 하지만 그들은 나쁜 무리들입니다! 이리떼와도 같습니다."

"읍장님, 예수께서 나를 목자로 만드신 것은 그와 같은 무리의 목자로 삼

주교는 나귀를 타고 산을 넘어 무사히 양치기 마을로 갔다.

고자 하신 일인지도 모릅니다. 주께서 정하신 길을 누가 알 수 있겠소?”

“그들은 각하께서 지니고 계신 것을 뺏을 겁니다.”

“나는 아무것도 가진 게 없소.”

“각하를 죽일지도 모릅니다.”

“입속말을 중얼대며 지나가는 늙은 사제를 말입니까? 어리석게도! 그런 짓을 해서 무얼 하려고?”

“아, 정말 난처합니다, 만약 만나시게 된다면!”

“나는 그들에게 적선하라고 하겠소. 나의 가난한 사람들을 위해.”

“각하, 가지 마십시오, 제발! 생명이 위태롭습니다.”

주교는 말했다.

“읍장님, 상관없는 일입니다. 내가 이 세상에 있는 것은 내 생명을 지키기 위해서가 아니라 많은 사람의 영혼을 지키기 위해서니까요.”

하는 대로 내버려둘 수밖에 없었다. 길잡이가 되겠다고 나선 아이 하나만 데리고 주교는 출발했다. 그의 고집스러움이 그 지방에 소문났으며 사람들을 몹시 놀라게 했다.

주교는 누이동생도 마글르와르 부인도 데려가려고 하지 않았다. 그는 나귀를 타고 산을 넘어 도중에 아무도 만나는 일 없이 무사히 그의 ‘좋은 친구들’인 양치기들이 있는 곳에 닿았다. 그곳에 15일 동안 머무르며 강론을 하고 성사(聖事)를 베풀고 글을 가르치고 바르게 사는 길을 이야기해 주었다. 떠날 날이 가까워졌을 때 그는 모든 것을 정식으로 갖추어 미사에서 ‘감사의 찬미가’를 부르기로 결정했다. 그는 그것을 주임사제에게 이야기했다. 그러나 어떻게 하면 좋으랴? 주교의 제식(祭式) 도구라고는 하나도 없었다. 겨우 쓸 만한 것이라고는 마을의 초라한 성기실과 모조 금몰로 장식된 다 낡아 빠진 샤쥐블(어깨에서 무릎까지 푹 덮
이는 소매 없는 비단 법의)이 두서너 벌 있을 뿐이었다. 주교는 말했다.

“상관없소! 주임사제님, 그래도 주일미사 때 교우들과 더불어 우리의 감사 찬미가를 부릅시다. 어떻게 되겠지요.”

사람들은 가까운 성당을 뒤졌다. 그러나 빈약한 교구의 쓸 만한 것을 모두 모아도 대성당의 합창대원 한 사람의 복장을 제대로 갖추기에도 어림없이 부족했다.

이렇게 한참 쩔쩔매고 있을 때 커다란 상자 하나가 사제관으로 배달되었

크라바뜨가 비앵브뉘 각하에게 올립니다.

다. 놓고 간 사람은 말을 타고 온 낯선 두 사나이로 상자를 전하자 곧 가버렸다. 사람들은 상자를 열어 보았다. 그 속에는 금실로 수놓은 비단 법복과 다이아몬드로 장식된 주교관(冠), 대주교의 십자가와 훌륭한 지팡이, 그밖에 한 달 전 앙브렁의 노트르담 성당에서 도둑맞은 주교복 한 벌이 들어 있었다. 상자 속에는 이렇게 씌어진 쪽지가 한 장 들어 있었다.

'크라바뜨가 비앵브뉘 각하에게 올립니다.'

"어떻게 될 거라고 내가 말하지 않았습니까!" 하고 주교는 말했다. 그리고는 빙그레 웃으면서 덧붙였다.

"주임사제의 흰 제복으로 만족하는 자에게 주님께서 대주교의 법복을 내려 주셨구려."

"각하." 주임사제는 미소짓고 고개를 끄덕이면서 말했다. "주님께서라고요? 어쩌면 악마에게선지도 모르잖습니까?"

주교는 주임사제를 물끄러미 바라보고 있다가 위엄있게 말했다.

"주님입니다!"

주교가 샤스뜰롱으로 돌아가는 길 내내 사람들이 몰려나와 신기한 듯이 그를 바라보았다. 샤스뜰롱의 주교관에서 그를 기다리고 있는 바띠스띤느 양과 마글르와르 부인을 발견하고, 그는 누이동생에게 말했다.

"어때, 내가 옳았지? 이 가련한 사제는 빈손으로 저 불쌍한 산골 사람들을 찾아갔는데, 이제 두 손 가득 들고 돌아왔다. 나는 오직 주님에 대한 믿음만을 가지고 떠났는데 이제 대성당의 보물을 송두리째 얻어 가지고 돌아왔다."

그날 밤 자리에 들기 전 그는 다시금 말했다.

"도둑이나 살인자를 결코 두려워해서는 안 돼. 그런 것은 외부의 위험일 뿐이고 조그마한 위험이야. 두려워해야 할 건 우리들 자신이지. 편견, 이것이야말로 도둑이야. 악덕, 이것이야말로 살인자야. 큰 위험은 우리들 내부에 있어. 우리들의 몸이나 지갑을 노리는 것은 아무것도 아니야! 우리들의 영혼을 위협하는 것에 대해서만 우리들은 생각해야 하지."

그리고는 누이동생을 돌아보았다.

"바띠스띤느, 결코 사제 쪽에서 이웃을 경계해서는 안 된다. 이웃이 하는 일은 주께서 그것을 허락하셨기 때문이야. 위험이 우리들에게 닥쳐오려 할 때는, 오직 주님께 기도드리기로 하자. 자신을 위해서가 아니라, 우리의 형제가 우리를 오해함으로써 죄를 범하지 않도록 주님께 기도드리면 되는 거야."

물론 이러한 사건은 그의 생애에 그리 많지 않았다. 우리는 다만 우리가 아는 사건만 이야기하고 있을 뿐이며, 그는 여느때 언제나 같은 시각에 같은 일을 하면서 나날을 보내고 있었던 것이다. 그의 한 해의 한 달은 그의 하루의 한 시간과 똑같았다.

앙브렁 대성당의 '보물'이 어떻게 되었느냐고 묻는다면 좀 난처하다. 그것은 확실히 훌륭하고 마음을 현혹시키며, 불행한 사람들을 위해 훔치고 싶을 만한 물건이었다. 아니, 그것은 이미 실제로 훔쳐진 것이었다. 일은 이미 거의 이루어지고 있었다. 다만 그 도둑질의 방향을 바꾸는 일만이, 가난한 사람들에게로 방향을 바꾸는 일만이, 가난한 사람들에게로 그 진로를 조금 돌리는 일만이 남겨졌던 것이다.

하지만 이 일에 관해서는 아무것도 밝히지 않기로 하겠다. 다만 주교가 써서 남긴 것 중에서, 별로 뚜렷하지는 않지만 아마도 이 사건과 관련이 있다고 생각되는 수기가 발견되었는데, 그 내용은 다음과 같다.

'문제는 이것을 대성당으로 돌려보낼 것인가, 자선병원으로 보낼 것인가를 결정하는 일이다.'

한 잔 뒤의 철학

앞에서 잠깐 이야기한 바 있는 그 상원의원은 요령이 좋아서, 양심이나 신앙의 맹세나 정의나 의무 등의 장애물에는 개의치 않고 오직 자기의 길을 똑바로 걸어가는 사나이였다. 그는 목적을 향해 똑바로 걸어갔고, 또 승진과 이익의 한 길에서 한 번도 망설인 일이 없었다. 전직 검사를 지낸 사람으로 성공한 뒤 성질이 부드러워졌고, 결코 나쁜 사나이는 아니어서 아들이며 사위며 친척이며 친구들에 대해 자기가 할 수 있는 일이라면 아무리 자질구레한 편의라도 보아 주었으며, 교묘하게 인생의 좋은 면과 좋은 기회와 뜻밖의 이득을 재치있게 획득해 왔다. 그밖의 일은 그로서는 너무나 바보스럽게 생각되었다.

그에게는 재치가 있었다. 또 상당히 학문도 있어 스스로 에피쿠로스의 제

자라고 믿고 있었지만, 고작해야 삐고 르브렁(세속적 소설을 쓴 프랑스 작가. 1753~1835.)이 그린 인물 정도밖에 되지 못했다. 영원무궁한 것이라든가 '주교님의 우스꽝스러운 강론' 등에 관해 곧잘 유쾌하게 비웃었다. 때로는 조용히 듣고 있는 미리엘 씨 앞에서조차 엄숙하게, 그러나 애교어린 얼굴로 그런 것들을 비웃었다.

어떤 반(半)공식 회합이 있을 때, 백작(상원의원)과 미리엘 주교는 지사 저택에서 만찬을 함께 하게 되었다. 식사 뒤 차를 들면서 상원의원은 기분이 유쾌한 듯, 그러나 여전히 위엄을 지닌 채 큰 목소리로 외쳤다.

"어떻습니까, 주교님, 토론 좀 하실까요. 상원의원과 주교는 서로 똑바로 얼굴을 맞대기가 좀 거북스럽습니다만, 우리 두 사람은 다 같이 세상을 점치는 철인(哲人)입니다. 털어놓고 이야기하십시다. 내게도 내 나름의 철학이 있습니다."

주교는 대답했다.

"그야 물론이지요. 인간은 자신이 만들어 낸 철학 위에 누워 자는 법이오(내게서 나간 것은 내게로 돌아온다고 비유한 말임). 상원의원님, 당신은 붉은 침대 위에 누워 있는 분입니다(붉은 빛은 법관의 빛깔)."

상원의원은 그 말에 기운이 나서 말을 이었다.

"서로 착한 아이가 됩시다(잘해 봅시다 라는 뜻)."

"아니, 착한 악마라도(빈틈없이 라는 뜻)."

"나는 분명히 말합니다만" 상원의원은 다시 말을 이었다. "다르장 후작(프랑스 文人. 1704~1771.)이나 삐로(그리스 회의론자)나 홉스나 네종(프랑스 문인)은 결코 비속하지 않습니다. 나는 이들 네 철학자의 금박으로 장식한 저서를 한 책장에 간직하고 있습니다."

주교는 한 마디 던졌다.

"백작님 자신처럼 말이죠."

상원의원은 말을 계속했다.

"나는 디드로를 싫어합니다. 그는 관념론자이고, 호언장담하기를 좋아하고, 혁명가이면서 속으로는 신을 믿고, 볼떼르 이상으로 완고합니다. 볼떼르는 니드햄(영국 물리학자. 볼떼르의 論敵)을 비웃었지만 그것은 볼떼르의 잘못입니다. 왜냐하면 니드햄의 뱀장어(뱀장어의 자연발생설)는 신이 필요없다는 것을 증명하고 있으니까요. 한 숟가락의 밀가루 반죽 속에 한 방울의 식초를 떨어뜨리면, 그것이 곧 '빛이 있으라'(창세기 제1장 제3절)가 됩니다. 가령 식초의 좀더 큰 한 방울, 좀더 큰 한 숟가락을 생각해 본다면 그로써 곧 천지가 형성됩니다. 그리고 인간은 뱀장어입니다. 그렇다면 영원하신 아버지인 하느님은 무슨 소용이 됩니까? 주교님, 구세주를 가정하는 일 따위에 나는 진저리가 납니다. 그와 같은 가설은 헛된 공상에 찬 말라빠진 인간을 만들어낼 뿐입니다.

나를 괴롭히는 이 위대한 '전일자(全一者)를 타도합시다! 나를 평안하게 해주는 '제로(無)' 만세! 당신과 나만의 이야기지만, 털어놓고 나의 목자이신 당신에게 정직하게 고백한다면, 나는 어엿한 양식을 지니고 있다는 말씀입니다. 입만 열면 희생과 자기 포기를 부르짖는 당신의 그 예수에게 나는 열중할 수 없다는 거지요. 그것은 구두쇠가 거지에게 충고하는 것과 같은 일입니다. 자기를 모두 바친다고요? 그건 왜? 희생! 무엇에 대해서? 나는 이리가 다른 이리의 행복을 위해 자신을 희생하리라고는 생각지 않습니다.

우리는 자연 그대로 살아야 합니다. 우리는 정상에 있는 만큼, 높은 철학을 가지지 않으면 안 됩니다. 남들의 코끝밖에 더 내다보지 못한다면, 높이 앉아 있은들 무슨 소용이란 말입니까? 유쾌하게 살아갑시다. 인생, 그것이 모두입니다. 인간의 미래의 삶이 세상 밖 천국인지 지옥인지 어딘지에 있다는 따위의 말을 나는 한 마디도 믿지 않습니다. 그 사람들은 나에게 포기와 희생을 강요합니다. 나의 모든 행위를 삼가고 조심하며 선과 악, 정의와 불의, 합법과 불법에 머리를 썩여야 한다고 합니다. 왜? 언젠가는 내 행위를 보고하지 않으면 안 될 테니까. 언제? 내가 죽은 뒤에. 정말 근사한 꿈이로군요! 죽은 뒤의 나를 추켜든다니, 참 그럴 듯한 이야기입니다. 그림자의 손으로 한줌 재를 쥐게 해보라지.

무엇보다도 진실을 추구해야 합니다. 신비의 수수께끼 이지스 여신(이집트 초기 문명을 구현하고 있는 이집트 여신)의 스커트를 들어올린 우리가 아닙니까! 선도 없고 악도 없고 오직 생장만이 있을 뿐입니다. 현실을 추구합시다. 끝까지 파헤치는 겁니다. 진리를 모색하고 땅속을 파헤쳐서 진리를 붙잡아야 합니다. 그때 진리는 우리에게 무한한 기쁨을 줄 것이며, 우리는 강해지고, 진실로 웃을 수 있을 것입니다. 확고부동한 신념을 나는 가지고 있습니다. 주교님, 인간의 불멸이란 반딧불에 지나지 않는 겁니다. 아니! 실로 훌륭한 약속이지요! 열심히 믿어보시오. 아담은 참으로 훌륭한 어음을 가졌단 말이야! 인간은 영혼이니, 천사가 될 것이라느니, 두 어깨에 푸른 날개를 달게 될 것이라고. 아하, 떼르떨리앙(카르타고 태생 神父. 몽타누스와 더불어 邪說을 창도했음. 160~240)이었던가요, 행복한 인간은 하나의 별에서 다른 별로 옮겨갈 거라고 말한 것은?

좋은 말이오. 인간은 별세계의 메뚜기가 될 것이고, 그리고 신을 보게 될 것이라고? 하하하, 잠깐. 그 따위 천국 같은 건 아무 데도 없어요. 신이란 엄청난 조작이에요. 물론 나는 신문 잡지에는 이런 말을 결코 하지 않습니다. 다만 친한 친구끼리만 살그머니 속삭이는 거지요. 술좌석에서 말입니다. 지상을 천국의 희생물로 만들다니, 개가 물에 비친 그림자를 보고 입에 문 먹이를 놓쳐 버리는 격입니다. 무한한 것에 속아 넘어가는 것보다 더 어리석은 일은 없지요. 나는 허무요. 나는 자신을 상원의원, 허무 백작이라고 부릅니다. 태어나기 전에 나는 존재하고 있었을까? 아닙니다. 죽은 뒤에 나는 존재할 것인가? 아닙니다. 나는 무엇인가? 유기체의 조직으로 결합된 한줌 먼지에 지나지 않습니다.

이 지상에서 나는 무엇을 해야 할 것인가? 나는 선택의 자유를 가지고 있습니다. 괴로워할 것인가, 즐길 것인가? 그런데 괴로움은 나를 어디로 인도하는 것일까? 허무로. 단, 이미 고통을 겪고 난 뒤입니다. 즐거움은 나를 어디로 이끄는 것일까? 허무로. 단, 이미 즐기고 난 뒤입니다. 선택은 결정되었습니다. 먹느냐 먹히느냐지요. 나는 먹습니다. 풀이기보다는 오히려 이(齒)가 되기를 바라지요. 그것이 나의 지혜랍니다. 그런 뒤에는, 좋으나 궂으나 무덤 파는 인부가 기다리고 있습니다. 우리들 선택된 자는 판테옹(로마에 있는 신전. 모든 신전이라는 뜻으로 통용됨) 행이지만, 어떻든 모두가 큰 구덩이로 떨어져 갈 뿐입니다. 그것으로 마지막 종말, 모든 것의 청산, 거기가 소멸의 장소입니다. 죽음은 이미 죽어 버렸다. 이렇게 되나요? 거기에 나를 향해 말을 거는 어떤 사람이 있다는 건 생각하기조차 우스꽝스러울 따름입니다. 그런 건 유모가 들려주는 옛날 이야기지요. 어려서는 도깨비, 커서는 구세주. 누가 뭐라든 우리들의 내일은 밤일 뿐입니다. 무덤 저쪽에는 한결같이 허무가 있을 뿐입니다. 사르다나빨뤼(전설상의 인물. 방탕하고 유약한 인물의 전형으로 전해짐)이건, 성 뱅쌍 드 뿔이건 다같이 허무로 돌아가는 거지요. 그것이 진실입니다.

그러므로 무엇보다도 우선 살아야 합니다. 당신이 자아를 가지고 있는 동안 그걸 사용해야 합니다. 사실 말이지만 주교님, 내게는 나의 철학이, 나의 철학자들이 있습니다. 나는 이치에 닿지도 않는 말로 자신을 꾸미지 않습니다. 물론 하류계급, 거지나 칼 가는 사람이나 불쌍한 부랑자들에게는 무엇인가 있어야 하겠지요. 그들에게는 전설이며, 환상이며, 영혼이며, 불멸이며, 천국이며, 별—그런 것들을 먹여 주는 것이 좋습니다. 그들은 그것을 깨물어 먹겠지요. 싸구려 빵에 그런 것들을 발라 먹을 겁니다. 빈털터리 가난뱅이는 하느님을 가지고 있겠지요. 그러나 그뿐입니다. 거기에 대해서는 나도 결코 반대하지 않습니다. 그러나 나는 나를 위해 네종 씨의 학설을 취하렵니다. 민중을 위해서는 하느님이란 편리한 것이랍니다."

주교는 손뼉을 쳤다.

"참으로 좋은 말씀이오. 훌륭하오, 실로 놀랍습니다. 당신의 그 유물론은! 그런 생각을 아무나 갖기란 어려운 일이오. 아니! 그런 것들을 파악하고만 있다면 절대로 속는 일은 없을 것이오. 카토(준엄한 성경과 웅변으로 유명함. BC 232~BC 147)처럼 추방되어 고초를 겪는 일도 없고, 성 스테파노처럼 돌에 맞아 죽지도 않을 것이며, 잔느 다르끄처럼 산 채로 불태워지지도 않을 것이오. 그와 같은 훌륭한 유물론 터득에 성공한 사람들은 책임 해제의 즐거움을 느낄 것입니다. 어떠한 지위도, 직책도, 계급도, 정당하게 또는 부당하게 얻은 권력도, 이득에 따르는 변절도, 유리한 배신도, 양심과의 교묘한 거래도, 그밖에 무엇이든지 안심하고 삼킬 수 있으며, 그리고 그것들을 다 소화시켜 버리고 난 다음 무덤 속으로 간다고 생각하는 즐거움을 가질 수 있을 것입니다. 이 얼마나 유쾌한 일입니까!

나는 굳이 당신에게 대고 말하는 건 아니오. 그러나 당신에게 축복의 뜻을 나타내지 않을 수 없습니다. 당신 같은 훌륭하신 분들은 아까 말씀하신 비와 같이 자기 자신의, 자기 자신을 위한 철학을 가지고 있습니다. 고상하고 세련된, 부자만이 손에 넣을 수 있는, 어떠한 것에도 쓸모가 있는 철학, 인생의 환락에 훌륭한 풍미를 더해 주는 철학을 말입니다. 그와 같은 철학은 특수한 탐구자들이 깊숙한 땅 밑에서 파낸 것이지요. 그러나 당신네들은 너그러운 분들이시오. 하느님에 대한 신앙이 민중의 철학이어서 나쁠 것은 없다고 말씀하시니 말입니다. 마치 와오 마롱(거위 뱃속에 밤과 肝고기를 넣어 구운 요리)이 가난한 사람들에게는 댕드 오 트뤼프(칠면조에 송이버섯을 넣어 구운 요리)인 것처럼."

누이가 말하는 오빠

디뉴의 주교관 안 가정 생활과, 두 성스러운 여인이 그들의 행동도 생각도 심지어 그 놀라기 쉬운 여자의 본성에 이르기까지 모두 주교의 습관과 뜻에 다소곳이 따르는 일상의 모습을 잘 알게 하기 위해서, 소꿉친구였던 브와슈브롱 자작부인에게 바띠스띤느 양이 보낸 편지 하나를 여기에 옮겨 놓는 게 가장 좋지 않을까 한다.

그 편지는 지금 작자인 내가 간직하고 있다.

디뉴, 18××년 12월 16일

친애하는 자작부인, 우리가 당신 이야기를 하지 않고 지내는 날은 하루도 없습니다. 아무래도 그것은 우리들의 습관이 되어 버린 것 같지만, 또 한 가지 이유가 있습니다. 글쎄 마글르와르 부인이 천장과 벽의 먼지를 털고 닦아내다가 재미있는 것을 발견했던 거예요. 석회로 하얗게 칠해진 낡은 벽지를 발라놓았던 우리들의 두 개의 방이, 지금은 당신 저택에 갖다 놓아도 결코 미관을 손상시키지 않을 정도의 것이 되어 있습니다.

마글르와르 부인이 벽지를 모두 떼내자, 그 밑에 무엇이 있었던 겁니다. 2층 우리들의 객실에는 아무 가구도 없고 빨랫감을 널어 두는 곳으로 쓰고 있는데, 그 높이는 15자나 되고 폭은 사방 18자로 천장은 옛날부터 금빛으로 칠해져 있으며, 도리는 꼭 댁의 저택처럼 생겼습니다. 자선병원이었던 때에는 그것이 천으로 가려져 있었지요. 그리고 벽, 판자 등의 세공품은 우리들의 할머님 시대 것이에요.

그런데 특별히 보여 드리고 싶은 것은 내 거실로 쓰는 방이랍니다. 마글르와르 부인이 거기에 발라진, 적어도 열 장은 되는 벽지를 벗겨내자 그 밑에서 그림이 나타난 게 아니겠어요. 그리 훌륭한 것은 아니지만 그래도 볼 만 합니다. 뗄레마끄(율리시즈의 아들. 트로이 전쟁에 나간 아버지를 찾으러 나서 미네르바의 인도를 받음)가 말을 타고 미네르바의 영접을 받는 장면과, 그리고 역시 마찬가지로 뗄레마끄가 정원에 있는 그림 같은 거예요. 화가의 이름은 알 수 없습니다. 그리고 로마의 귀부인들이 하룻밤 나가 노는 장소도 그려 있습니다. 뭐라고 말씀드리면 좋을까요? 아무튼 많은 로마의 남자들과 여인네들과―여기서 한 마디는 알아볼 수가 없다―그들의 여러 노예들이 있어요. 마글르와르 부인은 거기 묻은 먼지를 깨끗이 닦아냈습니다. 그리고 올 여름에는 이곳 저곳의 파손된 곳을 수리하고 모두 다시 칠해 준다고 하고 있으니 내 방은 정말 박물관처럼 되어 버리고 말 거예요.

그녀는 또 지붕밑 헛간 구석에서 구식 나무탁자를 두 개 찾아냈답니다. 그것을 다시 칠해서 금빛이 나게 하려니까 6리브르 은전 두 닢을 달라고 하지 않겠어요? 그렇다면 차라리 가난한 사람들에게 주어 버리는 편이 훨씬 낫겠어요. 게다가 그 탁자는 모양이 너무 보기 흉해서 나는 둥근 마호가니 탁자를 갖는 것이 더 낫겠다고 생각하고 있어요.

나는 언제나 행복합니다. 오라버님은 참으로 친절하세요. 가지고 있는 것은 모조리 가난한 사람들이며 병자에게 주어 버립니다. 그래서 우리들은 몹시 곤경에 빠질 때도 있어요. 이 지방은 겨울이 몹시 추워서, 없는 사람들에게 무엇이든지 해주지 않으면 안 됩니다. 우리들은 겨우 불을 때고 겨우 촛불을 켜는 형편입니다. 하지만 그것은 대단히 즐거운 일이라고 생각하고 있어요.

오라버님은 그 나름의 일상생활을 갖고 있습니다. 보통 이야기할 때도, 주교는 이렇게 하지 않으면 안 되는 법이라고 곧잘 말씀하십니다. 문에는 절대로 쇠를 잠그는 일이 없습니다. 들어오는 자는 누구든지 받아들인다는 거지요. 그리고 곧장 오라버님 방으로 갈 수가 있어요. 오라버님은 아무것도 두려워하시지 않습니다, 비록 밤일지라도. 스스로도 말씀하시는 바와 같이 그것이 오라버님의 용기랍니다.

내가 오라버님의 신상을 걱정하거나 마글르와르 부인이 마음을 쓰는 것을 오라버님은 좋아하시지 않습니다. 어떠한 위험이든 다 무릅쓰시면서도, 우리가 그 위험을 알아차린 내색을 하는 것조차도 싫어하십니다. 정말 오라버님의 성격을 잘 이해해 드리지 않으면 안 됩니다.

오라버님은 비가 와도 나가고, 물 속도 걸어다니고, 겨울에도 순회를 떠나십니다. 어두운 밤도, 후미진 길도, 욕을 당할까 두려워하는 일도 없습니다.

지난해는 오라버님 혼자서 도둑이 기승을 부리는 지방에 가셨습니다. 우리가 따라간다는 것도 마다하셨지요. 그동안 15일 동안이나 소식이 없었지만, 돌아오시고 보니 아무 일도 일어나지 않았더군요. 모두들 돌아가신 줄로만 알고 있었는데 아주 원기왕성하셨어요. 그리고는 "이런 도둑들을 만났지!" 하며 트렁크를 여시는데 앙브렁 대성당의 보물이 가득차 있었어요. 도둑들이 그걸 오라버님께 드렸대요.

나는 오라버님의 친구들과 더불어 20리 밖으로 마중나갔었는데, 그때만은 돌아오는 길에 조금 불평을 하지 않을 수 없었습니다. 그러나 다른 사람들이 못 듣게끔 마차가 덜커덩거리며 달리는 동안만 말하느라고 조심했지요.

처음에는 '어떠한 위험도 오라버님을 말릴 수 없다. 오라버님은 무서운 분이야' 하고 생각했어요. 그러나 이제는 그런 일에 아주 익숙해져 버렸습니다. 나는 오라버님 뜻에 거스르지 않도록 마글르와르 부인을 타이르고 있습니다. 오라버님은 일단 마음먹으면 어떠한 위험도 마다하지 않습니다.

나는 마글르와르 부인을 데리고 내 방으로 들어가 오라버님을 위해 기도드리고 나서 잡니다. 내 마음은 고요합니다. 만약 오라버님에게 무슨 불행한 일이 일어난다면 그때는 나도 마지막이라는 각오를 하고 있으니까요. 나는 내 오라버님이며 주교이신 분과 더불어 하느님께로 갈 것입니다.

마글르와르 부인은, 그녀가 말하듯 오라버님의 천하태평스러운 버릇에 익숙해질 때까지 나보다 훨씬 더 힘들었어요. 그러나 이제는 아주 익숙해졌지요. 우리는 둘이 함께 기도드리고, 함께 두려움을 품고, 함께 잠을 이룹니다. 악마가 집 안으로 들어온다 할지라도 그냥 내버려둘 뿐이에요. 결국 이 집안에서 우리가 두려워할 것이 뭐 있겠어요. 가장 강한 분이 언제나 우리와 함께 계시는걸요. 악마가 이 집을 지나갈지도 모르지요. 그러나 이 집에는 하느님이 살고 계십니다.

그것으로 충분합니다. 나는 이제 오라버님이 내게 아무 말씀하지 않아도 오라버님의 마음을 이해하게 되었습니다. 그리고 우리는 주님의 뜻에 몸을 맡기고 있습니다.

정신 속에 위대한 것을 지니고 있는 사람과 함께 있으려면 이렇게 하지 않으면 안 됩니다.

뽀 집안에 대해 물어 보신 일에 관해서는 오라버님께 여쭈어 보았습니다. 아시다시피 오라버님은 그런 일에 대해 무엇이나 잘 알고 계시며, 또 잘 기억하고 계십니다. 오라버님은 언제나 변함 없는 충실한 왕당파니까요. 그 집안은 옛 깡 납세구역에 속하는 실로 유서 깊은 노르망디 출신 가문이라고 합니다. 500년 전에는 라울 드 뽀, 장 드 뽀, 또마 드 뽀 같은 귀족들이 있었고, 그 중 한 사람은 로슈포르의 영주였대요. 그 집안 마지막 인물은 기 스뜨빵 알렉상드르라고 하며 연대장이었고, 또 브르따뉴 경기병대에서 상당한 직책을 맡아 보았답니다. 그의 딸 마리 루이스님은 프랑스 궁정의 귀족이자 친위대 대장이며 육군 중장이었던 루이드 그라몽 공작의 아드님과 결혼했답니다. 그리고 뽀라는 성은 Faux, Fauq, Faouq의 세 가지로 쓴다고 합니다.

친애하는 자작부인, 당신의 거룩한 친척이신 추기경 각하께 안부 말씀 전해 주세요. 귀여운 실바니 아가씨께서 당신 곁에 당분간 머무르신다니 정말 기쁜 일입니다. 우리에게도 차차 소식을 전해 주시리라고 믿습니다. 늘 건강하고, 당신이 원하시는 대로 일을 돌보며 변함없이 나를 사랑해 주신다니 나로서는 더 이상 기쁜 일이 없습니다. 당신을 통해 보내 주신 안부 말씀 어김없이 받았습니다. 정말 기쁘게 생각합니다. 내 건강은 그리 나쁘지 않습니다. 그러나 날로 여위어 가고 있어요. 그럼, 안녕히. 너무 길어졌나 봅니다. 이만 펜을 놓아야겠어요. 부디 건강하시기를.

바띠스띤느

덧붙임—당신 올케님도 아이들과 함께 여전히 이곳에 계십니다. 당신의 어린 조카는 참으로 사랑스럽더군요. 머지않아 5살이 된다고요. 어제도 다리를 싸맨 말을 보고 이렇게 밀하지 않겠어요. "말아, 다리가 왜 그러니?" 정말 귀여운 아기였어요! 그 밑의 아기는 헌 빗자루를 마차처럼 타고 방안을 뛰어다니며 "이럇! 이럇!" 했지요.

이 편지에서 보는 바와 같이 주교관의 두 여인은, 남자가 자기 자신을 이해하는 것보다 한층 더 남자를 잘 이해하는 여성의 그 특수한 재능으로 주교의 생활방식에 다소곳이 따르는 법을 터득하고 있었다. 디뉴의 주교는 언제나 변함없이 온화하고 솔직한 인품을 보이면서도 가끔 위대하고 대담하고 숭고한 일을 자기 자신은 깨닫지 못하는 듯 수행하는 것이었다.

그럴 때 두 여인은 걱정스러워 견딜 수 없었으나 결국 주교님이 하는 대로 내버려두었다. 때로 마글르와르 부인은 미리 충고를 하는 수가 있었지만 결코 중도에나 나중에 하는 일은 없었다. 일단 어떤 일이 시작된 뒤에는 비록 몸짓으로라도 주교를 방해하는 일은 전혀 없었다.

어떤 때는 그 자신도 의식하지 못할 정도로 아주 단순하게 행해졌기 때문에, 주교의 설명을 들을 필요도 없이 두 여인은 막연하게 그가 또 주교다운 행동을 하고 있다는 것을 느끼는 것이었다. 그럴 때, 여인들은 집안에서 이미 두 개의 그림자에 지나지 않았다. 두 여인은 수동적으로 그에게 봉사하고, 만약 물러가는 일이 그의 뜻을 좇는 것이라면 그의 곁에서 물러갔던 것이다.

두 여인은 놀랍도록 미묘한 본능에 의해, 상대방을 아끼는 일도 정도에 따라서는 폐가 된다는 것을 알고 있었다. 따라서 주교가 위험에 처해 있다고 생각될 경우조차도, 사상까지는 아니지만 그의 성격을 잘 이해하고 있는 그녀들은 주교의 신상을 그다지 염려하지 않았다. 두 여인은 주교를 하느님께 맡기고 있었던 것이다.

더욱이 바띠스띤느는 앞의 편지에서도 읽은 바와 같이, 오빠의 최후는 자기의 최후라고 말하고 있었다. 마글르와르 부인은 그런 말을 입에 담지는 않았으나, 자기도 역시 그런 각오인 것을 잘 알고 있었다.

미지의 빛 앞에 선 주교

앞에서 인용한 편지의 날짜보다 조금 뒤의 일이었으나, 온 거리에 퍼진 말을 믿는다면 주교는 도둑이 있는 산중을 돌아다니는 것보다도 더 위험한 어떤 일을 하나 했다.

디뉴에서 가까운 마을에 쓸쓸하게 살고 있는 한 사나이가 있었다. 이 사나이는 전 국민의회(혁명 의회. 공화국을 선포하고 루이 16세를 처형했음. 1702~1795) 의원 G였다.

디뉴의 좁은 사교계에서는 어떤 공포심과 더불어 전 국민의회 의원 G의 이야기를 하고 있었다. 국민의회 의원이란 어떤 자들이라고 생각하는가? 그들은 사람들이 서로 '동무'라고 부르던 시대, 'Monsieur'(일반적인 경칭) 대신 'Citoyen'(公民)이라고 하던 시대에 살았다. 이 사나이는 괴물이라고 해도 지나친 말이 아니었다. 그는 국왕의 사형에 찬성표를 던지지는 않았지만 거의 던진 것이나 마찬가지가 아닌가. 그는 루이 16세를 죽인 것이나 다름없었다. 무서운 짓을 해온 사나이였다. 왕권이 부활된 뒤에 어찌하여 그를 임시 중죄재판소에 소환하지 않았던가? 아니, 그렇게 했어도 목을 잘리지는 않았을 것이다. 관대함이 필요하니까. 하지만 종신 추방형쯤이야, 본보기로라도 말이다! 게다가 또 그 사나이는 그런 종류의 인간들과 마찬가지로 무신론자인 것이다. 이렇듯, 마치 독수리를 에워싼 거위떼의 부르짖음과도 같이 소란스러웠다.

그런데 G는 과연 독수리였던가? 그렇다, 고독으로 말미암아 거칠어진 그 흉악한 모습만으로 판단한다면. 그는 국왕의 처형에 찬성표를 던지지 않았기 때문에, 국외 추방자 명단에 끼지 않고 프랑스에 머물러 있을 수 있었다.

그는 시내에서 45분쯤 걸리는 곳에, 어떤 마을과도 어떤 길과도 멀리 떨어진 인적이 드문 산골짜기, 사람 눈이 미치지 않는 골짜기에 살고 있었다. 그는 거기에 한 뙈기의 밭과 움막과 굴을 가지고 있었다. 이웃도 없고 지나가는 사람도 물론 없었다. 그가 그 골짜기에 살게 된 뒤로, 그리로 통하는 오솔길은 온통 풀로 뒤덮여 버렸다. 그곳을 사람들은 사형 집행인의 집처럼 이야기하고 있었다.

그러나 주교는 언제나 그 일을 생각하며, 한 무더기의 나무숲이 늙은 국민의회 의원이 살고 있는 골짜기임을 가리키고 있는 언저리의 지평선을 가끔 우두커니 바라보곤 했다. 그리고는 이렇게 말하는 것이었다.

"저기 한 외로운 영혼이 있다." 그리고 그는 가슴 속으로 덧붙여 말하는 것이었다. "나에게는 그를 찾아가 줄 의무가 있다."

그러나 사실을 말하면 그 같은 생각은 언뜻 보기엔 옳은 일 같으나 좀 깊이 생각해 보면 불가능한 일, 거의 끔찍스러운 일로 여겨졌다. 왜냐하면 그 또한 마음 속으로는 다른 이들과 같은 인상을 받고 있어서 국민의회 의원이 그에게 안겨 준 감정은, 그 까닭은 뚜렷이 알 수 없었으나 증오와도 비슷한 ―경원이라는 말로 적절하게 표현되는 그러한 감정이었다.

그렇다 해도 새끼양이 더러운 피부병에 걸렸다고 해서 목자가 뒷걸음질치는 것이 옳은 일일까?

착한 주교는 어찌할 바를 모르고 있었다. 때로 그는 그쪽으로 가다가 다시 발길을 되돌리기도 했다.

그런 어느 날, 마침내 이런 소문이 거리에 퍼졌다. 그 더러운 움막에서 전 국민의회 의원 G의 시중을 들고 있는 목동 같은 소년이 의사를 찾아 나왔다. 늙은 악한이 죽어가고 있다, 뇌일혈로 온몸이 마비되었다, 오늘밤을 넘기지 못하리라는 것이었다.

"이거 참 고마운 일인데!" 하고 어떤 사람은 말 끝에 이렇게 덧붙이기도 했다.

주교는 지팡이를 들고 너무 낡아빠진 법의를 감추기 위하여, 또 머지않아 일기 시작할 저녁 바람을 막기 위하여 긴 외투를 걸치고 집을 나섰다.

주교가 세상과 단절된 그곳에 도착했을 때, 태양은 기울어 바야흐로 지평선에 걸려 있었다. 그는 공연히 가슴이 두근거리는 것을 느끼며, 그 짐승의 굴에 가까워졌음을 깨달았다. 도랑을 건너고, 생나무 울타리를 넘고, 울바자를 밀치고, 황폐한 채소밭으로 들어가 꽤 대담하게 몇 걸음 발을 옮겼다. 그러자 갑자기 그 황무지 안쪽의 무성한 덤불 그늘에 그 굴이 나타났다.

그것은 너무나 낮은, 볼품 없는 움막집이었다. 그러나 초라하나마 잘 정돈되고 정면에는 포도덩굴이 뻗어 있었다.

문 앞, 바퀴 달린 농부용 낡은 의자에 앉아서 한 백발의 사나이가 저물어가는 해를 바라보며 빙그레 미소짓고 있었다.

노인 옆에 목동이 서 있었다. 소년은 노인에게 우유 한 잔을 내밀고 있었다.

주교가 물끄러미 바라보고 있으려니 노인이 소리를 가다듬어 말했다.

"고맙다. 이젠 아무것도 필요 없어."

그 미소는 저물어가는 노을을 받으며 소년에게 가 멎었다.

주교는 앞으로 걸어나갔다. 그 발소리에 앉아 있던 노인이 고개를 돌렸다. 그 얼굴에 기나긴 생애를 보낸 뒤에도 느낄 수 있는 최대한의 놀라움이 나타났다.

노인이 말했다.

"내가 여기 온 뒤로, 우리집에 처음 사람이 들어왔구료. 당신은 누구시오?"

주교는 대답했다.

"비앵브뉘 미리엘이라는 사람입니다."

전 국민의회 의원 G

"비앵브뉘 미리엘! 그 이름은 들은 적이 있소. 사람들이 비앵브뉘 각하라고 부르는 게 바로 당신이구료?"

"그렇소."

노인은 반쯤 미소지으며 말을 이었다.

"그렇다면 당신은 나의 주교로군요?"

"그런 셈이지요."

"들어오시오."

국민의회 의원은 주교에게 손을 내밀었다. 그러나 주교는 그 손을 잡지 않았다.

"사람들 말이 틀렸다는 것을 알게 되어 기쁩니다. 당신은 아픈 것 같지 않군요" 하고 주교는 말했다.

"아마도 곧 나을 게요." 노인은 말하고, 잠시 말을 끊었다가 다시 말했다. "나는 세 시간 뒤에 죽을 것이오." 그리고 다시 말을 이었다.

"나는 의학을 얼마쯤 알고 있소. 어떻게 인간의 최후가 오는지 알고 있지요. 어제는 발끝만이 싸늘했었소. 오늘은 무릎까지 싸늘해오는군요. 지금은 허리까지 싸늘해짐을 느끼오. 냉기가 심장까지 오르면 숨이 멎겠지요. 태양이 아름답습니다. 나는 여러 가지 것에 마지막 눈길을 던지기 위해, 밖으로 의자를 끌어내게 했소. 이야기하셔도 좋습니다. 그래도 나는 피로하지 않을 테니까요. 죽어가는 사나이를 이렇게 보아 주러 오시다니…… 임종을 지켜 주는 사람이 있다는 건 고마운 일이오. 사람에게는 묘한 고집이 있는 법이지요. 나는 새벽녘까지 버텨 보고 싶소. 그러나 세 시간이 고작이라는 것을 잘 알고 있소. 곧 어두워지겠지요. 아니, 그런 일은 아무래도 좋소! 삶이 끝난다는 것은 간단한 일이오. 그 때문에 아침을 기다릴 필요는 없소. 그렇소, 나는 별이 빛나는 하늘 아래서 죽어 가겠소."

노인은 목동을 돌아보았다.

"너는 자거라. 어제 저녁에 밤새도록 일어나 있었지. 지쳤겠다."

소년은 안으로 들어갔다.

노인은 눈으로 그 뒤를 좇다가 혼잣말처럼 덧붙였다.

"저 아이가 잠든 사이에 나는 죽을 것이오. 아이의 잠과 내 죽음, 이 둘의 잠은 함께 좋은 사이가 될 것이오."

주교는 그리 감동하지 않았다. 이런 방식의 죽음에 신이 느껴지리라고는 생각되지 않았다. 털어놓고 말한다면—위대한 마음 속에 깃든 조그만 모순도 다른 것과 마찬가지로 모두 지적되지 않으면 안 되니까—평소 '어르신'으로 불리는데 흡족해했던 주교도 오늘만은 '각하'라고 불러주지 않아서 기분이 좀 언짢았다. 그래서 '자네'라고 불러버리고 싶은 것을 억지로 꾹 참았다. 또한 의사나 사제들에게서 흔히 볼 수 있는, 일부러 허물없이 대하기 위한 퉁명스러운 말씨를 써볼까 하는 생각도 들었으나, 그런 일은 그에게 어울리지 않았다. 어쨌든 이 사나이는, 이 국민의회 의원은, 이 민중의 대표자는 지난날에는 지상의 한 권력자였을 때가 있었다. 이렇게 생각하자 주교는 아마도 그 생애 처음으로 스스로 엄숙해짐을 느꼈다.

국민의회 의원은 공손하고도 성실한 눈으로 주교를 바라보고 있었다. 거기에는 바야흐로 흙으로 돌아가려는 인간에게 어울리는 겸양이라고도 할 만한 것이 서려 있었다.

주교로 말하면, 호기심이란 죄에 가까운 것이라는 해석 아래 여느 때는 스스로 삼가고 있었으나, 지금은 이 국민의회 의원을 살펴보지 않을 수 없었다. 그러한 마음은 동정에서 우러난 게 아니었으므로, 상대가 만약 전혀 다른 사람이었다면 아마도 그는 양심의 가책을 받았으리라. 그러나 국민의회 의원이란 법(法) 밖에 있는 인간, 심지어 신의 사랑의 율법 밖에 있는 인간이라는 인상조차 그는 받았다.

G는 침착하고 상반신이 아직 꼿꼿했으며, 목소리도 우렁차고, 생리학자들을 놀라게 할 만한 당당한 풍채의 팔순 노인이었다. 대혁명은 시대에 적합한 이같은 인간을 많이 배출해냈다. 이 노인에게는 시련을 이겨낸 인간을 느끼게 하는 데가 있었다. 임종을 눈앞에 두고도 아직 건강한 사람의 행동을 고스란히 간직하고 있었다. 날카로운 눈빛, 확고한 말투, 두 어깨의 완만한 움직임 속에 죽음을 어리둥절케 하는 것이 있었다. 마호메트교 무덤의 천사인 아즈라엘이 집을 잘못 찾아든 줄 알고 발길을 돌렸을지도 모른다.

G는 죽음을 원하기 때문에 죽어가는 것처럼 보였다. 그 임종의 고통 속에는 자유로움이 있었다. 두 다리만이 움직이지 않았다. 거기서부터 암흑이 그를 휘어잡기 시작했다. 두 발은 이미 죽어서 싸늘해 있는데, 머리는 아직 생명의 갖가지 힘을 지닌 채 살아서 빛 속에 있는 듯이 보였다. G는 이 엄숙

한 생사의 순간에 상반신은 육체요, 하반신은 대리석이었다는 동방의 옛이
야기 속에 나오는 왕과도 흡사했다.

거기에 돌이 하나 있었다. 주교는 그곳에 걸터앉았다. 그리고 갑작스럽게
이야기를 꺼냈다.

"당신을 위해 기뻐합니다. 적어도 당신은 임금님의 사형에는 찬성표를 던
지지 않았으니까요." 주교의 말투는 마치 나무라는 것 같았다.

국민의회 의원은 '적어도'라는 말 뒤에 감춰진 신랄한 뜻을 알아차린 것
같지 않았다. 그는 대답했다―미소는 이미 그의 얼굴에서 사라지고 없었다.
"나를 위해 그렇게 기뻐하지 말아 주시오. 나는 폭군의 종말에 찬성했었소."
그것은 혹독한 어조에 대꾸하는 엄숙한 어조였다.

"그게 무슨 뜻이지요?" 주교가 되물었다.

"내 이야기는 인간은 하나의 폭군을 가지고 있다는 말이오. 즉 무지이지
요. 나는 그 폭군의 종말에 찬성했던 것이오. 그 폭군은 왕권을 낳았소. 왕
권은 허위 속에서 얻은 권력이오. 그와 반대로 학문은 진실 속에서 얻어진
권력이지요. 인간은 오직 학문으로만 지배되어야 할 것입니다."

"그것과 양심에 의해서"라고 주교는 덧붙였다.

"그 두 가지는 같은 것이오. 양심이란 우리가 지니고 있는 천성적인 학문
의 양에 불과한 것이오."

비앵브뉘 각하는 좀 놀란 듯한 얼굴로, 자기로서는 너무나 귀에 선 이 말
에 귀 기울이고 있었다.

국민의회 의원은 계속했다.

"루이 16세에 대해서는―나는 그 사형에 반대했소. 나는 한 인간을 죽일
권리가 자신에게 있다고는 생각지 않소. 그러나 나는 악을 근절시킬 의무가
내게 있다고 느끼고 있었소. 나는 폭군의 종말에 찬성했었소. 곧 여성에게는
매춘의 종말, 남성에게는 노예의 종말, 어린아이에게는 어둠의 종말이오. 공
화제에 찬성함으로써 나는 그 일들에 찬성했던 것이오. 나는 우애와 화합과
여명에 찬성했던 것이오. 나는 편견과 오류의 붕괴를 도왔소. 편견과 오류의
붕괴는 광명을 가져옵니다. 우리들은 낡은 세계를 쓰러뜨렸소. 비참의 그릇
이었던 낡은 세계는 인류 위에 전복됨으로써 환희의 항아리가 된 것이오."

"혼란한 환희의"라고 주교는 말했다.

"그렇게 말할 수도 있겠지요. 그리고 오늘날, 1814년이라고 일컫는 저 비통한 과거가 복귀된 뒤 그 기쁨은 사라져 버렸소. 아, 저지른 일이 불완전했다는 것은 나도 인정합니다. 우리는 사실상 옛제도를 타파했지만, 사상적으로는 완전히 뿌리를 뽑지 못했던 것이오. 악습을 타도하는 것만으로는 충분하지 못하오. 풍조를 바꿔 놓아야만 하지요. 풍차는 이제 없어졌지만, 바람은 그대로 남아 있는 것이오."

"당신네들은 파괴했습니다. 파괴는 유익할 수도 있습니다. 그러나 나는 분노가 얽힌 파괴는 신용하지 않습니다."

"정의에는 분노가 있는 법이오, 주교님. 그리고 올바른 분노는 진보의 한 요소입니다. 그야 어떻든 그리고 누가 뭐라고 하든, 프랑스 대혁명은 그리스도 탄생 이래 인류의 가장 힘찬 한 걸음이었소. 불완전할지는 모르지요. 그러나 숭고한 것이었소. 대혁명은 사회의 비천한 사람들을 해방시켰소. 사람들의 정신을 부드럽게 하고, 안정과 위안과 빛을 주었소. 지상에 문명의 물결이 넘실거리게 했소. 훌륭한 일이었지요. 프랑스 대혁명은 실로 인류를 신성화해 주었던 것이오."

주교는 중얼거리지 않을 수 없었다. "뭐라고? 저 93년($^{1793}_{년}$)이!"

국민의회 의원은 거의 비통할 만큼 장중한 모습으로 의자에서 일어나, 죽어가는 인간이 부르짖을 수 있는 한껏 큰 목소리로 외쳤다.

"아! 마침내 그 말이 나왔군요! 당신 입에서! 93년! 나는 기다렸소, 그 말을. 먹구름은 1500년 동안 끼어 있었소. 15세기의 세월이 지난 뒤에야 그것이 터졌던 것이오. 당신은 뇌성벽력을 나무라고 있는 것 같군요."

주교는 아마 스스로 그렇다고는 인정하지 않았지만, 무엇인가 가슴 속에서 충격을 받은 것같이 느껴졌다. 그러나 내색하지 않고 대답했다.

"재판관은 정의의 이름 아래 말하고, 사제는 연민의 이름 아래 말합니다. 그리고 연민은 한결 높은 정의, 바로 그것이오. 뇌성벽력의 일격에 오류를 범해서는 안 됩니다." 그렇게 말하고 나서 국민의회 의원을 물끄러미 쏘아보며 덧붙였다. "그러면 루이 17세(루이 16세의 아들. 1785년에 태어나 / 땅쁠 성에 갇혀 1795년에 죽음)는?"

"루이 17세! 아, 기다려 주시오. 당신은 무엇을 위해 눈물을 흘립니까? 죄없는 어린아이를 위해서입니까? 그렇다면 좋소. 나도 당신과 함께 눈물을 흘리지요. 아니면 왕자였다는 데서입니까? 그렇다면 좀 생각을 해주서야겠소. 까르뚜슈(유명한 도둑 괴수. 그레브의 형장에서 / 산채로 수레바퀴형에 처해졌음. 1693~1721)의 아우는 오직 까르뚜슈의 아우라는 죄만으로 그레브 광장에서 양쪽 겨드랑이를 매달려 마침내 죽게 되었소. 루이 15세의 손자였다는 죄만으로 땅뽈 성의 탑 속에서 죽음의 고통을 받은 죄없는 손자와 마찬가지로 애처롭게 말이오.”

“그 두 이름을 같은 비중으로 말하는 건 좋지 못합니다.”

“까르뚜슈를 위해서? 아니면 루이 15세를 위해서? 둘 중 어느 쪽을 위해서 당신은 항의하는 겁니까?”

잠시 침묵이 흘렀다. 주교는 여기에 온 것을 후회하는 마음이 일었다. 그러면서도 막연하게나마 이상스러울 만큼 마음이 크게 흔들리는 것을 느꼈다.

국민의회 의원은 말을 이었다.

“아! 주교님, 당신은 생생한 진실을 좋아하시지 않는군요. 그리스도는 그것을 좋아하셨어요. 그리스도는 매를 들고 예루살렘의 신전에서 악덕상인들을 쫓아냈소. 빛에 가득한 그의 회초리야말로 진리의 엄한 알림이었소.

그가 ‘어린아이들을 용납하고 내게 오는 것을 금하지 말라.’(마태복음 제 / 19장 제14절)고 외쳤을 때, 그는 어른과 어린아이들 사이에 아무런 차별도 두지 않았소. 그는 바라바(그리스도와 함께 십자가에 / 매달렸다가 용서받은 살인자)의 아들과 헤롯(로마 치하 팔레스티나 지방 / 을 다스린 왕가의 창시자)의 아들을 대등하게 부르는 데 조금도 주저하지 않았소. 죄없는 마음이 그대로 왕관이 되는 법이오. 왕가 출신일 필요는 없소. 죄없는 마음은 누더기를 걸쳐도 백합꽃(왕가의 / 紋章)으로 장식한 것이나 마찬가지로 훌륭한 것이오.”

“과연 그렇소” 하고 주교는 나직한 목소리로 말했다.

“여기서 꼭 말씀드리고 싶은 것은” 하고 국민의회 의원 G는 말을 이었다. “지금 당신은 루이 17세의 이름을 들었습니다. 이 점에 관해서는 서로 이해하고 싶소. 우리들은 죄없는 모든 사람들, 모든 순교자, 모든 어린아이들, 상류사회 사람들과 마찬가지로 하류계급의 모든 사람들을 위해 눈물을 흘리자는 겁니까? 그건 나도 동감이오. 그러나 그렇다면, 먼저 말한 바와 같이 93년보다도 더 이전으로 거슬러 올라가야 할 것이오. 우리들의 눈물이 시작되는 것은 루이 17세 이전이어야 할 것이오. 나도 당신과 더불어 옛 왕자의 아이들을 위해 눈물을 흘리겠소. 당신이 나와 더불어 민중의 어린 자식들을 위해 눈물을 흘려 주신다면.”

"나는 모든 사람들을 위하여 눈물을 흘립니다" 하고 주교는 말했다.

"평등하게 말이지요!" G는 부르짖었다. "만약에 한 쪽으로 기울어야만 한다면, 민중 편이어야 할 것이오. 민중 쪽이 훨씬 오래 전부터 고통을 받아 오고 있소."

또 잠시 침묵이 흘렀다. 그것을 깨뜨린 것은 국민의회 의원이었다. 그는 팔꿈치를 짚고 일어나, 신문할 때나 판단을 내릴 때 사람들이 기계적으로 그렇게 하듯 꼬부린 집게손가락과 엄지손가락으로 뺨을 살짝 집고는 모든 힘을 다 기울인 임종 때의 사람다운 눈초리로 주교에게 말했다. 그것은 거의 폭발이라고 할 수 있는 것이었다.

"그렇소, 사제님. 민중은 오랫동안 고초를 겪어왔소이다. 게다가 그뿐만이 아니오. 당신은 대체 루이 17세에 대해 내게 무엇을 질문하고 무엇을 이야기하러 온 거요? 나는 당신이 어떤 사람인지 모르오. 이 지방에 온 뒤로 나는 이 울 안에서 혼자 살아왔소. 밖으로 한 걸음도 나간 적이 없고, 나를 도와 주는 저 아이 말고는 아무도 만나지 않았소.

당신의 이름은 어슴푸레 내 귀에 들려온 적도 있었고, 사실대로 말하면 그것은 나쁜 평판이 아니었소. 하지만 그런 것은 아무 의미도 없는 거요. 능숙한 인간들은 어리석은 민중을 속이는 갖가지 수법을 터득하고 있으니까.

그런데 나는 당신의 마차 소리를 듣지 못했는데, 아마 숲 뒤 저 갈림길에 놓아 두고 오신 모양이군요. 정말 나는 당신이 어떤 사람인지 알지 못하오. 주교라지만, 그것이 당신의 정신적 인격에 대해 내게 말해 주는 바는 아무것도 없소. 요컨대 나는 내 질문을 되풀이할 뿐이지요.

당신은 누구인가? 당신은 주교요. 다시 말해서 교회의 우두머리며, 금실로 수놓은 비단 옷을 걸치고, 숱한 휘장을 몸에 달고 연금을 받고, 막대한 봉급—디뉴의 주교직이라면 1만 5천 프랑의 고정 수입과 1만 프랑의 임시 수입, 도합 2만 5천 프랑—을 받는 그런 사람의 하나요. 대저택을 갖고, 수많은 요리사와 시중드는 사람이 있고, 맛있는 음식을 먹고, 금요일이면 물새 요리를 먹고, 앞뒤로 하인을 거느리고 호화롭게 꾸민 대형 사륜마차를 호기롭게 몰며, 맨발로 걸어다닌 예수 그리스도의 이름 아래 덮개 달린 사륜마차를 타고 순회하는 그런 사람들의 하나요. 당신은 고위 성직자요. 연금, 저택, 말, 노복, 진수성찬, 인생의 갖가지 쾌락을 당신은 그런 사람들과 마찬가지로 소유하고, 그들처럼 즐기고 있소. 그건 좋다고 합시다.

그러나 내 말에 과부족은 있을지 모르나, 아마도 내 영혼의 구원을 위해 오신 당신의 내재적(內在的) 본질적인 가치에 관해서 무엇 하나 나에게 설명해 주는 것이 없소. 아, 나는 누구에게 이야기하고 있는 것인가? 당신은 누구인가!"

주교는 고개를 떨어뜨리고 대답했다.

"나는 벌레에 지나지 않습니다."

"사륜마차에 올라앉은 벌레!" 의원은 중얼거렸다.

이번에도 오만함은 의원 쪽에 있고, 겸허함은 주교 쪽에 있었다.

주교는 부드럽게 말을 이었다.

"그것은 그로써 좋습니다. 그러나 설명해 주셔야 할 것은, 바로 저 나무 그늘에 놓아둔 내 사륜마차와 내가 금요일에 먹는 진수성찬과 물새 요리, 그리고 2만 5천 프랑의 내 수입과 내가 사용하는 주교관과 노복이, 어찌 연민은 덕이 아니고 관용은 의무가 아니며 93년은 가혹하지 않았다는 그 증명이 되느냐는 것이오."

의원은 마치 무슨 구름이라도 털어 버리려는 듯 이마로 손을 가져갔다.

"대답하기 전에" 그는 말했다. "나를 용서해 주기 바랍니다. 나는 이제까지 잘못을 저지른 것 같소. 당신은 우리집에 오신 내 손님입니다. 나는 당신에게 예의를 갖춰야만 했소. 당신은 내 의견을 비판하십니다. 나는 당신의 이론을 반박하는 것만으로 그쳐야 할 것이오. 당신의 재물과 향락은, 이 논쟁에서 내가 당신을 공격하기 위한 도구로 이용되고 있소. 그런 것은 이용하지 않는 편이 점잖겠군요. 이제 그런 것은 이용하지 않기로 약속하겠소."

"고마운 일이군요." 하고 주교는 말했다.

G는 다시 말을 이었다.

"당신이 원하는 설명으로 되돌아갑시다. 아, 무슨 이야기였더라? 무엇이라고 하셨던가요? 93년은 가혹했다는 그런 말씀이었지요?"

"가혹, 그렇습니다." 주교는 말했다. "단두대를 향해 박수를 보내는 마라(프랑스 혁명 때의 선동적 정치가. 1792년 7월의 國事犯 대학살 및 그밖의 잔인한 조치를 선동했음)를 어떻게 생각하십니까?"

"루이 14세의 신교 박해 정책에 찬가를 바친 보쒸에를 당신은 어떻게 생각하십니까?"

대답을 대신하는 이 물음은 준엄했다. 칼끝처럼 날카롭게 급소를 찌르고 있었다. 주교는 몸이 오싹해졌다. 그의 머리에는 아무 대꾸도 떠오르지 않았으나, 보쒸에의 이름을 쳐드는 그 수법에 불쾌감을 느꼈다. 탁월한 정신의 소유자도 자기만의 숭배자를 가지고 있는 것이어서, 이론상으로라도 그 숭배자에 대해 실례가 있으면 자신이 당한 것같은 불쾌감을 느끼는 법이다.

국민의회 의원은 헐떡이기 시작했다. 임종의 마지막 숨결에 얽혀드는 가쁜 숨은 그의 말을 중단시켰다. 그러면서도 오히려 그의 눈 속에는 맑은 정신이 깃들어 있었다. 그는 계속 말했다.

"좀더 이것저것 이야기하게 해주십시오. 혁명은 대체로 보아 하나의 광대한 인류적 긍정이지만, 그와 같은 대혁명에서 빠져 나온 93년은 애석하게도 하나의 항변이었소. 당신은 93년을 가혹했다고 말씀하시는데, 그렇다면 모든 왕정 시대는 어떻게 생각하시오?

까리에(국민의회 의원. 1793년 낭뜨에서 많은 반혁명파를 익사형에 처했음)는 과연 극악인이라 하더라도 몽르벨(랑그도끄에서 신교도를 박해한 귀족)은 어떻게 부르겠습니까? 푸끼에 땅빌르(혁명 재판소 검사로 많은 사람을 단두대로 보냈음. 1795년에 교수대에서 처형됨)는 무뢰한이라 하더라도, 라므와뇽 바빌르(랑그도끄에서 35년간 폭군노릇을 하며 신교도를 박해했음. 1648~1724)에 관해서는 어떻게 생각하십니까? 마이야르(1792년 7월의 국사범 대학살의 주모자. 1763~1794)는 극악무도한 인간이라 하더라도 쏘 따반느(준엄한 가톨릭 동맹 회원. 1555~1630)는 어떻습니까? 삐르 뒤셴느 지(9월 대학살의 주모자 에베가 주간이었던 혁명신문. 공포정치 발동에 기여함)는 흉포하다 할지라도, 뻬르 르뗄리에(루이 14세 궁정 사제의 한 사람. 뽀르 르와이얄을 파괴하게 했음)에 대해서는 어떤 말로 형용하겠습니까? 주르당 꾸쁘 떼뜨(가장 흉포했던 정치가의 한 사람. 1749~1794)는 짐승이라 할지라도 루브와 후작(루이 14세 때 육군 대신으로 행정가로는 훌륭했으나, 신교도 박해에 몹시 잔인했음. 1641~1691)보다는 못했소.

주교님, 나는 왕비 마리 앙뜨와네뜨를 가엾게 생각합니다. 하지만 나는 저 위그노 파의 가련한 여인 또한 가엾세 여깁니다. 그 여인은 1685년 루이 대왕 때 아기에게 젖을 물리고 있다가 잡혀, 허리까지 발가벗겨져 말뚝에 묶였으며 아기는 떼어놓아졌소. 유방은 젖으로 부풀었고, 가슴은 슬픔으로 부풀어 있었소. 배고파 핼쑥해진 아기는 그 젖가슴을 보면서 몸부림치며 울부짖었소. 사형 집행인은 어머니인 그 여인에게 개종하라고 말하면서, 아기의 죽음과 양심의 죽음 중 하나를 택하도록 했소.

한 어머니에게 적용된 이 탄탈로스(영원한 기아에 허덕이는 그리스 신화의 인물)의 형을 당신은 어떻게 보십니까? 아시겠소, 프랑스 혁명은 그 정당한 이유를 가지고 있는 것이오. 미래에 그 분노는 용서될 것입니다. 그것의 결과는 더 나은 세계입니다. 그

가장 무서운 타격에서 인류에 대한 애정이 생겨나는 것이지요. 간단히 말하겠소. 그리고 내가 유리하니까 그만두겠소. 게다가 나는 이제 곧 죽습니다.”

그렇게 말하고 주교에게서 눈길을 거두면서 국민의회 의원은 조용히 다음 몇 마디로 그의 사상을 결론지었다.

“그렇소, 진보의 포학행위를 혁명이라고 부르오. 그것이 끝나면 사람들은 다음과 같은 사실을 깨닫지요. 인류는 곤욕을 겪었다, 그러나 진보했음을.”

국민의회 의원은 자기가 이제 주교의 마음 속 보루를 차례차례로 모두 깨뜨려 버렸음을 의심하지 않았다. 그러나 거기에는 아직도 하나 남은 것이 있었다. 그리하여 비앵브뉘 각하의 마지막 저항수단인 그 보루로부터 다음과 같은 말이 나왔다. 거기에는 거의 처음과 같은 신랄함이 그대로 나타나 있었다.

“진보는 주님에 대한 믿음 아래 이루어지는 게 아니면 안 됩니다. 선(善)은 믿음없는 노복을 가질 수 없는 것이오. 무신론자는 인류의 나쁜 지도자입니다.”

민중 대표자였던 노인은 아무 대답도 하지 않았다. 그는 떨고 있었다. 그는 하늘을 바라보았다. 그리고 그 눈 속에 천천히 눈물이 괴었다. 눈시울에 가득찬 눈물은 그 생기 없는 뺨을 타고 흘러내렸다. 눈길을 하늘 깊숙이 파묻으면서 그는 혼자 중얼거리듯 나지막한 목소리로 말했다.

“오, 그대여! 오, 이상이여! 그대만이 홀로 존재하도다!”

주교는 이루 말할 수 없는 충격을 받았다. 잠시 침묵하고 나서 노인은 손가락을 쳐들어 허공에 대고 말했다.

“무한은 존재한다. 무한은 저기에 있다. 만약 무한이 자아를 내포하지 않는다면, 자아는 무한을 한정하는 게 될 것이다. 무한은 무한이 아니게 될 것이다. 그런데 무한은 존재한다. 고로 무한은 자아를 내포한다. 무한이 내포하는 이 자아, 그것이 곧 신이다.”

죽어가는 사나이는 이 최후의 말을 소리 높이, 황홀하여 몸을 떨면서 마치 누군가를 보기라도 한 듯 그 마지막 말을 했다.

말을 마치자 그는 두 눈을 감았다. 노력이 그를 기진맥진하게 했던 것이다. 분명 그는 그에게 남은 몇 시간을 한 순간 사이에 살아 버렸다. 그가 지금 한 말이 죽음 속에 있는 무엇인가에 그를 접근시켰다. 임종의 순간이 다가오고 있었다.

　주교는 그것을 깨달았다. 시각은 점점 촉박해졌다. 주교는 본디 사제로 여기에 왔다. 극도의 냉담에서 차츰 극도의 감동으로 옮아가고 있었다. 주교는 그 감긴 눈을 바라보았다. 노인의 주름잡힌 싸늘한 손을 잡고 그 임종하는 사람 위로 몸을 기울였다.

　"이 순간은 주님의 시간입니다. 만약 우리들의 만남이 헛되다면 실로 섭섭한 일이 아니겠습니까?"

　국민의회 의원은 다시 눈을 떴다. 죽음의 그림자가 감도는 일종의 장중함이 얼굴에 깃들어 있었다.

　그는 천천히 말했다.

　"주교님."

　그 느릿느릿함은 아마도 기력의 쇠약에서라기보다 차라리 영혼의 존엄에서 오는 것이리라.

　"나는 일생을 명상과 관조와 연구 속에 살아 왔소. 조국이 나를 불러 나랏일에 관여토록 명령했을 때, 내 나이 예순이었소. 나는 그 명령에 따랐소. 많은 악폐가 있었소. 나는 그것과 싸웠소. 가지가지 학정이 있었소. 나는 그것을 없앴소. 훌륭한 주의와 정의가 있었소. 나는 그것을 찬양하고 표방했소. 국토는 침범되고 있었소. 나는 그것을 막아내었소. 프랑스는 위협을 받고 있었소. 나는 거기에 이 가슴을 바쳤소. 나는 부자가 아니었소. 나는 가난뱅이요. 나는 국가 지도자의 한 사람이었소. 국고는 순금으로 가득 찼으며, 금화와 은화의 무게로 무너져가는 벽을 기둥으로 떠받쳐야만 했소.

　그러나 나는 라르브르 세끄 거리에서 22수짜리 식사를 하고 있었소. 나는 학대받는 사람들을 돕고, 고통당하는 사람들을 위로했소. 내가 제단의 막을 잡아찢은 것은 사실이오. 그러나 그것은 조국의 상처를 감아 주기 위해서였소. 나는 늘 광명을 향하여 인류가 전진하는 것을 도왔고, 때로는 무자비한 진보에 저항하기도 했소. 또 경우에 따라서는 내 자신의 적, 즉 당신네들을 감싸기도 했소. 메로뱅지앙 왕조의 제왕들의 여름 궁전이 있던 플랑드르의 뻬떼강에 성(聖) 클라라회 수녀의 수도원인 성 클라라 앙 보리외 대수도원이 있었는데, 1793년에 나는 그것을 구출했소. 나는 내 힘에 따라 내 의무를 다하고, 내가 할 수 있는 것만큼 선을 행했소. 그런 뒤 나는 몰려나고 쫓기고 추적당하고, 박해와 중상과 조소와 모욕과 저주와 배척을 받았소.

이미 오래 전부터 나는 이 백발과 더불어 느끼고 있었소. 많은 사람들이 나를 멸시할 권리를 갖고 있는 듯 생각하고 있다는 것을. 무지몽매한 가련한 군중들에게 나는 천벌받은 놈 같은 얼굴을 하고 있는 것이오. 나는 아무도 원망하는 일 없이, 사람들에게 증오를 받는 자의 고독을 감수했소. 이제 나는 86살, 바야흐로 죽어가고 있소. 당신은 내게 무엇을 주러 왔소?”

“당신에게 하느님의 자비를” 하고 주교는 강복했다.

주교가 다시 머리를 들었을 때, 국민의회 의원의 얼굴은 이미 엄숙하게 변해 있었다. 막 숨을 거둔 참이었다.

주교는 어떤 알 수 없는 감동에 깊이 잠기면서 집으로 돌아왔다. 그는 그 밤을 기도로 지새웠다.

이튿날, 말 좋아하는 사람들이 G에 대해서 그와 이야기하려고 했으나 주교는 오직 허공만을 가리킬 뿐이었다. 이때부터 그는 어린아이들과 고통받는 사람들에 대한 애정을 두 배로 늘렸다.

이 ‘극악한 G노인’과 맞부딪친 갖가지 일들은 주교로 하여금 특이한 감회에 잠기게 했다. 주교의 정신을 건드리고 지나간 그의 정신과, 주교의 양심에 반영된 그의 위대한 양심은 주교로 하여금 완성의 경지로 다가가게 하는 데 그 어떤 도움이 되지 않았다고 아무도 말할 수 없으리라. 이 ‘주교의 방문’은 지방의 좁은 사교계에서 자연히 쑥덕공론거리가 되었다.

“그같은 사나이의 임종 자리에 주교님이 가셔야만 했을까? 참회를 바랄 수 없다는 것은 뻔한 일인데. 그 따위 혁명가들은 모두 이교도들이야. 그런데 무엇 때문에 거기에 가셨단 말인가? 무얼 바라며 주교님은 거기에 가셨을까? 아마도 악마가 영혼을 끌어가는 것을 보고 싶으셨던 게지.”

어느 날, 스스로 재치가 있다고 여기는 한 수다쟁이 미망인 노파가 이런 농담을 해왔다.

“주교님, 사람들은 어르신네께서 빨간 모자(혁명당원의 모자)를 받게 되실 것인가 궁금해 하고 있답니다.”

“저런 저런! 빨강이란 천한 빛깔이오. 모자라면 업신을 받는 그 빛깔도 관(冠)이라면(추기경의 붉은 관) 존경하니 그나마 다행이지요.” 주교는 대꾸했다.

"당신에게 하느님의 자비를" 하고 주교는 강복했다.

하나의 한계

위에 말한 것과 같은 일로 비앵브뉘 각하가 '철학적 주교' 또는 '애국적 주임사제'였다고 결론짓는다면 오해라고 하지 않을 수 없다. 국민의회 의원 G와의 결합이라고 불러도 지나친 말이 아닌 주교의 그 만남은, 그의 마음 속에 하나의 경이를 남겨 놓아 그것이 그의 인품을 한결 온화하게 만들었다. 다만 그뿐이었다.

비앵브뉘 각하는 전혀 정치가다운 데가 없었으나, 그즈음의 여러 사건에 대하여 그가 만일 어떤 태도를 취한다고 가정한다면 어떤 것이었을지 이쯤에서 간단히 지적함이 좋을 것이다.

몇 년 전 일로 거슬러 올라가 보자.

미리엘 씨가 주교로 승진한 뒤 얼마 안 되어 황제는 다른 여러 주교들과 더불어 그를 제국의 남작에 봉했다. 그리고 세상에 알려진 바와 같이, 1809년 7월 5일 밤부터 6일 사이에 걸쳐 교황체포 사건이 일어났다. 그때 미리엘 씨는 빠리에서 개최된 프랑스와 이탈리아의 주교회의에 나뽈레옹의 소집을 받았다.

이 주교회의는 노트르 담 대성당에서, 페슈 추기경을 의장으로 하여 1811년 6월 15일에 처음 열렸다. 미리엘 씨는 거기 모인 95명의 주교 가운데 한 사람이었다. 그러나 미리엘 씨는 단 한 번의 회의와 서너 번의 특별협의회에 출석했을 뿐이었다. 산골 교구의 주교로서, 자연과 더불어 소박한 내핍생활을 해온 그는 그들 현관(顯官)들 사이의 회의 분위기를 일변시킬 만한 영향을 끼친 것같이 생각된다.

주교는 곧 디뉴로 돌아왔다. 그렇게 빨리 돌아온 까닭을 사람들이 물으면 그는 대답했다.

"여러분, 나는 그들의 방해가 되었어요. 바깥 공기가 내게서 그들에게로 옮아갔지요. 나는 그들에게 문을 활짝 열어 젖힌 것 같은 인상을 준 모양입니다."

또 어떤 때에는 이렇게 말했다.

"별수 없지 않습니까? 그들은 모두 고귀하신 분들이지만, 나 같은 건 가난한 시골 사제에 지나지 않으니까요."

사실 주교는 사람들의 환심을 사지 못하고 있었다. 여러 가지 기행(奇行)

중에서도, 어느 날 저녁 가장 신분 높은 어느 동료의 저택에 갔을 때 그만 어쩌다 이런 말을 불쑥 해버렸던 것이다.

"훌륭한 괘종시계! 아름다운 양탄자! 화려한 하인들의 제복! 꽤나 번거로우시겠습니다! 원, 나 같은 건 이런 사치를 도저히 생각도 못합니다. 그런 것들이 줄곧 내 귀에다 대고 외칠 것 같아서요. '굶주리는 사람들이 있다! 추위에 떠는 사람들이 있다! 가난한 사람들이 있다!'"

말이 났으니 말이지만, 사치를 싫어하는 것은 지적인 혐오는 아닐 것이다. 그러한 혐오 속에는 예술에 대한 혐오도 포함될 것이지만 그러나 교인들에게 있어 연극이나 의식을 제외하고는 사치란 바람직스럽지 않다. 그것은 실제로 사랑과 덕이 결여된 습관을 나타내는 것처럼 보인다. 사치한 생활을 하는 사제는 하나의 모순이다. 사제란 언제나 가난한 사람과 함께 해야 한다. 노동의 먼지 같은 저 신성한 빈곤을 조금도 갖지 않고 어떻게 밤낮으로 끊임없이 일어나는 갖가지 비탄, 갖가지 불행, 갖가지 궁핍을 어루만질 수 있겠는가?

활활 타는 난로 곁에 있으면서 따뜻하지 않다는 사람을 상상할 수 있겠는가? 용광로에서 쉴새없이 일하면서도 머리카락이 그을지 않고, 손톱에 때가 끼지 않고, 한 방울의 땀도 흘리지 않고, 한줌의 재도 얼굴에 묻히지 않는 노동자를 상상할 수 있겠는가? 사제에게, 특히 주교에게 자비의 첫째 증거는 청빈이다.

디뉴의 주교가 생각하고 있는 것도 아마 그런 점이었으리라. 물론 어려운 문제를 내포하는 어떤 미묘한 점에서 주교가 이른바 '시대 사조'라고 부르는 것을 동시대인과 더불어 가지고 있었다고 생각해서는 안 될 것이다. 주교는 그 무렵 신학상의 논쟁에 그리 개입하지 않았으며, 교회와 국가 문제가 내재하는 그러한 문제에 대해 입을 다물고 있었다.

그러나 만약 의견 표명을 강요당했다면, 주교는 프랑스 가톨릭교회보다 로마 교황의 입장을 따랐으리라고 여겨진다. 우리는 주교의 인물을 묘사하고 있으며 아무것도 숨기고 싶지 않으므로, 그가 기울어 가는 나뽈레옹에 대하여 냉담한 태도를 취했다는 것도 덧붙여 두지 않을 수 없다. 1813년 이래 그는 나뽈레옹을 반대하는 모든 운동에 찬성하고 박수를 보냈다. 나뽈레옹이 엘바 섬을 탈출하여 프랑스로 돌아올 때도 이를 영접하는 것을 거부했고,

또 '100일 천하' 동안에도 황제를 위한 공식 기도회를 교구내에서 끝내 금했다.

주교에게는 누이동생 바띠스띤느 양 외에 두 형제가 있었다. 하나는 장군이고 또 하나는 지사였다. 그는 곧잘 이들에게 편지를 썼다. 장군인 형제는, 나뽈레옹의 칸느 상륙 때 프로방스의 사령관이었던 관계로 천여 명의 부하를 이끌고 황제를 추적했는데, 그것이 마치 황제를 일부러 도망치게 한 듯한 그런 추적이었으므로 주교는 한동안 이 장군의 태도를 용서하지 않았다.

또한 형제에 대한 주교의 편지는 한결 애정이 깃든 것이었다. 전에 지사였던 그는 훌륭한 인물인데다가 무척 호인이었으며, 지금은 은퇴하여 빠리의 까세뜨 거리에 살고 있었다.

이렇듯 비앵브뉘 각하도 당파심을 가질 때도 있고, 고통스러운 때도 있고, 마음이 어두워질 때도 있었다. 일시적인 사사로운 감정의 그림자가, 영원한 사물에만 전념하는 이 온화하고 위대한 정신을 잠시 스쳐가는 일도 있었던 것이다. 하긴 이러한 인물은 정치적 의견을 갖지 말아야 했을 것이다. 그러나 이 말을 오해해서는 안 된다. 우리는 이른바 이 '정치적 의견'이라는 것을, 오늘날의 고귀한 지식의 근거라고도 할 만한 진보에 대한 커다란 열망이나 애국적·민주적·인도적인 숭고한 신념 등과 혼동하는 것은 아니다.

그러나 이 책의 주제와 간접적 관계밖에 없는 문제에는 깊이 들어가지 않기로 하고, 다만 다음 말만 해두기로 한다. 비앵브뉘 각하가 왕당파가 아니었더라면 더할 나위 없이 훌륭했을 것이라고. 그리고 인간 사회의 파란 곡절을 넘어 '진리'와 '정의'와 '애덕(愛德)'의 세 가지 순결한 광채를 또렷이 볼 수 있는 저 조용한 관조에서 순간적이나마 눈을 돌리는 일이 없었더라면, 그는 더할 나위 없이 훌륭했을 것이라고.

하느님이 정치적 직무를 위해 비앵브뉘 각하를 세상에 보내신 것이 아님을 우리는 잘 알면서도 그것이 절대적 권리를 가진 나뽈레옹에 대한 정의와 자유의 이름을 위한 항의였고, 과감한 반대였고, 위험하고 정당한 저항이었다면 우리들은 그것을 이해하고 갈채를 보냈을 것이다.

그러나 권좌에 앉은 사람들을 상대로 할 때 우리가 유쾌하게 느끼는 일도 내리막길을 달리는 사람들을 상대로 할 때는 그리 유쾌한 게 못 된다. 우리는 위험스러운 싸움에만 쾌감을 느낀다. 그리고 어떠한 경우에라도 최초의 투쟁자만이 최후의 격멸자로서 권리를 갖는다. 상대방의 전성시대에 끈덕진 비난자가 아니었던 자는 상대방의 몰락 앞에서 침묵을 지켜야만 한다. 성공의 고발자만이 실패의 정당한 판정자이다. 우리들은 섭리의 손이 타격을 가할 때에 그가 하는 대로 내맡겨두어야 하는 것이다.

1812년은 우리들의 무장을 해제하기 시작한 해였다. 1813년에는, 그때까지 침묵을 지키고 있던 입법의회가 파국에 용기를 얻어 비겁하게도 침묵을 깨뜨렸는데, 그것은 차라리 비난할 만한 일이며 그것에 갈채를 보내는 건 잘못이었다. 1814년에는 저 반역자인 장군들 앞에서, 지난날 신성시했던 것을 모욕하며 비열한 행위를 거듭해 온 저 상원 앞에서, 또한 달아나면서 우상에 침뱉는 저 우상 숭배자의 무리 앞에서 사람들은 얼굴을 돌리는 것이 정당했었다. 1815년에 마침내 파국의 징조가 온 누리에 가득차고, 프랑스가 그 불길한 재난이 다가오는 발자국 소리에 떨고, 워털루의 패전이 나뽈레옹 앞에 입을 벌리고 있는 것이 어슴푸레하게나마 보였을 때, 운명에 버림받은 사람에 대한 군대와 민중의 비통한 탄성은 결코 웃을 일이 아니었다. 그러므로 이 독재자에 대한 비난이나 견해는 어떻든 디뉴의 주교와 같은 마음을 가진 사람은, 파멸의 늪가에서 위대한 국민과 한 위대한 인물이 굳게 포용한 데에는 엄숙하고도 감격적인 게 있었음을 부인해서는 안 되었을 것이다.

그것을 제외하고 주교는 어떤 일에나 올바르고, 진실하고, 공평하고, 총명하고, 겸손하고, 훌륭했으며 또한 그렇게 행동했다. 그는 자비로웠으며, 자비의 일종인 친절도 겸비하고 있었다. 그는 사제이자 현자였으며, 하나의 인간이었다. 그리고 또 여기서 말하지 않으면 안 될 것은—앞에서 우리가 그를 비난한, 준엄할 성도로 비판하려 했던 저 정치적 의견에조차도 그는 관대했으며 고집스럽지 않았다. 아마도 지금 여기서 그것을 왈가왈부하는 우리들보다 훨씬 침착했을 것이다.

디뉴의 시청 수위는 황제시대에 그 직을 얻은 사람이었는데, 그는 예전의 근위대 하사로 아우스터리츠 전투에 참가했던 십자훈장을 갖고 있으며 독수리문장 (나뽈레옹 군기의 표지) 처럼 황제와 떨어질 수 없는 보나빠르뜨 당이었다. 이 가련한 사나이의 입에서는 가끔, 그즈음 법률에서 '불온한 언사'로 규정된 그 조심성 없는 말이 곧잘 튀어나오고 있었다. 황제의 옆얼굴 초상이 레지옹 도뇌르 훈장에서 사라진 뒤부터, 이 사나이는 그의 말처럼 결코 '군의 제복'을 입는 법이 없었다. 그 십자훈장을 다는 일을 피하기 위해서였다. 사나이는 나뽈레옹으로부터 받은 그 십자훈장 중에서 황제의 초상을 경건하게 손수 도려내 버렸다. 그 때문에 구멍이 뚫렸으나, 사나이는 그 자리를 메우려고 하지 않았다. "그 따위 개구리(레지옹 도뇌르 훈장의 무늬가 / 세 개의 잎사귀로 바뀌었음) 세 마리를 가슴에 달고 다니기보다는 차라리 죽는 편이 낫다!"고 그는 말했다.

또 사나이는 곧잘 큰 소리로 루이 18세를 비웃었다. "영국식 각반을 친 중풍걸린 늙은이 같으니라구! 그 살시피 머리(루이 16세식 / 의 머리모양)와 함께 프러시아로 가 버렸으면 좋겠다!" 사나이는 교묘하게 하나의 욕설 속에 가장 미워하는 프러시아와 영국을 한꺼번에 말해치우고는 우쭐대는 것이었다. 그러나 너무도가 지나쳐 사나이는 그 지위를 잃고 말았다. 그리하여 마침내 먹을 것이 없어 처자를 거느리고 거리를 헤매는 신세가 되었다. 주교는 사나이를 불러다 조용히 타이르고 대성당 문지기로 임명했다.

주교는 그 교구에서 주님의 진정한 목자이며 모든 사람의 친구였다.

9년 동안 비앵브뉘 각하는 수많은 거룩한 행위와 친절한 태도로, 어버이를 존경하는 자식의 마음 같은 것을 디뉴의 시민에게 심어 주었다. 나뽈레옹에 대한 그의 태도조차도 일반 민중들에게 용납되고 은연중에 용서된 것처럼 보였다. 그들 선량하고 약한 양의 무리는, 그들의 황제를 숭배하면서 아울러 그들의 주교도 사랑하고 있었던 것이다.

비앵브뉘 각하의 고독

장군의 주위에 젊은 장교들이 모여들듯, 주교의 주위에는 언제나 젊은 성직자들이 드나들게 마련이다. 저 유쾌한 성 프랑스와 드 쌀르(주네브의 주교로, 성 잔느 / 드 샹 딸과 더불어 성모방문수도회를 창설했 / 음. 1567~1622)가 어딘가에서 '젖내 나는 사제들'이라고 부르고 있는 이들이 그들이다. 어떠한 직업에든 그 길을 동경하는 젊은이가 있어 성공자의 주위에 모여든다. 추종자를 갖지 못한 권위는 없고 아첨 없는 영달은 없다. 미래를 희구하는 사람들은 화려한 현재의 주위에 몰려든다.

대주교의 관구에는 어디나 한 무리의 막료가 있다. 조금이나마 세력을 갖는 주교 옆에는 반드시 신학교 생도들 척후대가 있어, 주교관 안을 이리저리 돌아다니며 살피고 관내 질서를 유지하며 주교 각하의 미소를 엿본다. 주교의 눈에 든다는 것은 부제의 등자에 발을 걸쳐 놓은 것과 같다. 스스로 길을 개척하지 않으면 안 된다. 사도가 된다 할지라도 우선 성직을 무시해서는 안 된다.

일반 사회에 큰 감투가 있듯이 교회에도 큰 관(冠)이 있다. 그것은 왕좌의 애호 아래 있으며, 수입이 많고, 생활이 윤택하고, 처세에 능하고, 사교계에서 인기가 있으며, 신께 드리는 기도는 물론이려니와 남에게 탄원도 잘하고, 온 교구 안의 사람들과 개별로 면담하는 것을 조금도 계면쩍게 여기지 않고, 성당의 창고와 그 내용물의 주선에 능하고, 사제보다는 대수도원장, 주교보다는 차라리 교황청의 고위 성직자가 되는 게 더 어울리는 그러한 주교들이다. 그 같은 사람들과 가까이 지내는 자야말로 행복하도다!

그들은 권세 있는 사람들이므로 자신들 주위의 아첨꾼이나 편애하는 자들에게, 자기를 즐겁게 해줄 줄 아는 모든 젊은이에게, 장차 주교의 자리를 얻기 전의 순서로 부유한 교구와 봉급과 보좌신부직과 대성당 안의 지위를 내려준다. 자기 스스로 승진함에 따라 그 위성들을 끌어올려 준다. 마치 전진하는 하나의 태양계라고나 할까?

그들의 광채는 그 추종자들을 붉게 물들인다. 그들의 영달은 그들 주변 사람들에게 무엇이건 자질구레한 승진을 가져다 준다. 보호자의 교구가 클수록 애호받는 사제의 직권도 커진다. 게다가 또 로마가 거기에 있다. 대주교가 될 주교는, 추기경이 될 대주교는, 그대를 수행원으로 로마에 데려가리라. 그대는 로마 최고법원으로 들어가고, 빨리움 (검은 십자가가 그려진 흰 띠로, 교황복에 차며, 모든 대주교와 특수한 주교에게 수여함) 을 받고, 눈 깜짝할 사이에 배심원이 되고, 교황의 시종이 되고, 몬시뇰 (고위 성직자) 이라 불리게 된다. 주교와 추기경의 지위 사이는 한 걸음에 지나지 않으며, 추기경과 교황의 사이는 덧없는 비밀투표의 향연만 있을 뿐이다. 모든 추기경의 붉은 관은 교황의 3층관을 꿈꿀 수 있다. 사제만이 오늘날 정규 순서를 밟아 왕이 될 수 있는 유일한 인간이다. 더욱이 그 왕이야말로 지상의 왕이 아닌가!

따라서 신학교란 이 얼마나 커다란 동경의 온상이었던가! 이 얼마나 많은 수줍은 얼굴의 소년들이, 이 얼마나 많은 젊은 성직자들이 빼레뜨 (라 퐁뗀느의 우화 속에 나오는 여자 이름. 우유 항아리를 이고 시장에 팔러 가면서 온갖 공상을 다 하다가 항아리를 떨어뜨려 깨뜨려버림) 의 우유 항아리를 머리에 이고 있는 것인가! 아, 야심이란 어찌 이다지도 수월하게 자신을 속이는 것일까. 그들은 그것도 모르고 야심을 하나의 천직인 줄 잘못 알고 있는 것이다!

비앵브뉘 각하는 겸손하고 가난한 특이한 성격의 사람이어서, 그 세력을 떨치는 주교의 관(冠) 사이에 끼어들 수 없었다. 그것은 그의 주위에 젊은 사제 추종자들이 하나도 없는 사실만 보아도 분명히 알 수 있다. 빠리에 나가서도 그가 '좋은 평을 받지 못했음'은 이미 앞서 본 바와 같다. 장래를 생각하는 사람으로서 이 외로운 노인을 발판삼아 올라 서 보려고 마음먹는 이는 하나도 없었다. 야심을 품은 젊은 나무는, 아무도 이 고목 그늘에서 가지를 뻗쳐 보려는 어리석은 마음을 먹지 않았다. 그의 밑에 속하는 주교회원이나 사제보들은 모두 선량한 노인들뿐으로, 그와 마찬가지로 평민다우며 추기경이 되는 길이 전혀 트일 길 없는 이 교구에 들어박혀 있었다.

그들은 그들의 주교와 너무나 닮은 생활을 하고 있었으며, 단 하나 다른 것은 그들은 이미 노쇠했고 주교는 완성을 보았다는 점뿐이었다. 비앵브뉘 각하 곁에 있어서는 승진의 가망이 없음을 누구나 잘 알고 있으므로, 그의 손에 의해 자격을 얻은 젊은이들도 신학교를 나오면 곧 액스나 오슈의 대주교 같은 이에게 줄을 대어 일찌감치 가버렸다.

왜냐하면 사람은 출세하기를 바라기 때문이다. 극도의 자기 희생 속에 생활하는 성자는 위험한 이웃이다. 그러한 성자는 구제할 길 없는 가난과, 승진에 유리한 기능의 마비와, 당신이 원하는 것 이상의 자기 포기를 당신에게 전염시킬 우려가 있다. 그러므로 사람들은 그와 같은 독기를 피하려 한다. 비앵브뉘 각하가 고독한 원인은 그러한 데 있었다. 우리는 어두운 사회에 살고 있다. 성공한다는 것이야말로 부패의 벼랑에서 한 방울 한 방울 떨어지는 교훈이다.

말이 난 김에 말이지만, 성공이란 도무지 싫은 느낌이 들지 않는 것이다. 성공은 진실한 가치와 혼동되기 쉬우므로 사람들은 그 표면의 유사성에 어리둥절해 한다. 대중의 눈에는, 성공이 우월과 거의 같은 모습으로 비친다. 성공, 재능과 너무나 닮은 이 성공이라는 것은 곧잘 사람을 속인다. 역사는 그 유사성에 언제나 속아 넘어가고 있다. 오직 유베날리스와 타키투스만이 그것에 불평을 말했다.

오늘날에는 거의 공식적인 철학이 성공의 집에 봉사하러 들어와 성공의 고용인이 되어 그 응접실에서 손님접대를 하고 있다. 성공하라는 것이 학설이다. '영달'은 '능력'을 가정한다. 투기로 돈을 잡아라, 그러면 당신은 홀연

수완 좋은 인간이 된다. 승리를 얻는 자가 존경받는다. 관을 쓰고 태어나라 (행복한 환경에서 / 태어나라는 뜻), 모든 것은 거기에 있다. 기회를 붙잡아라, 그러면 나중 것은 저절로 얻어진다. 행복해지라, 그러면 사람들은 당신을 위대하게 여기리라. 세기의 광채를 수반한 몇몇의 예외를 제외하고는, 동시대의 도금이나 순금이나 마찬가지다. 누가 되었건 벼락부자가 되기만 하면 아무 상관이 없다. 속인은 자기 자신을 숭배하고 소인에게 갈채를 보내는 늙은 나르시스다.

사람이 모세가 되고, 에스킬로스가 되고, 단떼가 되고, 미켈란젤로가 되고, 나뽈레옹이 되는 그러한 큰 재능을, 군중은 이것저것 가릴 것 없이 목적을 이룬 자이면 누구에게나 선선히 환호하며 갖다바친다. 어떤 공증인이 국회의원이 되고, 가짜 꼬르네이유가 띠리다뜨(깐삐스또롱 / 작의 비극)를 만들어 내고, 어떤 환관이 후궁을 소유하고, 어떤 프뤼돔므(만화가 앙리 모니에가 1857년 이래 / 유행시킨 비속한 부르주아의 전형) 군인이 어느 시기의 결전에서 우연한 승리를 얻고, 어떤 약제사가 상브르 에 뫼즈 부대를 위해 판지 구두창을 발명하여 그것을 가죽이라고 속여 팔아 40만 리브르의 수익을 올리고, 어떤 행상인이 고리대금하는 여자와 결혼해 여자로 하여금 칠팔백만의 돈을 낳게 하여 둘이서 그 돈의 어미 아비가 되고, 어떤 설교사가 그 콧소리 덕분에 주교가 되고, 어떤 좋은 가문의 집사가 그 직을 물러날 때에는 거금을 가진 몸이 되어 재무장관이 되거나 하면, 그와 같은 인간을 세상 사람들은 '천재'라고 부른다. 그것은 마치 무스끄똥(모양이 훌륭한 군대용 소총이라는 / 뜻. '삼총사'의 종자의 한 사람)의 맵시를 '단아한 미'라고 부르고, 끌로드(노트르담 드 빠리 / 에 나오는 인물)의 풍채를 '폐하의 위엄'이라고 칭송하는 것과 같다. 세상 사람들은 오리가 늪의 부드러운 흙에 찍어내는 발자국의 별 모양을 하늘의 성좌와 혼동하고 있는 것이다.

주교의 신앙

로마 가톨릭 견지에서 본다면, 우리는 디뉴의 주교를 군이 검토해 볼 필요가 없다. 이와 같은 영혼 앞에서 우리는 다만 존경의 마음을 느낄 따름이다. 올바른 사람의 양심을 그대로 믿지 않으면 안 된다. 그뿐 아니라 어떤 성질의 사람이 제시되면, 우리와 신앙이 다를지라도 우리는 인간의 모든 미덕이 발전할 수 있다는 것을 인정한다.

이런 종류의 교리에 대해서, 또는 이런 종류의 신비에 대해서 주교는 어떻게 생각하고 있었을까? 그러한 마음 속 비밀은 인간의 영혼이 벌거숭이로 들어가는 무덤에 의해서밖에 알 수 없다. 다만 우리에게 확실한 사실은 어떠한 신앙상의 애로에 부닥쳐도 그는 결코 위선에 빠진 적이 없었다는 일이다. 다이아몬드에는 어떠한 부패도 있을 수 없다. 그는 최대한 신앙에 몸을 맡겼다.

주교는 자주 부르짖었다.

"아버지이신 주님을 믿습니다."

그뿐 아니라 그는 양심에 필요한 만족을 착한 행위 속에서 얻고 있었고, 또 그렇게 함으로써 "그대는 주님과 더불어 있다"는 나지막한 목소리를 들을 수가 있었다.

우리가 여기에 적어 두지 않으면 안 되겠다고 생각하는 것은, 주교가 그의 신앙을 넘고 신앙을 초월하여서까지 지나친 사랑을 가지고 있었다는 사실이다. 에고이즘이 페당티즘으로 통하는 한심스러운 요즘 사회의 유행어로 말하면 주교가 '착실한 사람들'이나 '근엄한 사람들'이나 '경우 밝은 사람들'에게 차라리 해를 끼치는 인물이라고 판단된 것도 그 같은 이유에서이며, '그가 너무나 많이 사랑했기 때문이다.' 이 지나친 사랑이란 무엇이었던가? 그것은 이미 우리가 지적한 바와 같이, 인간에게서 넘쳐흘러 때로는 사물에까지 미치는 맑은 물과도 같은 순수한 친절이다.

주교는 생전에 아무것도 멸시하지 않았다. 신의 창조물에 대해서 너그러운 마음을 갖고 있었다. 인간은 제아무리 훌륭한 사람일지라도, 동물에 대한 까닭 없는 잔인성을 그 마음 밑바닥에 품고 있는 법이다. 그와 같은 잔인성은 뜻밖에도 사제들에게 많은데, 디뉴의 주교에게는 전혀 그런 성질이 없었다. 바라문교 승려에까지 이르지는 않았지만 '동물의 넋이 어디로 가는지 아는가?'라는 〈전도서〉의 말을 깊이 생각한 결과인 것 같다. 동물 형태의 추악스러움이나, 본능의 불결성조차도 그를 괴롭히거나 격분시키지 않았다. 오히려 마음에 감동을 느끼고 측은하게 생각할 정도였다.

주교는 깊이 생각에 잠기며, 그 원인이나 설명 또는 변명을 동물이 영위하는 외면 생활을 초월하여 추구하는 듯했다. 때로는 하느님께 전환을 구하는 것 같이도 보였다. 화내는 일 없이 양피지에 지웠다가는 다시 쓰곤 하는 고대문자를 판독하는 언어학자와도 같은 눈으로, 자연 속에 아직도 존재하는 숱한 혼돈을 유심히 관찰했다.

그 같은 몽상은 가끔 주교의 입에서 기묘한 말을 튀어나오게 했다. 어느 날 아침 그는 뜰에 나와 있었다. 뒤에서 누이동생이 걸어왔지만 보지 못했다. 갑자기 주교는 걸음을 멈추었다. 그리고 땅 위의 무엇인가를 들여다보았다. 그것은 검고 털이 난 끔찍스러운 커다란 거미였다. 누이동생은 그가 말하는 소리를 들었다.

"불쌍한 녀석! 네 탓은 아니련만."

어찌 말하지 않을 수 있겠는가, 자비롭기가 신과 같은 이 천진스러운 말을! 어린아이 같은 소리일는지도 모른다. 그러나 이 어린아이다움은, 아시시(이탈리아의 도시)의 성 프란체스코(프란시스코 수도회를 창설한 사람. 아시시에서 태어났음. 1182~1226)나 마르쿠스 아우렐리우스(덕이 높기로 유명한 로마 황제. 121~180. 재위 161~180)의 그것과도 같이 거룩한 것이었다. 하루는 한 마리의 개미를 밟지 않으려다가 발목을 삔 일도 있었다.

이 올바른 사람은 이렇게 살고 있었다. 그는 가끔 뜰에서 조는 일이 있었는데, 그때의 모습만큼 거룩한 것은 없었다.

그 청년시절이나 장년시시절에 대해 전해지는 이야기에 의하면, 비앵브뉘 각하도 지난날에는 열정적인 사람이었고 아마 격렬하기까지 했던 모양이다. 그리고 지금과 같은 모든 것에 대한 관대함은 타고난 성질이라기보다 오히려 긴 생애를 통해 맑은 물처럼 그의 마음속에 배어들고, 사랑의 편력을 통하여 천천히 그의 내부에 방울져 떨어진 커다란 확신의 결과였다. 왜냐하면 사람의 성격이란 바위와 마찬가지로 물방울로 그 속에 구멍을 뚫을 수 있기 때문이다. 그렇게 파인 것은 지워지지 않으며, 그렇게 형성된 것은 부술 수 없다.

1815년에 그는 75살이있다. 그러니 60살 이상으로는 보이지 않았다. 키는 크지 않았다. 어느 편인가 하면, 지나치게 살이 쪄서 그것을 막기 위해 즐겨 먼 길을 걸었다. 걸음걸이도 당당했고, 허리는 조금밖에 구부러지지 않았다. 그러나 우리는 그런 대수롭지 않은 것으로부터 어떤 결론을 끌어내려는 깃은 아니다. 그레고리 16세는 80살에도 몸이 꼿꼿했고 미소를 띠고 있었다지만 그래도 역시 나쁜 주교였다. 비앵브뉘 각하는 민중들이 이른바 '그럴 듯한 얼굴(못생긴 얼굴이라는 뜻)'이라고 말하는 그런 용모였으나, 너무나 선량해서 그 얼굴을 잊게 할 정도였다.

주교는 어린아이다운 쾌활함을 지녔다고 이미 말한 바 있다. 그것은 그의 우아한 풍모의 하나로서, 그가 그렇게 어린아이처럼 쾌활하게 이야기하고 있으면 사람들은 그 곁에서 마음의 평안을 느끼고, 마치 그의 온몸에서 기쁨이 샘솟는 것처럼 느꼈다. 그 혈색 좋은 싱싱한 얼굴빛이며 웃을 때 보이는 아직 하나도 빠지지 않은 새하얀 이는, 중년이라면 '젊은이'라 하고 싶고 노인이라면 '정정한 아저씨'라 하고 싶을 그런 소탈하고 솔직한 모습을 더해주고 있었다.

그가 나뽈레옹에게 주었던 인상도 바로 그 같은 것이었으리라고 생각된다. 언뜻 보아, 그리고 처음으로 그를 보는 사람에게 그는 한낱 정정한 노인에 지나지 않았다.

그러나 만약 몇 시간 그의 곁에 머물러 있어 보면, 그리고 조금이라도 그가 생각에 잠겨 있는 모습을 보면, 정정한 노인의 모습이 조금씩 변모하여 어딘지 사람을 위압하는 듯한 풍모를 띠어갔다. 넓고 근엄한 이마는 백발 때문에 거룩해 보였고, 그것이 명상에 의해 한결 위엄을 띠었다. 그의 온후한 풍모에는 언제나 위엄이 깃들어 있었다. 미소 띤 천사가 그 미소를 거두지 않은 채 조용히 나래를 펴는 그런 모양을 보는 듯한 감동을 사람들은 느끼는 것이었다. 존경심이, 더할 나위 없는 존경심이 서서히 사람들의 가슴에 일어나, 시련을 견뎌낸 넓고 깊고 굳센 하나의 영혼을 눈 앞에서 보는 느낌이 들었다. 그와 같은 영혼 속에서는, 사상이 너무도 위대하여 온화할 수밖에 없다는 생각이 든다.

기도, 성무(聖務)의 집행, 자선, 고통받는 사람들에 대한 위로, 얼마쯤의 밭일, 우애, 검소, 환대, 체념, 신뢰, 연구, 저술 등이 그의 나날의 생활을 채우고 있었다. '채우고 있다'는 말은 매우 적절하며, 확실히 주교의 하루는 좋은 사상과 좋은 말과 좋은 행위로 가득차 있었다.

그러나 밤에 두 부인이 침실로 물러간 뒤 잠들기 전 한두 시간을 추위나 비로 말미암아 뜰에 나가 지내지 못하게 될 경우, 주교의 하루는 완전한 것이라고 할 수 없었다. 밤하늘의 위대한 광경을 향해 명상하고 잠을 청하는 일은, 주교에게 일종의 의식처럼 여겨졌다.

때로는 밤이 꽤 깊어진 뒤 두 부인이 아직 잠들지 못하고 있을 때면 조용히 뜰을 거니는 그의 발소리를 들을 수가 있었다. 그는 거기서 자기 자신과 마주 대하여 명상에 잠기고, 평화로운 마음으로 주님을 찬미하고, 마음의 정밀함을 대기의 정밀함에 견주고, 어둠 속에서 눈에 비치는 성좌의 광채와 보이지 않는 주님의 광채에 감동하며 '미지의 것'에서 떨어져 오는 가지가지 생각에 가슴을 열어놓는 것이었다.

이러한 순간 주교는 밤의 꽃들이 그 향기를 보내 주는 시간에, 별빛 찬란한 밤 한가운데 등불처럼 불타는 자기의 가슴을 바치고, 삼라만상에 차고 넘치는 창조의 광명 속에 황홀하게 서 있을 뿐, 자신의 정신 속에 무슨 일이 일어나고 있는지를 자기 자신도 아마 말할 수 없었으리라. 그는 무엇인가가 자기 외부로 날아가고, 무엇인가가 자기 내부로 들어오는 것을 느끼고 있었다. 영혼의 심연과 우주 심연의 신비로운 교환이었다.

그는 주님의 위대함과 현존을 생각하고 있었다. 불가사의한 신비인 미래의 영원을, 더욱 불가사의한 신비인 과거의 영원을, 눈 앞에서 모든 방향으로 파고드는 모든 무한한 것을 생각하고 있었다. 그리고 불가해한 것을 이해하려 애쓰지 않고, 다만 그것을 바라볼 따름이었다.

미리엘 주교는 주님을 연구하지 않았다. 다만 그것에 매혹되어 있었다. 그는 원자(原子)의 저 놀라운 만남을 생각했다. 그 만남이 물질에 갖가지 형태를 주고, 그 형태를 확정지으면서 힘을 발휘하고, 통일 속에 개성을, 불균형 속에 균형을, 무한 속에 수많은 것을 창조하고, 빛으로 말미암아 미를 창조하는 것이다. 그 같은 만남은 끊임없이 맺어지고 또 풀린다. 거기서 삶과 죽음이 생겨난다.

주교는 시든 포도 덩굴 앞에 놓인 나무벤치에 걸터앉아, 과일나무의 초라한 꼽추 같은 실루엣을 통하여 별을 바라본다. 보잘것없는 나무와 헛간과 오두막집이 여기 저기 늘어서 있는 이 조그마한 땅은, 그에게 귀중하고도 충분했다.

매우 적은 틈밖에 없는 생활의 여가를 낮이면 밭일에, 밤이면 명상에 바치고 있는 이 노인에게 그 이상 무엇이 필요하겠는가? 하늘을 지붕으로 삼는 이 좁은 울타리 안이 어느 때는 가장 아름다운 조화 속에서, 어느 때는 가장 장엄한 조화 속에서 주님을 흠숭하기에 충분하지 않았던가? 그리고 사실 거기에는 모든 것이 있지 않은가? 그밖에 무엇을 바랄 것인가? 산책을 하기 위한 좁은 뜰이 있고, 명상을 하기 위한 끝없는 하늘이 있다. 발 아래에는 가꾸고 채집할 것이 있고, 머리 위에는 연구하고 명상할 것이 있으며, 땅 위에는 몇 종류의 꽃이, 하늘에는 별이 가득 있다.

주교의 사상

마지막으로 한 마디.

앞서 말한 바와 같은 갖가지 사실들은, 특히 오늘날 유행하는 말로 표현한다면 디뉴의 주교에게 '범신론자다운' 어떤 면모를 부여할지도 모른다. 그리고 그에 대한 비난이 될지 칭찬이 될지 알 수 없지만, 어쨌든 흔히 고독한 인간의 정신 속에서 싹트고 자라면서 마침내 종교의 자리를 차지하기까지에 이르는 금세기 고유의 저 개인적인 철학의 하나를 그가 품고 있었다고 믿게 할지도 모른다. 여기서 우리가 강조하고 싶은 것은, 비앵브뉘 각하를 실제로 아는 사람들은 아무도 그러한 생각을 해도 좋다고 여긴 사람이 없다는 사실이다. 이 사람을 빛나게 한 것은 그의 마음이었고, 그의 예지는 그 마음에서 나오는 빛으로 이루어졌던 것이다.

체계적 사상은 없고 행위는 많다. 난해한 추론(推論)은 현기증을 가져온다. 그가 그 정신을 신비로운 고찰에 바친 흔적은 아무 것도 없다. 사도(使徒)라면 대담해도 좋다. 그러나 주교는 소심해야 한다. 그는 말하자면 놀랄 만큼 위대한 정신을 위해 남겨둔 것이라고나 할 그러한 문제에 깊이 파고들기를 삼간 것이리라. 수수께끼의 문 아래에는 신성 불가침의 공포가 있다. 그 어슴푸레한 입구는 거기에 입을 떡 벌리고 있다. 그리고 무엇인가가 당신에게, 인생의 나그네인 당신에게 들어와서는 안 된다고 속삭인다. 거기에 발을 들여놓은 자는 불행하다! 천재들은 추상과 순수사변의 바닥모를 심연에 빠져들어가, 말하자면 갖가지 교리 위에 높이 앉아서 자기들의 사상을 신에게 제시한다. 그들의 기도는 대담하게도 의론의 제출이며, 그들의 예배는 질문이다. 그와 같은 험준한 길을 시도하는 사람에게, 그것은 불안과 책임에 가득 차 있는 직접적인 종교이다.

인간의 명상은 끝이 없다. 명상에 의해 인간은 모든 위험을 무릅쓰고, 그 자체의 현혹을 분석하고 탐구한다. 그것은 그 어떤 눈부신 반동력으로 그것의 본체를 현혹시킨다고 해도 지나친 말이 아니리라. 우리를 에워싸고 있는 신비한 세계는 자기가 받은 것을 되돌려주어 관조자는 피관조자가 될 수도 있으리라. 그것은 어떻든 이 세상에는 몽상의 지평 저쪽에 자리한 절대 경지의 높이를 뚜렷이 보고 무한한 산(山)의 무서운 환영을 보는 그러한 사람들 —그것이 과연 인간일까? —이 있다.

비앵브뉘 각하는 그러한 무리에 속하는 사람은 아니었다. 그는 천재가 아니었다. 그는 그 같은 더없이 훌륭한 경지를 두려워했다. 대단히 위대한 어떤 사람들, 이를테면 스웨덴보르그나 빠스깔도 그러한 경지에서 굴러떨어져 정신착란에 빠졌던 것이다. 하긴 그와 같은 강력한 몽상은 정신에 유익하며, 그러한 험난한 노정에 의하여 인간은 이상적인 완전한 세계로 다가간다. 그러나 주교는 지름길, 곧 복음서의 길을 택했던 것이다.

주교는 자신의 법의에 엘리야(구약에 나오는 예언자. 여러 가지 기적을 행했으며, 자기와 같은 기적을 행하도록 제자 엘리사에게 자기 망토를 물려주었음)의 외투 주름을 잡으려고(예언자가 된다는 뜻) 하지 않았다. 그는 암담한 사건의 소용돌이 속에 미래의 광명을 던져 주려 하지 않았으며, 사물의 빛을 한데 모아 불꽃을 만들려고도 하지 않았다. 그에게 예언자다운 점은 하나도 없었다. 이 겸허한 영혼은 오직 사랑할 뿐이었다. 그것이 모두였다.

미리엘 주교가 기도의 범위를 인간의 한계를 넘은 희망으로까지 펼쳐갔다는 것은 아마도 사실이리라. 그러나 사람은, 아무리 사랑해도 지나치다고 할 수 없듯, 아무리 기도드려도 지나치다는 법은 없다. 성서 이상으로 기도드리는 것이 이단이라면, 성녀 테레사나 성 제롬은 이단자가 아니겠는가.

주교는 괴로움에 신음하는 사람 위로, 죄를 회개하는 사람 위로 몸을 구부렸다. 세상은 그에게 하나의 큰 질병처럼 생각되었다. 그는 곳곳에서 열병을 느끼고, 곳곳에서 고뇌의 소리를 들었다. 그리고 주교는 그 수수께끼를 풀려고 하지 않고, 그 상처를 치료하려고 했다. 하느님의 창조물이 겪는 무서운 광경은, 그의 마음에 연민의 정을 싶게 할 따름이었디. 주교는 오직 동정하고 위로하는 최선의 방법을 자신을 위해 발견하고, 다른 사람에게 깨우쳐 주는 일에 온힘을 기울였다. 존재하는 모든 것은, 이 드물게 보는 선량한 사제에게 있어 영원한 슬픔이며 끊임없이 위로를 구하는 무리였다.

세상에는 황금을 캐내기 위해 일하는 사람들이 있다. 주교는 연민을 이끌어내기 위해 일하고 있었다. 온 세계의 비참은 그의 광산이었다. 가는 곳곳에 고뇌가 있다는 것은, 언제나 선의를 베풀 기회가 있다는 말이었다. '서로 사랑하라.' 주교는 이 말을 완전무결한 것으로 알고, 더이상은 아무것도 바라지 않았다. 거기에 그의 모든 교리가 있었다.

어느 날 스스로 '철학자'라고 여기는, 앞서 말한 그 상원의원이 주교에게 말했다.

"하지만 이 세상 꼴을 좀 보십시오. 모든 인간이 모든 상대에게 싸움을 걸고 있습니다. 가장 강한 자는 가장 뛰어난 머리를 가진 자입니다. 당신의 그 '서로 사랑하라'는 말은 어리석은 소리요."

비앵브뉘 각하는 항변하지 않고 대답했다.

"과연 그것은 어리석은 소리일는지 모르지만, 영혼은 그러한 사랑 속에 가두어두지 않으면 안 되오. 진주가 조개 속에 들어 있는 것처럼."

그러므로 주교는 그러한 사랑에 몸을 담고, 그러한 사랑에 살며 완전히 만족하고 있었다. 사람 마음을 끌어당기고 사람에게 공포감을 주는 불가사의한 힘을 지닌 문제, 헤아릴 길 없는 추상의 심연, 형이상학의 험준하게 깎아지른 절벽은 모두 옆으로 밀어놓았다. 사도에게는 신으로, 무신론자에게는 허무로 집약되는 저 모든 것을 삼키는 심연—곧 운명, 선과 악, 존재자끼리의 투쟁, 인간의 의식, 동물들의 서글픈 몽유병, 죽음으로 말미암은 변모, 무덤이 삼켜 버리는 생존의 반복, 존속하는 자아 위에 접목되는 불가해한 애정, 본질, 실체, 무(無)와 유(有), 영혼, 자연, 자유, 필연, 인간 정신의 거대한 대천사들이 굽어보는 불길한 부피를 지닌 험난한 문제들, 류크레스며 마누^(인도의 경전)며 성 바오로며 단떼가 무한을 응시함으로써 거기 별이 나타날 지경으로 불타오르는 눈초리로 관조하는 저 무서운 심연—이러한 모든 것들을 그는 옆으로 밀어 놓았다.

비앵브뉘 각하는 신비한 문제를 그저 밖에서만 살펴볼 뿐, 깊이 파헤치거나 휘저어 자기의 정신을 그것으로 어지럽히는 일이 없었다. 그러면서도 신비의 어둠에 대한 진지한 존경을 영혼 속에 품고 있는 단순한 하나의 인간이었다.

제2편 추락

온 하루를 걸은 날 저녁

1815년 10월 초순 해지기 1시간 전쯤, 먼길을 걸어온 한 사나이가 디뉴의 작은 거리로 들어서고 있었다.

때마침 이 집 저 집에서 창이며 문 앞에 더러 나와 있던 사람들은, 이 나그네 차림의 사나이를 바라보며 공연히 불안스러움을 느꼈다. 아무리 떠돌아다니는 사람일지라도 이보다 더 초라한 행색을 하기란 어려우리라.

나그네는 중키에 어깨가 떡 벌어진 힘깨나 쓸 듯한 한창 나이의 사나이였다. 나이는 마흔 여섯에서 여덟쯤 되었을까. 눌러쓴 차양 달린 가죽 모자가 햇볕과 바람에 그을린 채 땀이 흥건한 그 얼굴을 조금 가리고 있었다. 누렇게 바랜 셔츠는 목 있는 부분만 은빛 핀으로 채워져, 그 사이로 털난 가슴이 드러나보였다. 넥타이는 끄나풀처럼 배배 꼬였고 푸른 줄이 있는 무명 바지는 낡고 닳아빠져 한쪽 무릎은 허옇고 다른 한쪽 무릎은 구멍이 나 있었다.

남루해 보이는 낡은 잿빛 작업복 윗옷은 팔꿈치께에 푸른 무명 조각이 굵은 실로 꿰매어 대어져 있고, 등에는 죔쇠를 꽉 쥔 불룩한 새 배낭을 짊어지고 있었다. 굵은 마디투성이 지팡이를 손에 들고, 양말도 신지 않은 발에 징박힌 구두를 신고, 머리는 짧게 깎았으며, 턱수염은 더부룩이 나 있있다.

땀과 더위와 도보 여행과 먼지가 이 허름한 나그네의 모습 전체에 어딘지 모르게 불결함을 더해 주고 있었다.

머리는 짧았으며 위로 곤두서 있었다. 한동안 깎지 못하여 좀 자랐기 때문이었다.

아무도 그 사나이를 아는 사람은 없었다. 우연히 지나가는 한 나그네에 지나지 않는 게 분명했다. 어디서 오는 것일까? 남쪽에서, 아마도 바다 가까운 곳에서 온 것이리라. 왜냐하면 일곱 달 전 나뽈레옹 황제가 칸느에서 빠리로 갔을 때 지나간 것과 같은 길로 디뉴에 들어왔으니까.

이 사나이는 하루 종일 걸었음이 틀림없었다. 몹시 지친 듯 보였다. 아랫거리의 옛 시장터 언저리 아낙네들이 보니, 그는 가쌍디 산책길 가로수 밑에서 발길을 멈추고 그 끄트머리에 있는 샘물을 마셨다. 목이 몹시 마른 모양이었다. 그의 뒤를 따라갔던 아이들이, 거기서 200걸음쯤 떨어진 새 시장의 샘터에서도 그가 걸음을 멈추고 물을 마시는 것을 보았다.

프와슈베르 거리 모퉁이에 이르자 그는 왼쪽으로 꼬부라져 시청 쪽으로 갔다. 그는 거기에 들어갔다가 15분쯤 뒤 다시 나왔다. 정문 옆 돌벤치에 한 헌병이 앉아 있었다. 드루오 장군(나뽈레옹과 끝까지 함께 한 장군)이 이 해 3월 4일, 놀란 디뉴 시민들에게 쥐앙 만(나뽈레옹이 1815년 3월 1일 엘바 섬에서 다시 프랑스로 상륙한 만) 상륙 선언을 포고했던 곳이다. 나그네는 모자를 벗고 헌병에게 공손히 머리를 숙였다.

헌병은 그 인사에 답하지 않고, 한참 동안 유심히 상대방을 바라보고 있다가 시청 건물 안으로 들어가 버렸다.

그즈음 디뉴에는 크르와 드 꼴바라는 이름의 훌륭한 여관이 있었다. 그 여관 주인은 자깽 라바르라는 사나이였다. 그는 전에 길잡이병사였으며 그르노블에서 트르와 도팽 여관을 경영하는 또 하나의 라바르라는 자와 친척이 되므로 시내에서 꽤 존경받고 있었다. 황제가 상륙했을 때, 이 트르와 도팽 여관에 대한 숱한 소문이 그 지방에 퍼져 있었다.

전하는 바에 의하면, 짐수레꾼으로 변장한 베르트랑 장군이 그해 1월에 몇 번이나 그곳에 드나들면서, 그 고장 병사들에게 명예 훈장을 주고 시민들에게 나뽈레옹 금화를 뿌렸다는 소문이었다. 그러나 사실은 황제가 그르노블에 들어왔을 때, 지사 저택에 묵을 것을 거절하고 "나는 아는 사람의 집으로 가기로 되어 있으니까" 하며 지사에게는 사의만 표하고 트르와 도팽 여관으로 갔다고 한다. 트르와 도팽의 이 영광은 25리그 떨어져 있는 크르와 드 꼴바의 라바르에게까지 미쳤다. 시내에서는 그를 '그르노블의 라바르 사촌'이라고 부르고 있었다.

나그네는 이 지방에서 가장 훌륭한 그 여관 쪽으로 갔다. 그는 한길 쪽으로 문이 나 있는 주방으로 들어갔다. 화덕에 불이 타오르고, 벽난로에도 커다란 불길이 기세좋게 너울거리고 있었다.

요리사이기도 한 주인은 이 아궁이에서 저 냄비로 돌아다니며 몹시 분주하게 마차꾼들을 위한 맛좋은 요리를 감독하고 있었다. 그 마차꾼들이 옆 식

장 발장

당에서 큰 소리로 웃고 떠들어대는 소리가 들려왔다. 여행해 본 사람이면 누구나 다 아는 일이지만, 마차꾼들처럼 잘 먹는 사람은 없다. 살찐 알프스 토끼가 흰 자고새와 멧닭과 나란히 긴 쇠꼬챙이에 꿰어져 불 앞에서 돌아가고, 화덕 위에서는 로제 호에서 잡아 온 큼직한 두 마리 잉어와 알로즈 호의 무지개 송어 한 마리를 굽고 있었다.

주인은 문이 열리며 새로 누군가가 들어오는 기척을 듣고 화덕에서 눈을 떼지도 않고 말했다.

"무얼 드릴까요, 손님?"

"식사와 방을."

"그렇게 하시지요" 하고 주인은 대답했다. 그러고 나서야 그는 고개를 돌려 나그네의 모습을 위에서 아래까지 쓱 훑어보았다. 그리고는 "……돈만 치르신다면" 하고 덧붙였다.

사나이는 작업복 윗옷 포켓에서 커다란 가죽 지갑을 꺼내며 대답했다.

"돈은 있습니다."

"아, 그렇다면 좋습니다."

사나이는 지갑을 포켓에 집어넣고 배낭을 내려 문 옆 마룻바닥에 놓더니 지팡이를 손에 든 채 불 옆으로 가서 나지막한 걸상에 앉았다. 디뉴는 산중 지방이므로 10월 저녁이면 벌써 추웠다.

그 동안 주인은 이리저리 왔다갔다하면서도 사나이에게서 눈을 떼지 않고 있었다.

사나이는 물었다.

"곧 식사할 수 있습니까?"

"네, 곧 됩니다."

새로 온 손님이 등을 돌리고 앉아 불을 쬐는 동안, 빈틈없는 여관 주인 자깽 라바르는 포켓에서 연필을 꺼내더니 창문 옆 조그만 테이블 위에 널려 있는 헌 신문지의 한 귀퉁이를 찢어냈다. 여관 주인은 흰 여백에 무엇인가 두어 줄 쓴 다음 접어서 봉하지도 않은 채, 부엌일과 심부름을 함께 하는 소년에게 그 쪽지를 건네주었다. 여관 주인이 그 소년에게 한 마디 귓속말을 소곤거리자 소년은 시청 쪽으로 달려갔다.

사나이는 그것을 전혀 알아채지 못하고 있었다.

주인은 이리저리 왔다갔다하면서도 사나이에게서 눈을 떼지 않았다.

그는 다시 한 번 재촉했다.

"곧 식사하게 되겠습니까?"

"네, 곧."

소년은 그 종이쪽지를 가지고 다시 돌아왔다. 주인은 대답을 기다리고 있었던 듯 부리나케 그 쪽지를 펼쳤다. 그는 주의깊게 그것을 읽는 것 같았다. 그러고는 고개를 끄덕이며 한동안 생각에 잠겼다. 이윽고 그는 어딘지 시름에 잠긴 듯한 나그네 쪽으로 한 걸음 다가섰다.

"손님." 주인은 말했다. "당신을 묵게 할 수 없습니다."

사나이는 반쯤 자리에서 일어섰다.

"뭐라구요? 돈을 치르지 않을까봐 걱정하시는 겁니까? 미리 낼까요? 돈은 있다고 말했는데요."

"그것이 아니라……"

"그럼, 뭡니까?"

"당신은 돈을 가지고 있지만……"

"그렇습니다!" 하고 사나이는 말했다.

"그런데 우리집에 남아 있는 방이 없습니다" 하고 주인은 말했다.

사나이는 조용히 말을 이었다.

"마굿간이라도 좋소."

"안 됩니다."

"왜요?"

"말들이 가득 들어차 있어서요."

사나이는 다시 말을 이었다.

"그렇다면 헛간 구석이라도 좋소. 짚 한 다발만 있으면. 어떻든 우선 식사나 하고 봅시다."

"식사도 드릴 수 없습니다."

이 선언은 정중했으나 단호했으므로, 사나이에게는 엄숙하게 들렸던 모양이다. 그는 일어섰다.

"제기랄! 나는 배가 고파서 죽을 지경이란 말이오. 오늘 해가 뜰 때부터 걷기 시작했소. 12리그나 걸었지요. 돈을 치르겠으니 먹을 것을 좀 주시오."

"아무것도 없습니다" 하고 주인은 말했다.

사나이는 소리내어 웃으며 벽난로와 화덕을 돌아보았다.

"아무것도 없다고? 그럼, 저건!"

"저것은 모두 선약이 되어 있습니다."

"누구와?"

"마차 모는 분들하고요."

"모두 몇 사람이나 되는데요?"

"열두 사람이요."

"스무 사람 몫은 되겠는걸."

"모두 선약이 된 것이고, 돈도 미리 받은 것이라서요."

사나이는 다시 앉았다. 그리고는 그리 소리를 높이지도 않고 말했다.

"나는 여관에 와 있소. 배가 고픕니다. 여기서 움직일 수 없소."

그러자 주인은 허리를 구부려 사나이의 귀에 입을 대고 그가 몸을 부르르 떨 만한 어조로 말했다.

"나가시오."

이때 사나이는 몸을 굽혀 쇠붙이 달린 지팡이 끝으로 타다 만 통나무를 헤집고 있다가 놀라서 돌아보았다. 그리고는 뭐라고 대답하기 위해 입을 열려고 했을 때, 주인은 그를 지그시 쏘아보며 여전히 낮은 목소리로 덧붙였다.

"자, 이제 그만두시오. 당신 이름이 무엇인지 내가 말해 볼까요? 당신은 장 발장. 그리고 당신이 어떤 사람인지 말해 볼까요? 당신이 들어오는 것을 보고 나는 문득 어떤 예감이 들어 시청으로 사람을 보냈었소. 자, 이것이 그 답장이오. 읽을 줄 아시오?"

그리고 주인은 여관에서 시청으로, 시청에서 여관으로 돌아온 쪽지를 활짝 펼쳐 낯선 사나이에게 내밀었다. 사나이는 그것을 힐끗 훑어보았다. 주인은 잠시 침묵한 뒤 다시 말을 이었다.

"나는 누구에게나 공손하게 대하는 게 버릇이오. 나가 주시오."

사나이는 고개를 떨어뜨리고 바닥에 놓아둔 배낭을 들어올려 나갔다.

그는 한길 쪽으로 걸어갔다. 서글픔에 잠긴 사람처럼 집들 옆으로 바싹 붙어 걸으며 정처없이 앞으로 나아가고 있었다. 한 번도 뒤돌아보지 않았다. 만약 돌아보았다면, 그는 크르와 드 꼴바 여관 주인이 여관 손님들과 행인들에게 둘러싸여 큰 소리로 지껄여대며 자기 쪽을 손가락질하는 걸 보았을 것이다. 그리고 거기 모여선 사람들의 불신과 공포에 가득 찬 눈초리에서, 자기가 나타난 일이 삽시간에 온 거리의 화젯거리가 되리라는 걸 깨달았을 것이다.

그러나 그는 그런 것은 하나도 보지 않았다. 여지없이 짓밟힌 사람은 뒤돌아보지 않는다. 저주스러운 운명이 뒤따라오는 것을 너무도 잘 알고 있는 것이다.

그는 그런 모습으로 한참 동안 걸어갔다. 슬픔에 잠긴 사람들이 으레 그렇듯, 피로도 잊은 채 낯선 거리를 정처없이 걸어가고 있었다. 갑자기 그는 심한 배고픔을 느꼈다. 땅거미가 지고 있었다. 그는 어디고 하룻밤 쉬어 갈 곳이 없을까 여기저기 둘러보았다.

훌륭한 여관은 그를 내몰았다. 그는 어디 허술한 주막이나 초라한 여인숙 같은 곳은 없을까 찾고 있었던 것이다.

마침 저쪽 길 끝에서 불빛이 반짝였다. 쇠기둥에 매달린 소나무 가지 하나가 황혼의 어슴푸레한 하늘에 검게 그림자를 짓고 있었다. 사나이는 그곳으로 갔다.

과연 그것은 주막이었다. 쇼포 거리에 있는 목로술집이었다.

나그네는 잠시 걸음을 멈추고 유리창 너머로 안을 들여다보았다. 천장이 나지막한 그 술집 안은 테이블 위의 조그만 램프와 훨훨 타오르는 벽난로 불빛으로 환히 빛나고 있었다. 몇 사나이가 술을 마시고 있었다. 주인은 불을 쬐고 있었다. 불꽃이 쇠고리에 걸린 철냄비를 보글보글 끓게 하고 있었다.

이 술집은 여인숙을 겸하고 있었으며 출입문이 두 군데 있었다. 하나는 한길로, 하나는 더러운 짚 같은 것을 쌓아 놓은 조그만 안마당으로 나 있었다. 사나이는 차마 한길 쪽 문으로 들어갈 용기가 없었다. 그는 안마당으로 살며시 들어가, 다시 잠시 멈추어 섰다가 조심조심 손잡이를 돌려 문을 밀었다.

"누구시오?" 주인이 말했다.

"저녁 식사와 방을 얻을까 합니다."

"아, 네. 저녁 식사와 잠자리라면 됩니다."

사나이는 들어갔다. 술을 마시던 사람들이 모두 돌아보았다. 램프가 그의 반쪽을, 벽난로 불빛이 다른 반쪽을 비추었다. 배낭을 내려놓는 동안 사람들은 잠시 그를 유심히 살펴보았다.

주인은 그에게 말했다.

"여기 불이 있습니다. 저녁밥은 냄비 속에서 끓고 있으니 이쪽으로 와서 몸을 녹이시지요."

그는 불 옆으로 가서 앉았다. 지칠 대로 지친 두 다리를 불 앞으로 뻗었다. 먹음직스러운 냄새가 냄비에서 새어나오고 있었다. 깊숙이 눌러 쓴 모자 밑으로 보이는 그의 얼굴에는, 막연한 안도감과 끊임없이 시달림받아 온 인간에게서 볼 수 있는 침통한 빛이 함께 서려 있었다.

그것은 굳건하고 힘차며 음울한 얼굴이었다. 복잡하고도 야릇한 얼굴로, 처음 볼 때에는 겸손한 것 같았으나 차츰 준엄해 보였다. 눈은 덤불 밑에서 타는 불덩이처럼 눈썹 아래서 번뜩이고 있었다.

그런데 테이블에 앉아 있던 사람들 가운데 생선 장수가 있었다. 이 생선 장수는 쇼포 거리의 이 술집으로 오기 전, 라바르의 마굿간에 말을 맡기러 간 사람이었다. 또 우연하게도 그날 아침 이 인상 나쁜 낯선 사나이가 브라다쓰와 ○○○—작자인 나는 그 이름을 잊어버렸지만, 아마도 에스꾸블롱이었으리라고 여겨진다—와의 사이를 걷고 있는 것을 보았다. 그 사나이는 몹시 지쳐 있는 듯 그를 만나자 말 꽁무니에라도 태워 줄 수 없겠느냐고 간청했다. 생선 장수는 대꾸도 하지 않고 재빨리 말을 몰아 와 버렸다. 이 생선 장수는 반 시간쯤 전 자깽 라바르를 에워싼 군중 속에 있었고, 크르와 드 꼴바 여관 사람들에게 자기가 그날 아침에 겪은 기분나쁜 사건을 이야기해 주었다.

생선 장수는 지금 자기 자리에서 술집 주인에게 살그머니 눈짓했다. 주인은 그에게로 갔다. 두 사람은 낮은 목소리로 몇 마디 소곤거렸다.

낯선 사나이는 다시 무슨 생각에 잠겨 있었다.

술집 주인은 벽난로 곁으로 돌아가 느닷없이 사나이의 어깨에 손을 얹고 말했다.

"당신은 여기서 나가 주어야겠소."

낯선 사나이는 주인을 돌아보고 공손하게 대답했다.

"아! 당신도 알고 있군요?"

"그렇소."

"나는 다른 여관에서도 쫓겨났습니다."

"여기서도 나가 주어야겠소."

"어디로 가라는 겁니까?"

"다른 곳으로."

사나이는 지팡이와 배낭을 들고 나갔다.

그가 나왔을 때, 크르와 드 꼴바 여관에서부터 뒤따라와 그가 나오기를 기다리고 있던 몇 명의 아이들이 그에게 돌을 던졌다. 그는 화가 나서 되돌아오며 지팡이로 그들을 위협했다. 아이들은 새떼가 날듯이 흩어졌다.

그는 형무소 앞을 지났다. 초인종에 매달린 쇠줄이 문에 늘어져 있었다. 그는 종을 울렸다.

사잇문이 열렸다.

"간수님, 이 안에서 오늘 밤만 재워주지 않겠습니까?" 하고 그는 정중하게 모자를 벗으면서 말했다.

안에서 대답했다.

"형무소는 여관이 아니야. 붙잡혀 오면 들여보내 주지."

사잇문은 다시 닫혀 버렸다.

사나이는 정원이 많이 있는 작은 길로 들어섰다. 어떤 정원은 산울타리로 둘러쳐져 있을 뿐이어서 길까지 불빛이 새어나왔다. 그 정원과 산울타리 사이에, 그는 조그만 2층집 한 채가 있는 것을 발견했다. 그 창문은 불빛으로 환했다. 그는 목로술집에서처럼 유리창 너머로 안을 들여다보았다. 하얗게 석회칠이 된 큰 방으로 고운 프린트 무늬 천을 덮은 침대 하나, 한 구석에 요람 하나, 나무 의자 몇 개, 벽에 걸린 엽총이 한 자루 있었다.

방 한가운데 놓인 식탁에는 식사 준비가 되어 있었다. 구리쇠램프가 흰 무명 식탁보를 비추고, 은빛으로 빛나는 주석 주전자는 포도주로 가득찼으며, 갈색 수프 그릇에서 김이 오르고 있다. 식탁에는 명랑하고 활달한 얼굴의 사십대 사나이가 앉아서 무릎 위의 조그만 남자아이를 어르고 있었다. 그 옆에서는 젊은 여자가 아기에게 젖을 물리고 있었다. 아버지도 웃고, 어린아이도 웃고, 어머니는 미소짓고 있었다.

사나이는 이 화목하고 평화로운 광경 앞에 한참 멍하니 서 있었다. 그의 마음 속에 어떤 생각이 일어나고 있는 것일까? 그것을 말할 수 있는 것은 오직 그 사나이 자신뿐이었으리라. 그리고 그는 아마도 이 즐거운 가정은 자기를 환대해 주리라고, 이렇듯 행복이 흘러넘치는 집안에서는 조금이라도 동정을 받을 수 있으리라고 생각한 모양이었다.

그는 살그머니 창문을 한 번 두드렸다.

집안 사람에게는 그 소리가 들리지 않았다.

그는 다시 두드렸다.

여자의 말소리가 들려 왔다.

"여보, 누가 노크하는 것 같아요."

"안 들리는데……?" 남편이 대답했다.

그는 세 번째 두드렸다.

남편은 일어나 램프를 들고 와 문을 열었다.

그는 반은 농부, 반은 직공인 듯한 느낌의 키 큰 사나이였다. 왼쪽 어깨까지 올라가는 폭넓은 가죽 앞치마를 둘렀으며 그 위에 벨트를 둘러 포켓처럼 된 곳에 망치와 붉은 손수건과 화약통과 그밖의 여러 가지 것을 불룩하게 넣고 있었다.

그가 머리를 뒤로 젖히니 앞이 툭 트인 셔츠 밑으로 억세 보이는 흰 목과 벌거숭이 가슴이 드러나 보였다. 짙은 눈썹, 넓게 자리잡은 검은 구레나룻, 툭 불거진 눈, 내려갈수록 내밀어진듯한 느낌이 드는 아랫얼굴, 그리고 그 모든 것 위에 가정을 가진 사나이의 느긋한 만족감이 감돌고 있었다.

나그네는 말했다.

"실례합니다. 돈을 드릴 테니 수프 한 그릇만 먹을 수 없을까요? 그리고 마당 구석의 저 헛간에서라도 잘 수 없겠는지요? 제발 그렇게 해주십시오. 돈은 드리겠습니다."

"당신은 누구시오?" 집주인이 물었다.

사나이는 대답했다.

"나는 쀠이 므와쏭에서 온 사람입니다. 온종일 걸었습니다. 12리그나 걸었지요. 그렇게 해주시겠습니까? 돈은 내겠습니다."

"그야 물론, 돈까지 내겠다는 확실한 사람이라면 거절할 것도 없지요. 그렇지만 당신은 왜 여관으로 가지 않는 거요?"

"빈 방이 없었습니다."

"그럴 리가! 그럴 리가 없소. 축제일이나 장날도 아닌데…… 라바르의 여관에도 가보셨소?”

“갔습니다.”

“그런데?”

나그네는 당황하며 대답했다.

“왜 그러는지 받아 주지 않았지요.”

“그럼, 쇼포 거리의 그 집에도 가보셨소?”

낯선 사나이는 더욱 당황했다. 그는 중얼거리듯 말했다.

“거기서도 재워 주지 않는다고 해서.”

농부의 얼굴에 의혹의 표정이 떠오르고, 처음 보는 사나이를 머리 위에서 발끝까지 훑어보았다. 그리고 갑자기 몸서리치듯 소리쳤다.

“그럼, 당신이 바로 그 사람?”

주인은 새삼스레 낯선 사나이를 흘끗 보더니, 서너 걸음 뒤로 물러나 램프를 식탁 위에 내려놓고 벽에서 엽총을 집어들었다.

그러는 동안 “그럼, 당신이 바로 그 사람?”이라는 남편의 말을 듣고 아내도 일어나 두 아이를 품에 안고 얼른 남편 뒤로 숨어 젖가슴을 드러낸 채 겁에 질린 눈으로 낯선 사나이를 바라보면서 나직한 목소리로 중얼거렸다.

“Tso-maraude (프랑스 알프스 지방의 속 어로 도둑이라는 뜻—원주).”

이러한 일들은 상상도 할 수 없을 만큼 순식간에 일어났다. 집주인은 마치 독사라도 보듯 한참 ‘그 사나이’를 쏘아본 뒤 다시 문으로 돌아와서 말했다.

“나가시오.”

“제발 물 한 모금만” 하고 사나이는 말했다.

“쏘아 버릴 테다!”

그리고 농부는 문을 힘껏 닫아 버렸다. 사나이는 큰 빗장이 두 개 걸리는 소리를 들었다. 조금 뒤 창문에 덧창을 내리고 쇠로 된 가로막대를 걸치는 소리가 밖에까지 들렸다.

밤의 장막은 사정없이 내리덮이고 있었다. 알프스의 찬 바람이 휘몰아쳐 왔다. 대낮이 남긴 마지막 희미한 빛에, 나그네는 길가의 어느 정원 안에 있는 움막 같은 것을 보았다. 그것은 뗏장으로 지은 것이었다. 그는 서슴없이 목책을 뛰어넘어 정원 안으로 들어갔다.

움막 곁으로 다가가 보니 입구가 몹시 낮고 좁은 구멍으로 되어 있어, 마

그럼, 당신이 바로 그 사람?……

치 도로 인부들이 길가에 지어 놓은 가건물과 흡사했다. 그는 실제로 도로 인부들이 사용하는 곳인 줄 알았다. 그는 추위와 배고픔에 시달리고 있었다. 굶주린 배를 채우는 일은 이미 단념하고 있었으나, 적어도 이곳은 추위를 피할 수 있는 장소였다. 이러한 가건물은 흔히 밤에는 사용하지 않는 법이다.

그는 움막 속으로 기어들어갔다. 안은 따뜻했으며 꽤 쓸 만한 짚자리가 하나 있었다. 그는 한참 동안 그 위에 가만히 드러누워 있었다. 몸을 움직일 수 없을 만큼 지쳐 있었던 것이다. 그러다가 등에 짊어진 배낭이 거치적거리기도 하고 베개 대용이 될 수도 있겠다 싶어 멜빵의 죔쇠를 늦추기 시작했다. 그때 갑자기 무섭게 으르렁대는 소리가 들려 왔다. 그는 눈을 쳐들었다. 커다란 개의 머리가 움막 입구의 어둠 속에 꺼멓게 떠올라 있었다.

그것은 개집이었던 것이다.

사나이 자신도 힘센 무서운 사람이었다. 그는 지팡이를 겨누어 잡고 배낭을 방패삼아 그럭저럭 개집을 빠져나왔으나 그의 남루한 옷은 그 때문에 더욱 많이 찢어지고 말았다.

그는 정원에서도 나왔다. 개를 위협하기 위해 뒷걸음질치며 마치 검술가처럼 지팡이를 휘두르지 않을 수 없었다.

가까스로 목책을 넘어 다시 길로 나왔으나 잠을 잘 집도, 하늘을 가릴 지붕도, 몸을 가릴 덮개도 없었다. 저 짚자리와 초라한 개집에서조차 쫓겨난 그는 어느 돌 위에 걸터앉는다기보다 쓰러져 버렸다. 그곳을 지나가는 사람이 있었다면 그가 소리치는 것을 들었을 것이다.

"나는 개만도 못하다!"

얼마 뒤 그는 일어나 다시 걷기 시작했다. 그는 시내에서 빠져나왔다. 들판의 나무나 짚가리 같은 것이라도 찾아내어 몸을 의지하려고 생각했던 것이다.

그는 여전히 고개를 떨어뜨린 채 한참 동안 걸어갔다. 인가에서 완전히 멀어진 것을 느꼈을 때 눈을 들어 주위를 둘러보았다. 들판 한가운데 와 있었다. 그의 앞에는 바싹 베어 버린 밀보리 그루터기가 온통 널린 평퍼짐한 언덕이 하나 있었다. 추수가 끝난 뒤의 그 모양은 마치 까까머리 같았다.

지평선은 어두워져 있었다. 그것은 단순한 밤의 어둠뿐만이 아니었다. 낮게 드리운 구름이 언덕을 뒤덮으며 차츰 솟아올라 온 하늘을 뒤덮으려 하고

그는 지팡이를 겨누어 잡고 배낭을 방패삼아……

있었다. 그러나 바야흐로 달이 솟아오르려고 중천에는 아직 황혼의 잔광이
어려 있었으며, 구름은 하늘에서 희부연 아치를 이루어 지상으로 희미한 빛
이 새어나오고 있었다.

그래서 지상이 하늘보다 더 밝아 이상하게도 요기가 감도는 듯한 인상을
자아내고 있었다. 언덕은 황량하고도 볼품없는 윤곽을 어두운 지평선에 어
슴푸레 드러내고 있었다. 그러한 모든 것이 어쩐지 흉측스럽고, 쪼그라들고,
음침하고, 옹색스러워 보였다. 들과 언덕에는 멋없이 배배 꼬인 한 그루의
나무 외에 아무것도 없었다. 그 나무는 나그네 앞 몇 걸음 떨어진 곳에 바르
르 떨며 서 있었다.

이 사나이는 본디 사물의 신비로운 광경에 감응하는, 지적이며 정신적인
저 미묘한 습관을 지니기에는 거리가 멀었다. 그러나 이때의 하늘과 언덕과
들판과 나무에 어딘지 깊은 슬픔을 자아내는 서글픔이 깃들어 있었으므로,
한동안 시름에 잠겨 우두커니 서 있던 그는 갑자기 발길을 돌려 걷기 시작했
다. 자연마저도 적의를 품은 듯 여겨지는 순간이 있는 법이다.

그는 온 길을 되돌아갔다. 디뉴의 성문은 모두 닫혀 있었다. 종교 전쟁 때
여러 차례 포위를 견디어낸 디뉴 시는, 그 뒤 파괴되었으나 1815년에는 아
직 네모진 탑이 붙어 있는 낡은 성벽으로 둘러싸여 있었다. 그는 성벽이 허
물어진 틈을 지나 다시 시내로 들어갔다.

저녁 8시쯤 되었을까. 시내 지리에 익숙치 못하므로 그는 다시 발길 닿는
대로 걷기 시작했다.

이리하여 그는 시청까지, 이어서 신학교까지 갔다. 대성당 앞 광장을 지나
면서 그는 성당을 향해 주먹질했다.

그 광장 모퉁이에 인쇄소가 하나 있었다. 나뽈레옹 자신이 구술하여 받아
쓰게 한, 엘바 섬에서 가져온 육군에 대한 황제의 성명서와 친위대의 성명서
가 처음 인쇄된 곳이었다.

기진맥진하여 이제 아무 희망도 없어진 그는 인쇄소 문간에 놓인 돌벤치
에 드러누웠다.

그때 성당에서 한 노부인이 나왔다. 그녀는 어둠 속에 쓰러져 있는 이 사
나이의 모습을 보았다.

"여보세요, 왜 여기 이렇게 있나요?"

그는 화내며 퉁명스럽게 대답했다.

"친절한 아주머니시군. 보시는 바와 같이 나는 누워 있는 거요."

이 노부인은 친절한 아주머니라고 부를 가치가 있는 바로 R. 후작부인이었다.

"이 벤치 위에?" 하고 그녀는 다시 물었다.

"난 19년 동안이나 나무 요를 깔고 잤는데 오늘은 돌 요를 깔고 자는 것이오."

"당신은 병정이었구려!"

"네, 그렇소. 병정이었지요."

"왜 여관에 가지 않는 거요?"

"돈이 없으니까."

"아, 어떡허나! 나는 지금 4수밖에 가진 게 없는데."

"그것이라도 좋으니 주시오."

사나이는 그 4수를 움켜잡았다. 노부인은 말을 이었다.

"이 돈으로는 여관에 들 수 없을 거예요. 그렇지만 여관에 가서 물어나 보았나요? 어쨌든 이렇게 밤을 지낼 수는 없어요. 춥고 배고플 테니. 가엾게 여겨 하룻밤 재워 주실 댁도 더러 있을 텐데."

'친절한 아주머니'는 사나이의 팔을 잡고, 광장 건너쪽에 있는 주교관 옆의 조그마한 낮은 집을 가리켰다.

"어느 집이고 다 다녀 보았소."

"그랬더니?"

"모두 쫓겨났소."

'친철한 아주머니'는 사나이의 팔을 잡고, 광장 건너쪽에 있는 주교관 옆의 조그마한 낮은 집을 가리켰다.

"당신은 어느 집이고 다 가보았단 말예요?"

"그렇소."

"저 집도 가보았나요?"

"아니오."

"저기 가보시구려."

문단속의 설교

그날 저녁, 디뉴의 주교는 시내를 산책한 뒤 꽤 늦도록 자기 방에 앉아 있었다. '의무'에 관한 중대한 저술에 힘을 기울이고 있었던 것이다. 이 저술은 불행하게도 미완성으로 남아 있다. 그는 중대한 문제에 대해 교부(教父)와 사제들이 말한 것을 일일이 주의깊게 조사하고 있었다.

그의 저서는 두 부분으로 나뉘어 있다. 첫째는 만인의 의무, 둘째는 자기가 속하는 계급에 따른 개인의 의무이다. 만인의 의무는 큰 의무로, 네 가지가 있다. 성 마태오 복음사가는 이렇게 지적하고 있다. 주님께 대한 의무(마태오복음 제6장), 자기 자신에 대한 의무(마태오복음 제5장 제29절), 이웃에 대한 의무(마태오복음 제7장 제12절), 천지 만물에 대한 의무(마태오복음 제6장 제20절).

그 밖의 여러 가지 다른 의무에 대해서도 주교는 다른 곳에 지적되고 규정되어 있음을 발견했다. 군주와 신하 사이의 의무는 《로마서》에, 관리와 아내와 어머니와 젊은이의 의무는 《베드로서》에, 남편과 아버지와 아들과 하인의 의무는 《에페소서》에, 신자의 의무는 《히브리서》에, 처녀들의 의무는 《고린도서》에 있다. 주교는 그러한 모든 가르침을 하나의 조화된 전체로 이룩하여 사람들에게 보여 주려 고심하고 있었다.

그는 8시가 넘도록 아직 일하면서, 무릎 위에 큰 책을 펼쳐 놓고 네모진 조그만 종이에 힘들여 무언가 적고 있었다. 그때 마글르와르 부인이 들어와 여느 때처럼 침대 옆 벽장에서 은그릇을 꺼냈다. 그런 뒤 주교는 식탁 준비가 다 되어 누이동생이 자기를 기다릴 것이라 생각하고, 책상 앞을 떠나 식당으로 들어갔다.

식당은 벽난로가 있는 장방형 방으로, 문이 한길로 나고 창문은 뜰 쪽으로 나 있었다.

마글르와르 부인은 과연 식탁 준비를 거의 끝내고 있었다.

준비하면서 그녀는 바띠스띤느 양과 이야기하고 있었다.

식탁 위에 램프가 하나 놓여 있었다. 식탁은 난로 가까이에 있었다. 벽난로에는 불이 제법 잘 타오르고 있다.

60살 넘은 이 두 여인을 상상하기란 쉬운 일일 것이다. 마글르와르 부인은 키가 작고 살이 찌고 활발하다. 바띠스띤느 양은 온화하고 야위어 호리호리하며 키는 오빠보다 좀 크고 밤색 비단 드레스를 입고 있는데, 이것은 1806년에 유행한 빛깔로 그 무렵 이 옷을 빠리에서 산 뒤 지금까지 입어 오고 있는 것이다.

한 페이지로도 다 설명하지 못할 것을 한 마디로 표현할 수 있는 신통하고도 비속한 말투를 빌린다면, 마글르와르 부인은 '농촌부인', 바띠스띤느 양은 '귀부인' 같은 모습을 하고 있었다.

마글르와르 부인은 대롱 모양의 주름을 잡은 보닛을 쓰고, 집안에 단 하나의 여자용 장식품인 금 십자가를 목에 걸고, 넓고 짧은 소매가 달린 모직 드레스 가슴에 새하얀 손수건을 꽂고, 빨강과 녹색 체크 무늬 무명 에이프런을 녹색끈으로 허리에 두르고, 같은 천으로 만든 가슴받이^(15~17세기에 유행한 옷. 혼히 보석 자수가 붙어 있었음)의 양쪽 위 끝을 핀으로 꽂았으며, 마르세이유 여자들처럼 두툼한 단화에 누런 양말을 신고 있었다.

바띠스띤느 양의 드레스는 1806년에 재단한 것이어서 허리선이 높고, 아랫자락 폭이 좁으며, 에뽈레뜨 솔더^(이음새 없이 어깨에 달린 소매)에 단추와 단추끈이 달려 있었다. 잿빛이 된 머릿칼은, 이른바 소녀형으로 매만진 가발 밑에 감추고 있었다.

마글르와르 부인은 영리하고 활발하며 선량해 보였다. 양쪽 입가가 고르지 않게 쳐들리고, 윗입술이 아랫입술보다 큰 것이 어딘지 성급하고 주제넘은 성품일 것 같은 느낌을 준다. 주교 각하가 입을 다물고 있는 동안에는 존경과 무례가 반반 섞인 단호한 어조로 이야기를 늘어놓지만, 각하가 일단 입을 열면 바띠스띤느 양과 마찬가지로 순순히 그 말에 따랐다.

바띠스띤느 양은 스스로 입을 여는 일이 없었다. 오로지 복종하고, 거스르지 않도록 할 뿐이었다. 젊었을 때도 그녀는 아름답지 못했다. 툭 불거진 크고 푸른 눈, 기름한 매부리코. 그러나 얼굴 전체와 인품은 앞서 말한 것과 같이 형용할 수 없는 선량함을 느끼게 한다. 그녀는 온후함 그 자체이게끔 영원히 운명지어져 있었다. 더욱이 인간의 영혼을 아늑하게 품어 주는 신앙, 자비, 희망의 세 가지 덕이 그 온후함을 차츰 성덕 (聖德 : 하느님
과의 일치) 으로까지 드높이고 있었다. 자연은 그녀를 비록 한 마리 양으로 만들어 내었으나, 종교는 그녀를 천사로 만들어 놓았다. 가련하고 성스러운 여인이여! 사라져간 정다운 추억이여!

바띠스띤느 양은 그날 저녁 주교의 집에서 일어난 일을 그 뒤 몇 번이나 되풀이 이야기했기 때문에, 살아있는 사람 가운데 그때의 자세한 상황을 기억하는 사람이 아직도 많다.

주교가 식당에 들어왔을 때, 마글르와르 부인은 무언가 수다스럽게 이야기하고 있었다. 그녀의 입버릇이 되다시피 한 일에 대해 바띠스띤느 양과 이야기하는 중이었으며, 주교는 그 일에 이미 익숙해져 있었다. 그것은 밀기만 하면 열리는 문의 단속에 관한 일이었다.

저녁 찬거리를 사러 나갔다가 마글르와르 부인은 여기저기서 이야기하는 것을 듣고 온 모양이었다. 험상궂은 사나이가 돌아다닌다는 소문이 자자하게 퍼져 있었다. 수상쩍은 부랑자가 하나 들어왔다. 시내의 어느 곳엔가 있는 게 틀림없다. 오늘 저녁 늦게 집으로 돌아가는 사람은 봉변을 당할지도 모른다.

더욱이 지사님과 시장님의 사이가 좋지 않아 무슨 사건을 일으켜서라도 서로 상대방을 모함하려고 하는 때이니만큼, 경찰의 힘도 충분하지 못하다. 그러므로 현명한 자는 스스로 경찰이 되어 경계를 게을리하지 말아야 한다. 어느 집이나 엄중하게 문단속하고, 빗장을 지르고, 방비를 튼튼히 하지 않으면 안 된다. '문을 단단히 잠가야만' 한다.

마글르와르 부인은 이 마지막 말에 힘을 주었다. 그러나 주교는 꽤 추웠던 자기 방에서 나와 벽난로 앞에 앉아 몸을 녹이며 다른 일을 생각하고 있었으으로 방금 마글르와르 부인이 들으란 듯 지껄인 말에 대해 아무 반응도 나타내지 않았다.

마글르와르 부인은 그 말을 되풀이했다. 그래서 바띠스띤느 양은 오빠의 마음을 건드리지 않는 한도 내에서 마글르와르 부인을 만족시켜 주려고 조심스럽게 말했다.

"오라버님, 마글르와르 부인이 하는 말을 들으셨어요?"

"뭐, 들은 것 같기도 한데."

그리고 주교는 의자를 반쯤 돌려 두 손을 무릎 위에 얹고 불꽃이 아래에서 비추어 주는 활달하고 부드러운 얼굴을 늙은 하녀에게로 돌렸다.

"아니, 무슨 일이 생겼소? 매우 위험한 일이라도 일어났단 말이오?"

마글르와르 부인은 그 이야기를 다시 되풀이하기 시작했는데, 자기도 모르는 새 좀 과장하고 있었다. 한 방랑자가, 어떤 부랑자가, 수상쩍은 거지가 지금 거리에 들어와 있는 모양이다. 자깽 라바르의 여관에 나타나 묵으려 했으나 거절당했다. 가쌍디의 산책길로 시내에 들어왔으며, 저물녘 거리를 이리저리 헤매는 것을 사람들이 보았다. 배낭과 밧줄을 가진 험상궂은 얼굴의 사나이다.

"그게 정말이오?"

주교가 되물은 사실에 마글르와르 부인은 기운이 났다. '주교님도 걱정되지 않는 게 아니구나' 하는 마음이 든 것이다. 그녀는 득의만면하여 말을 이었다.

"그렇고말고요. 바로 그대로예요. 오늘 밤 틀림없이 시내에 무슨 불상사가 일어날 거예요. 모두들 그렇게 말하고 있는걸요. 게다가 경찰이 그 모양이니(이 말을 그녀는 그럴싸하게 되풀이했다). 이런 산간 지방인데도, 밤이면 거리에 등불이 하나도 없어요. 바깥에 나가면 정말 깜깜절벽이지요. 불꺼진 아궁이 속에 들어간 것 같다니까요! 그래서 제가 말씀드리는 거예요. 그리고 아씨께서도 지금 저와 같은 의견을 말씀하셨습니다만……"

"나는 아무 말도 하지 않았어. 오라버님이 하시는 일은 모두 옳으신 걸 뭐" 하고 누이동생이 말을 가로막고 나섰다.

마글르와르 부인은 그 같은 항의는 귀에 들리지도 않는 듯 말을 계속했다.

"저희들은 이 집이 너무 허술하다고 말씀드리는 거예요. 허락만 해주신다면, 자물쇠 장수 뽈랭 뮈즈브와에게로 당장 가서 전에 달았던 빗장을 도로 달아 달라고 하겠어요. 빗장은 그 집에 있으니 곧 달 수 있어요. 오늘 저녁만이라도 꼭 빗장을 달아 두지 않으면 안 돼요. 지나가는 사람이 아무나 손잡이를 밀면 열리는 문만큼 무서운 것은 없으니까요. 더욱이 주교님께서는 언제고 들어오라고 하시잖아요. 비록 그런 허락이 없을지라도 한밤중에, 아, 들어오려고 마음만 먹으면……”

그때 누가 세차게 문을 두드렸다.

“들어오시오” 하고 주교는 말했다.

다소곳한 복종

문이 열렸다.

문이 세차게 활짝 열렸다—마치 누군가가 힘주어 서슴없이 밀어젖힌 것처럼.

한 사나이가 들어왔다.

이 사나이를 우리는 이미 알고 있다. 조금 전 잠자리를 찾아 헤매는 것을 보아 온 그 나그네였다.

그는 들어왔다. 한 걸음 내딛고는, 뒤로 문을 열어놓은 채 멈춰섰다. 어깨에 배낭을 메고, 손에 지팡이를 들었으며, 눈에는 거칠고 대담하며 고달프고 광포한 빛이 서려 있었다. 벽난로 불빛이 그를 비추었다. 끔찍스러운 사나이였다. 마치 흉칙한 유령 같았다.

마글르와르 부인은 ‘앗’ 하고 소리칠 힘조차 없었다. 그녀는 떨면서 멍하니 서 있었다.

바띠스띤느 양은 뒤돌아 들어오는 사나이를 보고 놀라며 엉거주춤 일어섰다가, 다시 천천히 벽난로 쪽으로 고개를 돌려 오빠를 바라보았다. 그녀의 얼굴은 다시금 침착하고 온화한 빛을 되찾았다.

주교는 그 사나이에게 조용히 눈길을 보내고 있었다.

그 낯선 사나이에게 무슨 일로 왔느냐고 물으려는 듯 주교가 막 입을 열려고 했을 때, 사나이는 두 손을 지팡이 위에 얹고 노인과 두 부인을 번갈아 보면서 주교가 말하는 것을 기다리지 않고 큰 목소리로 말했다.

“들어 보십시오. 나는 장 발장이라고 합니다. 징역을 산 사람입니다. 나는 19년 동안 감옥에 있었습니다. 나흘 전 석방되어 뽕따를리에로 가기 위해 길을 떠났습니다. 뚤롱(지중해의 항구. 형무소가 있었으며, 1873년에 폐지됨)에서부터 나흘을 걸었지요. 오늘은 12리그를 걸었습니다.

저녁 때 이 고장에 닿아 여관을 찾아들었으나 쫓겨났습니다. 시청에서 내보인 나의 노란색 통행증 때문이지요. 그것은 가는 곳마다 반드시 내보여야만 되는 겁니다. 나는 다른 여관으로 갔습니다. 나가라고 하더군요. 감옥에 갔지만 문지기가 열어 주지 않았습니다. 개집을 찾아들었지만 개도 물어뜯으며 인간과 마찬가지로 나를 쫓아냈지요. 개도 마치 내가 누구라는 걸 알고 그러는 것 같았습니다.

나는 들판으로 나가 별을 안고 자려고 했습니다. 그러나 별도 떠 있지 않고 비가 올 것 같았습니다. 비를 막아 줄 하느님도 없다고 생각되더군요. 그래서 추녀밑이라도 찾아보려고 다시 거리로 들어왔습니다. 그리고 저 광장에서 돌 위에 드러누워 자려고 했습니다. 그런데 어느 친절하신 부인께서 이 집을 가리키며 '저기로 찾아가보라'고 말해 주었습니다. 그래서 찾아온 겁니다.

여기는 대체 뭣하는 곳입니까? 당신은 여관을 하십니까? 나는 돈을 갖고 있습니다. 내 적립금이지요. 109프랑 15수, 내가 19년 동안 감옥에서 일해 번 돈입니다. 돈을 드리겠습니다. 괜찮겠지요? 돈은 있으니까요. 몹시 지쳐 있습니다. 12리그나 걸어와 여간 배고프지 않습니다. 여기서 쉴 수 있겠습니까?"

"마글르와르 부인, 그릇을 한 사람 분 더 내와요" 하고 주교는 말했다.

사나이는 서너 걸음 걸어나와 식탁 위의 램프로 다가섰다.

"괜찮습니까?" 하고 그는 이상스럽다는 듯한 얼굴로 말을 이었다. "내 말을 알아들으셨습니까? 나는 징역살이를 한 사람입니다. 죄수예요. 나는 항구의 감옥에서 나왔단 말입니다."

그는 주머니에서 크고 노란 종이를 꺼내 펴보였다.

"자, 이것이 내 통행증입니다. 보시는 바와 같이 노랗습니다. 이것 때문에 저는 어디를 가나 쫓겨났습니다. 읽어 보시겠습니까? 나도 읽을 줄은 압니다. 감옥에서 배웠지요. 배우고 싶어하는 이들을 위하여 학교도 있으니까요. 들어 보십시오, 통행증에는 이렇게 씌어 있습니다. '장 발장, 석방된 죄수, 태생은……아무래도 상관 없는 일…… 19년 동안 징역살이를 했음. 주택침

입 절도죄로 5년. 네 번의 탈옥 기도로 14년. 굉장히 위험한 자임.' 이렇습니다. 누구든 나를 쫓아냅니다. 그런데도 나를 들여놓아 주시겠습니까? 여기는 여관인가요? 식사를 하고 잠잘 수 있습니까? 댁에 마굿간이라도 있습니까?"

"마글르와르 부인, 손님용 침대에 흰 시트를 깔아 놓구려" 하고 주교는 말했다.

두 부인이 주교에게 어떻게 잘 복종하는지에 대해서는 이미 설명했다.

마글르와르 부인은 받은 명령을 수행하러 방을 나갔다.

주교는 사나이 쪽으로 몸을 돌렸다.

"자, 당신도 앉으시오. 불을 쬐시오. 곧 식사가 나올 겁니다. 당신이 식사하는 동안 침대 준비도 되겠지요."

이제야 겨우 사나이는 납득이 가는 모양이었다. 그때까지 음울하고 굳어져 있던 얼굴에 놀라움과 의혹과 기쁨의 빛이 떠오르며 무어라 말할 수 없는 표정이 되었다. 마치 미친 사람처럼 그는 중얼거리기 시작했다.

"정말입니까? 아니, 나를 재워 주는 겁니까? 쫓아내지 않는군요? 죄수인 나를 '당신'이라고 불러 주는군요! 너라고 하지 않고! '어서 나가, 이 새끼!'라고만 늘 들어왔는데. 댁에서도 분명 쫓아내리라 여기고 있었습니다. 그래서 먼저 신분을 밝혔지요. 아! 여기를 가르쳐 주신 부인은 정말 고마운 분입니다! 밥을 먹다니! 침대도 이불도 시트도 있다니! 세상 사람들처럼 말입니다! 19년 동안 침대에서 자본 일이 없습니다! 당신은 나를 쫓아내지 않는군요! 당신은 훌륭한 분입니다. 돈은 가지고 있습니다. 틀림없이 내겠어요. 실례지만 주인 어른, 성함이 뭐라고 하십니까? 돈은 얼마든지 내겠습니다. 당신은 참으로 좋은 분입니다. 당신은 여관 주인 어른이겠지요, 그렇지 않습니까?"

"나는 여기 살고 있는 사제입니다" 하고 주교는 말했다.

"사제님이라고요!" 하며 사나이는 말을 계속했다. "오, 고마우신 사제님! 그럼, 돈을 받지 않겠군요? 주임사제님이시군요? 저 큰 성당의 주임사제님? 아, 과연! 나도 참 정신이 없군! 사제님의 그 둥근 모자를 몰라보다니!"

연방 지껄여대며 사나이는 배낭과 지팡이를 한구석에 내려놓고 통행증

노역장의 죄수

을 주머니에 집어넣자 벌써 자리에 앉아 있었다. 바띠스띤느 양은 인정어린 눈으로 사나이를 바라보았다. 그는 말을 계속했다.

"사제님, 당신은 참으로 인정 많은 분입니다. 조금도 업신여기지 않는군요. 착한 사제란 정말 좋은 거야. 그럼, 나는 돈을 내지 않아도 되는 거지요?"

"그렇소" 하고 주교는 말했다. "돈은 갖고 계시오. 얼마나 갖고 있소? 109프랑이라고 했소?"

"네, 109프랑 15수."

"109프랑 15수. 그만큼 버는 데 얼마나 걸렸다고요?"

"19년입니다."

"19년이라!"

주교는 길게 한숨을 지었다.

사나이는 말을 계속했다.

"나는 그 돈을 아직 고스란히 갖고 있습니다. 나흘 동안에 나는 그라쓰에 서 수레에서 짐내리는 일을 거들어 주고 번 돈 25수밖에 쓰지 않았거든요. 당신은 사제님이니 말씀드리지만, 감옥에 교도사목이 분 계셨습니다. 그리 고 어떤 날은 주교도 보았습니다. 각하라고 불리는 분이었지요. 마르세이유 의 마조르 주교였습니다. 뭐, 많은 주임사제 위에 계시는 훌륭한 사제라더군 요. 용서하십시오, 뭐라고 해야 좋을지 말이 잘 안 나옵니다. 우리하고는 영 관련이 먼 일이라서요. 안 그렇습니까? 그 훌륭한 분이 감옥 안 한가운데 제단 위에서 미사를 올렸습니다. 머리에 금빛으로 번쩍이는 뾰족한 관을 쓰 고 있었습니다. 한낮의 햇볕이 그걸 비추었어요. 우리는 세 군데로 줄을 지 어 늘어서 있었지요. 우리들 앞에는 대포와 불을 당긴 화약 심지가 있었습니 다. 우리들에겐 잘 보이지 않았습니다. 뭐라고 말씀하셨지만, 너무 멀어서 잘 알아들을 수 없었어요. 그것이 주교라는 거지요."

사나이가 이야기하는 동안 주교는 활짝 열려 있던 문을 닫았다.

마글르와르 부인이 돌아왔다. 한 사람 분의 그릇을 들고 와 그것을 식탁에 올려놓았다.

"마글르와르 부인, 그릇은 되도록 벽난로에 가까이 놓아요." 그리고는 손 님 쪽을 돌아보며 "알프스의 밤바람이 몹시 찹니다. 당신은 틀림없이 춥겠 지요?" 하고 주교는 말했다.

주교가 '당신'이라는 이 말을 무게 있는 목소리로 점잖고 자못 품위 있게 말할 때마다 사나이의 얼굴은 밝게 빛났다. 죄수에게 '당신'이라는 말은, 메뒤즈호의 조난자(1816년 7월 2일 아프리카 서해안에서 일어난 프랑스 순양함 난파 사건. 149명의 조난자가 뗏목을 타고 바다를 헤매다가 대부분 빠져 죽거나 살아 남은 자의 밥이 되어 12일 만에 구출되었을 때 겨우 15명만 남아 있었음)에 대한 한 잔의 물과도 같았다. 욕을 당한 자는 존경에 굶주리고 있는 것이다.

"이 램프는" 하고 주교는 말했다. "도무지 밝지 못하군."

마글르와르 부인은 그 뜻을 알아차리고 각하 침실의 벽난로 위에서 은촛대를 두 개 가져다가 불을 붙여 식탁 위에 놓았다.

"사제님, 당신은 좋은 분입니다. 나를 업신여기지 않고, 집 안에 들여놓아 주셨습니다. 그리고 나를 위해 촛불까지 켜주십니다. 나는 내가 있던 곳을, 내가 몹쓸 인간이라는 것을 숨기지 않았는데."

주교는 사나이 곁에 앉아 그의 손을 부드럽게 만졌다.

"당신은 신분을 밝히지 않아도 좋았소. 여기는 내 집이 아니라 예수 그리스도의 집이오. 이 문은 들어오는 사람에게 일일이 이름을 묻지 않고, 다만 괴로움이 있는가 없는가를 물어볼 뿐이오. 당신이 괴로움을 겪고 굶주림과 목마름을 느끼고 있다면, 잘 찾아오셨소. 내게 감사하지 마시오. 내가 내 집에 당신을 맞아들였다고 생각해서는 안 되오. 이 집은 안식처를 구하는 사람 모두의 집이오. 나는 한낱 지나가는 사람인 당신에게 이렇게 말하는 것이오. 여기는 내 집이기보다 당신 집이오. 여기 있는 것은 모두 당신 것이오. 내가 어찌 당신 이름을 알 필요가 있겠소? 그뿐 아니라, 당신이 말하기 전부터 나는 당신 이름을 하나 알고 있었소."

사나이는 놀라서 눈이 휘둥그래졌다.

"정말입니까? 사제님은 나를 어떻게 부르는지 알고 게셨습니까?"

"그렇소. 당신은 내 형제라고 불립니다."

"아, 사제님! 나는 여기 들어왔을 때 굉장히 배가 고팠습니다. 그런데 당신이 너무나 친절하게 대해 줘서 이제 아무렇지도 않습니다. 배고픔을 잊어버렸습니다" 하고 사나이는 소리쳤다.

주교는 그를 바라보며 말했다.

"당신은 고생을 많이 했겠군요."

"그야 물론이지요! 붉은 죄수복, 족쇄에 달린 쇠뭉치, 널빤지로 된 잠자리, 더위, 추위, 노동, 매질! 하찮은 일에도 쇠사슬을 두겹으로 묶이고, 말한 마디 잘못하면 토굴 속에 갇히고, 병으로 드러누워도 사슬은 마냥 그대로 있습니다. 개, 아니 개보다도 못합니다! 19년! 이제 나는 46살이 되었습니다. 그리고 지금은 이 노란색 통행증! 이 모양 이 꼴이지요."

"알겠소. 당신은 참으로 슬픈 곳에서 나왔소. 하지만 들어 보시오. 하늘에서는 올바른 사람 백 명의 흰옷에 대해서보다 뉘우치는 한 죄인의 눈물 젖은 얼굴에 더 많은 기쁨이 있을 것이오(누가복음 제15장 제7절). 만약 당신이 그 슬픔의 장소에서 사람들에 대한 미움이나 노여움을 갖고 나왔다면 당신은 불쌍한 사람이오. 만일 친절과 정다움과 평화의 마음을 품고 나왔다면, 당신은 우리들 누구보다도 훌륭한 사람일 것이오."

그러는 동안 마글르와르 부인은 저녁상을 다 차려 놓았다. 물과 기름과 빵과 소금으로 된 수프, 베이컨 조금, 한 조각의 양고기, 무화과, 신선한 치즈, 그리고 한 덩어리의 커다란 호밀빵. 그녀는 또 의논도 없이 주교의 여느 때 식사에다 모브 포도주 한 병을 곁들여 내었다.

주교의 얼굴에 손님 대접을 좋아하는 사람에게서 흔히 볼 수 있는 저 쾌활한 표정이 갑자기 떠올랐다. "어서 듭시다!" 하고 그는 기운차게 말했다. 다른 사람과 식사를 함께 할 때의 습관대로, 그는 자기 오른편에 사나이를 앉혔다. 바띠스띤느 양은 조용하고 자연스럽게 오빠의 왼편 자리에 앉았다.

주교는 습관대로 감사 기도를 드리고 손수 수프를 떠 주었다. 사나이는 정신없이 먹기 시작했다.

갑자기 주교는 말했다.

"식탁에 뭔가 빠진 것 같은데."

과연 마글르와르 부인은 그 자리에 필요한 세 사람 분의 은그릇밖에 내놓지 않았던 것이다. 주교가 누군가를 식사에 초대할 때는, 천진스러운 허영이지만 여섯 사람 몫의 은그릇을 식탁 위에 늘어놓는 게 이 집의 관례로 되어 있었다. 웃음이 절로 떠오르는 사치스러운 이 과시는, 가난함을 품위로 삼고 있는 안온하고도 엄격한 이 가정의 어린애 같은 애교이기도 했다.

마글르와르 부인은 주교의 말뜻을 깨닫고 말없이 방에서 나갔다. 얼마 뒤 주교의 주문대로 세 벌의 식기는 식사하는 세 사람 앞에 하나 하나 질서있게 늘어놓여 식탁보 위에서 반짝였다.

미리엘 주교는 귀한 손님을 맞이하듯 은그릇을 꺼내 장 발장에게 음식을 주었다.

뽕따를리에의 치즈 제조소 이야기

이제부터 식탁에서 어떠한 일이 있었는지 대략 말하기 위해서는, 바띠스 띤느 양이 브와슈브롱 부인에게 보낸 편지의 한 구절을 여기 적는 게 가장 좋은 방법이라고 생각된다. 이 편지에는 주교와 죄수 사이에 오간 이야기가 솔직하고 자세하게 씌어 있다.

……그 사나이는 아무에게도 주의하지 않았습니다. 다만 굶주린 듯 허겁지겁 먹을 따름이었지요. 수프를 먹고 나서 그는 말했습니다.

"고마운 하느님의 사제님, 이런 음식도 제게는 과분합니다. 그렇지만 저와 함께 식사하기를 거절한 저 마차꾼들은 사제님보다 더 좋은 음식을 먹고 있다는 걸 말씀드리고 싶습니다."

당신에게만 하는 이야기지만, 사나이의 말은 나에게 좀 언짢았어요. 오라버님은 대답하셨지요.

"그 사람들은 나보다 더 고된 일을 합니다."

"아닙니다." 그 사나이는 말을 이었지요. "그들은 돈을 많이 갖고 있어요. 당신은 가난합니다. 나는 잘 압니다. 당신은 아마도 주임사제가 아닐 거예요. 아니, 정말 사제이기나 한 겁니까! 아! 정말, 하느님이 공평하시다면 당신은 마땅히 주임사제가 되어야 할 분입니다."

"하느님께서는 더없이 공평하십니다" 하고 오라버님은 말씀하셨어요. 그리고 잠시 뒤 오라버님은 덧붙였습니다. "장 발장 씨, 당신이 가는 곳은 뽕따를리에인가요?"

"그렇게 작정하고 있습니다."

틀림없이 사나이가 그렇게 대답했던 것으로 기억됩니다. 그리고 그는 말을 이었지요.

"내일은 새벽에 떠나야 합니다. 여행이란 고생스럽지요. 밤은 춥고 낮은 덥거든요."

"당신이 가는 그곳은 좋은 곳이오. 혁명 때 우리 집안이 몰락해 나는 처음에 프랑슈 꽁떼 지방^(뽕따를리에는 이 지방의 한 거리)으로 피난했습니다. 거기서 한동안 일을 하며 살아 갔지요. 나는 열심이었습니다. 일자리는 많이 있어서 고르기만 하면 됐습니다. 제지 공장, 피혁 공장, 증류 공장, 제유소, 꽤 큰 규모의 시계 공장, 제강소, 제동소, 게다가 적어도 스무 군데 이상 제철소가 있었는데 그 중에서도 로, 샤띠용, 오댕꾸르, 뵈르에 있는 네 제철소는 여간 크지 않았답니다.”

아마도 내 기억에는 틀림이 없으리라고 생각합니다. 그리고 오라버님이 열거하신 지명은 바로 그러한 것들이었다고 생각하고 있어요. 그런 다음 오라버님은 내게로 말머리를 돌렸습니다.

“바띠스띤느, 그 고장에 우리 친척들은 없었던가?”

나는 대답했습니다.

“있었어요. 그 가운데 뤼시네 씨는 혁명 전 뽕따를리에의 성문 수비 대장이었지요.”

“그랬었지. 하지만 93년에는 이미 친척이 하나도 없는 거나 마찬가지였소. 스스로에게 의지할 수밖에 없었지요. 나는 열심히 일했습니다. 장 발장 씨, 당신이 지금부터 가는 뽕따를리에라는 곳에는 어떤 특산물을 제조하는 곳이 있습니다. 몹시 오래 전부터 있었던 곳으로 여간 유쾌한 곳이 아닙니다. 그곳은 그 고장 말로 프뤼이띠에르라고 부르는 치즈 제조소입니다.”

그렇게 말하고 오라버님은 그 사나이에게 식사를 권하면서 뽕따를리에의 치즈 제조소가 어떤 곳인지 자세하게 설명해 주셨습니다. 두 종류가 있는데 ‘큰 치즈 창고’는 부자가 경영하는 것으로 4, 50마리의 암소가 있어 여름마다 7, 8천 근의 치즈가 제조된답니다. ‘조합 치즈 창고’는 가난한 사람들이 하는 것으로, 그들은 산중턱에 사는 농민인데 공동으로 암소를 먹이고 생산품을 분배한다는 거예요. 그들은 그뤼랭이라고 부르는 치즈 제조 기술자를 고용합니다. 그 치즈 기술자는 하루에 세 번 조합원들에게서 우유를 받아, 그 분량을 표에 적어 둡니다. 치즈 제조일이 시작되는 것은 4월 말쯤이고, 치즈 기술자가 암소를 산에 몰아넣는 것은 6월 중순경이라고 했지요.

사나이는 식사하는 동안 차츰 기운을 차렸습니다. 오라버님은 그 사나이에게 좋은 모브 포도주를 마시게 했습니다. 오라버님 자신은 비싼 술이라고 하여 마시지 않았던 것입니다. 오라버님은 당신도 아시는 그 자상한 태도로 내게도 가끔 정답게 말을 걸면서, 그와 같은 자세한 이야기를 사나이에게 들려 주었어요. 오라버님은 몇 번이나 그뤼랭이란 좋은 직업이라고 되풀이하셨는데, 그것이 사나이로서는 안전한 은신처라는 것을 직접 강력하게 권유하는 게 아니라 그 사나이가 저절로 알아들어 주었으면 하는 마음인 듯했습니다.

그런데 내 마음을 감동시킨 일이 하나 있었어요. 그 사나이는 내가 앞서 말한 바와 같은 그런 인간입니다. 그런데 오라버님은 식사하는 중에도, 그 뒤에도, 그 사나이가 들어왔을 때 예수님에 대해 조금 언급했을 뿐 그 사나이가 어떤 인간이며 오라버님이 어떤 사람인가를 생각나게 할 만한 그런 말은 한 마디도 하시지 않았습니다.

언뜻 생각하기에는 그럴싸한 설교라도 해서, 이 죄수에게 주교의 위엄을 보여 주어 인상을 깊게 할 좋은 기회였다고 여깁니다. 또 어떻게 보면 그 불쌍한 사람을 받아들이고 보호해 준 이상, 육체와 마찬가지로 정신에도 양식을 주어 훈계와 충고를 적당히 섞어 그의 죄를 나무라고 앞으로 바른 행동을 하도록 타이르며 자비심을 베풀기에 알맞은 기회였다고도 생각됩니다. 오라버님은 사나이가 어느 고장 태생이며 어떤 신분인가 하는 것조차 묻지 않았어요. 그의 과거에 지은 죄가 있으니 그것을 상기시킬 만한 이야기는 일체 피하려는 오라버님의 깊은 사랑의 마음인 것 같았습니다.

오라버님은 뽕따를리에의 산골 사람들 이야기를 하면서 거기 사람들은 '하늘 가까이에서 즐거운 일을 하고 있다'는 말에 덧붙여 '그들은 죄를 짓지 않으니 행복하다'고 문득 말씀하시다가, 아무 생각 없이 튀어나온 그 말 속에 사나이의 마음을 뒤흔드는 그 무엇이 있지나 않을까 하여 얼른 입을 다물어 버렸을 정도였어요.

곰곰 생각하니, 나도 그 마음을 알 것 같군요. 분명 오라버님은, 장 발장이라는 그 사나이가 자신의 비참한 처지를 너무도 아프게 느끼고 있으므로, 그 마음을 다독거리고 여느 사람처럼 대해 주어 비록 한순간이나마 자기도 여느 사람과 같다는 것을 믿게 해주는 게 가장 좋은 방법이라고 생각하셨던 모양이에요. 과연 이런 것이야말로 자비임을 잘 이해하는 처사가 아니겠어요. 설교나 훈계나 비유 같은 걸 삼가는 그 깊은 동정심 속에 그야말로 진실한 복음이 깃들어 있는 게 아닐까요?

인간이 마음에 아픔을 지녔을 때 그에게 베푸는 최상의 연민은 그것을 조금도 건드리지 않는 게 아닐까요? 오라버님의 속마음은 확실히 그런 것이었던 듯 생각됩니다. 어쨌든 내가 단언할 수 있는 것은 비록 오라버님이 그런 생각을 갖고 있었다 할지라도, 나에게조차 전혀 내색하지 않았다는 점입니다. 오라버님은 끝까지 여느 날 저녁과 조금도 다름이 없었어요. 그리고 성당 주임사제나 교구의 여느 사제와 식사할 때와 똑같은 모습과 태도로 장 발장과 식사를 하셨습니다.

식사가 끝나고 무화과를 먹고 있을 때 누가 문을 두드렸습니다. 어린아이를 품에 안은 제르보 아주머니였습니다. 오라버님은 어린아이의 이마에 입맞추고, 내가 갖고 있던 15수를 빌려 제르보 아주머니에게 주었습니다. 사나이는 그동안 별로 주의를 기울이는 것 같지 않았습니다. 그는 아무 말도 하지 않고 몹시 지친 듯 보였습니다.

불쌍한 제르보 아주머니가 돌아가고 오라버님은 식후의 기도를 드린 다음, 사나이 쪽을 보며 "이제 그만 드러눕고 싶으시지요" 하셨습니다. 마글르와르 부인은 부지런히 그릇을 치웠습니다. 나는 이 나그네가 잠자도록 우리는 물러가는 게 좋겠다고 여겨 마글르와르 부인과 둘이서 2층으로 올라갔습니다.

잠시 뒤 나는 마글르와르 부인을 시켜 내 방에 있던 포레 느와르의 사슴 모피를 그 사나이의 침대에 갖다 깔아 주도록 했습니다. 추운 밤에 그것을 깔면 한결 따스합니다. 다만 유감스럽게도 그 모피는 낡아서 털이 많이 빠져 있었지요. 이것은 오라버님이 다뉴브강 상류에 가까운 독일의 토트링겐에 계실 때 내가 지금 식탁에서 쓰고 있는 상아 자루 달린 조그만 나이프와 함께 사주신 것입니다.

마글르와르 부인은 곧 2층으로 돌아왔습니다. 우리는 빨래 너는 방에서 주님께 기도드리기 시작했어요. 그리고 둘 다 말없이 저마다 방으로 들어갔습니다.

정숙

누이동생에게 편히 쉬라고 말한 다음, 비앵브뉘 각하는 식탁에서 은촛대를 하나 집어들고 다른 하나는 손님에게 건네 주며 말했다.

"자, 당신 방으로 안내하지요."

사나이는 뒤따랐다.

앞서 말했듯 이 집 구조는 손님이 자는 벽장 침대가 있는 기도실로 들어가거나 나오려면 주교의 침실을 지나야만 했다.

그들이 그 침실을 지날 때, 침대 머리맡 벽에 붙은 벽장에 마글르와르 부인이 은그릇을 넣고 있었다. 그것은 저녁마다 그녀가 자러 가기 전에 하는 마지막 일이었다.

주교는 손님을 벽장 침대로 데려갔다. 희고 깨끗한 잠자리가 마련되어 있었다. 사나이는 작은 테이블 위에 촛대를 놓았다.

주교는 말했다.

"그럼, 편히 쉬시오. 내일 아침 떠나기 전 집에서 먹이는 암소젖을 한 잔 마시게 해드리지요, 따뜻한 것으로."

사나이는 대답했다.

"감사합니다, 신부님."

이 화기애애한 말을 하고 난 순간 갑자기, 정말 느닷없이 사나이는 이상한 몸짓을 했다. 만일 두 성스러운 노부인이 그것을 보았다면 찬물을 끼얹은 듯 몸서리를 쳤을 것이다. 그때 사나이가 어떤 감정에 사로잡혔던가는 우리로선 알 도리가 없다. 미리 무엇인가를 알려 주려고 그랬는지, 아니면 엄포를 놓으려고 그랬는지? 또는 자신도 알 수 없는 일종의 본능적 충동에 사로잡혔던 것인지? 아무튼 그는 갑자기 주교를 돌아보더니, 팔짱을 끼고 거친 눈초리로 주인을 쏘아보면서 쉰 목소리로 부르짖었다.

"아! 역시! 나를 집 안에서 자게 하는군요, 당신 곁에 이렇게!"

그는 잠시 입을 다물고, 어쩐지 무시무시한 듯한 웃음을 머금으며 덧붙였다.

"잘 생각해 보셨습니까? '내가 살인범은 아닐까' 하고 누군가 말했는지?"

주교는 천장으로 눈길을 보내며 대답했다.

"그건 주님께서 아실 일이오."

그런 다음, 기도를 드린다기보다 혼잣말하는 사람처럼 입술을 들썩이면서 장중하게 오른쪽 손가락을 두 개 쳐들어 사나이에게 축복을 내렸으나 사나이는 고개를 숙이지도 않았다. 주교는 머리를 돌리지 않고 뒤돌아보지도 않으며 자기 침실로 돌아갔다.

벽장 침대에서 사람이 자게 될 때에는 기도실의 커다란 서지 커튼을 둘러쳐 제단을 가리도록 되어 있었다. 주교는 그 커튼 앞을 지날 때 무릎을 꿇고 잠시 기도를 드렸다.

그 뒤 곧바로 뜰로 나가 거닐면서 주교는 깊은 상념에 잠겼다. 밤에 눈을 뜨고 하느님이 보여 주는 저 위대한 신비에 머리와 마음을 완전히 몰입시켰다.

한편 사나이는 몹시 지쳐 있었으므로 한껏 마련해 준 새하얀 시트의 느낌조차 즐길 겨를이 없었다. 그는 죄수들이 하는 식으로 콧김으로 촛불을 불어 끄고, 옷을 입은 채 침대 위에 몸을 내던지자 곧 깊은 잠에 빠져들었다.

주교가 자기 방으로 돌아왔을 때 시계가 12시를 알렸다.

잠시 뒤, 이 작은 집 안은 조용히 잠들어 있었다.

장 발장

한밤중에 장 발장은 잠이 깨었다.

장 발장은 라 브리 지방의 가난한 농가에서 태어났다. 소년 시절에 글도 배우지 못했다. 나이가 들면서 파브롤에서 나뭇가지 치는 일을 했다. 어머니는 잔느 마띠외, 아버지는 장 발장 또는 블라장이라고 했다. 블라장은 별명으로, '브왈라 장'^(저 장이라는
녀석의 뜻)을 줄인 것 같다.

장 발장은 침울한 데는 없었으나 늘 무슨 생각에 잠긴 듯한 성격이었다. 그것은 인정많은 사람에게서 볼 수 있는 특징이다. 그렇지만 전체적으로 적어도 겉보기에는, 장 발장은 어딘지 둔중하고 흐리멍덩해 보이는 사나이였다. 아주 어려서 아버지와 어머니를 여의었다. 어머니는 산후 몸조리가 잘못되어 숨지고, 아버지는 그와 마친가지로 나뭇가지치기 일을 하다가 나무에서 떨어져 죽었다.

장 발장에게 남은 것은 그보다 훨씬 나이많은 누이 하나뿐이었다. 이 누이는 아들 딸을 일곱이나 거느린 과부였다. 이 누이는 남편이 살아 있는 동안 동생을 집에 데려다 길러 주었다. 그러다 남편이 죽었다. 일곱 아이 중 맏이가 8살, 막내가 1살이었다. 장 발장은 그때 25살이었다. 그는 한 집의 가장이 되어 이번에는 자기를 길러 준 누이의 생활을 떠맡았다. 그것은 단순히 의무처럼 그렇게 되어 버려, 장 발장으로서는 그리 달가운 일이 못 되었다. 그는 젊은 시절 고되고 벌이는 신통치 못한 노동을 하며 보냈다. 그 고장에

지하실 돌바닥에 썩은 짚을 깔고 누더기를 걸친 채 빵 한 조각 없이 사는 가난한 사람
들의 생활

그의 '연인'이 있는 것을 본 사람은 아무도 없었다. 여자를 쫓아다닐 겨를이 없었던 것이다.

저녁이면 그는 지쳐서 돌아와 말없이 수프를 먹었다. 잔느 아주머니라고 불리는 누이는 그가 먹고 있는 옆에서 쇠고기나 돼지고기 조각 또는 캐비지 속 같은 음식 중 가장 좋은 것을 접시에서 곧잘 집어내어 아이들 가운데 누군가에게 먹이곤 했다. 그는 언제나 식탁에 몸을 숙이고 얼굴을 거의 수프 접시에 처박다시피 하여 긴 머리칼을 접시 둘레에 늘어뜨려 눈을 가리고 먹으면서, 아무것도 보지 못한 채 누이가 하는 대로 내버려두었다.

파브롤에는 장 발장의 오두막집에서 멀지 않은 좁은 길 건너편에 마리 끌로드라는 소작인 여자가 있었다. 언제나 허기져 있는 장 발장네 아이들은 어머니 핑계를 대고는 가끔 이 마리 끌로드한테 가서 우유를 세 홉쯤 얻어다 산울타리 뒤나 길모퉁이 같은 데서 서로 우유 그릇을 빼앗아가며 마셨다. 그때마다 너무 조급히 서두르는 통에 작은 여자아이들은 턱 밑이나 앞치마 위로 늘 엎지르곤 했다. 만일 어머니가 그런 속임수를 알았다면 그런 짓하는 녀석들을 엄하게 야단쳤을 게 틀림없다. 장 발장은 무뚝뚝하고 불평을 하긴 했으나, 누이 몰래 아이들을 위해 마리 끌로드에게 우유 값을 치러 주어 아이들이 벌받는 일은 없었다.

나뭇가지를 치는 계절에는 하루에 24수의 수입이 있었다. 그밖에 들일, 품일, 농장의 소몰이, 농사일 등을 닥치는 대로 했다. 그는 자기가 할 수 있는 일이면 다했다. 누이는 누이대로 벌었지만, 아이가 일곱이나 되어 어찌할 도리가 없었다. 갈수록 가난에 쫓기고 몰리는 가엾은 무리들이었다.

그러던 중 어느 혹독한 겨울이 왔다. 장은 일거리가 없었다. 집에는 빵이 없었다. 말 그대로 한 조각의 빵도 없었다. 어린아이들이 일곱이나 있는데도!

어느 일요일 저녁, 파브롤 교회 앞 광장에 있는 빵집 주인 모베르 이자보가 막 잠들려는 참이었다. 가게의 창살 달린 유리 진열장이 쨍그랑 깨지는 소리가 들렸다. 나가 보니 마침 그때 창살과 유리를 한꺼번에 주먹으로 깨뜨린 구멍으로 손 하나가 쑥 들어와 있는 게 눈에 띄었다. 그 손은 빵 하나를 훔쳐 가지고 나갔다.

이자보는 재빨리 밖으로 뛰어나갔다. 도둑은 쏜살같이 달아났다. 이자보는 그를 쫓아가 붙잡았다. 도둑은 이미 빵을 내던져 버려 가지고 있지 않았으나, 팔에서 아직 피가 흐르고 있었다. 그가 바로 장 발장이었다.

이것은 1795년에 일어난 일이었다. 장 발장은 '한밤중 남의 집 창을 부수고 도둑질한 죄'로 재판관 앞에 끌려나갔다. 그는 오래 전부터 소총을 하나 갖고 있었는데, 다른 누구보다도 솜씨가 뛰어나 더러 밀렵도 하고 있었다. 그것이 그에게는 불리했다. 밀렵자는 당연히 곱지 못한 눈길로 보기 마련이다. 밀렵자는 밀수입자와 더불어 도적과 비슷하게 취급된다. 그러나 말이 났으니 말이지만, 이런 종류의 사람들과 도회지의 끔찍한 살인자들 사이에는 큰 차이가 있다. 밀렵자는 숲 속에 살고, 밀수입자는 산 속이나 바다 위에 산다. 도시는 부패한 인간을 만들고, 또한 잔인한 인간을 만들어낸다. 산과 바다와 숲은 야성의 인간을 만든다. 그러한 자연은 인간의 거친 일면을 키워 주기는 하지만 인간적인 면을 파괴하는 일은 그리 많지 않다.

장 발장은 유죄 판결을 받았다. 법전의 규정은 뚜렷했다. 우리들의 문명에도 두려운 시기가 있다. 형벌이 인생의 파멸을 선언하는 때이다. 사회가 멀어지고 하나의 정신을 지닌 인간이 재기할 수 없을 만큼 세상에서 버림받는 순간, 아, 그것은 얼마나 저주스러운 순간인가! 장 발장은 5년의 징역을 언도받고 항구의 감옥으로 가게 되었다.

1796년 4월 22일, 빠리에는 몽뜨노뜨의 승리가 전해졌다. 집정관 정부가 500인 의회에 전달한 혁명 제4년 화월(花月)(혁명력 제8월로, 4월 20일부터 5월 19일에 해당함) 2일의 통첩에 부오나빠르뜨라고 부르는 이탈리아군 총사령관에 의해 이뤄진 승리이다. 바로 그날, 비세트르에서는 하나의 커다란 쇠사슬로 많은 죄수를 묶었다. 장 발장도 그 속에 끼여 있었다. 지금은 벌써 90살 가까이 된 그즈음 형무소 간수는, 가운뎃마당 북쪽 구석의 넷째 줄 끝에 묶여 있던 이 불행한 사나이를 또렷이 기억해 낸다. 그도 다른 죄수들과 마찬가지로 땅바닥에 앉아 있었다. 그는 그것이 두려운 일이라는 것 외에, 자기가 지금 어떤 입장에 있는지 알지 못하는 듯 보였다. 그러나 아무것도 모르는 불쌍한 사나이의 막연한 생각 속에서도 너무 가혹한 처사라는 것은 느끼고 있었으리라.

후두부에서 쇠목걸이의 나사못을 쇠망치로 쾅쾅 두들겨 박는 동안 그는 울고 있었다. 눈물에 목메어 소리도 나오지 않았다. 겨우 띄엄띄엄 이런 말밖에 할 수 없었다.

"나는 파브롤의 가지 치는 사람이오."

유리창을 부수고 들어온 그 손은 빵 하나를 훔쳐 가지고 나갔다.

그리고 흐느껴 울면서, 오른손을 쳐들어 천천히 일곱 개의 계단을 내려오듯 그 손을 내리는 것이었다. 마치 키가 다른 일곱 사람의 머리를 차례차례로 어루만지는 것 같았다. 그러한 손짓으로, 그가 저지른 짓이 비록 무엇이었든 일곱 아이들에게 입히고 먹을 것을 주기 위해 저지른 일이었음을 짐작할 수 있었다.

그는 뚤롱 항구로 보내졌다. 목에 쇠사슬을 차고 짐수레에 실려 27일 만에 거기 닿았다. 뚤롱에서 그는 붉은 죄수복으로 갈아 입었다. 이제까지의 생활에 있었던 것은 모두 사라져 버리고 이름조차 없어졌다. 그는 이미 장 발장이 아니었다. 그는 24601호였다.

누이는 어떻게 되었을까? 일곱 아이는 어떻게 되었을까? 누가 그들을 보살필 것인가? 젊은 나무가 밑동에서부터 베어넘어졌을 때, 그 한줌의 나뭇잎은 어떻게 될 것인가?

그것은 언제나 뻔한 일이다. 그 가련한 생물, 신이 창조하신 어린 것들은 그 뒤 의지할 곳 없는 몸으로, 이끌어 주는 사람도, 머물 집도 없이 발길 닿는 대로 저마다 산산이 흩어져 버렸을 게 틀림없다. 그리고 외롭게 내동댕이쳐진 인간의 운명을 삼켜 버리는 차디찬 안개 속으로 차츰 빨려들어갔으리라. 그 음울한 어둠 속에서, 수많은 불행한 사람들이 암담한 발길을 질질 끌면서 차례차례로 사라져 가는 것이다.

어머니와 아이들은 그 고장을 떠났다. 그들이 살던 고향의 종루도 그들을 잊어버렸다. 그들이 다니던 들판의 이정표도 그들을 잊어버렸다. 항구의 감옥에서 몇 년 지낸 뒤 장 발장조차 그들을 잊고 말았다. 지난날 깊은 상처를 입은 그의 마음 속에 지금은 그 자국이 남아 있을 뿐이었다. 다만 그뿐이었다.

뚤롱에 있는 동안, 꼭 한 번 누이의 소식을 들었다. 그렇다, 감옥살이 4년째 되는 해 끝무렵이었다. 그 소식이 어떤 경로로 어떻게 그에게까지 전해졌는지는 알 수 없다. 그들과 같은 고향에서 알고 지냈던 어떤 사람이 그의 누이를 보았다는 것이었다. 누이는 빠리에 있었다. 쌩 쒈피스 성당 언저리 빈민가인 뒤 쟁드르 거리에 살고 있었다.

그녀는 막내 남자아이밖에 데리고 있지 않았다. 다른 여섯 아이는 어디 있을까? 그것은 아마 그녀 자신도 몰랐을 것이다. 날마다 그녀는 아침에 사보 거리 3번지의 어느 인쇄소에 나가 종이를 접고 책 꿰매는 일을 했다. 아침 6

시에, 겨울이면 날이 새기도 전에 거기 가 있어야만 했다. 인쇄소가 자리한 건물 안에 학교가 있었다. 그녀는 그 학교에 7살 된 어린 아들을 데리고 갔다. 그러나 인쇄소 출근 시간은 6시인데 학교 문은 7시가 되어야 열렸으므로, 아이는 안마당에서 문이 열릴 때까지 기다려야만 되었다. 겨울, 아직도 어두운 밤의 한 시간을, 더구나 밖에서! 인쇄소에서는 아이를 안으로 들여 놓아 주지 않았다. 방해가 된다는 것이었다.

직공들은 아침에 지나가다가 이 가엾은 어린아이가 졸면서 돌바닥에 앉아 있는 것을, 어떤 때는 책가방 위에 몸을 구부린 채 쪼그리고 앉아 어둠 속에 잠들어 있는 모습을 보았다. 비가 올 때면 문지기 할머니가 가엾이 여겨 자기 오두막에 넣어 주었으나, 그 방에는 초라한 침대 하나와 물레와 나무의자가 두 개 있을 뿐이어서 어린아이는 한쪽 구석에서 되도록 덜 춥도록 고양이에게 몸을 바싹 붙이고 잠들었다. 7시에 학교가 시작되면 아이는 학교로 들어간다.

장 발장이 들은 것은 그뿐이었다. 그는 어느 날 그 이야기를 들었는데, 그나마도 순간적인 번갯불 같은 일이어서 마치 사랑하는 사람들의 운명에 관하여 갑자기 창이 열렸다가 곧 도로 닫혀진 것 같았다. 그는 다시는 아무것도 듣지 못했다. 영원히 그뿐이었다. 그들의 소식은 아무것도 들려 오지 않았다. 그들을 보는 일도 만나는 일도 결코 없었다. 그리고 이 참담한 이야기 속에서도 그들은 앞으로 두 번 다시 나오지 않을 것이다.

그 4년 세월이 끝날 무렵, 장 발장에게 탈옥할 기회가 왔다. 형무소라는 이 비참한 곳에서 흔히 볼 수 있듯 동료들이 그를 도왔다.

그는 탈옥했다. 이틀 동안 자유롭게—그것도 자유라고 할 수 있다면—들판을 헤맸다. 누가 쫓아올까 쉴새없이 뒤돌아보며 바스락대는 소리에도 가슴이 철렁하면서 모든 것을 두려워했다. 연기가 피어오르는 지붕, 길가는 사람, 개의 울음소리, 달리는 말, 시계 종소리, 낮에는 사물이 너무 환히 보여서, 밤에는 아무것도 보이지 않아써, 큰길에서도, 샛길에서도, 덤불 속에서도, 심지어는 잠이 드는 것 조차도.

그러다 이틀째 되는 저녁, 그는 다시 붙잡혔다. 36시간 동안 아무것도 먹지 못하고 한숨도 자지 못했다. 해양재판소는 이 위법 행위로 형을 3년 연기할 것을 선고했다. 그래서 그의 형기는 8년이 되었다.

6년째에 또다시 탈옥할 기회가 왔다. 그는 기회를 놓치지 않았다. 그러나 끝내 성공하지 못했다. 점호할 때 걸리고 만 것이다. 대포소리가 울렸다. 그날 밤 순찰하던 사람들은 건조중인 배의 용골 밑에 숨어 있는 그를 발견했다. 그는 자기를 잡으러 온 간수에게 덤벼들었다. 탈옥과 반항, 이 같은 행위는 특별 법규에 의해 5년의 중형이 되고, 그 가운데 2년은 두 겹의 쇠사슬로 묶이는 벌을 받게 되었다. 합하여 13년.

10년째에 다시 좋은 기회가 있어 이번에도 그는 감행했다. 역시 성공하지 못했다. 이 새로운 미수죄로 다시 3년, 합하여 16년. 그리고 또다시―아마도 13년째였다고 생각되는데―마지막으로 다시 한 번 시도했으나 네 시간 동안 도망쳤을 뿐 역시 붙잡히고 말았다. 이 네 시간으로 3년이 늘어나 모두 19년 동안 감옥살이를 했다. 유리창을 깨뜨리고 한 개의 빵을 훔쳐 1796년 감옥에 들어간 그는 1815년 10월에 석방되었다.

여기서 잠시 한 마디 덧붙이면, 작자가 형법 문제 및 법률상의 처형판결에 관해 연구하던 중 한 개의 빵을 훔친 일이 한 인간의 운명을 파멸로 이끄는 출발점이 된 예에 맞닥뜨린 건 이것으로 두 번째다. 끌로드 괴 ^(위고의 작품에 나오는 인물임)라는 사나이도 빵 한 개를 훔쳤다. 장 발장도 빵 한 개를 훔쳤다. 영국의 어느 통계가 증명하는 바에 의하면, 런던에서는 도둑질 다섯 건 가운데 네 건은 굶주림이 원인이었다고 한다.

장 발장은 흐느끼고 떨면서 항구의 감옥에 들어갔다. 그리고 무감동한 인간이 되어 감옥에서 나왔다. 절망하면서 감옥에 들어갔다가, 침울해져서 나왔다.

그 영혼 속에는 어떤 일이 일어나고 있었던가?

절망의 구렁텅이

그러면 장 발장의 영혼 속에 어떤 일이 일어나고 있었는지 말하기로 하자.

사회는 이런 종류의 일을 눈여겨보지 않으면 안 된다. 그것을 만들어내는 것은 사회이니까.

앞서도 말한 바와 같이 그는 무지한 사나이였다. 그러나 어리석지는 않았다. 자연의 빛은 그 안에서도 빛나고 있었다. 불행도 또한 그 자체의 빛을 지니고 있어서, 그것이 그 사나이의 정신에 있던 얼마쯤의 빛을 더욱 북돋아

주었다. 몽둥이와 쇠사슬과 감방 속과 피로함과 감옥의 내리쪼이는 뜨거운 태양과 죄수들의 널빤지 잠자리, 이 모든 고통을 참고 견디며 그는 자기의 양심을 돌이켜보고 깊은 생각을 거듭했다.

그는 스스로를 심판대에 올려놓았다.

그는 자기 자신을 심판하기 시작했다.

장 발장은 자신이 애매한 죄로 부당하게 벌받는 결백한 인간이라고 할 수 없다는 사실을 인정했다. 그는 자기가 비난받을 만한 지독한 짓을 저질렀음을 부인하지 않았다. 그는 생각했다. 그때 만약 달라고 했더라면 아마도 그 빵을 거절 당하지는 않았을 것이다. 어떻든 인정에 호소하거나 스스로 노동을 하여 빵을 얻을 때까지 기다려야만 했다. '배가 고픈데 기다릴 수 있는가' 한다 해도, 그것은 절대적인 이유는 되지 못한다. 첫째로 글자 그대로 굶어 죽는다는 것은 매우 드문 일이며, 둘째로 행인지 불행인지 인간은 정신적·육체적으로 오래오래 모진 괴로움을 받을지라도 죽지 않게끔 만들어져 있다. 그러므로 참을성이 필요하다. 저 가엾은 조카들을 위해서라도 그렇게 하는 편이 훨씬 좋았을 것이다. 사회에 난폭하게 달려들어 도둑질로 빈곤을 벗어나려 생각한 것은, 자기 같은 무력하고 불행한 인간으로서는 서투른 짓이었다. 아무튼 오욕으로 들어가는 문은, 빈곤에서 벗어나기에 좋은 문이 아니었다. 결국 그는 잘못했던 것이다.

계속해서 그는 자신에게 물어 보았다.

이 숙명적인 사건에서 잘못은 자기 한 사람에게만 있었던가? 첫째 좋은 일꾼인 그에게 일거리가 없었고, 근면한 그에게 빵이 없었다는 것은 중대한 일이 아니었던가? 다음으로, 잘못이 저질러지고 자백을 했지만 형벌이 가혹하고 도가 지나치지 않았던가? 죄의 정도보다 법률의 형벌 쪽이 무겁지는 않았던가? 저울 한쪽에, 속죄를 올려놓은 쪽의 저울에 지나친 무게가 있었던 것은 아닌가? 형벌의 과중도 범죄를 소멸시키지는 못하지 않는가? 요컨대 그것은 상황을 악화시킬 뿐이며 범죄의 과실을 억압의 과실로 바꾸고, 죄인을 희생자로 만들고, 채무자를 채권자로 만들고, 법을 범한 인간을 결국 법으로 정당하게 해 주는 결과를 초래하지 않았던가? 탈옥을 꾀함으로써 계속 더해진 그 형벌은 하나의 약육강식이 되고 만 것이 아니었던가? 그것은 개인에 대한 사회의 죄, 여전히 날마다 되풀이되는 죄, 19년 동안이나 계속

된 죄가 되어 버린 것은 아니었던가?

그는 자신에게 물었다. 대체 인간 사회는 때로는 부조리한 부주의를, 때로는 무자비한 경계를 그 구성원에게 다 함께 받게 할 권리를 가질 수 있는 것일까? 불쌍한 한 인간을 결핍과 힘거움 사이에 영원히 처박아 둘 권리를 가질 수 있는 것일까? 우연으로 이루어진 재산 분배에서 가장 혜택받지 못한 사람들, 따라서 가장 동정받아야 할 사람들을, 사회가 그렇듯 가혹하게 다룬다는 것은 천만부당한 일이 아니겠는가.

이러한 의문들이 제기되고 대답되었다. 그는 사회를 재판하여 유죄라고 단정했다.

그는 자기의 증오심으로 사회를 처벌했다.

그는 자기가 당하는 운명을 사회의 책임으로 돌리고, 언젠가는 가차없이 그 책임을 추궁하리라고 생각했다. 자기가 남에게 끼친 손해와 남이 자기에게 가한 손해 사이에는 균형이 없다고 스스로 선언했다. 결국 자기가 받은 형벌은 사실상 부정하다고까지는 할 수 없더라도 확실히 불공평하다고 결론지었다.

노여움은 자칫 이성을 벗어나 부조리에 빠진다. 사람은 공연히 화내는 일이 있다. 그러나 마음 속 어딘가에 이유가 있지 않고는 분개하지 않는다. 장발장은 분노를 느끼고 있었다.

더욱이 인간 사회는 그에게 지독하게 대했을 뿐이다. 사회가 정의라고 스스로 부르며, 타격을 가하려는 자들에게 보여 주는 저 화난 듯한 얼굴, 그는 사회의 그런 얼굴밖에 본 일이 없었다. 사람들이 그에게 접촉한 것은 오직 해치기 위해서일 뿐이었다. 그들과의 접촉은 모두 뼈아픈 타격이었다. 그는 어릴 때부터, 어머니 품에 있을 때부터, 누이에게 길러질 때부터 단 한 번도 다정한 말과 친절한 눈길을 받아보지 못했다. 괴로움에서 괴로움으로 넘어오며 그는 차츰 하나의 확신에 이르러, 인생은 투쟁이며 그 투쟁에서 자기는 패배한 것이라고 생각하게 되었다. 그는 증오심 외에 아무 무기도 갖지 못했다. 그 무기를 그는 감옥에서 날카롭게 갈아 두었다가 나갈 때 갖고 나가리라 결심했다.

뚤롱에는 이뇨랑띤느의 수도사들이 경영하는 죄수를 위한 학교가 있어, 불행한 죄수들 가운데 뜻있는 자들에게 가장 필요한 것을 가르치고 있었다.

그는 그러한 뜻있는 자들 틈에 끼었다. 40살의 나이로 그는 그 학교에 다니며, 읽기와 쓰기와 산수를 배웠다. 그는 자신의 지식을 굳히는 것은 곧 자신의 증오심을 굳히는 것이라고 생각했다. 때로 교육과 광명은 악을 부추기는 구실을 하는 수가 있다.

말하기도 애처로운 일이지만, 그는 자기에게 불행을 안겨준 사회를 심판한 뒤 그 같은 사회를 만들어 놓은 하늘의 섭리를 심판했다.

그는 하늘의 섭리 역시 유죄로 단정했다.

그리하여 고역과 천대의 19년 동안 그의 영혼은 제법 상승하는가 하면 끝없이 아래로 굴러떨어졌다. 한편으로 빛이 스며들고 한편으로는 어둠이 들어왔던 것이다.

장 발장은 본디 성질이 나쁜 인간은 아니었다. 감옥에 들어온 때만 해도 아직 좋은 인간이었다. 그러나 그곳에서 그는 사회를 비난하고, 자기 스스로 악해졌음을 느꼈다. 거기서 그는 하늘의 섭리를 비난하고, 자기 스스로 불신에 빠져드는 것을 느꼈다.

여기서 잠시 생각해 보지 않을 수 없다.

인간의 본성은 그처럼 밑뿌리부터 완전히 바뀌어 버리는 것일까? 신이 선량하게 만든 인간이, 다른 인간으로 말미암아 악한 인간이 되는 수가 있는 것일까? 인간의 영혼이 운명에 의해 완전히 바뀌고, 운명이 나빠서 영혼도 나빠진다는 일이 있을 수 있을까? 너무 낮은 천장 아래 있기 때문에 등뼈가 구부러지듯 사람의 마음도 지나친 불행의 무게로 휘어져 불치의 불구자가 되고 마는 수가 있는 것일까?

인간의 영혼 속에는, 그리고 특히 장 발상의 영혼 속에는 그 어떤 본연의 빛, 현세에서 허물어지지 않고 내세에서 불멸할 어떤 거룩한 요소—선에 의해 퍼지고, 돋우어지고, 불붙어 타오르며 찬연히 빛나 악에 의해 결코 꺼질 줄 모르는 그 어떤 거룩한 빛이 없었던 것일까?

그것은 중대하고도 밝혀내기 어려운 의문들이다. 그리고 그 마지막 의문에 대해서는, 아마 어떤 생리학자라도 '그런 것은 없었다'고 대답했을 것이다. 특히 뚤롱에서 장 발장에게 몽상의 시간이었던 휴식 시간 중의 그를 본 사람이라면 주저없이 그렇게 대답했을 것이다. 그러한 휴식 시간에, 이 노역수는 팔짱을 끼고 고패자루에 걸터앉아 끌리지 않도록 쇠사슬 한 끝을 주머니에 집어넣고는 음울하고 진지한 얼굴로 생각에 잠겼다. 그는 법률에 의하여 모든 권리를 박탈당하여 분노의 눈초리로 인간을 바라보는 낙오자였다. 그는 문명에 의하여 영원한 벌을 받아 엄혹한 눈초리로 하늘을 바라보는 추락자였다.

확실히, 그리고 우리도 그것을 숨기려 하지 않거니와, 관찰자인 생리학자는 거기에서 어쩔 도리 없는 참담성을 보았을 것이고, 아마도 법률이 빚어낸 그러한 병자를 가엾이 여겼으리라. 그러나 그를 치료해 보려는 마음은 들지 않았을 것이다. 그는 이 사나이의 영혼 속에 언뜻 엿보이는 동굴에서 눈길을 돌려 버렸으리라. 그리고 마치 지옥의 입구에 선 단떼처럼, 신의 손가락이 모든 인간의 이마 위에 써 놓은 '희망'이라는 말을 그 사나이의 생애에서 지워 버렸으리라.

우리가 여기서 분석을 시도한 그의 영혼 상태를, 우리가 그것을 독자에게 전하려 한 것과 같은 정도로 똑똑히 장 발장이 이해하고 있었을까? 장 발장은 자기 정신의 비참함을 구성하는 모든 요소들을, 그것들이 형성된 뒤 또는 그것들이 형성되는 동안에 똑똑히 의식하고 있었을까? 무지하고 거친 이 사나이는, 자기에게 잇따라 일어났던 이 생각들을 스스로 또렷이 깨닫고 있었을까? 뒤이어 오는 이 생각들로 말미암아 그는 차차 올라갔다가, 이미 오랜 세월에 걸쳐 정신의 내부 세계가 되어 있던 그 참담한 광경에까지 떨어져 버리고 만 것일까? 그는 자기 속에 일어났던 모든 것을, 자기 속에 움직이고 있던 모든 것을 또렷하게 의식하고 있었을까?

그렇다고는 도저히 단언할 수 없다. 아니, 도저히 그렇다고는 생각할 수 없는 일이다. 장 발장은 어리석고 우악스러웠으므로, 그토록 갖가지 불행을 겪고 난 뒤임에도 불구하고 그에게는 모호한 부분이 많이 남아 있었다. 때로는 자기가 무엇을 느끼고 있는지조차 정확히 알지 못하고 있었다.

장 발장은 암흑 속에 있었다. 암흑 속에서 괴로워하고 있었다. 암흑 속에서 증오하고 있었다. 다시 말해 그는 자기에게 주어진 참혹한 현실을 증오하고 있었던 것이다. 그는 언제나 이 어둠 속에서 눈먼 사람처럼, 몽유병자처럼 더듬거리며 살고 있었다. 다만 이따금 분노의 충동이, 고뇌의 폭발이, 그 자신으로부터 또는 외부로부터 닥쳐와 마구 그를 뒤흔들어 놓았다. 그것은 그의 영혼을 구석구석 비추는 급격하고 희푸른 번개 불빛 같은 것으로, 그의 전후 곳곳에 운명의 음산한 절벽과 암담한 전경(前景)을 느닷없이 그 무서운 섬광 속에 나타내 보였다.

번개 불빛은 사라지고 다시 어둠이 감싼다. 대체 그는 어디에 있는 것인가? 자신도 이미 그것을 알 수 없었다.

무자비함과 인간을 우매하게 만드는 것으로 가득찬 이러한 형벌의 특징은, 그 어떤 저급한 변모를 통하여 인간을 차츰 야수로 변화시키는 데 있다. 때로는 인간을 맹수로도 바꾼다.

장 발장이 끈덕지게 꾀한 탈옥 계획은, 인간 영혼에 법률이 어떤 기이한 작용을 미치는가를 증명하기에 충분하리라. 장 발장은 그 계획이 전혀 무익하고 어리석을지라도, 그 결과나 이미 겪은 경험에 대해서는 조금도 생각지 않고 기회가 올 때마다 되풀이했다. 열린 우리를 본 이리처럼 무작정 빠져나가려고만 했던 것이다.

본능이 그에게 말한다.

"달아나라!"

이성은 말한다.

"가지 마라!"

하지만 그처럼 격렬한 유혹 앞에 이성은 자취를 감춰 버리고 없었다. 거기에는 이미 본능밖에 없었다. 그 안의 동물적 성질만이 작용하고 있었다. 다시금 붙잡혀 그가 받은 새로운 형벌은 더욱 그의 마음을 비뚤어지게 할 뿐이었다.

우리가 한 가지 빠뜨려서 안 될 것은, 그가 죄수들 가운데 어느 누구와도 견줄 자 없을 만큼 억센 체력의 소유자였다는 사실이다. 닻줄을 꼬거나 고패를 돌리는 노역에서, 장 발장은 네 사람 몫의 힘을 드러냈다. 때로는 그 등에 엄청난 무게의 것을 지고도 끄떡없어 때로 기중기 노릇도 했다.

이 기중기는 요즈음은 크리라고 하지만 옛날에는 오르괴이유(오만하다는 뜻)라고 불렸으며, 빠리 중앙시장 언저리의 몽또르괴이유라는 거리 이름은 여기서 유래한 것이다. 그의 죄수 동료들은 그를 장 르 크리(기중기 장이라는 뜻)라는 별명으로 불렀다. 언젠가 뚤롱 시청의 발코니를 수리할 때, 그 발코니를 떠받치고 있는 기둥 쀼제(프랑스의 조각가이자 화가. 1622~1694)의 유명한 여인상 하나가 삐어져 나와 쓰러질 뻔한 일이 있었다. 마침 그곳에 있었던 장 발장은 어깨로 그 기둥을 떠받치고 일꾼들이 올 때까지 버티었다.

또한 그 동작의 날렵함은 억센 힘을 능가했다. 어떤 죄수들은 늘 탈옥만 꿈꾸어, 체력과 수단을 결합한 것에서 하나의 훌륭한 기술을 만들어내기에 이른다. 그것은 근육의 기술이다. 파리며 새를 한없이 부러워하는 그들 죄수들에 의해, 하나의 신비로운 역학이 날마다 실험되고 있다.

수직 벽면을 기어올라가 거의 아무 돌기도 없는 곳에 발 디딜 자리를 찾아내는 건 장 발장으로서 어렵지 않게 할 수 있는 일이었다. 벽 한쪽 귀퉁이만 있으면, 등과 두 무릎의 오금을 긴장시키고 두 팔꿈치와 발꿈치를 돌이 파인 곳에 걸치면서 마치 마술을 부리듯 4층까지라도 올라갈 수 있었다. 때로는 그렇게 해서 형무소 지붕까지 올라간 일이 있었다.

그는 말이 적었다. 웃는 일도 없었다. 악마 웃음의 메아리 같은 죄수다운 그 음울한 웃음을 한 해에 한두 번쯤 그에게서 끌어내려면 굉장한 감흥이 필요했다. 그의 모습은 줄곧 무언가 무서운 것을 골똘히 들여다보고 있는 것 같았다.

사실 그는 늘 무엇엔가 마음을 빼앗기고 있었다.

불완전한 성격과 짓눌린 지성의 병적인 지각을 통하여, 그는 어떤 악마 같은 것이 자기 몸에 씌워져 있음을 어렴풋이 느끼고 있었다. 그 어슴푸레하고 희멀건 그림자 속에서 기어다니며 고개를 돌리고 눈을 쳐들려 할 때마다 두려움과 분노에 쫓기면서 그가 보게 되는 것은 갖가지 형태의 사물과 법률과 편견과 인간과 사실들이 무섭도록 겹치고 쌓여서 소름끼치는 듯한 벼랑을 이루어 머리 위로 까마득하게 솟아 있는 광경이었고, 그것들은 윤곽조차 뚜렷이 잡히지 않은 채 다만 그 거대한 전체의 허울이 그를 끊임없이 공포로 몰아넣었지만 그것은 우리가 문명이라고 부르는 저 어마어마한 피라미드 외의 아무것도 아니었다. 그 꽉 들어차 우글거리는 기이한 전체 속 여기저기에, 또는 가까이, 또는 아득히 먼, 다가갈 수 없는 높은 곳의 어떤 집단이 강렬하게 비추어진 어떤 세부를 그는 분별할 수 있었다. 이쪽으로는 간수와 그 몽둥이, 저쪽으로는 헌병과 그 군도, 훨씬 저쪽으로는 주교관을 머리에 쓴 대주교, 높다란 하늘에는 태양처럼 휘황한 속에 왕관을 쓰고 눈부시게 빛나는 황제의 모습을 보게 되는 것이었다.

그러한 먼 빛은 그의 어두운 밤을 흩날려 버리기는커녕, 그것을 한결 처참하고 어둡게 해주는 듯했다. 그러한 모든 것, 법률과 편견과 사실과 인간과 사물들은 신이 문명으로 하여금 일으키게 하는 복잡하고 신비로운 운동에 따라 그의 머리 위를 오가며, 잔혹함 속에 깃든 말할 수 없는 정적과 무관심 속에 깃든 말할 수 없는 냉혹함으로 그의 위를 지나가고 또는 그를 짓밟았다.

가능한 최대의 불행한 나락에 떨어진 사람들의 영혼, 아무도 들여다보아 주지 않는 불행의 밑바닥에서 방황하는 불쌍한 사람들, 법률에서 버림받은 그 같은 사람들은, 제 머리 위 인간 사회의 모든 중량이 그 외부로 밀려난 자에게는 거대하고 그 아래로 떨어져 내려간 자에게는 지독히 무섭게 짓누르는 인류 사회의 모든 중량이 내리누름을 느끼는 것이다.

그러한 상황 아래에서 장 발장은 생각에 잠기고 있었다. 그렇다면 그의 몽상은 어떠한 성질의 것이었을까?

만약 맷돌 아래에서 좁쌀 알이 생각에 잠길 수 있다고 한다면, 아마도 장 발장이 생각하는 것과 같은 것이리라.

환영에 가득찬 현실과 현실에 가득찬 몽환, 이러한 모든 것들이 마침내 거의 설명하기 어려운 내면을 그에게 만들어 주고 말았다.

가끔 그는 형무소에서 한창 바쁜 일손을 멈추었다. 그리고는 생각에 잠기는 것이었다. 전보다 더한층 성숙함과 더불어 한결 혼란해진 그의 이성은 불현듯 반기를 들기 시작하고 있었다. 이제까지 그에게 일어난 일은 모두 부조리한 듯 여겨졌다. 그를 에워싼 모든 게 불합리한 것처럼 생각되었다. 그는 혼잣말을 했다.

"이것은 꿈이다."

그는 몇 걸음 앞에 간수가 서 있는 것을 바라본다. 그 간수는 그에게 환영처럼 보인다. 그러자 느닷없이 그 환영은 그에게 몽둥이를 한 대 안기는 것이었다.

눈에 보이는 자연도 그에게는 거의 존재하지 않았다. 태양도, 아름다운 여름날도, 빛나는 하늘도, 4월의 싱그러운 이른 아침도 장 발장에게는 존재하지 않았다 해도 거짓말이 아니다. 어디 있는지도 모르는 창구멍의 희미한 빛이 그의 영혼을 조금 비추어 주고 있을 뿐이었다.

끝으로 이제까지 지적해 온 모든 것 가운데 확실한 귀결로 줄여서 말할 수 있는 것을 요약하기 위해 우리는 다음 사실만을 인정하기로 하자. 즉 파브롤의 한 선량한 가지 치는 일꾼이며 뚤롱의 무시무시한 죄수인 장 발장은, 19년 동안 형무소에서 단련한 덕분으로 두 가지 악행을 저지를 수 있게 되었다. 첫째는 자기가 받은 악의 보복으로서 행하는 재빠르고 반성할 겨를 없는 무의식적이고 본능적인 악의 행위이고, 둘째는 운명의 불행이 안겨 준 그릇된 사상으로 말미암아 깊이 생각하고 검토한 신중하고 중대한 악의 행위이다.

그는 악을 저지르려고, 세 과정을 차례로 밟으며 미리 깊이 사고했다. 그것은 어떤 종류의 소질을 지닌 인간만이 거칠 수 있는 과정으로서, 이론과 의지와 집요함 세 가지였다. 그의 행위의 원동력은 습성이 된 분노, 정신의 고통, 자기가 당한 불공평에 대한 뿌리 깊은 원한, 그리고 반동—만일 그러한 사람이 있다고 한다면, 착하고 죄를 모르며 올바른 사람들에 대해서까지 반동하는—이었다.

그의 모든 사상의 출발점은 그 도착점과 마찬가지로 인간의 법률에 대한 증오였다. 이러한 증오는 그것이 발전하는 가운데 그 어떤 하늘의 섭리와도 같은 뜻밖의 사건으로 저지되지 않는 한 마침내 사회에 대한 증오가 되고, 이어서 인류에 대한 증오, 다시 이어 천지 만물에 대한 증오로 발전하며, 이윽고 살아 있는 것이라면 무엇에나 상관할 바 없이 그것을 행하려 하는 그칠 줄 모르는 잔인한 욕망이 되어 나타나게 된다. 이러한 것으로 본다면, 통행증에 '장 발장은 굉장히 위험한 인물'이라고 씌어 있는 것도 까닭 없는 일은 아니다.

해가 감에 따라 그의 영혼은 더욱 메말라 갔다. 천천히, 그러나 결정적으로. 마음이 마르면 눈물도 마른다. 형무소를 나올 때까지 19년 동안 그는 한 방울의 눈물도 흘린 적이 없었다.

물결과 어둠

한 사나이가 바다에 빠졌다.

알 게 뭐람! 배는 멎지 않는다. 바람은 휘몰아치고, 암담한 배는 정해진 항해를 계속하지 않으면 안 된다. 배는 지나가 버린다.

사나이는 사라졌다가 다시 나타난다. 그는 잠겨 들었다가 다시 물 위로 떠오른다. 그는 살려 달라고 소리치며 팔을 내민다. 아무도 그의 목소리를 듣지 못한다.

한 사나이가 바다에 빠졌다.

배는 비바람 속에 세차게 기우뚱거리며 운항에만 온 정신을 쏟고, 선원과 승객의 눈에는 이미 물에 떨어진 사나이 모습이 보이지 않는다. 그의 가엾은 머리는 산더미 같은 물결 속의 한 점에 지나지 않는다.

그는 나락의 밑바닥에서 절망의 외침 소리를 지른다. 아! 사라져 가는 저 돛의 환영이여! 그는 그 돛을 바라본다. 미친 듯이 바라본다. 돛은 멀어지고, 어슴푸레해지고, 차츰 작아진다. 그는 아까까지 저 배에 있었다. 선원의 한 사람이었다. 다른 사람들과 뒤섞여 갑판을 왔다갔다하고, 공기와 햇빛을 나누어 받으며 살아서 일하고 있었다. 그런데 지금은 대체 어찌된 것인가? 그는 발이 미끄러져 떨어졌다. 그로써 모든 것은 끝났다.

그는 바닥 모를 무시무시한 물 속에 있다. 발 밑에는 소용돌이쳐 흐르는 물이 있을 뿐, 바람에 산산이 부서지는 물결은 무섭도록 그를 에워싸고, 뒤흔들리는 바다는 그를 휩쓸고, 물보라는 그의 둘레에서 일제히 아우성치고, 파도는 온통 그에게 포말을 들씌우고, 어지러운 물결들은 그를 거의 삼켜 버린다. 잠길 때마다 그는 암흑에 찬 벼랑을 눈 앞에 본다. 이름도 모를 무서운 해초가 그를 붙잡고 두 다리를 비끄러매어 잡아당긴다. 그는 자신마저 심연이 되는 것을 느낀다. 그는 포말의 한 부분이 되고, 물결에서 물결로 사정없이 던져지며 쓰라림을 마신다. 비겁한 대양은 그를 빠뜨리려고 기쓰며 달려들고 거대한 바다는 그 죽음의 고통을 희롱한다. 몰려드는 바닷물 전체가 흡사 증오인 것처럼 생각된다.

그러나 그는 싸운다. 몸을 지키려 애쓰고, 몸을 지탱하려 애쓴다. 그는 애써 헤엄친다. 곧 다하고 말 그 가련한 힘으로 그는 다할 줄 모르는 거대한 힘과 싸운다.

배는 대체 어디에 있는가? 저기에. 수평선의 아스라한 어둠 속에 가까스로 모습이 보인다.

돌풍이 휘몰아친다. 포말이 그에게 들씌워진다. 그는 눈을 쳐들었으나 납빛 구름이 보일 뿐. 죽음의 고통에 허덕이며 그는 바다의 무한한 광란을 목격한다. 그는 그 광기에 시달림을 받는다. 그는 인간의 귀에 익지 않은 기이한 소리를 듣는다. 그것은 육지 저 멀리에서, 어딘지 모를 무서운 외계에서 들려오는 듯하다.

구름이 지나는 하늘에 새가 있듯이 인간의 슬픔을 넘은 높은 곳에 천사가 있다. 그러나 그 천사들도 그를 위해 무엇을 할 수 있겠는가? 그것들은 날고 노래하고 훨훨 떠다니지만, 그는 허덕이고 있다.

그는 매장되는 것을 느낀다. 두 개의 무한한 것, 바다와 하늘에 의해. 그 하나는 무덤이요, 다른 하나는 수의(壽衣)이다.

밤이 내린다. 벌써 몇 시간이나 헤엄치고 있다. 힘이 다하려 한다. 저 배, 사람들이 타고 있던 저 머나먼 것. 그 모습도 사라졌다. 그는 황혼의 무서운 심연 속에 오직 혼자 있다. 그는 빨려들어간다. 몸이 굳어진다. 몸을 뒤튼다. 몸 아래에 보이지 않는 것의 기괴한 꿈틀댐을 느낀다. 그는 부른다.

이제 사람들은 없다. 신은 어디 있는가?

그는 부른다. 아무도 없소? 아무도 없소? 언제까지나 불러댄다.

수평선에는 아무것도 없다. 하늘에도 아무것도 없다.

그는 애원한다. 펼쳐진 바다에, 물결에, 해초에, 암초에. 그것들은 들은 척도 않는다. 그는 간절히 애원한다, 폭풍에. 폭풍은 모른 체하며 오직 무한의 명령에만 따른다.

그의 둘레에는 암흑과, 안개와, 고독과, 무심한 광란과, 사나운 바닷물의 끝없는 기복. 그의 안에는 공포와 피로. 그의 아래에는 추락. 의지할 데는 아무것도 없다. 그는 끝없는 암흑 속을 헤매는 시체의 모험을 생각한다. 바닥 모를 바닷물의 차가움이 그를 마비시킨다. 손은 경련을 일으키고, 오그라들고, 허무를 잡는다. 바람, 구름, 회오리바람, 질풍, 쓸모없는 별들! 어찌해야 좋은가? 이 절망한 자는 몸을 내던지고, 이 지친 자는 죽음을 각오한다. 그는 몸을 내맡긴 채, 밀리는 대로 내버려둔다. 허탈 상태에 빠진다. 이제 그는 모두를 삼켜 버리는 무서운 심연 속으로 영원히 빠져들이간다.

오, 사회의 가혹한 걸음걸이여! 앞으로 나아가는 길 위의 수많은 인간과 영혼의 상실이여! 법률이 떨어뜨리는 모든 것이 빠져들어가는 바다여! 구원의 서글픈 소멸이여! 오, 정신적인 죽음이여!

바다, 그것은 형벌이 벌받은 자를 던져 넣는 사회의 냉혹한 밤이다. 바다는 끝없는 비참이다.

영혼은 이 심연 속에 내버려질 때 시체가 된다. 누가 그것을 되살릴 수 있을 것인가?

새로운 피해

형무소를 나올 때가 되어 '너는 자유다!' 하는 이상스러운 말이 장 발장의 귀에 들렸을 때, 그 순간에는 거짓말 같고 도저히 현실에서 있을 수 없는 일 같이 생각되었다. 강렬한 광명의 빛, 살아 있는 인간 세계의 참된 빛이 갑자기 그에게 비쳐든 것이다. 그러나 그 빛은 얼마 되지 않아 희미해졌다. 장 발장은 자유라는 관념에 현혹되어 있었다. 새로운 생활이 열리리라 믿고 있었다. 그러나 세상에 나오자 그는 노란색 통행증을 가져야 되는 자유가 어떠한 것인지 곧 알게 되었다.

또한 그에 따른 숱한 분노가 치밀어 오르고 있었다. 그는 형무소에 있는 동안 적립된 금액이 171프랑일 것이라고 계산하고 있었다. 하긴 일요일과 축제일에 쉬었던 일을 그가 계산 속에 넣는 것을 잊었고, 그 휴일을 계산하면 19년 동안에 24프랑쯤 줄어든다는 사실을 여기 덧붙여 두지 않을 수 없다. 그런 것이야 어떻든 이 적립금은 갖가지 공제비로 말미암아 109프랑 15수로 줄어, 출감할 때 그에게 건네졌다.

그는 도무지 납득되지 않았다. 침해당했다고 생각했다. 기탄없이 말한다면 도둑맞았다고 여겼다.

석방된 다음날 그는 그라쓰의 오렌지꽃 증류소 앞에서 짐을 내리고 있는 사나이들을 보았다. 그는 거들겠다고 제의했다. 상대방은 일을 서두르던 참이라 그렇게 하라고 했다.

그는 일을 시작했다. 그는 기운이 세고 솜씨가 좋았다. 최선을 다하여 일하고 있었다. 주인은 만족스러운 듯 보였다. 그가 일하고 있는데, 헌병이 하나 지나가다가 그를 눈여겨보며 신분증을 보자고 했다. 그 노란색 통행증을 보이지 않으면 안 되었다. 그리고 장 발장은 다시 일하기 시작했다. 그보다 조금 전 그는 인부 한 사람에게, 이 일로 하루에 얼마나 받느냐고 물어보았다. "30수"라는 대답이었다.

저녁때가 되자 그는 이튿날 아침에는 다시 길을 떠나야 하므로 증류소 주인에게 가서 돈을 치러 줄 것을 청했다. 주인은 한 마디 말도 없이 그에게 25수를 건네주었다. 그는 불평했다. 그러자 주인이 "너는 그것으로 충분해." 그래도 그는 고집을 부렸다. 주인은 그를 쏘아보며 "콩밥이나 먹지 않도록 조심해!" 하고 말했다.

여기서도 그는 도둑맞았다고 생각했다.

사회는, 국가는 그의 적립금을 덜어냄으로써 그로부터 크게 훔쳐냈다.

석방은 해방이 아니다. 형무소에서 나와도 처형의 사슬에서는 벗어나지 못한다.

이것이 그라쓰에서 장 발장에게 일어난 일이었다. 디뉴에서 그가 어떤 대접을 받았는지는 이미 보아 온 대로이다.

잠을 깬 사나이

대성당의 큰 시계가 오전 2시를 알릴 때 장 발장은 잠을 깼다.

그가 깨어난 것은 침대가 너무 좋았기 때문이다. 20여 년 세월 동안 그는 침대에서 자본 일이 없었다. 옷을 벗지 않았지만 너무도 다른 잠자리가 잠을 어지럽혔다.

그래도 네 시간 넘게 잤다. 피로가 풀리고 있었다. 그는 휴식에 많은 시간을 필요로 하지 않았다. 눈을 뜨고 주위의 어둠을 한참 둘러보고는 다시 눈 감고 잠을 청하려 했다.

갖가지 감정이 소용돌이치거나 여러 가지 일이 머리를 가득 채우고 있을 때, 사람은 잠이 오지 않는 법이다. 자다가 깨어나 다시 청할 때보다 처음 잠들 때 잠은 쉽게 오는 것이다. 장 발장에게도 바로 그러한 현상이 일어났다. 그는 다시 잠들 수 없었다. 그래서 생각에 잠기기 시작했다.

머릿속에 든 생각이 모두 혼미한 순간에 그는 놓여 있었다. 그의 뇌리에는 어떤 어두운 상념이 오락가락하고 있었다. 오랜 추억과 최근의 추억이 어수선하게 떠올라 희미하게 뒤섞이고, 형체를 잃고, 엄청나게 커졌다가는 다시 사라져 버렸다—마치 흙탕물 속에라도 잠겨 버리듯이.

많은 생각이 떠올랐으나 그 중에서도 유달리 끊임없이 몇 번이나 나타나 다른 생각을 쫓아 버리는 게 하나 있었다. 그 생각, 그것을 이 자리에서 얼른 말해 버리기로 하자. 그는 마글르와르 부인이 식탁 위에 늘어놓았던 저 여섯 벌의 은그릇과 한 개의 커다란 스푼에 눈독들이고 있었던 것이다.

그 여섯 벌의 은그릇이 그의 머릿속에 달라붙어 있었다. 그것은 저기에 있다. 바로 저기 얼마 안 되는 곳에. 저쪽방을 지나 이 방으로 올 때, 늙은 하녀가 그것들을 그 방의 침대 머리맡 벽장에 간수하고 있었다.

장 발장은 그 벽장을 똑똑히 보아 두었다. 식당에서 들어와 오른편이다. 그것은 무게있어 보였다. 더구나 옛날 은그릇이다. 저 큰 스푼과 합치면 적어도 200프랑은 된다. 19년 동안 번 돈의 갑절이다. 하긴 '정부'가 그에게서 '훔치지만 않았다면' 더 많은 돈이었겠지만.

그의 정신은 얼마쯤 반발하면서도 꼬박 한 시간 동안이나 물결처럼 동요하고 있었다. 시계가 세 시를 알렸다. 그는 두 눈을 번쩍 뜨고 윗몸을 벌떡 일으켜, 팔을 뻗쳐 침실 구석에 던져둔 배낭을 더듬어 본 다음, 두 다리를 늘어뜨려 발끝을 마룻바닥에 대고 자기도 모르는 새 침대 위에 걸터앉았다.

그런 채로 한참 동안 멍하니 생각에 잠겨 있었다. 만일 이토록 고요히 잠든 집 안에서 혼자 어둠 속에 그런 모습을 하고 있는 그를 누가 보았다면 아마도 소름이 끼치는 것을 느꼈으리라. 그는 별안간 몸을 구부려 구두를 벗어 침대 옆 짚방석 위에 가만히 내려놓은 다음, 다시 생각에 잠긴 자세로 돌아가 몸을 움직이지 않았다. 그런 유쾌하지 못한 명상에 잠긴 동안에도 우리가 지적한 생각들은 쉴새없이 그 머릿속을 어지럽히고 갖가지 상념이 연방 들락날락거리며 그를 짓누르고 있었다.

그러자 까닭도 없이, 공상의 기계적인 되풀이 끝에 문득 부르베라는 죄수의 일이 떠올랐다. 부르베는 그가 형무소에서 안 사나이로, 그의 양복 바지는 무명실로 짠 한 가닥의 멜빵만으로 어깨에 걸려 있었다. 그 멜빵의 바둑판 무늬가 장 발장의 머리에 끊임없이 떠올라 왔다.

그는 그 상태로 꼼짝 않고 있었다. 그리고 날이 샐 때까지, 언제까지나 그렇게 있었을 것이다. 만일 큰 시계가 '땡' 하고 15분인가 반 시간을 알리는 종을 치지 않았더라면. 그 시계 소리가 그에게는 '자, 어서!' 하는 것처럼 들렸다.

장 발장은 벌떡 일어나 머뭇거리며 귀를 기울였다. 집 안은 온통 쥐죽은 듯 고요했다. 그는 어렴풋이 보이는 창문 쪽으로 주춤거리며 다가갔다.

밤은 그리 어둡지 않다. 마침 보름달이어서, 바람에 쫓기는 커다란 구름이 그 위를 흐르고 있었다. 밖은 어둠과 밝음이 서로 뒤바뀌어 어두워졌다 밝아졌다 하고, 방 안은 어슴푸레했다. 그 어슴푸레한 빛은 구름 때문에 띄엄띄엄하긴 했으나 발 아래를 비추어 주기에 충분했으며, 마치 그 밖을 오가는 사람 그림자로 얼씬거리는 지하실 공기 구멍에서 떨어지는 희부연 빛과 흡사했다. 창가로 가서 장 발장은 살펴보았다. 창살도 없고, 뒷마당으로 나 있으며, 이 고장 풍습에 따라 조그만 쐐기못 하나로 잠겨 있을 뿐이었다.

그는 창문을 열었다. 찬바람이 방 안으로 몰려들어와 얼른 닫았다. 그는 그냥 바라보는 게 아니라 궁리하는 듯한 조심스러운 눈초리로 뜰을 살펴보았다. 뜰은 나지막한 흰 담장으로 둘러싸여 문제없이 뛰어넘을 수 있을 것 같았다.

그 너머 바깥쪽에 같은 간격으로 서 있는 나무 우듬지가 보였다. 그것은 이 담장이 뜰과 나무를 심은 한길 또는 골목길의 경계가 되어 있음을 말해 주었다.

그렇게 한 번 살펴본 다음 그는 결심을 굳힌 듯한 동작으로, 침소로 걸어가 배낭을 열고 안을 더듬어 무엇인가 꺼내 침대 위에 놓았다. 이어 구두를 배낭 주머니에 넣고, 끈을 다시 쥐어 등에 지고, 모자 차양을 눈 위까지 눌러쓰고, 지팡이를 더듬어 찾아 창 귀퉁이에 갖다 놓고 침대로 돌아와 그 위에 놓아 두었던 물건을 결연히 손으로 쥐었다. 그것은 짧은 쇠몽둥이 비슷한 것으로 한쪽 끝이 사냥에 쓰는 창같이 뾰족했다.

이 쇠몽둥이가 무엇에 쓰기 위해 만들어진 것인지를 어둠 속에서 분간해 내기란 곤란할 것이다. 그것은 지렛대였을까? 아니면 곤봉이었을까?

낮이었다면, 그것이 갱부가 쓰는 촛대에 불과하다는 것을 알아냈을 텐데. 그 무렵 죄수들은 뚤롱을 둘러싼 언덕에서 바위를 잘라내는 일에 그것을 흔히 사용했다. 그리고 그들이 갱부용 연장을 자유로이 사용하는 것은 그리 드문 일이 아니었다. 갱부가 쓰는 촛대는 두툼한 쇠로 만들어졌으며, 아래끝이 뾰족해 바위에 꽂도록 되어 있었다.

그는 그 촛대를 오른손에 쥐고, 숨죽이며 옆방 문 쪽으로 다가갔다. 그곳은 알다시피 주교의 방이다. 닿아 보니, 그 문은 조금 열려 있었다. 주교는 그것을 꼭 닫아놓지 않았던 것이다.

그의 행위

장 발장은 귀를 기울였다. 아무 소리도 나지 않는다.

그는 손가락 끝으로 가볍게 문을 밀었다. 마치 고양이가 방에 들어가려고 할 때처럼 살며시 조심스럽게.

문은 미는 대로 밀려서 눈에 띄지 않게 조용히 움직여 더 많이 열렸다. 그는 잠시 기다렸다. 그리고 다시 문을 밀었다. 이번에는 좀더 대담하게.

문은 여전히 소리없이 움직였다. 이제 문은 충분히 열려 그가 들어갈 수 있을 만큼 되었다. 그러나 문 저쪽에 조그만 테이블이 하나 놓여 공교롭게도 각이 져서 문어귀를 막고 있었다.

장 발장은 들어가기 어렵게 되었구나 싶었다. 아무래도 더 좀 넓게 열어야지.

그는 결심했고, 다시 한 번 문을 밀었다. 먼저 두 번보다 더 힘을 주어서. 돌쩌귀에 기름이 말라 있었기 때문에, 이번에는 어둠 속에 갑자기 삐꺽 소리가 나며 그 여운이 길게 꼬리를 물었다.

장 발장은 소스라쳤다. 그 돌쩌귀 소리는 마지막 심판의 나팔 소리처럼 세차고 무시무시하게 그의 귀를 때렸다.

처음 순간의 과장된 공상 속에서, 그는 그 돌쩌귀가 무슨 짐승처럼 갑자기 무시무시한 생명력을 가지고 개처럼 짖어대어 사람들을 놀라게 하고 잠든 이를 깨울 것이라고 상상했다.

그는 흠칫 놀라 몸을 부르르 떨며 딱 멈추어 선 채 들고 섰던 발뒤꿈치를 내렸다. 대장간의 쇠망치 소리처럼 관자놀이의 동맥이 뛰는 소리가 들린다. 가슴에서 나오는 숨결은 동굴에서 나오는 바람 소리 같았다. 그 돌쩌귀의 삐꺽 소리가 지진의 진동처럼 온 집안을 뒤흔들어 놓지 않았을 리 없다는 마음이 들었다. 그가 밀친 문은 경보가 되어 사람을 부를 게 틀림없다. 노인은 곧 일어날 것이다. 두 노부인은 소리를 지를 것이다. 사람들이 그들을 도우러 달려올 것이다. 15분도 못 되어 온 거리가 발칵 뒤집히고 헌병이 달려오겠지. 순간 그는 이제 마지막이라고 생각했다.

그는 그 자리에 멍하니 서 있었다. 꼼짝도 않고 소금 기둥처럼 굳어져서 (아브라함의 조카 롯의 아내가 달아나는 도중 뒤돌아 보다가 소금기둥이 되어 버렸다는 창세기 이야기).

몇 분 지났다. 문은 활짝 열린 채였다. 그는 문득 방 안을 들여다보았다. 아무것도 움직인 흔적은 없었다. 귀를 곤두세웠다. 집안에는 아무 기척도 없었다. 녹슨 돌쩌귀 소리는 그 누구의 잠도 깨우지 않았던 것이다. 이 최초의 위험은 사라졌으나, 아직도 격렬한 가슴의 두근거림은 가라앉지 않고 있었다. 그러나 그는 물러서지 않았다. 이제 마지막이라고 생각하면서도 물러서지 않았던 것이다. 다만 빨리 해치워야겠다는 생각밖에 없었다. 그는 한 발 내디뎌 방 안으로 들어섰다.

그 방은 완전히 정적에 싸여 있었다. 여기저기 형체가 뚜렷하지 않은 것들이 희끄무레하게 보였다. 그것은 낮에 본다면 책상 위에 널린 종이며 펼쳐놓은 이절판 책이며 걸상 위에 쌓아 놓은 책들이며 옷을 걸쳐놓은 안락의자며 기도대 등이었는데, 이 시각에는 다만 어두운 한 구석의 희끄무레한 장소에 지나지 않았다. 장 발장은 가구에 부딪히지 않도록 조심하면서 발을 옮겼다. 방 안쪽에 잠들어 있는 주교의 한결같이 고요한 숨소리가 들려왔다.

그는 갑자기 발을 멈췄다. 주교의 침대 옆에 와 있었다. 생각보다 훨씬 빨리 다다랐던 것이다.

자연은 때로 그 교묘한 임기응변의 재간으로 마치 우리를 반성하게 하려는 듯, 그 상황과 효과를 인간의 행동에 수반시키는 수가 있다. 반 시간쯤 전부터 커다란 구름이 하늘을 뒤덮고 있었다. 그런데 장 발장이 침대 옆에서 발길을 멈춘 순간, 그 구름은 일부러 그러는 것처럼 갈라지며 한 줄기 달빛이 긴 유리창으로 흘러 들어와 주교의 창백한 얼굴을 홀연 비추었다. 주교는 고요히 잠들어 있었다. 알프스 지방의 밤은 추우므로 침대 속에서도 거의 입은 채로였으며, 그 갈색 털옷 소매가 손목까지 내려져 있었다. 그의 머리는 완전히 휴식에 몸을 맡긴 듯 베개 위에 반듯하게 놓여 있었다. 숱한 자선과 신성한 행위를 한 그의 손은, 주교 반지를 끼고 침대 밖으로 늘어뜨려져 있었다.

그의 얼굴은 온통 만족과 희망과 더없이 행복한 아스라한 표정으로 빛나고 있었다. 그것은 미소 이상의 것이었으며, 거의 눈부신 정도였다. 이마 위에는 눈에 보이지 않는 어떤 내부의 빛을 반사시키고 있는 듯한 말할 수 없는 광채가 느껴졌다. 잠든 의인(義人)의 영혼은 신비로운 하늘을 바라보고 있는 것이다.

그 하늘의 반영(反映)이 주교 위에 있었다.

그것은 또한 빛이 가득한 투명함이었다. 왜냐하면 그 하늘은 그의 내부에 있었으니까. 하늘, 그것은 곧 그의 양심이었던 것이다.

달빛이 흘러 들어와 주교의 내부의 빛과 겹쳐진 순간, 잠든 주교는 신의 영광 속에 있는 듯이 보였다. 그러나 그것은 어디까지나 아련한 빛에 싸여 고요했다.

하늘에 있는 저 달, 잠든 자연, 아무 움직임 없는 이 뜰, 정적에 싸인 이 집, 이 시각, 이 순간, 이 침묵—이것들은 이 현자의 거룩한 휴식의 모습에 장엄하고도 형언할 수 없는 어떤 영적인 기운을 곁들이고, 백발이며 감긴 눈이며 그리고 희망과 신뢰가 온통 넘쳐흐르는 얼굴이며 연륜이 쌓인 머리와 어린아이 같은 수면을 맑고 엄숙한 후광으로 감싸고 있었다.

이 주교에게는 그 자신도 모르는 존엄함과 거룩함이 있었다.

장 발장은 쇠촛대를 손에 쥔 채, 빛나는 노인의 모습에 넋을 잃고 어둠 속에 우두커니 서 있었다.

그런 모습을 그는 아직 한 번도 본 적이 없었다. 믿음에 가득찬 그 모습이 장 발장에게 두려움을 느끼게 했다. 정신의 세계에서 가장 위대한 광경은, 악행에 앞서 의인의 잠든 모습을 들여다보고 있는 곤혹과 불안에 떠는 양심 바로 그것이다. 평안한 잠, 낯선 사나이를 옆에 두고도 전혀 불안을 느끼지 않는 그와 같은 잠에는 무언가 숭고한 것이 있었다.

그는 그것을 막연하게 그러나 갑자기 가슴 벅차게 느꼈다.

아무도 장 발장의 가슴 속에 무엇이 일어나고 있었는지 말할 수는 없으리라, 그 자신조차도. 그것을 알려고 한다면, 가장 부드러운 것 앞에 선 가장 거친 것을 상상하면 좋으리라. 그의 얼굴에서조차도 무엇 하나 뚜렷하게 알아볼 수 있는 것은 하나도 없었다. 다만 드러나 보이는 것은 일종의 어리둥절한 놀라움뿐이었다.

그는 눈 앞의 사람을 지그시 바라보고 있었다. 그뿐이었다. 그러면 그의 생각은 어떤 것이었을까! 그것을 추측하기란 불가능한 일이다. 다만 분명한 것은 그는 감동하고 마음이 어지럽혀져 있었다는 것이다. 그런데 그 감동은 어떤 성질의 것이었던가?

장 발장의 눈은 노인에게 못박혀 있었다. 그의 태도와 표정에 뚜렷이 나타난 단 하나의 것은 기묘한 망설임이었다. 마치 두 개의 심연 사이를 헤매고 있는 듯했다. 그를 파멸시키는 심연과 그를 구원하는 심연 사이에서. 그는 눈 앞에 있는 사람의 골통을 뻐개거나 아니면 그 손에 입맞추려 하는 것 같이 보였다.

잠시 뒤 그는 왼팔을 천천히 이마로 올려 모자를 벗어 쥐더니, 다시 아까

주교는 여전히 깊은 평안 속에 잠자고 있었다.

와 마찬가지로 천천히 내렸다. 그런 다음 왼손에는 모자를, 오른손에는 쇠몽 둥이를 든 채 다시 물끄러미 지켜보기 시작했다.

머리카락이 곤두선 그 머리는 사나워 보였다.

그 무서운 눈길 아래에서 주교는 여전히 깊은 평안 속에 잠자고 있었다.

달 그림자는 난로 위의 십자가상을 희미하니 떠오르게 하고 있었다. 그것 은 두 팔을 활짝 벌려 두 사람을 안으려 하는 것 같았다. 한 사람에게는 축 복을, 다른 한 사람에게는 죄를 용서해 주려고.

별안간 장 발장은 모자를 머리에 썼다. 그리고 주교 쪽은 보지 않은 채 재 빨리 침대를 돌아 그 머리맡에 보이는 벽장으로 똑바로 걸어갔다. 그는 자물 쇠를 부수려는 것처럼 힘주어 쇠촛대를 쳐들었다.

그러나 열쇠가 거기에 꽂힌 채 있었다. 벽장을 열었다. 맨 먼저 눈에 들어 온 것은 은그릇을 담은 바구니였다. 그는 그것을 손에 들고, 이젠 조심하는 기색도 없이 발소리도 개의치 않고 성큼성큼 걸어 문에 이르러 다시 기도실 로 돌아갔다. 창문을 열고 지팡이를 손에 들고 창문 난간에 다리를 걸치고 앉아 은그릇을 배낭 속에 넣은 다음 바구니를 버리더니 뜰을 가로질러 표범 처럼 담장을 뛰어넘어 달아났다.

주교의 온정

이튿날 해뜰 무렵, 비앵브뉘 각하는 뜰을 거닐고 있었다. 마글르와르 부인 이 허둥대며 그에게로 달려왔다.

그녀는 소리쳤다.

"주교님, 주교님. 은그릇 바구니가 어디 있는지 아세요?"

주교가 대답했다.

"알고 있지."

"어머나, 고마우셔라! 전 또 어떻게 됐는가 했지요."

주교는 방금 꽃밭 속에서 그 바구니를 주운 참이었다. 그는 그것을 마글르 와르 부인에게 내밀었다.

"자, 여기."

"어머나! 아니, 아무것도 없군요. 은그릇은?"

"뭐라고? 할멈이 걱정하는 건 은그릇이었구먼! 그건 나도 모르겠는데."

"아이구머니나, 이를 어쩌지! 도둑맞았어요! 엊저녁 그 사내가 훔쳐간 거예요."

말을 마치기 무섭게 조심성 많은 마글르와르 부인은 날쌔게 기도실로 달려가 침소로 들어갔다가 주교에게 되돌아 왔다. 주교는 허리를 구부리고 앉아 바구니가 화단에 떨어질 때 부러진 꼬끌레리아 데 기용 (십자화과 화초, 잎은 지혈제로 쓰임)을 들여다보고 있었다. 그는 마글르와르 부인의 외침소리에 몸을 일으켰다.

"주교님! 그 사내는 달아나 버렸어요! 은그릇을 도둑맞았어요!"

소리치면서 그녀의 눈길은 뜰 한귀퉁이로 쏠리고 있었다. 담장을 타고 넘어간 흔적이 보였다. 담 추녀가 무너져 있었던 것이다.

"저것 보세요! 저기로 달아났어요. 꼬슈필레 뒷거리로 뛰어넘었어요! 아이구! 이런 일이! 그놈이 우리 은그릇을 훔쳐 갔어요!"

주교는 한동안 말없이 서 있더니, 정색을 하고 고개를 들며 마글르와르 부인에게 타이르듯 말했다.

"그런데 대체 그 은그릇은 우리 물건이었던가?"

마글르와르 부인은 어처구니가 없어 멍하니 서 있었다. 한동안 침묵이 흘렀다. 그러다가 주교가 다시 말을 이었다.

"마글르와르 부인, 내 잘못으로 우리는 오랫동안 그 은그릇을 갖고 있었소. 그것은 가난한 사람들의 것이오. 그런데 그 사나이는 어떤 사람이었소? 가난한 사람임에 틀림없었잖소."

"아이구 참! 그게 무슨 말씀이세요!" 하고 마글르와르 부인은 말했다. "저나 아씨 때문에 말씀드리는 게 아니에요. 저희들 둘이야 아무래도 좋지요. 그런 게 아니라 주교님 때문에 걱정하는 거예요. 주교님은 앞으로 무엇으로 잡수실 작정이세요?"

주교는 놀란 듯이 그녀를 바라보았다.

"아, 그게 걱정인가! 왜 그 놋그릇이 있지 않소?"

마글르와르 부인은 어깨를 움츠렸다.

"놋그릇은 냄새가 나는 걸요."

"그럼, 쇠그릇은 어떨까?"

마글르와르 부인은 어이없는 듯 눈살을 찌푸렸다.

"쇠는 이상한 맛이 난답니다."

"그럼, 나무그릇이 좋겠군."

그 조금 뒤 주교는 어제 저녁 장 발장이 앉았던 바로 그 식탁에서 아침식사를 하고 있었다. 식사하면서 비앵브뉘 각하는 아무 말도 않고 있는 누이동생과 입 속으로 무어라 혼자 중얼대고 있는 마글르와르 부인에게, 빵조각을 우유에 담가 먹는 데는 스푼도 포크도 필요 없고, 또 나무로 만든 그런 것조차도 필요 없다고 쾌활한 어조로 말하고 있었다.

"아니, 어쩌자고 글쎄!" 하고 마글르와르 부인은 왔다갔다하면서 혼잣말을 중얼댔다. "그런 사나이를 집안에 들여놓다니! 게다가 바로 곁에서 재우다니! 도둑만 맞았기 망정이지! 아이구 정말, 생각만 해도 소름이 끼친다니까!"

두 남매가 식탁에서 막 일어서려고 했을 때, 문 두드리는 소리가 났다.

"들어오시오" 하고 주교는 말했다.

문이 열렸다. 거칠어 보이는 한 무리의 이상스러운 사람들이 문가에 나타났다. 그 중 세 사람이 한 사나이의 멱살을 잡고 있었다. 세 사람은 헌병이고, 한 사나이는 장 발장이었다.

우두머리인 듯한 헌병 반장이 문 옆에 서 있었다. 그는 안으로 들어와 군대식 경례를 하면서 주교 앞으로 다가섰다.

"각하."

그 말을 듣자 풀죽어 축 늘어져 있던 장 발장은 깜짝 놀란 듯 고개를 번쩍 쳐들었다.

"각하라구!" 장 발장은 조그만 목소리로 말했다. "그럼, 주임사제가 아니었나?"

"닥쳐!" 한 헌병이 말했다. " 이 어른께서는 주교 각하이시다."

그러는 동안에 주교는 기력이 허용하는 한 재빠른 동작으로 그들에게 다가섰다.

주교는 장 발장을 보며 외쳤다.

"아니, 웬일이오? 다시 만나게 되어 잘됐소. 나는 당신에게 촛대도 주었는데. 그것도 역시 다른 것과 마찬가지로 은이니까 200프랑은 받을 수 있을 거요. 왜 당신에게 준 그릇이랑 함께 가져가지 않았소?"

장 발장은 눈을 커다랗게 뜨고 인간의 그 어떤 말로도 설명하기 어려운 표

장 발장을 위기에서 구해준 미리엘 주교는 은촛대를 주면서 "나는 당신의 영혼을 하느 님께 바치려는 것입니다." 하고 말했다.

정을 지으면서, 이 거룩한 주교를 바라보았다.

"각하" 하고 헌병 반장은 말했다. "이 사나이가 한 말이 그럼 정말이었습니까? 저희들은 이 사나이와 마주쳤는데 도망치듯 걸어가고 있었습니다. 그래서 불러 세워 조사했지요. 그랬더니 이 은그릇을 갖고 있으므로!"

"이렇게 말했겠지요" 하고 주교는 웃는 얼굴로 그 말을 가로막았다. "하룻밤 재워 준 늙은 사제가 주었다고. 잘 알고 있습니다. 그래서 당신들은 이 사람을 이리로 데려 왔군요? 그것은 오해입니다."

"그렇게 된 일이라면" 하고 반장은 말을 이었다. "그냥 보내겠습니다만."

"물론이지요." 하고 주교는 대답했다.

장 발장은 헌병들에게서 놓여났다. 그는 물러서면서 마치 꿈꾸듯이 거의 알아들을 수 없는 목소리로 말했다.

"나를 정말로 놓아 주는 겁니까?"

"그래, 놓아 주는 거다. 못 알아듣겠나?" 한 헌병이 말했다.

주교가 다시 말을 이었다.

"잠깐만 기다리시오. 당신에게 주었던 촛대가 여기 있으니 가지고 가시오."

주교는 벽난로로 가서 두 개의 은촛대를 들고 돌아와 장 발장에게 주었다. 두 노부인은 아무 말 없이 움직이지 않고 주교에게 방해가 될 만한 표정 하나 짓지 않으며 그가 하는 대로 가만히 바라보고만 있었다.

장 발장은 온몸을 떨고 있었다. 그는 얼빠진 사람처럼 다만 기계적으로 그 두 개의 촛대를 받았다.

"그럼, 안심하고 가보시오. 아 참, 다음에 우리 집에 올 때는 뜰로 돌아 들어올 필요가 없습니다. 언제든지 한길 쪽 정문으로 들어와도 좋소. 문은 낮이나 밤이나 손잡이를 돌리기만 하면 열리니까요."

그리고는 헌병들 쪽을 보며 말했다.

"여러분, 수고하셨습니다. 어서들 가보십시오."

헌병들은 돌아갔다.

장 발장은 금방이라도 실신할 것 같았다. 주교는 그에게 다가가 낮은 목소리로 말했다.

"잊어버려서는 안 되오. 결코 잊어버려서는 안 되오. 이 은으로 해서 들어오는 돈은, 당신이 정직한 인간이 되기 위한 일에 쓰겠다고 나하고 약속한 일을.”

아무 약속도 한 적 없는 장 발장은 어리둥절해 있을 뿐이었다. 주교는 그 말을 할 때 힘주어 발음했다. 주교는 엄숙한 어조로 다시 말했다.

“내 형제인 장 발장, 당신은 이제 악에 사는 게 아니라 선에 사는 것이오. 나는 당신을 위해 당신의 영혼을 샀소. 나는 당신의 영혼을 암담한 생각과 파멸의 정신에서 끌어내어 하느님께 바칩니다.”

쁘띠 제르베

장 발장은 달아나듯 거리에서 빠져나갔다. 급한 걸음으로 들판을 가로질러, 앞에 나타나는 크고 작은 길을 닥치는 대로 더듬으면서 끊임없이 오던 길을 되돌아 걷고 있다는 것도 깨닫지 못하고 있었다. 그 모양으로 그는 아침부터 아무것도 먹지 못한 채 헤맸으나 배도 고프지 않았다. 그는 수많은 새로운 감정에 시달리고 있었다. 그는 스스로 분노 같은 것을 느끼고 있었다. 그러나 그것이 누구를 향한 것인지는 뚜렷하지 않았다. 자기가 감동한 것인지 또는 모욕을 당한 것인지 자신도 알 수 없었다. 이따금 이상스레 마음이 누그러지는 것을 느꼈으나, 그는 과거의 심리 상태와 싸우며 대항하기 위해 최근 20년 동안에 얻은 냉혹한 마음으로 맞섰다.

이러한 상태는 그를 지치게 했다. 부당하게 겪은 자기의 불행에 단련되어 얻은 무서운 침착성이 자기 마음 속에서 흔들리고 있음을 깨닫고 불안을 느꼈다. 그것 대신 들어앉으려는 것이 무엇인지를 생각해 보기도 했다. 때로 그는 헌병들에게 붙잡혔을 때 유치장에 들어갔던 편이 나았으리라고 생각하며, 일이 이 모양으로 되지 않았더라면 좋았을 거라는 마음도 일었다. 그렇다면 이렇듯 마음이 동요하지 않을 것을.

철은 이미 늦었으나 아직 이쪽 저쪽 울타리에 늦게 핀 꽃이 남아 있어, 그 향기가 그곳을 지나가는 그에게 어린 시절의 추억을 떠오르게 했다. 그러한 추억을 그는 견딜 수 없었다. 그런 추억은 이미 오랫동안 그에게 떠오른 일이 없었던 것이다.

말로 나타낼 수 없는 갖가지 상념이 그렇게 온종일 그의 머릿속에 쌓여 갔다.

해가 기울어 이윽고 넘어가려 하면서 아주 작은 돌멩이조차 그 그림자를 길바닥에 길게 누일 때, 장 발장은 아무것도 남아 있지 않은 을씨년스러운 벌판의 어느 나지막한 덤불 그늘에 앉아 있었다. 지평선에는 알프스 산줄기만 잇닿아 솟아 있을 뿐 멀리 보이는 마을에는 종루조차 없었다. 장 발장은 디뉴에서 30리쯤 떨어져 있었으리라. 벌판을 가로질러 한 줄기 오솔길이 덤불에서 몇 걸음 안 되는 곳을 달리고 있었다.

그는 생각에 잠겨 있었다. 이런 그를 누가 보았다면 그가 걸치고 있는 누더기 때문에 한결 더 무섭게 비쳤으리라.

어디선가 문득 흥겨운 소리가 들려 왔다.

그는 고개를 돌렸다. 10살쯤 된 사브와 소년(사브와 지방의 소년은 도회지에서 굴뚝 청소부 노릇을 하기 위해 고향을 등지는 것으로 유명함)이 흥얼거리면서 오솔길을 오고 있는 게 보였다. 소년은 뷔엘(만돌린과 비슷하게 생긴 四絃琴)을 허리에 차고 등에는 알프스 토끼를 넣은 상자를 짊어지고 있었다. 양복 바지의 해진 구멍으로 무릎이 보이는 이 소년은 이 지방에서 저 지방으로 떠돌아다니는 귀엽고 쾌활한 소년 가운데 하나였다.

소년은 노래부르면서 가끔 걸음을 멈추고, 한쪽 손에 든 몇 닢의 동전으로 오슬레 놀이(본디는 양의 다리뼈로 만든 공기돌 놀이)를 하고 있었다. 그것은 아마도 소년의 전재산이었으리라. 그 동전에 40수짜리 은화 한 닢이 섞여 있었다.

소년은 장 발장의 모습을 알아보지 못하고 덤불 옆에 멈춰서서 한줌의 돈을 휙 던져올렸다. 그때까지 그는 아주 솜씨있게 그것들 모두를 한쪽 손등으로 받아냈던 것이다.

그런데 이번에는 40수짜리 은화가 미끄러떨어져 가시덤불 쪽 장 발장이 앉아 있는 데까지 굴러갔다.

장 발장은 그 위에 발을 얹었다.

소년은 굴러가는 은돈을 눈으로 쫓다가 사람이 있는 것을 알았다. 소년은 조금도 놀라지 않고 사나이 쪽으로 똑바로 걸어갔다.

그야말로 호젓한 곳이었다. 멀리 눈이 미치는 한, 들에도 길에도 사람 그림자 하나 없었다. 높고 넓은 하늘을 날아가는 한 무리 철새들의 가냘픈 울음 소리가 들릴 뿐이었다.

소년은 저녁해를 등지고 있어 머리카락이 금빛으로 물들고, 장 발장의 사나운 얼굴은 노을빛을 받아 피를 끼얹은 듯 붉었다.

사브와 소년은 천진한 어린아이다운 신뢰에 찬 어조로 말했다.

“아저씨, 내 돈 주세요.”

장 발장이 물었다.

“네 이름이 뭐냐?”

“쁘띠 제르베예요.”

“가버려.”

소년은 다시 말했다.

“아저씨, 돌려주세요, 내 돈을.”

장 발장은 머리를 수그리고 대꾸하지 않았다.

소년이 다시 말하기 시작했다.

“내 돈 주세요, 아저씨!”

장 발장의 눈은 땅바닥을 응시하고 있었다.

소년은 외쳤다.

“내 돈 줘요! 내 돈 말예요! 내 은화를요!”

장 발장은 전혀 듣고 있지 않는 듯했다. 소년은 그런 장 발장의 작업복 윗
옷 멱살을 잡고 마구 흔들었다. 자기의 보물을 밟고 있는 커다란 구두를 밀
쳐내려고 애썼다.

“내 돈 주세요! 40수짜리 내 돈 말예요! ”

소년은 울고 있었다. 장 발장은 머리를 쳐들었다. 그는 여전히 앉은 채였
다. 그의 눈이 흐려졌다. 그는 놀란 듯이 소년을 흘끔 바라보았다. 그리고
지팡이로 손을 뻗치면서 무시무시한 목소리로 소리질렀다.

“넌 누구냐?”

“나는 쁘띠 제르베예요! 나예요! 나! 내 40수짜리 은화를 놀려줘요! 제
발 이 발 좀 비켜주세요, 아저씨, 어서.”

그러더니 비록 어린아이였지만 약이 올랐던지 거의 으르듯 대들었다.

“자, 발 좀 치워요, 발을 치우라니까!”

“아! 너, 아직도 있었구나!” 장 발장이 이렇게 말하고 발로 여전히 돈을
밟은 채 갑자기 벌떡 일어서며 덧붙였다. “꺼져 버렷!”

소년은 깜짝 놀라며 사나이를 바라보더니, 이윽고 머리부터 발끝까지 부
들부들 떨기 시작했다. 그리고 한참 동안 얼이 빠진 듯 서 있다가, 죽을 힘
을 다해 달아났다. 감히 뒤돌아보지 못하고 소리도 지르지 못했다.

그러나 얼마쯤 달려가자 숨이 차서 소년은 발을 멈춰섰다. 장 발장은 소년이 흐느껴 우는 소리를 어슴푸레 꿈 속에서처럼 들었다.

잠시 뒤 소년은 더 이상 보이지 않았다.

해는 이미 져버렸다.

어둠이 장 발장의 주위에 몰려들었다. 그는 하루 종일 아무것도 먹지 못하고 있었다. 열마저 있는 듯했다.

그는 여전히 서 있었다. 소년이 달아났을 때 그대로의 자세였다. 긴 숨결이 사이를 두고 불규칙하게 그의 가슴을 들먹이게 하고 있었다. 열 두어 걸음 앞에 못박혀 있는 그의 눈은 풀숲에 떨어진 푸른 사금파리 조각의 모양을 유심히 살펴보고 있는 듯했다. 갑자기 그는 몸을 떨었다. 저녁 나절의 냉기를 느꼈던 것이다.

그는 모자를 깊숙이 눌러 쓰고, 기계적으로 손으로 더듬어 작업복 윗옷을 여미며 단추를 채웠다. 그리고 한 걸음 내디뎌 지팡이를 집어올리려고 허리를 구부렸다.

그때 40수짜리 은화가 눈에 들어왔다. 발에 밟혀 반쯤 흙에 묻힌 채 조약돌 틈에서 반짝이고 있었다.

그는 입 속으로 중얼거렸다.

"이게 뭐지?"

그는 서너 걸음 뒷걸음질치다가 흠칫 멈추어섰다. 그리고 조금 전까지도 발로 밟고 서 있었던 그 지점에서 눈을 뗄 수가 없었다. 그는 마치 거기 어둠 속에 빛나고 있는 것이 자기를 쏘아보는 눈처럼 느껴졌다.

잠시 뒤 그는 미친 듯이 달려들어 그 은전을 움켜쥐고 몸을 일으키며 멀리 들판을 둘러보기 시작했다. 마치 겁에 질린 들짐승이 숨을 곳을 찾고 있는 것처럼, 몸을 떨면서 지평선 너머까지 사방을 둘러보았다.

그의 눈에는 아무것도 보이지 않았다. 어둠이 차츰 짙어져 들판은 춥고 황량했다. 황혼의 어스름 속에 보랏빛 안개가 뭉게뭉게 피어오르고 있었다.

"아!" 하고 그는 내뱉듯 말하고, 소년이 사라져 갔다고 생각되는 방향으로 빠르게 걷기 시작했다. 백 걸음쯤 걸은 뒤 발을 멈추고 둘러보았으나 아무것도 보이지 않았다.

그는 힘껏 소리쳤다.

아! 너, 아직도 있었구나!

“쁘띠 제르베! 쁘띠 제르베!”

그는 입을 다물고 가만히 기다려 보았다.

아무 대답도 없었다.

들판은 적막하고 음침했다. 그는 광막한 누리에 에워싸여 있었다. 주위에는 그의 눈길이 닿지 않는 어둠과, 목소리가 미치지 않는 정적만이 있을 뿐이었다.

살을 에는 듯한 바람이 불어와, 그의 주위에 있는 모든 것이 황량한 분위기를 자아내고 있었다. 관목은 앙상한 가지를 까닭 모를 노여움에 마구 흔들어 대고 있었다. 흡사 누군가를 위협하며 추격하는 것 같았다.

그는 다시 걷기 시작하다가 달리기 시작했다. 그리고 때때로 우뚝 멈춰서서는, 사람이 들을 수 있는 가장 처참하고 구슬픈 목소리로 적막 속에서 외치곤 했다.

“쁘띠 제르베, 쁘띠 제르베!”

만일 소년이 그 소리를 들었다 할지라도 무서워서 나오지 못했을 것이다. 하지만 소년은 이미 멀리 가버린 게 틀림없다.

장 발장은 말을 타고 가는 한 사제를 만났다. 그는 그에게 달려가 말했다.

“사제님, 어린아이가 지나가는 것을 못 보셨습니까?”

“아니오.”

사제는 말했다.

“쁘디 제르베라는 소년인데요.”

“아무도 보지 못했소.”

그는 가죽 지갑에서 5프랑짜리 지폐를 두 장 꺼내 사제에게 건네주었다.

“사제님, 이것을 가난한 사람들에게 적선해 주십시오. 사제님, 그 아이는 10살쯤 된 소년으로 분명 알프스 토끼와 뷔엘을 가지고 있었던 것으로 생각됩니다. 아까 이리로 갔습니다. 사브와 소년입니다. 아시겠습니까?”

“보지 못했소.”

“쁘띠 제르베라고 하는데요. 이 근처 마을에 사는 소년이 아닐까요? 짐작되시지 않습니까?”

“당신 말대로라면, 다른 지방 아이일 게요. 그런 아이들이 이곳을 지나가는 일이 있긴 하지만, 아무도 어디 아이인지 모르지요.”

장 발장은 화가 난 듯이 5프랑짜리 지폐 두 장을 다시 거칠게 꺼내어 사제에게 내밀었다.

"가난한 사람들에게 주십시오." 그리고 횡설수설 덧붙였다. "사제님, 나를 체포해 주십시오. 나는 도둑입니다."

사제는 몹시 놀라 말에 박차를 가하여 달아나 버렸다.

장 발장은 먼저 오던 것과 같은 방향으로 다시 달리기 시작했다.

그렇게 그는, 두리번거리며 부르고 외치면서 꽤 먼 길을 달려갔으나 아무도 만나지 못했다. 드러누운 것 같기도 하고 웅크리고 있는 것 같이도 보이는 것을 향해 두어 번 들판을 마구 달려갔다. 그러나 그것은 땅바닥에 깔린 바위이거나 나지막한 떨기나무 숲에 지나지 않았다. 마침내 그는 세 갈래 길이 교차된 길목까지 와서 멈춰섰다. 어느 새 달이 떠 있었다. 그는 멀리 바라보며 마지막으로 다시 한 번 소리쳤다.

"쁘띠 제르베! 쁘띠 제르베! 쁘띠 제르베!"

그의 부르짖음은 안개 속으로 사라져 메아리도 돌아오지 않았다.

그는 또 중얼거렸다.

"쁘띠 제르베!"

그러나 그 목소리는 가냘퍼서 거의 알아들을 수조차 없을 정도였다. 이것이야말로 그의 마지막 노력이었다. 그의 무릎은 갑자기 힘이 빠지며 몸의 무게를 지탱해내지 못했다. 마치 어떤 보이지 않는 힘이 그의 양심을 느닷없이 무겁게 짓눌러 버린 것 같았다. 그는 기진맥진하여 커다란 돌 위에 쓰러져 두 손으로 머리카락을 움켜잡고, 얼굴을 무릎 사이에 틀어박으며 부르짖었다.

"아, 나는 불쌍한 인간이다!"

그러자 그는 가슴이 찢어지는 듯하여 울기 시작했다. 19년 이래 그가 우는 것은 이번이 처음이었다.

주교의 집에서 나왔을 때, 장 발장의 생각은 이미 앞에서 보아 온 바와 같이 이제까지의 생각과 전혀 달라져 있었다. 그는 자기 마음속에 일어나고 있는 것이 무엇인지 도무지 이해할 수가 없었다. 그는 노인의 부드러운 말이며 천사 같은 행위에 오히려 반항심을 굳히고 있었다.

"당신은 정직한 인간이 되겠다고 내게 약속했소. 나는 당신의 영혼을 산 것이오. 당신의 영혼을 사악한 정신에서 끌어내어 그것을 선량한 주님께 바치는 바이오.”

이 말이 끊임없이 그의 머리에 떠올라 왔다.

천상의 것으로 여겨지는 그러한 관용에 대해 그는 악의 요새와도 같은 오만으로 대항하고 있었다. 그는 어렴풋이 느끼고 있었다. 그 주교의 용서는 자기에 대한 최대의 공격이며 가장 무서운 타격이어서 그로 말미암아 이렇게 마음이 흔들리는 것일 거라고. 만약 그 주교의 관대한 마음에 저항할 수가 있다면, 자기의 냉혹한 마음은 움직일 수 없는 게 될 것이다. 자기가 만일 그것에 지고 만다면, 오랜 세월 남의 행위로 하여 자기 마음 속에 가득 채워져 있는 그 증오심을 버려야만 된다. 이번에는 이기든가 지든가 그 어느 쪽이 아니면 안 된다. 그리고 이 싸움은, 결정적인 싸움은 자신의 사악과 그 노인의 관대한 마음 사이에 벌어지고 있는 것이다.

이런 뚜렷한 의식을 안고 장 발장은 취한 사람처럼 떠나왔던 것이다. 사나운 눈초리를 하고 그렇게 걸어가는 동안, 그는 디뉴의 그 사건으로 말미암아 자기에게 어떠한 결과가 일어날 것인지 뚜렷이 깨닫고 있었을까? 인간의 정신에 경고하거나 또는 그것을 괴롭히는 저 귀울림 같은 신비롭고 무딘 소리를 삶의 어떤 순간에 듣고 있었던 것일까? 어떤 소리가 그의 귀에 속삭여지고 있었을까? 그는 이제 막 자기 운명의 엄숙한 순간을 지나왔다는 것을, 이미 그에게는 중간이란 존재하지 않는다는 것을, 앞으로 훌륭한 인간이 되지 않는다면 가장 악한 인간이 되고 말 거라는 것을, 이제 그는 주교보다 더 높이 오르거나 죄수보다 더 아래로 다시 떨어지지 않으면 안 된다는 것을, 선량한 인간이 되려면 천사가 되지 않으면 안 된다는 것을, 나쁜 인간으로 머물러 있으려면 악마가 되지 않으면 안 된다는 것을 듣고 있었다.

이미 다른 데서 품었던 의문을 우리는 여기서도 다시 한 번 되풀이하지 않으면 안 되겠다. 그는 과연 이 모든 것에 관한 그림자나마 자기 생각 속에 어렴풋이 거두어들이고 있었을까? 확실히 불행이란 앞서도 말한 바와 같이 인간의 지혜를 길러 주는 법이다.

그러나 장 발장이, 우리가 여기에 지적한 것과 같은 일을 모두 분간할 만한 상태에 있었는지 의심스럽다. 그와 같은 관념이 머리에 떠올랐다 할지라도 그것을 똑똑히 확인한다기보다 오히려 흘끗 보고 있었을 뿐이었다. 더욱이 그것은 견디기 어렵고 거의 고통스럽기까지 한 혼란 속에 그를 빠뜨렸다.

감옥이라는 흉물스럽고 어두운 곳에서 나온 그의 영혼에 주교는 고통을 주었던 것이다. 마치 너무나 강렬한 빛이 어둠 속에서 나온 그의 눈을 아프게 했던 것과 같았다.

이제 가능한 것으로서 그 앞에 나타난 정결하고 밝게 빛나는 미래의 생활은, 그를 전율과 불안으로 감쌌다. 그는 자기가 어떻게 될 것인지 도무지 알 수 없었다. 올빼미가 갑자기 떠오르는 햇빛을 본 것처럼 죄수였던 그는 덕(德)의 빛에 눈이 멀어 장님이 되어 버린 것 같았다.

다만 그가 의심하지 않는 확실한 사실은 그가 이미 이제까지와 같은 인간이 아니라는 것, 그의 내부에 있는 모든 게 변화했다는 것, 주교가 자기에게 아무 말도 못하게 하고 손대지 못하게 하는 게 이미 그로서는 불가능한 일이 되었다는 것이다.

이런 정신 상태에서 그는 쁘띠 제르베를 만났으며, 그에게서 40수를 훔쳤다. 왜 그런 짓을 했는가? 자기도 물론 그것을 설명할 수 없었으리라. 그것은 그가 감옥에서 가지고 나왔던 나쁜 생각의 마지막 작용, 이른바 최상의 노력이라고도 할 만한 것, 또는 충동의 잔재, 역학에서 '관성'이라고 일컫는 것의 결과였던 것일까? 그럴 것이다. 어쩌면 그보다도 더 하찮은 것이었을지도 모른다.

간단히 말하면, 훔친 것은 그가 아니었다. 그라는 인간이 아니었다. 지성이 갖가지 기이하고 새로운 관념에 사로잡혀 몸부림치고 있는 사이에, 그 짐승 같은 성질이 습관과 본능의 힘으로 그 돈 위에 발을 올려놓게 한 것이었다. 장 발장은 자기가 저지른 짐승의 행위를 보았을 때, 고통스러운 나머지 뒷걸음질치며 공포의 고함을 질렀다.

그것은 그가 놓였던 것과 같은 상황 아래에서만 일어나는 불가사의한 현상이지만, 소년에게서 그 돈을 빼앗으면서 그는 스스로는 할 수 없었던 일을 이루고 있었다.

아무튼 이 마지막 악행은 그에게 결정적인 작용을 했다. 이 악행은 그의 지성 속에 있던 혼돈 속으로 느닷없이 꿰뚫고 들어가 그것을 날려 버리고는, 짙은 어둠과 빛을 양쪽으로 뚜렷이 갈라 놓아 마치 어떤 화학 반응 물질이 뒤섞인 혼합물에 작용해 하나의 원소를 침전시키고 다른 원소를 맑게 하는 것과도 같이 그의 영혼에 강하게 작용했던 것이다.

그는 처음에는 스스로 검토하고 반성할 겨를도 없이, 마치 달아나려고 하는 사람처럼 무작정 소년을 찾아내어 돈을 돌려주려고 애썼다. 그러다가 그것이 소용 없는 일이며 불가능하다는 것을 깨닫자 절망하여 우뚝 멈춰서 버렸다.

"아, 나는 불쌍한 인간이다!" 하고 부르짖은 것은, 그가 있는 그대로의 자기 모습을 깨달은 순간이었다. 곧 이제는 하나의 환영으로밖에 여겨지지 않던 자기 자신에게서 멀리 떨어져나와 보니, 현실의 산 육체로서 손에 지팡이를 들고, 몸에 작업복을 걸치고, 훔친 물건으로 가득 채워진 배낭을 등에 지고, 침울하고도 단호한 얼굴로, 가증한 계획으로 가득찬 생각을 품고서 끔찍스러운 죄수 장 발장이 거기 서 있었던 것이다.

지나친 불행은 그를 일종의 환상에 빠진 사람으로 만들고 있었다. 그러므로 이제 말한 것도 하나의 환상에 지나지 않았다. 그는 자기 앞에, 그처럼 불길한 얼굴을 하고 서 있는 장 발장을 정말로 보았던 것이다. 그 순간 그는 그 사나이가 누구인지 미심쩍게 생각하며 혐오를 느꼈다.

그의 머릿속은 몽상이 깊어져 현실이 압도될 정도로, 격렬하면서도 무섭도록 조용한 순간 속에 있었다. 그런 때 사람은, 자기 주위의 것은 이미 보이지 않고 정신 속의 형상이 마치 자기 밖에 있는 것처럼 보이는 법이다.

따라서 그는 자기 자신을 흡사 대면하듯 마주보았으며, 아울러 그 환각을 통하여 어떤 신비로운 깊숙한 곳의 어떤 빛을 보고 있었다. 그 빛은 처음에 횃불처럼 생각되었다. 그러나 정신을 가다듬어 유심히 바라보니 그의 의식에 나타난 그 빛은 인간의 모습을 하고 있으며 주교라는 것을 깨달았다.

그의 의식은 그렇듯 자기 앞에 놓여 있는 두 인간, 주교와 장 발장을 번갈아 바라보았다. 그런데 후자를 무쇠처럼 다시 한 번 불에 넣어 녹이려면, 아무래도 전자가 필요했다. 그와 같은 종류의 자기 몰입에서 흔히 볼 수 있는 그 어떤 특수한 작용으로, 그의 몽상이 계속됨에 따라 그의 눈에 주교의 모습은 점점 더 커져 가고 장 발장의 모습은 점점 더 작아져서 사라져 가는 것처럼 보였다. 얼마큼 가서는 문득 한 점의 그림자에 지나지 않게 되었다가 홀연히 사라져 버렸다. 그리고는 주교의 모습만이 남았다. 주교의 모습은 이 가련한 사나이의 영혼 전체를 찬연한 빛으로 가득 채우고 있었다.

장 발장은 오랫동안 울었다. 뜨거운 눈물을 흘리며 울고, 흐느끼며 울었다. 여자보다도 연약해지고 어린아이보다도 무서움에 떨면서.

울고 있는 동안에 그의 머릿속이 차츰 밝아져왔다. 기이한 밝음, 홀가분하고도 무서운 밝음이었다. 그의 과거의 생애, 최초의 과실, 길고 긴 속죄, 그리고 짐승처럼 되어 버린 겉모습, 서서이 굳어져 냉혹해진 내면, 그토록 많은 복수를 계획하며 기다린 석방, 주교의 집에서 일어난 일, 마지막으로 그가 저지른 일, 소년에게서 40수를 훔친 일, 주교의 용서 뒤에 있었던 일이니만큼 더욱 비겁하고 더욱 흉악스러웠던 그 죄, 그 모든 것이 그의 머릿속에 또렷이 되살아나 이제까지 본 적 없었던 밝음 속에 떠올랐다.

그는 이제까지 살아온 자기 삶을 바라보았다. 끔찍스러운 것으로 보였다. 그는 자기 영혼을 바라보았다. 무시무시한 것으로 보였다. 그러나 부드러운 밝음이 그의 삶과 영혼 위에 비치고 있었다. 그는 천국의 빛을 받은 사탄을 보고 있는 것 같았다.

몇 시간이나 그렇게 울고 있었던가? 울고 나서 그는 어떻게 했는가? 어디로 갔는가? 아무도 몰랐다. 다만 한 가지 확실한 일은, 바로 그날 밤 그르노블을 오가던 마차꾼이 새벽 3시쯤 디뉴에 도착해 주교관 앞을 지나갈 때 비앵브뉘 각하의 집 문 앞 어둠 속에서 기도드리듯 돌바닥에 꿇어앉아 있는 한 사나이를 보았다는 것뿐이었다.

비앵브뉘 각하의 집 문 앞에서 기도하듯이 돌바닥에 무릎꿇고 있는 장 발장

제3편 1817년의 일

1817년

1817년은 루이 18세가 위풍당당하게 왕좌에 버티고 앉아 재위 22년이라고 일컫던 해다. 브뤼기에르 드 쏘르씽(문학자. 셰익스피어의 비극들을 번역) 씨가 이름을 떨치던 해이기도 하다. 이발사들은 머리분과 왕조식 헤어스타일의 부활을 희망하여 이발관을 온통 파랗게 칠했으며, 백합꽃으로 꾸미고 있었다.

또 랭끄 백작이 일요일마다 프랑스 귀족원 의원 복장에 붉은 수장(綬章)을 달고, 기다란 코에 빛나는 행위를 한 인물다운 위엄있는 얼굴로 쌩 제르맹 데 프레 성당의 지정석에 교구회 위원 자격으로 자리잡고 있던 이른바 평화로운 시기였다. 랭끄 씨의 빛나는 행위란 다름아닌, 그가 보르도 시장 자리에 있었을 때 좀 일찌감치 1814년 3월 12일(빠리가 함락된 날)에 그 도시를 앙굴렘므 공작(루이 18세 아우의 장남)에게 내주었다는 사실이다. 그 일로 그는 귀족원 의원이 되었다.

1817년에는 대여섯 살 난 남자아이들이 에스키모인의 뾰족한 모자 비슷한 모로코 가죽 귀덮개가 달린 커다란 모자를 쓴다기보다 그것에 파묻히다시피 하여 다니는 게 유행이었다. 프랑스 군대는 오스트리아식으로 흰 제복을 입고 있었다. 연대는 '레지옹(Légion)'이라고 불렸으며, 연대의 번호 대신 그 지방의 이름을 따서 부르고 있었다. 나뽈레옹은 센트 헬레나섬으로 유배되어, 영국이 그에게 푸른 새옷을 허락하지 않아 낡은 옷을 뒤집어 고쳐 입고 있었다.

1817년에는 뻴르레그리니가 노래로, 비고띠니 양이 무용으로 날리던 해이다. 연극에서는 뽀띠에가 전성기였고, 오드리는 아직 이름이 알려지지 않았다. 댄스에서는 사끼 부인이 포리오조의 뒤를 잇고 있었다.

프랑스에는 아직도 프러시아 군대가 있었다. 들라로(反 혁명가. 〈셔널 데 데바〉편집인) 씨가 두각을 나타내고 있었다. 정통 왕조파는 뻴레니에와 까르보노와 똘르롱의 손목을 끊고 이어서 목을 베어 그 세력이 공고해진 참이었다(이 세 사람은 비밀 결사를 조직하고 왕가를 넘어뜨릴 음모를 꾀하다 극형에 처해졌음).

딸레랑 공(公) (프랑스 외교관. 혁명 전 오땅의 주교였고, 1790년 국민의회 의원)과 재무 대신에 임명된 아베 루이 (남작 작위를 가진 프랑스 대수도원 회장) 두 사람은 로마의 점술사 같은 웃음을 서로 교환하며 얼굴을 마주 보고 있었다. 이 두 사람은 1790년 7월 14일, 샹 드 마르스 (3월의 들이라는 뜻. 옛 프랑크족 왕들이 3월에 군대를 소집한 일에 의한 것으로, 연병장 이름이 되었음) 의 페데라시옹 (샹 드 마르스에서 행해진 바스띠유 점거 1주년 기념 국민연합대회) 에서 미사를 올렸는데, 딸레랑은 주교로서 미사를 주관하고 루이는 부제로서 그를 거들었던 것이다.

1817년에는 바로 이 샹 드 마르스의 보도에 독수리와 꿀벌무늬의, 금박이 다 벗겨진 푸른 칠 된 커다란 나무 토막들이 아무렇게나 버려져 잡초 속에 파묻혀 썩어 가는 것을 볼 수 있었다. 그것은 2년 전의 샹 드 메 (나뽈레옹 황제가 1816년에 행한 국민대회. 5월의 들이라는 뜻으로, 옛 프랑크족 왕들이 5월에 군대를 소집한 일에 의한 것임) 에서 황제의 사열대를 떠받치고 있던 기둥이었다. 그 기둥들은 그로 까이유 언저리에 주둔한 오스트리아의 야영 부대가 피운 화톳불 때문에 군데군데 꺼멓게 그을려 있었다. 그 가운데 몇 개는 야영 부대의 화톳불이 되어 오스트리아 병정의 커다란 손들을 녹여 주었다. 샹 드 메의 특징은 그것이 6월에, 더욱이 샹 드 마르스에서 거행되었다는 점이다.

1817년이라는 해에는 두 가지 일이 사람들의 이야깃거리가 되어 있었다. 그것은 뚜께 간행의 볼떼르 선집과 헌법 조문이 찍힌 담배갑이었다. 그즈음 가장 새롭게 빠리 사람들의 화제를 모은 것은, 마르셰 오 플뢰르의 못 속에 자기 형제의 머리를 던져넣은 도뗑의 행위였다. 해군성에서는 불운의 순양함 ‘메뒤즈 호’에 관한 조사를 시작했으며, 이 사건은 뒷날 쇼마레 (메뒤즈 호 선장) 에겐 치욕을, 제리꼬 (프랑스 화가로 《메뒤즈 호의 파선》이라는 걸작을 남겼음) 에겐 명예를 안겨 주게 된다. 셀브 대령은 솔리망 총독이 되기 위하여 이집트로 떠나갔다. 라 아르쁘 거리의 빨레데 떼르므 (고대 공중 목욕탕 유적)는 통(桶)가게가 되었다.

끌뤼니 관(館) 팔각탑의 평평한 지붕 위에는, 루이 16세 때 해군 천문학자 메씨에가 관측대로 사용했던 조그만 판잣집이 아직도 보이고 있었다. 뒤라스 공작부인 (프랑스 여류 소설가)은 파란 하늘빛 공단을 깐 X자형 다리가 달린 의자가 놓인 자기의 작은 살롱에서 서너 친구들에게 아직 출판되지 않은 《우리카》를 읽어주고 있었다. 루브르 박물관에서는 나뽈레옹의 첫글자인 N자가 모든 것에서 지워졌다. 아우스테를리츠 다리는 그 이름이 폐지되고 자르댕 뒤 르와 다리로 바뀌었는데, 이것은 아우스테를리츠 다리와 자르댕 데 쁠랑뜨 식물원의 이름을 함께 감추고 있는 이중 은어였다.

루이 18세는 손톱 끝으로 표를 하며 호라티우스의 저서를 읽으면서, 황제로 들어앉은 영웅과 후계자인 구두 직공들에게 정신을 빼앗기며 은근히 두 가지 걱정을 안 하는 날이 없었다. 그것은 나뽈레옹과 마뛰랭 브뤼노 ^(1784년 木靴工의 아들로 태어나 방랑생활 끝에 황태자 루이 의 獄死否定說을 이용해 스스로 황태자라고 칭하다 체포됨)의 일이었다.

아카데미 프랑세즈는 '학문 연구로 얻는 행복'이라는 제목을 현상문제로 내 걸었다. 빌라르^(왕정복고 시대 빠리 왕실재판소 검찰 총장. 자유주의 운동을 철저히 탄압했음) 씨는 그 웅변을 널리 인정받고 있었 다. 그 그늘에 숨어 미래의 검사 차장 드 브로가 세력을 키워 가고 있었다. 드 브로는 뒤에 뽈 루이 꾸리에^(프랑스 작가. 그의 정치 논설은 신랄하고 재치있기로 유명했음. 1772~1825) 설화(舌禍) 사건을 담당하게 된다. 마르샹지^(프랑스 작가·사법관. 열렬한 왕당파)라는 가짜 샤또브리앙^{(프랑스 소설가·정치가. 작품 (르네) 《그리스도의 精髓》 등)}이 나오는가 하면, 또 한편으로는 다를랭꾸르^(프랑스 소설가. 1789~1856)라는 가짜 마르샹지도 나오고 있었다.

'끌레르 달브'와 '말레 까델'^(사실은 소설 제목이 아니고 그녀의 다른 소설 《마띨드》에 나오는 작중 인물 이름임)은 걸작으로 인정받고, 작자 꼬땡 부인은 당대 으뜸가는 작가가 되었다. 학사원은 그 명부에서 아카 데미 회원이었던 나뽈레옹 보나빠르뜨의 이름을 지우고 있었다. 새로운 칙 령에 의해 앙굴렘므는 해군 학교 소재지로 지정되었다. 앙굴렘므 공작은 해 군 대제독이었고, 따라서 앙굴렘므 시는 당연히 항만의 모든 자격을 갖추고 있었으므로 만약 그렇게 되지 않았다면 왕정의 기강이 해이해질 것이기 때 문이다.

프랑꼬니 곡마단의 포스터에 멋들어지게 그린 줄타기 그림이 흥미를 끌어 거리의 악동들을 흥분시키고 있었는데, 그와 같은 그림을 용서할 것인가 아 닌가 하는 문제가 내각 회의에서 크게 논의되고 있었다. 《아네즈》의 작곡가 이며 뺨에 사마귀가 하나 있는 네모진 얼굴의 호인 빠에르^(이탈리아 작곡 가·피아니스트) 씨는 빌 르 레베끄 거리의 사쓰네이 부인이 주최하는 가까운 사람들끼리의 조그마한 연주회를 지휘했다. 젊은 아가씨들은 모두 에드몽 제로 작사의 《쌩 따벨르의 은둔자》라는 노래를 부르고 있었다.

'냉 존느'지(紙)는 '미르와르'로 이름이 바뀌었다. 까페 랑블랭은 황제파로 자처하며 부르봉 파의 까페 발르와와 맞서고 있었다. 베리 공작^(루이 18세 아우의 둘째 아들 뒤에 암살됨. 1778~1820)은 시실리의 어느 공주와 갓 결혼했는데, 이미 이 무렵부터 루벨 ^(1820년에 베리 공작을 암살한 자)은 그를 노리고 있었다. 스딸 부인이 죽은 지 1년이 되었다. 친 위대는 마르스 양^(여배우)의 무대에 비난의 휘파람을 보내고 있었다.

대신문도 모두 지면이 작아졌다. 지면의 크기는 제한되었지만, 기사의 자유는 컸다. '꽁스띠뛰씨오넬'지는 입헌파였다. '미네르바'지는 Châteaubriand(샤또브리앙)을 Châteaubriant(비프스테이크의 일종)이라고 쓰고 있었다. 어미의 이 't'는 이 대작가에게는 안됐지만, 부르주아들을 크게 웃겨 주었다.

매수된 신문 지상에서 매수된 기자들은 1815년에 추방당한 자들을 모욕하고 있었다. 곧 다비드(프랑스 화가. 국민의회 의원으로 혁명 때 예술상의 독재권을 휘둘렀으며 나뽈레옹 어용 화가였음. 추방되어 브뤼셀에서 숨짐)는 이미 재능이 없고, 아르노(프랑스 비극 시인이며 우화 작가)는 이미 재치가 없으며, 까르노(프랑스 수학자. 국민의회 의원이며 공화국 시대 온갖 작전 계획 수립자로 '승리의 조직자'라는 이름을 들었음)는 이미 성실성이 없어졌고, 쑬뜨(프랑스 장군. 아우스테를리츠의 승리에 결정적 역할을 했음. 루이 필립 시대 육군대신·외무대신)는 이미 전투에 이기지 못하며, 나뽈레옹은 이미 천재가 아닌 게 사실이라고.

망명자에게 우편으로 보내는 편지는 도중에서 압수하도록 경찰이 엄하게 단속하므로, 본인에게는 여간해서 배달되지 않는 것을 모르는 이가 없었다. 이러한 사실은 그리 새로운 것도 아니다. 추방된 데까르뜨도 그것을 한탄하고 있었다. 그런데 다비드는 자기에게 보낸 편지가 배달되지 않는다는 일로 벨기에의 한 신문지상에 불평한 적 있었는데, 그것은 그 무렵 추방된 자들을 조롱하고 있던 왕당파 신문으로서는 유쾌한 일이었다. '시역자(루이 16세를 처형한 혁명파를 가리킴)'라고 하거나 '투표자'라고 하거나, '적'이라고 하거나 '동맹자'라고 하거나, '나뽈레옹'이라고 하거나 '부오나빠르뜨'라고 하는 것에 따라, 그렇게 말하는 두 사람 사이에는 심연보다도 더 깊은 거리가 있었다.

지각 있는 사람들은 모두, '불후의 헌장 작자'라고 부르는 루이 18세에 의해 혁명 시대는 영원히 막을 내렸다고 생각하고 있었다. 뽕 뇌프(빠리에서 가장 오래된 다리) 기슭의 평지에는, 앙리 4세의 동상이 세워지기로 된 받침대 위에 '레디비부스(다시 살아난다는 뜻)'라는 글자가 새겨져 있었다. 삐에 씨는 왕정을 공고히 하기 위해 떼레즈 거리 4번지에서 고위 성직자들의 비밀 회의를 열고 있었다.

우익 영수들은 중대한 문제가 생길 때마다 이렇게 말했다. "바꼬(우익의 대변인)에게 편지를 써보내야겠다"고. 까뉘엘과 오마오니와 샤브들렌느 등은 왕제(王弟)의 후원을 받고 있어, 뒷날 '강변의 음모'라고 불린 사건(왕제 알뜨와 백작을 옹립하려 한 왕당파의 작은 음모. 세느 강가 뛸르리 궁 테라스에서 1818년 여름에 이루어짐)을 꾀하고 있었다. 에빵글르 느와르 일파(옛 군대 장교들로 결성된, 검은 핀을 휘장으로 한 비밀결사) 또한 저희들끼리 음모를 꾸미고 있었다. 들라베르드리는 트로고프와 연락을 취했다(1820년의 군대 반란 음모). 어느 정도 자유주의 사상을 가지고 있던 데까즈(루이 18세 시대 대신. 자유주의 사상가로 유명)씨가 세력을 떨치고 있었다.

샤또브리앙은 아침마다 쌩 도미니끄 거리 27번지의 자택 창가에 서서, 긴 바지에 실내화를 신고 잿빛 머리에 마들라스 천으로 된 모자를 쓰고 거울을 들여다보며 치과의 기구가 모두 갖추어진 가방을 열어 놓고 손수 그 매력적인 이를 손질하면서, 비서 필로르즈 씨에게 《헌장에 의한 군주정치》라는 책의 여러 가지 이본(異本)의 차이를 구술해 주고 있었다.

권위 있는 비평가는 딸마보다도 라퐁(둘 다 프랑스의 비극 작가)을 높이 평가하고 있었다. 드 펠레즈(프랑스 비평가. 낭만주의에 맞서 고전주의를 옹호했음) 씨는 A라고 서명하고, 호프망(프랑스 극작가·비평가) 씨는 Z라고 서명하고 있었다. 샤를르 노디에는 《떼레즈 오베르》를 쓰고 있었다. 이혼은 폐지되고 있었다. 리쎄(고등중학교)는 모두 꼴레쥬라고 불렀다. 꼴레쥬 학생들은 제복 깃에 금빛 백합꽃(왕실의 꽃)을 달고 로마 왕(나뽈레옹 1세의 아들 나뽈레옹 2세를 가리키는 것임)에 관하여 서로 이야기하며 옥신각신했다.

왕궁의 경비 감독관은 왕비전하(샤를르 10세의 부인)에게 오를레앙 공작(루이 14세의 아우 오를레앙 공의 직계로 이른바 오를레앙 왕조파의 루이 필립. 7월혁명에 의해 샤를르 10세의 뒤를 이어 국왕이 됨)의 초상화가 사방에 걸린 것을 지적했는데, 그 경기병 사령관이 제복을 입은 모습은 용기병 사령관 제복을 입은 베리 공작의 모습보다 훌륭해 보였으며, 이것은 여간 부당한 일이 아니었다.

빠리 시는 폐병관(廢兵館)의 둥근 지붕 금박칠을 고쳐 칠하고 있었다. 진지한 사람들은 이러이러한 경우에 트랭끄라그 씨는 어떻게 행동할 것인가를 생각하고 있었다. 끌로젤 드 몽딸 씨는 여러 가지 점에서 형제인 끌로젤 드 꾸쎄르그 씨와 의견을 달리하고 있었다. 드 쌀라베리 씨도 불평을 품고 있었다. 몰리에르조차도 가입하지 못한 아카데미의 한 회원이었던 희극작가 삐까르는 오데옹 극장에서 《두 사람의 필리베르》를 상연했는데, 이 극장 정면에는 글자가 지워지긴 했으나 아직도 뚜렷이 '떼아트르 드 랭뻬라트리스(황후의 극장)'라고 썼던 자국이 남아 있다.

뀌네 드 몽따를로(군인. '잠자는 사자'라는 정치적 비밀 결사를 조직했다가 체포됨)에 대해서는 찬반 양론이 분분했다. 파비에(군인. 반란음모에 가담했음)는 반역자가 되고 바부(법학 강사로 법률을 공격하다 재판에 회부됨)는 혁명가가 되었다. 펠리씨에 사는 볼떼르의 작품을 《아카데미 프랑세즈 회원 볼떼르의 작품집》이라는 제목으로 출판했다. "이 책은 독자의 눈을 끌고 있다"고 이 소박한 출판자는 말하고 있었다.

세평에 의하면 샤를르 르와종(시인. 1820년에 29살로 죽음)은 당대 제일의 천재일 것이라고 말하고 있었다. 시기하는 사람들이 그를 중상하기 시작했으나 그것은 영광의 증거였다. 그들은 그를 비꼬아 다음과 같은 시를 지어냈다.

Même quand Loyson vole, on sent qu'il a des pattes
'제아무리 르와종이 난다고 해도 다리가 있는 걸 사람들은 안다.'

(루이멜의 시구 '새는 걸어다녀도 날개가 있음을 사람은 안다'를
위고가 패러디한 것. 르와종은 르와조(새)와 음이 비슷하기 때문임)

페슈 추기경(나뽈레옹의 숙부. 나뽈레옹 실각 뒤 로마에 머물러 돌아오지 않았음)이 사직할 것을 거부했으므로 아마지의 대주교 드 뺑 씨는 리옹의 주교구를 관할하고 있었다. 스위스와 프랑스 두 나라 사이에 다쁘 계곡(쉬라 지역)의 쟁탈전이 벌어졌는데, 뒷날 장군이 된 뒤 푸르 대위의 각서로 말미암아 비롯된 것이었다. 아직 세상에 알려지지 않았던 쌩 씨몽(프랑스 철학자. 공상적 사회주의자로, 이른바 '쌩 씨몽주의' 창시자)은 그의 거창한 꿈을 쌓아올리고 있었다. 과학 아카데미에 당시엔 유명했으나 후세까지 이름을 남기지 못한 푸리에라는 자가 있었는데, 어느 다락방에 아직 세상엔 알려지지 않았으나 앞으로 길이 이름이 남게 될 또 하나의 푸리에(철학자·사회학자인 샤를르 푸리에. 이른바 Phalanstère라는 고등 사회 단체의 주창자)가 있었다.

바이런의 이름이 겨우 알려지기 시작하고 있었다. 밀르브와는 어느 시의 주석에서 '어떤 바이런 경이라고 하는 사람'이라는 말로 그를 프랑스에 소개하고 있었다. 다비드 당제는 열심히 대리석을 깎고 있었다. 아베 까롱은 푀이양띤느의 막다른 골목에 있는 신학교 학생들의 조그만 집회에서, 뒤에 라므네(프랑스 철학자·신학자)라는 이름으로 알려진 펠리시떼 로베르라는 무명의 한 사제를 몹시 칭찬하고 있었다.

헤엄치는 개 같은 소리를 내고 연기를 뿜으면서 세느 강을 떠다니는 어떤 물체가, 르와이얄 다리에서 루이 15세 다리까지 이르는 뛸르리 궁의 창 밑을 왕복하고 있었으나, 그것은 그리 쓸모없는 하나의 기계이며 장난감이며 공상적인 발명가의 꿈이며 유토피아였다. 그것은 한 척의 증기선이었다. 빠리 사람들은 그 무용지물을 별 관심 없이 바라보고 있었다. 드 보블랑(프랑스 정치가. 백작) 씨는 단행과 규약과 무더기 임명으로 학사원을 개혁하고 많은 회원을 만든 유명한 사람이었으나, 자신은 정작 그 회원이 못되었다. 포부르 쌩 제르맹(귀족의 거리로 왕당파의 아성)과 빠비용 마르쏭(나뽈레옹 1세가 완성시킨 루브르 궁의 한 지역 및 리볼리 거리에서 뛸리리 궁 외곽에 걸친 황제파의 거점) 사람들은 들라보 씨의 열성을 높이 사서 그를 시경국장으로 원하고 있었다.

뒤쀠이트랑(프랑스 외과의. 의학에 많은 공헌을 하여 그의 이름을 붙인 해부 병리학 박물관도 있음)과 르까미에(프랑스 내과의)는 예수 그리스도의 신성(神性)에 대해, 빠리 의과대학의 계단 강의실에서 논쟁하며 서로 삿대질까지 하고 있었다. 한 눈으로는 〈창세기〉를 보고, 다른 한 눈으로는 자연을 바라보는 뀌비에(프랑스 박물학자. 비교해부학과 고생물학의 창시자)는 화석(化石)을 성서의 원전과 부합시키고 마스토돈(洪積層 제3기 때의 化石象)으로 모세를 변호함으로써 광신적 반동자들의 환심을 사려고 애쓰고 있었다. 빠르망띠에(프랑스 농학자·경제학자. 감자 재배를 발전시켰음)의 기록의 착실한 연구가인 프랑스와 드 뇌샤또씨는 pomme de terre(감자)를 parmentière(빠르망띠에르)라고 일반적으로 부르게 하려고 백방으로 힘썼으나 성공시키지 못했다.

아베 그레그와르는 예전에 주교였고 국민의회 의원이었으며 상원의원이었으나, 지금은 왕당파가 되어 '비열한 그레그와르'의 상태에 빠져 있었다. 여기에 지금 우리가 사용한 '—의 상태에 빠져 있었다'는 어귀는 르와이에 꼴라르(프랑스 철학자· 정치 웅변가) 씨에 의하여 신조어(新造語)로 지적되었다. 이예나 다리의 세 번째 아치 아래에는 다리를 폭파하기 위해 블뤼헤르 장군이 뚫어 놓았던 폭약갱을 2년 전에 새 돌로 막은 자국이 아직도 하얗게 두드러져 보였다.

재판소에서는 한 사나이를 법정에 불러내어 심문하고 있었는데, 이 사나이는 아르뜨와 백작이 노트르담 대성당으로 들어가는 것을 보고 큰 소리로 이렇게 외쳤던 것이다—"제기랄! 보나빠르뜨와 딸마가 서로 팔을 끼고 연병장으로 들어가는 것을 보던 시대가 그립구나." 이것은 도발적 언사라고 아니할 수 없다. 그래서 6개월 징역형을 받았다.

반역자들은 아무 거리낌없이 횡행하고 있었다. 전투 전날에 적과 내통한 자들도 받은 보수를 하나도 감추지 않고 있었으며, 뻔뻔스럽게도 재물과 감투를 둘러쓰고 대낮에 부끄럼도 없이 쏘다니고 있었다. 리니(벨기에의 한 마을. 1815년 6월 16일 나뽈레옹이 블뤼헤르의 프러시아군을 격파한 곳)와 까트르 브라(벨기에의 한 마을. 위털루 전투 이틀 전에 네 장군이 연합군을 무찌른 곳)의 도망병들도 그 비열한 행위에 누더기를 들씌우고, 보수를 목표로 국왕 앞에 충성을 다짐하고 있는 꼴이었다. 그들은 모두 영국 공중변소 안 벽에 씌어 있는 이 글귀를 잊어버리고 있는 모양이었다—'나가기 전에 복장을 단정히 하시오.'

이상 두서없이 늘어놓은 것들은, 오늘날에는 잊혀졌지만 1817년이라는 해에는 어수선하게 떠오른 일들이다. 역사는 이러한 특수한 일들을 매우 소홀히 하고 있지만, 그것도 부득이한 일이리라. 그렇게라도 하지 않으면, 역사는 무한정한 것으로 덮여 버릴 테니까. 그러나 사람들의 잘못 짐작으로 사소한 일이라고 밀어붙이는 이런 상세한 일들은, 인생에 사소한 일은 없고 식물에 자잘한 잎은 없듯 모두 유용한 것들이다. 한 해 한 해의 표정이야말로 세기의 모습을 형성해 가는 것이다.

1817년이라는 이 해에 빠리의 네 젊은이가 '유쾌한 꼭두각시 놀음'을 꾸몄다.

두 개의 사중주

빠리의 네 젊은이라고는 해도 하나는 뚤루즈 태생, 또 하나는 리모즈 태생, 셋째는 까오르 태생, 넷째는 몽또방 태생이었다. 그들은 모두 학생이었고, 학생이란 빠리 사람이라는 뜻과 마찬가지여서 빠리에서 공부하는 것은 빠리에서 태어나는 것이나 다름없다.

그 네 젊은이는 별다른 특징이 없는, 어디서나 볼 수 있는 평범한 사람들이었다. 착하지도 악하지도 않으며, 학문이 뛰어나지도 무식하지도 않으며 천재도 바보도 아니었다. 다만 20살이라는 즐겁고 아름다운 청춘일 뿐. 그들은 평범한 네 명의 오스까르(스코틀랜드 신화에 나오는 영웅. 아버지는 오씨앙, 할아버지는 핑갈. 1760년 무렵 맥퍼슨이 《핑갈의 아들 오씨앙의 번역시》라는 작품을 발표, 그즈음 대유행했으며 나뽈레옹도 여러 번 읽었음)였다. 왜냐하면 이 시대에는 아직 아더(웨일즈 지방 전선살의 인물 《원탁의 기사》의 주인공) 같은 인물이 없었기 때문이었다(이즈음 영국의 용사들은 아직 사람들의 눈길을 끌지 못했음). '그를 위해 아라비아 향을 사르고서요'라고 그 사랑의 노래는 하소연하고 있었다. "오스까르가 나온다. 나는 오스까르를 맞으러 가리!" 사람들은 오씨앙의 전설에서 벗어나려고 하던 때였으므로, 이 시대의 멋이란 모두 스칸디나비아나 칼레도니아적인 것뿐이고 순수한 영국적인 멋은 훨씬 뒤에 유행했다. 그리고 아더 같은 인물의 선구자적인 웰링턴이 워털루 전투에서 승리를 거둔 것은 겨우 얼마 전 일이었다.

네 명의 오스까르 중 뚤루즈 태생은 펠릭스 똘로미에스, 까오르 태생은 리스똘리에, 리모즈 태생은 빠뫼이유, 몽또방 태생은 블라슈벨르라고 했다. 그들은 물론 저마다 사랑하는 여자가 있었다. 블라슈벨르는 영국에 갔다 온 일이 있어 페이버리트라고 영국식으로 부르는 힌 여자를 사랑했다. 리스똘리에는 꽃 이름과 같은 다리아라는 여자를 열렬히 사랑하고 있었다. 빠뫼이유는 조제핀느라는 이름을 줄여서 제핀느라고 부르는 여자를 우상처럼 떠받들었다. 똘로미에스는 태양처럼 아름다운 머리를 가져 라 블롱드라고 불리는 팡띤느라는 여자를 소유하고 있었다.

페이버리트, 다리아, 제핀느, 팡띤느. 이 네 여자는 젊음의 향기로 여지없이 사람의 눈길을 끄는 아름답고 매력적인 아가씨들이었다. 직업인 바느질 일에서 완전히 벗어나지 못하여 어딘지 재봉공 같은 데가 엿보이고, 생활은 정사(情事)로 들떠 있었으나 그 얼굴에는 아직 일하는 자의 발랄함이 깃들어 있고 그 영혼에 처음의 타락에서도 아직 여자 속에 남아 있는 저 성실의 꽃이 시들지 않고 있었다.

네 사람 가운데 하나는 가장 어리므로 작은 아가씨라고 불렸고, 다른 하나는 큰 아가씨라고 불렸다. 큰 아가씨는 23살이었다. 숨김없이 말하면 손위 세 사람은 경험이 많고 사람들의 뒷공론에도 신경쓰지 않으며 이른바 세상 물정에 익숙했으나, 작은 아가씨 라 블롱드 팡띤느는 그런 점에서 아직 미숙하고 속아 넘어가기 쉬웠다.

다리아와 제핀느, 특히 페이버리트는 도저히 팡띤느와 비교가 되지 않았다. 그녀들의 이야기는 이제 막 시작된 참인데도 벌써 수많은 에피소드가 있었다. 그리고 그들의 연인 이름도 제1장에서는 아돌프인가 하면, 제2장에서는 알퐁스가 되고, 제3장에서는 귀스따브가 되는 형편이다.

빈곤과 교태는 둘 다 꽤 한심스러운 조언자이다. 한쪽은 중얼중얼 불평을 늘어놓고, 한쪽은 아양을 떤다. 하류계급 아가씨들은 그 두 가지를 모두 갖추고 있어, 그들의 속삭임에 늘 귀기울이게 된다. 그녀들의 정신에는 방비가 없으므로 자칫 그것을 믿어버린다. 그리하여 그녀들은 타락하고, 그 때문에 돌팔매질 당한다. 사람들은 높고 가까이할 수도 없는 순결함의 광채에 비추어 그녀들을 몰아세운다. 아, 만일 융프라우(스위스 알프스의 高峰. 가까이하기 어려운 순결함. 처녀를 뜻함)를 굶주리게 하면 어떻게 될 것인가!

페이버리트는 영국에 있었던 적이 있어 제핀느와 다리아의 추앙을 받고 있었다. 그녀는 퍽 일찍부터 자신의 집을 하나 가지고 있었다. 아버지는 나이든 수학 교사로 난폭하고 허풍쟁이며 결혼한 일이 없고, 늙은 나이에도 불구하고 가정교사 노릇을 하고 있었다. 이 수학 교사는 젊은 시절 어느 날 하녀의 옷자락이 벽난로의 재받이 쇠줄에 걸려 있는 것을 보았다. 그리하여 그 우연한 일로 사랑에 빠졌다. 페이버리트는 그 결과 태어난 아이였다. 그녀는 가끔 아버지를 만났으며, 아버지도 그녀를 모르는 체하지 않았다.

어느 날 아침, 신앙에 미친 외고집스러워 보이는 노파가 그녀 방으로 찾아와 말했다. "날 모르겠니?" "모르겠는데요." "네 어미다." 그리고 노파는 찬장을 열고 먹고 마신 다음, 가져 온 이부자리를 들여놓고는 눌러앉았다. 퉁명스럽고 신앙이 독실해 보이는 그 어머니는, 페이버리트에게는 몇 시간씩 한마디도 않고 가만히 있다가, 아침과 점심과 저녁으로 네 사람 몫이나 먹고는

1817년 빠리의 네 사나이가 네 여자들과 젊음을 즐기고 있다.

문지기 방에 내려가 쓸데없는 이야기를 늘어놓으며 딸의 흥을 보곤 했다.

다리아가 리스똘리에를 좋아하고, 또 다른 뭇 사나이에게 끌리고, 놀고 먹는 생활에 젖어 버린 것은 너무나 고운 장밋빛 손톱을 가지고 있기 때문이었다. 그렇듯 고운 손톱을 하고 어찌 거친 일을 할 수 있겠는가? 언제까지나 품행을 단정하게 가지려는 이는, 그 손을 아껴서는 안 된다. 제핀느에 대해 말하면, "네, 그래요"라고 하는 그녀의 귀여운 억양에 활발하고 사랑스러운 데가 있어 빠뢰이유의 마음을 사로잡았던 것이다.

그 젊은이들은 친구 사이였고, 그 아가씨들도 서로 정다운 친구였다. 그러한 우정과 이러한 연애는 언제나 한데로 통하는 법이다.

영리함과 분별있음은 다르다. 그 좋은 증거는 이 네 젊은 아가씨들로, 문란한 일상 생활을 젖혀 놓고 말한다면 페이버리트와 제핀느와 다리아는 분별있고 팡띤느는 영리했다.

영리하다고? 그러면서도 똘로미에스 같은 사나이를 사모해? 이에 대해 솔로몬은 대답하리라, 사랑은 지혜의 하나라고. 여기서는 팡띤느의 사랑은 첫사랑이며, 단 하나의 사랑이고, 성실한 사랑이었다는 것만 말해 두자.

오직 한 남자에게서만 다정한 호칭으로 '너'라고 불리고 있었던 것은, 네 여자 가운데 그녀 하나뿐이었다.

팡띤느는 이른바 민중의 밑바닥에서 꽃피었다고 할 수 있는 그러한 사람들의 하나였다. 사회의 그늘진 곳에서 태어나 이름도 없이 따돌림 당하며 궁핍하게 살아온 기색이 이마에 드러나보였다. 그녀는 몽트뢰이유 쉬르 메르에서 태어났다. 어떤 부모에게서? 누가 그것을 말할 수 있으랴. 그녀의 부모를 아는 사람은 아무도 없었다.

그녀는 팡띤느라고 불렸다. 왜 팡띤느라고 했는가? 다른 이름을 알 수 없었기 때문이다. 그녀가 태어난 것은 집정관 정부 때였다. 성(姓) 같은 건 없었다. 가족이 없었으니까. 어릴 때 맨발로 걸어가는데, 지나가던 사람이 좋은 이름이라면서 붙여 준 이름을 그냥 제 이름으로 삼고 있었다. 비가 올 때 구름에서 떨어지는 물방울을 이마에 받듯이 그녀는 이름을 받았던 것이다. 그녀는 쁘띠뜨 팡띤느라고 불렸다.

그녀에 대해 더 이상 아는 이는 없었다. 한 인간으로 삶을 받은 이 여자는 그렇게 이 세상에 나왔던 것이다. 10살 때 팡띤느는 그 거리를 떠나 가까운 농가로 고용살이하러 갔다. 15살이 되자 그녀는 돈벌이하러 빠리로 나갔다. 팡띤느는 아름다웠으며 순결을 지켜 간직했다. 이가 고운 금발 미인이었다. 그녀는 결혼 지참금으로 황금과 진주를 가지고 있었다. 그 황금은 그녀의 금빛 머리이고, 진주는 그녀의 입 속에 있었다.

그녀는 살기 위해 일했다. 그리고 역시 살기 위해—마음도 역시 굶주림을 느끼므로—그녀는 사랑했다.

그녀는 똘로미에스를 사랑했다.

남자에게는 정욕, 여자에게는 진정한 사랑. 학생과 바람난 여직공들이 모여드는 까르띠에 라땡 거리가 이 두 남녀의 꿈이 시작된 곳이었다. 팡띤느는 수많은 정사가 맺어지고 풀어지는 빵떼옹 언덕의 미로에서 오랜 동안 똘로미에스를 피하면서도 또 언제나 그를 만날 수 있도록 하고 있었다. 원하면서도 거절하는 그런 방법도 있는 것이다. 요컨대 목가적 사랑이 시작된 것이다.

블라슈벨르와 리스똘리에와 빠뫼이유는 어떤 그룹을 이루고 있었으며, 똘로미에스가 그 우두머리였다. 그는 재치있는 이었다.

똘로미에스는 나이든 고참 학생이었다. 부자였으며 4천 프랑의 연수입이 있었다. 연수입 4천 프랑은 쌩뜨 즈느비에브 산(^{빵떼옹}_{언덕})에서는 좋건 그르건 굉장한 소문거리였다. 똘로미에스는 30살의 난봉꾼으로, 벌써 몸이 쇠약해져 있었다. 주름이 잡히고 이가 빠져 있었다. 머리도 벗겨지기 시작했으나, 스스로는 어물쩍 재담으로 얼버무렸다. "삼십에 대머리요, 사십에 앉은뱅이라."

그는 소화도 잘되지 않았고, 한쪽 눈은 늘 눈물이 그렁거렸다. 그러나 젊음이 사라지는 데 따라 그는 더욱 쾌활하게 굴었다. 빠진 이는 익살로, 벗겨지는 머리는 쾌활로, 나빠지는 건강은 빈정거림으로 메우고 있었다. 그리고 눈물이 그렁거리는 눈은 늘 웃고 있었다. 몸은 허물어졌지만 여전히 꽃을 피우고 있었다. 그의 청춘은 나이보다 일찍 물러갈 채비를 하고 있었으나, 퇴군의 북을 요란하게 두드리고 연방 너털웃음을 터뜨렸으므로 사람들 눈에는 넘치는 활기로 보였다.

그는 지난날 보드빌 극장에 작품을 보냈다가 거절당한 일도 있었다. 여기저기 하찮은 시를 발표하기도 했다. 게다가 그는 의심하려 드는 버릇이 있어, 그것이 약한 자의 눈에는 위대한 힘으로 보였다. 그리하여 빈정거리기 잘하는 대머리인 그는 우두머리 노릇을 하고 있었다. iron이란 영어로 쇠라는 뜻이다. ironie(빈정거림)라는 말은 거기서 나온 것일까?

어느 날 똘로미에스는 다른 세 사람을 가까이 불러, 신탁이라도 내리는 듯한 몸짓으로 그들에게 말했다.

"이미 일년 전부터 팡띤느와 다리아와 제핀느와 페이버리트는 무엇이든 그녀들을 깜짝 놀라게 할 만한 일을 해보여 달라고 우리에게 말하고 있네. 우리도 그러마고 당당히 약속했지. 그녀들은 늘 그 일을 재촉하고 있는데, 더욱이 내게는 걸핏하면 말한다네, 마치 나뽈리의 나이 많은 아낙네들이 성 야누아리우스에게 'Faccia gialluta, fa o miracolo(노란 얼굴의 성인이시여 기적을 내리시옵소서!)' 하며 부르짖듯이, 우리의 미인들도 끊임없이 내게 '똘로미에스, 언제 깜짝 놀라게 해주겠어요?' 하지 않겠나? 게다가 우리 부모님들에게서도 계속 편지가 날아와 양쪽에서 시끄럽게 몰아세우고 있네. 매듭을 지을 때가 이제 슬슬 된 모양이야. 함께 의논해 보세."

그리고 똘로미에스는 목소리를 낮추어 살그머니 무슨 말을 속삭였다. 그것은 몹시 재미있는 일인듯 네 개의 입에서 한꺼번에 커다란 폭소가 터져나왔다. 특히 블라슈벨르는 정신없이 소리쳤다.

"그것 참 좋은 생각일세!"

담배 연기 자욱한 에스따미네(작은 까페/대중 까페)가 바로 옆에 있었으므로, 네 사람은 그리로 몰려갔다.

그 쑥덕공론의 결과는 눈이 번쩍 떠지는 것 같은 즐거운 놀이가 되어, 네 젊은이가 네 젊은 아가씨를 초대하여 다음 일요일에 실현되었다.

네 남자와 네 여자

45년 전의 학생과 바람난 여직공들의 들놀이가 어떤 것이었는지 오늘날 상상하기란 쉬운 일이 아니다. 빠리에는 이미 그즈음과 같은 교외가 없다. 빠리 주변의 생활이라고도 할만한 정취는, 이 반세기 이래로 완전히 변모해 버렸다. 지난날 승합 마차가 달리던 자리를 지금은 기차가 지나가고, 그 옛날 예인선이 오가던 곳을 지금은 기선이 다니고 있다. 그 무렵의 쌩 끌루는 오늘날의 페깡과 맞먹는 곳이었다. 지금 1862년의 빠리는 프랑스 전 영토를 교외로 하는 도시가 되어 있다(이 책은 1862년/에 출판되었음).

똘로미에스에게 버림받는 팡띤느

네 쌍의 남녀는 그 무렵 할 수 있었던 온갖 법석을 부리며 들놀이를 정말
로 실행했다. 마침 여름방학이 시작될 즈음의 맑게 갠 날이었다. 젊은 아가
씨들 가운데 유일하게 글씨를 쓸 줄 아는 페이버리트가, 전날 네 사람의 이
름으로 똘로미에스에게 이렇게 써보냈다—C'est une bonne heure de sortir de
bonheur. (올바르게 하면 C'est un bonheur de sortir de bonne heure로, '일찍
떠나는 것이 좋아'라고 써야 할 것을 '좋게 떠나는 것은 일러요'라고 썼다).

그래서 그들은 아침 5시에 일어났다. 그리고는 마차를 타고 쌩 끌루로 가
서 물없는 분수를 바라보며 "물이 솟아오르면 얼마나 아름다울까!" 외치고,
아직 까스땡 사건이 일어나기 전의 떼뜨 느와르 (의학자 까쓰땡이 유산을 횡령할 목적으로 한 사나이를 이 호텔에서 독살했음) 에서
아침을 먹고, 큰 못가 놀이터에서 고리 던지기를 한 판 하고, '디오게네스의
탑'이 있는 조망대에 오르고, 세브르 다리 기슭에서 마까롱 과자내기로 구슬
놀이를 하고, 뻬또에서 꽃을 꺾고, 뇌이에서 갈대피리를 사고, 가는 곳마다
애플파이를 먹으며 한없이 즐거웠다.

젊은 아가씨들은 새장에서 놓여나온 작은 새처럼 지저귀면서 수선을 피웠
다. 완전히 흥분 상태였다. 젊은 사나이들은 이따금 손바닥으로 가볍게 때렸
다. 인생의 아침의 도취! 사랑스러운 청춘 시절! 잠자리의 날개가 바르르
떨린다. 아! 그대들 누구에게나 추억이 있지 않는가? 뒤에 오는 아가씨의
얼굴에 걸리지 않도록 가지를 헤쳐 주며 떨기나무숲을 거닐던 일이? 비에
젖은 어느 비탈길을 사랑하는 여자와 함께 웃으며 미끄러져 내려간 일이?
그때 여자는 그대의 팔에 매달리며 소리쳤으리라.

"어마! 새 구두가 엉망이 되어버렸어요!"

그런데 바로 말한다면, 그런 즐거운 훼방꾼인 소나기는 이 유쾌한 이들을
찾아오지 않았다. 떠나기 전에 페이버리트가 어머니나 된 듯한 의젓한 말투
로 이렇게 말했었지만.

"집없는 달팽이가 기어가고 있어요. 비가 올 징조예요, 여러분."

네 여자 모두 몹시 예뻤다. 그 무렵 유명한 고전파 시인으로, 사랑 끝에
얻은 아내 엘레오노르를 이상의 여인으로 떠받들고 있던 슈발리에 드 라부
이쓰라는 사람 좋은 기사님이 그날 쌩 끌루의 마로니에 아래를 산책하고 있
다가 아침 10시쯤에 그들이 지나가는 것을 보았다. 그는 미의 세 여신을 떠
올리며 "하나가 더 많군." 하고 소리쳤다.

블라슈벨르의 연인으로 23살인 큰아가씨 페이버리트는 모두들의 선두에 서서 커다란 푸른 가지 그늘 밑을 달리고, 개울을 건너뛰고, 낮은 덤불을 뛰어넘고, 젊은 들의 여신처럼 간들대면서 흥을 북돋우고 있었다. 제핀느와 다리아는 둘이 함께 붙어다님으로써 아름다움이 더욱 두드러져 보이는 우연한 구성미를 이루었는데, 우정에서라기보다 매력있게 보이려는 본능에서 서로 떨어지지 않으며 영국풍의 포즈를 취하고 있었다.

'키프세이크(영국의 年刊 문학집)'가 처음 간행된 무렵으로, 뒤에 바이런주의가 남자들을 휩쓸었던 것 같이 멜랑콜리가 여자들 사이에 유행할 징조를 보여 수양버들 가지처럼 구슬프게 휘늘어지는 모양으로 머리 모양이 꾸며지기 시작하고 있었다. 제핀느와 다리아는 컬을 말아올린 머리였다.

리스똘리에와 빠뫼이유는 그들의 교수들 이야기에 열중하여, 팡띤느를 붙잡고 델뱅꾸르 선생과 블롱도 선생의 차이점을 설명해 주느라 법석이었다.

블라슈벨르는 페이버리트의 한쪽만 감친 떼르노 제(製) 캐시미어 숄을 일요일마다 팔에 걸치고 돌아다니기 위해 이 세상에 태어난 것 같았다.

똘로미에스는 뒤에서 그들을 지배하고 있었다. 그는 몹시 즐거워 보였다. 그에게는 통솔력이 있었다. 그의 쾌활함 속에는 독재성이 있었다. 그의 주된 몸치장은 두꺼운 무명으로 코끼리 다리 모양으로 끝을 뭉툭하게 디자인한 양복 바지와, 바지가랑이를 잡아매는 고동색 끈이었다. 손에는 200프랑이나 하는 튼튼한 등나무 단장을 들고, 남이 하는 짓은 다하는 사나이므로 여송연이라는 기묘한 물건을 하나 입에 물고 있었다. 그에게는 무엇 하나 아까운 게 없었으므로, 그는 그것을 함부로 피워대고 있었다.

"똘로미에스는 근사한 놈이야." 하고 다른 사람들은 존경심을 가지고 말했다. "저 바지! 그리고 저 좋은 기운!"

팡띤느는 환희 그 자체였다. 그 아름다운 고른 이는 분명 신으로부터 하나의 소임을, 웃는 소임을 받고 있는 것 같았다. 그녀는 조그만 흰 끈이 달린 밀짚모자를, 머리에 쓰기보다 일부러 손에 들고 있었다. 그 숱 많은 금빛 머리가 걸핏하면 물결져 흘러내려 연방 쓸어올려야 했으며, 그것은 마치 버드나무 아래로 빠져 달아나는 갈라떼아(교태와 요염의 상징. 베르길리우스의 목가에 나오는 여주인공)의 머리와도 흡사했다.

장밋빛 입술은 사람을 매혹하듯 연방 귀엽게 달싹이고 있다. 입가는 에리고네의 고대 가면처럼 육감적으로 치켜올라가 사나이의 욕망을 북돋아 주는 것 같았다. 그러나 그늘이 짙고 기름한 속눈썹은 얼굴 아랫부분의 그 화려한 아름다움을 가라앉히기라도 하려는 듯 조용히 내리깔려 있었다. 전체의 몸 맵시는 노래부르는 듯, 타오르는 듯, 무어라 말할 수 없는 느낌이었다. 그녀는 연보랏빛 얇은 비단옷을 입고 조그마한 적갈색 구두를 신었는데, 그 구두의 리본은 발이 환히 비치는 희고 얇은 양말 위에 X자 모양으로 매어져 있었다. 그리고 또 짧은 모슬린 코트를 걸치고 있었는데, 이것은 마르세이유에서 처음으로 만들어졌으며 이름이 까느주였다. 까느주라는 말은 까느비에르 거리 일대에서 좋은 날씨라거나 더위 또는 한낮이라는 뜻을 가진 quinze août(깽 주)라는 말이 와전된 것이라고 한다.

다른 세 여자는 좀더 대담하게 목덜미에서 가슴께까지 온통 드러내고 있었다. 그러한 모습은 여름에 꽃으로 가득 장식한 모자라도 쓰고 있으면 여간 그윽한 멋을 풍기지 않아 사나이의 마음을 설레게 한다. 그러나 그런 대담한 차림에 비하면, 금발인 팡띤느의 까느주는, 얇게 비치어 입은 듯 벗은 듯하여 다소곳한 그 정취가 차라리 조심스러워 더욱 도발적이었다. 바다 같은 푸른 눈빛의 소유자 세뜨 자작 부인이 주관하는 저 유명한 연회에서라면 아마 단아함을 표방하는 이 까느주에 오히려 매력상을 수여했을 것이다. 가장 꾸밈 없는 것이 때로는 최상의 꾸밈이 되는 수가 있다. 그런 일이 흔히 있는 법이다.

타오르는 듯 빛나는 얼굴, 미묘한 옆얼굴 선, 짙고 푸르른 눈, 도톰한 눈꺼풀, 발등이 봉긋한 조그만 발, 더할 나위 없이 맵시좋은 손목과 발목, 파르스름한 혈관이 더러 내비치는 하얀 살결, 앳되고 싱싱한 볼, 에기나 섬에서 발굴된 헤라의 상(像)처럼 곧은 목, 부드러운 목덜미, 니꼴라 꾸스똥의 조각을 연상케 하는 두 어깨, 그 한가운데로 얇은 모슬린을 통해 아련히 보이는 육감적인 등줄기, 꿈 속을 헤매는 듯한 포즈에 담긴 다소곳한 명랑함, 조각과 같으며 매끈하고 우아한 맵시, 그리고 그 얇은 옷과 리본 아래 하나의 조상(彫像)이, 그 조상 안에 하나의 영혼이 절로 상상되는 것이 곧 팡띤느였다.

팡띤느 자신은 모르고 있으나 아름다웠다. 무엇이든 은밀히 완벽의 미와 견주어 생각하는 세상에 드문 몽상가들은, 빠리 여성의 투명한 미를 통하여 이 귀여운 여직공 속에서 고대의 신성한 계조(階調)를 보았으리라. 이 미천한 아가씨는 미의 올바른 혈통을 지니고 있었다. 그녀는 자태와 거동의 두 가지 점에서 모두 아름다웠다. 자태란 미의 이상이며, 거동이란 그 형체의 움직임을 말한다.

우리는 팡띤느가 환희 그 자체라고 말했다. 그러나 팡띤느는 가련함 그 자체이기도 했다.

그녀를 주의깊게 관찰할 때, 그 나이와 청춘과 사랑의 도취를 통하여 그녀로부터 두드러지게 나타나 보이는 것은, 지울 길 없는 조심성과 수줍음의 표정이었다. 그녀는 좀 놀란 듯한 얼굴을 하고 있었다. 그와 같은 순결한 놀라움이야말로, 프쉬케^(사랑의 신 큐핏의 화살을 받은 아름다운 소녀. 영혼의 운명을 상징함)를 비너스와 구별하는 미묘한 뉘앙스이다. 팡띤느는 황금바늘로 성화(聖火)의 재를 헤집는다는, 로마 베스타^(로마 신화에서 불의 신) 신전 무녀의 그것과도 같은 희고도 화사한 긴 손가락을 갖고 있었다.

물론 나중에 알게 될 일이지만, 그녀는 똘로미에스에게 아무것도 거절하지 않았다. 그럼에도 불구하고 평온한 얼굴을 하고 있을 때의 그녀는 완전무결한 숫처녀 같았다. 거의 숭엄할 만큼 진지한 그 어떤 위엄이 때로 그녀의 온 몸을 갑자기 감싸는 수가 있었다. 그런 때 명랑함이 홀연히 사라지고, 아무런 추이(推移)도 없이 쾌활하던 그녀가 별안간 어두운 상념에 잠겨 버리는 모습은 실로 불가사의하고 놀라운 일이었다. 그 갑작스러운, 때로는 싸늘해 보이기조차 하는 그 근엄한 표정은 어딘지 여신의 위엄과도 흡사했다.

그녀의 이마와 코와 턱은 간격의 균형과는 몹시도 다른 선(線)의 균형을 간직하고 있었으며, 얼굴 전체의 조화는 거기서 오는 것이었다. 또한 코밑과 윗입술 사이의 눈에 보일 듯 말 듯 오목한 선은 너무나 매혹직이었다. 그것이야말로 순결을 나타내는 신비로운 표지로서, 바르바로싸로 하여금 이코니움의 발굴물 속에서 발견된 다이아나를 사랑하게 만든 것이다.

사랑은 잘못이다. 좋다! 팡띤느는 이 잘못 위에 떠 있는 순진함이었다.

흥겨워 스페인 노래를 부르는 똘로미에스

그날은 처음부터 끝까지 화창하게 갠 날이었다. 자연도 모두 휴일을 맞아 웃고 즐기는 것 같았다. 쌩 끌루의 꽃밭들은 그윽하게 향내를 풍기고 세느의 강바람은 살며시 나뭇잎을 흔들고, 가지들은 바람속에 몸을 하늘거리고, 꿀벌은 재스민을 찾아들고, 나비는 집시처럼 가새풀과 클로버와 귀리 사이를 날아다니고 있었다. 이 '프랑스 왕의 장려한 정원'에는 곳곳에 한가로운 방랑객들이 모여 있었다. 작은 새들의 무리이다.

네 쌍의 즐거운 남녀는 태양과 풀밭과 꽃과 나무에 섞여 찬연히 빛나고 있었다.

그리고 이 천국의 공원에서 여자들은 재잘거리고, 노래부르고, 달리고, 춤추고, 나비를 쫓고, 메꽃을 꺾고, 높이 자란 풀 속에 엷은 분홍빛 스타킹을 적시고, 생기발랄하게 미친 듯 날뛰며 거리낌없이 연방 사나이들의 입맞춤을 받고 있었다. 다만 팡띤느만이 잘 어울리지 못하고, 꿈꾸는 듯 생각에 잠기면서 어렴풋한 저항을 느끼고 있었다. 그리고 가슴 속에는 사랑을 품고 있었다. "너는 언제나 묘한 얼굴을 하고 있구나" 하고 페이버리트는 말했다.

거기에 즐거움이 있다. 이 행복스러운 남녀들의 들놀이는 인생과 자연에의 깊은 호소이며, 모든 것에서 애무와 사랑의 빛을 이끌어낸다. 옛날에 한 선녀가 있어, 사랑하는 사람들을 위해 풀밭과 숲을 만들었던 것이다. 그때부터 학교를 빼먹고 딴 짓을 하는 연인들의 저 영원히 되풀이되는 게으른 놀음이 시작되었다. 그것은 들에 풀이 있고 학교가 있는 한 계속되리라. 또한 그때부터 생각에 잠기는 사람들 사이에서 봄이 중요한 자리를 차지하고 있다. 귀족도 천민도, 고관도 서민도, 양반도 상민도 모두 이 선녀의 신하이다. 사람들은 웃고 즐기며 서로 짝을 부르고, 하늘의 빛이 허공에 가득 찬다. 아! 사랑이란 이 얼마나 큰 변모를 가져오는 것인가! 법원의 서기도 신(神)이 된다. 귀여운 재잘거림, 풀밭에서의 술래잡기, 느닷없는 포옹, 음악처럼 감미로운 뜻없는 말들, 한 마디 말만으로 불타오르는 정염(情炎), 입에서 입으로 주고받는 버찌, 이러한 모든 것들이 불타올라 하늘의 빛과 한데 어울린다.

아름다운 아가씨들은 스스로의 아름다움을 함부로 낭비한다. 그와 같은 일들이 마치 영원히 끝나지 않을 것만 같다. 철학자도 시인도 화가도 그러한 황홀경을 바라보기만 할 뿐, 어찌할 바를 모른다. 그만큼 그들도 현혹되는 것이다. 씨떼르 섬으로의 출발(씨데르 섬은 동부 지중해의 다도해에 자리한, 비너스 신전이 있는 애정과 황홀의 섬임. 와또의 걸작 《씨떼르 섬으로의 출발》은 루브르 미술관에 있음)을 외친다! 평민 화가 랑크르는 푸른 하늘로 날아오르는 시민들을 바라본다. 디드로는 그러한 연애를 붙잡으려고 팔을 내밀고, 뒤르페는 그러한 연애에 고올의 사제를 끌어들인다.

이 천국의 공원에서 여자들은 재잘거리고, 노래부르고, 달리고, 춤추고……

점심을 먹은 뒤 네 쌍의 남녀는 인도에서 새로 온 식물을 보러 그즈음 임금님의 꽃밭이라고 부르던 곳으로 갔다. 지금 그 이름은 잊어버렸지만, 그것 때문에 쌩 끌루가 온 빠리의 인기를 모았던 식물이다. 그것은 기묘하고 재미있는 모양의 줄기가 높고 기다란 작은 나무들로, 실올처럼 가느다란 무수한 가지가 뒤엉클어지고 잎은 없으며 희고 자잘한 장미꽃 같은 것이 함빡 달려 있었다. 그 때문에 이 나무들은 꽃으로 온통 장식된 머리처럼 보였다. 그곳은 언제나 그것을 구경하러 온 사람들로 웅성거렸다.

그 나무를 보고 나서 똘로미에스가 소리쳤다.

“나귀를 타러 가자!”

나귀 장수와 값을 정하고 모두들은 방브르와 이씨를 한 바퀴 돌아왔다. 이씨에서는 모험을 좀 했다. 비앵 나씨오날 공원은 그 무렵 군부대의 식료품 용달 상인이었던 부르갱의 소유지였는데, 마침 문이 활짝 열려 있었다. 그들은 그 안으로 몰려들어가 동굴 속에 만들어 놓은 ‘허수아비 도사’를 구경하고, 유명한 거울로 된 방의 기이한 장치를 시험해 보았다. 그 방은 벼락부자가 된 사틸로스(酒神 바커스를 따르는 半人半獸의 신. 술과 여자와 음악을 좋아함)나 프리아프스(변식의 신)로 변신한 뛰르까레(르 싸뤼의 희극에 나오는 인물로, 천한 벼락부자) 등에 알맞는 그러한 음탕스러운 함정이었다. 그들은 또 베르니스의 대수도원장(젊은 시절 사랑의 노래를 읊은 시인이었음)의 노래 주제가 되었던 두 개의 밤나무에 달아맨 굵은 밧줄로 만든 그네를 힘껏 흔들었다. 똘로미에스가 그 미인들을 번갈아 그네에 태우고 흔들어주니, 마치 그뢰즈(미인 풍속 화가)가 즐겨 그렸던 그림에서처럼 여자들의 스커트가 물결치며 가볍게 쳐들려 모두들 와 환성을 터뜨렸다.

어딘가 스페인 냄새를 풍기는 뚤루즈 태생의 똘로미에스는—그리고 보니 뚤루즈는 똘로사(스페인에 있는 지명)와 관계가 있는 듯하다—애조띤 곡조로 스페인의 옛 노래 ‘갈레가’를 부른다. 아마도 두 개의 나무 사이에 걸린 그네줄에 매달려 줄기차게 흔들리고 있는 아리따운 아가씨로 인하여 떠오른 노래인 듯했다.

나는 바다호즈 사나이
사랑에 약해서
온통 넋을 빼앗기고
눈만이 남았어라.
그대가 귀여운

똘로미에스가 네 미인들을 번갈아 그네에 태우고는 흔들어주니……

발을 보이니 그렇지.

팡띤느만은 끝내 그네를 타지 않았다. 페이버리트가 샐쭉해서 투덜거렸다.

"아이, 꼴불견이야, 고상한 체 굴다니."

나귀 타기를 그만둔 뒤에도 역시 재미있었다. 이번에는 배로 세느 강을 건너 빠씨에서부터 걸어서 에뜨왈르 시의 관문에까지 이르렀다. 독자들도 기억하고 있겠지만 그들은 아침 5시부터 돌아다니고 있었다. 하지만 "뭘, 일요일엔 피곤하지 않아" 하고 페이버리트는 말했다. "일요일엔 피곤도 쉬거든."

3시쯤, 네 쌍의 남녀는 오락 전차를 타고 행복에 들떠 가파른 고갯길을 내리달렸다. 이 기묘한 시설은 그즈음 보종의 언덕 위에 시설된 기묘한 것으로, 그 꼬불꼬불한 레일이 샹젤리제 가로수 사이로 보이고 있었다.

이따금 페이버리트가 소리쳤다.

"그런데 깜짝 놀랄 일이란 뭐지요? 어서 가르쳐 줘요"

"아, 좀 기다려" 하고 똘로미에스는 대답하는 것이었다.

카바레 봉바르다

오락 전차타기에도 싫증난 그들은 저녁식사를 하기로 했다. 즐거움에 날뛰던 그들 여덟 명은 어지간히 지쳐서 카바레 봉바르다로 몰려들어갔다. 그것은 그 무렵 리볼리 거리의 드로르므 골목 옆에 간판을 내걸고 있던 유명한 요리사 봉바르다가 샹젤리제에 낸 지점이었다.

방은 컸으나 더러웠고, 안쪽으로는 침대를 넣어둔 벽장 침소가 있었다(일요일이라 손님이 들끓었으므로 이런 방이라도 참을 수밖에 없었다). 두 개의 창문으로는 느릅나무 가로수 사이로 강과 둑이 내다보였다. 화사한 8월 햇살이 창가에 어른거리고 있었다. 테이블이 두 개 있어 그 하나에는 남녀의 모자에 뒤섞여 꽃다발이 산더미처럼 의기양양하게 쌓이고, 또 하나에는 네 쌍의 남녀가 앉았으며 크고 작은 술잔과 접시와 술병 등이 보기만 해도 즐겁게 늘어놓였다. 포도주병과 맥주병이 있었다. 테이블 위에는 아무 질서도 없었고, 그 아래도 좀 어수선했다.

몰리에르는 표현하고 있다 (그의 회곡에서).

테이블 아래서 소리가 나네,
서로의 다리가 닿는 야릇한 그 소리.

아침 5시에 시작된 들놀이가 저녁 4시 반 무렵에는 이런 광경이 되어 있었다. 햇살이 기울어짐에 따라 그들의 식욕도 채워졌다.

샹젤리제는 태양과 사람으로 가득차 마치 빛과 먼지뿐인 것 같았다. 이 두 가지야말로 영광을 형성하는 것이다. 마를리 상(像)의 대리석 말이 황금빛 구름 속에 굽을 모으고 뛰며 히힝거리고 있다. 사륜마차가 끊임없이 오고 간다. 화려한 근위기병 일대가 나팔수를 앞세우고 뇌이 한길을 행진하고 있었다. 넘어가는 햇살에 아련히 장밋빛 띤 하얀 깃발이 뛸르리 궁전의 둥근 지붕 위에 펄럭이고 있었다.

그 무렵 다시 루이 15세 광장이라고 부르던 꽁꼬르드 광장은 만족스러운 얼굴의 산책자들로 북적거렸다. 많은 사람들이 은빛 백합꽃을 흰 므와레 (물결 무늬의 두터운 비단) 리본에 달고 있었는데, 그것은 1817년이 되어도 아직 단추 구멍에서 완전히 자취를 감추지 않은 옛 유물이었다. 여기저기 둥그렇게 둘러싸고 갈채를 보내는 통행인들 한복판에서 소녀들이 론도를 추며 그즈음 유명했던 부르봉 파의 무도곡을 부르고 있었는데, 그 노래는 나뽈레옹의 백일 천하를 무너뜨리기 위해 만든 것으로서 다음과 같은 후렴이 붙어 있었다.

돌려다오, 우리에게 강의 아버지 (벨기에로 피신한 루이 18세를 가리킴)를
돌려다오, 우리에게 우리 아버지를

화려한 외출복으로 차려입은 빠리 교외의 많은 사람들도 때로 시내 사람들처럼 옷에 백합꽃을 달고, 마리니의 크고 작은 광장에 흩어져 고리던지기 놀이를 하거나 회전목마를 탔다. 또 술을 마시는 사람들도 있었다. 어떤 패거리는 인쇄소 직공들인듯 똑같은 종이 모자를 쓰고 있었는데, 그들이 웃고 떠드는 소리는 멀리까지 울려 퍼졌다. 모두가 환희에 빛나고 있었다. 평화가 확고하고 왕당(王黨)이 반석같이 안전하던 시대였다. 그것은 또한 빠리 교외 주민들의 상황에 대해 경찰국장 앙글레스가 국왕에게 제출한 비밀 특별 보고가 다음과 같은 문장으로 끝맺어져 있던 시대였다.

'폐하, 이상의 여러 사실로 고찰하건대, 이들 민중에 대해서는 아무 두려울 게 없을 줄 아옵니다. 그들은 고양이처럼 무사태평하며 게으릅니다. 지방의 하류계급은 동요하고 있사오나, 빠리의 하류계급은 그렇지 않습니다. 그들은 모두 소인들이옵니다. 폐하, 폐하의 정예 부대병 하나를 만들려면, 그들 둘을 합쳐야만 될 정도입니다. 수도의 영세민에 대해서는 아무 염려하실 것 없습니다. 50년 이래 그들의 키가 더욱 줄어들었다는 사실은 주목할 만한 일이오며, 빠리 언저리의 인민들은 혁명 전보다 한결 몸집이 빈약해지고 있습니다. 위험한 일은 전혀 없습니다. 요컨대 그들은 천민이옵니다.'

고양이가 사자로 바뀌는 일도 있다는 것을 경찰국장은 믿지 않았다. 그러나 그것은 있을 수 있는 일이며, 그것이야말로 빠리 민중의 기적인 것이다. 그뿐 아니라 고양이(민중)는 앙글레스 백작에게 그토록 모멸을 당했지만, 고대 공화제에 존경을 품고 있었다. 고대 공화국 사람들은 고양이를 자유의 화신이라고 생각하고 있었다. 그러므로 뻬레우스스^(아테네의 항구)의 날개 없는 미네르바 상과 좋은 대조로 꼬랭드의 광장에는 거대한 고양이 청동상이 서 있었다. 왕정 복고 시대의 단순한 경찰은 빠리의 민중을 너무나 '희망적'으로 관측하고 있었다. 그러나 그들이 생각하듯 그렇게 '선량한 천민'이 결코 아니다. 프랑스의 빠리 사람은 그리스의 아테네 사람과 마찬가지인 것이다. 빠리의 민중만큼 잠 잘자는 사람도 없고, 그들만큼 솔직하고 경박하고 게으른 사람도 없으며, 그들만큼 잘 잊어 버리는 체해 보이는 사람도 없다.

그러나 그것을 믿어서는 안 된다. 그들은 얼마든지 태평스레 있을 수 있지만, 조국의 영광을 위해서라면 깜짝 놀랄 만한 용맹을 떨친다. 창을 쥐어 주면 8월 10일 사건^(1793년 8월 10일, 뛸르리 궁을 습격한 빠리 시민의 폭동)을 일으키고, 총을 들려 주면 오스떼를리쯔의 승리를 가져온다. 그들은 나뽈레옹의 지팡이인 동시에 당뚱의 근원이다. 조국이 위태로우면 징병에 응하고, 자유가 위협받으면 보도에 바리케이트를 쌓고 싸운다. 조심하라! 분노에 찬 그들의 머리는 서사적이고, 그들의 작업복은 고대 그리스 용사의 군복과도 같다. 경계하라! 그르네따의 거리는 온통 카디움의 좁은 길목이 될 것이다^(1839년 5월 12일 바르베스와 프랭키가 이끄는 민중 폭동은 빠리의 그르네따 거리에서 최후의 저항을 했으며, 또한 기원전 321년엔 로마군이 카디움의 좁은 길목에서 삼니움인의 위를 받아 치욕적인 굴복을 했음). 때가 오면 이 빠리 교외 민중들은 커지고, 그 몸집이 빈약한 자들은 일어나 무서운 얼굴로 노려보고, 그 숨결은 폭풍이 되고, 그 가냘픈 가슴에서는 알프스의 산들도 뒤흔들 만한 바람이 일리라. 군대의 힘을 빌리기는 했으나, 프랑스 혁명이 유럽을 석권한 것은 빠리 교외 민중들의 힘에 의한 것이다.

그들은 노래부른다. 그것은 그들의 환희의 소리다. 그들의 노래로 하여금 그들의 천성에 따르게 하라! 그들에게 오로지 '까르마뇰(혁명가)'의 후렴을 되풀이하게 하라! 그러면 루이 16세를 거꾸러뜨릴 것이다. '마르세예즈'를 부르게 하라! 그러면 그들은 세계를 해방시킬 것이다.

앙글레스가 한 보고의 여백에 이상의 사실을 덧붙여 적어 놓고 다시 우리들 네 쌍의 남녀에게로 돌아가기로 하자. 이미 말한 바와 같이 만찬은 끝나가고 있었다.

뜨거운 사랑

식탁에서의 잡담, 사랑의 속삭임. 모두 걷잡을 수 없는 것들이다. 사랑의 속삭임은 구름이며, 식탁의 잡담은 연기이다.

빠뫼이유와 다리아는 즐겁게 콧노래를 부르고, 똘로미에스는 술을 마시고, 제핀느는 웃고, 팡띤느는 미소짓고 있었다. 리스똘리에는 쌩 끌루에서 산 나무 나팔을 불고 있었다. 페이버리트는 정답게 블라슈벨르를 바라보며 말했다.

"블라슈벨르, 난 당신을 굉장히 사랑해요."

그 말에 이끌려 블라슈벨르가 되묻고 나섰다.

"내가 널 사랑하지 않게 된다면 어떡할 거야, 페이버리트?"

"나를!" 페이버리트는 소리쳤다. "어머나, 그런 말 말아요, 농담으로라도! 당신이 날 버린다면 난 마구 달려들어 손톱으로 할퀴고, 침을 뱉고, 경찰에 끌고 갈 테예요."

블라슈벨르는 우쭐해져서 만족스러운 듯 빙그레 웃었다. 페이버리트는 다시 말을 이었다.

"아무렴요, 난 마구 떠들어댈 거예요! 아! 정말 그렇게 되면 난 어떡하지? 나쁜 사람!"

블라슈벨르는 흐뭇한 마음으로 몸을 의자 등받이에 벌렁 젖히면서 자못 의기양양하게 눈을 감았다. 다리아는 무엇을 먹으면서 떠들썩한 속에서 나지막하게 페이버리트에게 소곤거렸다.

"너 정말로 저 사람에게 반했니, 블라슈벨르에게?"

"난 저런 사람 싫어" 하고 페이버리트는 포크를 들어올리며 역시 나지막하게 대답했다. "저 따위 구두쇠를. 내가 좋아하는 사람은 우리 집 맞은편에 사는 그 작달막한 남자야. 얼마나 잘생겼다구, 그 젊은이는. 너도 아니? 꼭 배우 같다니까. 난 배우가 좋아. 그 사람이 돌아오면, 그 어머니가 이렇게 말한단다. '아, 왔구나, 또 시끄럽겠군. 사뭇 소리만 지르는 아이가 돌아왔으니, 머리가 빠개질 것 같구나, 애야!' 그 집은 마치 쥐구멍 같은 다락방이야. 아주 캄캄하단다, 까마득하게 올라가는 꼭대기 방이야. 그 꼭대기 속에서 노래를 부르는지 낭독을 하는지, 아무튼 열심히 떠들어 대지!

소송 대리인 사무실에서 재판 서류 같은 걸 써주고 하루에 20수씩 받는대. 쌩 자끄 뒤 오 빠 교회의 전 합창대원의 아들이야. 정말 잘생겼단다! 내게 홀딱 반했어. 언젠가 내가 과자를 구우려고 반죽하고 있는데, 이렇게 말하잖겠니. '아가씨, 당신의 장갑이라도 기름에 튀겨 주신다면 먹어 드리겠어요.' 예술가가 아니고는 이런 말 못할 거야. 정말 얼마나 잘생겼다구! 나도 그 멋쟁이한테 점점 마음을 빼앗기는 것 같애. 그러나 상관없어. 블라슈벨르에게는 당신을 죽도록 사랑한다고 말해 두는 거야. 근사하지, 내 거짓말이? 어때? 정말 근사하지?"

페이버리트는 잠시 숨을 돌리고 나서 다시 말을 계속했다.

"다리아, 난 정말 속이 상해서 못살겠어. 여름 내내 비만 오지, 바람이 불어서 마음은 뒤숭숭하지, 블라슈벨르는 치사하도록 인색하지, 시장에는 완두콩조차 별로 없어서 뭘 먹어야 좋을지 모르겠는 형편이야, 정말이지 영국 사람들 말마따나 우울해서 못살겠어. 버터는 너무 비싸지! 그런데 지금은 또 이게 무슨 꼴이람 침대가 있는 방에서 식사하다니. 아, 이 세상이 싫어 죽겠어."

똘로미에스의 분별

그 동안에도 한쪽에서는 노래를 부르는가 하면, 또 다른 쪽에서는 시끄럽게 지껄여 대어 그것이 모두 한데 어울려 소란스럽기 이를 데 없었다.

똘로미에스가 모두들을 제지하고 나섰다. 그는 소리쳤다.

"너무 떠들어대지 말라. 조금은 침착하게 생각해야 해. 근사하게 기염을 토하려면. 그렇게 연방 뱉어내기만 하다간 머릿속이 텅 비어 버리지 않겠나. 흐르는 맥주는 거품이 일지 않는다네. 여러분, 서두르지 맙시다. 식사에도 위엄을 갖추지 않으면 안 돼. 조용히 생각하며 먹고, 천천히 끝까지 즐겨야지. 허둥대지들 말라. 봄날을 보라. 봄도 서두르다가는 실패한다. 모조리 얼어버리게 된다. 열이 너무 지나치면 복숭아도 살구도 병들어 버린다. 열이 너무 지나치면 훌륭한 만찬의 아름다움과 즐거움이 죽어버린다. 열광하지 맙시다, 여러분! 그리모 드 라 레니에르(그즈음의 유명한 미식가)도 딸레랑과 의견을 같이 하고 있지 않은가(열광하지 말라, 가 그의 모토임)."

반대 의견이 여기저기서 왁자지껄하게 일었다.

블라슈벨르가 말했다.

"똘로미에스, 잔소리 말아."

빠뫼이유가 말했다.

"전제 군주를 타도하라!"

리스똘리에가 외쳤다.

"봉바르다여, 유쾌하게 먹고 마시자."

빠뫼이유가 다시 말했다.

"아직 일요일은 다 가지 않았어."

리스똘리에가 덧붙여 말했다.

"우리는 아직 전혀 마시지 않고 있어."

블라슈벨르가 말했다.

"똘로미에스, 이 몽 깔름(나의 침착성)을 보시라."

똘로미에스는 대답했다.

"흠, 과연 후작님답구나."

이 평범한 재담은 늪에 돌을 던진 것 같은 효과를 나타냈다. 몽 깔름 후작으로 말하면 그즈음 유명한 왕당파의 한 사람이었던 것이다. 늪 속의 개구리들은 감탄하며 일제히 입을 다물어 버렸다.

"여러분" 하고 똘로미에스는 다시 제국을 장악한 자와 같은 어조로 외쳤다. "모두들 침착하라. 하늘에서 떨어진 이 말장난에 너무 감동해서는 안 된다. 하늘에서 떨어져 내린 것이라 해서 반드시 감탄하고 존경할 것은 못 된다. 재담은 날으는 정신의 찌꺼기다. 익살은 장소를 가리지 않고 떨어진다.

그리고 정신은 쓸데없는 말을 내던져 놓고 푸른 하늘로 날아오른다. 허연 똥은 바위 위에 눌러붙어 있어도 독수리의 비상을 막지 못한다.

내 앞에서 재담을 모욕하지 마라. 나는 재담을 그 가치 여하에 따라 존중하는 사람이다. 그러나 또한 그 이상은 아니다. 인류에게 가장 존엄하고, 숭고하고, 매력적인 자들치고 모두 말장난을 하지 않은 자 없다. 예수 그리스도도는 성 베드로에 관해서, 모세는 이삭에 관해서, 아이스퀼로스(그리스 비극의 아버지로 일컬어지는 시인)는 폴뤼네이케스(오이디푸스의 아들. 자기 형제 에테오클레스와 서로 죽이게 됨)에 관해서, 클레오파트라는 옥타비우스에 관해서 재담을 했다. 또 주목해야 할 것은, 이 클레오파트라의 재담은 악티움의 전투 이전에 있었던 것으로서, 이 재담이 없었다면 그리스 어로 냄비를 젓는 국자라는 뜻을 가진 저 또린느라는 도시 이름을 기억해내는 자는 아무도 없을 것이다.

(이 거리를 점령한 옥타비아누스의 힘에 불안을 느끼는 안토니우스를 향해 클레오파트라가 옥타비아누스가 또린느에 있는데 무슨 위험이 있겠느냐고 했다고 함. 즉 옥타비아누스가 화덕 위에서 끓는 냄비를 쉴새없이 저어야 하는 국자 같은 입장에 있는 이상 아무 위험도 없다는 뜻)

그건 그렇고, 나는 다시 아까의 충고로 되돌아가겠다. 여러분, 되풀이해 말하거니와 열광하지 말라. 소란을 떨지 말라. 도를 넘지 말라. 익살이나 놀이나 환락이나 재담도 마찬가지다. 내 말을 잘 들어 주기 바란다. 나는 암피아라우스(그리스 신화에 나오는 아르고스의 점쟁이)의 신중함과 시저의 대머리를 갖고 있다. 한도가 있어야만 한다. '사물에는 한도가 있는 법이니라(라틴어. 호라티우스의 말).' 식사에도 마찬가지다.

그리고 여성 여러분, 당신들은 애플 파이를 좋아하지만, 지나치게 먹어서는 안 돼요. 애플 파이에 있어서도 재능과 기술이 필요하다오. 포식은 포식하는 자를 해친다. 대식은 대식가를 벌한다. 소화불량은 신의 명령으로 밥주머니에 내려지는 훈계다. 그리고 명심해 주기 바란다. 우리의 감정이란, 그것이 연애 감정일지라도, 저마다 밥주머니를 갖고 있으므로 그것을 너무 가득 채워서는 안 된다. 무엇이거나 적당한 시기에 끝이라는 말을 써 붙여야 한다. 스스로를 억제하지 않으면 안 된다. 절박한 경우에는 욕망에 자물쇠를 채우고, 들뜬 마음을 구속하고, 스스로를 감시하지 않으면 안 된다.

사리 분별에 뛰어난 현인이란, 주어진 시기에 자신을 구속할 수 있는 사람을 가리킨다. 어디 한 번 내 말을 믿어보라. 나는 시험성적이 증명하는 바대로 법률도 조금 공부했고, 일으킨 문제와 일어난 문제의 차이가 무엇인지 알고 있다. 나는 무나티우스 데멘스가 포악한 황제(네로)의 대법관이었던 시대에, 로마에 어떤 고문이 있었던가에 대해 라틴어로 쓴 학위 논문을 제출한 적이 있다. 나는 장차 박사가 될지도 모르는 일 아닌가! 따라서 내가 멍텅구리라는 결론은 아무 데서도 나오지 않는다. 그러므로 나는 여러분에게 욕망의 절제를 권하는 바이다. 내가 펠릭스 똘로미에스라고 불리고 있는 게 진실인 것처럼, 나는 진심으로 말하고 있는 것이다. 때가 왔을 때 씩씩하게 결심하고 씰라(로마의 독재자)처럼, 또는 오리제네스(초기 교회의 教父)처럼 모든 것을 버리고도 거리낌없는 자는 행복할지어다!"

페이버리트는 조심스럽게 귀기울이고 있었다. 그녀는 말했다.

"펠릭스! 펠릭스란 참 좋은 이름이에요! 난 그 이름이 참 좋아요. 라틴어지요? 번영이라는 뜻이지요, 아마?"

똘로미에스는 말을 이었다.

"시민 여러분, 신사, 기사 여러분, 그리고 나의 친구들이여! 여러분들은 아무 자극도 느끼지 않을 수는 없는 것인가? 혼인의 침상을 피하고 사랑을 무시할 수는 없는가? 그보다도 간단한 일은 없다. 여기에 그 처방이 있다. 즉 레몬주스, 과도한 운동, 강제 노동, 피로이다. 무거운 돌이나 재목을 끌라, 잠자지 말라, 밤을 새워라, 초산수(硝酸水)나 수련의 탕약을 복용하라, 양귀비와 모형(牡荊)(마편초과 낙엽 떨기나무. 줄기와 잎은 이뇨제로 쓰임)에서 흐르는 즙을 마셔라, 거기 보태어 엄격한 절식으로 굶주림에 허덕이고, 거기에 더하여 냉수욕을 하고, 풀 띠를 매고, 연판(鉛板)을 사용하고, 연산액(鉛酸液)으로 몸을 씻고 옥시풀로 찜질을 하라."

리스똘리에가 말했다.

"난 그것보다는 역시 여자가 좋아."

"여자라!" 하고 똘로미에스는 말을 이었다. "여자를 조심하라. 여자의 변하기 쉬운 마음에 몸을 의지하는 자여, 불행할지어다! 여자는 진실하지 못하고 간사하다. 여자가 뱀을 싫어하는 것은 동업자끼리의 시새움인 것이다. 뱀은 여자의 바로 맞은편에 있는 가게다."

블라슈벨르가 소리쳤다.

"똘로미에스, 자네 취했군!"

똘로미에스는 말했다.

"아무렴!"

블라슈벨르가 다시 말했다.

"그렇다면 좀더 유쾌해지게."

똘로미에스는 대답했다.

"아, 좋아 좋아."

그리고 그는 술잔에 술을 가득 따르며 일어섰다.

"술에 영광 있으라! '바커스여, 그대를 위해 찬송하노라.' 실례 실례, 여성 여러분. 이것은 스페인식이올시다. 자, 여성 여러분, 여기에 그 증거가 있소. 가로되, 그 민중에 그 술통이다, 라고 말이오. 카스티야의 알로바(술통)는 16리터, 알리깡뜨의 깡딸로(술통)는 12리터, 까나리 섬의 알므다(술통)는 25리터, 발레아르 섬의 콰르친(술통)은 26리터, 피터 대제의 봇테(술통)는 30리터였다.

위대했던 피터 대제 만세! 그리고 더욱 위대했던 그의 술통 만세! 여성 여러분, 이것은 친구의 충고요. 되도록 이웃 사람에게 반하라. 사랑의 특성은 정신을 빼앗기고 방황하는 데 있다. 사랑은 무릎에 굳은살이 박힌 영국의 하녀처럼 쪼그리고 앉아 있기 위해 만들어진 게 아니다. 사랑은 즐겁게 방황한다. 즐거운 연애여! 인간은 모두 방황한다고 사람들은 말한다. 그러나 나는 말하리라, 방황은 사랑이라고.

여성 여러분, 나는 당신들 모두를 숭배하오. 오, 제핀느, 오, 조제핀느. 애교있는 얼굴이여. 그대는 찡그리지만 않으면 여간 귀엽지 않은데. 그대는 그 아름다운 얼굴 위에 누군가가 잘못해서 주저앉은듯한 표정을 짓고 있구나. 페이버리트, 그대는 님프, 그리고 뮤즈로구나!

어느 날 블라슈벨르가 게랭브와쏘 거리의 도랑 근처를 지나갈 때, 흰 스타킹을 팽팽하게 올려 신은 두 개의 다리를 드러내놓은 아리따운 아가씨를 보았다. 그러한 첫 만남이 그의 마음을 사로잡아, 블라슈벨르는 그만 사랑을 하게 되었다. 그 연인이 페이버리트인 것이다.

오, 페이버리트, 그대는 이오니아 여인의 입술을 갖고 있구나. 외포리옹이라는 그리스 화가가 있었는데, 입술 화가라는 별명을 듣고 있었다. 그대의 입술을 그릴 자격이 있는 자는 오직 그 그리스 화가뿐이리라. 그대, 들어다오! 그대 이전에는 일찍이 그 이름에 어울리는 인간이 존재하지 않았다. 그대는 비너스처럼 사과를 받기 위해 만들어지고, 이브처럼 그것을 먹기 위해 만들어졌다. 미(美)는 그대로부터 비롯된다. 나는 이브를 들어 말했거니와 이브를 만든 것은 바로 그대다. 그대는 미녀 발명의 특허권을 받을 자격이 있다.

　오, 페이버리트. 이제 그대라고 부르기를 그만두련다. 이제부터 시에서 산문으로 옮아갈 테니까. 당신은 아까 내 이름에 대해서 말했었지. 그 말은 나를 감동시켰어. 그러나 우리들은 어떤 신분이건 이름 같은 것은 신용하지 말기로 하자. 이름도 틀리는 수가 있으니까. 나는 펠릭스라는 이름이지만, 조금도 행복하지 못해. 말은 거짓말쟁이다. 말이 우리에게 제시하는 것을 함부로 받아들여서는 안 된다. 병마개를 구하기 위해 리에즈(도시 이름. 코르크라는 뜻)에 편지를 낸다거나, 장갑을 사기 위해 뽀(도시 이름. 가죽이라는 말과 발음이 같음)에 편지를 보내는 것은 당치도 않은 잘못이겠지.

　그리고 미스 다리아, 내가 만일 당신이라면, 나는 로사라고 하겠다. 꽃에는 좋은 향기가 있어야 하고, 여자에게는 재치가 없으면 안 돼.

　나는 팡띤느에 대해서는 아직 아무 말도 하지 않았는데, 그녀야말로 몽상적이고 환상적이고 명상적이며 감수성이 날카로운 여자다. 님프의 자태와 수도녀의 수줍음을 지닌 하나의 환영이다. 어쩌다 실수하여 바람둥이 여직공 생활에 잘못 끼어들었지만, 환영 속에 도피하여 노래부르고 기도드리고 자기가 무엇을 보는지 자신도 모르는 채 푸른 하늘을 바라보고 많은 새들이 뛰노는 공상의 정원 속 하늘을 우러러보며 헤매는 여자다.

　오, 팡띤느, 이 사실을 알아야 한다. 나 똘로미에스는 하나의 환영이라는 것을. 그러나 이렇게 말하는 내 말에 그녀는 귀기울이려고도 하지 않는다. 환상에 사는 금발의 소녀여! 그리고 그녀 안에 있는 모든 것은 신선함과 상쾌함과 청춘과 아침의 평화로운 빛. 오, 팡띤느! 마르그리뜨(진주)나 뻬를르(진주)라고 불려야 할 아가씨여, 당신은 가장 아름다운 광택으로 윤나는 진주의 여인이다.

　자, 여성 여러분, 두 번째 충고가 있다. 그것은 결코 결혼해서는 안 된다는 것이다. 결혼은 나무의 접목과도 같다. 잘될 수도 있지만 잘 안될 수도 있다. 그런 위험은 피하는 게 좋다. 아니, 이 무슨 어리석은 소리를! 대체 나는 무슨 넋두리를 늘어놓고 있는 것인가! 말의 낭비일 뿐이다. 아가씨들의 결혼관에 대해서는 아무래도 구원할 길이 없다. 우리들 분별 있는 남성이 아무리 혀가 닳도록 말해도, 조끼를 짓거나 구두를 꿰매는 처녀들은 역시 다이아몬드로 치장한 남편을 꿈꾼다. 하지만 그것도 좋다고 하자.

　그러나 미인 여러분, 이것만은 명심해 주기 바라오. 그대들은 단것을 지나치게 많이 먹는다. 여인들이여, 그대들의 결점은 단 한 가지, 사탕을 너무 많이 먹는다는 것이다. 오, 달콤함을 깨무는 성(性)이여, 그대의 아름답고 귀여운 흰 이는 사탕을 열애한다. 그런데 잘 들어주오. 사탕은 이를테면 소금이다. 소금은 수분을 말린다. 사탕은 모든 소금 중에서도 가장 건조력이 강하다. 그것은 혈관을 통해서 혈액의 수분을 빨아들인다. 따라서 혈액은 응고하고 마침내 고체화한다. 따라서 폐에 결핵을 일으키고 죽음을 초래한다. 당뇨병이 폐결핵과 서로 인접하는 것도 그 때문이다. 그러니 사탕을 깨물지 말라, 그러면 그대들은 오래 살리라!

다음은 남자들에게 말하겠노라. 신사 여러분, 모름지기 여자를 정복할지어다. 여러분은 아무 거리낌없이 사랑하는 여자를 서로 빼앗고, 추격하고, 교전하라. 사랑에는 친구도 아무것도 존재하지 않는다. 아름다운 여자가 있는 모든 곳에서 싸움이 벌어진다. 인정사정없는 혈전이다. 아름다운 여자는 '전쟁의 원인'이다. 아름다운 여자는 하나의 현행범이다. 역사상 모든 침략은 스커트(여성)에 의해 결정되었다. 여자는 남자의 권리물이다. 로물루스는 사비네의 여자들을 약탈하고, 윌리엄은 색슨의 여자들을 약탈하고, 시저는 로마의 여자들을 약탈했다. 사랑을 얻지 못한 사나이는 독수리처럼 남의 연인 머리 위를 맴돈다. 나는 여자를 잃은 모든 불행한 사나이들에게, 보나빠르뜨가 이탈리아 원정군에게 한 저 숭고한 선언을 던지는 바이다—'병사들이여, 그대들에겐 아무것도 없고, 적들에겐 모든 것이 있다.'"

똘로미에스는 말을 끊었다.

"숨이나 돌리게, 똘로미에스" 하고 블라슈벨르가 말했다.

그리고 블라슈벨르는 리스똘리에와 빠뙤이유와 더불어 애조띤 곡조로 노래를 부르기 시작했다. 그것은 닥치는 대로 말을 맞추어 꿴 공장 노래의 하나로, 풍부하게 아무렇게나 운을 달고, 나무의 흔들림이나 바람 소리와 마찬가지로 아무 뜻도 없이 파이프 연기와 더불어 생겨났다가는 그 연기와 더불어 사라져 가는 그런 노래의 하나였다. 똘로미에스의 장광설에 답하여, 세 사람이 부른 노래의 내용이 어떤 것이었는가를 살펴보자.

Les pères dindons donnèrent

De l'argent à un agent

Pour que mons Clermont-Tonnerre

Fût fait pape à la Saint-Jean,

Mais Clermont ne put pas être

Fait pape, n'étant pas prêtre,

Alors leur gaent rageant

Leur rapporta leur argent.

(바보스러운 신부님들이

거간꾼에게 돈을 주었네,

끌레르몽 또네르 님이,

성 요한의 축제일에 교황이 되게 해주십사고.

하지만 끌레르몽은 사제가 아니어서

교황이 될 수 없었네.

거간꾼은 화가 나서

신부들에게 그 돈을 돌려주었다네.)

그 노래도 똘로미에스의 즉석 연설을 가라앉히는 데 도움되지 못했다. 그는 잔을 다 비우고는 다시 가득 채워서, 또 연설을 하기 시작했다.

"분별을 타도하라! 내가 한 말 따위는 모두 잊어버려라! 정숙한 체 말라, 나는 환희를 위하여 축배를 든다. 체면은 접어두고 즐기라! 우리들의 법률 강좌를 희롱과 술타령으로 보충하자. 소화에 좋지 않다, 로마 법전은. 유스티니아누스(법률 전서 및 그밖의 법전을 편찬시킨 동 로마 황제)는 남성, 맛있는 음식은 여성일진저! 저 깊은 곳에서 끓어오르는 환희! 삶을 받으라. 오오, 심라민상이어! 우주는 커다란 다이아몬드! 아, 유쾌하다. 새여, 우짖으라. 여기에도 저기에도 온통 향연이 있다! 나이팅게일(밤꾀꼬리)은 거저 들을 수 있는 엘비우(프랑스의 유명한 오페라 가수)다. 오, 여름이여, 나는 그대를 축복하노라. 오, 뤽상부르여, 마담 거리와 옵세르바뜨와르 가로수 길의 "쥐오르지끄(비르기리우스의 농경시)여! 오, 꿈꾸는 병사여! 어린아이를 보면서 아기를 낳을 꿈을 머리에 그리며 좋아하는 귀여운 하녀들이여! 오데옹(빠리에 있는 극장 이름)의 둥근 회랑이 없었더라면, 나는 미국의 광막한 초원이 좋았으리라. 내 영혼은 원시림과 초원으로 훨훨 날아간다. 모든 것이 아름답다. 파리들은 햇볕 속에서 붕붕거리고, 벌새는 태양을 향해 지저귄다. 키스해

줘, 팡띤느!"
그는 잘못 알고 페이버리트를 껴안고 입맞추었다.

말의 죽음

"봉바르다보다 에동의 요리가 더 맛있어요" 하고 제핀느가 외쳤다.
블라슈벨르가 잘라 말했다.
"나는 에동보다 봉바르다 편이 좋아. 훨씬 더 멋있어. 더 아시아적이야. 저 아래 홀을 봐. 벽에 글라스(거울)가 걸려 있지 않은가?"
페이버리트가 말했다.
"난 접시에 담긴 글라스(얼음사탕)가 더 좋아요."
블라슈벨르는 주장을 굽히지 않았다.
"나이프를 봐. 봉바르다에서는 손잡이가 은이지만, 에동에서는 뼈야. 은은 뼈보다 비싸지."
똘로미에스가 익살을 던졌다.
"은수염 턱을 가진 사람(노인)은 그렇지 않아."
이때 그는, 봉바르다의 창문으로 내다보이는 폐병관의 둥근 지붕을 바라보고 있었다.
잠시 이야기가 중단되었다.
빠뫼이유가 말했다.
"똘로미에스, 아까 리스똘리에와 내가 토론했는데……."
똘로미에스는 대답했다.
"토론도 좋지만 싸움이라면 더욱 좋지."
"우리는 철학을 논했어."
"그것 좋지."
"자넨 데까르뜨와 스피노자 중 어느 쪽이 좋은가?"
"데소지에(프랑스의 샹송 및 보드빌의 작곡가)가 좋아."
똘로미에스는 상대방에게 그렇게 못박아 놓고는 한모금 마시고 나서 다시 말을 이었다.
"나는 사는 것에 찬성이다. 이 지상에는 무엇 하나 소멸하는 게 없다. 왜냐하면 인간은 여전히 이치에 맞지 않는 짓을 하니까. 나는 그 점을 불멸의 신께 감사드린다. 사람들은 거짓말도 하지만 웃기도 한다. 단정도 하지만 의심도 한다. 예기치 않은 일이 삼단 논법에서 튀어나온다. 그것이 재미있다. 이 세상에는 아직도 역설의 요술상자를 유쾌하게 열었다 닫았다 할 줄 아는 인간들이 존재한다. 여성 여러분, 당신네들이 태연한 얼굴로 마시는 이 술은 마데르산 포도주로—놀라지 말아요, 해발 317뜨와즈(1뜨와즈는 6피트)의 고지에 자리한 꾸랄 다스 프레이라스의 생포도주라는 걸 알아 두오! 마시면서도 주의하도록! 무려 317뜨와즈란 말이오! 이 훌륭한 요리집 주인 봉바르다 씨는 그 317뜨와즈를 4프랑 50수로 여러분에게 준 거란 말이오!"

빠뢰이유가 다시 말을 가로막았다.

"똘로미에스, 자네 의견은 법칙일세. 자네가 좋아하는 작가는 누군가?"

"베르……"

"베르……깽(베르깽은 유치하고도 무미건조한 작품을 많이 썼음)인가?"

"아니, 슈(베르슈는 프랑스 시인. 《美食法》이라는 시를 썼음)라네."

그리고 똘로미에스는 다시 지껄이기 시작했다.

"봉바르다에 영광 있으라! 봉바르다가 만약 내게 이집트의 무희를 안겨 준다면 엘레팡따의 뮤노피스와 견주어질 것이며, 만약 내게 그리스의 창녀를 주선해 준다면 께로네의 띠젤리옹과 견주어질 것이다. 왜냐하면 오, 여성 여러분, 그리스에도 이집트에도 봉바르다라는 것이 있었기 때문이오. 그렇다고 아풀레이우스(《황금 당나귀》의 작가)가 말하고 있다. 아, 세상 만사 언제나 한결같고 새로운 건 아무것도 없구나. 창조주가 창조하신 것으로서 아직 세상에 나오지 않은 건 아무것도 없다! '태양 아래 새로운 것은 하나도 없다'고 솔로몬은 말했고, '사랑은 누구에게나 마찬가지나' 라고 베르길리우스는 말했다.

오늘날 여학생이 남학생들과 함께 쌩 끌루의 놀잇배를 타는 것은 그 옛날 아스파지아(5세기 무렵 사람. 페리클레스의 아내로 재색을 겸비했음. 그즈음의 철학자·문인들, 특히 소크라테스가 그 집에 자주 드나들었다고 함)가 페리클레스와 더불어 사모스의 바다에 배를 띄웠던 거나 다를 바 없다.

마지막으로 한 마디 더 하겠다. 여성 여러분, 당신네들은 아스파지아가 어떤 여자였는지 알고 있는가? 그녀는 아직 여자들이 영혼을 갖지 못한 시대에 살았었지만, 그녀만은 하나의 영혼이었다. 그것은 장밋빛과 진홍빛의, 불보다 더 뜨겁게 타고 여명보다 더 싱그러운 영혼이었다. 아스파지아는 여성의 양극을 함께 갖춘 여인이었다. 그녀는 창부이자 여신이었다. 소크라테스에 마농 레스꼬를 합친 것이이라고나 할까. 아스파지아는 프로메테우스(그리스 신화에 나오는 불의 신. 하늘에서 불을 훔쳐 인간에게 준 죄로 바위에 묶여 독수리에게 간을 파먹혔다고 함)에게 창부가 필요할 경우를 위해 만들어진 그런 여자였다.”

그때 강둑에서 한 마리의 말이 거꾸러지지 않았더라면, 일단 지껄이기 시작한 똘로미에스의 혀는 좀처럼 멈추지 않았으리라. 때마침 그 말이 거꾸러지는 통에 짐수레도, 수다스러운 혓바닥도 동시에 멈춰버렸다. 그것은 바싹 여위고 늙어빠져서 도살장행이 제격인 보쓰종의 암말로 굉장히 무거운 짐수레를 끌고 있었다. 그것이 봉바르다 앞까지 왔을 때 기진맥진하여 한 발도 더 나아가려 들지 않았다. 그것을 보고 많은 사람들이 몰려들었다.

화가 나서 연방 욕지거리를 퍼붓던 마차꾼이, 채찍을 휘두르며 마침내 “이런 빌어먹을 놈!” 하며 힘껏 외치는 찰나, 여윈 말은 푹 고꾸라지며 다시 일어나지 못하게 되었다. 똘로미에스의 웅변에 정신이 팔려 있던 이들도, 사람들이 떠들어대는 소리에 고개를 돌려 밖을 내다보았다. 똘로미에스는 서슴지 않고 그것을 주제로 삼아 다음과 같은 구슬픈 노래를 두어 구절 엮어, 그 연설의 막을 내렸다.

두 바퀴거나 네 바퀴거나
마차 끄는 말의 삶은 한결같은 것.
그녀는 살았었네, 여느 짐말들처럼
짧디짧은 순간의 짐말 같은 삶을.
(마렐브가 지은 노래 ‘뒤 베리에 씨를 위로하다’의 다음 구절을 말로 바꾼 것이다. 아름다운 여인의 숙명이 라면/한결같이 덧없게 마련인 것을/그녀는 살았었네, 예쁜 장미꽃처럼/아침나절 잠깐 핀 장미 같은 삶을.)

“아, 가엾어라” 하고 팡띤느는 한숨을 지었다.
그러자 다리아가 외쳤다.
“저것 좀 봐, 팡띤느는 말이 가엾어 죽겠나봐! 어쩌면 저렇게도 어리석을까!”
그때 페이버리트는 팔짱을 끼고 머리를 뒤로 젖히고 뚫어지게 똘로미에스를 쏘아보며 말했다.
“어서요! 깜짝 놀랄 말한 일이란 뭐지요?”
“그렇지, 마침 때가 왔어” 하고 똘로미에스는 말했다. “여러분, 이 아가

마부가 채찍으로 세게 한 대 치려는 찰나…….

씨들을 놀라게 해 줄 때가 왔다. 여성 여러분, 잠시 우리를 기다려 줘요."

블라슈벨르가 말했다.

"먼저 키스로부터 시작한다."

똘로미에스가 덧붙였다.

"이마에 말이야."

사나이들은 저마다 자기가 좋아하는 여자의 이마에 장중한 키스를 퍼부었다. 그리고 네 사람이 손가락을 입에 대면서 하나씩 늘어서서 문 쪽으로 걸어갔다.

페이버리트는 그들이 나갈 때 박수를 보냈다.

"이제 재미있게 되어 가는 모양인데" 하고 그녀는 말했다.

"너무 오래 마음을 졸이게 하면 싫어요" 하고 팡띤느는 입속으로 말했다. "기다리고 있을 테니까요."

환락의 즐거운 끝맺음

뒤에 남은 젊은 아가씨들은 두 사람씩 창 난간에 기대어 고개를 갸웃거리며 두 창문에서 서로 이야기를 주고받으며 연방 재잘거리고 있었다.

아가씨들은 네 젊은이가 서로 팔을 끼고 봉바르다에서 나가는 것을 보았다.

그들은 돌아다보고 웃으면서 아가씨들에게 손짓을 해보이고는, 주일마다 한 번씩 샹젤리제를 메우는 저 먼지투성이 군중 속으로 사라져 갔다.

"오래 기다리게 해선 안 돼요!" 하고 팡띤느가 외쳤다.

제핀느가 말했다.

"뭘 갖다 줄까?"

다리아가 말했다.

"아마 무슨 아름다운 것일 테지."

페이버리트가 말했다.

"나는 금으로 만든 것이었으면 좋겠어."

이윽고 아가씨들은 커다란 나뭇가지 사이로 보이는 강둑의 혼잡에 정신이 팔려 재미있는 듯 그것을 바라보았다. 우편마차와 승합 마차가 마침 출발하려는 참이었다. 그 무렵 남쪽과 서쪽으로 가는 마차는 거의 모두 샹젤리제를 지나갔던 것이다. 그 대부분은 강둑을 따라 빠씨의 성문으로 빠져나갔다. 노랑과 검은 색으로 칠해진 커다란 마차가 무거운 짐을 싣고, 여러 마리의 말에 끌려, 트렁크며 궤짝이며 고리짝들을 기묘한 모양으로 가득 쌓아 올리고, 삽시간에 포장 속으로 사라져 들어가는 손님들을 그득 태우고서, 꼬리를 물고 나타나 둑길을 구르고, 길에 깐 돌에 불을 일으키고, 대장간같이 불꽃을 날리고, 흙먼지를 연기처럼 일으키면서 분노의 여신이 미쳐 날뛰듯 군중을 헤치고 돌진해 갔다. 그런 소동이 젊은 아가씨들을 즐겁게 했다. 페이버리트는 정신없이 외쳤다.

"아, 소란스러워! 마치 쇠사슬더미라도 날아오르는 것 같구나."

느릅나무숲으로 가려져 보일 듯 말 듯하던 마차 한 대가 문득 멈춰섰다가는 다시 달리기 시작했다. 그것이 팡띤느를 놀라게 했다.

"이상한데! 난 승합마차는 도중에 절대 정거하지 않는 줄 알고 있었는데."

페이버리트는 어깨를 으쓱했다.

"팡띤느는 정말 이상한 애야. 정말 어처구니가 없어서 말도 나오지 않아. 당연한 일에 놀라다니. 이를테면 내가 여행자라고 하자. 승합 마차에, 나는 먼저 가 있을 테니 지나가다가 강둑에서 태워 달라고 미리 말해 놓거든. 그러면 승합 마차는 지나가다가 나를 보고 멈춰서 태워줄 거야. 그런 건 흔히 있는 일이지. 세상을 통 모르는군, 팡띤느는."

그러는 동안 얼마쯤 시간이 흘렀다. 갑자기 페이버리트가 잠에서 깨어난 사람 같은 몸짓을 했다.

"그런데 깜짝 놀랄 일은?"

다리아가 말했다.

"그러게 말이야. 그 깜짝 놀랄 일이란 대체 어찌된 걸까?"

팡띤느는 말했다.

"퍽이나 오래 기다리게 하는걸, 그 사람들!"

팡띤느가 그런 푸념을 늘어놓았을 때, 아까 식사 시중을 들어 주었던 급사가 들어왔다.

그는 손에 무슨 쪽지 같은 것을 들고 있었다.

페이버리트가 물었다.

"그게 뭐지?"

급사는 대답했다.

"먼저 나가신 남자 손님들께서 여러분께 드리라고 놓고 가신 편지입니다."

"왜 금방 가져오지 않고서?"

"그 손님들께서 한 시간 지난 뒤에 여러분에게 드리라고 하셨거든요."

페이버리트는 급사의 손에서 그 쪽지를 잡아챘다. 과연 그것은 남자들이 써 놓고 간 편지였다.

"어머나! 누구에게라는 이름도 안 적혔어. 그냥 위에 이렇게 씌어 있군." 그녀는 말했다.

'깜짝 놀랄 일은 이것이다.'

페이버리트는 급히 쪽지를 펼쳐 읽어 내렸다(그녀는 글을 읽을줄 알았던 것이다).

오, 우리의 연인들이여!

우리에게는 부모님이 계십니다. 부모님이 어떠한 존재인지 당신네들은 잘 모를 것이오. 유치하고 어리석은 민법에서는 그것을 아버지와 어머니라고 일컫는다오. 그런데 이 부모님들은 불평을 늘어놓고, 이 노인들은 우리를 몰아세우고, 그 선량한 남녀들은 우리를 방탕아라고 부르고, 우리의 귀향을 원하며, 우리를 위해 송아지를 잡아 잔치를 벌여 주겠다고 하고 있소. 우리는 도덕을 숭상하는 자들이므로, 그들의 분부에 따르려고 합니다.

당신네들이 이것을 읽을 무렵에는, 다섯 마리의 말이 끄는 마차는 기운차게 우리를 부모님 곁으로 데려가고 있을 것입니다. 보쉬에가 말했듯 우리는 철수하는 것이오. 우리는 떠납니다. 아니, 이미 떠났습니다. 우리는 라피뜨의 팔에 안기고 까이야르의 날개에 실려 사라져 갑니다(승합 마차는 라피뜨와 까이야르 두 회사가 경영하고 있었음). 루즈행 승합마차는 우리를 심연에서 꺼내 주는 것입니다. 심연이란 당신네들, 오, 우리의 아름다운 아가씨들입니다! 우리는 사회 속으로, 의무와 질서 속으로, 한 시간에 9마일씩 달리는 마차를 타고 돌아가는 것이오.

우리들이 세상의 여느 사람들과 마찬가지로 지사며 가정의 아버지며 산

깜짝 놀랄 일은 이거야.

림 경찰 또는 국회의원이 되는 것은 국가에 중요한 일입니다. 우리를 존경해 주십시오. 우리는 스스로 희생자가 되는 것이오. 서둘러 우리를 위해 눈물을 흘리고, 곧 우리들을 대신할 사내를 구하십시오. 만약 이 편지가 당신들의 마음을 갈기갈기 찢는다면, 그 갚음으로 이 편지를 갈기갈기 찢어 버리시오. 안녕.

그동안 2년 가까이, 우리는 당신들을 행복하게 해주었소. 우리를 원망하지 말아주시오.

블라슈벨르
빠뫼이유
리스똘리에
똘로미에스

덧붙임―식사대는 지불했음.

네 젊은 아가씨는 서로 얼굴을 마주보았다.
페이버리트가 맨 먼저 침묵을 깨뜨렸다. 그녀는 소리쳤다.
"그렇군! 과연 그럴 듯한 연극이야."
제핀느가 말했다.
"꽤 익살스러운데."
"이런 생각을 해낸 건 블라슈벨르가 틀림없을 거야" 하고 페이버리트는 말을 이었다. "난 오히려 그 사나이가 좋아졌어. 가버리니 그 순간이 그리워지는걸. 세상이란 이런 것인가. 각본이 잘됐는데."
다리아가 말했다.
"아냐. 이건 똘로미에스의 생각일지도 몰라. 아니, 꼭 그럴 거야."
페이버리트가 다시 말했다.
"그렇다면 블라슈벨르는 취소, 똘로미에스 만세!"
다리아와 제핀느가 외쳤다.
"똘로미에스 만세!"
그리고 모두들 폭소를 떠뜨렸다.
팡띤느도 다른 아가씨들처럼 웃었다.
한 시간 뒤 자기 방으로 돌아왔을 때, 팡띤느는 울었다. 똘로미에스는 그

녀의 첫사랑이었다. 그녀는 마치 남편에게처럼 똘로미에스에게 몸을 맡겨
이 가엾은 아가씨는 이미 아이를 갖고 있었던 것이다.

제4편 맡김은 때로 주어버림이 된다

어머니와 어머니의 만남

지금은 없어졌지만, 19세기 초 25년 무렵까지 빠리 근처 몽페르메이유라는 곳에 여인숙을 겸한 싸구려 음식점이 하나 있었다. 그 가게는 떼나르디에라고 불리는 부부가 하고 있는 것으로 불랑제 골목길에 있었다.

출입문 위 벽 부분에 붙여놓은 널빤지 한 장이 눈에 띈다. 그 널빤지에는 한 사나이가 다른 한 사나이를 업은 것처럼 보이는 그림이 그려져 있었다. 등에 업힌 사나이는 큰 은별이 달린 장군의 두툼한 금몰 견장을 달았으며, 피를 나타내는 붉은 반점이 몸 여기저기에 묻어 있었다. 화면의 나머지 부분은 연기로, 아마도 전쟁을 나타낸 모양이리라. 아래에 이런 글씨가 씌어져 있었다.

'워털루 참전 중사에게'.

여인숙 앞에 모래를 실은 수레나 짐수레가 놓여 있는 것은 흔한 일이다. 그런데 1818년 봄 어느 저녁나절, 워털루 참전 중사의 음식점 앞을 가로막고 있는 마차, 마차라기보다 부서진 마차의 부분은 덩치가 너무도 커서 지나가는 화가가 있었더라면 틀림없이 눈길을 끌었을 것이리라.

그것은 삼림지방에서 두꺼운 널빤지나 통나무를 나르는 데 쓰이는 운반차체의 앞부분이었다. 그 앞부분은 무거운 채가 박힌 커다란 쇠굴대로 이루어졌고, 그 굴대를 어마어마하게 큰 두 대의 수레바퀴가 떠받치고 있었다. 전체 모양은 두루뭉술하고 육중했으며 꽤 모양이 없었다. 마치 거대한 대포의 포가(砲架) 같았다. 수레바퀴와 바퀴테와 바퀴통과 굴대와 채에 진흙이 흠뻑 묻어 있었다. 진흙은 흔히 대성당의 벽을 칠하는 누르스름하고 흉칙스러운 물감과 아주 비슷해 보였다. 목재는 진흙 속에, 쇠는 녹 속에 가리워져 있었다. 굴대 아래에는 흉악한 죄인 고리아떼에게나 어울릴 것 같은 한 가닥의 굵은 사슬이 휘장처럼 드리워 있었다.

  그 사슬은, 큰 목재를 운반할 때 사용했다기보다 차라리 마스토돈이나 맘모스를 붙잡아 매었던 게 아닌가 연상케 했다. 그것은 뇌옥(牢獄) 같은 느낌을 주었다. 거인의 뇌옥, 초인의 뇌옥 같은 느낌이었다. 괴물에게서 풀려 나온 사슬처럼 보였다. 호메로스라면 그것으로 폴리페모스를 묶고, 셰익스피어라면 칼리반을 묶었을 것이다.

  왜 그 운반차의 앞부분이 그런 길거리에 놓여 있었을까? 첫째로 길을 막기 위해서이고, 둘째는 그것을 완전히 녹슬게 하기 위해서였다. 낡은 사회 조직 속에는 무수한 제도가 있어, 말하자면 그런 모양으로 바깥 한길에 내놓여져 지나다니는 사람들의 방해가 되는 수가 있는데, 그것은 다만 거기에 있을 뿐 달리 이유가 없는 것이다.

  그 사슬의 중심은 거의 땅바닥에 닿을 만큼 굴대에서 늘어져 있었으며, 그 늘어진 부분에 그날 저녁 마치 그네를 타듯 두 여자아이가 좋아서 까불어대며 한 덩어리가 되어 걸터앉아 있었다. 하나는 2살 반 가량, 또 하나는 1살 반 쯤으로 작은아이는 큰 아이의 팔에 안겨 있었다. 목도리로 잘 비끄러매어 아이들이 떨어지지 않게 해놓았다. 그 무시무시한 사슬을 발견한 어머니가 “어머나, 우리 집 아이들의 좋은 놀이터로구나” 하고 말하며 그렇게 해 놓았던 것이다.

  두 아이는 깨끗한 옷을 제법 예쁘장하게 꾸며 입고 있었으며 생기발랄해 보였다. 마치 쇠부스러기 속에 피어난 두 송이의 장미꽃 같았다. 그 눈은 자랑스럽게 반짝이고, 발그레한 뺨은 웃음으로 피어 있었다. 머리카락은 하나는 밤색, 하나는 갈색이었다. 그 천진스러운 얼굴은 놀라울 정도로 매혹적이었다. 지나는 사람들 눈길을 끄는 가까운 덤불 속에 피어난 꽃도, 그 향기를 이 두 아이에게서 얻은 것 같았다. 1살 반짜리 아기는 귀여운 배를 드러내 놓고 있었는데, 그 얌전치 못한 맵시에서 오히려 어린 여자아이의 저 순결미를 느끼게 했다. 행복에 휩싸이고 빛에 잠긴 이 두 어린 아이의 머리 둘레와 위에는, 꺼멓게 녹슬어 보기에도 무서운 형체로 기괴한 곡선과 각도로 얼크러진 거대한 운반차의 앞부분이 동굴 입구처럼 입을 벌리고 있었다.

  몇 걸음 떨어진 곳에서는, 그리 상냥스러운 얼굴은 아니지만 그때만은 꽤 근사해 보이는 어머니가 여인숙 문턱에 웅크리고 앉아 사슬에 비끄러맨 긴 끈으로 아이들을 흔들어 주면서, 모성 특유의 동물적이고도 천사 같은 표정을 띠면서 무슨 위험한 일이 일어나지나 않을까 조심조심 아이들을 지켜보고 있었다. 앞뒤로 흔들릴 때마다 무시무시한 쇠사슬의 고리는 분노의 외침 소리와도 흡사한 날카로운 쇳소리를 내었다. 아이들은 몹시 좋아했다. 저녁 햇살마저 그 즐거움과 한데 어울려 빛나고 있었다. 거인의 쇠사슬을 천사들의 그네로 만든 이 재치보다 더 매력적인 것은 없었다.

두 어린이를 흔들어 주면서, 어머니는 그즈음 유행하는 연가를 맞지도 않는 가락으로 흥얼거리고 있었다.

어쩔 수 없어, 하고 용사는 말했네……

노래를 부르고 딸들을 지켜보느라 그녀는 한길에서 무슨 일이 일어나고 있는지 보지도 듣지도 못했다.

그러나 그녀가 연가의 맨 처음 한 구절을 노래부르기 시작했을 때, 누군가 그 곁으로 다가왔다. 그리고 갑자기 자기 귀 밑에서 이렇게 말하는 소리를 들었다.

"귀여운 아이들이군요, 아주머니."

아름답고 귀여운 이모젠에게.

어머니는 노래를 계속하면서 그 소리에 답하여 돌아보았다.

한 여자가 그녀 바로 옆에 서 있었다. 그 여자도 어린아이를 가슴에 안고 있었다.

그 여자는 굉장히 크고 무거워 보이는 여행가방을 하나 들고 있었다.

그녀가 안은 아기는 이 세상에서 사람이 볼 수 있는 가장 순결한 존재의 하나였다. 그것은 2살쯤 된 여자아이였다. 옷맵시도 앞의 두 아이에게 뒤지지 않았다. 고급 린네르로 된 큼직한 리본을 머리 뒤에서 등으로 늘어뜨리고, 소매 달린 베스트에는 자그마한 리본이 몇 개 달렸으며, 모자는 봐랑씨엔느의 레이스로 장식되어 있었다. 스커트 자락이 높이 떠들려 포동포동하게 살찐 흰 넓적다리가 드러나 보였다. 반짝이는 장밋빛 얼굴은 사뭇 건강한

꼬제뜨를 안은 팡띤느는 두 계집아이가 그네에 올라앉은 모습을 보고 감동한다.

느낌이었다. 얼마나 귀여운지 뺨을 깨물어 주고 싶을 정도였다. 그 눈에 대해서는 아주 보기 좋은 속눈썹을 가지고 있다는 것밖에 아무 말도 할 수 없었다. 그 아이는 잠들어 있었던 것이다.

아이는 그 나이 특유의 절대적인 신뢰감에 싸인 잠 속에 빠져 있었다. 어머니의 가슴은 애정으로 만들어져 있어 아이들은 그 속에서 포근히 잠드는 것이다.

어머니는 가난하고 초라해 보였다. 태어난 시골로 되돌아가려고 마음먹은 여직공 같은 종류의 차림새였다. 나이는 아직 젊다. 그리고 예전에 아름다웠을지도 모르지만, 지금의 그 차림새로는 그렇게 보이지 않았다.

아래로 드리워진 한줌의 금빛 머리가 헝클어져 있는 것으로 보아 머리숱이 많은 듯했으나, 턱 밑에서 비끄러맨 수녀가 쓰는 것 같은 조그맣고 때묻은 모자 속으로 몽땅 쓸어 넣었다. 아름다운 이를 가졌다면 웃을 때 그것이 드러나 보이련만 그녀는 전혀 웃지 않았다. 그 눈은 눈물이 마를 겨를이 없었던 것처럼 느껴졌다. 얼굴빛은 핼쑥했다. 몹시 지치고 어딘지 아픈 듯했다. 품 속에 잠든 아이의 얼굴을, 아기를 키운 경험이 있는 어머니 특유의 표정으로 물끄러미 바라보고 있었다.

상이 군인이 사용하는 것 같은 퍼렇고 커다란 손수건을 목도리처럼 접어서 어깨에 걸쳐, 그것으로 투박하게 윗몸을 감싸고 있었다. 손은 햇볕에 그을어 온통 거무스름한 반점이 보이고, 둘째 손가락은 바느질로 굳은살이 박이고 긁힌 상처가 나 있었다. 그녀는 굵직한 모직 실로 짠 긴 갈색 코트를 걸치고, 무명 드레스에 헐거운 구두를 신고 있었다. 팡띤느였다.

팡띤느였으나, 얼른 알아볼 수 없을 정도였다. 그러나 잘 살펴보면, 그녀는 여전히 지난날의 아름다움을 간직하고 있었다. 다만 그 오른쪽 뺨에 좀 비꼬는 표정을 띤 듯한 수심 깃든 한 가닥 주름이 잡혀 있었다. 방울 소리와 리라꽃 향기를 풍기며 명랑하고 유쾌한 음악으로 이루어진 것 같던 그 맵시, 모슬린과 리본으로 꾸며 대기의 요정처럼 보이던 그 자태는 다이아몬드같이 보이던 아름다운 서릿발처럼 햇빛을 받아 덧없이 사라져 버린 것이었다. 고운 서리꽃은 녹고 시커먼 가지만 남았다.

그 '우스꽝스러운 광언(狂言)'으로부터 열 달이 흘렀다.

그 열 달 동안 어떤 일이 일어났던가? 그것은 상상하기 어렵지 않다.

버림받은 뒤의 괴로움. 팡띤느는 눈 깜짝할 새 페이버리트와 제핀느와 다리아도 잃어버렸다. 사내들과의 연결이 끊어지니 여자들과의 연락도 끊어져 버린 것이다. 두 주일 지난 뒤에는, 만일 누군가가 너희들은 서로 친구 사이였다고 말했다면 그녀들은 깜짝 놀랐을 것이다. 친구가 될 만한 이유는 이미 없어졌다.

팡띤느는 홀로 남겨졌다. 아기 아버지는 가버렸다—슬프게도 이러한 종류의 파경은 다시 돌이킬 수 없다—그녀는 완전히 고독한 몸이 되었다. 더욱이 일하는 습관은 줄어들고, 쾌락에 대한 재미만 늘어 있었다. 똘로미에스와 관계를 맺은 뒤부터 자기가 할 수 있는 자그마한 일을 업신여기게 되어, 그 일자리를 등한히 하고 있었다. 그 때문에 취직자리가 아무 데도 없었다. 돈을 벌 수단은 없어지고 말았다.

팡띤느는 가까스로 읽을 수는 있으나 쓸 줄은 몰랐다. 어릴 때 자기 이름 쓰는 것을 겨우 익혔을 뿐이었다. 그녀는 대서인에게 부탁하여 똘로미에스에게 편지를 보냈다. 두 번, 세 번 편지를 보냈다. 똘로미에스는 그 어느 편지에도 답장을 주지 않았다. 어느 날 팡띤느는, 수다쟁이 여자들이 아기를 보고 말하는 것을 들었다.

"저런 어린애를 받아들여줄 사람이 어디 있겠어? 누구라도 외면해 버리지. 아무렴, 저런 어린애 따위야!"

팡띤느는, 똘로미에스가 그 아이에게서 고개를 돌리고, 그 죄없는 아이를 받아들이지 않으려는 까닭을 생각해 보았다. 그녀의 마음은 암담해졌다. 그러나 어떻게 해야 좋단 말인가? 그녀는 이제 누구에게도 하소연할 사람이 없었다. 그녀는 잘못을 저지르고 만 것이다.

그러나 그 마음 밑바닥은, 독자의 기억에도 있듯이 얌전하고 정숙했다. 그녀는 자기가 파멸에 맞닥뜨렸다는 것, 최악의 사태로 굴러떨어지려 하고 있다는 것을 막연하게 느꼈다. 용기가 필요했다. 그녀는 용기를 가지고 있었다. 그리고 마음을 단단히 먹었다. 태어난 고장 몽트뢰이유 쉬르 메르로 돌아가자는 생각이 떠올랐다. 거기로 가면, 혹시 누군가 아는 사람이 있어 일거리를 줄지도 모른다. 그렇다. 하지만 자기의 과실을 숨기지 않으면 안 될 것이다. 그녀는 최초의 이별보다도 더 아픈 이별을 하지 않으면 안 된다는 것을 어렴풋이 느꼈다. 그녀는 가슴이 미어졌다. 그러나 그녀는 결심했다. 앞으로 알게 될 터이지만, 팡띤느는 생활에 대한 강인한 용기를 가지고 있었다.

그녀는 이미 자기의 몸에서 단연코 사치를 물리치고 무명옷을 걸쳤으며, 자기의 비단이며 리본이며 레이스는 딸을 위해 썼다. 그것은 그녀에게 남은 유일한 허영이며, 또한 신성한 허영이었다. 그녀는 가진 물건을 모두 팔아 200프랑을 만들었다. 그것으로 자질구레한 빚을 갚고 나니 80프랑쯤밖에 남지 않았다.

22살의 어느 봄날 아침, 그녀는 아이를 등에 업고 빠리를 떠났다. 두 모녀가 걸어가는 모습을 본 사람이 있었다면, 그들을 가엾게 여겼으리라. 그녀에게는 이 세상에 그 아이 하나밖에 없었고, 그 아이에게는 세상에 그녀밖에 없었다. 팡띤느는 그 딸을 자기 젖으로 길렀다. 그 때문에 그녀의 가슴은 피로해지고, 조금씩 기침을 하게 되었다.

펠릭스 똘로미에스에 대해서는 앞으로 이야기할 기회가 없을 것이다. 우리는 다만 다음 말만 여기 덧붙여 두기로 하자. 그로부터 20년 뒤인 루이 필립 왕 시대에, 그는 지방의 부유한 거물급 변호사이며, 현명한 선거인이자, 매우 엄격한 배심원이 되었다. 그러나 여전히 쾌락을 쫓는 사나이였다.

팡띤느는 몸이 지치지 않도록 하기 위해 1리에 4수씩 하는 그즈음 '빠리 교외의 작은 마차'라고 부르던 마차를 가끔 탔으므로, 그날 정오 가까이에는 몽페르메이유의 불랑제 거리를 걷고 있었다.

떼나르디에의 여인숙을 지날 때, 두 여자아이가 즐거운 듯 거대한 그네에 올라앉아 있는 모습을 보고 팡띤느는 감동을 받아 그 아름다운 광경 앞에 그만 발길을 멈추었다.

세상에는 사람 마음을 잡아끄는 것이 흔히 있다. 그 두 여자아이는, 길가던 이 어머니인 팡띤느의 마음을 잡아끄는 것 중의 하나였다.

그녀는 깊은 감동에 사로잡혀 두 어린아이를 바라보았다. 천사들이 있는 것은 천국이 가까움을 알리는 징조이다. 그녀는 이 음식점 위에 하느님께서 쓰신 '신비로운 이곳으로'라는 글자를 보는 듯한 기분이 들었다. 두 여자아이는 너무 행복해 보였다! 그녀는 정신없이 바라보았다. 넋을 잃고 바라보았다. 너무나 벅찬 감동에 사로잡혀, 두 아이의 어머니가 노래의 둘째 구절을 시작하기 전 잠시 숨을 쉬었을 때, 팡띤느는 앞에서와 같은 말이 절로 입에서 나왔던 것이다.

"귀여운 아이들이군요."

아무리 사나운 짐승도 자기 새끼를 귀여워 해주면 싫어하지 않는 법이다. 어머니는 고개를 쳐들어 고맙다고 말하고, 자신은 문턱에 앉아 있었으므로 지나가던 여자를 문간에 놓인 걸상에 앉게 했다. 두 여자는 이야기를 나누었다.

두 여자아이의 어머니는 말했다.

"나는 떼나르디에의 아내예요. 이 음식점을 하고 있지요."

그리고 다시 노래로 되돌아가, 입 속으로 흥얼거렸다.

어이 할소냐, 나는 기사의 몸이니
팔레스타인으로 떠나야지

이 떼나르디에의 아내는 살집좋은 떡벌어진 몸집의 빨강머리 여자였다. 그 볼품없는 모습은 흡사 여병정 같았다. 그리고 기묘하게도, 소설깨나 탐독한 영향인지 나긋한 체하는 데가 있었다. 흡사 사나이가 교태를 부리는 꼴이었다. 구닥다리 소설이 싸구려 음식점 안주인의 상상력과 서로 뒤섞이면 자칫 그런 효과를 내게 마련이다.

그녀는 아직 젊었다. 서른이 될까말까 했다. 이 여자가 웅크려 앉아 있지 않고 똑바로 서 있었다면, 아마도 그 큰 키와 시장 바닥이라도 어슬렁거리고 있음직한 그 떡벌어진 몸집이 처음부터 길가던 그 여자를 놀라게 하고 의혹을 품게 하여, 이제부터 우리가 이야기하려는 것 같은 일이 일어나지 않았으리라. 한 여자가 서 있지 않고 앉아 있었다는 오직 그것만으로 운명의 실이 얽혀들었던 것이다.

길가던 여자는 좀 꾸며대어 자기 신상 이야기를 털어놓았다.

자기는 재봉공으로 일했는데, 남편이 죽고, 빠리에 일자리가 없어 다른 일자리를 찾아 떠났으며, 자기 고향으로 간다는 것, 바로 그날 아침에 걸어서 빠리를 떠나왔는데 어린아이를 안고 있기 때문에 몹시 지쳤고, 마침 빌몽블 행 마차를 만나 그것을 타고 오다가 빌몽블에서부터 걸어서 몽페르메이유까지 왔다는 것, 어린아이도 조금은 제 힘으로 걷지만 아직은 어려서 많이 걷지 못하므로 줄곧 안고 걸어야 했는데, 그러는 동안에 이 귀여운 아가씨는 잠들어 버렸다는 것 등—이런 이야기였다.

그렇게 말하면서 그녀는 딸에게 격렬한 키스를 했으므로 아이는 잠을 깼다. 아이는 눈을 떴다. 엄마와 똑같은 커다란 푸른 눈을. 그리고는 바라보았다. 무엇을? 아무것도—아니, 모든 것을. 우리들 어른의 퇴폐한 덕(德) 앞에 빛나는 꾸밈없고 순수한 빛의 신비라고나 할, 어린아이 특유의 저 진지한, 그러나 때로 준엄하기조차 한 그런 얼굴로. 그런 때 아기는 자기가 천사임을 느끼고, 우리들 어른은 인간인 것을 느끼는 것 같기도 하다. 그리고 그 여자아이는 웃기 시작했다. 그러더니 엄마가 껴안고 있는데도 무작정 빠져나가려 하는 어린아이의 저 걷잡을 수 없는 힘으로 쑥 땅바닥으로 미끄러져 내렸다. 별안간 그 아이는 그네에 올라앉아 있는 다른 두 여자아이를 발견하고 흠칫 멈춰서더니, 감탄한 듯 날름 혀를 내밀었다.

떼나르디에의 아내는 목도리로 비끄러맸던 두 여자아이를 풀어 그네에서 내려놓으며 말했다.

"셋이서 함께 놀아라."

그 나이 또래의 어린아이들은 이내 친해지는 법. 얼마 뒤 떼나르디에네 아이들은 새로 온 아이와 땅바닥에 구멍을 파면서 놀기 시작했다. 몹시 재미있는 듯했다.

새로 온 아이는 여간 쾌활하지 않았다. 엄마의 착한 마음씨는 어린아이의 쾌활한 성격 속에 나타난다. 그 아이는 막대기를 주워다 삽으로 삼아, 파리를 묻을 구덩이를 열심히 파고 있었다. 무덤 파는 인부가 하는 일도, 어린아이가 하면 절로 미소짓게 된다.

두 어머니는 이야기를 계속하고 있었다.

"아기 이름이 뭐지요?"

"꼬제뜨예요."

꼬제뜨라고 했지만, 사실은 외프라지가 옳다. 그 여자아이의 이름은 외프라지였다. 그러나 그 어머니는 외프라지를 꼬제뜨로 만들어 버렸다. 그것은 어머니들이나 서민층의 저 애정 깃든 멋스러운 본능에서 조제파를 빼삐따로, 프랑스와즈를 씨예뜨로 바꾸는 것과 같다. 말하자면 일종의 파생어여서, 실로 언어학자들의 학문을 혼란시키는 그런 것이다. 우리는 떼오도르라는 이름을 그농으로 끝내 고쳐 버린 한 할머니가 있었음을 알고 있다.

"몇 살인가요?"

"이제 곧 3살이 돼요."

"우리 큰아이와 같군요."

한편 세 아이는 몹시 걱정스러운 듯 그러면서도 황홀한 듯한 모습으로 하나가 되어 있었다. 그때 커다란 벌레가 한 마리 흙 속에서 나왔다. 어린아이들은 무서우면서도 좋아서 어쩔 줄 몰라했다.

기쁨에 빛나는 그들의 이마는 서로 맞닿아 있었다. 마치 하나의 후광에 싸인 세 개의 머리와도 같았다.

떼나르디에의 아내가 말했다.

"어린아이들이란 저렇게 곧 친해지는군요! 저걸 보면 누구나 세 자매라고 생각하겠어요!"

이 말이야말로 또 하나의 어머니가 고대하고 있던 불꽃이었다. 그녀는 떼나르디에의 아내의 손을 덥석 잡고, 상대방을 지켜보면서 말했다.

"내 아이를 맡아주시지 않겠어요?"

떼나르디에의 아내는 승낙이라고도 거절이라고도 볼 수 없는 깜짝 놀란 것 같은 몸짓을 했다.

꼬제뜨의 어머니는 말을 이었다.

"사실 나는 저 아이를 고향으로 데리고 갈 수가 없어요, 일을 하지 못하게 되니까요. 아이가 있고서는 일자리를 구할 수가 없어요. 그곳 사람들은 좀 이상하거든요. 댁의 가게 앞을 지나가게 된 건 주님의 뜻인가 봐요. 댁의 아이들이 저렇듯 귀엽고 깨끗하게 차려입고 즐거워 하는 것을 보는 순간, 나는 감동으로 가슴이 마구 뛰었어요. '얼마나 좋은 어머니인가' 나는 생각했어요. 정말 그래요. 셋이서 좋은 자매가 될 거예요. 그리고 나는 머지않아 돌아오겠어요. 그동안 우리 아기를 맡아주시지 않겠어요?"

"좀 생각해 보고."

"한 달에 6프랑씩 드리겠어요."

이때 사나이의 목소리가 가게 안쪽에서 울려나왔다.

"안 돼, 7프랑 아래로는. 그리고 반년치는 미리 내야 돼."

"육 칠은 사십 이" 하고 떼나르디에의 아내는 말했다.

꼬제뜨의 어머니는 말했다.

"그렇게 드리지요."

사나이의 목소리가 덧붙였다.

"그밖에 준비금으로 15프랑."

떼나르디에의 아내는 말했다.

"모두 합해서 57프랑."

그리고 그 숫자를 말하고 난 다음 슬그머니 노래를 부르기 시작했다.

'어쩔 수 없어' 하고 용사는 말했네……

"그렇게 드리겠어요. 80프랑 갖고 있으니까요. 그래도 고향으로 돌아갈 돈은 남아요. 걸어서 간다면. 거기서 돈을 벌어 조금이라도 모아지면, 우리 아이를 찾으러 곧 돌아오겠어요."

사나이의 목소리가 들려왔다.

"어린아이 옷은 가지고 있소?"

"제 주인양반이에요" 하고 떼나르디에의 아내가 말했다.

"그럼요, 옷이 있구말구요. 소중한 우리 아이인걸요. 저도 주인양반이신 줄은 알고 있었어요. 모두 썩 좋은 옷들이에요! 매우 값진 것이지요. 모두 다스로 되어 있어요. 모두 저 여행가방 속에 들어 있어요."

놓칠세라 사나이의 목소리가 다시 튀어나왔다.

"그것도 놓고 가야 돼."

"놓고 가고말고요! 딸을 알몸으로 두고 가다니, 그런 우스꽝스런 일이 어디 있겠어요!"

주인의 얼굴이 불쑥 나타났다.

"그럼, 됐어."

흥정은 끝났다. 아이 어머니는 그날 밤을 여인숙에서 지내고, 돈을 건네고, 아이를 남겨두고, 옷을 꺼내 가벼워진 여행가방의 뚜껑을 닫고, 곧 다시 돌아올 작정으로 이튿날 아침 떠났다. 이러한 출발은 조용하게 이루어지지만, 마음은 절망을 느낀다.

떼나르디에의 이웃에 사는 한 아낙네가 발길을 돌려 가는 그 어머니를 보고 와 말했다.

"방금 한길에서 울고 있는 한 여자를 보았어요. 어쩐지 참 불쌍하더군요."

꼬제뜨의 어머니가 떠나간 뒤 주인이 마누라에게 말했다.

"이것으로 내일이 기한인 110프랑짜리 어음을 지불할 수 있게 됐구먼. 꼭 50프랑 모자랐었는데. 하마터면 집달리와 거절 증서가 들이닥칠 뻔했잖아. 당신도 딸년들을 내놓아 참 근사하게 올가미를 쳤구먼. 응."

"별로 그럴 마음도 아니었는데" 하고 마누라는 말했다.

수상쩍은 두 인물 최초의 소묘

붙잡힌 생쥐는 참으로 보잘것없었다. 그러나 고양이는 여윈 쥐도 좋아한다.

떼나르디에 부부란 대체 어떤 사람들이었는가?

지금부터 그것에 대해 한 마디만 해두기로 하겠다. 그리고 차츰 이 스케치를 완전한 것으로 만들기로 하자.

이 두 사람은 좀 살 만하게 된 속물과 몰락한 지식인으로 이뤄지는 저 절충적인 계급에 속해 있으며, 그러한 계급은 이른바 중류계급과 하류계급의 중간에 자리하여 후자의 결점을 좀 지니면서 전자의 악덕을 거의 고루 갖추어 노동자의 기특한 열의도 없고 중류인의 고지식한 성실성도 없다. 그들 두 사람은 어쩌다 우연히 마음에 불길이 당겨지기라도 하면, 당장에 흉악해져 버리는 뒤틀린 성격의 인간이었다. 여자 안에는 들짐승 같은 본성이 있고, 남자 안에는 거지같은 소질이 있었다. 둘 다 나쁜 방면에서는 아무리 지독한 일이라도 태연하게 해치우는 성질이었다. 이 세상에는 가재 같은 심보의 인간이 있어 끊임없이 어두운 쪽으로 뒷걸음질치고, 인생에 있어 전진보다 후퇴하며, 자신의 추악성을 증가시키기는 데 경험을 쌓고, 끊임없이 악해져 가고, 차츰 퍼지는 암흑의 빛깔에 더욱 짙게 물들어간다. 이 두 남녀도 그러한 사람들이었다.

특히 남편 떼나르디에는 관상가에게도 기분나쁜 인물이었다. 세상에는 한 번 흘끗 보기만 해도 조심해야겠다고 여겨지는 인간이 있는 법이다. 그런 인간은 그 양 끝이 다 어둡다. 배후에 불안을 느끼게 하면서 앞에서도 위협을 준다. 그들 속에는 정체모를 것이 있다. 과거에 무슨 짓을 했는지 알 수 없듯 앞으로 무슨 짓을 할지도 알 수 없다. 눈초리에 깃든 어두운 그림자가 암암리에 그것을 알려 준다. 그들이 하는 말을 한 마디 듣기만 해도, 또는 몸짓 하나만 봐도 그 과거의 어두운 비밀과 그 앞날의 컴컴한 음모를 읽어낼 수 있다.

　이 떼나르디에라는 자는, 그가 말하는 대로 믿는다면 전에 병사였다. 자기 말로는 중사였다고 했다. 어떻든 1815년의 워털루 전투에 참가하여 상당히 용감하게 싸운 모양이다. 그것이 어떤 일이었는지는 나중에 이야기하기로 하자. 음식점 간판의 그림은 군대에서의 그의 공로 하나를 나타내는 것이었다. 그는 그것을 직접 그렸다. 서투르기 짝이 없지만, 무엇이나 조금씩은 할 수 있는 손재주를 갖고 있었기 때문에.

　시대는 마침 낡은 고전주의 소설이 《끌렐리》를 거쳐 《로도이스카》로 되고, 여전히 고귀한 주제이면서도 점점 비속해져 스퀴데리 양(《끌렐리》의 저자)으로부터 바르뗄르미 부인(《로도이스카》의 저자)으로 타락하고, 라파이예뜨 부인(《끌레브 대공부인》의 저자)으로부터 부르농 말라름 부인(《도둑 두목 닐 라리스》의 저자)으로 타락하여 빠리의 천한 계집들의 정열에 불을 붙이고 그 피해가 도성 밖에까지 미치는 형편이었다.

　떼나르디에의 아내는 마침 그런 종류의 책을 읽기에 알맞은 지식을 갖고 있었다. 그녀는 그러한 책을 마음의 양식으로 삼았다. 모든 관심은 온통 거기에 있었다. 그 때문에 젊어서는 물론, 나중까지도 남편 곁에 앉아 생각에 잠긴 듯한 묘한 태도를 몸에 붙이게 되었다. 이 남편이라는 작자 또한 이만저만한 악당이 아니어서, 문법을 겨우 깨우친 정도의 학력밖에 없는 주제에 유식한 체 뻐기며, 거칠고, 교활하고, 능글맞고, 게다가 격에 어울리지 않게 센티멘탈리즘을 휘두르며 음탕한 삐고 르브렁(추잡한 소설을 쓴 프랑스 작가)이나 읽고, 그가 입버릇처럼 하는 말대로 '무릇 성(性)에 관한 일'에 있어서는 나무랄 데 없는 진짜 놈팡이였다.

　아내는 남편보다 열 두서너 살 아래였다. 소설의 주인공을 본따 수양버들 가지처럼 늘어뜨린 머리에 흰털이 섞이고, 메게라(증오의 여신)로부터 빠멜라(리처드슨의 소설에 나오는 여주인공)가 해방될 무렵의 나이가 되었을 때는, 떼나르디에의 아내도 어쩔 수 없이 어리석은 소설을 맛본 천덕스러운 심술꾸러기 마누라에 지나지 않았다. 도대체 어리석은 것을 읽으면 그 해를 입지 않을 수 없다. 그 결과 그녀는 큰딸을 에뽀닌느라고 이름지었다. 둘째딸은 가엾게도 자칫 귈나라라는 이름이 붙여질 뻔했으나, 무슨 변덕이 들었는지 용케도 뒤크레 뒤미닐의 소설로 가서 아젤마로 결정했다.

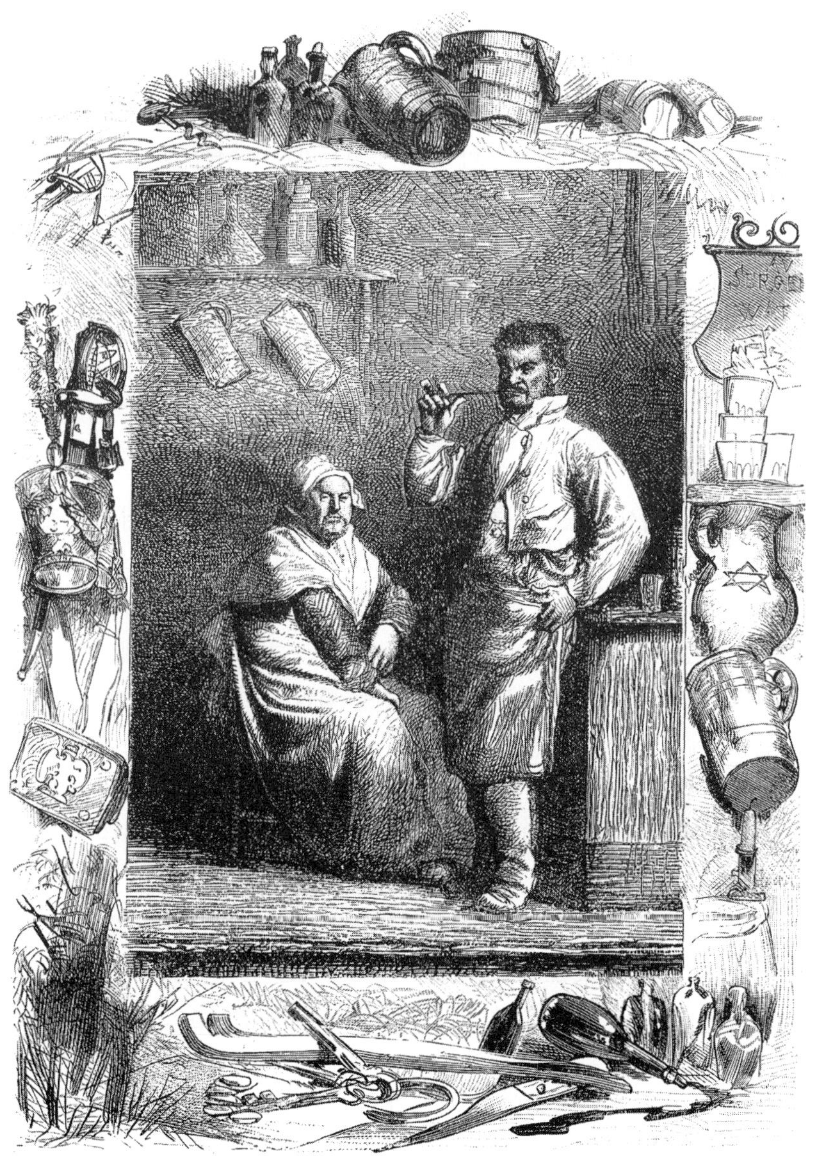

어두운 쪽으로만 뒷걸음질치고 끊임없이 악해지는 떼나르디에 부부

말이 났으니 말이지만, 우리가 세례명의 혼란 시대라고도 할 이 이상한 시
대에는 모든 게 우스꽝스럽고 천박한 것은 아니다. 우리가 이제까지 말해 온
공상적인 요소와 아울러 사회적인 풍조가 있다. 오늘날 목동이 아르뛰르라
든가 알프렛이라든가 알퐁스라는 그럴 듯한 이름으로 불리고, 자작이—지금
도 자작 같은 것이 있다면—또마니 삐에르니 자끄니 하는 평민적인 이름으
로 불리는 현상은 흔히 있는 일이다. 이처럼 평민에게 '우아한' 이름을 붙이
고, 귀족에게 촌티나는 이름을 붙이는 것은 평등을 지향하는 하나의 시대 풍
조에 지나지 않는다. 이 새로운 기풍은 불가항력적으로 침투해 들어왔으며,
그 밑바탕에는 중대하고도 심각한 하나의 현실이 있다. 그것은 곧 프랑스 대
혁명이다.

'종달새'

악랄하다고 해서 반드시 번창하는 것은 아니다. 이 싸구려 음식점은 잘 되
어 가지 않았다.

길가던 여인에게 울궈낸 57프랑 덕택으로 떼나르디에는 지불 거절 증서를
피할 수 있었고, 어음 기한을 이행할 수 있었다. 그러나 다음달에 그들은 또
돈이 필요해져 안주인은 꼬제뜨의 옷가지를 빠리로 가지고 나가 뽕 드 삐에
뜨 전당포에 잡히고 60프랑을 만들었다.

그 돈을 다 써버리자, 떼나르디에 내외는 이 어린 소녀를 동정해 맡아 기
르는 아이로 여기게 되었고, 그런 아이로 다뤘다. 꼬제뜨에게는 이제 옷도
없어 떼나르디에의 딸들이 입던 낡은 스커트나 못 입는 속옷 등, 다시 말해
누더기를 입혔다. 먹는 것도 그들이 먹고 난 찌꺼기로 개보다는 조금 나았으
나 고양이보다는 좀 못했다. 그리고 개와 고양이는 언제나 그녀의 식사 친구
였다. 꼬제뜨는 늘 개나 고양이와 함께 테이블 밑에서 그들의 밥그릇과 같은
나무 접시로 먹었다.

꼬제뜨의 어머니는—뒤에 또 이야기하겠지만—몽트뢰이유 쉬르 메르에
자리잡고, 아이의 소식을 알기 위해 달마다 편지를 썼다. 아니, 더 자세히
말한다면 사람을 시켜서 편지를 썼다. 떼나르디에 내외는 늘 이렇게 답장했
다. '꼬제뜨는 잘 있습니다.'

처음의 여섯 달이 지나자, 어머니는 일곱 달째 양육비로 7프랑을 보냈다.

그 뒤로도 다달이 꽤 정확하게 송금을 계속했다. 1년도 채 되기 전에 떼나르 디에는 말했다. "정말 고마운 일이로군! 이까짓 7프랑으로 어떻게 하라는 거 야?" 그는 12프랑씩 보내라고 편지를 써보냈다. 아기가 행복하게 잘 있는 줄 믿고 있는 어머니는 떼나르디에의 요구에 따라 순순히 12프랑을 보냈다.

한쪽을 사랑하면 반드시 다른 한쪽을 미워하지 않고는 못 견디는 성질의 인간이 있다. 떼나르디에의 아내는 자기 딸들을 몹시 사랑했기 때문에, 남의 아이인 꼬제뜨를 미워했다. 어머니의 사랑에도 추한 면이 있다는 것은 생각 만 해도 한심스러운 일이다. 꼬제뜨는 떼나르디에의 집에서 하찮은 존재였 으나, 떼나르디에의 아내에게는 그만큼 자기 딸들의 몫을 빼앗기는 것 같고 딸들이 마시는 공기가 줄어지는 것 같은 마음이 들었다. 이 여자는 같은 부 류의 다른 여자들과 마찬가지로, 하루에 일정량의 애무와 일정량의 매질과 욕지거리를 하지 않고는 직성이 풀리지 않았다. 만일 꼬제뜨가 없었다면, 두 딸아이는 비록 아무리 귀여움을 받는다 할지라도 어머니의 포악을 그대로 받아내야 했을 것이다. 그런데 남의 딸이 그 두 딸들 대신 얻어맞는 쪽을 도 맡아주었다. 두 딸은 오직 애무만 받았다. 꼬제뜨는 무언가 할 때마다, 격렬 하고 부당한 추상 같은 형벌이 머리 위에 쏟아졌다. 이 세상의 일도, 저 세 상의 일도, 아무 것도 알지 못하는 어리고 애처로운 존재! 꼬제뜨는 끊임없 이 벌받고, 욕먹고, 학대받고, 매맞으면서, 바로 옆에서 자기 또래 두 아이 가 새벽의 밝은 빛 속에 살고 있는 것을 보았다.

떼나르디에의 아내가 꼬제뜨에게 심술궂게 대했으므로, 에쁘닌느와 아젤 마도 심술궂게 대했다. 그 나이 또래 아이들은 어머니의 축소판에 지나지 않 는다. 그렇나, 나만 몸집이 삭나는 것뿐이다.

1년이 지났다. 그리고 또 1년이 지났다.

마을에서는 이렇게들 말하고 있었다.

"떼나르디에 내외는 참 무던한 사람들이야. 넉넉하지도 못하면서, 남이 버리고 간 불쌍한 아이를 키우고 있으니!"

사람들은 꼬제뜨를 어머니가 버리고 간 아이라고 생각했다.

한편 떼나르디에는 아이가 아마도 사생아이고 어머니가 그것을 밝힐 수 없는 사정에 놓여 있다는 사실을 어디에선가 슬그머니 알아내어, '딸아이'가 커서 이제 '많이 먹게' 되었으니 한 달에 15프랑씩 보내라고 요구하면서 그렇지 못하면 돌려보내겠다고 으름장을 놓았다. "그따위 여자에게 내가 속아넘어갈 것 같아! 잘 감췄다고 마음놓고 있는 그년의 코앞에 애새끼를 갖다 내동댕이쳐 줄 테다. 돈을 더 올리지 않고는 못 배길걸" 하고 소리를 치는 것이었다. 결국 어머니는 15프랑씩 지불했다.

세월과 함께 아이는 커갔다. 그리고 고생도 늘어갔다.

꼬제뜨가 아직 어린 동안에는 다른 두 어린아이의 놀림감이 되었다. 자라면서 5살도 채 되기 전에 그녀는 집안의 하녀가 되었다.

5살에 그럴 수 있느냐고 사람들은 말하리라. 그러나 그것은 사실이다. 이 세상의 고통은 아무리 어린 나이에도 시작된다. 최근에도, 고아로 자라나 도둑이 된 뒤몰라르라는 인간의 재판이 있지 않았던가. 재판 기록에 의하면, 이 사나이는 5살 때부터 세상에 외톨이로 내던져져 '살기 위해 일하고 도둑질을 했다'.

꼬제뜨는 심부름하고, 방과 안마당과 바깥을 청소하고, 접시를 씻고, 무거운 짐을 나르는 일까지 했다. 떼나르디에와 그 아내는, 몽트뢰이유 쉬르 메르에 있는 꼬제뜨의 어머니가 돈을 제대로 부쳐 오지 않게 되면서부터 마구 부리는 것을 더욱 당연하게 생각했다.

몇 달 동안 돈이 밀려 있었다.

3년이 지난 이때 꼬제뜨의 어머니가 만일 몽페르메이유에 왔다고 할지라도, 자기 아이를 전혀 알아보지 못했을 것이다. 처음 이 집에 왔을 때 그토록 귀엽고 생생했던 꼬제뜨는, 지금 말라빠지고 파리해져 있었다. 어딘지 모르게 수심에 잠긴 듯 보였다. "앙큼스러운 것!"이라고 떼나르디에 내외는 말하고 있었다.

불공평한 세상은 그녀의 성질을 비뚤어지게 하고, 불행은 그녀를 추하게 만들었다. 옛모습이라고는 아름다운 눈만 남아 있었으나, 그 눈은 차라리 보는 사람으로 하여금 고통을 느끼게 했다. 커다란 눈이었기에 한결 많은 슬픔이 서려 있는 듯 보였다.

겨울에는 이 가엾은 아이는 차마 보기에 애처로웠다. 아직 6살도 되지 않았는데 너덜너덜한 누더기를 걸치고 달달 떨면서, 빨갛게 언 조그만 손에 커다란 비를 들고, 그 큰 눈에 눈물을 글썽이며 해뜨기 전에 바깥을 쓸고 있었다.

꼬제뜨

그 마을에서는 그애를 알루에뜨(종달새)라고 불렀다. 별명 붙이기 좋아하는 사람들은 꼬제뜨를 종달새라고 부르면서 즐거워했다. 언제나 누구보다 일찍 일어나 추위에 떨고 두려움에 겁먹으며 날이 밝기 전에 한길이나 밭에 나가 있었다.

그러나 이 불쌍한 '종달새'는 결코 노래하지 않았다.

제5편 전락

검은 구슬 신제조법 이야기

한편 몽페르메이유 사람들 사이에 아이를 버리고 갔다고 알려진 그 어머니는 어떻게 되었는가? 어디서 무엇을 하고 있었던가?

어린 꼬제뜨를 떼나르디에 집에 맡기고 그녀는 여행을 계속하여 몽트뢰이유 쉬르 메르에 닿았다.

독자들도 기억하겠지만, 그것은 1818년의 일이었다.

팡띤느는 10년 전쯤 고향을 떠났었다. 몽트뢰이유 쉬르 메르는 완전히 변해 있었다. 팡띤느가 비참한 생활에서 더 비참한 생활로 빠져 들어간 동안, 그녀의 고향거리는 날로 번창하고 있었다.

2년쯤 전부터 그 고장의 공업에 변화가 생겼다. 그것은 지방도시로서는 큰 사건이었다.

이것은 중요한 일이므로 자세히 말해두는 게 좋을 듯하다.

오랜 옛날부터 몽트뢰이유 쉬르 메르에는 영국과 독일의 검은 유리 구슬 모조품을 제조하는 특수 공업이 있었다. 이 공업은 본디 원료가 비싸서 품삯을 제대로 지불할 수 없어 도무지 발전되지 못했다. 그런데 팡띤느가 몽트뢰이유 쉬르 메르에 돌아갔을 무렵, 이 '검은 장신구' 제조법에 획기적인 개량이 이루어지고 있었다.

1815년이 저물어가는 어느 날 어떤 낯선 사나이가 이 도시에 들어와 자리 잡고 살면서, 문득 떠오른 생각을 바탕으로 수지 대신 칠을 사용하게 되었다. 또한 팔찌에 구슬과 구슬을 잇는 쇠붙이를 낱낱이 용접하는 대신 구슬 양끝에 쇠고리를 구부려 끼우는 방식을 사용했다. 그것은 작은 변화였지만 혁명과도 같았다.

그 아주 작은 변화가 실제로 원가를 훨씬 줄이고, 나아가 첫째 품삯을 높이는 결과가 되어 그 지방에 혜택을 주고, 둘째 제조법 개량으로 소비자에 이익이 되었고, 셋째 싸게 팔고도 많은 수익을 올려 제조자에게도 유리하게 되었다.

이렇듯 한 가지 개선책에서 세 가지의 좋은 결과가 생겨났다.

3년도 채 되기 전에 이 방법을 고안한 사람은 부자가 되고, 더욱 다행스럽게도 주위의 모든 사람들을 넉넉하게 만들었다. 그는 그 지방 사람이 아니었다. 그의 신분에 대해서는 아무것도 알려진 게 없었고, 그가 처음 나타났을 때의 사정에 대해서도 사람들은 거의 아는 바가 없었다. 사람들이 말하는 바로는, 고작해야 몇백 프랑을 가지고 이 거리로 들어왔으리라는 것이었다.

그는 적은 자본을 기발한 착상에 투자하여 착실히 불려서 마침내 큰 재산을 모았으며 동시에 그 지방 전체를 부유하게 했다.

그가 처음 몽트뢰이유 쉬르 메르에 와닿았을 때에는, 옷차림으로 보나 풍채로 보나 말투로 보나 한낱 노동자에 지나지 않았다. 그는 12월 어느 저물녘에 배낭을 등에 지고 손에는 마디가 진 거친 나무 지팡이를 들고 조그마한 도시 몽트뢰이유 쉬르 메르에 들어왔는데, 마침 시청에 큰 화재가 일어난 때였다. 이 사나이는 불 속으로 뛰어들어, 자기 몸의 위험도 돌보지 않고 두 어린아이를 구했다. 마침 헌병대장의 아들이었다. 그 덕분에 그에게 통행증 제시를 요구하는 사람은 아무도 없었다. 그때부터 그의 이름이 세상에 알려졌다. 사람들은 그를 마들렌느 아저씨라고 불렀다.

마들렌느 씨

그는 50살쯤 된, 늘 생각에 잠겨 있는 듯이 보이는 친절한 사나이였다. 그에 관해 말할 수 있는 것은 그뿐이었다.

마들렌느 씨가 개발한 새로운 구슬 제조법 덕분에 몽트뢰이유 쉬르 메르는 중요한 산업 중심지가 되었다. 검은 구슬을 다량 소비하는 스페인에서 해마다 막대한 주문을 해왔다. 몽트뢰이유 쉬르 메르는 이 거래만으로도 거의 런던이며 베를린과 맞먹고 있었다. 마들렌느 씨의 수익은 굉장하여 2년도 될까말까 해서 벌써 큰 공장을 세울 수 있었고, 거기에 두 개의 넓은 작업장을 만들어 하나는 남자 직공, 다른 하나는 여자 직공이 쓰게 했다. 굶주린 자는 누구든지 그 공장에 가면 일자리와 빵을 얻을 수 있었다.

마들렌느 씨는 남자에게는 선량한 의지를, 여자에게는 순결을, 그리고 모

마들렌느 씨

든 사람에게 성실을 요구하고 있었다. 그는 남녀를 분리하여 처녀나 기혼 여성들이 정절을 지킬 수 있도록 작업장을 둘로 나누었다. 그 점에 있어 그는 누구에게도 굽히지 않았다. 그것만이 그의 너그럽지 못한 유일한 점이었다. 몽트뢰이유 쉬르 메르는 군 주둔지여서 타락할 기회가 많으니만큼 그는 더욱 엄격했던 것이다.

어쨌든 그가 이 도시에 온 것은 이곳 사람들에게 축복이요, 하늘의 섭리였다. 마들렌느 씨가 오기 전까지는 이 지방의 모든 것이 침체되어 있었다. 지금은 모든 것이, 건강한 노동생활로 말미암아 활기를 띠고 있었다. 왕성한 활동이 모든 것을 따뜻이 하고, 구석구석이 단비로 촉촉이 젖어 있었다. 실업이나 빈궁은 이제 찾아볼 수 없었다. 아무리 미천한 자의 주머니에도 몇 푼이나마 돈이 없는 일이 없고, 아무리 가난한 집안에도 자그마한 기쁨이 있었다.

마들렌느 씨는 어떤 사람이든지 고용했다. 그가 요구하는 것은 단 한 가지뿐이었다. 정직한 남자, 정직한 여자여야 했다.

이미 말한 바와 같이, 마들렌느 씨는 이 지방 공업의 원동력이 되어 활발하게 활동하면서 재산을 만들었다. 그런데 상인으로서는 기묘하게도 그는 돈벌이에 중점을 두고 있는 것 같이 보이지 않았다. 주로 남의 일만 생각하고 자기 일은 거의 염두에 두지 않는 듯 보였다. 1820년에 그는 자기 명의로 라피뜨 은행에 63만 프랑의 돈을 예금한 것으로 알려져 있었다. 그러나 그 63만 프랑을 예금하기 전에, 그는 이미 시(市)와 가난한 사람들을 위해 백만 프랑 이상을 쓰고 있었던 것이다.

시의 자선병원은 설비가 불충분했다. 그는 거기에 침대를 열 개 기부했다. 몽트뢰이유 쉬르 메르는 높은 지대와 낮은 지대로 나뉘어 있었다. 그가 사는 낮은 지대에는 초등학교가 하나밖에 없으며, 더욱이 다 쓰러져가는 형편없는 건물이었다. 그는 학교를 두 개 세웠다. 그리고 그 두 학교의 교사들에게 봉급의 두 갑절이나 되는 수당을 자기 돈으로 지급했다. 그것을 보고 놀라는 사람들에게 그는 말했다.

"국가에서 가장 중요한 관리는 보모와 교사입니다."

또 그는 그즈음 프랑스에는 거의 알려져 있지 않던 보육원을 자기 돈으로 세우고, 늙어서 몸이 약해진 노동자들을 위해 구제 기금을 마련했다. 그의 공장은 도시 생활의 중심이었으므로 많은 가난한 사람들이 사는 새로운 거리가 그 둘레에 급속하게 이루어져 갔다. 그는 거기에 무료 약국을 세웠다.

처음에 그가 사업을 시작하는 것을 보고 말하기 좋아하는 사람들은 "한몫 잡으려는 게지"라고 말했다. 그러다가 그가 돈을 모으기 전에 그 지방을 윤택하게 하는 것을 보고 "야심가로군" 하고 말했다. 이 말은 그가 종교를 믿고 어느 정도 종교상의 의무까지 지키는데다, 이런 것은 그즈음 퍽 좋은 일로 여겨지고 있었기 때문에 더욱 들어맞는 것처럼 생각되었다.

그는 일요일에는 반드시 미사에 참례했다. 어디에서나 경쟁의 냄새를 맡아내는 그 지방의 한 대의원은 곧 그의 그러한 신앙에 불안을 느끼게 되었다. 그 대의원은 제정시대의 입법의회 의원으로, 오트랑뜨 공작 곧 푸세(혁명 때 국민의회 의원. 제정시대에 경찰관이었으며, 백일천하 이후 나뽈레옹을 배반했음. 권모술수에 능하고 지조가 없기로 유명한 인물)라는 이름으로 알려진 오라뜨와르회의 한 사제와 종교상의 의견을 같이하고 있으며 또한 친구였다. 그는 뒤로 은근히 신을 비웃고 있었다. 그런데 돈많은 공장주 마들렌느가 7시의 독송(讀誦) 미사에 참례하는 것을 보자 유력한 대의원 후보가 나타났구나 싶어 이 사나이를 꺾어 누르려고 결심했다.

이 대의원은 예수회 신부를 고해 신부로 정하고 대미사와 저녁 기도회에 출석했다. 그즈음의 야심이란 글자 그대로 종탑에의 경쟁(원어는 un ecloche au clocher. 보통은 스포츠 용어로 crosscountry race라는 뜻으로 쓰이는 말임)이었다. 그 대의원의 이러한 경쟁심으로 하느님은 물론 가난한 사람들도 덕을 보았다. 이 훌륭하신 대의원도 자선병원에 침대를 두 개 기부했기 때문이다. 그래서 기부된 침대는 모두 열 두 개가 되었다.

그러던 1819년 어느 날 아침, 다음과 같은 소문이 거리에 펴졌다. 마들렌느 씨가, 지사의 주천과 이 지방에 끼친 공적으로 말미암아 국왕으로부디 몽트뢰이유 쉬르 메르의 시장으로 임명되리라는 것이었다. 타관에서 떠돌다 온 그를 '야심가'라고 말하던 이들은 "그것보라니까! 내 뭐랬어!" 하고 기회를 놓칠세라 수선을 떨었다. 몽트뢰이유 쉬르 메르 시민들은 온통 야단법석이었다. 소문은 거짓이 아니었다. 며칠 뒤 임명 통보가 〈모니뙤르〉지(1819년 창간된 신문. 정보·통신·官報를 겸했음)에 실렸다. 그러나 이튿날 마들렌느 씨는 사퇴했다.

같은 해인 1819년에, 마들렌느 씨가 발명한 새로운 방법으로 만들어진 제품이 공업박람회에 출품되었다. 심사위원의 보고에 의해 국왕은 발명자에게 레지옹 도뇌르 5등 훈장을 수여했다. 조그만 도시는 다시 술렁거렸다. "그래 맞았어, 그가 노린 것은 훈장이었군!" 그러나 마들렌느 씨는 그 훈장도 사양했다.

도무지 알 수 없는 사나이였다. 말하기 좋아하는 이들은 이번에는 이렇게 말했다. "여하튼 그는 일종의 사기꾼이야."

이미 보아 온 바와 같이, 이 지방은 온통 그의 혜택을 입고 있었다. 그는 이제 없어선 안될 인물이므로 사람들은 그를 존경했고, 온화한 인품을 지닌 까닭에 사람들은 절로 그를 사랑하게 되었다. 특히 그의 직공들은 그를 숭배하고 있었다. 그러나 그는 침울하고 근엄한 태도를 견지했다.

그가 부자라는 것이 세상에 널리 알려지게 되자 '사교계' 사람들은 그에게 고개를 숙이고, 시내에서는 그를 마들렌느 씨라고 부르게 되었다. 그러나 그의 직공이나 어린아이들은 여전히 그를 '마들렌느 아저씨'라고 불렀다. 그는 그것을 더 좋아했다. 지위가 높아짐에 따라 초대장이 쏟아져 들어왔다. '사교계'는 다투어 그를 모셔가려고 했다. 몽트뢰이유 쉬르 메르의 거드름부리는 조그만 살롱들은 처음에 이 장인(匠人) 앞에 물론 닫혀진 문이었으나, 지금은 백만장자를 향해 활짝 열렸다. 초대가 쇄도했다. 그러나 그는 모두 거절했다.

그런데도 말하기 좋아하는 사람들은 입을 다물 줄 몰랐다.

"그는 무식하고 교육받지 못한 사나이다. 대체 어디서 굴러 들어온 자인지도 모르잖나. 상류사회에 나가려 해도 예법을 모르는 거겠지. 글을 읽을 줄 안다는 증거조차도 없지 않은가!"

그가 돈을 버는 것을 보고 사람들은 "저놈은 장사꾼이다"라고 말했다. 그가 돈을 뿌리는 것을 보고 사람들은 "저놈은 사기꾼이다"라고 했다. 지금 그가 상류사회와의 교제를 거절하는 것을 보고 사람들은 "저놈은 촌무지랭이다"라고 말하는 것이었다.

그가 몽트뢰이유 쉬르 메르에 온 지 5년째인 1820년이 되자, 그가 이 지방에 끼친 공적이 실로 눈부시고 지방민 전체가 한결같이 원했으므로 국왕은 다시 그를 시장으로 임명했다. 그는 다시 사퇴했으나, 지사는 그것을 받아들이지 않았다. 각 방면의 명사들이 찾아와 간청하고, 민중들도 모여와 그에게 탄원하며 모두들 강력하게 나왔으므로 마침내 그는 받아들였다.

특히 그가 결심을 굳힌 것은 한 서민 노파의 거의 노한 것 같은 강력한 호소때문이었다. 그 노파는 자기 집 문 앞에서 화난 목소리로 외쳤던 것이다.

"좋은 시장이 필요해요. 당신은 자기가 할 수 있는 좋은 일 앞에서 뒷걸음 질치는 거요?"

그것은 그의 입신양명의 세 번째 단계였다. 마들렌느 아저씨는 마들렌느 씨가 되고, 마들렌느 씨는 시장님이 되었던 것이다.

라피뜨 은행에 예금한 액수

그러나 그는 맨 처음 이 고장에 들어왔던 날과 마찬가지로 소박하고 꾸밈이 없었다. 잿빛 머리, 진지한 눈초리, 노동자처럼 볕에 그을은 얼굴빛, 철학자 같이 생각에 잠긴 얼굴 모습. 그는 언제나 한결같이 챙넓은 모자를 쓰고, 값싼 긴 모직물 프록코트의 단추를 턱 밑까지 단정하게 채워 입고 있었다. 그는 시장으로서 직무를 다했으나 그밖에는 고독한 생활을 하고 있었다. 몇몇 사람하고밖에는 말하지 않았다. 예절이나 인사는 되도록 피하고, 얼른 자리를 벗어났으며, 이야기하는 대신 미소를 짓고, 미소짓기보다는 돈을 베풀어 주었다. 부인네들은 그를 가리켜 말했다. "몹시 붙임성 없는 호인으로군!" 그의 즐거움은 들을 산책하는 일이었다.

그는 앞에 책을 펼쳐 놓고 읽으면서, 언제나 혼자서 식사했다. 그는 잘 간추려진 조그만 문고본을 갖고 있었다. 그는 책을 좋아했다. 책은 냉정하지만 확실한 벗이다. 재산과 더불어 여유가 생기자, 그는 정신의 교양을 쌓아갔다. 몽트뢰이유 쉬르 메르에 오고 나서 해를 거듭함에 따라, 그의 말은 공손해지고 한결 고상해졌으며 또 부드러워졌다.

산책할 때는 즐겨 총을 갖고 다녔으나, 좀처럼 사용되지는 않았다. 때로 그것을 사용할 때면, 그 사격은 빗나가는 일이 없어 보는 사람들로 하여금 두려움을 느끼게 했다. 그러나 해를 끼치지 않는 동물은 죽이는 일이 없었다. 또 작은 새들도 결코 쏘지 않았다.

이제 젊다고 할 수 없는 나이였으나, 그는 놀랄 만한 힘의 소유자라고들 했다. 필요한 사람에게 힘을 빌려주고, 쓰러진 말을 일으키고, 수렁에 빠진 수레바퀴를 밀어내고, 도망치는 황소의 뿔을 잡아 붙들었다. 집을 나설 때는 언제나 잔돈을 주머니에 가득 넣고 있었으며 돌아올 때는 텅 비어 있었다. 마을을 지나노라면, 누더기를 걸친 아이들이 즐거운 듯이 쫓아와 파리 떼처럼 그를 에워쌌다.

짐작컨대, 그는 전에 농사일을 했음이 틀림없었다. 갖가지 종류의 유익한 비결을 알고 있어, 그것을 농사꾼에게 가르쳐 주었기 때문이다. 밀보리의 해충을 없애기 위하여 소금을 물에 풀어 그 물을 곳간에 뿌리거나 틈바구니로 흘려 넣도록 가르쳐 주고, 바구미를 없애기 위해서는 벽과 지붕이며 광과 집 안 등 사방에 오르비오꽃을 매달아 놓도록 가르쳐 주곤 했다. 그는 또 보리밭 이랑에 극성스럽게 뻗는 잡초, 황갈병과 깜부기병, 새콩과 가브롤과 독새풀을 근절시키는 여러 가지 방법을 터득하고 있었다. 또 토끼장에 조그만 모르모트를 한 마리 집어넣어 냄새를 피우게 함으로써 쥐의 해를 막아내게 했다.

어느 날 그는 그 지방 사람들이 열심히 쐐기풀을 뽑고 있는 것을 보았다. 뽑혀서 산더미처럼 수북히 쌓인 쐐기풀이 말라 비틀어져 있는 것을 보고 그는 말했다.

"벌써 말라 비틀어져 버렸군. 그러나 용도를 알아두면 도움이 된다오. 이 쐐기풀은 아직 어릴 때에는 훌륭한 야채가 되고, 쇠었을 때는 대마나 아마처럼 질긴 섬유를 얻을 수 있지요. 쐐기풀 섬유로 짠 옷감은 대마직과 맞먹소. 잎사귀를 잘게 썰면 오리나 거위의 모이가 되고, 짓이겨서 주면 뿔 있는 짐승의 먹이가 되오. 쐐기풀 씨를 짐승 먹이에 섞어 주면 짐승의 털에 윤이 돌고, 뿌리를 소금에 섞어 놓으면 빛깔 고운 노랑 물감이 되오. 게다가 쐐기풀은 질좋은 목초로 한 해에 두 번이나 베어들일 수 있소. 쐐기풀 농사에 무슨 노력이 들겠소? 땅은 조금 있으면 되고 특별히 가꿀 필요도 없소. 다만 쐐기풀 씨는 여물자마자 땅에 떨어지기 때문에 거둬들이기가 좀 어려울 뿐이오. 조금만 노력을 기울이면 쐐기풀은 유용하게 쓰이지만, 내버려두면 해로운 것이 되오. 그래서 쐐기풀을 솎아내는 거라오. 인간도 이렇게 쐐기풀같이 되는 사람이 많소!"

그리고 잠시 입을 다물었다가 다시 덧붙였다.

"여러분 명심하십시오, 이 세상에는 나쁜 풀도 없고 나쁜 인간도 없소. 가꾸는 방법을 모르는 인간이 있을 뿐이오."

어린아이들은 모두 그를 좋아했다. 밀보리짚이나 야자 열매 껍질로 재미있는 장난감을 만들어 주곤 했기 때문이었다.

성당 문에 검은 막이 드리워진 것을 보면 그는 으레 들어갔다. 다른 사람들이 세례식을 찾듯이 그는 장례식을 찾았다. 정이 깊어 홀어미, 홀아비의 생활이나 남의 불행에 그는 가슴 아파했다. 육친을 잃은 슬픔 속에 놓인 친구와, 상복을 입은 가족과, 관 옆에서 슬퍼하는 사제들 사이에 그는 자연스럽게 섞여들었다. 저 세상의 환영으로 가득찬 장송곡을 자기 사색의 경전(經典)으로 삼는 듯이 보였다.

그는 눈을 하늘로 쳐들고, 무한계(無限界)의 모든 신비에 대한 어떤 동경을 안고서 죽음의 어두운 늪가에서 노래부르는 그 구슬픈 곡조에 귀기울이곤 했다.

그는 숱한 선행을 했으나, 나쁜 짓을 할 때 사람이 몸을 숨기듯 숨어서 했다. 그는 저녁때 사람 눈을 피해 이 집 저 집으로 찾아 들어가 살그머니 층계를 올라서곤 했다. 어떤 가련한 사람이 자기 다락방으로 돌아와 문이 열려 있는 것을 발견한다. 때로는 집을 비운 동안 억지로 잡아 비틀려 열려 있기도 한다.

가련한 사나이는 "도둑이 들었구나!" 하고 외친다. 그러나 그가 안으로 들어가 맨 먼저 보게 되는 것은, 테이블 위에 놓인 한 닢의 금화였다. 안에 들어왔던 '도둑'은 다름아닌 마들렌느 아저씨였던 것이다.

그는 겸손하고 침울해 보였다. 사람들은 말했다.

"저 사람은 부자인데도 거만하지 않고, 행복한데도 만족스러워 보이지 않는다."

어떤 이들은 그를 불가사의한 인물로 여겨, 아무도 들어가 본 적 없는 그의 방에는 날개돋친 모래 시계가 있고 십자로 된 정강이뼈와 해골바가지가 장식되어 있어 마치 은자의 독방 같다고 잘라 말했다.

그 소문이 널리 퍼져, 마침내 몽트뢰이유 쉬르 메르 상류사회의 심술궂은 젊은 부인들이 어느 날 떼지어 그의 집으로 몰려와 청했다.

"시장님, 시장님의 방을 좀 보여 주세요. 모두들 동굴이라고 말하고 있으니까요."

그는 빙그레 웃으며 곧바로 그녀들을 그 '동굴'로 안내했다.

그녀들의 호기심은 보기 좋게 깨어졌다. 그것은 아무 신기할 것 없는 방으로, 어디서나 볼 수 있는 초라한 마호가니 가구가 놓이고 12수 짜리 벽지가 발라져 있는 데 지나지 않았다. 눈에 띄는 것이라곤 벽난로 위에 놓인 구식 촛대 두 개뿐이었는데, 그것은 '자세히 살펴 보니' 은으로 만들어진 것 같았다. 과연 소도시에 사는 사람다운 관찰이었다.

그런데 소문의 꼬리는 끊이지 않았다. 그의 방에는 아무도 들어가 본 이가 없으며, 그것은 은자의 독방이며 몽상의 도장인 동시에 동굴이며 무덤이라고들 수군댔다.

또한 사람들이 은밀히 소곤대는 바에 의하면, 그는 막대한 금액을 라피뜨 은행에 예금해 두고 언제든지 찾을 수 있도록 특별한 조치를 해두고 있다고 했다. 마들렌느 씨는 어느 때고 예고없이 훌쩍 라피뜨 은행에 들어가 영수증에 서명하기만 하면 10분도 못되어 2, 3백만 프랑을 수월하게 꺼낼 수 있다는 것이었다. 그러나 이미 말한 것과 같이 그 '2, 3백만 프랑'은 실제로는 64만 프랑 정도였다.

상복 입은 마들렌느 씨

1821년 초에 신문은 미리엘 씨의 죽음을 보도했다. 디뉴의 주교로 별명은 '비앵브뉘 각하'이며, 82살로 성자처럼 영면했다는 것이었다.

신문기사에 의하면, 디뉴의 주교는 세상떠나기 이미 몇 해 전부터 시력을 완전히 잃고 있었으나, 누이동생이 곁에서 시중들어 주었기 때문에 그는 그 실명에도 만족하고 있었다고 한다.

눈이 멀게 되어서도 사랑을 받는다는 것은, 무엇 하나 완전한 것 없는 이 속세에서는 실로 얻기 어려운 행복의 하나이다. 자기 주위에 언제나 한 여자가, 한 처녀가, 한 누이동생이, 한 사랑스러운 사람이 있다. 자기는 그녀를 필요로 하고, 그녀 또한 자기 없이 살 수 없는 것이다. 그녀가 자기에게 필요하듯, 그녀에게도 자기가 없어서는 안될 존재임을 안다. 그녀가 자기 곁에 있어 주는 정도에 따라, 그녀의 애정을 끊임없이 헤아려 볼 수 있다. 그리고 생각한다. '그녀가 그 모든 시간을 오로지 내게 바치는 것은, 내가 그녀의 마음을 온통 차지하고 있기 때문이다'라고. 그리고 얼굴은 보이지 않으나 그 마음 속을 본다. 이 세상 모든 것이 시야에서 사라져 버린 속에서도, 오직 한 사람 그녀의 충실을 인정한다. 날개 소리 같은 그녀의 옷자락 스치는 소리를 듣는다. 그녀의 오가는 소리, 드나드는 소리, 이야기하고 노래하는 소리를 듣는다. 자신이 그와 같은 움직임, 그와 같은 말, 그와 같은 노래의 중심임을 생각한다. 시시각각으로 자기에게 끌리는 그녀의 마음을 느낀다.

　부자유스러운 몸이 되면 될수록 한결 자신이 강해지는 것을 느낀다. 어둠 속에서, 또는 어둠을 통하여 자신이 태양이 되고, 그 둘레를 이 천사가 돌고 있다. 이에 비할 행복은 아무데도 없다. 인생 최고의 행복은 사랑받고 있다는 확신이다. 자기라는 사람이 사랑받고 있다는, 다시 말해서 자기가 무엇이든 간에 사랑받고 있다는 확신이다. 그러한 확신은 눈먼 사람의 특권이다. 실명한 비탄 속에 알뜰한 시중을 받는 것은 애무를 받는 것과 같다. 그런 그에게 무엇이 부족하겠는가? 아무것도 없다. 사랑을 얻은 이상 광명을 잃은 게 아니다. 더욱이 그것이 어떤 사랑이었던가! 덕에서 우러나온 완전한 사랑이다. 확신이 있는 곳에 실명은 없다. 영혼은 영혼을 더듬어 구하고 찾아낸다. 그렇게 찾아내어 꽉 움켜잡은 그 영혼은 하나의 여성이다. 그대를 받쳐 주는 하나의 손, 그것은 그녀의 손이다. 그대의 이마에 닿는 입술, 그것은 그녀의 입술이다. 그대는 바로 곁에서 숨쉬는 소리를 듣는다. 그것은 그녀이다. 예찬에서 연민에 이르기까지 그녀의 모든 느낌을 그대 자신이 소유한다. 결코 혼자 있게 되는 일이 없다. 저 가냘픈 정다움이 언제나 어루만진다. 그 꺾이지 않는 하나의 갈대가 그대를 부축한다. 신의 섭리를 느끼고, 신을 포용한다. 그것은 살갗에 느껴지는 신이다. 아, 참으로 크나큰 희열이다! 그 마음은, 보이지 않는 그 신성한 꽃은 신비 속에 피어난다. 그것은 어떠한 빛과도 바꿀 수 없는 그림자이다. 천사의 모습을 지닌 영혼이 거기 있다. 언제나 거기 있다. 비록 사라진다 해도 곧 되돌아온다.

　그것은 꿈같이 사라졌다가 꿈같이 나타난다. 따스한 것이 다가옴을 느낀다. 아, 있다. 기쁨과 즐기움과 도취가 온몸에 넘친다. 그대는 어둠 속의 광명이다. 가지가지의 알뜰한 정성. 하찮은 것일지라도 이 공간 속에서는 거대하다. 더할 나위 없이 고운 여성의 멜로디가 그대를 요람에 잠재우고, 그대를 위해 사라져 간 세계를 재현한다. 우리는 영혼 그 자체의 애무를 받는다. 아무것도 눈에 보이지 않지만 열애를 받고 있음을 느낀다. 그것은 어둠 속의 낙원이다.

　비앵브뉘 각하는 이러한 낙원에서 또 하나의 낙원(천국)으로 옮겨갔던 것이다. 그의 선종(善終) 소식은 몽트뢰이유 쉬르 메르의 지방신문에도 실렸다. 마들렌느 씨는 그 이튿날부터 모자에 검은 띠를 두르고 검은 상복을 입었다.

사람들은 그 상복을 화제에 올렸다. 이 일로 마들렌느 씨에 대해 무언가 알 듯 싶었다. 사람들은 그가 저 만인이 우러러보는 주교와 무슨 관계가 있다고 결론지었다.

"마들렌느 씨는 디뉴의 주교님을 위해 상복을 입었다"고 살롱에서는 말했다. 이 사건은 마들렌느 씨의 품격을 크게 높여 주어 몽트뢰이유 쉬르 메르 귀족사회에서 상당한 경의를 표하게 만들었다. 그 소도시의 쌩 제르맹이라고도 불리는 교구의 사람들은 주교라는 어마어마한 신분의 사람과 친척일지도 모르는 마들렌느 씨의 사순절 속죄 고행을 그만두게 하려고 했다. 마들렌느 씨는 노부인들의 경의와 젊은 부인들의 미소가 한결 더해진 것을 보고 자기의 인망이 높아진 것을 알아차렸다. 어느 날 밤 이 조그마한 상류 사교계의 스타 격인 어느 노부인이 늙은이의 호기심에서 결례를 무릅쓰고 물었다.

"듣건대 시장님은 돌아가신 디뉴의 주교님과 친척이 되신다구요?"

그는 말했다.

"그렇지 않습니다, 부인."

"하지만 당신은 그 분을 위한 상복을 입고 계신걸요."

그는 대답했다.

"그것은 다만 젊을 때 주교님 댁에서 하인 노릇을 한 적이 있기 때문입니다."

그리고 또 하나 사람들의 주의를 끈 것은, 굴뚝 청소부 노릇을 하며 그 지방을 돌아다니는 사브와 소년이 시내에 들어올 때마다 시장이 그들을 불러 이름을 묻고 돈을 주곤 하는 일이었다. 사브와 소년들은 저희들끼리 그 일에 대해 자주 이야기했고, 일부러 찾아와 돈을 받아가는 소년도 많았다.

지평선의 아련한 빛

세월이 흐름에 따라 반감은 완전히 사라졌다. 처음에는 출세하는 사람들에게 으레 따라다니는 음모와 중상이 마들렌느 씨를 에워쌌으나, 그것들은 마침내 단순한 험구에 지나지 않게 되고, 이어서 빈정거림에 불과해지더니, 끝내 완전히 자취를 감춰버렸다. 그는 모든 시민의 존경을 받았다. 1821년 무렵의 몽트뢰이유 쉬르 메르에서 시장님이라는 말은 1815년에 디뉴에서 주교 각하라는 호칭을 입에 담을 때와 같은 어조로 불리게 되었다. 그 언저리

백 리 밖에서까지 마들렌느 씨에게 의논하러 오는 사람들도 있었다. 그는 곤란한 문제를 해결해 주고, 소송을 미리 방지하고, 원수처럼 지내는 사람들을 화해시켜 주었다. 누구나 그를 올바른 재판관으로 여겼다. 그는 자연 법칙이라는 책을 자기의 근본 정신으로 삼고 있는 듯했다. 그를 존경하는 마음은 6, 7년 동안에 차츰 이 지방 전체로 퍼졌다.

그런데 시와 지방을 통틀어 오직 한 사나이만은 결코 존경심에 감염되지 않았다. 그리고 마들렌느 씨가 어떤 일을 하든지 언제나 그것에 적의를 품었다. 완고하고도 강한 어떤 본능이 그를 휘어잡고 놓아주지 않는 것 같았다.

그러고 보면 어떤 종류의 사람들에게는 다른 온갖 본능과 마찬가지로 완전히 순수한 동물적 본능이라고 할 만한 것이 있는 모양이다. 그 본능은 반감과 동감을 일으키고, 어떤 성격의 인간에게서 다른 성격의 인간을 철저하게 격리시키고, 주저하거나 동요하는 법이 없고, 결단코 물러서지 않고, 절대로 자기 감정에 휘말리지 않고, 암흑 속에서도 광명을 잃지 않고, 불요불굴의 의지를 지니고, 절대로 과오를 범하는 일이 없고, 지성의 어떤 충고나 이성의 어떤 설득에도 굽히는 법이 없고, 운명이 어떤 방향으로 흐르든 고양이 같은 인간 존재로서 개와 같은 인간을 경계하고, 사자 같은 인간 존재로서 여우 같은 인간을 경계한다.

마들렌느 씨가 사람들의 축복에 에워싸여 조용하고 온정깊은 모습으로 거리를 걸어갈 때, 짙은 쥐색 프록코트를 입고 커다란 지팡이를 들고 챙이 축 처진 모자를 쓴 키 큰 한 사나이가 그의 뒤에서 갑자기 몸을 홱 돌려 그 뒷모습을 쏘아보며 그가 사라져 보이지 않을 때까지 눈으로 쫓는 일이 흔히 있었다. 이 사나이는 팔짱을 끼고 천천히 머리를 흔들며 이래위 입술을 코 밑까지 밀어 올리고 모를 일이라는 듯이 얼굴을 찡그렸는데, 그 표정은 이런 뜻으로 풀이될 수 있었다.

"저자는 대체 어떤 사람일까? 확실히 어디서 본 적 있는 것 같은데. 아무튼 나는 저런 놈에게 속아넘어가지 않을 테다."

그는 위협하는 듯 중압감을 주는 인물로, 흘끗 보기만 해도 그 눈초리를 받은 사람의 마음을 사로잡아 버리는 그런 인간이었다.

그는 자베르라는 경찰관이었다.

그는 몽트뢰이유 쉬르 메르에서, 어렵지만 굉장히 중요한 일을 감시하고 살피는 자리에 있었다. 그는 마들렌느 씨가 이 고장에 처음 들어왔던 때의 일은 모르고 있었다. 자베르는 그 무렵 빠리의 시경국장이었던 국무대신 앙글레스 백작의 비서관 샤부이에 씨가 힘써준 덕분에 지금의 지위를 얻게 되었다. 자베르가 몽트뢰이유 쉬르 메르에 왔을 때 이 대공장주의 재산은 이미 구축되어 있었고, 마들렌느 아저씨는 마들렌느 씨가 되어 있었던 것이다.

경찰에 몸담은 관리들은 흔히 권위의 표정과 야비한 표정이 뒤섞인 그 어떤 복잡하고도 특별한 인상을 지니고 있는 법이다. 자베르도 그런 인상이었으나 야비한 데는 없었다.

인간의 영혼이 만일 눈에 보인다면 인간 각 개인은 모두 어떤 동물과 닮았다는 기묘한 현상을 사람들은 또렷이 알 수 있을 것이며, 참새에서 독수리에 이르기까지 또는 돼지에서 호랑이에 이르기까지 모든 동물이 인간 안에 존재한다는 진리, 저 사상가들이 어렵게 발견한 진리를 우리는 쉽사리 확인할 수 있을 것이다. 때로는 몇 종류의 동물이 한 인간 안에 모두 존재하는 일조차 있다.

동물은 우리들의 미덕과 악덕의 표상(表象)이며, 우리 눈 앞에 떠도는 영혼의 환영에 지나지 않는다. 신은 우리를 반성시키기 위해 그것들을 우리에게 나타내 보인다. 다만 동물은 환영에 지나지 않으므로, 하느님은 그 분의 완전한 뜻 안에서 그것들을 교육하게끔 만들어 놓지 않았다. 교육한들 무슨 소용 있겠는가?

그와 달리 우리의 영혼은 현실이며, 그 자체에 교육의 목적이 있으므로 하느님은 우리의 영혼에게 지성을 주었다. 곧 교육이 가능하게 했다. 사회교육이 훌륭하게 이루어진다면 어떤 영혼도 스스로에게서 유익한 작용을 끌어낼 수 있는 것이다.

이것은 물론 겉으로 드러난 이 지상 생활의 좁은 견지에서 이야기되는 것이며, 인간이라고 이름붙일 수 없는 존재의 선천적 후천적 성격에 관한 문제에까지 파고 들어가는 고찰은 아니다. 눈에 보이는 자아만 가지고 판단하여 잠재적 자아를 부정한다는 것은 어떤 경우에도 사상가에게 허용될 일이 아니다. 이 같은 제한을 두고 이 이야기를 해나가기로 하자.

그런데 사람 속에 저마다 한 가지씩 동물이 있다는 말을 인정한다면, 경찰관 자베르 속에 무엇이 있었는지 말하기는 몹시 쉬운 일이다.

자베르

아스뚜리아 지방 농민들이 믿는 바에 의하면, 한 배의 이리새끼들 속에는 반드시 개가 한 마리 섞여 있으며 어미는 그것을 곧바로 물어 죽인다고 한다. 그러지 않으면 그 개가 커서 다른 이리들을 다 잡아먹기 때문이다.

암이리에게서 태어난 개에게 인간의 얼굴을 씌우면 그것이 곧 자베르가 될 것이다.

자베르는 형무소 안에서 트럼프 점을 치는 여자의 아들로 태어났다. 그 여자의 남편은 항구의 감옥에서 징역을 사는 죄수였다. 자베르는 자라면서 자기가 사회의 테두리 밖에 있음을 깨닫고 그 안으로 들어갈 희망을 잃어버렸다. 사회는 두 종류의 인간을 사회 밖에 엄중하게 세워놓고 절대로 받아들이지 않는다는 것을 그는 인정했다. 곧 사회를 공격하는 인간과 지키는 인간이다. 그는 이 둘 가운데 어느 하나를 고를 수밖에 없었다. 편협스럽고 고지식하고 결백한 그의 어떤 본성이 자베르로 하여금 자기가 속해 있는 부랑자 계급에 대하여 더할 나위 없는 증오심을 품게 했다. 그는 경찰에 들어갔다.

그는 거기서 성공했다. 40살에 그는 경위가 되었다.

젊어서는 남부 지방의 형무소에서 근무한 일도 있었다.

이야기를 더 나아가기 전에, 여기서 자베르라는 인간에 대하여 설명해 보기로 하자.

자베르의 얼굴은 편평한 하나의 코와, 두 개의 깊은 콧구멍과, 콧구멍 쪽으로 두 뺨 위를 기어오르고 있는 짙은 구레나룻으로 이루어져 있었다. 그 양쪽 뺨의 구레나룻숲과 그 사자코의 두 개의 동굴을 보면 누구나 처음에는 무시무시함을 느낀다. 자베르가 웃으면―웃는 일이 좀처럼 없었지만 그 웃음은 무서웠다―얇은 입술이 열리며 이가 보일 뿐 아니라 잇몸까지 드러났고, 그 코 언저리에 들짐승의 코에서 보는 것 같은 거칠고 편편한 큰 주름이 잡혔다. 진지한 얼굴을 하고 있을 때의 자베르는 불독 같았고, 웃을 때는 호랑이 같았다. 게다가 이마는 작고, 턱은 커다랗고, 머리는 이마를 덮으며 눈썹 위까지 늘어졌고, 두 눈 사이에 분노의 표적 같이 찡그린 주름살이 언제나 패어 있고, 눈초리가 어둡고, 꽉 다문 입매는 삐죽 내밀어져 마치 금방이라도 잔인한 명령을 내릴 것 같은 형상이었다.

이 사나이의 성격은 매우 단순한 두 가지 감정으로 구성되어 있었다. 곧 주권(主權)에 대한 존경과 반역에 대한 증오였다. 그리고 그의 눈에는 도둑질이나 살인 등의 모든 범죄는 반역의 형태에 지나지 않았다. 국가의 녹을 먹고 있는 자에게는, 총리대신으로부터 산림 간수에 이르기까지 깊은 신뢰의 눈길을 보냈다. 한 번 법의 테두리를 넘은 자에 대해서는 경멸과 반감과 혐오를 품고 모조리 적대했다. 그는 결코 용서하지 않고 단연코 예외를 허락하지 않았다. 그는 한편으로는 "직무를 행하는 자는 잘못을 저지르는 법이 없고, 관리는 결코 부정한 일을 행하지 않는다"고 하면서 다른 한편으로는 "이놈들은 영원히 구제할 길이 없다. 착한 일이라고는 쥐꼬리만큼도 하지 않는다"고 말하는 것이었다.

세상에는 극단적인 정신의 소유자로서 형벌을 내릴 권리 또는 형벌을 만들 권리가 인간이 만든 법칙 속에 있는 듯이 믿어 사회의 바닥에 지옥의 강 스틱스를 인정하는 사람이 있다. 자베르는 그러한 정신의 소유자였다. 그는 금욕주의자로 진지하고 엄격했으며, 음울한 몽상가이기도 했다. 광신자처럼 겸손하면서도 거만했다. 그의 눈초리는 송곳 같이 차디차고 날카로웠다. 그의 생애는 오로지 다음의 두 마디 말로 요약된다. '경계와 감시'. 그는 이 세상의 구부러진 길 속에서 똑바로 걸어왔다. 그는 세상에 봉사하는 것을 양심의 신조로 삼고, 직무수행을 자기의 종교로 삼았다. 그의 손에 걸린 자야말로 불행할지어다. 그는 제 아비가 감옥에서 탈옥했다면 체포했을 것이며, 제 어미가 죄를 지었으면 고발했을 것이다. 그리고 거기서 얻는 내적 만족감을 느꼈으리라. 게다가 청빈하고 고독하며 극기하고 정결한 생활을 하면서 오락은 전혀 즐기지 않았다. 그는 엄격한 의무 그 자체이며 스파르타인이 스파르타에 몸을 바치듯 강직하고 씩씩한 경찰관이며, 무자비한 감시자이며, 무섭도록 정직하고, 냉혹한 밀정이며, 냉탐정 비도크[77] (프랑스의 도적·협잡꾼. 갖은 악행을 다하던 끝에 1832년 시경에 들어가 솜씨를 발휘했으나 시경국장을 배신하고 파면되었음. 발작의 작중인물 보뜨랑의 모델임) 속에 살아 있는 브루터스(브루터스의 이름은 오늘날 자기주의에 모든 것을, 곧 생명까지도 바치는 불요불굴의 인간을 가리키는 데 쓰이고 있음)였다.

자베르는 늘 숨어서 엿보는 인간형을 대표하고 있었다. 그즈음의 이른바 급진파 신문에 급속히 우주 형성론을 주장하고 있던 조제프 드 메스트르를 우두머리로 하는 신비파는 틀림없이 자베르를 하나의 상징으로 받들었을 것이다. 그의 이마는 모자에 가려 보이지 않고, 눈은 눈썹에 덮여 보이지 않고, 두 손은 소매 안으로 들어가 보이지 않고, 지팡이는 프록코트 속에 감춰져 보이지 않았다. 그러나 때가 오면 각진 좁은 이마, 험악한 눈초리, 위협적인 턱, 거대한 손, 무시무시한 몽둥이가 마치 복병처럼 불쑥 튀어나왔다.

한가로운 때라곤 좀처럼 없었지만, 잠시나마 틈이 나면 자베르는 책을 좋아하지 않으면서도 무엇이건 읽었다. 그러므로 그는 아주 무식하지는 않았다. 그것은 매우 과장된 듯한 그의 말투로도 알 수 있었다.

그에게 아무 악덕도 없다는 것은 이미 앞에서 말했다. 만족스러운 때 한 줌의 코담배를 자신에게 허락하는 것이 단 하나 그의 여느 인간다운 면이었다.

자베르가 법무부의 통계연감에 빨간 글씨로 '부랑자'로 지목되어 있는 족속들의 가장 두려운 존재였다는 것은 쉽게 이해될 것이다. 자베르라는 이름을 누가 입에 올리기만 해도 그들은 어쩔 줄 몰랐다. 자베르의 얼굴이 나타나면 그들은 움츠러들었다.

실로 무서운 사나이였다.

자베르는 끊임없이 마들렌느 씨를 지켜보고 있는 하나의 눈과도 같았다. 의혹과 억측으로 가득한 눈. 마들렌느 씨도 마침내 그것을 알아차리게 되었으나 아무렇지도 않은 듯했다. 자베르에게 무엇을 물어보는 일도 없고, 자베르를 살펴보려고도 하지 않고, 피하지도 않았다. 자베르의 위압적인 불쾌한 눈초리를 받으면서도 그것에 그리 주의를 기울이는 것 같지 않았다. 그는 다른 사람과 마찬가지로 자베르에게 호의를 가지고 대했다.

자베르의 입에서 새어나오는 몇 마디 말로 미루어 보건대 그는 그 부류의 인간들에게 특유한 호기심, 의지와 더불어 본능에서 우러나는 호기심을 가지고, 마들렌느 아저씨의 지난날 행적을 비밀리에 탐색하고 있는 것 같았다. 그는 행방불명된 어떤 가족에 대한 어떤 정보를 가진 자가 있는 사실을 알고 있는 듯했다. 어떤 때 그는 혼자말처럼 중얼거렸다. "그놈이 꼬리가 잡힐 것 같군!" 그리고 한 마디 말도 없이 사흘 동안 생각에 잠겼다. 붙잡은 것 같이 생각되었던 단서가 딱 끊어져 버린 모양이었다.

이것은 어떤 종류의 말이 너무 절대적인 의미로 쓰이지 않도록 미리 경계하는 것이거니와, 인간에게 확실한 것은 아무것도 없으며 본능은 자칫 흔들리고 흐려지고 혼미해지기 쉽다. 그렇지 않다면 본능이 지성을 능가하고, 동물이 인간보다 우세하게 되리라.

자베르는 마들렌느 씨의 몸에 밴 자연스러움과 침착성에 좀 어리둥절해진 것 같았다.

그런 어느 날, 자베르의 괴상한 태도가 마들렌느 씨에게 섬뜩한 인상을 준 듯했다.

포슐르방 영감

마들렌느 씨는 어느 날 아침 바닥돌이 깔리지 않은 몽트뢰이유 쉬르 메르의 작은 길을 걷고 있었다. 떠들썩한 소리가 들려와서 보니, 좀 멀리서 사람들이 웅성거리는 게 보였다. 그는 그쪽으로 갔다. 짐마차의 말이 쓰러지는 바람에 포슐르방이라는 노인이 그 수레 밑에 깔렸던 것이다.

이 포슐르방 노인은 그즈음 아직 더러 남아 있던 마들렌느 씨의 몇 명 안 되는 적들 가운데 한 사람이었다. 마들렌느 씨가 이 고장으로 들어왔을 때, 시골 사람치고는 얼마쯤 학식깨나 있어 전에 공증인까지 했던 포슐르방은 장사를 하고 있었는데 차츰 그것이 잘 안되기 시작했다. 포슐르방은 이 별볼일 없는 노동자가 점점 부유해져 가는데, 선생님이라고 불리며 어엿한 직업까지 갖고 있던 자기는 점차 몰락해 가는 것을 알았다. 그것이 그의 가슴을 질투로 불타게 하여 그는 기회 있을 때마다 마들렌느 씨를 훼방하려고 온갖 짓을 다 했다. 그러다가 그는 파산하고 말았다. 이미 늙은데다 남은 것이라곤 짐수레와 말밖에 없었고, 가정도 자식도 없었으므로 살기 위해 마차꾼이 되었다.

말은 뒷다리 윗 부분이 양쪽 다 부러져 일어나지 못하고 있었다. 노인은 바퀴와 바퀴 사이에 끼여 있었다. 어쩌다 그런 모양으로 떨어졌는지 차체의 온 중량이 그의 가슴을 내리누르고 있었다. 수레에는 꽤 무거운 짐이 실려 있었다. 포슐르방 영감은 비통하게 신음하고 있었다. 사람들은 그를 끌어내려고 했으나 헛수고었다. 함부로 시두르거나 이줍잖게 손을 내밀이 잘못 움직였다가는 그를 죽게 할 것만 같았다. 마차를 밑에서 떠밀어 올리기 전에는 그를 끌어내기 불가능했다. 사고가 일어났을 때 마침 와닿은 자베르는 기중기를 가지러 사람을 보내 놓고 있었다.

마들렌느 씨가 그곳에 다가왔다. 사람들은 경의를 표하며 길을 열어 주었다.

포슐르방 노인은 소리치고 있었다.

"사람 살려! 이 늙은이를 살려 줄 사람이 없단 말이오?"

마들렌느 씨는 그 자리에 있는 사람들을 둘러보았다.

"기중기가 없습니까?"

"지금 가지러 갔습니다" 하고 한 농부가 대답했다.

"얼마나 걸릴까요?"

"가장 가까운 플라쇼로 갔습니다. 거기에 철공소가 있습지요. 하지만 아무래도 15분은 걸릴 겁니다."

"15분이나!" 하고 마들렌느 씨는 외쳤다.

전날 비가 내렸으므로 땅바닥이 질퍽거려 짐마차는 시시각각 땅 속으로 빠져 들어가 늙은 짐마차꾼의 가슴을 더욱 세게 짓누르고 있었다. 5분도 못 가서 갈비뼈가 부러지리라는 것은 뻔한 일이었다.

마들렌느 씨는 바라보고 서 있는 농부들에게 말했다.

"15분이나 기다릴 수는 없소."

"도리가 없습니다!"

"하지만 이미 기다릴 수 없소. 저렇게 짐마차가 자꾸 내려앉는 게 보이지 않소?"

"그러니 어쩌겠습니까!"

"누군가 마차 밑에 기어들어가 등으로 밀어올릴 만한 여유는 아직 있소. 눈 깜짝할 새 이 노인을 끌어낼 수 있단 말이오. 누구 없습니까, 허릿심이 세고 용기있는 사람은? 루이 금화^(20프랑에 해당됨) 다섯 닢 내겠소."

군중 속에서는 아무도 나오지 않았다.

"10루이!" 하고 마들렌느 씨는 말했다.

그 자리에 있던 사람들은 모두 눈을 내리깔았다. 그 가운데 한 사람이 중얼거렸다.

"여간 힘센 장사가 아니면 안될걸. 잘못하다간 자기마저 깔려 죽을 테니."

"자, 어떻소!" 하고 마들렌느 씨는 다시 말했다. "20루이!"

여전히 모두들 잠자코 있었다.

"해보려는 생각이 사람들에게 없는 것은 아니지만" 하고 누군가 말했다.

마들렌느 씨는 돌아보았다. 자베르였다. 그는 여기 왔을 때 자베르가 있는 것을 보지 못했던 것이다.

자베르는 말을 계속했다.

"문제는 힘이지. 이토록 무거운 수레를 등으로 밀어 올리는 일은 여간 지독한 사나이가 아니곤 안될 거요."

짐마차 말이 쓰러지는 바람에 포슐르방 노인이 그 수레 밑에 깔렸던 것이다.

그리고 나서 마들렌느 씨를 물끄러미 쏘아보며, 한 마디 한 마디 힘주어 말을 이었다.

"마들렌느 씨, 당신이 지금 요구하시는 그런 일을 해낼 사람은, 내가 알기로 단 한 사람밖에 없소."

마들렌느 씨는 몸을 떨었다.

자베르는 시치미를 뗐으나 마들렌느 씨에게서 눈을 떼지 않고 덧붙였다.

"그 사나이는 죄수였습니다."

"아!" 하고 마들렌느 씨는 대꾸했다.

"뚤롱 감옥의."

마들렌느 씨는 창백해졌다. 그러는 동안에 짐마차는 점점 깊이 빠져 들어가고 있었다. 포슐르방 노인은 헐떡거리며 신음소리를 냈다.

"숨을 쉴 수 없어! 갈비뼈가 부러진다! 기중기를! 뭐든지! 어서!"

마들렌느 씨는 주위를 둘러보았다.

"아무도 없단 말이군, 20루이를 받고 가엾은 노인을 구해낼 사람은?"

그 자리에 있는 사람은 누구 하나 꼼짝도 하지 않았다. 자베르는 다시 말했다.

"기중기를 대신할 만한 사람을 나는 이제까지 한 사람밖에 보지 못했습니다. 그 죄수였지요."

"아, 나는 눌려 죽네!" 노인이 소리쳤다.

마들렌느 씨는 머리를 들어 여전히 자기 얼굴을 지켜보는 자베르의 매같은 눈과 부딪치고, 꼼짝도 않는 농부들을 바라보고, 그리고는 비장한 미소를 띠었다. 아무 말 없이 무릎을 꿇더니, 몰려선 사람들이 놀랄 겨를도 없이 어느새 마차 밑으로 들어가 있었다.

기대와 침묵의 무서운 한순간이 이어졌다.

마들렌느 씨는 그 무시무시한 무게 밑에서 거의 땅에 엎드리다시피 하여 팔꿈치와 무릎을 다가대려고 두어 번 안간힘썼으나 헛일이었다. 사람들은 외쳤다.

"마들렌느 씨! 어서 나오세요!"

포슐르방 노인까지도 그에게 말했다.

"마들렌느 씨! 저리 나가시오! 나야 어차피 죽을 몸이오! 내버려둬요!

당신마저 눌려죽지 말구."

그러나 마들렌느 씨는 대답하지 않았다.

사람들은 숨을 죽였다. 수레바퀴는 쉴새없이 빠져들어가 마들렌느 씨가 수레 밑에서 나오기란 이미 거의 불가능했다.

사람들은 거대한 차체가 별안간 흔들리는 것을 보았다. 짐마차가 서서히 올려지며 수레바퀴가 반쯤 바퀴자국 속에서 빠져나왔다. 사람들은 숨막힐 듯한 목소리가 이렇게 외치는 소리를 들었다.

"어서! 힘을 빌려줘!"

마들렌느 씨가 마지막 힘을 다하고 있었던 것이다.

사람들이 달겨들었다. 한 사람의 희생이 여러 사람에게 힘과 용기를 주었던 것이다. 짐마차는 여러 사람의 힘으로 들어올려졌다. 포슐르방 노인은 구출되었다.

마들렌느 씨는 일어났다. 땀이 줄줄 흘렀으나 얼굴빛은 창백했다. 옷은 찢어지고 흙투성이가 되어 있었다. 모두들 눈물을 흘렸다. 노인은 마들렌느 씨의 무릎에 입맞추며 그를 하느님이라고 불렀다. 마들렌느 씨는 신성하고 행복스러운 고통의 무어라 말할 수 없는 표정을 얼굴에 떠올리고 있었다. 그리고 여전히 그를 쏘아보고 있는 자베르에게로 조용히 눈길을 던졌다.

포슐르방, 수녀원의 정원사가 되다

포슐르방은 짐마차에서 떨어졌을 때 무릎관절이 빠져 버렸다. 마들렌느 씨는 직공들을 위해 공장 건물 안에 설치한 진료소로 노인을 옮기게 했는데, 그곳에서는 두 사람의 사선수녀가 모든 일을 맡아보고 있었다.

이튿날 아침 노인은 침대 옆 탁자 위에 천 프랑짜리 지폐 한 장과 마들렌느 씨의 필적으로 이렇게 씌어 있는 쪽지를 발견했다. '저는 귀하의 짐마차와 말을 사겠습니다.' 짐마차는 부서지고 말은 죽었던 것이다. 포슐르방은 다 나았으나 무릎 관절은 뻣뻣하게 굳은 채였다. 마들렌느 씨는 수녀들과 사제에게 추천을 부탁하여 이 노인을 빠리의 쌩 땅뜨완느 구(區)에 있는 어느 수녀원 정원사로 일하게 해주었다.

그 뒤 얼마 안되어 마들렌느 씨는 시장으로 임명되었다. 시 전체에 대한 권한을 부여하는 시장의 장식띠를 두른 마들렌느 씨의 모습을 보았을 때, 자베르는 주인의 옷 안에서 늑대 냄새를 맡은 개가 느끼는 것 같은 전율을 느꼈다. 그 뒤로 자베르는 되도록 마들렌느 씨를 피했다. 직무상 어쩔 수 없이 시장님 앞에 나가야 할 경우에는 매우 공손하게 대했다.

마들렌느 씨가 몽트뢰이유 쉬르 메르에 이룩한 번영은, 우리가 앞서 지적한 눈에 보이는 징후 외에 눈에는 보이지 않지만 아주 중요한 또 하나의 징후를 가지고 있었다. 그리고 그것은 결코 속일 수 없는 사실이다. 민중이 고통받고 있을 때, 일자리가 없어 어려울 때, 장사가 잘 되지 않을 때 납세자는 곤궁해서 납부 기한이 지나도록 세금을 내지 못하므로 국가는 강제 징수에 많은 비용을 쓴다. 그러나 일자리가 많고 돈이 넘칠 때에는 세금이 쉽게 걷히므로 국가 비용이 거의 들지 않는다. 그러므로 민중의 빈부는 세금 징수비라는 척도에 의해 잴 수 있다고도 할 수 있다. 몽트뢰이유 쉬르 메르 군(郡)에서는 세금 징수 비용이 7년동안에 4분의 3으로 줄어들었다. 그리하여 이 군은 재무대신 빌렐르 씨의 표창을 몇 번이나 받았다.

팡띤느가 고향에 돌아왔을 때 이 지방의 상황은 이상과 같았다. 그녀를 기억하는 사람은 아무도 없었으나, 다행스럽게도 마들렌느 씨의 공장이 옛 친구처럼 그녀를 맞아주었다. 그녀는 거기로 찾아가 여직공 작업장에 채용되었다. 그 일은 팡띤느에게 아주 생소하여 잘해 낼 수가 없었다. 따라서 하루 종일 일해도 그 수입이 빤했다. 그러나 그것만으로도 충분했다. 문제는 해결되었다. 그녀는 스스로의 힘으로 살아나갈 수 있었던 것이다.

빅뛰르니앵 부인은 품행 염탐에 35프랑을 쓰다

팡띤느는 자기 힘으로 살아갈 수 있음을 알고 한때 무척 기뻐했다. 제 힘으로 벌어 정직하게 살아가다니 얼마나 고마운 일인가! 일하는 즐거움을 진심으로 느꼈다. 거울을 사서 자기의 젊음이며 아름다운 머리며 고운 이를 비춰 보고 좋아하며 지난 일은 모두 잊고 오직 꼬제뜨와 밝은 앞날의 일만 생각하며 거의 행복했다. 작은 방을 하나 빌려 앞으로 버는 돈으로 치르기로 약속하고 가구를 들여 놓았다. 이것만은 그녀의 방탕했던 생활이 남겨 놓은 습성이었다.

미혼모라는 것을 밝힐 수 없어, 앞에서 잠깐 말한 바와 같이 어린 딸에 대한 이야기는 입 밖에 내지 않도록 조심했다.

처음 한동안은, 우리가 보아 온 바와 같이 떼나르디에 내외에게 또박또박 돈을 보내고 있었다. 그러나 그녀는 자기 이름밖에 쓸 줄 몰랐으므로 대서인(代書人)에게 부탁하여 편지를 써야만 했다.

그녀는 자주 편지를 보냈다. 그것이 사람들 눈길을 끌었다. 작업장 여자들은 팡띤느가 편지질을 곧잘 한다느니 태도가 수상쩍다느니 낮은 목소리로 소곤거리기 시작했다.

세상에는 자기와 아무 관계 없는데도 남의 일을 탐색하려고 애쓰는 사람들이 있다. 저 사람은 왜 꼭 저녁녘에만 찾아오는 것일까? 아무개 씨는 왜 목요일이면 꼭 외출하는 것일까? 저 사나이는 왜 언제나 골목길로만 다닐까? 저 부인은 왜 늘 집에 도착하기 전에 마차에서 내리는 것일까? 그 여자는 '자기 집 서랍 속 한 가득히' 편지지를 갖고 있으면서도 왜 편지지를 사러 보내는 것일까? 등등.

이러한 수수께끼를 풀기 위해, 더욱이 그 수수께끼가 자기와 전혀 관계없는데도, 많은 선행을 하고도 남을 정도의 돈과 시간과 수고를 낭비해 가면서 애쓰는 사람들이 세상에는 있는 법이다. 그리고 그것은 아무 까닭없이 다만 자기의 재미만을 위한 것으로, 호기심에 의한 호기심의 만족 외에 다른 목적은 없는 것이다. 그들은 며칠이고 이 남자 또는 저 여자의 뒤를 밟는가 하면, 길모퉁이나 골목길 입구에서 한밤중이건 춥건 비가 오건 몇 시간이고 감시를 계속하며, 드나드는 상인을 매수하고, 마차꾼이며 하인에게 술을 사고, 하녀에게 잔돈푼을 쥐어 주며 문지기를 포섭하기도 한다. 무엇 때문에? 아무 이유도 없다. 오직 못 견디게 보고 싶고, 알고 싶고, 들추어내고 싶기 때문이다. 순전히 사람들에게 지껄이고 싶어 견딜 수 없기 때문이다. 그리고 가끔 그러한 비밀이 알려지고, 숨겨진 일이 발각되고, 수수께끼가 백일하에 드러나게 되면, 거기서 슬픈 결말이며 결투며 파산이며 한 집안의 몰락이며 생활의 파멸이 뒤따르고, 아무 이해 관계도 없이 단순한 본능에서 모든 걸 폭로시킨 이들은 크게 기뻐하는 것이다. 참으로 슬픈 일이다.

어떤 종류의 사람들은 다만 지껄이고 싶어 심술쟁이가 되는 수가 있다. 그들의 객실이나 응접실에서 하는 잡담은 순식간에 장작을 태워버리고 마는 벽난로와 같다. 이 벽난로에는 땔감이 많이 든다. 그 땔감은 곧 이웃과 친지들이다.

그런 눈으로 사람들은 팡띤느를 관찰했다.

더욱이 그녀의 금발, 흰 이를 질투하는 여자들도 한둘이 아니었다.

사람들은 팡띤느가 작업장에서 여러 사람들이 있는 가운데서도 곧잘 얼굴을 돌리고 슬그머니 눈물을 닦곤 하는 것을 보았다. 그것은 그녀가 어린 딸을 생각할 때였다. 그리고 또 전에 사랑했던 사나이를 생각하는 때이기도 했으리라.

과거의 서글픈 인연을 끊기란 여간 고통스러운 일이 아니다.

그녀가 적어도 한 달에 두 번 언제나 같은 주소로 편지를 내고 요금을 치르는 일도 사람들 눈에 띄었다. 마침내 그 수취인 이름이 ‘몽페르메이유의 여관 주인 떼나르디에 씨’로 알려지게 되었다. 사람들은 술집에서 대서인으로 하여금 실토하게 했다. 이 대서인은 사람좋은 노인으로 비밀 주머니를 털어놓지 않고서는 붉은 포도주를 얻어 마실 수 없었던 것이다. 이리하여 사람들은 팡띤느에게 아이가 있다는 사실을 알아냈다. 그 여자는 창녀 비슷한 짓을 해온 여자임에 틀림없었다. 끝내는 어느 수다스러운 아낙네 하나가 몽페르메이유까지 가서 떼나르디에 내외와 만나 이야기를 듣고 돌아와 말했다. “35프랑을 쓴 덕분에 가슴 속의 안개가 확 걷혔어요. 난 그 아이도 보고 왔어요!”

그런 짓을 한 아낙네는 빅뜌르니앵 부인이라고 불리는 밉살스러운 초로의 여인으로 만인의 덕의 수호자이며 파수꾼이었다. 빅뜌르니앵 부인은 56살로 본디 못생긴 얼굴이 나이를 먹어 더욱 추해보였다. 염소가 우는 것 같은 매력없는 목소리에 옹고집이 꽉 들어찬 머리, 이런 할멈에게도 한때 젊은 시절이 있었다니 불가사의하다. 그녀는 젊을 때 혁명파의 붉은 모자를 쓰고 수도원을 탈출하여 베르나르 수도회에서 자꼬뱅 당으로 변절한 한 수도사와 1793년의 소란 속에 결혼했었다. 그녀는 냉정하고, 퉁명스럽고, 앙칼지고, 험상스럽고, 거의 표독스럽기조차 했다. 그리고 이미 미망인이 되었는데도 그녀는 지난날 자기를 억누르고 옴짝달싹 못하게 했던 옛날의 남편인 수도사를 늘 생각하고 있었다. 그녀는 법의에 깔려 뭉개진 쐐기풀을 연상시켰다. 왕정 복고 때에는 독실한 신자가 되었으므로, 사제들은 그녀의 믿음을 보아 죽은 남편인 수도사의 죄를 용서해 주었다. 가지고 있던 얼마 안 되는 재산을 어느 종교 단체에 기부하고는 크게 떠들어댔다. 아라스의 주교구에서는 그녀에게 대단한 경의를 나타내고 있었다. 바로 이 빅뜌르니앵 부인이 몽페르메이유에 다녀와서 "난 그 아이도 보고 왔어요" 하고 말했던 것이다.

그렇게 되기까지는 꽤 시일이 걸렸다. 팡띤느가 공장에 근무한 지 1년도 더 지나서였다. 어느 날 아침 작업장의 여감독이 시장님이 주시는 것이라면서 50프랑을 그녀에게 건네주고, 더 이상 일하러 나오지 말라고 덧붙이며 시장님 말씀이니 이 고장을 떠나라고 했다.

그것은 떼나르디에 내외가 6프랑에서 12프랑을 요구한 뒤 다시 15프랑을 보내라고 통고해온 바로 그 달의 일이었다.

팡띤느는 어찌할 바 몰랐다. 느닷없이 땅바닥에 내던져진 것이었다. 그녀는 이 고장을 떠날 수 없었다. 방세와 가구에 대한 빚이 있었다. 그 빚을 갚으려면 50프랑으로 모자랐다. 그녀는 두어 마디 입속말로 더듬거리며 애원해 보았다. 그러나 여감독은 당장 작업장에서 나가라고 호통쳤다. 게다가 팡띤느는 직공으로서도 솜씨 좋은 편이 못되었다. 그녀는 절망보다 차라리 부끄러움에 더 견딜 수가 없어 작업장을 나와 자기 방으로 돌아왔다. 지난날의 과오가 이제 여러 사람들에게 온통 알려져 버린 것이다!

그녀는 한 마디 말할 기력도 없는 것처럼 느껴졌다. 시장님을 만나라고 권하는 사람도 있었으나, 차마 할 수 없었다. 시장님이 50프랑을 주신 것은 친절하기 때문이며, 자기를 해고한 것은 그가 올바른 인간이기 때문이다. 그러므로 그녀는 그 판결에 복종했다.

빅뜌르니앵 부인의 성공

이리하여 수노자의 미망인은 뜻하시 않은 역할을 했던 것이다.

그러나 마들렌느 씨는 이 일에 대해 아무 것도 몰랐다. 인생을 메우고 있는 잡다한 사건은, 무릇 그와 같이 되게끔 짜여져 있는 것이다. 마들렌느 씨는 여자 작업장으로는 좀처럼 들어가지 않는 습관이었다. 그는 작업장 우두머리로 한 나이든 독신녀를 두고 있었다. 그는 사제가 소개해준 이 여감독을 완전히 신뢰하고 있었다. 사실 그녀는 확고하고 공정하고 존경할 만한 여자로 불쌍한 사람에게 물건을 베푸는 자선심은 깊었으나 사람을 이해하고 사람을 용서하는 마음은 그리 깊지 않았다. 마들렌느 씨는 그녀에게 모든 것을 맡겼다. 훌륭한 사람들은 자기의 권한을 남에게 위임하지 않으면 안될 경우가 많다. 여감독이 팡띤느에 대한 사람들의 고소를 조사해 보고, 재판하고, 유죄로 인정하여 처벌한 것도 그와 같은 전권을 쥐었기 때문이며 자기가 공정하게 하고 있다는 확신을 갖고 있었기 때문이었다.

50프랑은 마들렌느 씨가 여공들의 생활 보조와 구제를 위해 여감독에게 맡겨 놓은 금액에서 나온 것으로, 그 용도를 일일이 보고하지 않아도 되었다.

팡띤느는 이 고장에서 하녀로 일하려 결심하고 이 집 저 집 돌아다녀 보았으나 아무도 그녀를 원하지 않았다. 그래도 그녀는 이곳을 떠날 수 없었다. 그녀에게 가구를, 더욱이 형편없는 가구를 외상으로 팔았던 고물상 주인 영감이 "도망쳤단 봐라, 도둑년으로 체포되게 할 테다"라고 했기 때문이다. 집주인은 방세가 밀린 그녀에게 "당신은 젊고 예쁘잖소! 치를 길이 없지도 않을 텐데"라고 했다. 그녀는 50프랑을 집주인과 고물상에게 나눠주었다. 또 없어서는 안될 필요한 것만 남겨 두고 가구의 4분의 3은 고물상에게 돌려주었다. 그리고 그녀는 일거리도 없고 직장도 없고 있는 것이라곤 다만 잠자리와 아직도 100프랑쯤 되는 빚만 남은 신세가 되었다.

그녀는 주둔부대의 병정들이 입는 허술한 내의를 꿰매기 시작하여 하루에 12수씩 벌었다. 그러나 딸에게만도 10수씩 보내지 않으면 안되었다. 팡띤느가 떼나르디에 내외에게 송금을 제대로 하지 못하기 시작한 것은 이 무렵이었다.

그러나 저녁때 그녀가 돌아오면 언제나 와서 촛불을 켜주는 한 노파가 빈궁 속에서 살아가는 방법을 가르쳐 주었다. 가난한 살림살이 다음에는 빈털터리 살림살이도 있는 것이다. 그것은 마치 두 개의 방과도 같아서 전자는 어두컴컴하고 후자는 깜깜하다.

팡띤느는 여러 가지를 배웠다. 겨울에 전혀 불기 없이 지내는 것을. 이틀에 한 번씩 1리야르($\frac{4분의}{1수}$)의 좁쌀 값이 드는 작은 새를 단념할 것을. 스커트를 담요로 개조하고 담요를 스커트로 고치는 것을. 맞은편 창문의 불빛으로 식사하여 초값을 아끼는 것을. 가난과 정직으로 늙어 온 약한 사람들이 1수를 어떻게 쓰는지 사람들은 알지 못한다. 마침내는 그것도 하나의 재능이 되는 것이다. 팡띤느는 그렇게 궁핍하게 살아가는 재능을 터득하고 얼마쯤 기운을 되찾았다.

그즈음 그녀는 이웃집 여자에게 말했다.

"뭘요! 나는 스스로에게 타이르고 있어요. 다섯 시간만 자고 나머지 시간을 모두 바느질한다면 어떻게든 빵값만은 겨우 벌 수 있을 거라고요. 게다가 슬플 때는 그리 먹히지 않거든요. 그러니 고통이나 걱정 따위도 한편으로 빵이 좀 있고, 다른 한편으로 슬픔이 있는 거라면 그럭저럭 살아갈 수 있을 거예요."

이러한 실의 속에서도 어린 딸이 곁에 있어 주었다면 다시없는 행복이었으리라. 그녀는 딸을 데려올까도 생각했다. 그러나 어떻게 하려고! 그 아이에게까지 이런 괴로운 꼴을 당하게 하다니! 그리고 떼나르디에 내외에게 빚이 있다. 그것을 어떻게 갚는가! 게다가 거기까지 갈 여비는?

가난한 살림살이의 교훈을 가르쳐 준 노파는 마르그리뜨라고 불리는 정숙한 노처녀로 신앙심이 두텁고, 가난하면서도 없는 사람에게는 물론 돈많은 사람에게까지도 인정이 많고, Margeritte (옳게는 Marguerite 마르쮜리뜨) 라고 자기 이름을 쓸 정도의 글도 알고 있으며, 학문으로서는 하느님을 깊이 숭앙하고 있었다.

이 지상에는 그녀 같이 덕있는 사람들이 많이 있다. 언젠가 그들은 천국으로 들어가리라. 그런 생명은 미래를 갖고 있는 법이다.

처음 한동안 팡띤느는 부끄러워서 좀처럼 밖으로 나다니지 못했다.

한길에 나가면, 사람들이 자기를 흘끗거리며 손가락질하는 것을 그녀는 느끼고 있었다. 모두들 그녀를 흘끔흘끔 바라보면서도 누구 하나 인사하는 사람은 없었다. 길가는 사람들의 날카롭고 싸늘한 경멸이 모진 바람처럼 영혼을 마구 찔렀다.

조그만 도시에서는 불행한 여자란 모든 사람의 비웃음과 호기심의 제물이 되는 것 같다. 빠리에시는 적이도 모든 사람들에게 알려지지는 않고, 그것이 일종의 몸을 가려 주는 옷이 된다. 아! 그녀는 얼마나 빠리로 가고 싶어했는지! 그러나 갈 수 없었다.

가난에 익숙해진 것과 마찬가지로 업신여김에도 익숙해질 수밖에 없었다. 그녀는 점점 그것을 체념하게 되었다. 두어달 지난 후에는 부끄럼을 무릅쓰고 아무 일도 없었던 듯 밖으로 나다니기 시작했다.

"아무러면 어때." 그녀는 말했다.

고개를 쳐들어 야릇한 미소를 띠고 돌아다니면서 자기가 뻔뻔해지는 것을 느꼈다.

빅뜌르니앵 부인은 이따금 그녀가 지나가는 것을 창문에서 내다보고 자기 때문에 불행해질 대로 불행해진 한 여자의 실의에 빠진 모습을 발견하고 즐거움을 느꼈다. 심술궂은 인간은 음흉한 행복을 갖는 법이다.

지나친 노동은 팡띤느를 지치게 했다. 늘 하던 가벼운 기침이 심해졌다. 그녀는 가끔 이웃인 마르그리뜨에게 말했다.

"좀 만져보세요, 제 손이 이렇게 뜨거워요."

그러나 아침에 부러진 빗으로 명주실처럼 윤이 흐르는 아름다운 머리를 빗어내릴 때, 그녀는 한때의 행복한 멋을 부려보는 것이었다.

성공의 계속

그녀가 해고된 것은 겨울이 끝날 무렵이었다. 여름이 지나가고 겨울이 다시 찾아왔다. 해는 짧고 작업량은 줄어든다. 겨울, 불기도 없고, 빛도 없고, 한낮도 없고, 저녁은 곧 아침과 만나고, 안개가 끼고, 황혼이 지고, 창은 잿빛으로 흐려 아무것도 또렷이 보이지 않는다. 하늘은 바람 구멍 같고, 하루는 굴 속 같고, 태양은 너무나 초라하다. 무서운 계절, 겨울은 허공의 수분과 인간의 마음을 돌로 만든다. 게다가 팡띤느는 빚쟁이들에게 몰리고 있었다.

팡띤느의 벌이는 너무나 적었다. 빚은 늘어났다. 마음먹은 대로 돈을 뜯어내지 못한 떼나르디에 내외는 성화같이 독촉장을 보내와 그 내용은 그녀를 슬프게 하고 미납 우편 요금은 그녀의 주머니를 텅 비게 했다. 어느 날의 편지에는 이렇게 씌어 있었다. '어린 꼬제뜨는 이 추위에 아무것도 입을 게 없다. 모직 스커트가 한 벌 필요하니 적어도 10프랑은 보내주어야겠다.' 그녀는 그 편지를 하루 종일 손안에 꼭 쥐고 있었다. 저녁때, 길모퉁이의 이발소에 뛰어들어가 머리를 풀어 내렸다. 금발의 눈부신 머리가 허리께까지 늘어졌다.

"참 훌륭한 머리군요!" 이발사는 외쳤다.

"얼마나 받을 수 있겠어요?" 팡띤느가 물었다.

"10프랑."

"잘라 주세요."

그녀는 털실로 짠 스커트를 하나 사서 부쳤다.

그 스커트는 떼나르디에 내외로 하여금 머리 끝까지 화가 치밀게 했다. 그들이 원한 것은 돈이었다. 그들은 그 스커트를 에뽀닌느에게 주었다. 가엾은 '종달새'는 여전히 추위에 떨었다.

팡띤느는 생각했다. '우리 아기는 이제 춥지 않겠지. 내 머리를 입혀 주었으니까.' 그녀는 그 깎은 머리를 감추기 위해 동그랗고 조그만 모자를 썼는데 그래도 역시 예쁘게 보였다.

어떤 야릇한 변화가 팡띤느의 마음 속에 일기 시작하고 있었다. 이제 머리를 빗을 수 없게 된 것을 알았을 때, 그녀는 자기 주위의 모든 것을 미워하기 시작했다. 그녀는 오랫동안 모든 다른 사람들과 마찬가지로 마들렌느 씨를 존경해 왔다. 그런데 자기를 쫓아낸 것은 저 사람이다, 저 사람이 불행의 원인이라고 몇 번이고 되풀이 생각하는 중에 그녀는 마들렌느 씨까지도, 아니 누구보다도 더 그를 미워하게 되었다. 직공들이 공장 문을 나올 시각에 그 앞을 지나가게 되면 그녀는 일부러 깔깔대며 웃고 노래를 부르기도 했다.

어느 때, 그런 모양으로 웃고 노래하는 그녀를 본 한 늙은 여직공이 말했다.

"저런 여자는 끝이 좋지 못하지."

그녀는 되는 대로 아무 사나이나 붙잡아 정부로 삼았다. 사랑해서가 아니라 다만 반발과 자포자기에서였다. 상대방은 보잘것없는 사내, 이를테면 거

꼬제뜨의 겨울치마를 사려고 팡띤느는 자기의 금발머리를 10프랑에 판다.

지며 풍각쟁이 같은 건들건들 놀고먹는 부랑자로 그녀를 때리고, 그녀가 그를 처음 만났을 때와 같은 혐오를 느끼며 그녀를 버리고 가버렸다.

그녀는 딸만은 몹시 사랑하고 있었다.

그녀가 타락할수록, 그녀의 주위가 암담해질수록 그 귀여운 천사는 한결 더 그녀의 영혼 저 깊은 곳에서 빛을 더했다. 그녀는 말했다. "내가 부자가 되면 나는 꼬제뜨와 함께 살아야지." 그리곤 소리내어 웃었다. 기침은 여전히 가시지 않고 등에는 땀이 후줄근 배어났다.

어느 날은 떼나르디에 내외에게서 다음과 같은 내용의 편지가 왔다.

'꼬제뜨는 이곳에 도는 유행병으로 앓아누웠소. 속립열(粟粒熱)로, 좁쌀 같은 땀띠가 많이 돋으며 열과 오한이 나는 전염병이오. 비싼 약이 필요하오. 그래서 돈을 다 써버렸기 때문에 집에서는 더 이상 약값을 치를 수가 없소. 일 주일 안에 40프랑 보내지 않으면 아이는 죽어 버릴 거요.'

그녀는 큰 소리로 웃기 시작했다. 그리고는 이웃 노파에게 말했다.

"어머나, 이것 좀 봐! 글쎄, 40프랑을 보내라니, 나뽈레옹 금화 두 닢이 아니에요? 날더러 어디서 훔쳐오라는 거야. 이 시골 양반들, 참 어리석기도 하지!"

그렇게 말하면서도 그녀는 층계의 들창 곁으로 가서 그 편지를 다시 읽었다. 그리고 나서 층계를 내려가 여전히 큰 소리로 웃으면서 밖으로 뛰어갔다. 그녀와 마주친 어떤 사람이 말했다.

"왜 그래요 대체, 그렇게 들떠 가지고?"

그녀는 대답했다.

"바보 같은 소릴 써보냈지 뭐예요. 시골양반들이 글쎄 40프랑이나 보내 달라는 거예요. 말도 안되는 소리지!"

그녀가 광장을 지나는데 수많은 사람들이 기묘한 형체의 마차를 에워싸고 있는 게 눈에 띄었다. 그 마차의 평평한 지붕에는 빨간 옷을 입은 한 사나이 가 서서 한참 무슨 말을 늘어놓고 있었다. 그것은 떠돌아다니는 돌팔이 치과 의사로 틀니와 치약과 가루약과 물약 등을 사람들에게 팔고 있는 것이었다.

팡띤느는 몰려 선 사람들과 한데 섞여, 야비한 속어와 고상한 말이 뒤섞인 장광설을 들으면서 다른 사람들과 함께 웃기 시작했다. 그 돌팔이 치과의사 는 웃고 있는 아름다운 여자에게로 눈이 끌렸다. 그리고는 갑자기 소리쳤다.

“거기 웃고 있는 아가씨, 고운 이빨이군요. 당신의 파레트를 두 개 팔아 주신다면 한 개에 나뽈레옹 금화 한 닢씩 드리리다.”

“그게 뭐예요? 내 파레트라는 게?” 팡띤느는 물었다.

“파레트란” 하고 치과의사는 말을 이었다. “앞니 말이지요. 윗니 두 개.”

“어마, 끔찍스러워!” 하고 팡띤느는 외쳤다.

곁에 있는 이 빠진 노파가 중얼거렸다.

“나뽈레옹 금화가 두 닢이라니, 아이구, 어쩌면……복도 많으시지.”

팡띤느는 도망치면서 뒤쫓듯 외치는 사나이의 목쉰 소리를 듣지 않으려고 귀를 막았다.

“잘 생각해 보구려, 예쁜아가씨! 나뽈레옹 금화가 두 닢, 적은 돈이 아니오. 마음 내키거든 오늘 저녁에 오시오. 나는 띠야끄다르장이라는 여관에 묵고 있을 테니까.”

팡띤느는 집으로 돌아왔다. 화가 잔뜩 나서 옆방의 친절한 마르그리뜨 노파에게 그 이야기를 했다.

“세상에 그런 돼먹지 않는 녀석이 있다니! 어떻게 그런 사내들이 여길 돌아다니게 내버려두는지 모르겠어요! 내 앞니를 두 개나 빼려고 하다니! 아아, 망측스러워! 머리는 또 자라나지만 이빨이야 어디! 아이! 기분 나쁜 놈 같으니라구. 그런 짓을 하려면 6층 꼭대기에서 땅바닥으로 거꾸로 떨어져버리는 게 차라리 낫겠어요! 내게 말하잖겠어요. 오늘 저녁에 띠야끄다르 여관에 있겠다고요.”

“그래 얼마 주겠다는 거야?” 마르그리뜨는 물었다.

“나뽈레옹 금화 두 닢.”

“그럼, 40프랑이로군.”

“그래요. 40프랑이래요.”

그녀는 생각에 잠겨 있다가 일하기 시작했다. 이윽고 15분쯤 뒤 바느질하던 손을 멈추고 떼나르디에 내외에게서 온 편지를 다시 읽으려고 층계로 나갔다.

돌아와서 그녀는 곁에서 일하고 있는 마르그리뜨 노파에게 말했다.

“속립열이란 어떤 병인지 아세요?”

“알고말고. 지독한 병이지” 하고 노파는 대답했다.

"약이 많이 들겠군요?"

"그럼, 대단히 많은 약이 들지."

"어떻게 해서 그런 병에 걸리나요?"

"잘 옮는 병이야."

"어린아이들도 걸리나요?"

"주로 어린아이가 걸리지."

"죽는 수도 있나요?"

"잘 죽는다우."

팡띤느는 다시 한번 편지를 읽으려고 방에서 나가 층계로 갔다.

그날 저녁때 그녀는 집에서 나갔다. 그리고 여관들이 많이 있는 빠리 거리 쪽으로 걸어가는 것이 보였다.

이튿날 아침 날이 채 밝기 전에 마르그리뜨 노파는 팡띤느의 방으로 들어갔다. 그들은 언제나 함께 일하며 두 사람이 초 한 자루만 써 왔던 것이다. 마르그리뜨가 들어가서 보니, 팡띤느는 새파란 얼굴로 얼음덩어리처럼 되어 침대 위에 앉아 있었다. 그녀는 자지 않았던 것이다. 그녀의 모자는 무릎 위에 떨어져 있었다. 촛불은 밤새도록 켜져 거의 다 닳아 있었다.

마르그리뜨는 너무나 어수선한 광경에 놀라며 문턱에 멈춰섰다. 그리고는 소리쳤다.

"아니, 이런! 초가 이렇게 다 타버리다니! 무슨 일이 있었군 그래!"

그리고는 팡띤느를 물끄러미 바라보았다. 팡띤느는 그 머리카락이 없는 머리를 마르그리뜨 쪽으로 돌렸다.

팡띤느는 어제저녁보다 10살이나 더 늙어버렸다.

"원 세상에! 대체 어떻게 된 거야. 팡띤느?"

마르그리뜨 노파는 말했다.

"아무렇지도 않아요. 차라리 잘됐어요. 무서운 병에 걸린 내 아기가 그냥 내버려두어서 죽지 않아도 되게 됐어요. 난 기뻐요."

말하면서 그녀는 책상 위에 번쩍거리고 있는 두 개의 나뽈레옹 금화를 가리켜 보였다.

"아이구머니나, 저런! 굉장한 돈이로군! 이런 금화가 어디서 났수?" 마르그리뜨 노파는 말했다.

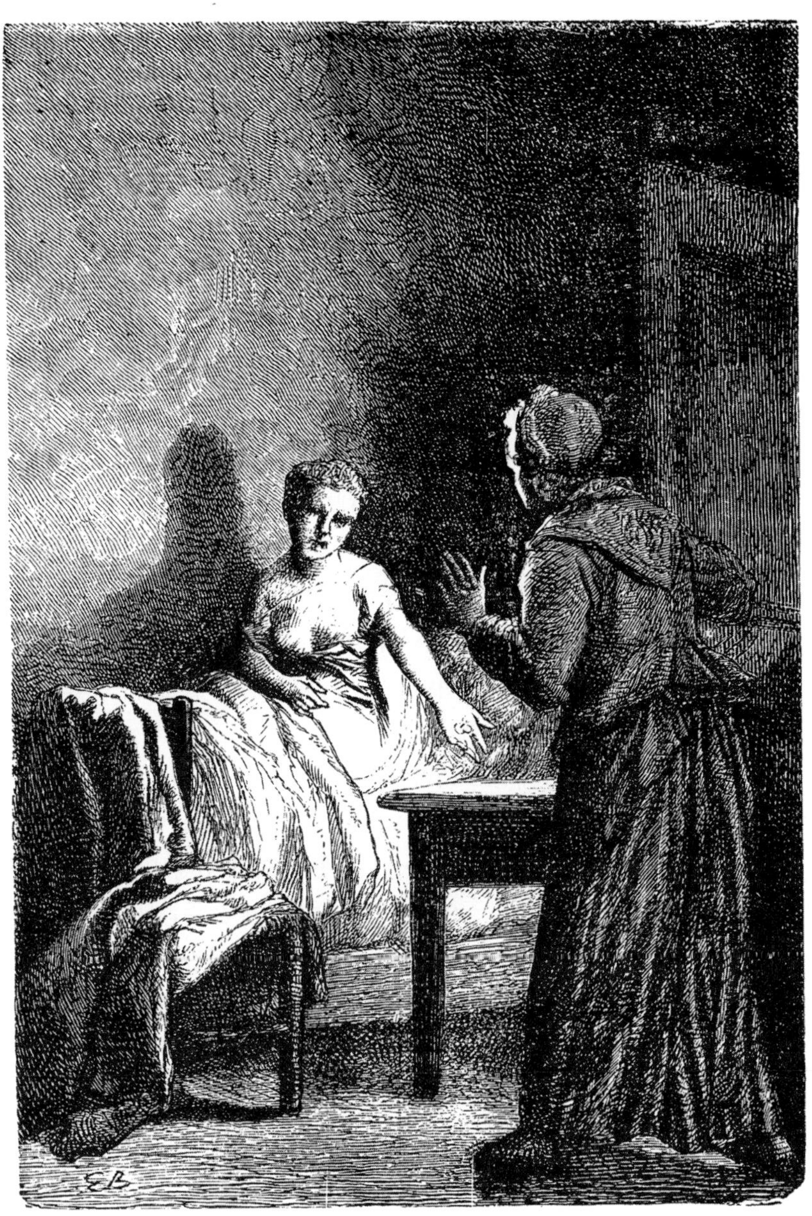

팡띤느는 물끄러미 그 머리카락이 없는 머리를 마르그리뜨 쪽으로 돌렸다.

"생겼어요."

팡띤느는 미소지었다. 촛불이 그녀의 얼굴을 비추고 있었다. 그것은 처절한 미소였다. 불그레한 침이 입가에 말라 붙어 있고 입 안에는 꺼먼 구멍이 뚫려 있었다.

두 개의 이를 뽑은 것이다. 그녀는 몽페르메이유에 40프랑을 보냈다. 그러나 그것은 돈을 뜯어내기 위한 떼나르디에의 거짓말이었다. 꼬제뜨는 앓고 있지 않았다.

팡띤느는 창문으로 거울을 내던졌다. 벌써 오래 전부터 그녀는 3층 방을 나와 빗장도 없는 다락방으로 옮겨와 있었다. 천장의 경사가 방바닥과 맞닿아 끊임없이 머리를 짓찧어야 하는 그런 고미다락방이었다. 가난뱅이는 마치 운명의 밑바닥으로 빠져들 듯 팡띤느는 자기 방 안쪽으로 들어가려면 몸을 구부려야만 했다. 그녀에게는 이제 침대도 없고, 남은 것이라곤 그녀가 담요라고 부르는 한 장의 누더기와 마룻바닥에 깔아놓은 요와 짚이 삐어져 나온 걸상뿐이었다. 가꾸던 장미 화분도 잊혀진 채 한구석에 말라 비틀어져 있었다. 다른 한구석에는 물을 담아 두는 버터 단지가 있었다. 겨울에는 그 물이 얼어서 둥근 얼음테로, 몇 번이고 물을 부은 자국이 오래도록 남아 있었다.

그녀는 이미 부끄럼도 체면도 잊어버렸다. 몸치장도 하지 않았다. 이렇게 되면 마지막이다. 그녀는 때묻은 모자를 쓰고 바깥을 나다녔다. 그럴 겨를이 없는지 아니면 그럴 마음이 없는지 이젠 속옷도 기워 입지 않았다. 양말은 뒤꿈치가 해어져 구두 속으로 끌어내려져 있었다. 세로 주름이 잡히는 것으로 보아 그렇게 하는 것을 알 수 있었다. 낡아서 닳아빠진 코르셋은 걸핏하면 찢어지는 헌 무명 조각으로 기웠다. 빚쟁이들은 그녀와 줄곧 실랑이를 하며 그녀에게 쉴 틈을 주지 않았다. 그들은 한길에서도 층계에서도 붙들고 졸라댔다. 그녀는 수많은 밤을 울음으로 지새우고 온갖 생각을 하면서 뜬눈으로 밝혔다. 눈은 열기로 번뜩거리고, 왼쪽 어깨뼈 윗부분은 늘 가시지 않는 아픔을 느꼈다. 기침도 잦아졌다.

그녀는 마들렌느 씨를 깊이 증오했으나, 스스로 입 밖에 내어 욕하지는 않았다. 그녀는 하루 17시간 바느질을 했다. 그러나 형무소의 작업 청부인이 여죄수들에게 헐값으로 일을 시키게 되어, 갑자기 삯이 떨어졌다. 그리하여

여느 바느질꾼 일당은 9수로 줄어들었다. 하루에 17시간 일하고 9수를 받은
것이다! 그녀의 빚쟁이들은 더욱 더 지독했다. 거의 모든 가구를 되찾아가
버린 고물상은 그러고도 이렇게 호통치는 것이었다. "화냥년 같으니! 언제
치를 거야?" 어떻게 하겠다는 것인가, 그녀를. 아! 그녀는 자기가 궁지에
몰리는 것을 느꼈다. 그녀의 마음 속에는 사나운 들짐승 같은 그 무엇이 차
츰 자라고 있었다.

그 무렵에 또 떼나르디에에게서 편지가 왔다. 이제까지는 착한 마음으로
기다려주었으나, 더 이상 어쩔 수 없으니 당장 100프랑을 보내도록 하라.
그렇지 않으면 저 중병에서 갓 회복한 어린 꼬제뜨를 내쫓아, 이 엄동설한에
거리에서 헤매게 할 테다. 이따위 계집애쯤 어떻게 되든 상관 않겠다. 뒈지
거나 말거나 나는 모른다. 이런 내용이었다. '100프랑이라니' 하고 팡띤느는
생각했다. '하루에 100수씩의 벌이가 어디 있단 말인가?'

"좋아! 마지막 남아 있는 것을 팔자" 하고 그녀는 말했다.

불행한 여자는 창녀가 되었다.

창부로 전락한 팡띤느

그리스도, 우리를 구하다

팡띤느의 이 이야기는 대체 무엇을 의미하는가?

그것은 사회가 한 여자 노예를 사들이고 있다는 것이다.

누구에게서?

가난에게서. 굶주림과 추위와 고독과 버림받음과 궁핍함에서. 비참한 거래이다. 한 조각의 빵과 한 영혼의 바꿈. 빈곤은 팔려고 내놓고 사회는 그것을 사들인다.

예수 그리스도의 거룩한 법은 우리의 문명을 지배한다. 그러나 그 법은 아직 문명의 내부에까지 고루 퍼지지는 않았다. 노예제도는 유럽 문명에서 사라졌다고 사람들은 말한다. 그러나 그렇지 않다. 노예제도는 여전히 존재한다. 하지만 그것은 이미 여성에게만 중압을 가하고 있다. 그것을 매춘이라고 부른다.

매춘은 여성을 짓누른다. 은총을, 약한 것을, 아름다움을, 모성을 짓누른다. 매춘은 남성의 적지 않은 치욕이다.

우리가 보아 온 이 비참한 이야기가 여기에 이르른 무렵, 팡띤느에게 이미 이전의 모습은 아무것도 남아 있지 않았다. 그녀는 흙탕에 뒹굴며 동시에 대리석처럼 싸늘하게 굳었다. 그녀는 만지면 차다. 그녀는 거리를 헤매며, 사내를 끌지만 그가 누구인지 알지 못한다. 그녀는 굴욕과 냉혹의 화신이다. 인생과 사회의 질서는 그녀에게 마지막 고별을 던졌다.

그녀에게 닥쳐올 일은 이미 모두 겪었다. 모든 것을 뼈저리게 느끼고, 모든 것을 견디고, 모든 것을 경험하고, 모든 것을 괴로워하고, 모든 것을 잃어버리고, 모든 것으로 말미암아 울었다. 죽음이 잠과 비슷하듯, 무관심과 비슷한 체념으로 그녀는 포기했다. 그녀는 이제 어떠한 일도 피하지 않는다. 어떤 일도 두려워하지는 않는다. 제아무리 먹구름이 덮어씌워도, 제아무리 격랑이 밀려와도 끄떡도 않는다! 그런들 어쩌라는 말이냐! 이미 물을 빨아들인 해면(海綿)인 것을.

그녀는 적어도 그렇게 믿고 있었다. 그러나 운명의 시련을 다 겪고 마침내 모든 구렁텅이에 빠져 버렸다고 생각하는 것은 잘못이다.

아! 그처럼 온통 한 덩어리가 되어 떠밀려 가는 이런 운명이란 대체 무엇인가? 운명은 어디로 가는가? 왜 그렇게 되어 버리는가?

그것을 아는 이는 모든 암흑 속을 꿰뚫어 본다.

그 분은 유일한 분, 예수 그리스도이다.

바마따브와 씨의 장난

어느 작은 도시에나, 그리고 특히 몽트뢰이유 쉬르 메르에는 어떤 계급에 속하는 한 부류의 젊은이들이 있는데, 그 같은 무리들은 빠리에서 해마다 20만 프랑을 써버리는 것과 마찬가지로 시골에서 1500프랑의 연수입을 낭비한다. 그들은 중성(中性)에 속하는 자들로, 거세된 자이며 기생충이며 무능력자이다. 얼마쯤의 토지와 게으름과 재치를 갖고 있으며, 사교계의 살롱에 갖다 놓으면 시골뜨기밖에 안되지만 목로주점에서는 신사인양 뽐낸다. 그들은 '내 목장은, 내 임야는, 내 소작인은' 하고 큰소리치며, 자기의 취미를 과시하기 위해 무대의 여배우를 향해 휘파람을 던지고, 무술 솜씨를 과시하기 위해 주둔부대 장교들과 싸움을 벌이고, 사냥을 하고, 담배를 피우고, 하품을 하고, 술을 마시고, 코담배를 맡고, 당구를 하고, 승합마차에서 내리는 손님을 흘끔흘끔 훑어보고, 까페를 제집 드나들 듯하고, 여관에서 저녁을 먹고, 개를 데리고 다니며 테이블 아래에서 뼈다귀를 뜯게 하고, 정부를 불러내어 한 턱 내고, 1수에 발발 떨고, 유행을 겨루고, 비극을 찬양하고, 부인들을 경멸하고, 낡아빠진 장화가 닳도록 돌아다니고, 빠리를 통하여 런던식을 흉내내고, 뽕 따 무쏭(르도의 소도시)을 통하여 빠리식을 모방하고, 나이를 먹어감에 따라 머리가 아둔해지고, 조금도 일을 하지 않고, 아무 짝에도 쓸모없지만 그리 폐가 되지도 않는다.

펠릭스 똘로니에스도 시골에서만 살머 한 번도 빠리 구경을 하지 못했더라면 그와 같은 인간의 하나가 되었을 것이다. 만일 그들이 좀더 부자였다면 멋있는 양반들이라고 사람들은 말했으리라. 만일 그들이 좀더 가난했다면 게으름뱅이라고 사람들은 말했을 것이다. 그들은 한낱 놀고 먹는 사람에 지나지 않는다. 그처럼 일하지 않는 사람들 중에는 성가신 자도 있고, 따분해하는 자도 있고, 몽상가도 있고, 괴짜들도 있다.

그 즈음의 멋있는 차림새란, 높직한 칼라에 커다란 넥타이를 매고, 덕지덕지 장식 붙은 회중시계를 차고, 파랗고 빨간 색이 안에서 내보이게 마름질된 조끼를 입고, 허리 기장이 짧은 올리브 빛깔 연미복에 은단추를 어깨까지 두 줄로 촘촘히 달아 입고, 그 연미복보다 좀 엷은 올리브 빛깔 양복바지는 옆솔기에 몇 개 줄 장식을 달았으며 그 줄의 수는 하나에서 11개 사이로 일정하지 않으나 늘 홀수로 11개를 넘는 일은 결코 없었다. 거기에 더하여 뒤축에 조그만 쇠징을 박은 반장화를 신고, 테가 좁은 실크햇을 쓰고, 긴 머리에, 굵은 스틱을 들고, 쁘와띠에의 재담집에서 빌어온 대화를 하였다. 그리고 박차와 콧수염을 달았는데, 그즈음 콧수염은 부르주아를 나타내고, 박차는 걸어다니는 사람의 표시였다.

시골의 한량들은 특히 긴 박차를 달고, 특히 어마어마한 콧수염을 기르고 있었다.

마침 남미의 여러 공화국과 스페인 왕이 전쟁하고 있던 무렵이어서, 볼리바르(베네수엘라의 志士로 1819년에 스페인으로부터 조국을 독립시켰음)와 모릴로(스페인의 장군)가 싸우고 있었다. 챙이 좁은 모자를 쓰고 있으면 왕당으로서 모릴로파라고 일컬었고, 자유주의자들은 챙이 넓은 모자를 쓰고 볼리바르파라고 일컫고 있었다.

그런데 앞에서 말한 사건들이 있은 지 여덟 달 내지 일 년 뒤인 1823년 1월 초, 눈이 내린 뒤의 어느 날 저녁, 그러한 종류의 한량이며 무위도식자이며 모릴로파의 모자를 쓰고 있어 '정통파'(왕당파)라고 불리는 한 사나이가, 추운 계절 유행의 완전한 본보기인 저 커다란 망토에 폭신하게 휩싸여 장교들이 모이는 까페의 유리 창문 앞을 서성거리며 한 여자를 희롱하고 있었다. 그 여자는 머리에 꽃을 꽂고 가슴이 깊이 파인 야회복을 입고 있었다. 그리고 그 사나이는 여송연을 피우고 있었다. 왜냐하면 그즈음 유행의 하나였으니까.

그 여자가 그의 앞을 지날 때마다 그는 담배 연기를 후욱 끼얹으며 농지거리를 던졌다. 그는 그런 농지거리를 재치있고 재미있는 것으로 생각하고 있었으나, 기껏해야 "야 참 못난 상판이로군!" "일찍 꺼져 버리는 게 좋겠는걸!" "이가 빠진 고양이로구나!" 하는 것 따위에 지나지 않았다.

그 여자는 짙게 화장하고 어깨가 축 늘어진 유령처럼 눈위를 왔다갔다하면서, 아무 대꾸 없이 사나이의 얼굴을 바라보지도 않았다. 그리고 여전히 입을 꾹 다문 채 쓸쓸히 규칙적으로 계속 왔다갔다하면서, 태형을 받는 병정처럼 5분마다 되돌아와 사나이의 놀림을 받는 것이었다. 아무리 놀려도 통 반응이 없는 게 아마도 그 놀고 먹는 인간의 비위를 상하게 한 모양이리라.

그는 얼른 허리를 구부려 길바닥에서 한줌의 눈을 집어 느닷없이 여자의 드러내놓은
하얀 목덜미에서 등줄기로 그것을 밀어 넣었다.

그는 여자가 저쪽으로 발길을 돌리는 순간을 노려 웃음을 억누르며 살금 살금 다가가, 얼른 허리를 구부려 길바닥에서 한줌의 눈을 집어 여자의 드러 낸 목덜미에서 등줄기로 느닷없이 그것을 밀어 넣었다. 여자는 소리치며 뒤 돌아서 표범처럼 몸을 날려 사나이에게 덤벼들어 그 얼굴을 마구 할퀴며 추 잡하고 끔찍스러운 지독한 욕설을 퍼부었다. 브랜디 때문에 쉰 목소리로 늘 어놓는 그 욕지거리는, 보기에도 무시무시한 입에서 튀어나오고 있었다. 그 도 그럴 것이 그 입은 앞니가 두 개나 빠지고 없었다. 팡띤느였다.

그 소동에 장교들이 우르르 까페에서 몰려나오고, 길가던 사람들도 모여 들어 빙 둘러서 소리내어 웃으며 놀리고 부추겼다. 그 한복판에서 남자인지 여자인지 분간할 수 없는 두 사람이 소용돌이처럼 서로 엎치락뒤치락하고 있었다. 사나이는 모자를 땅바닥에 떨어뜨린 채 버둥거리고, 여자는 모자도 앞니도 머리도 없이 분노로 납빛이 된 무서운 형상으로 고함지르며 상대방 에게 발길질과 주먹질을 하고 있었다.

갑자기 키큰 한 사나이가 군중 속에서 성큼성큼 걸어나와 흙투성이가 된 여자의 비단 드레스 윗옷을 움켜잡으며 말했다.

"날 따라와!"

여자는 고개를 들었다. 미친 듯이 고함치던 목소리가 뚝 그쳤다. 눈은 흐 리멍덩해지고, 핼쑥했던 얼굴은 새파랗게 변하고, 몸은 공포에 질려 떨고 있 었다. 여자는 자베르를 알고 있었던 것이다.

짓궂은 한량은 그 틈을 타서 도망쳐 버렸다.

몇 가지 경찰 문제의 해결

자베르는 그 자리에 둘러선 구경꾼들을 몰아내고, 그 비참한 여자를 뒤따 라오게 하면서, 광장 끝에 있는 경찰서 쪽으로 성큼성큼 걷기 시작했다. 그 녀는 다만 기계적으로 시키는 대로 하고 있었다. 두 사람 다 한마디도 입을 열지 않았다. 수많은 구경꾼들은 너무도 재미있어 저마다 놀려대며 따라가 고 있었다. 극도의 비참함은 더러운 희롱거리가 된다.

경찰서는 천장이 낮은 방으로 난로가 피워지고, 당직자가 지키고 있었으 며, 창살 달린 유리문이 한길로 나 있었다. 그곳에 닿자 자베르는 문을 열고 팡띤느와 함께 안으로 들어가 문을 닫아 버려 구경꾼들을 실망시켰다. 그들은 안을 들여다보려고 발돋움하고 경찰서의 지저분한 유리창 문앞에서 기웃거렸다. 호기심은 탐욕스럽다. 보고자하는 욕심은 식탐과도 같다.

안으로 들어가자 팡띤느는 한구석에 쓰러지듯 주저앉아 입을 꾹 다물고서 겁먹은 개처럼 꼼짝도 않고 웅크리고 있었다.

당직 반장이 불붙인 초를 테이블 위에 갖다 놓았다. 자베르는 자리에 앉아 서랍에서 관인이 찍힌 종이를 한 장 꺼내 무엇인가 쓰기 시작했다.

이러한 종류의 여자들은 법률상 완전히 경찰에 맡겨져 있다. 경찰은 그녀들을 제멋대로 다루고 함부로 처벌하여, 그녀들이 자기네 일이라고 부르며 자유라고 부르는 저 두 가지 슬픈 것을 일방적으로 박탈해버린다.

자베르는 근엄한 얼굴을 하고 있었다. 그의 고지식한 얼굴은 아무 감정의 움직임도 나타내지 않았다. 그러나 마음 속으로는 신중하게 이리저리 생각하고 있었다. 그가 임기응변의 무서운 권한을 무제한으로, 그러나 준엄한 양심의 주의를 온통 집중하여 행사하고 있는 한순간이었다. 그럴 때 그는, 경찰관인 자기의 걸상이 재판관의 의자인 것처럼 느끼고 있었다. 그는 재판을 하고 있는 것이다. 재판을 하고 죄를 선고한다. 그는 자기의 머릿속에 있는 모든 관념을 총동원하여, 자기가 다루고 있는 중대사에 집중했다.

그는 이 매춘부의 행위를 살펴볼수록 점점 혐오가 치밀어옴을 느꼈다. 분명 그는 하나의 범죄 장면을 보고 온 것이다. 저기 저 거리에서, 선거권을 가진 한 멀쩡한 신사가 인간의 모든 권리와 지위를 박탈당한 계집에게 모욕당하고 공격받는 것을 보고 온 것이다. 한낱 매춘부가 한 시민에게 해를 끼친 것이다. 자베르는 그것을 자기 눈으로 보았다. 그는 잠자코 펜을 놀리고 있었나.

다 쓰고 나자 그는 서명하고 종이를 접어 당직 반장에게 건네주면서 말했다.

"부하를 셋 데리고 이 여자를 감옥에 집어넣고 와."

그리고 팡띤느를 돌아보며 말했다.

"넌 여섯 달 감옥에 들어가 있어야 돼."

불행한 여자는 몸을 떨었다.

"여섯 달! 감옥에서 여섯 달!" 하고 그녀는 외쳤다. "하루에 7수밖에 벌지 못하는 곳에서 여섯 달이라니! 그러면 우리 꼬제뜨는 어떻게 되라구! 내 딸! 아, 내 딸은! 게다가 나는 아직 떼나르디에에게 100프랑 넘게 빚이 있어요. 경위님, 생각 좀 해보세요.”

그녀는 두 손을 마주잡고 순경들의 흙묻은 장화로 진창이 돼버린 바닥 위로 몸을 던져 무릎으로 기었다.

“자베르 나리, 용서해주세요. 내가 나빴던 것은 결코 아니에요. 처음부터 보셨더라면 아셨을 거예요. 하느님께 맹세코 내가 잘못한 게 아니에요. 그 알지도 못하는 양반이 내 등에다 눈을 집어넣었어요. 아무에게도 폐끼치지 않고 그저 조용히 걷고 있는 사람 등에 눈을 집어넣어도 괜찮단 말인가요? 그래서 발끈 분이 치받쳤지요. 나는 이렇듯 몸도 성치 않거든요! 그리고 그 분은 한참 전부터 나를 놀려대고 있었어요. 못생긴 상판이라느니, 이빠진 고양이라느니 하구요! 이가 없는 것은 나도 잘 알고 있지요. 그래서 나는 아무 말도 하지 않았어요. 나는 그분이 장난치고 있는 거라고 생각하기로 했어요. 그래서 점잖게 가만히 있었지요. 대꾸 한 마디 하지 않았어요. 그런데 느닷없이 그 사람이 눈을 집어넣었던 거예요.

자베르 나리, 친절하신 경위님! 처음부터 다 보고 그것이 사실이라고 경위님께 말씀드려 줄 사람이 아무도 없을까요? 화를 낸 내가 나빴는지도 모르겠어요. 하지만 그 순간 참을 수가 없었어요. 발끈하는 성질 탓이지요. 그토록 차가운 것을 전혀 생각지도 못하고 있을 때 등에 집어넣었으니 말예요!

그 사람의 모자를 망가뜨린 건 나쁘다고 생각해요. 그분은 왜 달아나 버렸을까? 여기 계시면 용서를 빌 텐데. 아! 하느님, 나는 얼마든지 그 사람에게 빌겠어요. 그러니 오늘만은 용서해 주세요. 자베르 나리, 물론 경위님께서는 모르시겠지만 형무소에서는 7수밖에 벌지 못해요. 그렇다고 정부가 나쁘다는 건 아니지만 7수밖에 벌지 못해요. 그런데 생각 좀 해보세요. 내게는 100프랑이나 빚이 있답니다. 갚지 않으면 어린 딸아이는 쫓겨나고 말아요.

아, 하느님! 나는 그 아이를 곁에 데리고 있을 수가 없어요. 나는 너무도 추잡스러운 짓을 하고 있는걸요. 아, 우리 꼬제뜨는, 성모 마리아의 어린 천사인 우리 아기는, 가엾게도 어떻게 되겠어요. 글쎄, 내 말 좀 들어 보세요. 딸아이를 맡아준 건 여인숙을 경영하는 떼나르디에라는 시골 사람인데 이해심이 전혀 없답니다. 돈만 아는 사람들이에요. 제발 감옥에 넣지 말아주세요. 아직 어린아이인데, 이 한겨울에 밖으로 내쫓아 버릴 거예요.

자신을 조롱하던 사내와 시비 끝에 광띤느는 경찰서에 연행되어 여섯 달을 언도받자 용서를 빈다.

아, 친절하신 자베르 나리, 그 어린 것이 가엾지 않으세요. 좀더 크다면 저 먹을 것은 벌 수 있겠지만, 지금 나이로는 아무것도 못합니다. 나는 정말 나쁜 여자가 아니에요. 게으르고 호의호식하여 이렇게 된 게 아니에요. 브랜디를 마시는 것은 괴로워 견딜 수 없기 때문이에요. 술 같은 건 좋아하지 않지만, 고통을 잊게 해주기 때문이지요. 내가 좀더 행복했던 무렵의 내 옷장을 보셨다면 내가 모양이나 내는 바람기 있는 여자가 아니라는 것을 알았을 거예요. 속옷도 많이 가지고 있었어요. 부디 나를 불쌍히 여겨 주세요, 자베르 나리!”

팡띤느는 그렇게 말하면서 몸을 반으로 꺾고, 흐느낌으로 몸을 떨고, 눈에 눈물을 가득 담고, 앞가슴을 드러내 놓고, 마주잡은 두 손을 비틀고, 컹컹 마른 기침을 하고, 고통에 찬 목소리를 쥐어짜 가만가만 하소연했다. 큰 고통은 신성하고도 두려운 빛으로 비참한 자의 모습을 정화(淨化)시킨다. 이때 팡띤느는 아름다웠던 옛날의 모습으로 되돌아가 있었다. 이따금 그녀는 말을 멈추고, 경찰관의 프록코트 아랫자락에 상냥하게 입을 맞추었다. 화강암 같은 마음이라면 차라리 따뜻해졌으리라. 그러나 나무 같은 마음은 따뜻해지지 않는 법이다. 자베르는 말했다.

“자, 네가 하는 말을 다 들었다. 할 말은 그것뿐인가? 어서 가! 여섯 달 징역이야. 영원하신 하느님 아버지라도 이젠 별도리가 없어.”

‘영원하신 하느님 아버지라도 이젠 별도리 없어’라는 그 장중한 말을 듣고, 그녀는 판결이 내려진 것을 깨달았다. 그녀는 입 속으로 중얼대며 쓰러졌다.

“부디 자비를!”

자베르는 등을 돌렸다.

헌병들이 그녀의 팔을 잡았다.

얼마 전부터 그곳에 한 사나이가 들어와 있었으나 아무도 눈치채지 못했다. 그는 문을 닫고, 그 문에 기대 서서 팡띤느의 절망적 호소를 듣고 있었던 것이다.

몸을 일으키려고 하지 않는 그 불행한 여자에게 헌병들이 손을 댔을 때, 그는 한 걸음 내디뎌 그늘 속에서 나오며 말했다.

“잠깐 기다려 주시오!”

자베르는 눈을 들어 마들렌느 씨를 알아보았다. 그는 모자를 벗고 좀 불쾌한 듯한 무뚝뚝한 태도로 인사했다.

"실례했습니다. 시장님……"

이 시장님이라는 말이 팡띤느에게 기묘한 충격을 느끼게 했다. 그녀는 마치 땅 속에서 솟아나온 유령처럼 벌떡 일어나 두 팔로 헌병들을 밀치고, 말릴 겨를도 없이 마들렌느 씨 앞으로 다가가 미친 듯한 눈초리로 그를 쏘아보며 외쳤다.

"오라, 네가 바로 시장이라는 작자로구나!"

그리고는 갑자기 큰 소리로 웃어대더니 그의 얼굴에 침을 탁 뱉었다.

마들렌느 씨는 얼굴을 닦고 말했다.

"자베르 경위, 이 여자를 석방해 주시오."

자베르는 그 순간 혼돈에 빠졌다. 이제까지 느껴본 적 없는 가지가지 격렬한 감정이 한꺼번에 뒤얽히는 것을 느꼈다. 매춘부가 시장의 얼굴에 침을 뱉다니 그것은 더할 나위 없이 엄청난 일이어서, 아무리 무서운 상상을 다 해 보아도 이런 일이 일어날 수 있다고 생각하는 것만도 모독인 듯했다. 또 한편으로 그는 이 여자는 대체 누구이며 또 시장은 어떤 자인가 생각하며, 그 둘 사이의 어떤 떳떳지 못한 관계를 마음 속으로 문득 그려보았다. 그리고 침을 뱉는 그 놀라운 모욕 행위 속에, 그 어떤 지극히 단순한 관계 같은 것이 그의 눈앞에 보이는 듯하여 아연했다. 그런데 그 시장이, 그 행정관이 조용히 얼굴을 닦고 '이 여자를 석방해 주시오'라고 말하는 것을 보았을 때, 갑자기 망연해졌다. 아무 생각도 아무 말도 나오지 않았다. 그의 놀라움의 정도가 한계를 넘어섰던 것이나. 그는 한참 동안 묵묵히 있있다.

그 말은 팡띤느에게도 마찬가지로 기이한 충격을 주었다. 그녀는 맨살이 드러난 한쪽 팔을 쳐들어 비틀거리듯 난로 연통의 바람구멍 마개를 붙들었다. 그리고 주위를 둘러보고, 마치 혼잣말하듯 낮은 목소리로 말하기 시작했다.

"석방! 용서해 보내라! 여섯 달의 징역을 살지 않아도 된다! 누가 그런 말을 했을까? 아무도 그런 말을 했을 리 없지. 잘못 들은 거야! 이 시장이라는 자가 말했을 리는 없고! 당신인가요, 친절하신 자베르 나리, 나를 석방하라고 말씀하신 것은? 어머나, 그렇군요! 그럼, 좀 들어보세요! 내 말을 들어 보시면, 나를 용서해 주실 거예요. 근본을 따지자면 저 시장이라는 자가, 저 시장이라는 늙다리가, 바로 저놈이 나쁜 거예요.

글쎄 자베르 나리, 이 자가 나를 해고하지 않았겠어요! 작업장에서 함부로 지껄여대는 더러운 계집년들의 쑥덕공론 때문에 말예요. 세상에 이런 법이 어디 있겠어요! 열심히 일하는 불쌍한 여자를 쫓아내다니! 그런 뒤로 나는 변변한 일거리가 없어 아주 불행해졌어요. 첫째로, 경찰의 여러 어른들께서 고쳐 주셔야 할 일이 하나 있어요. 그것은 형무소의 청부업자가 가난뱅이들에게 손해를 입히지 못하도록 하는 일이에요. 설명하자면 이렇답니다. 내 의를 꿰매어 12수씩 받고 있었는데, 그들이 싼값에 하청을 맡아 9수로 떨어져 버렸어요. 그래서는 살아나갈 수 없지요. 그러니 무엇이건 할 만한 일을 닥치는 대로 하는 거예요. 게다가 내게는 어린 꼬제뜨가 있어요. 나는 어쩔 수 없이 나쁜 여자가 된 거예요. 이제 아셨지요, 나쁜 짓을 하게 된 모든 원인은 이 시장이라는 더러운 자에게 있음을.

그리고 나는 장교님들이 드나드는 까페 앞에서 그 나리의 모자를 짓밟았어요. 하지만 그 나리는 눈덩이로 내 드레스를 망가뜨려 놓았어요. 우리 같은 신세의 여자는 밤에 벌이할 때 입는 비단 드레스가 단 한 벌밖에 없어요. 아시겠지요. 나는 결코 일부러 나쁜 짓을 한 게 아니에요. 정말이에요, 자베르 나리. 그리고 나보다도 훨씬 더 나쁜 여자들이 어디에고 잔뜩 있지만 모두 잘 살고들 있어요. 아, 자베르 나리, 나를 석방하라고 한 것은 당신이었지요? 그렇지요? 잘 조사해 보세요. 우리 집주인에게도 물어 보세요. 지금은 방세도 다 치렀어요. 누구에게 물어보아도 내가 정직하다고 말할 거예요. 어머나, 이를 어쩌나! 용서하세요. 내가 정신없이 난로 바람구멍 꼭지를 마구 만졌네요. 그래서 연기가 나는군요."

마들렌느 씨는 조심스럽게 그녀 말에 귀기울이고 있었다. 그녀가 지껄이는 동안 그는 조끼를 더듬어 지갑을 꺼내더니 그것을 열어보았다. 돈이 하나도 없었다. 그는 지갑을 다시 주머니에 집어넣었다. 그리고 팡띤느에게 말했다.

"빚이 얼마라고 했소?"

자베르 쪽만 쳐다보고 있던 팡띤느는 목소리 나는 쪽을 돌아보았다.

"누가 네놈하고 이야기하겠나!"

그리고는 헌병들을 보며 말했다.

"당신들도 보았지요, 내가 당신들 앞에서 이 작자의 얼굴에 침을 뱉어 준 것을? 흥! 극악무도한 시장놈 같으니라구! 그래, 날 겁나게 해주려고 온 모양이지? 미안하지만 난 너 같은 건 무섭지 않아. 내가 무서운 건 자베르 나리야. 나는 친절하신 자베르 나리가 두려운 거야!"

그렇게 말하면서 그녀는 다시 경위 쪽으로 돌아섰다.

"그러니 경위님, 모든 일을 공평하게 해야 해요. 나는 경위님이 공평하신 분이라는걸 잘 알고 있어요. 따져보면 아주 간단한 일이에요. 한 사나이가 여자의 등에 장난삼아 눈을 조금 집어넣은 게 사람들을 웃겼던 것뿐이에요. 사람들은 무엇이고 재미있는 장난을 생각하는 법이지요. 어차피 나 같은 여자는 사람들의 장남감인걸요! 그런데 그곳에 경위님이 오셨어요. 당신은 사회 질서를 바로잡지 않을 수 없기 때문에 질서를 어지럽힌 여자를 여기로 끌고 오신 거예요.

하지만 당신은 친절한 분이므로 잘 생각하신 뒤에 나를 석방하라고 하셨어요. 그건 어린 딸이 있기 때문이었어요. 그렇죠, 형무소에 여섯 달이나 들어가 있으면 아이를 돌볼 수 없거든요. 다만 "이제 다시는 그런 짓을 하면 안돼, 바보년 같으니라구!" 하시는 것이지요? 정말이지 이제 두 번 다신 그런 짓 하지 않겠어요, 자베르 나리! 이젠 누가 별의별 짓을 다 하더라도 가만히 있겠어요, 오늘은 좀 기분이 나빠서 너무 큰 소리로 떠들어댔어요. 그 나리가 그렇게 눈덩이를 집어 넣을 줄은 꿈에도 생각지 못했거든요, 그리고 아까도 말씀드렸듯 몸이 많이 아파요. 기침이 나고, 뱃속에 타는 듯한 뜨거운 덩어리가 있어 의사 선생님도 '조심하라'고 말씀하셨어요. 자, 손을 내밀어 만져보세요. 괜찮아요, 여기예요."

그녀는 더이상 울고 있지 않았다. 목소리에 애교가 흐르는 듯했다. 그리고 자베르의 거친 커다란 손을 자기의 희고 보드라운 가슴에 갖다 대고는 생긋 웃으며 그를 바라보았다.

갑자기 그녀는 흐트러진 옷매무새를 재빨리 고치고, 웅크리고 앉았기 때문에 무릎 언저리까지 말려 올라간 드레스 자락을 내리고, 문 쪽으로 걸어가면서 정답게 고개를 끄덕여 헌병들에게 인사하며 조그만 목소리로 말했다.

"여러분, 경위님이 석방하라고 말씀해 주셔서 돌아갑니다."

그녀는 문 손잡이에 손을 댔다. 이제 한 걸음이면 밖으로 나가는 것이다.

이때까지 자베르는 꼿꼿이 선 채로 눈을 내리깔고는 꼼짝 않고 서 있었다.

마치 여태까지 있던 자리에서 어디론가 옮겨지기를 기다리는 조각상처럼.

손잡이를 돌리는 소리가 그를 깨웠다. 그는 최고 권력자의 표정이 깃든 머리를 쳐들었다. 그것은 그 권력의 소유자가 미천할수록 무서워지는 표정이었다. 짐승이라면 흉포스러울 표정이 자베르라는 야비한 인간에게는 잔학스러운 표정으로 나타났다.

그는 외쳤다.

"경관! 저 계집이 나가는게 안 보이는가! 누가 나가도 좋다고 했나?"

"내가 했소." 마들렌느는 말했다.

팡띤느는 자베르가 외치는 목소리에 몸이 오그라들었다. 그리고 붙잡힌 도둑이 훔친 물건을 놓듯 손잡이를 놓아버렸다. 마들렌느의 목소리에 그녀는 돌아보았다. 그리고 그 순간부터 그녀는 한 마디 말도 못하고 숨도 제대로 쉬지 못하면서 두 사람이 입을 여는 데 따라 눈길을 마들렌느에게서 자베르로, 자베르에게서 마들렌느로 번갈아 옮겼다.

시장이 팡띤느를 석방해 주도록 권고한 뒤에, 자베르가 감히 그렇게 경관을 꾸짖은 것은 확실히 '건방진 짓'임에 틀림없었다. 시장이 그 자리에 있다는 것을 그는 잊어버리고 있었을까? 또는 어떤 권력이라 할지라도 그런 명령은 내릴 수 없다고 자신하고, 시장은 틀림없이 무슨 착각으로 불쑥 그렇게 말한 거라고 생각했던 것일까? 아니면 두 시간 전부터 보아 온 중대한 사건에 직면해 단호히 결정하지 않으면 안되겠다고 여겨 미관 말직도 고관이 되고, 형사도 장관이 되고, 경관도 재판관이 되지 않으면 안 된다고 생각하여, 이 극단의 비상 사태에서는 질서도 법률도 도덕도 정부도 사회도 모두 송두리째 자베르 자기 한 사람 속에서 구현된다고 생각했던 것일까?

그것은 어떻든 이제 방금 사람들이 들은 것처럼 '내가 그랬소'라고 마들렌느 씨가 말하는 순간, 시장 쪽으로 몸을 돌린 자베르 경위는 얼굴이 파랗게 질려 싸늘하게 굳어지고 입술은 새파래지고 절망적인 눈초리로 온 몸을 부르르 떨면서 눈을 내리깔았지만 결연한 태도로 이렇게 말했다.

"시장님, 그건 안됩니다."

"어째서?" 하고 마들렌느 씨는 말했다.

"이 여자는 한 시민을 모욕했습니다."

마들렌느 씨는 타이르는 듯한 침착한 어조로 말했다.

"자베르 경위, 내 말을 들어보시오. 당신은 성실한 사람이니, 서로 이해하기란 어려운 일이 아닐 것이오. 진상은 이렇소. 당신이 이 여자를 끌어갈 때, 나는 광장을 지나고 있었소. 거기에 사람들이 웅성거리고 있길래, 나는 까닭을 물어 자초지종을 알게 되었소. 나빴던 것은 오히려 남자 쪽이고, 그 사람이야말로 마땅히 체포되어야 했을 거요."

자베르는 대답했다.

"이 여자는 지금 이 자리에서 시장님을 모욕했습니다."

"그것은 나 한 사람에 관한 문제요. 내가 받은 모욕은 나 개인에 대한 거요. 그건 내가 알아서 처리하면 될 일이오."

"시장님, 대단히 죄송합니다만 시장님에 대한 저 여자의 모욕은 한 개인이 아닌 법에 대한 모욕입니다."

마들렌느 씨는 반박했다.

"자베르 경위. 법이라고 하지만 법의 근본은 양심이오. 나는 이 여자가 한 이야기를 들었소. 나는 어떻게 해야 좋은지를 알고 있소."

"시장님, 저로서는 무슨 영문인지 도무지 모르겠습니다."

"그렇다면 잠자코 내 말에 따르시오."

"저는 자신의 의무에 복종합니다. 제 의무는 이 여자를 여섯 달 징역살게 하는 일입니다."

마들렌느 씨는 온화하게 대답했다.

"잘 들으시오. 이 여자를 단 하루도 가두어서는 안되오."

이 결정적인 말을 듣고도 자베르는 똑바로 시장을 쏘아보았다. 그러나 여전히 공손한 어조로 입을 열었다.

"시장님을 거역하게 되어 유감 천만입니다. 이런 일은 생전 처음입니다. 그러나 제가 어디까지나 직권을 넘어서지 않았다는 것만은 인정해 주시리라고 믿습니다. 시장님이 그렇게 말씀하시니 그 시민에 대해서만 이야기하기로 하겠습니다. 저는 마침 현장에 있었습니다. 바마따브와 씨에게 덤벼든 것은 이 여자 쪽입니다. 그 사람은 선거권을 가졌으며, 광장 모퉁이에 있는 발코니 달린 훌륭한 석조 4층 집의 소유자입니다. 그러니 그러한 사정도 참작하셔야지요! 아무튼 시장님, 이 일은 제가 처리해야 할 시가지 풍기 단속에 관한 일입니다. 그러니 저는 이 여자, 팡띤느를 구속하겠습니다."

그러자 마들렌느 씨는 팔짱을 끼고 여태껏 아무도 들어보지 못한 준엄한 목소리로 말했다.

"당신이 문제삼고 있는 이 사건은 시내 경찰에 관한 사항이오. 형사소송법 제9조, 15조와 66조의 조문에 의하면, 내가 이 일의 판결자요. 나는 이 여자를 석방할 것을 명령하겠소."

자베르는 최후의 노력을 시도하려고 했다.

"그렇지만, 시장님……"

"당신에게 경고하겠소. 불법 감금에 관한 1799년 12월 13일자 법령 제81조에……"

"시장님, 주제넘습니다만……"

"그만두시오."

"그렇지만……"

"나가시오" 하고 시장은 말했다.

자베르는 러시아 병정처럼 버티고 선 채, 똑바로 가슴 한복판에 그 타격을 받았다. 그는 시장에게 정중하게 경례하고 나갔다.

팡띤느는 문에서 비켜나며 자기 앞을 지나가는 자베르를 멍하니 바라보았다.

그러나 그녀 역시 아직도 야릇한 혼란 속에 빠져 있었다. 그녀는 자신이 서로 대립되는 두 권력자 사이에서 어떤 논쟁의 씨가 된 것을 보았다. 자기 눈 앞에서 두 사나이가, 그녀의 자유와 생명과 영혼과 어린아이를 손아귀에 움켜잡고 다투는 것을 보았다. 그 사나이들 가운데 하나는 그녀를 어둠 쪽으로 끌어가려 하고, 다른 하나는 빛으로 이끌려고 했다. 공포로 말미암아 확대되어 비쳐진 그 격투에서, 이 두 사나이는 그녀에게 두 거인처럼 보였다. 한 사람은 악마처럼 말하고, 또 하나는 선량한 천사처럼 말했다. 천사가 악마를 이겼다.

그녀를 머리부터 발 끝까지 전율케 한 것은 그 천사, 그 해방자가 다른 사람 아닌 그녀가 증오하고 있던 바로 그 사람, 그녀의 모든 불행의 장본인이라고 그토록 오랫동안 여겨왔던 바로 그 시장 마들렌느 씨였다는 사실이었다. 더욱이 방금 호되게 그를 모욕한 자기를 구원해 준 것이다! 그렇다면 자기는 잘못 생각하고 있었던 것일까? 그렇다면 자기 생각을 모조리 바꾸어야만 한단 말인가? ……그녀로서는 도무지 알 수가 없었다.

그녀는 떨고 있었다. 그녀는 넋을 잃고 귀기울이면서, 겁에 질린 채 눈을 크게 뜨고 마들렌느 씨가 말하는 한 마디 한 마디에 가슴 속에 들어차 있던 그 증오의 무시무시한 암흑이 녹아 내리고 희열과 애정과 신뢰의 무어라 말할 수 없는 따스함이 마음 속에 솟아나는 것을 느꼈다.

자베르가 나가자 마들렌느 씨는 팡띤느 쪽으로 돌아서 울음을 참는 근엄한 사람처럼 거북스러운 듯 느릿한 목소리로 말했다.

"당신이 하는 이야기를 들었소. 당신이 말한 그런 일을 나는 아무 것도 모르고 있었소. 그러나 그것이 사실이라고 믿고, 또 사실이라고 느끼고 있소. 나는 당신이 내 공장을 그만둔 일조차도 모르고 있었소. 왜 내게 호소하지 않았소?

그런 그렇고, 이렇게 합시다. 당신의 빚은 내가 갚아 주겠소. 어린아이를 데려와 주리다. 그렇게 하든지 아니면 당신이 아이에게로 가도 좋소. 여기서든 빠리에서든, 어디든 원하는 곳에서 사시오. 아이와 당신의 생활은 내가 책임질 테니까. 싫으면 이제 일은 하지 않아도 좋소. 필요한 돈은 내가 얼마든지 주겠소. 다시 행복해짐과 동시에 다시 정직한 생활을 하게 될 것이오. 아니, 그뿐 아니라, 잘 들으시오, 지금 내가 여기서 말해 두지만 모든 게 당신이 말한 그대로라면, 물론 나는 그것을 의심하지 않지만, 당신은 결코 타락한 것도 더러워진 것도 아닌, 하느님 앞에 깨끗한 몸이오. 참으로 너무 가엾은 여자요!"

가엾은 팡띤느는 더 이상 견디어내지 못했다. 꼬제뜨와 함께 살게 된다! 이 오욕의 생활에서 벗어난다! 자유롭고, 넉넉하고, 행복하게 꼬제뜨와 함께 살 수 있다! 비참의 한복판에서 삽자기 현실의 낙원이 열리다니! 그녀는 자기에게 이야기하고 있는 그 사람을 바보처럼 멍하니 바라보며 "오! 오! 오!" 하고 두어 번 흐느끼는 소리를 낼 뿐이었다. 서 있던 다리가 무너지듯 구부러져, 그녀는 저도 모르게 마들렌느 씨 앞에 무릎을 꿇었다. 그리고 마들렌느 씨는 말릴 겨를도 없이 어느새 팡띤느가 그의 손을 잡고, 그 위에 입술을 대는 것을 느꼈다.

그리고 그녀는 정신을 잃고 쓰러졌다.

제6편 자베르

안식의 시작

마들렌느 씨는 그의 집 안에 있는 병실로 팡띤느를 옮기게 했다. 그녀를 맡은 수녀 간호원들이 팡띤느를 침대에 뉘었다. 열이 굉장히 높았다. 그녀는 밤중까지 정신없이 큰 소리로 헛소리를 계속했다. 그러다가 이윽고 잠들어 버렸다.

이튿날 정오쯤, 팡띤느는 잠이 깨어 침대 바로 곁에서 숨소리가 나는 것을 들었다. 커튼을 들치고 보니 마들렌느 씨가 거기에 서서 그녀의 머리 위쪽에 있는 무언가를 바라보고 있었다. 그 눈초리는 연민과 고통에 가득차 기도를 드리는 듯했다. 그 눈길을 더듬어가니 벽에 걸린 십자고상(十字苦像)을 바라보고 있었다.

그 뒤로 마들렌느 씨의 모습은 팡띤느의 눈에 이상하게 비치게 되었다. 그녀에게는 그가 빛에 싸여 있는 듯이 여겨졌다. 그는 기도에 몰두하고 있었다. 그녀는 오래도록 그를 지켜보았다. 마침내 그녀는 조심스레 입을 열었다.

"거기서 뭘하고 계시지요?"

마들렌느 씨는 이미 한 시간이나 그렇게 서 있었던 것이다. 그는 팡띤느가 잠이 깨기를 기다리고 있었다. 그는 그녀의 손을 잡아 맥을 짚어보며 대답했다.

"기분은 좀 어떻소?"

"좋아요, 푹 잤으니까요. 나을 것 같은 기분이 드는군요. 이제 아무렇지도 않을 거예요."

그는 그때, 그녀가 처음 물어온 말에 대해 마치 금방 듣기라도 한 듯이 대답했다.

"나는 하늘에 계신 순교자에게 기도드리고 있었소."

그리고 마음 속으로 덧붙였다. '이 땅에 있는 이 수난받는 이를 위하여.'

마들렌느 씨는 지난 밤과 그날 아침을 그 여자에 대해 조사하는 일로 보냈던 것이다. 이제는 모든 것을 알고 있었다. 팡띤느의 신상에 관하여, 그 애처로운 사연들을 모조리 알고 있었다. 그는 말을 계속했다.

"가엾은 어머니, 당신은 가엾게도 몹시 고생했더군요, 아니, 슬퍼해서는 안되오. 이제 당신은 하느님의 선택받은 사람이오. 인간은 고통을 통하여 천사가 될 수 있다오. 고통받는 것은 인간의 죄가 아니오. 달리 어떻게 해야 좋을지 방법을 모르기 때문이지요. 잘 들으시오, 당신이 거쳐 나온 그 지옥은 천국으로 가는 길목이오. 우선 거기서부터 시작하지 않으면 안되었던 것이오."

그는 깊은 한숨을 내쉬었다. 그러나 그녀는 앞니가 두 개 없는 숭고한 미소를 그에게 지어 보였다.

자베르는 그날 밤 한 통의 편지를 썼다. 이튿날 아침 그는 그 편지를 몽트뢰이유 쉬르 메르의 우체국으로 직접 가져갔다. 그 편지는 빠리에 보내는 것으로, '빠리 경찰국장 비서 샤부이에 씨 귀하'라고 씌어 있었다. 어제 경찰서에서 일어난 사건에 대한 소문이 요란하게 퍼져 있었으므로, 발송되기 전 그 편지를 보고 발신인이 자베르인 것을 안 우체국장과 그밖의 사람들은 분명 사표가 들었을 거라고 생각했다.

마들렌느 씨는 곧 떼나르디에 내외에게 편지를 보냈다. 팡띤느는 그들에게 120프랑의 빚을 지고 있었다. 그는 300프랑을 보내, 그것으로 빚을 갚고 앓아누운 어머니가 원하니 어린아이를 곧 몽트뢰이유 쉬르 메르로 데려오도록 부탁했다.

이 일은 떼나르디에의 눈을 번쩍 뜨게 했다. "빌어먹을, 아이를 내놓을 줄 알고? 종달새가 마침 젖소가 된 이 판국에. 틀림없이 그 어미년이 어디서 놈팡이를 하나 물어들인 모양이야" 하고 그는 아내에게 말했다.

떼나르디에는 교묘하게 5백 몇 프랑이라는 계산서를 만들어 답장을 보냈다. 그 계산서에는 300프랑 남짓한 그럴 듯한 두 개의 내역이 붙어 있었다. 하나는 의사의 청구서이고 다른 하나는 약사의 청구서로, 둘 다 에뽀닌느와 아젤마가 오랫동안 앓으면서 먹은 약값과 치료비였다. 꼬제뜨는 이미 말한 바와 같이 아픈 적 없었던 것이다. 다만 이름을 슬쩍 바꾸는 수고가 필요했을 따름이었다. 떼나르디에는 그 계산서 밑에 '이 가운데 300프랑은 영수하였음'이라고 써놓았다.

마들렌느 씨는 곧 다시 300프랑을 보내고 빨리 꼬제뜨를 데려 오라고 독촉했다.

"흥! 아이를 내놓을 줄 알고!" 하고 떼나르디에는 말했다.

한편 팡띤느는 좀처럼 회복되지 않았다. 그녀는 여전히 병실에 누워 있었다.

수녀 간호원들은 마지못해 이 더러운 여자를 맡아 간호하기는 했으나, 처음에는 무척 싫어했다. 랭쓰의 대성당에 있는 부조(浮彫)를 본 사람은 누구나 얌전한 처녀들이 행실 좋지 못한 아가씨들을 바라보며 아랫입술을 삐죽 내밀고 있는 걸 떠올릴 것이다. 불운한 여자에 대한 정결한 여인의 경멸은 예로부터 여성의 위엄에서 오는 뿌리깊은 본능의 하나이다. 이 수녀들이 품은 경멸의 감정은, 종교로 말미암아 더욱 강해졌다. 그러나 얼마 안되어 팡띤느는 수녀들의 그러한 마음을 녹여 주었다. 그녀의 겸손하고 부드러운 말투와 내부에 있는 모성이 연민의 정을 자아내게 했다. 어느 날, 수녀 간호원들은 팡띤느가 열에 들떠 이렇게 헛소리하는 것을 들었다.

"나는 죄많은 여자였어요. 그러나 우리 아기가 내 곁으로 오게 된다면, 주님이 저를 용서해 주신 걸 거예요. 나쁜 생활을 하고 있을 때에는 꼬제뜨를 곁으로 불러오고 싶지 않았어요. 우리 꼬제뜨의 놀라고 슬퍼하는 눈을 차마 볼 수 없어서였어요. 하지만 내가 나쁜 짓을 한 건 그 아이 때문이었어요. 하느님께서는 나를 용서해 주실 거예요. 꼬제뜨가 여기 올 때 나는 하느님의 은총을 느낄 거예요. 그 죄없는 아기를 보고 있으면 내 몸도 좋아질 거예요. 그 애는 정말 아무것도 모르고 있어요. 그 애는 천사예요. 그렇죠, 수녀님. 그 나이에는 아직 날개가 달려 있어요."

마들렌느 씨는 하루에 두 번씩 그녀를 문병하러 왔다. 그때마다 그녀는 물었다.

"우리 꼬제뜨를 정말 만날 수 있을까요?"

그는 대답한다.

"아마도 내일 아침에는. 이제나 저제나 하고 나도 기다리고 있소."

그러면 어머니의 창백한 얼굴은 환하게 밝아졌다.

"아, 그렇게 되면 나는 얼마나 행복할까요!"

아까 좀처럼 회복되지 않는다고 말했지만, 회복은커녕 그녀의 병세는 한 주일마다 더해 가는 듯했다. 두 어깨뼈 사이의 드러난 살갗에 직접 갖다댄 그 눈덩이가 갑자기 피부에서 땀을 내는 작용을 일시에 저지해 버려 그 결과 이 몇 해 동안 몸 속에 잠복해 있던 병이 마침내 격발하고 만 것이다. 그즈음 폐병의 연구와 치료에 대해서는 라에네크(프랑스 의사. 청진기에 의한 진단법을 발견하여 널리 보급시켰음)의 훌륭한 학설이 일반적으로 시행되기 시작하고 있었다. 의사는 팡띤느를 진찰하고 머리를 저었다.

마들렌느 씨는 의사에게 말했다.

"어떻습니까?"

"만나고 싶어하는 아이가 있다고 들었는데요?"

"네, 있습니다."

"그럼, 서둘러 불러오도록 하십시오."

마들렌느 씨는 몸을 떨었다.

팡띤느가 그에게 물었다.

"의사 선생님께서 뭐라고 하셨어요?"

마들렌느 씨는 억지로 미소지었다.

"어서 당신 아이를 데려오라고 하셨소. 그러면 병세가 좋아질 거라고."

"네, 그 말씀대로예요! 그런데 떼나르디에 내외는 대체 왜 우리 꼬제뜨를 붙잡아 두는 것일까? 아, 우리 아기가 온다! 마침내 행복이 가까워 온다!"

그러나 떼나르디에는 여전히 아이를 내놓지 않으며, 온갖 구실을 붙이고 있었다. 꼬제뜨는 몸이 약해져 겨울에 길을 떠날 수 없다느니, 이쪽에 아직도 성기신 빚이 남아 지금 그 계산서를 받고 있는 중이라니 갖은 핑계를 다 대는 것이었다.

마들렌느 씨는 말했다.

"사람을 보내 꼬제뜨를 데려오게 합시다. 필요하다면 내가 가도 좋소."

그는 팡띤느가 부르는 대로 다음과 같은 편지를 쓴 다음 그녀에게 서명하게 했다.

떼나르디에 씨
이분에게 꼬제뜨를 넘겨 주십시오.

　　자질구레한 비용은 모두 치르겠습니다.
　　여러 가지로 잘 부탁드립니다.

팡띤느

이러는 동안에 중대한 사건이 하나 일어났다. 인생이 빚어낸 불가사의한 바윗덩이는 아무리 최선을 다해 잘 깎으려 해도 뜻대로 되지 않는다. 운명의 검은 광맥이 늘 그곳에 나타나는 것이다.

장이 샹이 되는 이야기

어느 날 아침, 마들렌느 씨는 자신이 직접 몽페르메이유로 가게 될 경우를 생각해 긴급한 두어 가지 사무를 미리 처리해 두려고 시청 집무실에 있었다. 그때 자베르 경위가 이야기할 일이 있다고 면회를 신청해 왔다. 그 이름을 듣고 마들렌느 씨는 어떤 불쾌한 인상을 누를 길이 없었다. 경찰서에서의 그 사건 뒤로 자베르는 전보다도 더 한층 마들렌느 씨를 피하고 있었으며, 마들렌느 씨도 자베르와 얼굴을 마주하지 않았던 것이다.

"들어오라고 하시오" 하고 그는 말했다.

자베르가 들어왔다.

마들렌느 씨는 벽난로 가까이에 앉아 손에 펜을 들고, 도로 치안 위반에 관한 조서가 있는 서류철을 펼쳐 놓고 신중하게 살펴보며 무언가 써넣고 있었다. 자베르가 들어와도 그는 하던 일을 멈추지 않았다. 마들렌느 씨는 가엾은 팡띤느의 일을 생각하지 않을 수 없어 자연히 냉담하게 대한 것이다.

자베르는 등을 돌리고 앉아 있는 시장에게 정중하게 절했다. 그러나 시장은 그를 거들떠보지도 않고 서류철에 무언가 적어 넣고 있었다.

자베르는 방 안으로 두어 걸음 걸어들어와 고요를 깨뜨리지 않고 말없이 멈춰섰다.

만일 여기에 자베르의 성질을 잘 아는 관상가가 있어 이 문명의 종인 야만인, 로마인과 스파르타인과 수도사와 하급 병사가 한데 뒤섞인 이 기괴한 잡종, 거짓말을 못하는 스파이, 이 순수무구한 밀정을 오랫동안 연구하고, 또 마들렌느 씨에 대한 이 사나이의 은근하고 끈질긴 반감과, 팡띤느에 얽힌 시장과의 대립을 알면서 이때의 자베르를 유심히 보았다면 '무슨 일이 생긴 것일까?' 하고 의아해 했을 것이다. 이 사나이의 정직하고 명석하고 진지하고 곧고 엄격하고 포악한 본심을 알고 있는 사람이라면, 자베르가 마음 속으로 어떤 큰 변화를 일으키고 있음을 분명 알아챘을 것이다. 자베르는 마음 속의 것이 늘 얼굴에 곧바로 나타났다. 그는 격렬한 성품의 인간이 그렇듯 곧잘 자기 주장을 바꾸었다. 그렇다 해도 이때만큼 얼굴 모습이 달라지고 이상스럽게 보인 일은 이제까지 없었다.

안으로 들어오자 그는 원한도 분노도 의혹도 없는 눈초리로 마들렌느 씨에게 절하고, 시장의 안락의자 뒤에 몇 걸음 떨어져 멈춰섰다. 그리고 자못 단정한 태도로, 그러나 일찍이 인정이라곤 알지 못한 견인불발한 사람 같은 소박하고 냉철하고 고집스러운 태도로 거기에 서 있었다. 그는 말 한 마디 없이 조금도 움직이지 않고, 진정한 겸양과 평온한 인종(忍從)으로 시장이 돌아보기를 기다리고 있었다. 침착하고 진지해 보였으며, 손에 모자를 들고, 눈을 내리깔고, 장교 앞에 나선 병사와 재판관 앞에 끌려 나온 죄인을 한데 섞은 것 같은 표정이었다. 그가 가지고 있었다고 여겨지는 감정과 기억은 모조리 사라져 버렸다. 화강암처럼 단순하고도 헤아리기 어려운 그 얼굴에는 어떤 음울한 슬픔 외에 아무 표정도 없었다. 그의 온몸이 굴종과 결의와 어떤 실의에 대한 비장한 인내를 나타내고 있었다.

이윽고 시장은 펜을 놓고 반쯤 몸을 돌렸다.

"그래, 무슨 일이오, 자베르 경위?"

자베르는 생각에 잠긴 듯 잠시 말이 없다가, 이윽고 가라앉은 묵직하고 솔직한 어조로 소리높여 말했다.

"다름아니라 시장님, 어떤 유죄 행위가 저질러졌습니다."

"어떤 일이오?"

"한 하급 관리가 어느 행정관을 심하게 모독했습니다. 저는 제 의무로서 그것을 보고드리러 왔습니다."

"누구요, 그 관리란?" 하고 마들렌느 씨는 물었다.

"저입니다."

"당신이라고?"

"그렇습니다."

"그러면 그 관리를 괘씸하게 여길 행정관은 누구요?"

“시장님입니다.”

마들렌느 씨는 안락의자에서 일어섰다. 자베르는 여전히 진지한 얼굴로 눈길을 떨어뜨린 채 뒷말을 이었다.

“시장님, 저의 파면을 당국에 청해 주시기 바랍니다.”

마들렌느 씨는 깜짝 놀라며 무언가 말하려고 했다. 자베르는 그것을 가로막으며 말했다.

“시장님께서는 제 스스로 사표를 내면 된다고 하시겠지만, 그러나 그래서는 안됩니다. 스스로 사직하는 것은 수치가 아닙니다. 저는 실수를 저질렀습니다. 저는 벌을 받아야 합니다. 당국에 의해 파면당해야만 합니다.”

잠시 말을 멈추었다가 그는 다시 덧붙였다.

“시장님은 전날 제게 부당하게 준엄하셨습니다만, 오늘은 정당하게 엄격히 다스려 주십시오.”

마들렌느 씨는 소리쳤다.

“무슨 말이오? 뭐라고 말하는 건지 통 알아들을 수 없소! 대체 어떻게 됐다는 건가요? 내게 대해 당신이 무슨 죄를 저질렀다는 거요? 내게 무엇을 했단 말이오? 어떤 나쁜 짓을 했다는 거요? 죄를 지었다면서 면직시켜 달라니……”

“파면시켜 달라는 말씀입니다.” 자베르는 말했다.

“파면이라, 그렇지. 그건 또 아닌 밤중에 홍두깨 격이로군. 도무지 까닭을 알 수 없는데……”

“지금 설명드리겠습니다, 시장님.”

자베르는 가슴 밑바닥에서 우러나오는 한숨을 지으며 여전히 싸늘하고 가라앉은 말투로 이야기했다.

“시장님, 6주일 전에 그 여자의 사건이 있은 뒤, 저는 격분하여 시장님을 고발했습니다.”

“고발!”

“빠리의 경찰국으로.”

자베르와 마찬가지로 그리 웃는 일이 없는 마들렌느 씨도 그만 웃지 않을 수 없었다.

“시장이 경찰권을 침해했다고?”

“수배중인 전과자로서입니다.”

시장의 얼굴빛이 바뀌었다.

여전히 눈길을 들지 않고 자베르는 말을 이었다.

“저는 그렇게 믿고 있었습니다. 오래 전부터 짐작되는 바가 있었던 것입니다. 어떤 유사점, 시장님이 파브롤에 조회하신 친척에 관한 일, 억센 허리힘, 포슐르방 노인 사건, 시장님이 사격의 명수라는 점, 좀 끄는 듯한 다리, 그밖에 갖가지 하찮은 일들입니다. 요컨대 저는 시장님이 장 발장이라는 이름의 사나이라고 믿었습니다.”

“뭐…… 뭐라고 그랬소, 그 이름이?”

“장 발장입니다. 20년 전 제가 뚤롱에서 간수보로 근무할 때 본 적 있는 죄수입니다. 감옥에서 나간 장 발장은 어느 주교 집에서 물건을 훔치고, 또 으슥한 길목에서 사브와 소년을 위협하여 무언가 강탈했다고 합니다. 8년 전부터 행방이 묘연해 그가 어떻게 되었는지 아무도 모르지만, 수사는 계속하고 있었습니다. 저는 처음부터 짚이는 게 있어……그래서 결국 일을 저질렀습니다. 격분한 나머지 그만 경찰국에 시장님을 고발한 것입니다.”

조금 전부터 다시 서류철을 손에 들고 있던 마들렌느 씨는 완전히 무관심한 태도로 물었다.

“그래, 뭐라고 회신이 왔소?”

“터무니없는 오해라는 겁니다.”

“그리고?”

“그리고 그 회신이 옳았습니다.”

“잘된 일이로군, 당신이 그렇게 인정했다니!”

“인정할 수밖에 없었습니다. 진짜 장 발장이 잡혔으니까요.”

마들렌느 씨는 손에 들고 있던 서류를 떨어뜨렸다. 그는 고개를 들고 자베르를 바라보며, 무어라 말할 수 없는 기이한 말투로 “호!”라고 말했다.

자베르는 말을 계속했다.

“이렇게 된 겁니다, 시장님. 아일 르 오 끌로슈에 가까운 시골에 샹마띠외라고 하는 한 노인이 있었답니다. 비참하게 살아가는 자로 아무도 그를 눈여겨 보지 않았습니다. 이런 작자들은 대체 무엇으로 살아가는지 알 수 없지요. 그런데 지난해 가을, 그 샹마띠외 영감이 양조용 사과를 훔치다 붙잡혔습니다. 누구 집에서였던가…… 뭐 그런 건 아무래도 좋습니다! 담을 타고 넘어가 나뭇가지를 꺾어 도둑질한 것이지요. 그래서 붙잡혔습니다. 그는 그때까지도 손에 사과 나뭇가지를 들고 있었습니다. 그는 구금되었습니다. 여기까지라면 단순한 경범죄에 지나지 않습니다.

그런데 천명(天命)이 작용했던 겁니다. 그 구치소는 허물어져 가고 있었기 때문에, 예심판사는 도립 형무소가 있는 아라스로 샹마띠외를 옮기는 게 좋겠다고 생각했습니다. 그 아라스 형무소에 부르베라는 전과자가 있었습니다 (이 사나이는 제1부 제2편의, 장 발장의 회상에 이미 나오고 있음). 이자는 무슨 일인가로 붙잡혀 들어왔었는데, 행실이 얌전해 문지기를 시키고 있었습니다. 시장님, 그런데 샹마띠외가 거기 도착하자 부르베가 외쳤습니다. '아니, 난 네놈을 알고 있어. 이 놈은 전과자야. 나 좀 보게. 영감! 자네는 장 발장이 아닌가!' '장 발장! 대체 누구야, 장 발장이란?' 하고 샹마띠외는 놀란 척했습니다. 그러자 부르베는 '능청떨지 마'라고 말했지요. '자넨 장 발장이야! 뚤롱 감옥에 있었잖나. 20년 전에 우리는 거기서 함께 있었지.' 샹마띠외는 부인했습니다. 사실 그럴 수도 있지요.

그래서 조사가 이루어지게 됐습니다. 저에게도 그 일로 조회가 왔습니다. 그 결과 이런 일들이 밝혀진 겁니다. 그 샹마띠외라는 자는 30년 전에 파브롤을 비롯한 여기저기서 가지치기 인부로 일했었는데 자취를 감춰버렸답니다. 그는 오랜 뒤 오베르뉴에 모습을 보이고 이어서 빠리에 나타났는데, 거기서 그는 수레 만드는 목수 일을 하고 딸은 세탁업을 했다고 말합니다만 증거가 없습니다. 그런 뒤 아까 말한 그 고장에 와서 살고 있었던 것입니다.

그런데 절도죄로 감옥에 가기 전 장 발장이 어떤 자였던가 하면 가지치기 인부였고, 어디서 살았는가 하면 파브롤에서입니다. 또한 이름도, 장 발장은 세례명이 장이며 그 어머니의 처녀 때 성이 마띠외였습니다. 감옥을 나오자 신분을 감추기 위해 어머니의 성을 따서 장 마띠외라는 이름으로 행세했으리라고 여겨지는 게 당연한 일 아니겠습니까? 그리고 그는 오베르뉴로 갔으며, 그 지방에서는 '장'을 '샹'이라고 발음하므로 그도 자연히 샹마띠외라고 불렸습니다. 이리하여 그 사나이는 그대로 샹마띠외로 변한 것입니다. 어떻습니까, 알아들으셨겠지요?

그리고 파브롤에서도 조사해 보았습니다. 장 발장의 가족은 이미 거기에 살고 있지 않았습니다. 어디로 갔는지 아무도 모릅니다. 아시리라 믿습니다만 그런 이들은, 온 가족이 모두 한꺼번에 모습을 감추는 수가 흔히 있습니다. 도무지 찾아낼 수 없습니다. 그런 이들은 진흙 같은가 하면 먼지처럼 사라져 버립니다. 게다가 또 이 이야기의 실마리는 30년 전 일이어서, 파브롤에 장 발장을 아는 사람은 아무도 없습니다. 뚤롱에서 조사해보니, 부르베 외에 장 발장을 아는 죄수는 두 사람밖에 없었습니다. 그것은 무기형을 받은 죄수인 고슈빠유와 슈닐디외입니다. 그 두 사람을 감옥에서 끌어내어 출두시켰습니다. 그리고 자칭 샹마띠외라는 자와 대면시키자 두 사람은 조금도 주저하지 않았습니다. 부르베와 마찬가지로 그들 보기에도 그는 틀림없는 장 발장이었던 것입니다. 나이도 같은 54살이고, 키도 같고, 몸집도 같고, 요컨대 같은 사람인 장 발장이었던 것입니다.

마침 그때 제가 빠리의 경찰국으로 고발장을 보냈던 겁니다. 그 회신은 자베르의 머리가 어떻게 된 것 아니냐, 장 발장은 사직 당국에 체포되어 아라스에 있다는 것이었습니다. 상상이 되십니까, 여기서 그 장 발장을 붙잡았다고 생각했던 저의 놀라움이 얼마나 컸을지를. 저는 예심판사에게 편지를 냈습니다. 그래서 불려가니 제 앞에 그 샹마띠외가 끌려 나왔습니다……"

"그리고?" 하고 마드렌느 씨는 중간에 말을 던졌다.

자베르는 엄격하고도 침울한 얼굴로 대답했다.

"시장님, 사실은 사실입니다. 유감스럽게도 그 사나이는 장 발장이었습니다. 저도 그것을 인정했습니다."

마들렌느 씨는 낮은 목소리로 말했다.

"확실한가요?"

자베르는 깊은 확신에서 나오는 비통한 웃음 소리를 냈다.

"네, 확실했습니다."

그는 테이블 위에 놓인 잉크 흡수용 톱밥상자에서 톱밥을 기계적으로 두어 번 집어내면서 한동안 생각에 잠겨 있다가 덧붙였다.

"그리고 진짜 장 발장을 보고 온 지금에 와서는, 어떻게 그런 어처구니없는 생각을 했었는지 제 자신도 알 수 없을 지경입니다. 시장님, 부디 용서해 주십시오."

6주일 전 근무중인 순경들 앞에서 그를 욕되게 하고, "물러가시오!"라고 말한 그 사람을 향해 그처럼 진지하게 탄원하고 있는 이 거만한 사나이 자베르는, 그 자신으로서도 뜻밖인 솔직함과 위엄으로 가득차 있었다. 마들렌느 씨는 그의 그런 탄원에 대답하지 않고 다만 무뚝뚝하게 물었다.

"그런데 그 사나이는 뭐라고 하던가요?"

"시장님, 이 사건은 정말 여간 까다롭지 않습니다. 만일 그 사나이가 장 발장이라면 재범이거든요. 담을 넘어 들어가 가지를 꺾고 사과를 훔친 것쯤 은 어린아이라면 장난에 지나지 않고 어른이라 해도 경범죄에 불과하지만, 전과자라면 큰 범죄입니다. 가택 침입에 절도가 겹치는 것입니다. 이미 경범 죄 재판의 문제가 아니고 중죄 재판입니다. 며칠 동안의 구류가 아니라, 종 신 징역입니다. 게다가 사브와 소년에 대한 사건도 있습니다. 그것도 문제가 될 겁니다. 그렇게 되면 정말 큰일이지요! 기를 쓰고 부인하는 것도 당연한 일입니다.

그렇습니다, 장 발장이 아닌 다른 사람이라면 그렇게 하겠지요. 그러나 장 발장은 교활한 놈입니다. 그 점에서도 역시 그다운 데가 있다고 저는 생각했 습니다. 다른 자라면 흥분해서 날뛰며 떠들어댔을 겁니다. 불에 올려놓은 냄 비처럼 끓어오르며, 자기는 장 발장이 아니라고 미친 듯 아우성칠 게 틀림없 습니다.

그러나 그 사나이는 도무지 영문을 모르겠는 듯한 얼굴로 이렇게 말할 뿐 입니다. '나는 샹마띠외요, 다른 누구가 아니란 말이오.' 그러면서 놀란 듯한 표정을 짓고 멍청이인 체하고 있습니다. 여간 능숙한 수법이 아닙니다. 아 니! 아주 그럴싸한 수작이지요. 하지만 결국은 아무 소용도 없습니다. 증거 가 충분하니까요, 네 사람이 증언하고 있으니, 그 엉큼스러운 놈도 결국 유 죄 판결을 받을 겁니다. 지금 아라스의 중죄재판소에 회부되어 있습니다. 저 도 증인으로 가게 됩니다. 소환을 받았지요."

마들렌느 씨는 다시 책상 쪽을 향해 서류철을 매만지고 있었다. 그리고 일 에 쫓기는 사람처럼 자세히 읽고 적어 넣으면서, 소리나지 않게 그것을 넘기 고 있었다. 이윽고 그는 자베르 쪽을 돌아보면서 말했다.

"알겠소, 자베르. 실상 자세히 들려 준다 해도 나와 그리 관계없는 일이니 까. 서로 시간 낭비이고, 또 다른 급한 일들이 쌓여 있소. 자베르, 당신은 지금 곧 쌩 쏠브 거리 모퉁이에서 채소를 팔고 있는 뷔조삐에 아주머니를 찾 아가 짐마차꾼 삐에르 세늘롱을 고발하도록 일러주시오. 이 사나이는 여간 난폭한 놈이 아니어서 그 아주머니와 아이를 하마터면 치어죽일 뻔했소. 처벌하지 않으면 안 되오. 다음에는 몽트르 드 샹뻬니 거리의 샤르셀레 씨에게 가 주시오. 옆집 홈통에서 빗물이 떨어져 자기 집 토방을 썩게 만들었다는 호소가 들어왔으니까. 그런 다음 기부르 거리의 도리스 미망인과 가로 불랑 거리의 르네 르 보쎄 부인을 찾아가, 신고 들어온 바와 같은 경찰법 위반 사항이 있는지 어떤지 확인하고 조서를 꾸며 주시오. 하지만 이렇게 당신에게만 맡겨서는 일이 너무 많겠군. 당신은 아까 어디 좀 가야 할 데가 있다고 말했었지요? 아라스에 간다고 그랬던가? 일주일인가 열흘쯤 뒤, 그 사건 때문에?"

"더 일찍 갑니다, 시장님."

"그럼, 언제요?"

"재판이 내일 열리게 되므로 오늘 저녁 승합마차로 떠날 작정이라고 말씀드린 것 같습니다만."

마들렌느 씨는 알 듯 모를 듯하게 조금 몸을 떨었다.

"그러면 얼마나 걸릴까요, 그 사건은?"

"고작해야 하루겠지요. 늦어도 내일 저녁에는 판결이 내려질 겁니다. 그렇지만 저는 판결이 내릴 때까지 기다리지 않겠습니다. 어차피 뻔한 일이니까요. 진술이 끝나면 저는 곧 돌아오겠습니다."

"좋소" 하고 마들렌느 씨는 말했다.

그리고 그는 손짓으로 자베르를 물러나게 하려고 했다.

자베르는 나가지 않았다.

"죄송합니다만 시장님," 하고 그는 말했다.

"또 무엇이오?" 하고 마들렌느 씨는 물었다.

"아직 한 가지 잊으신 일이 남았습니다."

"무엇이오?"

"제가 파면당해야 한다는 것입니다."

마들렌느 씨는 일어섰다.

"자베르, 당신은 훌륭한 사람이오. 나는 당신을 존경하고 있소. 당신은 자신의 과실을 너무 과장되게 생각하고 있소. 그리고 또 그 문제는 내 개인에 대한 실례일 따름이오. 자베르, 당신은 승진하면 했지 물러나야 할 까닭이 없소. 나는 당신이 머물러 주기를 바라는 바요."

자베르는 그 성실한 눈으로 마들렌느 씨를 지그시 바라보았다. 그 눈동자 안쪽 깊숙이에 총명하지 못하나 엄격하고 청렴한 그의 양심이 뚜렷이 보이는 듯했다. 자베르는 침착한 목소리로 말했다.

"시장님, 저는 그 말씀에 따를 수 없습니다."

"거듭 말하지만, 이 문제는 나 개인에 관한 일이오."

그러나 자기 생각에만 골똘한 자베르는 말을 계속했다.

"저의 과실을 과장되게 생각한다고 말씀하십니다만, 저는 결코 과장되게 생각하고 있지 않습니다. 저는 이렇게 생각합니다. 저는 시장님에게 부당한 혐의를 걸었습니다. 하지만 그런 건 문제도 아닙니다. 혐의를 품는 것은 우리와 같은 직업을 가진 자의 권리입니다, 비록 자기 지위를 넘어서까지 의심하는 게 직권 남용일지라도.

그러나 증거도 없이 다만 분노에 쫓겨 복수를 목적으로 당신을 전과자라고 고발했습니다. 당신 같은 존경할 만한 훌륭한 분을, 시장을, 행정관을 말씀입니다. 이것은 중대한 일입니다. 정부의 한낱 경관인 이 자베르가 당신이라는 정부를 모욕했던 겁니다. 만일 제 부하의 한 사람이 제가 한 것과 같은 짓을 했다면, 저는 그 사나이를 직무 모독죄로 고발하고 파면시켰을 겁니다. 그렇지 않습니까?

아니, 시장님, 좀더 말씀드리게 해주십시오. 저는 이제까지 엄격하게 일해 왔습니다, 남들에 대해서. 그것은 정당했지요. 저는 올바르게 행동해 왔던 겁니다. 그러나 이제 제가 자신에 대해 엄격하지 않는다면, 이제까지 제가 해온 정당한 행위는 정당치 못한 게 됩니다. 제가 자신을 남보다 관대하게 다루어야 한다는 법이 어디 있습니까? 안됩니다! 남은 벌하고 자신을 벌하지 않는, 그런 뻔뻔스러운 짓을 어떻게 할 수 있겠습니까! 그렇다면 저는 실로 더러운 인간이 되어 버릴 것입니다. '저 뻔뻔스러운 놈'이라고 사람들이 손가락질해도 어쩔 수 없을 겁니다.

시장님, 저는 친절하게 대해 주실 것을 바라지 않습니다. 시장님께서 다른 사람에게 친절을 베푸시는 걸 보았을 때, 저는 곧잘 분개했습니다. 저는 그런 친절을 원하지 않습니다. 시민에 대하여 매춘부를 옹호하는 친절, 시장에 대하여 경관을 두둔하는 친절, 상관에 대하여 말단부하를 감싸는 친절—그러한 것들은 제가 좋지 못한 친절이라고 부르는 것들입니다. 그런 친절을 베풀기 때문에 사회 질서가 어지러워지는 겁니다. 아, 친절하기는 쉽고, 정당하기는 어렵습니다. 그렇습니다!

만일 당신이 제가 처음에 그렇다고 믿고 있었던 그 사람(장발장)이었다면, 저는 결코 시장님에게 친절하게 대하지 않았을 겁니다. 이 자베르는 본때를 보여 주었을 게 틀림없습니다! 시장님, 저는 남을 다루듯 자신도 다루지 않으면 안됩니다. 악인을 다스릴 때, 부랑배를 엄하게 처벌할 때 저는 흔히 제 자신에게 이렇게 말했습니다. ‘만일 너도 실수를 하고 과실을 범했을 때에는 단단히 각오해야 한다!’ 그런데 지금 불행히도 저는 실수하고 잘못을 저질렀습니다. 자, 어서 파면하고, 내쫓아 주십시오! 그래야 마땅합니다. 제게는 두 팔이 있으니 땅을 파고 일하겠습니다. 그래도 상관없습니다. 시장님, 직무를 훌륭하게 수행하려면 모범을 보여야 합니다. 저는 오로지 경위 자베르의 파면을 요구합니다.”

이러한 모든 말은 겸양과 긍지와 절망과 확신이 뒤섞인 말투로 이야기되어, 이 기이하고 정직한 사나이에게 어떤 위엄을 더해 주었다.

“생각해 봅시다” 하고 마들렌느 씨는 말했다.

그리고 상대방에게 손을 내밀었다.

지베르는 뒷걸음질치며 거칠게 말했다.

“죄송합니다만 시장님, 그것은 안됩니다. 시장은 밀정에게 악수를 청하시는 게 아닙니다.”

그리고 그는 입속말로 다시 덧붙였다.

“밀정, 그렇습니다. 경찰의 직권을 남용한 뒤로 저는 밀정에 지나지 않습니다.”

그는 정중하게 경례하고 문 쪽으로 걸어갔다.

문 앞에서 그는 돌아보고, 여전히 눈을 내리깐 채 말했다.

“시장님, 후임자가 올 때까지는 근무를 계속하겠습니다.”

그는 물러갔다. 마들렌느 씨는 복도 바닥 위를 멀어져 가는 그 꿋꿋하고 힘찬 발걸음 소리에 귀기울이며 깊은 상념에 잠겼다.

제7편 샹마띠외 사건

쌩쁠리스 수녀

다음에 말하려는 것은, 그 모두가 몽트뢰이유 쉬르 메르에 잘 알려진 사실들은 아니지만 시민들에게 깊은 감명을 남겼으므로 자세히 그 내용을 이야기하지 않으면 이 책의 큰 결함이 될 것이다. 자세하게 옮겨 적노라면 독자는 몇몇 사실이 참말일 것 같지 않은 경우에 부닥칠지도 모르나 사실을 존중하는 뜻에서 그냥 쓰기로 한다.

자베르가 찾아왔던 날 오후 마들렌느 씨는 여느 때와 마찬가지로 팡띤느를 보러 갔다. 팡띤느한테로 가기 전에 그는 쌩쁠리스 수녀를 불렀다. 병실에서 일하고 있는 두 수녀는, 자선 간호원 모두가 그렇듯 라자로회의 수녀로 하나는 뻬르뻬뛰아 수녀, 다른 하나는 쌩쁠리스 수녀라고 불렸다.

뻬르뻬뛰아 수녀는 주위에서 흔히 볼 수 있는 시골 여자로, 세상의 여느 직업을 갖듯 수도직에 들어선 거칠고 품위 없는 자선 간호원이었다. 그러니만큼 수녀라고 해도 요리사나 조금도 다를 바 없었다. 그런 타입은 그리 드물지 않다. 수도회는 그런 시골의 진흙도 받아들여 카푸친회(가톨릭 프란체스코 파)나 우르술라회(병자 간호와 소녀 교육을 목적으로 함)의 수녀로 손쉽게 빚어낸다. 그런 시골뜨기들은 종교계의 허드렛일을 시키기에 알맞다. 소몰이꾼이 갈멜회의 수도사가 된들 아무 어색할 게 없다. 그것은 조금도 힘든 일이 아니다. 시골의 무지와 수도원의 무지에는 근본적인 공통점이 있어 준비는 이미 처음부터 갖추어진 셈이다. 촌뜨기가 바로 수녀와 어깨를 나란히 할 수 있는 것이다. 들일할 때 입는 옷을 좀 넉넉하게 만들면, 그대로 수도복이 된다.

뻬르뻬뛰아 수녀는 뽕뜨와즈 언저리의 마린느 태생으로 튼튼하게 생겼으며, 시골 사투리를 쓰고, 성가를 읊조리고, 줄곧 무언가 중얼거리고, 환자가 독실한 신자인지 겉보기만의 신앙인인지에 따라 탕약 속의 설탕을 가감하고, 환자를 거칠게 다루고, 빈사 지경의 사람들에게 퉁명스럽게 대하고, 그

쌩쁠리스 수녀

들의 얼굴에 하느님을 내던지듯 하고, 임종의 고통 앞에서 우레 같은 기도를 던지는, 우악스럽고 정직하며 얼굴이 불그스레한 여자였다.

쌩뺄리스 수녀는 피부가 백랍같이 희었다. 뻬르뻬뛰아 수녀에 비하면 그녀는 수지(獸脂)초와 나란히 선 제단용 초였다. 뱅쌍 드 뽈(라자로회 설립자)은 봉사와 자유의 결합을 주장하는 다음과 같은 훌륭한 말 속에 자선 간호원의 모습을 성스럽게 그려냈다. '수녀들은 오로지 수도원으로는 병원을, 방으로는 셋방을, 예배당으로는 교구의 성당을, 회랑으로는 시내의 길거리나 또는 병원의 대기실을, 담으로는 복종을, 철문으로는 주님에 대한 두려움을, 수도복의 검은 베일로는 겸손을 가져야만 하리라.' 이러한 이상은 쌩뺄리스 수녀 안에 그대로 살아 있었다. 그녀의 나이를 알아맞추는 사람은 아무도 없었다. 청춘시절이 없었던 대신, 결코 나이를 먹는 일도 없을 것 같이 보였다. 침착하고, 근엄하고, 품위있고, 냉정하고, 이제까지 한 번도 거짓말한 일이 없는 사람—여자라고는 굳이 말하지 않겠다—이었다.

그녀는 가냘파 보일 만큼 온화했으나, 정말은 화강암보다도 견고했다. 그녀는 가늘고 정결한 부드러운 손가락으로 불행한 사람들을 어루만졌다. 그녀의 말 속에는, 이른바 고요가 깃들어 있다고나 할까. 그녀는 꼭 필요한 말밖에 하지 않았으며, 참회실에서는 신앙심을 북돋고 객실에서는 사람 마음을 매혹시키는 목소리를 갖고 있었다. 그 가냘픈 허리는 굵은 모직 옷에 만족하고, 그 거친 감촉으로 하느님을 끊임없이 생각하고 있었다. 특별히 강조해야 할 한 가지는 결코 거짓말을 한 적 없었다는 것, 어떤 이해관계에도 진실이 아닌 것, 참으로 진실이 아닌 일은 결코 입에 담지 않았다는 것, 그 점이 쌩뺄리스 수녀의 특질이었다. 그것이 그녀가 지닌 미덕의 바탕이었다. 그녀의 이 확고부동한 진실은 거의 온 수도회에 알려져 있을 정도로 유명했다.

시까르 수도원장(농아 교육에 일생을 바친 로꼬앙 불르와즈 꺼뗄롱을 말함)도 농아인 마씨외에게 보낸 편지에서 쌩뺄리스 수녀 이야기를 한 적이 있었다. 아무리 성실하고 공정하고 순결하다 해도 사람은 누구나 자기의 결백과 정직 위에 적어도 한 조각의 사소한 거짓말은 가지고 있는 법이다. 그러나 그녀에게는 결코 그런 것이 없었다. 작은 거짓말, 죄없는 거짓말, 그런 것이 대체 있을 수 있을까? 거짓말한다는 것, 그것은 누가 뭐라고 해도 절대로 나쁜 일이다. 거짓말을 조금밖에 하지 않았다는 것 따위는 있을 수 없는 일이다. 조금이라도 거짓말하는 사람은 모든 거짓말을 하는 사람과 같다. 거짓말을 한다는 것은 악마의 모습이다. 사탄은 두 개의 이름을 갖고 있다. 이른바 싸땅과 망쏭즈(거짓말)이다. 그녀는 그렇게 생각하고 있었다. 그리고 그 생각을 그대로 실천했다. 앞서 말한 바와 같은 그 순백은 거기서 나온 것이고, 그 순백의 광채는 그녀의 입술과 눈을 뒤덮고 있었다. 따라서 그 미소도 희고, 그 눈초리도 희었다. 그녀 양심의 유리창에는 한 오리의 거미줄도 없고, 한 점의 티도 없었다.

성 뱅쌍 드 뽈 수도회에 들어갔을 때, 그녀는 특히 쌩쁠리스라는 수도명을 선택하여 가졌다. 시실리의 쌩쁠리스라면 그 이름이 널리 알려진 성녀로, 씨라큐즈 태생이었으나 쎄게스타 태생이라고 거짓 대답을 했으면 생명을 건졌을 터이지만 그런 거짓 대답을 하느니 두 유방을 잘리는 편을 택했던 것이다. 이를 수호성녀로 삼는 게 그녀의 영혼에는 어울린다고 여겼던 것이다.

쌩쁠리스 수녀는 수도회에 처음 들어갔을 때, 두 가지 결점이 있었으나 고쳐 나갔다. 곧 맛있는 음식을 먹으려는 버릇과 편지를 받기 좋아하는 일이었다. 그녀는 큰 활자의 라틴어 기도서 외에 아무 책도 읽지 않았다. 라틴어는 몰랐으나 그 책의 뜻은 잘 알고 있었다.

이 경건한 동정녀는 아마도 팡띤느의 내부에 잠재하는 덕성을 느꼈음인지, 애정을 갖고 만사를 젖혀놓다시피 그녀의 간호에 헌신했다.

마들렌느 씨는 쌩쁠리스 수녀를 불러내어 그녀가 나중까지도 잊지 않을 만큼 열성 있는 태도로 팡띤느의 일을 부탁했다.

수녀 곁을 떠나 마들렌느 씨는 팡띤느에게로 갔다. 팡띤느는 날마다 마치 따사롭고 즐거운 빛을 기다리듯 마들렌느 씨가 나타나기를 기다리고 있었다. 그녀는 간호하는 수녀에게 이렇게 말하곤 했다.

"나는 시장님이 여기와 계시는 동안에만 살아 있는 느낌이 들어요."

그날 그녀는 몹시 열이 높았다. 마들렌느 씨를 보자마자 그녀는 물었다.

"저, 꼬제뜨는?"

그는 미소지으며 대답했다.

"곧 올 거요."

마들렌느 씨는 팡띤느에게 여느 때와 다름없이 대했다. 다만 그날은 30분이 아닌 한 시간이나 곁에 있어 주었다. 그것이 팡띤느를 몹시 기쁘게 했다. 그는 환자에게 아무 불편이 없도록 사람들에게 거듭 당부했다. 잠시 그의 얼굴이 몹시 흐려지는 것 같았으나, 의사가 그의 귀에 대고 "병세가 굉장히 악화되고 있습니다" 하고 속삭인 것을 알면 그 까닭을 알 수 있다.

그리고나서 그는 시청으로 돌아갔다. 사환은 시장이 집무실에 걸려 있는 프랑스의 도로 지도를 주의깊게 들여다보는 것을 보았다. 시장은 종이에다 연필로 무슨 숫자를 적어넣었다.

스코플레르 영감의 짐작

마들렌느 씨는 시청에서 나와 시내 변두리에 있는 플랑드르인의 집을 찾아갔다. 그 주인은 스코플라에르라는 이름을 프랑스식으로 스코플레르로 고쳐 불리는 사나이로, 말과 마차를 빌려주는 가게를 하고 있었다.

그 스코플레르 영감 집으로 가려면, 마들렌느 씨가 사는 교구의 사제관이 있는 인적드문 거리를 지나는 게 가장 빨랐다. 사람들 말에 따르면, 사제는 존경할 만한 인격자이며 훌륭한 조언자였다. 마들렌느 씨가 사제관 앞을 지날 때 길에는 통행인이 한 사람밖에 없었으며, 그 사람은 다음과 같은 것을 목격했다. 시장은 사제관 앞을 지나쳐 가다가 발을 멈추고 잠시 가만히 서 있더니 발길을 돌려 사제관 입구로 되돌아왔다. 그 입구는 바깥에서 좀 들어간 데 있는 이른바 중문으로 문을 두드리는 데 쓰이는 쇠고리가 달려 있었다. 그는 그 고리를 잡아 위로 들어올리더니 멈칫 손을 멈추고는 꼼짝 않고 서서 생각에 잠겼다가 이윽고 살그머니 소리나지 않게 도로 내려놓고는, 먼저와 달리 빠른 걸음으로 다시 가던 길을 걸어갔다.

마들렌느 씨는 스코플레르 영감이 마침 마구를 수선하고 있는 참이었으므로 만날 수가 있었다.

마들렌느 씨는 물었다.

"스코플레르 영감. 좋은 말이 있소?"

"시장님, 저희 것은 모두 좋은 말입니다" 하고 플랑드르인은 말했다. "시장님이 말씀하시는 좋은 말이란 어떤 말입니까?"

"하루에 20리외를 달릴 수 있는 말이오."

"네? 20리외!"

"그렇소."

"이륜 마차를 달고서 말입니까?"

"그렇소."

"그만큼 달리고 나선 얼마나 쉬게 되는데요?"

"어쩌면 그 이튿날 바로 출발할지도 모르오."

"같은 길을 되돌아오는 거군요?"

"그렇소."

"하, 더욱이 20리외를!"

마들렌느 씨는 연필로 숫자를 적어 놓은 종이 쪽지를 포켓에서 꺼냈다. 그는 그것을 플랑드르인에게 보였다. 거기에는 5, 6, $8\frac{1}{2}$이라는 숫자가 써 있었다.

"이것 보시오, 합계 19.5이니, 대략 20리외가 아니오!"

"시장님" 하고 플랑드르인은 말을 이었다. "해보십시다. 저 백마를 드리지요. 그 놈이 지나가는 것을 가끔 보신 일이 있을 겁니다. 바 불로네산의 귀여운 놈입지요. 기운이 굉장히 좋은 놈입니다. 처음에는 승마용이었다지만, 저 지독한 심술쟁이는 누구든 올라타는 족족 땅바닥에 내동댕이쳐 버렸답니다. 질이 나쁘다고 소문나 쓸모가 없었습지요. 그런 걸 제가 사서 마차에 달아 보았습니다. 아, 그랬더니 글쎄 놈의 마음에 꼭 들었던 모양이에요. 마치 계집아이처럼 얌전해져서 바람같이 달리지 않겠어요! 아니, 정말이지 이런 것의 등에 올라타서는 안됩니다. 고놈이 글쎄 승마가 될 생각은 없었던 모양이에요. 누구에게나 저마다 소망이라는 게 있는 법이니까요. 끄는 것이라면 좋지만 태우는 것은 싫다, 아마 이런 배짱이었던 모양입니다."

"그래, 그 말이라면 달릴 수 있겠다는 거요?"

"말씀하시는 대로 20리외쯤이야. 줄곧 빠르게 달릴 테니 여넓 시간노 채 걸리지 않을 겝니다. 단 조건이 있습니다."

"말해 보시오."

"첫째로, 반쯤 달린 뒤 한 시간쯤 쉬게 해주십시오. 그때 먹을 것을 주는데 그동안 여관집 사나이가 말이 먹는 귀리를 훔쳐내지 못하도록 곁에서 지켜 주셔야만 합니다. 여관에서는 귀리가 말의 입으로 들어가는 것보다 마굿간 사나이의 술값이 되는 경우가 더 많은 것을 저는 알고 있으니까요."

"누군가 곁에서 지켜보도록 하지."

"둘째로, 마차에는 시장님께서 타시는 겁니까?"

“그렇소.”

“시장님은 고삐를 잡을 줄 아십니까?”

“암.”

“그럼, 꼭 시장님만 타 주십시오. 무게를 줄이기 위해서입죠.”

“알았소.”

“그렇다면 시장님 혼자 타시니까, 귀리 지키기도 시장님이 몸소 하셔야겠습니다.”

“물론이지.”

“그리고 하루에 30프랑은 받아야겠습니다. 쉬는 날도 쳐서요. 한 푼도 에누리할 수 없습니다. 그리고 말먹이도 시장님께서 준비하시고.”

마늘렌느 씨는 지갑에서 나폴레옹 금화 세 닢을 꺼내 테이블 위에 놓았다.

“그럼, 이틀치 선불하겠소.”

“넷째로, 그렇게 달리려면 대형 마차는 너무 무거워 말이 지칠 겁니다. 그러니 소형 마차를 사용해 주십사고 말씀드려야겠습니다.”

“좋소.”

“가벼운 대신 덮개가 없습니다.”

“상관없소.”

“그렇지만 시장님, 지금은 겨울인뎁쇼?”

마늘렌느 씨는 대답하지 않았다. 플랑드르인은 말을 계속했다.

“지독히 추우실 텐데요?”

마늘렌느 씨는 여전히 아무 말도 하지 않았다. 스코플레르 영감은 계속 말했다.

“비가 올지도 모르겠는뎁쇼.”

마늘렌느 씨는 고개를 들고 말했다.

“소형 마차와 말을 내일 아침 4시 반 내 집 문 앞에 대기시켜 주시오.”

“좋습니다, 시장님.” 하고 스코플레르 영감은 대답했다. 그리고 테이블의 나무 판대기에 붙은 얼룩을 엄지손가락 손톱으로 문질러 대면서, 플랑드르인들이 그들의 교활함을 얼렁뚱땅 감출 때 흔히 쓰는 수법으로 무심코 묻는 것처럼 슬쩍 말을 던졌다.

“아 참, 이제야 생각나는데, 시장님께선 어디로 가신다는 말씀을 않으셨지요. 어딥니까, 시장님이 가시는 곳은?"

그는 이야기가 시작될 때부터 그것만 생각하고 있었으나, 웬일인지 차마 물어보지 못하고 있었다.

"그 말은 앞다리가 튼튼한가요?" 하고 마들렌느 씨가 물었다.

"그야 물론입죠, 시장님. 내리막길에서는 조금 잡아당기듯 해주십시오. 가시는 데까지는 내리막길이 많습니까?"

"내일 아침 4시 반 정각에 내 집 앞으로 꼭 잊지 않도록 부탁하오" 하고 마들렌느 씨는 대답을 마치자 나갔다.

플랑드르인은 나중에 그 자신이 말했듯, 한참 동안 '얼이 빠져' 멍하니 있었다.

시장이 나가고 2, 3분 지났을 때 다시 문이 열렸다. 마들렌느 씨였다. 그는 여전히 무심한 표정으로, 무엇엔가 마음을 온통 빼앗기고 있는 것 같았다.

"스코플레르 영감" 하고 그는 말했다. "내게 빌려 줄 말과 소형 마차는 값으로 따져 얼마나 되오? 말에 마차를 딸려서."

플랑드르인은 큰 소리로 웃으면서 말했다.

"말에 마차를 끌게 하는 거죠, 시장님."

"그렇소. 얼마요?"

"시장님은 제게서 그걸 사시겠다는 겁니까?"

"아니 그냥, 만일의 사고에 대비해 영감에게 보증금이라도 내 두려고. 내가 돌아와 그 돈을 도로 찾으면 되니까. 마차와 말 값이 얼마나 되오?"

"500프랑은 될 겁니다, 시장님."

"자, 여기 두겠소."

마들렌느 씨는 테이블 위에 지폐를 놓고 나갔으며, 이번에는 되돌아오지 않았다.

스코플레르 영감은 천 프랑이라고 말하지 않은 것을 몹시 분하게 여겼다. 그렇긴 하나 말과 소형 마차는 한데 합쳐 백 에뀌($\frac{500}{프랑쯤}$)가 알맞는 값이었다.

플랑드르인은 아내를 불러 그 이야기를 했다. 대체 시장님은 어디로 가시려는 것일까? 그들은 서로 의견을 말했다. "빠리에 가실 거예요"라고 아내가 말했다. "나는 그렇게 생각하지 않아" 하고 남편은 말했다.

마들렌느 씨는 숫자를 적은 종이쪽을 난로 위에 놓아둔 채 잊어버리고 갔다. 플랑드르인은 그것을 손에 들고 곰곰이 따져 보았다. '5, 6, $8\frac{1}{2}$, 이것은 역말을 갈아타는 곳을 표시한 게 틀림없어.' 그는 아내 쪽을 바라보았다.

"알았어."

"어떻게요?"

"여기에서 에댕까지 5리외, 에댕에서 쎙뽈까지 6리외, 쎙뽈에서 아라스까지 8리외 반이지. 시장은 아라스에 가는 거야."

그 동안에 마들렌느 씨는 집으로 돌아와 있었다. 스코플레르 영감 집에서 돌아올 때, 그는 먼길로 돌아서 왔다. 마치 사제관의 문이 그를 유혹하므로 그것을 피하기라도 하는 것처럼.

그는 자기 방으로 올라가 틀어박혀 있었는데, 그것은 그리 이상한 일이 아니었다. 그는 흔히 잠자리에 일찍 들었었기 때문이다. 그런데 공장 문지기이며 마들렌느 씨의 유일한 하녀이기도 한 여자가 그의 방 등불이 8시 반에 꺼진 것을 보았다. 그리고 그때 돌아온 회계원에게 그 이야기를 하며 이렇게 덧붙였다.

"시장님은 몸이 불편하신가 봐요. 여느 때와는 좀 다르네요."

이 회계원은 마들렌느 씨의 바로 밑 방을 쓰고 있었다. 그는 문지기 여자의 말을 그리 마음에 두지 않고 잠자리에 들었다. 한밤중에 그는 갑자기 잠이 깨었다. 마치 꿈 속인 양 머리 위에서 무슨 소리가 들린 것이다. 그는 귀기울였다. 윗방에서 누가 걸어다니는 듯했다. 그가 주의깊게 들어본즉 마들렌느 씨 발자국 소리임을 알 수 있었다. 그는 그것이 이상하게 여겨졌다. 여느 때는 마들렌느 씨가 일어나는 시간까지 그 방에서 소리가 나는 일이 없었던 것이다.

한참 뒤 회계원은 벽장문이 열렸다가 다시 닫히는 것 같은 소리를 들었다. 이어서 무언가 가구를 움직이는 것 같았으며, 잠시 조용하다가 다시 발자국 소리가 나기 시작했다. 회계원은 침대에 일어나 앉았다. 눈을 비비며 주위를 둘러보니 유리창 너머로 맞은편 벽 위에, 어딘가 불 켜진 창에서 새어나오는 불그레한 불빛이 비쳤다. 빛의 방향으로 보아 마들렌느 씨의 방 창문이라고밖에 여길 수 없었다. 흔들리는 불빛은 등불에서 흘러나오는 게 아니고 무엇인가 활활 타오르는 불에서 나오는 듯했다. 유리창의 창틀 그림자가 비치지 않은 것으로 보아 창문이 활짝 열려 있음을 알 수 있었다. 이런 추운 때 창문을 열어젖혀 놓다니 이상한 일이었다.

회계원은 다시 잠들었다. 한 시간인가 두 시간 뒤에 그는 또 깨어났다. 여전히 느릿한 발소리가 규칙적으로 머리 위를 왔다갔다하고 있었다. 불빛은 여전히 벽에 비치고 있었으나 이제는 램프나 촛불의 반영처럼 흐릿하고 조용했다. 창문은 여전히 열려 있었다.

마들렌느 씨의 방에서는 다음과 같은 일이 일어나고 있었던 것이다.

머릿속의 폭풍

독자는 마들렌느 씨가 장 발장 바로 그 사람임을 짐작하고 있었을 것이다. 우리는 이미 이 사람의 의식 밑바닥을 들여다본 적이 있으나, 다시 한 번 들여다볼 때가 왔다. 그러나 감동과 전율 없이는 힘들 것이다. 이러한 종류의 관찰보다 더 두려운 것은 없다. 정신의 눈은 인간의 내부에서 가장 많은 빛과 암흑을 발견해 낸다. 인간의 마음보다 더 무시무시하고 복잡하고 신비로우며 무한한 것은 없다. 바다보다도 더 장대한 광경이 있으니 그것은 하늘이요, 하늘보다도 더 장대한 광경이 있으니 그것은 인간의 마음 속이다.

인간의 양심이라는 시(詩)를 만들어내는 일은, 비록 그것이 한 개인이나 미천한 사람에 대해서일지라도 모든 서사시를 한데 모아 더 훌륭하고 결정적인 하나의 서사시로 만들어낼 만큼의 노력이 들 것이다. 인간의 양심, 그것은 환상과 욕망과 유혹의 혼돈이요 몽상의 도가니이며 부끄러운 관념의 소굴이다. 그것은 궤변의 마굴(魔窟)이며 정욕의 싸움터이다. 생각에 잠긴 한 인간의 창백한 얼굴을 통하여 그 속을 들여다보라. 그 영혼 속을, 그 암흑 속을 들여다보라. 겉으로는 평온하지만 호메로스의 작품에 나오는 거인의 싸움이 거기에 있고, 밀턴의 작품에 나오는 용과 머리 일곱 달린 큰 뱀의 격투가 있고 요괴 무리가 있으며, 단떼의 작품에 나오는 환영의 소용돌이가 있다. 모든 사람 안에 있으면서 뇌리의 의지와 생활의 행동을 이끌어내는 이 무한한 영혼의 혼돈이여!

알리기에리(단떼의姓)는 어느 날 지옥문에 이르러 그 앞에서 망설였다. 우리들 앞에도 그와 비슷한 문이 하나 있다. 그 입구에서 우리는 망설인다. 그러나 감히 그 안으로 들어가 보기로 하자.

쁘띠 제르베의 사건 뒤 장 발장에게 어떤 일이 일어났는가에 대해서는, 이미 독자가 알고 있는 것 외에 더 할 말이 없다. 그때부터 이미 우리가 보아 온 바와 같이 그는 아주 다른 사람이 되었다. 그를 새 사람으로 만들려고 한 주교의 바람을 그는 실현했다. 그것은 단순한 변화가 아닌 하나의 변용이었다.

그는 용케 모습을 감추어, 주교에게서 훔친 은그릇은 기념으로 촛대만 남기고 다 팔고, 이 도시에서 저 도시로 숨어들며 프랑스를 가로질러 몽트뢰이유 쉬르 메르에 들어와, 앞에서 말한 것과 같은 착상을 해내어 사업을 이룩하고, 체포하거나 손대지 못하도록 하기에까지 성공하고, 그때부터 몽트뢰이유 쉬르 메르에 자리잡아, 과거로 말미암아 양심이 슬픔의 빛으로 물들고, 후반생으로 말미암아 전반생의 죄가 속죄됨을 행복스럽게 느끼며, 평화와 안식과 희망을 품고 이제는 오직 두 가지 일밖에 생각하지 않았다. 그것은 이름을 숨기고 생활을 정화하는 일과, 속세에서 벗어나 하느님께 귀의하는 일이었다.

이 두 가지 생각은 그의 정신 속에서 긴밀하게 결합되어 하나가 되었다. 두 가지가 한결같이 강하게 그의 마음을 휘어잡고 군림하며 아주 하찮은 행위까지도 지배했다. 여느 때는 그 두 가지가 일치하여 나날의 행위를 규정하고, 민중의 비참한 생활로 눈을 돌리게 했으며, 그가 친절하고 소박한 인간이 되도록 언제나 조언해 주었다. 그러나 때로는 그 둘 사이에 갈등이 일었다. 그런 경우 독자들도 기억하듯, 몽트뢰이유 쉬르 메르의 모든 사람이 마들렌느 씨라고 부르는 그 사람은 주저하지 않고 둘째 것을 위해 첫째 것을 희생했으며 덕행을 위해 안전을 희생했다. 그러므로 그는 매우 신중하게 조심하면서도 주교의 두 촛대를 소중하게 보존하고, 주교의 상을 입고, 사브와 소년이 지나가면 불러들여 물어보고, 파브롤에 살던 가족의 일을 알아보고, 자베르의 꺼림칙한 암시도 무릅쓰고 포슐르방 노인의 생명을 구했던 것이다. 그는 이미 우리가 보아왔듯 현자, 성인, 정의로운 사람이 그랬던 것처럼 자기의 첫째 의무는 자신에 대한 게 아니라고 여기고 있었던 모양이다.

그러나 이번 같은 일은 아직 한 번도 없었다. 여기에 우리가 그 고뇌를 이야기하는 이 불행한 사람을 지배하고 있던 두 가지 생각이 이렇듯 치열하게 싸웠던 적은 아직 한 번도 없었던 것이다.

자베르가 들어와 이야기를 늘어놓기 시작했을 때부터 그는 어렴풋이, 그러나 심각하게 그 점을 깨달았다. 그토록 깊이깊이 파묻어 두었던 그 이름이 그렇게 불쑥 튀어나온 순간, 그는 놀란 나머지 망연자실하여 자기 운명의 기이한 재난에 정신을 잃는 듯 싶었다. 그리고 그렇듯 망연자실한 가운데, 그는 격렬한 진동에 앞서 오는 전율을 느꼈다. 폭풍 직전의 떡갈나무처럼, 피습 직전의 병정처럼 그는 몸을 웅크렸다. 천둥과 번개를 머금은 검은 구름이 머리 위에 펼쳐지는 것을 느꼈다.

자베르의 이야기를 들으며 그의 머리에 맨 먼저 떠오른 생각은, 거기로 가서 그 자리에 뛰어들어 스스로 이름을 밝히고 샹마띠외를 감옥에서 꺼내고 자기가 들어가자는 것이었다. 그것은 산 채로 살을 도려내는 것 같은 날카로운 아픔이었다. 그러나 다음 순간 그것은 지나가고, 그는 자신에게 말했다. '잠깐만! 잠깐만!' 그는 그 최초의 단호한 마음의 충동을 억누르고 비장한 결심 앞에서 뒷걸음질쳤다. 과연 주교의 그 거룩한 말을 잊지 않고 회개와 자기 희생으로 오랜 세월을 지내오며 갸륵한 고행의 생활을 해온 이 사나이가, 지금 이처럼 무서운 위기에 맞닥뜨려 한순간도 망설이지 않고 그 바닥에 천국이 있는 심연을 향하여 똑바로 같은 걸음으로 계속 걸었다면 훌륭한 일임에 틀림없으나 그렇게 되지 않았다.

우리는 그의 영혼 속에 어떤 일이 일어나고 있었는지 분명하게 밝혀내지 않으면 안되겠다. 우리가 할 수 있는 건 그의 영혼 속에 무엇이 있었는지를 전하는 일뿐이다. 우선 첫째로 그의 마음을 충동한 것은 자기 보존의 본능이었다. 그는 서둘러 생각을 가다듬어 감정을 억누르고, 큰 위험물인 자베르가 눈앞에 있음을 생각하고, 심한 공포로 말미암아 결심을 뒤로 미루고, 자기가 해야 할 일이 무엇인가를 애써 생각지 않도록 하고, 투사가 방패를 십어 올리듯 냉정을 되찾으려 했다.

그는 그날 하루의 나머지 시간을 그런 상태로 보냈다. 마음 속에서는 회오리바람이 일지만 겉으로는 깊고 고요한 여유를 보이며 이른바 '신중을 기하는' 일만 했다. 모든 것이 아직도 흐릿하게 머릿속에서 뒤얽히고 있었다. 혼란이 심해 아무 생각도 뚜렷이 떠오르지 않았다. 큰 타격을 받았다는 것 말고는, 그 자신도 자기에 대해 도무지 알 수 없었던 것이다.

그는 여느 때와 마찬가지로 팡띤느의 병상을 찾아가 친절한 마음에서 다른 때보다 오래 머무르고, 자기가 앞으로 해야 할 일을 생각하고, 만일 자기

가 없게 될 경우를 위해 그녀 일을 자선 간호원들에게 잘 부탁해 두어야겠다
고 생각했다. 아무래도 아라스에 가게 될 것 같은 생각이 막연히 들었다. 그
러나 그 여행을 마음속으로 결심한 것은 결코 아니었다. 실제로 아무 혐의도
받지 않았기에, 앞으로 이루어질 재판에 입회한다 해도 나쁠 것은 없으리라
는 생각에서 만일의 일에 대비해 스코플레르의 소형 마차를 예약해 두었던
것이다.

그는 꽤 왕성한 식욕으로 저녁을 먹었다.

그 뒤 자기 방으로 돌아가 생각에 잠겼다.

그는 자기가 놓인 상황을 깊이 살펴보고, 그것이 허무맹랑하다고 생각했
다. 너무도 허무맹랑하여 한참 묵상에 잠겨 있다가 거의 형언할 수 없는 어
떤 불안한 충동에 쫓겨 의자에서 벌떡 일어나 문에 빗장을 질렀다. 그래도
혹시 무언가 들어올 것 같은 두려움을 느꼈다. 그래서 갑자기 일어날 수 있
는 모든 일에 대비하여 자기 몸에 방벽을 둘러쳤다.

얼마 뒤 그는 불을 껐다. 불이 자꾸만 마음에 걸렸던 것이다. 누가 자기를
보고 있을지도 모른다는 마음이 들었다.

누가? 사람이?

아! 그러나 그가 못 들어오게 막으려했던 것은 이미 들어와 있었다. 그
눈을 피하려했던 것은 벌써 그를 지켜보고 있었다. 그것은 그의 양심이었다.

양심, 곧 하느님이었다. 그러나 처음에는 스스로 착각에 빠져 있었다. 자
신의 안전과 고립을 유지할 수 있을 거라고 느꼈다. 빗장을 지르면 아무도
자기를 붙잡지 못하리라 믿었다. 촛불을 끄면 아무도 보지 못하리라 믿었다.
그는 마음을 놓았다. 책상 위에 팔꿈치를 올려놓고, 손으로 머리를 짚고, 어
둠 속에서 생각에 잠기기 시작했다.

'나는 대체 어디에 있는 것일까? 꿈을 꾸고 있는 게 아닐까? 무슨 말을
들었던가? 자베르를 만나고, 그가 내게 그런 말을 한 것은 정말이었던가?
그 샹마띠외란 어떤 자일까? 나와 닮았을까? 그런 일이 있을 수 있을까?
어제는 그토록 평온하게 아무 걱정 없다고 생각하고 있었는데! 그런데 어제
는 이맘때쯤 무엇을 하고 있었던가? 이 일은 대체 어떻게 된 것인가? 어떻
게 해결될 것인가? 어떻게 해야 좋을까?'

그는 고뇌하고 있었다. 그의 두뇌는 갖가지 생각을 붙들 힘을 잃고 있었

다. 그 생각들은 격류처럼 흘러 지나가고, 그는 그것을 가로막으려고 두 손으로 이마를 짚었다. 그의 의지와 이성을 마구 휘저어 놓는 그 혼란, 그는 거기서 명확한 증거와 결의를 끌어내려고 애썼으나 초조한 불안만이 나왔다.

그의 머리는 타는 듯 뜨거웠다. 그는 창가로 가서 문을 활짝 열었다. 하늘에는 별도 없었다. 그는 다시 책상 앞으로 돌아와 앉았다.

처음 한 시간은 그렇게 지나갔다. 그러는 동안에 막연한 윤곽이 조금씩 형체를 갖추기 시작하여 그의 명상 속에 자리잡기 시작했다. 그리고 그는 이 상황의 전체는 아니지만 세부를 정확히 알아차릴 수 있게 되었다. 상황이 아무리 기괴하고 위급하다 할지라도, 이 상황을 완전히 지배할 수 있는 사람은 다름아닌 자기라는 것을 그는 인식하기 시작했다.

그의 곤혹은 갈수록 깊어질 뿐이었다.

그의 행위가 지향하던 엄격한 종교적 목적을 떠나 생각한다면, 이날까지 그가 해온 일은 모두 자기 이름을 파묻기 위한 구덩이일 뿐이었다. 자기 반성을 하는 시간이나 잠을 이루지 못하는 밤에도 언제나 가장 두려웠던 것은 혹시나 자기 이름이 사람들 입에 오르내리는 때가 있지나 않을까 하는 일이었다. 그때야말로 모든 건 끝이라고, 그 이름이 다시금 세상에 나타나는 날은 자기 주위에서 이 새로운 생활이 사라지고, 경우에 따라 자기 속에서 새로운 영혼까지도 사라질 거라고 생각하고 있었다. 그런 일이 있을지도 모른다는 생각만 해도 소름이 끼쳤다. 만일 그러한 때 누가 그에게 그 이름이 그의 귓전을 울리고, 그 끔찍한 장 발장이라는 말이 밤의 어둠 속에서 별안간 튀어나와 그 앞에 우뚝 서고, 그가 휩싸인 비밀의 장막을 날려 버리는 저 무서운 빛이 느닷없이 그의 머리 위에 비치는 때가 올 거라고 했다면, 또 그 이름은 그를 위협하지 않고, 그 빛은 어둠을 더욱 짙게 할 뿐이며, 그 찢어진 장막은 오히려 비밀을 깊이 감추어 주고, 지진은 그의 몸을 조금도 흔들어 대지 못하며, 그 기괴한 사건도 만일 그가 원한다면 그의 존재를 한결 명백하게 해줌과 동시에 더욱 불가해한 존재로 만들어 주는 결과를 초래할 뿐이며, 장 발장이라는 환영과 대결함으로써 선량하고 훌륭한 시민인 마들렌느 씨는 전보다 더욱 이름을 떨치고 평화를 되찾고 존경받을 거라고 했다면, 그 어떤 경우에도 그는 고개를 저으며 그러한 말을 미치광이의 헛소리라고 했을 것이다. 그런데 어떤가! 모두 그대로 되어 나타나지 않았는가. 그런 일이란 있을 수 없다고 믿어 온 게 사실이 되었으며, 신은 그러한 황당무계한 일이 현실로 되어 나타나도록 허락했던 것이다!

그의 몽상은 차츰 또렷해졌다. 그는 차츰 자신의 입장을 이해하게 되었다.

그는 방금 잠에서 깨어난 느낌이 들었다. 밤의 어둠 속에 서서 벌벌 떨며, 물러가려 해도 발이 떼어지지 않고, 가파른 낭떠러지 위에서 심연의 밑바닥으로 미끄러져 떨어지는 것 같은 마음이 들었다. 어둠 속에 모르는 한 사나이, 낯선 사나이가 또렷이 보인다. 운명은 그 사나이를 자기로 잘못 알고, 자기 대신 그 사나이를 깊은 나락에 떨어뜨리려 하고 있다. 나락이 벌린 입을 다물기 위해서는 누군가 거기 떨어져 들어가지 않으면 안 된다. 자기든 아니면 그 사나이든. 그로서는 되어가는 대로 내버려둘 수밖에 없다.

머릿속이 완전히 맑아졌다. 그리고 그는 깨달았다. '형무소의 내 자리는 비어 있다. 아무리 발버둥쳐도 소용없다. 그 빈 자리는 언제나 나를 기다리고 있다. 쁘띠 제르베의 돈을 훔친 사실은 다시 나를 그곳으로 끌어가고 있다. 내가 그곳으로 돌아갈 때까지 그 빈 자리는 늘 나를 기다리고 끌어당길 것이다. 그것은 피할 수 없는 숙명이다.' 그리고 그는 또 이렇게 생각했다. '지금 나를 대신할 사람이 있다. 샹마띠외라는 그 사나이는 아무래도 운이 나빴던 모양이다. 나로 말할 것 같으면 앞으로 그 샹마띠외라는 인간으로 형무소에 들어가 있고, 마들렌느 씨라는 이름으로 사회에 있다. 두려울 것은 이제 아무것도 없다. 그 샹마띠외라는 사나이의 머리 위에 오욕의 돌—묘석처럼 한 번 떨어지면 두 번 다시 들어올릴 수 없는 돌—이 떨어지도록 가만히 내버려두기만 하면 되는 것이다.'

그러한 모든 생각은 너무도 격렬하고 기괴하여 무어라 말할 수 없는 어떤 전율이 갑자기 온몸을 엄습했다. 이 떨림은 사람이 일생에 두서너 번도 경험하지 못하는 양심의 경련이라고도 할 만한 것, 마음 속의 의심을 마구 뒤흔들고 조롱과 희열과 절망을 한데 섞은 것이며, 내적인 너털웃음이라고 할 수 있는 것이었다.

그는 다시 갑자기 초에 불을 붙였다.

'그게 어떻다는 거냐! 나는 무엇을 두려워하고 있는가? 무엇을 이다지 생각하는 거냐? 나는 구원되었다. 모든 게 끝났다. 이제까지는 내게 문이 반쯤만 열려 있었다. 그 틈으로 과거가 내 생활에 틈입해 올 우려가 있었다. 지금 그 문은 닫혔다! 영원히! 그토록 오랜 동안 내 마음을 어지럽히던 저 자베르, 내 정체를 눈치챈 듯한, 아니 실제로 정체를 알아내어 가는 곳마다 내 뒤를 밟고 있던 저 무서운 직관력, 늘 냄새맡고 매섭게 노리고 있던 저 무시무시한 사냥개, 그도 이젠 길을 잃고 다른 데를 헤매며 완전히 내 발자 취를 놓쳐 버린 것이다. 그 뒤로 그는 만족하고 있다. 나를 가만히 내버려두 겠지. 그 장 발장을 붙잡았으니까! 그리고 어쩐지 이곳을 떠나고 싶어하는 눈치가 아니던가!

　모든 게 저절로 그렇게 되었으며, 전혀 내 탓이 아니다! 나는 무엇 하나 꾸미지 않았다. 그렇다, 생각해 보면 무슨 불행한 일이 일어난 것도 아니잖 은가! 내가 지독한 꼴을 당하는 것을 보면, 사람들은 내게 무슨 큰 재난이 떨어졌다고 생각하겠지! 요컨대 누군가에게 재난이 떨어진다 해도, 그것은 결코 나 때문이 아니다. 모든 것은 주님의 뜻으로 이루어진다. 이렇게 된 것 도 분명 주님이 원하시기 때문이다! 주님의 뜻을 어지럽힐 권리가 내게 있 단 말인가? 나는 지금 무엇을 원하는가? 무엇에 끼어들려고 하는가? 그것 은 내게 관계된 일이 아니다. 뭐야 만족스럽지 못하다고! 그렇다면 대체 무 엇이 더 필요하단 말이냐? 오랜 동안 내가 원하던 목적이 이루어지지 않았 는가! 밤마다 꾸던 꿈, 하느님께 올리던 기원, 몸의 안전을 꾀한 목적이 이 루어졌다! 그것을 원하시는 것은 주님이다. 나는 주님의 뜻을 거슬러서는 안 된다. 주님은 왜 그것을 원하는가? 내가 시작한 일을 계속하게 하기 위 해서, 나에게 선을 행하게 하기 위해서, 내가 행한 회개와 내가 되찾은 선덕 (善德)이 마침내 얼마쯤의 행복을 가져오게 했다는 것을 세상에 알리기 위 해서이다! 아까 그 선량한 사제의 집에 들어가 고해 신부에게 하듯 모든 것 을 털어놓고 그의 조언을 구하려했을 때 내가 왜 그토록 꺼려했는지 실로 그 까닭을 알 수 없다. 그도 틀림없이 나에게 내 생각과 같은 말을 했을 텐데. 이미 결정되었으니 되어가는 대로 내버려두자! 주님의 뜻에 따르기로 하 자!'

　그는 자기 자신의 심연이라고도 할 만한 것 위에 몸을 구부리고, 양심의 저 깊은 밑바닥에서 스스로에게 그렇게 말하고 있었다. 그는 의자에서 일어 나 방 안을 걷기 시작했다.

‘자, 이제 그 일은 더 생각하지 말자. 결심은 이미 섰다!’ 하고 그는 말했
다. 그러나 아무 기쁨도 느낄 수 없었다. 아니, 오히려 그 반대였다.

바닷물이 해변으로 되돌아오는 것을 막을 수 없듯 우리의 상념은 한 가지
생각으로 되돌아가지 않을 수 없다. 바다에서 일하는 사람은 이것을 조수
(潮水)라 하고, 죄있는 인간은 뉘우침이라고 한다. 하느님은 바다를 들어올
리듯 인간의 영혼도 들어올리신다.

조금 지나자 그는 어쩔 수 없이 다시 그 음울한 대화를 시작하지 않을 수
없었다. 이야기하는 것도 그 자신이요, 듣는 것도 그 자신이다. 입 밖에 내
고 싶지 않은 것을 지껄이고, 듣고 싶지 않은 것을 듣는다. 그리고 2천 년
전의 사형수(예수 그리스
도를 가리킴)를 향해 ‘나아가라!’고 했던 그 어떤 신비로운 힘이 그
에게 ‘생각하라!’고 명령하여 굴복시키는 것이었다.

앞으로 더 나아가기에 앞서, 충분한 이해를 갖기 위해 필요한 한가지 고찰
을 덧붙이려고 한다.

확실히 인간은 자기 자신을 향해 혼자 말하는 수가 있다. 생각하는 존재로
서 그것을 경험하지 않은 이는 아무도 없다. 이렇게 말할 수도 있으리라. 언
어란 인간 내부에서 사고에서 양심으로, 양심에서 사고로 왕복할 때보다 더
장엄한 신비일 수는 없다고. 이 장에서 자주 나오는 ‘그는 말했다’ 또는 ‘그
는 외쳤다’는 말은 오로지 그런 뜻에서만 이해되어야 한다. 사람은 외부의
침묵을 깨뜨리지 않고 자기 내부에서 스스로에게 말을 걸고, 이야기하고, 외
친다. 거기에 영혼의 소란과 동요가 있다. 입을 제쳐두고 모든 대화를 내부
에서 주고받는다. 영혼 안의 현실은, 눈으로 보거나 손으로 만져서 알 수 있
는 게 아닐 뿐 역시 현실인 것이다.

그리하여 그는 자기가 지금 어떤 처지에 놓여 있는지를 자신에게 물었다.
‘결심이 선’ 것에 대하여 스스로 물어 보았다. 아까 머릿속에서 제멋대로 처
리한 일은 모두 언어도단이고, ‘되어가는 대로 내버려두자. 하느님의 뜻에
따르기로 하자’고 한 것은 그야말로 끔찍한 일이라고 자신에게 고백했다. 운
명의 과실, 인간의 과실을 저질러지는 대로 내버려둔다는 것은, 그것을 막지
않는다는 것은, 묵인함으로써 그것을 돕는다는 것은, 결국 아무것도 하지 않
는다는 것은, 자기가 모두 하는 것과 마찬가지 아닌가! 그것은 비열한 위선
의 최종 단계가 아닌가! 비열하고 음험하며 용렬하고 추악한 죄가 아닌가!

8년만에 처음으로 이 불행한 사나이는 사악한 생각과 사악한 행위의 쓴맛을 맛보았다.

그는 메스꺼워져 그것을 도로 뱉어냈다.

그는 스스로에게 계속 물었다. 아까 입에 올린 '목적이 이루어졌다!'는 말의 뜻을 자신에게 가혹하게 물어보았다. 그는 스스로 공언했다, 내 생활은 하나의 목적을 갖고 있었다고. 그러나 그 목적이란 무엇인가? 이름을 숨기는 일인가? 경찰의 눈을 속이는 것인가? 내가 해온 모든 행위는 그토록 하찮은 일 때문이었던가? 위대하고 진실한 다른 목적은 없었던가? 내 몸이 아닌 내 영혼을 구하는 일, 정직과 선량으로 되돌아가는 일, 올바른 사람이 되는 일! 내가 늘 원했던 것은, 주교가 내게 명령한 것은, 특별히 그 점에, 오로지 그 점에 있었던 게 아니던가? 과거의 문이 닫혔다고? 천만에, 나는 그것을 닫지 않았다. 비열한 짓을 하며 다시 그 문을 열고 있지 않는가! 그뿐 아니라 다시 도둑, 가장 더러운 도둑이 되려 하고 있다! 어떤 인간에게서 그 존재를, 생활을, 평화를, 햇볕 바른 자리를 빼앗으려 하고 있다! 나는 살인자가 되려 하고 있다! 가엾은 한 사나이를 죽이려 하고 있다! 산 채로 죽는 죽음을, 푸른 하늘 아래 감옥이라고 부르는 죽음을 그 사나이에게 주려 하고 있다!

그러나 반대로 몸을 내던져 불행한 오판(誤判)에 말려 들어간 그 사나이를 구하고, 자기의 본명을 밝히고, 다시 죄수 장 발장이 되는 의무를 다 한다면 그것이야말로 진실로 부활이며 지옥의 문을 영원히 닫는 일이 아닐까? 겉으로는 지옥에 떨어지는 듯 보이지만 사실은 반대로 거기서 벗어나는 것이다! 그렇게 하지 않으면 안 된다! 그 일을 하지 않는다면 이제까지 아무 것도 하지 않은 것과 같다. 나의 전생애는 무익하고, 나의 회개는 모두 헛되며, 다만 '어떤 쓸모가 있었느냐?'고 말할 수밖에 없게 되리라.

그는 주교가 그 자리에 있는 것 같이 느꼈다. 죽어서 오히려 눈앞에 또렷이 나타나 보이는 주교가 물끄러미 그를 쏘아보았다. 앞으로 자기는 마들렌느 시장으로서 온갖 선행을 다하고도 주교의 눈에는 더러운 인간으로 보이며, 오직 죄수 장 발장이 됨으로써만 주교 앞에 사랑받는 순결한 인간으로 보일 것 같았다. 세상 사람들은 그의 가면을 보고 있지만, 그의 맨 얼굴을 보고 있다. 세상 사람들은 그의 생활을 보지만, 주교는 그의 양심을 꿰뚫어

보고 있는 것이다.

그렇다. 그는 반드시 아라스로 가서 가짜 장 발장을 구하고, 자기가 진짜 장 발장이라는 것을 밝혀야 한다! 아! 그것이야말로 최대의 희생이며, 가장 가슴 울리는 승리이며, 뛰어넘어야 할 최후의 한 걸음이다. 무슨 일이 있어도 그렇게 하지 않으면 안된다. 쓰라린 운명이여! 세상 사람들의 눈에 다시금 오욕으로 돌아간 자기 모습을 드러내놓을 때, 비로소 그의 모습이 하느님의 눈에 귀하게 비쳐지는 것이다!

"그렇다! 그렇게 결행하자! 의무를 다하자! 그 사나이를 구원하자!" 하고 그는 말했다. 그는 저도 모르게 소리높이 그 말을 입밖에 냈다.

그는 서류를 가져와 조사하고 차근차근 정리했다. 영세한 상인들에게 받은 차용증서 다발을 불에 던져 넣었다. 그는 한 통의 편지를 써서 봉했다. 만약 이때 그의 방에 누가 있었다면, 그 봉투 겉면에 이렇게 씌어진 것을 읽을 수 있었으리라. '빠리, 아르뜨와 거리 은행가 라피뜨 씨'

그는 사무용 책상에서 지갑을 꺼냈다. 그 안에는 몇 장의 지폐와 그해에 선거(아라스에서 있었던 대의원 선거)하러 갈 때 사용했던 통행증이 들어 있었다. 그 같이 중대한 생각에 잠기면서 그러한 여러 가지 일을 하고 있는 그를 비록 본 사람이 있다 할지라도, 그의 내부에 무슨 일이 일어나고 있었는지 알아차리지 못했을 게 틀림없다. 다만 때때로 그의 입술이 움직이고 있을 뿐이었다. 또 어떤 때는 고개를 쳐들고 벽의 어느 한 점을 응시했다. 마치 바로 그곳에 그가 밝혀내고자 하는, 또는 물어보고 싶은 무엇이 있기라도 한 것처럼.

라피뜨 씨에게 보내는 편지를 다 쓰고 나자 그것을 지갑과 함께 주머니에 집어넣고 다시 거닐기 시작했다.

그의 상념은 조금도 그 방향을 바꾸지 않았다. 그는 광채나는 글자로 씌어진 자기의 의무를 줄곧 뚜렷이 눈에 보고 있었다. 그 글자는 그의 눈앞에서 훨훨 타오르며 시선을 따라 맴돌았다. '가라, 네 이름을 밝혀라! 자수하라!'

그는 또한 이제까지 자기 생활의 두 가지 규칙이 되어 있던 두 개의 관념, 곧 자기 이름을 감추고 영혼을 거룩하게 하리라던 두 가지 관념을 지그시 바라보고 있었다. 이 두 관념은 마치 눈에 보이는 형태를 갖추고 그의 눈 앞에서 움직이기 시작한 것 같았다. 그리고 그제야 비로소 그에게는 그 두 관념이 전혀 별개의 것으로 보이고, 그 둘의 차이가 눈에 띄었다. 그는 깨달았다. 하나의 관념은 어디까지나 선한 것이나 다른 하나의 관념은 악해질 수도 있다는 것을. 하나는 헌신이지만, 다른 하나는 자기 본위의 것임을. 하나는 '이웃'을 말하고 있으나 다른 하나는 '자기'를 말하고 있다는 것을. 하나는 빛에서 오지만 다른 하나는 밤의 어둠에서 온다는 것을.

그 두 관념은 서로 싸우고 있었다. 아니, 싸우고 있는 것을 그는 보았다. 그가 생각에 잠기면 잠길수록, 두 관념은 그의 마음의 눈 앞에 기이하게 확대되어 거인 같은 모습이 되어 있었다. 그리고 그는 자신의 내부에서, 아까 말한 저 무한 속에서, 빛과 어둠의 한복판에서, 신과 거인이 격투하는 것을 보는 듯한 느낌이 들었다.

그는 공포에 가득찼다. 그러나 착한 생각 쪽이 이기는 것 같았다.

그는 자기의 양심과 운명이 다시금 결정적인 순간에 놓여 있음을 느꼈다. 처음에는 주교가 그의 새로운 생애의 제1기를 금그었고, 이번에는 샹마띠외 가 제2기를 금긋고 있는 것이다. 큰 위기 뒤에 시련이 닥친 것이다.

그러는 동안에 얼마쯤 가라앉았던 열이 다시 조금씩 오르기 시작했다. 수 많은 생각이 그의 뇌리를 스쳤다. 그러나 그것들은 그의 결심을 굳혀 줄 뿐 이었다.

어느 순간 그는 자기 자신에게 말했다. '나는 아무래도 그 일을 지나치게 깊이 생각하고 있는 것 같다. 그 샹마띠외라는 자는 대단한 인물이 못된다. 그 사나이는 도둑질을 한 것이다.'

그렇게 말한 뒤 그는 스스로에게 대답했다. '그 사나이가 과연 사과를 몇 개 훔쳤다 한들, 고작해야 한 달의 구류에 지나지 않는다. 형무소에 가는 것 과는 하늘과 땅 차이다. 그리고 그가 정말로 그가 훔쳤는지도 알 수 없는 일 이다. 증거가 있는가? 장 발장이라는 이름이 짓눌러 증거고 뭐고 상관없게 된 것이 아닌가. 검사라는 자들의 수법은 언제나 그런 식이 아닌가. 전과자 라고 하니까 곧 도둑이라고 생각해 버리는 것이다.'

또 어느 순간에는 이런 생각이 떠올랐다. '내가 자수하면 아마도 나의 용 감한 행위와 지난 7년 동안의 정직한 생활과 이 지방에 끼친 공적을 고려해 줄 것이다.'

그러나 이러한 상상은 곧 사라져 버렸다. 쁘띠 제르베에게서 40수를 훔친 일로 재범자가 될 것이 뻔하며, 틀림없이 그 사건은 제기될 것이고, 그리하여 법률 조문에 따라 종신형에 처해질 거라고 생각하면서 그는 씁쓰레한 웃음을 지었다.

그는 마침내 모든 망상을 뿌리치고, 차츰 지상을 떠난 다른 곳에서 위안과 힘을 구했다. 그는 자신에게 말했다. '의무를 수행해야 한다. 의무를 피한 뒤보다 수행한 뒤에 더 불행하게 되는 일은 아마도 없겠지. 만일 '되는 대로 내버려두고' 몽트뢰이유 쉬르 메르에 머물러 있는다면 나의 덕망, 명성, 좋은 인상, 사람들에게 받는 정중한 공경, 자선, 재산, 인망, 덕, 그것들은 모두 죄로 물들어 버릴 것이다. 그리고 그 추악한 것과 뒤범벅이 된 성스러운 모든 것은 어떤 의미를 가질 것인가! 그러나 내가 만일 희생을 무릅쓴다면 감옥의 기둥(죄인을 묶어놓고 사람들에게 구경시키는 기둥)과 쇠사슬(죄인을 기둥에 묶는 사슬)과 푸른 모자(종신형을 받은 죄수가 쓰는 모자)와 쉴 겨를 없는 고역과 무자비한 굴욕에도 정결한 사상을 품을 수 있을 것이다.'

마지막으로 그는 자신에게 말했다. '모든 일에는 필연이라는 것이 있다. 나의 운명은 이렇게 정해져 있는 것이다. 하늘의 이치를 어지럽힐 힘은 나에게 없다. 어떻든 하나를 선택할 수밖에 없다. 겉으로는 덕이 있어 안은 내면이 추악한 쪽이든가, 안은 성스럽지만 겉으로는 추악한 쪽이든가를.'

그토록 많은 침통한 생각을 했지만 그의 용기는 조금도 사그라지지 않았다. 그러나 머리가 피곤해졌다. 그는 저도 모르게 관계없는 다른 일들을 생각하기 시작했다.

혈관이 관자놀이 속에서 격렬하게 뛰고 있었다. 그는 여전히 방 안을 서성거렸다. 성당의 시계가 먼저 자정을 알리고 시청의 시계도 뒤이어 울렸다. 그는 두 개의 큰 시계가 열두 번 울리는 소리를 세면서, 두 종소리를 비교해 보았다. 그때 문득 며칠 전 철물점 앞에서 본 낡은 종에 이런 이름이 새겨져 있던 것이 생각났다. '로맹빌의 앙뜨와느 알뱅'

그는 추위를 느꼈다. 불을 조금 지폈다. 창문을 닫을 생각은 미처 하지 못했다.

그러는 동안에 또다시 혼미의 상태로 빠져들어갔다. 열두 시를 알리기 전에 마음먹고 있던 일을 생각해 내기에는 상당한 노력이 필요했다. 마침내 그것이 생각났다.

"아, 그렇다. 자수하려고 결심했었지" 하고 그는 중얼거렸다.

이어서 갑자기 팡띤느가 생각났다.

"그래! 그 가엾은 여자는!"

여기서 다시 새로운 위기가 나타났다. 팡띤느는 그의 명상 속에 갑자기 나타나 예기치 않았던 한 줄기 빛처럼 비쳤다. 그는 주위의 모든 것이 홱 바뀌는 것 같아 이렇게 외쳤다.

'아니, 이럴 수가! 이제까지 나는 내 일밖에 생각지 않았었군! 내 형편밖에 생각지 못했구나! 침묵을 지킬 것인가, 자수할 것인가. 몸을 숨길 것인가, 영혼을 구원할 것인가. 존경은 받지만 천한 행정관으로 있을 것인가, 수치스럽지만 거룩한 죄수가 될 것인가. 그것은 모두 나의 문제, 어디까지나 나 개인에 관한 일, 나 하나의 문제에 지나지 않는다! 아! 이런 이기주의가 어디 있을까! 이기주의의 갖가지 형태 가운데 하나이지만, 이기주의임에는 틀림없다! 만일 지금 다른 사람의 일도 얼마쯤 생각한다면!

무엇보다도 으뜸가는 신성함은 남을 생각하는 일이다. 자, 깊이 반성해보자. 나를 제쳐놓고, 나를 지우고, 나를 잊어버리면, 거기서 대체 어떤 결과가 생길 것인가? 만약 내가 자수하고 나선다면 나는 체포되고, 샹마띠외는 살아나고, 항구의 감옥으로 나는 보내지리라. 좋다. 하지만, 그 다음에는? 여기는 어떻게 될 것인가? 아! 여기에는 한 지방, 하나의 도시, 많은 공장, 하나의 공업, 많은 노동자, 남자, 여자, 노인, 어린이, 가난한 사람들이 있다! 그것은 모두 내가 만들어낸 것이었다. 그러한 사람들을 나는 먹여 살리고 있다.

연기가 오르는 굴뚝이 있는 곳이라면 어디든지, 그 불 속에 장작을 보내고 그 냄비 속에 고기를 넣어 준 것은 나다. 나는 생활의 안정과 물자의 유통과 거래의 신용을 이룩했다. 내가 오기 전에는 아무것도 없었다. 나는 이 시방 전체를 재건하고, 활기를 띠게 하고, 번영케 하고, 자극시키고, 윤택하게 만들었다. 내가 없으면 영혼이 없는 것이나 마찬가지다. 내가 빠져 버리면 모두 죽어 버린다. 그리고 그토록 괴로움을 받아왔던 여자, 타락했을지라도 갸륵하고 훌륭한 장점을 지닌 여자, 뜻하지 않게 내가 그 모든 불행의 원인이 되었던 여자! 그리고 내가 그 어머니에게 약속하고 직접 데리러 가려고 생각했던 그 어린아이! 나는 그 여자를 불행에 떨어뜨린 죄로 아직도 무엇인가를 빚지고 있는 것은 아닌가? 내가 없어진다면 어떻게 될 것인가? 어머니는 죽게 되리라. 어린아이는 어떻게 될지 모른다. 내가 자수한다면 그런 결

과가 된다. 자수하지 않으면? 자, 그 점이다. 자수하지 않으면?'

그렇게 스스로 묻고 난 뒤 그는 잠시 생각을 멈추었다. 얼마쯤 주저와 전율을 느꼈다. 그러나 그 순간은 오래 계속되지 않았다. 그는 침착하게 자신에게 대답했다.

'그렇게 되면 그 사나이가 항구의 감옥으로 가게 된다. 그러나 할 수 없다! 그 사나이는 도둑질을 했으니까! 그 사나이가 도둑질하지 않았다고 내가 아무리 자신에게 타일러도 소용없다. 그는 도둑질을 한 것이다. 나는 이대로 여기 머물러 있자. 계속 일하자. 10년 동안에 천만 프랑쯤 돈을 벌어 그것을 이 지방에 뿌리자, 나는 나 자신을 위해서는 한푼도 쓰지 않겠다. 그런 것을 가져서 뭘 하겠나? 내가 하는 일은 나를 위해서가 아니다! 모든 사람이 더욱 더 번영하고, 공업은 눈부시게 활기를 띠고, 크고 작은 공장이 늘어난다. 집은 백이 되고 천이 되고, 또 행복해진다. 이 고장 인구는 증가하고, 논밭이 있던 곳에 마을이 들어앉고, 황무지였던 곳에 논밭이 생긴다. 빈곤이 사라지고, 그 빈곤과 더불어 방탕과 매춘과 도둑질과 살인 같은 모든 악덕과 모든 죄악이 사라지리라! 저 가엾은 여자도 자기 아이를 기르게 된다. 한 지방 전체가 윤택해지고 정직해지는 것이다!

아, 나는 참으로 어리석은 바보였다. 대체 무어라 지껄이고 있었는가, 자수를 하다니? 깊이 생각해야지, 무엇이든 그렇게 서두를 필요는 없다. 뭐라고! 위대한 고결한 일을 하고 싶어서였다고? 그 따위는 요컨대 신파극에 불과하다! 자수를 하지 않으면 자신의 일, 자기 하나만의 일밖에 생각지 않았다는 게 되기 때문에? 뭐야! 어디의 누구인지도 모르는 도둑놈을, 어느 모로 보나 틀림없는 무뢰한을, 좀 무겁기는 하지만 근본적으로는 정당한 형벌에서 구하기 위해 한 지방을 모두 파멸시켜도 좋단 말인가!

가엾은 한 여자가 자선병원에서 죽고, 가엾은 한 어린 소녀가 길바닥에서 죽어야만 한단 말인가! 마치 주인 없는 떠돌이 개처럼! 아, 그야말로 끔찍스러운 일이다! 어머니는 그 아이를 만나지 못하고, 어린아이는 그 어머니를 거의 알지도 못한 채! 더욱이 그것이 모두 사과를 도둑질한 그 늙은이 때문이란 말이냐! 그런 놈 따위는 비록 사과를 훔치지 않았다 할지라도, 틀림없이 다른 일로 감옥에 들어갈 만한 짓을 할 것이다. 한 사람의 죄인을 구하려고 죄없는 많은 인간을 희생시키다니 될 말인가! 결국 앞으로 몇 해 살지도 못할 늙은 부랑자 한 사람을 구하고, 어머니며 아내며 어린아이들이며 모든 주민을 희생시키다니, 무슨 짓이냐! 저 가엾은 어린 꼬제뜨를 도와 줄 사람이라곤 이 세상에 나밖에 없다. 그리고 아마 지금 이 순간에도 떼나르디에의 야릇한 형편없는 집에서 추위에 떨며 새파랗게 되어 있겠지! 거기에도 또 몹쓸 놈이 있다.

나는 이 세상 모든 가엾은 인간들에 대한 의무를 저버릴 뻔했구나! 하마터면 자수할 뻔했구나! 엄청난 실수를 저지를 뻔했구나! 우선 최악의 경우를 생각해서 그렇게 하는 게 나로서는 나쁜 행위라고 가정하고 내 양심이 언젠가는 반드시 그것을 나무랄 날이 오게 된다하더라도, 결국 나 하나에게만 돌아오는 그러한 비난을, 내 영혼에만 상관되는 나쁜 짓을, 남의 행복을 위해 감수하는 것은 그야말로 헌신이며 덕행이 아니겠는가!'

그는 일어서서 다시 방 안을 걷기 시작했다. 이번에는 마음이 후련해지는 듯싶었다. 다이아몬드는 땅 속 저 깊은 암흑 속에서밖에 발견되지 않는다. 진리는 상념의 밑바닥에서만 찾아낼 수 있다. 그 밑바닥에 내려가 가장 깊은 암흑 속을 오래 더듬어 마침내 다이아몬드 하나, 진리 하나를 발견해내어 손에 꽉 쥐었다고 그는 생각했다. 그리고 그것을 바라보고 눈이 부셔옴을 느꼈다.

'그렇다. 이제야 나는 진리를 깨달았다. 나는 해결했다. 생각하려 들면 끝이 없다. 내 결심은 섰다. 되어가는 대로 내버려두자! 이제 망설이지 않을 테다. 이제 주저하지 말자. 그렇게 하는 것은 모든 사람을 위해서지 나를 위해서가 아니다. 나는 마들렌느다. 나는 마들렌느로 그냥 있자. 장 발장에게 불행이 있을지어다! 장 발장은 이미 내가 아니다. 나는 그런 인간을 모른다. 나는 그런 사람을 모른다. 누군가 지금 장 발장이 되어 있나빈, 그 일은 제가 알아서 좋도록 하라지! 내게 관한 일이 아니다. 장 발장이라는 이름은 밤의 어둠 속에 나부끼는 불행한 숙명을 짊어진 이름이다. 그것이 누군가의 머리 위에 떨어졌다면, 그것은 그 사람의 재난일 뿐이다!'

그는 벽난로 위에 놓인 조그만 거울을 들여다보며 말했다.

"음, 결심이 서니 안도가 되는구나! 나는 이제 완전히 새로 태어난 것 같다."

그는 몇 걸음 더 서성거리다가 문득 멈춰섰다.

"자, 한 번 결심한 이상 어떤 결과와 부딪치더라도 망설여서는 안된다. 나를 장 발장과 맺는 실마리는 아직도 남아 있다. 그것을 끊어 버려야지! 여기에도, 이 방 안에도, 내 온몸을 드러낼 말한 물건이, 증거가 될 만한 말없는 물건이 있다. 좋아, 그것들을 몽땅 없애버리자.”

그는 주머니를 더듬어 지갑을 꺼내 열고 조그만 열쇠를 하나 꺼냈다. 그는 그 열쇠를 어떤 자물쇠 구멍에 밀어 넣었다. 그 자물쇠 구멍은 벽에 바른 벽지의 가장 짙은 빛깔 무늬 속에 파묻혀서 거의 눈에 띄지 않았다. 비밀스러운 장소가 열렸다. 그것은 일종의 비밀 벽장으로 벽 한구석과 난로 사이에 교묘하게 마련되어 있었다. 그 비밀 벽장에는 푸른 천으로 된 작업복 윗옷과, 낡은 양복바지와, 헌 배낭과, 양끝에 쇠붙이가 박힌 울툭불툭한 굵은 나무지팡이 같은 대단치 않은 것들이 들어 있을 뿐이었다. 1815년 10월에 디뉴를 지나가는 장 발장을 본 사람이라면, 이 초라한 몰골의 물건들이 모두 낯설지 않으리라.

은촛대를 남겨 두었던 것처럼 그는 그것들을 남겨두었던 것이다. 자기의 출발점을 언제나 잊지 않기 위해 그는 감옥에서 가지고 나온 그러한 것들은 숨겨두고, 다만 주교에게서 받은 은촛대만은 보이는 곳에 놓아두었다. 그는 문 쪽을 흘긋 바라보았다. 빗장을 질러두었지만 그것이 혹시 열리지나 않을까 겁내기라도 하는 것처럼. 그리고 그토록 오랜 세월 위험을 무릅쓰고 경건하게 간수해 두었던 그것들을, 거들떠보지도 않고 재빠른 동작으로 한아름에 안아 모조리 불에 던져버렸다.

그는 그 비밀 벽장을 닫고, 이제는 텅 비어 그럴 필요가 없는데도 먼저보다 더 조심스럽게 커다란 가구를 밀어놓아 그 뒤로 숨겼다. 조금 뒤 방 안과 정면 벽이 흐늘거리는 커다란 불 그림자로 시뻘겋게 밝아졌다. 모두 타고 있었다. 울툭불툭한 나무지팡이는 탁탁 소리내며 방 한가운데까지 불똥을 튀겼다.

배낭은 속에 들었던 더러운 누더기와 함께 다 타버렸는데, 재 속에 무엇인가 반짝이는 것이 남았다. 구부리고 들여다보았다면 그것이 한 닢의 은화라는 것을 금방 알았으리라. 사브와 소년에게서 훔친 40수짜리 은화임에 틀림없었다. 그는 그 불을 보지 않고 여전히 같은 걸음걸이로 왔다갔다하면서 방 안을 거닐고 있었다. 갑자기 그의 눈길은 두 개의 은촛대 위로 떨어졌다. 그것은 벽난로 위에서 불 그림자를 받으며 어슴푸레하게 빛나고 있었다.

마들렌느 씨(장 발장)는 과거의 물건을 모두 태워 버린다. 그러나 은촛대만은…

‘음! 장 발장이 아직도 저 안에 있구나. 저것도 부숴버려야지.’ 하고 그는 생각했다.

그는 두 개의 촛대를 손에 잡았다. 그것을 순식간에 녹여서 형체를 알아볼 수 없는 은덩어리로 만들어 버릴 만한 불은 아직도 충분히 있었다. 그는 벽난로 위로 몸을 구부려 잠시 몸을 녹였다. 안온한 즐거움이 솟아올랐다. “아, 따뜻하다, 기분좋구나!” 하고 그는 말했다.

그는 촛대 하나로 불씨를 헤집었다.

이제 한순간만 지나면 두 개의 촛대는 불 속으로 집어넣어질 참이었다.

그때 그의 마음 속에서 외치는 어떤 목소리가 들리는 듯했다.

“장 발장, 장 발장!”

머리카락이 곤두섰다. 그는 어떤 무서운 말을 듣고 있는 사람처럼 되었다.

“그래! 잘한다! 어서 해치워라! 하던 짓을 마저 해버려! 저 두 촛대를 부숴라! 그 기념품을 없애버려! 주교를 잊어버려라! 모든 것을 잊어버려라! 샹마띠외를 매장해 버려라! 그래, 됐어, 그것으로. 자신에게 박수를 보내라! 그것으로 다 잘 되어가고, 해결되고, 끝장이 난다. 거기에 한 사나이가, 한 노인이 있다. 어떤 꼴을 당할지 모르고, 어쩌면 아무 나쁜 짓도 하지 않은 죄없는 사람일지도 모르는데. 네 이름 때문에 완전히 불행해지고, 네 이름이 죄악처럼 그를 무겁게 내리누르고, 너와 바꿔치기되어 형을 받으려 하고, 업신여김과 학대 속에 여생을 끝마치려 하고 있다. 그것으로 좋다. 너는 올바른 인간으로 지내라. 시장님으로 남아 있어라. 존경받을 인간, 존경받는 인간으로 사는 것이다. 이 도시를 유복하게 하고, 가난한 사람들을 먹여 살리고, 고아를 돌보고, 행복하고 후덕하게 사람들의 칭송을 받으며 사는 것이다. 그러는 동안, 네가 기쁨과 빛에 싸여 여기서 사는 동안, 한편에서는 붉은 죄수복을 입고, 오욕 속에 네 이름을 뒤집어쓰고, 감옥에서 네 쇠사슬을 끌고 다니는 누군가가 있게 될 것이다. 흠, 용케도 잘되었구나, 이 연극은! 비참한 녀석!”

그의 이마에서 땀이 흘렀다. 그는 사나운 눈초리로 두 개의 촛대를 바라보았다. 그러나 마음 속에서 들리는 이야기 소리는 끝나지 않았다. 그 소리는 계속 말했다.

“장 발장! 네 주위에 수많은 소리가 떠들썩하게 일어나, 소리높여 지껄이며, 너에게 감사하리라! 그러나 하나의 소리, 아무에게도 들리지 않는 하나의 소리가 있어, 너를 어둠 속에서 저주하리라. 알았느냐! 들어라, 이 파렴치한 놈! 그와 같은 모든 감사의 말은 하늘에 이르기 전에 모조리 떨어지고 하느님께 올라가는 것은 저주뿐이리라!"

그 소리는 처음에 매우 약하게 그의 양심 가장 어두운 곳에서 솟아올랐으나, 차츰 강렬하고 무서운 것이 되어 그의 귀에 똑똑히 울려퍼지고 있었다. 그리고 그 소리는 이미 그 자신에게서 튀어나와, 그의 밖에서 지껄이는 것 같았다. 그 소리의 맨 마지막 말을 그는 너무도 뚜렷하게 알아들은 듯하여 공포감에 사로잡히며 방 안을 둘러보았다.

그는 허둥대며 큰소리로 물었다.

"누가 여기 있소?"

그리고는 백치 같은 웃음소리를 내며 말을 이었다.

"바보스럽군! 누가 있을 리 없잖나?"

그러나 거기에는 누군가가 있었다. 인간의 눈에 보이지 않는 자였다.

그는 촛대를 벽난로 위에 놓았다.

그리고 다시 그 단조롭고 음울한 걸음걸이로 걷기 시작했다. 그 걸음이 아래층에서 잠자고 있던 사나이의 꿈을 어지럽히고 깜짝 놀라 깨어나게 했던 것이다.

그 걸음은 그의 머리를 가라앉힘과 동시에 그를 열광시켰다. 사람은 죽느냐 사느냐 하는 위기에 놓이면 이리저리 거닐며 닥치는 대로 아무 것에나 조언을 구하기 위해 우왕좌왕하는 일이 흔히 있는 모양이다. 잠시 뒤 그는 갈피를 잡을 수 없게 되었다.

그는 이제 연이어 마음먹은 두 개의 결심 앞에서 똑같이 공포를 느끼며 뒷걸음질치고 있었다. 그에게 충고를 준 두 개의 사상은 둘 다 모두 비통스럽게 생각되었다. 이 무슨 숙명이냐! 저 샹마띠외가 자기로 오인되다니, 이 무슨 운명의 장난인가! 처음에는 하늘의 섭리가 그를 안전하게 해주기 위해서 사용되었다고 여겨지던 그 방법에 의해 도리어 절대절명의 위기에 빠지게 되다니!

그는 또 어느 순간 미래의 일을 생각했다. 아, 자수하다니, 스스로 자백해야 하다니! 그러자 그는 헤어져야만 하는 것, 다시 가져야만 하는 모든 것들을 그려보며 격심한 절망에 빠졌다. 이처럼 선량하고 순수하고 빛나는 생활과, 모든 사람들에게서 받는 존경과 명예와 자유와 헤어지지 않으면 안 된다니! 이제는 들을 거닐지도 못하고, 5월에 지저귀는 새들의 노랫소리도 듣지 못하고, 어린아이들에게 무엇을 안겨줄 수도 없다. 이제는 그에게 쏟는 감사와 애정에 넘친 정다운 눈초리도 바라보지 못하게 된다! 그가 지은 이 집도 떠나야 한다. 이 방도, 이 조그만 방도! 이때 그에게는 모든 게 아름답게만 느껴졌다. 이제 이 책도 읽지 못하겠지. 칠하지 않은 이 조그만 책상에 앉아 무엇을 쓸 수도 없겠지! 그가 부리고 있는 유일한 하녀, 저 문지기 아주머니도 이제 아침 커피를 들고 올라오지 않으리라.

아, 이것들 대신에 가져야 할 것은 죄수, 목에 차는 칼, 붉은 작업복, 족쇄, 피로, 감방, 나무판 침대, 몸서리쳐지는 저 지긋지긋한 것들이라니! 더욱이 이 나이에, 이런 신분이 되고 난 뒤에! 그나마 아직 젊기라도 하다면! 그런데 나이든 몸으로 사람들에게 더러운 욕을 듣고, 간수에게 몸을 수색 당하고, 몽둥이로 얻어맞아야 하다니! 쇠징이 달린 구두에 맨발을 밀어 넣고 사슬의 쇠고리를 살펴보는 간수의 쇠망치 앞에 아침저녁으로 발을 내민다! '저놈이 몽트뢰이유 쉬르 메르의 시장이던 그 유명한 장 발장이다!' 하는 구경꾼들의 호기심에 찬 눈초리를 받아야 한다! 저녁때는 땀을 줄줄 흘리며 걸레처럼 지쳐, 푸른 죄수 모자를 깊숙이 눌러 쓰고 감시자의 채찍을 받으며 바다에 떠 있는 감옥의 줄사다리를 두 사람씩 올라가야 하다니! 오, 얼마나 비참한가! 운명이란 인간의 지혜와 같이 사악하고, 인간의 마음과 같이 비정한 것인가!

그는 아무리 버둥거려도 그의 상념 밑바닥에 있는 비통스러운 이 딜레마에 다시 빠져들었다. '천국에 머물면서 악마가 될 것이냐! 지옥으로 돌아가 천사가 될 것이냐!'

어떻게 하면 좋은가! 아, 어떻게 하면 좋은가? 가까스로 벗어났다고 생각했던 이 고뇌는 다시 그의 마음 속에서 미쳐 날뛰기 시작했다. 그의 상념은 또다시 갈기갈기 찢어졌다. 그것들은 절망에 따르기 마련인 마비와 무의식 상태에 빠져들었다. 철물상 앞에서 본 로맹빌이라는 이름이, 전에 들은 적 있는 어느 노래의 두 구절과 한데 어울려 줄곧 그의 머릿속에서 맴돌았다. 로맹빌은 빠리 언저리의 조그만 숲 이름으로, 사랑하는 젊은이들이 4월에 라일락 꽃을 꺾으러 가는 곳이라고 어렴풋이 생각했다.

그는 마음 속에서와 마찬가지로 겉으로도 비틀거리고 있었다. 겨우 혼자 걸음마를 시작한 어린아이 같은 걸음걸이로 걷고 있었다.

이따금 그는 피로와 싸우면서 애써 자기의 지력을 되찾으려고 했다. 힘이 다하여 쓰러져 버린 그 문제를 마지막으로 다시 한 번 확실하게 해결해 보려 하고 있었다. 자수할 것인가? 잠자코 있을 것인가? 그는 아무것도 명확히 판단할 수 없었다. 심사숙고 끝에 얻은 결론은 이도 저도 모두 그 윤곽이 흐려지고 연기처럼 사라져 버렸다.

그는 다만 이렇게 느낄 뿐이었다. 필연적으로 또는 불가피하게 어떤 결심을 굳힌다 할지라도 어차피 빠져나갈 구멍은 없다고. 어느 쪽으로 가나 무덤으로 들어갈 뿐이라고. 자신의 행복이든 덕(德)이든, 둘 가운데 하나는 임종의 고통을 겪지 않으면 안 되리라고.

슬프게도, 그는 또다시 이렇게도 저렇게도 결단을 내리지 못하게 되고 말았다. 그는 처음에서 한 걸음도 더 나아가지 못했다.

이 모양으로 불행한 그 영혼은 괴로움에 몸부림치고 있었다. 이 불운한 사나이보다 1800년 전에 인류의 모든 죄와 고뇌를 한 몸에 짊어졌던 신비한 사람(예수 그리스도) 또한 올리브산의 나무들이 끝없이 휘몰아치는 바람에 떨고 있을 동안, 별빛 가득한 하늘 속 깊은 곳에서, 그림자가 넘실거리고 어둠이 넘쳐흐르는 무서운 잔이 앞에 나타났을 때 그것을 오래도록 손에 받지 않은 일이 있지 않았던가(마르코 복음 제14장 제36절).

꿈에 나타난 고뇌의 형상

오전 3시가 울리자, 쉬지 않고 5시간 동안 줄곧 방 안을 서성거리고 있던 그는 비로소 의자에 앉았다.

그는 그대로 가물가물 잠들어 꿈을 꾸었다.

그 꿈은 대부분의 꿈들이 그러하듯 그때의 상황과 아무 관계도 없었으며, 다만 말할 수 없이 음울하고 가슴을 찌르는 뒷맛을 남기며 그에게 어떤 충격을 주었다. 그 악몽은 너무나 세차게 그의 마음을 때렸으므로, 나중에 그것을 적어 두었다. 다음 글은 그가 손수 써서 남겨 놓은 기록의 하나이다. 그것을 원문 그대로 여기 옮기는 게 좋을 것 같다.

　그 꿈이 무엇이든 그것을 생략하면, 이날 밤의 이야기는 불완전한 것이 되고 말리라. 그것은 실로 병든 영혼의 암담한 방황이었다.
　그 기록은 다음과 같다. 표제에는 아래와 같이 한 줄 씌어 있다.

　‘내가 그날 밤 꾼 꿈’

　나는 들판 가운데 있었다. 풀 한 포기 없는 넓고 황량한 들이었다. 낮인지 밤인지도 알 수 없었다.
　나는 형과 함께 걷고 있었다. 어렸을 때 형이었던 그에 대해 나는 이제까지 한 번도 생각한 일이 없고 모습마저 거의 기억에 없다.
　우리는 이야기하면서 걷고 있었다. 여러 사람들이 지나가는 것을 보았다. 우리는 지난날 이웃에 살았던 여자 이야기를 하고 있었다. 그 여자는 거리에 와서 살게 된 뒤로 언제나 창문을 열어 놓은 채 일했다. 이야기하면서도 우리는 그 열어 놓은 창문 때문에 추위를 느끼고 있었다.
　들에는 나무 한 그루 없었다.
　우리는 바로 옆을 지나가는 한 사나이를 보았다. 그 사나이는 벌거벗은 잿빛 알몸으로 흙빛 말을 타고 있었다. 머리카락이 없어 두개골이 드러나 보이고, 그 위로 힘줄이 보였다. 손에는 포도덩굴같이 연하고 무쇠처럼 무거운 채찍을 들고 있었다. 말을 탄 사나이는 우리에게 아무 말도 하지 않고 지나갔다.
　형이 말했다. “저 낮은 길로 가자.”
　움푹 파인 낮은 길이 있었다. 거기는 덤불 한 무더기도 이끼 한 조각도 없었다. 모든 게 흙빛이었다, 하늘까지도. 한참 걷다가 내가 말해도 아무 대답이 없어 문득 정신을 차려 보니 형은 이미 내 옆에서 사라지고 없었다.
　나는 눈 앞에 보이는 한 마을로 들어갔다. 나는 그곳이 로맹빌임에 틀림없다고 생각했다. ‘왜 로맹빌인가?’(이 인용부호는 장 발장 자신이 쓴 것임—원주).
　내가 들어간 처음 길에는 인기척이 없었다. 나는 다음 길로 들어섰다. 두 개의 길이 교차되는 모퉁이 그늘에, 한 사나이가 벽에 기대서 있었다. 나는 그 사나이에게 물었다.
　“여기는 어떤 고장입니까? 내가 있는 곳은 어딥니까?”

그 사나이는 벌거벗은 잿빛 알몸으로 흙빛 말을 타고 있었다.

사나이는 대답하지 않았다. 어떤 집의 문이 열려 있는 게 보였으므로 나는 그리로 들어갔다.

처음 방은 텅 비어 있었다. 다음 방으로 들어갔다. 그 방문 그늘에 한 사나이가 벽에 기대서 있었다. 나는 그 사나이에게 물었다.

"여기는 누구의 집입니까? 내가 있는 데는 어딥니까?"

사나이는 대답하지 않았다. 집에는 정원이 있었다.

나는 집에서 나와 정원으로 들어갔다. 정원에는 아무도 없었다. 그런데 첫 번째 나무 그늘에 한 사나이가 서 있는 것을 나는 보았다. 나는 그 사나이에게 말했다.

"여기는 어떤 정원입니까? 내가 있는 데는 어딥니까?"

사나이는 대답하지 않았다.

나는 마을을 걸어갔다. 그리고 그것이 하나의 도시임을 알았다. 거리마다 텅 비고 집들의 문은 모두 열려 있었다. 아무도 길에 얼씬거리지 않고, 방 안을 돌아다니는 사람도 없고, 정원을 거니는 사람도 없었다. 그러나 담 모퉁이며 문 그늘이며 나무 뒤마다 한 사나이가 말없이 서 있었다. 언제나 한 군데에 한 사람만 있었다. 그 사나이들은 내가 지나가는 것을 물끄러미 바라보았다.

나는 거리를 빠져나갔다. 그리고 들판을 걷기 시작했다.

한참 뒤에 뒤돌아보았다. 그러자 내 뒤로 수많은 사람들이 몰려오는 것이 보였다. 나는 아까 거리에서 본 그 사나이들이 모두 그 속에 있는 것을 알았다.

그들은 모두 이상한 얼굴들을 하고 있었다. 그리 서두르고 있는 것 같지도 않은데 나보다 걸음이 빨랐다. 걸으면서도 발소리를 전혀 내지 않았다. 그들은 눈 깜짝할 사이에 나를 따라와 에워쌌다. 그 사나이들의 얼굴은 한결같이 흙빛이었다.

그때, 거리에서 처음 만나 말을 건넸던 사나이가 내게 말했다.

"당신은 어디로 가시오? 당신은 오래 전에 이미 죽었다는 걸 모르오?"

나는 대답하려고 입을 열었다. 그러자 내 주위에는 이미 아무도 없는 것을 깨달았다.

그는 잠을 깼다. 얼음처럼 차갑게 되어 있었다. 새벽바람처럼 찬바람이 열어 놓은 유리 창문의 창틀 돌쩌귀께에서 덜컹대고 있었다. 난로불은 꺼져 있었다. 초도 다 타들어가고 있었다. 아직 깜깜한 밤이었다.

그는 일어나 창가로 갔다. 하늘에는 여전히 별이 없었다.

창문 밖으로 집 안 마당과 바깥 한길이 보였다. 단단한 금속성 소리가 갑자기 땅 위에 울려 아래를 내려다보았다. 아래쪽에 붉은 별이 두 개 있고, 그 별빛은 어둠 속에서 기묘하게 늘어졌다 오그라들었다 하고 있었다.

그의 머리는 아직도 반쯤 꿈의 안개 속에 잠겨 있었으므로 '저런, 별이 하늘에 있지 않고 땅 위에 있군' 하고 생각했다.

그러는 동안에 머릿속의 안개가 사라지고, 처음에 들린 소리와 같은 두 번째 쇳소리가 그를 잠에서 아주 깨어나게 했다. 그는 바라보았다. 그리고 그 두 개의 별이 마차의 칸델라임을 알았다. 그 칸델라가 던지는 불빛으로 그는 마차의 생김새를 똑똑히 알아볼 수 있었다. 그것은 작은 흰 말이 끄는 2인승 2륜마차였다. 그가 들은 소리는 길 위에서 말들이 발길질하는 소리였다.

그는 혼잣말을 했다.

"저건 웬 마차일까? 이런 꼭두새벽부터 누가 온 것일까?"

그때 누군가 그의 방문을 가볍게 한 번 두드렸다. 그는 머리 끝에서부터 발 끝까지 오싹해져서 무서운 목소리로 외쳤다.

"누구냐?"

누군가가 대답했다.

"저예요, 시장님."

그는 그 목소리로 문지기 아주머니임을 알았다.

"그래, 무슨 일이오?"

"시장님, 이제 곧 아침 5시예요."

"그것이 어떻다는 거요?"

"마차가 왔어요."

"무슨 마차?"

"소형 마차예요."

"무슨 소형 마차요?"

"시장님께서 소형 마차를 부탁하지 않으셨나요?"

"그런 일 없는데." 그는 말했다.

"마부는 시장님 댁으로 왔다고 그러던데요."

"어느 마부요?"

"스코플레르 영감네 마부예요."

"스코플레르 영감?"

그 이름을 듣자 그는 몸을 부르르 떨었다. 마치 번갯불이 그의 얼굴을 스친 것 같았다.

"음, 그렇지!" 하고 그는 말했다. "스코플레르 영감."

만일 문지기 아주머니가 이때 그를 보았다면 질겁을 했을 것이리라.

꽤 오래 침묵이 흘렀다. 그는 멍하니 촛불을 바라보고 있었다. 그리고 심지 둘레에서 흘러내리는 뜨거운 촛농을 떼어 손가락 끝으로 비비고 있었다.

문지기 아주머니는 기다리고 있었다. 그러다가 그녀는 다시 한 번 큰소리로 말해 보았다.

"시장님, 뭐라고 대답할까요?"

"좋소, 지금 간다고 말해 주오."

고장

그 무렵 아라스와 몽트뢰이유 쉬르 메르 사이의 우편물 수송은, 아직 제정 시대의 조그만 우편마차로 이루어지고 있었다. 그 우편 마차는 두 바퀴 소형 마차로 내부는 엷은 갈색 가죽으로 싸고, 차체는 한 벌의 스프링 위에 얹혔으며, 단지 우체부와 여객의 두 자리가 있을 뿐이었다. 그 수레바퀴에는 지금도 더러 독일의 시골길에서 볼 수 있지만, 다른 수레가 가까이 오지 못하도록 무시무시한 긴 바퀴통이 달려 있었다. 우편물 상자는 커다란 장방형으로 마차 뒤에 달려 마차와 한 덩어리를 이루고 있었다. 그 상자는 꺼멓게 칠했고 마차는 노랗게 칠했다.

오늘날에는 그와 비슷한 것이 없을 정도로 마차는 아주 흉물스러운 꼽추 같은 모습을 하고 있었으며, 멀리 지평선을 기듯이 지나가는 것을 보면 조그만 몸뚱이에 커다란 궁둥이를 끌고 가는 흰개미와도 흡사했다. 그러나 속력만은 엄청나게 빨랐다. 빠리로부터 정기 마차가 지나간 뒤 밤마다 1시에 아라스를 출발하는 우편 마차는, 아침 5시 조금 전에 몽트뢰이유 쉬르 메르에

와닿았다.

그런데 그날 밤 에댕 가도를 지나 몽트뢰이유 쉬르 메르를 향해 달리던 우편마차가 시내로 들어올 때, 어느 길 모퉁이에서 반대 방향에서 달려오던 흰 말이 끄는 한 대의 소형 마차를 바퀴통으로 건드렸다. 그 소형 마차에는 흰 망또로 몸을 감싼 사나이가 혼자 타고 있었다. 소형 마차의 수레바퀴는 꽤 심한 타격을 받았다. 우체부는 그 사나이에게 멈추라고 외쳤으나, 들은 체도 않고 여전히 속력을 내어 가던 길을 달려가 버렸다.

"픽이나 급한 모양이군!" 하고 우체부는 말했다.

그렇게 바삐 서두르고 있는 사나이는, 아까까지 실로 동정심을 자아내게 하는 마음의 격동 속에서 괴로움에 몸부림치는 것을 우리가 보아온 바로 그 사람이었다.

그는 어디로 가고 있는가? 그 자신도 말할 수 없었으리라. 왜 서두르는가? 그것조차도 알 수 없었다. 그는 무작정 앞으로 나아가고 있었다. 어디로? 아라스로? 그러나 그는 어쩌면 다른 데로 가고 있었는지도 모른다. 가끔 그는 그것을 느끼며 몸을 떨었다.

그는 심연을 향해 몸을 던지듯 밤의 어둠 속을 돌진하고 있었다. 무엇인가가 그를 떠밀었고 또 무엇인가는 끌어당겼다. 그의 마음 속에 일어나고 있는 일을 아무도 말할 수 없겠지만, 우리는 차츰 그것을 알게 되리라. 적어도 일생에 한 번쯤 그런 미지의 어두운 동굴에 들어가 보지 않은 자가 있을까?

어쨌든 그는 아무 결심도, 결정도, 약속도, 그야말로 아무것도 하지 않았다. 그의 양심의 결의에는 아무것도 확정된 게 없었다. 그리고 지금도 처음 상황에서 조금도 나아가지 못하고 있다.

왜 아라스로 가려고 하는가?

그는 스코플레르의 마차를 예약했을 때 이미 자기에게 했던 말을 다시 되풀이하고 있었다.

'결과가 어떻게 되든 이 사건을 자신의 눈으로 보고 스스로 판단하려는 데 무슨 잘못이 있겠는가. 그것은 오히려 신중한 일이다. 어떻게 되어 가는지 보아야만 한다. 스스로 살펴보고 탐색하지 않고는 아무 결정도 내릴 수 없다. 멀리 있을 때는 무슨 일이든 과장되게 생각하기 쉽다. 어떻든 그 미천한 샹마띠외라는 사나이를 보고 나면, 나 대신 그를 감옥에 보내는 일에 아마도 내 양심은 큰 위안을 얻을 것이다. 하긴 거기에는 자베르가 있고, 나를 아는 지난날의 죄수 부르베와 슈닐디외와 꼬슈빠유가 있겠지.

그러나 그들은 아마 지금의 나를 알아보지 못할 것이다. 아, 이 무슨 어리석은 생각을 하고 있는 것인가! 자베르 쪽은 이제 아무 염려 없다. 모든 억측과 가정을 저 샹마띠외에게 돌리고 있다. 게다가 가정과 억측만큼 완고한 것은 없다. 그러니 거기에 간다 한들 아무 위험도 없다.

물론 그것은 불쾌한 순간이겠지. 하지만 곧 거기서 벗어나게 될 것이다. 아무튼 운명이 아무리 나쁘게 되더라도 나는 그것을 내 손아귀에 꽉 움켜잡고 있다. 나는 운명의 지배자이다.'

그는 이러한 생각에 집착하고 있었다.

사실 털어놓고 말하면, 그는 마음 속으로는 아라스에 가고 싶지 않았으리라.

그러나 그는 거기로 가고 있었다.

그는 생각에 잠겨 말에 채찍질을 했다. 말은 1시간에 한결같이 2리외 반의 정확한 속도로 달리고 있었다.

마차가 나아감에 따라, 그는 자기 마음 속에서 무엇인가가 물러가고 있는 것을 느꼈다.

동이 틀 무렵 그는 들판을 달리고 있었다. 몽트뢰이유 쉬르 메르는 등 뒤로 아득히 멀어졌다. 그는 희부옇게 밝아오는 지평선을 바라보았다. 겨울 새벽의 온갖 싸늘한 것들의 모습이 눈앞에 지나는 것을 눈이 아닌 마음으로 보았다. 아침에도 밤처럼 그 환영(幻影)이 있다. 그는 그것을 눈으로 보지는 않았지만, 모르는 새 거의 육체를 통해서 나무와 언덕의 그 검은 영상은 그 영혼의 격앙된 상태에 무어라 말할 수 없는 암울하고 불길한 인상을 더해 주었다.

가끔 한길가에 서 있는 외딴집 앞을 지나게 되면 그때마다 그는 속으로 말했다. '저 속에도 고이 잠들어 있는 사람들이 있다!'

말의 빠른 걸음이며, 마구(馬具)에 달린 방울, 땅 위를 달리는 바퀴는 경쾌하고 단조로운 소리를 내고 있었다. 그런 것들은 마음이 즐거울 때는 흥겹고 마음이 슬플 때는 처량하게 들려온다.

에댕에 닿았을 때는 날이 훤히 밝아 있었다. 그는 말을 쉬게 하고 귀리를 먹이려고 어느 여관 앞에 마차를 세웠다.

마차가 전진함에 따라……

그 말은 스코플레르의 말대로 조그마한 불로네 산(產)의 말로, 머리와 배는 크고 목은 짤막했으며, 가슴이 딱 벌어지고, 등은 편편하고, 다리는 홀쭉하고 발굽은 튼튼했다. 잘 생기지는 못했지만 억세고 다부졌다. 이 우수한 동물은 2시간에 5리외를 달리고도 등에 땀 한 방울 흘리지 않았다.

그는 마차에서 내리지 않았다. 귀리를 가져온 마굿간 사나이가 갑자기 몸을 구부리고 왼쪽 바퀴를 살펴보았다.

그 사나이가 물었다.

"이래 가지고 아직도 먼 길을 가실 건가요?"

그는 아직 자신의 명상에서 깨어나지 못한 채 대답했다.

"왜?"

"멀리서 오셨나요?" 하고 마굿간 사나이는 계속 물었다.

"5리외 밖에서 왔소."

"그래요!"

"그래요라니, 왜 그러오?"

마굿간 사나이는 다시 몸을 구부리고 한동안 잠자코 바퀴를 살펴보더니 몸을 일으켰다.

"그런데 이런 바퀴로 5리외를 왔다니 그럴 수 있을지도 모르겠습니다만, 이젠 반 리외도 더 앞으로 나갈 수 없겠는데요."

그는 마차에서 뛰어내렸다.

"그게 무슨 말인가?"

"참으로 기적이라고 했습죠. 나리도 말도 저 길 옆의 진구렁에 굴러떨어지지 않고 용케 5리외나 달려왔으니, 이것 좀 보십시오."

과연 수레바퀴는 몹시 상해 있었다. 우편마차와 충돌하여 바퀴살이 두 개 부러지고 바퀴통이 찌그러져 나사가 망가져 있었다.

그는 마굿간 사나이에게 말했다.

"여보시오, 이 근처에 수레 수선공이 없소?"

"있습죠, 나리."

"좀 불러 주시오."

"저기 있어요, 바로 저기지요. 나 좀 봐요, 부르가야르 아저씨!"

수레 수선공 부르가야르는 자기 집 문간에 서 있었다. 그는 와서 바퀴를 살펴보더니, 부러진 다리를 진찰하는 외과 의사처럼 얼굴을 찌푸렸다.

"이 바퀴를 곧 고칠 수 있겠소?"

"네, 나리."

"언제 다시 출발할 수 있겠소?"

"내일 되겠어요."

"내일!"

"꼬박 하루 걸릴 겁니다. 손님께서는 급하십니까?"

"굉장히 급하오. 늦어도 한 시간 뒤에는 출발해야 되오."

"그렇게는 안 되겠는데요, 나리."

"돈은 얼마든지 내겠소."

"무리예요."

"그럼, 두 시간 뒤에."

"오늘 안으로는 안됩니다. 두 개의 살과 바퀴통을 고쳐야 하는뎁쇼. 나리님은 오늘 안으로 떠나지 못하십니다."

"내 볼일은 내일까지 미룰 수 없는 일이오. 그럼, 이 바퀴를 고치는 대신 다른 것하고 바꾸면?"

"하지만 그럴 수야."

"당신은 수레 수선공이 아니오?"

"그렇습니다만, 나리."

"내게 팔 만한 바퀴가 한 짝 없을까? 그렇게 되면 금방 떠날 수 있겠지."

"바꾸어 낄 바퀴 말씀입니까?"

"그렇소."

"이 마차에 맞을 만한 바퀴는 없습니다. 바퀴는 두 개가 한 쌍입죠. 짝짝이 바퀴를 아무렇게나 맞추려면 어디 잘 맞아집니까."

"그렇다면 한 쌍을 파시오."

"손님, 아무리 한 쌍이라도 그것이 아무 굴대에나 잘 맞는다고 할 수는 없잖습니까?"

"어떻든 좀 해봐 주시오."

"안됩니다, 나리. 저희는 짐마차 바퀴밖에 팔 게 없습니다. 여기는 작은 시골이라서요."

“그럼, 내게 빌려 줄 마차는 없소?”

수레 수선공은 이미 한눈에 이 소형 마차가 세낸 마차임을 알아보았다. 사나이는 어깨를 으쓱하며 말했다.

“세낸 마차라고 이렇게 함부로 다루어서야! 제가 갖고 있더라도 빌려드리지 못하겠는데요.”

“그럼, 파시오.”

“있다는 게 아닙니다.”

“뭐라구! 한 대도 없소? 2륜마차도 없소? 까다로운 주문을 하는 것도 아니고, 자, 이런 형편이 아니오? 어떻게 좀!”

“워낙 작은 시골이라서요. 꼭 하나 광에 넣어 둔 것이 있긴 하지만” 하고 수레 수선공은 덧붙였다. “읍내 양반의 낡은 4륜마차로 제가 맡아 갖고 있습죠. 아주 드물게밖에 쓰지 않지요. 손님에게 빌려 드려도 좋습니다. 다만 달리다가 그 읍내 양반만 만나지 않는다면요. 한데 그건 4륜마차라서 말이 두 필 있어야 합니다.”

“역마를 빌리도록 하겠소.”

“나리께선 어디로 가시는데요?”

“아라스로.”

“나리는 오늘 안에 거기 도착하시겠단 말씀이신가요?”

“그렇소.”

“역마를 빌려 가지고서요?”

“왜, 그럼 안되오?”

“나리께선 내일 아침 4시에 도착해도 상관 없으신가요?”

“안되오, 그래선.”

“그보다는 좀 여쭤어 볼 말씀이 있는데, 역마를 빌리신다면…… 나리는 통행증을 갖고 계신지?”

“있소.”

“그렇다면 역마를 빌리신다고 해도 나리께선 오늘 안에 아라스에 닿지 못하십니다. 여기는 길이 너무 좁아 역마가 흔히 쓰이지 않으므로 역마들은 모두 밭에 나가 일합니다. 가래질할 철이 되어 말들은 모두 끌려나갔습지요. 그러니 어느 역참에서고 역마를 한 마리 얻으려면 적어도 3, 4시간은 걸릴 겁니다. 게다가 잘 달리지도 못하지요. 오르막길이 꽤 많으니까요.”
“그럼, 말을 타고 가야겠군. 저 마차에서 말을 끌러 주시오. 이 근처에 안장 파는 데는 있겠지?”
“있습죠. 하지만 이 말에 안장을 얹을 수 있을까요?”
“아, 그렇지. 미처 생각을 못했군, 이 말은 탈 수 없어.”
“그러시면……”
“하지만 이 마을에서 세놓는 말 정도는 찾아낼 수 있겠지?”
“아라스까지 단숨에 달릴 말을 말씀입니까?”
“그렇소.”
“그렇다면 이 근처 말로는 안됩니다. 손님을 아는 사람이 없으니 우선 그 말을 사셔야 합니다. 그러나 사건 빌리건 500프랑은 고사하고 천프랑을 낸다 해도 얻을 재간이 없을 겁니다.”
“그럼, 어떻게 하면 좋겠소?”
“글쎄올시다. 가장 좋은 방법은, 그렇죠, 제가 수레바퀴를 고치고 손님이 출발을 내일로 미루시는 겁니다.”
“내일이면 너무 늦소.”
“하 참!”
“아라스로 가는 우편마차는 없소? 언제 여길 지나오?”
“오늘 밤입니다. 올라가는 거나 내려가는 거나 양쪽 다 밤에 지나갑니다.”
“이거야 원! 이 바퀴를 고치는 데 꼭 하루가 걸려야겠소?”
“하루 꼬박 걸리고말고요!”
“둘이서 해도?”
“열이 해도 마찬가집죠.”
“밧줄로 살을 묶어 매면?”
“살이야 그래도 되겠지만, 바퀴통은 안됩니다. 게가다 겉테도 상했던데요.”
“읍내에 마차 임대업자는 없소?”
“없습니다.”
“당신 외에 다른 수레 수선공은 없소?”
마굿간 사나이와 수레 수선공은 머리를 흔들면서 한꺼번에 대답했다.

“없습니다.”

그는 어떤 커다란 기쁨을 느꼈다.

하늘의 뜻이 거기 작용하고 있는 게 분명했다. 먼저 소형 마차의 바퀴를 부수고, 지금 그를 길거리에서 꼼짝 못하게 만들어 놓은 것은 하늘의 뜻이다. 더욱이 그는 첫 번째 경고(바퀴의 고장)라고도 할 수 있는 것에 곧 항복하지 않았다. 갖은 노력을 다하여 길을 계속 가려고 했다. 성실하게 세심한 주의를 기울여 온갖 방법을 다 강구했다. 추위와 피로와 비용에도 의지를 꺾지 않았다. 자책할 것은 아무것도 없었다. 더 이상 가지 못한다고 할지라도 그것은 이제 그의 책임이 아니었다. 그것은 이제 그의 탓이 아니다. 그것은 그의 양심의 소치가 아니라 하늘의 섭리였다.

그는 숨을 쉬었다. 자베르의 방문을 받은 뒤 처음으로, 자유롭게 가슴을 펴고 크게 숨을 쉬었다. 20시간 동안 그의 가슴을 꽉 죄고 있던 무쇠 손이 이제야 겨우 늦추어진 것 같은 마음이 들었다.

이제야말로 하느님이 자기를 도와 계시를 내리는 것처럼 생각되었다.

자기가 할 수 있는 모든 방법을 다했으니 이제는 조용히 되돌아갈 수밖에 없다고 그는 마음 속으로 생각했다.

만일 그와 수레 수선공과의 대화가 여관방 안에서 이루어졌다면 현장을 목격한 사람도 없었을 것이고, 아무도 그 이야기를 들은 일 없이 사태는 그것으로 끝났을 것이다. 그리고 앞으로 펼쳐질 그런 사건도 일어나지 않았을 것이다. 그러나 그 대화는 한길에서 이루어졌다. 한길에서 이야기를 나누면 반드시 그 주위에 사람이 모여들게 마련이다. 구경하고 싶어하는 사람들은 언제나 있는 법이다. 그가 수레 수선공에게 이것저것 묻고 있는 동안에, 오가던 사람들이 그들 주위에 둘러서 있었다. 한참 이야기를 듣고 있던 한 소년이 아무도 모르게 그곳을 떠나 어디론가 달려갔다.

나그네가 마음 속으로 이제 말한 바와 같은 생각을 하고 길을 되돌아가려고 결심했을 때, 그 소년이 되돌아왔다. 한 노파를 데리고 왔다.

“나리, 우리 아이가 그러는데, 손님께서 마차를 빌리고 싶어하신다고요” 하고 그 노파는 말했다.

소년이 데리고 온 노파의 입에서 나온 이 간단한 한 마디에 그의 등줄기는 땀으로 젖었다. 그는 자기를 놓아주었던 손이 등 뒤의 어둠 속에서 나타나 다시 그를 붙잡으려고 하는 것같이 생각되었다.

그는 대답했다.

"그렇소 할머니, 나는 세마차를 찾고 있는 중이오."

그리고 그는 얼른 덧붙였다.

"그런데 이 근처에는 한 대도 없군요."

"왜 없겠어요" 하고 노파는 말했다.

"어디에 있단 말이오?" 수레 수선공이 나섰다.

"우리 집에 있지요." 노파는 대답했다.

그는 몸이 오싹했다. 숙명의 손이 다시금 그를 붙잡아 버린 것이다.

할머니는 과연 버드나무 재목으로 만든 마차를 헛간에 갖고 있었다. 수레 수선공과 마굿간 사나이는, 길손이 자기들의 손에서 벗어나게 될 것 같으므로 애석해서 이야기를 가로막고 나섰다.

"이건 지독히 낡아빠졌네. 굴대 위에 바로 올라앉아 있군. 안의 걸상은 가죽끈으로 매달아 놓았고. 비가 오면 안까지 새겠는걸. 습기가 차서 바퀴가 녹슬어 문드러졌어. 저 소형 마차나 마찬가지로 멀리는 못 가겠는걸. 정말 고물이야. 이런 걸 타고 가다간 나리께서 봉변을 당하지."

그것은 모두 옳은 말이었다. 그러나 그 고물마차는—아니, 그 낡아빠진 물건은, 어찌 되었든 수레바퀴 위에 올라앉아 있었고, 아라스까지는 갈 수 있을 듯했다.

그는 달라는 만큼 값을 치르고, 돌아갈 때 다시 탈 작정으로 소형 마차를 수리하도록 수레 수선공한테 맡긴 다음, 끌려나온 그 헌 마차에 흰 말을 매게 하여 올라타고 아침부터 달리던 길을 다시 계속 갔다.

마차가 움직이기 시작했을 때 그는 조금 전에 이제 목적하던 곳으로 가지 않아도 된다고 생각하고 그 어떤 기쁨을 느꼈던 것을 인정했다. 그는 이제 그 기쁨을 분노를 느끼며 돌이켜보고 어리석은 일이라고 생각했다. 되돌아가는 일에 왜 기쁨을 느꼈던 것인가? 요컨대 자기는 이 여행을 아무 구속도 없이 하고 있는 게 아닌가? 그것을 강요한 사람은 아무도 없었다. 그리고 틀림없이 자신이 원하는 일 외에는 다른 아무 것도 일어나지 않을 터였다.

에댕을 떠나려 했을 때 "세워 주세요! 세워 주세요." 하고 외치는 소리가 들려왔다. 그는 기세좋게 마차를 세웠다. 그 안에는 희망과 비슷한, 열에 들뜬 듯한 그 무엇이 들어 있었다.

그를 불러세운 것은 노파를 데리고 왔던 소년이었다.

"나리, 마차를 얻어드린 건 저예요." 그 소년은 말했다.

"그래서?"

"나리는 제게 아무것도 주시지 않으셨잖아요."

누구에게나 아낌없이 주었던 그였으나 그는 이 요구가 어쩐지 괘씸하고 밉살스럽게 느껴졌다.

"아, 그게 너였느냐! 하지만 아무것도 줄 수 없어!"

그는 말에 채찍질하며 빠르게 달려갔다.

그는 에댕에서 많은 시간을 허비했다. 그것을 보충하고 싶었다. 작은 말은 기운차게 두 마리 몫의 힘으로 달렸다. 그러나 때는 2월인데다 마침 비가 내린 뒤여서 길이 나빴다. 게다가 먼저와 같은 소형 마차가 아니었다. 마차는 둔하고 무겁고 오르막길도 많았다.

에댕에서 쌩 뽈까지 가는 데 4시간 가까이 걸렸다. 5리외 가는 데 4시간이다.

쌩 뽈에 닿자 그는 아무 여관에나 들러서 말을 끌러 마굿간으로 데리고 갔다. 스코플레르에게 약속한 대로 말이 먹이를 먹는 동안 그 옆에 서서 지켰다. 그리고는 이 일 저 일을 생각하며 시름에 잠겨 있었다.

여관집 안주인이 마굿간으로 들어왔다.

"손님, 식사는 안 하시나요?"

"아! 그렇군. 그러고 보니 몹시 시장하군" 하고 그는 말했다.

그는 안주인 뒤를 따라갔다. 안주인은 생기 넘치는 아름다운 얼굴을 하고 있었다. 안주인은 그를 천장이 좀 낮은 식당으로 안내했는데, 식탁보 대신 기름먹인 종이를 깐 테이블이 늘어서 있었다.

"얼른 주시오" 하고 그는 말을 이었다. "곧 출발해야 되니까. 급한 길이라서."

뚱뚱한 플랑드르인 하녀가 부지런히 그릇을 늘어놓았다. 그는 안도감을 느끼며 그 여자를 바라보았다.

'어쩐지 속이 이상하더라니. 아직 식사도 못하고 있었어.' 하고 그는 생각했다.

음식이 나왔다. 그는 얼른 빵을 한 입 베어 먹었다. 그리고는 남은 빵을 천천히 테이블에 도로 내려놓고 다시는 그것에 손을 대지 않았다.

한 마차꾼이 다른 테이블에서 식사하고 있었다. 그는 그 마차꾼에게 말했다.

"이 집 빵은 왜 이렇게 맛이 없나요?"

그 마차꾼은 독일 사람이었으므로 무슨 말인지 알아듣지 못했다.

그는 마굿간으로 되돌아갔다.

한 시간 뒤에 그는 이미 쌩 뿔을 등지고, 댕끄를 향해 나아가고 있었다. 거기는 아라스에서 5리외밖에 떨어져 있지 않았다.

그렇게 가는 동안 그는 무엇을 하고, 무엇을 생각하고 있었던가? 오전과 마찬가지로 그는 나무들이며 초가지붕이며 밭들이 지나가는 것을, 그리고 길이 구부러질 때마다 펼쳐졌다가는 사라지는 풍경을 바라보고 있었다. 사람의 마음은 때로 거의 아무 생각 없이 멍하니 펼쳐지는 풍경만 바라보고도 만족하는 수가 있다.

그러나 그 모든 것들을 처음이자 마지막으로 보게 된다는 것은 얼마나 슬프고도 심각한 일인가! 여행하는 것은, 시시각각으로 태어나고 죽는 일이다. 아마도 그는 자기 정신의 가장 허전한 한쪽 구석에서, 이 변화하는 외계와 인생을 비교하고 있었으리라.

인생의 모든 사물은 끊임없이 우리들 앞을 지나 사라져 간다. 눈부신 광채 뒤에는 어두운 그늘이 오며 명암이 교차한다. 사람들은 바라보고, 급히 서두르고, 지나쳐가는 것을 붙잡으려고 손을 내민다. 사건의 하나하나는 길모퉁이다. 그리하여 순식간에 사람은 늙는다. 어떤 동요를 느낀다. 주위가 어두워진다. 이둠의 문이 열려져 있는 게 뚜렷이 보인나. 사람을 끌고 가던 인생의 검은 말이 걸음을 멈춘다. 그리고 사람은 복면한 낯선 사나이가 어둠 속에서 그 말을 풀어 주는 것을 본다.

수업을 마치고 돌아가던 아이들이 댕끄로 들어오는 이 나그네를 본 것은 이미 해질 무렵이었다. 1년 가운데 해가 짧은 계절이었다. 그는 댕끄에서 멈추지 않았다. 그가 그 마을을 벗어나려고 했을 때, 한길에 자갈을 깔고 있던 도로 인부가 고개를 쳐들고 말했다.

"말이 몹시 지쳐 있군요."

과연 말은 가엾게도 이제 여느 때 걸음으로 걷고 있었다.

“아라스로 가시나요?” 하고 도로 인부는 덧붙였다.

“그렇소.”

“그런 모양으로 가다간 일찍 도착하지 못하겠습니다.”

그는 말을 세우고 도로 인부에게 물었다.

“아라스까지 아직 얼마나 남았소?”

“7리외는 좋이 되지요.”

“그래요? 역 안내서에는 5리외 4분의 1이라고 했던데.”

“아하!” 하고 도로 인부는 말을 이었다. “당신은 지금 길을 닦고 있는 중이라는 걸 모르시는군요? 여기서 15분쯤 가면 통행금지가 되어 있어요. 그 앞으로 더는 못 갑니다.”

“흠.”

“우선 까랑씨로 가는 왼편 길로 가시다가 강을 건너고, 깡블랭까지 가시거든 오른쪽으로 꺾으십시오. 그것이 몽 쌩 뗄르와에서 아라스로 가는 길입니다.”

“그렇지만 더 어두워지면 길을 잘못 들지도 모르겠는데.”

“당신은 이 지방 사람이 아닌가요?”

“그렇소.”

“더구나 길은 사방으로 갈라져 있는데. 아, 그렇지.” 하고 도로 인부는 말을 이었다. “좋은 걸 가르쳐 드리지요. 말도 지쳐 있으니 댕끄로 되돌아가십시오. 좋은 여관이 있어요. 거기에서 하룻밤 묵은 다음 내일 아침에 아라스로 떠나십시오.”

“오늘 저녁 안으로 꼭 가야만 하는데.”

“그렇다면 이야기가 달라지죠. 그럼, 역시 그 여관으로 가서 보조 말을 한 필 더 얻어 보십시오. 그리고 마부에게 길을 안내해 달라고 하는 수밖에 없겠습니다.”

그는 도로 인부의 말대로 길을 되돌아갔다가, 반 시간 뒤 튼튼한 말을 한 마리 더 달고 굉장히 빠른 속도로 다시 아까 갔던 길을 달리고 있었다. 자칭 역마차의 마부라는 여관집 말구종이 마차 앞채 위에 올라앉아 있었다.

그러면서도 그는 속도가 느린 것 같은 초조감을 느꼈다.

해는 완전히 지고 있었다.

그들은 샛길로 들어섰다. 길은 몹시 험했다. 마차는 여기 저기의 바퀴자국에 빠지곤 했다. 그는 마부에게 말했다.

"있는 힘껏 달려, 술값은 갑절 내겠소."

어떤 울퉁불퉁한 길에서 크게 기우뚱하는 찰나 채에 달린 가로막대가 부러졌다.

"나리, 가로막대가 부러졌습니다. 이래서야 말을 비끄러맬 수가 없어요. 이 길은 밤에는 더 험하거든요. 괜찮으시다면 댕끄로 돌아가셔서 주무신다고 해도, 우리는 내일 아침 일찍 아라스에 도착할 수 있는데요" 하고 말구종이 말했다.

"새끼와 나이프 없나?"

"있습니다, 나리."

그는 나뭇가지 하나를 잘라 그것으로 가로막대를 만들었다.

그렇게 하느라고 다시 20분을 허비했다. 그러나 그들은 다시 빠른 속도로 달리기 시작했다. 들판은 어두컴컴했다. 좁고 낮게 낀 검은 안개가 언덕 위를 기어 연기처럼 흩어지고 있었다. 구름 속에는 아련한 밝은 빛이 있었다. 바다에서 불어오는 거센 바람은 먼 지평선 구석구석까지 누군가가 흡사 가구를 움직이는 것 같은 소리를 내고 있었다. 눈길에 닿는 모든 것이 공포에 떨고 있는 것 같았다. 그러한 밤바람의 광막한 숨결 아래 천지 만물이 두려움에 떨고 있었다!

추위가 몸에 스며들었다. 어제부터 아무것도 먹지 않았다. 그는 디뉴 언저리의 넓은 들판을 밤새도록 헤매던 옛날 일을 어렴풋이 생각해 냈다. 8년 전 그 일이 어제 일처럼 여겨졌다.

어딘가 먼 종탑에서 시간을 알리는 종이 울렸다. 그는 말구종에게 물었다.

"저것은 몇 시인가?"

"7시입니다, 나리. 8시에는 아라스에 도착할 수 있습니다. 이제 3리외밖에 남지 않았어요."

그때 비로소 그는 다음과 같은 일을 생각했다. 왜 좀더 일찍 생각지 못했는지 이상스럽게 여기면서.

'이 모든 노력이 헛수고로 그치고 마는 게 아닐까. 재판 시간조차 똑똑히 모르고 있으니. 적어도 그런 것쯤은 알아두었어야 했을 터인데. 무슨 소용이

될지 어떨지도 모르면서 이렇게 무턱대고 달려만 왔다니 상식을 벗어난 짓이다.'

그리고 그는 머릿속으로 이것저것 계산해 보았다.

'중죄 재판은 흔히 아침 9시에 시작한다. 이번 사건은 아마도 그리 오래 걸리지 않을 것이다. 사과를 훔친 사건은 간단하게 끝날 것이리라. 나머지 문제는 본인이냐 아니냐 확인하는 일뿐이다. 네댓 명의 진술이 있을 것이고, 변호사가 변론할 여지도 거의 없다. 내가 도착할 무렵에는 모두 끝나 버렸을지도 모른다.'

마부는 두 필의 말에 채찍질을 하고 있었다. 그들은 이미 강을 건너 몽 쌩 뗄르와를 훨씬 뒤로 하고 있었다. 밤은 자꾸만 깊어 갔다.

쌩뻘리스 수녀의 시련

한편, 바로 그 무렵 팡띤느는 기쁨 속에 있었다.

그녀는 몹시 힘겨운 하룻밤을 지내고 난 뒤였다. 맹렬한 기침에 열이 치솟았고 또 악몽에 쫓겼다. 아침에 의사가 회진 왔을 때에는 의식이 혼미해져 있었다. 의사는 걱정스러운 얼굴로 마들렌느 씨가 오면 바로 알려 달라는 말을 남기고 갔다.

오전 내내 그녀는 침울하게 말없이, 무슨 거리에 대하여 계산하는 것같이 낮은 소리로 중얼대면서 시트에 주름을 잡기도 했다. 그녀의 눈은 푹 꺼진 채 움직이지 않았다. 그리고 흐릿해 보였으나 가끔 빛이 떠오르며 별처럼 반짝였다. 암흑의 시간이 다가올 무렵이면, 땅 위 빛을 잃어가는 사람들을 하늘의 빛이 가득 채워 주는 모양이다.

기분은 어떠냐고 쌩뻘리스 수녀가 물을 때마다 그녀는 으레 이렇게 대답했다.

"좋아요. 다만 마들렌느 씨를 좀 뵈었으면 좋겠어요."

몇 달 전 팡띤느가 최후의 정절과 수치와 기쁨을 잃었을 때, 그녀는 자기 자신의 그림자에 지나지 않았다. 지금 그녀는 자기자신의 망령에 지나지 않는다. 정신의 고통이 빚기 시작한 것을 육체의 고통이 완성시킨 것이다. 25살 난 이 여자의 이마에는 주름이 잡히고, 뺨은 오그라들고, 코끝은 뾰족해지고, 잇몸이 드러나고, 얼굴은 납빛이 되고, 목줄기는 뼈만 앙상하고, 쇄골은 툭 불거지고, 손발은 여위고, 살갗은 흙빛이 되고, 금빛 머리에는 잿빛 머리칼이 섞여 있었다. 아, 병은 이 얼마나 늙음을 재촉하는 것일까!

정오에 다시 의사가 와서 여러 가지 처방을 쓰고 시장님이 진료소에 왔었는지 물은 다음 머리를 저었다.

마들렌느 씨는 언제나 3시면 병문안하러 왔다. 정확이 하나의 친절이기라도 한 것처럼 그는 정확했다.

2시 반쯤 되자 팡띤느는 조바심하기 시작했다. 20분 동안에 열 번도 더 수녀에게 물었다.

"수녀님, 지금 몇 시예요?"

3시가 울렸다. 세 번째 울리는 소리에 팡띤느는 침대 위에 상반신을 일으켰다. 여느 때 같으면 침대에서 그냥 돌아눕는 일조차 힘든 그녀였다. 그녀는 뼈가 앙상하고 떨리는 누런 손을 모아 쥐었다. 그리고 무언지 무겁게 짓누르는 것을 떨쳐내려는 듯한 깊은 한숨이 팡띤느의 가슴에서 새어나오는 것을 수녀는 들었다. 팡띤느는 고개를 돌려 문을 바라보았다.

아무도 들어오지 않았다. 문은 열리지 않았다.

그녀는 15분 동안 그대로 꼼짝도 하지 않고 있었다. 문에 눈길을 준 채 숨도 쉬지 않으면서. 수녀도 감히 그녀에게 말을 걸지 못했다. 교회의 종이 3시 15분을 알렸다. 팡띤느는 다시 베개 위로 쓰러졌다.

그녀는 아무 말 없이 다시 시트에 주름을 잡기 시작했다.

반 시간이 지나고, 이어 1시간이 지났다. 아무도 오지 않았다. 탑의 시계가 울릴 때마다 팡띤느는 일어나 앉아 문 쪽을 바라보았다. 그리고 다시 침대에 쓰러졌다.

누구나 그녀의 마음 속을 분명히 읽을 수 있었다. 그러나 그녀는 아무 이름도 말하지 않고, 푸념도 늘어놓지 않았으며, 누구를 원망하지도 않았다. 다만 애처롭게 기침할 뿐이었다. 무엇인가 어두운 것이 서서히 그녀 위로 내려 덮이는 듯했다. 얼굴은 납빛이 되고, 입술은 새파래졌다. 그녀는 가끔 미소를 지었다. 5시가 울렸다. 그때 수녀는 팡띤느가 낮은 목소리로 조용히 말하는 것을 들었다.

"나는 내일 죽을 텐데, 오늘 안 오시다니!"

쎙뺄리스 수녀도 마들렌느 씨가 늦게까지 오지 않는 데 놀라고 있었다. 그러는 동안에도 팡띤느는 침대에서 천장을 올려다보고 있었다. 그녀는 무언가 생각해 내려고 하는 것 같았다. 갑자기 그녀가 희미한 숨결처럼 가냘픈 목소리로 노래를 부르기 시작했다. 수녀는 가만히 귀기울였다. 팡띤느는 이렇게 노래를 불렀다.

사러 가요, 고운 것을
들길을 거닐면서.
들국화는 푸르고, 장미는 붉고
들국화는 푸르고, 우리 아가 귀엽네.

동정녀 마리아님 수놓은 망또를 두르시고
어제 난롯가로 찾아와 말씀하시기를
"여기 내 옷자락 속에 살그머니 숨어
네가 원하던 아기가 왔다.
어서 가요 시내로, 옷감을 사러 가요.
실과 골무도 사 와야지."

사러 가요, 고운 것을
들길을 거닐면서.

나는야 난롯가에 요람을 놓았네.
보세요, 마리아님, 리본으로 장식했어요.
하늘의 가장 아름다운 별보다도
당신이 주신 아기가 더 귀여워요.
"무엇을 만들까요, 이 옷감으로?"
"귀여운 아가의 옷을 만들어 다오."

들국화는 푸르고, 장미는 붉고
들국화는 푸르고, 우리 아가 귀엽네.

"깨끗이 빨아라."
"어디서 빨까요?"
"개울에서 빨아야지.
깨끗이 손씻고 마름질해서
고운 치마와 저고리를 만들어
꽃을 가득 수놓는 건 내가 할 테니."
"아기가 안 보여요. 옷감으로는 무얼 만드나요?"
"홑이불을 만들어 나를 싸서 묻어 주려무나."

사러 가요, 고운 것을
들길을 거닐면서.
들국화는 푸르고, 장미는 붉고
들국화는 푸르고, 우리 아가 귀엽네.

팡띤느는 옛이야기로 된 이 자장가를 부르면서 어린 꼬제뜨를 잠재우곤
했었다. 그러나 아기와 헤어져 있는 5년 동안 그 노래는 그녀의 머리에 한
번도 떠오른 적이 없었다. 그녀는 수녀마저 울어 버릴 만큼 슬프고 정다운
목소리로 이 자장가를 불렀다. 근엄한 습성에만 젖어 있던 쌩쁠리스 수녀
는 눈에 눈물이 솟는 것을 느꼈다.
　큰 시계가 6시를 알렸다. 팡띤느에게는 들리지 않는 모양이었다. 그녀
는 이제 자기 주위의 어떤 것에도 주의를 기울이지 않는 듯이 보였다.
　쌩쁠리스 수녀는 시장님이 돌아와 계신지 어떤지, 곧 진료소 쪽으로 오
실 수 있는지 알아오도록 하녀를 공장 문지기 아주머니에게로 보냈다. 하
녀는 얼마 안 있어 곧 돌아왔다.
　팡띤느는 여전히 꼼짝도 않고 무슨 생각에 골몰하고 있는 듯했다. 하녀
가 낮은 목소리로 쌩쁠리스 수녀에게 이야기한 바에 의하면—시장님은 이
추운 오늘 아침 6시 전에 흰 말이 끄는 소형 마차를 타고 마부도 없이 혼자
서 길을 떠나셨으며 어디로 가셨는지 아무도 모른다, 아라스에 가는 길로
들어서는 것을 보았다는 사람도 있고 빠리로 가는 한길에서 만났다고 하는
사람도 있다, 떠날 때는 여느 때와 마찬가지로 온화하셨다, 다만 문지기 아

주머니에게 오늘 저녁에는 기다리지 말라고 말씀하셨다는 것이었다.

팡띤느의 침대 쪽으로 등을 돌리고, 두 여자가—수녀는 묻고 하녀는 대답하면서—소곤거리는 동안 팡띤느는 오싹 소름 끼칠 것 같은 죽음의 너울과 건강의 자유로운 몸놀림을 동시에 느끼게 하는 저 내장 질환 특유의 열에 들뜬 민첩성으로, 침대 위에 후다닥 일어나 앉아 무릎을 꿇고 떨리는 두 주먹으로 베개를 눌러 짚고 커튼 사이로 얼굴을 내밀어 두 여자의 이야기에 귀를 기울였다. 그러다가 팡띤느는 갑자기 외쳤다.

"마들렌느 씨 이야기를 하고 계시는군요! 왜 그렇게 소곤대는 거예요? 어떻게 되셨나요, 그분께서? 왜 오시지 않는대요?"

그 목소리는 너무나 갑작스럽고 거칠어 남자 소리 같았으므로 두 여자는 놀라며 뒤돌아보았다.

"어서 대답해 주세요!" 팡띤느는 외쳤다.

하녀는 더듬거렸다.

"문지기 아주머니는 그분이 오늘 오시지 못할 거라고 하더군요."

"자, 진정하지 않으면 안돼요. 어서 누워요." 수녀가 말했다.

팡띤느는 그대로의 자세로, 엄숙하고 비통한 목소리로 크게 말했다.

"오시지 못한다고요? 왜지요? 당신들은 알고 있을 거예요. 둘이서 소곤대고 있었으니까. 왜 못 오시는지 나도 알고 싶어요."

하녀는 급히 수녀의 귀에 대고 속삭였다.

"시의회 볼일 때문이라고 대답하세요."

쌩쁠리스 수녀는 얼굴을 살짝 붉혔다. 하녀가 거짓말하라고 권했기 때문이었다. 그러나 또 한편 환자에게 진실을 말하면 반드시 심한 충격을 주어 병세에 치명상을 입힐 것으로 생각되었다. 수녀 얼굴에 떠올랐던 붉은 빛은 곧 사라졌다. 수녀는 고요하고 슬픈 듯한 눈길로 팡띤느를 바라보며 말했다.

"시장님은 어딘가 멀리 가셨습니다."

팡띤느는 몸을 일으켜 앉았다. 그녀의 눈이 빛났다. 말할 수 없는 기쁨이 그 애처로운 얼굴 위를 달리고 있었다. 그녀는 외쳤다.

"멀리 가셨다고요! 꼬제뜨를 데리러 가신 거야!"

그리고는 두 손을 하늘로 쳐들었다. 그녀의 얼굴은 깊은 감동에 떨리고, 입술은 끊임없이 움직였다. 나직한 목소리로 기도를 드리는 것이었다. 기도가 끝나자 그녀는 말했다.

"수녀님, 도로 눕겠어요. 이제부터는 시키는 대로 뭐든지 하겠어요. 그렇게 버릇없는 짓을 하고 큰소리 질러서 죄송해요. 큰소리치는 건 굉장히 나쁜 일이라는 것을 잘 알고 있어요. 수녀님, 하지만 저는 몹시 기뻐요. 하느님은 좋은 분이셔요. 마들렌느 씨는 좋은 분이셔요. 그분은 저의 작은 꼬제뜨를 데리러 몽페르메이유에 가주신걸요."

팡띤느는 다시 드러누워, 수녀를 거들어 베개를 매만졌다. 그리고 쌩쁠리스 수녀가 주어 목에 걸고 있던 조그만 은십자가에 입을 맞추었다.

"자, 이젠 편안히 잠을 자요. 이야기는 그만 하고." 수녀는 말했다.

팡띤느는 땀이 촉촉히 난 두 손으로 수녀의 한 손을 감싸쥐었다. 수녀는 그 땀을 느끼고 몹시 마음이 아팠다.

"그분은 오늘 아침에 빠리로 가기 위해 떠나신 거예요. 사실은 빠리를 지나가지 않아도 되는데. 몽페르메이유는 맞은편에서 오면 조금 왼쪽으로 돌면 되거든요. 어제 제가 꼬제뜨 이야기를 했을 때 그분이 '이제 곧'이라고 말씀하시던 것을 기억하고 계세요? 저를 깜짝 놀라게 해주시려는 거예요. 아시죠? 떼나르디에네 집에서 아이를 찾아올 편지에 저는 그분 말씀대로 서명했어요. 저쪽에서도 이번에는 아무 말 못할 거예요, 그렇잖아요? 틀림없이 꼬제뜨를 돌려보낼 거예요. 돈을 다 치러 주실 텐데요, 뭐. 돈을 받고도 아이를 돌려주지 않는다면 나라에서 용서하지 않을 거예요. 수녀님, 말을 하면 안 된다는 얼굴을 하지 마세요. 저는 너무나 기뻐요. 기분도 아주 좋아졌어요. 조금도 아프지 않아요. 꼬제뜨를 만나게 되는 걸요.

배가 고픈 것 같기도 하네요. 5년 가까이 아가를 만나지 못했어요. 아가란 얼마나 마음에 걸리는 존재인지 수녀님은 상상도 못하실 거예요! 글쎄, 조그맣고 예쁜 장밋빛 손가락을 갖고 있어요. 지금도 아주 아름다운 손을 하고 있을 거예요. 그렇지만 1살 때는 그 손이 몹시 이상했답니다. 정말 그랬어요. 지금은 아주 많이 컸겠지요. 벌써 7살이나 된걸. 어엿한 아가씨가 됐을 거예요. 저는 꼬제뜨라고 부르지만, 사실은 외프라지라는 이름이에요.

그래요, 오늘 아침 난로틀의 먼지를 가만히 보고 있노라니 이제 곧 꼬제뜨를 만나게 될 거라는 마음이 문득 들었어요. 아, 아가를 만나지 않고 몇 년씩 있었다니, 정말 잘못된 일이었어요! 인간의 생명이란 언제까지나 계속되는 게 아니라는 걸 생각해야죠! 아! 일부러 그렇게 가주시다니 참으로 친절하셔요, 시장님은! 날씨가 굉장히 추울 텐데! 외투는 입고 가셨을까요? 내일은 돌아오시겠죠? 내일은 설날이에요. 내일 아침에는 수녀님, 레이스 달린 조그만 보닛을 잊어버리지 않고 꼭 쓰도록 제게 일러주세요. 몽페르메이유는 시골이에요. 저는 옛날에 터덜터덜 걸어서 거기까지 갔었지요. 무척 먼 것 같은 마음이 들었어요. 하지만 승합마차는 여간 빨리 달리지 않을 거예요! 그분은 저의 꼬제뜨를 데리고 돌아오시겠지요. 여기서 몽페르메이유까지는 얼마나 될까요?"

수녀는 거리에 대해 전혀 몰랐으므로 "그야 물론! 내일은 돌아오시겠지요"라고만 대답했다.

팡띤느는 말했다.

"내일! 내일! 내일 나는 꼬제뜨를 만난다! 하느님을 섬기는 정다운 수녀님, 저는 이제 아프지 않아요! 아주 마음이 가벼워졌어요. 좋다고 허락하시면 춤이라도 추겠어요."

15분 전의 그녀를 본 사람이 있었다면, 지금의 이 모습을 이해하기 어려웠을 것이다. 이제 그녀의 얼굴은 완전히 장밋빛이었다. 싱싱하고 자연스러운 목소리로 이야기하고 있었다. 온 얼굴에 웃음이 가득 넘쳤다. 때때로 낮은 소리로 말하며 웃음소리까지 냈다. 어머니의 기쁨은 거의 어린아이의 기쁨과도 같다.

"자" 하고 수녀는 말을 이었다. "이제 행복하게 됐으니 내 말을 잘 듣고 이야기는 그만해요."

팡띤느는 베개에 머리를 얹고 작은 목소리로 말했다.

"그래요, 조용히 쉬겠어요. 얌전하게 있어야지, 아가가 올 텐데. 쌩쁠리스 수녀님 말씀이 옳아요. 여기 계신 분들의 말씀은 모두 옳아요."

그리고 몸도 머리도 움직이지 않고 커다란 눈으로 즐거운 듯 주위를 둘러보기 시작했다. 그녀는 이제 아무 말도 하지 않았다.

수녀는 팡띤느가 잠들도록 침대의 커튼을 내려주었다.

7시와 8시 사이에 의사가 왔다. 아무 소리도 나지 않으므로 팡띤느가 자는 줄 알고 살그머니 방으로 들어와 발소리를 죽여 침대로 다가갔다. 그가 커튼을 살짝 열고 등불로 비춰보니 팡띤느의 커다랗게 뜬 조용한 눈이 그를 물끄러미 쳐다보았다. 그녀는 말했다.

"선생님, 제 곁에 조그만 침대를 마련하고 아가를 뉘어도 괜찮겠지요?"

의사는 그녀가 헛소리를 하는 줄 알았다. 그녀는 덧붙였다.

"자, 보세요, 마침 그만한 자리가 있잖아요!"

의사는 쌩쁠리스 수녀를 곁으로 불렀다. 수녀는 사정을 설명했다. 마들렌느 씨가 어디론가 갔으며, 행선지가 확실치 않아 시장님이 몽페르메이유로 가셨다고 생각하는 병자를 낙담시키기 안되어서 그대로 내버려두고 있다고, 또 어쩌면 병자의 상상이 들어맞을지도 모른다고 이야기했다. 의사도 같은 생각이라고 고개를 끄덕였다.

그는 다시 팡띤느의 침대로 다가갔다. 그녀는 말을 이었다.

"그렇게 하면 아침에 아가가 깨어날 때 아침인사를 해줄 수 있고, 또 밤에 잠을 잘 이루지 못하는 저는 아기의 잠자는 소리를 들을 수 있을 거예요. 고요하고 귀여운 그 숨소리를 들으면 틀림없이 마음이 가라앉을 거예요."

"잠깐 손을 좀" 하고 의사는 말했다.

그녀는 팔을 내밀고 웃으며 외쳤다.

"어머나, 정말로 선생님은 모르시는군요! 저는 다 나았어요. 꼬제뜨가 내일 오는걸요."

의사는 놀랐다. 그녀는 좋아지고 있었다. 숨가쁜 것도 덜했다. 맥은 힘차게 뛰고 있었다. 되살아난 생명력 같은 것이 쇠약할 대로 쇠약해진 이 육체에 활기를 불어넣고 있었다.

"선생님" 하고 그녀는 말을 계속했다. "시장님께서 귀여운 우리 아가를 데리러 가셨다는 이야기를 수녀님께서 하시지 않던가요?"

의사는 사람들에게 그 여자가 될 수 있는 한 이야기를 못하도록, 또 충격을 주는 일이 없도록 하라고 부탁했다. 그는 키니네를 넣은 탕약과, 밤중에 열이 오를 경우를 생각해 진정제 물약을 처방했다. 나가면서 그는 수녀에게 말했다.

"좋아졌습니다. 다행스럽게도 시장님께서 내일 아기를 데리고 돌아오시게 된다면, 어쩌면 뜻밖의 일이 일어날지도 모르겠군요. 큰 기쁨이 갑자기 병을 낫게 했다는 예는 더러 있습니다. 이 환자의 병은 아시듯 일종의 내장 질환이고, 더욱이 꽤 악화되어 있습니다. 그런데 정말 이상한 일입니다! 어쩌면 목숨을 건질 수 있을지도 모르겠군요."

출발을 서두르다

우리가 중도에 놓아두고 헤어진 마차가 아라스의 우편 여관에 들어섰을 때는 거의 저녁 8시가 되어 있었다. 우리가 이제까지 이야기해 온 그 사나이는 마차에서 내려 여관 사람들의 정중한 인사도 받은 둥 마는 둥 하고 보조말을 돌려 보낸 다음, 작은 백마를 직접 마굿간으로 끌고 갔다.

그리고 아래층에 있는 당구장 문을 밀고 들어가, 거기 앉아 테이블 위에 턱을 괴었다. 6시간 예정이었던 그 여행길이 14시간이나 걸렸던 것이다. 그는 그것이 자기 탓은 아니었다고 스스로 변명했다. 그러나 마음 속으로는 화내고 있지 않았다.

여관 안주인이 들어왔다.

"손님은 주무실 겁니까? 식사는 어떡하실 건지요?"

그는 고개를 가로저어 필요없다는 시늉을 했다.

"마굿간지기 말로는 손님의 말이 몹시 지쳐 있다고 하던데요."

그제야 그는 입을 열었다.

"말은 내일 아침에 다시 떠날 수 없을까요?"

"웬걸요, 손님, 적어도 이틀은 쉬게 해야겠던걸요."

그는 다시 물었다.

"여기에서 우편 사무를 다루고 있지요?"

"네, 그렇습니다, 손님."

여관 안주인은 그를 우편 사무실로 안내했다. 그는 통행증을 제시하고, 오늘 밤 우편마차로 몽트뢰이유 쉬르 메르에 돌아갈 수 없느냐고 물었다. 마침 우체부 옆자리가 비어 있었다. 그는 그것을 예약하고 돈을 치렀다.

"나리, 오전 1시 정각에 떠나니, 어김없이 오셔야 합니다." 하고 사무원은 말했다.

그는 여관을 나와 거리를 걷기 시작했다.

그는 아라스의 지리를 잘 알지 못했다. 게다가 거리는 어두워 발길 닿는 대로 걸었다. 길가는 사람에게 길을 물으려고도 하지 않았다. 작은 크랭숑 강을 건너니 좁은 골목길이 이리저리 나 있어 길을 알 수 없게 되었다. 한 시민이 초롱불을 들고 걸어왔다. 좀 망설인 뒤 그는 그 사나이에게 물어보려고 생각했다. 그리고 자기가 묻는 말을 누가 듣지나 않을까 두려워하는 것처럼, 우선 앞뒤를 잘 살펴본 뒤 말했다.

"잠깐 여쭙겠습니다만, 재판소는 어느 쪽입니까?"

"당신은 여기 사시는 분이 아니군요?" 꽤 나이 지긋해 보이는 그 사람은 대답했다. "날 따라오십시오. 나도 마침 재판소 쪽으로, 아니 실은 도청 쪽으로 가는 길입니다. 지금 재판소는 수리중이어서 임시로 도청에서 재판이 열리고 있지요."

"거기서 중죄 재판도 합니까?"

"물론입니다. 사실 지금의 도청 건물은 혁명 전에 주교관이었지요. 1782년에 주교였던 꽁지에 각하가 거기에 넓은 홀을 만들게 했던 겁니다. 재판을 하고 있는 곳은 바로 그 큰 홀이지요."

길을 걸으면서 그 사나이는 그에게 말했다.

"만일 재판을 보러 오신 거라면 좀 늦으셨군요. 대개 6시면 폐정이니까요."

두 사람이 넓은 광장에 다다랐을 때, 사나이는 어둠 속에 우뚝 솟은 큰 건물 정면의 불이 환히 켜진 네 개의 창문을 그에게 가리켜 보였다.

"아, 이것 마침 잘됐군요. 늦지 않았습니다. 운이 좋으시군요. 저기 네 개의 창문이 보이지요? 저게 중죄 재판정입니다. 불이 켜져 있으니, 아직 끝나지 않은 겁니다. 사건을 오래 끌어 저녁까지 계속하는 모양이군요. 당신은 저 사건에 관계가 있습니까? 형사 문제라도 있으십니까? 증인으로 나갑니까?"

그는 대답했다.

"나는 그런 볼일로 온 게 아닙니다. 그저 변호사와 이야기할 게 좀 있어서요."

"아, 그러시군요. 자, 여기가 입구입니다. 문지기가 있을 텐데. 바로 저 큰 층계를 올라가시면 됩니다" 하고 사나이는 말했다.

그는 사나이가 가르쳐 준 대로 따랐다. 그리하여 조금 뒤 넓은 홀로 들어갔다. 거기에는 많은 사람들이 있었고, 법복을 입은 변호사를 둘러싼 몇몇 사람들이 여기저기서 수군거리고 있었다.

법정 입구에서, 서로 낮은 목소리로 수군대는 검은 옷 입은 사람들을 보는 것은 언제나 가슴 아픈 일이다. 자비와 연민이 그런 수군거림 속에서 나오는 일은 매우 드물다. 대부분의 경우 거기서 나오는 것은 미리 정해진 형벌이다. 생각에 잠겨 거기를 지나가는 방관자에게는 숱한 인간들이 머리를 맞대고 윙윙거리면서 힘을 합해 온갖 종류의 암흑의 건물을 쌓아올린 기분나쁜 벌집 같이 보인다.

단 한 개의 램프가 비치고 있는, 널찍한 그 홀은 본디 주교관 응접실이었으나 지금은 법정 대합실로 사용되고 있었다. 두 짝으로 된 여닫이문이 그때는 닫혀져 중죄 재판이 열리고 있는 큰 방을 가로막고 있었다.

안이 몹시 어두웠으므로 그는 처음 만난 변호사에게 태연하게 말을 걸었다.

"심문은 어디까지 진행되고 있습니까?"

"벌써 끝났소." 변호사는 말했다.

"끝났다고요!"

이 말이 너무도 날카로운 말투로 되풀이되었으므로 변호사는 저도 모르게 돌아보았다.

"실례지만 당신은 친척되는 분이십니까?"

"아니, 여기에 아는 사람은 아무도 없어요. 그런데 형을 선고했습니까?"

"물론입니다. 다른 도리가 없었지요."

"징역입니까?"

"종신형입니다."

그는 거의 알아들을 수 없을 만큼 약한 목소리로 말을 이었다.

"그럼, 본인이라는 게 뚜렷이 증명되었군요?"

"본인이라고요? 본인이라는 증명 같은 건 필요없었소. 사건은 간단했지요. 그 여자는 어린아이를 죽였는데 영아 살해 사실은 증명되었으나, 배심원은 계획된 범죄로 인정하지 않았소. 그래서 종신형이 된 거지요."

"그럼, 그건 여자 사건이군요?"

"그렇소. 리모쟁 집안의 딸이오. 당신은 대체 무슨 사건을 말씀하는 겁니까?"

"아니, 아무것도 아닙니다. 그런데 재판이 끝났다면서 왜 아직 법정에 불이 켜져 있는 겁니까?"

“다음 사건이 두어 시간 전부터 시작되었지요.”

“그건 어떤 사건입니까?”

“그것도 뭐 뻔한 겁니다. 피고는 말하자면 무뢰한으로 재범자이고, 전과자며, 도둑질한 놈입니다. 이름은 기억나지 않습니다만, 보기에도 흉악한 인상이더군요. 나 같으면 그 인상만 보고도 항구의 감옥으로 보냈을 거요.”

“그런데 법정으로 들어갈 방법이 없나요?” 하고 그는 물었다.

“아무래도 어려울 거요. 여간 사람이 많아야지요. 그렇지만 지금은 휴정중이라 나간 사람도 꽤 있을 겁니다. 재판이 시작되면 한번 알아 보시지요.”

“어디로 들어갑니까?”

“저 큰 문으로.”

변호사는 가버렸다. 그동안 그는 온갖 감정이 어지럽게 뒤섞이는 것을 느꼈다. 무심한 변호사의 말은 얼음송곳처럼 또는 불에 달군 칼날처럼 번갈아 그의 가슴을 찔렀다. 아직 아무것도 끝나지 않았다는 것을 알았을 때 그는 크게 숨을 내쉬었다. 그러나 그가 느낀 게 만족인지 고뇌인지 그 자신도 말할 수 없었으리라.

그는 여기저기 모여선 사람들 옆으로 다가가 그들의 이야기에 귀를 기울였다. 재판이 많이 밀려 있어 재판장은 그날 하루 동안에 간단한 사건 두 개를 처리하려고 했다. 먼저 영아 살해 사건의 심리가 있었고, 지금은 전과자이며 재범자인 ‘늙은 너구리’가 재판받을 차례인 것이다. 그 사나이는 사과를 훔쳤다고 했으나, 증거가 불충분한 것 같았다. 그러나 그가 예전에 뚤롱 감옥에 있었다는 증거가 드러나 사건은 악화되었다. 피고에 대한 신문과 증인들의 진술이 끝나고 변호사의 변론과 검사의 논고가 남아 있었지만, 이 일은 밤중까지도 끝날 것 같지 않았다. 그 사나이는 틀림없이 형을 받게 되리라. 검사는 매우 똑똑한 사람으로 피고를 결코 ‘잘못 보는’ 일이 없었고, 또 시까지 쓰는 재주꾼이다.

법정으로 들어가는 입구에 수위가 하나 서 있었다. 그는 그 수위에게 물었다.

“이 문은 곧 열리나요?”

“아니, 열리지 않습니다” 하고 수위는 대답했다.

“뭐라고요! 개정되어도 열리지 않는단 말입니까? 지금 재판은 휴정중이지요?”

"지금 막 개정되었습니다만, 문은 열지 못합니다."
"왜지요?"
"만원이니까요."
"그래요! 빈 자리가 하나도 없나요?"
"하나도 없습니다. 문은 닫혔습니다. 이제 아무도 들어갈 수 없어요."
수위는 잠시 입을 다물더니 다시 덧붙였다.
"재판장님 뒤에 아직 두어 개 자리가 있지만, 관리에게만 허용됩니다."
그렇게 말하고 수위는 그에게서 등을 돌렸다.
그는 고개를 숙이고 물러나, 대합실을 가로질러 망설이듯 천천히 층계를 하나 하나 다시 내려갔다. 아마도 자기 자신과 마음 속으로 의논하고 있었던 것이리라. 어제부터 그의 마음 속에서 벌어지고 있던 그 치열한 격전이 아직도 끝나지 않고 있었다. 그리고 그는 시시각각 새로운 국면에 부딪혔다. 층계 한가운데 있는 층계참에 이르렀을 때, 그는 난간에 기대어 팔짱을 꼈다. 그리고 갑자기 프록코트의 가슴을 헤쳐 수첩과 연필을 꺼내고 종이를 한 장 찢어내어, 등불 아래에서 다음과 같이 휘갈겨 썼다. '몽트뢰이유 쉬르 메르 시장 마들렌느'. 그리고 다시 성큼성큼 층계를 올라가 사람들을 헤치고 똑바로 수위에게 다가가 쪽지를 건네주며 위엄있게 말했다.
"이것을 재판장에게 갖다 드리시오."
수위는 쪽지를 받아 흘끗 보고 그 말에 따랐다.

특별 입장

그 자신은 그렇게 생각하고 있지 않았지만, 몽트뢰이유 쉬르 메르의 시장은 세상에 명성을 떨치고 있었다. 이 7년 동안 그의 덕망은 바 불로네 언저리에 널리 퍼지고, 마침내 그 좁은 지방을 넘어서 이웃의 몇몇 도에까지 알려져 있었다. 그 검은 유리구슬 제조 공업을 부흥시켜 그 중심 도시에 막대한 공헌을 했을 뿐 아니라, 몽트뢰이유 쉬르 메르 지방의 141개 마을 가운데 그에게서 무언가 혜택을 받지 않은 마을은 하나도 없었다. 필요에 따라서는 다른 지방의 산업도 도와서 진흥시키고 있었다. 이를테면 그는 경우에 따라 자기의 신용과 자본을 제공하여 불로뉴의 망사 직조업을 돕고, 프레방의 마사(麻糸) 방적업을 돕고, 브베르 쉬르 깡슈의 수력에 의한 직조업을 지원했던 것이다. 어디를 가나 마들렌느 씨의 이름은 존경과 더불어 사람들 입에 오르내렸다. 아라스며 두웨의 시민들은 그러한 시장이 있는 몽트뢰이유 쉬르 메르라는 행복한 작은 도시를 부러워하고 있었다.

아라스의 중죄 재판 법정에서 재판장을 맡고 있는 두웨의 공소원 판사는, 그처럼 널리 존경받는 이름을 세상 사람들과 마찬가지로 익히 알고 있었다. 수위가 평의실에서 법정으로 통하는 문을 살그머니 열고, 재판장 의자 뒤로 가 몸을 구부리고 그 글씨가 씌어진 쪽지를 내밀면서 '이 분이 법정으로 들어오시겠다고 하십니다'라고 덧붙였을 때, 재판장은 선뜻 경의를 나타내는 몸짓으로 펜을 들어 그 쪽지 아래 무언가 써주면서 들어오시게 하라고 말했다.

우리가 여기서 그 신상 이야기를 하고 있는 불행한 사나이는, 수위가 갔을 때와 똑같은 자리에 똑같은 태도로 법정 대합실 문 앞에 서 있었다. 그가 멍하니 생각에 잠겨 있을 때 누군가가 "어서 이쪽으로 오십시오"라고 말하는 소리를 들었다. 바로 조금 전 그에게 등을 돌려 냉담하게 대하던 바로 그 수위가 지금은 허리를 구부리고 있었다. 그리고 수위는 그에게 쪽지를 건네주었다. 그는 그것을 펼쳤다. 마침 가까이에 램프가 있어 그것을 읽을 수 있었다.

'중죄 재판장은 마들렌느 씨에게 경의를 표합니다.'

그는 그 쪽지를 손 안에 구겨 쥐었다. 마치 이 몇 마디가 그에게 몹시 쓴 뒷맛을 남겨 주기라도 한 것처럼.

그는 수위를 따라갔다.

조금 뒤 그는 벽에 판자를 두른 방 안에 혼자 남았다. 두 개의 촛불이 초록색 융단을 깐 그 방을 비춰 어쩐지 엄숙한 기운이 감돌고 있었다. 지금 나간 수위의 마지막 말이 아직도 그의 귓전에 생생했다. "여기는 평의실입니다. 저 문의 구리쇠 손잡이를 돌리면, 법정의 재판장님 팔걸이의자 뒤로 나가시게 됩니다." 그 말이 그의 머릿속에서, 방금 지나온 좁은 복도와 어두운 층계의 어렴풋한 기억과 뒤얽히고 있었다.

수위는 그를 혼자 남겨 놓고 나가 버렸다. 마침내 최후의 순간이 왔다. 그는 생각을 가다듬으려고 애썼으나 잘 되지 않았다. 사색의 실이 뇌리에서 모두 끊어져 버리는 것은, 특히 인생의 비통한 현실에 그 사색을 더할 필요가 가장 절실할 때이다. 그는 판사들이 토의하고 형벌을 내리는 그 자리에 와 있는 것이다. 그는 어리둥절한 침착함으로 무서우리만큼 고요한 그 방 안을 둘러보았다. 얼마나 많은 인간의 삶이 여기서 파멸되었던가. 마침내는 그의 이름도 여기서 논의되리라. 그리고 그의 운명은 지금 이 방을 지나가고 있다. 그는 물끄러미 그 벽을 바라보고, 다음으로 자기 자신을 돌아보았다. 그 것이 이 방이고, 그것이 자기 자신이라는 사실에 그는 스스로 놀랐다.

벌써 24시간 넘게 아무것도 먹지 않고, 또 마차에 흔들려 지쳐 있었으나, 그는 그것을 그리 느끼지 못했다. 아무 느낌도 없는 것 같았다.

그는 벽에 걸린 검은 액자 앞으로 다가갔다. 그 사진틀 유리 아래에는 빠리 시장이며 대신이었던 장 니꼴라 빠슈의 낡은 자필 서간이 들어 있었다. 그 날짜는 아마도 잘못된 모양인 듯 혁명 제2년 '6월 9일'이라고 되어 있었다. 그것은 빠슈가 자택에 연금되어 있던 대신과 대의원들의 명부를 빠리 정부로 보낸 것이었다. 이때 만일 그를 보고 자세히 관찰한 사람이 있었다면, 그 편지가 그의 호기심을 몹시도 자아낸 모양이라고 생각했으리라. 왜냐하면 그는 그 편지에서 눈을 떼지 않고 두어 번씩 되풀이 그것을 읽었기 때문이다. 그러나 그는 아무 주의도 기울이지 않고 거의 무의식적으로 그 편지를 읽고 있었다. 그는 팡띤느와 꼬제뜨의 일을 생각하고 있었던 것이다.

멍하니 생각에 잠겨 그는 문득 고개를 돌렸다. 그러자 그의 눈은 중죄 재판 법정으로부터 그를 막아 주고 있는 문의 구리 손잡이와 마주쳤다. 그는 그 문을 거의 잊어버리고 있었다. 그의 눈길은 조용히 그 구리쇠 손잡이로 가서 멈추더니 이어서 미친 듯이 그것에 고정되어 차츰 공포의 빛을 띠기 시작했다.

땀방울이 머리카락 사이에서 솟아올라 관자놀이로 흘러내렸다. 문득 그는 반항 섞인 위엄을 드러내며 무어라 표현할 수 없는 기이한 몸짓을 했다. 이런 행동은 '빌어먹을! 누가 이런 짓을 내게 강요한단 말인가?' 하는 뜻인 듯 홱 돌아서서 아까 들어왔던 문을 바라보더니 그 앞으로 다가가 열고 나갔다. 그는 이제 그 방에 있지 않았다. 그는 복도에 나와 있었다. 복도는 길고 좁으며 층계와 쪽문으로 막히고, 이리저리 구부러지고, 군데군데 환자용 램프 비슷한 반조명등이 달려 있었다. 그는 이 복도를 조금 전에 지나왔던 것이다. 그는 안도의 숨을 내쉬고 귀를 기울였다. 뒤에서도 앞에서도 아무 소리 나지 않았다. 그는 쫓기는 사람처럼 달아났다.

복도 모퉁이를 몇 번인가 돌았을 때, 그는 다시 귀기울였다. 주위는 여전히 같은 침묵, 같은 어둠이 깔려 있었다. 그는 숨이 차고 어지러워 벽에 몸을 기댔다. 벽의 돌은 차서 이마 위에서 땀이 얼어붙는 것 같았다. 그는 몸을 떨며 서 있었다.

그리고 거기에서 홀로 그 어둠 속에 우뚝 서서, 추위와 아마도 다른 어떤 일 때문에 떨면서 생각했다.

그는 이미 밤새도록 생각하고, 하루 종일 생각했다. 이제는 다만 마음 속에서 '아!' 하고 외치는 소리만이 들렸다.

그렇게 15분쯤 지났다. 이윽고 그는 머리를 떨어뜨리고 괴로운 듯 한숨지으며 두 팔을 늘어뜨리고 다시 발길을 돌렸다. 기진맥진한 듯 천천히 걸음을 옮겼다. 흡사 도망치다 붙잡혀 끌려가는 것 같았다.

그는 평의실로 돌아갔다. 그의 눈에 맨 먼저 들어온 것은 문의 손잡이였다. 반들거리는 둥근 구리쇠 손잡이는 무서운 별처럼 그를 향해 반짝거리고 있었다. 그는 마치 새끼염소가 호랑이 눈을 바라보듯 그것을 바라보았다.

그의 눈은 그 손잡이에서 떨어질 수 없었다.

조금씩 사이를 두고 한 발 한 발 내디뎌 그는 문 앞으로 다가갔다.

만일 귀를 기울였다면 어렴풋한 속삭임 같은 옆방의 수런거림이 들려왔을 것이다. 그는 귀기울이지 않았다. 그에게는 아무것도 들리지 않았다.

갑자기 그는 어떻게 했는지도 모르게 문 옆에 와 있는 자기 자신을 발견했다. 그는 떨리는 손으로 손잡이를 잡았다. 문이 열렸다.

그는 법정 안에 있었다.

유죄로 판정되어 가는 장면

그는 한 걸음 들어서서 등 뒤의 문을 기계적으로 닫고 눈앞의 광경을 물끄러미 바라보았다.

그곳은 불빛이 희미하게 비치는 널찍한 방으로, 왁자지껄 시끄러운가 하면 또 금방 물을 끼얹은 듯 조용해지곤 했다. 거기에 모인 사람들 속에서 형사재판이 천박하고 비통한 장중함을 갖추고 전개되고 있었다.

그가 지금 서 있는 홀 한쪽 끝에는, 낡은 법의를 입은 판사들이 사뭇 맥풀린 듯한 얼굴로 손톱을 깨물기도 하고 눈을 감기도 하고 있었다. 다른 한쪽에는 허술한 옷을 걸친 사람들이 한 무리 있었다. 그리고 또 갖가지 자세를 취한 변호사들, 직무에 충실한 엄격한 얼굴의 병정들. 얼룩진 낡은 벽판자, 때묻은 천장, 녹색이라기보다 차라리 황색이 되어 버린 서지 헝겊을 덮은 테이블, 손때로 꺼멓게 된 문, 벽판자 못에 걸린 불빛보다 그을음을 더 많이 내고 있는 목로 술집에나 있음직한 램프, 테이블 위의 구리 촛대에 꽂힌 초, 흐릿한 어둠과 추악함과 서글픔. 이 모든 것에서 어떤 존엄한 인상이 배어나오고 있었다. 왜냐하면 거기서는 법률이라고 부르는 인간의 중대사와 정의라고 부르는 위대한 신의 중대사가 느껴졌기 때문이다.

군중들은 아무도 그에게 주의하지 않았다. 모든 시선은 오직 한 점에 집중되어 있었다. 거기에는 재판장 왼편의 벽을 따라 조그만 문에 기대어 놓은 나무 벤치가 있었다. 몇 개의 촛불이 비추고 있는 그 벤치에는 두 헌병 사이에 끼어 한 사나이가 앉아 있었다.

그 사나이가 바로 그 사람이었다.

그는 별로 찾지 않고도 곧 그 사나이를 알아보았다. 그의 눈은 마치 거기에 그 사나이가 있는 것을 미리 알고 있기라도 했던 것처럼 자연히 그쪽으로 돌려졌다.

그는 자신의 늙은 모습을 보는 것 같은 기분이 들었다. 물론 얼굴은 전혀 같지 않았으나 태도도 풍채도 꼭 닮은 모습이었다. 거꾸로 뻗친 머리카락에 들짐승 같이 불안스러운 눈동자를 하고 작업복 윗옷을 입은 모습. 19년 동안 감옥의 돌바닥 위에서 키워 온 무서운 마음을 남몰래 영혼 속에 숨겨 증오심을 불태우며 디뉴로 들어오던 날의 그와 똑같은 모습이었다. 그는 몸이 오싹해지며 마음 속으로 생각했다.

'아, 나는 다시 저렇게 될 것인가?'

그 사나이는 적어도 60살쯤 되어 보였다. 무어라 말할 수 없는 거칠고 우둔하며 겁에 질린 듯한 모습이었다.

문 소리에, 거기 있던 사람들은 옆으로 비켜 그에게 길을 열어주었다. 재판장은 고개를 돌려, 들어온 인물이 몽트뢰이유 쉬르 메르의 시장이라는 것을 알고 눈인사를 했다. 검사는 직무상 가끔 몽트뢰이유 쉬르 메르에서 마들렌느 씨를 만나고 있었으므로, 그의 모습을 알아보고 마찬가지로 눈인사를 보냈다. 그러나 그는 그것을 깨닫지 못하고 있었다. 그는 일종의 환각에 사로잡혀 있었다. 그는 주위를 둘러보았다.

판사들, 서기 한 사람, 헌병들, 잔인할만큼 호기심이 담긴 눈을 크게 뜨고 있는 방청객들. 그는 그러한 것들을 이미 27년 전에 한 번 본 적이 있었다. 끔찍스러운 것들을 그는 지금 다시 보고 있는 것이다. 그것들은 거기에 있고, 움직이고, 존재하고 있었다. 그것은 이미 기억 속의 것이 아니요, 그의 상념이 그려낸 신기루도 아니었다. 그것은 현실의 헌병, 판사, 방청객이었으며, 뼈와 살을 갖춘 인간들이었다. 이제 모든 게 끝장이다. 그는 과거의 그 끔찍스럽던 광경이 현실이 지닌 모든 두려움을 고루 갖추고 자기 주위에 되살아나는 것을 보았다.

이 모든 것들은 그 앞에 커다랗게 입을 벌리고 있었다.

그는 공포에 사로잡혀 눈을 감고 마음 저 밑바닥에서 외쳤다.

"안돼, 결코!"

더욱이 그의 마음을 두려움에 떨게 하며 거의 미치게 만드는 운명의 비극적인 장난에 의해, 지금 그 법정에 끌려나와 있는 것은 또 하나의 그 자신이 아닌가! 재판을 받고 있는 그 사나이를 사람들은 모두 장 발장이라고 부르고 있지 않은가!

자기 생애에서 가장 무서웠던 한 순간을 다시금 자기의 그림자가 연출하고 있는 것 같은 기이한 착각에 사로잡혔다.

모든 것이 거기에 있었다. 똑같은 기관, 똑같은 밤 시각, 거의 똑같은 판사와 헌병과 방청객들의 얼굴들이. 다만 재판장의 머리 위에 걸려 있는 십자가만이 그가 처형받을 때는 법정에 없었다. 그가 판결받았을 때는 하느님이 계시지 않았던 것이다.

그의 뒤에 의자가 하나 있었다. 사람들 눈이 두려워 그는 엉겁결에 거기 주저앉아 버렸다. 자리에 앉고 보니 판사 책상 위에 쌓인 두꺼운 서류철 더미에 가려져 홀 안의 사람들로부터 자기 얼굴을 가릴 수가 있었다. 조금씩 그는 침착해졌다. 그는 완전히 현실감을 되찾았다. 외부의 일에 귀를 기울일 수 있는 평온한 상태에 이르렀다.

바마따브와 씨도 배심원의 한 사람으로 거기에 있었다.

그는 자베르를 찾았으나 보이지 않았다. 증인석은 서기의 책상에 가려져 있었다. 게다가 아까도 말한 바와 같이 홀 안은 불빛이 어두워 잘 보이지 않았다.

그가 들어왔을 때는 피고의 변호사가 변론을 끝마치려 하는 참이었다. 사람들의 주의는 극도로 긴장되어 있었다. 사건은 3시간 전부터 계속되고 있었다. 3시간 전부터 방청객들은 한 사나이가, 정체를 알 수 없는 그 사나이가, 몹시 우둔한 것인지 아니면 교활한 것인지 알 수 없는 그 사나이가 무서운 진실의 중압 아래 차츰 굴복해 가는 것을 바라보고 있었다. 그 사나이는 독자들도 이미 아는 바와 같이, 부랑자로서 삐에롱이라고 불리는 가까운 과수원의 사과나무에서 잘 익은 사과가 달린 가지를 꺾어 달아나다가 그 옆 밭에서 붙잡혔던 것이다. 그는 과연 어떤 인간이었던가? 조사는 이미 끝났다. 증인들의 진술도 있었으며, 그들의 말은 모두 일치하고 있었다. 사건은 처음부터 명료했다. 기소 내용은 다음과 같았다.

'피고는 단순히 과실을 훔친 절도범만이 아니다. 피고는 실로 무뢰한이고, 감시 위반의 재범자이고, 전과자이며, 몹시 위험한 악한이다. 피고는 당국에서 오래 전부터 수배중이던 장 발장이라 불리는 악인으로, 8년 전 뚤롱 형무소에서 나오자 쁘띠 제르베라는 사브와 소년의 금품을 대로상에서 강도질했다. 이것은 형법 제383조에 규정된 범죄로, 법적으로 인물 증명이 성립됨을 기다려 다시 추가고소할 것이다. 피고는 이번에 또 새로이 절도죄를 범했으니 이는 재범에 해당된다. 이 새로운 범죄에 대해 우선 처벌하고, 지난 사실에 대해서는 뒤에 다시 재판할 것이다.'

이와 같은 기소에 대해, 또한 증인들의 일치하는 의견에 대해, 피고는 무엇보다도 우선 놀라는 듯했다. 그는 그것을 부인하려는 것 같은 몸짓과 손짓을 하고 또 천장을 멀거니 바라보기도 했다. 그는 가까스로 입을 열어 당혹한 대답을 하고, 머리에서 발 끝까지 온 몸으로 부인하는 뜻을 나타내고 있었다. 그는 자기를 포위해 공격하는 유식한 자들 앞에서 마치 백치와도 같고, 그를 붙잡으려는 사람들 속에서 마치 아무 상관도 없는 사람 같았다. 그러나 그것이 그의 미래에 가장 치명적인 결과로 작용했다. 진상은 시시각각으로 쌓여져 가고, 방청객들은 당사자보다도 더 근심하면서 불행스러운 판결이 차츰 그의 머리 위로 내려지려는 것을 바라보고 있었다. 같은 사람인 게 인정되어 쁘띠 제르베 사건의 죄마저 덧씌워진다면, 징역은 물론이려니와 사형이 선고될지도 모를 일이었다.

그러면 이 사나이는 대체 어떤 자인가? 그의 무감각은 어떤 성질의 것인

가? 우둔함에서 오는 것인가, 교활함에서 오는 것인가? 그는 자기 입장을
너무도 잘 알고 있는 것인가, 아무것도 모르는 것인가? 이런 의문으로 방청
석은 두 파로 나뉘어지고 배심원까지도 양분된 듯했다. 이 사건의 공판에는
사람을 두렵게 만들고 어리둥절케 하는 것이 있었다. 이 사건의 내용은 단순
히 암울할 뿐 아니라 몽롱하기까지 했다.

변호인은 오랜 세월에 걸쳐 이른바 법조계의 웅변이 되어 있던 지방적인
말투로 상당히 유창하게 변론했다. 지난날에는 모든 변호사가 로모랑땡이나
몽브리종에서는 물론 빠리에서까지도 그런 말투를 썼지만, 오늘날에는 일종
의 고전이 되어 법조계의 공식 변론에만 사용되며 그 장중한 음과 당당한 구
법(句法)에 의해 잘 조화되고 있다.

이를테면 남편이나 아내를 '배우자', 빠리를 '학예와 문명의 중심지', 왕을
'군주', 주교 각하를 '성스러운 대사제', 검사를 '형벌의 웅변적인 소송 해석
자', 변론을 '방금 청취하신 논고', 루이 14세 시대를 '위대한 세기', 극장을
'멜뽀멘의 전당', 왕가를 '역대 제왕의 존엄한 혈통', 연주회를 '음악의 성
전', 사단장을 '……에서 그 이름도 드높은 용장', 신학생을 '상냥한 레위
인', 신문지상의 착오를 '신문기관의 난에 독을 뿌리는 기만'이라는 등의 말
로 표현하는 것이었다.

그런데 변호사는 먼저 사과를 훔친 일에 대한 설명부터 하기 시작했다. 이를
미사여구로 변론하기에는 꽤 까다로웠다. 그러나 베니느 보쒸에(17세기의 주교
웅변문학의 대가)도
지난날 추도사 속에서 암탉 한 마리를 언급하지 않을 수 없지 않았던가! 더
욱이 그는 그것을 훌륭하게 해냈던 것이다. 변호사는 사과를 훔친 것은 사실
아무 증거도 없다고 주장했다. 변호인 입장에서 샹마띠외라고 계속 부르고
있던 그의 의뢰인이 담장을 넘어가 사과나무 가지를 꺾었다고 하지만 아무
도 본 사람이 없다. 그는 다만 그 가지(변호사는 굳이 그것을 '작은 가지'라
고 말했다)를 가지고 있다가 붙잡힌 것에 지나지 않는다. 더욱이 그는 땅바
닥에 떨어져 있는 것을 주웠을 뿐이라고 말했다.

이에 대한 반증이 어디 있는가? 아마도 그 가지는 담장을 넘어 들어가 꺾
고 훔친 뒤 갑자기 주인에게 들킨 어떤 밭도둑이 거기 버린 것이리라. 그러
나 그 도둑이 샹마띠외였다고 내세울 만한 증거가 어디 있는가? 오직 한 가
지 전과자였다는 그의 신분, 그 신분이 불행하게도 충분히 확증된 듯하다는

것은 변호사도 부인하지 않았다. 피고는 파브롤에 산 적이 있다. 피고는 거기서 가지치기 인부 노릇을 했었다.

샹마띠외라는 이름은 본디 장 마띠외였을 것이다. 그런 것들은 모두 사실이다. 그리고 네 사람의 증인도 아무 망설임없이, 샹마띠외를 죄수 장 발장이라고 확인하고 있다. 그러한 증언에 대해서는 변호사도 피고의 부인, 이기적인 부인밖에 제시하지 못했다. 그러나 그가 죄수 장 발장이라고 하더라도 그것이 사과를 훔쳤다는 증거가 될 수 있는가? 그것은 어디까지나 추정이지 증거는 되지 못한다. 그러나 피고는 '불리한 태도'를 취했다. 그것은 사실이었고, 변호인도 '솔직하게' 그것을 인정하지 않을 수 없었다. 피고는 모든 것을 완강하게 부인했다. 절도 행위도, 전과자라는 신분도. 그러나 이 후자의 사실에 대해서는 확실히 자백하는 편이 좋았을 것이다. 그렇게 했으면 판사들의 관대한 처분을 바랄 수 있었을지도 모른다. 변호사도 그렇게 할 것을 피고에게 권고해 두었으나 피고는 그것을 완강히 거부했다. 아무것도 자백하지 않으면 틀림없이 풀려날 거라고 생각한 것이리라.

그것은 분명 잘못이었다. 그러나 이 사나이의 생각이 모자라기 때문이라는 것을 당연히 고려해 주어야 하지 않을까? 이 사나이는 확실히 어리석었다. 감옥에서 오랜 세월에 걸친 불행한 생활을 하고 형무소를 나온 뒤 처참한 생활을 오래 해 왔기 때문에 우둔해져 버린 것이다, 등등. 피고의 변명은 졸렬했지만, 그것이 그를 처벌할 이유는 되지 않는다. 쁘띠 제르베 사건에 관해서는 변호사도 논의할 만한 것을 갖고 있지 못했다. 그것은 아직 피고의 기소 내용 속에 들어 있지 않았다. 변호사는 배심원과 법관을 향하여, 여러분께서 피고가 장 발장과 동일인이라고 명확하게 단정을 내릴지라도 감시 위반 죄인에 대한 경찰법에서만 죄를 묻고 재범에게 과하는 중죄는 적용하지 말아 달라고 탄원하면서 변론을 끝맺었다.

검사는 변호사에게 반박했다. 그의 논고는 검사들이 으레 그렇듯 신랄하고 번지르르했다.

그는 변호사의 '공정한 판단'을 찬양하고, 그 공정한 판단을 교묘하게 이용했다. 그는 변호사가 유보한 모든 사실에 대하여 피고를 비난했다. 변호사는 피고가 장 발장이라는 의견에 동감인 듯 했는데, 검사는 그 점을 지적했다. 피고는 따라서 장 발장이다. 그것은 기소 내용에서도 이미 밝혀진 바로

담장을 넘어가 사과나무 가지를 꺾었다고 하지만……

더 부인할 여지가 없다. 여기서 검사는 교묘하게 말머리를 돌려 범죄의 근원과 원인으로 거슬러 올라가 낭만파의 부도덕을 거론했다. 낭만파는 그즈음 오리플랑 지며 꼬띠에엔느지의 평론가들이 붙여 준 '악마파'라는 이름 아래 활동하고 있었던 것이다. 검사는 아주 그럴 듯하게 상마띠외의, 아니 바꾸어 말해서 장 발장의 범죄를, 그와 같은 패덕 문학의 영향으로 돌렸다. 그러한 고찰이 끝난 뒤, 검사는 문제를 장 발장 개인에게로 돌렸다. 장 발장은 어떠한 자인가? 그는 장 발장에 대해 자세히 설명했다. 이 세상이 뱉어낸 괴물이라는 등등. 이러한 묘사의 모델은 떼라메느^(라신느 비극〈페드르〉 중의 인물. 이쁠리뜨 죽음을 웅변조로 이야기함)의 과장된 이야기 속에서 볼 수 있거니와, 그런 종류의 화술은 비극에는 합당치 않지만 법정에서의 웅변에는 날마다 크게 이바지하고 있다. 방청객들과 배심원들은 '몸서리를 쳤다'. 설명이 끝나자 검사는 이튿날 아침 '도민(道民) 일보'의 찬사를 얻기 위한 더욱 격렬한 연설투로 말을 이었다.

"피고는 실로 이와 같은 사나이다, 등등. 부랑자이며, 걸인이며, 생계 수단을 갖지 못한 자이다. 피고는 과거의 생애에서 범죄 행위에 익숙하고, 감옥에서도 그 성질이 바로잡아지지 않았다. 쁘띠 제르베에게 저지른 죄가 그것을 증명하는 바이다, 등등. 피고는 극악무도한 놈이다. 타고 넘은 담장에서 몇 걸음 안되는 들길에서 절도 현행범으로 체포되었고, 그 손에 아직 훔친 물건을 가지고 있었으면서도 현행범을, 절도를, 불법 침입을 모두 부인하고, 심지어는 자기 이름까지도, 동일인이라는 것까지도 부인하고 있다! 그러나 우리는 여기에 일일이 제시한 것 외에도 수없이 많은 증거가 있다. 게다가 네 사람의 증인이 그를 인정하고 있다. 네 증인은 자베르, 저 공명정대한 경위 자베르와 피고의 그 옛날 오욕의 동료였던 부르베와 슈닐디외와 꼬슈빠유 세 명의 죄수이다. 이처럼 움직일 수 없는 확고한 증언에 대해 피고는 뭐라고 반박할 것인가? 피고는 단순히 부인한다. 이 무슨 어리석은 일인가? 배심원 여러분, 여러분은 공정한 판단을 내려 주리라고 믿는 바이다, 등등."

검사가 이렇게 논고를 펼치는 동안 피고는 입을 딱 벌리고 감탄이 깃든 놀란 얼굴로 멍하니 듣고 있었다. 인간이 이다지도 입심좋게 지껄일 수 있는 것일까 하고 그는 실로 어안이 벙벙했던 것이다. 때때로 논고가 최고조에 이르러 억누를 길 없는 웅변이 굴욕스러운 형용사의 격류가 되어 넘쳐흐르고 폭풍우처럼 피고를 에워싸는 순간 그는 오른쪽에서 왼쪽으로, 왼쪽에서 오른쪽으로 천천히 머리를 흔들었다. 그것은 변론의 시초부터 참고 견뎌온, 슬픈 무언의 항변이라고 할 수 있었다. 바로 그의 옆에 앉아 있던 방청객들은, 두어 번 그가 이렇게 중얼거리는 것을 들었다.

'발루 영감한테 잘 물어보았더라면, 이렇게 되지는 않았을 텐데!' 피고의 바보스럽고 어처구니없는 그 태도를 검사는 배심원들에게 지적했다. 그것은 분명 고의적인 수작으로, 피고의 우둔함을 나타내는 게 아니라 교묘하고 교활한 수단으로 법을 기만하는 그의 상습성을 나타내는 것이며, 이 사나이의 '엄청난 악랄함'을 유감없이 드러내고 있는 것이라고. 거기서 검사는 쁘띠 제르베 사건은 보류해 두고, 엄한 형벌을 요구하면서 논고를 끝냈다.

엄한 형벌이란 독자도 알고 있듯 종신형을 가리키는 것이다.

변호사는 일어나서 먼저 '검사님'의 그 '훌륭한 논고'에 찬사를 보내고, 다음으로 힘 자라는 데까지 답변을 시도했으나 그 논조는 훨씬 약화되어 있었다. 그가 서 있는 지반이 분명 허물어지고 있었다.

부인하는 방식

변론을 끝맺음할 때가 왔다. 재판장은 피고를 일어서게 하여 형식적인 질문을 했다.

"피고는 무슨 할 말이 없는가?"

사나이는 우뚝 선 채 때묻은 모자를 손으로 만지작거리고 있을 뿐 재판장의 말도 들리지 않는 모양이었다.

재판장은 같은 질문을 되풀이했다.

이번에는 그 말이 들려 그 뜻을 알아들은 듯, 잠이 깼을 때와 같은 몸짓을 하고 주위를 두리번거리며 방청객과 헌병과 변호사와 배심원과 법관들을 바라보고 자기가 앉았던 의자 앞의 목책 가장자리에 그 커다란 주먹을 올려놓고 여전히 주위를 둘러보다가 갑자기 검사에게 눈길을 멈추고는 지껄이기 시작했다. 그것은 마치 불이 뿜어나오는 것 같았다. 그 말들은 지리멸렬하고, 격렬하고, 거칠고, 뒤죽박죽 뒤섞여 마치 그의 입에서 한꺼번에 튀어나오려고 서로 앞을 다투며 밀치고 잡아당기는 것 같았다. 그는 말했다.

"내가 할 말이란 이렇습니다요. 나는 빠리에서 수레 수선공을 하고 있었습죠. 발루 영감 밑에 있었습니다. 그건 참 고된 일이었습죠. 수레 수선공이란 사시사철 밖에서, 안마당에서 일을 해야 하니까요. 친절한 주인을 만나면 헛간에서 일을 시키기도 하지만, 그것도 거의 문을 닫아 놓고 하는 법이 없지요. 어쨌든 넓은 자리를 차지하는 일이니까요. 겨울 같은 땐 너무나 추워서 제가 제 팔을 주물러 몸을 따뜻하게 하지만 주인은 그러는 걸 좋아하지 않습니다요. 그런 짓은 시간을 허비한다는 거지요.

길바닥에 깔린 돌도 얼어붙는 추운 날씨에 쇠를 다룬다는 건 여간 고된 일이 아닙니다요. 그러니 몸이 빨리 늙어 버리게 되지요. 그런 일은 젊은 놈을 그대로 늙게 해버립죠. 40살쯤만 되면 영 쓸모없게 됩니다요. 나는 53살이었으니 지독히 고생했습지요. 게다가 물건 만드는 장인이란 놈들은 정말 심술궂어서 좀 늙었다 싶으면 저놈은 허리 부러진 참새니, 늙다리니 하고 놀려댄답니다요! 나는 하루 30수밖에 받지 못했습죠.

주인은 내가 늙었다는 핑계로, 되도록 삯전을 싸게 하려고만 했습지요. 그리고 내겐 딸아이가 하나 있어 개울가의 세탁장에서 일하고 있었습니다요. 거기서 들어오는 수입도 뻔한 것이었습지요만, 그걸로 우리 둘은 겨우 어떻게 꾸려나갔습죠. 딸년도 꽤 고생을 했지요. 하루 종일 허리께까지 닿는 물통 속에 들어가 일하는데, 비가 오나 눈이 오나 얼굴을 에는 듯한 바람이 불거나 늘 마찬가지였습죠. 물이 얼어도 상관없이 빨래를 해야 했습니다. 여벌 셔츠를 갖고 있지 못한 사람들이 재촉하기 때문입지요. 얼른얼른 빨아 주지 않으면 손님이 없어져 버립죠.

물통 판자 조각이 딱 들어맞지 않아 물이 마구 새어서, 딸년을 보면 스커트는 위 아래 할 것 없이 온통 물에 젖었고 몸뚱이마저 젖어들었습죠. 그리고 또 딸년은 앙팡 루즈의 세탁장에서도 일했는데, 거기는 물이 수도꼭지에서 나오니까 물통 속에 들어가지 않아도 되었습니다요. 앞의 수도꼭지를 틀어놓고 빨아서는 뒤의 대야에서 헹구는 거지요. 거기는 문이 닫혀 있어 몸은 그리 춥지 않지만 뜨거운 물에서 김이 굉장히 나와 눈이 못쓰게 되었습죠. 딸년은 저녁 7시에 돌아와서는 이내 자버립니다요. 몹시 지쳐 있으니까요. 그런데다 남편에게 두들겨 맞아, 그러다가 딸년은 죽어버렸습죠. 우리들은 정말 불행했습니다요. 언제나 얌전하고 춤 한번 추러 간 일도 없는 기특한 딸년이었는뎁쇼. 딸년은 꼭 한 번 카니발의 맨 마지막 날 8시에 돌아와 잔

일이 있었을 뿐입니다요. 나는 사실을 말하고 있습죠. 사람들에게 물어보시면 아실 겁니다요. 아, 그렇습죠. 사람들에게 물어본다고 해도 빠리는 어마어마하게 큰 바다 같은 곳이니 누가 이 샹마띠외라는 늙은이를 알고 있겠습니까요 그렇지만 발루 영감만은 알고 있을 겁니다요. 발루 영감댁에 가서 물어봐 주서유. 그리고 나서도 또 이러쿵저러쿵한다면 나는 이제 모르겠지만유."

사나이는 입을 다물고 그대로 우두커니 서 있었다. 그는 이러한 말을 빠르고 목쉰 것 같은 숨가쁜 소리로 지껄였는데, 그 소박함 속에는 거친 노여움이 깃들어 있었다. 단 한번 꽉 들어찬 방청석의 누군가에게 인사하기 위해 말을 중단했을 뿐이었다. 씹어뱉듯 내던진 그 말들은 마치 딸꾹질처럼 튀어나왔다. 한 마디 한 마디 할 때마다 그는 장작을 패는 나무꾼 같은 몸짓을 했다. 그가 말을 마쳤을 때 방청석에서 와아 웃음이 터져나왔다. 그는 그러한 방청객들을 바라보고, 그들이 웃는 것을 보고, 까닭도 모르면서 자기도 따라 웃었다.

그것이 그에게 불리하게 작용했다.

조심스럽고 동정심 많은 재판장은 입을 열었다.

그는 '배심원 여러분'에게 '피고를 고용하고 있었다는 수레 수선공 발루라는 자를 소환했으나 출두하지 않았다, 그 사나이는 파산하여 행방불명되었다'는 사실을 알렸다. 이어서 피고 쪽을 향해, 이제부터 하는 말을 잘 듣도록 주의시키고 이렇게 덧붙였다.

"피고는 지금 신중하게 생각하지 않으면 안될 입장에 있소. 피고에 대한 굉장히 중대한 추정이 이루어지고 있으며, 경우에 따라서는 최악의 결과가 생길지도 모르오. 나는 피고를 위해 마지막으로 다시 한 번 더 묻겠는데, 다음 두 가지 점에 대해 똑똑히 설명해 주시오. 첫째로, 피고는 삐에롱 과수원 담장을 넘어들어가 사과나무 가지를 꺾고 사과를 훔쳤는가 안 훔쳤는가. 곧 침입 절도죄를 범했는가 안 범했는가? 둘째로, 피고는 전과자 장 발장인가 아닌가를 말해 주시오."

피고는 상대방이 하는 말을 잘 알아듣고, 어떻게 대답해야 좋은지 잘 알고 있는 듯 자신 있는 모양으로 고개를 끄덕였다. 그는 입을 열고 재판장 쪽을 보며 말했다.

"첫째……"

그리고 그는 자기 모자를 보고 천장을 쳐다보더니 그대로 입을 다물어 버렸다.

검사는 준엄한 목소리로 말했다.

"피고, 주의하라. 그대는 이쪽의 질문에 아무 대답을 하지 못하는데, 그 당혹한 태도는 죄를 범했다는 증거이다. 그대 이름이 샹마띠외가 아님은 이제 모두 명백한 사실이다. 그대는 전과자 장 발장이다. 처음에는 외가의 성을 따서 장 마띠외라는 이름으로 숨어 지냈다. 그대는 오베르뉴에 간 적이 있었고, 파브롤 태생으로 거기서 가지치기 인부 노릇을 했다. 그대가 삐에롱 과수원에 침입하여 익은 사과를 훔친 것도 틀림없다. 배심원 여러분도 이 점은 충분히 인정하리라고 생각한다."

피고는 어느새 다시 의자에 앉아 있었다. 그러나 검사가 말을 마치자 갑자기 일어나 외쳤다.

"나리는 정말 지독한 사람이오, 나리는! 나는 처음부터 말하고 싶었지만, 어떻게 말해야 좋을지 몰랐던 거요. 난 아무것도 훔치지 않았소. 우리 같은 인간은 날마다 먹지 않아도 사는 사람이오. 나는 그때 아이이에서 오던 길이었소. 그 시골길을 걷고 있는데, 소나기가 온 뒤라 들은 온통 누렇게 되고, 웅덩이는 물이 넘치고, 길에는 흙모래에 덮인 풀잎이 끝만 뾰족뾰족 내밀고 있을 뿐이었소.

나는 부러진 가지가 하나 땅바닥에 떨어져 있는 것을 보았소. 그 가지에는 사과가 달려 있었는데, 설마 이렇게 시끄러운 일이 될 줄은 모르고 아무 생각 없이 그것을 주웠단 말이오. 그것 때문에 나는 벌써 석 달째 감옥에서 썩으면서 이리저리 끌려다녔소. 그리고 뭐라고 해야 좋을까, 모두들 나에게 지독하게 굴고, '어서 대답하라!'고 몰아세우고, 헌병 나리는 친절하게도 내 팔꿈치를 쿡쿡 찌르며 낮은 소리로 대답하라고 하지만, 나는 어떻게 설명해야 좋을지 모르겠소. 나는 못 배운 가난뱅이요. 그것을 몰라 주다니 나리들 잘못이오. 나는 아무것도 훔치지 않았소. 땅바닥에 떨어진 것을 주웠을 뿐이란 말이오. 당신들은 장 발장이니 장 마띠외니 하고 말하지만, 나는 그런 사람들은 모르오. 마을에 사는 사람일지도 모르오. 나는 로삐딸 거리의 발루 영감네 집에서 일하고 있었소. 나는 샹마띠외요. 나리들은 어지간히 심술궂은 사람들인 모양이오. 내가 태어난 고장까지 함부로 만들어내니 말이오. 그러나 나는 내가 어디서 태어났는지 모르오. 집에서 태어나지 못하는 자도 있소. 그러는 편이 편리할지도 모르오. 우리 아버지 어머니는 이리저리 떠돌아다니는 사람이었던 모양이오. 그러나 그것도 나는 잘 모르오.

나는 어려서는 꼬마라고 불렸고, 지금은 늙은이라고 불리고 있소. 그것이 내 세례명이오. 어떻게 생각하든 그건 나리들 자유요. 나는 오베르뉴에도 있었고, 파브롤에도 있었소. 그래서 어쨌다는 게요! 감옥에 있었던 인간이 아니면 오베르뉴나 파브롤에 있었을 리 없다는 거요? 몇 번이나 말한 대로 나는 훔친 일이 없소. 나는 샹마띠외라는 늙은이오. 나는 발루 영감네 집에 있었소. 엄연히 그 집에서 살고 있었소. 나리들은 터무니없는 억지를 써서 나를 골탕먹이려 하는구려! 대체 왜 그렇게 모두들 원수처럼 내 뒤를 쫓는 거요!"

검사는 그때까지 선 채로였다. 그는 재판장을 향해 말했다.

"재판장님, 피고는 모호하면서도 교묘하게 부인하며 백치임을 가장하려고 합니다만, 쉽사리 그렇게 되지는 않을 테고 우리도 그 수법에 넘어가지 않을 것입니다. 그러므로 피고의 이러한 부인에 대해, 이제 우리는 재판장과 법정의 여러분에게 다시 요청합니다. 죄수 부르베와 꼬슈빠유와 슈닐디외와 경위 자베르를 여기로 불러내어 마지막으로 다시 한번 피고와 죄수 장 발장이 동일인인지 아닌지 그들에게 물어 주시기 바랍니다."

재판장은 말했다.

"검사에게 주의 주겠는데, 경위 자베르는 공무 때문에 이웃 군으로 가기 위해 진술을 마친 뒤 곧바로 법정을 나가 이 도시를 떠났소. 검사와 피고 변호사의 동의를 얻어 본관이 허락했던 것이오."

"아, 그렇지요, 재판장님" 하고 검사는 말을 이었다. "그럼, 자베르 씨가 지금 여기 없으므로, 그가 두세 시간 전에 이 자리에서 진술했던 것을 본인이 다시 한 번 배심원 여러분에게 말씀드릴 필요가 있다고 생각합니다. 자베르는 훌륭한 인물이며, 낮은 직책에 있으면서도 엄격한 정직성으로 그 중요한 직무를 수행하고 있습니다. 그의 진술은 대략 다음과 같습니다. '본인은 피고의 부인을 뒤엎을 심리적 추정이나 물질적 증거는 필요로 하지 않습니다. 본인은 이 사나이를 잘 알고 있습니다. 이 사나이는 샹마띠외라는 이름이 아니라, 장 발장이라는 매우 악질적이고 무서운 전과자입니다. 그러나 형기 만료로 유감스럽게도 석방하지 않을 수 없었습니다. 그는 흉악한 절도죄로 19년 동안 죄수로 복역했습니다. 그는 그동안 대여섯 번에 걸쳐 탈옥을 꾀했습니다. 쁘띠 제르베의 돈을 빼앗은 것과 삐에롱에서 도둑질한 것 외에, 디뉴의 돌아가신 주교 각하 댁에서 저지른 절도도 나는 그의 짓으로 보고 있습니다. 나는 뚤롱 감옥에서 간수보를 지낼 무렵 그를 여러 번 본 적 있습니다. 본인은 되풀이 말하거니와 이 사나이를 잘 알고 있다는 것을 진술합니다.'"

아주 간결한 이 진술은 방청객과 배심원들에게 강한 인상을 준 것 같았다. 검사는 자베르를 제외한 세 증인 부르베와 슈닐디외와 꼬슈빠유를 다시 불러내어, 엄격하게 신문할 것을 주장하며 말을 끝냈다.

재판장은 한 수위에게 명령을 전달했다. 그러자 곧 증인실 문이 열렸다. 수위는 만일의 경우를 대비해 헌병의 도움을 받으며 죄수 부르베를 끌어냈다. 방청석에는 순간 불안의 빛이 감돌고, 모든 가슴이 하나인 듯 일제히 두근거렸다.

죄수 부르베는 중앙 형무소의 짙은 잿빛 윗옷을 입고 있었다. 부르베는 60살쯤 된 사나이로, 사무원 같은 인상과 악당다운 모습을 함께 갖추고 있었다. 그 두 가지는 흔히 잘 어울리는 법이다. 그는 새로운 범행을 저지르고 다시 형무소에 들어갔으나, 지금은 거기서 문지기 비슷한 노릇을 하고 있었다. 상관들은 그를 가리켜 "놈이 제법 사람 구실을 하려고 애쓰는 걸"이라고 했다. 물론 그것은 왕정복고 뒤의 일임을 이야기해 두어야겠다.

재판장은 말했다.

"부르베, 그대는 수치스러운 형을 받은 자이므로 선서는 할 수 없다! ……"

부르베는 눈을 내리깔았다.

"그러나" 하고 재판장은 계속했다. "법률에 의해 지위가 떨어진 인간의 마음 속에도, 하느님의 자비로 명예감과 정의감은 남아 있을 수 있다. 이제 이 결정적 순간에 본관은 그 감정에 호소하고 싶다. 그대 마음 속에 그 감정이 아직 살아 있다면—본관은 그것을 희망하는 바이지만—본관에게 대답하기 전에 깊이 생각해 보라. 한편에는 그대의 발언으로 파멸에 굴러떨어질지도 모르는 사람이 있고, 다른 한편에는 그대의 발언으로 밝혀질 정의가 있다는 것을 알아라. 중대한 순간이다. 그대가 잘못이었다고 믿어질 때는 언제라도 먼저 한 말을 취소해도 좋다—피고, 기립하라. 부르베, 이 피고를 잘 보고 기억을 가다듬어, 피고가 그대의 옛 감옥 친구인 장 발장이라고 지금도 변함없이 인정하는지 어떤지, 그대의 영혼과 양심으로 진술하라.”

부르베는 피고를 바라보고 나서 재판관 쪽으로 돌아섰다.

“네, 재판장님. 이 사나이를 맨 처음 알아본 건 저입니다. 제가 한 말에는 지금도 변함이 없습니다. 이 사나이는 장 발장입니다. 1796년 뚤롱에 들어와 1815년에 그곳을 나갔습니다. 저는 1년 뒤에 나왔습니다. 지금은 바보스러운 얼굴을 하고 있습니다만 나이 탓으로 멍청해진 것이겠지요. 감옥에서는 꽤 만만찮은 놈이었습니다. 저는 이 사나이를 확실히 기억하고 있습니다.”

“착석하라” 하고 재판장은 말했다. “피고는 그냥 서 있어.”

슈닐디외가 끌려 들어왔다. 붉은 죄수복과 푸른 모자가 말해 주듯 그는 무기수였다. 뚤롱 감옥에 복역중이며 이 사건 때문에 불려왔다. 50살쯤 된 성미가 급하고, 얼굴은 주름투성이고, 몸은 빈약하고, 누르퉁퉁하고, 뻔뻔스럽고, 차분하지 못한 키작은 사나이로, 손발과 몸 전체가 병약하고, 그 눈초리에는 까닭 모를 날카로움이 서려 있었다. 감옥 동료들은 그를 즈니디외(나는 신을 부정한다는 뜻으로, 슈닐디외를 풍자한 것임)라는 별명으로 불렀다.

재판장은 부르베의 경우와 거의 같은 말을 했다. 그 수치스러운 행위 때문에 선서할 권리가 없다고 지적되었을 때, 슈닐디외는 머리를 쳐들고 똑바로 방청석을 바라보았다. 재판장은 그에게 잘 생각하도록 타이르고, 부르베 때와 마찬가지로 지금도 변함없이 피고를 인정하느냐고 물었다.

슈닐디외는 커다랗게 소리내어 웃었다.

“이거 원, 인정하느냐고요! 우리는 5년 동안이나 같은 사슬에 묶여 있었지요. 어이, 영감, 뭘 그리 뿌루퉁해 있나?”

“착석하라.” 재판장은 말했다.

수위가 꼬슈빠유를 데리고 왔다. 슈닐디외와 같은 감옥에서 온 붉은 옷을 입은 무기수였다. 이 죄수는 루르드의 시골뜨기로 피레네의 두메산골 사나이였다. 산에서 양떼를 지키고 있었는데 양치기에서 도둑으로 전락한 것이다. 꼬슈빠유는 피고에 못지 않은 거친 사나이로 피고보다도 더 우둔해 보였다. 자연이 들짐승으로 만들어내고, 사회가 무기수로 끝마치게 하는 저 불행한 인간의 하나였다.

재판장은 감동을 주는 엄숙한 말로 그의 마음을 움직이려고 했다. 그리고 먼저 두 사람에게 한 것과 마찬가지로, 앞에 서 있는 사나이를 지금도 서슴없이 확실하게 알아보겠느냐고 물었다.

"이 사람은 장 발장입니다. 기중기 장이라고 불릴 만큼 힘이 장사였지요" 하고 꼬슈빠유는 말했다.

이 세 사람의 단언은 확실히 성실하고 진지하여 한 사람의 증언이 끝날 때마다 방청석에서는 피고에게 불리한 조짐인 속삭임이 일고, 그 속삭임은 차츰 커져 갔으며, 새로운 진술이 거듭됨에 따라 더욱 더 길게 꼬리를 이었다. 한편 피고는 그 놀란 듯한 얼굴로 그것을 듣고 있었는데, 그런 태도는 그를 책망하는 측에서 볼 때 상투적 수법이며 자기 방어 수단으로 보였다. 첫번째 증언 때 피고의 양 옆에 있던 헌병들은 그가 입 속으로 이렇게 중얼거리는 소리를 들었다. "그렇군! 저것도 놈들 가운데 하나로구나!" 두 번째 증언 뒤에는 좀더 큰소리로, 거의 만족스러워 보이는 태도로 말했다. "좋아!" 세 번째 때에는 소리를 높여 외쳤다. "잘한다!"

재판장은 그에게 물었다.

"피고, 잘 들었는가, 무슨 할 말이 없는가?"

그는 대답했다.

"다들 잘하는군!"

수런거림이 방청석에서 일더니 배심원석까지 퍼졌다. 그 사나이가 이제 구원받을 수 없는 게 명백해졌다.

재판장이 말했다.

"수위, 장내를 진정시키오. 이로써 변론을 마치겠습니다."

그때 재판장 바로 옆에서 사람이 움직이는 기척이 나며 이렇게 외치는 소리가 들렸다.

"부르베, 슈닐디외, 꼬슈빠유! 이쪽을 보라!"

이 목소리를 들은 사람들은 모두 몸이 얼어붙는 것을 느꼈다. 아주 비통하고 또 무서운 목소리였다. 사람들의 눈은 이 목소리가 나는 쪽으로 돌려졌다. 한 사나이가 법관석 뒤의 특별 방청인들 사이에서 일어나 법정과 재판관

석을 가로막고 있는 무릎 높이의 낮은 문을 밀어젖히고 나와 홀 중앙에 우뚝
서 있었다. 재판장, 검사, 바마따브와 씨와 그밖의 많은 사람들이 그의 모습
을 알아보고 일제히 소리쳤다.

"마들렌느 씨!"

더욱 어안이 벙벙해진 샹마띠외

과연 그는 마들렌느 씨였다. 서기의 책상 위에 놓인 램프가 그의 얼굴을
비추고 있었다. 한 손에 모자를 들고, 복장은 조금도 흐트러진 데가 없으며,
프록코트도 단정하게 단추가 채워져 있었다. 그는 창백한 얼굴로 가볍게 떨
고 있었다. 아라스에 닿았을 때만 해도 아직 잿빛이었던 그 머리가 지금은
새하얬다. 여기에 있는 1시간 동안 하얗게 세어 버린 것이다.

모두들 고개를 쳐들었다. 무어라 말할 수 없는 놀라운 광경이었다. 방청객
들은 한순간 멈칫거리고 있었다. 아까 그 목소리는 폐부를 찌르는 것 같았는
데, 거기 서 있는 사나이가 너무도 태연해 보여 처음에는 모두들 영문을 몰라
어리둥절했다. 대체 누가 외쳤는가 하고 사람들은 의아해 했다. 그런 무서운
외침 소리를 지른 것이, 저렇게 조용한 사나이리라고는 믿어지지 않았다.

그러나 이 어리둥절함은 얼마 계속되지 않았다. 재판장과 검사가 입을 열
사이도 없이, 헌병과 수위가 몸을 일으킬 겨를도 없이 모두가 마들렌느 씨라
고 부른 그 사람은 이미 증인인 꼬슈빠유와 부르베와 슈닐디외가 서 있는 쪽
으로 다가가고 있었다.

"자네들은 날 모르겠나?" 하고 그가 말했다.

세 사람 모두 얼이 빠진 듯 고개를 저어 모른다는 시늉을 했다. 꼬슈빠유
는 겁을 집어먹고 엉겁결에 군대식 경례를 했다. 마들렌느 씨는 배심원과 법
관석 쪽을 향해 가라앉은 목소리로 말했다.

"배심원 여러분, 피고를 석방해 주기 바라오. 재판장님, 나를 체포해 주십
시오. 당신들이 찾고 있는 사람은 이 사나이가 아니라 바로 본인입니다. 내
가 장 발장입니다."

모두 숨을 죽이고 있었다. 놀라움이라는 최초의 충격에 이어 무덤 속 같은
침묵이 이어졌다. 사람들은 무슨 위대한 행위가 이루어질 때 느끼는 종교적
공포 같은 것에 사로잡혀 있었다.

한편 재판장의 얼굴에는 동정과 슬픔의 빛이 떠올랐다. 그는 검사와 재빨리 눈짓하고는 배석한 판사들과 낮은 목소리로 몇 마디 주고받았다. 그는 방청객들을 바라보며 모든 사람이 알아들을 수 있는 소리로 물었다.

"이 가운데 의사가 안 계십니까?"

검사가 입을 열었다.

"배심원 여러분, 법정은 실로 예기치 못한 사태로 어지러워지고, 여러분들도 우리도 여기 설명이 필요없는 감정에 휩싸이고 있습니다. 여러분들은 모두 적어도 그 명성만으로도 존경할 몽트뢰이유 쉬르 메르의 시장 마들렌느 씨를 알고 계시리라 믿습니다. 방청석에 의사가 계시거든 마들렌느 씨를 도와 자택으로 모셔가 주실 것을 재판장님과 더불어 부탁드리는 바입니다."

마들렌느 씨는 검사가 말을 채 끝내기도 전에 온후하고 위엄에 찬 목소리로 상대방의 말을 가로막았다. 그는 다음과 같이 말했다. 그리고 이것은 그 자리에 있던 목격자 한 사람이 방청 뒤에 곧 기록해 둔 그대로이며, 그것을 들은 사람들 귀에는 40년이 지난 오늘날까지도 아직 생생하게 남아 있는 그대로이다.

"검사님, 대단히 감사합니다만 나는 정신이 돈 게 아닙니다. 이제 곧 아시게 될 겁니다. 당신은 큰 잘못을 저지르려 하고 있습니다. 이 사나이를 석방해 주십시오. 나는 내 의무를 다하고 있을 뿐입니다. 내가 바로 그 몹쓸 범죄인입니다. 이 사건을 똑똑히 알고 있는 것은 나 하나뿐입니다. 나는 당신에게 진실을 말씀드리고 있습니다. 지금 내가 하고 있는 일은 하늘에 계신 주님께서 보시고 계십니다. 그것만으로 충분합니다. 당신은 나를 체포할 수 있습니다. 나는 지금 이렇게 출두해 있으니까요.

그러나 나는 이제까지 최선의 노력을 다 해왔습니다. 거짓 이름 뒤에 숨어 부자가 되었고, 시장이 되었습니다. 나는 정직한 인간들 속으로 되돌아가려고 했습니다. 그러나 그것은 아무래도 불가능한 일인 것 같습니다. 요컨대 다 털어놓을 수 없는 일이 많이 있는 것이지요. 나는 지금 이 자리에서 내 생애를 이야기하려는 것은 아닙니다. 언젠가는 다 아시게 될 겁니다. 내가 주교 각하의 물건을 훔친 것은 사실입니다. 쁘띠 제르베의 것을 훔친 것도 정말입니다. 장 발장은 실로 나쁜 놈이었다고, 당신이 들으신 것도 무리가 아니지요.

마들렌느 씨는 죄수 세 사람에게 다가가 말했다. "자네들은 날 모르겠나?"

　그러나 모든 죄가 장 발장에게만 있는 건 아닐 겁니다. 판사 여러분, 잘 들어 주십시오. 나같이 밑바닥에 떨어졌던 인간은, 하늘의 섭리에 불평하고 사회에 항변할 자격이 없습니다. 그러나 잘 들어 주십시오. 내가 벗어나려고 애쓴 오욕의 세계는 오히려 인간을 나쁘게 만드는 곳입니다. 감옥은 죄수를 만들어냅니다. 그 점을 깊이 생각해 주시기 바랍니다. 감옥으로 끌려 가기 전에 나는 가난한 시골뜨기며 좀 모자라는, 말하자면 일종의 백치였지요.

　그런 나를 감옥은 완전히 바꾸어 놓았습니다. 우둔했던 나는 악인이 되었고, 나무토막에 지나지 않던 나는 위험한 인간이 되었습니다. 그러다가 감옥이 나를 파멸로 이끌었던 것과 같이, 그 뒤 관용과 친절이 나를 구해 주었습니다. 아니, 실례했습니다. 여러분들은 내가 하는 말을 잘 알아 듣지 못하실 겁니다. 그러나 내 집을 조사해 보십시오. 난로 재 속에 내가 7년 전 쁘띠 제르베에게서 빼앗은 40수짜리 은화가 있을 것입니다. 이 이상 더 말해서 뭘 하겠습니까. 나를 체포해 주십시오.

　아, 검사님은 머리를 젓고 계시군요. 마들렌느는 머리가 돌았다고 생각하시는 건가요! 당신은 믿지 않으시는군요! 정말 딱한 일입니다. 어쨌든 저 사나이만은 죄에 떨어뜨리지 말아 주십시오! 뭐라구요, 여기 있는 저 사람들이 나를 몰라본다고 말씀하시는 겁니까! 자베르가 여기 있었다면 그 사람은 나를 알아보았을 텐데!”

　이렇게 말하는 어조 속에는 얼마나 깊은 연민의 정과 침통한 비애가 깃들어 있는지 도저히 표현할 수 없을 정도였다.

　그는 세 죄수 쪽으로 돌아섰다.

　“이봐, 나는 자네들을 잘 알고 있다! 부르베! 자네 기억하고 있지 않나?”

　그는 말을 멈추고 잠시 머뭇거리다가 다시 말했다.

　“자네가 감옥에서 사용하던 그 바둑판 무늬로 된 양복지 멜빵이 생각나지 않는가?”

　부르베는 흠칫 놀라며 그를 머리 끝부터 발 끝까지 훑어보았다. 그는 계속하여 말했다.

　“슈닐디외, 자네는 별명이 즈니디외였지, 자네 오른쪽 어깨에는 지독한 흉터가 있지 않나. T.F.P라는 세 글자(무기징역을 받은 죄수를 뜻하는 형벌의 入墨)를 지우기 위해 어느 날

화톳불에 그 어깨를 태웠지만, 그 글자는 없어지지 않고 여전히 남았어. 안 그런가?"

"그대로요" 하고 슈닐디외는 말했다.

그는 이번에 꼬슈빠유를 향하여 말했다.

"꼬슈빠유, 자네는 왼쪽 팔 안쪽에 화약으로 지진 퍼런 글씨로 날짜가 씌어 있어. 그것은 황제가 칸느에 상륙한 날짜인 1815년 3월 1일이지. 소매를 걷어 봐."

꼬슈빠유는 소매를 걷었다. 모든 사람의 시선이 꼬슈빠유의 드러난 팔 위로 쏠렸다. 헌병 하나가 램프를 가까이 갖다 댔다. 거기에는 과연 날짜가 씌어져 있었다.

그 불행한 사나이는 미소를 띠면서 방청석과 판사들 쪽으로 돌아섰다. 그 미소를 본 사람들은, 지금도 그것을 생각하면 가슴이 저려옴을 금치 못한다. 그것은 승리의 미소이며 동시에 절망의 미소였다. 그는 말했다.

"이제 여러분께서도 잘 아시겠지요. 나는 장 발장입니다."

법정 안에는 이미 판사도 검사도 헌병도 없었다. 다만 물끄러미 바라보는 눈과 감동에 떠는 마음이 있을 뿐이었다. 자기가 해야 할 직무를 생각하는 사람은 아무도 없었다. 검사는 구형하기 위해 거기 있는 것을 잊고, 재판장은 법정을 주재하기 위해 거기 있는 것을 잊고, 변호사는 변호하기 위해 거기 있는 것을 잊어버리고 있었다. 기이한 일은, 아무 질문도 없고, 아무 권력도 개입되지 않았다는 것이다. 무릇 숭고한 광경의 본질은, 모든 사람의 영혼을 사로잡고 모든 목격자를 방관자로 만들어 버리는 데 있다. 아마도 그 자리의 모든 사람들은 자기가 느끼는 감정을 말도 나타내지 못했으리라. 그 사람들은 모두 현혹되고 있음을 마음 속으로 느꼈다.

분명히 그들은 눈앞에 장 발장을 보고 있었다. 그것이 빛을 뿜어내고 있었다. 그 사나이의 출현은 한 순간 전까지 그토록 어두웠던 이 사건을 빛으로 가득 채우기에 충분했다. 이제 더 어떤 설명을 기다릴 필요도 없이, 그 자리의 모든 사람들은 자기 대신 처형받게 될 사람을 구하기 위해 스스로 이름을 밝히고 나선 그의 단순하고도 장려한 행위를 마치 번갯불처럼 단숨에 이해했다. 그에 대한 세세한 사실이나 주저나 하찮은 반대 같은 것은 찬연히 빛나는 이 사실 속에 사라져 버렸다.

그 인상은 이내 스쳐지나가 버렸지만 그 순간에는 항거할 수 없는 힘을 지니고 있었다.

"나는 이 이상 법정을 소란케 하고 싶지 않습니다. 나를 체포하지 않으니 나는 나가겠습니다. 나는 여러 가지 해야 될 일이 있습니다. 검사님은 내가 누구인지 어디로 가는지 알고 계실 테니 언제고 체포하실 수 있으실 겁니다."

장 발장은 말을 마치자 출구 쪽으로 걸음을 옮겼다. 그를 붙들기 위해 소리지르는 사람도 없고 팔을 뻗치는 사람도 없었다. 모두 길을 비켜 주었다. 그 순간 군중을 물러서게 하면서 한 사나이 앞에 길을 비켜 주게 만드는 어떤 성스러운 것이 있었다. 그는 천천히 사람들 사이를 빠져나갔다. 언제 누가 문을 열었는지 알 수 없지만, 그가 거기 이르렀을 때 문은 분명 열려져 있었다. 거기까지 와서 그는 뒤돌아보고 말했다.

"검사님, 어느 때고 처분대로 해주십시오."

그리고는 방청석을 향해 말했다.

"여러분, 이 자리에 계신 여러분, 여러분께서는 나를 동정할 만한 인간이라고 생각하실 겁니다. 아, 그러나 나는 내가 이렇게 하려던 순간의 일을 생각할 때, 나는 동정을 받을 게 아니라 오히려 원망을 받아야 할 인간이라고 생각합니다. 그렇지만 이런 일은 처음부터 일어나지 않았던 편이 더 좋았을 겁니다."

그는 나갔다. 그리고 문은 열렸을 때처럼 어떤 사람의 손에 닫혔다. 숭고한 행위를 하는 사람에게는 언제나 군중 속의 누군가 도와 주는 사람이 생기게 마련이다.

그로부터 한 시간도 되기 전에 배심원의 평의 결정은 샹마띠외의 모든 기소 사실을 취하했다. 그리고 곧바로 석방된 샹마띠외는 모두 미친 놈들뿐이라고 생각하면서 그 광경을 전혀 이해하지 못한 채 어처구니없다는 얼굴로 돌아갔다.

제8편 반격

마들렌느 씨는 어떤 거울에 머리를 비춰 보았나

날이 새기 시작하고 있었다. 팡띤느는 즐거운 환상을 계속 보는 높은 열에 들떠 잠 못이루며 하룻밤을 지냈다. 아침에야 그녀는 잠이 들었다. 곁에서 밤을 새운 쌩뻴리스 수녀는 그녀가 잠든 틈을 타 새 해열제를 만들러 갔다. 존경할 만한 이 수녀는 잠시 진료소 약국에 들어가, 희미한 새벽빛 속에서 약병 위로 몸을 구부리고 이것저것 약을 들여다보고 있었다. 갑자기 그녀는 고개를 돌리고 가볍게 소리질렀다. 마들렌느 시장이 어느새 소리도 없이 들어와 그녀 앞에 서 있었던 것이다.

"어머나, 시장님이시군요!" 그녀는 외쳤다.

마들렌느 시장은 낮은 목소리로 대답했다.

"그 가엾은 여자는 좀 어떻소?"

"지금은 나쁘지 않은 것 같습니다. 그렇지만 한때는 얼마나 걱정스러웠는지 몰라요!"

그녀는 시장에게 경과를 설명했다. 팡띤느의 병세가 어제는 몹시 나빴으나 지금은 시장님이 그녀의 아이를 데리러 몽페르메이유로 가신 줄로만 알고 좋아졌나는 것을. 수녀는 시장이 어디 갔었는가 차마 물어볼 수 없었으나 시장의 표정으로 미루어 거기에 다녀 온 건 아니라는 걸 곧 알아차렸다.

"그것 잘됐군. 사실대로 말하지 않기를 잘했소" 하고 그는 말했다.

"그래요. 하지만 시장님, 지금 팡띤느가 시장님을 만나뵙고 아이가 없는 것을 알게 되면 저희들은 뭐라고 말해야 좋을지."

마들렌느 씨는 잠시 생각에 잠겼다.

"하느님께서 가르쳐주실 테지요" 하고 그는 말했다.

수녀는 입 속으로 중얼거렸다.

"하지만 거짓말은 할 수 없어요."

밝은 햇살이 어느 새 방 안을 가득 채우고 있었다. 마들렌느 씨의 얼굴은 그 빛을 정면으로 받고 있었다. 문득 수녀는 고개를 들었다.

그녀는 외쳤다.

"어머나 시장님! 어떻게 되신 거예요? 머리가 새하얗게 되셨으니!"

"새하얗게 되었다고?" 마들렌느는 되물었다.

쌩쁠리스 수녀는 거울을 갖고 있지 않았다. 그녀는 의료 기구가 든 상자 속에서 작은 거울을 찾아냈다. 그것은 이 진료소에서 의사가 병자가 죽어서 호흡이 끊어졌는가를 확인할 때 사용하는 도구였다.

마들렌느 씨는 거울을 손에 들고 자기 머리를 비춰보면서 말했다.

"이런!"

마치 다른 일에 생각이 팔려 있는 사람처럼 무심한 말투였다.

수녀는 어쩐지 불길한 생각에 몸이 오싹해졌다.

"지금 만나도 괜찮겠지요?" 마들렌느가 물었다.

수녀는 겨우 용기를 내어 물어보았다.

"시장님께서는 분명 어린아이를 데려다 주실 작정이시지요?"

"그야 물론이지만 적어도 2, 3일은 걸릴 거요."

"그러면 그때까지 그녀를 만나지 않으시는 게 어떻겠어요?" 수녀는 조심스럽게 말을 이었다. "그녀는 시장님께서 돌아오신 걸 모를 테니 기다리게 하는 건 쉬운 일이에요. 그리고 어린아이가 오면 시장님도 어린아이와 함께 돌아오실 거라고 자연스럽게 생각할 거예요. 그렇게 하면 거짓말하지 않아도 되지요."

마들렌느 씨는 잠시 생각에 잠기는 듯 했으나 이윽고 가라앉은 목소리로 입을 열었다.

"아니, 나는 그녀를 만나야겠소. 어쩌면 시간이 없을지도 모르니까."

수녀는 이 '어쩌면'이라는 말에 주의하지 않았다. 그러나 그것은 시장의 말에 애매하면서도 특별한 어떤 의미를 주고 있었다. 수녀는 정중하게 고개 숙이고 목소리를 낮추면서 대답했다.

"어쨌든 그녀는 지금 잠들었으니 들어가 보시지요."

마들렌느 씨는 문이 삐걱거리는 소리에 팡띤느가 잠을 깰지도 모른다고 조심하며, 병실 안으로 들어가 침대로 다가갔다. 그리고 휘장을 살그머니 열어 보았다. 팡띤느는 잠들어 있었다. 그녀의 숨소리에는, 병들어 죽음의 선고를 받은 아기가 잠든 옆에서 밤을 지새는 가엾은 어머니들의 가슴을 도려내는 듯한 특유의 비통함이 섞여 있었다. 그러나 그 고통스러운 숨결도 그녀의 얼굴에 어린 형언할 수 없는 고요함과 편안함을 어지럽히지 못했으며, 그 때문에 잠든 그녀의 모습은 몰라볼 정도로 달라져 보였다.

그녀의 창백한 얼굴은 밝은 흰 빛이 되고, 빰은 고운 연짓빛을 띠고 있었다. 순결과 청춘이 그녀에게 남겨 준 단 하나의 아름다움인 금빛나는 긴 속눈썹은 낮게 감겨져 떨리고 있었다. 그녀의 온몸은, 눈에 보이지 않지만 움직이는 게 느껴지는 어떤 날개가 바야흐로 나래를 펼쳐 그녀를 데려갈 것같이 희미하게 떨리고 있었다. 그러한 그녀의 모습을 보고 있으면, 거의 절망적인 병자라고 도저히 믿어지지 않을 것이리라. 그녀는 지금 죽어간다기보다 차라리 날아가려 하는 듯했다.

꽃을 꺾으려고 손을 내밀면, 꽃가지는 떨면서 몸을 빼는가 하다가도 다가와 몸을 내미는 듯 여겨진다. 죽음의 신비로운 손가락이 영혼을 꺾으려 다가오는 순간, 인간의 육체도 때로 그것과 비슷하게 떨리는 모양이다.

마들렌느 씨는 두 달 전 처음으로 이 진료소에 그녀를 보러 왔던 날처럼 한참 동안 침대 옆에 우두커니 서서 병자와 십자가를 번갈아 바라보았다. 지금도 두 사람은 그때와 똑같은 자세를 하고 있었다. 그녀는 잠자고, 그는 기도드린다. 다만 두 달이 지난 지금, 그녀의 머리는 잿빛이고 그의 머리는 새하얘져 있었다.

수녀는 그와 함께 안으로 들어오지 않았다. 그런데도 그는 침대 옆에 서서, 마치 방 안의 누군기에게 밀하지 말라고 이르기라도 하는 듯 손가락을 입에 대고 있었다.

팡띤느는 눈을 떠 그를 보고 방긋 웃으며 조용히 말했다.

"저, 꼬제뜨는?"

행복한 팡띤느

그녀는 놀란 몸짓도, 기쁨에 찬 몸짓도 하지 않았다. 그녀는 기쁨 그 자체였다. "저, 꼬제뜨는?"라는 간단한 물음은 불안과 의혹이 털끝만큼도 없는 실로 깊은 신념과 강한 확신에 넘쳐 있었으므로 그는 대답할 말을 찾지 못했다. 그녀는 말을 계속했다.

"저는 시장님이 거기 계신 걸 알고 있었어요. 저는 잠들었지만 시장님 모습을 보고 있었거든요. 오랫동안 보고 있었어요. 밤새도록 눈으로 쫓고 있었는걸요. 시장님은 영광에 싸이고, 하늘 나라의 온갖 것이 시장님을 에워싸고 있었어요."

마들렌느 씨는 십자가를 우러러보았다.

"그런데 말씀해주세요, 꼬제뜨는 어디 있는지? 제가 잠에서 깨어날 때를 위해 왜 제 침대 위에 올려놓아 주시지 않으셨나요?"

그는 기계적으로 뭐라고 대답했으나 무슨 말을 했는지 나중에 전혀 생각나지 않았다. 다행스럽게도 알림을 받고 의사가 왔다. 의사는 마들렌느 씨를 도왔다.

의사는 말했다.

"자, 조용히 해야 합니다. 어린아이는 저기 와 있으니까요."

팡띤느의 눈은 광채를 띠고 온 얼굴이 빛에 싸였다. 그녀는 기도하는 사람들에게서 볼 수 있는 격렬하고도 부드러운 표정으로 두 손을 모아 쥐었다.

"아, 어서 여기로 안아다 주세요!" 그녀는 외쳤다.

가슴을 울리는 거룩한 어머니의 모습이여! 꼬제뜨는 언제까지나 그녀의 품에 안기는 조그만 아기였다.

의사는 말을 이었다.

"아직 안 되오. 지금은 안 됩니다. 열이 있으니까요. 아기를 보면 흥분해서 몸에 좋지 않아요. 우선 당신 병이 좋아져야 합니다."

그녀는 성급하게 의사의 말을 가로막았다.

"어머나, 저는 나았어요! 다 나았대도요! 아무것도 모르시네요, 선생님은! 아, 우리 아기를 보고 싶어요! 나는!"

"그것 보시오. 그렇게 계속 흥분하면 나는 아이를 만나는 일에 반대하겠소. 아이를 만나기만 해서 되는 게 아닙니다. 아이를 위해 살지 않으면 안 돼요. 당신이 진정하면 내 손으로 아이를 데려다 주겠소."

가엾은 어머니는 머리를 숙였다.

"선생님, 죄송합니다. 부디 용서해 주세요. 예전 같으면 지금처럼 버릇없는 말은 하지 않았겠지만, 너무 자꾸 불행이 겹치니 가끔 제가 무슨 소리를 지껄이는지 모를 때가 있어요. 저도 잘 알고 있어요. 선생님은 제가 너무 감격할까봐 걱정하시는 거지요? 허락하실 때까지 기다리겠어요. 그렇지만 딸아이를 만난다 해도, 몸에 아무 지장이 없을 거예요. 저는 딸아이를 보고 있어요. 어제 저녁부터 눈을 떼지 않고 있다구요. 아시겠어요, 선생님? 지금 누가 아기를 안고 이리로 온다 해도 저는 침착하게 이야기하겠어요. 그것뿐이에요.

몽페르메이유까지 일부러 가서 데려 온 자기 아이를 보고 싶어하는 건 당연한 일이 아니겠어요? 저는 흥분하지 않았어요. 이제부터 행복해지리라는 걸 저는 잘 알고 있어요. 밤새도록 저는 무언가 흰 모습의 것, 제게 웃어 보이는 사람들을 보았어요. 선생님이 괜찮다고 생각되실 때 우리 꼬제뜨를 안아다 주세요. 열도 없어요. 다 나은 걸요. 이젠 아무렇지도 않은 것 같아요. 그래도 여기 수녀님들의 마음에 들도록 병자처럼 움직이지 않겠어요. 제가 꼼짝 않고 가만히 있는 것을 보시면, 아기를 만나게 해줘야겠다고 생각하시겠지요."

마들렌느 씨는 침대 옆 의자에 앉아 있었다. 팡띤느는 그에게로 얼굴을 돌렸다. 인간을 마치 철없는 어린아이로 만들어 버리는 병든 쇠약함 속에서, 그녀 자신의 말대로 얌전하고 조용하게 누워 있는 것처럼 보이려고 분명 애쓰고 있었다. 그렇게 하고 있으면, 그렇게 진정된 그녀를 보고 꼬제뜨를 데려오는 일에 아무도 반대하지 않을 거라고 생각하는 모양이었다. 그러나 그토록 자제하면서도 그녀는 마들렌느 씨에게 여러 가지 질문을 하지 않고는 견딜 수 없었다.

"시장님, 여행 도중에 아무 일 없으셨나요? 저를 위해 그애를 데리러 가 주시다니, 시장님은 매우 친절하신 분이세요! 그애가 어떤 모습을 하고 있는지 조금만 말씀해 주세요. 오는 길에 지치지는 않았나요? 아, 저를 기억하고 있을까요! 그 뒤로 저를 잊어버렸을 거예요, 아, 가엾은 우리 아기! 어린아이란 기억력이 없으니까요. 작은 새 같지요. 오늘은 이걸 보나 싶으면 내일은 다른 것을 보고, 그리곤 이미 아무것도 기억하지 못하지요. 속옷은 깨끗한 걸 입고 있던가요? 떼나르디에 부부는 그애를 말쑥하게 해두었던가요? 어떤 것을 먹고 지냈을까요? 아, 제가 고생하고 있을 때는, 그런 생각을 마음 속으로 이것저것 되풀이하며 얼마나 괴로워했는지 몰라요! 그렇지만 지금은 모든 게 사라져 버렸어요! 저는 기뻐요! 아, 정말이지 그애가 무척 보고 싶군요. 시장님, 그애를 귀엽다고 여기셨어요? 우리 딸애는 예쁘던가요? 시장님, 마차 속에서는 추우셨지요! 아주 잠깐만이라도 딸애를 데려다 주실 수 없을까요? 그런 뒤 곧 데려가셔도 좋으니까요. 시장님, 시장님은 모든 사람의 주인이시니, 시장님만 좋다고 하시면!"

마들렌느 씨는 팡띤느의 손을 잡으며 말했다.

"꼬제뜨는 예뻐요. 꼬제뜨는 건강해요. 곧 만날 수 있게 해드리리다. 하지만 우선 마음을 진정시켜야 하오. 그렇게 조급하게 말하고 침대 밖으로 팔을 내놓으니까 자꾸만 기침이 나는 거요."

과연 팡띤느는 기침이 복받쳐 거의 토막토막 말이 끊어지고 있었다.

팡띤느는 불평을 그쳤다. 그녀는 너무 지나치게 불평을 늘어놓음으로써 사람들을 안심시키려 한 일이 모두 허사로 돌아가지 않을까 두려운 마음에 다른 이야기를 하기 시작했다.

"몽페르메이유는 아주 좋은 곳이지요? 여름엔 사람들이 곧잘 놀러들 가지요. 떼나르디에네 집은 장사가 잘되던가요? 그곳은 여행하는 손님들이 그리 많이 들르지 않아요. 그래서 그 여관은 그저 싸구려 음식점 정도에 지나지 않아요."

마들렌느 씨는 여전히 그녀의 손을 잡은 채 걱정스러운 눈으로 얼굴을 들여다보고 있었다. 그는 팡띤느에게 할말이 있어서 왔는데, 지금 애처로움이 가슴을 짓눌러 말을 꺼낼 수 없었다. 의사는 이미 회진을 끝내고 나가 버렸고 쌩쁠리스 수녀만이 그들 곁에 남아 있었다.

그러다가 침묵을 깨뜨리고 팡띤느가 외쳤다.

"아기의 목소리가 들린다! 아, 우리 아기의 목소리가 들리는군요!"

그녀는 옆 사람들에게 소리내지 말라고 팔을 뻗어 제지하면서 숨죽여 황홀하게 귀기울이고 있었다.

마침 안마당에 나와 놀고 있는 한 어린아이가 있었다. 문지기네 아이인지, 아니면 다른 어느 여직공의 아이인지, 그것은 애처로운 사연의 신비로운 무대에서 한 부분을 차지하는 언제나 흔히 있는 우연의 한 장면이었다. 그 아이는 어린 여자아이로, 몸을 따뜻이 하려고 왔다갔다 뛰어다니며 큰소리로 웃고 노래부르고 있었다. 아, 어린아이가 노는 소리까지도 이다지 미묘하게 이 자리에 끼어드는 것일까! 팡띤느가 들은 것은 그 여자아이의 노랫소리였다.

"오, 우리 꼬제뜨예요! 저 목소리로 알 수 있어!"

그 목소리는 다가왔을 때와 마찬가지로 문득 다시 멀어지며 사라져 버렸다. 팡띤느는 그래도 한참 동안 귀기울이고 있었다. 그러다가 얼굴이 흐려지며 낮은 목소리로 이렇게 말하는 것을 마들렌느 씨는 들었다.

"의사는 정말 심술쟁이야. 딸애를 만나게 해주지 않다니! 얼굴도 심술궂게 생겼다니까!"

그러나 다시 그녀의 머릿속에는 즐거운 생각들이 되살아났다. 그녀는 베개 위에 머리를 올려 놓고 혼잣말을 계속했다.

"우리는 앞으로 얼마나 행복하게 살까! 무엇보다도 먼저 작은 정원을 갖게 돼! 마들렌느 시장님이 약속해 주셨거든. 우리 아기는 그 정원에서 놀거야. 그리고 이젠 글을 가르쳐 줘야 해. 맞춤법도 익히게 해줘야지. 아기는 풀 속에 날아드는 나비를 쫓을 테지, 나는 그 모습을 바라보고. 그리고 또 첫 영성체도 받게 해야지. 아, 그 첫 영성체는 언제 하게 될까?"

그녀는 손가락으로 꼽아 보기 시작했다.

"……하나, 둘, 셋, 넷…… 5년이 지났으니 벌써 7살이구나. 하얀 베일에 비치는 긴 양말을 신겨야지. 정말 어엿한 아가씨로 보일 거야. 어머나, 수녀님. 난 정말 어처구니없는 바보인가 봐요, 벌써 딸아이의 첫 영성체를 생각하다니!"

그리고 그녀는 웃기 시작했다.

마들렌느 씨는 어느새 팡띤느의 손을 놓고 있었다. 그는 그러한 말들을 바람결처럼 흘려 들으면서, 마룻바닥에 눈길을 떨어뜨리고 까닭모를 깊은 생각에 잠겨 있었다. 갑자기 팡띤느가 입을 다물었다. 그래서 마들렌느 씨는 기계적으로 머리를 들었다. 팡띤느는 겁에 질린 얼굴을 하고 있었다.

팡띤느는 아무 말도 않고 숨도 쉬지 않았다. 침대 위에 반쯤 몸을 일으키고, 말라빠진 어깨는 잠옷 밖으로 드러나고, 조금 전까지도 밝게 빛나던 얼굴이 새파래져서, 방 저쪽 구석의 무언가 무서운 것을 바라보고 있는 듯 보였다. 그녀의 눈은 공포로 크게 뜨여져 있었다.

"아니! 왜 그러는 거요, 팡띤느?" 마들렌느 씨가 외쳤다.

팡띤느는 대답하지 않고, 무엇인가 쏘아보며 눈을 떼지 않았다. 그녀는 한 손으로 마들렌느 씨의 팔을 잡고 한 손으로는 뒤를 보라는 시늉을 했다.

마들렌느 씨는 뒤돌아보았다. 그리고 자베르가 서 있는 것을 보았다.

만족한 자베르

그 동안의 일은 이러했다.

마들렌느 씨가 아라스의 중죄 재판소 법정을 나왔을 때는 한밤중인 12시 반이 울리고 있었다. 그가 여관에 돌아오니, 우편마차로 출발하기에 꼭 알맞은 시간이었다. 그 마차의 좌석을 예약했던 일을 독자들도 기억하고 있으리라. 아침 6시 조금 전에 몽트뢰이유 쉬르 메르에 닿은 그가 맨 먼저 하려고 생각한 일은, 은행가 라피뜨 씨에게 쓴 편지를 우체국에 보내고 이어 진료소로 가서 팡띤느를 문병하는 일이었다.

한편 마들렌느 씨가 중죄 재판소 법정을 떠나자, 검사는 처음의 충격에서 깨어나 존경하는 몽트뢰이유 쉬르 메르 시장의 상식을 벗어난 그 행위를 유감스레 생각한다고 말하고 차츰 밝혀질 이 기괴한 사건의 개입으로도 자기의 확신은 조금도 변함이 없음을 밝히고, 지금은 우선 진짜 장 발장임에 틀림없는 저 샹마띠외의 처형을 요구한다고 단언했다. 검사의 강한 주장은, 방청객과 법관과 배심원 등 다른 모든 사람의 의견과 뚜렷이 대립되었다. 변호사는 쉽게 검사의 논고를 반박하고, 마들렌느 씨 곧 진짜 장 발장의 고백 때문에 사건의 국면이 완전히 뒤엎어져 배심원은 눈앞에 죄없는 한 사람을 보고 있을 뿐임을 입증할 수 있었다. 변호사는 다시 그것을 실마리로 하여 재판상의 과오며 그밖의 여러 가지 것에 대해 그리 새로울 것도 없는 감탄할 만한 결론을 내렸다. 재판장은 변호사의 변론에 동의한다고 하며 간단하게 결말짓고, 배심원은 몇 분 뒤 샹마띠외를 기소면제했다.

그러나 검사로서는 어떻든 장 발장이라는 사람이 필요했다. 그러므로 샹마띠외가 소용없게 되자 마들렌느 씨를 붙잡기로 했다.

샹마띠외를 석방하자 곧 검사는 재판장과 한 방에 들어박혔다. 두 사람은 '몽트뢰이유 쉬르 메르 시장 긴급 체포'에 대해 논의했다. 이 문장은 검사가 만들어 낸 것으로, 검찰총장에게 보내는 보고서는 모두 그의 필적으로 되어 있다. 최초의 감동은 이미 가라앉은 뒤이므로, 재판장은 거의 이의를 말하지 않았다. 정의의 행진을 가로막을 수 없었던 것이다. 더욱이 털어놓고 말한다면, 재판장은 선량하고 몹시 생각 깊은 사람이었으나 동시에 열렬한 왕당파였으므로 몽트뢰이유 쉬르 메르의 시장이 칸느 상륙을 말할 때 '부오나빠르뜨'라고 하지 않고 '황제'라고 한 데 분개하고 있었던 것이다.

그리하여 체포 영장이 발부되었다. 검사는 특사를 급히 몽트뢰이유 쉬르 메르로 보내 자베르 경위에게 체포하도록 명령했다.

진술을 마친 뒤 자베르가 몽트뢰이유 쉬르 메르로 곧장 되돌아간 일은 독자들도 이미 알고 있는 대로이다.

아침에 자베르가 막 일어나려고 했을 때 특사가 체포 영장과 구속 영장을 전했다. 특사로 온 사나이도 능숙한 경찰관이었으므로 아라스에서 일어난 일을 자베르에게 간단하고 명료하게 알렸다. 검사의 서명이 든 체포 영장에는 다음과 같이 적혀 있었다.

'자베르 경위는 오늘 법정에서 전과자 장 발장으로 인정된 몽트뢰이유 쉬르 메르 시장 마들렌느 씨를 체포하라.'

자베르라는 인간을 모르는 사람이 그가 진료소 대합실로 들어서는 것을 보았다면 무슨 일이 일어났는지 전혀 알아차릴 수 없었을 것이며, 그가 여느 때와 조금도 다름없는 모습임을 알았을 것이다. 그는 냉정하고 침착하고 의젓했으며, 잿빛 머리를 관자놀이에 곱게 빗어붙이고 늘 그렇듯 느릿한 걸음걸이로 층계를 올라왔다. 그러나 그를 속속들이 잘 아는 사람이 그를 조심스럽게 살펴보았다면 몸이 떨려옴을 느꼈으리라. 가죽으로 된 칼라 핀은 그의 목줄기 한복판에 있지 않고 왼쪽 귓불께로 가 있었다. 그것이 그의 심한 동요를 뚜렷이 나타내 보이고 있었다.

자베르는 꼼꼼한 성격의 사나이로, 자기 의무며 옷자림에 소금노 빈틈이 없었다. 악인에게 가차없음과 동시에 자기 옷단추에도 엄격했다. 칼라 핀이 제자리를 찾지 못한 것으로 미루어, 마음의 지진이라고 할 만한 어떤 감정이 그의 마음 속에 있음에 틀림없었다.

그는 다만 가까운 경찰서에서 하사 하나와 헌병 넷을 파견해 줄 것을 요청하여 데리고 와 안마당에 남겨둔 채 문지기 여자에게 팡띤느의 병실을 물었는데, 문지기 여자는 시장님을 찾아오는 경찰관을 늘 보아 왔으므로 그리 수상쩍게 여기지 않았다.

팡띤느의 병실에 이르자 자베르는 손잡이를 돌려, 간호사나 밀정처럼 살그머니 문을 밀고 안으로 들어왔다. 바른 대로 말하면 그는 안으로 들어온 게 아니었다. 모자를 쓴 채 턱 밑까지 단추를 채운 프록코트에 왼손을 찌르고 반쯤 열린 문 어귀에 서 있었던 것이다. 구부린 팔 안에서는 등 뒤로 감춘 커다란 지팡이의 납 손잡이가 고개를 내밀고 있었다.

그런 모습을 한 그는 아무 눈에도 띄지 않은 채 1분쯤 가만히 서 있었다. 그러자 갑자기 팡띤느가 눈을 들어 그를 보고 마들렌느 씨를 돌아다보게 했던 것이다.

마들렌느 씨와 자베르의 눈길이 부딪친 순간 자베르는 꼼짝하지 않고, 움직이지도 다가오지도 않은 채 그대로 무서운 형상이 되었다. 무릇 인간의 감정 가운데 희열만큼 무서운 형상을 할 수 있는 것은 없다.

그것은 지옥에 떨어진 인간을 찾아낸 악마의 얼굴이었다.

마침내 장 발장을 붙잡았다는 확신이 자베르의 영혼 속에 있는 모든 것을 그 얼굴 위로 떠오르게 했다. 휘저어놓은 물 밑바닥의 것이 수면으로 떠오른 것이다. 샹마띠외로 말미암아 얼마쯤 착오를 일으켰던 굴욕감은, 처음부터 너무도 잘 알아보고 실로 오랫동안 올바른 육감을 지녀왔다는 자만심 아래 사라져 버렸다. 자베르의 만족감은 그 고압적인 태도 속에 나타났다. 승리를 뽐내는 추한 감정이 좁은 이마 위에 빛났다. 그것은 만족한 얼굴이 한껏 나타낼 수 있는 공포의 발현이었다.

자베르는 그 순간 하늘 위에 있었다. 스스로 그것을 뚜렷이 자각하지는 않았으나 자기가 없어선 안될 인간이라는 것과 성공하리라는 희미한 직감으로 악을 분쇄하는 거룩한 사명에 정의와 광명과 진리를 한 몸에 구현하고 있었다. 자기의 앞뒤 좌우에 무한한 깊이로 권위며 정의며 심판이며 합법적 양심이며 중죄 공소 등 모든 뭇별을 거느리고 있었다. 그는 질서를 옹호하고, 법으로 벼락을 떨어뜨리고, 사회를 위해 응징하고, 절대자에게 협력하고, 하늘의 영광 속에 우뚝 서 있었다.

그의 승리 속에는 도전과 투쟁의 흔적이 남아 있었다. 그는 하늘 높이 솟아올라 찬연히 빛나고, 흉포한 천사장의 초인간적인 야수성을 푸른 하늘 한복판에 펼치고 있었다. 그가 수행하는 행위의 무시무시한 그림자는, 타오르는 불 같은 사회의 칼 끝을 꽉 쥔 주먹 속에 어렴풋이 드러나 보이고 있었다. 그는 희열과 분노에 타오르며, 죄악과 악덕과 반역과 영원한 벌과 지옥을 발 아래에 짓누르고 있었다. 그는 빛 가운데에서 지옥을 짓누르며 미소짓고 있었다. 이 기괴한 성 미카엘^{(하늘의} 속에는 항거할 수 없는 웅대함이 있었다.

자베르는 그처럼 무시무시하면서도 야비한 데는 없었다.

청렴과 강직과 진지와 결백과 확신과 의무감 등은 나쁘게 이용될 때는 혐오스러운 게 되지만 그래도 웅대함을 잃지 않는다. 인간의 양심만이 갖는 그러한 위엄은 사람을 두렵게 만들면서도 의연하게 존속한다. 그것들은 착오에 빠질 수도 있는 하나의 결점만을 지닌 미덕이다. 흉포하기 이를 데 없는 광신자의 무자비하고도 외곬으로 달리는 희열 속에는 비통하면서도 존경할 만한 광채 같은 것이 있다. 자베르는 스스로 깨닫지 못했으나, 승리를 뽐내는 모든 무지한 인간처럼 그 포악한 행복 속에서 가엾은 존재가 되어 있었다. 선이 갖는 악이라고도 할 수 있는 것이 나타나 있는 그의 얼굴만큼 무섭고 또 가슴을 때리는 것은 없었다.

권력을 되찾은 관헌

팡띤느는 오랫동안 자베르를 만난 적이 없었다. 시장이 그녀를 그 사나이에게서 빼내준 뒤로 처음이었다. 그녀의 병든 머리로는 아무것도 알 수 없었지만 이 사나이가 다시 자기를 잡으러 왔다는 것만은 믿어 의심치 않았다. 그녀는 자베르의 무서운 얼굴을 바라보고 있을 수가 없었다. 숨이 끊어질 듯했다. 그녀는 두 손으로 얼굴을 가리고 고통스럽게 외쳤다.

"마들렌느 씨, 살려 주세요!"

장 발장은—우리는 이제 앞으로 이 이름만 부르기로 하자—일어서 있었다. 그는 매우 정답고 침착한 목소리로 팡띤느에게 말했다.

"안심해요. 저 사람은 당신 때문에 온 게 아니오."

그리고는 자베르를 향해 말했다.

"무슨 일로 왔는지 알고 있소."

자베르는 대답했다.

"자, 어서!"

덤벼드는 듯한 이 두 마디 억양 속에는 무슨 흉포한 짐승을 느끼게 하는 것이 들어 있었다. 자베르는 "자, 어서!"라고 했다기보다도 "자서!"라고 한 것 같았다. 어떤 말로도 그의 말투를 표현할 수 없었을 것이다. 그것은 이미 인간의 말이 아니라 포효였다.

자베르는 관례에 따르지 않았다. 한 마디 설명도 하지 않고 구속 영장도 제시하지 않았다. 그에게 장 발장은 도저히 붙잡을 수 없는 신비로운 투사 같아서 5년 동안이나 덮치고 있으면서도 때려눕히기 어려운 암흑의 용사였다. 이 체포는 이제 시작이 아니라 끝이었다. 그는 다만 "자, 어서!"라고 할 뿐이었다.

그렇게 말하면서도 그는 한 걸음도 앞으로 나오지 않았다. 그는 장 발장에게 갈고리 달린 사슬 같은 눈길을 던졌다. 그렇게 함으로써 언제나 악당들을 자기에게로 끌어당겼던 것이다. 두 달 전 팡띤느가 뼛속까지 찌르는 듯 느꼈던 바로 그 눈초리였다.

자베르의 외침 소리에 팡띤느는 다시 눈을 떴다. 그러나 거기에는 시장이 있었다. 두려워할 필요가 뭐 있겠는가? 자베르는 방 가운데로 걸어나와 외쳤다.

"자, 어서 나와!"

불행한 팡띤느는 주위를 둘러보았다. 수녀와 시장 말고는 아무도 없다. '이 지독한 반말은 누구에게 한 것일까?' 자기밖에 없다. 팡띤느는 몸을 떨었다.

그때 팡띤느는 기이한 일을 보았다. 그처럼 기이한 일은 높은 열에 들뜬 가장 심한 혼미상태일 때에도 일찍이 본 적이 없었다. 그녀는 자베르 경위가 시장의 멱살을 잡는 것을 보았다. 그리고 시장이 고개를 떨어뜨리는 것을 보았다. 그녀는 이 세상이 사라져 버리는 것 같이 생각되었다.

자베르는 과연 장 발장의 멱살을 잡고 있었다.

"아, 시장님!" 팡띤느가 외쳤다.

자베르는 소리내어 웃었다. 이빨을 모두 드러내 놓은 무시무시한 웃음이었다.

"이제 시장 따윈 여기 없어!"

장 발장은 자기 프록코트의 깃을 잡고 있는 손을 뿌리치려고도 하지 않았다. 그는 말했다.

"자베르……"

자베르는 그 말을 가로막았다.

"경위님이라고 해."

자베르는 장 발장의 멱살을 잡고…… "악당이, 장 발장이라는 전과자가 있을 뿐이야."
팡띤느는 고통스러운 나머지 두 팔을 뻗쳐올리고……

"나는 당신에게 한 마디 청할 게 있소!"

"큰소리! 큰소리로 말해! 내게는 모두들 큰소리로 말한단 말야!"

장 발장은 목소리를 낮추며 말을 이었다.

"꼭 한 가지 당신에게 청할 것이 있는데……"

"글쎄, 큰소리로 말하라니까."

"하지만 다른 사람이 들어서는 안 될 이야기여서!"

"뭐라고? 나는 듣지 않겠다!"

장 발장은 그를 향해 재빨리 아주 낮은 목소리로 말했다.

"사흘만 여유를 주시오! 이 불쌍한 여자의 아이를 데리러 가는 데 사흘의 여유를 주시오! 필요한 비용은 내가 치르겠소. 나를 따라가도 좋소."

"잠꼬대 같은 소리!" 자베르는 외쳤다. "난 벌써부터 알고 있었어, 네가 보통 놈이 아니라는 걸! 달아나게 사흘의 여유를 달라는 거지! 저 화냥년의 자식새끼를 데리러 가기 위해서라! 핫 핫 핫! 그것 참, 좋은 생각이군! 참 좋은 생각이야!"

팡띤느는 부르르 떨었다. 그녀는 외쳤다.

"우리 아이를! 우리 아이를 데리러 간다고요! 그럼, 그 아이는 여기 와 있지 않군요. 수녀님, 대답해 주세요. 어디 있어요? 네? 우리 아이를 주세요! 마들렌느 씨! 시장님!"

자베르는 발을 쾅 굴렀다.

"이번에도 또 네년이로구나! 닥쳐, 이 화냥년 같으니! 죄수가 관리가 되고, 창녀를 귀부인처럼 떠받들다니 참으로 형편없는 곳이로군! 그러나 이제부턴 아주 달라질걸. 이젠 어림도 없어!"

그는 팡띤느를 무섭게 쏘아보고, 장 발장의 넥타이와 셔츠 깃을 다시 움켜잡으며 덧붙였다.

"잘 들어, 이젠 마들렌느 씨도, 시장도 없어. 도둑이 있을 뿐이야. 악당이, 장 발장이라는 전과자가 있을 뿐이야. 그놈을 지금 내가 이렇게 붙잡은 거야! 알겠나? 그것뿐이야."

팡띤느는 뻣뻣해진 두 팔과 두 손으로 몸을 버티며 침대 위에 벌떡 일어나 앉았다. 그녀는 장 발장을 보고, 자베르를 보고, 수녀를 보고, 무슨 말을 하려는 것처럼 입을 열었다. 가래가 목구멍에서 끓어오르고 이가 덜덜 떨렸다.

그리고 고통스러운 나머지 두 팔을 뻗쳐올리고, 경련을 일으키듯 두 손을 펴서 물에 빠진 사람처럼 허우적거리며 갑자기 베개 위로 쓰러졌다. 머리가 침대의 가로쇠에 부딪쳐 가슴 위로 수그러지고, 입은 벌어졌으며, 뜨여진 눈에서는 빛이 사라지고 있었다.

그녀는 죽었다.

장 발장은 멱살을 붙잡은 자베르의 손 위에 자기 손을 얹어, 어린아이의 손이라도 떼내듯 그것을 떨치며 자베르에게 말했다.

"당신은 이 여자를 죽였소."

자베르는 분격하여 외쳤다.

"어서 끝내! 나는 설교를 들으러 여기 온 것이 아니야. 그런 것 따윈 필요 없어. 호위 경관이 아래 있다. 어서 가야 해, 그렇지 않으면 수갑을 채울 테다!"

방 한 구석에 낡은 쇠침대가 하나 있어, 자선 간호사들이 숙직할 때 잠자리로 사용하고 있었다. 장 발장은 그 침대로 다가가, 이미 거의 망가져 있는 가로쇠를 눈깜짝할 사이에 떼내어—그의 억센 팔힘으로는 손쉬운 일이었다—그 굵직한 가로대 쇠몽둥이를 움켜잡고 자베르를 쏘아보았다. 자베르는 문 쪽으로 뒷걸음질쳤다.

장 발장은 그 쇠몽둥이로 앞을 가로막으며 천천히 팡띤느의 침대 쪽으로 걸어갔다. 침대까지 다가가자 뒤돌아보며 자베르를 향해 들릴락말락한 소리로 말했다.

"잠시 동안 방해하지 않기를 바라오."

자베르는 분명 떨고 있었다.

자베르는 호위 경관을 부르러 가려고 생각했으나, 장 발장이 그 틈에 달아날까 봐 하지 못했다. 그래서 그냥 남아 지팡이 한쪽 끝을 잡고 장 발장에게서 눈을 떼지 않으며 문 가장자리에 등을 기대고 서 있었다.

침대 머리맡에 팔꿈치를 올려놓고 손으로 이마를 짚고 있던 장 발장은, 그곳에 드러누워 움직이지 않는 팡띤느를 물끄러미 들여다보기 시작했다. 그는 그 모습으로 말없이 있었다. 더 이상 아무것도 생각하고 있지 않는 게 분명했다. 그의 얼굴과 태도에는 말로 다 할 수 없는 연민의 정만이 떠올랐다. 그렇게 잠시 명상에 잠겼던 그는 팡띤느 위로 몸을 구부리고 낮은 목소리로 속삭이기 시작했다.

장 발장은 팡띤느에게 무슨 말을 했던가? 이 세상에서 버림받은 이 사나이가 죽은 이 여자에게 무엇을 말할 수 있었겠는가? 그가 한 말은 무엇이었던가? 이 세상의 어느 누구도 그것을 알아듣지 못했다. 죽은 여자는 그것을 들었을까? 이 세상에는 감동을 주는 환상이 있다. 이 환상은 숭고한 현실일지도 모른다. 다만 의심할 수 없는 사실은 이 현장의 유일한 목격자인 생쁠리스 수녀가 자주 이야기한 바에 따르면, 장 발장이 팡띤느의 귓가에 무언가 속삭인 순간 무덤을 앞에 두고 놀라움에 가득차 빛을 잃은 눈동자와 희푸른 입술 사이에 무어라 말할 수 없는 미소가 떠오르는 것을 분명 보았다는 것이다.

장 발장은 두 손으로 팡띤느의 머리를 받들어 어머니가 아기를 누일 때처럼 베개 위에 편안히 올려놓고, 그녀의 잠옷 끈을 매어 주고, 흩어진 머리를 모자 속으로 쓸어넣어 주었다. 그리고 나서 그는 그녀의 눈을 감겨 주었다.

그때 팡띤느의 얼굴은 환하게 밝아오는 것 같았다. 죽음, 그것은 광대무변한 밝음으로 들어가는 문이다.

팡띤느의 한 손은 침대 밖으로 늘어져 있었다. 장 발장은 그 손 앞에 무릎 꿇고, 그 손을 살그머니 들어올려 입맞추었다.

그리고 그는 일어서서 자베르에게로 돌아서며 말했다.

"자, 이젠 마음대로 하시오."

어울리는 무덤

자베르는 장 발장을 시의 형무소에 집어넣었다.

마들렌느 씨의 체포는 몽트뢰이유 쉬르 메르에 일대 흥분을 일으켰다. 아니, 차라리 기괴한 동요를 일으켰다고 하는 편이 옳겠다. '그는 전과자였대.' 단지 이 말 때문에, 거의 모든 사람이 장 발장을 버리고 돌보지 않은 사실을 슬프게도 숨길 수 없다. 두 시간도 못 되는 사이에 그가 한 온갖 선행은 잊혀지고 다만 '죄수일 뿐'이었다. 그러나 아라스 법정에서 있었던 자세한 이야기는 아직 이곳에 알려지지 않았다고 덧붙여야 하겠다. 하루 종일 시내의 어디에서나 이런 대화를 들을 수 있었다.

"자넨 아직 모르나? 그 사람은 전과자였대! 누구? 시장 말이야. 뭐라구? 마들렌느 씨가? 아니, 정말인가? 그 사람 이름은 마들렌느가 아니고 베장이

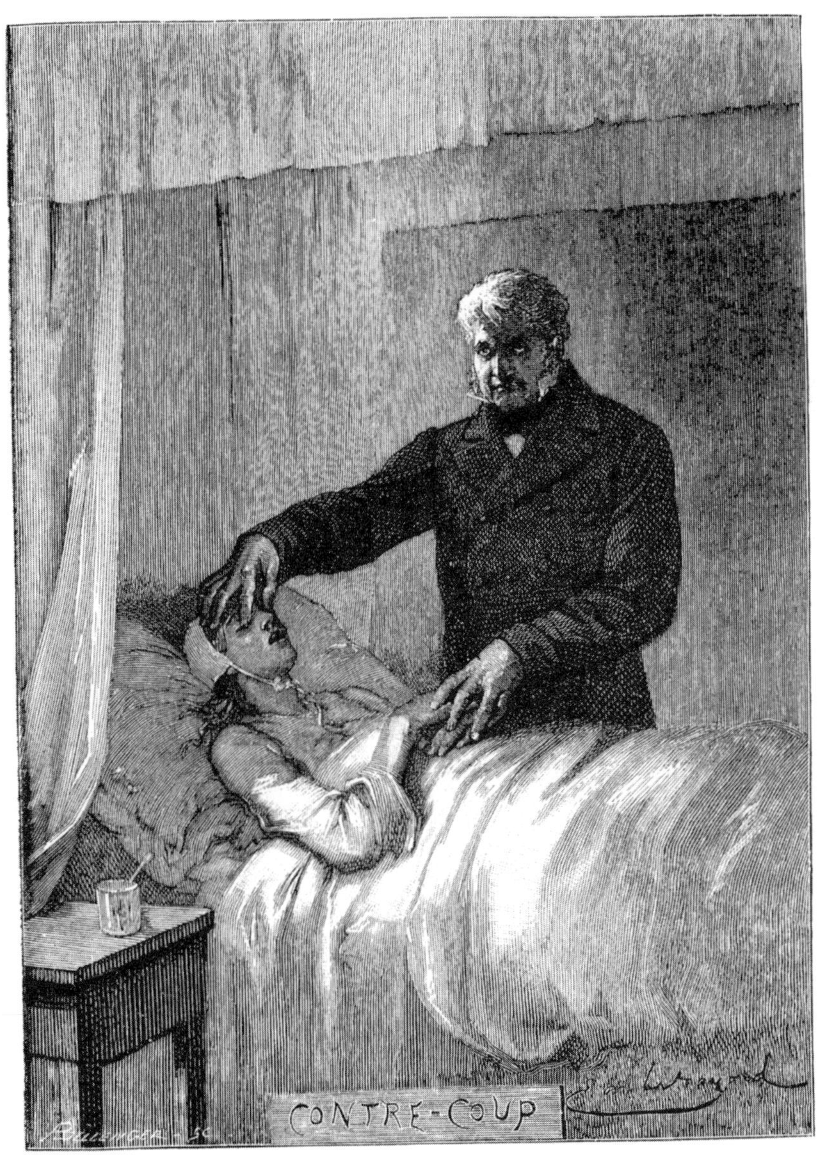

장 발장은 팡띤느의 눈을 감겨 주었다. 그녀의 얼굴은 환하게 밝아오는 것 같았다.

라나 보장이라나, 아니 부장이라든가, 아무튼 무시무시한 이름이야. 그것 참, 놀라운데! 그런데 붙잡혔대. 붙잡혔어! 시의 형무소에 갇혀 있다는데, 차차 옮기겠지. 옮긴다고! 옮기다니! 어디로? 예전에 시골길에서 강도질을 했기 때문에 중죄 재판에 회부된다지, 아마. 옳아, 어쩐지 수상쩍다고 생각했어. 그 자는 너무나 친절하고 지나치게 선량하고 점잖더라니까. 훈장은 사양하고 떠돌이 아이녀석들을 만나면 아무에게나 돈을 주어 보냈잖나. 나는 늘 여기에 무슨 심상치 않은 곡절이 있을 거라고 생각했었지.”

이 이야기는 특히 사교계에서 화젯거리가 되었다. 〈드라뽀블랑〉지의 구독자인 한 노부인은, 헤아릴 수 없이 깊은 뜻이 담긴 의견을 말했다.

“가엾다고는 생각지 않아요. 부오나빠르뜨 당 놈들에게 좋은 본보기가 될 거예요.”

이리하여 마들렌느 씨라고 불리던 그 환영은 몽트뢰이유 쉬르 메르에서 사라져 버렸다. 온 시내에서 뒷날까지 충실하게 그 기억을 간직하고 있던 사람은 서너 사람밖에 없었다. 그의 시중을 들던 문지기 아주머니도 그 가운데 하나였다.

그날 밤 이 충실한 아주머니는 여전히 겁먹은 슬픈 생각에 잠겨 문지기방에 앉아 있었다. 공장은 하루 종일 일을 쉬고, 바깥문은 빗장을 질렀으며, 한길에는 인기척 하나 없었다. 집 안에는 팡띤느의 시체 옆에서 밤샘하고 있는 뻬르뻬뛰아 수녀와 쌩쁠리스 수녀 두 사람뿐이었다.

마들렌느 씨가 늘 돌아오는 시간이 되자, 이 충직한 문지기 아주머니는 기계적으로 일어나 서랍에서 마들렌느 씨의 방문 열쇠를 꺼내고 저녁마다 마들렌느 씨가 들고 올라가는 휴대용 촛대를 집어들었다. 그리고 마들렌느 씨가 늘 가지러 가는 열쇠걸이에 열쇠를 걸고, 촛대를 그 옆에 놓고 마치 그를 기다리고 있는 것 같았다. 그런 다음 그녀는 의자에 앉아 다시 생각에 잠기기 시작했다. 사람좋은 가엾은 문지기 아주머니는 그 모든 일을 무의식중에 하고 있었던 것이다.

그녀가 그러한 미몽에서 깨어나 다음과 같이 외친 것은 그로부터 두 시간 넘게 지난 뒤였다.

“어머나! 내가 이게 무슨 짓이람! 그분의 열쇠걸이에 열쇠를 걸어놓다니!”

그때 문지기방의 유리창문이 열리고, 열린 틈으로 손이 하나 들어와 열쇠와 촛대를 집어서는, 불타는 다른 초에서 불을 붙였다. 문지기 여자는 고개를 들고 입을 크게 벌린 채 목구멍에서 치밀어오르는 소리를 눌러 삼켰다. 손, 팔, 프록코트의 소매가 그녀의 눈에 낯익었던 것이다.

마들렌느 씨였다.

문지기 아주머니는 한참 동안 말을 하지 못했다. 그녀가 뒷날 이 일을 사람들에게 이야기하면서 흔히 말했던 것처럼 완전히 '얼이 빠져' 버렸던 것이다.

"아이구, 시장님." 그녀는 가까스로 말했다. "저는 시장님께서……"

그녀는 말이 막혔다. 그녀가 끝까지 말해 버렸다면 처음 한 말에 실례가 되었으리라. 그녀에게 장 발장은 여전히 시장님이었던 것이다.

장 발장은 그녀가 못하고 있던 말을 대신 했다.

"형무소에 있는 줄 알았겠지. 과연 거기 있었소. 나는 쇠창살을 부수고 지붕에서 뛰어내려 이리로 온 거요. 지금 방으로 올라가 있을 테니 쌩쁠리스 수녀를 불러 주구려. 틀림없이 그 가엾은 여자 곁에 있을 거요."

문지기 아주머니는 서둘러 그 말에 따랐다.

그는 문지기 아주머니에게 아무 주의도 주지 않았다. 그는 자기 자신이 조심하는 이상으로 그녀가 조심해 주리라고 확신했다.

바깥문을 열게 하지 않고 그가 어떻게 안마당으로 숨어들어왔는지는 아무도 알 수 없었다. 그는 작은 사잇문을 여는 열쇠 하나를 언제나 몸에 지니고 있었다. 그러나 당연히 몸수색을 당하고 그 열쇠는 빼앗겼을 것이다. 이 점에 대해서는 끝내 밝혀지지 않았다.

그는 자기 방으로 통하는 층계를 올라갔다. 위까지 올라가자 휴대용 촛불을 층계 맨 윗단에 놓고, 소리나지 않게 문을 열어 창문과 덧문을 손으로 더듬어 닫은 다음 돌아와 촛불을 들고 방 안으로 들어갔다.

이렇게 조심해야만 했다. 그 방 창문이 한길에서 보이는 건 독자도 이미 알고 있을 것이다.

그는 주위를, 책상과 의자와 사흘 전부터 손도 대지 않았던 침대를 흘긋 바라보았다. 그제 밤 어질러 놓았던 흔적은 조금도 남아 있지 않았다. 문지기 여자가 '방을 정돈해 두었던' 것이다. 다만 그녀는 지팡이에 끼워놓은 양 끝의 쇠붙이와 불에 그을어 꺼멓게 된 40수짜리 은화를 재 속에서 주워 깨끗이 닦은 다음 책상 위에 올려놓았다.

그는 종이를 한 장 집어 이렇게 썼다. ‘이것은 내 지팡이에 끼웠던 양 끝의 쇠붙이와 내가 중죄 재판소에서 이야기한 쁘띠 제르베에게서 훔친 40수짜리 은화이다.’ 그리고 방으로 들어오면 맨 먼저 눈에 띄도록 그 종이 위에 은화와 두 개의 쇠붙이를 올려놓았다. 그는 벽장에서 낡은 셔츠를 꺼내 찢었다. 그리고 셔츠 조각으로 촛대 두 개를 쌌다. 그러나 그리 서두르거나 허둥대지 않았다. 주교의 촛대를 싸면서 그는 검은 빵 한 조각을 씹고 있었다. 아마 감옥에서 도망칠 때 가지고 나온 빵인 모양이었다.

그것은 나중에 경찰의 가택 수색이 있었을 때 방바닥에 흘려진 빵부스러기로 확인되었다.

누군가 문을 두 번 두드렸다.

“들어오시오.” 그는 말했다.

쌩쁠리스 수녀였다.

그녀는 얼굴이 창백하고 눈이 충혈되어 있었다. 손에 든 촛불이 흔들거리고 있었다. 운명의 격렬한 힘은 아무리 나무랄 데 없고 냉정한 사람일지라도, 그 사람이 지닌 본성을 폐부의 밑바닥에서 끌어내어 밖으로 드러나게 하는 특성이 있다. 이 날의 감동으로 수녀는 다시 인간인 여성으로 돌아가 있었다. 그녀는 울었던 것이다. 그리고 지금은 떨고 있었다.

장 발장은 종이에 무언가 몇 줄 쓰고 나서, 그것을 수녀에게 건네 주면서 말했다.

“수녀님, 이것을 사제님에게 전해 주시오.”

그 종이는 펼쳐져 있었다. 수녀는 그것을 흘끗 보았다.

“읽어도 좋소” 하고 그가 말했다.

수녀는 읽었다. ‘여기 남기는 모든 것을 사제님이 관리해 주시기 바랍니다. 이것으로 저의 소송 비용과 오늘 세상을 떠난 여인의 장례를 치러 주십시오. 나머지는 가난한 사람들을 위한 것입니다.’

수녀는 무엇인가 말하려 했으나, 혀가 돌아가지 않는 중얼거림 비슷한 소리를 겨우 냈을 뿐이다. 그러다가 가까스로 이렇게 말할 수 있었다.

“시장님은 마지막으로 한 번 더 그 불행한 여자를 보실 생각은 없으신가요?”

나는 쇠창살을 부수고 지붕에서 뛰어내려 이리로 온 거요.

"아니오, 나는 쫓기고 있소. 그 방에서 붙잡히게 될 따름이오. 그렇게 되면 오히려 그 여인의 영혼을 어지럽히게 될 거요."

말이 채 끝나기도 전에 떠들썩한 소리가 층계에서 울렸다. 그리고 쿵쾅거리며 층계를 올라오는 발소리와 외마디 소리를 지르는 문지기 아주머니의 목소리를 두 사람은 들었다.

"이것 보세요, 하느님께 맹세하지만 낮에도 밤에도 하루 종일 아무도 여기 들어오지 않았어요. 나는 이 문 어귀에서 조금도 떠나지 않았단 말이에요."

한 사나이가 말했다.

"그런데 저 방에 불이 켜져 있잖소."

두 사람은 그것이 자베르의 목소리임을 알았다.

그 방은 문을 열면 오른쪽 벽구석이 가려지게 되어 있었다. 장 발장은 휴대용 촛대의 불을 불어 끄고 그 구석에 몸을 숨겼다.

쌩쁠리스 수녀는 책상 곁에 무릎을 꿇었다.

문이 열렸다.

자베르가 들어왔다.

몇몇 사나이가 수군대는 소리와 복도에서 문지기 여자가 애써 버티는 소리가 들려 왔다. 수녀는 고개를 들지 않았다. 기도를 드리고 있었던 것이다.

촛불은 벽난로 위에서 희미한 빛을 던지고 있을 뿐이었다.

자베르는 수녀를 발견하고 흠칫 멈춰섰다.

독자도 기억하고 있겠지만 자베르의 본질, 그의 원소(元素), 그의 호흡의 중심이 되는 것은 권위에 대한 존경이었다. 그는 그야말로 외곬으로 이론(異論)도 제한도 인정하지 않았다. 말할 나위도 없이 그에게 있어 교회의 권위는 모든 권위의 가장 으뜸 가는 것이었다. 다른 모든 것에 대해서와 마찬가지로 그는 이 점에서도 근엄하고 정확했다. 그의 견해에 따르면 사제는 과오를 저지르지 않는 사람이며, 수녀는 죄를 짓지 않는 사람이었다. 그들은 진실을 말하기 위해서만 열리는 유일한 문으로 이 세상과 통하는 닫혀진 영혼인 것이다.

수녀를 발견하자 그는 곧 물러가려고 했다.

그러나 다른 한편으로 그를 붙잡는 또 하나의 의무가 있었다. 그것은 그를 반대 방향으로 억지로 떠밀어 갔다. 그래서 그는 그냥 거기 머물러 일단 물어보기라도 해야겠다고 느꼈다.

더욱이 상대는 평생 거짓말이라곤 한 적 없는 쌩뻴리스 수녀였다. 자베르는 그것을 알고 있었고, 이 점 때문에 특별히 수녀를 존경하고 있었다.

자베르가 물었다.

"수녀님, 수녀님은 이 방에 혼자 계십니까?"

무서운 순간이었다. 가엾은 문지기 아주머니는 기절할 것만 같았다. 수녀는 고개를 들고 대답했다.

"그렇습니다."

자베르는 말을 이었다.

"그런데 이렇듯 끈덕지게 물어보아 죄송합니다만, 제 의무이니 용서해 주십시오. 오늘 저녁에 한 사나이를 보지 못하셨습니까? 탈옥한 놈을 찾고 있습니다. 장 발장이라는 놈인데 못보셨나요?"

"못 봤습니다." 수녀는 대답했다.

수녀는 거짓말을 했다. 계속해서 두 번이나 서슴지 않고, 아무 주저도 없이 재빠르게 헌신하듯 거짓말한 것이다.

"실례했습니다."

자베르는 정중하게 절하고 물러갔다.

오, 거룩한 동정녀시여! 오래 전부터 당신은 이미 이 세상에 계시지 않습니다. 당신은 자매인 동정녀들과 형제인 천사들과 더불어 빛 안에 계십니다. 이 거짓말이 하늘나라에서 부디 당신을 위한 것이 되기를!

쌩뻴리스 수녀의 확답은 자베르에게 있어 어떤 결정적인 것이 되어 이제 방금 불어 꺼 책상 위에서 연기가 나던 초 같은 것은 그리 수상쩍게 여기지도 않았다.

한 시간 뒤 한 사나이가 몽트뢰이유 쉬르 메르에서 나무숲과 안개 사이를 헤치고 빠리 쪽으로 급히 멀어져 가고 있었다. 그 사나이는 장 발장이었다. 그와 마주쳤던 몇몇 마차꾼의 증언에 따라 그는 보퉁이 하나를 들고 작업복 윗옷을 입고 있었다는 게 밝혀졌다. 작업복 윗옷을 어디서 났을까? 아무도 알 수 없었다. 그러나 며칠 전 공장 진료소에서 한 늙은 직공이 죽었는데, 그 사나이는 작업복 윗옷 하나만 남겨놓았다. 장 발장이 입고 있었던 것은

팡띤느가 묻힌 곳은 가난한 사람들이 사라져가는 묘지의 한 구석이었다.

아마도 이 옷이었으리라.

팡띤느에 대해 마지막으로 한 마디 하자.

우리들 모든 인간에게는 어머니인 대지가 있다. 팡띤느는 그 어머니 품으로 돌아갔다.

사제는 장 발장이 남긴 것 가운데에서 가난한 사람들을 위해 되도록 많은 돈을 간직해 두는 게 좋겠다고 생각했다. 그리고 그가 그렇게 한 것은 아마도 옳은 일이었으리라. 요컨대 누구에게 관계되는 일이었던가? 한 전과자와 한 매춘부에게 관계된 일이 아니었던가? 그래서 사제는 팡띤느의 장례를 간단하게 치르고 비용을 줄이기 위해 공동묘지에 묻기로 했다.

따라서 팡띤느가 묻힌 곳은, 모든 사람들의 것인 동시에 그 누구의 것도 아닌 묘지의 한구석, 가난한 사람들이 사라져 가는 공동묘지의 한구석이었다.

다행스럽게도 하느님께서는 그러한 영혼을 어디서 찾아내야 하는 지 알고 계신다. 사람들은 저 이름 모를 죽은 이들의 유골이 있는 어둠 속에 팡띤느를 뉘었다.

그녀는 흙먼지 속에 파묻혔다. 그녀는 공동묘지에 던져졌다. 그녀의 무덤은 그녀의 잠자리와 비슷했다.

제2부 꼬제뜨

COSETTE

제1편 워털루

니벨에서 오는 길에 있는 것

지난해 (1861년) (레 미제라블이 발행되기 전해) 5월 어느 화창한 날 아침, 한 나그네인 이 소설의 작가는 니벨 쪽에서 와서 라월쁘 쪽으로 가고 있었다. 그는 걸어서, 가로수가 양쪽에 늘어서고 돌이 깔린 넓은 길을 따라 나아갔다. 길은 큰 물결처럼 구불구불 이어진 언덕 위로 굽이치고 있어, 올라갔다 내려왔다 굴곡이 심했다. 리르와와 브와쎄뇌르 이자끄는 이미 지났다. 서쪽으로는 브레느 랄뢰의 슬레이트 지붕 종탑이 꽃병을 거꾸로 한 것 같은 모습으로 보였다. 나지막한 숲을 하나 지나고, 다시 어느 갈림길 모퉁이에 '옛 관문 제4호'라고 쓴 벌레먹은 푯말이 서 있는 그 옆에 '네 바람집, 개인 경영의 까페 에샤보'라고 쓴 간판을 밖에 내건 음식점 하나를 지났다.

그 음식점에서 반 마일쯤 더 가서 그는 어느 조그마한 골짜기 기슭에 다다랐다. 한길 둑 쪽으로 뚫어놓은 아치 아래로 한 줄기 냇물이 흐르고 있었다. 성글지만 짙은 녹음진 나무숲이 길 한쪽 골짜기를 메우고, 그것이 길을 넘어 목장까지 뻗으면서 다시 브레느 랄뢰 쪽으로 듬성듬성 이어져 가는 광경은 참으로 아름다웠다.

그 길 오른쪽으로 여관이 하나 있었다. 문 앞에 네 바퀴 짐수레와 커다란 홉 덩굴 다발과 쟁기가 놓여 있고, 산나무 울타리 옆에는 건초더미가 쌓여 있다. 네모진 구덩이 속에서 석회가 연기를 내고, 짚으로 칸막이한 낡은 헛간에는 사다리가 하나 있었다. 젊은 아가씨가 혼자 김매고 있는 밭에는, 아마도 께르메스 축제 (네덜란드·플랑드르 지방에서 교구단위로 베풀어지는 축제. 이때 장도 선다고 함) 의 유랑 극단이 들어와 있다는 표지인 듯한 누렇고 큰 선전 깃발이 바람에 펄럭이고 있었다. 여관 모퉁이 오리떼가 헤엄치고 있는 못가에, 돌도 제대로 깔리지 않은 외줄기 길이 풀숲으로 뻗어들어가고 있었다. 나그네는 그 길로 들어섰다.

기와를 어슷비슷 얹어 놓은 뾰족한 벽돌 박공을 붙인 15세기풍 담장을 따라 100걸음쯤 걸어가 커다란 아치형 돌문 앞에 이르렀다. 그것은 아치를 떠받치는 직선식 인방석(引枋石)이 붙은 무게 있는 루이 14세식 건축으로, 두 개의 편편한 원형 부조(浮彫)가 양쪽에 새겨져 있었다. 어마어마한 건물의 정면이 그 문 위로 우뚝 솟아 있었다. 정면과 직각을 이룬 한쪽 벽이 거의 문까지 뻗쳐와, 그 문과도 빈틈없이 직각을 이루고 있었다. 문 앞 풀밭에는 세 개의 써레가 나뒹굴고, 그 사이에 5월의 갖가지 꽃들이 뒤섞여 피어나고 있었다. 문은 닫혀 있었다. 낡아 빠진 쌍닫이 문으로, 그것을 두드리는 데 쓰이는 녹슨 헌 쇠고리가 달려 있었다.

날은 화창했다. 나뭇가지들은 바람 때문이라기보다 새들의 둥지에서 전해 오는 듯한 5월의 조용한 살랑거림을 보이고 있었다. 아름다운 작은 새 한 마리가 아마도 사랑을 하고 있는 모양이리라. 큰 나무에서 정신없이 노래하고 있었다.

왼쪽 문설주 아랫돌에 눈자위처럼 꽤 크고 둥그렇게 뚫린 구멍이 있었으므로 나그네는 몸을 구부리고 들여다보았다. 그때 문이 열리며 한 시골여자가 나왔다.

그녀는 나그네를 보고, 또 그가 무엇을 들여다보고 있는지를 알았다.

"그 구멍을 뚫어 놓은 것은 프랑스의 대포알이에요" 하고 여자는 그에게 말했다. 그리고 덧붙였다. "문 위쪽의 못 박힌 언저리에도 있지요. 그건 커다란 비스까이앵 총구멍이에요. 비스까이앵 총은 나무도 뚫지 못했던 거예요."

"여기는 뭐라는 곳이오?" 하고 나그네는 물었다.

"우고몽이에요" 하고 시골여자는 말했다.

나그네는 몸을 일으켰다. 그는 두어 걸음 걸어나가 울타리 너머를 바라보았다. 나무들 사이로 지평선에 나지막한 언덕이 보이고, 그 언덕 위로 멀리 사자 모양 비슷한 것이 보였다.

그는 워털루 전쟁터에 와 있었다.

우고몽

우고몽은 불길한 장소였다. 나뽈레옹이라 부르는 유럽의 거대한 벌목꾼이 워털루에서 부딪힌 장애의 실마리였고, 최초의 저항이었으며, 도끼질하여 처음으로 드러난 옹이였다.

이곳은 성채였으나 지금은 농원이 되어 있다. 우고몽(Hougomont)을 고고학자들이 부를 때는 '위고몽(Hugomons)'이라고 한다. 이 성은 빌레르 대수도원에 여섯 번째 성당 영지를 기증한 쏘무렐의 영주 위고가 건립했다.

나그네는 문을 밀어 열고 현관의 낡은 마차 옆을 지나 안마당으로 들어갔다.

안마당에서 맨 먼저 눈에 띈 것은, 옆부분이 다 망가지고 부서져 아치형 기둥만 남은 16세기풍 문이었다. 기념물다운 모습은 흔히 폐허에서 생겨나는 법이다. 그 아치 옆에 앙리 4세 시대의 이맛돌이 박힌 또 하나의 문이 벽에 붙은 채 열려 있어, 과수원 나무들이 들여다보였다. 그 문 옆으로는 거름구덩이, 곡괭이와 삽, 짐수레 몇 대, 판석이 깔린 낡은 우물, 뛰어돌아다니는 망아지, 꼬리를 펼치고 있는 칠면조, 자그마한 종탑이 달린 성당, 그 성당벽을 따라 꽃을 피운 배나무 등이 있는 이 안마당이야말로 나뽈레옹이 점령하려고 꿈꾸었던 곳이다. 이 작은 땅을 손아귀에 넣었더라면 그는 아마도 세계를 점령했을 게 틀림없다.

지금은 암탉들이 부리로 먼지를 일으키고 있다. 으르렁거리는 소리가 들린다. 이빨을 드러낸 커다란 개 한 마리가 영국군을 대신하고 있는 것이다.

이곳에서 영국군의 활약은 참으로 훌륭했다. 쿡크가 이끄는 4개 근위 중대는 여기서 일곱 시간에 걸쳐 한 군단의 돌격을 막아냈다.

실측도로 보면, 우고몽은 건물과 담장을 포함해 모서리 하나가 떨어져 나간 불규칙한 직사각형 같은 모양이었다. 떨어져 나간 그 모서리에 남문이 있고, 총을 바싹 들이대고 쏠 수 있는 벽이 이 문을 보호했다. 우고몽에는 입구가 둘 있는데, 하나는 성곽의 출입구였던 남문이고, 또 하나는 농원의 출입구가 되는 북문이다. 나뽈레옹은 우고몽 공격에 아우 제롬을 파견했다. 기유미노와 프와와 바슐뤼의 세 사단이 여기로 돌진하고, 레위의 군단이 거의 모두 여기 투입되었으나 실패하고 말았다. 껠레르망의 포탄은 이 용감한 벽면 쪽으로 한 알도 남김없이 다 쏘아졌다. 보뒤앵 여단은 우고몽을 뒤쪽에서 탈취하려 했으나 성공하지 못하고, 쓰와 여단은 앞쪽에 돌파구만 만들어 놓았을 뿐 점령하지 못했다.

안마당 남쪽에는 농원 건물이 늘어서 있다. 그리고 프랑스군에게 파괴당한 북문의 잔해가 벽에 걸려 있다. 그것은 두 개의 가로대에 못박힌 넉 장의 널판때기로 공격당한 흔적이 역력히 보인다.

프랑스군이 격파시킨 북문은 벽에서 드리운 장식 판자 대신 나뭇조각 한 장을 붙여 놓았으며, 안마당 쪽으로 반쯤 열려 있다. 안마당 북쪽으로 둘러쳐진, 아랫부분은 돌이고 위는 벽돌로 된 담장 속에 네모지게 뚫려 있다. 어느 소작지에서나 흔히 볼 수 있는 짐마차가 드나드는 간단한 문으로, 허술한 판자로 된 커다란 두 짝 문이다. 그 저쪽은 목장이다. 이 출입구의 공방전은 치열했었다. 문설주에 피투성이 손의 갖가지 자국이 오래도록 지워지지 않고 있었다. 보뒤앵이 전사한 곳도 바로 여기다.

격전의 태풍은 아직도 이 안마당에서 가시지 않아 무서운 광경이 눈에 보이며, 요란했던 대접전은 화석으로 남아 있다. 어떤 사람은 살고 어떤 사람은 죽는 것이 눈에 선하게 보이며 마치 어제 일인 것만 같다. 벽은 지금도 죽음에 허덕이고, 돌은 떨어지고, 틈바구니가 울부짖는다. 구멍은 상처이고, 기우뚱한 채 떨고 있는 나무들은 도망치려 몸부림치는 듯 보인다.

1815년 (워털루 전투가 있었던 해)에는 이 안마당이 지금 보는 것보다 훨씬 더 튼튼하게 구축되어 있었다. 그 뒤로 무너져 버린 여러 가지 양상의 구조들은 그즈음 성가퀴며 포루며 망루를 형성하고 있었던 것이다.

영국군은 이곳에 바리케이드를 치고 있었다. 프랑스군이 쳐들어왔지만 끝내 버티어내지 못했다. 성당 옆에는 우고몽 성곽 단 하나의 유적이라 할 수 있는 성채의 한쪽 날개가 무너져 가고 있다기보다도 마치 복부를 도려 파낸 것 같은 모습으로 서 있다. 성곽 본채는 망루가 되고, 성당은 방어사가 되었다. 양군은 여기서 치열한 전투를 벌였다. 벽 뒤에서, 헛간 위에서, 지하실 속에서, 모든 창과 바람구멍과 돌 틈 등 사방에서 화승총을 쏘아댔으므로 프랑스 군은 장작 다발을 가져다 벽과 적군에게 불을 질렀다. 산탄에의 응전은 방화였던 것이다.

그리하여 허물어진 성곽의 한쪽 날개에 쇠창살 달린 창문 너머로 벽돌로 된 본채의 벽이 파괴된 방들이 보인다. 영국 근위병들은 그 방들에 숨어 있었다. 나선형 층계는 1층에서 꼭대기까지 균열되어 깨진 소라껍질 속처럼 보인다. 층계는 두 층으로 되어 있다. 층계 위로 쫓겨올라가 포위된 영국군은 아래 층계를 끊어 버렸다. 지금은 커다랗고 푸른 판석만이 쐐기풀 속에 수북이 쌓여 있다. 열 계단쯤은 아직도 벽에 붙어 있다. 맨 아랫단 위에는 삼지창 모양이 새겨져 있다. 올라가지 못하게 된 그 층계는 아직도 벽 속에 견고하게 박혀 있다. 그 밖에도 어느 곳이나 다 이빠진 턱 같은 모양을 하고 있다. 거기에 고목 두 그루가 서 있는데, 하나는 죽고 또 하나는 둥치에 상처를 입었지만 4월이 되면 다시 파란 싹이 돋아난다. 이 나무는 1815년부터 층계를 뚫고 나와 자라기 시작했다.

양군은 성당 안에서도 백병전을 벌였다. 지금은 본디의 고요를 되찾고 있지만 그 내부는 어쩐지 야릇해 보인다. 피를 흘린 뒤로는 미사 한 번 드린 일이 없다. 그런데도 제단은 그대로 남아 있다. 그것은 안쪽의 거친 돌벽에 기대 세워진 허술한 나무 제단이다. 석회유로 칠해진 네 벽, 제단 맞은편의 입구, 두 개의 조그만 아치형 창문, 입구 위 커다란 나무 십자가, 십자가 위의 건초 한 다발로 틀어막은 네모진 공기창, 마룻바닥 한구석에 떨어져 유리가 박살난 낡은 액자, 그러한 것들이 이 성당 안의 광경이다.

제단 옆에 15세기풍의 성 안나 나무상을 못으로 박아놓았다. 아기 예수의 머리는 비스까이앵 총에 맞아 떨어져나가 버렸다. 프랑스군은 한때 성당을 점령했으나 다시 쫓겨나 이 성당에 불을 질렀다. 불꽃이 허술한 이 집을 가득 채워 불을 뿜는 용광로 같았다. 문이 타고 마루도 탔으나 나무로 된 그리스도상은 타지 않았다. 불은 나무상의 발을 핥아 지금 보는 바와 같이 검게 그을렸으나 불은 거기서 그쳤다. 이 고장 사람들은 참으로 기적이라 말하고 있다. 머리가 없어진 아기 예수는 이 그리스도상처럼 행복하지 못했던 셈이다.

벽면은 온통 글씨투성이다. 그리스도의 발 언저리에는 '헹키네즈'라는 이름이 보인다. '리오 마이오르 백작', '알마그로 후작과 후작부인(하바나)' 같은 이름도 보인다. 프랑스 사람의 이름 밑에 감탄 부호가 붙어 있는 것은 분노의 표시다. 벽은 1849년에 다시 희게 칠해졌다. 여러 민족이 그 벽면에서 서로 욕하고 있었기 때문이다.

도끼를 손에 쥔 시체가 꺼내진 것은 이 성당문에서였다. 그것은 르그로 소위의 시체였다.

성당을 나오면 왼편으로 우물이 하나 보인다. 이 안마당에는 우물이 둘 있는 셈이다. 그런데 이 우물에는 왜 두레박도 도르래도 없느냐고 물을 것이다. 이제는 여기서 물을 긷지 않기 때문이다. 왜 이제 물을 긷지 않느냐고? 해골이 잔뜩 들어 있기 때문이다.

이 우물에서 마지막으로 물을 길은 것은 기욤므 반 킬솜이라는 사나이였다. 그는 우고몽에 사는 농부로 여기서 정원사 노릇을 하고 있었다. 1815년 6월 18일, 그의 가족은 달아나 숲 속에 숨어 있었다.

빌레르 대수도원을 에워싸는 숲은 흩어진 이 불행한 사람들을 몇 날 몇 밤 품어 주었다. 지금도 타다 만 고목 둥치 같은 흔적이 여기저기 남아 있어, 가엾은 그 사람들이 숲 속에서 떨면서 지냈던 자리를 뚜렷이 알아볼 수 있다.

기욤므 반 킬솜은 '성곽을 지키기 위해' 우고몽에 남아 어느 지하실에 몸을 숨기고 있었다. 영국군이 그를 발견했다. 병정들은 숨어 있는 곳에서 그를 끌어내어 겁에 질린 그를 군도로 후려치면서 이것저것 심부름을 시켰다. 그들은 목이 말랐으므로 기욤므가 그들에게 물을 떠다 주게 되었다. 그가 물을 길은 것이 바로 이 우물이었다. 수많은 병정이 여기서 마지막 물을 마셨다. 죽어가는 많은 인간에게 물을 준 이 우물도 스스로 죽어 버린 것이다.

싸움이 끝난 뒤 사람들은 시체를 묻기에 바빴다. 죽음은 승리를 골탕먹이는 독특한 방법을 가지고 있다. 그리고 죽음은 영광에 이어 흑사병을 가져다 준다. 티푸스도 승전에는 으레 따르는 것이다. 이 우물은 깊었으므로 무덤으로 만들었다. 300명의 시체를 우물에 던졌다. 아마도 지레 서두른 경우도 있었겠지. 거기에 던진 시체는 과연 모두 죽었던가? 전하는 말로는 그렇지 않다. 매장한 날 밤 희미하게 부르는 목소리가 그 우물에서 새어나왔다고 한다.

이 우물은 안마당 한복판에 외떨어져 있다. 돌 반 벽돌 반으로 쌓아올린 삼면의 벽은, 병풍처럼 굳혀져 'ㄷ'자 모양으로 우물을 둘러싸고 있다. 나머지 한쪽은 트여 있다. 물은 그 쪽에서 긷는다. 안쪽 벽에는 볼썽사나운 둥근 창 비슷한 것이 하나 뚫려 있는데 아마도 포탄 구멍이리라. 이 바람막이 벽에는 본디 지붕이 있었으나 지금은 서까래밖에 남아 있지 않다. 오른쪽 벽의 버팀쇠는 십자가 모양을 하고 있다. 구부리고 들여다보면, 눈은 어둠이 꽉 들어찬 벽돌의 깊은 원통 속으로 빨려들어가 버린다. 우물 주위와 그 바람막이 벽 아래는 온통 쐐기풀이 뒤덮고 있다.

이 우물에는 모든 벨기에식 우물 앞에 달려 비막이 구실을 하는 크고 푸른 판석이 없다. 그 푸른 판석 대신 가로대가 하나 있어, 그것을 커다랗고 마디진 뼈처럼 구불구불한 통나무 대여섯 개가 떠받치고 있다. 두레박도 사슬도 도르래도 없어져 버렸으나 물이 흘러 빠지던 나팔꽃 모양 물통은 아직 남아

 이 우물은 안마당 한쪽에 외떨어져 있었다.

있다. 여기에 빗물이 괴어, 가끔 가까운 숲의 새가 와서 물을 마시고 날아간다.

이 폐허 속의 외딴 집인 농원 안집에는 지금도 사람이 살고 있다. 그 집 입구는 안마당으로 향해 있다. 그 문에는 고딕식 자물쇠의 고운 판금 옆에 클로버 모양 쇠손잡이가 비스듬히 달려 있다. 하노버(옛날에는 한 왕국. 지금은 독일의 한 도시임)의 빌다 중위가 농가 안으로 피신하려고 이 손잡이를 잡은 순간, 한 프랑스 공병이 그 손을 도끼로 단숨에 찍어 버린 그 손잡이다.

이 집에 사는 가족의 할아버지뻘 되는 사람은 예전에 정원사였던 기욤므 반 킬솜으로, 그는 이미 오래 전에 죽었다. 머리털이 잿빛이 된 한 여자가 이런 이야기를 들려 준다.

"그때 나는 여기 있었어요. 3살이었지요. 언니는 무섭다고 울었어요. 우리는 어른들을 따라 숲으로 갔지요. 나는 어머니 품에 안겨 있었어요. 사람들은 땅바닥에 귀를 대고 무슨 소리를 듣더군요. 나는 대포 소리를 흉내내어 '뻥뻥' 소리내고 있었답니다."

안마당 왼쪽 문은 앞에서도 말한 바와 같이 과수원으로 통하고 있었다.

과수원도 이만저만 황폐해져 있지 않다.

그것은 세 부분으로 나뉘어 있어, 마치 연극의 세 장면을 보는 것 같다. 처음 부분은 정원, 둘째 부분은 과수원, 셋째 부분은 숲이다. 세 부분은 공통된 울타리를 갖고 있다. 출입구 쪽은 성곽과 농가 건물이고, 왼쪽은 산나무 울타리, 오른쪽과 안쪽은 벽이다. 오른쪽 벽은 벽돌이고 안쪽 벽은 돌이다. 들어서면 맨 먼저 정원이다. 정원은 낮고 구즈베리나무를 심었으며, 잡초가 우거지고 웅대한 돌축대로 경계를 지어 축대 위에 아래가 넓은 화병을 거꾸로 이어 놓은 것 같은 기둥으로 된 난간이 붙어 있다. 르노트르(베르사이유 공원 설계자) 이전의 초기 프랑스식으로 된 영주 저택의 정원이었으나 지금은 황폐하여 가시덤불이 제멋대로 뻗고 있었다. 난간 기둥 위에는 대포알처럼 동그란 돌꼭지가 붙어 있다. 난간 밑바닥 위에는 지금도 43개의 기둥이 서 있는 것을 헤아릴 수 있다. 그밖의 기둥들은 풀 속에 뒹굴고 있다. 거의 모두 총알 자국이 나 있다. 부서진 기둥 하나는 부러진 다리처럼 난간 앞머리 바닥 위에 넘어져 있다.

과수원보다도 낮은 이 정원으로 돌진해 온 제1경보병(輕步兵) 연대의 정예병 6명은, 굴 속의 곰처럼 쫓기고 몰리며 여기서 빠져나가지 못하게 되자 하노버군의 2개 중대와 맞붙어 싸울 수밖에 없었다. 적의 1개 중대는 기병총을 갖고 있었다. 하노버군은 그 난간을 따라 늘어서서 위에서 사격했다. 6명의 정예병은 200명을 상대로 구즈베리 나무숲만을 방패삼아 밑에서 용감하게 응전하며 15분 동안 버티다가 전사하고 말았다.

몇 층계 올라가면 이 정원에서 과수원으로 들어간다. 거기 몇 평의 땅에서는 150명의 병정이 한 시간도 안 되어 쓰러졌다. 그 벽을 바라보고 있노라면 이제라도 다시 격전이 벌어질 것 같은 기분이 든다. 갖가지 높이로 영국군이 뚫어놓은 38개의 총안이 지금도 거기 남아 있다. 16번째 총안 앞에는 화강암으로 된 영국병 무덤이 두 개 누워 있다. 총안은 남쪽 벽에만 있다. 공격은 주로 여기서 벌어졌다. 그 벽 바깥은 커다란 산나무 울타리로 가려져 있다. 프랑스군이 거기 도착하여 산나무 울타리인 줄만 알고 그것을 타고 넘으니, 벽이 앞길을 가로막고, 그 벽 뒤에 숨어 있던 영국 근위병의 38개 총안에서 일제히 불이 뿜으며 산탄과 총탄이 빗발치듯 날아왔다. 그리하여 쓰와 여단은 거기서 분쇄되었다. 워털루 전투는 이렇게 시작된 것이다.

그 과수원도 점령되었다. 사다리가 없었으므로 프랑스군은 손톱 발톱으로 기어올라갔다. 나무 밑에서는 백병전이 벌어졌다. 풀밭이 온통 피로 물들었다. 나쏘 대대 700명이 여기서 격멸되었다. 벽 바깥은 껠레르망의 2개 포병 중대가 포화를 퍼부어 포탄 구멍투성이가 되었다.

이 과수원도 지금은 다른 곳처럼 5월이 찾아와 있다. 미나리아재비와 데이지꽃이 피고, 풀이 우거지고, 밭갈이 말은 풀을 뜯고, 말총으로 꼰 빨랫줄이 이 나무에서 저 나무로 쳐져 지나가는 사람들의 머리를 수그리게 했다. 이 황무지를 걸으면 두더지굴 속에 발이 빠지는 수도 있다. 덤불 속에 나무 둥치 하나가 뿌리째 뽑혀 넘어진 채 푸릇푸릇 새싹이 돋고 있는 것이 보인다. 블랙만 소령이 거기에 기대어 운명했고, 그 옆 거목 아래에서는 낭뜨 칙령 폐지 때 망명한 프랑스 가문 출신인 독일군 장교 뒤쁠라 장군이 죽었다. 바로 그 옆에 병든 사과나무 고목 하나가 짚과 흙을 붕대처럼 감고 기우뚱하니 서 있다. 사과나무는 거의 모두 늙고 병들어 죽어 가고 있다. 총탄이나 산탄을 받지 않은 나무는 한 그루도 없다. 이 과수원 안에는 썩은 나무의 잔해가 가득차 있다. 까마귀떼가 가지 사이를 날고 있다. 그 안쪽에는 오랑캐꽃이 가득 핀 숲이 있다.

보뒤앵은 전사하고, 프와는 부상하고, 방화와 살육과 학살이 있었다. 영국군과 독일군과 프랑스군의 피는 미친 듯 뒤섞여 냇물을 이루고, 우물은 시체로 가득찼으며, 나쏘와 브룬스비크의 연대는 하나씩 전멸했다. 뒤쁠라도 블랙만도 전사하고, 영국 근위대는 붕괴되고, 프랑스군의 레유 군단 40개 대대 중 20개 대대가 섬멸되었다. 우고몽의 쓰러져 가는 이 집 하나에서 3천의 병사가 칼에 베이고 학살되고 총살되었다. 그래서 이 모든 것에 대해 오늘날 한 농부는 나그네에게 이렇게 말한다.

"나리, 3프랑만 주십시오. 그러면 워털루 이야기를 해드립죠!"

1815년 6월 18일

과거로 되돌아가는 것은 작가가 가진 권리의 하나이므로 1815년으로 가보자. 더욱이 이 책 제1부에서 이야기한 사건이 시작되기보다 좀더 그 이전으로 거슬러 가보자.

1815년 6월 17일에서 18일에 걸쳐 밤에 비가 오지 않았더라면 유럽의 미래는 달라졌을 것이다. 비가 몇 방울 많았느냐 적었느냐 하는 것이 나뽈레옹의 운명을 좌우했다. 워털루를 아우스테를리츠의 승리의 결말로 만들기 위해서 하늘은 오직 비를 조금 뿌리기만 했을 뿐이고, 계절과 역행하여 하늘을 가로질러 가는 한 조각 구름은 세상을 뒤집어 놓기에 충분했다.

워털루 전투는 11시 반까지도 시작되지 않았고, 그래서 블뤼헤르 장군이 전장으로 달려갈 시간의 여유를 주었다. 왜 그때까지 기다리지 않으면 안 되었던가? 땅이 젖었기 때문이다. 포병이 움직이기 위해서는 땅이 좀 굳어지기를 기다려야만 했다.

나뽈레옹은 본디 포병대 장교 출신으로 그 특질을 갖추고 있었다. 이 비범한 장군의 본질은 집정관 정부에 보내는 아브키르 전투 보고서 속에서 '아군 포탄 가운데 어떤 것은 6명의 적을 쓰러뜨렸다'고 말한 것에 여실히 나타나 있다. 그는 모든 작전을 오로지 포탄을 위해 세웠다. 어느 한 자리에 포병을 집중시키는 것이 그의 승리의 열쇠였다. 그는 적장의 전술을 마치 하나의 요새로 생각하고 그 틈바구니를 공격했다. 산탄으로 적의 약점을 압도하고 대포로 전세를 좌우했다. 그의 천재 속에는 사격법이 있었다. 방어선을 돌파하고, 연대를 분쇄하고, 전선을 끊어놓고, 밀집 부대를 분산시켜 쫓고, 그는 오직 끊임없이 치고 또 쳤는데, 그는 그 일들을 모두 포탄에 맡겼다. 실로 무서운 이 전법은 천재와 결부되어 불가사의한 전쟁의 투사로서 15년 동안 패배를 모르게 했던 것이다.

1815년 6월 18일, 그는 수적으로 훨씬 우세했으므로 더욱 포병을 믿고 있었다. 웰링턴은 159문의 화포밖에 갖지 못한 데 비해 나뽈레옹은 240문을 가지고 있었다.

이를테면 땅이 말라 있었다고 치자. 포병이 움직일 수 있었으므로 전투는 아침 6시에 시작되었을 것이다. 그리고 이 전투는 프러시아군 때문에 싸움의 국면이 갑자기 바뀌기 3시간 전인 오후 2시에 그의 승리로 끝났을 게 틀림없다.

그 패전에서 나뽈레옹 쪽에는 과연 얼마만큼 과실이 있었던가? 그 파선은 사공의 책임이었을까?

나뽈레옹은 확실히 몸이 쇠약해져 있었지만 그 때문에 정신력마저 떨어졌던 것일까? 20년 동안의 전쟁으로 칼집과 더불어 칼날마저 무디어지고, 몸과 더불어 정신까지도 소모된 것일까? 전군을 거느리고 선 이 장수의 정신에 불길하게도 늙음의 그림자가 비치고 있었던 것일까? 한 마디로 말해 수많은 훌륭한 역사가가 그렇게 믿은 바와 같이 이 천재도 빛을 잃어 가고 있던 것일까? 자신의 노쇠를 스스로 감추기 위해 광포해졌던 것일까? 모험의 충동으로 정신이 어지러워져 비틀거리기 시작했던 것일까? 장군으로서는 실로 중대한 일이지만 그는 위험을 의식하지 못하게 된 것일까? 행동의 거인이라고도 할 수 있는 이러한 육체적 위인들의 천재가 근시안이 되는 나이가 있는 걸까? 노년도 사상의 천재는 붙잡지 못하고 난떼나 미켈란젤로 같은 사람들에게 늙음은 성장인데 한니발이나 보나빠르뜨 같은 사람에게는 쇠퇴인가? 나뽈레옹은 승리를 어김없이 움켜잡는 감각을 잃어버린 것일까? 이제는 암초를 분간해 내고 함정을 짐작하며 무너져가는 심연의 낭떠러지를 알아 내지 못하게 된 것일까? 불행을 맡아낼 후각조차 잃고 말았던가?

예전에는 승리의 길을 잘 알고 번갯불이 번쩍이고 천둥소리 요란한 수레 위에서 전능의 손가락으로 그 길을 가리키던 그도, 지금은 질서없이 뒤따르는 군대를 끔찍하게 벼랑으로 이끌어 넣을 만큼 자신을 잃어버렸던가? 46살 나이에 그는 벌써 망령이 들었던가? 운명의 안내자였던 저 거인도 지금은 다만 엄청난 만용에 찬 인간에 지나지 않았던가?

작자는 그렇게 생각하지 않는다.

그때 그의 작전 계획은 모든 사람이 인정했듯 탁월했다. 동맹군의 중앙을 단번에 무찔러 적진을 뚫고 들어가 둘로 갈라 한쪽의 영국군은 하르 방면으로 다른 한쪽의 프러시아군은 똥그르 방면으로 밀어내고, 웰링턴과 블뤼헤르를 갈라 놓아 몽 쌩 장을 탈취하고 브뤼셀을 점령해 독일군을 라인 강으로 영국군을 바다로 몰아넣으려 했던 것이다. 나뽈레옹에게는 모든 게 이 전투에 달려 있었다. 그 다음은 더 말할 것도 없으리라.

물론 여기서 워털루 역사를 쓰려고 하는 것은 아니다. 작자가 하려는 이야기의 밑바탕이 되는 장면 하나가 이 전투에 관련있기 때문이며 그 역사가 목적은 아니다. 더욱이 그 역사는 이미 엮어져 있다. 하나는 나뽈레옹의 관점에서, 다른 하나는 기라성 같은 역사가들(월터 스코트, 라마르띤, 볼라벨, 샤라스, 끼네, 띠에르스 등)의 관점에서 훌륭하게 완성되어 있다. 우리는 그들 역사가들이 논쟁하는 대로 맡겨 두기로 한다. 우리는 멀리서 바라보는 구경꾼이고, 벌판을 지나가는 나그네이고, 인간의 살로 다져진 이 땅 위에 몸을 구부리는 탐구자에 지나지 않아 겉모양을 사실로 잘못 받아들이는 일이 있을지도 모른다. 우리로서는 반드시 공상이 섞였을 그 전체의 사실들에 대해 학문의 이름을 쳐들어 대항할 권리도, 하나의 학설을 내세울 만한 실전 경험도, 전술상의 능력도 없다. 다만 우리가 보는 바에 따르면 몇 가지 우연이 워털루에서 두 장수를 지배하고 있었다는 것이다. 그리고 운명이라는 저 신비로운 피고에 대해 민중이라는 저 소박한 재판관의 판단에 언제나 따를 뿐이다.

A

워털루 전투에 대해 뚜렷이 알고 싶다면 땅 위에 눕힌 대문자 A를 상상하는 것으로 충분하다. A의 왼쪽 다리는 니벨 길이고, 오른쪽 다리는 주나쁘 길이며, A의 가로대는 오앵에서 브레느 랄뢰로 가는 낮은 길이다. A의 꼭대기는 몽 쌩 장으로, 거기에 웰링턴이 있다. 왼쪽 아래 끝은 우고몽이며, 여기에 제롬 보나빠르뜨와 더불어 레유가 있다. 오른쪽 아래 끝은 라 벨 알리앙스로, 나뽈레옹이 여기에 있다. A의 가로대가 오른 다리와 마주치는 지점에서 조금 내려온 데가 라 에 쌩뜨이다. 그 가로대의 한가운데가 바로 승패가 결정난 지점이다. 저 사자상이 세워진 곳은 바로 거기로, 그 사자는 뜻하지 않게도 나뽈레옹 황제의 근위군에게 다시없는 무용의 상징이 되었다.

A의 위쪽인 두 개의 다리와 가로대 사이의 세모꼴은 몽 쌩 장 고지로, 그 고지의 쟁탈전이 이 싸움의 모두였다.

양군의 두 날개는 주나쁘와 니벨 두 길의 양옆으로 펼쳐져 있다. 에를롱은 픽턴과, 레유는 힐과 맞서고 있다.

A의 꼭대기 뒤인 몽 쌩 장 고지 배후에 쓰와뉴의 숲이 있다.

벌판 그 자체는 기복있는 넓은 지면을 상상하면 된다. 어느 능선에서나 다음 능선이 내려다보이고, 그 기복은 차츰 몽 쌩 장 쪽으로 올라가 거기서 숲에 다다른다.

전장에 마주선 두 군대는 두 사람의 투사이다. 그것은 담판 씨름이다. 서로 상대방을 쓰러뜨리려고 한다. 그들은 무엇에든 달라붙는다. 한 무더기 덤불도 발판이 되고, 벽 모서리 하나도 거점이 된다. 뒷방패로 삼을 허물어진 집 한 채가 없어도 한 연대가 패주한다. 평지의 우묵한 곳, 땅의 기복, 알맞게 비스듬한 오솔길, 숲, 움푹 팬 땅 같은 것이 군대라고 부르는 저 거인의 발목을 묶기도 하고 퇴각을 훼방하는 방해물이 되기도 한다. 전장에서 벗어나는 자는 패자다. 그러므로 책임있는 사령관은 보잘것없는 수풀도 조사하고 땅바닥의 작은 기복도 깊이 살펴볼 필요가 있는 것이다.

두 장군은 오늘날 워털루 평원이라고 부르는 몽 쌩 장 평원을 미리 주의깊게 연구해 두었다. 이미 그 전해부터 웰링턴은 이미 어떤 대전투에 대비하여 그곳을 조사해 둘 정도의 선견지명을 가지고 있었다. 그리하여 6월 18일 이 땅에서 예상한 대로 결전이 벌어지게 되자, 웰링턴은 유리한 위치를 차시하고 나뽈레옹은 불리한 위치에 놓였다. 영국군은 위쪽에, 프랑스 군은 아래쪽에 자리잡았던 것이다.

1815년 6월 18일 새벽, 로쏘므 고지에서 말을 타고 쌍안경을 손에 든 나뽈레옹의 모습을 여기에 그리는 것은 군더더기가 되리라.

누가 그것을 보여 줄 것까지도 없이 이미 누구나 보았다. 브리엔느 사관학교의 조그만 모자를 쓴 조용한 옆얼굴, 초록빛 군복, 별 모양 표장을 가리고 있는 그 군복 앞 가슴의 하얀 옷깃, 견장을 감추고 있는 잿빛 외투, 조끼 안으로 엿보이는 붉은 훈장의 한 모서리, 가죽 반바지, N의 장식 대문자와 독

로쏘므 고지에서 말을 타고 쌍안경을 손에 든 나뽈레옹의 모습

수리 무늬를 온통 아로새긴 자주빛 우단 안장을 얹은 백마, 비단 양말 위에 신은 승마용 구두, 은 박차, 마렝고에 승리를 가져왔던 칼에서 드러나는 마지막 황제의 이 모습이야말로 만인의 상상 속에 살아 있어 어떤 사람들은 칭송하고 어떤 사람들은 싸늘한 눈초리로 바라본다.

이 모습은 오랜 동안 빛 속에 싸여 있었다. 그것은 대부분의 영웅이 발산하여 언제나 얼마쯤 진실을 감추는 그 어떤 전설적인 모호성에 힘입는 것이었다. 그러나 지금은 그것을 비추는 역사와 밝은 빛이 있다.

역사인 이 밝은 빛은 참으로 무자비하다. 그것은 불가사의하고 신성한 어떤 것을 지니고 있어 빛이면서도, 아니 빛이기 때문에 사람들이 빛만 보는 자리에 그늘을 던지는 일이 흔히 있다. 그것은 한 인간에게서 서로 다른 두 그림자를 만들어낸다. 그 하나가 다른 하나를 공격하고 탄핵하며, 독재자의 어두운 그림자가 장군의 광채와 겨룬다. 따라서 민중의 여러 평가 가운데 최후의 평가에 가장 진실된 척도가 존재하는 것이다. 침략당한 바빌론은 알렉산더의 가치를 떨어뜨리고, 속박된 로마는 시저의 가치를 떨어뜨리며, 멸망된 예루살렘은 티투스(로마
황제)의 가치를 떨어뜨린다. 폭군은 마침내 폭력으로 보복당한다. 자기 모습을 가리는 어둠을 뒤에 남기고 가는 것은 인간에게 하나의 불행이다.

전세를 뒤덮는 어둠

이 전투의 처음 형세에 대해서는 모두들 익히 알고 있다. 양군 모두 처음에는 불안하고 확실하지 않아 주저하고 위협을 느꼈으나, 프랑스군보다 영국군이 훨씬 더 심했다.

밤새도록 비가 내렸다. 억수같이 비가 쏟아져 땅은 진구렁이 되어 있었다. 평원의 낮은 지대에는 그릇에 담아 놓은 것처럼 물웅덩이가 여기저기 생겨났다. 어떤 곳에서는 군수품 마차 행렬이 바퀴 굴대까지 흙탕에 잠기고 있었다. 말의 배띠에서는 흙물이 뚝뚝 떨어졌다. 만일 이 수송대의 어수선한 행군으로 흩어진 밀과 호밀이 바퀴 자국을 메우며 수레바퀴 밑에 깔려 있지 않았더라면, 특히 빠쁠로뜨 언저리 골짜기에서는 움직이지 못하게 되었을 것이다.

일은 늦게야 시작되었다. 앞에서 설명한 대로, 나뽈레옹은 늘 포병 전체를 마치 권총처럼 손에 휘어잡고 전장 이쪽 저쪽을 겨냥했으므로 말이 *끄*는 포병대가 자유롭게 움직이고 돌아다닐 수 있을 때까지 기다리기로 했던 것이다. 그러기 위해서는 햇볕이 땅을 말려야만 했다. 그러나 해는 좀처럼 나오지 않았다. 아우스테를리츠 전투와 사정이 달랐다. 첫번째 대포 소리가 울렸을 때, 영국 장군 콜빌은 시계를 보고 11시 35분임을 확인했다.

전투는 치열하게 전개되었다. 황제가 원하던 것보다 더 치열하게, 프랑스군의 좌익에 의한 우고몽 공격으로 시작되었다. 동시에 나뽈레옹은 끼오 여단을 라 에 쌩뜨로 진격시켜 적의 중앙을 치게 하고, 네는 빠뻴로뜨에 진치고 있는 영국군의 좌익을 향해 프랑스군 우익을 돌진시켰다.

우고몽 공격은 말하자면 위장 전술이었다. 웰링턴을 거기로 끌어내어 좌익으로 쏠리게 하려는 전략이었다. 만일 영국 근위대 4개 중대와 빼르뽕세르 사단의 용감한 벨기에군이 그 진지를 굳게 지키지 못했다면 이 작전은 성공했을 것이다. 그리고 웰링턴은 거기에 병력을 집중시키지 않고, 원군으로서 다른 4개 중대의 근위대와 브룬스비크의 1대대를 파견하는 것만으로 그칠 수 있었다.

빠뻴로뜨에 대한 프랑스군 우익의 공격은 철저했다. 영국군의 좌익을 무너뜨리고, 브뤼셀에서 오는 길을 끊어 어쩌면 올지도 모르는 프러시아군의 진로를 차단하고, 몽 쌩 장을 빼앗아, 웰링턴을 우고몽 쪽으로 밀어내 브레느 랄뢰 쪽으로 후퇴시켜 다시 하르 쪽으로 격퇴시킨다는 전략은 매우 명료했다. 사실 두어 가지 사건을 빼면 그 공격은 성공했다. 빠뻴로뜨는 점령되었고 라 에 쌩뜨도 손아귀에 들어왔다.

여기서 주의해 둘 일이 하나 있다. 영국 보병대, 특별히 켄트 여단에는 많은 신병이 있었다. 그 젊은 병사들은 무서운 프랑스 보병을 맞아 용감하게 싸웠다. 그들은 경험이 없었으므로 오히려 대담했다. 그 가운데에서도 산병전에서는 얼마쯤 제멋대로 할 수 있으므로, 이를테면 자기 스스로 지휘관이 되는 것이다. 이 신병들은 프랑스군에게서 볼 수 있는 독창성과 용맹함을 발휘했다. 경험이 없는 이 보병대에는 혈기가 있었다. 그러나 웰링턴의 마음에는 들지 않았다.

라 에 쌩뜨의 점령 뒤 싸움터는 혼란에 빠졌다.

그날의 전투에는 정오에서 4시까지 전혀 확실치 않은 어떤 시간이 끼어든다. 전투의 중심이 거의 명확하게 붙잡히지 않고 흐리멍덩한 혼전의 구름이 덮였다. 거기에 황혼의 빛까지 깃들었다. 이 안개 속을 유심히 바라보면 우람한 파동이 있고, 눈부신 환영이 어른거리고, 오늘날에는 거의 알려지지 않은 그즈음의 군인 복장이던 불꽃 같은 새빨간 깃달린 털모자, 허리 가죽띠에 달려 철렁대는 장식, 가죽 멜빵, 수류탄 가방, 소매 긴 경기병 외투, 쭈글쭈글한 붉은 장화, 몰술로 장식된 묵직한 군모, 거무튀튀한 브룬스비크 보병과 다홍빛 영국 보병의 뒤섞임, 견장 대신 커다란 흰 몰을 둥그렇게 어깨에 단 영국 병사, 구리쇠 벨트와 빨간 깃이 달린 삐죽한 가죽 투구를 쓴 하노버 경기병, 무릎을 드러내고 체크무늬 망토를 걸친 스코틀랜드 병정, 프랑스 척탄병의 커다란 흰 각반 등이 있어—이 모든 것은 전선이 아닌 그림 같은 광경으로 그리보발^(1세기 프랑스의 전술가)이 좋아하는 게 아니고 살바또르 로자^(17세기 이탈리아 화가)가 좋아할 만한 것이었다.

전투에는 언제나 폭풍우가 얼마쯤 섞여드는 법이다. ‘그 어떤 암담한 것, 그 어떤 하늘의 뜻인 것’이다. 그러한 혼전속에 역사가는 저마다 제멋대로 줄거리를 세워 보려 한다. 그러나 장군들의 작전 계획이 어떤 것이든 무장한 집단이 서로 부딪칠 때에는 예측할 수 없는 역류가 일어난다. 실전에서 양군 사령관의 두 계획이 서로 엇갈리고 서로 방해한다.

전장의 어떤 지점은 다른 어떤 지점보다 많은 병사를 삼켜 버린다. 그것은 마치 땅의 부드럽고 딱딱한 정도의 차이에 따라 스며드는 물의 속도가 다른 것과 비슷하다. 그러한 지점에는 예상 이상으로 많은 병사를 투입할 수밖에 없다. 이것은 뜻밖의 손실이다. 전선은 실처럼 굽이치고, 피는 무작정 흘러내려 냇물을 이루고, 군대의 최전선은 물결치고, 들락날락하는 연대가 곶과 만을 이루며, 암초들은 끊임없이 앞다투며 이동해 보병이 있던 곳에는 포병이 도착하고 포병이 있던 곳에는 기병이 쇄도한다. 군대는 마치 연기와도 같다. 거기에 무엇이 있는 줄 알고 찾아가면 벌써 사라지고 흔적도 없다. 찢어진 구름 사이로 얼굴을 내밀었던 푸른 하늘은 이내 사라지고, 검은 구름이 일진일퇴한다. 무덤에서 불어오는 것 같은 바람이 그 비장한 무리들을 불어내고 불어들이고 부풀어올리고 흩날린다.

혼전이란 무엇인가? 하나의 진동이다. 움직임이 없는 수학적 도면에서는, 한순간의 일은 설명할 수 있어도 하루의 일은 설명하지 못한다. 하나의 전투를 그려내려면, 화필에 혼돈을 깃들인 역량 있는 화가가 아니면 안 된다. 그러므로 렘브란트는 반 데르 모일렌보다 뛰어나다. 반 데르 모일렌은 정오의 것에는 정확하나 오후 3시에는 진실에서 벗어난다. 기하학은 오류를 가져오고, 폭풍만이 진실을 전한다. 폴라르가 뽈리비오스에 대하여 이설(異說)을 주장하는 것도 당연한 일이다. 한 마디 더 덧붙인다면, 전투에는 언제나 국지전으로 변화하는 어떤 순간이 반드시 있고 그때 전투는 따로따로 쪼개져 무수히 작은 부분으로 분산된다. 그 부분들은, 나뽈레옹 자신의 말을 빌린다면 '군대의 역사에 속한다기보다 차라리 각 연대의 전쟁 기록에 속하는 성질의 것이다.' 역사가는 그런 경우, 물론 그것을 요약할 권리가 있다. 그러나 그렇게 해서는 그 전투의 대강 윤곽밖에는 파악할 수 없으며, 또 아무리 충실한 서술가라 할지라도 전투라고 부르는 저 무시무시한 먹구름의 형체를 완전히 그려낼 수 없다.

이상 말한 바는 어떠한 대전투에서나 진실이지만, 특별히 워털루에 더욱 들어맞는 것이라 하겠다.

그러나 오후의 어느 순간에 이르러 대세는 명백해졌다.

오후 4시

4시쯤 영국군은 위험한 상태에 빠져 있었다. 오랑쥬 대공은 중앙을, 힐은 우익을, 픽턴은 좌익을 지휘하고 있었다. 물불가리지 않는 대담무쌍한 오랑쥬 공은, 네덜란드·벨기에 연합군을 향해 외치고 있었다. "나쏘! 브룬스비크! 한 발짝도 물러서지 말라!" 힐은 기진해서 웰링턴에게 의지하려 들었으며 픽턴은 전사했다. 영국군이 프랑스군 제105연대의 부대기를 빼앗는 것과 동시에 프랑스군 탄환이 영국군 픽턴 장군의 머리를 꿰뚫었던 것이다. 웰링턴에게 전투의 주축이 되는 지점은 우고몽과 라 에 쌩뜨 두 곳이었다.

그러나 우고몽은 아직 버티고는 있으나 불타고 있었고, 라 에 쌩뜨는 빼앗기고 말았다. 그곳을 지키던 독일 대대 가운데 살아 남은 것은 42명뿐으로, 장교는 5명만 남고 모두 죽거나 포로가 되어 있었다. 3천 군사가 그곳 헛간에서 죽어 갔다. 영국의 으뜸가는 권투 선수이며 동료들 사이에 불사신으로 통하던 한 영국 근위병도 거기서 프랑스군의 한 북치는 소년이 죽였다. 베어링도 격퇴당하고 알텐도 칼을 맞았다. 수많은 부대기를 빼앗겼으며, 그 중에

영국 제일의 권투선수이며 불사신으로 통하던 한 영국 근위병도 죽었다.

는 알텐 사단기와 되 뽕의 어느 명문 귀공자가 기수로 있던 루네부르끄 대대의 것도 있었다.

잿빛의 스코틀랜드 병정은 이제 남아 있지 않았다. 폰손비의 용기병도 궤멸되고 있었다. 그 용감한 용기병은 브로의 창기병과 트라베르의 흉갑기병에게 패퇴되었다. 1200기 가운데 남은 것은 600이었고, 세 중령 가운데 두 사람이 쓰러졌다. 해밀턴은 부상하고 메이터는 전사했던 것이다. 폰손비도 일곱 군데나 창에 찔려 쓰러져 있었다. 고든도 전사하고 마츠도 죽었다. 제5, 제6의 2개 사단이 분쇄되었다.

우고몽은 위험해지고, 라 에 쌩뜨는 적의 수중에 떨어졌으며, 이제는 오직 하나의 거점인 중앙만 남아 있었다. 이 거점은 여전히 버티고 있었다. 웰링턴은 그곳을 더욱 굳게 수비했다. 그는 거기로 메르브 브레느에 있던 힐을 불러들이고, 브레느 랄뢰에 있던 샤쎄도 불렀다.

영국군의 중앙은 가운데가 좀 우묵한 형체의, 굉장히 두껍게 밀집한 부대로 진지를 굳히고 있었다. 그것은 몽 쌩 장 고원을 차지하여, 뒤로는 마을이 있고 앞으로는 꽤 가파른 경사를 안고 있었다. 뒷 방패로 삼는 견고한 석조 건물은 그즈음 니벨이 소유한 공공건물로, 매우 튼튼한 16세기식 건물로 포탄을 맞아도 퉁겨내며 허물어지지 않았다. 지금도 도로 교차점의 푯말 구실을 하고 있다.

고원을 삥 둘러싼 영국군은 여기저기에서 산나무 울타리를 베어 쓰러뜨리고, 아가위나무숲에 포문을 설치하고, 나뭇가지 사이에 포문을 감추고, 덤불 속에 총구멍을 뚫어놓고 있었다. 포병은 가시덤불 아래 잠복해 있었다. 어떤 함정을 파놓아도 상관없는 전쟁에서는 그런 음흉한 수법도 물론 허용되지만 그렇더라도 그것은 정말 교묘하게 만들어져, 적의 포열을 탐색하기 위해 오전 9시에 황제가 파견한 악쏘도 전혀 알아보지 못하고 돌아와 니벨과 주나쁘의 두 길을 가로막은 두 개의 바리케이드 외에는 장애물이 없다고 보고했다. 때마침 밭의 곡식이 한창 높이 자랄 때여서, 고원 끝에는 켄트 여단의 한 대대인 제95대대가 카빈총을 가지고 높이 자란 밀 사이에 매복하고 있었다.

이런 모양으로 안전하게 수비진을 굳히고 영국과 네덜란드군의 중앙은 좋은 위치에 자리해 있었다.

그 진지에서 위험한 것은 쓰와뉴숲뿐이었다. 이 숲은 그즈음 전장과 잇닿아 있었으며 그레넨텔과 브와포르의 두 늪으로 끊겨 있었다. 그곳으로 퇴각한다면 대오가 흐트러질 게 분명하며 연대는 삽시간에 산산조각나버릴 것이 틀림없었다. 포병은 늪 속에서 꼼짝도 못하게 될 게 틀림없었다. 여러 전문가 의견에 따르면, 그곳으로 퇴각하는 것은—물론 이의를 내세우는 사람도 있었지만—완전한 패배가 되고 말리라는 것이었다.

웰링턴은 우익에서 샤쎄의 1개 여단을 빼내고 좌익에서 윙케의 1개 여단을 빼내어 중앙에 보태고, 거기다 다시 클린턴 사단을 보강했다. 자기 휘하의 영국군과 할케트의 몇 연대와 미첼의 여단과 메이트랜드의 근위대를 돕는 지원대로, 브룬스비크의 보병대와 나쏘의 징집병과 키엘만게제의 하노버병과 옴프테다의 독일병들을 보충했다. 이로써 그는 26개 대대를 한 손에 쥐게 되었다. 샤라스가 말한 대로 '우익은 중앙 배후에 고쳐 세워졌다'. 포병의 대부대는, 오늘날 '워털루 박물관'이라는 건물이 서 있는 주위에 흙을 쌓아올려 진지를 위장하고 있었다. 웰링턴은 그밖에도 어느 낮은 지대에 서머세트의 근위 용기병 1400기를 매복시키고 있었다. 그것은 명성도 드높은 저 영국 용기병의 반을 차지하는 숫자였다. 폰손비는 패퇴했으나, 서머세트는 남아 있었다.

일단 대오를 갖추기만 하면 거의 하나의 각면보(角面堡)가 될 정도의 그 포병대는, 지극히 얕은 담장 뒤에 배치되어, 모래포대와 육중한 흙의 둑으로 서둘러 덮어놓았다. 그러나 이 공사가 완전히 끝난 것은 아니었다. 거기에 울타리를 둘러칠 만한 겨를이 미처 없었던 것이다.

웰링턴은 내심 불안했으나 태연하게 발등에 올라앉아, 몽 쎙 장의 낡은 풍차방앗간 조금 못 미쳐 있는 한 그루의 느릅나무 아래에서 온종일 같은 자세로 버티고 있었다. 풍차방앗간은 지금도 남아 있으나, 느릅나무는 그 뒤 어느 영국인 예찬가가 200프랑에 사서 베어가 버렸다. 웰링턴은 거기에 침착하고 용감하게 머물러 있었다. 부관 고든은 방금 그의 옆에서 쓰러졌다. 힐경은 작렬하는 포탄을 가리키며 그에게 말했다.

"각하, 만일 각하께서 전사하게 되신다면 저희에게 어떤 지시를 내리시겠습니까?"

"나처럼 하라." 웰링턴은 대답했다. 그는 클린턴에게 간단명료하게 "최후의 한 사람까지 여기를 지키라"고 했다. 전투는 눈에 띄게 불리해져갔다. 웰링턴은 탈라베라와 비토리아와 쌀라망크 같은 옛 전우에게 이렇게 외치고 있었다.

"제군! 어찌 감히 퇴각을 생각할 수 있겠는가? 예로부터의 영국을 생각하라!"

4시쯤 영국군 전열은 후방으로 움직였다. 그러자 별안간 고지 꼭대기에는 포병과 저격병밖에 보이지 않고 나머지는 사라졌다. 모든 연대는 프랑스군의 유탄과 포탄에 쫓겨 훨씬 후방으로, 지금도 몽 쌩 장의 농원으로 통하는 오솔길이 가로지르고 있는 언저리까지 퇴각했다. 이같이 후퇴 작전이 이루어져, 영국군 진지는 텅 비어 버리고 웰링턴도 후퇴했다. "퇴각하기 시작했다!" 하고 나뽈레옹이 외쳤다.

유쾌해진 나뽈레옹

황제는 몸살 기운이 있어 뼈마디가 쑤시고 말타기가 거북스러웠으나, 이 날처럼 기분이 유쾌했던 적은 일찍이 없었다. 늘 마음 속을 드러내놓지 않는 그 얼굴이 아침부터 미소를 띠고 있었다. 대리석 탈을 쓴 그의 깊은 마음도 이 날 1815년 6월 18일에는 유난히 밝게 빛나고 있었다.

아우스테를리츠에서 승리했지만 침울했던 그도 워털루에서는 명랑했다. 숙명의 위대함은 모순을 드러내는 것이다. 우리들 인간의 기쁨은 그림자에 불과하다. 최상의 미소는 하느님의 것이다.

'시저는 웃고 폼페이우스(시저와 싸우며 쫓긴 로마의 장군·정치가)는 운다'고 풀미나트릭스군 병정들은 말했다. 그런데 폼페이우스는 이번에 울지 않아도 되었다. 그러나 시저가 웃고 있었던 것은 확실하다.

이미 지난밤 1시에 비바람을 무릅쓰고 베르트랑과 함께 로쏘므 근방 언덕을 말타고 돌며 야영하는 영국군의 긴 화톳불이 프리슈몽에서 브레느 랄뢰에 걸친 지평선 일대를 비추고 있는 것을 보고 만족한 나뽈레옹으로서는, 자기가 날을 받아 워털루 평원에서 대결하기로 작정해 놓은 운명이 자기 생각대로 정확하게 진행되고 있는 듯 여겨졌던 것이다.

그는 말을 멈추고 잠시 그 자리에 가만히 서서 번갯불을 바라보고 천둥소리를 들었다. 그때 이 운명의 사나이가 어둠을 향해 다음과 같은 신비로운 말을 던지는 것이 들렸다.

"우리는 일치하고 있다."

그러나 나뽈레옹은 잘못 알고 있었다. 그 둘은 이미 일치하고 있지 않았다.

나뽈레옹은 그날 밤 한 잠도 자지 않았다. 그 밤은 시시각각 그에게 기쁨을 안겨 주었다. 그는 전선의 전초 부대를 돌아보며, 여기저기서 발을 멈추고 기마보초병에게 말을 건네곤 했다. 2시 반, 우고몽 숲 언저리에서 그는 한 종대가 행진하는 소리를 들었다. 한때 그는 그것을 웰링턴의 퇴각으로 짐작했다.

나뽈레옹은 베르트랑에게 말했다.

"저것은 영국군 후위대가 퇴각해 가는 것이다. 나는 오스텐드에 갓 도착한 6천의 영국병을 포로로 잡고 말 테다."

그는 가슴 벅찬 듯 구변 좋게 말했다.

그의 말투는 활달했다. 3월 1일 상륙^(엘바 섬에서
돌아오던 때)할 때 열렬하게 환영하는 쥐앙 만의 농부들을 가리키며, "저것 봐 베르트랑, 저기에 벌써 원병이 있다!"고 외쳤던 활기를 되찾고 있었다. 지금 6월 17일에서 18일에 걸친 밤에 나뽈레옹은 웰링턴을 비웃으며 "잘난 체하는 그 영국놈에게 본때를 보여 줘야지"라고 했다. 비는 더욱 세차게 퍼붓고, 황제가 이야기하는 동안 천둥 소리가 요란하게 울려퍼졌다.

오전 3시 반, 나뽈레옹은 하나의 공상에서 깨어났다. 정찰하러 나갔던 장교들이 적은 조금도 움직이지 않는다고 그에게 보고한 것이다. 아무것도 움직이지 않고 있었다. 야영지의 화톳불 하나도 꺼져 있지 않았다. 영국군은 꼼짝 않고 있었다. 지상에는 깊은 정적이 감돌고 폭풍우 일고 천둥치는 하늘만 소란스러웠다.

4시에 한 농부가 척후병에게 붙잡혀 그에게 끌려왔다. 농부는 어느 영국군 기병 여단, 아마도 비비앙 여단이 맨 좌익인 오댕 마을로 진지를 구축하러 가는 길을 안내해 준 모양이었다. 5시에는 벨기에군 탈주병 두 명이 와서, 자기들은 지금 연대를 빠져나왔으며 영국군은 전투에 대비하고 있다고 그에게 알렸다.

나뽈레옹이 외쳤다.

"더 좋아! 나는 그들을 퇴각시키기보다 무찌르고 싶다."

아침이 되자 뺄랑쓰느와로 통하는 길모퉁이 둑 위에서 그는 진창 위로 말을 내려, 로쏘므 농장 부엌의 식탁과 농부들 걸상을 가져오게 하여 짚 한 다발을 깔고 걸터앉은 다음 식탁 위에 싸움터 지도를 펼치고 쑬뜨에게 말했다.

"근사한 장기판이다!"

밤새도록 내린 비 때문에 식량 수송대는 진흙탕 길과 실랑이하느라 아침이 되어도 와닿지 못했다. 병정들은 잠을 못잤고, 비를 맞은데다 먹지도 못하고 있었다. 그런데도 나뺄레옹은 들뜬 마음으로 네에게 외쳤다.

"십중팔구 승리는 우리 것이다."

8시에 황제의 아침식사가 날라져왔다. 그는 몇몇 장군을 초대했다. 식사하는 동안 그들은, 웰링턴이 그저께 브뤼셀의 리치몬드 공작부인이 주관하는 무도회에 참석했다는 이야기를 했다. 그러자 대주교 각하 같은 얼굴의 엄격한 군인인 쑬뜨가 말했다.

"무도회는 오늘이다."

"웰링턴도 폐하를 가만히 기다릴 정도로 바보는 아닐 겁니다(이 말은 앞의 "십중팔구 승리는 우리 것이다"라고 한 나뺄레옹의 승산에 대한 대답임)"라고 말하는 네를 황제는 놀렸다. 그런 식으로 놀리는 것은 그의 버릇이었다. '그는 즐겨 농담을 했다'고 플뢰리 드 샤블롱은 말하고 있다. '그의 본성은 쾌활한 기질이었다'고 구르고는 말하고 있다. '그는 재치가 있다기보다 오히려 기발한 농담을 잘했다'고 뱅자맹 꽁스땅은 말하고 있다. 거인의 이러한 명랑함은 강조할 만한 가치가 있다. 근위병들을 근황병이라고 바꾸어 부른 것도 그였다. 그는 그들의 귀를 비틀고 수염을 잡아당기곤 했다. '황제는 우리들을 놀리기만 하셨다'고 그들 가운데 한 사람은 말하고 있다.

엘바 섬에서 프랑스로 은밀하게 항해하며 돌아가던 2월 27일에 프랑스 군함 '제피르'호가 나뺄레옹이 숨어 있는 '앵꼬스땅'호를 만나 나뺄레옹의 소식을 묻자, 엘바 섬에서 그가 창안한 모표(帽標)—흰 빛과 맨드라미 빛 벌을 새긴 모표—를 그때까지도 그냥 모자에 달고 있던 황제는 웃으면서 메가폰을 들고 "황제는 안녕하다"고 직접 대답했다. 그런 우스갯소리를 할 수 있는 인간은 어떤 사건이 일어나도 태연한 법이다. 나뺄레옹은 워털루에서 아침을 먹으면서 그런 우스갯소리를 여러 번 했다. 아침을 먹은 다음 그는 15분쯤 생각에 잠겨 있었으나, 이윽고 두 장군이 짚단 위에 걸터앉아 손에 펜을 들고 무릎에 종이를 펼쳐 놓자 전투 대형을 받아 그리게 했다.

9시에 사다리꼴 5열 종대로 행군하고 있던 프랑스군은 넓은 간격을 두고 펼쳐져 각 사단은 2열 횡대가 되고, 포병대는 여단과 사단 사이에 자리잡고, 군악대를 선두로 북을 둥둥 울리며 나팔부는 행진곡에 따라 씩씩하고 우람스럽고 기쁨에 넘쳐 널리 흩어져 군모와 군도와 총검이 벌판 일대에 바다를 이루었을 때 황제는 감동하여 두 번이나 거듭 외쳤다.

"훌륭하다! 훌륭해!"

9시부터 10시 반까지 전군은 믿을 수 없을 만큼 신속하게 진을 치고 6열로 늘어서, 황제의 말을 빌면 '여섯 개의 V자 모양'이 되었다. 전선이 정돈된 얼마 뒤, 폭풍 전야의 저 깊은 고요 속에 테를롱과 레위와 라보의 세 군단에서 명령으로 뽑은, 니벨과 주나쁘 두 길의 교차점인 몽 쌩 장을 포격함으로써 전투를 개시할 임무를 띤 3개 포병중대, 12파운드 포를 가진 3개 포병중대가 분열 행진을 하는 것을 보고 황제는 악쏘의 어깨를 치며 말했다.

"어떤가 장군, 저 24명의 아리따운 아가씨들이."

전쟁 결과에 자신있던 그는, 몽 쌩 장 마을을 점령한 뒤 바로 바리케이드를 치도록 지시해 둔 제1군단의 공병중대가 앞을 지나갈 때, 웃으며 그들을 격려했다. 황제의 화창한 이 마음은 꼭 한 번, 거드름떠는 동정에 찬 한 마디로 잠시 흐려졌을 뿐이었다. 황제는 오늘날 커다란 묘석이 하나 서 있는 주위에 잿빛 제복을 입은 늠름한 스코틀랜드 병사들이 훌륭한 말과 함께 밀집해 있는 왼쪽을 보고 이렇게 말했던 것이다.

"참으로 아까운 일이로다."

그 뒤 그는 말을 몰고 로쏘므 앞쪽으로 가서, 주나쁘에서 브뤼셀로 통하는 길 오른쪽에 있는 나지막하고 좁은 풀밭을 관측소로 택했다. 이곳은 전투하는 동안 그의 두 번째 관측소가 되었다. 세 번째 관측소는 오후 7시에 그가 있었던 곳으로, 라 벨 알리앙스와 라 에 쌩뜨 사이에 있는 무시무시한 곳이었다.

이곳은 지금도 남아 있는 꽤 높은 언덕으로 그 뒤의 들판 비탈에 근위병이 집결되어 있었다. 언덕 주위에서는 포탄이 길에 간 돌에 맞아 튀어 나뽈레옹이 있는 데까지 날아왔다. 브리엔느에서와 마찬가지로, 그의 머리 위로 탄환과 비스까이앵 총탄이 쌩쌩 날았다. 그의 말이 발을 딛고 서 있던 거의 그 자리에서 사람들은 그 뒤 삭아빠진 포탄이며 헌 군도 칼날이며 형체도 알아볼 수 없이 녹슨 총탄 같은 것을 주웠다.

몇 년 전에는 화약이 그대로 들어 있는 60밀리 포탄 하나를 거기서 파낸 일이 있었다. 그 신관은 포탄 표면까지 부서져 있었다. 이 마지막 관측소에서, 한 경기병의 안장에 묶인 채 적의를 드러내며 겁내고 있던 라꼬스뜨라는 길잡이 농부가 산탄이 날아올 때마다 돌아서 자기 등 뒤로 숨으려는 것을 보고 황제는 말했다.

"천치 같은 놈! 부끄럽지도 않으냐, 등을 맞고 죽으려 하다니."

지금 이 글을 쓰고 있는 작자 자신도 그 언덕의 쉽사리 부스러지는 비탈의 모래흙을 파서, 46년 동안 산화되어 완전히 망가진 포탄의 쇠부스러기와 손가락 사이로 겨우살이 덩굴처럼 흩날려 떨어지는 낡은 쇳조각들의 나머지를 얻었다.

나뽈레옹과 웰링턴의 전투 장소였던 갖가지 비탈을 이루고 있는 들판의 기복은 오늘날 물론 1815년 6월 18일 그때의 모습 그대로가 아니다. 이 처참한 들판에서 기념될 만한 것을 사람들이 모조리 빼앗아 가버렸기 때문에, 이 땅 본디의 기복은 없어져 버렸다. 그리고 이젠 역사의 그림자도 엷어져 그 옛날을 되살릴 방도가 없다. 사람들은 이 땅에 영광을 주려다가 그 그림자를 허물어뜨렸다. 2년 뒤 워털루를 다시 찾은 웰링턴은 이렇게 외쳤다.

"나의 싸움터는 변해 버렸다."

오늘날 사자상이 서 있는 거대한 피라미드 모양으로 흙을 쌓아올린 자리는 그즈음 봉우리를 이루고 있었고, 니벨로 가는 길 쪽은 올라갈 수 있을 만큼 낮은 비탈면으로 이루어졌으며, 주나쁘로 가는 길 쪽은 벼랑처럼 되어 있었다.

그 벼랑의 높이는, 주나쁘에서 브뤼셀로 통하는 길을 사이에 끼고 거대한 두 묘지가 자리한 양쪽 언덕의 높이로 잴 수 있다. 하나는 영국군 묘지로 왼쪽에 있고, 다른 하나는 독일군 묘지로 오른쪽에 있다. 프랑스군 묘지는 없다. 프랑스로서는 이 벌판 전체가 무덤이다. 높이 150피트에 둘레 반 마일의 봉우리를 쌓아올리기 위해 몇천 수레의 흙을 파 옮긴 덕분에, 몽 쌩 장고원은 오늘날 느릿한 오르막길을 따라 올라갈 수 있게 되었다.

그러나 그 전투 때의 고원은, 더욱이 라 에 쌩뜨 방면은 기복이 심한 험난한 길이었다. 경사가 너무 가팔라서 영국 포병대는 전투의 중심지인 골짜기 안쪽에 자리한 농장을 찾아내지 못했다.

1815년 6월 18일 험난한 그 고원의 땅을 비가 더욱 깊이 파헤쳐 진창이 되어 오르기 어려워, 기어오르며 진창 속에 빠져야 했다. 멀리서 잘 알아볼 수 없는 구렁 같은 것이 능선을 따라 길게 뻗어 있었다.

이 구렁은 대체 무엇이었던가? 그것을 설명하기로 하자. 브레느 랄뢰는 벨기에의 한 마을이며, 오앵도 역시 그렇다. 이 두 마을은 모두 지면의 기복 사이에 가려져 있으며 1리그 반쯤 되는 길 하나로 이어지고 있다.

이 길은 물결처럼 굽이치는 들판을 가로지르며 가끔 밭고랑처럼 언덕 사이로 뚫고 지나가고 있어서 군데군데 협곡을 이루고 있다. 1815년에도 오늘날과 마찬가지로, 길은 주나쁘와 니벨의 두 길 사이에서 몽 쌩 장 고원의 능선을 끊어 놓고 있었다.

다만 오늘날에는 평지와 같은 높이로 되어 있으나, 그 무렵에는 푹 패어 들어간 길이었다. 기념 묘지를 쌓아올리느라고 양쪽 경사면을 허물어냈던 것이다. 이 길은 옛날에도 지금과 마찬가지로 대부분 참호 같은 모양을 하고 있었다. 그것도 자리에 따라서는 12피트나 되는 깊은 참호로서, 너무나도 가파른 경사면의 그 흙은, 더욱이 겨울이면 모진 비바람으로 여기저기 사태가 났다.

여러 가지 사건이 여기서 일어났다. 브레느 랄뢰 어귀는 길 폭이 너무나 좁아 먼 옛날 통행인 하나가 마차에 깔려 죽은 일이 있었다. 무덤 옆에 서 있는 돌십자가가 이 사실을 알려 주고 있다. 십자가에는 '베르나르 드 브리씨, 브뤼셀의 상인'이라고 죽은 사람의 이름이 새겨져 있으며, 사고 날짜는 '1637년 2월'로 되어 있다.

또 몽 쌩 장 고원의 길은 너무나 깊이 패어 있어서 마띠외 니께즈라는 농부가 1783년에 흙사태로 깔려 죽었다고 또 다른 돌십자가에 적혀 있다. 그러나 이 십자가 꼭대기는 이곳을 개척했을 때 없어지고, 뒤엎어진 받침돌은 지금도 라 에 쌩뜨와 몽 쌩 장 농장 사이의 길 왼쪽 풀밭 언덕 위에 남아 있는 게 보인다.

전투가 있었던 그 날, 몽 쌩 장의 능선을 타고 달리는 벼랑 위 구렁이며, 땅 속에 감춰진 바퀴 자국이며, 아무도 그 소재를 모르는 움푹 팬 그 길은 사람 눈에 전혀 띄지 않았다. 그것은 무서운 것이었다.

황제가 길잡이 라꼬스뜨에게 묻다

워털루의 아침에 나뽈레옹은 만족하고 있었다. 당연한 일이었다. 그가 세운 작전 계획은 아까 작자도 인정한 바와 같이 실로 훌륭했다.

일단 싸움이 시작되자, 그야말로 갖가지 변화가 작전에 맞서 일어났다. 우고몽의 저항, 라 에 쌩뜨의 용전, 보뒤앵의 전사, 전투력을 상실한 프와, 뜻밖의 벽에 부딪친 쓰와 여단의 좌절, 폭발 기구도 화약 주머니도 준비하지 않았던 기유미노의 치명적인 경솔, 진창에 빠져버린 포병대, 호위없는 15문의 대포가 악쓰브리지에 의해 어느 구렁길에서 전복당한 일, 영국 전선에 떨어뜨린 폭탄이 물기 머금은 땅 속으로 빠져들어가 진흙만 튀겼을 뿐 아무 효과도 내지 못한 일, 브레느 랄뢰 방면에서 삐레느를 위협하는 공작이 헛수고로 돌아간 점, 거의 전멸해 버린 15개 중대의 기병, 별다른 타격도 받지 않은 영국군 우익, 역시 대단한 손해를 입지 않은 좌익, 제1군단의 네 개 사단을 사다리꼴로 하지 않고 집중시킨 네의 엉뚱한 착각, 그로 말미암아 200명씩 27열을 이루는 대부대가 산탄 세례를 정면으로 받게 된 일, 그 밀집 부대 한복판을 포탄이 뚫어 놓은 무시무시한 구멍, 대오가 무너져 버린 공격 종대, 그 측면에 느닷없이 나타난 횡사포(橫射砲) 부대, 위기에 놓인 부르즈와와 동즐로와 뒤레뜨, 격퇴당한 끼오, 저 이공대학 출신의 힘센 비외 중위가 라 에 쌩뜨의 성문을 도끼로 부수다가 주나쁘에서 브뤼셀로 통하는 길모퉁이를 가로막고 있는 영국군 바리케이드에서 쏘아 대는 총화에 부상당한 일, 보병과 기병에게 협공당하고, 브레스트와 팩에게 밀밭에서 총격당하고 폰손비에게 여지없이 무찔러진 마르꼬네 사단, 발이 묶여 꼼짝 못한 일곱 문의 대포, 에들롱 백작의 공격에도 끄덕없이 프리슈몽과 스모앵을 끝까지 지켜낸 작스 바이마르 대공, 제105연대와 제45연대의 군기를 빼앗긴 일, 아브르와 쁠랑스느와 사이의 길을 정찰하던 300기의 경기병 유격대 척후병들이 잡은 검은 옷을 입은 프러시아의 표기병(驃騎兵), 그 포로가 진술한 여러 가지 불안스러운 일들, 그루시의 뒤늦은 움직임, 한 시간도 못되어 1500명이 우고몽 과수원에서 전사한 일, 그보다 더 짧은 동안에 1800명이 라 에 쌩뜨 부근에서 쓰러진 일. 모진 비바람과도 같은 이 모든 사건들이 전운처럼 나뽈레옹의 눈앞을 지나갔으나 그의 눈은 거의 흔들리지 않고, 확신에 찬 얼굴도 흐려지지 않았다. 나뽈레옹은 전투를 응시하는 일에 익숙해져 있었다.

그는 자질구레한 일을 일일이 셈에 넣고 걱정하는 일 따윈 결코 하지 않았다. 하나하나의 숫자는 그 합계, 즉 승리를 얻기만 하면 조금도 걱정스러울 게 없었다. 초반전이 어지럽다고 해도 결과는 예상대로 자기 것이 될 거라고 믿어 의심치 않았다. 만사에 초연한 자신을 품고 있는 그는 때를 기다릴 줄 알았고, 운명을 자기와 대등하게 다루고 있었다. 그는 운명을 향해 말했다.

"네 마음대로는 되지 않을 것이다."

빛과 그림자 속에 반씩 있던 나뽈레옹은 자신을 행운이 보호하고 재액이 너그럽게 봐주는 듯 느꼈다. 그는 모든 사건이 자기에게 불리하지 않고 오히려 도움되며, 저 고대의 불사신과도 대등한 것을 자신이 지녔음을 알고 있었다. 또는 적어도 그렇게 믿고 있었다.

그러나 과거에 베레지나(러시아에 있는 강. 1821년 11월 나뽈레옹의 비극적인 후퇴로 유명함)와 라이프찌히(1813년 나뽈레옹은 여기서 동맹군에게 패했음)며 퐁뗀블로(프랑스 궁전. 1814년에 나뽈레옹은 여기서 퇴위에 서명함)를 거쳐 온 그로서는 워털루를 경계해도 좋았으리라 생각한다. 저 신비의 눈썹이 찡그리고 있는 것이 하늘 저쪽에 보이지 않는가.

웰링턴이 후퇴하자 나뽈레옹은 크게 감동하여 떨었다. 그는 영국군의 최전선이 몽 쎙 장 고원에서 갑자기 철수하여 자취를 감추는 것을 보았다. 영국군은 일단 집결했지만 곧 자취를 감춰 버렸던 것이다. 황제는 등자 위에 반쯤 일어섰다. 승리의 빛이 그의 눈 속을 스쳤다.

웰링턴이 쓰와뉴숲으로 쫓겨가 궤멸된다. 영국이 프랑스의 칼에 숨통을 찔리는 것과 같았다. 크레씨와 쁘와띠에와 말쁠라께와 라밀리의 원수를 갚는 일이었다. 마렝고의 용사(나뽈레옹)가 아쟁꾸르(1415년 10월 25일, 오를레앙 공작이 이끄는 프랑스군이 영국군에게 패배한 곳)의 치욕을 씻는 것이었다.

황제는 이때 운명의 무서운 변천을 생각하면서, 마지막으로 다시 한번 쌍안경으로 전장의 모든 지점을 훑어보았다. 그의 등 뒤에서는 총을 받들고 선 근위대가 신을 보듯 그를 우러르고 있었다. 그는 생각에 잠겼다. 경사면을 살피고, 언덕에 주의하고, 나무숲과 호밀밭과 오솔길을 유심히 보았다. 덤불까지도 하나하나 세는 모양이었다. 그는 두 길을 차단하고 있는 영국군의 바리케이드를, 가시나무로 엮은 그 두 개의 커다란 방어물을 물끄러미 쏘아보았다. 하나는 라 에 쌩뜨 위로 통하는 주나쁘 한길의 바리케이드로, 영국군 전 포병대 가운데에서 그때까지 남아 전장의 아래를 내려다보는 두 문의 대포로 방비되고 있었다.

다른 하나는 니벨 가도의 바리케이드였다. 거기는 샤쎄 여단에 속한 네덜란드 병정의 총검이 번뜩이고 있었다. 황제는 그 바리케이드 옆의 브레느 랄뢰 쪽으로 통하는 지름길 모퉁이에 있는 하얗게 칠한 낡은 성 니꼴라 성당에 눈길을 멈추었다. 그는 몸을 구부려 길잡이 라꼬스뜨에게 작은 소리로 무언가 물었다. 길잡이는 아니라는 듯 머리를 가로저었는데, 이 사람의 생각 따위는 믿을 만한 게 못 되었으리라.

황제는 다시 몸을 일으키고 생각에 잠겼다.

웰링턴은 퇴각해 버렸다. 이렇게 되었으니 남은 문제는 그 퇴각을 철저하게 분쇄해 버리는 일이다.

나뽈레옹은 갑자기 홱 돌아서서 빠리로 전승을 알리기 위한 전령을 전속력으로 달리게 했다.

나뽈레옹은 뇌신을 업은 천재의 한 사람이었다.

그는 지금 막 그 장기인 뇌격을 감행하려고 마음먹었다.

그는 밀로의 흉갑 기병대에 몽 쌩 장 고원 탈취를 명령했다.

뜻밖의 일

그들은 3500명이었다. 그들이 1km에 걸쳐 포진했다. 거대한 군마를 탄 거대한 병사들이었다. 그들은 26개 중대로 편성되었고, 전후방 엄호로는 르페브르 데누에뜨 사단과 106명의 정예 헌병과 근위 경기병 1197명과 근위 창기병 880명이 있었다. 그들은 모두 깃장식 없는 철모를 쓰고, 무쇠 갑옷을 입고, 장전된 권총에 긴 군도를 차고 있었다. 그날 아침 9시, 나팔이 울리고 전 군악대가 '제국을 지키자'를 연주함에 따라 그들이 밀집 종대로 도착하여, 그 포병의 1개 중대를 측면으로 다른 1개 중대는 중앙으로 하고, 주나쁘 가도와 프리슈몽 사이에 2열 횡대로 펼쳐서, 나뽈레옹이 실로 교묘하게 편성한 저 강력한 제2선의 전투 위치에 자리잡았을 때, 전군은 감탄하며 그들에게 눈길을 빼앗겼다. 그 제2선은, 왼쪽으로는 껠레르망의 흉갑기병이 있고 오른쪽으로는 밀로의 흉갑기병이 있어 철로 된 두 날개를 이루고 있는 것

그들은 위풍당당하고 태연자약하며 늠름하게 올라갔다.

같았다.

　부관 베르나르가 그들에게 황제의 명령을 전달했다. 네는 군도를 빼어들고 선두에 섰다. 대기병대는 행동을 개시했다.

　그때 사람들은 어마어마한 광경을 보았다.

　기병대 전체가 칼을 높이 빼들고 군기를 바람에 펄럭이며, 나팔 소리도 우렁차게 사단마다 종대를 이루었다. 발걸음을 맞춰 한덩이가 되어 돌파구를 뚫는 청동의 대들보처럼 힘차게 라 벨 알리앙스의 언덕을 내려가 이미 많은 병사들이 쓰러진 무시무시한 골짜기로 뛰어들어 화약 연기 속으로 사라졌다. 그러다가 다시 그 어둠 속에서 튀어나와 골짜기 저편에 나타나고 여전히 촘촘히 밀집한 채 머리 위에서 마구 퍼부어대는 포탄이 파열하며 일어나는 구름을 헤치며 몽 쌩 장의 무시무시한 진흙탕 언덕을 단숨에 달려 올라갔다. 그들은 위풍당당하고 태연자약하며 늠름하게 올라갔다.

　소총과 대포 소리 사이사이 그 거대한 발굽 소리를 들을 수 있었다. 2개 사단이므로 그들은 2열종대를 이루고 있었다. 와띠에 사단은 오른쪽, 들로르 사단은 왼쪽, 멀리서 보니 고원 등성이로 커다란 강철 구렁이 두 마리가 기어 올라가는 것 같았다. 그것은 기적의 군사처럼 전장을 가로질러 가고 있었다.

　이러한 광경은 중기병대가 모스끄바 강가의 대각면보(大角面堡)를 점령한 뒤로 일찍이 볼 수 없었던 일이다. 그때의 뮈라는 없었으나, 네는 다시 여기에 있었다. 그 집단은 마치 한 개의 괴물이 되고 단 하나의 넋을 가지고 있는 것 같았다. 각 중대는 강장동물의 촉수처럼 물결치며 부풀어 있었다. 자욱한 화약연기가 여기저기 갈라진 틈새로 그들 모습이 보이고 있었다. 철모와 함성과 군도가 뒤얽히고, 대포와 나팔이 울리는 속에 말 엉덩이가 하늘로 치솟고, 정연하고도 무시무시한 혼란이 일고, 그 위로 히드라 ^(그리스 신화에 나오는 머리가 일곱 달린 뱀) 의 비늘 같은 갑옷이 겹쳐졌다.

　이러한 이야기는 마치 옛 이야기처럼 들리기도 한다. 이 광경과 비슷한 어떤 것이 분명 오르페의 옛 서사시에 나와 있다. 이 서사시에는 얼굴은 사람이고 몸뚱이는 말인 타이탄 족이 무시무시하고 끄떡없으며 숭고한 기세로 올림포스 산을 올라갔다는 이야기, 신이면서 짐승인 괴물들의 이야기가 담겨 있다.

그 26개 중대를, 이상스럽게도 같은 수인 26개 대대의 영국군이 맞아 싸우려 하고 있었다. 고지 봉우리 뒤 덮개를 씌운 포대 곁에서 영국 보병대는 2개 대대씩 13개의 방진을 만들어 제1선에 7개, 제2선에 6개를 두어 두 줄로 진을 치고, 개머리판을 어깨에 대고, 바야흐로 앞에 나타날 것을 겨누어 조용히 말없이 움직이지 않으며 기다리고 있었다.

그들에게는 흉갑기병들이 보이지 않고, 흉갑기병들에게는 그들이 보이지 않았다. 그들은 다만 인간의 물결이 밀려올라오는 소리에 귀기울이고 있었다. 그들은 차츰 커져 오는 3천 군마의 요란한 소리를, 굉장히 빠른 속도로 달려오는 말발굽의 리드미컬한 울림을, 갑옷이 스치는 소리를, 군도가 부딪는 소리를, 거칠고 커다란 숨결 같은 소리를 듣고 있었다. 그리고 무서운 한 순간의 침묵이 있었다.

그때 느닷없이 군도를 뽑아 쳐든 팔들의 기다란 한 줄이 등성이에 나타나고, 철모들이, 나팔들이, 깃발들이, 그리고 잿빛 수염을 기른 3천의 얼굴이 나타나 "황제 만세!"를 외치며, 기병대 전체가 일제히 고원 위에 넘쳐 흘러 마치 지진이 덮치는 것 같았다.

그러다가 갑자기 비장하게도 영국군의 왼편, 프랑스군의 오른편으로, 흉갑기병의 종대 선두가 처절한 외침과 더불어 말의 두 발굽을 허공으로 던져올렸다. 방진도 대포도 단숨에 섬멸해 버리려고 미친 듯 돌격하여 죽을 힘을 다해 고지 봉우리에 다다른 흉갑기병들은, 그들과 영국병들 사이에 있는 구렁을, 무덤 구멍을 보았던 것이다. 그것은 오앵으로 통하는 골짜기 길이었다.

무시무시한 순간이었다. 뜻하지 않은 골짜기 길이 말굽 아래로 절벽을 이루어 벼랑과 벼랑 사이에 2뜨와즈(^{4미}터쯤) 깊이로 입을 딱 벌리고 있었다. 그 속으로 제2열이 제1열을 밀어뜨리고, 제3열이 제2열을 밀어뜨렸다. 말들은 길길이 뛰어오르고, 뒤로 젖혀지고, 자빠지고, 네 발굽을 모아 들고, 미끄러져 떨어지며, 기병을 내동댕이치고 짓밟았다.

후퇴할 길은 전혀 없었다. 전 종대는 마치 이미 쏘아버린 탄환과도 같았다. 영국군을 짓누르기 위한 힘이 도리어 프랑스군을 깔아뭉개었다. 냉혹한 골짜기 길을 가득 채우기 전에는 지칠 줄 몰랐다. 기병도 말도 한덩어리가 되어 굴러떨어지고 서로 짓밟아, 이 심연 속에서는 다만 한덩이의 살점에 지나지 않았다. 그리고 그 무덤 구멍이 산 사람으로 가득 채워졌을 때, 그 위

말들은 길길이 뛰어오르고, 뒤로 젖혀지고, 자빠지고, 네 발굽을 모아 들고, 미끄러져 떨어지며, 기병을 내동댕이치고 짓밟았다.

를 다른 사람들이 짓밟고 지나갔다. 뒤브와 여단의 3분의 1이 그 심연으로 굴러떨어졌다.

여기서부터 패배가 시작되었다.

그 고장에 전해 내려오는 말로는, 물론 과장된 것이겠지만, 2000마리 말과 1500명의 군인이 오앵의 구렁길에 묻혔다고 한다. 이 수는 아무래도, 싸움이 끝난 다음날 그 구렁 길에 던져넣어진 다른 시체까지 포함한 것 같다.

말이 난 김에 하는 말이지만, 1시간 전에 단독으로 공격하여 루네브르그의 대대기를 빼앗은 것은 이토록 처참한 꼴을 당한 바로 이 뒤브와 여단이었다.

나뽈레옹은 이 돌격 명령을 밀로 흉갑기병대에 내리기 전에 지면을 세밀히 조사했다. 그러나 고원 표면에 한 오리의 주름조차 접히지 않은 그 구렁 길만은 알아내지 못했던 것이다.

그렇지만 그 길과 니벨 가도의 교차점을 나타내고 있는 하얗게 칠한 작은 성당을 보고 경계심을 일으킨 그는, 아마도 뜻밖의 장애물을 걱정했음인지 길잡이 라꼬스뜨에게 한 마디 물어보았지만 길잡이는 아니라고 대답했다. 한 농부가 머리를 한 번 가로저음으로써 나뽈레옹이 파멸하게 됐다고 해도 지나친 말은 아니리라.

뒤브와 여단 거의 3분의 1이 그 심연으로 굴러떨어졌다.

이 밖에도 피할 길 없는 재앙이 잇따라 일어났다. 대체 나뽈레옹은 이 전투에서 이길 가망이 있었던가? 우리는 아니라고 대답한다. 왜냐고? 웰링턴 때문에? 블뤼헤르 때문에? 아니다. 그것은 신의 뜻 때문이다.

보나빠르뜨가 워털루에서 승리하는 것은, 이미 19세기의 법칙에 없었다. 나뽈레옹이 더 끼어들 여지 없는, 생소한 일련의 사건들이 일어나려 하고 있었다. 불운의 싹은 오래 전부터 움트고 있었다. 이 거대한 인물도 쓰러질 때가 왔던 것이다.

인류의 운명에서 이 사람의 과도한 비중은 평형을 깨뜨리고 있었다. 이 개인은 혼자서 전 인류보다도 더 큰 비중을 차지하고 있었다. 전 인류의 생명력이 한 사람의 머릿속에 지나치게 집중되어, 세계가 한 인간의 두뇌 속에 포괄되어 있는 이런 일이 계속된다면, 그것은 문명의 파멸을 초래하리라. 침범할 수 없는 우주의 올바른 길을 다시 세워야 할 때가 온 것이다.

아마도 물질 세계와 마찬가지로 정신 세계에도 규정된 중력 관계가 있어, 그 관계의 바탕이 되는 원칙과 요소가 불만을 호소했을 게 틀림없으리라. 넘쳐흐르는 피, 그득한 무덤, 눈물로 지새우는 어머니들은 두려운 고발자이다. 대지가 너무도 무거운 중압에 시달릴 때는 신비로운 신음소리가 어둠 속에서 일어나 무한한 깊이까지 그 소리를 듣게 한다.

나뽈레옹은 시대를 뛰어넘어 고발되었으며, 그의 몰락은 예정되어 있었다. 그는 신의 뜻을 거스르고 있었던 것이다.

워털루는 단순한 전쟁이 아니라 세계의 방향 전환이었다.

몽 쌩 장 고지

골짜기 길과 포대가 한꺼번에 모습을 나타냈다.

60문의 대포와 열 셋의 방진은 총포를 들이대고 흉갑기병에게 포화를 퍼부었다. 대담무쌍한 들로르 장군은 영국군 포대에 거수 경례를 해보였다.

영국군의 기마 포병대는 모두 서둘러 방진 속으로 돌아와 있었다. 흉갑기병은 잠시 발을 멈출 겨를조차 없었다. 구렁 길의 불운은 수많은 전우를 죽였지만 용기를 꺾지는 못했다. 그들은 수가 줄면 줄수록 더욱 용기가 솟는 그러한 용사들이었다.

그 불행한 난을 당한 것은 바띠에르의 종대뿐이었다. 네는 마치 함정을 미리 짐작했던 것처럼 들로르의 종대를 왼쪽으로 돌렸으므로 이 종대는 모두 무사히 도착해 있었다.

흉갑기병은 영국군 방진으로 진격했다. 고삐를 늦추고, 군도를 입에 물고, 권총을 손에 쥐고 전속력으로 돌진했다.

전투 중에는 정신이 사람을 강경하게 하여 끝내는 병정을 조각으로 만들어 온몸이 화강암이 되게 하는 그러한 순간이 있다. 영국군의 각 대대는 광풍 같은 공격을 받으면서도 꿈쩍하지 않았다.

그때야말로 무시무시한 광경이 되었다.

영국군의 각 방진은 사방에서 한꺼번에 공격당했다. 미쳐날뛰는 소용돌이가 그들을 에워쌌다. 그러나 냉정한 이 보병대는 태연히 움직이지 않았다. 제1열은 무릎을 땅에 대고 총검으로 흉갑기병들을 막아내고, 제2열은 포화를 퍼부어댔다. 제2열 뒤에서는 포병들이 대포에 포탄을 장전하고, 방진 앞쪽이 열리고, 포탄을 마구 쏘아대고는 다시 닫혔다. 흉갑기병들은 거기에 대응하여 적진을 유린했다.

그들의 거대한 말들은 뒷발로 서서 전열을 뛰어넘고, 총검 위를 건너뛰어 그들 살아 있는 벽 한복판에 산더미처럼 무너져 떨어졌다. 포탄은 흉갑기병 속에 구멍을 뚫고, 흉갑기병은 방진을 꿰뚫었다.

병사의 대열은 말굽에 짓밟혀 허물어졌다. 총검은 그와 같은 반인 반수의 괴물 옆구리를 정통으로 찌르곤 했다. 이리하여 보기에도 무참한 살상극이 벌어졌다.

영국군 방진은 광포한 기병대에 의해 파손되었으나 붕괴하지 않고 축소되었다. 방진은 포탄을 무진장 뿜어내면서 그것을 공격군의 한복판에서 폭발시켰다.

전투 광경은 실로 처참했다. 방진들은 더이상 대오가 아니라 분화구였다. 흉갑기병은 기병대가 아니라 폭풍우였다. 각 방진은 구름안개에 뒤덮인 화산이며, 용암은 뇌성벽력과 싸우고 있었다.

오른쪽 끝의 방진은 모든 방진 가운데에서 가장 많이 노출되어 있어 충돌이 시작되자 심한 타격을 받고 맨 먼저 거의 전멸해 버렸다. 그것은 스코틀랜드 고지 사람들의 제75연대로 편성되어 있었다. 중앙에 자리한 피리부는 사나이는 주위에서 살육전이 벌어지는 동안 얼이 빠져 고향의 숲과 호수의 환영이 어린 우울한 눈을 내리깔고 북 위에 걸터앉아, 피리를 팔에 끼고 고향 산과 들의 노래를 불고 있었다. 그 방진의 스코틀랜드 병사들은 그리스인들이 아르고스를 생각하며 죽었던 것처럼, 벤 로티안(스코틀랜드 남부의 풍요한 평야를 에워싼 봉우리)을 생각하며 죽어 갔다. 한 흉갑기병은 피리와 피리부는 사나이의 팔을 군도로 내리쳐 죽여 노래를 멈추게 했다.

흉갑기병은 움푹 팬 구렁 때문에 터무니없이 수가 줄어들었으나, 거의 모든 영국군과 교전하며, 저마다 열 사람 몫의 공을 세워 수를 보충했다. 그러는 동안에 하노버의 몇몇 대대가 굴복하기 시작했다. 웰링턴은 이것을 보고 자신의 기병대를 생각해 냈다. 만약 나뽈레옹이 이 같은 순간에 자신의 보병대를 생각해냈더라면 그는 승리를 얻었을지도 모른다. 나뽈레옹이 이를 잊어버린 것은 돌이킬 수 없는 중대한 실수였다. 공격에 열중해 있던 흉갑기병대는 갑자기 자신들이 공격당하기 시작한 것을 알았다. 영국 기병이 그들 등 뒤로 돌아와 있었다. 앞에는 방진이 있고 뒤에는 서머세트가 있었다. 서머세트는 근위 용기병 1400명을 거느리고 있었다. 서머세트 오른쪽에서는 도른베르히가 독일 경기병을 지휘하고, 왼쪽에서는 트리쁘가 벨기에 중기병을 지휘하고 있었다. 흉갑기병은 옆으로, 위로, 앞으로, 뒤로 공격받아 사면팔방으로 응전하지 않으면 안 되었다. 그러나 흉갑기병들은 무서울 것이 없었다. 그들은 회오리바람이었다. 그들은 더욱 용맹스러워졌다.

그뿐 아니라 그들 뒤에서도 끊임없이 포성이 울리고 있었다. 이 용사들의 배후에 상처를 입히기 위해서는 그렇게 하는 수밖에 없었다. 비스까이앵 총탄으로 왼쪽 견갑골 근처를 꿰뚫린 그들의 갑옷 하나가 워털루 박물관 진열품 속에 지금도 보존되어 있다. 이런 프랑스 용사에게는 실로 이런 영국군이 필요했던 것이다.

그것은 이미 단순한 혼전이 아니라 음영이며, 광란이며, 정신과 용기의 열광적인 분노이며, 번개 같은 칼날의 선풍이었다. 눈깜짝할 사이에 근위 용기병 1400명은 800명으로 줄어들었다. 그들의 중령 풀러는 전사했다.

네가 르페브르 데누에뜨의 창기병과 경기병을 거느리고 달려왔다. 몽 쌩장 고지는 빼앗겼고, 탈환되었다가 또다시 빼앗겼다.

흉갑기병은 상대하던 기병대를 내버려둔 채 다시 보병대를 맞아 싸웠다. 싸웠다기보다도 천지를 진동하는 이 군상들은 서로 떨어지지 않고 한덩어리

피리부는 사나이는 주위에서 살육전이 벌어지는 동안 우울한 눈을 내리깔고 북 위에 걸터앉아, 고향의 산과 들 노래를 불고 있었다.

를 이루고 있었다. 방진은 여전히 가로막고 있었다. 12번이나 돌격이 감행되었다. 네가 타고 있던 말은 4번이나 죽음을 당했다. 흉갑기병의 반수가 고원 위에서 쓰러졌다. 이 전투는 두 시간이나 계속되었다.

이로 말미암아 영국군은 몹시 동요했다. 만일 흉갑기병이 구렁길에서 재액으로 처음의 공격력이 약해지지 않았다면, 그들은 틀림없이 적의 중앙을 무찌르고 승리를 차지했을 것이다. 이 용감무쌍한 기병대는 달라벨라와 바다호즈의 싸움에 참가한 일이 있는 클린턴을 놀라게 했다. 웰링턴은 4분의 3까지 지고 있으면서도 영웅답게 적을 칭송했다. 그는 낮은 목소리로 말했다.

"참으로 훌륭하다 (그는 splendid / 라고 말했음)!"

흉갑기병대는 열 셋의 방진 가운데 7개를 무찌르고, 대포 60문을 노획하거나 부수고, 영국 연대기 6개를 빼앗아 그것을 세 흉갑기병과 세 근위 경기병이 라 벨 알리앙스 농장 앞에 있는 황제에게로 가져갔다.

웰링턴의 정세는 나빠지고 있었다. 이 무서운 전투는 마치 서로 싸우고 끝끝내 버티면서 피를 모두 잃고 있는 상처입은 두 사람의 맹렬한 결투와 흡사했다. 두 사람 가운데 누가 먼저 쓰러질 것인가?

고원의 전투는 계속되고 있었다.

흉갑기병은 과연 어디까지 진격하여 들어갔던가? 그것은 아무도 말할 수 없었으리라. 다만 확실한 것은 전투 다음날 몽 쌩 장에 있는 마차의 짐을 다는 계량대 뼈대 속에서, 곧 니벨과 주나쁘와 라 위쁘 브뤼셀의 네 길이 교차되는 지점에서 죽어 있는 흉갑기병 하나와 말이 발견된 사실이다. 그 기병은 영국군 전선을 돌파했던 것이다. 시체를 처리한 한 사람은 아직도 몽 쌩 장에 살고 있다. 그의 이름은 드와즈로, 전투 당시에 18살이었다.

웰링턴은 형세가 몹시 나빠져 가고 있음을 느꼈다. 위기가 눈앞에 닥치고 있었다. 흉갑기병은 적의 중앙을 돌파하지 못한 점에서는 성공하지 못했다. 양쪽 다 고원을 점령하고 있었지만 어느 쪽의 소유도 아니었으며, 아직은 거의 대부분 영국군 수중에 있었다. 웰링턴이 마을과 높은 평지 일대를 차지한데 비해, 네는 고지의 봉우리와 비탈밖에 차지하지 못하고 있었다. 양쪽 모두 음산한 이 땅에 뿌리를 내리고 있는 것 같았다.

그러나 영국군의 약화는 돌이킬 수 없는 것으로 보였다. 이 군대의 출혈은 무시무시했다. 켄트가 좌익에서 원병을 청해 왔다.

“한 명도 없다, 거기서 사수하라!” 하고 웰링턴은 말했다.

거의 같은 때 네도 나뽈레옹에게 보병을 요청하여 양쪽 군대는 똑같이 기진맥진해진 것을 드러냈다.

나뽈레옹은 외쳤다.

“보병이라고! 어디서 내라는 거야? 날더러 만들어내라는 건가?”

그러나 영국군의 타격은 이만저만한 것이 아니었다. 강철 같은 가슴에 무쇠 갑옷을 입은 위대한 프랑스 기병대의 광포한 돌진은 영국 보병대를 여지없이 분쇄해 버렸던 것이다. 몇 사람이 군기 하나를 에워싸고 서서 한 연대의 위치를 나타내는 데도 있었는데, 그와 같은 연대는 이미 대위나 중위의 지휘를 받고 있을 뿐이었다.

라 에 쌩뜨에서 이미 심한 타격을 받았던 알텐 사단은 거의 전멸되었다. 반 클루쎄 단의 용감한 벨기에 병사들은 니벨로 통하는 길 옆 호밀밭에 어지럽게 흩어져 있었다. 1811년 스페인에서 프랑스군에 섞여 웰링턴과 싸우고, 지금 1815년에는 영국과 손잡고 나뽈레옹과 싸우던 네덜란드의 척탄병들은 살아남은 자가 거의 없었다.

장교들의 손실도 막대했다. 악스브리즈 경은 무릎뼈가 부스러져 그 이튿날 한쪽 다리를 매장했다. 프랑스군 쪽은 흥갑기병의 전투에서 들로르와 레리띠에와 꼴베르와 드노쁘와 트라베르와 블랑까르가 전투력을 상실하고 있었고, 영국군 쪽은 알텐과 반이 부상하고 테렌씨는 전사하고 웰링턴의 막료 대부분이 전사했다. 그리하여 그 출혈을 비교할 때 영국군 쪽 비중이 더 컸다. 근위 보병 제2연대는 중령 5명과 대위 4명과 기수 3명을 잃었다. 보병 제30연대 제1대대는 장교 26명과 112명의 병사를 잃었다. 스코틀랜드 산악병 제79연대에서는 장교 24명이 부상하고, 장교 18명이 전사하고, 병사 450명이 전사했다.

쿤베를란드의 하노버 경기병대는, 뒷날 재판에 회부되어 면직처분을 받게 되는 연대장 학케를 선두로 하여 연대 전원이 싸움을 앞에 두고 길을 되돌아와 쓰와뉴숲 속으로 도망쳐 브뤼셀에 이르기까지 혼란의 분위기를 만들었다.

군수품을 실은 차며 탄약차며 화물차나 부상병을 가득 실은 유개차들은 프랑스군이 전진하여 숲으로 다가오는 것을 보고 앞다투어 숲 속으로 달아났다. 프랑스 기병대에 여지없이 짓밟힌 네덜란드 병정들은 “위험해!”라고 외쳐댔다.

베르 꾸꾸에서 그레넨델까지, 브뤼셀 방면으로 이십 리에 걸쳐 도망병이 들 끓고 있었다고, 아직 살아 있는 몇몇 목격자가 말하고 있다. 이 공포는 너무도 심하여 말리느에 있던 꽁데 대공과 강에 있던 루이 18세에게까지 번졌다.

몽 쌩 장 농장 안에 세운 야전병원 후방에 사다리형 진을 치고 있는 소수의 예비군과 좌익을 지키고 있는 비비앙과 방들뢰르 2개여단 말고는 웰링턴에게 기병이 없었다.

수많은 대포는 산산조각나 나자빠져 있었다. 이러한 사실들은 시본느가 고백하고 있는 바이다. 프링글은 불운을 과장하여, 영국군과 네덜란드군은 3만 4천 명밖에 남지 않았다고까지 말하고 있다. 무쇠 공작(웰링턴)은 여전히 침착했으나 입술은 새파랗게 질렸다.

영국군 참모부의 일원으로 참전하고 있던 오스트리아의 관전(觀戰) 무관 빈첸트와 스페인의 관전 무관 알라바는 무쇠공작이 패배했다고 믿고 있었다. 5시에 웰링턴은 시계를 꺼냈다. 그리고 우울하게 중얼거리는 소리를 들을 수 있었다.

"블뤼헤르가 먼저냐, 밤이 먼저냐!"

그때 멀리 한 줄의 총검이 프리슈몽쪽 언덕 위에 번뜩였다.

그리하여 거대한 이 참극이 급변하였다.

나뽈레옹에게는 나쁜 길잡이, 뵐로우에게는 좋은 길잡이

알려진 바와 같이 나뽈레옹의 착각에는 가슴을 찌르는 듯한 것이 있다. 그루시를 고대하고 있던 때 뜻밖에 나타난 블뤼헤르는 생명이 아니라 죽음을 가져온 것이다.

운명이란 이런 모양으로 전환한다. 세계를 지배하는 제왕의 옥좌를 기대했는데 세인트 헬레나가 눈앞에 나타난다.

만약에 블뤼헤르의 부관 뵐로우의 길잡이인 목동이 숲으로 진출하려면 쁠랑쓰느와 아래로 가는 것보다 프리슈몽 위쪽으로 돌아가는 게 더 좋다고 가르쳐 주었더라면 19세기의 형세는 아마도 오늘날과 달라져 있을 것이다. 그랬더라면 나뽈레옹은 워털루전투에서 이겼을 것이다. 쁠랑쓰느와 아랫길 이외의 길을 택했다면 프러시아군은 도저히 포병이 통과할 수 없는 그런 협곡에 맞닥뜨려 뷜로우는 도착하지 못했을 것이다.

프러시아의 무풀링 장군이 공언하는 바이지만 한 시간만 더 늦었더라면 블뤼헤르는 살아 있는 웰링턴을 보지 못했으리라.

"싸움은 패하고 있었다."

누구나 알 수 있듯이 뷜로우가 도착하지 않으면 안 될 시간이었다. 그뿐 아니라 그는 이미 늦어지고 있었던 것이다. 뷜로우는 디옹 르몽에서 야영하고 있다가 날이 새자마자 출발했다. 그러나 길은 걸음을 옮기기조차 힘든 형편이었고 어느 사단이나 진흙탕에 발이 빠져 버렸다. 포차는 바퀴 자국에 굴대까지 파묻혔다. 게다가 좁다란 와브르 다리로 딜 강을 건너야만 했다. 그리고 그 다리로 통하는 도로에는 프랑스군이 불을 질러 놓고 있었다. 포병대의 탄약차와 식량차는 불타는 동네 사이를 빠져나갈 수 없어, 불이 꺼질 때까지 기다려야 했다. 뷜로우의 전위 부대가 아직 샤뻴 쌩 랑베르에 닿기도 전에 벌써 정오가 되어 있었다.

전투가 2시간 더 이르게 시작됐더라면 오후 4시에는 끝났을 터이고 블뤼헤르는 나뽈레옹이 이미 승리를 움켜잡은 뒤에야 전장으로 달려왔을 것이다.

우리 인간이 이해할 수 없는 무한에 어울리는 엄청난 우연이란 으레 그와 같다.

정오에 황제는 맨 먼저 망원경으로 지평선 끝에서 무엇인가 알아보고 주의를 기울였다. 그는 말했다.

"저기 구름 같은 것이 보이는데, 어쩐지 군대와 비슷하구나."

그리고 달마씨 공작(쑬뜨)에게 물었다.

"쑬뜨, 저 샤뻴 쌩 랑베르 방면에 보이는 것을 어떻게 생각하나?"

원수는 망원경을 그쪽으로 돌려보고 대답했다.

"4, 5천의 군사입니다, 폐하. 그루시임에 틀림없습니다."

그런데 그것은 안개 속에서 꼼짝도 않고 있었다. 참모부의 모든 망원경은 황제가 지적한 그 '구름'을 자세히 살펴보았다. 더러는 이렇게 말했다.

"저것은 정지하고 있는 중대입니다."

그러나 대부분의 사람들은 이렇게 말했다.

"저것은 나무숲입니다."

확실한 것은 그 구름이 움직이지 않는다는 것이었다. 황제는 도몽의 경기병대를 파견하여 그 뚜렷하지 않은 것 쪽으로 정찰대를 파견했다.

뷜로우는 과연 움직이지 않았다. 그의 전위 부대는 수가 매우 적어 아무 힘도 없었다. 그 전위 부대는 군단의 주력을 기다릴 수밖에 없었고, 또한 전선에 나가기 전에 집결하라는 명령을 받았다. 그러나 5시에 웰링턴의 위기를 알아차린 블뤼헤르는 뷜로우에게 공격할 것을 명령하면서 놀랄 만한 말을 했다.

"영국군의 숨구멍을 열어주어야겠다."

얼마 뒤에 로스틴과 힐레르와 학케와 리쎌의 각 사단은 로보의 군단 앞에 전개되고, 프러시아의 빌헬름 대공 기병대는 빠리스 숲에서 출격하여 쁠랑쓰느와는 불꽃에 휩싸였다. 그리고 프러시아군의 포탄이 나뽈레옹의 배후에 예비대로 대기하고 있던 근위병 대열에까지 빗발치듯 쏟아지기 시작했다.

근위대

그 뒤의 일은 이미 알려진 그대로다.

제3세력의 돌입, 전투의 분열, 갑자기 불을 뿜기 시작한 86문의 대포, 뷜로우와 함께 도착한 피르히 1세의 기습, 블뤼헤르가 몸소 지휘하는 씨텐 기병대, 프랑스군의 후퇴, 오앵 고원에서 소탕된 마르꼬네, 빠쁠로뜨에서 퇴각한 뒤뤼뜨, 동즐로와 끼오의 퇴각, 측면으로 공격당한 로보, 장비를 잃은 아군 각 연대에 황혼과 더불어 덮쳐온 새로운 전투, 다시 공세를 취하고 전진해 온 모든 영국군의 전선, 프랑스군 속에 뚫린 거대한 구멍, 서로 엄호하는 영국군과 프러시아군의 산탄, 섬멸전, 정면과 측면의 참패, 그 무서운 붕괴 아래 근위대의 전선 참가.

근위대는 죽음이 다가옴을 느끼자 "황제폐하 만세!"를 외쳤다. 마침내 그러한 함성까지 지르게 된 최후의 그 고통보다 더 감동을 주는 것은 역사상 유례가 없다.

하늘은 온종일 흐려 있었다. 그런데 갑자기 그 순간에, 저녁 8시였는데, 지평선의 구름이 갈라지며 지는 해의 불길한 붉은 빛이 니벨 가도의 느릅나무들 사이로 커다랗게 번져나왔다. 아우스테를리츠에서는 이 해가 솟아오르는 것을 보았었는데.

근위병의 각 대대는 이 종국을 위해 저마다 장군의 지휘를 받고 있었다.

프리앙, 미셸, 로게, 아를레, 말레, 뽀레 드 모르방이 모두 거기 있었다. 커다란 독수리 휘장이 달린 근위 척탄병의 높은 모자가 가지런히 줄지어 숙연히 위풍당당하게 이 혼전의 안개 속으로 나타났을 때에는 적군조차도 프랑스군에 대한 존경심을 느꼈다. 마치 수많은 승리가 날개를 활짝 펼치고 전장으로 들어오는 것을 보는 것 같았으며, 승자가 패자인 듯한 마음이 들어 뒤로 물러났다. 그러나 웰링턴은 외쳤다.

"일어섯, 근위병! 정확하게 겨눠라!"

울타리 뒤에 엎드리고 있던 붉은 옷의 영국 근위연대는 일어섰다. 빗발치는 듯한 포탄이 프랑스군의 독수리 용사들 주위에서 바람에 나부끼고 있는 삼색기에 구멍을 수없이 뚫고, 전군이 서로 부딪치며 최후의 살육전이 벌어지기 시작했다.

황제의 근위병들은 그들 주위에서 퇴각해 가는 군대를, 쫙 깔린 패전의 흔들림을 어둠 속에 느꼈다. "황제 폐하 만세!" 이 소리가 "달아나라!"는 소리로 바뀐 것을 들었다.

그리고 달아나는 그 소리를 뒤에 들으면서도 그들은 한 걸음 한 걸음 더욱더 포화의 세례를 받고 쓰러지면서 계속 전진했다. 주저하는 자도, 겁내는 자도 없었다. 이 근위대에서는 한낱 병졸도 장군 못지않은 영웅이었다. 죽음을 각오하지 않는 사람은 하나도 없었다.

네는 미친 듯 날뛰며, 죽음을 감수하는 인간만이 갖는 저 극한의 위풍으로, 이 난전의 모든 타격에 몸을 내맡기고 있었다. 이때 그가 탄 다섯 번째 말이 죽음을 당했다. 땀에 범벅이 되어, 눈에 불을 켜고, 입에 거품을 물고, 군복 단추는 떨어져 달아나고, 한쪽 견장은 영국 근위기병의 군도를 받아 반동강이 나고, 레지옹 도뇌르 최고 훈장의 독수리 휘장은 탄환을 맞아 우그러들고, 피를 뒤집어쓰고, 흙투성이가 되어, 용감무쌍하게 부러진 칼을 손에 들고 그는 말했다.

"자, 프랑스의 원수가 전장에서 어떻게 죽어 가는지를 보러 오라!"

그러나 그렇게 말한 보람도 없이 그는 죽지 않았다. 그는 살기를 띠고 미쳐 날뛰었다. 그는 드루에 데를롱에게 내뱉듯 말을 던졌다.

"자네는 전사하지 않을 텐가, 자네는?"

병사들을 몰살시켜 가는 포탄 속에서 그는 외치고 있었다.

"나를 맞힐 총탄은 그래 없단 말인가! 오! 영국놈들의 포탄은 모두 내 뱃속으로 들어오너라!"

불운한 네여, 그대는 프랑스 군대의 탄환에 맞기 위해 남겨진 것이다! (나뽈레옹의 몰락 뒤 네는 왕당파에 의해 총살되었음)

파멸

근위대 뒤에서 일어난 패주는 처참했다.

군대는 한꺼번에 사방에서—우고몽에서, 라 에 쌩뜨에서, 빠뿔로뜨에서, 쁠랑쓰느와에서 황망하게 퇴각했다. "배신자!"라는 소리에 "달아나라!"는 외침이 이어졌다. 패퇴하는 군대는 마치 눈사태와 같다. 모든 것이 휘어지고, 금이 가고, 깨어지고, 흘러가고, 뒹굴고, 미끄러 떨어지고, 부딪치고, 앞을 다투고, 왈칵 밀린다. 처참한 해체다. 네는 말을 빌어 타고, 모자도 넥타이도 검도 없이 브뤼셀 가도에 가로막고 서서, 영국군과 프랑스군을 동시에 제지했다. 그는 군대를 저지하려고 애쓰며 소리지르고, 욕을 퍼붓고, 패주하는 병사들을 몸으로 가로막았다. 그러나 병사들은 넘쳐흘러 그의 옆을 빠져나가 "네 원수 만세!"라고 외치며 달아났다.

뒤뤼뜨의 2개 연대는 독일 창기병의 칼과 켄트와 베스트와 팩크와 라일란트 같은 여러 여단의 틈바구니에서 마치 공깃돌이 굴러다니듯 어찌할 바 몰라 우왕좌왕한다. 혼전 중에서 가장 최악의 것은 도망이다. 도망가기 위해서 전우끼리도 서로 죽인다. 기병대와 보병대는 싸움의 거대한 거품처럼 서로 부딪쳐 산산이 흩어진다. 한쪽 끝에서는 로보가, 다른 한 끝에서는 레유가 저마다 그 물결에 휘말려 든다. 나뽈레옹은 근위대의 나머지 병력을 모아 방어벽을 구축하려 하나 힘이 미치지 않았다. 최후의 노력도 헛되어 측근 기병 중대를 소모시켜 버린다.

끼오는 비비앙 앞에서 물러나고, 껠레르만은 반델뢰르 앞에서 물러나고, 로보는 뷜로우 앞에서 물러나고, 모랑은 페르히 앞에서 물러나고, 도몽과 쒸베르빅은 프러시아의 빌헬름 대공 앞에서 물러난다. 기요는 황제의 기병 중대를 거느리고 돌격했으나 영국 용기병의 말발굽 아래 쓰러진다. 나뽈레옹은 도망병들 사이로 말을 달리며, 훈계하고, 재촉하고, 으르고, 애원한다.

그날 아침 황제 만세를 외쳤던 그 입들이 지금은 모두 어이없이 헤벌어지고 있을 뿐이다. 그들은 황제조차도 알아보지 못하는 모양이었다. 갓 도착하여 밀어닥친 프러시아의 기병대는 뛰고 날고 치고 베고 부수고 죽이고 무찌른다. 말은 수레를 내동댕이치고, 대포는 그 자리에 버려진다. 보급병들은 탄약차에서 말을 끌러 그 말을 타고 도망친다.

식량차는 네 바퀴를 위로 쳐들고 자빠져 길을 가로막아 거기서 수많은 학살이 벌어지고 있다. 사람들은 서로 밀치고 짓밟으며, 죽은 사람과 산 사람의 몸 위를 마구 타고 넘는다. 팔이란 팔은 모두 기를 쓰고 서로 붙잡으며 죽을 힘을 다한다. 엄청난 군중이 한길을, 작은 길을, 다리를, 들판을, 언덕을, 골짜기를, 숲을 메우며 4만 군사가 도망치고 있다.

절망에 찬 아비규환, 호밀밭에 내팽개친 배낭과 총, 칼을 휘둘러야만 겨우 열리는 통로에 이제는 전우도 장교도 장군도 없고 오직 말로 다할 수 없는 공포만이 있을 뿐. 제멋대로 프랑스군의 목을 베어 쓰러뜨리는 씨텐. 사자는 이제 사슴새끼가 되었다. 이러한 것들이 실로 패주하는 광경이었다.

주나쁘에서 사람들은 뒤돌아서서 대항하고 적을 막아 보려고 시도했다. 로보는 3백의 병사를 모았다. 그들은 마을 입구에 바리케이드를 쳤다. 그러나 프러시아군이 처음으로 포탄을 마구 쏘아대기 무섭게 그들은 다시 도망치기 시작했다. 그리고 로보는 포로가 되었다. 그 연발된 포탄 자국은, 주나쁘로 들어가기 조금 전 길 오른편의 허물어진 벽돌집 낡은 박공 위에 있어 지금도 볼 수 있다. 너무나 반응이 없는 승리자가 되는 게 싫기라도 한 것처럼 프러시아군은 주나쁘에 돌입했다. 그 추격은 맹렬했다.

블뤼헤르는 적을 몰살하도록 명령했다. 이보다 먼저 로게는 프랑스의 모든 척탄병에게, 저마다 한 명씩 프러시아 병사를 포로로 잡아오지 않으면 목을 베겠다고 위협한 저 비통한 전례를 남긴 바 있었다.

블뤼헤르는 로게 이상으로 잔혹했다. 연소한 근위대 장군인 뒤에므는 주나쁘의 한 여관 문 쪽으로 몰려들어가, '죽음의 사자'라고도 할 수 있는 한 경기병에게 항복한다는 뜻으로 자기 칼을 건네주었는데^(항복한
다는 뜻), 경기병은 그 칼을 받아서 포로가 된 장군을 찔러 죽였다. 승리는 패자를 학살함으로써 완성되었다. 그러나 우리는 이것이 역사이므로 단죄하는 견지에서 늙은 블뤼헤르가 스스로 자신의 명예를 더럽혔다고 말하리라.

이 만행의 참상은 극에 달했다. 필사의 도망자들은 주나쁘를 지나고, 레캬

트르 브라를 지나고, 고쓸리를 지나고, 프란느를 지나고, 샤를르와를 지나고, 뛰앵을 지나 국경까지 이르러서야 겨우 멈추었다. 아, 그토록 도망친 것은 대체 누구였던가? 그것은 다름아닌 저 '위대한 육군'이다.

유사 이래 전무후무한 일이라고 일컬은 용맹의 이 착란, 공포, 전락, 이것은 과연 까닭없이 일어난 것이었을까? 아니다. 하느님의 거대한 오른손 그림자가 워털루 위에 떨어져 있었다. 운명의 날이었다. 인간을 초월한 힘이 이 하루를 빚어낸 것이다. 그렇기 때문에 사람들의 머리는 공포로 인해 수그러졌다. 그래서 그처럼 위대한 정신들이 고스란히 항복했다. 유럽을 정복했던 그들도 이제는 손을 들고 땅 위에 쓰러져, 할 말도 취할 방도도 없이, 다만 그 그림자 속에 어떤 무시무시한 것이 있음을 느꼈을 뿐이다. '이것이 그들의 운명이었다.' 이 날 인류의 앞날에 대한 예상은 완전히 달라졌다.

워털루, 그것은 19세기의 돌쩌귀다. 그 위인의 소멸은 위대한 세기가 도래하기 위해 필요했다. 항거의 말을 허락하지 않는 어떤 것이 그 일을 감당해 주었던 것이다. 영웅들이 두려움에 떨며 뒷걸음질친 것도 이러한 까닭에서였다. 워털루 전투 속에는 풍운 이상의 것, 유성과 같은 것이 있었다. 하느님이 지나가신 것이다.

밤의 장막이 내릴 무렵, 베르나르와 베르트랑은 주나쁘 근처 밭 속에서 일그러지고 생각에 잠긴 듯한 사나운 한 사나이의 외투자락을 붙잡아 세웠다. 그 사나이는 패군의 흐름에 휩쓸려 거기까지 와서는 이제 막 말에서 내려 말고삐를 팔에 끼고, 혼미된 눈을 하고 홀로 워털루 쪽으로 되돌아가는 길이었다. 그는 아직도 전진을 계속하려던 사나이, 허물어져 버린 꿈의 엄청난 몽유병환자 나뽈레옹이었다.

마지막 방진

근위대의 몇몇 방진은 흐르는 물 속의 바위처럼 패군의 흐름 속에서 엄연히 밤이 될 때까지 버티고 있었다. 밤이 오고 죽음도 더불어 왔다. 그들은 그 이중의 어둠을 기다리며 조금도 흔들림 없이 포위당하는 대로 내버려두었다. 연대마다 서로 고립되고 사방에서 본대와 단절되어 저마다 죽음을 기다릴 뿐이었다. 그들은 그 최후의 전투를 위해 로쏘므 고지며 몽 쌩 장 벌판 여기저기에 진을 치고 있었다. 버림받고 격파되고 처참한 꼴이 된 그들의 방

아직도 전진을 계속하려던 사나이, 몽유병환자 나뽈레옹이었다.

진은 몸서리쳐지는 단말마의 고통에 시달리고 있었다. 윌름, 바그람, 예나, 프릴랑이 모두 그 속에서 전사했다.

해가 지며 어둑어둑해지는 밤 9시 무렵 몽 쌩 장 고원 아래 그러한 방진이 하나 남아 있었다. 불길한 그 골짜기에서, 아까는 흉갑기병들이 기어오르고 지금은 영국병들이 가득차 있는 그 비탈 기슭에서, 승리를 구가하는 적의 포병이 집중하는 포화 아래에서, 무섭고 치열하게 쏟아지는 총알 아래에서 그 방진은 싸우고 있었다. 이 방진은 깡브론느라는 한 이름없는 장교가 지휘하고 있었다. 적탄이 일제히 사격될 때마다 방진은 줄어들면서 응전하고 있었다. 줄곧 사위를 좁혀 가면서 산탄에 소총전으로 응하고 있었다. 도망병들은 숨이 차서 이따금 발길을 멈추고, 차츰 약해져 가는 이 음산한 울림을 멀리 어둠 속에서 듣고 있었다.

그 부대가 벌써 한줌의 인원에 지나지 않게 되었을 때, 그들의 군기가 걸레 조각에 지나지 않게 되었을 때, 탄환을 다 쏘아버린 그들의 총이 막대기에 지나지 않게 되었을 때, 시체더미가 살아남은 사람의 부피보다 커졌을 때, 승리에 도취한 자들 사이에 거룩하게 죽어 가는 용사들을 에워싼 그 어떤 신성한 공포심이 일어나 영국군 포병은 한숨을 쉬며 침묵했다.

그러나 그것은 잠깐 동안의 휴식에 지나지 않았다. 그들 용사의 주위에는 유령이 몰려들 듯 기마 병사들의 실루엣이며, 대포의 검은 측면이며, 수레바퀴와 포가(砲架) 사이로 보이는 희부연 하늘 같은 것이 에워싸고 있었다. 영웅들이 싸움의 배경인 화약 연기 속에서 언제나 보는 저 죽음의 거대한 머리가, 그들의 머리 위로 바싹 다가들어 그들을 바라보고 있었다. 그들은 어슴푸레한 어둠 속에서 포탄이 장전되는 소리를 가려낼 수 있었다.

밤의 어둠 속에 번뜩이는 호랑이 눈처럼 불붙은 화약 심지가, 그들 머리 위에 원을 그리고 영국군 포대의 모든 도화선이 대포로 다가갔다. 그때 감동하여, 그들 용사 위에 닥친 최후의 순간을 제지하면서 한 영국군 장교가, 어떤 자는 콜빌이라고도 하고 어떤 자는 메일랜드라고도 하는 사람이 그들에게 외쳤다.

"용감한 프랑스 병사들이여, 항복하라!"

깡브론느는 대답했다.

"Merde ^(똥. 빌어먹을이라는)!"

깡브론느

프랑스의 독자는 모두 허영심 많고 체면차리기를 좋아하니까, 기왕에 프랑스 인이 말한 아마도 가장 아름다운 이 말 'Merde!'를 여기에 되풀이하는 것은 실례되는 일이 될는지도 모르겠다. 역사 속에서 숭고함을 입증하는 것은 금기다.

그러나 모든 책임은 작자가 지기로 하고 그 금기를 굳이 깨고자 한다.

그리하여 감히 말하건대 이들 모든 거인들 속에는 거인 깡브론느가 있었다.

이 말을 하고 나서, 곧이어 죽는다! 이 이상 위대한 일이 또 있을까! 왜냐하면 이 말을 하는 것은 죽음을 원한다는 일이기 때문이다. 이 사나이가 마구 쏟아지는 포탄을 뒤집어쓰고도 살아 남았다 해도 그의 잘못은 아니다 (깡브론느는 전사하지 않고 영국군의 포로가 되었음. 1815년 12월에 프랑스로 돌아가 복고된 왕정의 육군에 근무하고 1822년에 은퇴, 1824년에 죽음).

워털루 전투에서 이긴 사람은 패주한 나뽈레옹도 아니고, 4시에 퇴각하고 5시에 절망한 웰링턴도 아니고, 전혀 싸우지 않은 블뤼헤르도 아니다. 워털루 전투에서 이긴 사람은 실로 깡브론느이다.

자기를 죽이려는 포성을 그런 말로 분쇄하는 것은 곧 승리다.

파국을 향하여 이러한 대답을 하고, 운명을 향하여 이러한 말을 던지고, 뒷날에 세워질 사자상에 대하여 이러한 터전을 주고, 간밤의 비와, 우고몽의 음험한 방벽과, 오앵의 골짜기 길과, 그루시의 지연과, 블뤼헤르의 도착 등에 대해 이러한 항변을 내뱉고, 무덤 속에 다리를 처넣고도 익살을 부리고, 다들 쓰러진 뒤에도 서 있을 수 있고, 단 한 마디 'Merde!' 속에 유럽 동맹을 빠뜨려 가라앉게 하고, 이미 황제들에게 알려져 있는 변소를 제국의 국왕들에게 진상하고, 프랑스의 예지를 깃들임으로써 최하의 말을 최상의 발도 만들고, 마르디 그라(사육제 환락의 마지막 날. 그 다음날부터 금육재로 들어감)로 오연하게 워털루의 막을 내리고, 라블레(16세기 프랑스 작가. 신랄한 풍자에 뛰어났음)에 의하여 레오니다스(고대 그리스 스파르타의 왕. 테르보필레 싸움에서 페르시아 대군을 맞아 싸우다 전사. 스파르타 정신의 화신으로 일컬어짐)를 보충하고, 입에 담기도 어려운 이 최상의 한 마디로 이 승리를 요약하고, 진지를 잃고도 역사를 쟁취하고, 그러한 살육 뒤에도 적을 웃음거리로 만들었으니, 이거야말로 실로 엄청난 일이 아닌가.

이것은 으르렁거리는 뇌성에 던지는 모멸이다. 이것은 아이스킬로스의 위대함에까지 다다른다.

깡브론느가 내뱉은 이 말 한 마디는 파열을 느끼게 한다. 그것은 격한 경멸로 가슴이 터지는 것이며, 충만된 고민이 폭발하는 것이다.

누가 이겼는가? 웰링턴이었던가? 아니다. 블뤼헤르가 오지 않았더라면 웰링턴은 패했을 것이다.

그렇다면 블뤼헤르였던가? 아니다. 웰링턴이 처음에 싸우지 않았더라면 블뤼헤르는 싸움의 끝마무리를 지을 수 없었을 것이다.

이 깡브론느는, 이 최후의 시각에 다다른 사나이는, 이 이름없는 전사(戰士)는, 이 전쟁에서 무한히 작은 이 사람은 거짓이 있음을, 파국 속에 겹겹이 가슴을 누르는 하나의 거짓이 있음을 느낀다. 그리하여 그가 분노를 폭발시켰을 때, 적들은 그에게 뼈저린 조롱을 던진다, 생명을! 어찌 격노하지 않을 수 있으랴?

그들은 거기에 있다. 유럽의 모든 나라 왕들이, 행복한 장군들이, 우레를 몰고 오는 주피터들이. 그들은 승리를 구가하는 10만 병사를 가졌고, 10만의 뒤에는 다시 100만의 병사를 가졌고, 그들의 대포는 화승줄에 불을 붙이고 포문을 열고 있으며, 그들은 황제의 근위대와 '위대한 육군'을 발 밑에 짓밟고 있으며, 그들은 방금 나뽈레옹을 분쇄해 버린 참이며, 이제 깡브론느 하나만 남아 있다. 저항하는 것은 이제 이 한 마리 지렁이뿐이다. 이 지렁이는 저항할 것이다.

그리하여 깡브론느는 칼을 찾듯이 말을 찾는다. 그의 입에서는 거품이 솟아난다. 이 거품이야말로 그가 찾고 있는 말이다. 괴이하고도 실로 허무맹랑한 승리 앞에, 승리자 없는 승리 앞에, 절망한 이 사람은 감연히 일어선다. 그는 승리의 거대함에 압도되지만 그것의 허망함을 안다. 그는 승리에 침을 뱉는 것만으로 만족하지 않았다. 수와 힘과 물량에 압도되면서도 그는 마음속에서 하나의 표현을, 똥을 발견한다. 되풀이 말하거니와 그것을 내뱉고, 그것을 외치고, 그것을 행하고, 그것을 발견하는 것은 승리자가 되는 것이다.

엄숙한 심판의 정신이 최후의 이 한순간에 이름없는 이 사나이의 머릿속으로 들어갔던 것이다. 마치 루제 드 릴이 '라 마르세예즈(프랑스 국가가 된 이 노래는 대혁명 때 마르세이유 의용병의 빠리 진격 때 불려진 것임. 하룻밤새 만들어졌다고 함)'를 찾아낸 것처럼, 하늘의 숨결이 불어 내려와 깡브론느는 워털루의 말을 찾아낸 것이다. 한 줄기 신성한 비바람이 하늘에서 불어와 이 두 사람을 스쳐 지나가고, 그들은 부르르 몸을 떤다. 한 사람은 그지없이 숭고한 노래를 부르고, 한 사람은 끔찍한 외침 소리를 지른다.

깡브론느

깡브론느는 타이탄의 경멸과도 같은 그 한 마디를 제국의 이름으로 유럽에 던지는 것만은 아니다. 그것만으로는 너무나도 모자랄 것이리라. 그는 이것을 대혁명의 이름으로 과거에 던지고 있는 것이다. 사람들은 그것을 듣고 깡브론느 속에서 옛 거인들의 정신을 발견해내리라. 당똥이 외치고 끌레베르(^{대혁명 시 대 장군})가 부르짖는 것 같다.

깡브론느의 한 마디에 영국군은 대답했다. "쏴라!" 하고. 대포는 불을 뿜고, 언덕은 진동하고, 그들의 모든 청동 포문에서는 마지막으로 무시무시한 기세로 산탄을 토하고, 뭉게뭉게 솟아오르는 화약연기가 떠오르는 달빛을 받아 희부옇게 퍼져올랐다. 그리고 그 연기가 흩어진 뒤에는 이미 아무것도 없었다. 그 무서운 잔병들은 전멸해 버리고 없었다. 근위병들은 모두 죽어 있었다.

그 각면보의 네 벽도 이제는 허물어져 버리고, 여기저기 시체 사이에 무언가 움직거리는 게 이따금 보일 뿐, 이리하여 로마 군단보다도 위대했던 프랑스 근위대는 몽 쌩 장의 비와 피로 적셔진 땅 위에서, 어두운 호밀밭 속에서 사라져 버리고 말았다. 지금은 그곳을, 유쾌하게 휘파람불고 말에 채찍질을 하면서 니벨의 우편마차를 모는 조제프가 아침 4시에 지나다닌다.

지휘관을 어떻게 평가할 것인가?

워털루 전투는 하나의 수수께끼다.

이긴 쪽이나 진 쪽이나 마찬가지로 불가해했다. 나뽈레옹에게는 이 전투가 하나의 공황이었다. (다 끝난 싸움, 다 지나간 하루, 그릇된, 그러나 바로잡혀진 방책, 이튿날이면 더욱 확실해졌을 대성공, 그러한 모든 것은 시간의 무시무시한 공황으로 사라져 버리고 말았다—나뽈레옹 《세인트 헬레나 口述》에서)

블뤼헤르는 마치 여우에 흘린 기분이었고, 웰링턴은 뭐가 뭔지 아무것도 이해하지 못했다. 보고서를 보면 알 수 있다. 전황보고서는 모호하고, 전쟁회상록은 갈피를 잡을 수 없다. 후자는 머뭇거리고 전자는 더듬거리고 있다.

조미니(^{프랑스 장군. 1839년 간행된 《1815년 전쟁의 정치적·군사적 개요》라는 저서가 있음})는 이것을 네 개의 국면으로 나누고 있다. 무풀링(^{프러시아 장군. 1816년 간행된 《영국과 하노버와 네덜란드 연합군에 의해 이루어진 1815년의 모든 역사》라는 저서가 있음})은 이것을 세 개의 국면으로 나누고 있다. 오직 샤라스(^{프랑스 군인, 중령. 1858년 간행된 《1815년의 모든 역사, 워털루》라는 저서가 있음})만이, 비록 몇 가지 점에서 우리와 다른 견해를 가지고 있지만, 그만의 날카로운 안광으로, 신성한 우연과 싸우는 천재적인 인간의 파멸상을 뚜렷이 포착하고 있다. 그밖의 역사가들은 모두 하나의 현혹에 사로잡혀, 그 속에서 더듬거리고 있다.

무리도 아닌 일이다. 실로 섬광 같은 하루였다. 실로 여러 나라의 왕들이 아연해 있는 동안 일어난, 모든 왕국을 휩쓴 군국주의의 붕괴요 힘의 전락이며 전쟁의 파탄이었다.

인간을 초월한 필연의 자취가 역력히 새겨져 있는 이 사건 속에서 인간이 관여한 바는 아무것도 없다.

워털루를 웰링턴이나 블뤼헤르에게서 떼어내는 것은 영국이나 독일에서 무엇을 빼앗는 일이 될 것인가? 그렇지 않다. 저 빛나는 영국도, 저 정체불명의 독일도, 워털루 문제에서는 실로 미미한 존재였다.

다행스럽게도 민중들은 처참한 교전의 폭거 밖에 있으면서도 위대한 것을 얻었다. 독일도 영국도 프랑스도 칼집 속에 들어 있지는 않다. 그 시대, 워털루가 단순히 칼 부딪는 소리에 지나지 않는 그 시대에, 독일에는 블뤼헤르 위에 괴테가 있었고 영국에는 웰링턴 위에 바이런이 있었다. 광대한 사조(思潮)의 용솟음은 19세기 특유의 것이고, 오직 그 여명 속에서만 영국도 독일도 그 장려한 빛을 발하게 된다. 그 나라들은 그들 사상 때문에 장엄하다. 그들이 문명에 이바지한 수준의 향상이야말로 그들의 본질이었다. 거기에 있어서는 그들 자신이 근원이지 어떤 사건이 근원은 아니다.

19세기에 그들이 강대해진 원천에 워털루가 있었던 것은 아니다. 전쟁의 승리 뒤에 갑작스러운 성장을 보이는 것은 야만 민족일 뿐이다. 그것은 큰 비에 불어난 급류의 일시적인 허영에 불과하다. 문명한 민족, 더욱이 현대에는 한낱 장군의 행운이나 불운 여하에 따라 지위가 높아지거나 낮아지지는 않는다.

인류에 있어서 나라마다 특유한 민중의 비중은 단순한 전쟁 이상의 그 무언가에서 유래한다. 다행스럽게도 한 나라의 명예며 위신이며 광채며 정신은, 영웅이라든가 정복자라 불리는 저 도박꾼들이 전쟁이라는 제비뽑기에 걸 수 있는 숫자가 아니다. 싸움에 패하고 진보하는 일이 흔히 있다. 영광이 적을 뿐 그만큼 자유는 많다. 북소리가 울리지 않을 뿐 이성은 입을 여는 수가 있다. 그것이야말로 지는 자가 이기는 도박이다. 그러므로 워털루에 대해서도 냉정하게 두 가지 면에서 살펴보기로 하자.

우연에 속한 것은 우연에, 신에 속한 것은 신에게 돌리자. 그러면 워털루란 과연 무엇이었던가? 하나의 승리였던가? 아니다. 하나의 요행이었다. 유럽에 요행수가 붙어 프랑스가 손해를 입게 된 노름판이었다. 거기에 사자상을 세우게 된 것은 당치도 않은 일이다.

워털루는 역사상 가장 불가사의한 전투다. 나뽈레옹과 웰링턴, 그들은 서로 적이 아니라 상반되는 양극일 뿐이었다. 대립을 좋아하는 신도 일찍이 이처럼 사람을 놀라게 한 대조와 이토록 기이한 비교를 빚어낸 적은 없었다. 한편에는 치밀, 선견지명, 기하, 신중, 안전한 퇴각, 예비 병력의 보존, 끈덕진 침착, 확고부동한 병법, 지형을 이용한 전술, 각 부대 사이의 평형을 유지하는 방법, 일망타진의 살육, 시계로 계산해 내는 전쟁, 온갖 임의행동의 금지, 고전적인 낡은 용기, 절대의 규율. 다른 한편에는 직감, 통찰, 신출귀몰한 전법, 초인의 본능, 번뜩이는 눈초리, 독수리처럼 쏘아보고 번개처럼 후려치는 그 무엇, 사람을 깔보는 격렬한 기상 속에 감춰진 불가사의한 기술, 심오한 영혼이 갖는 온갖 신비, 운명과의 결합, 복종을 강요당한 것 같은 강이며 들이며 숲이며 언덕, 싸움터마저 제멋대로 억압하려는 전제 군주, 천운을 일으킴과 동시에 헤쳐 버리면서 병법과 함께 그 천운을 믿는 마음. 웰링턴은 전쟁의 바레므^(계산수학자)였고, 나뽈레옹은 전쟁의 미켈란젤로였다. 그래서 이번에는 천재가 계산에 패배한 것이다.

양쪽 모두 누군가를 기다리고 있었다. 성공한 것은 정확한 계산가 편이었다. 나뽈레옹은 그루시를 기다리고 있었으나 오지 않았다. 웰링턴은 블뤼헤르를 기다리고 있었다. 그리고 그는 왔다.

웰링턴, 그는 보복을 행하는 고전적 전법의 화신이다. 보나빠르뜨는 욱일승천(旭日昇天)의 기세를 떨칠 무렵 이탈리아에서 그 고전적 전법을 만나 보기좋게 쳐부수었다. 늙은 올빼미는 젊은 독수리 앞에서 도망쳐 버렸다. 낡은 전술은 분쇄되었을 뿐 아니라 흙을 뒤집어쓰기까지 했다.

저 26살의 코르시카 젊은이는 대체 어떤 자였던가? 모두 적으로 돌리고, 자기 편은 하나도 없이, 군량도 탄약도 대포도 구두도 없이, 거의 군대조차 없이, 한줌의 병사로 대군단과 맞서고, 전유럽 동맹에 달려들어 신기하게도 불가능 속에서 승리를 붙잡은 그 불가사의한 사나이는 대체 무엇을 뜻하고 있었던가?

거의 숨 돌릴 겨를도 없이, 언제나 변함없는 한줌의 전투원을 비장의 장기말로 내놓아 알빈씨에 이어 볼리외를, 볼리외에 이어 우름제르를, 우름제르에 이어 멜라스를, 멜라스에 이어 막크를 무찔러 쓰러뜨리고, 독일 황제의 다섯 군단을 차례차례로 격파해 간 그 우뢰 같은 광인은 대체 어디서 나왔던 것일까? 혹성 같은 철면피인 그 전쟁의 신참자는 대체 어떤 자였던가?

군사 전문 아카데미파는 꼬리를 사리고 도망치면서 그를 파문했다. 그리하여 새로운 무단정치에 대한 옛 무단정치의 철천지원이, 불꽃 같은 검에 대한 정통적 군도의 철천지원이, 천재에 대한 장기판(순서가 정해진 작전)의 철천지원이 생겨났다. 1815년 6월 18일 그 원한은 마침내 앙갚음을 하게 되어, 로디와 몬테벨로와 몬테노테와 만투아와 마렝고와 아르꼴라(모두 나뽈레옹 歷戰의 지명임) 같은 곳 아래에 '워털루'라는 한 마디 말을 적어 놓음으로써 그 숨통을 찔렀던 것이다. 그것은 다수인에게 환영받는 보통파의 승리였다. 운명은 이 아이러니를 허용했다. 나뽈레옹은 무너져 가는 비탈에 서서 자기 앞에 이번에는 젊은 우름제르(오스트리아 장군. 1797년 만투아에서 나뽈레옹에게 항복한 그해 73살로 죽음)를 발견했던 것이다.

하긴 우름제르를 보기 위해서는 웰링턴의 머리를 하얗게 물들이기만 하면 충분하다. 워털루는 이류 장군이 승리를 거둔 일류의 전투이다.

워털루 전투에서 칭송해야 할 것은 영국, 영국의 강인함, 영국의 결단, 영국의 뜨거운 피다. 영국이 거기서 보여 준 숭고한 점은 미안하지만 영국 그 자체다. 그 장군이 아닌 그 군대다.

기괴하게도 웰링턴은 그러한 은공을 잊어 버리고 버서스트 경에게 보낸 편지 속에서 자기의 군대, 즉 1815년 6월 18일 싸운 군대는 '경멸할 만한 군대'였다고 공언하고 있다. 워털루 들판에 무더기로 파묻힌 저 음산한 해골들은 그 말을 어떻게 생각할 것인가?

영국은 웰링턴에 대해 너무나 지나치게 양보했다. 웰링턴을 그토록 위대하게 만드는 것은 영국을 깎아내리는 일이다. 웰링턴은 흔히 있는 한 사람의 영웅에 지나지 않았다. 잿빛 제복의 스코틀랜드 병정, 근위기병, 메일랜드와 미첼의 연대, 팩크와 켄트의 보병대, 폰손비와 서머세트의 기병대, 산탄 아래에서 피리를 불고 있던 하일란드 병사, 라일랜트 대대, 총을 다루는 법조차 제대로 모르면서 에슬링과 리볼리 전투 이래 노련한 프랑스 군단과 대적한 풋내기 신참병—이들이야말로 위대했다.

웰링턴은 끈기가 있었으나, 그의 가치는 그것이 모두였다. 작자는 그 점에 대해 그를 낮게 평가하려는 것은 아니다. 그의 보병과 기병의 가장 미미한 자에 이르기까지 모두 그와 똑같이 강인했다. 무쇠 공작에 어울리는 무쇠 병정들이었다. 우리는 영국 병사, 영국군, 영국 국민을 모두 다 한껏 칭찬하고 싶다. 만약에 전승 기념패가 있다면 그것을 차지할 자는 영국이다. 워털루의 원기둥탑이 만일 지금과 같은 한 인간(웰링턴)의 얼굴 대신 한 국민의 상을 하늘 높이 떠받들어 올린다면 그것은 더욱 정당한 게 되리라.

그러나 그 위대한 영국은 이렇게 말하는 작자에게 화를 낼 것이 틀림없다. 영국은 그들의 1688년(명예혁명)과 우리 프랑스의 1789년(프랑스혁명) 뒤에도 오히려 봉건적 환상을 가지고 있다. 영국은 아직도 세습제도와 계급제도를 받들고 있다. 힘으로나 영광으로나 그 어느 면에서도 다른 나라에 지지 않는 이 나라 사람들은 민중이 아닌 국민으로 자처하고 있다.

민중이면서도 그들은 기꺼이 복종하고 우두머리로 한 군주를 받들고 있다. 노동자는 모멸을 감수하고, 병사는 몰매를 감수한다. 사람들이 기억하듯 잉케르만의 싸움(크림전쟁)에서, 한 하사관이 전군을 구출했다고 여겨진 일이 있었으나 래글런 경 때문에 이름을 내세우지 못했다. 영국군의 계급제도는 장교 이하의 계급은 보고서에 그 이름을 기록할 수 없기 때문이다.

워털루 같은 전투에서 우리가 먼저 무엇보다도 감탄하는 것은 놀라울 만큼 교묘하게 우연이 개입한 점이다. 밤에 내린 비, 우고몽의 방어벽, 오앵의 골짜기 길, 대포 소리를 듣지 못한 그루시, 나뽈레옹을 속인 그의 길잡이, 뷜로우를 재치있게 이끈 길잡이와 같은 모든 것을 보더라도 큰 변동은 실로 교묘하게 조종되고 있었다. 그리고 통틀어 말하자면 워털루에는 전투가 있었다기보다 학살이 있었다.

워털루는 정연히 대치한 싸움 가운데에서, 그토록 막대한 병사수에 비해 가장 협소한 전선을 가진 전투였다. 나뽈레옹은 3㎞, 웰링턴은 2㎞의 전선, 고작 거기에 양군이 저마다 7만 2천의 군사. 이와 같은 밀집으로 말미암아 저 대살육이 빚어졌던 것이다.

사람들 계산에 의하면 다음과 같은 숫자와 비례가 나타난다. 군사의 손실로 말하면 아우스테를리츠에서 프랑스군 14%, 러시아군 30%, 오스트리아군 44%. 와그람에서 프랑스군 13%, 오스트리아군 14%. 모스끄바에서 프랑스군 37%, 러시아군 44%. 바우쩬에서 프랑스군 13%, 러시아와 프러시아군 14%. 워털루에서 프랑스군 56%, 연합군 31%. 워털루에서 합계 41%. 즉 양군 전투원 14만 4천에 대해 전사자 6만. 오늘날 워털루 평원은, 인간을 무감동하게 받아들이는 대지 특유의 평온한 모습을 지니고 다른 평원과 비교하여 조금도 다를 바 없다.

그러나 밤에는 무슨 환상의 안개 같은 것이 솟아올라 만일 어떤 나그네가 거기서 발길을 멈추고, 지켜보고, 귀기울이고 저 처참한 필립의 평원 앞에 선 베르길리우스처럼 명상에 잠긴다면, 그는 거기에서 일어났던 참극의 환각에 사로잡히고 말리라. 처참했던 6월 18일이 되살아나고, 인공으로 이룩된 기념 언덕은 사라지고, 그 사자상인가 무엇인가도 스러지고, 싸움터가 역력히 눈앞에 떠오른다. 보병대의 행렬이 평원을 굽이치고 미친 듯 달리는 기병은 지평선을 지나간다.

명상에 잠긴 현혹된 나그네의 눈앞에 군도의 번뜩임이, 총검의 불꽃이, 포탄의 작렬이, 대포의 으르렁거림이 무섭게 교차한다. 무덤 밑바닥에서 들려오는 신음 소리와 같이 환상 속 싸움터에서 아련한 절규가 들려온다. 저 그림자는 척탄병, 저 번뜩임은 흉갑기병, 이 해골은 나뽈레옹, 저 해골은 웰링턴. 모든 것이 이제 허깨비에 지나지 않건만 서로 부딪치며 아직도 싸우고 있다.

골짜기는 피로 물들고, 나무는 떨고, 구름 위까지 광포한 기운이 퍼지고, 깜깜한 어둠 속에 몽 쌩 장과 우고몽과 프리슈몽과 빠쁠로뜨와 쁠랑쓰느와의 저 참혹한 고원이 희미하게 떠오르고, 그 위에서 서로 살육하는 유령들의 소용돌이가 일고 있다.

워털루를 시인할 것인가

세상에는 워털루를 증오하지 않는 매우 존경할 만한 자유주의 일파가 있다. 그러나 작자는 그러한 자들과 동류가 아니다. 워털루는 다만 자유의 어리둥절한 한 시기를 구획짓고 있을 뿐이다. 그러한 알에서 그러한 독수리가 태어나는 건 실로 뜻밖의 일이다.

워털루를 그러한 문제의 최고 견지에서 본다면 의식적인 반혁명의 승리다. 그것은 프랑스에 대항하는 유럽이며, 빠리에 맞서는 피츠버그와 베를린과 빈이다. 그것은 진취에 대항하는 현상유지이며, 1815년 3월 20일(나뽈레옹이 엘바 섬에서 빠리로 돌아와 백일 천하를 시작한 날)을 통해서 공격당한 1789년 7월 14일(바스띠유 감옥 습격으로 대혁명이 시작된 날)이며, 억압할 수 없는 프랑스의 폭동에 대항하는 여러 군주 국가의 동요이다. 이미 26년째 불을 뿜고 있는 이 우렁찬 민중을, 어떻게 해서라도 소멸시켜 버리는 것이 오랜 세월에 걸친 꿈인 부룬비크 가와 나쏘 가와 로마노프 가와 호헨쏠레른 가와 합스부르크 가들과 부르봉 가의 제휴이다. 그런데 워털루는 신권설을 등에 짊어지고 있다. 물론 제국(나뽈레옹의 제정)이 독재했기 때문에 왕정(부르봉 가문. 루이 18세의 왕정 복고)이 사물의 자연적인 반동에 의해 싫어도 자유주의적이었어야 했으며, 또한 승리자들로서는 몹시 아니꼬운 일이었으나 입헌체제가 마지못해 워털루에서 나왔다는 것도 사실이다. 왜냐하면 진실로 혁명은 뿌리뽑을 수 없는 것이며, 신의 뜻에 따라 절대적으로 결정되어 늘 되살아나기 때문이다.

그리하여 워털루 전에는 낡은 왕조를 쓰러뜨린 보나빠르뜨 속에 나타났고, 워털루 뒤에는 '헌법'에 동의하고 이에 복종한 루이 18세 속에 형체를 바꾸어 나타나고 있다. 보나빠르뜨는 평등을 표명함에 있어 불평등을 사용하여, 한 마부를 나폴리의 왕위(뮤라 원수. 1808년 왕위에 오름)에, 한 하사관을 스웨덴의 왕좌(베르나떼뜨 원수. 1810년 칼 13세의 왕위 계승자가 되어 1818년 칼 14세가 되었음)에 올려앉혔다. 루이 18세는 쌩 뚜앵에서 인권 존중 선언에 서명했다.

만약 혁명이 무엇인지를 알고자 한다면 여러분은 그것을 '진보'라 불러 보라. 진보가 무엇인지를 이해하고자 한다면 그것을 '내일'이라고 불러 보라. 내일은 누가 뭐래도 내일의 일을 하는 것이며, 더욱이 그것을 오늘부터 벌써 하고 있다. 그것은 이상하게도 그 목적하는 바를 달성한다. 한 병졸에 지나지 않았던 프와를 웅변가로 만들기 위해 웰링턴을 끌어낸다. 프와는 우고몽에서 쓰러지고, 연단에서 다시 일어난다(프와 장군은 워털루에서 부상을 입었으나 나뽈레옹 몰락 뒤 자유당 대의원이 되어 인기를 모았음). 진보란 이렇게 행동하는 것이다.

이 직공에게 쓸모없는 연장이란 하나도 없다. 그는 알프스를 넘었던 그 사람(나뽈레옹)도, 엘리제 노인이라고 불린 그 절름거리는 불구의 착한 노인(루이 18세. 엘리제 궁은 부르봉 가문의 대영사로 엘리제 부르봉이라고도 불림. 엘리제에는 '극락'이라는 뜻이 있음)도, 조금도 당황하는 일 없이 자기의 신성한 일에 끌어 넣는다. 그는 중풍환자이거나 정복자이거나 마찬가지로 다 이용한다. 바깥에서는 정복자를, 안에서는 중풍환자를 이용한 워털루는 유럽 여러 왕조의 붕괴를 황급히 칼로 막으면서, 또 한편으로는 혁명의 작업을 계속시키는 결과를 초래했다. 군도를 차고 뽐내던 시대는 지나가고 사상가의 세상이 되었다. 워털루는 세기의 발걸음을 멈추게 하려고 길을 가로막았으나, 세기는 그 위를 뛰어넘어 제 길을 계속 간다. 그 불길한 승리는 자유에 의해 격파당했다.

요컨대 확실한 것은, 워털루에서 승리를 거둔 것은, 웰링턴 뒤에서 미소를 지은 것은, 사람들 말처럼 프랑스의 원수장(元帥杖)을 포함하여 유럽의 모든 원수장을 송두리째 그에게 가져다준 것은, 해골이 득실거리는 흙을 흥겨운 듯 손수레로 퍼 옮겨 사자상의 언덕을 쌓아올린 것은, 그 대리석에 '1815년 6월 18일'이라는 날짜를 의기양양하게 쓴 것은, 블뤼헤르를 부추겨 도망치는 자를 후려치게 한 것은, 몽 쌩 장 고지 위에서 마치 먹이를 덮치려는 것처럼 프랑스를 내려다본 것은 바로 반혁명이었다. 저 '분할'이라는 파렴치한 말을 중얼거린 반혁명이다. 그 반혁명은 빠리에 이르러 눈 앞의 분화구를 보고, 그 재가 발을 태우는 것을 느끼고는 생각을 돌렸다. 반혁명은 다시 '헌법'이라는 말을 입에 올리는 데까지 양보했다.

우리는 워털루 속에서 다만 워털루 속에 있는 것만을 보기로 하자. 거기에는 애초부터 희구하여 얻은 자유 따위는 털끝만큼도 없다. 반혁명은 본의 아니게 자유주의자가 되고, 마찬가지로 그것에 대응하는 현상으로 나뽈레옹도 본의 아닌 혁명가가 되었다. 1815년 6월 18일, 로베스삐에르는 말에서 굴러 떨어진 것이다.

신권설의 재기

독재 정치의 종말. 유럽의 한 체제는 완전히 허물어졌다.

제국은 멸망해 가는 로마 제국처럼 암흑 속에 쓰러졌다. 사람들은 암흑시대처럼 다시 심연을 보았다. 다만 반혁명이라는 통칭으로 불러야 하는 이 1815년의 암흑은 숨결이 짧아 곧 숨이 끊어지고 말았다. 멸망한 제국은 사실대로 말하면 사람들의 눈물을 자아냈다. 더욱이 용감한 사람들 눈에 눈물을 흘리게 했다. 만약 영광이 제왕의 칼 속에 들어 있는 것이라면 제국은 지난날 영광 그 자체였다. 제국은 압제자가 줄 수 있는 모든 빛을 지상에 흩뿌렸다. 그것은 어두운 빛, 아니 더 나아가 깜깜한 빛이었다. 그러면서도 그 어두운 밤의 소멸은 일식 같은 인상을 주었다.

루이 18세는 다시 빠리로 돌아왔다. 7월 8일 (1815년 루이 18세가 뛸르리 궁에 도착한 날)의 원무도 (圓舞蹈)는 3월 20일의 열광을 지웠다. 코르시카 인이라는 말은 베아른 인 (베아른은 부르봉 가문의 발상자)이라는 말과 대조를 이루었다. 뛸르리 궁전 둥근 지붕에 나부끼는 기는 흰 기가 되었다. 망명자가 왕좌에 앉았던 것이다. 하트웰의 전나무 테이블은 루이 14세 의 백합꽃 무늬가 있는 안락의자 앞에 놓였다. 부비느며 퐁뜨느와^(둘 다 옛 프랑스 왕들의 전승지)의 이름이 어제 일처럼 화제에 오르고 아우스테를리츠는 아득한 옛날 일처럼 빛이 바랬다. 성당과 왕좌는 엄숙하게 형제의 의를 맹세했다. 19세기 사회 안녕의 가 장 확고한 형식 하나가 프랑스와 대륙에 확립되었다. 유럽은 흰 모표를 달았다.

트레스따용^(본명은 자끄 뒤뽕. 1815년에 일어난 과격 왕당파에 의한 백색 테러의 우두머리)은 세상에 이름을 떨쳤다. 오르쎄 강독 병영 정면의 태양 광선을 나타내는 돌 위에는 '많은 자에게 골고루'라는 문 구가 다시 나타났다. 황제의 근위대가 있었던 곳에는 왕실 근위대가 들어섰 다. 카르젤 광장의 개선문^(루이 14세 시대의 馬術場이었던 광장에 나뽈레옹이 전승을 기념하여 세운 문)은 비열하게 얻어진 승리에 가려지고, 그 새로운 유행 속에서 어리둥절해하고, 마렝고와 아르꼴라의 전 승에 대하여 얼마쯤 부끄러운 얼굴을 하고서 앙굴렘므 공작의 동상에 의해 겨우 한숨돌리고 있었다.

93년^(1793년 공포 정치 시대)의 무시무시한 공동묘지가 되었던 라 마들렌느의 묘지는, 루 이 16세와 마리 앙뜨와네뜨의 유골이 먼지 속에 그대로 방치되어 있다고 해 서 대리석과 벽옥으로 둘러쌌다. 뱅쎈느 성 밖에 둘러 판 못 속에서는 묘석 하나가 나와, 나뽈레옹이 제위에 올라앉은 바로 그 달에 앙갱 공작이 총살당 한 일^(나뽈레옹에 대한 음모로 처형됨)을 새삼스레 생각나게 했다. 이 총살이 있던 바로 그 무렵 황제의 대관식을 주관한 교황 피우스 7세는, 그 즉위를 축복했을 때와 마찬 가지로 이번에는 사뭇 엄숙하게 그 몰락을 축복했다. 쉰부른에는 4살 난 조 그마한 그림자^(나뽈레옹 의 아들) 하나가 있었다. 사람들은 그를 로마 왕이라고 부르기 를 꺼려 했다.

이렇듯 위와 같은 일들을 모두 실행한 뒤 제왕들은 다시 왕위에 오르고, 유 럽의 지배자는 우리 속에 갇히고^(나뽈레옹이 세인트 헬레나로 유배된 일), 구체제는 신체제가 되고, 지상 의 모든 빛과 그림자는 완전히 그 위치를 바꾸었다. 그 원인은 어느 여름날 오후, 한 목동이 한 프러시아인에게 숲 속에서 이렇게 말했기 때문이다.

"이쪽 길로 가셔야지 저쪽으로 가셔서는 안 됩니다!"

이 1815년은 어쩐지 고통스러운 4월과 흡사했다. 유해유독한 낡은 현실이 새로이 몸단장을 하고 나섰다. 허위가 1789년과 결혼하고, 신권설이 '헌법' 의 탈을 쓰고, 가짜 제도는 입헌적이 되고, 편견과 미신과 저의는 헌법 제14

조 (왕은 국가의 최고 수령으로서 육해공군을 통솔하고, 선전포고를 하고, 평화와 동맹과 통상조약을 체결하고, 관리를 임명하고, 법률의 적용과 국가의 안녕을 위하여 필요한 규정 및 명령을 내린다) 를 핵심으로 하여 그 위에 자유주의를 칠해 놓았다. 구렁이가 허물을 벗는 식이었다.

인간은 나뽈레옹에 의해 위대해졌으며 아울러 왜소해졌다. 이상은 화려한 물질의 지배 아래 있으면서, 공상이라는 기묘한 이름을 가지게 되었다. 미래를 웃음거리로 만든 것은 위인의 중대한 실수였다. 그래도 민중은 대포에 몸을 바치면서도 그 포수를 열렬히 사랑하고 있어, 그를 눈으로 찾고 있었다. 그는 어디 있는가? 그는 무얼 하고 있는가? 마렝고와 워털루에서 싸운 어느 상이군인에게 지나가던 한 행인이 "나뽈레옹은 죽었소"라고 말하자, "그 사람이 죽었다고! 대관절 그분을 알기나 하오! (발작의 《시골 의사》에서)"라고 병사는 소리쳤다. 민중은 그 패배한 사나이를 신격화하고 있었다. 유럽 천지는 워털루 뒤로 캄캄해졌다. 나뽈레옹이 사라짐으로써 그 어떤 거대한 것이 오랫동안 텅 비어 있었다.

왕들은 그 공허 속에 들어앉았다. 낡은 유럽이 그것을 기화로 옛날로 돌아갔다. 쎙 딸리앙스 (1814년 9월 프러시아와 러시아와 오스트리아 사이에 성립된 신성 동맹) 가 생겨났다. 그런데 워털루의 운명의 들판은 그에 앞서 벨 알리앙스 (워털루의 한 지명. '아름다운 동맹'이라는 뜻을 가진 말임) 라고 불리지 않았던가!

이 재건된 낡은 유럽에 대해 새로운 프랑스의 구도가 그려졌다. 황제가 경멸하던 미래가 나타나기 시작했다. 미래의 이마에 '자유'라는 별이 있었다. 젊은 세대의 타오르는 눈은 미래 쪽으로 쏠렸다. 기묘하게도 사람들은 '자유'라는 미래와 나뽈레옹이라는 과거를 함께 흠모했다. 패배가 패자를 위대하게 만들어 놓았던 것이다. 쓰러진 보나빠르뜨는 서 있는 나뽈레옹보다 더 커 보였다.

승리를 차지한 자들은 불안스러워졌다. 영국은 허드슨 로에게 나뽈레옹을 지키게 했고, 프랑스는 몽슈뉘에게 나뽈레옹을 엿보게 했다. 팔짱낀 그의 두 팔은 여러 나라 왕좌의 불안의 씨가 되었다. 알렉상드르 1세는 그를 일컬어 '나의 불면'이라고 불렀다. 이와 같은 두려움은 나뽈레옹 속에 있는 그 어마어마한 혁명이 원인이었다. 이것이 보나빠르뜨적 자유주의의 설명이며 변명이다. 이 환영은 낡은 세계에 전율을 일으켰다. 왕들은 수평선 저 멀리 세인트 헬레나의 바위 때문에 왕좌에 앉아 있는 것이 편안치 않았다.

나뽈레옹이 롱우드에서 죽어 가는 동안 워털루의 들판에 쓰러진 6만의 사람들은 조용히 썩어 가고, 그들의 평화는 얼마쯤 온 세상에 퍼져 갔다. 빈

회의는 그것으로써 1815년의 조약을 만들고, 유럽은 그것을 복고라고 이름 지었다.

이것이 있는 그대로의 워털루이다.

그러나 영원에 비해 어떤 의미가 있단 말인가? 그 모든 비바람, 그 모든 먹구름, 그 전쟁, 그리고 그 평화, 그 모든 어둠, 그들 가운데 어느 하나도 저 거대한 눈의 광채를 한순간도 흐리게 하지는 못했다. 그 눈앞에서는 풀잎에서 풀잎으로 옮아가는 진딧물도, 노트르담의 종탑에서 종탑으로 날아가는 독수리도 모두 평등한 것이다.

밤의 싸움터

다시 저 운명의 싸움터로 돌아가자. 사실은 그것이 이 이야기에 필요하다.

1815년 6월 18일 밤은 보름달이었다. 그 달빛이 블뤼헤르의 맹추격을 수월하게 해주고, 도망병들의 행방을 환히 드러내고, 그 불행한 집단을 무자비한 프러시아 기병의 거친 손아귀에 맡겨 학살을 도왔다. 파국에는 때때로 이러한 비참한 밤의 협조까지도 보태어지는 법이다.

마지막 포성이 울리고 난 뒤, 몽 쌩 장 평원에는 인기척이 없었다.

영국군은 프랑스군의 진영을 점령했다. 패자의 진지에서 잠자는 것은 승리를 확인하는 관습의 하나이다. 그들은 로쏘므 저편에 야영했다. 프러시아군은 도주하는 자의 뒤를 쫓아 계속 전진했다. 웰링턴은 워털루 마을로 들어가 버서스트 경에게 보낼 보고서를 작성했다.

‘그처럼 너희들은 애쓰지만 보답받는 자는 너희가 아니다’라는 격언(남의 공을 가로채려는 경우에 쓰임)이 교묘하게 들어맞는 경우가 바로 이 워털루 마을이었다. 워털루 싸움터에서 반 리그나 떨어져 있는 마을로, 아무것도 한 일이 없었다.

몽 쌩 장은 포격당했고, 우고몽은 불에 탔고, 빠쁠로뜨도 불에 탔고, 쁠랑쓰느와도 불에 탔고, 라 에 쌩뜨는 점령되었고, 벨 알리앙스는 두 승리자가 포옹하는 것을 보았다. 그런데 이 이름들은 거의 알려지지 않고, 아무 일도 하지 않은 워털루가 전투의 명예를 모두 차지하고 있다.

작자는 전쟁을 찬양하는 사람이 아니다. 기회만 있으면 그 전쟁의 진상을 알려 줄 작정이다. 전쟁에는 무서운 아름다움이 있다는 것을 작자는 숨기지 않고 말해 왔다. 그러나 아울러 여러 가지 추악한 면이 있다는 것도 인정하지 않으면 안 된다. 가장 놀라운 추악한 짓의 하나는, 승리 뒤에 바로 죽은자가 당하는 약탈이다. 싸움 뒤의 새벽은 으레 벌거숭이 시체 위로 밝아온다.

누가 그런 짓을 하는가? 누가 그런 짓을 하여 전승을 더럽히는가? 승리의 허리춤에 살그머니 집어넣는 그 더러운 손은 과연 누구의 손인가? 영광 뒤에 숨어서 그런 짓을 하는 소매치기는 어떤 자인가? 어떤 철학자들은, 그 중에서도 볼떼르는 영광을 획득한 바로 그 사람들이라고 단언하고 있다. 그들은 승리를 차지한 바로 그자들이라고 말한다. 다른 사람이 그럴 수는 없다. 서 있는 사람들이 넘어진 사람들에게서 약탈하는 것이다. 낮의 영웅은 밤의 흡혈귀가 된다. 요컨대 자기 손에 죽은 시체로부터 조금 훔친다는 건 매우 정당한 일이라고. 그러나 우리는 그렇게 생각지 않는다. 월계수의 가지를 꺾는 일과 죽은 자의 신을 훔치는 일을 같은 사람이 할 수는 없다고 생각된다.

다만 확실한 것은 승리자 뒤에는 으레 도둑이 끼어든다는 사실이다. 그러나 군인은, 더욱이 현대의 군인은 이런 논의의 대상으로 삼고 싶지 않다.

어떤 군대에나 꼬리가 있는 법이고, 탓해야 할 것은 바로 그것이다. 반은 도둑이고 반은 하인인 박쥐 같은 인간, 전쟁이라고 불리는 저 그늘이 만들어 내는 온갖 박쥐족들, 군복을 입고 있으나 싸우지 않는 자들, 꾀병쟁이들, 무시무시한 경상 환자들이 때로는 조그만 수레에 아내까지 태우고 돌아다니며 술을 밀매하고, 다시 그것을 훔치는 무허가 상인들, 장교들의 길잡이를 자청하고 나서는 거지들, 군대에 따라다니는 심부름꾼들, 얼씬거리는 날치기들. 행진하는 군대는 옛날에 그 모든 것들을—현대에도 그렇다는 것은 아니다—뒤에 질질 끌고 다녔으므로, 전문 용어로는 그럴싸하게 낙오병이라고 불렸을 정도였다.

그런 족속에 대해서는 어느 군대도, 어느 나라도 책임이 없었다. 그들은 이탈리아 말을 지껄이면서 독일군을 따라다니는가 하면, 프랑스 말을 하면서 영국군을 따라다녔다. 페르바끄 후작이 엉터리 삐까르디 사투리(프랑스 동부의 옛 사투리)에 속아서 프랑스인으로 믿어 체리졸라(이탈리아 삐몽에떼 지방의 마을. 1544년 4월 14일 앙갱 백작이 이끄는 프랑스군이 여기서 스페인군을 격파했음)에서 승리한 날 밤 바로 그 싸움터에서 암살되고 약탈당한 것도, 그러한 비열한의 하나인 프랑스어를 지껄이는 스페인의 한 낙오병이 저지른 짓이었다. 약탈에서 무뢰한이 생겨났다. '적에게서 군량을 얻으라'는 치사스러운 격언이 그와 같은 악폐를 만들어냈다. 그것을 고칠 수 있는 것은 엄한 규율뿐이다.

그러나 세상에는 빛좋은 개살구 같은 사람들도 있다. 어떠어떠한 장군들은 사실 위대했음에는 틀림없겠으나 왜 그토록 인망이 있었던가 하는 점에서는 납득되지 않는 경우가 흔히 있다. 뛰렌느는 약탈을 너그럽게 보아 주었기 때문에 병사들에게 인기가 있었다. 악행을 눈감아주는 것은 친절의 일부다. 뛰렌느는 친절했던 나머지 팔라티나의 땅이 불과 피바다 속에 던져지는 것을 못 본 체했다. 사령관의 엄격성 정도에 따라 그 군대에 붙어 따라다니는 도둑떼가 많아지거나 적어진다는 것은 누구나 보아서 아는 바이다. 오슈며 마르쏘^(모두 젊어서 죽은 대혁명 시대의 장군) 두 장군에게는 낙오병이 하나도 없었다. 웰링턴에게도 거의 없었는데, 그 점은 우리가 기꺼이 인정해 주는 바이다.

그런데도 6월 18일로부터 19일에 걸친 밤 사이에 전사자들은 약탈당했다. 웰링턴은 엄격했다. 현행범으로 붙잡힌 자는 가차없이 총살한다는 명령이 내려졌다. 그러나 약탈은 끈덕지게 계속되고 있었다. 도둑놈들은 싸움터 한구석에서 총살이 이루어지고 있는 동안에 다른 한구석에서 약탈을 감행했다.

평원의 달은 음산하게 비치고 있었다.

한밤중에 한 사나이가 오앵의 골짜기 길쪽에서 어슬렁거리고 있었다. 아니, 어슬렁거린다기보다 기어 돌아다니고 있었다. 그것은 어느 모로 보나 방금 그 특성을 말해 온 자들 가운데 하나로 영국인도 아니고, 프랑스인도 아니고, 농군도 아니고, 병사도 아니고, 인간이라기보다도 식인귀에 가깝고, 송장 냄새에 끌려 도둑질을 승리로 알고 워털루를 약탈하러 온 자였다. 그는 군인 외투 비슷한 작업복을 입고 겁내고 있는 듯하면서도 대담한 얼굴로, 앞으로 나아갔다 뒤돌아보았다 하고 있었다. 그 사나이는 대체 어떤 자였을까? 낮보다는 밤이 그에 대해 더 잘 알고 있었으리라.

그는 자루는 갖고 있지 않았으나, 외투 밑에 커다란 포켓이 몇 개 달려 있는 것만은 확실했다. 가끔 걸음을 멈추고 누가 보고 있지나 않은가 살피는 것처럼 주위 평원을 둘러보고, 갑자기 몸을 구부려 땅바닥에서 말없이 움직이지 않는 무엇인가를 뒤적거리고 나서는 다시 몸을 일으켜 자취를 감추는 것이었다. 그 미끄러지는 듯한 걸음걸이며 거동, 날쌔고도 신기한 손의 동작은 고대 노르망디 전설에서 황혼의 폐허에 산다는 알뢰르라는 원귀를 연상케 했다.

어떤 밤 물새는 늪지에서 그와 비슷한 형상을 하는 수가 있다.

만일 그 밤안개 속을 유심히 들여다 본 자가 있었다면, 거기서 좀 떨어진 니벨 가도 위 몽 쌩 장에서 브레느 랄뢰로 통하는 길 모퉁이에 서 있는 찌그러진 집 뒤에 감추듯 놓아 둔 조그마한 종군 행상 마차가 눈에 띄었을 것이다. 그 마차에는 타르 칠을 한 고리버들로 짠 덮개를 씌웠고, 수레에 비끄러맨 굶주려 야윈 말은 재갈이 물린 입으로 쐐기풀을 뜯고 있었으며, 그 수레 안에는 궤짝과 보퉁이 위로 여자 같은 사람 그림자가 앉아 있었다. 아마도 그 마차와 들판에서 어슬렁대는 사나이 사이에는 무슨 연관이 있는지도 모른다.

밤하늘은 밝았다. 하늘에는 구름 한 점 없었다. 땅은 붉은 피로 물들어 있어도 달은 역시 새하얬다. 이것이야말로 하늘의 무관심이리라. 들판에서는 산탄을 맞아 부러진 나뭇가지들이 껍질만으로 매달린 채, 밤바람에 조용히 흔들리고 있다. 산들바람이 마치 사람의 숨결처럼 찔레 덤불을 쓰다듬고 있다. 덤불 속에는 영혼이 날아가기라도 할 것 같은 설레임이 있었다.

멀리 영국군 진영에서 순시병과 순회 군의관이 왔다갔다 하는 발자국 소리가 어렴풋이 들려왔다.

우고몽과 라 에 쌩뜨는 아직도 불타고 있었다. 하나는 서쪽에서 또 하나는 동쪽에서 두 개의 커다란 불기둥이 치솟고, 지평선 능선 위 큼직하게 반원형으로 펼쳐진 영국군이 야영하는 불길이 그 사이를 띠처럼 잇고 있어, 마치 끌러진 루비 목걸이의 양 끝에 석류석이 매달려 있는 듯했다.

오앵 골짜기 길의 참극에 대해서는 이미 이야기했다. 그토록 수많은 용사들에게 그 죽음이 어떤 것이었는지 생각하기만 해도 소름이 끼친다.

만약 세상에 어떤 무서운 게 있다면, 만약 꿈보다 더한 현실이 있다면, 이런 일을 가리키는 것이리라. 살아 있고, 태양을 바라보고, 억센 힘이 온몸에 넘쳐흐르고, 건강하고 명랑한 마음을 가지고, 기운차게 웃고, 눈부신 영광을 향해 돌진하고, 가슴에는 호흡하는 폐와 고동하는 심장과 올바르게 작용하는 의지를 느끼고, 이야기하고, 생각하고, 희망하고, 사랑하고, 어머니가 있고, 아내가 있고, 아이들이 있고, 빛이 있고, 그러다가 느닷없이 '앗' 하고 외칠 겨를도 없이 순식간에 심연 속으로 떨어져 넘어지고, 미끄러지고, 밟고, 밟히고, 보리 이삭과 꽃과 잎사귀와 가지를 보고, 그러면서 아무것에도 매달리지 못하고, 칼도 이제 아무 소용 없음을 느끼고, 밑에는 사람들이 깔리고, 위에는 말들이 덮치고, 빠져나가려고 헛되이 몸을 버둥거리고, 어둠 속에서 난데없이 말의 뒷발에 세게 채여 뼈가 부러지고, 이어 누군가의 발꿈치에 짓밟혀 눈알이 튀어나오는 것을 느끼고, 미친 듯 말발굽에 매달리고, 숨이 막히고, 아우성치고, 몸을 뒤틀고, 밑바닥에 깔린 채 '아까까지도 나는 살아 있었는데!'라고 생각하는 것이다.

그처럼 애달픈 재난의 허덕임 소리가 들렸던 그곳도 지금은 완전히 정적에 묻혀 있었다. 골짜기 길은 손을 댈 수 없을 만큼 빽빽이 포개어 쌓아올려

그는 거대한 무덤을 이룬 전장터 여기저기를 더듬고 돌아다녔다.

진 말과 기병으로 꽉 들어차 있었다. 무시무시한 뒤얽힘. 비탈도 이미 사라졌다. 시체가 길과 들을 평평하게 만들어, 말에 깨끗이 되어 놓은 보리처럼 길 가장자리까지 찰랑하게 올라와 있었다. 위쪽은 시체의 산, 아래쪽은 피의 냇물. 이것이 1815년 6월 18일 밤, 그 길의 상태였다.

피는 니벨 가도까지 흘러내려 길을 가로막은 가시나무 울타리 앞에서 커다란 웅덩이처럼 넘쳐흐르고 있었다. 그 자리는 지금도 가려낼 수 있다. 그러나 독자도 기억하다시피, 흉갑기병대가 떼죽음당한 곳은 그곳과 반대쪽인 주나쁘 가도 쪽이었다. 시체가 포개진 두께는 골짜기의 길 깊이와 비례했다.

골짜기가 얕은 지점은 들로르 사단이 지나간 곳으로, 거기는 시체 층도 얇았다. 한밤에 어슬렁거리고 있는 모습을 독자에게 잠시 그려 보였던 조금 전의 그 사나이는 그쪽으로 가고 있었다. 그는 이 거대한 무덤을 여기저기 더듬고 돌아다녔다. 지그시 살피며 둘러보았다. 혐오스러울 만큼 처참한 이 시체부대를 마치 사열하는듯 지나갔다. 피 속에 발을 적시며 걸어갔다.

갑자기 그가 걸음을 멈추었다.

대여섯 발자국 앞 골짜기 길 속에, 시체 쌓인 것이 끝나가는 곳의 사람과 말이 겹쳐진 더미 밑에 손바닥을 펼친 손 하나가 불쑥 튀어나와 달빛에 비치고 있었다.

그 손에는 무언가 반짝이는 것이 손가락에 끼워져 있었다. 금반지였다.

사나이는 몸을 구부리고 시체와 시체 사이에 한참 웅크리고 있었는데, 그가 다시 몸을 일으켰을 때 튀어나온 그 손에는 이미 반지가 없었다.

사나이는 사실 제대로 일어선 것이 아니었다. 겁먹은 짐승처럼 엎드린 채 잉거주춤 궁둥이를 추켜들어, 시체가 쌓인 쪽으로 등을 돌리고 무릎을 꿇은 채 지평선을 응시하면서 땅에 짚은 두 손의 집게 손가락에 윗몸을 떠받치고 머리만 골짜기 길 가장자리 위로 내밀어 주위를 살피고 있었다.

어떤 행동에는 들개의 네 발이 썩 편리한 것이다.

그런 뒤 그는 마음을 정한 듯 일어섰다.

그 순간 그는 움찔했다. 뒤에서 누가 자기를 붙잡은 것 같았다.

고개를 돌렸다. 아까 펼쳐져 있던 그 손이 손가락을 오그려 그의 외투 자락을 붙잡고 있었던 것이다.

여느 사람이라면 질겁했으리라. 그러나 이 사나이는 소리내어 웃기 시작했다.

"난 또 뭐라고" 하고 그는 말했다. "송장이로군. 귀신이 헌병보다야 낫지."

그러는 동안에 그 손은 힘이 빠져 그를 놓았다. 무덤 속에서는 금방 기진해 버리는 법이다. 어슬렁대던 사나이는 말했다.

"흠, 이 송장은 살아 있는 모양이지. 어디 좀 보자."

그는 다시금 몸을 웅크리고, 시체더미를 파헤쳐 걸리적거리는 것을 치우고, 그 손을 붙잡아 팔을 움켜쥐고, 머리를 추켜들고, 몸을 끄집어내어, 얼마 뒤에는 죽은 것 같은, 아니 정신을 잃은 건지도 모르는 한 사나이를 골짜기 길 가장자리 어둠 속으로 끌어내고 있었다.

그것은 흉갑기병으로 장교였으며, 상당한 계급인 듯했다. 커다란 금빛 견장이 갑옷 밑으로 드러나 보였다. 그 장교에게는 이미 철모가 없었다.

심한 칼자국이 얼굴에 나 있으며 온통 피투성이였다. 그 밖에 팔다리는 부러진 데가 없는 모양이며, 요행히도—이런 경우에도 요행이라는 말을 쓸 수 있다면—많은 시체들이 그 위에 아치모양으로 서로 떠받치고 있어 이 장교는 밟혀 죽지 않은 것이다. 그의 눈은 감겨 있었다.

갑옷 위에 레지옹 도뇌르 은십자 훈장을 달고 있었다. 어슬렁거리던 사나이는 십자훈장을 떼내어 외투 밑에 감춰진 포켓 속에 집어넣었다.

그런 뒤 장교의 가슴께를 더듬어 시계가 만져지자 그것을 빼냈다. 조끼에서 찾아낸 지갑도 포켓에 집어넣었다.

사나이가 이 죽어가는 인간에게 베푸는 구조의 손길이 거기까지 이르렀을 때 장교는 눈을 떴다. 그리고 꺼져가는 목소리로 말했다.

"고맙소."

사나이의 거친 동작과 밤의 냉기와 자유로이 숨쉬게 된 공기가 그를 빈사상태에서 되살아나게 해주었던 것이다.

부랑배는 대답하지 않았다. 그는 머리를 쳐들었다. 사람 발자국 소리가 들판에서 들렸다. 아마도 순시병이 다가오는 모양이었다.

장교는 꺼져가는 목소리로 다시 말했다.

"어느 쪽이 이겼소?"

그 목소리에는 아직도 죽음의 고통이 깃들어 있었다.

사나이는 몸을 구부리고 시체와 시체 사이에 한참 웅크리고 있었는데…….

배회하던 사나이는 대답했다.

"영국군이오."

장교는 다시 말을 이었다.

"내 포켓을 찾아보시오. 지갑과 시계가 있을 것이오. 그걸 가지시오."

그것은 이미 꺼낸 뒤였다.

배회하던 사나이는 그의 말대로 하는 시늉을 하고, 그러고 나서 말했다.

"아무것도 없소."

"누가 훔쳐갔군. 거참, 유감스러운걸. 당신에게 주려고 했는데."

순시병의 발소리가 점점 뚜렷해졌다.

배회하던 사나이는 가버릴 듯한 몸짓을 하며 말했다.

"사람이 오는군요."

장교는 가까스로 한 팔을 들어 사나이를 붙들었다.

"당신은 내 목숨을 구해 주었소. 이름이 무엇이오?"

배회하던 사나이는 낮은 목소리로 서둘러 대답했다.

"나는 당신과 마찬가지로 프랑스군이었소. 이제 헤어져야 합니다. 붙잡히면 총살이니까요. 나는 당신 목숨을 구했으니 뒷일은 알아서 해주십시오."

"계급은?"

"중사입니다."

"이름은 뭔가?"

"떼나르디에입니다."

"그 이름을 잊지 않을 걸세. 자네도 내 이름을 기억해 두게나. 나는 뽕메르씨라고 하네."

제2편 군함 오리옹 호

24601호가 9430호로 되다

장 발장은 다시 붙잡히고 말았다.

그 비통한 경위를 여기서 장황스럽게 설명하지 않는 편을 독자들은 더 좋아하리라. 다만 저 뜻하지 않은 사건이 몽트뢰이유 쉬르 메르에서 일어난 지 두어 달 뒤 신문에 실렸던 두 개의 조그만 기사를 옮겨 놓는 것으로 그치겠다. 기사치고는 간단한 것들이다. 누구나 알다시피 그때에는 아직 가제뜨 트리뷔노지 ^(법정 신문. 1825년
11월 1일 창간) 가 없었다.

먼저 드라뽀 블랑 ^(흰 깃발
이라는 뜻) 지에 실렸던 1823년 7월 25일자 기사를 뽑아 보겠다.

최근 빠 드 깔레 군의 한 지방이 유례없는 어떤 사건의 무대가 되었다. 타곳에서 떠돌다 온 마들렌느 씨라는 사나이가 여러 해 전부터 새로운 제조법으로 그 지방에 예로부터 내려온 공업인 흑옥과 검은 유리 구슬 제조를 부흥시켰다. 그는 이로써 자신의 부를 이룩했으며 그 지방까지도 윤택하게 만들었다. 그는 그 공로를 인정받아 시장에 임명되었다. 그런데 경찰은 마들렌느 씨가 장 발장이라는 전과자로서 1796년에 절도죄로 형을 받은 일이 있으며, 또한 감시 위반자인 것을 알아냈다. 그리하여 장 발장은 감옥으로 다시 끌려갔다. 체포되기 전에 그는 라피뜨 은행에 예금해 두었던 50만 프랑이 넘는 돈을 교묘히 인출한 것으로 보인다. 단 이 돈은 그가 정당하게 장사하여 번 것이라고 한다. 장 발장이 뚤롱 감옥에 들어간 뒤 이 돈을 어디에 숨겼는지 아무도 알지 못한다.

다음 기사는 같은 날짜의 주르날 드 빠리지에서 발췌한 것으로, 더 상세하다.

장 발장이라는 한 전과자가 최근 바르의 중죄 재판소에 출두했다. 그 앞뒤 사정은 참으로 사람들의 주목을 끌 만했다. 이 전과자는 교묘하게 경찰의 눈을 피하고, 이름을 바꾸어 북부의 어느 조그만 도시에서 버젓이 시장 자리에 앉아 있었다. 그는 그 시에서 상당히 중요한 산업을 일으킨 바 있다. 그는 검찰 당국의 끈질긴 노력으로 마침내 가면이 벗겨지고 체포되었다. 그는 한 매춘부를 정부로 삼고 있었는데, 그 여자는 그가 체포될 때 놀란 나머지 죽고 말았다. 이 악한 사나이는 비상한 힘을 타고 나서 감쪽같이 탈주해 버렸다.

그러나 탈주한 지 3, 4일 뒤 경찰은 빠리에서, 그가 마침 몽페르메이유 마을(세느 에 와즈 도)로 가는 작은 마차에 올라타려는 순간 다시 그를 붙들었다. 그런데 그는 자유로운 몸이었던 그 사나흘을 이용하여 우리 나라 안에서도 손꼽히는 은행에 예금해 두었던 막대한 금액을 손에 넣을 수 있었다고 한다. 그것은 6, 70만 프랑쯤으로 추측되고 있다. 기소장에 따르면, 그는 이 돈을 그 자신만이 아는 어떤 곳에 파묻은 모양이지만 그곳을 아직 밝혀내지 못한 것 같다. 어쨌든 이 장 발장이라는 사나이는 최근 바르의 중죄 재판소에 회부되었다. 8년 전 시골길에서 한 어린아이의 돈을 강탈한 절도죄 때문이었다. 그 어린아이란 페르네의 대주교(볼떼르)가 그 불후의 시 속에서 노래부른 근면한 소년들 가운데 하나이다.

사브와에서 해마다 찾아와
손으로 흥겹게 닦아내는
그을음 막힌 저 긴 통.

이 도적은 자기 변명을 하지 않았다. 그리고 검사의 능란한 논고에 따라 공범자가 있었으며 장 발장은 남부지방 도둑떼의 한 사람이었다는 것이 분명하게 드러났다. 따라서 장 발장은 유죄로 인정되어 사형을 선고받았다. 범인은 상고할 것을 거부했다. 국왕 폐하는 무한한 관용을 베푸시어 무기징역으로 형을 감해 주셨다.

장 발장은 즉시 뚤롱 감옥으로 호송되었다.

장 발장이 몽트뢰이유 쉬르 메르에서 종교상의 의식을 잘 지켰던 것을 사람들은 기억하고 있었다. 그래서 어떤 신문들은, 특히 꽁스띠뛰씨오넬지는 이처럼 형이 가볍게 된 것은 사제집단의 승리라고 했다.

장 발장은 감옥에서 번호가 바뀌었다. 9430호로 불리게 되었다. 또한 더 이상 재론하지 않아도 되게끔 여기서 말해 두거니와, 몽트뢰이유 쉬르 메르의 번영은 마들렌느 씨와 더불어 사라졌다. 고뇌와 주저의 그날 밤에 그가 예상했던 모든 일이 현실로 나타났다. 그가 없어졌다는 것은 글자 그대로 '넋이 빠져 버린' 것이나 마찬가지였다.

그가 권력의 자리에서 굴러떨어진 뒤 몽트뢰이유 쉬르 메르에는, 위대한 인물이 쓰러졌을 때 볼 수 있는 저 이기적인 분할이 이루어졌다. 영화로웠던 자가 그런 모양으로 해체되는 일은 피할 길 없는 것으로 인간 공동체에서 날마다 이뤄지고 있지만, 역사에 기재된 것은 오직 한 번뿐으로, 그 유명한 알렉산더 대왕이 세상을 떠난 뒤에 일어났다.

장군들이 스스로 왕관을 쓰고, 직공장이 하룻밤 사이에 공장장이 되고, 시기심 많은 경쟁이 시작된다. 이제 마들렌느 씨의 그 커다란 공장은 닫혔다. 건물은 황폐해지고 직공들은 뿔뿔이 흩어졌다. 어떤 자는 그 고장을 떠나고, 또 어떤 자는 그 직업을 버렸다. 그 뒤로는 모든 것이 커지는 대신 쪼그라들고 선을 위해서가 아니라 이익을 위해서 실행되었다.

이제 중심이 없어지고, 어디를 가나 경쟁에 눈이 벌개져 있었다. 마들렌느 씨는 모든 것을 지배하고 이끌어갔었으나, 일단 그가 쓰러져 버리자 모두들 사리사욕으로만 치달렸다. 단체 정신이 투쟁 정신으로, 친화는 냉혹으로, 모든 사람들을 위한 창립자의 호의는 상호간의 증오심으로 바뀌었다.

마들렌느 씨가 맺어놓은 유대는 헝클어지고 끊어져 버렸다. 사람들은 제조과정을 속이고, 제품의 질을 떨어뜨렸으며, 따라서 신용이 땅에 떨어졌다. 상품 판로가 좁아지고 주문은 줄어들었다. 직공의 임금이 내려가고, 공장은 휴업하고, 파산이 눈앞에 다가왔다. 이리하여 이제 가난한 사람들을 위한 아무 원조도 없게 되었다. 모든 게 사라져 버린 것이다.

국가에서도 어디선가 누가 없어진 것을 깨달았다. 마들렌느 씨가 장 발장임에 틀림없다는 판결을 내려 중죄 재판소가 그를 감옥으로 보낸 뒤 4년도 채 되기 전에 몽트뢰이유 쉬르 메르에서는 세금 징수비가 두 갑절로 불어났다. 그리고 빌레르 씨는 1827년 2월, 국회에서 그 점을 지적하고 있다.

도깨비가 지은 시 두 줄

이야기를 진전시키기 전에 마침 그 무렵 몽페르메이유에서 일어난 이상한 일을 여기서 조금 자세하게 말해 두는 게 좋을 것 같다. 검찰 당국의 어떤 추측과 어딘가 일치하는 점이 없지 않다고 생각되기 때문이다.

몽페르메이유 지방에는 예로부터 전해 내려오는 한 가지 미신이 있다. 빠리 근처에 그와 같은 민간의 미신이 있다는 것은 시베리아에 알로에 (잎이 용설란 비슷한 늘푸른 열대 식물) 가 있다는 것과 마찬가지로 진기한 일이니만큼 더욱더 희귀한 일이라 하겠다. 무릇 인간이란 진기한 것을 존중하는 법이다.

그런데 그 몽페르메이유의 미신이란 이런 것이다. 도깨비는 태고적부터 보물을 감추는 장소로 숲을 택한다고 사람들은 믿고 있다. 아낙네들은 해질 무렵 먼 숲 속에서 한 검은 사나이를 발견하는 일이 흔히 있다고 주장한다.

그 사나이는 짐마차꾼이나 나무꾼 같은 얼굴을 하고, 나막신을 신고, 무명 바지와 작업복 윗옷을 입고 있지만, 그런 사람들이 쓰는 모자 대신 머리에 커다란 뿔이 두 개 돋아 있어 쉽게 알아본다고 한다. 하기는 그런 게 있다면 쉽게 알아볼 수 있을 것이다. 그 사나이는 언제나 열심히 구덩이를 파고 있다.

그리고 그를 만났을 때 대처하는 세 가지 태도가 있다. 첫째는 사나이에게 다가가 말을 거는 것이다. 그러면 그 사나이는 단순히 여느 농부에 지나지 않으며, 저녁 무렵이므로 검게 보일 뿐이고, 구덩이를 파고 있는 게 아니라 젖소에게 먹일 풀을 베고 있는 중이며, 뿔이라고 생각한 것도 사실은 등에 지고 있는 쇠스랑으로 그 끝이 사나이 머리 위로 내밀어져 황혼에 뿔처럼 보인 것뿐임을 알게 된다. 그러나 그렇게 이야기를 나누고 집으로 돌아오면 1주일이 못 되어 죽어 버린다.

둘째 방법은 사나이의 거동을 멀리서 지켜보고 있다가, 그가 구덩이를 파고 나서 무엇인가 묻고 가버린 다음에 얼른 구덩이로 달려가 그것을 파헤쳐, 그 검은 사나이가 틀림없이 파묻어 놓았을 그 '보물'을 꺼내 갖고 오는 것이다. 그러나 이 경우에는 한 달이 못 되어 죽어 버린다.

마지막 세 번째 방법은, 그 검은 사나이에게 이야기도 걸지 않고, 거들떠 보지도 않고, '걸음아 날 살려라' 하고 도망치는 것이다. 그러나 이런 경우에도 1년이 못 되어 죽어 버리게 된다.

세 가지 방법이 모두 나중에 화를 미치기는 마찬가지지만, 그래도 둘째 방법에는 얼마쯤 좋은 점이 있다. 더욱이 겨우 한 달일지라도 보물을 가질 수 있다는 마음에서 사람들은 대개 이 방법을 쓴다. 그래서 무슨 수를 써서라도 한 밑천 잡아 보려는 배짱좋은 사나이들은 검은 사나이가 판 구덩이를 파헤쳐 도깨비의 보물을 훔치려고 한 일이 흔히 있었다는 이야기이다.

그러나 그리 대단한 벌이는 못 되었던 모양이다. 적어도 그렇게 전해지고 있으며, 특히 트리퐁이라는 마술에 좀 능한 노르망디의 악덕 수도사가 이 일에 관해 남긴 수수께끼 같은 서투른 라틴어 시구 두 줄에 따르면, 전혀 대수롭지 못한 것 같다. 이 트리퐁이라는 수도사는 루앙 근처 쌩 조르주 드 보셰르빌 수도원에 매장되었으며, 그의 무덤 주위에는 두꺼비만이 들끓고 있다.

그런 것도 모르고 사람들은 굉장한 노력을 한다. 그 구덩이는 의외로 깊어 땀을 뻘뻘 흘리며 샅샅이 파헤치고, 날이 새기 전에 끝내야 하므로 밤새도록 애를 쓴다. 셔츠는 땀에 흠뻑 젖고, 초를 있는 대로 닳아 없애고, 곡괭이를 망가뜨리고, 그리하여 구덩이 밑바닥까지 다다라 그 '보물'을 손에 잡고 보면, 대체 그것은 무엇이리라고 독자는 생각하는가? 도깨비의 보물이란 과연 무엇일까?

1수짜리 동전 한 닢이거나 때로는 은화 한 닢, 돌멩이, 해골바가지, 피투성이 송장, 지갑 속에 든 지폐처럼 두 번 접혀진 도깨비, 또 때로는 아무것도 아닌 수도 있다. 그것은 무작정 비밀을 들춰내기 좋아하는 호기심 많은 경박한 사람들에게 트리퐁의 시가 말해 주고 있는 그대로인 모양이다.

땅을 파고, 어두컴컴한 구덩이에 파묻은 보물은 동전, 은화, 돌멩이, 시체, 유령, 또는 아무것도 아니다.

오늘날에 이르러서는 그 밖에도 탄환과 화약통을, 또 도깨비들이 사용했음에 틀림없는 손때 묻은 불그레한 낡은 트럼프를 거기서 파낼 수 있으리라. 트리퐁은 이 두 가지에 대해서는 언급하고 있지 않으나, 생각해 보면 그는 12세기 사람으로서 도깨비나 로저 베이컨보다 먼저 화약을 발명하고 샤를르 6세보다 먼저 트럼프를 고안해 낼 만한 머리는 없었던 모양이다.

게다가 그 트럼프로 노름을 한다면 가진 것을 모두 털릴 게 틀림없는 사실이고, 또 화약통 속의 화약으로 말하면 총을 가진 사람의 얼굴을 향해 쏘아대는 특성을 갖고 있다.

그런데 전과자 장 발장이 며칠 동안 탈주해 있는 사이에 몽페르메이유 언저리를 방황했던 모양이라고 검찰에서는 추측한 바 있었는데, 바로 그 얼마 뒤 마을의 블라트뤼엘이라는 나이먹은 한 도로 인부가 숲 속에서 '야릇한 짓'을 하고 있는 게 사람들 눈에 띄었다.

그 지방에서는 블라트뤼엘이 지난달 감옥에 들어간 적 있는 사람이라고 믿었다. 그는 경찰의 감시를 받는 사나이로 아무 데서도 일자리를 얻지 못했기 때문에, 정부에서는 가니에서 라니에 이르는 샛길을 만드는 인부로 쓰면서 싼 임금을 주었다.

이 블라트뤼엘은 그 고장 사람들의 업신여김을 받고 있었다. 그는 지나치게 공손하고 어처구니없을 정도로 겸손하여 헌병들 앞에서는 벌벌 떨며 비위를 맞추고, 아마도 도둑떼들과 관련있을 거라는 뒷공론을 들었다. 날이 저물면 숲 속 으슥한 데서 지나가는 사람을 노린다는 의심을 받고 있었다. 그의 인간다운 점은 주정뱅이라는 것뿐이었다.

사람들이 수상쩍게 여긴 일은 다음과 같았다.

얼마 전부터 블라트뤼엘은 도로에 자갈을 깔고 손질하는 일을 일찌감치 집어치우고 곡괭이를 든 채 숲 속으로 들어갔다. 저녁 무렵 인적 없는 숲 속의 빈터나 멋대로 뒤얽힌 덤불 속에서 무언가 찾는 듯 때로 구덩이를 파는 그를 볼 수 있었다.

지나가던 여자들은 처음에 그 모습을 보고 벨제부르(성경에 나오는 악마의 우두머리인 베엘제불을 가리킴)가 아닌가 여겼으나, 잘 보니 블라트뤼엘이었다. 그녀들은 그것을 알고 나서도 좀처럼 놀란 가슴이 가라앉지 않았다. 그런 모양으로 사람들과 마주치는 것을 블라트뤼엘도 굉장히 거북스러워하는 것 같았다. 분명 그는 사람 눈에 띄는 것을 꺼려했으며, 그가 하는 행동에는 무슨 비밀이 있는 것 같았다.

마을에는 이런 말이 떠돌고 있었다.

"모르긴 해도 아마 도깨비가 나타난 모양이야. 블라트뤼엘은 그것을 보았기 때문에 찾고 있는 거야. 사실 그놈이라면 마왕의 은밀한 재산을 움켜잡는 일쯤은 하고도 남거든."

볼떼르 파 사람들은 이렇게 덧붙였다.

"블라트뤼엘이 도깨비를 때려눕히거나 도깨비가 블라트뤼엘을 잡거나 둘 중 하나야."

늙은 아낙네들은 몇 번이나 성호를 그으며 성부·성자·성령을 찾았다.

이럭저럭하는 동안 블라트뤼엘은 숲 속에서 하던 그 일을 그만두고 다시 도로 인부 일을 제대로 하기 시작했다. 사람들의 화제도 다른 데로 돌려졌다.

그러나 몇몇 사람은 아직도 호기심을 갖고, 그것이 전해 내려오는 이야기의 황당무계한 보물이 아니고 도깨비의 재물보다도 더 진실한 더 실제적인 횡재가 있어 틀림없이 저 도로 인부가 그 비밀을 반쯤은 알아낸 모양이라고 생각하고 있었다.

그 가운데에서도 특히 '호기심에 끌린' 사람은 초등학교 선생과 싸구려 음식점 주인인 떼나르디에였다. 아무하고나 상관 않고 어울리는 떼나르디에는 블라트뤼엘 같은 사람과 사귀는 일도 마다 하지 않았다.

"그 놈이 감옥살이를 한 적 있었단 말이지? 뭐, 상관 있나? 누가 거기 들어갔었으며, 앞으로 거기 들어갈 것인지 알 게 뭐야!" 하고 떼나르디에는 말하는 것이었다.

어느 날 밤 그 초등학교 선생은 옛날 같으면 당국에서 블라트뤼엘이 숲 속에 들어가 무슨 짓을 했는지 틀림없이 조사했을 테니 놈도 입을 열지 않을 수 없었을 것이고, 필요에 따라 고문이라도 하면 블라트뤼엘은 물을 먹이는 정도쯤에서 자백하지 않고는 못 견디었으리라고 말했다.

떼나르디에는 말했다.

"그렇다면 놈에게 이디 술을 한번 먹여 보자."

그들은 교묘하게 수단을 부려 그 늙은 도로 인부에게 술을 먹였다. 그러나 블라트뤼엘은 술만 벌컥벌컥 퍼마시면서 도무지 입을 열지 않았다. 그는 술이 넘어가는 목구멍과 재판관의 조심성을 지닌 입을 솜씨있게 구분하며 실수없이 다뤘다. 그러나 끈덕지게 물어본 결과, 그의 입에서 모호한 몇 마디를 끌어내는 데 성공했고, 그것을 모으고 이은 끝에 떼나르디에와 학교 선생은 대강 다음과 같은 것을 알아냈다.

블라트뤼엘은 어느 날이 밝을 무렵 일터로 나가다가 숲 한쪽 구석의 덤불 밑에 '마치 누가 숨겨놓은 것처럼' 삽과 곡괭이가 한 자루씩 놓여 있는 것을 보았다. 그러나 그는 물장수 영감 씨푸르의 삽과 곡괭이일 거라고 생각하여 그리 마음에 두지 않았다. 그런데 그날 저녁 그는 한 그루의 커다란 나무 뒤에 숨어서 상대방에게 눈치채이지 않게, '이 지방 사람은 전혀 아니지만 자기, 블라트뤼엘은 잘 알고 있는 사나이'가 길에서 숲 속의 가장 으슥한 곳으로 들어가는 것을 보았다.

떼나르디에는 그것을 해석하여 '감옥 동료의 한 사람'으로 짐작했다. 블라트뤼엘은 그 이름을 말하기를 완강하게 거부했던 것이다. 그 사나이는 하나의 짐, 커다란 상자나 아니면 조그만 돈궤 같은 무슨 네모진 것을 들고 있었다. 블라트뤼엘은 깜짝 놀랐다. 그래도 '그 사나이'의 뒤를 밟아 보자는 생각이 떠오르기는 했으나, 7, 8분이나 지난 뒤였던 모양이다. 때는 이미 너무 늦었다. 사나이는 숲 안쪽으로 들어가 버렸고, 날도 저물어 블라트뤼엘은 사나이를 찾아내지 못했다.

그래서 그는 숲 어귀를 지켜보려고 마음먹었다. '달이 떠 있었다.' 그런 뒤 두어 시간 지나 블라트뤼엘은 사나이가 숲에서 나오는 것을 보았다. 그러나 그때는 벌써 조그마한 돈궤 같은 것 대신 곡괭이와 삽만 들고 있었다. 블라트뤼엘은 사나이를 지나가게 내버려두었을 뿐 가까이 다가가 보려는 생각은 하지 못했다. 상대방은 자기보다 세 갑절이나 힘세고 게다가 곡괭이를 가졌으니, 그 사나이가 자기를 알아보고 또 아는 사람에게 들켰음을 알게 된다면 틀림없이 자기를 죽일 거라고 생각했기 때문이다. 두 옛동료의 갑작스러운 만남치고는 너무나 끔찍스러운 일이다.

그러나 그 삽과 곡괭이에 대해 블라트뤼엘은 짐작되는 바가 있었다. 그가 아침나절에 보았던 덤불께로 달려가 보니, 거기에는 이미 삽도 곡괭이도 보이지 않았다. 그래서 그는, 그 사나이가 숲 속에 들어가 곡괭이로 구덩이를 파고 그 상자를 묻은 다음 다시 메우고 가버린 거라고 짐작했다. 그런데 그 상자는 사람 시체를 담기에는 너무나 작았으므로 틀림없이 돈이 들어 있을 거라고 단정하여 그는 찾기 시작했다. 블라트뤼엘은 숲을 모조리 살피고 돌아다니며 쑤시고 뒤져 땅을 갓 파헤친 것같이 보이는 데는 어디고 파보았다. 그러나 헛수고였다.

그는 아무것도 '파내지' 못했던 것이다. 몽페르메이유에서는 이제 아무도 그 일을 생각하지 않게 되었다. 다만 몇몇 수다스러운 아낙네들만이 이렇게

저녁 무렵 인기척 없는 숲 속의 빈터나 멋대로 뒤얽힌 덤불 속에서 무엇인가를 찾
는듯이 때때로 구덩이를 파는 블라트뤼엘의 모습을 볼 수 있었다.

지껄였다.

"정말이에요, 그 가니의 도로 인부가 아무것도 아닌 일로 그렇게 야단법석을 떨었을라구. 틀림없이 도깨비가 왔던 거야."

쇠망치 일격에 부서진 족쇄

같은 해인 1823년 10월도 다 갈 무렵 어느 날, 뚤롱 사람들은 군함 오리옹 호가 폭풍우를 만나 파손된 데를 수리하기 위해 항구로 돌아오는 것을 보았다. 이 오리옹 호는 뒷날 브레스트에서 연습함으로 사용되었지만 그즈음에는 지중해 함대에 속했다.

이 군함은 몹시 거친 바다 때문에 많은 상처를 입었지만 항구로 들어오는 그 모습은 참으로 장관이었다. 어떤 기를 달고 있었는지 지금은 잘 모르겠지만, 그 기로 말미암아 항구에서는 11방으로 정해져 있는 예포를 쏘고, 그 한 방 한 방에 대해 함상에서도 답례가 있어 모두 22방이 울려퍼졌다.

예포에는 군주에 대한 예의, 군대의 의례, 떠들썩한 의례의 교환, 예식의 신호, 항구와 포대의 의식, 날마다 요새와 군함에서 맞는 일출과 일몰, 항구의 열림과 닫힘 같은 여러 가지 뜻이 포함되어 있었다.

문명사회는 곳곳에서, 어떤 사람이 계산한 바에 따르면 24시간마다 15만 발이나 되는 대포를 쓸데없이 쏘아올리고 있다. 한 방에 6프랑이라고 한다면 하루에 90만 프랑, 1년이면 3억 프랑이 연기로 사라져 버리는 셈이다. 그러나 이런 것쯤은 아주 하찮은 예에 지나지 않는다. 그 동안에도 다른 한 편에서는 가난한 사람들이 굶어죽어 가고 있다.

1823년은 왕정 복고 정부가 '스페인 전쟁시대'라고 부른 해였다.

이 하나의 전쟁 속에는 많은 사건과 여러 가지 특이한 사실이 포함되어 있었다. 부르봉 왕가의 중대한 가계문제로서, 프랑스 왕실이 마드리드의 왕실을 원조하고 보호하여 이를테면 부르봉 가문이 본가 구실을 다했다는 점. 북쪽 여러 나라의 정부에 예속 복종하여 한층 혼잡을 초래하긴 했으나 겉으로는 프랑스 고유의 국민적 전통으로 되돌아갔다는 점. 앙굴렘므 공작이 자유주의자들의 공상적인 공포 정치와 싸우고 있던 종교 재판소의 실제적인 예로부터의 공포 정치를, 이제까지 온화했던 태도와 달리 고답적인 태도로 탄압하여 자유파 신문들로부터 '앙듀하르의 영웅'이라고 불려졌다는 점 (1823년 8월 8일 스페인 원정에

나선 프랑스군 총사령관 앙굴렘므 공작은 스페인의 앙류하르)
에서 그 나라의 극단적인 왕당파를 탄압하는 명령에 조인했음).

쌍 뀔로뜨 (1792년 대혁명 시대의 과격 공화당을 가리킴. 反短 르봉파)가 '데까미사도스 (1823년대에 스페인 혁명을 꾀한 자유당원. 反셔츠派)'라는 이름으로 다시 일어나 귀족 미망인들에게 큰 공포를 안겨주었다는 점. 군국주의가 무정부주의 취급을 받고 있던 진보에 대하여 장애가 되었다는 점. 1789년의 혁명 이론이 깊이 침투해 가다가 느닷없이 허물어지고 중단되었다는 점. 프랑스가 어떤 사상을 갖고 있는지 꿰뚫어본 온 유럽의 경계하는 소리가 세계에 울려퍼졌다는 점. 총사령관인 프랑스 황태자 (샤를르 10세의 장남. 앙굴렘므 공작. 1824년에 프랑스 황태자가 됨.)와 어깨를 나란히 하며 뒤에 까를로 알베르뜨라고 불린 까리냥 대공이 민중과 맞서는 여러 나라 왕들의 십자군에 붉은 모직 척탄병 견장을 달고 지원병으로 가입했다는 점.

제정 시대 병사들은 다시 전장에 참가했으나 8년 동안의 휴식 뒤인지라 이미 늙어 용맹을 떨치지 못했지만 그래도 그들이 흰 모표를 달고 있었다는 점. 30년 전 코블렌츠서 흰 기가 휘날렸듯 (흰 빛은 부르봉 왕조의 빛. 대혁명으로 망명한 왕당이 군대를 만들어 쳐들어 가려고 했던 때의 일을 말함) 이번에는 3색기가 소수의 용감한 프랑스 사람 손을 거쳐 외국에서 휘날렸다는 점. 수도사들이 프랑스 군대 속에 섞여들었다는 점. 자유와 신시대의 정신이 총검에 억압당했던 점. 원칙이 포탄 앞에 무릎을 꿇은 주의. 정신이 이룩한 것을 무력으로 허물어뜨리는 프랑스. 거기에 더하여 매수된 적의 장수들과 갈피를 잡지 못하는 병사들과 수백만 금의 돈으로 포위공격된 도시들. 불의의 습격을 받아 점령당한 갱도 속처럼, 포화에 따른 위험은 전혀 없으나 언제 폭발할지 모르는 위험. 많은 피를 흘리지 않은 대신 얻은 명예는 적고, 어떤 자에게 치욕은 있었으나 영광은 아무에게도 없었다는 점.

이상과 같은 것들이, 루이 14세의 피를 이어빋은 여러 왕공 귀족이 수행하고 나뽈레옹 휘하에서 배출된 여러 장군이 지휘한 이 전쟁의 실태였던 것이다. 이 전쟁은 이미 나뽈레옹의 저 위대한 전쟁이나 루이 14세의 저 위대한 정략의 그림자조차도 찾아볼 수 없는 자못 슬픈 운명을 지니고 있었다.

훌륭한 전공이 없었던 것은 아니다. 그 가운데에서도 트로카데로 요새의 점령 등은 실로 훌륭한 일전이었다. 그러나 되풀이해서 말하지만, 이 전쟁의 나팔 소리는 끝내 깨진 소리밖에 내지 못했고, 전체로 볼 때 무언가 분명하지 않은 전쟁이었으므로 역사가 인정하고 있듯 프랑스는 이름뿐인 승리를 마음 괴롭게 느꼈던 것이다.

저항의 책임을 지고 있던 스페인의 어떤 장군들이 너무나 쉽게 항복해 버렸다는 것은 누가 보아도 분명했으며, 이 승리에서는 타락의 냄새까지 풍겼다. 승리를 얻었다기보다 장군들을 매수한 느낌을 준 것이다.

그래서 싸움에 이긴 병사들은 굴욕을 느끼며 귀환했다. 군기의 주름 사이로 '프랑스 은행'이라는 글자를 읽을 수 있었던, 가치 없는 전쟁이었다.

1808년의 전쟁에 참가했던 병사들은 싸라고스의 성벽이 머리 위에 무너져내리는 무서운 경험을 맛보았었는데, 이제 1823년에는 차례차례로 쉽게 열리는 성문을 앞에 두고 눈살을 찌푸리며 새삼스레 빨라포스 장군(1808년 전쟁에서 싸라고스를 / 지킨 스페인의 용감한 장군)을 그리워했다. 발레스테로스(그 즈음의 스페인 정부를 / 배반한 장군들 가운데 하나)보다 로스톱신(나뽈레옹을 알아 모스크바를 / 불태워 승리한 러시아 장군)을 상대하고 싶어하는 것이 프랑스 사람의 기질이다.

그리고 훨씬 더 중요하여 마땅히 강조해야 하는 견지에서 볼 때, 이 전쟁은 프랑스 군국 정신을 손상시켰고 아울러 민주 정신의 분노마저 샀다. 그것은 민중을 복종시키려는 음모였다.

이 전쟁에서 민주주의의 아들인 프랑스 병사는 남에게 멍에를 지울 목적으로 싸워야 했다. 끔찍스러운 모순이다. 프랑스는 여러 나라 민중의 영혼을 눈뜨게 하기 위해 세워진 것이지, 영혼을 질식시키기 위해서 세워진 것은 아니다.

1792년 이후에 일어난 유럽의 모든 혁명은 프랑스 혁명이다. 자유의 빛의 근원은 프랑스이다. 이것은 태양처럼 명확한 사실이다.

"그것이 보이지 않는 자는 장님이다!"라고 보나빠르뜨도 말하지 않았던가!

1823년의 전쟁은 용감한 스페인 국민에게 저지른 범죄이며 아울러 프랑스 혁명에 대한 가해였다. 그와 같은 엄청난 폭거를 프랑스 자신이 범했던 것이다. 더욱이 폭력으로 저질렀다. 왜냐하면 독립 전쟁을 제외하고 군대가 하는 모든 것은 폭력으로 이루어지기 때문이다. '맹목적 복종'이라는 말이 이 점을 잘 나타내고 있다.

군대란 불가사의한 집합체의 걸작으로, 그 힘은 무능력의 엄청난 합계에서 생긴다. 이리하여 전쟁이라는 것이 인류에 의하여, 인류에 대하여, 인류에 반하여 이루어진다는 게 비로소 설명된다.

부르봉 왕가 사람들에게 1823년의 전쟁은 치명적이었다. 그러나 그들은 이 전쟁을 성공한 것처럼 생각했다. 하나의 사상을 짓밟고 죽이는 일이 얼마나 위험한 짓인지 몰랐던 것이다. 그들은 얕은 소견의 오산으로 죄(혁명운동)에 대한 엄청난 둔갑을 마치 힘의 한 요소처럼 그들의 체제 속에 끌어들이는 오류를 범했다. 그리하여 호시탐탐 사람을 모함하는 비겁한 정신이 그들의 정책 속에 들어왔다.

1830년 (7월 혁명이 일어나 부르봉 왕정이 끝나는 해)은 1823년에 싹텄다. 스페인 전쟁은 그들의 어전회의에서 무력행사와 신권발동을 변호하는 논거가 되었다. 프랑스는 스페인에 '전제군주'를 재확립함으로써 이번에는 자기 나라 안에도 감쪽같이 전제군주를 세울 수 있었다. 그들은 병사의 복종을 국민의 동의로 지레짐작하는 저 무서운 과오에 빠졌다. 그런 허망한 기대는 왕위를 잃는 요소가 되는 법이다. 만티닐나무 (열대 아메리카의 독있는 식물) 그늘에서 잠들어서는 안 되는 것과 마찬가지로 군대의 그늘에서도 잠을 자서는 안 된다.

이제 다시 군함 오리옹 호로 이야기를 되돌리자. 황태자를 총사령관으로 추대한 군대가 스페인에 출동한 동안 다른 함대 하나는 지중해를 순항하고 있었다. 아까 말한 바와 같이 오리옹 호는 그 함대에 속해 있었는데, 폭풍우로 상처를 입어 뚤롱 항구로 되돌려 보내진 것이다. 군함이 항구에 들어와 있는 모습은 어딘지 군중을 매혹하고 그 마음을 들뜨게 하는 힘이 있다. 그것은 웅장하며, 군중은 웅장한 것을 좋아하기 때문이다.

전함은 인간의 재능과 자연의 힘을 가장 장엄하게 결합한 것이다.

전함은 가장 무거운 것과 가장 가벼운 것으로 이루어져 있다. 왜냐하면 그것은 물질의 세 형태인 고체와 액체와 기체를 한꺼번에 상대하여 그 세 가지에 모두 맞서 싸워야 하기 때문이다.

바다 밑 화강암을 움켜잡기 위해 11개의 무쇠 손톱이 있고, 구름 사이의 바람을 잡기 위해 날벌레보다도 더 많은 날개와 촉각이 있다. 거대한 나팔에서 나오는 것처럼 120문의 대포를 통해 숨결을 토하고 의기양양 천둥 번개를 향해 짖어댄다. 망망대해는 판에 박은 듯 똑같은 그 무시무시한 파도를 일으켜 군함을 집어삼키려고 하지만 전함은 정신을, 나침반을 가지고 있어 그것의 가리킴을 받아 언제나 북쪽을 안다. 깜깜한 밤에는 항해등이 별빛을 보충한다.

이와 같이 전함은 바람에 닻줄과 돛이 있고, 물에 대하여 목재가 있고, 바위에 대하여 무쇠와 구리와 납이 있으며 어둠에 대하여 불빛이 있고, 가없는 공간에 대하여 나침반을 가지고 있다.

이러한 것이 모두 거대한 비율로 짜여서 전체로 하나의 전함을 형성하는 구조에 관해 대강의 개념을 파악하고 싶다면, 브레스트나 뚤롱 같은 항구에 있는 지붕달린 7층 높이나 되는 도크 하나에 들어가 보면 될 것이다.

거기서는 건조 중인 배가 마치 유리 그릇에 들어 있는 것처럼 잘 보인다. 어머어마한 대들보 같은 것은 활대이다. 눈도 미치지 않을 만큼 기다랗게 땅바닥에 뉘여 있는 굵다란 나무 기둥은 큰 돛대다. 선창 밑바닥에서부터 구름을 찌르는 듯한 꼭대기까지 재어 보면, 길이는 16뜨와즈($^{1뜨와즈는}_{6피트}$)를 헤아리고, 밑동의 지름은 3피트나 된다. 영국 배의 큰 돛대는 흘수선 위 270피트 높이에 다다르는 것이 있다.

우리 조상은 배에 굵은 밧줄을 사용했으나 지금은 쇠사슬을 사용하고 있다. 100문의 대포를 가진 배의 쇠사슬만 쌓아놓아도 높이 4피트, 가로 20피트, 세로 8피트의 산더미가 된다. 그리고 그 함선을 하나 만드는 데 목재가 대체 얼마나 드는가 하면 3천m³에 이른다. 이것은 숲 하나가 바다에 뜨는 것과 같다.

특히 이것은 독자들이 잘 기억해 주기 바라는 바이지만, 여기서 말하고 있는 것은 40년 전의 옛 군함이던 단순한 범선에 관한 이야기다. 그 무렵 갓 선을 보인 증기력은 그 뒤 군함이라고 불리는 불가사의한 이 물체에 더욱 새로운 기적을 보탰다. 스크루가 달린 오늘날의 절충식 함선 같은 것은 겉넓이 3천m²의 돛과 2천 5백 마력의 힘을 내는 기관이 움직이는 어마어마한 기계다.

이러한 새로운 기적에 대해서는 말할 나위도 없지만, 크리스토퍼 컬럼버스나 디 로이테르($^{17세기 네덜}_{란드의 제독}$)의 구식 배도 인간이 만든 위대한 걸작의 하나다. 마치 무한이 끝없는 숨결을 지니고 있듯 그것은 무궁한 힘을 지니고서 돛에 바람을 품고, 끝없이 펼쳐진 파도에 에워싸여도 방향이 정확하며, 바다 위에 떠서 군림한다.

그러나 때로는 돌풍이 길이 60피트나 되는 활대를 마치 지푸라기처럼 부러뜨리고, 질풍이 높이 400피트나 되는 돛대를 마치 등심초처럼 휘어놓으며, 무게 10톤이나 되는 닻은 부로세 (아래턱 이빨이 날카로운 담수어. 갑상어 라고도 불리며, 큰 것은 1m나 됨)의 입에 걸린 어부의 낚시처럼 성난 파도의 입 속에서 비틀어지고, 괴물 같은 대포의 포효도 태풍 때문에 허공과 암흑의 밤 속에 헛되이 휩쓸려 가버리고, 그 모든 위력과 위풍은 더욱 큰 위력과 위풍 속에 사라져 버린다.

막대한 위력이 전개될 때마다 결국에는 이 힘도 극도로 쇠약해지지만, 그런데도 사람들은 언제나 몽상에 잠긴다. 그래서 항구마다 수많은 구경꾼들이 자기들도 알 수 없는 흥미에 끌려, 전쟁과 항해의 경이로운 이 기계 주위로 몰려드는 것이다.

그래서 뚤롱 항구는 아침부터 저녁까지 해안이며 선창이며 방파제에, 오리옹 호를 바라보는 것밖에 아무 할 일도 없는 한가로운 사람들과 이른바 건달이라고 불리는 수많은 사람들로 가득차 있었다.

오리옹 호는 오래 전부터 손상되어 있었다. 이제까지 항해해 오는 동안 조개껍질이 배 밑에 몇 켜씩 두껍게 늘어붙어 속력이 반으로 줄어들었다. 그래서 지난해 도크에 넣어 조개껍질을 제거한 다음 다시 바다로 내보냈던 것이다.

그런데 그 제거 작업 때문에 배 밑의 볼트가 상해버렸다. 발레아르 군도 앞 큰 바다에서는 화물 창고가 쓰러져 틈이 벌어졌고, 그 무렵에는 아직 내부 기재에 철판을 쓰지 않았으므로 물이 새기 시작했다. 게다가 모진 가을 태풍이 불어닥쳐, 좌현의 이물과 창문 하나가 부서지고 앞 돛대의 밧줄걸이가 상했다. 이러한 파손 때문에 오리옹 호는 뚤롱 항구로 돌아왔다.

오리옹 호는 해군 정비소 옆에 정박했다. 항해준비가 된 그대로 수리하고 있었다. 선체의 우현은 조금도 상하지 않았으나, 늘 하는 관습대로 뱃전 널빤지를 여기저기 뜯어내어 뼈대 속까지 공기가 통하도록 하였다.

어느 날 아침 오리옹 호를 구경하던 군중은 뜻밖의 사고를 목격하게 된다. 선원늘이 활대에 돛을 달아매고 있을 때였다. 우현 큰 중간 돛 아래에서 두 번째 돛 귀퉁이를 붙잡는 소임을 맡은 선원이 몸의 평형을 잃었다. 그가 비틀거리는 것을 보고 해군 공창 안 벽에 모여 있던 수많은 사람들이 '앗' 하고 함성을 지르기가 무섭게, 사나이의 몸은 머리를 밑으로 하고 활대 둘레를 빙 돌아 심연을 향해 두 팔을 벌렸다.

그렇게 떨어지는 도중 그는 우연히 한 손으로 돛 아래 밧줄을 잡은 다음 다른 한 손으로 마저 잡고 거기에 매달리게 되었다. 그의 발 밑에는 아득한 깊이로 바다가 입을 벌리고 있었다. 그가 떨어져 온 반동으로 매달린 밧줄은 그네처럼 몹시 흔들렸다. 사나이의 몸은 마치 돌팔매질한 돌처럼 밧줄 끝에서 휘둘리고 있었다. 그를 구조하기 위해서는 무서운 위험을 무릅써야만 했다.

선원들은 모두 새로 채용되어 일하는 연안의 어민들이었으므로 그런 위험한 짓을 하려고 나서는 자가 아무도 없었다. 그 동안에도 불행한 선원은 지쳐 가고 있었다. 얼굴에 떠오르고 있을 고통의 빛은 멀어서 보이지 않았으나, 기진맥진해지는 모습이 팔다리에 역력히 나타나고 있었다. 그의 두 팔은 보기에도 무서울 정도로 늘어져 있었다. 줄을 타고 기어오르려고 안간힘을 쓸 때마다 오히려 늘어진 밧줄의 흔들림을 더욱 증가시킬 뿐이었다. 그는 힘이 빠질까 두려워 소리도 지르지 못하고 있었다.

사람들은 이제 그가 밧줄을 놓치는 순간을 기다리고 있을 뿐이었다. 그리고 그들은 사나이가 떨어지는 것을 차마 못 보겠다는 듯 때로 얼굴을 돌리곤 했다. 한 오리의 끈이나 한 토막의 막대기 또는 나뭇가지가 바로 생명처럼 여겨지는 경우가 있는 법이다. 그리고 어떤 생명을 가진 물체가 익은 과실처럼 떨어져 나가는 것을 보는 것은 참으로 무섭다.

그때 갑자기 한 사나이가 살쾡이처럼 날쌔게 돛의 밧줄을 타고 올라가는 게 보였다. 그 사나이는 붉은 옷을 입고 있었다. 죄수였다. 그는 푸른 모자를 쓰고 있었다. 무기수였다. 조망대 위에 이르자 바람이 그 모자를 휙 날려 버려 백발이 성성한 머리가 보였다. 젊은이가 아니었다.

그 사고가 일어나자 배 안에서 노역을 치르고 있던 한 죄수가 곧 당직 장교에게 달려가, 선원들도 어쩔 줄 몰라 하며 주저하고 모든 수부들도 벌벌 떨며 망설이고 있는 때 목숨을 걸고 저 선원을 구조하러 갈 것을 허락해 주도록 간청했던 것이다.

장교가 고개를 끄덕이자, 그는 자기 발의 쇠고랑에 달린 사슬을 쇠망치로 단번에 때려 부수고는 이어 줄을 들고 돛대의 밧줄로 올라갔다. 그 족쇄가 어찌나 쉽사리 부서졌는지 그 순간에는 아무도 깨닫지 못했다. 사람들이 그것을 생각해 낸 것은 훨씬 뒤의 일이었다.

눈깜짝할 사이에 그는 활대 위로 올라섰다. 그는 잠시 동안 가만히 움직이지 않고 서서 활대의 길이를 눈으로 재어 보는 모양이었다. 그 사이에도 바람이 불어 밧줄 끝에 매달린 선원의 몸이 흔들려 아래에서 지켜보는 사람들로서는 그 순간이 몇백 년이나 되는 긴 세월처럼 아득하게 느껴졌다.

마침내 죄수는 눈을 하늘로 치뜨더니 한 걸음 앞으로 내디뎠다. 군중은 숨

가엾은 한 죄수가 바다에 떨어진 것이다.

을 죽였다. 그는 활대 위를 달리는 것 같았다. 그 끝에까지 이르자 그는 가지고 간 밧줄의 한 끝을 거기에 비끄러매고, 다른 한 끝은 내려뜨려 두 손으로 그 줄을 타고 내려가기 시작했다.

이때에 이르러 바라보고 있는 사람들의 안타까움은 이루 말할 수 없었다. 이제 바다를 아득히 밑에 두고 밧줄에 매달린 것은 한 사람이 아닌 두 사람이 된 것이다.

마치 한 마리 거미가 파리를 잡으러 오는 듯했다. 다만 여기서는 거미가 죽음이 아닌 삶을 가져가고 있었다. 몇만의 눈길이 그 두 사람 위에 쏠렸다. 아무도 외치지 않았고, 입을 벌려 말하는 사람도 없었다. 모두 똑같이 떨리는 마음으로 눈길을 모으고 있었다. 누구나 숨마저 죽이고, 참담한 지경에 놓인 그 두 사람을 흔들어 대는 바람에 숨결조차 보태지 않으려고 애쓰는 것 같았다.

마침내 죄수는 선원 가까이까지 타고 내려갈 수 있었다. 극한의 순간이었다. 이제 1분만 더 늦으면 그 선원은 기진맥진하여 아스라한 바다 밑으로 떨어질 판이었다. 죄수는 한 손으로 밧줄에 매달린 채, 비어 있는 다른 손으로 선원의 몸을 그 밧줄에 꽉 비끄러맸다.

이윽고 그가 다시 활대 위까지 기어올라 선원을 끌어올리는 게 보였다. 그는 거기서 선원이 기운을 차리도록 한참 동안 붙잡고 있다가, 두 팔에 끌어안고 활대 위의 가로대 있는 데까지 걸어가, 거기서 다시 돛대 위 장루에 이르러서야 비로소 그를 동료들 손에 넘겨 주었다.

군중은 환성을 질렀다. 늙은 간수 중에는 눈물을 흘리는 사람들도 있었고, 여자들은 바닷가에서 서로 껴안고, 그리고 모든 사람이 감동어린 들뜬 목소리로 다같이 "저 사람을 용서해 주라!"고 외치는 소리가 들렸다.

죄수는 그러는 동안에도 노역으로 돌아가기 위해 곧장 돛대를 타고 내려오기 시작했다. 조금이라도 빨리 아래로 내려오려고 그는 돛 속으로 내려 아랫돛의 활대 위를 달리기 시작했다. 사람들 눈길은 일제히 그를 쫓았다. 순간 사람들은 흠칫 몸을 움츠렸다. 기운이 빠졌는지 아니면 눈이 어지러워졌는지, 그가 별안간 주춤하며 비틀거린 것 같이 보였다. 그러자 별안간 군중은 크게 고함을 질러댔다. 죄수가 바다에 떨어진 것이다.

목숨이 위태로웠다. 군함 알제지라스 호와 마침 나란히 정박해 있는 오리옹 호 두 척 사이로 가엾은 한 죄수가 떨어진 것이다. 그는 이 두 배 가운데 한 척 밑으로 빨려들어갈 우려가 있었다. 네 사나이가 급히 보트에 뛰어올랐다. 군중은 그들에게 격려의 말을 던졌다. 불안이 다시 사람들의 마음을 내리눌렀다. 사나이는 수면에 떠오르지 않았다. 마치 석유통 속에 빠지기라도 한 듯 물결 하나 일으키지 않고 바닷속으로 사라져 버렸다. 사람들은 물 속을 더듬고 또 잠수해 보았으나 허사였다. 저녁 때까지 계속 찾았다. 그러나 시체조차 찾아내지 못했다.

이튿날, 뚤롱의 한 신문은 다음과 같은 몇 줄의 기사를 실었다.

'1823년 11월 17일, 어제 오리옹 호의 갑판에서 노역에 종사하던 한 죄수가 조난당한 선원을 구출하고 돌아오다가 바다에 떨어져 익사했다. 시체는 찾아내지 못했다. 추측컨대 조선 공창 끝의 구멍 속으로 빨려들어간 것 같다. 그 사나이의 수감번호는 9430호로 이름은 장 발장이다.'

제3편 죽은 여자와의 약속

몽페르메이유의 음료수 문제

몽페르메이유는 리브리와 셀 사이, 우르끄 강과 마르느 강을 갈라놓고 있는 고지의 남쪽 끝에 자리하고 있다.

오늘날에는 제법 큰 도시로 1년 내내 흰 석회칠을 한 별장들이 곳곳에 자리잡고 일요일이면 화사하게 차린 사람들로 붐비지만, 1823년에는 지금처럼 흰 집도 많지 않고 시민들 수도 그리 만족스럽지 못했다. 그저 숲 속의 한 작은 마을에 지나지 않았다. 하지만 여기저기에 근세풍 별장이 몇 채 있어, 그 당당한 모습과, 발코니에 달린 구부러진 철책과, 흰 널빤지로 된 문 위에 달린 색유리창으로 온갖 푸른색이 떠올라보이던 꼭 닫혀진 긴 유리창으로 작은 시골마을과는 차이가 났다.

그렇기는 해도 몽페르메이유는 역시 한 작은 마을에 지나지 않았다. 대대로 주단 포목상을 하거나 별장을 갖고 살 만한 사람들이 미처 이 땅을 발견하기 전이었다. 그곳은 평화롭고 아름다운 고장이었으며 어느 곳과도 길이 통해 있지 않았다.

거기서는 적은 비용으로 넉넉하고 안온한 시골생활을 보낼 수가 있었다. 다만 지대가 높아 물이 부족했다.

물은 꽤 멀리까지 길러 가야만 했다. 가니 쪽으로 잇닿은 마을 변두리에서는 숲에 있는 몇 개의 아름다운 못에서 물을 길어다 먹었다. 성당을 에워싸고 있는 셀 쪽으로 면한 마을 변두리에서는 몽페르메이유에서 15분이나 걸리는 셀로 가는 길가 산허리에 있는 작은 샘터까지 가지 않으면 물을 길을 수 없었다.

그렇기 때문에 어느 집에서나 물을 긷는 것은 꽤 힘든 일이었다. 큰 집들, 상류계급, 떼나르디에의 싸구려 음식점도, 한 통에 1 리아르^(1리아르는 1/4수)씩 주고 물장수 노인에게서 사먹고 있었다.

이 노인은 마을의 물을 긷는 일로 하루에 8수쯤 벌고 있었다. 그러나 이 노인은 여름에는 저녁 7시, 겨울에는 5시까지만 일했으므로, 집집마다 아래층 덧문이 닫힐 밤이 되면 마실 물마저 떨어진 집에서는 자기들이 길러 가거나 아니면 아예 물없이 참아야 했다.

독자들은 아마 잊지 않았겠지만, 저 가엾은 여자아이 꼬제뜨가 몹시 두려워하는 것은 바로 이 일이었다. 꼬제뜨는 두 가지 점에서 떼나르디에네 집에 보탬이 되었다. 그들은 아이 어머니에게서는 돈을 뜯어내고 어린아이에게는 일을 시키고 있었던 것이다.

그리하여 훨씬 앞의 여러 군데에서 독자가 본 바와 같이 아이 어머니가 전혀 돈을 보내지 못하게 되었을 때에도 떼나르디에 부부는 꼬제뜨를 내놓지 않았다. 그애는 하녀 노릇을 하고 있었던 것이다.

그러므로 필요할 때 물을 길러 가야 하는 것은 꼬제뜨가 하녀로서 해야 하는 일이었다. 한밤중에 샘터까지 간다는 것은 생각만 해도 소름끼치는 일로 두려워하고 있던 꼬제뜨는, 결코 집에 물이 떨어지지 않도록 몹시 마음쓰고 있었다.

1823년의 크리스마스 이브는 몽페르메이유에서 특히 법석거렸다. 그해 초겨울은 날씨가 제법 따뜻하여 아직 얼음도 얼지 않았고 눈도 내리지 않았다. 흥행사 패거리들이 빠리에서 내려와 읍장의 허가를 얻어 마을 큰길가에 가건물을 세웠고, 행상인들도 마찬가지로 성당 광장에서 불랑제 골목에 이르기까지 허가된 노점을 차리고 있었다.

독자들도 기억하고 있겠지만, 떼나르디에의 싸구려 음식점은 이 불랑제 골목에 있었던 것이다. 그리하여 여관이며 술집은 사람들로 가득 들어차고, 이 조용한 마을의 생활은 흥청거리고 들떴다.

또한 그밖에—이것은 충실한 역사가의 자격으로 말해 두는 것이지만—1823년이라는 해에 광장에 늘어선 구경거리 중에는 짐승 우리 비슷한 것이 하나 있었는데, 어디서 굴러왔는지 알 수 없는 남루하고 험상궂은 광대들이 그 안에서 저 무시무시한 브라질 산 독수리 표본 하나를 몽페르메이유의 시골 사람들에게 보여주고 있었다.

이것은 1845년까지 왕실 박물관에도 없었던 것으로, 그 눈빛은 어떻게 보면 모자에 다는 삼색 장식 (대혁명 때 하양·파랑·빨강의 삼색으로 된 국민 휘장. 이 새의 눈이 갖가지로 변해 보인다는 뜻임) 처럼 보였다. 자연과학

자들은 이 새를 '까라까라 폴리포르스'라고 부른다던가. 그것은 아피씨데과
에 속하는 매의 한 종류이다.

옛날 보나빠르뜨 파 병사였던 마을의 몇몇 노인들이 와서 이 새를 경건한
마음으로 바라보았다. 광대들은 삼색 장식을 닮은 이 새의 눈을 가리켜, 고
마우신 하느님께서 우리들의 동물원을 위해 특별히 내리신 다른 데서는 볼
수 없는 불가사의한 것이라고 떠들어대고 있었다.

이 크리스마스 이브에 천장이 나지막한 떼나르디에의 여관 홀에는 마차꾼
과 행상인 몇 사람이 너덧 개의 촛불을 둘러싸고 식탁에 앉아 술을 마시고
있었다. 어느 술집에서나 흔히 볼 수 있는 그런 홀로 몇 개의 테이블과 놋쇠
주전자와 술병이 있고, 술마시고 담배피우는 사람들이 있었으며, 불빛은 희
미하고 몹시 시끄러웠다.

그래도 한 테이블 위에는 이 1823년이라는 해에 특히 시민계급 사이에 유
행하던 두 가지 물건이 올려져 있었다. 즉 만화경과 나뭇결 무늬의 양철 램
프였다.

떼나르디에의 아내는 밝게 타오르는 불 앞에서 구워지는 저녁 식사거리를
지켜보고 있었고, 주인 떼나르디에는 손님들과 어울려 술을 마시면서 정치
이야기를 하고 있었다.

주로 스페인 전쟁과 앙굴렘므 공작에 대한 그런 종류의 정치 이야기를 하
다가는 이따금 지방에서 일어난 여러 가지 여담으로 벗어나기도 했다.

"낭떼르와 쉬렌느 지방에서는 포도주가 많이 나왔다지, 아마. 10통으로
예상했던 것이 12통이나 나왔대. 압착기를 사용했기 때문에 액즙이 많이 나
온 거래."

"하지만 포도가 아직 익지 않았을 게 아냐?"

"아니, 그곳에서는 다 익은 뒤에 따지 않아. 다 익은 다음에 담근 포도주
는 봄이 되면 곧 텁텁해지거든."

"그럼, 아주 묽겠군?"

"암, 그렇지. 이런 데서 나는 것보다야 훨씬 묽지. 어쨌든 포도는 파랄 때
따야 한다네."

그리고 또 방앗간 사나이는 이렇게 말하고 있었다.

"아니, 부대 속에 들어 있는 것을 우리가 어떻게 책임질 수 있겠나? 잘디

잔 씨들이 잔뜩 들어 있는 걸 일일이 골라낼 수야 없지 않나. 그냥 확 쏟아붓는 게 내 일이야. 보리며, 누에콩이며, 깜부기며, 풀씨며, 가브롤이며, 세콩이며, 오만 가지 것이 다 들어 있지 않겠나. 게다가 또 돌이 엄청나게 많이 섞인 밀도 있지. 특히 브르따뉴의 밀은 지독해. 브르따뉴 밀을 찧는 건 정말 싫어. 목수가 못이 박힌 대들보에 톱질하는 걸 싫어하는 것이나 마찬가지지. 그 따위 밀로 얼마나 고약한 밀가루가 될 것인지 생각해보란 말이야. 그런데도 가루만 탓하다니, 그거야말로 억지야. 가루가 좋고 나쁜 건 내 탓이 아니거든.”

창문과 창문 사이의 자리에서는 풀 베는 일꾼 하나가 지주와 한 테이블에 앉아 봄이 되면 해야 할 목장 일의 품삯에 대해 의논하고 있었으며, 이렇게 말하는 게 들렸다.

“젖은 풀이 나쁠 건 하나도 없습죠. 오히려 그편이 베기는 더 좋습니다요. 이슬은 상관없어요, 나리. 그것은 상관없습니다만, 풀이 아직 어려서 베기 힘들단 말이에요. 글쎄 너무 부드러우면 낫 밑에서 휘어져서 곤란해요……”

꼬제뜨는 여느 때와 마찬가지로, 벽난로 옆에 있는 부엌 식탁 다리의 가로대 위에 걸터앉아 있었다. 누더기를 걸치고, 맨발에 나막신을 신고, 벽난로 불빛에 비춰가며 떼나르디에네 딸들이 신을 긴 털양말을 짜고 있었다. 아주 조그마한 새끼 고양이 한 마리가 걸상 밑에서 장난치고 있었다. 옆방에서는 두 어린아이가 쾌활하게 웃으며 떠들어대는 소리가 들려왔다. 그것은 에쁘닌느와 아젤마였다.

벽난로 구석에는 회초리가 하나 못에 걸려 있었다.

이따금 집 안 어디선가 아주 어린 아기의 울음소리가 숲집의 소음을 뚫고 들려오곤 했다. 그것은 떼나르디에의 아내가 지난해 겨울에 낳은 남자아이였다.

“왜 또 저런담, 추워서 깬 모양인가”라고 그녀는 말하곤 했다.

아이는 벌써 3살이 되어 있었다. 그런데 떼나르디에의 아내는 그 아이를 기르고는 있으나 조금도 사랑하지 않았다. 어린애의 자지러지는 듯한 울음소리가 너무나 시끄럽게 들려와 떼나르디에는 말했다.

“아이가 울고 있구먼. 어서 가서 좀 보구려.”

“흥!” 하고 어머니는 대답했다. “저 아인 정말 지긋지긋해 죽겠어.”

돌봐주지 않는 어린아이는 어둠 속에서 계속 울어댔다.

두 인물의 완전한 묘사

독자들은 이 책에서 아직 떼나르디에 부부의 옆얼굴밖에 보아 오지 않았다. 이제 이 부부의 둘레를 돌며 앞뒤 양옆으로 바라볼 때가 되었다.

떼나르디에는 겨우 오십 고개를 넘어선 참이었다. 떼나르디에의 아내는 사십 고개를 바라보고 있었는데, 여자의 경우 이것은 오십이 된 거나 마찬가지이다. 그래서 그들 아내와 남편은 서로 나이가 걸맞는 셈이었다.

이 키가 크고 금발이며, 불그레한 얼굴에 개기름이 흐르고, 피둥피둥 살찐 데다 얼굴이 네모지고, 덩치가 크면서도 동작은 날쌘 이 떼나르디에의 아내를 독자들은 처음부터 잘 기억하고 있으리라 믿는다.

앞에서도 말한 바와 같이 그녀는 시장거리를 거드럭거리며 다니는 저 절구통 같은 몸집의 야만스러운 족속 가운데 하나이다. 집안 일은 혼자서 모두 해치우고 있었다. 침대를 매만지는 일도, 방을 치우는 일도, 빨래도, 요리도, 무엇이나 닥치는 대로 해내는 입싸고 손이 잰 여자였다. 심부름꾼이라고는 꼬제뜨 하나가 있을 뿐으로, 이 어린아이야말로 코끼리에게 시달림받는 한 마리의 생쥐였다.

그녀가 한 번 소리치면 온 집안이, 유리 창문도, 가구도, 사람들도, 모든 것이 벌벌 떨었다. 커다란 주근깨투성이 얼굴은 거품을 떠내는 구멍 뚫린 국자 그대로의 모습이었다. 게다가 수염마저 나 있었다. 시장의 짐꾼으로는 더할 나위 없이 이상적인 타입인데 그런 짐꾼이 여자 옷을 입고 있다고 생각하면 된다.

그녀가 욕설을 퍼부을 때는 굉장한 구경거리였다. 그녀는 호두를 주먹으로 단번에 깨뜨린다고 자랑하고 있었다. 그래도 소설을 읽은 덕분인지 때로 식인귀 같은 모습 아래에서 야릇하게 교태를 머금은 여자 모습이 나타나는 일이 있기 망정이지 그런 것마저 없었다면 아무도 그녀를 여자라고 생각지 않았으리라.

이 떼나르디에의 아내는 마치 생선장수와 천한 여자를 섞어서 만들어낸 위인이라고나 하면 알맞을 것이다. 그녀가 하는 이야기를 들으면 헌병이 아닌가 싶어지고, 술을 마시는 꼴을 보면 마차꾼이 아닌가 싶어지고, 꼬제뜨를 부려먹는 것을 보면 냉혈동물이 아닌가 싶어진다. 그녀가 쉬고 있을 때에는 이 한 개가 입밖으로 튀어나와 있었다.

남편 떼나르디에는 몸집이 자그마하고, 여위고, 창백하고, 광대뼈가 불거지고, 빼빼 마르고, 궁상스럽게 생긴 사나이로 얼른 보기에는 앓는 사람 같으나 실은 여간 튼튼하지 않았다.

그의 교활성은 이러한 체질에서부터 비롯되고 있었다. 그는 언제나 조심스러운 웃음을 띠고, 거의 누구에게나 공손하고, 한푼의 적선도 하지 않으면서 거지에 대해서조차 공손했다. 눈초리는 족제비 같고 얼굴 생김새는 문인 같았다. 아베 들리유(18세기의 시인. 주사위 놀이를 하는 사나이를 그린 시로 유명함)가 그린 인물과 비슷한 데가 많았다.

그는 곧잘 마차꾼들과 한데 어울려 술을 마시며 혼자 고상한 척했다. 그러나 이제까지 아무도 그를 취하게 하지는 못했다. 그는 언제나 커다란 파이프로 담배를 피웠다. 그는 작업복 윗도리를 걸치고 그 밑에 헌 검정 옷을 입고 있었다.

그는 문학을 애호하며 유물론자라고 자칭하고 있었다. 자기 주장에 얼마쯤 무게를 주기 위해 흔히 입에 올리는 몇몇 이름이 있었는데, 그 중에는 볼떼르와 레나르(18세기 문인. 아베 레나르)와 빠르니(18세기 시인) 외에 가소롭게도 성 아우구스티누스까지 들어 있었다. 그는 자기가 '하나의 철학'을 지니고 있다고 호언하고 있었다. 하지만 천만에, 그는 사기꾼이었다. 철학자가 아니라 절학자(竊學者)(학문 도둑)였다. 그에게는 확실히 그렇다고 할 만한 점이 있었다. 여기서 또 생각나는 것은 군대에 있은 적이 있다고 그가 말하는 점이다. 그가 자랑삼아 늘어놓는 말에 의하면, 그는 워털루에서 경기병 제6연대인지 제9연대인지의 중사로 그 지독한 프러시아의 1개 중대에 혼자 서항하어 빗빌치듯 날아오는 탄환 속에서 '중상입은 어떤 장군'을 자기 몸으로 가려 교묘히 빠져나와 그 생명을 구해 주었다고 했다. 여관벽에 걸린 빨간색 간판과, '워털루 중사의 여관'이라는 이 지방에 알려진 이름은 거기서 유래한 것이라고 한다.

그는 자유주의자이고, 고전파이고, 보나빠르뜨 당이었다. 그는 지난날 샹다질(프랑스의 자유주의자와 추방된 보나빠르뜨 파 사람들이 미국 텍사스주에 개척한 가난한 식민지)에 보내기 위하여 돈을 낸 일이 있었다. 마을 사람들 이야기로는, 그는 사제가 되기 위해 학문을 익혔다고 한다.

우리가 믿는 바에 의하면, 그는 다만 여관주인이 되기 위해 네덜란드에서 공부한 것 같다. 그리고 이 혼합적인 악당은 틀림없이 플랑드르에서는 리유 태생의 플랑드르 사람이 되고, 빠리에서는 프랑스 사람이 되고, 브뤼셀에서는 벨기에 사람으로 둔갑하여 교묘하게 두 개의 국경을 넘나들고 있었던 모양이다.

그의 이른바 워털루 무용담이란 이미 독자가 알고 있는 그대로이다. 그는 물론 이 이야기를 좀 과장하고 있었다. 유랑, 방황, 모험, 그것이 그의 일생의 특성이었다. 닳아빠진 양심은 생활을 엉망으로 만든다. 1815년 6월 18일 난리 때 떼나르디에가 종군 상인 겸 도둑 무리에 속해 있었다는 것은 그럴듯한 이야기이다.

앞에서도 말한 바와 같이, 그들은 전장을 돌아다니며 어떤 자에게는 술을 팔고, 어떤 자에게서는 무엇을 훔쳐내고, 사내도 계집도 어린아이도 온통 한 식구가 절뚝거리는 헌 수레에 올라앉아, 언제나 이긴 군대에 붙는다는 본능에 지배되어 진군하는 부대의 뒤를 따라다녔던 것이다.

그렇게 전쟁에 따라다니면서, 그는 자기가 말하듯 '한밑천' 잡아 몽페르메이유로 와서 음식점을 차렸다.

그 밑천이란 시체가 뿌려진 밭에서 알맞은 수확기에 거둬들인 지갑과 시계와 금반지와 은십자훈장 같은 것을 말하며, 그리 큰 액수가 못 되어 그것만으로는 이 음식점 주인이 된 종군 상인을 오래 버티어 주지 못했다.

떼나르디에의 거동은 어딘지 부동 자세 같은 데가 있어 호통을 칠 때면 군인을, 성호를 그을 때면 신학생을 연상케 했다. 말솜씨가 좋아서 학자인가 싶을 때도 있었다.

그러나 초등학교 선생이 재빠르게 알아차렸듯, 그에게는 'r'의 발음을 잘못하는 버릇이 있었다. 그는 손님에게 내는 계산서를 훌륭하게 써냈으나, 능숙한 눈으로 보면 더러 철자법이 틀렸다.

떼나르디에는 교활하고 탐욕스럽고 게으르고 꾀가 많았다. 그는 하녀에게도 부드럽게 대했으므로 그의 아내는 그 때문에 하녀를 두지 않게 되었다. 이 절구통 같은 여자는 질투가 심했다. 그녀는 이 여위고 누르퉁퉁한 얼굴의 작은 사나이에게 누구나 반할 것만 같이 생각되었던 것이다.

떼나르디에는 무엇보다도 간계에 능한 침착한 사나이로, 악당치고는 온순한 편이었다. 그런 종류가 정말은 가장 질이 좋지 못하다. 거기에 위선이 섞여 있기 때문이다.

그렇다고 해서 떼나르디에가 아내처럼 화내는 경우가 없다는 것은 아니다. 다만 매우 드물었다. 그 대신 그런 때 그는 마치 인류 전체에 원한을 품는 것 같고, 뿌리깊은 증오의 불을 마음 밑바닥에서 태우는 것 같고, 끊임없이 복수를 다짐하고, 자기들 신상에 떨어진 불행은 모두 눈앞에 있는 것들의 탓이라고 생각하고, 인생의 실의와 파탄과 재앙 모두를 마치 당연한 불평인 듯 언제나 함부로 누구한테든지 퍼부어 주려 하는 것 같고, 마음 속의 울분이 한꺼번에 끓어올라 입과 눈 속으로 넘치는 것 같았으므로 그 무서운 형상이란 이루 말로 다 할 수 없었다. 그러니 그의 분노를 사는 사람이야말로 불행한 사람이다!

그밖에 그의 여러 가지 성질은 그만두고라도, 떼나르디에는 또한 조심성 많고 관찰력 풍부하며 때와 경우에 따라 벙어리도 되고 웅변가도 되었다. 그것은 그의 두뇌가 명석하기 때문이다. 그는 망원경을 들여다보는 일에 익숙해진 선원이라고도 할 만한 그런 눈초리를 가지고 있었다. 떼나르디에는 일종의 정략가였다.

이 음식점에 처음 들어오는 사람은 모두 떼나르디에의 아내를 보고 "저 여자가 이집 주인이군" 하고 생각한다. 그러나 그것은 잘못이다. 그녀는 이집의 주부조차도 아니었다. 주인과 주부 모두 남편 혼자서 겸하고 있었다. 아내는 일하고 남편은 일을 꾸미고 있었다.

그는 눈에 보이지 않는 자석 같은 작용으로 끊임없이 모든 일을 지휘하고 있었다. 그는 한 마디 말만으로 충분했다. 때로는 슬쩍 눈짓만 해도 코끼리 같은 아내는 순순히 그 분부대로 따르는 것이었다. 떼나르디에의 아내는, 무슨 이유에서인지 사신도 이해되지 않았지만, 남편이 어떤 특별한 주권자처럼 느껴졌다.

그녀는 자기 나름의 미덕을 가지고 있었다. 만일 자질구레한 일로 '주인양반'과 의견이 맞지 않을지라도—물론 이런 일은 실제로 있을 수도 없는 가정이지만—그녀는 결코 어떤 일이든 남들 앞에서 남편이 나쁘다는 따위의 말을 하는 법이 없었다. 걸핏하면 보통 여자들이 범하기 쉬운 그런 과오, 법정 용어로 말하면 '남편의 위엄을 손상시킨다'고 하는 것 같은 과오를 그녀는 결코 '남들 앞에서' 저지르는 법이 없었다.

이들 두 사람이 배가 맞으면 결과적으로 악밖에 태어나지 않지만, 떼나르디에의 아내가 그 남편의 지시에 다소곳이 따르는 태도에는 어떤 차분함이 있었다.

이 꽥꽥 소리지르고 살찌고 절구통 같은 여자는 휘청휘청한 말라깽이 독재자의 손가락 하나로 움직였다. 말하자면 그것은 물질이 정신에 바치는게 숭배였다. 왜냐하면 추한 것일지라도 어떤 것들은 영원한 아름다움의 심연 속에서 그 존재 이유를 가지고 있을 수 있는 법이니까.

떼나르디에에게는 딱 꼬집어 애기할 수 없는 무언가가 숨어 있었다. 그 무언가에서 이 사나이가 아내에게 휘두르는 절대 권력이 생겨나는 것이었다. 그녀는 이따금 불타는 촛불인 듯 그를 바라보고, 또 어떤 때는 그를 짐승의 발톱처럼 느끼고 있었다.

이 여자는 자기 아이들밖에 사랑하지 않고, 자기 남편밖에는 두려워하지 않는 끔찍스러운 동물이었다. 그녀는 포유동물이기 때문에 어머니가 되었을 뿐이다. 더욱이 그녀의 모성애는 오로지 딸자식에게만 한정되고, 뒤에 알게 되지만 아들아이에게까지는 미치지 못했다.

한편 남편 쪽은 머리에 단 한 가지 생각밖에 없었다. 부자가 되려는 계획이었다.

그러나 그는 그 계획에 성공하지 못하고 있었다. 그의 훌륭한 재능에 어울릴 만한 무대가 없었던 것이다. 몽페르메이유의 떼나르디에는 파산지경에 이르러 있었다. 물론 파산이라는 말이 재산이 전혀 없었던 자에 대해서도 가능하다는 전제 아래에서의 이야기지만…… 스위스라든가 피레네 지방(모두 관광 保養地)에 서였다면 이 무일푼 사나이도 백만장자가 되었을는지 모른다. 그러나 여관 주인은 운명이 매어 놓은 범위에서 풀을 뜯지 않으면 안 되었다(염소는 매여진 범위에서 풀을 뜯어 먹어야 한다. 사람은 주어진 환경에서 살아가야 한다는 속담의 인용임). 물론 여기서 '여관 주인'이라는 말은 좁은 의미로 사용된 것이며, 전체적인 의미로 말하고 있는 것은 아니다.

이 1823년 떼나르디에는 1500프랑쯤 되는 빚 때문에 성화 같은 독촉을 받으며 속을 썩이고 있었다.

운명이 제아무리 끈덕지게 행패를 부릴지라도 이 떼나르디에라는 사나이는, 야만인에게는 하나의 덕이고 문명인에게는 하나의 상품인 그 애교있는 접대방법을 가장 적절하고 가장 투철하게, 또한 가장 근대적으로 터득하고 있는 사람의 하나였다. 그리고 그는 교묘한 밀렵자요, 명포수로 이름나 있었다. 그의 웃음은 어딘지 섬뜩하고 조용한 데가 있었으며, 특히 위험성을 내포하고 있었다.

여관 주인으로서의 그의 이론은 이따금 번갯불처럼 그의 입에서 뿜어나왔다. 그는 장사에 대한 몇 가지 신조를 갖고 있어 그것을 아내의 머릿속에 새겨넣어 주고 있었다.

"여관 주인이 해야 할 일은" 하고 그는 어느 날 거칠고 나지막한 목소리로 그녀에게 말했다. "누구든 들어온 사람에게는 음식과 휴식과 촛불과 난로불과 더러운 시트와 하녀와 벼룩과 애교띤 웃음을 팔아야 한다. 밤을 지나가는 놈들을 붙들어 조그만 지갑이라도 몽땅 털어 버리게 하고, 큼직한 지갑이라면 적당히 가볍게 만들어 주고, 식구를 거느린 나그네는 정중히 재워 주며 남편에게서는 털어내고 아내에게서는 뜯어내고 아이놈들에게서는 벗겨내야 한다. 창문 하나 여닫는 데도 값을 쳐서 받고, 벽난로 구석, 안락의자, 보통의자, 걸상, 발판, 깃털 이불, 요, 짚방석, 무엇이거나 손님이 건드린 것은 일정한 값을 정해 계산에 넣는다. 거울에 비친 그림자라도, 그것이 얼마나 거울을 닳게 하는지 알아 두었다가 그 값을 매겨야 한다. 그밖에 만일 손님의 개가 파리를 잡아 먹었다면 그 값까지도 손님에게 모조리 치르게 해야 한다!"

이 남편과 아내는 마치 음모와 억척이 한데 어울린 것같은 형상으로, 정말 지독하고 끔찍스러운 부부였다. 남편이 이런저런 궁리를 하고 일을 꾸미는 동안에, 아내는 당장 눈앞에 있는 것도 아닌 빚쟁이 따위는 생각지 않고, 어제 일도 내일 일도 아랑곳없이 오직 눈앞의 일에만 정신쏟으며 나날을 보내고 있었다.

이상 말한 것이 이 두 사람이 살아가는 모습이었다. 꼬제뜨는 그들 틈바구니에 끼어 양쪽에서 짓눌려, 마치 맷돌에 갈림과 동시에 쇠집게로 집힌 것 같은 꼴이 되어 있었다.

이 부부는 저마다 다른 방식을 지녀 꼬제뜨가 매질을 당하는 것은 아내 쪽으로부터였고, 겨울에 맨발로 걸어 다녀야 하는 것은 남편 때문이었다.

꼬제뜨는 층계를 올라갔다 내려갔다 하고, 빨래를 하고, 솔로 문지르고, 닦고, 쓸고, 뛰어돌아다니고, 헐레벌떡거리고, 무거운 짐을 나르며 허약한 몸에도 불구하고 온통 힘든 일을 해내고 있었다.

인정이라고는 털끝만큼도 없었다. 잔인한 안주인에 혹독한 바깥주인. 떼나르디에의 싸구려 음식점은 마치 거미줄처럼 꼬제뜨를 휘감아 떨게 했다. 압제의 본보기는 이 지독한 가정에서 만들어지고 있었다. 꼬제뜨는 마치 거미에게 봉사하는 파리 새끼와도 같았다.

가엾은 여자아이는 꾹 참고 견디었다. 이처럼 어리디어린 꼬제뜨가 여리고 벌거벗은 인생의 첫새벽부터 이렇듯 모진 어른들의 틈바구니에 놓여졌으니, 이제 막 하느님의 품을 떠나온 그 어린 영혼 속에는 대체 어떠한 일이 일어나고 있을 것인가?

사람에게는 술이, 말에게는 물이

새로 네 나그네가 도착했다.

꼬제뜨는 슬픈 생각에 잠겨 있었다. 아직 8살밖에 되지 않았는데도 너무나 많은 고통을 겪어와 나이먹은 여자 같은 처량한 모습으로 시름에 잠기는 것이었다. 꼬제뜨의 눈두덩은 떼나르디에의 아내에게 주먹으로 쥐어박혀 늘 시꺼멓게 멍들어 있었으며, 떼나르디에의 아내는 그것을 보고 이따금 이렇게 말했다.

"아이, 보기 흉해라, 눈두덩에 기미가 끼어 있다니!"

꼬제뜨는 생각하고 있었다. 이제 밤이다, 아주 깜깜해졌다, 느닷없이 들이닥친 저 손님들 방의 물그릇이나 주전자에 물을 넣어야 할 텐데, 물통에는 이제 물이 떨어졌으니.

다만 떼나르디에의 집에서는 사람들이 물을 그리 마시지 않으므로 얼마쯤 마음 놓였다. 갈증나는 사람이 없는 것은 아니나, 목이 마르면 물주전자보다 술병을 더 찾았다. 만일 이만큼 많은 술병이 늘어놓인 가운데에서 물을 한 잔 원하는 사람이 있었다면 모두들 야만인으로 취급했을 것이리라.

꼬제뜨는 갑자기 몸을 떨었다. 떼나르디에의 아내가 화덕 위에서 끓고 있는 냄비뚜껑을 열어 보고 나서, 컵을 하나 손에 들고 급히 물통 쪽으로 갔기 때문이다. 그녀는 꼭지를 틀었다. 꼬제뜨는 고개를 빼들고 그 여자가 하는 거동을 처음부터 지켜보고 있었다. 물이 실오리처럼 꼭지에서 흘러내려 컵을 반쯤 채웠다.

"이런" 하고 그 여자는 말했다. "벌써 물이 떨어졌군!"

그리고는 잠시 말이 없었다. 꼬제뜨는 숨도 제대로 쉬지 못했다.

술을 마시는 패들 가운데 한 사람이 밖을 내다보면서 커다란 목소리로 말했다.

"그래, 좋아."

그 여자는 물이 반쯤 담긴 컵을 쳐들어 보면서 "이만하면 되겠지" 하고 말했다.

꼬제뜨는 다시 하던 일을 계속했다. 그러나 거의 15분 동안이나 심장이 커다란 솜뭉치처럼 가슴 속에서 뛰고 있는 것 같았다. 그렇게 흘러가는 시간을 헤아리면서 어서 내일 아침이 되어 주었으면 좋겠다고 생각했다.

가끔 술을 마시고 있는 패들 가운데 한 사람이 밖을 내다보면서 커다란 목소리로 말했다. "굉장히 어둡군, 아궁이 속 같아!" 또는 "이런 때 고양이 아니고는 등불 없이 밖에 나다닐 수 없겠어." 그 말을 듣고 꼬제뜨는 소름이 돋는 것을 느꼈다.

갑자기 여관에 들어 있는 행상인 하나가 들어와 거친 목소리로 말했다.

"내 말에게 물을 주지 않았더군."

떼나르디에의 아내는 말했다.

"안 줄 리가 있나요?"

상인은 다시 말했다.

"주지 않았으니까 말하는 거요, 아주머니."

꼬제뜨는 식탁 밑에서 나와 있었다.

"아니에요! 주었어요! 손님!" 하고 여자아이는 말했다. "말은 물을 먹었어요. 물통 하나 가득 다 마셨는걸요. 내가 물을 가져다 말하고 이야기하면서 먹였는데요."

그것은 정말이 아니었다. 꼬제뜨는 거짓말하고 있었던 것이다.

"요것 봐라, 주먹만한 것이 집채만한 엄청난 거짓말을 꾸며대는구나" 하고 상인은 외쳤다. "말은 물을 먹지 않았다고 말하고 있어, 요것아! 내 말은 물을 먹지 않았을 때 코를 부는 버릇이 있는 걸 잘 알고 있단 말이다, 나는."

꼬제뜨는 억지를 부렸다. 그리고 고통스러운 나머지 목이 쉬어서 거의 들릴락말락한 목소리로 덧붙였다.

"벌컥벌컥 마셨는걸요!"

"제기랄" 하고 상인은 화가 나서 말했다. "그럴 리 없어, 내 말에게 물을 줘야 해. 어서 갖다 줘!"

꼬제뜨는 다시 식탁 밑으로 들어갔다.

"아무럼요, 그렇고말고요." 떼나르디에의 아내는 말했다. "말이 아직 마시지 않았다면 갖다 주어야지요."

그리고 주위를 두리번거렸다.

"아니, 요놈의 계집애가 어딜 갔어?"

그녀는 몸을 구부려 식탁 저쪽 끝, 술을 마시고 있는 사나이들의 발치께에 웅크리고 있는 꼬제뜨를 찾아냈다.

떼나르디에의 아내는 소리쳤다.

"이리 못 나오겠니?"

꼬제뜨는 숨어 있던 굴 같은 데서 기어나왔다. 떼나르디에의 아내는 다시 말을 이었다.

"이 미친 개 같은 계집애야, 어서 말에게 물을 갖다 먹여."

"그렇지만 아주머니" 하고 꼬제뜨는 꺼져 들어가는 목소리로 말했다. "물이 없는걸요."

떼나르디에의 아내는 한길 쪽으로 난 바깥 문을 활짝 열어젖혔다.

"어서 빨리 길어 와!"

꼬제뜨는 고개를 떨어뜨리고 화덕 구석으로 가서 빈 물통을 집어들었다. 그 물통은 꼬제뜨의 몸뚱이보다도 더 커서 그 속에 들어앉을 수도 있을 정도였다.

떼나르디에의 아내는 다시 화덕께로 돌아가 나무 국자로 냄비 속에 있는 것을 떠서 맛보면서 중얼거렸다.

"샘터에 가면 물은 얼마든지 있어. 저런 능청맞은 계집애 같으니라구. 아니, 이 양파는 넣지 말걸 그랬군."

그리고 그녀는 서랍 속을 뒤졌다. 거기에는 잔돈이며 후추며 마늘 같은 것들이 가득 들어 있었다.

"야, 이 두꺼비 같은 년아" 하고 그녀는 덧붙였다. "돌아오는 길에 빵가게에 들러 커다란 빵 한 덩어리 사오너라. 자, 15수짜리야."

꼬제뜨의 앞치마에는 조그만 주머니가 하나 달려 있었다. 아무 대꾸 없이 돈을 받아 그 주머니에 집어넣었다.

꼬제뜨는 물통을 손에 들고 열어젖혀진 문 앞에 서서 움직이지 않았다. 누군가 구원해 주러 오기를 기다리고 있는 것 같았다.

떼나르디에의 아내는 소리쳤다.

"빨리 가지 못해!"

꼬제뜨는 밖으로 나갔다. 문은 다시 탕 닫혔다.

인형의 등장

노점의 행렬이 성당 앞에서부터 시작하여 떼나르디에네 여관 앞까지 펼쳐져 있다는 것을 독자들도 기억하리라. 그 가게들은 자정 미사에 가는 시민들이 머지않아 그 곁을 지나게 될 터이므로, 깔때기 모양 종이 촛대에 켜놓은 촛불로 온통 휘황찬란하게 밝혀져 있었다. 그때 떼나르디에네 여관 테이블에 앉아 있던 몽페르메이유 초등학교 선생의 말을 빌리면 '마술 같은 효과'를 내고 있었다. 그와 반대로 하늘에는 별 하나 찾아볼 수 없었다.

그 노점들의 맨 끝 가게는 바로 떼나르디에 여관문 맞은편에 세워져 있는 장난감 가게였다. 그곳에서는 금빛 은빛으로 번쩍거리는 싸구려 장난감이며, 유리로 만든 것이며, 고운 양철 제품 같은 것들이 찬란하게 빛나고 있었다.

이 장난감 가게 주인은 맨 앞 첫째줄에 흰 보자기를 깔고 높이 2피트나 됨직한 커다란 인형을 장식해 놓고 있었다. 그것은 장밋빛 비단 의상을 입고, 머리는 금발로 진짜 머리털이었으며, 눈은 파란 빛이었다.

이 아름다운 인형 앞에는 하루 종일 10살 아래 어린아이들이 몰려들어 홀린 듯 바라보았지만, 몽페르메이유에는 이것을 사줄 만큼 넉넉하고 사치스러운 어머니는 한 사람도 없었다. 에뽀닌느와 아젤마도 몇 시간이나 이것에 정신이 팔려 있었으며 꼬제뜨조차 살그머니 구경하러 갔을 정도였다.

물통을 들고 밖으로 나온 꼬제뜨는 풀죽어 있었으나 그래도 이 황홀스러운 인형에 눈을 주지 않을 수 없었다. 어린 여자아이는 이 인형을 '여왕님'이라 부르고 있었다. 불쌍한 소녀는 그 앞에서 화석처럼 서 있었다. 꼬제뜨는 이제까지 이 인형을 이렇게 가까이 다가서서 보지 못했던 것이다. 꼬제뜨에게는 가게 전체가 궁전처럼 생각되었다.

그것은 단순한 하나의 인형이 아니라 환영이었다. 기쁨이며 빛이며 부귀며 행복이었고, 어둡고 싸늘한 고통의 저 밑바닥 깊숙이 웅크리고 있는 이 불행한 여자아이의 눈에 마치 꿈처럼 비쳤다.

물통을 들고 밖으로 나온 꼬제뜨는 풀죽어 있었으나 그래도 이 황홀스러운 인형에
눈을 주지 않을 수 없었다.

꼬제뜨는 어린아이다운 천진하고 서글픈 분별심으로 자기와 인형 사이에 가로놓인 깊은 심연을 재어보았다. 왕비나 적어도 공주가 아니고서는 저런 '것'을 가질 수 없으리라 싶었다. 꼬제뜨는 그 아름다운 장밋빛 의상과 곱고 윤기 도는 머리를 바라보며 '저 인형은 얼마나 행복할까!' 하고 생각했다.

꼬제뜨의 눈은 이 꿈의 궁전 같은 가게에서 떨어질 줄 몰랐다. 마치 천국을 보고 있는 듯했다. 그 커다란 인형 뒤에는 더 많은 다른 인형들이 있어 요정이나 영혼들처럼 보였다. 가게 안쪽에서 왔다갔다하는 상인은 아버지이신 하느님 같은 느낌이 들었다. 그렇게 황홀경에 빠져 있는 동안 어린 소녀는 모든 것을 잊어버렸다. 심지어는 지금 해야 할 일까지도 잊어버리고 있었다. 그런데 불쑥 떼나르디에의 아내가 지르는 무서운 고함소리가 꼬제뜨를 현실 세계로 돌아서게 했다.

"아니, 저런 바보 천치 좀 보게나. 여태 안 갔다니! 게 있어! 내가 나갈 테니! 아니 그래, 거기서 뭘 꾸물거리고 있는 거냐! 정말 돼먹지 않은 계집애야. 어서 가지 못해!"

떼나르디에의 아내는 아무 생각 없이 밖을 내다보다가 멍하니 서 있는 꼬제뜨의 모습을 발견했던 것이다.

꼬제뜨는 물통을 들고 서둘러 달아났다.

어린 소녀 홀로

떼나르디에 여관은 마을에서도 성당 가까운 쪽에 자리하여 꼬제뜨는 셀 쪽의 숲쪽 샘터까지 물을 길러 가야만 되었다.

꼬제뜨는 이제 다른 가게는 한 군데도 들여다보지 않았다. 불랑제 골목에서 성당까지 가는 동안 가게의 불빛이 길을 비춰 주었으나, 이윽고 맨 끝 가게의 마지막 어스름 불빛도 사라졌다. 가엾은 어린 소녀는 어둠 속에 있었다. 꼬제뜨는 그 어둠 속을 무작정 뚫고 나아갔다. 어떤 두려운 생각에 사로잡혀 꼬제뜨는 걸으면서 물통 손잡이를 힘껏 흔들어댔다. 그렇게 하면 그 소리가 길동무 노릇을 해주기 때문이었다.

나아갈수록 어둠은 더욱 짙어만 갔다. 이제 길에는 아무도 없었다. 꼭 한 번 여자를 하나 만났는데, 그녀는 꼬제뜨가 지나가는 것을 보고 돌아서서 가만 있다가 속으로 중얼거렸다.

"대체 이밤에 어디 가는 것일까? 아기 도깨비 같애."

이윽고 여자는 그것이 꼬제뜨인 것을 알았다.

"누군가 했더니……" 하고 여자는 말했다. "종달새 아기였구먼!"

이리하여 꼬제뜨는 셀 쪽으로 몽페르메이유 마을 끄트머리의 꾸불거리는 인기척 없는 오솔길을 걸어갔다. 어린 소녀가 가는 길 양쪽으로 집이며 또는 담만이라도 있는 동안은 그래도 기운내어 걸어갔다.

이따금 꼬제뜨는 덧문 틈으로 새어나오는 불빛을 보았다. 그것은 광명이며 생명이었다. 거기에는 사람이 있다. 그것만으로도 마음이 놓였다. 그러나 앞으로 나아감에 따라 꼬제뜨의 걸음걸이는 거의 기계적으로 느려지고 있었다. 마지막 집 모퉁이를 완전히 돌았을 때 꼬제뜨는 발길을 멈추었다. 마지막 가게를 지나치기도 어려웠는데, 이제 마지막 집에서 더 앞으로 나아간다는 것은 도저히 해낼 듯 싶지 않았다.

꼬제뜨는 물통을 땅바닥에 내려놓고 머리털 속에 한 손을 집어넣어 천천히 머리를 긁기 시작했다. 겁먹어 어쩔 줄 모르는 어린아이들이 곧잘 하는 몸짓이다.

여기는 이제 몽페르메이유 마을이 아닌 들판이었다. 인기척 하나 없는 어둠이 꼬제뜨 앞에 펼쳐져 있었다. 어린 여자아이는 절망의 눈으로 그 어둠을 바라보았다. 거기에는 사람그림자 하나 없었다. 거기에는 짐승들이 어슬렁거리고 있었다. 틀림없이 유령도 있으리라.

꼬제뜨는 뚫어지게 쏘아보았다. 그러자 풀숲을 돌아다니는 짐승의 발자국 소리가 들렸다. 나무들 사이에서 흐느적거리는 유령의 모습을 역력히 보았다. 꼬제뜨는 물통 손잡이를 다시 꽉 움켜삽았다. 공포가 꼬제뜨를 대담하게 만들어 주었다.

"그래!" 하고 꼬제뜨는 말했다. "물이 없었다고 해야지."

그리고는 결단을 내려 몽페르메이유 쪽으로 발길을 되돌렸다.

백 걸음도 채 못 가서 꼬제뜨는 다시 멈추고 머리를 긁기 시작했다. 이번에는 떼나르디에의 아내 모습이 눈앞에 나타났던 것이다. 몰인정한 떼나르디에의 아내는 늑대 같은 입을 벌리고, 두 눈은 이글이글 분노에 타고 있었다.

꼬제뜨는 애처로운 눈초리로 앞을 보고 뒤를 보았다. 어떻게 하면 좋단 말인가? 앞으로 어떻게 되는 것일까? 어디로 가야 할 것인가? 앞에는 떼나르디에 아내의 무서운 얼굴이 있고, 뒤에는 밤과 온갖 숲의 유령이 얼씬거렸다.

그러나 마침내 어린 소녀는 떼나르디에의 아내 앞에서 물러섰다. 꼬제뜨는 다시 샘터로 가는 길을 달리기 시작했다. 달려서 마을을 빠져 나가고, 달려서 숲으로 들어갔다. 이제는 아무것도 보지 않고 아무것도 듣지 않도록 애썼다.

꼬제뜨는 숨이 끊어지도록 달리고 나서야 비로소 달음질을 그쳤지만 그래도 걸음은 멈추지 않았다. 꼬제뜨는 정신없이 앞으로 앞으로 걸어가고 있었다. 달리면서 울고 싶어졌다.

밤 숲의 설레임이 꼬제뜨를 송두리째 에워싸고 있었다. 꼬제뜨는 이제 아무것도 생각하지 않았다. 아무것도 보지 않았다. 한없이 깊은 밤이 이 어리디어린 소녀와 마주 대하고 있었다. 한쪽은 깜깜한 어둠의 세계, 한쪽은 한낱 미립자에 불과했다.

숲가에서 샘터까지는 7, 8분 거리밖에 되지 않았다. 꼬제뜨는 벌써 몇 번이나 낮에 와본 적 있어 그 길을 잘 알았다. 그래서 신기할 정도로 길을 잘 찾아들었다. 그 어떤 본능 같은 것이 남아 있어 어렴풋이 인도해 주었던 것이다. 어쨌든 꼬제뜨는 오른쪽으로도 왼쪽으로도 눈을 돌리지 않았다. 높은 나뭇가지 사이나 낮은 덤불 속에서 무엇이 튀어나오지 않을까 겁이 나서였다. 꼬제뜨는 샘에 다다랐다.

그 샘은 황토질 땅바닥에 물의 힘으로 천연적으로 팬 깊이 2피트 쯤 되는 좁은 웅덩이로 둘레에 이끼가 끼고, 앙리 4세의 목도리라고 불리는 레이스처럼 꼬불꼬불한 잎사귀의 풀이 우거지고, 또 커다란 돌이 몇 개 깔려 있었다. 한 줄기 물이 조용한 소리를 내며 졸졸 흘러내리고 있었다.

꼬제뜨는 숨 쉴 겨를도 없었다. 깜깜한 어둠 속이었으나 이 샘에는 익숙했다. 샘 위로 늘어져 있어 언제나 휘어잡고 몸을 지탱하는 어린 참나무를 어둠 속에서 왼손으로 더듬어 가지 하나를 잡고, 거기에 매달려 몸을 구부리고 통을 물 속에 집어넣었다. 그런 때 어린 여자아이는 몹시 흥분되어 여느 때의 세 갑절이나 되는 기운이 나는 법이다.

그런데 몸을 구부리고 있는 동안 앞치마 주머니에 들었던 것이 샘 속으로 떨어지는 것을 몰랐다. 15수짜리 동전이 물 속에 빠져 버렸으나 꼬제뜨는 그것이 떨어지는 것을 보지도 듣지도 못했다. 꼬제뜨는 물이 거의 가득차게 담긴 통을 끌어올려 풀밭 위에 놓았다.

거기까지 하고 나서 꼬제뜨는 완전히 지쳐버린 것을 깨달았다. 얼른 되돌아가고 싶었으나 통을 가득 채우려고 너무나 힘을 써버렸기 때문에, 한 걸음도 나아갈 수 없었다. 꼬제뜨는 그 자리에 주저앉았다. 축 늘어져 풀 위에 그대로 쪼그리고 앉아 눈을 감았다. 그러고 나서는 다시 떴다. 왜 그렇게 했는지 자기도 몰랐지만 그렇게밖에 달리 어떻게 할 수가 없었다.

곁에서는 통 속에서 흔들리는 물이 몇 개나 되는 원을 그리고, 그 통이 양철뱀같이 보이고 있었다.

머리 위에는 연막 같은 검은 구름이 펼쳐져 하늘을 덮고 있었다. 깜깜한 어둠이 덮어쓰고 있는 무시무시한 탈이 꼬제뜨 위에 서서히 뒤덮여 내려오는 것 같았다.

목성은 하늘 저 멀리 기울어져 가고 있었다.

꼬제뜨는 근심스러운 눈초리로 그 커다란 별을 바라보았다. 어떤 이름의 별인지 모르지만 그애는 무서워 소름이 오싹 끼쳤다. 그 유성은 그때 지평선 가까이에 걸려 있어, 짙게 깔린 안개를 통해 불그스름한 무서운 빛을 띠고 있었다. 그리고 끔찍하게도 빨갛게 물든 안개는 그 별을 실제보다 크게 보이도록 했다. 그것은 마치 하나의 새빨간 상처와도 같았다.

찬 바람이 들판에 불고 있었다. 숲은 어둡고, 나뭇잎의 살랑거림도 없고, 여름의 저 몽롱하고 서늘한 으스름빛 하나 없었다. 커다란 나뭇가지들이 무서운 형상으로 저마다 툭툭 불거져 있었다. 보기 흉하게 말라 비틀어진 덤불이 듬성듬성한 나무 사이에서 서로 스치는 소리를 내고 있었다. 키 큰 풀이 북풍을 받아 뱀장어처럼 꿈틀거렸다.

가시덩굴은 뒤얽혀 먹이를 찾고 있는 손톱 달린 기다란 팔 같았다. 바싹 마른 히드의 이삭 끝이 바람에 날려 떠나는 모양은 마치 무엇이 습격해 올 것을 예상하고 무서워 도망치는 듯했다. 어디를 보나 무시무시한 것들뿐이었다.

어둠은 마음을 어지럽힌다. 인간에게는 빛이 없으면 안 된다. 낮과 반대의 세계로 떨어져 들어가는 이는 누구나 가슴이 죄어드는 것 같은 마음이 든다. 눈앞이 캄캄해질 때 정신은 산란해진다. 일식과 밤, 지척을 분간 못하는 깜깜한 어둠 속에는 더할 나위 없이 강한 사람까지도 피할 길 없는 불안이 있다.

밤중에 홀로 숲 속을 걸으면서 떨지 않을 사람은 하나도 없다. 그림자와 나무들은, 두 가지 모두 무섭도록 깊은 두께를 지니고 있다. 환영이 현실이 되어 그 몽롱한 심연 속에서 나타나 온다. 상상도 못할 것이 요괴가 되어 몇 걸음 앞에 선명하게 떠오른다.

잠든 꽃의 꿈이라고나 할 만한 그 어떤 어렴풋하고 걷잡을 수 없는 것이 공간 속에, 또는 자기 머릿속에 나부끼고 있는 게 보인다. 지평선에는 무서운 들짐승 같은 형상을 한 것이 있다. 시꺼멓고 커다란 공허감이 가슴 속에 스며든다.

무서워져서 뒤돌아다보고 싶어진다. 밤의 동굴이며, 갖가지 사나운 형상이며, 다가가면 사라져 버리는 말없는 것들의 옆모습이며, 머리를 풀어헤친 듯한 시꺼먼 것들이며, 설레는 풀숲이며, 희푸른 물웅덩이며, 음산한 죽음의 반영이며, 무덤 같은 끝없는 침묵이며, 어딘가에 실제로 있을지도 모르는 기괴한 존재며, 기울어져 있는 신비로운 나뭇가지들이며, 흠칫 놀라게 하는 나무 둥치며, 흔들거리는 기다란 풀줄기 등 그 모든 것들과 대항하여 몸을 지킬 도리가 없다.

아무리 대담한 자라도 몸이 떨리고 격렬한 불안에 쫓긴다. 마치 자기 마음이 어둠에 잦아들어 가는 듯 형언할 수 없는 끔찍스러움을 느낀다. 그리고 그처럼 가슴 속까지 스며드는 어둠은 어린아이의 마음에 더할 나위 없이 불길한 손톱 자국을 남기는 법이다.

숲은 하늘의 묵시다. 조그만 영혼의 날개짓은 거대한 괴물과도 같은 숲의 둥근 천장 아래에서 임종의 고통스런 신음만 지를 뿐이다.

지금 무엇을 느끼고 있는지 꼬제뜨는 스스로 잘 알 수 없었으며, 다만 자기가 자연의 거대한 어둠에게 붙잡혀 있는 것 같았다. 꼬제뜨를 휘어잡고 있는 것은 이미 단순한 무서움뿐만이 아니었다. 그것보다도 더 무서운 그 무엇이 있었다. 어린 여자아이는 떨고 있었다. 마음 밑바닥까지 얼어붙게 하는 그 떨림이 얼마나 기이한 것인지 말로는 표현할 수 없으리라. 꼬제뜨의 눈은 거칠고 사나워져 있었다. 내일도 이같은 시간에 어김없이 여기 오지 않으면 안 되리라는 생각이 들었다.

그러자 어떤 본능에서 이 까닭 모를 무섭고 불가사의한 상태에서 빠져나가려고 꼬제뜨는 커다란 목소리로 하나, 둘, 셋, 넷 하고 열까지 세기 시작했다. 그리고 그것이 끝나자 다시 처음부터 되풀이했다.

그렇게 하고서야 겨우 지금 자기를 에워싸고 있는 것들을 정말로 의식하게 되었다. 물을 들어올릴 때 젖은 두 손이 시려웠다. 꼬제뜨는 일어섰다. 그러자 다시 무서워졌다. 누를 길 없는 두려움이 절로 되살아났다.

꼬제뜨는 이제 다만 한 가지 생각, 즉 도망치고 싶은 생각밖에 없었다. 죽을 힘을 다해 숲을 지나고, 들을 건너, 인가가 있는 데까지, 창문이 있는 데까지, 촛불이 켜져 있는 데까지 도망치고 싶은 생각뿐이었다. 꼬제뜨는 자기 앞에 놓인 통에 눈길을 떨어뜨렸다. 꼬제뜨는 떼나르디에의 아내를 너무나 무서워하고 있었기 때문에 도저히 물통을 버리고 달아날 수는 없었다. 두 손으로 물통 손잡이를 잡았다. 그리고 겨우 물통을 들어올렸다.

이렇게 하여 꼬제뜨는 열 걸음쯤 걸었으나, 통에 물이 가득차서 무거웠기 때문에 다시 땅바닥에 내려놓지 않으면 안 되었다. 꼬제뜨는 잠시 숨을 돌리고 다시 손잡이를 들어올려 걷기 시작했다. 이번에는 먼저보다 조금 오래 걸었다. 그러나 다시 걸음을 멈추어야 했다. 잠시 쉰 다음 꼬제뜨는 다시 걷기 시작했다. 몸을 앞으로 구부리고, 고개를 늘어뜨리고, 늙은이 같은 모습으로 걸어갔다.

물통이 무거워서 꼬제뜨의 여윈 두 팔은 늘어지면서 뻣뻣해졌다. 젖은 채 무쇠 손잡이를 잡고 있는 조그만 두 손은 감각이 없어지고 얼어붙었다. 때때로 걸음을 멈춰서지 않을 수 없었다. 그리고 멈출 때마다 찬물이 통에서 넘쳐 흘러 꼬제뜨의 드러난 맨발에 끼얹어졌다. 더욱이 숲속에서, 밤중에, 겨울에, 사람 눈으로부터 멀리 떨어진 곳에서였다.

꼬제뜨는 겨우 8살이 된 어린 여자아이였다. 이 애저로운 모습을 보고 있는 것은 그때 오직 하느님뿐이었다.

그리고 또 어쩌면 꼬제뜨의 어머니도 보고 있었으리라. 아! 왜냐하면 무덤 속의 죽은 사람도 벌떡 일어나게 하는 그런 일이 이 세상에는 있는 법이니까.

꼬제뜨는 괴로운 듯 헐떡이며 숨쉬고 있었다. 북받쳐 오르는 흐느낌으로 숨이 막힐 것 같았지만 차마 울지는 못했다. 그만큼 떼나르디에의 아내는 멀리 떨어져 있어도 무서운 존재였다. 언제나 떼나르디에의 아내가 눈앞에 있다고 생각하는 버릇이 꼬제뜨에게 붙어 버렸던 것이다.

그런 까닭으로 꼬제뜨는 그동안 얼마 못 갔다. 꼬제뜨는 조금씩 나아갔다. 서 있는 시간을 적게 하고 한 번에 되도록 오래 걸어보려 했으나 소용없는 일이었다. 이래서는 몽페르메이유까지 돌아가는 데 한 시간도 더 걸릴 것이다. 떼나르디에의 아내에게 얻어맞게 되리라고 생각하니 불안했다. 이 불안은 숲 속에 혼자 있다는 두려움과 한데 뒤섞였다. 꼬제뜨는 이미 쓰러질 만큼 지쳐 있었는데도 아직 숲도 빠져나오지 못했던 것이다.

꼬제뜨는 낯익은 늙은 밤나무 옆까지 왔을 때 후유 숨을 내쉬고 이것을 마지막 휴식으로 삼을 셈으로 다른 데서보다 더 오래 서 있었다. 그리고 다시 있는 힘을 다 짜내 통을 들고 기운을 내어 걷기 시작했다. 그렇게 걸으면서 절망적인 이 어린 소녀는 저도 모르는 새 이렇게 외치지 않을 수 없었다.

"아, 하느님! 하느님!"

그때 별안간 물통이 조금도 무겁지 않게 된 것을 느꼈다. 누군가의 아주 커다란 손이 물통 손잡이를 잡아채 기운차게 들어올렸던 것이다. 어린 여자아이는 고개를 쳐들었다. 검고 커다란 모습이 우뚝 서서 꼬제뜨와 나란히 어둠 속을 걷고 있었다.

그것은 어린 여자아이 뒤에서 나타난 한 사나이로, 꼬제뜨는 그가 다가오는 발자국 소리를 전혀 듣지 못했다. 그 사나이는 말없이 어린 여자아이가 잡고 있는 물통 손잡이를 움켜쥐고 있었다.

인생의 어떤 일에나 그것에 순응하는 본능이 있는 법이다. 꼬제뜨는 조금도 두려워하지 않았다.

블라트뤼엘의 짐작이 맞음을 증명하는 것

1823년 바로 그 크리스마스날 오후, 한 사나이가 빠리 로삐딸 거리의 인적이 드문 곳을 꽤 오래 거닐고 있었다. 그 사나이는 셋방이라도 찾는 듯 보였으며, 특히 포부르 쌩 마르쏘의 그 황폐한 변두리에서도 가장 허술한 집 앞에 발을 멈추는 듯했다.

독자는 그 사나이가 과연 이 한적한 지역에 방을 하나 빌렸다는 것을 나중에 알게 될 것이다.

사나이는 차림새로 보나 인품으로 보나 상류 거지라고나 할 만한, 몹시 초라하면서도 깔끔한 면이 뒤섞인 듯한 인물이었다. 그러한 대조는 좀처럼 볼 수 없는 일로, 뜻있는 사람들로 하여금 가난한 인간에 대한 경의와 훌륭한 인간에 대한 경의를 둘 다 느끼게 하는 그런 것이었다.

그는 굉장히 낡았지만 깨끗이 손질된 운두 높은 둥근 모자를 쓰고, 다 낡아빠져 날실이 드러난 두툼한 주황색 나사 프록코트를 입고 있었다. 그 무렵에는 주황색 옷이 조금도 이상스러울 것이 없었다.

포켓 달린 커다란 구식 조끼에, 무릎이 잿빛으로 바랜 검정 반바지, 털실로 짠 검은 털양말, 그리고 구리 죔쇠가 달린 두꺼운 가죽 구두, 어딘지 망명지에서 돌아온 문벌좋은 집안의 가정교사라고 하면 좋을 그런 차림새였다.

그 새하얀 머리털이며, 주름잡힌 이마며, 핏기없는 입술이며, 생활의 고통과 피로가 그대로 새겨진 얼굴을 보면, 이미 육십 고개를 훨씬 넘어 보였다. 그러나 느리지만 힘찬 걸음걸이며 동작 하나하나에 나타나는 보통 이상의 탄력성 등으로 미루어보면 아직 오십도 채 되지 않은 것 같았다.

이마의 주름도 보기좋게 잡혀서, 주의깊게 그를 살펴본 사람이라면 아마도 좋은 인상을 느꼈을 것이다. 꼭 다문 입술은 좀 색다른 주름을 만들어 내어 얼른 보기에 엄격할 듯싶으나 정말은 겸손했다. 그의 깊은 눈동자 속에는 무어라 말할 수 없는, 침울하지만 맑은 빛이 담겨 있었다.

그는 왼손에 손수건으로 비끄러맨 조그만 보퉁이를 들고 오른손에는 어딘가의 산나무 울타리에서라도 꺾어온 것 같은 지팡이를 짚고 있었다. 그 지팡이는 상당히 공들여 손질한 모양으로 그리 볼썽사납지 않았다. 마디는 모두 교묘하게 다듬어지고, 손잡이는 빨간 밀초를 칠하여 산호 꼭지처럼 보였다. 그 지팡이는 하나의 막대기에 불과했으나, 제법 그럴듯해 보였다.

그 거리는 오가는 사람들이 적은 곳으로 겨울이면 더욱 그랬다. 그 사나이는 그리 눈에 띨 정도는 아니었지만, 행인을 찾는다기보다 차라리 피하는 것 같은 눈치였다.

그 무렵 국왕 루이 18세는 거의 날마다 슈와지 르 르와에 행차하고 있었다. 이것은 국왕이 좋아하는 유원지의 하나였다. 2시쯤이면 으레 국왕이 탄 마차와 호위 기병대가 전속력으로 로삐딸 거리를 달리는 것을 볼 수 있었다.

그 행렬은 이 언저리에 사는 가난한 여자들의 회중시계며 벽시계 노릇을 해주었기에 그들은 이렇게 말하곤 했다.

"벌써 2시가 됐군, 뛸르리 궁으로 돌아가고 계시니."

그리고 그 중에는 달려가는 사람도 있고 거리에 늘어서는 이들도 있었다. 왜냐하면 국왕 행차는 어느 세상에서나 사람들을 떠들썩하게 만드는 법이니까. 더욱이 루이 18세의 행차는 빠리의 거리거리에 확실히 그 어떤 인상을 주고 있었다. 그것은 눈깜짝할 사이에 지나가 버리는데도 장엄한 그 무엇이 있었다.

다리가 부자유스러운 이 임금은 빠른 속도로 달리는 것을 좋아했다. 자신이 걸을 수 없으므로 그는 달리고 싶었던 것이다. 절름발이인 그는 번개처럼 빨리 달리고 싶었던 것이리라.

칼을 빼어든 기병에 호위되어 평온하고 엄숙한 얼굴로 그는 지나갔다. 포장에 커다란 백합꽃 송이가 그려진 육중한 그의 황금빛 사륜마차는 요란한 소리를 내며 굴러갔다. 흘끗 쳐다볼 겨를조차 없을 정도였다.

마차 안 오른편의 흰 공단으로 만들어진 모란이 만발한 보료 위에 앉아 있는 빈틈없어 보이는 상기된 큰 얼굴은, 왕실 격식에 따라 이마에 분을 칠하고 거만하고 쌀쌀맞은 날카로운 눈에 학자 같은 미소를 짓고 있었다. 시민복 위로 흔들리는 장식술 달린 2개의 큰 견장 아래로 뜨와종 되르 장(章), 성 루이 훈장, 레지옹 도뇌르 훈장, 성 데스쁘리 기사단 은훈장, 그리고 불룩한 배와 넓고 푸른 어깨휘장들이 보였다. 그가 바로 왕이었다. 파리 교외에서는 영국식으로 각반을 넓게 두른 무릎 위에 흰 새의 깃털이 달린 모자를 올려두었으나, 시내로 들어서면서 모자를 쓰고 눈인사조차 별로 하지 않았다. 그는 시민들을 무관심하게 바라보았고, 시민들 역시 그렇게 지켜보았다.

그가 쌩 마르쏘 지역에 모습을 처음 나타냈을 때 그가 얻은 성공이란 이 도성 밖에 사는 한 사나이가 옆의 사나이에게 이렇게 한 말뿐이었다.

"저 뚱뚱보가 이번 정부를 이끈다지."

어쨌든 언제나 똑같은 시간에 지나가는 국왕의 행차는 로삐딸 거리의 일종행사가 되었다.

누런 프록코트를 입고 그 거리를 걷고 있던 사나이는 분명 그곳에서 사는 사람도 아니고, 또 빠리 사람도 아닌 모양이었다. 그는 이 국왕의 행차에 대해 조금도 모르고 있었기 때문이다.

2시에 국왕이 탄 마차가 은몰을 늘어뜨린 근위기병대에 호위되어 살뻬트리에르 구호소 모퉁이를 돌아 그 거리에 나타났을 때 사나이는 깜짝 놀라며

망명지에서 돌아온 문벌좋은 집안의 가정교사라고 하면 좋을 그런 차림새였다.

겁먹은 것처럼 보이기조차 했다. 이때 인도에 나와 있는 것은 그 사나이 하나뿐이었다. 그는 황급히 어느 집 벽 모서리에 숨었으나, 그럼에도 불구하고 아브레 공작의 눈에 띄었다. 아브레 공작은 이 날 호위대 대장으로 마차 안에 국왕과 마주앉아 있었던 것이다. 그는 폐하에게 말했다.

"저기 인상이 좋지 않은 자가 있습니다."

국왕의 행차를 경호하던 경관들 역시 그 사나이를 보았고, 그 중 한 사람은 그 뒤를 쫓으라는 명령을 받았다. 그러나 사나이는 가까운 호젓한 골목길로 피해 들어가 버렸고 해가 질 무렵이기도 하여 경관은 그의 자취를 놓치고 말았다.

이 사실은, 그날 저녁 국무대신이며 경시총감인 앙글레스 백작에게 제출된 보고서에 기록되어 있는 그대로이다. 누런 프록코트의 사나이는 경관을 따돌리고 나서 걸음을 재촉하면서 더 추적해 오지 않는 것을 확인하기 위해 몇 번이나 뒤돌아보았다.

4시 15분에, 곧 해가 졌을 무렵 그는 뽀르뜨 쌩 마르땡 극장 앞을 지나가고 있었다. 그날은 '두 사람의 죄수'라는 연극이 상연되고 있었다. 극장 조명등에 비쳐진 그 간판이 주의를 끌었던 모양인지, 그는 급하게 걷고 있던 중이었는데도 걸음을 멈추고 그것을 들여다보았다.

그리고 잠시 뒤 라 쁠랑세뜨의 막다른 골목길로 접어들어 '쁠라 데땡'이라는 가게의 문을 밀고 들어갔다. 그즈음 거기에는 라니행 마차 사무소가 있었다. 마차 출발 시간은 4시 반이었다.

말은 벌써 마차에 매어져 있고, 여행자들이 마부의 지시에 따라 승합마차의 높은 쇠사다리를 서둘러 올라가고 있는 참이었다. 사나이는 물었다.

"자리가 있습니까?"

"하나 남았소. 내 옆자리요만." 마부는 말했다.

"그걸 주시오."

"타십시오."

그러나 출발하기 전에 마부는 그 손님의 초라한 행색과 빈약한 짐보따리를 흘끗 보고는 요금을 먼저 치르게 했다.

"라니까지 가십니까?" 마부는 물었다.

"그렇소" 하고 사나이는 대답했다.

손님은 라니까지의 차삯을 치렀다.

마차는 출발했다. 성 밖으로 나서자 마부는 말을 걸려고 했으나, 손님은 '네'라든가 '아니오'라고만 대답할 뿐이었다. 마부는 단념하고 휘파람을 불기도 하고 말에게 호통치기도 했다.

마부는 망토를 꺼내 몸을 쌌다. 추운 날씨였다. 그러나 사나이는 추위 같은 건 느끼지도 않는 모양이었다. 이렇게 하여 구르네를 지나고 뇌이 쉬르 마른느를 지났다.

저녁 6시가 되어 마차는 셀에 닿았다. 마부는 말을 쉬게 하려고 낡은 왕립 대수도원 건물 안에 있는 마차꾼들 여관 앞에 마차를 세웠다.

"난 여기서 내리겠소." 사나이는 말했다.

그는 보퉁이와 지팡이를 들고 마차에서 뛰어내렸다. 얼마 뒤 그의 모습은 사라져 버렸다. 그는 여관으로 들어간 것도 아니었다.

몇 분 뒤 마차가 라니를 향해 다시 출발할 때 셀의 신작로에서는 더 이상 그 사나이를 찾아볼 수 없었다.

마부는 마차 안의 손님들을 돌아보았다.

"아까 그 손님은" 하고 그는 말했다. "이 근처에 사는 사람이 아닙니다. 그리 본 적 없는 얼굴이거든요. 빈털터리같이 보이지만 돈 같은 건 안중에도 없는 것 같아요. 라니까지 마차삯을 치렀는데, 셀에서 내리지 않았겠어요. 이젠 깜깜한 밤이 되어 집들은 어디나 다 닫혔을 텐데, 여관에도 들어가지 않고 어디로 갔는지 영 보이지 않으니 아마 땅 속으로라도 들어간 모양인가, 원."

그러나 그 사람은 땅 속으로 들어긴 게 아니었다. 사나이는 셀 가도를 따라 어둠 속을 바삐 걸어가다가 성당에 이르기 전 왼쪽으로 구부러져 몽페르메이유로 통하는 시골길로 접어들었다. 이 언저리 지리에 밝은 듯 전에도 여기 온 적 있는 사람 같았다.

그는 빠른 걸음으로 그 길을 걸어갔다. 가니에서 라니로 가는 오래된 가로수길과 마주치는 데까지 왔을 때 그는 여러 사람들이 오는 발자국 소리를 들었다. 그는 재빨리 도랑 속에 숨어들어 지나가는 사람들이 멀어져 가기를 기다렸다. 그러나 앞에서도 말한 바와 같이 깜깜한 섣달 그믐밤의 일이라 그런 조심은 거의 필요 없었다. 하늘에는 겨우 두세 개의 별이 보일 뿐이었다.

바로 거기부터는 오르막길이었다. 사나이는 몽페르메이유로 가는 길로 들어서지 않았다. 오른쪽으로 길을 접어들어 들판을 가로질러서 성큼성큼 숲 속으로 들어가 버렸다.

숲으로 들어가자 걸음을 늦추고 한 걸음 한 걸음 밤길을 옮겨 디디며, 나무를 하나하나 조심스럽게 살펴보기 시작했다. 무언가 자기 혼자만 알고 있는 비밀의 길을 찾고 있는 것 같았다. 한 번은 방향을 잃은 모양인지 우뚝 서서 한참 망설였다.

그러나 이리저리 찾아다닌 끝에 어느 빈터에 이르렀다. 거기에는 희부옇고 커다란 돌멩이가 몇 개 포개져 놓여 있었다. 그는 그 돌 쪽으로 재빨리 다가가 마치 검열이라도 하듯 밤안개 속에서 그 돌을 유심히 살펴보았다. 식물의 혹인 옹이가 잔뜩 달린 큰 나무 한 그루가 그 돌무더기에서 몇 걸음 떨어진 곳에 서 있었다. 그는 그 나무로 다가가 손으로 둥치의 껍질을 어루만져 보았다. 마치 그 혹 한 개 한 개를 확인하며 수를 세는 것 같았다.

그것은 물푸레나무였으며 그 맞은편에 밤나무가 한 그루 서 있었다. 그 나무는 병들어 껍질이 벗겨졌고, 자그마한 아연판이 붕대인 양 못으로 박혀 있었다. 사나이는 발돋움하고 서서 그 작은 아연판을 손으로 만져보았다.

그는 얼마 동안 그 밤나무와 돌무더기 사이의 땅바닥을 발로 밟았다. 마치 그 땅바닥이 새로 파헤쳐지지 않았는지 확인하는 듯이.

그리고 난 다음 그는 방향을 잡아서 다시 숲 속을 걷기 시작했다.

아까 꼬제뜨가 만난 것은 바로 이 사나이였던 것이다.

숲을 지나 몽페르메이유 쪽으로 가던 그는 조그만 그림자를 하나 발견했다. 그 사람그림자는 낑낑 앓는 소리를 내면서 무슨 무거운 것을 땅바닥에 내려놓았다가 다시 들어올리고는 걷기 시작하는 것이었다.

다가가 보니 어린 여자아이 하나가 커다란 물통을 들고 있었다. 그는 말없이 그 아이한테로 가서 물통 손잡이를 들어 주었다.

어둠 속에 낯선 사람과 나란히 걷는 꼬제뜨

이미 말한 대로 꼬제뜨는 무섭지 않았다. 사나이는 그녀에게 말을 걸었다. 묵직하고 낮은 목소리였다.

"이 물통은 네게 너무 무거운 것 같구나."

"이리 다오. 내가 들어다 주마" 하고 사나이는 말했다.

꼬제뜨는 고개를 들고 대답했다.

"네, 아저씨."

"이리 다오" 하고 사나이는 말했다. "내가 들어다 주마."

꼬제뜨는 물통에서 손을 떼었다. 사나이는 그녀와 나란히 서서 걷기 시작했다.

"이거 꽤 무겁군." 사나이는 입 속으로 중얼거렸다. 그리고 덧붙였다.

"나이가 몇 살이냐?"

"8살이에요, 아저씨."

"이런 무거운 걸 들고 먼 데서 오니?"

"숲속 샘에서예요."

"갈 곳은 아직 머냐?"

"여기서 15분쯤 가야 해요."

사나이는 잠시 잠자코 있다가 이윽고 불쑥 말했다.

"그럼, 어머니가 안 계신 게로구나?"

"모르겠어요."

사나이가 다시 뭐라고 말을 꺼내기 전에 어린 여자아이는 덧붙였다.

"없나 봐요. 다른 애들에게는 있는데, 난 없어요."

그렇게 말하고 잠시 입을 다물었다가 다시 말을 이었다.

"내겐 처음부터 없었나봐요."

사나이는 우뚝 멈춰섰다. 물통을 땅바닥에 내려놓고 몸을 구부려 어린아이의 두 어깨에 손을 얹고, 어둠 속에서 그 모습을 훑어보고 그 얼굴을 들여다보았다.

꼬제뜨의 여위고 가냘픈 얼굴이 하늘의 으스름빛에 어렴풋이 떠올라 보였다.

"이름은 뭐라고 하지?"

"꼬제뜨예요."

사나이는 마치 전기에라도 감전된 듯 어린아이를 더 바라보고 있다가 꼬제뜨의 어깨에서 손을 떼어 물통을 집어들고 다시 걷기 시작했다.

조금 뒤 그는 물었다.

"너는 어디 살고 있니?"

"몽페르메이유에요. 아저씨가 아실지 모르겠지만……"

"그럼, 지금 거기로 가는 거니?"

"네."

그는 잠시 입을 다물었다가 다시 말을 이었다.

"대체 누가 이런 시간에 물을 길어 오라고 하든?"

"떼나르디에 아주머니요."

말을 묻는 사나이의 목소리는 아무렇지도 않은 듯 꾸미려 애쓰고 있었지만 이상하게도 떨려 나왔다.

"그 떼나르디에 아주머니라는 사람은 뭘하고 있지?"

"우리 주인집 아주머니예요" 하고 소녀는 말했다. "여관을 하고 있어요."

"여관?" 하고 사나이는 말했다. "그럼, 오늘 밤은 거기서 자야겠군. 날 데려다 다오."

"지금 그리로 가는 길이에요" 하고 어린 여자아이는 말했다.

사나이는 꽤 빨리 걷고 있었다. 꼬제뜨도 그리 힘들어하지 않고 따라갔다. 이제 피로도 느끼지 않았다. 꼬제뜨는 이따금 눈을 들어 말로 표현할 수 없는 안심과 신뢰를 갖고 사나이를 올려다보았다.

이제까지 하느님께 마음을 돌리거나 기도드리는 법을 가르쳐 준 사람은 하나도 없었다. 그런데도 지금 꼬제뜨는 희망과 환희 비슷한 감정을 느끼고, 하늘을 향해 날아올라가는 듯한 묘한 기쁨을 느꼈다.

몇 분 지났다. 사나이는 다시 말했다.

"떼나르디에 아주머니네는 하녀가 없니?"

"없어요."

"니 하나뿐이로구니?"

"네."

다시 말이 끊어졌다. 꼬제뜨가 목소리를 높여 말했다.

"그렇지만 여자아이가 둘 있어요."

"어떤 아이들인데?"

"뽀닌느와 젤마라는 애들이에요."

꼬제뜨는 떼나르디에의 마누라가 좋아하는 두 아이의 소설풍 이름을 그런 식으로 줄여서 부르고 있었다.

"뽀닌느와 젤마라니, 뭘 하는 아이들인데?"

"떼나르디에 아주머니의 딸들이에요. 말하자면 아가씨들이지요."

"뭘하고 있니, 그 애들은?"

"여러 가지 것을 가지고" 하고 꼬제뜨는 말했다. "예쁜 인형이랑, 금이 달린 것이랑, 또 별의별 것을 다 갖고 재미있게 놀고만 있어요."

"하루 종일?"

"네."

"그리고 너는?"

"난 일해요."

"하루 종일?"

꼬제뜨는 그 커다란 눈을 쳐들었다. 밤이라 보이지 않았지만, 그 눈에 눈물이 괴어 있었다. 어린애는 조용히 대답했다.

"네."

꼬제뜨는 잠시 가만히 있다가 다시 말을 이었다.

"이따금 일이 끝나고 나서 놀아도 좋다고 할 때는 나도 노는 적이 있어요."

"뭘 하고 놀지?"

"내 멋대로요. 무엇이든 하고 놀아요. 하지만 난 장난감이 그리 없어요. 뽀닌느와 젤마는 내게 인형을 빌려주지 않는걸요. 내게는 조그만 납칼 하나밖에 없어요. 요만한 것이에요."

꼬제뜨는 새끼손가락을 들어 보였다.

"잘라지지도 않겠지?"

"아니, 잘라져요. 배추잎도 베어지고 파리 대가리도 끊어지는걸요."

두 사람은 마을에 닿았다. 꼬제뜨는 낯선 사나이의 앞장을 서서 큰 거리로 들어섰다. 빵가게 앞을 지났으나 꼬제뜨는 빵을 사야 하는 것을 잊고 있었다. 사나이는 이런저런 말을 묻기를 그치고 침울하게 입을 다물고 있었다. 그러나 성당을 지나 그 노점들이 죽 늘어서 있는 광경이 눈에 들어오자 사나이는 꼬제뜨에게 물었다.

"여기가 시장이로구나?"

"아니에요, 크리스마스예요."

여관이 가까워지자 꼬제뜨는 조심조심 사나이의 팔을 건드렸다.

“아저씨?”

“왜?”

“이제 집에 거의 다 왔어요.”

“그래서?”

“여기서부터는 내가 물통을 들어야겠어요.”

“왜?”

“다른 사람이 들어다 준 걸 알면 아주머니한테 매맞아요.”

사나이는 꼬제뜨에게 물통을 건네주었다. 그리고 두 사람은 곧 여관 앞에 이르렀다.

부자인지 가난뱅이인지 알 수 없는 사나이를 숙박시키는 불쾌

꼬제뜨는 저도 모르게 장난감 가게에 여전히 진열되어 있는 그 커다란 인형 쪽으로 눈길을 돌렸다. 그런 다음 문을 두드렸다. 문이 열렸다. 떼나르디에의 아내가 촛불을 들고 나왔다.

“오! 너로구나, 이 거지 같은 년아! 어떻게 된 거냐, 이렇게 늦다니! 실컷 놀다 온 게로구나!”

꼬제뜨는 온 몸을 떨면서 말했다.

“아주머니, 이 손님이 주무시고 가시겠대요.”

떼나르디에의 아내는 여관주인 특유의 태도를 재빠르게 바꾸는 몸에 밴 재간으로 얼른 그 성낸 얼굴을 애교있게 허물어뜨리며 새로 들어온 손님을 탐색하듯 바라보았다.

“묵으시겠나고요?” 그녀는 말했다.

사나이는 모자에 손을 대면서 말했다.

“네.”

돈많은 손님은 그런 공손한 인사를 하지 않는 법이다. 이 동작을 보고, 이 나그네의 행색과 몸에 지닌 짐을 재빨리 훑어보더니 떼나르디에의 아내는 애교있는 웃음을 거두고 다시 성난 얼굴이 되었다. 그녀는 무뚝뚝하게 말했다.

“어서 들어오시오, 할아버지.”

‘할아버지’는 안으로 들어갔다. 떼나르디에의 아내는 다시 흘끔 훑어보고, 다 해진 프록코트와 낡아빠진 모자를 특히 유의해 본 다음, 머리를 흔들고 코를 찡긋거리고 눈을 껌벅이며 아까부터 마차꾼들과 술을 마시고 있는 남편에게 의향을 물어보았다. 그러자 남편은 대답으로 집게손가락을 움직여 보였는데, 그것은 이런 경우 삐죽이 내민 입술과 더불어 빈털터리라는 뜻을 나타내는 것이었다.

떼나르디에의 아내는 이렇게 외쳤다.

"아, 여보세요, 할아버지, 안됐지만 빈방이 없는데요."

"아무 데라도 좋으니 묵게 해주십시오. 헛간이나 마굿간이라도 좋습니다. 방 하나 값을 치를 테니까요."

"40수예요."

"40수. 좋습니다."

"그럼, 그렇게 하시지요."

"40수라고!" 하고 한 마차꾼이 떼나르디에의 아내에게 나지막하게 속삭였다. "20수잖소?"

"저 사람에겐 40수예요" 하고 떼나르디에의 아내는 마찬가지로 낮은 목소리로 대답했다. "그 이하로는 가난뱅이를 재울 수 없어요."

"정말 그래" 하고 남편이 슬며시 덧붙였다. "저런 자를 재웠다간 우리집의 불명예니까."

그 동안에 사나이는 보퉁이와 지팡이를 걸상에 내려놓고 옆 테이블에 앉아 있었으며, 꼬제뜨가 열심히 포도주병과 컵을 늘어놓고 있었다. 물을 길러 가게 했던 행상인은 그것을 말한테로 직접 들고 갔다. 꼬제뜨는 다시 조리대 밑의 늘 앉는 자리로 돌아가 뜨개질하기 시작했다.

사나이는 술잔에 포도주를 따랐으나 거의 입에 대지 않고 이상하게도 꼬제뜨를 유심히 바라보기 시작했다.

꼬제뜨는 못생겨 보였다. 그러나 행복하게 살고 있었다면 아마 예뻤을지도 모른다. 이 어린 여자아이의 침울한 얼굴 모습에 대해서는 앞에서도 말한 바 있듯이, 꼬제뜨는 여위고 핏기가 없었다. 그럭저럭 8살이 되어 있었지만, 겨우 6살쯤으로밖에 보이지 않았다.

커다란 두 눈은 깊은 그늘 속에 꺼져들고 눈물이 마를 새 없어 거의 윤기를 잃고 있었다. 죄수나 중병환자에게서 흔히 볼 수 있듯이 입은 끊임없는 고통으로 일그러져 있었다.

두 손은 그 어머니가 예전에 짐작했었듯 얼음이 박혀 형편없이 거칠어져 있었다. 마침 그때 화덕의 불이 꼬제뜨를 비추어 앙상한 뼈마디가 드러나 여윈 모습이 무섭도록 두드러져 보였다.

언제나 추위에 떨며 두 무릎을 꼭 붙이는 버릇이 배어 있었다. 입은 옷은 누더기로 이것 가지고는 여름에도 어떨까 싶을 정도의 것이었으니 겨울에는 차마 눈뜨고 볼 수 없을 정도였다. 몸에 걸친 것이라곤 구멍뚫린 무명옷뿐, 털로 된 것은 눈을 씻고 보려 해도 없었다.

군데군데 살이 드러나 보이는데, 온통 푸르고 검은 멍투성이로 그것은 떼나르디에의 아내에게 얻어맞은 자국이었다. 드러난 다리는 빨갛게 얼고 가늘어 부러질 것 같았다. 어깨뼈 언저리가 움푹 들어간 모습은 눈물이 나올 지경이었다.

이 아이의 온몸, 걸음걸이, 몸짓, 말하는 목소리, 더듬거리는 말투, 눈초리, 침울하게 말없는 모습, 하찮은 동작 하나하나는 모두 오직 한 가지 생각, 곧 공포를 나타내고 있었다.

공포심은 아이의 온몸에 배어 있었다. 말하자면 아이는 공포심에 휩싸여 있는 것 같았다. 공포심으로 말미암아 아이는 두 팔꿈치를 허리에 대고, 발꿈치는 스커트 밑으로 밀어넣어 되도록 자리를 차지하지 않게끔 오그려뜨리고, 죽지 않을 만큼의 숨밖에 쉬지 않았다.

그러한 공포심은 이렇듯 아이의 몸에 밴 습관이 되어 버려, 더욱 심해져 갈 뿐 조금도 변함이 없었다. 아이의 눈동자 저 밑바닥에는 언제나 놀란 듯한 흔적이 있고 공포심이 깃들어 있었다.

그 공포심은 너무니 강렬하였으므로 꼬제뜨는 아까 돌아와서 그토록 함빡 젖어 있었는데도 몸을 말리러 불 곁으로 가려고도 하지 않고 말없이 일하기 시작했던 것이다.

이 8살밖에 되지 않은 아이의 눈은 언제나 몹시 침울하고 서글퍼 보였기 때문에 때로 어린 백치 아니면 악마라도 되지 않을까 싶어질 때조차 있었다.

꼬제뜨는 기도를 드린다는 것이 어떤 일인지 잘 몰랐으며 성당에 발을 들여놓은 적이 한 번도 없었다.

"그럴 겨를이 어디 있어?"라고 떼나르디에의 아내는 말하는 것이었다.

누런 프록코트의 사나이는 꼬제뜨에게서 눈을 떼지 않았다.

갑자기 떼나르디에의 아내가 소리질렀다.

"아, 그래그래! 빵은?"

꼬제뜨는 떼나르디에의 아내가 소리를 지를 때면 언제나 그렇듯 곧 테이블 밑에서 기어나왔다.

꼬제뜨는 빵 생각을 까맣게 잊어버리고 있었다. 그래서 언제나 겁을 집어 먹고 있는 아이들이 흔히 쓰는 방법으로 거짓말을 했다.

"아주머니, 빵가게는 문이 닫혀 있었어요."

"문을 두드리면 되지 않아?"

"두드렸어요, 아주머니."

"그랬더니?"

"그래도 열어 주지 않았어요."

"정말인지 거짓말인지 내일이면 다 알게 되니까" 하고 떼나르디에의 아내는 말했다. "만약 거짓말이었단 봐라, 혼구멍을 내줄 테니. 아무튼 15수는 이리 도로 내놔."

꼬제뜨는 앞치마 주머니에 손을 넣어 보고 새파랗게 질렸다. 15수짜리 동전은 거기에 들어 있지 않았다.

떼나르디에의 아내는 말했다.

"아니! 내 말이 안 들리냐?"

꼬제뜨는 주머니를 뒤집어 보았다. 아무것도 없었다. 그 돈은 대체 어떻게 된 것일까? 불쌍한 어린아이는 한 마디도 하지 못했다. 말못하는 돌이 되어 버렸다.

"잃어버렸구나, 그 15수짜리를?" 떼나르디에의 아내는 소리쳤다. "그게 아니면 슬쩍 할 작정이냐?"

그렇게 말하면서 그녀는 벽난로가에 매달아 놓은 회초리 쪽으로 팔을 뻗쳤다. 그 무서운 동작이 꼬제뜨로 하여금 가까스로 이렇게 말하게 했다.

"잘못했어요, 아주머니! 아주머니! 다신 안 그러겠어요."

떼나르디에의 아내는 회초리를 내렸다.

한편 누런 프록코트의 사나이는 아무도 눈치채지 못하게 조끼 포켓을 더듬었다. 다른 손님들은 술을 마시고 트럼프놀이를 하느라고 다른 일에는 조금도 상관하지 않았다.

꼬제뜨는 파르르 떨면서 벽난로 구석에 몸을 움츠리고, 거의 다 드러난 작은 팔다리를 오그려 감추려고 애썼다. 떼나르디에의 아내는 회초리를 쳐들었다.

"잠깐, 아주머니, 이제 방금 그 아이의 앞치마 주머니에서 뭔가 굴러 떨어지는 걸 보았는데요. 어쩌면 그게 아닐는지 모르겠군요."

그렇게 말하면서 사나이는 허리를 구부려 마룻바닥에서 잠시 찾는 시늉을 했다.

"역시 그랬었군, 여기 있소."

그는 몸을 일으키면서 말했다. 그리고 한 닢의 은화를 떼나르디에의 아내에게 내밀었다.

"네, 그거예요." 그녀는 말했다.

사실은 그것이 아니었다. 왜냐하면 그가 내민 것은 20수짜리 은화였으니까. 하지만 떼나르디에의 아내는 그편이 득이라고 생각했다. 그녀는 은화를 주머니에 집어넣고 무서운 눈초리를 소녀 쪽으로 던지며 말했다.

"다시 그런 짓을 했단 봐라!"

꼬제뜨는 떼나르디에의 아내가 '그 아이의 집'이라고 이름붙인 테이블 밑으로 기어들어갔다. 그리고 그 낯선 나그네를 지그시 바라보는 그녀의 커다란 눈에 이제까지 한 번도 볼 수 없었던 표정이 떠오르기 시작했다. 물론 그것은 아직 순진한 놀라움에 지나지 않았으나, 거기에는 어리둥절한 신뢰의 마음이 섞여 있었다.

떼나르디에의 아내는 손님에게 물었다.

"그런데 저녁식사는 어떻게 하실 건가요?"

손님은 대답하지 않았다. 무엇인가 깊이 생각에 잠겨 있는 모양이었다. 그녀는 입 속으로 중얼거렸다.

"대체 어떤 사나이일까? 아무래도 굉장히 가난해 보이는걸. 저 꼴에 저녁 먹을 돈이나 있을라구. 숙박료나 받아내게 될는지? 그래도 마룻바닥에 떨어진 돈을 훔치려 하지 않다니 다행이야."

안쪽 문이 열리고 에뽀닌느와 아젤마가 들어왔다.

둘 다 예쁜 소녀였다. 시골 아이라기보다 차라리 넉넉한 도시 아이들에 가까웠고 여간 귀엽지 않았다. 하나는 윤기있는 밤색 머리를 땋아 얹고, 또 하나는 길게 땋은 검은 머리를 등 뒤로 치렁치렁 늘이고 있었다. 둘 다 활발하고, 깔끔하고, 포동포동 살찌고, 건강하고, 보기에도 즐거울 만큼 생기있어 보였다.

그들은 춥지 않게 옷을 많이 입고 있었으나, 어머니의 솜씨가 좋아서 두껍게 입었어도 모양이 나고 둔해 보이는 데가 없었다. 겨울 차림새에 봄의 산뜻함이 느껴지도록 매만져져 있었다. 이 두 소녀는 빛나고 있었다. 게다가 그들에게는 두려울 게 아무것도 없었다. 그 옷차림에도, 그 밝고 명랑함에도, 그 떠들며 돌아다니는 태도에도, 집안에서 소중히 여겨지고 있는 모습이 잘 나타나 보였다. 떼나르디에의 아내는 그들이 들어오자 사랑스러움에 겨운 말투로 타이르듯 말했다.

"어머나! 너희들은 왜 여기 나오니!"

그리고 하나씩 무릎으로 끌어다가 머리를 매만져 주고, 리본을 고쳐 매어 주고, 어머니들에게서 흔히 볼 수 있는 그런 독특한 정다움으로 다독거려주고 나서 손을 떼며 말했다.

"글쎄, 이 꼴들이 뭐냐, 볼썽사납게!"

두 아이는 벽난로가에 가서 앉았다. 그리고 가지고 온 인형 하나를 무릎 위에 놓고 만지작거리면서 즐거운 듯 재잘거렸다. 가끔 꼬제뜨는 뜨개질에서 눈을 떼고 두 아이가 놀고 있는 모양을 슬픈 듯이 바라보았다.

에뽀닌느와 아젤마 쪽에서는 꼬제뜨를 거들떠보지도 않았다. 꼬제뜨는 두 아이에게 그저 강아지새끼나 마찬가지인 존재였다. 이 세 어린 소녀의 나이를 모두 합쳐도 24살밖에 되지 않는데, 그들 사이는 이미 완전한 하나의 어른들 세계 그대로였다. 한편에는 부러움이, 한편에는 멸시가 있었다.

떼나르디에의 딸들이 가지고 있는 인형은 이제 상당히 바래고 낡아 거의 망가져 있었지만, 그래도 꼬제뜨는 인형을―모든 아이들이 잘 알아듣는 말로 한다면 '진짜 인형'을―태어나서 아직 한 번도 가져 본 일이 없었다.

홀 안을 왔다갔다하던 떼나르디에의 아내는 문득 꼬제뜨가 일하지 않고 멀거니 딸들의 놀이에 정신을 팔고 있는 것을 알아차렸다.

"아니, 저 계집애가!" 하고 그녀는 소리를 질렀다. "그래 그게 일하는 거냐! 일하지 않으면 회초리로 때려 줄 테다."

낯선 손님은 의자에 앉은 채 떼나르디에의 아내를 돌아다보았다. 그는 미소지으며 조심스럽게 말했다.

"아주머니! 그러지 말고 좀 놀게 해주시지요!"

만일 이것이 저녁식사로 양의 엉덩이살 불고기를 먹고, 포도주 두어 병을 비운 손님, 이렇듯 지독하게 가난한 사나이로 보이지 않는 손님의 입에서 나온 말이라면 마치 어떤 명령처럼 들렸으리라.

그러나 저 따위 모자를 쓴 사나이가 감히 무슨 의견을 말한다거나, 저런 프록코트를 입은 사나이가 무슨 지시 비슷한 말을 하는 것은 떼나르디에의 아내에게는 용납할 수 없는 일로 생각되었다. 그녀는 볼멘 소리로 되받았다.

"일을 시키지 않을 수 없어요. 저래도 밥은 먹으니까요. 아무것도 않는데 먹일 순 없잖아요?"

"대체 뭘 하고 있는 겁니까?" 낯선 사나이는 물었다. 의젓한 그 말투는 거지 같은 행색이나 막벌이꾼처럼 떡벌어진 그 어깨와 야릇한 대조를 이루고 있었다.

떼나르디에의 아내는 호기롭게 대답했다.

"긴 양말이에요. 우리 어린 딸들의 양말이지요. 이제 거의 다 떨어져서 머지않아 맨발로 다닐 지경이 됐거든요."

사나이는 꼬제뜨의 빨갛게 언 작은 정강이를 보며 말했다.

"얼마나 걸리면 그 양말을 다 짭니까?"

"아무래도 아직 사나흘은 더 걸릴걸요, 게으름뱅이니까."

"그리고 그 양말이 완성되면 한 켤레 얼마짜리가 됩니까?"

떼나르디에의 아내는 업신여기는 눈초리로 흘끔 사나이를 보았다.

"적어도 30수는 되겠죠."

"그럼, 그걸 5프랑에 내게 팔지 않겠소?"

옆에서 듣고 있던 한 마차꾼이 굵직한 목소리로 웃으면서 외쳤다.

"뭐라고? 5프랑이라니, 어처구니없군! 총알(총알은 1프
랑의 속칭)이 다섯 개라!"

떼나르디에는 지금이 참견하고 나설 때라고 생각했다.

"좋아요, 나리. 나리가 그렇게 하고 싶으시다면 그 양말을 5프랑에 드리지요. 손님 말씀을 거절할 순 없으니까요."

떼나르디에의 아내가 버릇인 간단명료한 어조로 말했다.

"당장 내셔야만 해요."

"그럼, 그 양말을 사겠소." 사나이는 대답했다. 그리고 주머니에서 5프랑 지폐 한 장을 꺼내 테이블 위에 놓으면서 덧붙였다. "자, 돈을 드리리다."

그는 꼬제뜨 쪽을 돌아보았다.

"이제 네 일은 내 것이다. 자, 놀아라, 아가."

마차꾼은 5프랑짜리 지폐에 너무나 놀라 술잔을 내버려둔 채 다가왔다. 그는 그 지폐를 살펴보며 소리쳤다.

"아니, 정말이군! 이건 진짜배기 커다란 바퀴인데! 가짜가 아냐!"

떼나르디에는 옆으로 다가와 잠자코 그 돈을 주머니에 집어넣었다. 떼나르디에의 아내는 할 말이 없었다. 그녀는 입술을 깨물었다. 그 얼굴에 원망의 빛이 떠올랐다.

그 동안에도 꼬제뜨는 몸을 떨고 있었다. 그래도 마음을 단단히 먹고 물어보았다.

"아주머니, 정말이에요? 놀아도 좋아요?"

떼나르디에의 아내는 앙칼지게 말했다.

"놀려무나!"

"고맙습니다, 아주머니."

꼬제뜨는 입으로는 떼나르디에의 아내에게 고맙다고 말하면서도 그 작은 마음은 낯선 손님에게 감사하고 있었다.

떼나르디에는 다시 술을 마시기 시작했다. 아내가 그의 귀에 속삭였다.

"대체 저 누런 옷의 작자는 누구일까요?"

떼나르디에는 의젓하게 대답했다.

"나는 백만장자가 곧잘 저런 프록코트를 입고 다니는 것을 본 적이 있어."

꼬제뜨는 뜨개질감을 내려놓았다. 그러나 자기 자리에서 나오지는 않았다. 그애는 언제나 될 수 있는 대로 움직이지 않도록 하고 있었다. 꼬제뜨는 자기 뒤에 놓인 상자에서 몇 조각의 낡은 헝겊과 작은 납칼을 꺼냈다.

에뽀닌느와 아젤마는 주위에서 일어나는 일에는 조금도 관심을 두고 있지 않았다. 두 어린아이는 굉장히 중요한 일을 시작한 참이었다. 그들은 고양이를 붙잡았던 것이다.

인형은 마룻바닥에 내동댕이치고 나이가 위인 에뽀닌느는 고양이가 울며 바둥대는 것도 상관않고 빨강과 파랑의 낡은 헝겊 조각으로 그 고양이 새끼에게 옷을 입히고 있었다.

그러한 몹시 진지하고 어려운 일을 하면서 에뽀닌느는 동생에게 어린아이들만이 갖는 저 곱고 깜찍한 말로 이야기를 걸고 있었다. 그러한 말의 상냥함은 나비 날개의 반짝임과도 같아서 붙잡으려고 하면 달아나 버리게 마련이다.

"애, 이 고양이 인형 쪽이 저것보다 얼마나 더 재미있다구. 움직이기도 하고, 울기도 하고, 따스하거든. 애, 이걸 가지고 놀자. 이건 내 딸이야. 나는 엄마이고. 내가 널 찾아가면 너는 이 아기를 보는 거야. 그러다가 우리 아기에게 수염이 있는 걸 보고 네가 깜짝 놀라지. 그리고 또 그 귀를 보고, 꼬리를 보고 다시 깜짝 놀라는 거야. 그리고 나에게 이렇게 말해. '어머나, 이런! 이걸 어쩌나!' 그러면 내가 네게 말하는 거야. '그럼요, 아주머니, 이건 내 조그마한 딸이랍니다. 요즘 작은 여자아이들은 다 이렇게 생겼어요.'"

아젤마는 에뽀닌느가 하는 말을 감탄하며 듣고 있었다.

한편에서는 술꾼들이 음탕한 노래를 부르며 천장이 흔들릴 만큼 웃어대고 있었다. 떼나르디에는 그들을 부추겨 비위를 맞췄다.

새들은 무엇으로나 둥지를 틀 듯이 어린아이들은 아무 거로나 인형을 삼는다. 에뽀닌느와 아젤마가 고양이에게 옷을 입히는 동안 꼬제뜨는 칼에 옷을 입히고 있었다. 그리고는 칼을 가슴에 안고 가만가만 노래 부르며 잠재웠다.

인형은 여자아이들이 가장 갖고 싶어하는 것 가운데 하나이며, 그들의 가장 귀여운 본능을 나타낸다. 시중들고, 옷을 입히고, 예쁘게 꾸며 주고, 옷을 입혔다 벗기고, 다시 입히고, 타이르고, 잔소리하고, 다독거리고, 흔들고, 재우며 그것이 살아있는 듯 여기는 놀이 속에 여자의 미래가 포함되어 있다.

꿈을 그리거나 재잘거리며 귀여운 나들이옷과 속옷 같은 것을 만들고, 예쁜 드레스와 코르셋과 속저고리 같은 것을 만들면서 어린아이는 소녀가 되고, 소녀는 아가씨가 되고, 아가씨는 한 남자의 아내가 된다. 그리고 첫아기가 마지막 인형이 되는 것이다.

인형을 갖지 못한 어린 소녀는 아기가 없는 부인과 마찬가지로 불행하고, 또 그와 마찬가지로 부자연스럽다.

따라서 꼬제뜨도 칼을 인형으로 삼았던 것이다.

한편 떼나르디에의 아내는 '누런 옷의 사나이' 곁으로 다가가 보았다.

'그이 말이 맞아' 하고 그녀는 생각했다.

'이건 어쩌면 라피뜨 씨(은행가)일는지도 몰라. 부자들 중에도 무척 묘한 사람이 있으니까!'

그녀는 그의 테이블로 다가가 팔꿈치를 짚었다.

"나리!"

이 '나리'라는 말에 사나이는 고개를 들었다. 떼나르디에의 아내는 이제까지 그를 '여보시오' 또는 '할아버지'라고밖에 부르지 않았던 것이다.

"저, 나리." 그녀는 상냥한 모습으로 말했다. 그것은 그녀의 흉포한 얼굴보다 더 보기 흉했다. "그야 물론 나도 저 아이를 놀게 하고 싶어요. 덮어놓고 놀지 못하게 하는 건 아니에요. 한 번쯤은 상관 없어요. 나리께서 친절하게 해주셨으니까요. 하지만 저 애는 아무것도 가진 게 없어요. 일을 시키지 않을 수 없어요."

"그러면 저 애는 댁의 아이가 아닙니까?" 사나이가 물었다.

"천만에요, 나리! 저 애는 가난뱅이 자식이에요. 우리가 불쌍해서 거두어 키워 주고 있답니다. 좀 모자라는 아이예요. 머리통에 물이라도 들어찼는지 원. 보시는 바와 같이 머리만 커다랗답니다. 우리들도 저 아이에게 힘 자라는 데까지는 하고 있습니다만, 원체 돈이 없어서 말예요. 저것의 어미에게도 편지를 보냈지만 벌써 여섯 달이나 답장이 없어요. 아마도 죽은 모양이에요."

"흐음!"

사나이는 고개를 끄덕이고 다시 생각에 잠겼다.

"그 어미라는 것도 보잘것없는 여자지요" 하고 떼나르디에의 아내는 덧붙였다. "자기 아이를 버리고 갔으니 말이에요."

그런 대화가 이루어지고 있는 동안, 꼬제뜨는 본능적으로 자기 이야기를 한다는 것을 느낀 모양인지 떼나르디에의 아내에게서 눈을 떼지 않았다. 어린 여자아이는 어렴풋이 듣고 있었다. 그리고 이따금 두어 마디씩 알아들을 수가 있었다.

한편 술을 마시던 이들은 거의 취해서 더욱 떠들썩하게 지저분한 노래의 후렴을 되풀이하고 있었다. 그것은 성모 마리아와 어린 예수 같은 것이 섞여 나오는 품위없는 음탕한 노래였다. 떼나르디에의 아내마저 한데 어울려 낄

에뽀닌느와 아젤마가 고양이에게 옷을 입힐 때 꼬제뜨는 칼에 옷을 입히고……

킬 웃고 있었다.

꼬제뜨는 테이블 밑에서 불을 바라보고 있었다. 가만히 앉아 움직이지 않는 눈동자에 불그림자가 빨갛게 비치고 있었다. 그러다가 꼬제뜨는 자기가 만든 아가를 다시 흔들어 주기 시작하고, 흔들면서 낮은 목소리로 노래했다.

“우리 엄마는 죽어 버렸다네! 우리 엄마는 죽어 버렸다네! 우리 엄마는 죽어 버렸다네!”

여관집 안주인이 다시금 성가시게 권하므로 누런 옷의 ‘백만장자’는 마침내 저녁식사를 하기로 했다.

“뭘 드릴까요?”

“빵과 치즈를.”

떼나르디에의 아내는 생각했다.

‘뭐야, 이건 틀림없이 거지로군.’

술꾼들은 여전히 노래를 부르고, 테이블 밑의 꼬제뜨도 저만의 노래를 부르고 있었다.

갑자기 꼬제뜨는 노래를 그쳤다. 떼나르디에의 딸들이 고양이 때문에 내동댕이쳐 버린 인형이 조리대에서 대여섯 걸음 되는 곳에 뒹굴어 있는 걸 문득 발견한 것이다.

그래서 꼬제뜨는 마음에 썩 들지 않던 그 옷 입힌 칼을 손에서 내려놓고 천천히 방 안을 둘러보았다. 떼나르디에의 아내는 무언가 작은 목소리로 남편과 이야기하며 돈을 세고 있고, 에뽀닌느와 아젤마는 고양이와 놀고 있고, 손님들은 먹고 마시며 노래부르고 있었다. 아무도 이쪽을 보고 있지 않았다. 이때를 놓쳐서는 안 된다.

꼬제뜨는 테이블 밑에서 무릎과 손으로 기어나와 다시 한 번 아무도 보고 있지 않는 것을 확인한 다음 얼른 인형 있는 데까지 기어가 그것을 집어들었다. 꼬제뜨는 곧 자기 자리로 돌아와 앉아 조금도 움직이지 않고, 다만 팔에 안은 인형을 그늘 쪽으로 감추듯 몸을 비틀고 있었다. 진짜 인형을 가지고 노는 행복을 한 번도 누린 적 없었으므로, 꼬제뜨는 표현할 길 없는 격렬한 기쁨을 느끼는 것 같았다.

아무도 꼬제뜨를 보고 있는 사람은 없었다. 보잘것없는 저녁식사를 천천히 하고 있는 그 낯선 사나이 말고는.

꼬제뜨의 기쁨은 15분쯤 계속되었다.

무척 조심하고 있었지만, 꼬제뜨는 인형의 한쪽 다리가 '나와 있는' 것을, 그리고 난롯불이 그 다리를 환히 비추고 있는 것을 깨닫지 못했다. 그늘진 곳에서 밖으로 나와 있는 장밋빛으로 물든 인형의 한쪽 다리가 문득 아젤마의 눈에 띄었다. 아젤마는 에뽀닌느에게 말했다.

"저것 봐, 언니!"

두 여자아이는 어이가 없어 놀이를 그쳤다. 꼬제뜨가 인형을 갖고 있다니!

에뽀닌느는 일어나 고양이를 안은 채 어머니에게로 가서 그 스커트를 잡아당기기 시작했다.

"아이, 귀찮아!" 하고 어머니는 말했다. "뭐냐?"

"엄마, 저것 좀 봐!"

여자아이는 꼬제뜨를 가리켰다.

한편 꼬제뜨는 인형을 팔에 안고 너무나 좋아서 이제 아무것도 보이지도 들리지도 않았다.

떼나르디에의 아내 얼굴에 독특한 표정이 떠올랐다. 무서운 살기와 인생의 추악함이 한데 섞여 만들어진, 이른바 독부라고 불리는 그러한 종류의 표정이었다.

이번에는 자존심이 상하여 그 노기가 더욱 충천했다. 꼬제뜨가 한계를 넘어버린 것이다. 감히 꼬제뜨가 '아가씨들'의 인형에 손댄 것이다. 농부가 황태자의 휘장에 손대는 것을 본다면 러시아의 여황제도 지금 그녀와 같은 얼굴을 지으리라.

그녀는 분노에 목쉰 소리로 외쳤다.

"꼬제뜨!"

꼬제뜨는 발 밑의 땅이 흔들리기나 한 듯 파르르 떨었다. 그리고 뒤돌아보았다.

떼나르디에의 아내는 다시 소리쳤다.

"꼬제뜨!"

꼬제뜨는 안고 있던 인형을 절망한 모습으로 무슨 존귀한 것을 모시듯 가만히 마룻바닥에 내려놓았다. 그리고 인형에게서 눈을 떼지 않은 채 두 손을 모아 쥐었다. 그리고 그 나이의 어린아이에게서는 말하기조차 애처로운 일이지만, 그 두 손을 비틀어쥐었다.

그리고 그날 하루 종일 겪은 무서운 일—어두운 숲에 갔던 일이며, 물통이 무거웠던 일이며, 돈을 잃어버렸던 일이며, 회초리가 들먹여졌던 일이며, 또 떼나르디에의 아내한테서 들은 가슴메이는 것 같은 말 등 그러한 모든 걸 겪고도 꾹 참아왔던 눈물이 마침내 흘러나왔다. 꼬제뜨는 소리내어 흐느껴 울었다.

그동안 낯선 사나이는 저도 모르게 일어서 있었다. 그는 떼나르디에의 아내에게 물었다.

"무슨 일입니까?"

떼나르디에의 아내는 꼬제뜨의 발밑에 뒹굴고 있는 증거물을 손가락으로 가리키면서 말했다.

"보시면 모르시겠어요?"

"그런데 뭐가 어쨌다는 겁니까?"

"저 거지 같은 계집아이가 우리 아이들의 인형을 몰래 만졌어요!"

"그래서 이 야단이로군요!" 하고 사나이는 말했다. "그래, 저 아이가 그 인형을 가지고 놀면 어떻단 말입니까?"

"저 더러운 손으로 만졌단 말이에요!" 하고 떼나르디에의 아내는 말을 이었다. "저 흉측스러운 손으로!"

그 말을 듣고 꼬제뜨의 흐느낌은 한결 높아졌다.

떼나르디에의 아내는 소리를 질렀다.

"닥치지 못해!"

사나이는 곧바로 출입구로 걸어가 문을 열고 한길로 나갔다.

그가 나가자 떼나르디에의 아내는 기회를 놓칠세라 테이블 밑의 아이에게 세게 발길질했으므로 아이는 비명을 질렀다.

문이 다시 열리고 사나이가 나타났다. 그는 멋진 인형을 가슴에 안고 있었다. 앞에서 말한, 마을 어린아이들이 아침부터 넋잃고 바라보던 바로 그 인형이었다. 사나이는 그것을 꼬제뜨 앞에 세워놓으며 말했다.

"자, 이건 네 것이다."

그는 여기에 들어온 지 한 시간이 넘었는데, 그동안 줄곧 무언가 생각에

잠겨 있으면서도 램프와 촛불이 눈부시게 켜진 장난감 가게가 이 여관 유리
창 너머로 화려한 장식등처럼 빛나는 것을 멍하니 바라보고 있었던 것이다.

꼬제뜨는 고개를 들었다. 사나이가 인형을 들고 자기 쪽으로 오는 것을 태
양이 다가오는 것을 보듯 바라보았다. '이건 네 것이다'라는 믿을 수 없는
말이 귓전을 울렸다. 꼬제뜨는 그 사나이를 바라보고, 인형을 바라보고, 주
춤주춤 뒤로 물러나더니 테이블 밑 벽구석으로 깊숙이 숨어 버렸다.

꼬제뜨는 이제 울지 않고 소리도 내지 않았다. 거의 숨도 쉬지 못하고 있
는 듯했다.

떼나르디에의 아내와 에뽀닌느와 아젤마도 모두 거기 꼼짝 않고 서 있었
다. 술꾼들까지 손에 든 술잔을 잊고 있었다. 온 방 안이 무거운 침묵 속에
빠졌다.

떼나르디에의 아내는 돌처럼 굳어져 말도 못하고 다시금 제멋대로 억측하
기 시작했다.

'이 늙은이는 대체 뭐란 말인가? 가난뱅이일까? 백만장자일까? 아마 양
쪽 다일지도 몰라. 그렇다면 도둑놈이라는 결론이 되는데.'

남편인 떼나르디에의 얼굴에는 의미심장한 주름이 잡혔다. 강한 본능이
그 야수성을 발휘하여 인간의 얼굴을 날카롭게 만드는 그러한 주름이었다.
싸구려 음식점 주인은 인형과 낯선 사나이를 번갈아 바라보았다. 그는 마치
돈주머니 냄새라도 맡는 것처럼 그 사나이의 냄새를 맡고 있는 것 같았다.
그러나 그것은 아주 잠깐 동안에 지나지 않았다. 그는 아내에게로 다가가 나
지막하게 소곤거렸다.

"저 인형은 적어도 30프랑은 돼. 비보짓을 해신 안 돼. 저 사나이 앞에 납
짝 엎드려."

비열한 성질과 순진한 성질은 하나의 공통점을 가지고 있다. 손바닥을 뒤
집듯 돌변하는 점이다.

"자, 꼬제뜨" 하고 떼나르디에의 아내는 말했다. 그녀는 애써 부드러운
목소리를 냈지만, 심술궂은 여자의 쉬어 버린 사탕발림 같은 소리만 새어나
왔다.

"인형을 받지 않을 테나?"

꼬제뜨는 용기를 내어 자기 구멍에서 기어나왔다.

떼나르디에도 달콤한 소리로 말했다.

"꼬제뜨, 나리께서 네게 인형을 주시는 거야. 어서 받아. 그 인형은 네 것이야."

꼬제뜨는 놀란 얼굴로 그 멋진 인형을 바라보았다. 얼굴은 아직 눈물에 젖어 있었으나, 두 눈은 새벽 하늘처럼 기묘한 기쁨으로 빛나기 시작했다. 지금 꼬제뜨는 "아가씨, 당신은 프랑스의 여왕님이십니다"라는 말을 갑자기 듣기라도 한 기분이었다. 만일 그 인형을 건드리면 자칫 벼락이라도 떨어질 것 같은 기분도 들었다. 그리고 그것은 어느 정도 사실이었다. 왜냐하면 꼬제뜨는 떼나르디에의 아내에게 욕을 먹지나 않을까, 얻어맞지나 않을까 생각하고 있었던 것이다.

그러나 인형이 잡아당기는 힘은 더 강했다. 꼬제뜨는 마침내 인형 쪽으로 다가가, 떼나르디에의 아내를 향해 겁먹은 목소리로 중얼거렸다.

"가져도 돼요, 아주머니?"

그렇게 말할 때의 절망과 두려움과 환희가 한꺼번에 깃든 꼬제뜨의 표정은 어떤 말로도 나타낼 수가 없었을 것이다.

"물론이지!" 떼나르디에의 아내는 말했다. "네 것이야. 나리께서 네게 주신 거란다."

"정말이에요, 아저씨?" 하고 꼬제뜨는 말했다. "정말이에요? 정말 제것인가요, 이 여왕님은?"

낯선 사나이의 눈에 눈물이 어렸다. 너무나 감동한 나머지 눈물을 흘리지 않고는 말도 할 수 없는 상태인 것 같았다. 그는 다만 꼬제뜨에게 고개를 끄덕여 보이고, 그 '여왕님'의 손을 꼬제뜨의 조그마한 손 안에 쥐어 주었다.

꼬제뜨는 흠칫 손을 움츠렸다. 마치 그 '여왕님'의 손이 자기의 손을 태우기라도 한 것처럼. 그리고는 마룻바닥을 바라보았다. 이때 꼬제뜨가 있는 힘껏 혀를 빼물고 있었다는 것도 덧붙여 말하지 않으면 안되겠다. 그리고 갑자기 아이는 고개를 번쩍 쳐들고 인형을 와락 끌어안았다.

"이걸 까뜨린느라고 이름지어 주어야지." 꼬제뜨는 말했다.

꼬제뜨의 누더기옷이 인형의 리본이며 산뜻한 장밋빛 모슬린 옷과 맞닿으며 그것을 으스러지게 꼭 끌어안은 모습은 참으로 기이한 광경이었다.

꼬제뜨는 다시 말했다.

꼬제뜨는 놀란 얼굴로 그 멋진 인형을 바라보았다.

“아주머니, 이걸 의자 위에 놓아도 괜찮을까요?”

떼나르디에의 아내는 대답했다.

“암, 괜찮고말고.”

이번에는 에뽀닌느와 아젤마가 꼬제뜨를 부러운 듯 바라보고 있었다. 꼬제뜨는 까뜨린느를 의자 위에 올려놓고 자기는 그 앞 마룻바닥에 앉아 그대로 꼼짝하지 않고 말없이 바라보았다.

사나이는 말했다.

“어서 놀아라, 꼬제뜨.”

어린 여자아이는 대답했다.

“지금 놀고 있는걸요.”

이 낯선 사나이, 하늘이 꼬제뜨에게 내려보내 준 것 같이 생각되는 이 알 수 없는 사나이를 지금 떼나르디에의 아내는 이 세상에서 가장 증오하고 있었다. 그러나 자기 자신을 꼭 억누를 수밖에 없었다. 그녀는 남편이 하는 대로 시키는 대로 하려고 애쓴 덕분에 감정을 죽이는 일에 익숙해져 있었으나, 그래도 이토록 격한 감정은 도저히 견뎌낼 도리가 없었다.

그녀는 서둘러 딸들을 침실로 보내고, 이어서 꼬제뜨도 잠자리에 보내기 위해 누런 옷의 사나이에게 ‘허락’을 구했다.

“오늘은 저 애가 여간 지치지 않았을 거예요.”

그녀는 어머니다운 티마저 내보였다. 꼬제뜨는 까뜨린느를 꼭 껴안고 자러 갔다.

떼나르디에의 아내는 가끔 홀 맞은편 끝에 있는 남편에게로 갔다. ‘마음을 가라앉히기 위해서’라고 그녀는 자신에게 말하고 있었다. 그녀는 남편과 두어 마디씩 말을 주고받았다. 차마 큰소리로 말할 수 없으므로 더더욱 화가 치밀었다.

“저 거지 같은 늙은이! 대체 무슨 심보일까? 우리를 골탕먹이려고 왔나 봐! 저 계집애를 멋대로 놀게 하는가 하면, 인형을 사주고! 40프랑이나 하는 인형을 저런 계집애에게 주다니! 저 따위 계집애는 40수짜리도 못되는데! 아마 이제 얼마 안 있으면 베리 공작부인이라도 대하듯 왕비마마라고 떠받들어야 할지도 몰라. 제정신인지 돌아버린 것인지, 아무래도 수상한 늙은이야!”

떼나르디에는 반박했다.

"천만에, 그게 아냐. 그렇게 하는 게 놈에게는 재미있는 거야! 당신은 저 아이를 부려먹는 게 재미있고, 놈은 애를 놀게 하는 게 재미있다는 거지. 그거야 저 사나이의 권리지. 손님이니 돈만 낸다면 무슨 짓을 한대도 상관없어. 저 늙은이가 자선가라고 해서 그게 당신과 무슨 상관이야? 저놈이 얼간이라고 해도 당신과 아무 상관도 없는 일이거든. 당신이 뭐 이러쿵저러쿵 할 건 없어, 저쪽엔 돈이 있으니까."

남편으로서의 말, 여관 주인으로서의 이론―그 어느 것에 대해서도 아내는 아무 대꾸할 여지가 없었다.

사나이는 테이블 위에 팔꿈치를 괴고 아까처럼 다시 무슨 생각에 잠겨 있는 모습이었다. 상인과 마차꾼 등 다른 손님들은 모두 좀 떨어진 곳에 몰려앉아 이제 노래는 부르고 있지 않았다. 저렇게 초라한 행색인데도, 쉽사리 주머니에서 '커다란 바퀴'를 꺼내 나막신을 신은 하녀 같은 계집아이에게 아낌없이 커다란 인형을 사주는 저 기묘한 사나이는 틀림없이 훌륭하고 어마어마한 노인일 것이다.

몇 시간이 지났다. 자정 미사도 끝나고, 크리스마스 만찬도 끝나고, 술집 문도 닫히고, 천장이 낮은 홀 안에도 인기척이 없어지고, 불이 꺼져 버렸는데도, 낯선 사나이는 여전히 같은 자리에 같은 자세로 가만히 앉아 있었다. 가끔 이마를 떠받친 팔꿈치를 바꾸곤 했다. 오직 그뿐이었다. 꼬제뜨가 자러 간 뒤로는 더 이상 한 마디도 하지 않았다. 다만 떼나르디에 부부만이 손님에 대한 예절과 호기심으로 홀에 남아 있었다.

떼나르디에의 이내는 중얼거렸다.

"저렇게 앉아 밤을 새울 셈인가?"

새벽 2시가 울리자 그녀는 그만 지쳐서 남편에게 말했다.

"난 그만 자겠어요. 뒷일은 당신이 알아서 해요."

남편은 한구석 테이블에 앉아 촛불을 켜놓고 〈꾸리에 프랑쎄〉지를 읽기 시작했다.

이렇게 꼬박 한 시간이 지나갔다. 여관주인은 〈꾸리에 프랑쎄〉를 날짜에서부터 맨 끝 인쇄인의 이름까지 적어도 세 차례나 되풀이 읽었으나 나그네는 꼼짝도 하지 않았다.

떼나르디에는 부스럭거리고, 헛기침을 하고, 침을 뱉고, 코를 풀고, 의자를 삐걱거렸으나, 사나이는 여전히 움직이지 않았다.

'잠이 든 것일까?' 하고 떼나르디에는 생각했다.

잠든 것은 아니었다. 그러나 그 어떤 소리도 사나이의 마음을 깨우지 못했다. 마침내 떼나르디에는 모자를 벗고 조용히 다가가 용기를 내어 그에게 말해 보았다.

"손님께서는 쉬시지 않겠습니까?"

'자지 않겠습니까?'라는 말 정도도 그에게는 과분하고 친근감을 주었을지도 모른다. '쉬시지 않겠습니까?'라는 말은 사치스럽고 정중한 말씨였다. 이러한 말은 다음날 아침에 계산서의 숫자를 부풀리게 하는 기이한 기능을 가지고 있다. 손님이 '자는' 방이 20수라면 '쉬시는' 방은 20프랑이 되는 것이다.

"아, 그렇지!" 하고 사나이는 말했다. "깜박 정신놓고 있었군. 마굿간은 어디요?"

떼나르디에는 민망한 듯한 웃음을 띠며 말했다.

"나리, 제가 안내해 드리지요."

그는 촛불을 들고 사나이는 보퉁이와 지팡이를 들었다. 떼나르디에는 사나이를 이층의 한 방으로 데리고 갔다. 대단히 훌륭한 방으로, 마호가니 가구와 배 모양의 호화로운 침대가 있고, 붉은 캘리코우(평직으로 짠 흰 무명의 총칭) 커튼이 드리워져 있었다.

나그네는 말했다.

"아니, 여긴 뭡니까?"

"저희들 내외 혼인 때의 신방입죠. 요즘 아내와 저는 다른 방에서 거처합니다. 이 방은 일 년에 두 서너 번밖에는 손님을 들이지 않습니다."

사나이는 무뚝뚝하게 말했다.

"나는 마굿간이라도 상관없는데."

떼나르디에는 그 냉담한 말을 못 들은 체했다.

그는 벽난로 위에 놓인 두 개의 새 초에 불을 붙였다. 벽난로 안에서는 장작이 제법 기세좋게 타오르고 있었다. 벽난로 위에 놓인 유리상자 안에는 은실과 오렌지꽃이 장식된 여자 모자가 하나 들어 있었다.

나그네는 물었다.

"그런데 이건 무엇이오?"

떼나르디에는 대답했다.

"나리, 그건 아내가 결혼할 때 썼던 모자지요."

사나이는 그것을 바라보았는데, 마치 '그러면 그 괴물 같은 여자에게도 처녀시절이 있었던가!'라며 놀라는 눈초리였다.

그러나 떼나르디에는 거짓말을 하고 있었다. 음식점을 차리려고 이 집을 얻을 때 이 방이 지금처럼 꾸며져 있는 것을 보고 이 가구며 오렌지꽃이 장식된 모자도 샀던 것이다. 그렇게 함으로써 '자기 배우자'에게는 아름다움이 더해지고, 그의 집도 이른바 영국 사람들의 말처럼 관록이 붙게 되리라고 생각했던 것이다.

나그네가 돌아보았을 때에는 주인은 이미 그곳에 없었다. 떼나르디에는 이튿날 아침 듬뿍 돈을 뜯어낼 작정인 사나이에게 버릇없이 굴지 않는 편이 좋겠다 싶어 안녕히 주무시라는 인사도 없이 살그머니 빠져나갔던 것이다.

여관 주인은 자기 방으로 물러갔다. 아내는 침대에 들어 있었으나 잠들지 않았다. 남편이 들어오는 기척이 나자 그녀는 돌아보고 말했다.

"내일은 정말 꼬제뜨를 내쫓아 버릴 테에요."

떼나르디에는 냉담하게 대꾸했다.

"마음대로 하시지!"

두 사람은 그밖에는 아무 말도 하지 않았다. 그리고 몇 분 뒤 촛불이 꺼졌다.

한편 나그네는 방 구석에 지팡이와 보퉁이를 내려놓고 있었다. 주인이 없어진 뒤 그는 안락의자에 앉아 한동안 골똘히 생각에 잠겨 있었다. 그리고 나서 구두를 벗고, 초를 한 자루 집어들고, 다른 한 자루는 불어서 꺼버린 다음 문을 열고 방을 나가 무언가 찾는 것처럼 주위를 둘러보았다. 그는 복도를 지나 층계에 이르렀다. 거기까지 오자 어린아이의 숨결인 듯한 아주 낮은 소리가 희미하게 들려왔다.

그는 그 숨소리에 이끌려 층계 밑에 만들어진, 아니 만들어졌다기보다는 층계 그 자체라는 편이 옳은 세모꼴 굴 속 같은 데로 다가갔다. 그 굴은 바로 층계 밑의 공간이었다. 온갖 헌 바구니와 빈 병들 사이의 먼지와 거미줄 틈에, 잠자리가 하나 있었다. 잠자리라곤 하나 구멍이 뚫려 짚이 삐어져 나온 요와 그 짚요가 드러나 보일 정도로 다 해진 홑이불뿐이었다. 짚요 위에

까는 천 하나 없었다. 그리고 그러한 것만이 바로 땅바닥에 놓여 있었다. 그 잠자리 속에 어린 꼬제뜨가 잠들어 있었다.

사나이는 가까이 다가가 어린아이를 들여다보았다. 꼬제뜨는 깊이 잠들어 있었다. 옷은 입은 채로였다. 겨울에는 조금이라도 덜 춥도록 옷을 벗지 않고 자는 것이었다.

꼬제뜨는 인형을 꼭 끌어안은 채 자고 있었다. 어둠 속에서 인형의 커다란 두 눈이 빛나고 있었다. 가끔 아이는 잠이 깨려고 할 때처럼 커다랗게 한숨을 내쉬며 거의 경련적으로 인형을 끌어안았다. 잠자리 옆에는 나막신이 한 짝만 놓여 있었다.

꼬제뜨가 잠들어 있는 헛간 옆에 문이 열린 채인 어두컴컴한 꽤 큰 방이 보였다. 낯선 사나이는 그곳으로 들어갔다. 유리문을 통해 한 쌍의 희고 조그마한 침대가 보였다. 아젤마와 에뽀닌느의 침대였다. 그 침대 너머에 실버들가지로 엮은 휘장없는 요람이 보이고, 그날 저녁 내내 보채던 조그만 남자아이가 거기에 잠들어 있었다.

나그네는 그 방이 떼나르디에 부부의 방과 잇닿아 있는 것을 알아차렸다. 거기서 발길을 돌리려 했을 때 벽난로가 눈에 띄었다. 그것은 여관 같은 데 으레 있는 커다란 벽난로의 하나로, 불을 지펴도 언제나 불길이 조금밖에 없어 보기에도 을씨년스러운 벽난로였다. 지금 그 벽난로에는 불도 없고 재조차도 없었다. 그러나 그 속에 들어 있는 물건이 사나이의 눈길을 끌었다. 그것은 귀엽게 생긴 크고 작은 두 켤레의 어린아이 신이었다. 크리스마스 이브 벽난로 속에 신을 넣어두면 산타크로스 할아버지가 근사한 선물을 가져다줄 거라고 믿는 어린아이들의 아름답고 오래된 관습이 나그네의 머릿속에 떠올랐다. 에뽀닌느와 아젤마는 그것을 잊지 않고 저마다 신발을 한 짝씩 벽난로 속에 넣어 두었던 것이다.

나그네는 몸을 구부렸다.

친절한 산타클로스 할아버지는 벌써 왔다 간 모양으로 신 속에는 10수짜리 새 은화가 한닢씩 번쩍번쩍 빛나고 있었다.

사나이는 몸을 일으켜 자리를 뜨려다가 벽난로 구석, 가장 컴컴한 한쪽 구석에 무엇인가 또 하나 호젓이 놓여 있는 게 눈에 띄었다. 잘 보니 그것은 나막신 한 짝이었다. 말할 수 없이 허름한 나막신이었다. 꼬제뜨는 늘 속아

꼬제뜨는 인형을 꼭 끌어안은 채 자고 있었다.

왔으면서도 결코 낙심하지 않는 어린아이의 저 갸륵한 믿음으로, 이번에도 벽난로 속에 제 나막신을 놓아두었던 것이다.

무엇을 원해도 한 번도 이루어진 적 없는 어린아이가 그래도 희망을 잃지 않는다는 것, 그것은 실로 숭고하고 아름다운 일이 아닌가.

그 나막신 안에는 아무것도 들어 있지 않았다. 나그네는 조끼 안을 더듬으며 몸을 구부려 꼬제뜨의 나막신에 루이 금화 한 닢을 넣었다.

그리고 나서 그는 발소리를 죽여 방으로 돌아갔다.

떼나르디에의 흥정

이튿날 날이 밝으려면 아직 두 시간은 더 있어야 할 무렵, 주인 떼나르디에는 술집의 천장이 나지막한 홀에서 촛불을 밝히고 테이블에 앉아 펜으로 누런 프록코트를 입은 손님의 계산서를 꾸미고 있었다. 아내는 곁에 서서 남편 쪽으로 몸을 반쯤 구부리고 눈으로 펜자국을 쫓고 있었다.

두 사람은 서로 한 마디도 하지 않았다. 한 사람은 깊이 궁리하고 있고, 또 한 사람은 인간의 머리에서 놀라운 것이 생겨나 꽃피는 것을 바라볼 때의 저 경건한 감탄으로 가슴이 가득차 있었다.

집 안에서는 한 가지 소리만 들렸다. 그것은 '종달새'가 층계를 청소하고 있는 소리였다.

15분쯤 걸려, 군데군데 지웠다 썼다 한 끝에 떼나르디에는 다음과 같은 걸작을 만들어냈다.

1호실 손님 청구서

저녁식사 ……………………………………………………………… 3프랑
숙박비 ……………………………………………………………… 10프랑
초 ……………………………………………………………………… 5프랑
연료 ………………………………………………………………… 4프랑
서브스 ……………………………………………………………… 1프랑
　합계 ……………………………………………………………… 23프랑

나그네는 꼬제뜨의 나막신에다 루이 금화 한 닢을 넣었다.

이 청구서에서 서비스는 '서브스'라고 잘못 적혀 있었다. "23프랑!" 하고 아내는 다소 주저하는 빛을 띠며 흥분해서 외쳤다.

위대한 예술가라면 누구나 그렇듯 떼나르디에도 자기 작품에 아직 만족하지 못했다.

"흠!" 하고 그는 목을 울렸다.

마치 빈 회의에서 프랑스에 대한 배상금을 작성하고 있는 캬슬리그(빈회의 때의 영국 전권 대사. 프랑스 배상 문제에 있어 가혹했음. 베로나 회의 직전에 자살)와도 같은 태도였다.

"하긴 그렇죠. 이 정도는 마땅해요." 아내는 낯선 사나이가 그녀의 딸들 앞에서 꼬제뜨에게 인형을 주었던 일을 생각하면서 중얼거렸다. "마땅하고 말고요. 하지만 좀 너무 많은 것 같아요. 치르지 않으려고 할지도 모르지요."

떼나르디에는 싸늘한 미소를 띠었다.

"아니, 치를 거야."

이 웃음은 확신과 권위를 뚜렷이 나타내는 웃음이었다. 그렇게 말한 이상 반드시 그렇게 될 것임에 틀림없었다. 아내는 더 이상 자기 주장을 내세우지 않았다. 그녀는 테이블을 늘어놓기 시작하고, 남편은 홀 안을 이리저리 서성거렸다. 이윽고 잠시 뒤 그는 덧붙였다.

"내게는 1500프랑이나 빚이 있거든!"

그는 벽난로 앞으로 다가가 앉아 두 발을 따뜻한 재 위에 올려놓고 생각에 잠겼다.

"아, 그렇지!" 아내가 말했다.

"오늘은 꼭 꼬제뜨를 내쫓아 버릴 테에요. 그 거지 같은 계집애를! 그 계집애가 그런 인형을 껴안고 있다니 메스꺼워요! 그런 계집애를 집에 놓아둘 바에야 난 차라리 루이 18세의 마누라가 되는 편이 낫겠어요!"

떼나르디에는 파이프에 불을 붙여 한 모금 빨고 나서 대답했다.

"계산서는 당신이 갖다 주구려."

그리고 그는 밖으로 나갔다. 그가 홀에서 나가자마자 나그네가 들어왔다.

떼나르디에는 곧 다시 손님의 등 뒤에 나타나 아내에게만 보이도록 반쯤 열린 문그늘에 가만히 서 있었다.

누런 옷의 사나이는 손에 지팡이와 보퉁이를 들고 있었다.

"아니, 이렇게 일찍!" 하고 떼나르디에의 아내는 말했다. "벌써 떠나시려고요?"

그렇게 말하면서 그녀는 겸연쩍은 듯 계산서를 두 손으로 만지작거리며 손톱으로 접고 있었다. 그녀의 험상궂은 얼굴에 보기 드물게 조바심하는 빛이 감돌았다.

어느 모로 보나 '가난뱅이'로밖에 보이지 않는 사나이에게 이런 청구서를 내밀다니 어쩐지 꺼림칙하게 여겨졌기 때문이었다.

나그네는 무언가 생각에 잠겨 멍하니 있는 것 같았다.

그는 대답했다.

"네, 아주머니, 지금 떠납니다."

"나리께서는" 하고 그녀는 말했다. "그럼, 몽페르메이유에 볼일이 있었던 게 아니셨군요?"

"아니오, 그저 지나던 길이었을 뿐입니다. 그뿐이죠. 그런데……" 하고 그는 덧붙였다. "얼마지요?"

떼나르디에의 아내는 접어들고 있던 계산서를 말없이 그에게 내밀었다.

사나이는 그 종이조각을 펼쳐 보았으나 정신은 분명 다른 데 쏠려 있는 것 같았다.

"아주머니" 하고 그는 말했다. "몽페르메이유는 경기가 좋습니까?"

"보시는 바와 같습죠, 나리."

떼나르디에의 아내는 대답했으나 상대방이 계산서에 대해 별 대꾸가 없는 것을 보고 어리둥절해졌다. 그녀는 한탄하는 듯 호소하는 말투로 말을 이었다.

"경기라니요! 이만저만 나쁜 게 아니랍니다! 게다가 이 고장에는 돈많은 사람이 그리 없거든요! 보시는 바와 같이 조그만 시골에 지나지 않으니까요. 더러 나리 같은 후한 부자양반들이 오시지 않는다면 정말 큰일일 거예요! 이래봬도 비용이 많이 든답니다. 우선 제 계집애를 먹이는 일만 해도 눈알이 튀어나올 만큼 여간 많이 들지 않거든요."

"계집애라니요?"

"아, 저, 엊저녁의 그 어린 계집애 말씀이에요, 꼬제뜨라는! 이 근처 사람들은 '종달새'라고 부릅니다만!"

"아, 네!"

그녀는 계속하여 말했다.

"정말 어리석단 말이야, 시골 사람들이란, 그런 별스러운 별명을 다 지어 주고! 저애는 종달새보다도 박쥐에 가깝게 생겼는데. 저, 나리, 저희는 말씀이에요, 남에게 손을 내밀지 않는 대신 남에게 적선을 해줄 만한 그런 힘도 없어요. 수입은 통 없는데 나가는 건 엄청나게 많답니다. 영업세다, 소비세다, 문세(門稅)다, 창세(窓稅)다, 게다가 부가세까지 있지 않겠어요! 손님께서도 아시겠지만, 정부에서 무섭게 돈을 빼앗아 간답니다. 그런데다 또 저에게는 딸들이 있으니, 뭐 굳이 남의 아이까지 키울 까닭은 없잖겠어요."

사나이는 애써 무관심한 듯 입을 열었는데, 그 목소리가 떨리고 있었다.

"그럼, 당신에게서 그 귀찮은 존재를 없애 드릴까요?"

"누굴요? 꼬제뜨를요?"

"그렇소."

싸구려 음식점 안주인의 흥분된 빨간 얼굴이 보기 흉한 기쁨의 빛으로 확 밝아졌다.

"아이구, 나리! 친절하신 나리! 제발 그것을 가져가, 맡아서, 데려가, 가지시고, 사탕을 넣어 졸이든 지지든 마시든 잡수시든 마음대로 하세요. 이런 고마울 데가 있나! 자비로우신 성모 마리아님, 하늘에 계신 모든 성인께서 나리를 축복해 주시기를!"

"그럼, 그렇게 합시다."

"정말이세요? 데리고 가주시겠어요?"

"데리고 가겠소."

"지금 곧?"

"지금 곧 데려가겠습니다. 아이를 불러 주시오."

떼나르디에의 아내는 외쳤다.

"꼬제뜨!"

"그런데 먼저" 하고 사나이는 말했다.

"셈을 치릅시다. 얼마라고 했지요?"

그는 계산서를 흘끗 훑어보고 놀라움을 금치 못했다.

"23프랑?"

그는 안주인을 바라보며 되뇌었다.

"23프랑!"

이렇게 두 번 되풀이한 말투에는 놀라움과 의혹이 담겨 있었다.

떼나르디에의 아내는 그 동안에 반격 태세를 갖출 수 있었다. 그녀는 자신 만만하게 대답했다.

"그렇습니다, 나리! 23프랑이에요."

나그네는 5프랑짜리 다섯 닢을 테이블 위에 놓았다.

"아이를 데려오시오."

그때 떼나르디에가 홀 안으로 들어서면서 말했다.

"나리의 계산은 26수로 충분해."

아내는 외쳤다.

"26수요?"

떼나르디에는 냉정한 목소리로 말했다.

"방값 20수. 그리고 저녁식사가 6수! 계집애에 대해서는 내가 나리와 잠 깐 의논할 것이 있어. 당신은 자리를 좀 비켜줘."

떼나르디에의 아내는 그 뜻밖의 재치에 얼이 빠져 버렸다. 주연배우가 무대 에 등장한 것 같은 기분이 들었다. 그녀는 한 마디도 대꾸하지 않고 나갔다.

두 사람만 남게 되자 떼나르디에는 나그네에게 의자를 권했다. 손님은 앉 았다. 떼나르디에는 선 채로 있었다. 그리고 그의 얼굴은 사람좋고 정직한 듯한 특별한 표정으로 바뀌었다.

"나리, 제 말 좀 들어 보세요. 저는 사실 그 아이를 무척 귀여워하고 있습 니다."

나그네는 그를 물끄러미 바라보았다.

"그 아이라니요?"

떼나르디에는 못 들은 체 말을 계속했다.

"정말 묘한 일입니다! 어쩐지 마음이 끌리니 말씀이에요. 웬 돈입니까, 이건? 아, 손님의 100수(5프랑짜리 다섯 닢을 말함)로군요, 어서 이 돈을 넣으십시오. 그런데 나는 그 아이가 무척 귀엽답니다."

"대체 어느 아이 말씀입니까?"

"우리집 꼬제뜨 말씀입죠! 나리는 고걸 데리고 가시겠다는 거지요? 한데 털어놓고 말씀드린다면, 나리가 훌륭한 분이라는 것이 사실인 것처럼 사실을 말씀드리자면 말씀이에요, 저는 거기에 동의할 수 없습니다. 고것이 없으면 적적해질 거예요. 아주 어릴 때부터 길러왔거든요. 그야 물론 돈도 많이 들었고, 그 아이에게 좋지 못한 점도 있고, 그리고 또 저희는 부자가 아니고, 그애가 병이 났을 때 약값으로 단 한번에 400프랑 이상 치른 일이 있는 것도 사실입죠! 그러나 하느님을 위해서라도 어느 정도는 해줘야 한다고 생각합니다. 아비도 없고 어미도 없는 애여서 제가 맡아서 키워 왔습니다.

하긴 저는 그 아이를 먹이고 저 자신도 먹을 만큼의 빵은 벌고 있습니다. 정말 그애를 귀여워하고 있습니다. 정이 든 거지요. 저는 참 사람좋은 바보여서 이치는 모릅니다만, 그냥 귀엽다는 말씀이에요. 여편네는 성질이 괄괄하지만, 그래도 귀여워해 주고 있습니다. 보신 바와 같이 저희 아이들도 마찬가지입니다. 고것이 집안에서 천진난만하게 재잘거리고 노는 게 저에게는 큰 낙이지요.”

나그네는 여전히 그를 물끄러미 바라보고 있었다. 떼나르디에는 말을 계속했다.

“죄송합니다만 나리, 자기 아이를 지나가는 사람에게 함부로 내줘버리는 사람은 없지 않겠습니까? 어떻습니까, 안 그렇습니까? 그렇다고 해서 전 뭐……나리께선 부자이시고 또 실로 훌륭한 분이시니, 그 아이가 행복할 것인지 어떤지를 의심하는 것은 아닙니다만, 그래도 사정은 잘 알아두어야지요. 잘 밝혀둬야지요. 아시겠습니까? 만일 그애를 어디로 보낸다면, 제 사정은 접어두더라도 그애가 어디로 가는지 쯤은 분명하게 알아두고 싶은 겁니다. 저는 그애를 영 잃어버리고 싶지 않거든요. 어디에 가 있는가쯤은 알아 두었다가 가끔 만나러 가기도 하고, 그 아이가 자기에게 정다운 수양아버지가 있어 보살펴 준다는 걸 알게 하고 싶은 겁니다. 세상에는 참 별의별 터무니없는 일이 다 있는 법이니까요. 저는 나리의 이름조차도 모릅니다. 나리가 그애를 데리고 가 버리신다면, 아, ‘종달새’는 어디로 갔을까? 하고 저는 탄식할 수밖에 없을 겁니다. 무언가 종이쪽지라도, 이를테면 통행증 나부랑이라도 좀 보여 주십사고 말씀드리고 싶습니다만.”

나그네는 사람의 마음 저 밑바닥까지도 꿰뚫는 듯한 눈초리로 상대방을 쏘아보며 무겁고 단호한 말투로 대답했다.

“떼나르디에 씨, 빠리에서 50리쯤 오는 데 통행증을 가지고 다니는 사람은 없습니다. 나는 꼬제뜨를 데리고 간다고 했으면 데리고 갈 뿐이오. 당신에게 내 이름도 주소도 또 저 아이가 어디로 가는지도 가르쳐 줄 까닭은 없소. 나는 저 아이를 앞으로 당신네들과 두 번 다시 만나지 못하게 할 작정이오. 나는 저 아이의 발에서 줄을 끌러 놓아주려는 거요. 자, 그러니 어떻소? 되겠소, 안 되겠소?"

악마나 요귀들이 어떠한 표시로 저희들을 능가하는 신이 존재함을 아는 것처럼 떼나르디에는 상대가 대단한 강적으로 자기의 적수가 아니라는 것을 깨달았다. 그것은 어떤 직감과도 같은 것이었다.

지난 밤 마차꾼들과 술 마시고, 담배 피우고, 음탕한 노래를 부르면서, 그는 고양이 새끼처럼 노리고 수학자처럼 계산하면서 내내 이 낯선 사나이를 관찰하고 있었던 것이다. 첫째는 자기를 위해서, 다른 한편으로는 재미와 본능에서 그 사나이의 행동을 염탐하고, 마치 돈에 고용되기라도 한 것처럼 살펴보고 있었던 것이다. 그리하여 이 누런 옷을 입은 사나이의 모든 움직임을 그는 하나도 놓치지 않았다.

이 낯선 사나이가 꼬제뜨에게 마음 끌리고 있음을 드러내기 전부터, 벌써 떼나르디에는 그것을 알아차리고 있었다. 그는 이 늙은이의 깊숙한 눈초리가 쉴새없이 어린아이에게로 쏠리고 있는 것을 꿰뚫어보았다.

왜 저토록 흥미를 가지는 것일까? 저 사나이는 대체 어떤 자일까? 왜 지갑에 돈을 가득 지니고도 저토록 초라한 행색을 하고 있는 것일까?

여관집 주인은 여러 가지로 짐작해 보았으나 전혀 해답을 얻지 못해 초조해하고 있었다. 그는 밤새도록 그 일을 생각했다.

저 사나이가 꼬제뜨의 아버지일 리는 없다. 그렇다면 할아버지가 되기라도 한단 말인가? 그렇다면 왜 신분을 밝히지 않는 것일까? 권리가 있는 사람이라면 떳떳하게 나설 것이다. 저 사나이는 분명 꼬제뜨에 대해 아무 권리도 가지고 있지 않음이 틀림없다. 그러면 대체 뭐란 말인가?

떼나르디에는 도무지 종잡을 수 없었다. 무슨 냄새든 잘 맡는 사나이인데도 무엇 하나 갈피가 잡히지 않았다. 아무튼 그 사나이에게 이것저것 이야기를 걸어보고 나서, 여기에는 무슨 비밀이 있다고 느끼고, 더욱이 상대방이 정체를 감추려 한다는 것을 확인하자, 그는 자기 입장이 유리함을 느꼈다.

한데 지금 사나이의 단호한 대답을 듣고 이 정체모를 사나이가 끝내 정체를 드러내지 않으리란 것을 알았을 때 그는 자기 입장이 불리해짐을 느꼈다. 실로 꿈에도 생각지 못한 일이었다. 그의 추측과 기대는 완전히 빗나가 버렸다.

그는 생각을 정리했다. 잠시 이제까지의 일을 곰곰이 되씹어보았다. 떼나르디에는 상황을 순간적으로 파악하는 형의 인간이었다. 그래서 이제는 미련없이, 날쌔게 일을 매듭지을 때라고 생각했다. 오직 뛰어난 장수들만이 결정적인 순간을 포착하여 결행하듯 그도 그렇게 행동했다. 떼나르디에는 느닷없이 가려놓았던 포문을 열었다. 그는 말했다.

"나리, 저는 1500프랑이 필요합니다."

나그네는 옆 주머니에서 검은 가죽으로 된 낡은 지갑을 꺼내 그것을 열고 지폐 세 장을 집어내어 테이블 위에 놓았다. 그리고 그 지폐를 커다란 엄지손가락으로 누르고 음식점 주인에게 말했다.

"꼬제뜨를 이리 데려오시오."

이런 일이 일어나고 있는 동안 꼬제뜨는 무엇을 하고 있었던가?

꼬제뜨는 일어나자마자 나막신 있는 데로 달려갔다. 거기에서 아이는 금화를 발견했다. 그것은 나뽈레옹 금화가 아니라 왕정 복고 시대의 20프랑짜리 반짝이는 새 금화로 그 표면의 초상은 월계관 대신 프러시아풍의 조그만 변발을 늘어뜨리고 있었다.

꼬제뜨는 눈이 부셨다. 운명은 아이를 황홀하게 만들었다. 아이는 금화라는 게 어떤 것인지 모르고 있었다. 아직 한 번도 금화를 본 일이 없었던 것이다.

꼬제뜨는 마치 도둑질이라도 한 것처럼 얼른 주머니에 감추었다. 그러나 분명 자기 것이라는 건 잘 알고 있었다. 누가 이 선물을 주었는지도 느끼고 있었다.

아이는 두려움에 찬 기쁨을 맛보았다. 아이는 만족스러웠다. 그러나 무엇보다도 어리둥절해 있었다. 이렇듯 훌륭하고 아름다운 것이 실제로 존재하리라고는 믿기지 않았다. 인형이 꼬제뜨를 두렵게 만들고, 금화가 또 아이를 두렵게 만들고 있었다. 그 훌륭한 것들을 앞에 두고 아이는 몸이 떨려왔다. 오직 그 손님만이 아이를 두렵게 하지 않았다.

여러 가지 놀라움 속에서 엊저녁부터, 꼬제뜨는 어린 마음 속으로 그 늙고 가난하고 슬퍼 보이지만 돈많고 친절한 그 할아버지를 줄곧 생각하고 있었

꼬제뜨는 일어나자마자 나막신 있는 데로 달려갔다. 거기에서 반짝거리는 금화 하나를 발견했다.

다. 그 할아버지와 숲 속에서 만난 뒤로 아이에게는 모든 것이 변한 듯 생각되었다.

하늘을 나는 조그만 제비보다도 더 가엾은 꼬제뜨는 어머니의 품이나 어미새의 품에 안긴다는 게 어떠한 느낌인지 여태껏 알지 못하고 있었다. 5살 때부터, 다시 말해 이 집에 오면서부터 이 가엾은 어린 여자아이는 언제나 추위와 공포에 떨며 살아왔다. 언제나 헐벗은 몸으로 불행이라는 이름의 모진 북풍에 시달리고 있었던 것이다.

그런데 이제는 자기가 옷을 입은 것 같았다. 전에는 마음이 얼어 있었으나, 지금은 따뜻했다. 이제는 떼나르디에의 아내도 그리 무섭지 않았다. 이젠 혼자가 아니었다. 누군가 곁에 있기 때문이었다.

꼬제뜨는 아침마다 해야 하는 일을 부지런히 시작했다. 자기 몸에 지닌 루이 금화가, 어제 저녁 15수짜리 은화를 떨어뜨렸던 바로 그 앞치마 주머니에 들어 있는 루이 금화가 자꾸 걱정되어 아이는 견딜 수 없었다. 그리고 5분 동안이나 가만히 그것을 생각했다—이것은 살며시 말해 두는 것이지만 자기도 모르게 혀를 길게 내민 채. 층계를 청소하면서도 일손을 멈추고 그 자리에 움직이지 않고 서서, 손에 든 빗자루도 다른 무엇도 세상의 온갖 것도 잊어버리고 자기 주머니 속에서 반짝이고 있는 금빛 별에만 정신을 빼앗긴 채 멍하니 마음 속으로 그것을 바라보았다.

그렇게 정신을 놓고 있을 때였다. 떼나르디에의 아내가 꼬제뜨에게로 왔다.

남편의 지시로 꼬제뜨를 부르러 왔던 것이다. 뜻밖에도 떼나르디에의 아내는 그애를 때리지 않고 소리도 지르지 않았다. 그녀는 아주 부드럽게 말했다.

"꼬제뜨, 저리로 가자."

얼마 뒤 꼬제뜨는 천장이 낮은 홀로 들어왔다.

낯선 사나이는 가져 온 보퉁이를 집어 그것을 끌렀다. 그 안에는 조그만 모직 원피스, 앞치마, 무명 속옷, 속치마, 숄, 털실로 짠 긴 양말, 그리고 구두 등 8살짜리 소녀를 위한 옷가지 일습이 들어 있었다. 모두 검은색이었다.

"자, 아가" 하고 사나이는 말했다. "이걸 가져가 얼른 갈아입고 오너라."

해가 뜰 무렵, 문을 열던 몽페르메이유 사람들은 초라한 행색의 한 노인이 커다란 장밋빛 인형을 껴안은 상복차림의 어린 여자아이와 손을 잡고, 빠리 가도를 걸어가는 것을 보았다. 두 사람은 리브리 쪽으로 가고 있었다. 그들은 나그네와 꼬제뜨였다.

그 사나이를 아는 사람은 아무도 없었다. 꼬제뜨는 누더기를 입고 있지 않아 사람들은 대부분 그 아이를 알아보지 못했다.

꼬제뜨는 가고 있었다. 누구와 함께? 아이는 그것을 알지 못했다. 어디로? 그것도 몰랐다. 아이가 아는 것은 자기는 지금 떼나르디에의 음식점을 떠나가고 있다는 것뿐이었다. 누구 하나 아이에게 작별인사를 하려는 사람은 없었고, 아이 또한 아무에게도 작별인사를 하려고 생각지 않았다. 미워하고 미움을 받던 그 집에서 아이는 떠나고 있었던 것이다.

애처롭고 갸륵한 꼬제뜨여, 이제까지 네 마음은 그저 짓눌리기만 했었다!

꼬제뜨는 커다란 눈을 뜨고 하늘을 쳐다보면서 힘차게 걸었다. 루이 금화는 새 앞치마 주머니에 들어 있었다. 가끔 꼬제뜨는 몸을 기울여 그것을 들여다보고, 노인을 올려다보았다. 어쩐지 자비로운 하느님 곁에라도 있는 듯한 마음이었다.

허욕을 부리다가는 손해를 입는다

떼나르디에의 아내는 여느 때와 마찬가지로 남편이 하는 일에 간섭하지 않았다. 그녀는 무슨 굉장한 일이 일어날 것을 은근히 기대하고 있었다. 꼬제뜨가 가버린 뒤 떼나르디에는 조용히 15분 동안이나 잠자코 있다가, 이윽고 아내를 곁에 불러 1500프랑을 보여 주었다.

"겨우 그뿐이에요?" 그녀는 말했다.

두 사람이 살림을 차린 뒤로 아내가 남편이 한 일에 참견 비슷한 말을 한 것은 이번이 처음이었다. 그리고 징통으로 핵심을 썰렀다.

"흠, 당신 말이 맞아." 남편은 말했다. "내가 어떻게 된 모양이지. 모자를 이리 주구려."

그는 세 장의 지폐를 접어서 포켓에 밀어넣고 허둥지둥 집을 나섰으나, 방향을 잘못 잡아 처음에는 오른쪽 길로 접어들었다. 그러나 그 언저리 사람들에게 물어보고 겨우 그들이 간 방향을 알아냈다. '종달새'와 그 사나이는 리브리 쪽으로 가고 있었다는 것이다. 떼나르디에는 혼잣말을 중얼거리면서 일러준 대로 성큼성큼 걸어갔다.

"그 사나이는 누런 옷 따위를 입고 있지만 틀림없이 큰 부자다. 나는 정말

바보였다. 놈은 처음에 20수 내더니, 다음엔 5프랑 또 50프랑, 그리고 1500
프랑, 더욱이 선선히 내놓았다. 15000프랑이라도 내놓았을는지 모르지. 곧
쫓아갈 수 있을 거야.”

　게다가 미리 준비해 가지고 온 여자아이에게 입힐 옷보퉁이, 그것도 이상
하지 않은가. 확실히 무슨 비밀이 있음에 틀림없었다. 비밀을 잡았으면서 그
것을 놓칠 수는 없다. 부자의 비밀은 돈을 담뿍 머금은 해면과도 같다. 그것
을 짜낼 방도를 생각해내야 한다. 그런 생각이 떼나르디에의 머릿속에서 맴
돌고 있었다. “나는 참 바보였다” 하고 그는 혼잣말을 되뇌었다.

　몽페르메이유 거리를 빠져나가 리브리로 가는 길 모퉁이에 이르면, 거기
서부터 길이 언덕 위로 쭉 뻗어 있는 게 멀리까지 바라보인다. 그래서 그는
거기까지만 가면 사나이와 여자아이의 모습이 보이리라고 생각했다. 거기서
그는 시야가 미치는 한 둘러보았으나 아무것도 보이지 않았다. 그는 다시 사
람들에게 물어보았다. 그럭저럭하는 동안 시간이 헛되이 지나고 있었다. 지
나가는 사람들의 말에 의하면, 그가 찾는 사나이와 어린아이는 가니 방면 숲
쪽으로 걸어가고 있더라고 했다. 떼나르디에는 그쪽으로 걸음을 재촉했다.

　두 사람이 그보다 먼저 떠났다고 하나, 어린아이의 걸음은 느리고, 그는
빠르게 뒤쫓아가고 있었다. 게다가 그는 이 근처 지리에 밝았다.

　갑자기 그는 우뚝 멈춰서서 이마를 두드렸다. 마치 중요한 것을 잊고 있다
가 다시 되돌아가려고 하는 사람 같았다.

　“총을 가지고 오는 건데!” 하고 그는 자신에게 말했다.

　떼나르디에는 이중성격의 소유자였다. 그러한 이중성격의 소유자는 태어
나면서부터 그 성격의 한 면밖에 겉으로 드러내지 않으므로 사람들과 한데
섞여 있어도 때로는 아무 눈에도 띄지 않고 아무도 모르는 사이에 자취를 감
춰 버리는 것이다.

　떼나르디에는 변화없는 평온한 생활에서는 정직한 장사꾼, 선량한 시민이
라고 세상이 불러 줄 만한 인간—실제로 그렇다고는 할 수 없지만—이 될
만큼의 자질을 충분히 가지고 있었다. 그와 동시에 기회만 주어지면, 감춰진
성질을 떨쳐 일으킬 만한 계기만 생기면 그는 악당이 될 자질도 충분히 가지
고 있었다.

　말하자면 몸 안에 괴물이 들어앉아 있는 장사치인 셈이었다. 떼나르디에

가 거처하는 방구석에는 가끔 악마가 웅크리고 앉아, 자기가 만든 추악한 걸작을 앞에 놓고 몽상에 빠져 있을 게 틀림없었다.

잠시 주저하다가 그는 생각을 고쳤다.

'아니야! 그러는 동안에 공연히 놓치려고!'

떼나르디에는 그냥 길을 재촉했다. 급한 걸음걸이로, 마치 자고새들의 냄새를 맡아낸 여우처럼 날쌘 동작으로 짐작되는 곳을 향해 앞으로 나아갔다.

아니나다를까, 못을 지나고 벨뷔의 가로수길 오른쪽에 있는 넓은 숲 사이 공지를 비스듬히 가로질러 셀 대수도원의 낡은 수도관을 뒤덮으면서 언덕을 둘러싸다시피 무성하게 자라고 있는 저 목초지의 오솔길까지 이르렀을 때 어느 떨기나무숲 위로 한 개의 모자가 눈에 띄었다. 그 사나이의 모자였다. 숲은 나지막했다. 떼나르디에는 사나이와 꼬제뜨가 거기 앉아 있는 것을 알 수 있었다. 어린아이는 작아서 보이지 않았으나, 인형의 머리가 보였다.

떼나르디에의 생각은 어긋나지 않았다. 사나이는 꼬제뜨를 좀 쉬게 하기 위해 거기에 앉아 있었던 것이다. 떼나르디에는 떨기나무숲을 돌아서, 그가 추적해 온 두 사람 앞에 불쑥 나타났다.

"죄송합니다, 나리" 하고 그는 숨을 헐떡거리며 말했다. "실은 나리의 1500프랑을 가져왔습니다."

그는 세 장의 지폐를 사나이에게 내밀었다. 사나이는 고개를 쳐들었다.

"그건 또 무슨 뜻이오?"

떼나르디에는 정중하게 대답했다.

"나리, 꼬제뜨를 돌려 주셨으면 합니다."

꼬제뜨는 몸을 떨며 늙은이에게 달라붙었다.

사나이는 떼나르디에의 눈 속을 꿰뚫듯이 들여다보면서 한 마디씩 천천히 말했다.

"꼬제뜨를, 돌려 주었으면, 좋겠다는 거요?"

"그렇습니다, 나리, 그렇게 해 주십시오. 다름이 아니라, 저는 잘 생각해 봤습니다. 생각해 보니 사실 저는 나리께 이 아이를 내드릴 권리가 없더군요. 보시는 바와 같이 저는 정직한 사람이거든요. 이 아이는 저희 아이가 아니라 이 애 어머니의 아이입니다. 그 어머니가 이 애를 우리에게 맡겼으니, 그 어머니에게 도로 돌려 주는 수밖에 없습니다. '하지만 애 어머니는 죽어

버리지 않았는가' 라고 나리는 말씀하시겠지요. 지당하신 말씀입니다. 그렇다면 '이 사람에게 어린아이를 내주시오'라든가 뭐, 그런, 어머니의 서명이든 쪽지라도 들고 온 분에게밖에는 이 아이를 내드릴 수가 없습니다. 그거야말로 뻔한 이치지요."

사나이는 아무 대답도 않고 주머니를 더듬었다. 떼나르디에는 그 지폐가 들었던 지갑이 다시 눈앞에 나오는 것을 보았다. 싸구려 음식점 주인은 너무나 기뻐서 몸이 떨렸다.

'됐어!' 하고 그는 생각했다. '흥정을 잘해야지. 나를 매수할 작정인 모양이로구나.'

지갑을 열기 전에 나그네는 힐끗 주위를 둘러보았다. 전혀 인기척이 없는 곳이었다. 숲 속에도 들판에도 개미새끼 한 마리 없었다. 사나이는 지갑을 열고, 떼나르디에가 고대하고 있는 한 줌의 지폐가 아닌 한 장의 조그마한 종이 조각을 꺼내 그것을 펼치더니 떼나르디에에게 내밀며 말했다.

"그렇겠지요. 이걸 읽어 보시오."

떼나르디에는 쪽지를 받아들고 읽었다.

몽트뢰이유 쉬르 메르에서
1823년 3월 25일

떼나르디에 귀하
이분에게 꼬제뜨를 내주십시오. 자질구레한 비용은 모두 치르실 겁니다.
여러 가지로 잘 부탁드립니다.

팡띤느

"이 서명을 기억할 테지요?" 사나이는 말했다.

그것은 어김없는 팡띤느의 서명이었다. 떼나르디에는 그것을 알아보았다.

할 말이 없었다. 그는 여러 가지로 분통함을 느꼈다. 기대했던 돈을 단념하는 것도 분했고, 보기좋게 나가떨어진 것도 분했다. 사나이는 덧붙여 말했다.

"이 쪽지는 아이를 내준 표시로 받아 주시오."

떼나르디에는 선선히 물러서기로 했다.

"이 서명을 교묘하게도 잘 흉내냈군" 하고 그는 입 속으로 중얼거렸다.

떼나르디에는 "할 수 없지 !" 하고 중얼거리며 물러섰다.

"할 수 없지!"

그리고 밑져야 본전이라는 마음으로 한 번 더 부닥쳐 보자고 마음먹었다. 그는 말했다.

"나리, 좋습니다. 나리가 바로 그분이니까. 그런데 '자질구레한 비용은 모두' 치러 주셔야겠습니다. 상당한 액수니까요."

사나이는 벌떡 일어나서 해진 옷소매에 붙은 검불을 손가락 끝으로 털어 내면서 말했다.

"떼나르디에 씨, 1월에 이 아이 어머니는 당신에게 120프랑의 빚이 있다고 말했소. 그런데 당신은 2월에 500프랑의 청구서를 다시 보내와 2월 말에 300프랑, 3월 초에 300프랑을 받았소. 그리고 나서 아홉 달이 지났으니 약속한 대로 한 달에 15프랑씩 계산하여 135프랑이 되는 셈이오. 그렇지요? 그런데 당신은 전에 이미 100프랑 더 받고 있었으니까, 나머지 빚은 35프랑이오. 나는 그것에 대해 아까 당신에게 1500프랑을 주었소."

떼나르디에는 덫에 걸린 이리에게 강철 이빨로 죄어지는 것 같은 느낌이 들었다.

'이 빌어먹을 녀석은 대체 누구일까?' 하고 그는 생각했다.

이때 그는 이리처럼 행동하기로 했다. 이미 한 번 뻔뻔스러운 행동으로 성공하지 않았던가. 그는 부르르 몸을 떨었다. 이번에는 정중한 태도를 내팽개치고 협박조로 말했다.

"이름도 모르는 양반. 나는 꼬제뜨를 데리고 돌아가겠소. 싫으면 천 에뀌 $\left(\begin{smallmatrix}1에뀌는\\3프랑\end{smallmatrix}\right)$ 를 내놓으시오."

나그네는 조용하게 말했다.

"가자, 꼬제뜨야."

그는 왼손으로 꼬제뜨의 손을 잡고 오른손으로 땅바닥에 내려놓았던 지팡이를 들어올렸다. 떼나르디에는 그 몽둥이가 엄청나게 큰 것과 주위에 인기척이 없다는 걸 깨달았다.

사나이는 어린아이를 데리고 숲 속으로 들어갔다. 싸구려 음식점 주인은 남겨진 채 꼼짝 않고 멍하니 서 있었다. 두 사람이 멀어져 가는 동안, 떼나르디에는 사나이의 좀 구부정한 넓은 어깨와 커다란 주먹만을 바라보고 있었다. 그리고 나서 그는 자기 자신을 훑어보고, 빈약한 팔과 여윈 손에 눈을 떨어뜨렸다.

'정말 난 어처구니없는 바보야' 하고 그는 생각했다. '사냥하러 오면서 총을 두고 오다니!'

그래도 여관집 주인은 아직 사냥거리에 미련이 남았다.

"어디로 가는지 쫓아가 봐야지."

그는 멀리서 두 사람의 뒤를 밟기 시작했다. 그의 손에는 두 가지 것이 남아 있었다. '팡띤느'라고 서명된 운명의 종이 조각과, 그나마 위로가 되는 1500프랑.

사나이는 꼬제뜨를 데리고 리브리와 봉리 쪽으로 가고 있었다. 느릿한 걸음으로 고개를 떨어뜨리고, 무언가 생각에 잠긴 듯한 슬픈 모습이었다. 겨울이라 숲은 훤히 트여 있어서, 떼나르디에는 꽤 떨어져 있었는데도 두 사람의 자취를 놓치지 않았다. 가끔 사나이는 뒤돌아보고 누가 뒤쫓아오지 않는지 살폈다. 갑자기 떼나르디에의 모습이 보였다. 사나이는 느닷없이 꼬제뜨와 함께 나무 숲으로 들어가 둘 다 보이지 않게 되었다.

"빌어먹을!" 하고 떼나르디에는 말했다. 그리고는 더욱 빨리 걸었다.

나무가 빽빽하게 들어서서 그는 두 사람을 바싹 따라가지 않으면 안 되었다. 사나이는 숲 가장 깊은 데까지 오자 고개를 돌렸다. 떼나르디에는 가지 뒤에 숨으려 했으나 뜻대로 되지 않았다. 사나이에게 들키지 않을 수가 없었다.

사나이는 여관집 주인에게 불안스러운 눈초리를 던지고는 고개를 흔들더니 다시 걷기 시작했다. 떼나르디에도 다시 뒤쫓았다. 그들은 그렇게 2, 300 걸음쯤 갔다. 사나이는 느닷없이 다시 보았다. 그는 여관 주인을 보았다. 이번에는 사나이가 너무도 무서운 얼굴로 흘겨보았으므로, 떼나르디에는 더 이상 따라가 봐야 헛일임을 깨달았다. 그는 가던 길을 돌아섰다.

9430호가 다시 나타나고, 꼬제뜨가 그를 만나다

장 발장은 죽은 것이 아니었다.

바다에 떨어졌다기보다 스스로 뛰어들었을 때, 그는 앞에서 말한 것처럼 쇠사슬에서 벗어나 있었다. 그는 물 속으로 잠수해 정박중인 어느 배 밑까지 헤엄쳐 다가갔다. 그 배에는 작은 배 한 척이 매여 있었다. 그는 해가 저물 때까지 그 배 안에 숨어 있었다. 밤이 되자 그는 다시 헤엄치기 시작하여,

브룅 곶에서 그리 멀지 않은 해안으로 올라갔다. 돈은 가지고 있었으므로 거기서 입을 것을 손에 넣었다. 그 무렵 발라기에 근처에 술집이 하나 있어 탈옥한 죄수에게 옷을 팔고 있었는데 꽤 돈벌이가 되는 장사였다. 장 발장은 법의 눈과 사회의 제재에서 벗어나려는 모든 탈옥수가 그렇듯, 아무도 알지 못하는 저 꼬불꼬불한 고달픈 길을 더듬어 가기 시작했다.

그는 보쎄(뚤롱에서 17km 떨어진 르 보쎄) 언저리 프라도에서 첫 은신처를 찾아냈다. 이어 그는 오뜨알프 지방으로 들어가 브리앙송 가까이에 있는 그랑 빌라르로 향했다. 더듬더듬하는 불안한 도주이므로, 도무지 어디가 갈림길인지조차 알 수 없는 두더지 굴 속 같은 노정이었다.

뒷날에야 그의 발자취가 조금 밝혀졌는데 이를테면 앵 지방에서는 씨브리외의 땅으로, 피레네 지방에서는 샤바유 마을 언저리의 그랑즈 드두멕끄라고 불리는 아꽁으로, 그리고 뻬리괴 근처에서는 샤뻴 고나게 마을의 브뤼니로 갔다는 식이다.

그는 마지막으로 빠리에 들어왔다. 그리고 나서 몽페르메이유로 오게 된 경로는 이제까지 말한 그대로다.

빠리에 와서 그가 맨 먼저 한 일은 장례식 때 7, 8살 소녀가 입는 검은 상복을 사고 다음에는 집을 구하는 일이었다. 이를 끝내고 나서 그는 몽페르메이유로 갔던 것이다.

독자의 기억에도 있듯, 그는 지난번 탈주 때에도 이미 몽페르메이유 또는 그 근처로 은밀한 여행을 했었으며, 당국에서도 이 일을 대충 눈치챘다. 그러나 지금 그는 죽은 것으로 되어 있으므로, 그를 뒤덮은 어둠은 한층 짙어져 있었다. 빠리에서 그는 자기 사건이 실린 신문을 한 부 구했다. 그는 그것을 보고 안심하게 되었고, 마치 자기가 정말로 죽어 버린 듯한 편안한 기분이 되었다.

장 발장은 꼬제뜨를 떼나르디에 부부의 손에서 구출하여 바로 그날 저녁 빠리로 돌아왔다. 저녁 무렵 꼬제뜨를 데리고 몽쏘의 성문으로 시내에 들어갔다. 거기서부터 그는 포장마차를 타고, 천문대 앞 광장까지 갔다. 거기서 마차를 내려 마부에게 삯을 치르고 꼬제뜨의 손을 잡고 둘이서 우르씨느와 글라씨에르에 잇닿아 있는 인기척없는 거리를 지나 오삐딸 거리 쪽으로 어두운 밤 속을 걸어갔다.

꼬제뜨에게 이 날은 감동에 찬 이상한 하루였다. 산나무 울타리 그늘에서 성밖 싸구려 음식점에서 사온 빵과 치즈를 먹고, 몇 번이나 마차를 바꿔 탔으며, 한참 걷기도 했지만 어린아이는 조금도 불평하지 않았다. 그러나 여기까지 오자 꽤 지쳐 버린 듯 걸으면서 차츰 손을 잡아당기는 듯했으므로 장 발장도 이윽고 눈치채게 되었다. 그는 아이를 등에 업었다. 꼬제뜨는 까뜨린느를 손에 든 채 장 발장의 어깨에 머리를 대고 그대로 잠들어 버렸다.

제4편 황폐한 집

고르보 선생

지금으로부터 40년 전에는, 혼자 산책하면서 사람이 잘 다니지 않는 살뻬트리에르 병원 거리 일대의 뒷골목으로 들어가 한길(오삐딸/거리)을 걸어서 이탈리아 성문까지 올라가면 웬만큼 빠리를 벗어났다고 할 수 있는 데가 나왔다.

사람들이 지나다니는 것을 보면 그곳은, 인적이 드물지도 않고, 집과 한길이 있는 것을 보면 황량한 벌판도 아니고, 시골 신작로처럼 길에 수레바퀴 자국이 나고 풀이 돋은 것을 보면 도회지도 아니고, 집들이 꽤 높은 것을 보면 시골마을도 아니다. 그렇다면 대체 어떤 곳일까?

그곳은 사람이 살고 있지만 아무도 없는 듯 보이는 곳이었으며, 소리없이 적적하건만 역시 누군가 있는 그런 곳이었다. 그곳은 대도시의 큰 길이요 빠리의 한 거리인데도, 밤이 되면 숲 속보다 더 을씨년스럽고 낮에는 묘지보다 더 음산했다.

그곳은 마르셰 오 슈보(馬/시장)라는 옛 구역이었다.

그 마시장의 거의 허물어진 사방 벽 저편까지 걸어가 쁘띠 방끼에 거리를 지나고, 높다란 담으로 둘러친 채마밭을 오른편으로 끼고 가다가, 커다란 물개 오두막 같은 탠 껍질(무두질에 쓰는/참나무 따위의 껍질)다발을 쌓아놓은 목장을 지나고, 목재로 가득찬 가운데 나무 밑동이며 톱밥이며 나무조각 등이 산적한 위에 커다란 개가 올라앉아 짖는 울타리 친 땅을 지나고, 초상이라도 난 듯 음산하며 검고 작은 문이 달려 있고 봄에는 꽃이 만발하는 이끼로 뒤덮인 길고 나직한 다 허물어진 담을 지나고, 마지막으로 더욱 쓸쓸한 곳에 이르러 '벽보를 붙이지 말 것'이라고 큼직한 글씨가 씌어진 흉칙스러운 건물 하나를 지나면, 마침내 사람들에게 전혀 알려져 있지 않은 비뉴 쌩 마르쎌이라는 어느 길모퉁이로 나오게 된다.

그 무렵 거기에는 한 공장 곁에 양쪽 정원의 담 사이로 한 채의 황폐한 저

고르보 저택. 황폐한 그 집은 2층 건물이었다.

택이 있었다. 얼른 보기엔 작아 보이지만, 정말은 대성당이라도 되듯 큰 건물이었다. 측면의 박공 벽만 한길로 면하여 밖에서는 아늑하고 작아 보였다. 집의 거의 대부분은 한길에서 가려져 있고, 다만 문과 창문 하나만 보일 뿐이었다.

황폐한 그 집은 2층 건물이었다.

이 건물을 세밀하게 잘 살펴볼 때 맨 먼저 이상해 보이는 것은 문은 아주 초라한 집 문에 지나지 않는데도 창문이 만약 이런 거친 돌벽 사이가 아닌 반듯하게 자른 돌벽에 있다면 아마도 훌륭한 저택에 어울리는 것이리라 생각되는 점이었다.

문은 벌레먹은 자국투성이인 판자 조각을 아무렇게나 네모지게 조각낸 장작 같은 가로장에 마구 붙여 놓은 것에 지나지 않았다. 거기서부터 곧바로 잇닿은 급경사진 계단은 단이 높고 석회칠이 되어있으며, 흙과 먼지투성이이고, 문과 같은 폭으로, 한길에서 들여다보면 사다리처럼 똑바로 올라가 두 벽 사이의 어둠 속으로 사라지고 있었다.

문이 달려 있는 더러운 벽 위쪽에는 폭좁은 얇은 판자가 하나 못박혀 있고, 그 판자 복판에 작은 삼각형 창구멍이 나 있어 문이 잠겼을 때 채광창 구실을 하고 내다보는 창구멍이 되기도 하였다.

문 안쪽 판자 표면에는 잉크를 듬뿍 찍은 붓을 두 번 거듭 휘두른 것처럼 52라는 숫자가 씌어 있고, 문 위쪽 엷은 판자 쪽에 같은 필법으로 50이라는 번지수가 씌어 있었다. 그래서 어느 것이 정말인지 알 수 없었다. 대체 여기는 몇 번지인 것일까? 문 위는 50번지인가 하면, 문 안쪽은 52번지이다.

삼각형으로 된 창구멍에는 먼지투성이 걸레 조각 같은 것이 가리개처럼 늘어져 있었다.

창구멍은 큼직하고, 높이도 충분하고, 덧문이 달렸으며, 창틀에 커다란 유리를 여러 개 끼워놓았다. 다만 유리는 어느 것에나 여러 가지 모양의 금이 가 있는 것을 솜씨 좋게 종이를 발라 감추었으나 도리어 눈에 띄었으며, 덧문은 걸쇠가 떨어져 나가 건들거려 안에 사는 사람들을 보호한다기보다 오히려 아래를 지나가는 사람들을 불안하게 했다.

덧문의 가로지른 창살이 군데군데 떨어져 나간 곳에는 판자조각을 세로로 아무렇게나 못질해 놓았다. 그래서 처음엔 덧문이었던 것이 나중에 판자문이 되어 버린 셈이다.

이렇듯 더러운 문과, 부서지기는 했을망정 단정한 창문이 한 집에서 보여 주는 광경은 마치 어울리지 않는 두 거지를 보는 듯했다. 이들이 함께 나란히 걸어가고는 있지만 똑같은 넝마 조각 속에서도 서로 다른 얼굴 표정을 하고 있어, 하나는 본디부터 거지 몰골이나 다른 하나는 본디 번듯한 신사였으리라 여겨진다.

계단은 건물의 주요 부분으로 통하고 있었다. 그곳은 매우 넓고, 마치 헛간을 주택으로 한 것처럼 보였다. 건물 내부에는 긴 복도가 창자처럼 이리저리 뻗어 있고, 그 좌우로 크기가 다른 방 비슷한 것들이 있는데 가까스로 사람이 살 수 있을까 말까 한, 방이라기보다 오두막에 가까운 것이었다.

그러한 방들은 주위 빈터로 향하고 있었다. 어디나 다 어두컴컴하고, 을씨년스럽고, 어렴풋하고, 꺼져들어가는 느낌으로 묘지 같았다. 천장과 문에 틈이 벌어져 있어 차가운 빛이 새나오거나 얼어붙는 듯한 찬 바람이 들이쳤다. 이러한 주택에서 흥미롭고 남의 눈을 즐겁게 하는 하나의 특징은 거미집이 터무니없이 커다랗다는 것이다.

현관문 왼편의 한길을 향한 사람 키 높이만한 곳에 채광창이 하나 있어 그 네모지게 움푹 들어간 곳에 지나가던 아이들이 던져 넣은 돌이 가득했다.

이 건물은 최근에 이르러 일부분 철거되었다. 그러나 지금 남아 있는 것만으로도 옛날의 모습을 더듬어볼 수 있다. 전체로 보아 이 건물은 아직 100년 이상 되지 않았을 것이다. 100년이라면 성당으로는 아직 청년이지만, 인간으로서는 이미 노년이다. 사람이 사는 집은 어쩐지 인간 목숨의 짧음과 서로 통하고 하느님 집은 신의 영생과 통하는 듯싶다.

우체부들은 이 허물어져 가는 집을 50-52번지라 부르고 있었다. 그렇지만 이 주위에서는 고르보의 저택이라는 이름으로 알려져 있었다. 이 명칭이 어디서 온 것인지 이야기해 두기로 하자.

소문을 좋아하는 사람—약초 연구가가 잡초를 수집하듯, 온갖 일화를 끌어모아 기억 속에서 사라지지 않도록 핀으로 날짜를 단단히 박아두는 이들—이라면 1770년 무렵 파리 샤뜰레 재판소에 꼬르보(까마귀)니 르나르(여우)니 하던 두 검사가 있었던 사실을 기억하리라. 이것은 둘 다 라 퐁뗀느의 우화에 나오는 여우와 까마귀의 이름이다. 그러므로 입 사나운 법조계의 놀림감이 되기에 아주 좋았다. 그리하여 오래지 않아 몹시 어설픈 풍자 시구가 법정 복도에 흘러퍼지게 되었다.

> 꼬르보 선생은 서류 위에 올라앉아
> 집행할 차압을 입에 물고 있었다.
> 르나르 선생은 맛있는 냄새에 이끌려나와
> 위를 쳐다보고 말을 건넸다.
> "여, 안녕하십니까! ……"
>
> (라 퐁뗀느의 우화에는 ……, 까마귀 선생은 나무에 앉아서 치즈를 부리에 물고 있었다. 여우 선생은 냄새에 끌려 쳐다보며 그에게 말했다. 여, 안녕하십니까…… 로 되어 있음)

두 근엄한 검사는, 그런 장난에 마음쓰이고, 등 뒤에서 일어나는 웃음소리에 위엄의 손상을 입어 이름을 바꾸려 결심하고 국왕에게 청원했다. 청원서가 루이 15세에게 제출된 것은, 마침 로마 교황의 특파 대사와 라로슈 에몽 추기경이 둘 다 공손하게 폐하 어전에서 무릎을 꿇고, 잠자리에서 일어나 걸어나온 뒤바리 부인(루이 15세의 애첩)의 맨발에 저마다 슬리퍼를 신겨드린 바로 그날이었다. 웃으며 이 광경을 보고 있던 국왕은 청원서를 보고 더 한층 웃으면서, 두 주교로부터 두 검사 쪽으로 눈길을 옮겨 흔쾌히 이름을 바꾸도록 허락해 주었다.

그리하여 국왕의 허락으로 꼬르보 선생은 이름 첫글자를 바꾸어 고르보로, 르나르 선생은 첫글자 앞에 프라는 글자를 붙여 프르나르로 바꾸었으나 고르보만큼 그리 달가워하지 않는 것 같았다. 왜냐하면 나중 이름도 처음 것과 대체로 비슷했기 때문이다.

그런데 이곳에 전해오는 바에 의하면, 그 고르보 선생이 오삐딸 거리 50-52번지인 이 건물의 주인이었다고 한다. 저 훌륭한 창문을 만든 것도 바로 그 사람이었던 것이다. 이런 내력으로 이 황폐된 집에는 고르보 저택이라는 이름이 붙게 되었다.

50-52번지 바로 앞에는 한길 가로수 틈에 끼어 거의 말라죽어 가는 한 그루의 느티나무가 서 있었다. 또 그 집 정면으로는 고블랭 성문 거리가 지나고 있었지만 그 무렵에는 인가도 없고 포장도 되어 있지 않아 계절에 따라 초록투성이가 되었다 먼지투성이가 되었다 하는 잘 자라지 못하는 나무들이

심어져 있으며 빠리의 외곽 지대를 둘러싼 성벽으로 똑바로 통하고 있었다. 유황산 냄새가 이웃 공장의 지붕에서 푹푹 뿜어 나오곤 했다.

성문은 바로 그 근처였다. 1823년에는 외벽도 아직 남아 있었다.

이 성문은 사람 마음에 을씨년스러운 환상을 던져주었다. 그것은 비쎄트르 (빠리 교외의 마을로 요새와 감옥과 정신병원이 있음. 비쎄트르는 보통 명사로 '불행'을 뜻함) 로 통하는 길이었다. 제정시대와 왕정복고 시대에는 사형수가 형집행을 받는 날 거기를 통해 빠리로 들어왔다.

1829년 무렵, 이른바 '퐁뗀블로 성문'의 불가사의한 살인 사건이 일어난 것도 거기였다. 당국에서도 범인을 발견하지 못하고, 아직도 밝혀지지 않은 참극, 풀려지지 않은 무서운 수수께끼였다.

거기서 몇 걸음 더 나아가면, 마치 멜로드라마에서처럼 윌박크가 우레 소리와 함께 이브리의 산양 치는 여자를 찔러 죽인 저 불길한 크룰르바르브 거리가 된다. 또 몇 걸음 더 나아가면, 쌩 자끄 성문 근처의 꼭대기를 쳐버린 보기 흉한 느티나무숲에 다다른다. 그곳은 저 박애주의자들이 단두대를 숨기는 장소로 사용한 곳이며, 정작 사형을 눈앞에 두고는 주춤거리면서 당당히 이를 폐지하지도 단호한 태도로 이를 저지하려고도 하지 않은 상인과 시민 계급의 비겁하고 수치스러운 형장이었다.

옛날부터 숙명지워졌다고나 할 지금도 소름끼치는 느낌이 드는 이 쌩 자끄 광장을 제외한다면, 지금부터 37년 전에는 이 음산한 한길 (오빠딸 거리) 중에서 가장 음산한 곳은 50-52번지 저택이 있는 곳으로 지금도 거기에는 사람들이 그다지 가지 않는다.

거리의 집들은 그 뒤 25년쯤 지나서야 비로소 그 주위에 세워지기 시작했다. 그무렵 그곳은 음산함이 가득찬 곳이었다. 앞서 말한 바와 같은 을씨년스런 여러 가지 추억에 더하여, 둥근 지붕이 보이는 살뻬트리에르 구호원 (여자 정신병자를 수용했음) 과 바로 가까이에 그 울타리가 있는 비쎄트르 구호원 (남자 정신병자를 수용했음) 사이에 자리해 흡사 여자 정신병자와 남자 정신병자 사이에 끼어 있는 듯 느껴지는 것이었다.

내다보면 눈에 띄는 것이라곤 도살장과 성곽의 외벽, 그리고 병영이나 수도원처럼 외떨어져 점점이 보이는 공장들의 앞면뿐이었다. 어디를 보나 판잣집과 벽토가 떨어져나간 벽, 장례식 포장 같은 검은 색 옛벽이거나 새벽인가 하고 바라보면 수의처럼 새하얀 벽, 어디나 온통 나란한 가로수, 일직선으로 늘어선 집들, 평범한 건물, 기다랗고 차가운 선과 음산하고 쓸쓸한 직각, 토지의 기복도 없고, 색다른 건물도 없고, 주름살 하나도 없다. 모든 것이 얼어붙은 것 같고, 규칙적이고, 흉측스러웠다.

무릇 균형잡힌 것만큼 가슴답답한 것은 없다. 균형은 지루하며, 권태는 슬픔의 근원이다. 권태는 하품을 한다. 고뇌의 지옥보다도 더 무서운 것이 있다면, 그것은 권태의 지옥이다. 그리고 만일 그러한 지옥이 정말로 있다면 이 오삐딸 거리 언저리야말로 바야흐로 그 지옥의 통로일 것이다.

아무튼 해가 저물어 밝은 데라곤 전혀 없어질 무렵이면, 더구나 겨울 저녁 추운 바람이 느티나무에 지다 남은 고엽을 털어 버릴 때면, 어둠이 깊고 별도 나와 있지 않을 때면, 또는 달빛과 바람이 구름 틈새로 떨어져 내릴 때면 이 한길은 별안간 처절한 형상을 띠었다.

온갖 것의 직선적인 윤곽은 어둠 속으로 자취를 감춰버리고 무한의 한 귀퉁이인 듯 여겨져 온다. 그런 때 이곳을 지나면, 이곳에 얽혀 있는 숱한 소문들이 생각지 않으려 해도 저절로 떠오른다.

많은 범죄가 저질러진 이곳의 쓸쓸함 속에는 무언가 무서운 것이 담뿍 들어 있다. 그 어둠 속에는 여러 개의 올가미가 쳐져 있는 것 같이 느껴지고, 그늘진 곳에 어렴풋이 떠오르는 모습은 무엇이나 모두 요사스럽고, 나무와 나무 사이로 보이는 기다랗고 네모진 우묵한 데는 무덤 구멍처럼 여겨진다. 대낮에는 보기 흉할 뿐이지만, 저녁에는 음산하고, 밤에는 불길하다.

여름날 저녁에는 여기저기 느티나무 밑의 비에 썩은 벤치에 할머니들이 앉아 있는 것을 보게 된다. 할머니들은 흔히 구걸을 하고 있었다.

하기야 이 고풍스럽다기보다 오히려 황폐해 버렸다는 느낌이 드는 이곳도, 그 무렵부터 마침내 변화하기 시작하고 있었다. 이미 그 즈음부터 그 변화를 좇으려는 자는 급히 서둘러야 할 정도였다. 나날이 주위 일대 어딘가가 스러져 가고 있었다.

오늘날에는 물론 벌써 20년도 더 전부터 오를레앙 철도 발착지(오스떼를리쓰 역) 가 여기 이 옛성당 옆으로 나 있어 이곳에 변화를 미치고 있다. 수도를 벗어나는 어귀의 어느 곳에 철도 발착지를 두면, 반드시 교외는 소멸하고 하나의 시가가 태어난다.

민중 활동의 대중심지인 도시 주위에서는 철도와 같은 강력한 기계의 요란스러운 소리와 석탄을 먹고 불을 내뿜는 그 괴물 같은 문명의 말들의 숨결에, 생명의 싹이 가득찬 땅은 몸을 뒤틀며 입을 벌리고 인간의 낡은 집들을 죄다 삼켜버리고 새로운 것들을 내뱉는 것처럼 보인다. 낡은 집들은 무너지고 새로운 것들이 치솟는다.

오를레앙 철도역이 살뻬트리에르 모퉁이에 들어서면서 쌩 빅또르의 해자(堭子)며 식물원을 지나는 좁은 옛길은, 역마차와 전세마차와 승합마차가 잇따라 하루에 서너 번씩 왕성하게 오가며 진동하여 집들은 어느새 좌우로 밀려나갔다. 왜냐하면 엄연한 사실이면서도 새삼스레 말하기에는 어쩐지 묘한 일이 세상에는 얼마든지 있는 법이어서, 대도시에서는 태양이 남향집을 만들어내며 넓혀져 가는 게 사실인 것처럼, 마차가 멈출 새 없이 지나다니면 길이 넓어져 가는 것도 확실한 사실이기 때문이다.

이제 거기에는 새로운 생명의 징조가 뚜렷이 보이고 있었다. 이 시골 같은 오래된 구역에, 더할 나위 없이 황폐해버린 한구석에, 아직 통행이 없는 곳까지도 도로가 포장되기 시작하고 있었다. 어느 날 아침, 1845년 7월의 어느 기념할 만한 날 아침, 콜타르가 가득찬 검은 가마솥이 연기를 뿜고 있는 게 보였다. 그날이야말로 문명이 그루르씨느 거리에 찾아들고, 빠리가 쌩 마르쏘 외곽까지 이르렀다고 비로소 말할 수 있게 된 날이었다.

부엉이와 종달새의 둥지

장 발장이 발을 멈춘 곳은 황폐한 고르보 저택 앞이었다. 들새처럼 그는 가장 인기척 없는 곳을 골라 둥지를 틀었던 것이다.

그는 조끼 안을 더듬어 짝열쇠를 꺼내 입구 문을 열고 안으로 들어가 조심스레 문을 닫고 꼬제뜨를 업은 채 계단을 올라갔다. 계단 위로 오르자 주머니에서 또 하나의 다른 열쇠를 꺼내어 또 다른 문을 열었다.

그가 들어가 곧 닫아 버린 그 방은 꽤 넓은 지붕밑 다락방으로, 거기에는 마룻바닥에 요가 하나 깔려 있고 테이블 하나와 몇 개의 의자가 갖추어져 있었다.

한구석의 난로에는 불이 피워져 있어 어른거리는 불빛이 눈에 들어왔다. 바깥 한길의 가로등이 이 가난한 방을 희미하게 비추어 주었다. 안쪽으로 딸린 작은 방에 접는 침대가 하나 놓여 있었다. 장 발장은 어린아이를 침대로 안고 가 잠이 깨지 않도록 가만히 내려놓았다.

그는 부싯돌을 쳐서 촛불을 켰다. 그런 것들은 모두 테이블 위에 미리 준비되어 있었다. 그런 다음 그는 지난 날 밤처럼 친절과 애정이 흐르는 황홀한 눈으로 꼬제뜨를 지켜보기 시작했다.

한편 아이는 극도의 강자가 아니면 극도의 약자만이 지니는 강한 신뢰를 품은 마음으로 누구와 함께 있는지, 지금 어디에 있는지도 모른 채 잠들어 있었다.

장 발장은 몸을 굽혀 어린아이의 손에 입맞추었다. 아홉 달 전에는 영원한 잠에 들어간 그애 어머니 손에 입을 맞추었던 것이다. 그때와 같은 슬프고 통절하게 경건한 감정이 지금 그의 가슴에 넘쳐나고 있었다. 그는 꼬제뜨의 침대 옆에 무릎을 꿇었다.

날이 환히 밝도록 아이는 잠들어 있었다. 12월 태양의 희미한 빛이 지붕 밑방 유리창으로 비쳐들어 천장에 그림자와 빛의 긴 줄기를 아로새기고 있었다. 그때 별안간 무거운 짐을 실은 석공의 짐수레가 바깥 한길을 지나다가 텅 빈 그 집을 마치 폭풍우가 휘몰아치듯 뒤흔들어 밑바닥에서 지붕까지 진동시켰다.

“네, 아주머니, 갈께요!” 꼬제뜨는 갑자기 벌떡 일어나며 소리쳤다. “지금 곧 내려가요!”

그리고 꼬제뜨는 아직도 졸린 듯 눈을 반쯤 감은 채 침대에서 뛰어내려 벽 구석진 곳으로 손을 뻗쳤다.

“어머! 어쩌나! 비가!”

꼬제뜨는 그때 비로소 눈을 활짝 떴다. 그리고, 장 발장의 미소지은 얼굴을 보았다.

“어머나! 참 그랬었지!” 하고 아이는 말했다. “밤새 안녕하셨어요, 아저씨?”

어린아이들은 본디 그 자신이 행복이며 기쁨이므로 곧 거리낌없이 기쁨과 행복을 받아들이는 것이다.

꼬제뜨는 까뜨린느를 침대 밑에서 찾아내어 품에 꼭 끌어안았다. 그리고는 놀면서 장 발장에게 여러 가지 것을 물었다.

여긴 어디에요? 빠리는 넓어요? 떼나르디에 아주머니가 있는 곳과 아주

장 발장은 어린아이를 침대로 안고 가 가만히 내려놓았다. 아이는 어디에 있는지
도 모르는 채 잠들어 있었다.

멀리 떨어져 있나요? 이젠 돌아가지 않아도 괜찮아요? 등등.

그러다가 느닷없이 외쳤다.

"어머, 여기는 아름다워요!"

사실은 처참할 만큼 헐어빠진 집이었으나, 꼬제뜨는 그곳에서 자유로움을 느끼고 있었던 것이다.

꼬제뜨가 마침내 말했다.

"집안 청소를 할까요?"

"놀기나 하렴." 하고 장 발장은 말했다.

그 날은 이렇게 지나갔다. 꼬제뜨는 아무것도 모르고 걱정하지도 않고, 그 인형과 노인 사이에 있는 게 더없이 행복했다.

불행한 두 사람이 함께 되어 행복을 만들어내다

이튿날 새벽녘에도 역시 장 발장은 꼬제뜨의 침대 곁에 있었다. 그는 거기서 조용히 움직이지 않고 기다리고 있다가, 아이가 눈뜨는 것을 지켜보았다.

무언지 새로운 것이 그의 영혼 속으로 들어왔다.

장 발장은 이제까지 아무도 사랑한 적이 없었다. 25년 전부터 그는 이 세상에서 오로지 혼자였다. 아버지도, 애인도, 남편도, 친구였던 적도 없었다. 감옥에서는 험악하고, 음울하고, 순결하고, 무지하고, 남과 어울리기 어려운 사나이였다.

이 늙은 죄수의 마음은 천진스러움으로 가득 차있었다. 누이와 누이의 아이들에 대한 추억도 어렴풋했으며, 마침내는 모두 사라져 버렸다. 그는 그들을 찾으려고 최선을 다했지만 찾아내지 못한 채 잊고 만 것이었다.

인간성이란 본디 그렇게 되어 있는 것이다. 그밖에 젊었을 무렵의 상냥스러운 정서가 있었다할지라도, 모두 마음 깊은 곳에서 소멸해 가고 있었다.

그러한 그가 꼬제뜨를 보았을 때, 꼬제뜨를 손에 넣고 데려내와 구출해냈을 때, 자기의 심장이 격동하기 시작하는 것을 느꼈다. 그의 속에 숨어 있던 정열과 애정이 모두 눈떠 이 아이 쪽으로 날아갔다. 그는 꼬제뜨가 잠들어 있는 침대 곁으로 가서 기쁨에 몸을 떨고 있었다. 그는 마치 어머니와 같은 마음 속의 어떤 열망을 느끼고 있었지만, 그것이 무엇인지 알지 못했다. 왜냐하면 사랑하기 시작한 마음의 저 이상스러운 커다란 감동은 참으로 파악하기 어렵고 참으로 부드러운 것이기 때문이다.

싱싱하게 되살아난 가엾은 늙은 마음이여!

다만 그는 55살이고 꼬제뜨는 8살이었으므로, 자기가 앞으로 일평생 품게 될 모든 사랑은 이제 무어라 말할 수 없는 하나의 빛 속으로 혼연히 녹아들어 버렸다.

흰 빛이 두 번째로 나타난 것이었다. 저 미리엘 주교는 그의 마음의 지평선에 미덕의 새벽빛을 가져다 주었고, 지금 꼬제뜨는 사랑의 새벽빛을 가져다 준 것이다.

처음 며칠 동안은 그렇게 황홀하게 지나갔다.

한편 꼬제뜨 역시 자기도 모르는 사이에 변해 가고 있었다. 가엾은 어린 소녀여! 어머니와 헤어졌을 때는 아주 어렸으므로 어머니에 대해서는 이미 조금도 생각나지 않았다.

무엇에고 감기는 포도덩쿨 같은 어린아이들의 본성으로 꼬제뜨도 사랑해 보려고 한 적이 있었다. 그러나 잘 되지 않았다. 누구나—떼나르디에 부부도, 그 아이들도, 다른 아이들도 꼬제뜨를 떠밀어냈다. 강아지를 귀여한 적도 있었지만, 그것도 죽어 버렸다. 그러고 나서부터는 무엇 하나 누구 하나 그 아이를 좋아해 주지 않았다.

말하기조차 가엾은 일이지만, 앞에서도 말한 것처럼 꼬제뜨는 8살에 벌써 차가운 마음을 가지고 있었다. 그것은 꼬제뜨가 나쁜 아이기 때문이 아니었다. 그 아이에게 결여된 것은 사랑하는 능력이 아니었다. 결여된 것은 슬프게도 사랑할 기회였다.

그러니만큼 첫날부터 꼬제뜨 속의 모든 느낌과 생각은 이 노인을 사랑하기 시작했다. 어린아이는 이제까지 한 번도 가져 본 적 없는 기분, 마치 꽃이 피어나는 듯한 느낌을 맛보았다.

꼬제뜨에게는 이 노인이 늙었다고도 가난하다고도 생각되지 않았다. 헐어빠진 이 집이 아름답게 보인 것처럼, 그 아이에게 장 발장은 아름답게 여겨졌다.

그것은 실로 새벽빛과 유년과 젊음과 희열이 주는 작용이다. 땅의 새로움과 생활의 새로움도 이 기분을 얼마쯤 돕는다. 지붕밑 다락방을 물들이는 행복의 영롱한 빛만큼 아름다운 것은 없었다. 사람은 누구나 일생에 한 번은 그런 푸른 지붕밑 다락방의 추억을 갖는 법이다.

자연은 50년이라는 세월을 사이에 두고 장 발장과 꼬제뜨 사이에 깊은 도랑을 만들어 놓고 있었다. 그러나 운명은 그 도랑을 없애버렸다. 운명은 나이 차이는 있지만 똑같이 불행한 이 두 사람의 뿌리째 뽑힌 생애를 하나로 결합시켜 거역할 수 없는 힘으로 붙들어 매놓았다.

꼬제뜨의 본능은 아버지를 찾고 있었고, 장 발장의 본능은 어린아이를 찾고 있었다. 두 사람의 만남은, 서로를 찾아내는 것이었다. 두 사람의 손이 맞닿은 그 신비스러운 순간에, 그 둘은 서로 꼭 붙어 버렸다. 이 두 사람의 영혼이 서로 만났을 때, 둘은 서로를 구하고 있었음을 느끼고 꼭 껴안았다.

가장 깊고 절대적인 의미에서, 말하자면 두 사람은 무덤의 벽으로 모든 것에서 격리되어 장 발장은 '홀아비'였고 꼬제뜨는 '고아'였다. 그러한 처지였기에 장 발장은 하늘의 섭리로 꼬제뜨의 아버지가 된 것이다.

실제로 셀의 깊은 숲속에서 장 발장의 손이 어둠 속에서 꼬제뜨 손을 쥐었을 때, 그 아이 마음에 일어난 신비로운 감정은 단순한 환상이 아니라 현실이었다. 이 어린아이의 운명 속으로 이 사나이가 들어온 것은 하느님의 출현이었다.

게다가 또 장 발장은 은신처를 교묘하게 잘 골라 놓고 있었다. 거기라면 더 말할 나위 없이 안전하게 살아갈 수 있었다.

그가 꼬제뜨와 함께 들어 있는 작은 방이 딸린 곳은 한길 쪽으로 창문이 나 있는 방이었다. 이 창은 이 집에 단 하나밖에 없는 것이었으므로, 앞에서도 옆에서도 이웃 사람들에게 보일 염려가 전혀 없었다.

이 50-52번지 집의 아래층은 황폐해 버린 헛간 같은 것으로 채소를 가꾸는 사내들이 광으로 쓰고 있었지만, 어디에서도 2층으로 갈 수 없다. 2층과 아래층 사이의 바닥은 출입구도 계단도 없이 마치 이 집의 횡격막처럼 보였다.

2층에는 앞에서도 말했듯 몇 개의 방과 몇 개의 지붕밑 다락방이 있었지만, 그 가운데 하나에만 한 노파가 살며 장 발장의 여러 가지 집안 일을 돌봐 주었다. 그 나머지 방은 모두 비어 있었다.

크리스마스날 그에게 방을 빌려 준 이 노파는 '셋집 주인'이라는 이름을 가졌지만, 사실은 문지기 노릇을 하고 있는 데 지나지 않았다.

장 발장은 이 노파에게, 자기는 연금을 갖고 있지만 스페인의 공채에 손댔다가 실패했으므로 손녀딸과 함께 여기에 살러 온 것이라고 말해 두었다. 그는 6개월치를 미리 내고, 앞에서 본 바와 같은 가구를 두 방에 마련하도록 할머니에게 부탁해 두었다. 두 사람이 도착한 날 밤, 난로에 불을 피우고 모든 준비를 해둔 것은 이 노파였다.

몇 주일 지났다. 두 사람은 이 흉측스럽고 헐어빠진 집에서 행복한 생활을 하고 있었다. 새벽녘부터 벌써 꼬제뜨는 웃고 재잘대고 노래를 불렀다. 어린 아이들에게는 작은 새처럼 아침의 노래가 있는 법이다.

이따금 장 발장은 꼬제뜨의 빨갛게 얼어터진 작은 손을 잡고 입을 맞추곤 했다. 가엾은 아이는 언제나 얻어맞는 일에만 익숙해져 있었으므로, 그것이 어떤 의미인지 모르고 수줍어하며 손을 옴츠렸다.

때로 꼬제뜨는 정색을 하고 자기의 작고 검은 옷을 들여다보았다. 꼬제뜨는 이제 누더기가 아닌 상복을 입고 있었다. 비참에서 빠져나와 여느 생활로 들어가 있는 것이었다.

장 발장은 꼬제뜨에게 읽기를 가르치기 시작했다. 그는 아이에게 글자를 하나하나 읽게 하면서, 자신이 감옥에서 읽기를 배운 것은 나쁜 짓을 하려는 마음에서였던 일을 때때로 생각했다. 그 마음이 이제는 어린아이에게 읽기를 가르치는 일로 바뀌어 있었다. 그것을 생각하며 늙은 죄수는 생각에 잠긴 천사와도 같은 미소를 지었다.

장 발장은 그것에 대하여 하늘의 뜻을, 인간 이상의 어떤 의지를 느끼며 명상에 잠겼다. 좋은 생각도 나쁜 생각과 마찬가지로 그 심연을 가지고 있는 것이다.

꼬세뜨에게 읽기를 가르치는 것과 그 아이를 놀게 하는 것이 장 발장의 거의 모든 생활이었다. 그리고 또 그는 꼬제뜨에게 어머니 이야기를 들려 주고 기도를 드리게 하였다.

꼬제뜨는 장 발장을 ‘아버지’라고 불렀다. 그밖에 이름은 알지 못했다.

그는 꼬제뜨가 인형에게 옷을 입혔다 벗겼다 하는 것을 바라보고 또 그 아이가 작은 새처럼 재잘거리는 것에 귀기울이며 몇 시간이고 보내곤 했다.

그에게는 이때부터 인생이 흥미에 넘쳐 보이고, 인간은 선량하고 올바른 것으로 여겨져 이제 마음 속으로 아무것도 탓하는 일이 없었으며, 또한 이 어린아이에게 사랑을 받는 지금에 이르러서는 늙어 빠질 때까지 오래 살아서 안될 이유를 전혀 알지 못했다.

장 발장은 아름다운 빛과 같은 꼬제뜨 때문에 자기의 미래가 먼 앞날까지 빛나고 있는 것을 보았다. 어떤 선량한 사람일지라도 사사로운 마음이 전혀 없는 사람은 없다. 그는 때때로 꼬제뜨가 아름다워지지는 않으리라 생각하며 어떤 기쁨을 느끼곤 했다.

이것은 단지 작자 개인의 의견에 지나지 않지만 여기서 말한다면, 꼬제뜨를 사랑하기 시작한 무렵 장 발장의 상태로 볼 때 올바른 길을 끝까지 지켜 나가기 위해 이 같은 사랑의 보급이 필요했을 것은 의심의 여지가 없다.

장 발장은 인간의 사악함과 사회의 비참함을 새로운 면에서 보았던 것이다. 물론 그것은 불완전한 진리의 일부분에 지나지 않았지만, 팡띤느 속에 요약되어 있는 여자의 운명과 자베르 속에 구현되어 있는 공권력을 본 것이었다.

장 발장은 다시 감옥으로 되돌아갔었지만, 이번에는 좋은 행위로 말미암아서였다. 그는 새로운 괴로움을 맛보았다. 그는 또다시 혐오와 피로에 사로잡혔다. 주교에 대한 추억조차도—나중에 다시 빛나고 승리를 거두기는 하지만—때로 천체의 일식처럼 사라질 뻔했었다. 실제로 그 거룩한 추억도 엷어져 가고 있었던 것이다.

장 발장이 낙담하여 다시금 타락의 수렁으로 빨려들 고비에 있지 않았다고 누가 말할 수 있으랴? 그러나 그는 사랑을 알게 되고 다시금 강해졌다. 아! 그도 또한 꼬제뜨와 마찬가지로 비틀거리고 있었던 것이다.

장 발장이 꼬제뜨를 보호함과 아울러 꼬제뜨는 그의 마음을 강하게 해주었다. 장 발장 때문에 꼬제뜨는 여느 생활 속으로 걸어들어갈 수 있었고, 이 아이 때문에 그는 덕의 길을 계속 나아갈 수가 있었던 것이다. 그는 꼬제뜨의 기둥이었으며 어린 꼬제뜨는 그의 지팡이였다. 아, 운명에 내재된 균형의 헤아릴 길 없는 숭고한 신비여!

셋집 주인 노파가 본 것

장 발장은 낮에는 결코 밖으로 나가지 않도록 조심하고 있었다. 저녁마다 어두컴컴해진 뒤 한두 시간 때로는 혼자서, 대개는 꼬제뜨를 데리고 산책하곤 했다. 더욱이 가로수길의 가장 쓸쓸한 보도를 택해서 걷고, 밤이 어두워지면 때로 성당에도 들어갔다. 그는 가까운 쎙 메다르 성당으로 곧잘 갔다.

함께 나가지 않을 때 꼬제뜨는 노파와 함께 집을 지켰다. 그러나 장 발장과 함께 외출하는 쪽이 아이에게는 더 기뻤다. 까뜨린느를 상대로 놀고 있는 것보다 장 발장과 함께 한 시간 산책하는 쪽이 더 좋았다. 장 발장은 꼬제뜨의 손을 잡고 걸으면서 여러 가지 즐거운 이야기를 해주었다.

꼬제뜨는 몹시 쾌활한 아이가 되었다.

노파는 방 안을 정돈하고, 부엌일도 하고, 장을 보아다 주기도 했다.

그들은 언제나 불을 피우고 있었지만, 몹시 곤궁한 사람 같은 검소한 생활을 하고 있었다. 장 발장은 방의 가구를 첫날 그대로 조금도 바꾸지 않았다. 다만 꼬제뜨의 작은 방으로 들어가는 유리 끼운 문을 판자문으로 바꾸었을 뿐이었다.

장 발장은 지금도 그 누런 프록코트와 검은 바지와 낡아빠진 모자를 쓰고 있었다. 길에서는 가난뱅이처럼 보였다. 친절한 여자들이 돌아보고 1수짜리 동전을 주는 일도 간혹 있었다. 장 발장은 그러한 동전을 받을 때 공손히 절을 하곤 했다.

또 때로는 적선을 구하는 불쌍한 사람을 만나는 수도 있었는데, 그런 때면 그는 뒤돌아 누가 보고 있지 않은가 확인하고 난 뒤 살그머니 다가가 그 손에 돈을, 대개 은화를 쥐어주고는 얼른 가 버렸다.

그것은 장 발장에게 이롭지 못한 일이었다. 그는 '적선하는 거지'라는 이름으로 이 일대에 알려지기 시작했던 것이다.

셋집 주인 노파는 인상이 고약한 여자로 늘 이웃 사람들을 호시탐탐 엿보았는데, 장 발장에 대해서도 눈치채이지 않게 자세히 탐색하고 있었다. 노파는 귀가 좀 먹었다. 때문에 몹시 수다스러웠다. 이는 모두 빠져 버려 위에 하나, 아래에 하나밖에 남아 있지 않았으며 그것을 늘 맞부딪치고 있었다.

노파는 꼬제뜨에게 여러 가지 일을 물어보았으나 몽페르메이유에서 왔다는 것밖에 모르는 꼬제뜨로부터 아무것도 알아낼 수 없었다.

어느 날 아침 노파가 엿보고 있노라니, 장 발장이 집 안에 있는 어떤 빈 방으로 들어갔다. 노파는 늙은 고양이 같은 발걸음으로 뒤따라가 맞은편 문의 틈새로 눈치채이지 않게 그가 하는 짓을 엿볼 수 있었다.

장 발장은 매우 근심스럽게 그 문으로 등을 돌리고 있었다. 노파가 보고 있노라니, 그는 주머니 속을 뒤져 조그만 상자와 가위와 실을 꺼내 놓고 프록코트의 한쪽 안을 뜯기 시작하더니 그 속에서 한 장의 누르스름한 종이를 꺼내 펼쳤다. 노파는 그것이 1000프랑짜리 지폐임을 알고 소름이 끼쳤다. 1000프랑짜리 지폐를 본 것은 태어나서 두 번째인가 세 번째였다. 그녀는 두려워 달아났다.

잠시 뒤 장 발장이 노파한테 와서 그 1000프랑짜리 지폐를 잔돈으로 바꾸어 달라고 부탁하며, 이것은 어제 받은 반년치 연금이라고 덧붙였다.

'어디서 난 돈일까?' 노파는 생각했다.

'저 사람은 어제 저녁 6시에야 외출했었는데 그런 시간에 은행이 열려 있을 리 없잖나.'

노파는 지폐를 바꾸러 가면서 여러 모로 생각해 보았다. 그리하여 이 1000프랑짜리는 온갖 억측과 꼬리가 달려, 비뉴 쌩 마르쎌 거리의 수다스러운 아낙네들을 깜짝 놀라게 하고 숱한 이야깃거리가 되었다.

며칠 지난 어느 날, 장 발장은 조끼 하나만 입고 복도에서 톱으로 장작을

노파가 보고 있노라니, 그는 주머니 속을 뒤져 누르스름한 종이를 꺼내 펼쳤다.

켜고 있었다. 노파는 방 안을 치우고 있었다. 그녀는 오직 혼자 있었다. 꼬제뜨는 장작을 톱으로 켜는 것을 보느라 정신이 팔려 있었다.

노파는 방에 혼자 있는 틈을 타 못에 걸린 프록코트를 찾아내어 뒤져 보았다. 옷 안은 본디대로 다시 꿰매어져 있었다. 노파는 그것을 주의깊게 만져 보았다. 옷자락과 소매 겨드랑이 사이 속에 종이의 부피가 느껴지는 듯했다. 더 많은 1000프랑짜리 지폐가 들어 있는 게 틀림없었다!

노파는 그밖에도 여기저기 주머니 속에 온갖 게 다 들어 있는 것을 알았다. 앞서 본 바늘과 가위와 실뿐 아니라 커다란 지갑과, 커다란 칼, 게다가 수상쩍게도 서로 다른 색깔의 가발 몇 개도 들어 있었다. 그 프록코트의 주머니에는 무슨 뜻밖의 일에 대비한 물건들로 가득차 있었다.

황폐한 이 집에 사는 사람들은 이렇게 하여 그해 겨울의 끝무렵을 맞이했다.

5프랑짜리 은화가 마룻바닥에 떨어져 소리를 내다

쌩 메다르 성당 근처에 한 가난한 사나이가 있었다. 그는 그곳의 황폐한 공동 우물가 돌 위에 언제나 쪼그리고 앉아 있었는데, 장 발장은 그 사나이에게 곧잘 적선을 베풀었다. 그 앞을 지날 때면 반드시 몇 수의 돈을 준 것이다. 때로는 말을 건네기도 했다.

이 거지를 부러워하는 이들은 그를 '경찰의 *끄나풀*'이라고 말하고 있었다. 그는 75살이나 된 늙은 성당지기로, 입 속으로 쉴 새 없이 기도문을 외고 있었다.

어느 날 밤 장 발장이 꼬제뜨를 두고 혼자 그곳을 지나갈 때, 그 거지가 막 불이 들어온 여느 때의 그 자리, 가로등 밑에 있는 것을 보았다. 그 사나이는 늘 하는 버릇대로 기도를 드리고 있는 모양인지 몸을 깊숙이 구부리고 있었다.

장 발장은 그 곁으로 가서 여느때와 마찬가지로 그 손에 돈을 쥐어주었다. 그러자 거지는 불현듯 눈을 들어 뚫어지게 장 발장을 쳐다보다가, 얼른 머리를 숙여 버렸다. 그 동작은 번개 같았다. 장 발장은 오싹 소름이 끼쳤다.

지금 가로등 불빛으로 얼핏 본 것은 늙은 성당지기의 평화롭고 믿음깊은 얼굴이 아니라 전에 본 적 있는 어떤 무시무시한 얼굴인 것 같았다. 그는 마치 밤중에 느닷없이 호랑이와 얼굴을 마주친 듯한 느낌이었다. 그는 흠칫 놀라며 뒷걸음질쳐 돌처럼 굳어져 숨도 쉬지 못하고 말도 못한 채, 그 자리에 있을 수도 달아날 수도 없이 되어, 가만히 거지를 지켜보고 있었다. 거지는 누더기를 둘러쓴 머리를 숙이고, 그가 거기 있다는 것도 벌써 잊어버린 것 같이 보였다.

이 이상한 순간 어떤 본능에서, 아마도 몸의 안전을 지키려는 숨은 본능에서, 장 발장은 한 마디도 말하지 않았다. 거지는 언제나와 같은 몸짓에, 똑같은 누더기를 걸치고, 똑같은 모습을 하고 있었다. 장 발장은 말했다.

"아니야…… 내 머리가 어떻게 된 모양이야! 꿈을 꾸고 있어! 있을 수 없는 일이다!"

그리고는 몹시 심란한 마음으로 집에 돌아왔다.

얼핏 본 그 얼굴이 자베르라고 자신의 입으로 말하기에는 오히려 끔찍했다.

그날 밤, 장 발장은 '그 사내에게 무엇인가 물어 한 번 더 얼굴을 들게 했었더라면' 하고 생각했다.

이튿날 저물녘 그는 또 거기로 가보았다. 거지는 언제나의 그 자리에 있었다.

장 발장은 1수짜리 동전을 주면서 용기를 내어 말했다.

"어떠시오, 노인."

거지는 얼굴을 쳐들고 측은한 목소리로 대답했다.

"고맙습니다요, 친절하옵신 나리님."

그것은 틀림없는 여느 때의 그 늙은 성당지기였다.

장 발장은 완전히 안심했다. 그는 웃기 시작했다.

'자베르를 보았다니, 나도 참 정신이 빠졌었지!' 하고 그는 생각했다. '아, 나도 이젠 눈에 안개가 끼기 시작한 모양인가?'

그는 이제 더 이상 그 일을 염두에 두지 않았다.

그로부터 며칠 뒤, 밤 8시쯤 되었을까, 장 발장은 방 안에서 커다란 소리로 꼬제뜨에게 글자를 따라 읽히고 있었다. 그때 장 발장은 집의 현관문이 열렸다 다시 닫히는 소리를 들었다. 그는 이상스럽게 생각했다. 그와 함께 이 집에 살고 있는 또 한 사람인 노파는 촛불을 쓰지 않으려고 언제나 밤이 되면 곧 자는 습관이 있었다.

장 발장은 꼬제뜨에게 잠자코 있으라고 손짓했다. 누군가 계단 올라오는 소리가 났다. 어쩌면 노파가 몸이 불편해 약국에 갔다 오는 것인지도 알 수

장 발장은 그의 얼굴을 힐끗 보는 순간 오싹 소름이 끼쳤다.

없었다.

장 발장은 귀를 기울였다. 발자국 소리는 묵직하게 울리는 것으로 보아 남자인 듯싶었다. 그러나 노파는 구두를 신고 있으며, 늙은 여자의 발자국 소리는 남자의 발자국 소리와 비슷하다. 그래도 장 발장은 촛불을 불어 꺼버렸다.

그는 낮은 목소리로 "조용히 침대로 들어가거라" 하고 속삭여 꼬제뜨를 자러 보냈다. 그가 꼬제뜨의 이마에 입맞추고 있는 동안, 발소리는 뚝 그쳤다. 장 발장은 의자에 앉아 말없이 꼼짝도 않고 등을 문 쪽으로 돌린 채 어둠 속에 숨죽이고 있었다.

시간이 꽤 지났다. 그런데도 아무 소리도 들리지 않았으므로 그는 소리나지 않도록 가만히 돌아보았다. 그리고는 방 입구 쪽으로 눈길을 주려는 찰나, 열쇠 구멍에서 새어나오는 불빛이 보였다. 그 불빛은 문과 벽 사이 어둠 속에서 불길한 별처럼 빛나고 있었다. 확실히 그곳에 누군가 손에 촛불을 들고 귀기울이고 있는 게 분명했다.

몇 분 지났다. 불빛은 사라졌다. 그러나 발자국 소리 하나 들리지 않았던 것으로 미루어, 문 앞에 숨어 귀기울이고 있던 사람은 구두를 벗고 있었음에 틀림없었다.

장 발장은 옷을 입은 채 침대에 몸을 던졌으나, 밤새도록 한잠도 자지 못했다.

새벽녘 피로에 지쳐 잠이 들락말락하던 그는, 복도 끄트머리에 있는 지붕 밑 방 언저리의 문이 하나 삐거덕거리며 열리는 소리에 잠을 깨었다. 그리고 사나이의 발자국 소리가, 간밤에 계단을 오르고 있던 것과 똑같은 발자국 소리가 들려왔다. 그 발자국 소리는 점점 가까이 다가오고 있었다. 그는 침대에서 뛰어내려 열쇠 구멍에 눈을 갖다 댔다. 구멍은 제법 컸기 때문에, 간밤에 이 헐어빠진 집으로 들어와 그의 방문 앞에서 귀기울인 자가 과연 누구였는지 한 번 보아두려고 생각했던 것이다.

짐작대로 그것은 남자였지만, 이번에는 걸음을 멈추지 않고 장 발장의 방 앞을 그대로 지나가 버렸다. 복도는 아직 어둠침침해 얼굴을 잘 알아볼 수 없었다. 그러나 사나이가 계단까지 갔을 때, 밖에서 들어오는 한 줄기 광선이 그 사나이의 모습을 그림자처럼 떠오르게 했기 때문에, 장 발장은 그 사나이의 뒷모습을 완전히 볼 수가 있었다. 사나이는 키크고, 긴 프록코트를 입고, 굵직한 지팡이를 겨드랑이에 끼고 있었다. 그것은 무시무시한 자베르의 뒷모습같았다. 장 발장은 한길 쪽으로 나 있는 창문을 통해 한 번 더 그 사나이를 볼 수도 있었다. 그러나 그렇게 하려면 창문을 열어야만 되었다. 그는 차마 그럴 용기가 없었다.

틀림없이 그 사나이는 열쇠를 갖고 있어서, 마치 제 집 드나들 듯 들어온 것이었다. 그렇다면 누가 그에게 열쇠를 주었을까? 대체 어떻게 된 일일까?

아침 7시에 노파가 방을 치우러 왔을 때, 장 발장은 그녀를 무서운 눈길로 쏘아보았으나 아무것도 물어보지는 않았다. 노파의 행동은 여느 때와 조금도 다른 점이 없었다.

방 입구쪽으로 눈길을 주려는 찰나, 열쇠 구멍으로 새어 나오는 불빛이 보였다.

청소하면서 그 노파는 말했다.

"선생님도 간밤에 누군가 들어온 소리를 들으셨겠지요?"

그녀와 같은 늙은이에게, 그리고 그 거리에서는 밤 8시면 한밤중이었다.

"그러고보니 그런 것 같소" 하고 그는 되도록 자연스럽게 대답했다. "누구였나요?"

"새로 방을 빌려 든 사람이에요."

"이름은 뭐라고 하지요?"

"확실하게 기억할 수는 없지만, 뒤몽이라든가 도몽이라든가, 아무튼 그런 이름이었지요."

"어떤 분인가요, 그 뒤몽이라는 분은?"

노파는 족제비 같은 조그만 눈으로 그를 찬찬히 들여다보며 대답했다.

"연금을 받는 사람이래요, 선생님처럼."

노파는 분명 아무 생각 없이 말했을 테지만, 장 발장에게는 노파의 말 속에 어떤 의미가 숨어 있는 것처럼 여겨졌다. 노파가 가 버린 뒤, 그는 서랍 속에 넣어두었던 100프랑쯤 되는 돈을 싸서 주머니에 집어넣었다. 그 돈을 만질 때 소리나지 않게 하려고 무척 조심했는데도, 5프랑짜리 은화 하나가 미끄러 떨어져 마룻바닥 위를 구르면서 큰 소리를 내었다.

저녁 무렵에 그는 밑으로 내려가 주의깊게 한길을 여기저기 살폈다. 아무도 보이지 않았다. 한길에는 사람 그림자가 전혀 없는 것 같았다. 그러나 나무 그늘에 몸을 숨기려면 숨길 수 있었다.

그는 위층으로 다시 올라갔다.

"이리 오너라" 하고 그는 꼬제뜨에게 말했다. 그는 꼬제뜨의 손을 잡고, 둘이서 함께 밖으로 나갔다.

그는 꼬제뜨의 손을 잡고, 둘이서 함께 밖으로 나갔다.

제5편 어둠 속 사냥 소리 없는 사냥개

계략의 지그재그

독자가 읽게 되는 다음 페이지를 위해, 또한 훨씬 뒤에 나올 페이지를 위해 여기서 한 가지 주의해 둘 일이 있다.

자신과 관계되는 이야기를 하게 된 것은 본의가 아니나, 이 책의 작자는 빠리를 떠난 지 꽤 여러 해가 되었다(빅또르 위고는 나뽈레옹 3세의 혁명, 1851년 12월 2일 이후 국외로 추방된 지 이때 이미 10년이 됨). 그리고 작자가 떠난 뒤 빠리는 많이 변했다(오스망 남작의 도시 계획에 의해서임). 작자에게 있어서는 미지의 새로운 도시가 생겨난 셈이다. 그러나 작자가 빠리를 사랑하고 있었다는 것은 새삼스레 말할 필요도 없다.

빠리는 마음의 고향이다. 다만 여러 모로 파괴되고 다시 재건된 결과 작자의 젊은 시절의 빠리, 작자가 자신의 기억 속에 소중하게 간직해 둔 빠리는 지금에 이르러 이미 옛날의 빠리가 되었다. 그러나 그 빠리가 지금도 아직 그대로 남아 있는 것처럼 말하는 것을 용서해 주기 바란다. 작자가 '어떠어떠한 거리에 이러이러한 집이 있다'고 독자를 안내해 가는 곳에, 지금은 이미 그런 집도 거리도 없을지 모른다.

만약 귀찮지 않다면 그것을 조사해 보는 것도 좋으리라. 작자로서는 새로운 빠리를 모르는 채로, 옛날의 빠리를 눈앞에 그리면서 그리운 환영에 싸여 글을 써 나가기로 한다. 고국에 있을 때 눈여겨보던 것을 몇 가지 뒤에 남김으로써, 모든 게 다 사라져 버린 건 아니라고 생각하는 것은 작자로서 즐거운 일이다.

누구든 고국에서 살고 있는 동안에는 그 거리가 자기에게 아무 관계 없고, 그 창문도 지붕도 문도 쓸 데가 없고, 그 벽도 그저 그렇고 그 나무도 흔해빠진 것이며, 자기가 드나들지 않았던 그 집은 소용없고, 길바닥에 깔린 그 돌도 그저 단순한 돌에 지나지 않는다고 생각하는 게 보통이다.

그러나 뒷날 고국을 떠나 보면 그 거리가 그립고, 그 지붕, 그 창문, 그

문에 마음이 끌리고, 그 벽도 필요해지고, 그 나무도 귀중해지고, 들어가 보지도 않았던 그 집들이 날마다 드나들었던 것처럼 여겨지며, 그 길바닥에 깔린 돌에도 자기의 오장육부와 피와 마음을 두고 온 것을 느끼게 된다.

이제는 볼 수 없는, 그리고 일생을 통해 아마 다시는 볼 수 없을지도 모르는 그 장소들, 그 영상을 가슴 속에 간직하고 있는 그 장소들은, 모두 일종의 애처로운 매력을 지니고 우울한 환상 속에 떠오르며 눈앞에 성지를 보는 것 같은, 한 마디로 말해 프랑스 그 자체의 형태로 나타나는 것이다.

그리고 사람들은 그것을 사랑하고, 있었던 그대로의 모습을 회상하고, 그것에 집착하여 그곳에 있었던 것은 무엇 하나 변하지 않고 있기를 바라는 것이다. 왜냐하면 인간은 조국의 모습을 어머니의 환영처럼 아끼기 때문이다.

그러므로 옛날 일을 현재의 일처럼 말하는 것을 용서해 주기 바란다. 그리고 그러한 것에 유의해 줄 것을 독자들에게 바라며 이야기를 다시 계속하기로 하겠다.

장 발장은 곧 오삐딸 거리를 떠나 작은 골목길로 숨어들면서 되도록 몇 차례 구부러지게 방향을 바꾸고 혹시 뒤를 밟히지 않나 싶어 때때로 느닷없이 뒤돌아가기도 했다.

이것은 쫓기는 사슴이 곧잘 하는 짓으로, 발자국이 남지 않는 지역에서는 그렇게 하면 사냥꾼과 사냥개를 속여 반대 방향으로 쫓게 하는 효과가 있다. 개를 사용하는 사냥에서 말하는, 뒷걸음질로 도망간다는 것이 바로 이런 방법이다.

보름달이 밝게 비치는 밤이었다. 그러나 장 발장은 조금도 구애받지 않았다. 달은 아직 지평에 가깝게 있어서, 그늘진 곳과 달빛이 비치는 곳의 두 면으로 크게 구분되고 있었다.

장 발장은 그늘진 쪽의 집들과 담벽을 따라 몸을 미끄러뜨리듯 움직이면서, 밝은 쪽을 살펴볼 수 있었다. 그늘진 쪽의 볼 수 없는 것에는 별로 개의치 않는 듯했다. 그러나 뽈리보 거리로 통하는 근처의 적적한 골목을 지나면서는 아무도 뒤따르고 있지 않다는 확신을 가졌다.

꼬제뜨는 아무 말도 묻지 않고 걷고 있었다. 태어나서부터 6년 동안 고생만 해온 나머지, 그 아이는 가만히 시키는 대로 하는 습관이 들어 있었다. 게다가—이것은 나중에도 여러 번 언급하게 되겠지만—꼬제뜨는 자기도 모르는 사이에 이 노인의 기묘한 행위와 운명의 불가사의함에 익숙해져 있었다. 또한 그 아이는 노인과 함께 있는 한 자신은 안전하다고 생각하고 있었다.

장 발장도 꼬제뜨와 마찬가지로, 자기가 어디로 가고 있는지 몰랐다. 꼬제뜨가 자기에게 몸을 맡기고 있듯, 그는 하느님에게 몸을 맡기고 있었다. 그는 자기 역시 자기보다 위대한 누군가의 손을 붙잡고 있는 것같이 생각되었다. 그는 누군가 눈에 보이지 않는 것이 자기를 인도하고 있는 듯 느꼈다. 더욱이 그는 지금 무엇 하나 뚜렷한 생각도, 어떠한 계획도, 아무런 묘책도 없었다. 그것이 자베르였는지 어떤지도 확실치 않았으며, 또 그것이 자베르였다 하더라도 자베르 쪽에서 자기가 장 발장임을 알았는지 어떤지도 확실히 몰랐다.

자기는 변장을 하고 있지 않았던가? 자기는 죽은 것으로 여겨지고 있지 않았던가?

하지만 이 며칠 동안 이상한 일이 확실히 여러 차례 일어나고 있었다. 그에게는 그것만으로 충분했다.

그는 이제 다시는 고르보 저택으로 돌아가지 않으려 마음먹고 있었다. 그는 마치 보금자리에서 쫓겨난 짐승처럼, 안정되게 있을 좋은 장소가 발견될 때까지 잠시 몸을 숨길 장소를 찾고 있는 것이었다.

장 발장은 무프따르 구역 내에 있는 복잡한 작은 길을 돌아다녔다. 그 언저리는 마치 중세의 소등 관제를 아직 지키고 있는 것처럼 벌써 조용히 잠들어 있었다. 그는 교묘한 수단을 써서, 쌍씨에 거리와 꼬뽀 거리를, 바뜨와르 쌩 빅또르 거리와 삐이 레르미뜨 거리를, 여러 가지 방법으로 얼기설기 피해 다녔다.

그 언저리에는 잠잘 방을 빌려 주는 집이 여러 곳 있었으나, 이만하면 좋으리라고 여겨지는 곳이 눈에 띄지 않아 안으로 들어가지 않았다. 만일 누군가 자기 뒤를 밟던 자가 있었다 하더라도, 이미 그 사나이를 따돌렸음에 틀림없다고 믿고 있었다.

쌩 떼띠엔느 뒤 몽 성당의 종이 11시를 알릴 무렵, 그는 뽕뜨와즈 거리 14번지에 있는 경찰서 앞을 지나고 있었다. 그리고 얼마 뒤, 그는 앞서 말한 것처럼 본능적으로 뒤돌아보았다. 그러자 세 사나이의 모습이 경찰서 외등에 똑똑히 비쳐 보였다.

그들은 꽤 가까운 거리를 두고 그의 뒤를 따라오고 있었으며, 그 외등 아래를 한 사람씩 지나갔다. 그 가운데 한 사람은 경찰서 안으로 들어갔다. 그러나 선두에 서서 걸어오는 사나이는 확실히 수상해 보인다고 그는 생각했다.

"빨리 오너라"라고 그는 꼬제뜨에게 말했다. 그리고는 급히 뽕뜨와즈 거리를 벗어났다.

그는 원을 그리며 이젠 벌써 시간이 늦어 모두 닫혀 버린 빠트리아르슈 거리의 아케이드 아래에 있는 통로를 돌아, 에뻬 드 브와 거리에서 아르발레뜨 거리를 지나 뽀스트 거리로 접어들었다.

그곳에는 십자로가 있었다. 지금은 롤랭 중학교가 있는 곳으로, 뇌브 쎙뜨 즈느비에브 거리와 연결되는 곳이다.

말할 것도 없이 이 뇌브 쎙뜨 즈느비에브 거리는 뇌브(새로운 곳이라는 뜻)라곤 해도 오래된 옛거리이며, 또한 뽀스트(우편이라는 뜻) 거리는 10년 동안에 우편 마차 한 번 지나가지 않을 만큼 쓸쓸한 곳이다. 이 뽀스트 거리는 13세기에 도기류 항아리를 굽던 옹기장이들이 살던 곳으로 본디 이름은 뽀우(항아리라는 뜻) 거리였다고 한다.

달은 그 십자로에 선명한 빛을 던지고 있었다. 장 발장은 어느 문 아래 몸을 숨겼다. 그 사나이들이 아직도 자기 뒤를 밟고 있다면 이렇게 환한 달빛을 받으며 모퉁이를 돌 때 틀림없이 그들을 똑똑히 볼 수 있으리라는 계산에서였다.

과연 사나이들은 3분이 채 되기 전에 나타났다. 그들은 이제 네 사람이 되어 있었다. 모두 키크고, 검은 색 긴 프록코트를 입고, 둥근 모자를 쓰고, 손에는 굵직한 지팡이를 쥐고 있었다. 그들의 그 거대한 몸집과 주먹은, 어둠 속을 걷는 그 불길한 걸음걸이와 함께 사람을 불안하게 만드는 것이었다. 마치 시민으로 둔갑한 네 괴물과도 흡사한 모습이었다.

그들은 십자로 한복판에 이르자 걸음을 멈추고 무슨 의논이라도 하는 듯이 모여 섰다. 그들은 결정을 내리지 못하고 있는 것 같았다. 우두머리 격인 사나이가 뒤돌아보더니 오른손을 번쩍 쳐들어 장 발장이 숨어 있는 방향을 손짓했다. 또 한 사나이는 상당히 집요하게 반대 방향을 향해 손짓하는 것처럼 보였다.

먼젓번 그 사나이가 그쪽을 돌아보는 순간, 달빛이 그 얼굴을 환히 비추었다. 장 발장은 확실하게 자베르의 얼굴을 알아보았다.

다행히도 오스떼를리쯔 다리는 차를 통과시키고 있다

장 발장으로서는 더 이상 의심할 여지가 없었다. 다행스럽게도 네 사나이
는 아직 의견의 일치를 보지 못하고 있었다. 장 발장은 그들이 결정짓지 못
하고 머뭇거리는 사이를 이용했다. 그들이 시간을 허비하면, 그로서는 그만
큼 시간을 버는 셈이다.

그는 숨었던 문에서 나와 식물원 쪽 뽀스트 거리로 나아갔다. 꼬제뜨가 지
치기 시작했으므로, 두 팔로 들어올려서 안고 걸었다. 길 가는 사람은 한 사
람도 없었다. 달밤이라서 가로등마저 켜 있지 않았다.

그는 걸음을 빨리했다.

몇 걸음 걷자 옹기를 파는 고블레 상점에 이르렀다. 그 상점 정면에는 오
래 된 글귀가 달빛 아래 뚜렷이 보였다.

아들 고블레의 공장은 여기요
자, 어서 오셔서 골라잡으시오
항아리, 병, 꽃병, 토관, 기와
누구에게나 원하는 대로 팝니다.

장 발장은 끌레 거리를 지나 이어서 쌩 빅또르 샘을 뒤로 하며, 식물원을
따라 아랫길을 지나 강변으로 나왔다. 거기서 그는 뒤돌아보았다. 강변에는
사람 그림자 하나 없었다. 길에도 아무도 없었다. 자기 뒤에도 아무도 없었
다. 그는 비로소 숨을 내쉬었다.

오스떼를리쯔 다리에 도착했다.

그때까지도 다리를 건널 때 통행세를 내는 제도가 있었다.

그는 다리를 지키는 곳으로 가서 1수를 주었다.

"2수예요" 하고 다리를 지키는 상이군인이 말했다. "걸을 수 있는 아이를
안고 있으니, 두 사람 분을 내십쇼."

장 발장은 이곳을 지남으로써 단서를 잡히지나 않을까 염려하면서 돈을
주었다. 달아나기 위해서는 언제나 눈치채이지 않도록 슬그머니 하지 않으

꼬제뜨는 다리가 저려서 걷고 싶다고 했다. 그는 아이를 내려주고 다시 손을 잡고
걸어갔다.

면 안 된다.

마침 그와 함께 세느 강을 건너 오른쪽 강가로 가는 한 대의 짐마차가 있었으므로, 그 그림자에 숨어서 다리를 지날 수 있었다.

다리 중간쯤 왔을 때 꼬제뜨는 다리가 저려서 걷고 싶다고 했다. 그는 아이를 내려주고 다시 손을 잡고 걸었다.

다리를 건너자 바로 앞쪽으로 조금 오른편에 목재 적재장이 보였다. 그는 그쪽으로 갔다. 거기까지 가려면 달빛이 비치는 제법 넓고 환히 트인 장소를 지나가야만 했다.

그는 주저하지 않았다. 뒤를 밟던 자들은 틀림없이 길을 잃었을 터이므로, 이제는 걱정할 것 없다고 믿고 있었다. 그야 물론 아직도 자기를 찾고 있겠지만, 뒤를 밟고 있지는 않으리라.

작은 길인 슈맹 베르 쌩 땅뜨완느 거리가 담으로 둘러싸인 두 개의 목재 적재장 사이로 통하고 있었다. 그 길은 좁고 어둠침침하여 일부러 그를 위해 만든 것 같았다. 그는 그곳에 들어가기 전에 뒤를 돌아다보았다.

그곳에서는 오스떼를리쯔 다리의 전체 모습이 잘 보였다.

네 개의 그림자가 막 다리로 들어서고 있었다.

그 그림자들은 식물원을 등지고, 오른쪽 강가 쪽으로 오고 있었다.

네 개의 그림자는 바로 네 사나이였다.

장 발장은 도로 잡힌 짐승처럼 몸서리를 쳤다.

하나의 희망이 남아 있었다. 그것은 자기가 꼬제뜨의 손을 잡고 달빛 가득한 넓은 빈터를 지나올 때, 저 사나이들이 다리 위에 없었으므로 자기 모습을 보지 못한 것이었다.

그렇다면 눈 앞에 있는 작은 골목길로 들어가 목재 적재장이나, 채소밭이나, 논밭이나, 경작지나, 건물이 없는 빈터로 나가게 된다면 달아날 수 있을 게 틀림없다.

그는 이 조용한 골목길 같으면 안심해도 좋을 듯싶었다. 그는 그곳으로 들어갔다.

1727년의 빠리 지도를 보라

300걸음쯤 갔을 때, 장 발장은 길이 두 갈래로 갈라지는 곳으로 나왔다.

둘로 나뉜 길의 하나는 왼편으로, 또 하나는 오른편으로 비스듬이 뻗어 있었다. 장 발장 앞에 Y자의 두 줄기 길이 나 있었던 것이다. 어느 쪽을 택할 것인가?

그는 주저하지 않고 오른편을 택했다.

왜인가?

왼편 길은 교외 쪽으로, 다시 말해 사람들이 살고 있는 곳으로 통해 있었지만, 오른편 길은 시골로, 다시 말해 사람이 살지 않는 곳으로 통해 있었기 때문이다.

두 사람은 이제 그다지 빨리 걷고 있지 않았다. 꼬제뜨 걸음에 맞추어 걷기 때문에 장 발장의 걸음도 느려지고 있었다.

그는 다시 꼬제뜨를 안아올렸다. 꼬제뜨는 노인의 어깨에 머리를 기대고 한 마디도 말하지 않았다.

그는 때때로 뒤를 돌아보았다. 그는 여전히 조심스럽게 거리의 어둠이 깔린 쪽을 걸어갔다. 그가 걸어온 길은 일직선이었다.

처음에 두서너 번 뒤돌아보았을 때에는 아무것도 보이지 않고 아주 조용했기 때문에 조금은 마음놓고 걸음을 계속했다. 그런데 어느 지점에 와서 갑자기 뒤를 돌아보니, 지금 막 지나온 어둠 속에서 무엇인가 움직인 듯한 기분이 들었다.

그는 걷는다기보다 앞으로 돌진해 갔다. 어디서든 길모퉁이를 찾아내어, 그곳으로 도망쳐서 한 번 더 자취를 감춰 버릴 작정이었다.

그는 어떤 담에 부딪쳤다.

그러나 그 담은 막다른 담이 아니었다. 그것은 지금 장 발장이 들어온 길에 이어져 있는 옆길의 담이었다.

여기서 또 결정을 내리지 않으면 안 되었다. 왼편으로 갈 것인가, 오른편으로 갈 것인가.

그는 오른편을 바라보았다. 그 골목은 창고며 헛간 따위의 건물이 있는 사이로 가늘게 뻗어 막다른 길이 되어 있었다. 그 막다른 끝이 뚜렷이 보였다. 크고 높은 하얀 담이었다.

그는 왼편을 바라보았다. 그쪽 골목은 열려 있었으며, 200걸음쯤 저쪽에서 또 하나의 다른 큰길과 통하고 있었다. 살아날 길은 그쪽이었다.

장 발장이 그 골목 저쪽으로 보이는 큰길로 나가기 위해 왼편으로 돌려고 했다. 그때, 지금부터 그가 나가려던 큰길과 골목이 마주친 곳의 길모퉁이에 무언가 검은 입상 같은 것이, 가만히 움직이지 않고 서 있는 게 눈에 띄었다.

누가 있었다. 누군가 한 사나이가 그곳을 살피러 와서 통로를 막고 잠복해 있는 것이었다.

장 발장은 뒷걸음질쳤다.

장 발장이 지금 서 있는 빠리의 그 지점은 쌩 땅뜨완느 거리와 라뻬 강변의 중간 지점이며 최근의 공사로 지금은 완전히 변해 버렸는데, 어떤 사람들은 그로 말미암아 더 추하게 되었다고 하고 어떤 사람들은 그 모습이 아주 새로워졌다고도 하는 곳이다. 논밭과 목재 적재장과 오래 된 건물들은 흔적도 없이 사라졌다.

요즈음은 그곳에 새로운 큰 거리가 몇 개 생기고, 경기장과 곡예장과 경마장이 있고, 기차역이 있고, 마자스 감옥이 있다. 그런 징벌기관까지 만들어졌으니 과연 진보이기는 하다.

반세기 전까지 그곳은 학술원을 '네 개 국가'라 부르고 오페라 꼬믹 극장을 '페도 극장'이라고 부르기를 고집하는 전통 위주의 통속어로, '쁘띠 삑쀠스'라고 불리고 있었다.

쌩 자끄 문, 빠리 문, 쎄르장 성문, 뽀르슈롱, 갈리오뜨, 쎌레스땡, 까쀠쌩, 마유, 부르브, 아르브르 드 크락꼬비, 쁘띠뜨 뽈로뉴, 쁘띠 삑쀠스, 이러한 것들이 빠리에 남아 있는 옛 빠리의 지명들이다. 민중의 기억은 과거의 유물 위를 떠돌고 있다.

게다가 쁘띠 삑쀠스는 다만 그러한 구역이 만들어졌다는 것뿐 전혀 형태가 갖추어지지 않아 스페인 도시의 수도원 같은 풍치를 지니고 있었다. 길바닥에는 돌도 제대로 깔리지 않았고, 거리에 집들도 드문드문 있었다.

지금부터 나오게 될 두서너 개의 작은 거리를 제외하면, 어느 곳을 둘러보아도 담뿐이었으며 적막하기 그지없었다. 상점 하나 없고, 마차 한 대 지나가지 않았다. 겨우 점점이 촛불이 밝혀진 창들이 비쳐보일 뿐이었으며, 10시만 넘으면 그것마저 모두 꺼져 버렸다. 정원이 있고, 수도원이 있고, 목재 적재장이 있고, 채소밭이 있고, 그리고 나직한 집들이 이따금 보이고, 집과 같은 높이의 큰 담들이 있을 뿐이었다.

지난 세기 이 언저리의 모습은 그러했다. 그것이 대혁명으로 큰 상처를 입었다. 공화 정부의 시 토목과에 의해 파괴되고, 관통되고, 구멍이 뚫렸다. 쓰레기 버리는 곳까지 만들어졌다. 그러나 이것도 지금으로부터 30년 전에 없어지고, 새로운 건물들이 들어섰다. 오늘날에는 옛날의 흔적조차 없어져 버린 것이다.

쁘띠 삑쀠스는 오늘날의 어떤 지도를 보아도 그 흔적이 남아 있지 않지만, 1727년의 지도에는 제법 분명하게 나타나 있다. 빠리의 쁠라트르 거리와 마주보는 쌩 자끄 거리의 드니띠에리 서점과, 리용의 메르씨에르 거리에 있는 '프뤼덩쓰'사의 장 지랑 서점에서 발행된 지도이다.

쁘띠 삑쀠스에서 앞서 우리가 Y자 형 거리라고 불렀던 것은, 슈맹 베르쌩 땅뜨완느 거리가 두 개로 갈라졌기 때문이다. 왼쪽은 삑쀠스 골목길, 오른쪽은 뽈롱쏘 거리라고 불렀다. 또 Y자의 두 줄기 길은 그 끝이 한 개의 가로지르는 길로 합쳐졌는데 그 길을 드르와 뮈르 거리라 불렀다.

뽈롱쏘 거리는 거기서 끝났으나, 삑쀠스 골목길은 거기서도 더 뻗어가 르느와르 시장 쪽으로 올라가고 있었다.

세느 강 쪽에서 와서 뽈롱쏘 거리 끄트머리에 이르면 왼쪽으로 드르와 뮈르 거리가 통해 있는데, 그것이 느닷없이 직각으로 구부러져 있기 때문에 그 거리의 담이 바로 눈앞에 보였고, 오른쪽으로는 역시 그 드르와 뮈르 거리의 한 동강이 뻗어서 막다른 골목을 이루어, '장로 막다른 길'이라고 불리고 있었다.

장 발장이 있는 곳은 바로 그곳이었다.

앞서 말한 바와 같이, 드르와 뮈르 거리와 삑쀠스 골목길이 만나는 모퉁이에 서서 지키고 있는 검은 그림자를 보자 장 발장은 뒷걸음질쳤다. 의심할 여지가 없었다. 그는 그 그림자의 사나이로부터 감시당하고 있었던 것이다.

어떻게 해야 할까?

뒤로 돌아갈 여유는 없었다. 조금 전 그의 뒤쪽에서 보였던 무언가 움직이는 것은, 자베르와 그의 부하들임에 틀림없었다. 자베르는 지금 아마도 장 발장이 들어온 길의 입구에 와 있을 게 분명했다.

모든 점으로 미루어 보건대, 자베르는 이 좁은 미로의 지리를 잘 알고 있어, 부하 하나를 보내 처음부터 그 출구를 지키게 하고 있었던 것 같았다.

그러한 추측은 틀림없는 것으로 여겨져, 마치 돌풍에 한줌의 먼지가 둘둘 말려 하늘로 올라가듯 한순간에 장 발장의 고통스러운 머릿속을 휩쓸었다.

그는 장로 막다른 길을 살펴보았다. 거기는 막혀 있었다. 빽쀠스 골목길을 살펴보았다. 그곳에는 잠복하는 사나이가 있었다. 달빛을 흠뻑 받은 하얀 포장도로 위로 그 원망스러운 그늘이 새까맣게 떠올라 있는 것이 보였다.

앞으로 가면 잠복하는 그 사나이 손에 떨어진다. 뒤로 물러서면 자베르에게 몸을 던지는 격이다. 장 발장은 올가미에 걸려 그 올가미가 천천히 죄어드는 듯한 기분이 들었다. 그는 절망하여 하늘을 바라보았다.

암중모색하여 도망치다

지금부터 일어나는 일을 잘 이해하려면 드르와 뮈르 거리와, 특히 뽈롱쏘 거리에서 드르와 뮈르 거리로 들어가는 왼쪽 모퉁이를 확실하게 파악하고 있지 않으면 안 된다.

드르와 뮈르 거리는 빽쀠스 골목길에 이르기까지, 오른쪽 가장자리에 초라한 모습의 집들이 다닥다닥 늘어서 있었다. 왼편에는 몇 개의 큰채로 된 꾸밈없는 음산한 건물이 하나 있다. 이 큰채들은 빽쀠스 골목으로 가까워짐에 따라 한 층 한 층씩 점점 높아지고 있었다.

따라서 그 건물은 빽쀠스 골목 쪽은 상당히 높았으나, 뽈롱쏘 거리 쪽은 퍽 낮았다.

앞서 말한 그 모퉁이에서는 이 건물이 벽 높이밖에 안 될 정도로 낮아져 있었다. 그 담은 길과 똑바르게 잇닿아 있지 않고 쑥 들어간 하나의 단면을 이루어 뽈롱쏘 거리와 드르와 뮈르 거리의 양쪽에서 보는 사람이 있다 해도, 그 단면은 양쪽으로 튀어나온 두 개 모퉁이 덕분으로 보이지 않게 되어 있었다.

그 단면의 양쪽 모퉁이에 연결된 담은, 한편으로는 뽈롱쏘 거리 쪽으로, 49번지라고 적혀 있는 한 채의 집 쪽으로 뻗어 있고, 다른 한편인 드르와 뮈르 거리 쪽은 그 담이 짧아 앞서 말한 그 음산한 긴 건물 쪽으로 늘어져, 그 건물의 박공벽과 더불어 끝나고, 거기서 다시 한길에서 쑥 들어간 곳을 만들어내고 있었다.

그 박공벽은 아주 음산해 보였다. 하나뿐인 창에는 양철판을 덮어씌운 두 장의 들창문이 달렸고, 그것은 늘 닫혀 있었다.

여기서 그리고 있는 이 근처의 상황은 대단히 정확하여 옛날에 이 근처에서 살았던 사람들이면 이것을 보고 매우 뚜렷한 기억을 불러일으키게 될 것이 틀림없으리라.

앞서 말한 그 담의 단면은 그 전체가 그냥 그대로 크고 보잘것없는 커다란 문 같은 것으로 되어 있었다. 그것은 수많은 판자를 바로 세워 붙여 놓은 것 같이 모양없는 것으로 위의 판자가 아래 판자보다 넓으며 모두 기다란 쇠띠로 가로질러 붙여 놓았다. 한쪽 옆에 보통 크기의 정문이 있었는데, 그것은 생긴 지 분명 50년 이상은 되지 않은 것 같았다.

보리수 한 그루가 그 담의 단면 위로 가지를 뻗고 있었고, 뽈롱쏘 거리 쪽 담은 담쟁이덩굴로 뒤덮여 있었다.

절박한 위험에 놓인 장 발장은 어쩐지 사람이 살고 있지 않는 듯한 그 음산한 건물의 적막함에 마음이 끌렸다. 그는 재빨리 그 건물을 눈으로 살폈다. 만약 그 안으로 들어갈 수만 있다면 틀림없이 달아날 수 있겠다고 생각했다. 그는 순간적으로 그런 생각과 희망을 가졌다.

드르와 뮈르 거리에 면한 이 건물 정면의 중간쯤에는, 층마다 창에는 모두 납으로 된 깔때기 모양의 오래된 빗물통이 달려 있었다. 중앙의 큰 파이프에서 그 빗물통 하나하나로 연결된 여러 가지 색의 파이프가 건물 정면에 마치 나뭇가지처럼 떠올라 보였다. 그 수많은 파이프 가지는 오래된 농가의 정면 벽에 서로 얼킨 포도나무 덩굴 같았다.

이 함석과 쇠의 가지가 붙은 기묘한 담장 나무가 장 발장의 눈길을 끌었다. 그는 꼬제뜨를 경곗돌 위에 등을 기대어 앉힌 다음 잠자코 있도록 일러 놓고, 그 빗물통이 길바닥에 닿아 있는 곳으로 뛰어갔다. 분명 거기서 기어올라가 안으로 들어갈 방법이 있으리라고 생각되었다.

그러나 빗물통은 상해 있어서 쓸모가 없었으며, 벽면에서 거의 빠져나와 건들거리며 붙어 있었다. 게다가 괴괴한 집의 창은 지붕밑 창까지 모두 굵은 철망으로 덮여 있었다.

뿐만 아니라 달이 그 정면을 환하게 비추고 있었기 때문에, 길 모퉁이에서 지키고 있는 사나이가 기어오르는 장 발장을 발견할 염려가 있었다. 그리고 또 꼬제뜨는 어떻게 할 것인가? 꼬제뜨를 4층 건물의 옥상까지 어떻게 끌어올린단 말인가?

그는 빗물통을 기어오르는 것은 단념하고 벽을 따라 기어가며 뽈롱쏘 거리로 되돌아왔다.

꼬제뜨를 남겨 둔 벽의 단면까지 왔을 때, 그는 그곳이 어느 쪽에서도 보이지 않는다는 것에 생각이 미쳤다. 조금 전에 설명했듯 그곳은 어느 쪽에서 보아도 누구의 눈에도 보이지 않게 되어 있었다. 더욱이 그곳은 어둡게 그늘이 져 있었다.

그리고 또 거기에는 문이 둘 있었다. 억지로 열면 어쩌면 열릴지도 모른다. 담 위로 보리수와 등나무가 뻗어 있는 것으로 보아 그 안쪽은 분명 정원인 듯싶었다. 나무에는 아직 잎이 나 있지 않았지만, 적어도 그곳에 숨어서 날이 밝기를 기다릴 수는 있을 것 같았다.

시간이 흐르고 있었다. 서두르지 않으면 안 되었다.

정문을 살펴보니, 그것은 드나들지 못하게 안팎으로 잠겨져 있음을 곧 알 수 있었다.

그는 그래도 희망을 잃지 않고 또 하나의 커다란 문으로 다가갔다. 그것은 형편없이 낡아 있었고, 큰 만큼 더욱 허술해 보였다. 판자는 썩었고 세 개뿐인 쇠장식은 녹슬어 있었다. 이렇게 벌레에게 파먹힌 문 같으면 부수고 들어갈 수도 있을 것 같았다.

그러나 가만히 살펴보니 그것은 문이 아니었다. 손잡이도 없었고, 자물쇠도 없었고, 한가운데 벌어진 틈도 없었다. 쇠띠가 이 문을 한쪽에서 다른 한쪽으로 죽 가로지르고 있었다.

그는 부서진 판자 틈 사이로 아무렇게나 시멘트로 쌓아올린 돌들을 볼 수 있었다.

문같이 보였던 것은 실은 돌담의 겉부분을 나무로 입혀 놓은 것에 지나지 않는다는 것을 알게 된 장 발장은 당황했다. 판자를 한 장 떼어내기는 쉬웠지만, 그렇게 한들 벽에 부딪칠 뿐이었다.

가스등이 있었다면 불가능한 일

그때 조금 앞에서 규칙적인 무거운 발자국 소리가 들리기 시작했다. 장 발장은 위험을 무릅쓰고 잠시 내다보았다. 7, 8명의 병사가 대열도 정연하게 지금 뽈롱쏘 거리로 막 들어서고 있었다. 총검의 번쩍임이 보였다. 그들은 그가 있는 곳을 향해 오고 있었다.

그 병사들은 키가 큰 자베르를 선두로 천천히 조심스럽게 다가오고 있었다. 그 병사들은 여러 번 걸음을 멈추었다. 그들은 담의 구석진 곳과 문이며 골목 어귀 등을 샅샅이 살피고 있었다.

그들은 자베르가 도중에서 만나 도움을 부탁한 순찰대이리라. 그 추측은 사실 틀리지 않았다. 자베르의 부하 두 사람도 그 대열 속에 끼어 다가오고 있었다.

그들이 때때로 걸음을 멈추는 것으로 보아, 장 발장이 있는 곳까지 도착하려면 아직 15분쯤 더 걸릴 듯했다.

몸서리쳐지는 순간이었다. 몇 분의 차이를 두고 저 소름끼치는 절벽이 세 번째 입을 벌리고 장 발장 앞에 있었다. 이번에 겪어야 할 형벌은 보통 형벌이 아니라 꼬제뜨를 영원히 잃어버리게 되는 일이었다. 그것은 곧 무덤 속과 같은 생활이었다.

이제 가능한 길은 하나뿐이었다.

장 발장에게는 두 개의 배낭을 가졌다고도 할 만한 색다른 데가 있었다. 하나의 배낭 속에는 성자의 생각이, 또 하나의 배낭 속에는 죄수의 무서운 재능이 들어 있었다. 그는 때에 따라 그 어느 쪽이든 뒤져서 찾아내었다.

뚤롱 감옥에서 몇 번 탈옥한 덕분으로, 그는 여러 가지 수법을 터득하고 있었다. 그 중에서도 특히 기어오르는 기술은 믿을 수 없을 만큼 뛰어나, 사다리나 밧줄 없이 단지 근육의 힘만으로 목과 어깨와 허리와 무릎으로 몸을 버티며, 돌의 울퉁불퉁함을 이용하여 벽의 반듯한 모서리를 때로는 7층 높이까지라도 기어오를 수 있었다는 것을 독자들은 기억할 것이다.

지금으로부터 20년쯤 전에 죄수 바뜨 몰이 이 기술을 사용하여, 꽁씨에르즈리 감옥 마당에서 벽 모서리를 타고 넘어 탈출해 그 벽을 아주 유명하게 만든 일이 있었다.

장 발장은 보리수 가지가 뻗어나온 담의 높이를 눈으로 어림해 보았다. 18피트쯤 되는 높이였다. 그 담이 커다란 건물의 박공벽과 잇닿아 있는 모퉁이 아래 구석진 곳에 삼각형으로 돌이 쌓여 있었다. 아주 깊숙한 구석이라서 너무 편하게 통행인들이 용변을 보는 것을 막기 위한 것 같았다. 이렇게 벽의 구석진 곳을 막아 놓은 것은 빠리에서는 얼마든지 볼 수 있었다.

그 구석진 곳에 놓인 돌의 높이는 5피트쯤 되었다. 그 위에서 담 꼭대기까지는 14피트쯤밖에 되지 않았다. 담 위에는 편편한 돌이 놓여 있을 뿐, 기와 같은 것은 얹혀 있지 않았다.

그러나 꼬제뜨가 문제였다. 꼬제뜨는 담을 기어오를 수 없다. 그러면 꼬제뜨를 버리고 갈 것인가? 장 발장은 그런 생각은 꿈에도 해본 적이 없었다. 그렇긴 하나 꼬제뜨를 데리고 담을 기어오른다는 것은 불가능했다. 이 엄청난 일을 해내기 위해서는 자기 혼자서 최선의 힘을 다해야만 되었다. 조그마한 짐이라도 있어서는 중심을 잃고 아래로 굴러떨어질 게 분명했다.

그러나 줄이 있으면 될 것도 같았다. 장 발장은 줄이 없었다. 이 한밤중에 뽈롱쏘 거리의 어디에서 줄을 구하겠는가? 실로 그 순간에, 만약 장 발장이 왕국이라도 가지고 있었다면, 한 가닥의 줄을 얻기 위해 왕국마저 버렸을 것이다.

발등에 불이 떨어졌을 때는 언제나 머리에 번갯불 같은 번뜩임이 있어 어떤 때는 사람을 장님으로 만들고, 어떤 때는 길을 비춰 주기도 한다. 절망한 장 발장의 시선은 어느덧 장로 막다른 길의 T자 모양 가로등 기둥 위로 가 있었다.

그즈음 빠리의 거리에는 가스등이 없었다. 해가 지면 일정한 간격을 두고 배치된 램프에 불이 켜졌다. 그것은 줄을 사용하여 오르내렸으며, 그 줄은 기둥 구멍을 통하여 양쪽에서 기둥을 중심으로 팽팽하게 뻗어 있었다. 그 줄을 올렸다내렸다 하는 회전 고리는 가로등 아래의 조그만 쇠상자 속에 넣어져 있었고, 그 상자의 열쇠는 가로등 관리인이 간수했다. 또한 그 줄은 어느 높이까지는 금속을 입혀서 보호하고 있었다.

장 발장은 죽을 힘을 다하여 거리를 단번에 뛰어넘어 막다른 길로 들어서서, 나이프 끝으로 조그만 상자의 자물쇠를 벗기고, 눈깜짝할 새 꼬제뜨 곁으로 돌아왔다. 그의 손에는 가로등의 줄이 들려 있었다. 온갖 수단을 다 찾아내는 그늘진 세계의 사람들은, 뒷걸음칠 수 없는 운명에 맞닥뜨렸을 때 어떤 일이든 순식간에 해치워 버리는 것이다.

앞서도 말한 바와 같이 이날 밤에는 가로등이 켜져 있지 않았다. '장로 막다른 길'의 가로등도 물론 다른 것과 마찬가지로 꺼져 있었으며, 누군가 그 곁을 지나간다 할지라도 가로등에 불이 켜 있지 않는 데 신경쓰는 사람은 없었을 것이다.

한편 그 시간과 장소와 어둠, 그리고 장 발장이 무엇엔가 열중해서 움직이는 점이며, 그의 기묘한 행동이며, 그가 이리저리 왔다갔다하는 모양이, 차츰 꼬제뜨에게 불안감을 불러일으켰다. 다른 아이였다면 이미 큰소리로 울어댔을 것이다. 꼬제뜨는 다만 장 발장의 프록코트 자락을 잡고 있을 뿐이었다.

다가오는 순찰대와 자베르의 발자국 소리는 점점 뚜렷하게 들려오고 있었다.

"아버지" 하고 꼬제뜨는 낮은 목소리로 말했다. "무서워요, 저기서 오는 사람들은 누구예요?"

"쉿!" 하고 불행한 사나이는 대답했다. "떼나르디에 아주머니가 오고 있는 거다."

꼬제뜨는 몸을 떨었다. 사나이는 덧붙여 말했다.

"조용히 있어. 내게 맡겨 둬. 소리를 내거나 울면, 떼나르디에 아주머니가 숨어서 기다리고 있다가 틀림없이 너를 다시 데려갈 거야!"

그리고는 그리 서두르지 않고, 그러나 무엇 하나 결코 되풀이하는 법 없이 교묘하게 확실한 손재주로, 더욱이 순찰대와 자베르가 언제 밀어닥칠지 모르는 위급한 순간이니만큼 더욱 놀라운 일이었는데, 그는 자기 넥타이를 끌러 그것을 꼬제뜨의 겨드랑이 밑으로 둘러 아프지 않도록 주의하면서 단단히 잡아매어서는, 뱃사람들이 제비매듭이라고 부르는 매듭으로 그 넥타이를 줄 한쪽 끝에 매고 줄의 또 한쪽 끝을 자기 입에 물고, 구두와 양말을 벗어서 담 너머로 던지고 구석진 곳에 쌓여 있는 돌 위로 뛰어올랐다.

그리고는 담과 박공벽과의 모서리를, 마치 뒤꿈치와 팔꿈치를 사다리에 걸친 것같이 힘차게, 확고한 동작으로 기어오르기 시작했다. 30초도 채 못 되는 사이에 그는 담 꼭대기에 무릎을 걸치고 있었다.

꼬제뜨는 어리둥절하였다. 한 마디도 입을 열지 않고 그를 쳐다보고만 있었다.

장 발장이 이른 말과 떼나르디에 아주머니라는 그 이름이 그 아이를 꼼짝 못하게 하고 있었던 것이다.

갑자기 꼬제뜨는 여전히 아주 낮은 목소리로 장 발장이 자기에게 말하는 소리를 들었다.

"담에다 등을 붙여라."

꼬제뜨는 그대로 했다.

장 발장은 다시 말했다.

"아무 말도 해서는 안 돼! 겁내지 말고."

꼬제뜨는 몸이 땅바닥에서 끌려 올라가는 것을 느꼈다. 스스로 깨닫기도 전에 아이는 담 위로 올라와 있었다.

장 발장은 꼬제뜨를 등에 업고 그 조그만 두 손을 왼손으로 쥐고는, 배를 담 위에 딱 붙이고 기어가기 시작해 담 위의 쑥 들어간 단면이 있는 곳에 다다랐다.

그가 예측한 대로 그곳에는 집이 한 채 있었고, 그 지붕이 판자를 붙인 돌담 위로부터 보리수를 스치며 땅바닥 가까운 곳까지 꽤 완만한 경사로 뻗어 있었다. 다행스럽게도 담은 이 울안에서는 밖에서 본 것보다 훨씬 더 높았다. 장 발장이 내려다 보니 땅바닥이 아래로 꽤 깊어 보였다.

그가 지붕의 경사진 면에 막 도착하여 아직 담 뒤에서 손을 떼지 않았을 때, 밤공기를 휘젓는 소란함이 순찰병들이 담 밖에 도착했음을 알려 주었다. 자베르의 벼락치는 듯한 목소리가 들렸다.

"막다른 길을 찾아봐! 드르와 뮈르 거리도 삑쀼스 골목길도 지키고 있어. 골목 안에 있을 게 틀림없다."

순찰병들은 장로 막다른 길 안으로 뛰어들어갔다.

장 발장은 꼬제뜨를 업은 채 지붕을 타고 내려 보리수를 붙잡고 땅 위로 풀쩍 뛰어내렸다. 무서워서인지 긴장된 탓인지 꼬제뜨는 숨을 죽이고 있었다. 아이의 두 손에는 조금 긁힌 자국이 나 있었다.

수수께끼의 시작

장 발장은 탁 트인 넓고 이상스럽게 긴 정원 안에 들어와 있었다. 마치 겨울 밤에나 바라보기 위해 만들어 놓은 것 같은 그런 쓸쓸한 정원이었다. 직사각형으로 안쪽에 키가 큰 포플러가 나란히 선 오솔길이 있고, 구석구석에 꽤 키큰 나무숲이 있었다. 한가운데는 훤히 트인 빈터로 그곳에는 하늘을 가리듯이 서 있는 큰 나무 한 그루, 커다란 덤불처럼 뭉쳐서 빽빽하게 나 있는 몇 그루의 과실수, 네모진 채소밭, 여러 개의 종 모양 유리 덮개가 달빛을 받으며 빛나고 있는 멜론 밭, 그리고 해묵은 웅덩이 등이 보였다.

꼬제뜨는 몸이 땅 위로 끌어 올려지는 것을 느꼈다.

여기저기에 돌로 만든 벤치가 있었으나, 이끼가 새까맣게 끼어 있는 것 같았다. 오솔길에는 키가 작고 거무칙칙한 떨기나무들이 똑바로 나란히 서 있었으며, 마당의 반은 잡초가 점령했고, 그 나머지는 푸른 이끼가 뒤덮고 있었다.

장 발장의 옆에는 지금 그 지붕을 타고 내려온 집과, 산더미처럼 쌓인 장작, 그리고 그 장작 뒤로 담에 딱 붙어서 한 개의 석상이 서 있었다. 부서져서 보기 흉한 가면처럼 되어 있는 석상의 얼굴이 희미한 어둠 속에 어렴풋이 떠올라 보였다.

광처럼 생긴 그 집은 형편없이 낡아서 벽이 떨어진 방들이 몇 개 보이는데, 그 중 하나는 무엇인가 물건이 꽉 들어 쌓여 헛간으로 사용되고 있는 것 같았다.

빽뷔스 골목길 쪽으로 굽어지며 계속되고 있는 드르와 뮈르 거리의 커다란 건물이 직각을 이룬 두 개의 정면으로 이 정원을 둘러싸고 있었다. 그 안쪽 정면은 바깥쪽의 정면보다 훨씬 더 삼엄한 느낌이었다. 어느 창문에나 모두 철망이 쳐져 있고, 불빛 하나 비치지 않았다. 위층 창에는 마치 감옥처럼 겉창이 달려 있었다. 달빛을 받는 지금은 한쪽 정면의 그늘이 다른 정면으로 떨어지고, 그것이 다시 마당에 떨어져서 커다란 검은 보자기를 펼쳐 놓은 것 같았다.

그 밖에는 한 채의 집도 보이지 않았다. 정원 안쪽은 안개와 어둠 속에 묻혀 있었다. 그러나 몇 개의 담이 어렴풋이 보이고 있었으며, 그것들이 서로 마주쳐 있는 것으로 보아, 그 저쪽으로는 밭이 있는 것 같았고, 또 뽈롱쏘 거리의 그 나지막하게 늘어선 지붕들도 가려낼 수 있었다.

이 정원보다 더 황량하고 적막한 곳은 생각조차 할 수 없을 정도였다. 사람 그림자 하나 없는 것은 시간이 시간이니만큼 당연한 일이었겠지만, 비록 대낮이라 할지라도 사람이 걸어다닐 만한 곳은 못 되는 것 같았다.

장 발장이 맨 먼저 생각해 낸 것은, 구두를 찾아 신고 꼬제뜨와 함께 헛간 속으로 들어가는 일이었다. 도망자들은 제아무리 몸을 잘 숨겨도 그것으로 충분하다고 생각지 않는 법이다. 꼬제뜨는 아직도 떼나르디에 아주머니를 생각하고 있었으므로, 그와 마찬가지로 되도록 몸을 조그맣게 움츠렸다. 꼬제뜨는 떨면서 그에게 꼭 달라붙어 있었다.

밖에서는 막다른 길과 거리를 찾아 헤매고 있는 순찰병들의 소란스런 소리가 들리고 있었다. 개머리판이 돌에 부딪치는 소리, 잠복시켰던 밀정들을 불러내는 자베르의 목소리, 뚜렷하지는 않으나 무언가 호통치는 소리.

15분쯤 지나자 그 소란스러운 소리도 점점 멀어져 가기 시작했다.

그는 언제부터인지 꼬제뜨의 입에다 손을 대고 있었다.

더욱이 그가 몸을 숨기고 있는 이 인기척 없는 마당은 불가사의할 정도로 고요했으므로, 그토록 격렬했던 바로 눈앞의 무서운 소란도 이곳에서는 조금도 불안하게 여겨지지 않았다. 마치 이 집의 담은 성서에 나오는 침묵의 돌로 만들어져 있는 것 같았다.

갑자기 그 고요한 가운데 새로운 소리가 들려왔다. 무엇이라고 표현할 수 없는 맑고 숭고한 소리, 앞서 있었던 소리가 그토록 무서웠던만큼 참으로 기쁘기 짝이 없는 소리였다. 그것은 어둠 속에서 들려 오는 찬미가요, 어둡고 무서운 밤의 고요 속에서의 기도와 화음소리였다.

여자들의 목소리, 그것도 동정녀의 맑은 음조와 소녀의 천진스러운 음조가 곱게 뒤섞인 목소리, 이 세상의 것으로 여겨지지 않는 목소리, 갓 태어난 아기의 귀에는 아직도 쟁쟁하고, 죽어가는 사람들의 귀에는 이미 들리기 시작하는 그 소리와 비슷한 목소리였다. 그 노랫소리는 정원에 우뚝 솟아 있는 검은 건물에서 흘러나오고 있었다. 악마들의 소란이 멀어져 가자 천사들의 합창이 어둠 속으로부터 다가오고 있는 것 같았다.

꼬제뜨와 장 발장은 무릎을 꿇었다. 두 사람은 그것이 무엇인지를 몰랐으며, 자기들이 지금 어디 있는지도 몰랐다. 그러나 두 사람 다, 이 어린아이도 노인도, 그 천진난만한 사람도 회개한 사람도 두 무릎을 꿇어야만 한다고 느꼈던 것이다.

그러한 소리가 들리는데도 건물은 여전히 인기척이 없는 것 같았다. 사람이 살지 않는 집 안에서 울리는 초자연적인 노랫소리 같았다. 그러한 찬미가가 들려오는 동안 장 발장은 이미 아무것도 염려하고 있지 않았다. 그는 이미 지금 밤을 보고 있는 것이 아니라 푸른 하늘을 바라보고 있었다. 그는 어떤 사람이나 모두 자기 속에 지니고 있는 저 하늘을 나는 날개가 펼쳐지는 것을 느끼는 듯한 기분이었다.

노래는 그쳤다. 그것은 어쩌면 제법 상당한 시간 동안 계속되었는지도 모르나 장 발장에게는 어느 정도였는지 짐작되지 않았다. 황홀한 시간은 아무리 길어도 한순간으로밖에 여겨지지 않는 법이다.

모든 것은 또다시 고요 속으로 되돌아갔다. 이젠 거리에도 정원에도 아무런 기척이 없었다. 마음을 졸이게 하는 것도 안심시키는 것도 모두 사라져버렸다. 바람이 담 위에 있는 가련하게 시든 풀을 흔들어 쓸쓸하고 처량한 소리를 일으키고 있었다.

수수께끼의 계속

밤의 북풍이 일기 시작했다. 그것으로 보아 이미 오전 1시와 2시 사이임에 틀림없었다. 불쌍하게도 꼬제뜨는 한 마디도 말하지 않았다. 장 발장은 그 아이가 자기 옆 땅바닥에 앉아 머리를 기대고 있었기 때문에, 이미 잠든 것으로 생각하고 있었다. 그는 몸을 구부려 그 얼굴을 들여다보았다. 꼬제뜨는 잠들기는커녕 눈을 크게 뜨고 무언가 생각하고 있는 중인 것 같았다. 장 발장은 그것을 보자 가슴이 아팠다. 꼬제뜨는 아직도 떨고 있었다.

"잠이 오지 않느냐?" 장 발장은 말했다.

"굉장히 추워요." 꼬제뜨는 대답했다.

잠시 뒤 그 아이는 다시 말했다.

"아직도 저기 있나요?"

"누가?"

"떼나르디에 아주머니 말이에요."

장 발장은 꼬제뜨의 입을 봉하기 위해 썼던 그 방법을 벌써 잊어버리고 있었다.

"아, 아주머니는 이제 가 버렸어, 무서워할 것 없다."

꼬제뜨는 가슴에서 무거운 짐을 내려놓은 듯 겨우 숨을 몰아쉬었다. 땅바닥이 축축한데다 헛간 속은 사방이 트여 있어 북풍은 점점 더 차가워지기만 했다. 장 발장은 프록코트를 벗어 꼬제뜨를 감싸 주었다.

"이제 조금 따뜻해졌지?"

"네, 아버지."

"그렇다면 잠깐만 기다려라, 내 얼른 다녀올 테니."

그는 그 헛간을 나와 어딘가 더 좋은 장소가 없을까 하고 큰 건물을 따라 걷기 시작했다.

문은 몇 개나 있었지만 모두 잠겨 있었다. 아래층 창문에는 모두 철망이 씌워져 있었다.

건물 안쪽 모퉁이를 돌아서, 몇 개의 아치형 창문이 있는 곳까지 나왔다. 거기에는 불빛이 보이고 있었다. 그는 뒤꿈치를 들고 하나의 창문을 통하여 안을 들여다보았다. 그 창문들은 모두 꽤 넓은 하나의 방에 달려 있는 것으로, 넓은 방 안에는 바닥에 커다란 돌이 깔렸고, 여러 개의 기둥과 아케이드로 구분되어 있었으며, 희미한 불빛 하나와 커다란 그림자밖에는 아무것도 분간할 수 없었다. 빛은 구석에 켜 있는 한 개의 장명등에서 흘러나오고 있었다.

방 안에는 인기척 하나 없었고, 움직이는 것은 아무것도 없었다. 그러나 유심히 들여다보고 있으려니까, 마룻바닥 돌 위에 수의에 덮인 사람 모습 같은 게 보이는 듯했다. 그것은 엎드려서 얼굴을 바닥돌에 붙이고, 팔을 열십자로 벌리고 죽은 듯 움직이지 않았다. 마치 뱀 같은 모양으로 바닥 위를 기고 있는 것 같았으며, 그 이상스런 형상에는 목에 줄이 매여 있는 것 같기도 했다. 넓은 방 안에는 빛이 흐르는 곳에 있게 마련인 안개 같은 것이 자욱이 차 있어서 한층 무서운 느낌을 주었다.

장 발장 자신이 그 뒤에도 여러 번 말한 적 있거니와, 그는 일생을 통해 온갖 처참한 광경을 보았지만 그 어둠침침한 장소에서 그러한 수수께끼 같은 사람의 모습이 무엇인지 이유를 알 수 없는 신비를 행하고 있는 것을 한밤중에 들여다본 이때처럼 온몸이 얼어붙는 무서움을 느낀 적은 한 번도 없었다.

그것이 아마 죽어 있는지도 모른다고 생각하니 등골이 오싹해져 왔으나, 어쩌면 살아 있을지도 모른다고 생각하는 것은 더욱 무서운 일이었다.

그는 정신을 가다듬고 유리창에 이마를 대고 그것이 움직이는지 어떤지 살펴보았다. 상당히 오랫동안 그렇게 가만히 엿보고 있었으나, 길게 늘어져 있는 그 형태는 조금도 움직이지 않았다.

갑자기 그는 형언할 수 없는 무서움에 사로잡혀 달아나기 시작했다. 뒤를 돌아볼 용기마저 잃고 헛간 쪽을 향해 뛰기 시작했다. 만일 뒤돌아보면 그 형상이 팔을 흔들면서 성큼성큼 뒤쫓아오는 걸 보게 될 것만 같았다. 그는 단숨에 헛간으로 되돌아왔다. 무릎이 절로 굽어들고, 허리에는 식은땀이 흐르고 있었다.

여기는 어딜까? 빠리 한복판에 이런 묘지 같은 데가 있으리라고 누가 상상이나 할 수 있겠는가? 이 기묘한 집은 대체 무엇일까? 밤의 신비에 넘치는 건물, 천사들의 노랫소리로 어둠 속에 사람의 마음을 끌어들이는 집, 더욱이 가까이 다가가 보면 갑자기 나타나는 저 무서운 광경, 천국의 빛나는 문이 열리는가 하면 별안간 무덤의 무서운 문이 열린다! 더욱이 그것은 분명 현실에 존재하고 있는 건물, 한 거리에 뚜렷한 번지를 가지고 있는 하나의 집인 것이다! 꿈이 아니다! 꿈이 아닌 것을 믿기 위해서 그는 그 집 돌에 손을 갖다 대어 보지 않고는 견딜 수가 없었다.

추위와 걱정과 불안, 그 밤의 여러 가지 격렬한 감정으로 말미암아 그의 몸에서는 열이 나고 있었다. 그리고 그의 머릿속에는 별의별 생각이 얽혀 있었다.

그는 꼬제뜨에게 다가갔다. 꼬제뜨는 잠들어 있었다.

더욱 깊어지는 수수께끼

꼬제뜨는 돌을 하나 베개삼아 잠들어 있었다.

그는 그 곁에 앉아서 꼬제뜨를 들여다보기 시작했다. 그 아이를 바라보고 있는 동안 차츰 기분이 가라앉아 마음의 여유를 되찾고 있었다.

그는 하나의 진실을, 앞으로 자기 생활의 근본이 될 것을 확실하게 깨닫기 시작했다. 꼬제뜨가 있는 한, 그 아이를 곁에 두고 있는 한, 자기가 구하는 것은 오직 꼬제뜨를 위해서일 뿐이며, 자기가 두려워하는 것도 오직 이 어린 아이를 위해서일 뿐이라는 것을. 그는 프록코트를 벗어서 꼬제뜨를 감싸 주었는데도 별로 추위를 느끼지 않았다.

그러나 그러한 생각에 잠겨 있는 동안, 조금 전부터 묘한 소리가 들려오고 있었다. 그것은 방울을 흔들고 있는 것 같은 소리였다. 그 소리는 정원에서 나고 있었다. 아련하지만 또렷하게 들려 오고 있었다. 그것은 밤의 목장에서 가축의 목에 달린 방울이 흔들거리는 저 희미한 음악 소리와도 흡사했다. 그 소리를 듣고 장 발장은 돌아다보았다. 눈을 비비며 잘 살펴보니, 정원 한복판에 누군가 있는 것이 보였다.

꼬제뜨는 돌을 하나 베개삼아 잠들어 있었다.

한 남자라고 여겨지는 희미한 그림자가, 멜론 밭의 종 모양 유리 덮개 사이를 걸으면서 일정한 동작으로 일어서기도 하고 몸을 굽히기도 하고 멈추기도 하며, 무엇인가를 땅 위로 끌기도 하고 펼치기도 하는 것 같았다.

장 발장은 불행한 자들이 끊임없이 떨듯이 부르르 몸을 떨었다. 그들에게는 모든 게 자기에게 적의를 품고 있는 것 같고 모든 게 의심스럽게 여겨지는 법이다. 사람 눈에 띄기 쉽다고 하여 대낮을 싫어하고, 갑자기 습격당하기 쉽다고 하여 밤을 싫어한다. 장 발장은 조금 전에는 정원 안에 인기척이 없는 것을 무서워했고, 이번에는 정원 안에 누가 있는 것을 무서워했다.

환영처럼 스며 있는 무서움은 이제 현실적인 무서움으로 바뀌었다. 자베르와 형사들은 아마도 아직 철수하지 않았을 것이다. 틀림없이 거리나 골목에 감시하는 사람을 남기고 있을 것이다. 자기가 정원 안에 있는 것을 저 사나이가 발견하면, 도둑이야 하고 소리치며 자기를 그들의 손에 넘겨줄 것이리라.

그는 자고 있는 꼬제뜨를 살그머니 안아 헛간 속의 가장 깊은 곳, 구석에 가구가 쌓인 뒤로 옮겼다. 꼬제뜨는 꼼짝도 하지 않았다.

그곳에서 그는 멜론 밭에 있는 사나이의 행동을 지켜보았다. 기묘하게도 방울 소리는 그 사나이의 움직임에서 나고 있었다. 사나이가 가까워지면 방울 소리도 가까워지고, 사나이가 멀어지면 방울 소리도 멀어졌다. 사나이가 재빠르게 움직이면 방울도 거기에 알맞게 떨면서 소리를 내고 사나이가 멈춰서면 방울 소리도 멎었다. 분명 방울은 그 사나이에게 달려 있는 것 같았다.

그렇다면 대체 그것은 무슨 뜻일까? 염소나 소처럼 방울을 단 저 사나이는 대체 어떤 자란 말인가? 스스로 그런 의문을 품으면서 그는 꼬제뜨의 두 손을 만져 보았다. 그것은 얼음처럼 차가웠다.

"앗, 이래서는 안 되겠어! 꼬제뜨!" 그는 나직한 목소리로 불렀다. "꼬제뜨!"

꼬제뜨는 눈을 뜨지 않았다. 그는 마구 흔들었다. 그래도 그 아이는 눈을 뜨지 않았다.

"죽은 것일까?"

그는 중얼거렸다. 그리고는 머리에서 발 끝까지 떨면서 일어섰다.

무서운 생각들이 복잡하게 그의 머릿속을 스쳐갔다. 어처구니없는 상상이

한 떼의 격노한 복수의 여신들처럼 밀어닥쳐서 두뇌의 벽을 마구 부수려는 때가 있다. 그것이 사랑하는 사람의 신상에 관계될 때는 아무리 조심성 있는 사람이라 할지라도 별의별 미친 생각을 다 해보는 법이다.

추운 밤, 문 밖에서 잠드는 것은 생명에 치명적일지도 모른다는 것에 그는 생각이 미쳤다. 꼬제뜨는 헬쑥한 얼굴로 그의 발 아래 땅바닥에 축 늘어져 움직이지 않았다. 그는 숨소리를 들어보았다. 숨결은 아직 계속되고 있었다. 그러나 그것도 겨우 지속되는 것으로서, 금방이라도 멎어 버릴 것만 같았다.

어떻게 하면 몸을 따뜻하게 해줄 수 있을까? 어떻게 하면 의식을 되찾게 할 수 있을까? 그 밖의 모든 생각은 그의 뇌리에서 사라져 버렸다.

어떠한 일이 있어도 15분 안에 꼬제뜨를 불 옆으로 옮겨 놓지 않으면 안 되었다.

방울을 단 사나이

장 발장은 정원에 있는 사나이에게 똑바로 다가갔다. 그는 주머니에 넣어 둔 돈뭉치를 손에 쥐고 있었다. 사나이는 얼굴을 숙이고 있었기 때문에 그가 다가오는 것을 모르고 있었다. 장 발장은 몇 걸음 성큼성큼 걸어서 사나이 바로 앞에 이르렀다. 장 발장은 가까이 다가가서 소리쳤다.

"100프랑!"

사나이는 소스라치게 놀라면서 고개를 들었다.

"100프랑 주겠소!" 하고 장 발장은 말했다. "오늘 밤 나를 재워 준다면!"

달빛이 장 발장의 당황한 얼굴을 정면으로 비추고 있었다.

"아니, 마들렌느 씨가 아닙니까!" 사나이는 말했다.

이런 한밤중에, 이런 모르는 곳에서, 이런 낯모르는 사나이 입에서 마들렌느라는 이름으로 불리자 장 발장은 뒷걸음질쳤다.

그는 모든 것을 각오하고 있었지만 이것만은 참으로 뜻밖이었다. 그에게 그 말을 한 사나이는 허리가 구부러진 절름발이 노인으로, 농부 같은 모습이었으며, 왼쪽 무릎에는 가죽을 대고, 거기에 제법 커다란 방울을 달고 있었다. 얼굴은 그늘이 져 있어 알아볼 수 없었다.

한편 노인은 모자를 벗고 부들부들 떨면서 부르짖었다.

"세상에! 마들렌느 씨, 어떻게 이곳엘 다 오셨습니까? 대체 어디로 들어

오셨습니까? 하늘에서 내려왔습니까? 그러시겠지요, 네. 당신께서 오셨다면 하늘에서 내려온 것임에 틀림없으시겠지요. 그런데 그 모습은 무엇입니까? 넥타이도, 모자도, 윗옷도 없이! 아니, 모르는 사람이 보았으면 놀라 자빠지겠습니다. 윗옷도 안 입으시다니! 아니, 아니, 요즈음은 성자 같은 분들이 더 뜻밖의 일을 잘하십니다그려. 그런데 대체 어떻게 이곳으로 들어왔습니까?"

그 말은 마구 쏟아져 나왔다. 노인은 시골사람 같은 빠른 말투였으나, 조금도 상대를 불안하게 만들지 않았다. 그 말 속에는 놀라움과 순박함이 뒤섞여 있었다.

"댁은 누구신지요? 이 집은 또 무엇하는 곳인가요?"

장 발장은 물었다.

"이거, 정말 놀랐습니다!" 노인은 소리쳤다. "저는 당신께서 여기에 넣어준 사람이고, 이 집은 당신께서 저를 넣어준 집이에요. 그런데 저를 몰라보시겠습니까?"

"모르겠는걸" 하고 장 발장은 말했다. "당신은 어떻게 나를 알고 있다는 거요?"

"당신께선 저의 생명을 구해 주신 분입니다."

그 사나이는 몸의 방향을 바꾸었다. 달빛이 그의 옆얼굴을 비춰 주었다. 그제서야 장 발장은 포슐르방 노인을 알아보았다.

"호!" 장 발장은 감탄했다. "당신이었구려? 음, 생각이 나는군."

"겨우 아셨습니까?" 노인은 나무라듯 말했다.

장 발장은 다시 말을 이었다.

"여기서 뭘 하고 있는 거요?"

"보시다시피 멜론을 가꾸고 있습죠."

그러고 보니 장 발장이 가까이 다가와 말을 걸었을 때, 포슐르방 노인은 손에 가마니 끝을 잡고 그것을 멜론 밭 위에 덮고 있는 참이었다. 그는 한 시간쯤 전부터 정원에 나와 이미 꽤 많은 가마니를 펼쳐 놓고 있었다. 장 발장이 헛간 안에서 살폈던 그의 기묘한 동작은 그런 일을 하고 있었던 것이다.

노인이 계속해서 말했다.

"저는 생각했습죠. 달이 밝아서 서리가 내릴 것 같다. 나의 멜론에게 외

희미한 그림자가, 멜론 밭의 종 모양 유리 덮개 사이를 걸으면서 일정한 동작으로 일어서기도 하고 몸을 굽히기도 하고 멈추기도 하며, 무엇인가를 땅 위로 끌기도 하고 펼치기도 하는 것 같았다.

투를 입혀 줄까 하고 말이에요." 그는 너털웃음을 웃고 장 발장을 바라보며 덧붙였다. "당신에게도 입혀 드려야 할 것 같은데요! 그런데 여기엔 대체 어떻게 오셨습니까?"

장 발장은 지금 이 노인은 자기를 알고 있다, 적어도 마들렌느라는 이름으로 알고 있다는 것을 느끼고 몹시 조심스레 말했다. 장 발장은 여러 가지로 질문을 퍼부었다. 이상하게도 역할이 거꾸로 바뀌어 버린 것 같았다. 이제 질문을 던지는 것은 침입자인 장 발장이었던 것이다.

"당신이 달고 있는 그 방울은 대체 뭔가요?"

"이것 말입니까?" 포슐르방은 대답했다. "이것은 사람이 피하도록 달고 있는 겁니다."

"흠, 당신을 피하게 하기 위해서라고?"

포슐르방 노인은 무어라 설명할 수 없을 만큼 눈을 가늘게 떠 보였다.

"그렇습죠! 이 집에는 여자들만 있기 때문이에요. 그것도 아주 젊은 처녀들만 많이 있습지요. 저와 맞닥뜨리는 것은 위험하다고 해서 방울로써 알려 주는 겁니다. 방울 소리가 나면 모두 달아나 버리지요."

"이 집은 대체 무슨 집이오?"

"저런, 잘 아시면서!"

"아니, 모르겠소."

"저를 이 집의 정원사로 넣어 주셨으면서……."

"내가? 전혀 모르겠으니 말해 주시오."

"그렇다면 말씀드립죠. 여기는 쁘띠 삑쀠스 수도원입니다."

그제야 장 발장의 가슴 속에 기억이 되살아났다. 우연하게도, 다시 말하면 신의 섭리에 의해 그는 바로 쌩 땅뜨완느 지구의 그 수도원 안에 떨어진 것이다.

지금부터 2년 전 마차에서 떨어져 절름발이가 된 포슐르방 노인이 그의 추천을 받아 그곳에 고용되어 있었던 것이다. 장 발장은 자신에게 이르듯 노인의 말을 되풀이했다.

"쁘띠 삑쀠스 수도원!"

"네, 그렇습니다. 그런데 대체," 포슐르방 노인은 말을 이었다. "어떻게 여기 들어오셨습니까, 마들렌느 씨? 그야 당신께선 성자이시긴 하지만 그래도 남자인데, 남자는 이곳에 전혀 들어올 수 없답니다."

"당신도 여기 있지 않소?"

"저 혼자뿐입니다."

"그러나……" 장 발장은 말을 이었다. "그러나 어떤 일이 있어도 나를 여기에 머물게 해주지 않으면 안 되겠는데!"

포슐르방 노인은 소리질렀다.

"그건 정말 큰일입니다!"

장 발장은 노인에게 다가서서 무거운 목소리로 말했다.

"포슐르방 노인, 당신 생명을 구해 준 것은 나요."

"그건 제가 먼저 잊지 않고 말씀드렸습니다."

"그렇다면 오늘은 당신이 해줄 수 있을 거요. 옛날에 내가 당신에게 했던 그대로를, 나를 위해서."

포슐르방은 주름투성이인 그 떨리는 손으로 장 발장의 굳건한 두 손을 힘 있게 잡고, 잠시 동안은 입도 열지 못했다. 마침내 그는 부르짖듯 말했다.

"아, 조금이나마 은혜를 갚을 수 있다면, 그건 하느님의 은총입니다! 제가 당신의 생명을 구한다! 아, 시장님, 무엇이든 이 늙은이에게 말씀해 주십시오!"

말할 수 없는 환희가 이 노인을 변화시켜놓았다고 할까. 그 얼굴에서는 빛이 나오는 것 같았다.

"무엇을 해드리면 됩니까?"

"그건 지금 말하겠소. 그런데 당신 방은 있겠지요?"

"저쪽에 외따로 오두막을 가지고 있습니다. 옛날 수도원 자리의 뒤쪽으로 누구의 눈에도 띄지 않는 구석진 곳이지요. 방은 셋입니다."

그 집은 과연 허물어진 수도원 뒤쪽에 숨어 있어 누구의 눈에도 띄지 않게 되어 있었기 때문에 장 발장도 미처 못 보고 있었던 것이다.

장 발장은 말했다.

"좋소. 그러면 당신에게 두 가지 부탁이 있소."

"어떤 일입니까, 시장님?"

"먼저, 당신이 나의 신상에 관해서 알고 있는 것을 아무에게도 말하지 않을 것. 그리고 이 이상 나에 관해서 알려고 하지 않을 것."

"좋습니다. 저는 잘 알고 있습니다요. 당신께서 결코 나쁜 짓을 하시지 않는다는 것과, 당신께서는 언제나 올바른 신앙심을 가지고 계시다는 것을. 게다가 저를 이곳에 넣어 주신 게 당신이셨다는 것도. 무엇이든지 당신 마음대로 하십시오. 저는 하라시는 대로 하겠습니다."

"약속했소. 그럼, 나를 따라오시오. 아이를 데리러 가야 하니까."

"옛? 아이가 있다고 하셨습니까?"

그러나 포슐르방은 그 이상 아무 말도 하지 않고 개가 주인의 뒤를 따르듯 장 발장의 뒤를 따라갔다.

그 뒤 반 시간도 못 되어 꼬제뜨는 잘 타오르는 불 옆에서 장밋빛 얼굴을 되찾고 늙은 정원사의 침대 속에 잠들어 있었다. 장 발장은 도로 넥타이를 매고 프록코트를 입고 있었다. 돌담 너머로 던졌던 모자도 찾아서 주워왔다. 장 발장이 프록코트를 입고 있는 동안 포슐르방이 풀어둔 방울 달린 무릎 덮개는, 지금은 광주리 옆 못에 걸려 벽을 장식하고 있었다.

두 사람은 테이블 위에 팔꿈치를 괴고 불을 쬐었다. 테이블 위에는 포슐르방이 내놓은 한 조각의 치즈와 검은 식빵과 포도주 한 병과 술잔 두 개가 가지런히 놓여 있었다. 노인은 장 발장의 무릎에 손을 얹고 말했다.

"마들렌느 씨, 당신께서 저를 그토록이나 알아보시지 못하다니! 당신께선 사람 목숨을 구해주시고도, 구해 준 사람을 잊어버립니다. 그건 아주 좋지 못해요. 구원받은 사람은 언제나 당신을 잊지 않고 있는데, 어쨌든 당신께선 인정이 없으십니다요."

자베르가 실패한 까닭

여태까지 그 이면을 보아왔다고도 할 수 있는 이상의 사건은 실은 지극히 간단한 사정 아래에서 일어난 것이었다.

죽은 팡띤느의 침대 옆에서 자베르에게 붙잡혔던 그날 밤, 장 발장이 몽트뢰이유 쉬르 메르 시립 감옥을 탈출했을 때, 경찰은 탈옥수가 빠리를 향해 사라진 게 틀림없으리라고 추측했다.

빠리는 모든 것을 삼켜 버리는 일대 소용돌이이다. 그러므로 한 번 거기에 빠지는 날이면 모든 게 바다의 소용돌이 속에 사라져 버리듯 인파의 소용돌이 속에 사라져 버리고 만다. 아무리 넓은 숲이라도, 빠리의 군중만큼 사람

노인은 장 발장의 무릎에 손을 얹고 말했다.

을 잘 감출 수는 없다. 어떤 도망자일지라도 그러한 사실을 알고 있다. 일단 빠리의 소용돌이에 빨려들어가기만 하면 살아날 수 있는 것이다.

경찰 쪽에서도 이런 사실을 잘 알고 있어서, 다른 곳에서 놓친 자도 으레 빠리에서 찾는다. 그러니만큼 경찰은 몽트뢰이유 쉬르 메르의 전 시장도 빠리에서 찾았다.

자베르는 수사를 돕기 위하여 빠리로 호출되었는데 실제로 그는 장 발장을 체포하는 데 커다란 힘이 되었다. 그가 그때 보여준 열의와 지혜는, 앙글레스 백작 아래에서 빠리 시경국장 비서를 지내고 있던 샤부이예 씨의 인정을 받았다.

게다가 샤부이예 씨는 자베르를 돌보아 주고 있었기 때문에, 이 몽트뢰이유 쉬르 메르의 경위를 빠리 시경 소속으로 영전시켜 주었다. 자베르는 빠리에서 여러 방면에 걸쳐 활약하여, 그러한 직무에 이런 표현은 우스운 일이지만, 꽤 명예로운 기량을 나타냈다.

그는 장 발장에 대해서는 이미 잊어버리고 있었다. 언제나 사냥감을 뒤쫓고 있는 그러한 개들은 오늘의 늑대 때문에 어제의 늑대를 잊어버리게 마련이다. 1823년 12월 어느 날, 여느때 신문 같은 것을 조금도 읽지 않는 그가 뜻밖에도 신문을 읽었다. 자베르는 왕당파였기 때문에 '총사령관 대공' 바이욘느의 개선에 관해 상세한 기사를 읽고 싶었던 것이었다.

그 기사를 재미있게 모두 읽고 난 뒤, 아랫면에 있는 하나의 이름이, 장 발장이라는 이름이 그의 주의를 끌었다. 신문이 전하는 바에 의하면 죄수 장 발장은 죽었다는 것이었는데, 그러한 내용이 너무나 확실하게 씌어 있었기 때문에 자베르는 조금도 의심하지 않았다. 그는 단지 잘되었어, 하고 느꼈을 뿐이었다. 그러고 나서 신문을 집어던진 뒤로 그 일에 대해 완전히 잊어버렸다.

그로부터 얼마 되지 않아 세느 와즈 도청으로부터 빠리 시경 앞으로, 몽페르메이유 마을에서 예사롭지 않은 상황 아래 발생한 어린이 유괴사건에 관한 경찰 사항의 보고서가 제출되어 왔다. 그 보고에 의하면, 그 지방의 어느 여관 주인에게 어머니가 맡겨두었던 7, 8살쯤 된 여자아이가 낯선 한 사나이에 의해 유괴되었다는 것이었다. 그 아이의 이름은 꼬제뜨였고, 어머니는 팡띤느라는 이름으로 자선병원에서 죽었으나 그것이 언제 어디서였는지 알 수 없다는 것이었다.

이 보고서가 자베르의 눈에 띄었다. 그는 생각에 잠겼다. 팡띤느라는 이름을 그는 잘 알고 있었다. 장 발장이 그 여자의 아이를 데리러 가도록 사흘 동안만 여유를 달라고 했던 것을 그는 기억하고 있었다. 그는 또 장 발장이 빠리에서 체포된 것은 마침 몽페르메이유행 마차를 타려던 찰나였던 일도 생각해 냈다.

또한 여러 가지 사실을 종합해 보건대 장 발장이 그 마차를 탄 것은 그것이 두 번째로, 이미 그전에도 그 마을 안까지는 모습을 나타내지 않았으나 마을 근처까지 다녀왔다는 정황은 충분히 있었다.

몽페르메이유의 시골까지 그는 무얼 하러 갔었던가? 그것은 결국 모르는 채 넘어가고 말았다. 그러나 지금 자베르는 생각의 일치점에 이르렀다. 그것은 팡띤느의 딸의 존재에서 비롯되었다. 장 발장은 그 아이를 데리러 갔던 것이다. 그런데 이번에는 그 아이가 어떤 사나이에 의해 유괴되었다고 한다.

그 낯선 사나이는 대체 누구일까? 장 발장일까? 그러나 장 발장은 죽고 없었다. 그리하여 자베르는 아무에게도 말하지 않고, 뿔랑셰뜨 골목에서 뿔라 데땡의 승합마차를 타고 몽페르메이유로 가보았다.

그곳에 가면 밝혀지리라고 그는 기대하고 있었으나 수수께끼는 오히려 미궁에 빠져들었다.

처음 며칠 동안, 떼나르디에 부부는 화가 나서 마구 떠들어 대고 다녔던 모양이다. 그래서 '종달새'가 없어졌다는 소문이 마을에 자자하게 퍼졌다. 소문은 곧 여러 가지 형태로 퍼지기 시작하여, 결국은 어린아이가 유괴되었다는 이야기로 결말지어졌다. 그리하여 경찰의 보고로까지 번졌던 것이다.

그러나 그 동안에 화났던 기분이 얼마쯤 가라앉자, 떼나르디에는 그 뛰어난 본능으로 뒤처리에 대한 일을 생각하게 되었다. 재판소의 검사님까지 움직이는 것은 자기에게 이익될 것이 추호도 없을 뿐더러 꼬제뜨의 유괴사건으로 자칫 잘못하면 자기가 하고 있는 온갖 수상쩍은 일에 대해 사직 당국의 이목을 쏠리게 하는 결과를 초래하게 된다는 것을.

부엉이가 가장 싫어하는 것은 촛불을 들이대는 일이다. 게다가 자기가 받은 1500프랑의 돈 문제는 어떻게 말해야 좋단 말인가. 그는 별안간 생각을 바꾸고 아내의 입도 굳게 막은 뒤 유괴된 어린아이 이야기만 나오면 깜짝 놀라는 체 해 보였다.

자기는 그런 건 통 모른다. 그야 물론 귀여운 아이를 그 모양으로 눈 깜박할 사이에 데리고 가 버렸으니, 처음에는 화가 나서 불평도 했었다. 그래도 인정상 다만 2, 3일만이라도 더 곁에 두고 싶었는데, 아무튼 데리러 온 사람이 그애 할아버지였으니 지극히 당연한 일이 아닌가. 그가 할아버지라고 덧붙인 것이 효과를 발휘했다.

자베르가 몽페르메이유에서 알아낸 일은 이상과 같은 것이었다. 할아버지라는 한 마디에 장 발장이 아닐까 하던 생각이 사라지고 말았다.

그러나 자베르는 두서너 가지 질문을 던져 떼나르디에의 말에 탐색의 침을 꽂아 보았다.

"그 할아버지란 어떤 자이며 이름은 무엇이었나?"

떼나르디에는 여기에 대해 시원스레 대답했다.

"돈많은 시골 영감이었습죠. 통행증도 보았어요. 뭐라든가, 기욤므 랑베르 씨라고 하던가요."

랑베르란 과연 사람좋은 시골영감 같은 믿을 만한 이름이었다. 자베르는 빠리로 돌아왔다.

"장 발장은 틀림없이 죽은 것이다" 하고 그는 스스로 마음에 타일렀다. "나는 한 방 먹었어."

그는 다시 이 사건을 잊어버렸다. 그런데 1824년 3월에 접어들어, 쌩 메다르 교구에 살고 있는 '적선하는 거지'라는 별명으로 불리는 기묘한 사나이에 관한 말을 들었다.

그 말에 의하면 그 사나이는 연금을 받고 있으며 본명은 아무도 모르고, 8살쯤 된 여자 아이와 단둘이 살고 있는데 아이에게 물어보아도 몽페르메이유에서 왔다는 것 말고는 무엇 하나 알 수 없다는 것이었다.

몽페르메이유! 또다시 이 지명이 나왔기 때문에 자베르는 귀를 기울였다. 전에 성당지기를 하다가 지금은 밀정 노릇을 하고 있는 나이먹은 거지 하나가 그 사나이에게 언제나 적선을 받고 있다기에 더욱 자세한 내용을 알아낼 수 있었다.

그 연금을 가진 사나이는 사람을 전혀 사귀지 않으며, 저녁에만 외출하고, 아무에게도 말을 걸지 않으며, 단지 어쩌다 한 번씩 가난한 자에게만 말을 할 뿐 사람을 가까이 하지 않는다. 이루 말할 수 없이 낡아빠진 누런 프록코트을 입고 있으나, 그 속에는 지폐가 잔뜩 꿰매어져 몇 백만 프랑의 값어치가 있다는 것이었다.

이 마지막 말이 자베르의 호기심을 끌었다. 그리하여 그는 그 이상한 연금 생활자를 눈치채이지 않고 바로 눈 앞에서 보기 위해, 어느 날 성당지기 사나이로부터 헌 누더기와 그가 매일 밤 쪼그리고 앉아 콧소리로 기도문을 중얼거리면서 염탐을 하고 있는 장소를 빌렸다.

과연 '수상한 사나이'는 그렇게 변장한 자베르에게 다가와 적선을 했다. 그 순간 자베르는 얼굴을 들었다. 장 발장이 자베르를 알아보고 느낀 것과 똑같은 충격을, 장 발장인 것을 알아본 자베르 쪽에서도 느꼈다.

그러나 어둠 속이었기 때문에 잘못 본 것인지도 모른다는 생각이 들었다. 장 발장의 죽음은 공식적으로 기정사실이 되어 있었다. 의혹이, 그것도 대단히 중요한 점에서의 의혹이 자베르의 머릿속에 남아 있었다. 자베르는 조심성 많은 사나이였으므로, 의혹을 품고 있는 동안에는 누구의 목덜미에 손대는 짓은 하지 않았다.

그는 그 길로 고르보 저택까지 그 사나이의 뒤를 밟아, 노파에게 입을 열게 했다. 그것은 손쉬운 일이었다. 노파는 몇 백만 프랑의 거액이 프록코트 안에 들어 있는 게 사실이라고 단정하면서, 천 프랑짜리 지폐에 대해서도 말을 꺼냈다.

"이 눈으로 본걸요! 이 손으로 만졌는걸요!"

그래서 자베르는 방을 하나 빌려 바로 그날 저녁부터 미행에 들어갔다. 그리하여 셋방살이하는 그 이상한 사나이의 방문 앞에서 목소리를 엿듣고, 안에서 일어나는 일을 알려고 했으나 장 발장은 열쇠 구멍에서 흐르는 불빛을 알아차리고 침묵을 지킴으로써 자베르의 계획을 무너뜨려 버렸던 것이다.

다음날 장 발장은 집을 옮기려 했다. 그러나 5프랑짜리 은화가 바닥에 떨어지는 바람에 그 소리가 노파의 귀에 들렸다. 노파는 돈 소리가 나는 걸 보니 떠나려는 게로구나 생각하고 급히 자베르에게 알렸다. 자베르는 큰 거리의 가로수 그늘에서 두 부하를 데리고 잠복해 있었다.

자베르는 시경에 협력을 요청했으나 체포하려는 자의 이름을 밝히지 않고 자기 가슴 속 깊숙이 접어 두었다. 이름을 밝히지 않은 데에는 세 가지 이유가 있었다.

첫째, 조금이라도 경솔한 짓을 했다가는 장 발장에게 경계심을 줄지도 모른다는 두려움이었다.

둘째, 죽은 것으로 되어 있는 늙은 탈옥수, 법정의 기록에 '가장 위험한 종류의 악한'이라고 영원히 기록되어 있는 죄수, 그러한 자를 체포한다는 것은 커다란 공로이므로 그것을 빠리 경찰국의 고참들이 신참인 자베르에게 맡길 리 없었기 때문에, 그는 자기가 눈독들인 죄수를 남의 손에 빼앗길까 걱정되었다.

셋째로, 자베르는 본디 예술가로서, 사람들을 깜짝 놀라게 하는 것을 좋아했다. 그는 오래 전부터 사람들 입에 오르내려 이미 알려져 있는 일의 성공은 좋아하지 않았다. 어둠 속에서 걸작을 만들어 내어 느닷없이 베일을 벗겨 보이기를 원했던 것이다.

자베르는 장 발장의 뒤를 밟아 나무에서 나무로, 거리 모퉁이에서 모퉁이로 뒤따르면서 잠시도 눈을 떼지 않았다. 장 발장이 이제 안심해도 된다고 여겼을 때도 자베르의 눈은 그에게서 떨어져 있지 않았다.

왜 자베르는 장 발장을 곧바로 체포하지 않았던가? 그것은 아직도 의문이 남이 있었기 때문이었다.

이즈음 경찰은 무엇이든 마음대로 할 수 없었다는 사실을 기억해 두어야겠다. 언론의 자유가 경찰권을 누르고 있었던 것이다. 몇 번인가 영장 없는 체포에 대해 신문이 떠들어 대어 의회에서까지 문제가 되었기 때문에 경찰은 겁을 먹고 있었다. 개인의 자유를 침해한다는 것은 중대한 문제였다.

경관들은 잘못을 범할까 두려워했고, 시경국장은 그들 자신에게 책임을 지우고 있었다. 한 번만 실수하면 그것으로 끝장이었다. 다음과 같은 기사가 스물이나 되는 신문에 게재되었을 때 빠리 안에 어떤 반향이 일어날 것인지 한 번 생각해 보면 이해가 될 것이다.

'어제 연금으로 생활하는 훌륭한 백발 노인이 8살 된 손녀를 데리고 산책하던 중 탈옥수로 체포되어 빠리 경찰국 유치장에 보내졌다!'

게다가 되풀이 말하지만, 자베르에게는 세심한 조심성이 있었다. 그의 내심의 주의가 시경국장의 주의에 더해져 있었던 셈이다. 그는 정말로 의혹을 품고 있었다.

장 발장은 그에게 등을 보이며 어둠 속을 걷고 있었다.

슬픔과 불안과 걱정과 낙담, 밤중에 달아나 꼬제뜨와 자기를 위해 빠리 안을 정처없이 헤매며 숨을 집을 찾지 않으면 안 되는 새로운 불행, 어린아이의 걸음에 자기 걸음을 맞추지 않으면 안 되는 안타까움, 이러한 것들이 쌓여서 자신도 모르는 사이에 걸음걸이마저 변화시켜 그의 모습이 아주 늙어 보였기 때문에 자베르라는 경찰의 화신 같은 자까지도 잘못 알아볼 정도여서 실제로 못 알아보았던 것이다.

너무 가까이 다가가 볼 수도 없었고, 망명한 늙은 가정교사와도 같은 그의 옷차림, 그를 어린 여자아이의 할아버지라고 단언한 떼나르디에의 이야기, 게다가 감옥에서 죽은 것으로 되어 있는 일 등을 생각할수록 짙은 의혹이 자베르의 가슴에 피어 오르는 것이었다.

한 번은 신분 증명 서류를 제시하라고 느닷없이 요구할까 하는 생각도 해 보았다. 그러나 만약 그 사나이가 장 발장이 아니라면, 정당한 연금을 받는 선량한 늙은이가 아니라면, 아마도 빠리의 온갖 범죄조직에 깊이 관여하는 악한이며 위험한 패들의 우두머리로서 정체를 숨기기 위해 적선을 하는 낡은 수법을 쓰고 있는 늙은이임에 틀림없을 것이다.

그에게는 반드시 부하들과 동료들이 있고, 여러 곳에 아지트를 두고 있어 그 속에 몸을 숨기려 할 게 틀림없으리라. 저렇게 거리를 빙글빙글 도는 것만 봐도 여느 늙은이로 생각되지 않는다. 너무 서두르면 '황금 달걀을 낳는 암탉을 죽이는' 격이 된다. 천천히 덤벼든들 어떠랴?

이쯤 되고 보면 절대로 놓치지 않으리라는 배짱을 자베르는 가지고 있었다. 그리하여 그는 망설이면서 그 수수께끼 같은 인물에 대해 여러 모로 생각하며 그의 뒤를 쫓고 있었다.

그런데 상당히 뒤늦은 셈이긴 했으나, 뽕뜨와즈 거리까지 왔을 때 어느 술집에서 흘러나오는 밝은 불빛으로 그는 그가 분명 장 발장이라는 것을 알아보았다.

이 세상에는 너무나 기뻐서 부들부들 몸을 떨게 되는 경우가 두 가지 있다. 어머니가 잃었던 자식을 다시 만나거나, 호랑이가 먹이를 다시 만난 경우이다. 자베르는 그러한 주체할 길 없는 기쁨에 부들부들 몸을 떨었다.

무시무시한 탈옥수 장 발장의 모습을 확실히 알아보았을 때, 그는 곧 자기 편에는 세 사람뿐이라는 것에 생각이 미쳤다. 그래서 그는 뽕뜨와즈 거리의 경찰서에 협조를 요청했다.

가시돋친 막대기를 쥐기 위해서는 우선 장갑을 끼지 않으면 안 된다.

그 때문에 시간이 걸린 것과, 롤랭의 네거리에서 걸음을 멈추고 부하 경관들과 의논한 일 등으로 그는 하마터면 장 발장을 놓칠 뻔했다. 그러나 장 발장이 틀림없이 강을 사이에 두고 추적꾼들과 자기 사이를 떼어놓으려 할 거라고 그는 곧 꿰뚫어 보았다.

마치 사냥개가 땅에 코끝을 대고 방향을 냄새맡는 것처럼 자베르는 머리를 갸웃거리며 생각했다. 그는 올곧은 본능의 힘으로, 똑바로 오스떼를리쯔 다리로 향했다. 다리지기에게 한 마디 물어봄으로써 사태를 파악할 수 있으리라 짐작되었다.

"어린 여자아이를 데리고 있는 사나이를 못 보았나?"

"그 사나이에게 2수를 치르게 했습니다" 하고 다리지기는 대답했다.

자베르가 다리에 들어서니, 마침 장 발장이 꼬제뜨의 손을 잡고 달빛이 환히 내리비치는 빈 터를 지나가는 모습이 보였다. 그리고 뒤이어 그가 슈맹베르 쌩 땅뜨완느 거리로 들어가는 것도 보였다. 그는 그곳에 그물을 쳐놓은 듯한 이상적인 '장로 막다른 길'이 있는 것을 떠올리고, 거기에서 드르와 뮈르 거리를 거쳐 삑쀠스 골목으로 빠지는 하나뿐인 출구를 생각해 냈다.

그는 사냥꾼들의 말처럼 앞질러 출구를 막아 버리기 위해 부하를 하나 다른 길로 급히 보냈다. 병기창으로 돌아가는 순찰병들을 만나자, 그들에게 부탁하여 돕도록 했다.

이러한 승부에는 군인들이 어울린다. 게다가 산돼지 사냥에는 사냥꾼의 지혜와 사냥개들의 협력이 필요한 게 원칙이다.

이만한 조치를 취해 놓았으니 오른쪽으로 가면 장로 막다른 길이고, 왼편으로 가면 부하 경관이 있고, 뒤에는 자베르 자신이 있어서 장 발장은 이미 잡은 것이나 다름없다고 생각하면서 그는 코담배를 한 움큼 집어 냄새 맡았다.

그런 뒤 그는 사냥을 시작했다. 그것은 벅차오르는 즐거움에 찬 잔혹한 시간이었다. 그는 눈앞에 있는 사냥감이 가는 대로 내버려두었다. 이미 자기 손아귀에 들어왔다는 자만심이, 포박하는 순간을 되도록 뒤로 늦추고 있었다.

이미 잡힌 거나 다름없는 것이 자유롭게 돌아다니는 모습을 보는 게 즐거워서, 거미줄에 걸린 파리를 파닥거리게 내버려두는 거미나 또는 사로잡힌 쥐를 이리저리 도망다니게 하는 고양이 같은 쾌감에 넘친 눈초리로 지그시 사나이를 살피고 있었다. 먹이를 짓누르는 발톱에는 악마적인 쾌감이 스며드는 법이다. 사로잡은 먹이가 발버둥치고 움직이는 것을 느끼며, 차츰 숨통을 짓눌러 가는 즐거움이 얼마나 큰가!

자베르는 즐기고 있었다. 올가미의 줄은 단단히 죄어져 있었다. 일이 잘되어 가는 것은 의심할 여지가 없었다. 그는 이제 다만 손에 힘을 주기만 하면 되었다.

그에게는 든든한 부하들까지 딸려 있었기 때문에, 장 발장이 아무리 용기 있고 힘세고 필사적으로 도망친다 할지라도 잡지 못하게 되리라고는 꿈에도 생각할 수 없었다.

자베르는 조금씩 올가미의 줄을 죄어갔다. 마치 도둑의 주머니라도 뒤지듯 거리의 구석진 곳을 샅샅이 살피며 죄어들어갔다.

그러나 거미집 한가운데까지 이르렀을 때, 파리는 이미 그곳에 없었다. 그가 얼마나 이를 갈며 분해했을 것인지 상상하고도 남음이 있다.

그는 드르와 뮈르 거리와 삑뿌스 골목의 모퉁이에 배치해 두었던 잠복 경관에게 물어보았다. 자기가 맡은 장소에 침착하게 버티고 있었으나, 그 사나이가 지나는 것은 보지 못했다고 말했다.

때로는 사슴도 귀신같이 숨어 버린다. 사냥개 무리에게 바싹 쫓기다가 갑자기 없어져 버리는 일이 있다. 그런 때는 아무리 노련한 사냥꾼일지라도 아연해진다.

뒤비비에며 리니빌이며 데프레스 같은 명수들도 어쩔 수 없는 것이다. 그런 실패를 한 뒤 아르똥즈는 이렇게 내뱉었다.

"그것은 사슴이 아니라 마법사였어!"

자베르도 같은 한탄의 소리를 질렀을지도 모른다.

그는 낙담한 나머지 한동안 절망과 광포에 미쳐 날뛰었다.

나뽈레옹은 러시아 전투에서 실수하고, 알렉산더는 인도 전투에서 실수하고, 시저는 아프리카 전투에서 실수하고, 키로스는 씨씨아 전투에서 실수했듯이, 자베르는 장 발장을 상대로 한 일전에서 분명 실수를 했다.

무엇보다도 그 전과자를 알아보는 데 주저한 것이 잘못이었다. 한눈으로 보아 알 수 있는 일이 아니었던가! 처음부터 그 황폐한 집에서 단번에 체포하지 않았던 게 잘못이었다. 뽕뜨와즈 거리에서 확신을 가졌을 때 단번에 덤비지 않았던 게 잘못이었다. 롤랭 십자로에서 정면으로 달빛을 받으며 부하들과 의논한 것이 잘못이었다.

물론 여러 사람들의 의견이란 무시할 수 없는 것이고 믿음직한 사냥개들의 의견을 듣는 것도 좋은 일이다. 그러나 늑대나 탈옥수 같은 방심할 수 없는 짐승을 몰아세울 때는 사냥꾼이 아무리 조심에 조심을 거듭해도 지나치지 않다.

자베르는 사냥개들에게 방향을 지시하는 일에 지나치게 골몰한 나머지 짐승으로 하여금 이쪽의 기척을 알아차리게 하여 보기좋게 놓쳐 버렸다. 더욱이 오스떼를리쯔 다리에서 다시 종적을 붙잡은 다음, 그 정도의 상대를 한 가닥 실 끝에 매어두려고 한 바보스럽고 어리석은 장난질이 잘못이었다.

자기 힘을 과신하고 쥐를 상대하듯 사자와 맞섰다. 동시에 자기 힘을 과소평가하고 도움을 청해야 한다고도 생각했다. 그러한 조심이야말로 파탄을 가져온 원인으로서 귀중한 시간을 잃었던 것이다.

자베르는 그러한 실수를 모조리 저지르기는 했으나, 그래도 역시 세상에서 가장 현명하고 정확한 경찰의 하나임에 틀림없었다. 말 그대로, 그는 사냥에서 말하는 ‘영리한 개’였던 것이다. 그러나 세상에 어떻게 완전한 것이 있으랴?

위대한 전략가라 할지라도 실수는 하는 법이다.

큰 실패도 굵은 동아줄처럼 숱한 가는 줄이 한데 꼬아져 이루어지는 일이 많다. 동아줄을 한 가닥 한 가닥의 새끼로 풀어내듯 큰 실패도 아주 적은 결정적인 원인으로까지 풀어헤치고 보면 그 하나하나를 잘라나가기란 손쉬운 일이어서 뭐야 겨우 이 정도인가 하고 여겨진다. 그러나 그것을 모조리 주워 맞추고 꼬아올리면 거대한 것이 된다.

그리하여 앗틸라는 동방의 마리상 황제와 서방의 발렌티니앙 황제 사이에서 우물쭈물했고, 한니발은 카푸아에서 꾸물거렸고, 당똥은 아르씨 쉬르오쁘(당똥의 고향)에 잠들었던 것이다.

장 발장이 자기 손아귀에서 달아난 것을 알았을 때 자베르는 이성을 잃거나 하지는 않았다. 올가미를 뚫고 나간 그 죄수가 아직 멀리 갔을 리 없다고 믿은 그는 감시자를 두고, 함정과 복병을 쳐놓고, 밤새도록 그 주위를 뒤졌다.

그는 가로등이 파손되고 그 줄이 잘라진 것을 발견했다. 그것은 중요한 단서였다. 그러나 그는 그 때문에 오히려 방향을 잘못 잡아, 장로 막다른 길에만 눈길을 돌렸다.

그 막다른 골목에는 꽤 야트막한 담장들이 몇 개나 있었으며, 그 안으로 정원이 있고 정원 주위로 넓은 황무지가 펼쳐져 있었다. 장 발장은 틀림없이 그곳으로 달아났을 거라고 생각했다.

사실 장 발장이 장로 막다른 길로 좀더 들어갔더라면 아마도 붙잡혔을 것이다. 자베르는 마치 떨어뜨린 바늘을 찾듯 그 정원들과 황무지를 샅샅이 뒤졌다.

날이 샐 무렵 그는 영리한 부하 둘을 파수꾼으로 남겨 놓고, 마치 도둑에게 되잡힌 밀정 같은 수치심을 느끼며 시경찰국으로 돌아갔다.

제6편 쁘띠 삑뛰스

삑뛰스 골목 62번지

반세기 전쯤에는 삑뛰스 골목 62번지에 있는 정문은 아무데서나 흔히 볼 수 있는 보통 대문이었다. 여느 때는 언제나 반쯤 열려져 사람 마음을 끄는 그 문 안에서 음울한 느낌이 전혀 없는 두 가지를 볼 수 있었다. 포도덩굴에 뒤덮인 담장으로 에워싸인 안마당과, 이리저리 거닐고 있는 문지기의 표정이었다. 그리고 안쪽 담장 위로는 큰 나무들이 보였다. 햇빛이 안마당을 화사하게 비추거나 문지기가 한잔 마셔 기분좋을 때 이 삑뛰스 골목 62번지 앞을 지나가면 어쩐지 가벼운 미소가 절로 떠올랐다. 그런데 지금은 독자도 이미 보신 바와 같이 음산한 곳이다.

입구는 미소짓고 있었으나, 건물 내부는 기도를 드리며 울고 있었다.

제법 까다롭게 구는 문지기를 어떻게 해서든 겨우 통과하여—이것은 '열려라, 참깨!'라는 주문을 알아야만 되므로 대부분의 사람으로서는 힘든 일이었지만—오른쪽의 조그만 현관에 발을 들여 놓으면, 두 벽 사이로 한 사람씩밖에 오르내리지 못할 만큼 좁은 층계가 있다. 그 층계의 초콜릿빛 장식 판자를 아랫부분에 붙인 미색 벽을 꺼림칙하게 여기지 않고 올라가 층계참을 지나면 2층 복도로 나가게 되어 있었다. 그 노랗게 칠한 벽과 초콜릿빛 장식 판자는 이루 말할 수 없는 고요를 빚어내고 있었다.

층계와 복도는 두 개의 훌륭한 창문으로 빛을 받아들이고 있었다. 복도는 구부러져 거기서부터 어둠침침했다. 모서리를 돌아 몇 걸음 나아가면 어떤 문 앞에 이르는데, 그 문은 꼭 닫혀 있지 않아서 한결 신비로움을 느끼게 한다. 문을 밀고 들어가면 안은 사방 6피트쯤 되는 작은 방으로 바닥에 타일이 깔려 있고, 티 하나 없이 청결하고 차가우며, 벽은 한 두루마리에 15수 하는 푸른 꽃무늬가 찍힌 중국 난징 벽지로 발라져 있었다.

방의 왼편은 벽 전체가 큼지막한 창으로, 조그만 유리를 여러 장 끼운 그 창문으로 흐릿한 햇빛이 비쳐들고 있었다. 방 안을 둘러보면 아무도 없다. 귀를 기울이면 발자국 소리도 사람 목소리도 들리지 않는다. 벽에는 아무것도 걸리지 않았으며, 가구는 의자 하나 놓여 있지 않았다.

좀 더 자세히 살펴보면, 문 맞은편 벽에 사방 1피트쯤 되는 네모진 구멍이 뚫려 있었다. 검고 마디진 튼튼한 쇠창살이 가로세로 끼워져, 바둑판 무늬처럼 되어 있다기보다 오히려 대각선 길이가 1인치 반도 안 되는 그물눈을 만들어내고 있었다. 벽지의 자잘한 푸른 꽃무늬는 차분하고 질서정연하게 늘어서서 그 쇠창살까지 와닿아 있었으며, 그 음울한 구도 속에서도 꽃무늬의 따뜻한 분위기는 조금도 흐트러지지 않고 있었다.

그 네모진 구멍으로 드나들 만한 깜짝 놀랄 정도로 작은 생명체가 있다 할지라도, 창살은 그것을 막았으리라. 그곳으로 물체는 드나들지 못하고 눈, 곧 정신은 드나들게 하고 있었다. 어쩌면 본디 그러한 생각에서 만들어진 것 같기도 했다. 왜냐하면 창살에서 조금 안쪽으로 그물국자의 구멍보다도 더 자잘한 구멍이 무수히 뚫린 양철판 한 장이 벽에 끼워져 있었으니까.

그 양철판 밑으로는 우체통 같은 구멍이 하나 뚫려 있었다. 방울 장치에 달린 끈 하나가 창살 구멍 오른쪽에 늘어져 그 끈을 잡아당기면 방울이 울리고, 깜짝 놀랄 만큼 바로 곁에서 사람 목소리가 들린다.

"누구십니까?" 하고 그 목소리는 묻는다.

너무도 조용해서 어쩐지 슬프게 느껴지는 여자 목소리였다.

여기서 또 주문 하나를 알고 있지 않으면 안 된다. 주문을 알지 못하면 그 목소리는 끊어져 버리고, 벽 저쪽은 무덤 속 암흑처럼 잠잠해지는 것이다.

만약 그 주문을 알고 있으면 목소리는 대답한다.

"오른쪽으로 들어오십시오."

창문 맞은편 오른쪽에 천창이 달려있는 잿빛으로 칠한 유리문이 있었다. 쇠고리를 올려 문을 열고 안으로 들어가면 아직 격자문이 내려지지 않고 샹들리에도 켜지지 않은 극장 칸막이 좌석에 들어간 듯한 느낌이 든다. 아닌게 아니라 그것은 꼭 극장의 칸막이 좌석처럼 유리문으로 약한 햇빛이 희미하게 비쳐드는 좁은 공간에 두 개의 헌 의자와 올이 풀린 짚방석 하나가 준비되어 있다. 그리고 팔꿈치만한 높이의 면접창에는 한 장의 검은 널빤지가 가로질러져 있었다. 창구에는 창살이 달렸는데, 그것은 오페라 극장에서 보는

것처럼 금빛 번쩍이는 나무 창살이 아니라 주먹만한 크기의 회반죽으로 벽
에 박아놓은 끔찍한 쇠창살이었다.

조금 지나 그 지하실 같은 어스름빛에 눈이 익숙해져서, 창살 저쪽을 들여
다보려고 해도 겨우 6인치쯤밖에는 더 보이지 않는다. 바로 그 눈길이 가 닿
는 곳에 고동색으로 칠한 가로장을 튼튼하게 질러놓은 검은 판자문이 있었
다. 길고 얇은 널빤지를 빈틈없이 이어서 만든 그 판자문은 창살을 통째로
가리고 있었다. 그것은 언제나 닫혀 있었다.

한참 있으면, 그 판자문 저쪽에서 어떤 목소리가 들려 온다.

“나는 여기 있습니다. 무슨 볼일이십니까?”

그것은 귀여운 여자의 목소리, 어떤 때는 사랑스러운 여자의 목소리다. 그
러나 그 누구의 모습도 보이지 않는다. 숨소리마저 거의 들리지 않는다. 무
덤 같은 벽을 통해 말을 걸어오는 하늘의 목소리와도 같다.

매우 드문 일이지만, 이쪽이 만일 저쪽에서 원하는 대로 일정한 조건을 갖
춘 사람일 경우 한쪽 판자문의 좁은 널빤지가 맞은편에서 열리면서 하늘의
목소리가 그 모습을 나타낸다. 창살 뒤로, 판자문 뒤로 창살 사이를 통하여
얼굴 하나가 보인다. 겨우 입과 턱언저리만 보일 뿐, 그 나머지는 검은 베일
로 가렸다. 검은 가슴받이와 검은 수도복에 싸인 또렷하지 않은 모습이다.
그 얼굴이 말을 걸어온다. 그러나 이쪽으로 눈길을 주는 일도 없고, 웃는 일
은 더더욱 없다.

이쪽 등 뒤에서 비쳐드는 햇빛으로 저쪽 사람은 하얗게 보이고, 저쪽에서
는 이쪽 모습이 검게 보이도록 되어 있었다. 그 빛은 하나의 상징이었다.

이윽고 눈은 열린 창구멍으로, 모든 사람의 눈과 격리된 그 장소 안으로
마구 빨려 들어간다. 깊숙하고 몽롱한 그 무엇이 검은 옷 입은 여인을 감싸
고 있다. 눈은 그 몽롱한 것을 더듬어, 나타난 여인의 주위에 있는 것을 알
아내려고 애쓴다. 그러나 얼마 되지 않아 아무것도 보이지 않는 것을 깨닫게
된다. 보이는 것이라고는 밤이며, 공허이며, 어둠이며, 무덤의 공기와 한데
섞인 겨울 안개이며, 무섭기까지 한 안식이며, 심지어는 한숨 소리조차도 들
을 수 없는 정적이며, 환영조차도 볼 수 없는 어둠뿐이었다.

여태까지 보고 있던 것은 수도원의 내부였다.

그것은 상시(常時) 성체 조배(朝拜) 베르나르 수녀회 수도원이라고 부르

는 음산하고 엄격한 집의 내부인 것이다. 지금 그 방은 응접실이었다. 처음에 말을 걸어온 그 목소리는 접수하는 수녀의 목소리로, 그녀는 벽 저쪽의 네모진 구멍 옆에 마치 두 겹의 가면을 쓴 듯 쇠창살과 무수한 구멍이 뚫린 양철판으로 격리되어 움직이지 않고 늘 말도 없이 앉아 있었다.

창살 달린 그 방이 어둠 속에 잠겨 있는 것은, 응접실 창문이 세상 쪽으로만 하나 나 있고 수도원 안쪽으로는 전혀 없기 때문이었다. 그 성역 안 어떤 것도 세상 사람들에게 보여서는 안 되었던 것이다.

그러나 어둠 저쪽에는 무엇인가 있었다. 하나의 광명이 있었다. 그러한 죽음의 그림자 속에는 하나의 생명이 있었다. 이 수도원은 세상과 가장 등지고 있지만 작자는 이제부터 그 안으로 들어가 보기로 하겠다. 그리고 독자들도 그 안으로 들여보내 일찍이 어떤 작가들도 본 적 없는, 따라서 한 번도 알려진 일이 없었던 것을 조심스럽게 이야기해 볼까 한다.

마르땡 베르가의 분원

이 수도원은 1824년을 아득히 거슬러 올라간 먼 옛날부터 이 쁘띠 쁙쀠스 골목에 세워진 것으로 마르땡 베르가 수도회 분원인 베르나르 수녀회였다.

그러므로 여기 있는 베르나르회 수녀들은, 베르나르회 수도사들처럼 끌레르보회에 속하지 않고 베네딕뜨회 수도사들처럼 씨또회에 속해 있었다. 다시 말해 성 베르나르가 아닌 성 베네딕뜨를 따르는 사람들이었다.

조금이라도 옛 문헌을 뒤적여 본 적 있는 사람이라면 누구나 알겠지만, 마르땡 베르가는 1425년에 베르나르회와 베네딕뜨회 수녀들을 한데 합친 베르나르 베네딕뜨회를 창설하여 본원을 쌀라망까에, 지부를 알깔라에 두었다.

이 수도회는 유럽의 모든 가톨릭교 나라에 가지를 펼치고 있었다.

이렇듯 하나의 수도회를 다른 수도회에 접목하는 것은, 로마 교회에서 그리 드문 일이 아니었다. 여기에 이야기하고 있는 성 베네딕뜨회만 해도, 마르땡 베르가의 분원 말고도 네 개의 수도회가 더 연결되어 있었다. 이탈리아에 둘―몬떼 까시노회와 빠뚜바의 싼따 쥬스띠나회―프랑스에 둘―끌뤼니회와 쌩 모르회―있었다. 그리고 다시 그것에 연결된 9개의 수도회 곧 발롬브로자회, 글라몽회, 쎌레스땡회, 까말딜회, 샤르뜨뢰회, 위밀리에회, 올리바뙤르회, 씰베스뜨랭회, 그리고 씨또회가 있었다. 여기에 씨또회를 넣는 까닭은, 씨또회 자체가 다른 몇 개 수도회의 기둥이면서도 성 베네딕뜨에 대해서는 줄기에서 갈라져 나온 하나의 가지에 지나지 않기 때문이다. 씨또회는 1098년에 랑그르교구의 몰레므 대수도원장이었던 성 로베르가 세웠다. 그런데 수비아꼬의 사막에 은거하고 있는 악마가(그 무렵 무척 나이가 많았기 때문에 은퇴할 단계에 이르렀던 것일까?) 17살의 성 베네딕뜨에게 살고 있던 아폴로의 낡은 신전에서 쫓겨난 것은 529년의 일이었다.

언제나 맨발로 걸어다니고, 목에 버들바구니를 걸고, 결코 앉는 법이 없는 까르멜회 수녀들의 규칙 다음으로 가장 엄격한 것은, 마르땡 베르가의 베르나르 베네딕뜨 수녀들의 규칙이다. 수녀들은 검은 수도복을 걸치고, 가슴받이는 성 베네딕뜨의 엄명에 따라 턱 아래까지 올라가 있다. 소매가 넓은 모직 장옷, 커다란 모직 베일, 가슴 위에서 네모지게 잘려 턱을 치받치고 있는 가슴받이, 눈 가장자리까지 내려온 머리띠, 이것이 수녀들의 차림새이다. 검정 일색으로 다만 이마의 머리띠만 희다. 예비수녀도 똑같은 복장에 색깔만 희게 해서 입는다. 서원 수녀는 그 밖에 묵주를 허리에 차고 있다.

마르땡 베르가의 베르나르 베네딕뜨회 수녀들은 쌩 싸크르망(성체를 받드는 수녀)이라고 불리는 베네딕뜨회 수녀들처럼 늘 성체 조배를 했다. 금세기 첫무렵 베르나르 베네딕뜨회 수녀들은 빠리에 수녀원이 두 채 있었는데 하나는 땅쁠, 다른 하나는 뇌브 쌩뜨 즈느비에브 거리에 있었다. 그러나 지금 여기서 이야기하고 있는 쁘띠 삑쀠스의 베르나르 베네딕뜨회 수녀들은 뇌브 쌩뜨 즈느비에브나 땅쁠 수도원의 쌩 싸크르망 수녀들과는 전혀 다른 성격을 지니고 있었다.

규칙도 복장도 꽤 다르다. 쁘띠 삑쀠스의 베르나르 베네딕뜨회 수녀들은 검은 가슴받이를 걸치고 있었으나, 쌩 싸크르망의 베네딕뜨회 수녀들과 뇌브 쌩뜨 즈느비에브 거리의 베네딕뜨회 수녀들은 흰 가슴받이를 걸치고 있었다. 그리고 길이 3인치쯤 되는 도금한 은이나 구리로 만든 성체를 가슴에 달고 있었다. 쁘띠 삑쀠스의 수녀들은 그런 성체를 달고 있지 않았다. 상시 성체 조배는 쁘띠 삑쀠스 수녀원과 땅쁠 수녀원이 똑같이 하고 있었으나, 두 수녀원은 전혀 다른 수도회였다. 다만 상시 성체 조배를 한다는 점이 같을 뿐이었다.

이것은 마치 필립 드 네리가 피렌체에 설립한 이탈리아의 오라뜨와르 수도회와 삐에르 드 베륄이 빠리에 설립한 프랑스의 오라뜨와르 수도회가, 예수 그리스도의 탄생과 생애와 죽음과 성모 마리아에 관한 모든 신비를 연구하고 찬미하는 점에서 비슷하면서도 꽤 큰 차이점을 지녀 때로는 적이 되는 일도 있는 것과 마찬가지라고 하겠다. 필립 드 네리는 한낱 성자에 지나지 않았으나 베륄은 추기경이었으므로, 빠리의 오라뜨와르 수도회는 늘 우위를 주장하고 있었다.

마르땡 베르가의 엄격한 스페인식 규칙으로 이야기를 되돌리기로 하자.

그 분원인 베르나르 베네딕뜨 수도회 수녀들은 일 년 내내 고기를 먹지 않고, 사순절이나 이 수도회가 정한 많은 특별한 날에 단식을 하고, 잠자는 시간도 아주 짧아 날마다 새벽 1시부터 3시까지 일어나 성무일도서를 읽고 새벽기도를 한다. 어느 계절에나 모직 담요를 덮고 짚방석 위에서 자며, 더운 물을 쓰지 않고, 결코 난로에 불을 지피지 않으며, 금요일마다 고행하고 침묵의 규칙을 지키고 아주 짧은 휴식 시간에만 서로 이야기한다.

십자가를 현양하는 축일인 9월 14일부터 부활절까지 여섯달 동안은 거친 모직 셔츠를 입는다. 이 여섯달이라는 것은 규칙이 완화된 뒤의 일이고, 실제로는 일 년 열두 달 내내로 규정짓고 있었다. 그러나 아무래도 이 거친 모직 속옷으로는 한여름의 더위를 견뎌내지 못해 열병이나 신경통을 일으키는 수가 많았기 때문에, 착용을 제한하게 되었다. 그런데 이 정도로 규칙이 완화되었어도, 9월 14일이 되어 수녀들이 이 속옷을 입으면 며칠은 열을 내며 앓게 마련이다. 순명, 청빈, 정결, 봉쇄구역 안에서 생활하는 게 이 수녀들의 서원이고 규칙이 그것을 더욱 무겁게 만들고 있었다.

수노원상은 집회에서 발언권이 있으므로 '메르 보까르'^(선거권을 가진 동정의 어머니)라고 불리는 메르들이 3년마다 선출한다. 원장은 두 번밖에 재선될 수 없으므로 한 원장이 아무리 오래 원장으로 있는다 해도 9년으로 제한된다.

수녀들은 절대로 사제를 보아서는 안 되기 때문에, 사제는 7피트 높이로 쳐진 휘장으로 언제나 가려진다. 강론 때 성당 안에 남자 강론자가 있을 때 수녀들은 얼굴 위로 베일을 내린다. 또 언제나 낮은 목소리로 말해야 하며, 눈을 내리깔고 고개를 숙이고 걸어야 한다. 남자로서 그 수도원 안에 자유로이 들어올 수 있는 사람은 교구장인 대주교 한 사람뿐이다.

하긴 또 한 사람 있었다. 바로 정원사였다. 그러나 정원사는 노인으로 한

정되어 있으며, 언제나 정원에 혼자 있도록 하고, 수녀들이 그를 피할 수 있도록 무릎에 방울을 달고 있어야 했다.

수녀들은 모두 절대 순명으로 원장을 따른다. 교회법이 정하고 있는 순명의 완전한 자기 포기로서 따르고 있는 것이다. 그리스도의 말씀에(ut voci Christi), 그분의 행동과 최초의 손짓에(ad nutum, ad primum signum), 곧바로 기쁘고 끈기있게 절대 순명하는(prompte, hilariter, perseveranter et coeca quadam obedientia), 노동자 손 안에 있는 줄(연장)처럼(quasi limam in manibus fabri) 되어야 하고 또한 어떠한 것이든 특별한 허락 없이 읽거나 쓰면 안 된다(legere vel scrib-ere non addiscerit sine expressa superioris licentia)는 것이다.

수녀들은 모두 차례차례로 그들이 이른바 '속죄'라고 부르는 것을 실행한다. 속죄라는 것은 지상에서 범하는 모든 악과 모든 과오, 모든 방종, 모든 위법, 모든 부정, 모든 죄를 위해 기도드리는 일이다. 오후 4시부터 오전 4시까지, 또는 오전 4시부터 오후 4시까지 12시간 계속하여 '속죄'하는 수녀는 두 손을 마주잡고 목에 줄을 걸고 성체 앞 돌 위에 무릎을 꿇고 앉는다. 지쳐서 견딜 수 없게 되면 얼굴을 밑으로 하여 팔을 열십자로 벌리고 엎드린다. 이것이 유일하게 허락된 편안한 자세이다. 그러한 자세로 수녀들은 이 세상 모든 죄인을 위해 기도를 드린다. 그것은 숭고하리만큼 위대한 일이다.

이 고행은 위에 큰 촛불을 밝힌 기둥 앞에서 하므로, '속죄한다'거나 '기둥에 있다'고 구별없이 말한다. 수녀들은 겸손한 마음에서 고행과 굴종의 뜻을 포함하고 있는 뒤의 말을 즐겨 쓴다.

'속죄한다'는 것은 온 마음을 기울이는 일이다. 기둥에 있는 수녀는 벼락이 떨어져도 돌아보지 않는다.

그 밖에도 성체 앞에는 늘 한 수녀가 무릎을 꿇고 있다. 이 조배는 한 시간으로 되어 있다. 수녀들은 불침번을 서는 병사들처럼 교대해 가면서 떠나지 않는다. 이것이 상시 성체 조배(l'Adoration perpétuelle)인 것이다.

수녀원장이나 메르들은 대개 어마어마한 뜻을 지니는 이름을 갖고 있다. 그 이름은 성녀와 여성 순교자가 아니고, 예수 그리스도 생애의 어느 시기를 상기시킨다. 이를테면 메르 나띠비떼(예수 탄생의 어머니), 메르 꽁셉시용(예수 잉태의 어머니), 메르 쁘레장따시용(예수 봉헌의 어머니), 메르 빠씨용(예수 수난의 어머니) 등이다. 그러나 성녀의 이름을 갖는 게 금지된 것은 아니다.

성체 앞에는 늘 한 수녀가 무릎을 꿇고 있다.

수녀들을 만나도 입밖에 보이지 않으며, 모두 누런 이빨을 하고 있다. 칫솔은 절대로 이 수도원 안으로 들어오지 못한다. '이를 닦는' 것은 '영혼을 멸망시키는' 일이다. 수녀들은 무엇에 대해서도 '나의'라고 하지 않는다. 나의 것은 아무것도 없으며, 또 무엇에도 집착하지 않는다. 수녀들은 모든 것에 대해 '우리'라고 한다. 이를테면 우리 베일, 우리 묵주, 입고 있는 속옷에 이르기까지도 '우리 속옷'이라고 말한다.

때로 수녀들은 기도서나 유품이나 축성 받은 메달 같은 것에 마음끌리는 일이 있다. 그러나 자기가 그 물건을 소중하게 여기기 시작했다고 깨달으면 곧 버리지 않으면 안 된다. 수녀들은 성녀 대데레사의 말을 명심하고 있다. 어느 귀부인이 성녀 대데레사의 수도회에 들어갈 때 "제가 몹시 소중하게 여기는 성서를 가지러 집에 가도록 허락해 주세요"라고 말했더니, 성녀 대데레사는 대답했다.

"아, 당신은 무엇인가를 소중하게 여기고 계시는군요! 그렇다면 우리가 있는 곳에 들어오지 못하십니다."

혼자 방 안에 틀어박히거나, 자기만의 장소를 가지고 자기 방을 갖는다는 것은 모든 수녀에게 금지되어 있다. 수녀들은 개방된 방에서 생활한다. 서로 마주칠 때에는, 한 수녀가 "제단의 성체에 찬미와 조배를 드릴지어다!"라고 말한다. 그러면 상대방은 "영원토록"이라고 대답한다. 한 사람이 다른 사람의 방을 찾을 때에도 같은 인사를 한다. 문에 손을 대기도 전에 저쪽에서 정다운 목소리로 "영원토록"이라고 재빨리 말하는 것이 들린다. 모든 의식처럼 그것도 습관으로 말미암아 기계적인 인사가 되어 있다. 그래서 상대방이 "제단의 성체에 찬미와 조배를 드릴지어다!"라는 꽤 긴 인사말을 채 끝내기도 전에 "영원토록"이라고 말해 버리는 수도 있다.

성모 방문회 수녀들 사이에서는, 방문해 온 쪽이 "아베마리아"라고 말하고 맞이하는 쪽은 "그라띠아 쁠레나(은총이 충만하다는 뜻)"라고 말한다. 성모 방문회의 이 인사는 실제로 '은총이 충만한' 인사이다.

시간마다 수도원 안의 성당 종에 덧붙여 보조 종을 세 번 친다. 그 소리가 들리면 수도원장도, 메르 보까르도, 서원 수녀도, 평수녀도, 예비 수녀도, 지원 수녀도, 일제히 하던 이야기나 일 또는 하던 생각을 멈추고, 모두 같이 일정한 기도문을 왼다. 5시라면 "5시에, 또 모든 시간에 제단의 성체에 찬미와 조배를 드릴지어다!"하고, 8시라면 "8시에, 또 모든 시간에……" 한다. 이처럼 시간에 따라서 하는 것이다.

자기 생각을 버리고 언제나 하느님께 마음을 바치는 것을 목적으로한 이 관습은 많은 수도회에 있다. 다만 기도문이 여러 가지일 뿐이다. 예컨대 어린 예수 연맹에서는 이렇게 말한다.

"지금 이 시간에, 또 모든 시간에 예수님의 사랑이 내 마음을 불타게 하옵소서!"

지금으로부터 50년 전 쁘띠 삑쀠스 수도원에 있었던 마르땡 베르가의 베네딕뜨 베르나르회 수녀들은 갖가지 성무(聖務) 일과 중에 장중한 시편 낭송이나 순수한 단음 성가를 바치고 목청을 돋우어 노래를 불렀다. 미사 경본에 별표가 있을 때마다 잠깐 숨결을 가다듬고, 나직한 목소리로 "예수, 마리아, 요셉"이라고 왼다. 장례식 때에는 여자가 낼 수 있는 최저음으로 노래부르기 때문에 뼛속에 파고드는 듯한 비통한 효과를 나타낸다.

쁘띠 삑쀠스의 수녀들은 자기들의 공동 묘지로서 주제단 아래에 납골장을 마련해 놓고 있었다. 그러나 이 수녀들의 이른바 '정부'는 그 지하실에 관을 넣는 것을 허락하지 않았다. 그래서 죽으면 수녀들은 수도원에서 나가야 한다. 이것은 수녀들의 가슴을 아프게 하여 마치 죄악처럼 비탄에 빠뜨리게 한다.

수녀들은 예전에 수녀원 소유지였던 보지라르 옛 묘지의 일정한 자리에, 일정한 시간에 매장되도록 허락받고 그나마 위안으로 삼고 있었다.

목요일에 수녀들은 주일과 마찬가지로 대미사와 저녁기도와 그 밖의 모든 미사에 참석하도록 되어 있다. 이 밖에도 로마교회가 옛날 프랑스에 마구 퍼뜨렸고, 지금도 스페인이나 이탈리아에서 퍼뜨리고 있는 자질구레한 의식, 세상 사람 거의가 모르고 있는 자질구레한 의식까지 하나도 빠짐없이 정성을 다해 지키고 있다. 수녀들이 성당에 머물러 있는 시간은 굉장히 길다. 기도의 횟수와 시간에 대해서는, 수녀 한 사람이 천진하게 하는 말을 여기 옮기는 것이 가장 손쉬운 설명이 되리라.

"지원 수녀의 기도는 굉장한 것이고, 예비 수녀의 기도는 더 어마어마하며, 서원 수녀의 기도는 그것보다도 더 무시무시해요."

한 주일에 한 번 집회가 열린다. 수도원장이 회장이 되고, 메르 보까르들이 거기에 입회한다. 수녀들은 저마다 차례로 돌 위에 무릎을 꿇고, 그 한 주일 동안에 저지른 잘못이나 죄를 여러 사람 앞에서 큰소리로 고백한다. 고백이 끝날 때마다 메르 보까르들은 의논하여 소리높이 고행을 선고한다.

좀 무거운 잘못은 모두 집회에서 고백하기 위해 남겨 놓지만, 그밖의 가벼운 것은 '뉘우침'이라고 한다. 내가 잘못했다고 뉘우치기 위해 수녀들은 성무 일과를 하는 동안 언제나 '우리 어머니'라고 불리는 원장수녀가 기도석 판자를 가볍게 두들겨 이제 일어나도 좋다고 할 때까지 그 앞에 엎드려 있는다.

아주 사소한 것도 내 잘못이라고 뉘우친다. 컵을 깨뜨렸다든가, 베일을 찢었다든가, 성무 일과에 조금 늦었다든가, 또는 회당에서 음계를 잘못 읽었다든가 하는 것도 내 잘못이라고 하기에 충분하다. 이 뉘우침은 아주 자연스럽게 일어나 '죄를 지은'(여기서 이 낱말을 어원학에서 볼 때 알맞다) 자기를 스스로 심판하며 자기에게 과하는 것이다.

대축일이나 일요일에는, 네 사람의 메르 보까르들이 네 개의 악보대가 달린 커다란 테이블 앞에서 시편 찬가를 노래부른다. 어느 날 한 메르 보까르가 '엑쎄(Ecce ; _{십자가의 나무를 보라라는 뜻})'로 시작되는 시편을 노래할 때 '엑쎄'라고 하지 않고 '도, 시, 솔'이라는 세 음계를 큰소리로 부른 부주의로 기도시간 내내 이 잘못을 견뎌야 했다. 그 잘못을 더욱 크게 만든 것은 회중들이 웃었기 때문이다.

수녀가 응접실로 불려갈 때는, 비록 수도원장일지라도 앞에서 말한 바와 같이 입만 보이게 베일을 내린다.

수도원장만이 외부 사람들과 이야기할 수 있다. 다른 사람들은 한정된 친척, 그것도 아주 드물게 만날 수 있을 뿐이다. 만약에 뜻밖의 일로 속세에서 누가 찾아와 잘 아는 사이였다던가 사랑했다던가 하며 수녀를 만나고자 할 때에는, 한 차례 담판을 벌여야만 한다. 찾아온 사람이 여자일 경우에는 때로 허락받을 수도 있다. 그러면 수녀는 나와서 판자문을 사이에 두고 이야기한다. 판자문은 어머니나 자매가 왔을 때가 아니면 열리지 않는다. 남자에게는 결코 허락되지 않는 건 말할 것도 없다.

이상이 마르땡 베르가가 더욱 어렵게 만들어 놓은 성 베네딕뜨의 규칙이다.

이곳 수녀들은 다른 수도회 수녀들이 흔히 그렇듯 쾌활하거나 장밋빛 얼굴을 하고 있거나 발랄하지 않다. 이 수녀들은 창백하고 근엄하다. 그 결과 1825년부터 1830년 사이에 세 수녀가 미쳤다.

그 무렵에는 기숙사 하나가 이 수도원에 딸려 있었다.

엄격성

이 수도회에 들어가면 적어도 2년이지만 대개는 4년 동안 지원 수녀로, 그 다음 4년 동안은 예비 수녀로 지내게 된다. 마지막 서원을 23년 내지 24년이라는 세월이 흐르기 전에 하는 일은 매우 드물다. 마르땡 베르가의 베르나르 베네딕뜨 수도원은 미망인을 결코 받아들이지 않는다.

수녀들은 저마다 독방에서 남모르는 숱한 고행을 하며, 남에게 결코 이야기해서는 안 된다.

예비 수녀는 서원식을 하는 날 가장 아름다운 옷을 입고, 백장미 모자를 쓰고, 머리에 기름을 발라 곱게 매만지고, 그런 다음에 엎드린다. 그러면 모두들 그녀 위에 커다란 검은 너울을 덮어 주고 장송곡을 부른다. 그리고 수녀들은 두 줄로 갈라져, 한 줄은 그녀 옆을 지나면서 '우리 자매는 죽었네' 하고 구슬픈 소리로 말하고, 다른 한 줄은 드높은 목소리로 '예수 그리스도 안에 살도다!'라고 화답한다.

지금 이야기하는 일이 일어난 무렵에는 기숙사가 수도원에 딸려 있었다. 대부분 돈 많은 귀족 집안 딸들의 기숙사로, 이 딸들 가운데에는 쌩 똘레르 양이며 벨리쌍 양이며 딸보라는 유명한 가톨릭 이름을 가진 영국 소녀들도 있었다. 그러한 젊은 아가씨들은 사방이 담으로 둘러싸인 곳에서 이곳 수녀들에게 교육받고, 속세와 시대를 두려워하면서 자랐다. 그 중 한 아가씨가 어느 날 이런 말을 했다.

"거리에 깔린 돌을 보면 나는 머리에서 발 끝까지 마구 떨려 와요."

기숙생들은 푸른 옷을 입고, 흰 모자를 쓰고, 도금한 은이나 구리로 만든 성체를 가슴에 달고 있었다. 몇 개의 대축일, 특히 성 마르타 축일(7월/29일)에는 깊은 은총 또는 지상의 행복으로서, 수녀복을 입고 하루 종일 성 베네딕뜨의 성무일도를 드리고 의례를 지키는 특전이 허락되었다.

처음 얼마 동안은 수녀들 모두 자기의 검은 옷을 이 기숙생들에게 빌려 주었다. 그러나 신성을 모독하는 일 같아서, 원장은 금지령을 내렸다. 수녀복을 빌려 주는 일은 예비 수녀에게만 허락되었다.

여기서 주의해야 할 것은, 그러한 행사는 아마도 은근히 신앙심을 돋운다 하여 수도원 안에서 허락하고 또 권장했으며, 소녀들에게 성의(聖衣)의 감촉을 미리 몸으로 느끼게 하기 위한 것이기도 했는데, 기숙생들로서는 실제 행복이요 참된 즐거움이었다. 기숙생들은 지극히 천진난만하게 그것을 기뻐했다. '그것은 신기한 일이었고, 그들의 마음을 변화시켜 주었다.' 또 이것은 천진한 동심의 세계라고 할 수 있겠지만, 그렇더라도 손에 성수반을 들고, 악보대 앞에 네 사람씩 늘어서서 몇 시간이나 노래부르는 즐거움은 우리 속인으로서는 얼른 이해될 듯싶지 않다.

기숙생들은 고행을 제외한 수도원의 모든 의례를 지켰다. 그 중에는 세상으로 돌아가 결혼하여 몇 년이 지난 뒤에도 누군가가 문을 두드릴 때마다 허둥지둥 '영원토록!'이라고 말하는 버릇이 없어지지 않는 여자도 있었다.

수녀들과 마찬가지로, 기숙생도 응접실 이외에서는 부모와 만나지 못했다. 어머니조차 딸들에게 키스하는 게 허락되지 않았다. 그런 규칙들이 얼마나 엄하게 지켜졌는지는 다음과 같은 이야기로 알 수 있다. 어느 날 한 어린 기숙생에게 어머니가 3살짜리 여동생을 데리고 찾아왔다. 기숙생 아가씨는 울고 있었다. 어린 동생에게 키스하고 싶어 견딜 수 없었으나 허락되지 않던 것이다. 이 아가씨는 하다못해 어린 여동생의 손이라도 창살 사이로 들이밀어 키스하게 해 달라고 빌었다. 그러나 그것마저 거부되었다.

즐거움

이 젊은 아가씨들은 그래도 엄청난 고통을 주는 이 집을 온갖 아름다운 추억으로 가득 채우고 있다.

때로는 어린이가 이 수도원 안을 팔짝팔짝 뛰면서 노니는 일도 있었다. 휴식시간을 알리는 종이 울린다. 문이 활짝 열린다. 새들이 지저귄다. "아, 귀여워! 아이들이 오는구나!" 수의처럼 십자 길이 난 정원에 갑자기 젊음이 홍수처럼 넘실댄다. 빛나는 얼굴, 새하얀 이마, 즐거운 빛이 넘치는 맑은 눈, 온 세상의 새벽빛이 이 어둠 속에서 밝아온다.

시편 찬미가 뒤에, 크고 작은 종들이 함께 울리고 난 뒤에, 장송의 종이 울린 뒤에, 성무일과가 끝난 뒤에 갑자기 어린 아가씨들의 목소리가 꿀벌의 윙윙거림보다 더 정답게 솟아오른다. 기쁨의 벌통이 열리고 한 사람 한 사람이 꿀을 날라온다. 여기저기서 노닐고, 서로 부르고, 한데 모이고, 뛰어다닌다. 새하얗고 고운 치아를 머금은 입술들이 여기저기서 재잘거린다.

베일을 두른 사람들이 멀리서 그러한 환희를 지켜보고 있고, 그림자가 빛의 틈을 노리고 있어도, 아랑곳없이 모두 빛나고 모두 웃는다. 저 음울한 사방을 둘러싼 담도 한순간 밝게 빛난다. 담도 넘치는 환희를 반사하여 어렴풋이 반짝이며, 그러한 부드러운 꿀벌들의 파도를 황홀하게 바라본다. 그야말로 검정 일색의 수도원 안에 퍼붓는 장미꽃 비다. 아가씨들은 수녀 앞에서 웃고 떠든다. 엄격한 계율의 눈길도 천진함은 나무라지 못한다. 이 아가씨들이 있는 덕분에 어둡기만 한 수도원 안에도 천진무구한 순간이 있다. 작은 아가씨는 뛰어다니고 큰 아가씨는 춤을 춘다.

이 수도원 안에서는 놀이에 천국이 어울려들고 있다. 꽃처럼 피어나는 싱싱한 이 영혼보다 즐겁고 숭고한 것은 없다. 호메로스와 페로(샤를르 페로/동화작가)도 여기서는 미소를 지으리라. 이 암흑의 정원 안에는 젊음이 있고, 건강이 있고, 설레임이 있고, 외침이 있고, 열중한 마음이 있고, 환희가 있고, 행복이 있어서, 그것을 보면 어떤 노파라도, 서사시에 나오는 노파, 이야기 속의 노파, 궁중의 노파, 오두막에 사는 노파, 헤카베(《일리어드》에/나오는 노파)에서 메르 그랑(페로 동화에 나/오는 어미 거위)에 이르기까지 모두 일제히 주름살이 펴지리라.

언제나 애교가 넘치고 꿈이 가득찬 웃음으로 사람을 웃게 만드는 어린 '아이의 말'은 아마도 다른 어디보다도 이 집에서 더 많이 말해졌을 것이다. 어느 날 5살 난 여자아이가 이렇게 부르짖은 것도 이 음울한 담이 사방에 둘러쳐진 곳에서였다.

"엄마! 나는 이제 9년 하고 10개월만 더 여기에 있으면 된다고 저 큰언니가 말했어요. 아이 좋아라!"

또 다음과 같은 마음에 남는 대화도 여기서 이루어졌다.

메르 보까르—"넌 왜 울고 있지?"

소녀(6살, 흐느끼면서)—"나는 프랑스 역사를 알고 있다고 알릭스에게 말했어요. 그랬더니 알릭스는 날더러 그걸 모른다고 그러는 거예요. 알고 있는데요."

알릭스(큰 아이, 9살)—"아니에요. 모르고 있어요."

메르 보까르—"왜 그렇지?"

알릭스—"어디든 책을 펼치고 안에 씌어 있는 걸 물어봐, 대답할 테니, 라고 그랬거든요."

—"그래서?"

—"대답하지 못했어요."

—"그래, 넌 뭘 물어봤는데?"

—"저애 말대로 아무 데나 펼치고서, 맨 먼저 눈에 띈 것을 물어보았지요."

—"그 물음은 어떤 것이었지?"

—"그건 '다음은 어떻게 되었는가?'라는 것이었어요."

기숙사에서 수도하고 있는 한 부인이 기르고 있는 제법 미식가인 잉꼬를 깊이 관찰한 것도 이곳에서였다.

"정말 귀여워! 잼 샌드위치의 껍질만 먹고 있네요. 어른 같아요!"

다음의 고백도, 7살 난 어느 어린아이가 죄를 느끼고, 그것을 잊어버리지 않도록 수도원의 디딤돌 위에 적어 놓은 것을 주운 것이다.

"하늘에 계신 아버지시여, 저는 욕심이 많았다고 고백합니다."

"하늘에 계신 아버지시여, 저는 더러운 짓을 했다고 고백합니다."

"하늘에 계신 아버지시여, 저는 눈을 들어 남자를 쳐다보았음을 고백합니다."

6살 난 장밋빛 입술이 다음과 같은 이야기를 그 자리에서 바로 만들어 4, 5살쯤 된 파란 눈의 아이에게 들려준 것도 이 정원 잔디 위 벤치에서였다.

"옛날 옛날 먼 옛날에, 세 마리의 조그만 닭이 꽃이 잔뜩 핀 나라를 가지고 있었습니다. 닭들은 꽃을 따서 주머니에 넣었습니다. 그리고 또 잎을 따서 장난감 속에 넣었습니다. 그 나라에는 늑대가 한 마리 있었습니다. 숲이 많이 있었습니다. 늑대는 숲 속에 있었습니다. 그리고 늑대는 조그만 닭들을 믹어버렸습니나."

그리고 또 이런 시도 지었다.

회초리가 딱 소리를 냈네.
고양이를 때려준 것은 뽈리쉬넬 ^(이탈리아 희극에 나오는 우스꽝스러운 인물)
고양이는 오히려 나빠지고
때린 이는 쫓겨나 감옥으로 갔다네.

수도원에서 자선사업으로 맡아 기르던 한 고아가, 다음과 같은 귀엽고도 가슴을 때리는 말을 한 것도 여기에서이다. 그 고아는 다른 아이들이 어머니 이야기를 하는 것을 듣고 한쪽 구석에서 중얼거렸다.

"내가 태어났을 때 엄마는 벌써 안 계셨대요!"

언제나 열쇠다발을 들고 복도를 분주하게 오가는 아가뜨라는 뚱뚱하게 살찐 문지기 수녀가 있었다. 10살 넘은 큰 아이들은 이 수녀를 '아가또끌레스(씨라쿠즈의 폭군. BC 361~289)'라고 불렀다.

식당은 커다란 직사각형 방으로, 정원과 같은 높이에 자리한 조각된 회랑의 창으로 빛이 들어올 뿐이어서 어둠침침하고 눅눅하여, 어린아이들의 말 그대로 벌레가 잔뜩 있었다. 사방에서 벌레들이 몰려들었다. 그래서 식당 네 귀퉁이에 기숙생들은 재미있는 이름을 붙여 놓았다. '거미' 귀퉁이, '쐐기벌레' 귀퉁이, '쥐며느리' 귀퉁이, '귀뚜라미' 귀퉁이 등이었다.

이 '귀뚜라미' 귀퉁이는 조리실 곁이어서 제법 좋은 자리였다. 거기는 다른 구석처럼 춥지 않았던 것이다. 이 이름들은 식당에서 기숙사까지 진출하여, 옛날 꼴레쥬마자랑의 네 나라 이름처럼, 모든 학생의 소속을 나타내게 되었다. 학생들은 저마다 식사할 때 앉았던 식당 귀퉁이에 따라 네 개 나라의 어느 하나에 속해 있었다.

어느 날 대주교가 시찰하러 왔는데, 마침 둘러보고 있던 교실에서 멋진 금발의 혈색좋은 아름다운 소녀가 들어오는 것을 보고, 곁에 있던 싱싱한 뺨을 한 예쁜 갈색 머리 기숙생에게 물어보았다.

"저 학생은 누구지?"

"거미입니다."

"뭐라고! 그럼, 저 애는?"

"귀뚜라미입니다."

"그럼, 이 애는?"

"쐐기벌레입니다."

"그럼, 너는?"

"저는 쥐며느리입니다."

이러한 종류의 집들은 저마다 특색을 지니고 있는 법이다. 금세기(19세기) 초에는 에꾸앙(세느에 와르 지방에 있는 도시로, 레지옹 드뇌르 여자 기숙사가 있음) 역시 존엄한 그늘 속에서 소녀들이 자라는 품위 있고 엄격한 장소의 하나였다. 에꾸앙에서는 성체 행렬에서 '소녀반'과

'꽃반'으로 나뉘어 있었다. 또 '덮개반'과 '향로반'이라는 것도 있어, 전자는 성체를 모신 수레의 덮개줄을 잡고, 후자는 향로를 받들었다. 꽃은 물론 '꽃반'이 맡았다. 4명의 '동정녀'가 앞장서서 걸었다. 그 영광스러운 날 아침이 되면, 침실에서 이렇게 묻는 목소리를 듣게 되는 것은 그다지 드문 일이 아니었다.

"누가 처녀일까요?"

깡빵 부인은 7살짜리 '작은아이'가 16살 난 '큰아이'에게 했다는 다음과 같은 말을 전하고 있다. 그때 큰아이는 행렬 선두에 서 있었고, 작은아이는 행렬 뒤에 있었다.

"언니는 처녀구나, 난 처녀가 아냐."

기분전환

식당문 위에는 사람들을 천국으로 이끄는 영험이 있다는 '순백한 주님의 기도'라는 다음과 같은 기도문이 검은 글씨로 커다랗게 씌어 있었다.

'순백한 주님의 기도. 하느님 몸소 만들어내시고, 하느님 몸소 외우시고, 하느님 몸소 천국에 가져다 놓으신 것. 어젯밤에 자리에 들려 할 때, 나는 세 천사를 나의 잠자리에서 보았노라. 성모 마리아님은 그 한가운데 계시다가, 어서 누워 자거라, 두려워하지 말라고 내게 말씀하셨도다. 하느님은 나의 아버지, 성모님은 나의 어머니, 세 동정녀는 나의 자매, 세 사도는 나의 형제. 주님의 배내옷으로 나의 몸은 싸여 있고, 성 마르그리뜨의 십자가는 내 가슴에 새겨졌노라. 성모님은 주님의 죽음을 슬퍼하며 들로 나가 성 요한을 만나 가라사대, 성 요한이어, 어디서 오는가? 하시니, 나는 아베 살류스에서 왔습니다 하거늘, 그럼 그대는 주님을 만나지 못했는가 하고 물으니, 주님은 나무 십자가에 발을 늘어뜨리고, 손에는 못이 박히고, 희고 작은 가시 면류관을 머리에 쓰고 계시더라 하였도다. 이것을 저녁에 3번 외우고, 아침에 3번 외우는 자는 천국으로 들어가리로다.'

이 특별한 기도문은 1827년에는 3번이나 거듭 칠한 칠공사 때문에 벽에서 사라져 버리고 없었다. 그때의 소녀들도 이제 모두 늙어, 얼마 남지 않은 기억 속에서도 그 기도문은 완전히 사라져 버리고 말았다.

벽에는 커다란 십자가상이 하나 걸려 있어 식당의 장식을 보충해 주고 있었다. 문은 단 하나뿐으로, 이미 말한 대로 정원 쪽으로 여닫게 되어 있었다. 두 개의 나무 벤치가 양쪽으로 놓여 있는 폭이 좁은 식탁은 식당 끝에서 끝으로 두 줄의 긴 평행선을 그리고 있었다. 벽은 희고 식탁은 검었다. 이두 가지 죽음의 빛깔만이 수도원을 채색할 수 있다.

식사는 간소했으며, 어린아이들이 먹는 것조차도 엄격했다. 고기와 야채를 섞은 것이 아니면, 소금에 절인 생선 한 토막, 그것만으로도 성찬이었다. 기숙생에게만 허락되는 이 음식도 정말은 예외적인 것이었다. 아이들은 주번 메르의 감시 아래 묵묵히 식사를 한다. 가끔 파리 한 마리가 앵앵거리며 날아다닐라치면, 메르는 나무 표지의 책을 펼쳤다닫았다 하며 커다란 소리를 냈다. 그러나 그 침묵도 십자가상 아래 설치된 조그만 강단에서 커다랗게 소리내어 성자의 전기를 낭독할 때면 얼마쯤 완화된다. 그것을 읽는 것은 그 주의 당번인 상급생이었다.

식탁보를 깔지 않은 식탁 여기저기에 도기 항아리가 놓여져, 학생들은 그 항아리에서 자신의 접시와 나이프와 포크 등을 씻었는데, 때로는 거기에 질긴 고기나 상한 생선 따위의 찌꺼기를 던져넣어 벌을 받기도 했다. 그들은 그 항아리를 수반이라고 불렀다.

침묵을 깨뜨린 아이는 '혀의 고행'을 치러야 했다. 어떻게? 바닥에 깔린 돌을 혀로 핥는 것이었다. 모든 기쁨의 마지막 흔적인 먼지가, 재잘대는 죄를 지은 그 애처롭고 작은 장미 꽃잎을 징계하는 소임을 맡고 있었던 것이다.

이 수도원에는 '단 한 부'밖에 인쇄되지 않았으며 읽는 것이 금지된 책이 한 권 있었다. 그것은 성 베네딕뜨의 계율로, 속인의 눈이 엿보아서는 안 되는 비밀이었다. '우리의 계율 또는 규약은 결코 외부에 알려져서는 안 된다.'

어느 날 기숙생들이 그 책을 훔쳐내는 데 성공하여 읽기 시작했다. 그러나 들킬까 겁나서 조금 보다가는 덮곤 하느라고 띄엄띄엄밖에 읽지 못했다. 기숙생들은 그렇게 큰 위험을 무릅썼는데도 결국은 시시한 재미를 얻었을 뿐이었다. 어린 남자아이의 죄에 대해 씌어 있는 아리송한 몇 페이지가 '가장 재미있었을 뿐'이다.

기숙생들은 대여섯 그루의 메마른 과일나무가 늘어선 정원 오솔길에서 놀았다. 감시가 심하고 벌이 엄했으나, 바람이 나무를 뒤흔든 뒤 같은 때에는, 가끔 익은 사과나 썩은 살구나 벌레먹은 배를 몰래 주울 수 있었다. 지금 여기 내 눈앞에 있는 한 장의 편지에게 이야기를 시켜 보기로 하자. 지금은 빠리에서 가장 우아한 높은 부인의 한 사람인 모 공작부인이, 옛날 이곳 기숙생이었던 25년 전에 쓴 편지이다. 원문 그대로 옮겨 보자.

"배나 사과를 되도록 숨겨둡니다. 저녁식사 전 베일을 침대에 얹어놓으러 갈 때 베개 밑에 넣어두었다가, 밤에 침대 속에서 먹습니다. 그것이 안 될 때는 변소에서 먹어요."

그것이 기숙생들에게는 굉장한 즐거움이었다.

역시 대주교가 이 수도원을 방문한 어느 때 일이었는데, 기숙생들 가운데 몽모랑씨 가문의 혈통을 얼마쯤 이어받은 부샤르 양이라는 아가씨가 대주교에게 하루의 휴가를 청원해 보겠으니 내기를 걸자고 제의했다. 엄하기로 유명한 이곳에서 휴가란 꿈도 못꿀 일이었다. 내기를 걸었으나, 내기에 참여한 아가씨들은 아무도 실현성 있는 일이라고 생각지 않았다. 이윽고 때가 다가와 대주교가 기숙생들 앞을 지나가는데, 동료들의 말할 수 없는 두려움에 아랑곳않고 부샤르 양은 줄에서 한 발 나섰다.

"각하, 휴가를 하루 주세요."

부샤르 양은 발랄하고, 키크며, 귀여운 장밋빛 얼굴을 하고 있었다. 대주교 껠랑(^{1821년 이래}_{빠리의 대주교}) 씨는 빙그레 웃으며 말했다.

"하필이면 왜 하루인가? 사흘이라도 좋아, 사흘 휴가를 주지."

수도원장도 어쩔 도리가 없었다. 대주교의 말씀인 것이다. 수도원으로서는 당치도 않은 일이었으나 기숙생들은 좋아서 야단법석이었다. 그 모습을 한 번 상상해 보시기를.

그러나 이 까다로운 수도원에도 바깥세상의 정열에 찬 생활이며 소설, 나아가 드라마 비슷한 일이 조금이나마 스며들만한 틈은 있었다. 우선 여기서 그 증거로, 분명히 일어났던 일로 믿어지는 사실을 하나 예로 들어 간단하게 이야기하기로 하겠다. 이것은 물론 이 책의 이야기와 아무 상관도 없다. 이 실화를 이야기하는 것은, 이 수도원의 모습을 독자들 머릿속에 확실히 새겨 주기 위한 것이다.

그 무렵 정체를 알 수 없는 한 여자가 수도원에 있었다. 수녀는 아니었으나 매우 정중한 대우를 받았으며, '알베르띤느 부인'이라고 불렸다. 그녀에 관해 알려진 일은 정신이 좀 이상하다는 것과, 세상에서는 죽은 것으로 되어 있다는 사실뿐이었다. 또 그러한 이야기의 뒤에는, 어떤 훌륭한 결혼을 위해 필요한 재산정리 문제가 있다는 소문이었다.

그 여자는 서른이 될까말까한 갈색 머리의 상당한 미인으로, 커다랗고 검은 눈으로 멍하니 무언가 바라보았다. 정말로 보고 있는지 어떤지는 의심스러웠다. 그 여자는 걷는다기보다 마치 미끄러져가는 것 같았다. 결코 말하는 일이 없고 숨을 쉬고 있는지 조차도 잘 알 수 없을 정도였다. 콧구멍은 마지막 숨을 거둔 뒤처럼 좁고 창백했다. 그녀의 손은 얼음을 만지는 듯했다. 그녀는 유령 같은 불가사의한 아름다움을 지니고 있었다. 그녀가 들어오면 한기가 오싹 느껴졌다.

어느 날 한 수녀가 알베르띤느 부인이 지나가는 것을 보고 옆 수녀에게 말했다.

"저분은 죽은 것으로 되어 있대요."

"정말로 죽은 게 아닐까요!"

알베르띤느 부인에 대한 갖가지 소문이 떠돌고 있었다. 그녀는 기숙생들의 끝없는 호기심의 대상이 되었다. 성당에 '둥근창'이라고 부르는 특별석이 하나 있었다. '둥근창'이 하나 있을 뿐인 그 자리에서 알베르띤느 부인은 성무 일과에 참례했다. 그녀는 대개 혼자 거기 앉아 있었다. 왜냐하면 2층의 그 좌석에서는 남자 강론자나 사제가 보이기 때문이었다. 그것은 수녀들에게 금지된 일이었다.

어느 날 강론단에 지위가 높은 젊은 사제가 서 있었다. 로앙 공작으로 상원의원이며, 레옹 대공으로 불린 1815년에는 근위대 기병 장교로 있었고, 나중에 추기경이 되고 또 브장송의 대주교가 되었다가 1830년에 죽은 사람이다. 그 로앙 공작이 쁘띠 삑쀨스의 수도원에서 강론하는 것은 그때가 처음이었다. 알베르띤느 부인은 여느 때 매우 침착하게 전혀 움직이지 않는 자세로 강론과 성무 일과를 들었는데, 그날은 로앙 공작의 모습을 본 순간 몸을 반쯤 일으키며 고요한 성당 안에서 소리높이 외쳤다.

"어머나! 오귀스뜨!"

모두들 깜짝 놀라 뒤돌아보았고, 강론자 쪽에서도 눈을 쳐들었으나, 알베르띤느 부인은 이미 여느 때와 같은 움직이지 않는 모습으로 돌아가 있었다. 바깥 세상의 한 가닥 숨결이, 생명의 한 줄기 빛이, 불이 꺼져 얼어붙은 그

알베르띠느 부인은 세상에서는 죽은 것으로 되어 있었다.

녀의 얼굴 위를 한순간 스쳐갔던 것이다. 그리고 다음 순간 모든 것은 사라지고, 미친 여자는 다시 주검이 되어 버렸다.

그러나 그 두 마디는 수도원 안에서 말을 할 수 있는 모든 사람의 화젯거리가 되었다. "어머나! 오귀스뜨!"라는 말 속에 얼마나 많은 뜻이 포함되었고, 얼마나 많은 비밀이 이 말에서 새어나왔던 것일까! 로앙 공작의 이름은 과연 오귀스뜨였다.

로앙 공작을 알고 있는 것을 보면, 알베르띤느 부인은 분명 굉장한 상류사회 출신임에 틀림없었다. 그토록 고귀한 사람을 그토록 친근하게 부르는 것을 보면, 그녀 역시 상류사회에서 높은 지위에 있었음이 분명했다. 또한 로앙 공작의 이름을 알고 있는 것을 보면 그녀와 그는 무슨 관계—친척 관계일지도 모르지만—아주 밀접한 관계가 있을 게 틀림없었다.

슈와쬘과 쎄랑이라는 매우 엄격한 두 공작부인이 때때로 이 수도원을 찾아오고 있었다. 아마도 '고귀한 부인'의 특권으로 들어오는 것이겠지만, 기숙생들은 몹시 싫어하고 있었다. 두 노부인이 지나가는 동안 소녀들은 가엾게도 모두 떨면서 눈을 내리깔고 있었다.

로앙 공작도 본인은 알지 못하는 사이에 기숙생들이 주목하는 초점이 되어 있었다. 그는 그 무렵, 주교로 임명되기에 앞서 빠리 대주교의 주교 대리가 되어 있었다. 쁘띠 삑쀠스 수녀들의 회당에 미사를 집전하러 오는 것이 그의 임무 가운데 하나였다.

여기 갇힌 소녀들은 모두 휘장 뒤에 가려진 로앙 공작의 모습을 볼 수 없었으나 그는 좀 가늘고 부드러운 목소리를 갖고 있었으므로, 소녀들은 마침내 그것을 기억하게 되어 목소리만으로도 그라는 것을 알게 되었다. 로앙 공작은 근위대 기병이었던 적이 있는데다 들리는 바에 의하면 굉장한 멋쟁이로 아름다운 밤색 머리칼을 지져 공들여 매만지고, 검은색의 폭넓고 훌륭한 띠를 두른 법의 차림이 세상에서 가장 우아하다고 칭송받는 모양이었다. 그는 16살 난 처녀들이 하는 온갖 공상의 대상이 되었다.

외부의 소리가 수도원 안까지 들려오는 일은 전혀 없었지만, 어느 해에 피리 소리가 문득 들려왔다. 이것은 하나의 사건이었다. 그 무렵 기숙생이었던 사람들은 지금도 그것을 기억하고 있으리라.

그 피리는 누군가 근처에서 불고 있는 것이었다. 그 피리가 부는 곡조는 언제나 한 가지뿐으로, 이제는 아득히 잊혀지고 있는 '나의 제뙬베여, 어서 와서 내 영혼의 주인이 되라'는 곡이었다. 그 소리는 하루에 두어 번씩 들려왔다.

소녀들은 몇 시간이고 정신없이 그 소리에 귀기울였다. 메르 보까르들은 당황했다. 신경과민이 되어 자주 벌을 내렸고, 그런 일이 몇 달이나 계속되었다. 기숙생들은 모두 누군지 모르는 그 악사에게 얼마쯤 마음을 주고 있었다. 저마다 자기야말로 제뙬베라고 생각하는 것이었다.

피리 소리는 드르와 뮈르 거리 쪽에서 흘러오고 있었다. 저토록 매혹적으로 피리를 불고 있는 그 '젊은이'를, 자신도 모르는 사이에 여기 있는 모든 소녀의 영혼을 동시에 불고 있는 그 '젊은이'의 모습을 잠시만이라도 볼 수 있고, 몰래 엿볼 수 있고, 힐끗 보기라도 할 수만 있다면, 기숙생 아가씨들은 모든 것을 희생해도 아깝지 않고 어떤 죄라도 저지르고 어떤 짓이라도 했

그런데 어느 해에 피리 소리가 문득 들려왔다.

으리라.

개중에는 부엌문 층계로 빠져나가 드르와 뮈르 거리로 면한 4층까지 올라가 채광창으로 내다보려고 한 소녀도 있었다.

그러나 뜻을 이루지 못했다. 한 기숙생 아가씨는 머리 위로 높이 손을 뻗어 창살 사이로 내밀고 흰 손수건을 흔들었다.

아니, 더 용감한 기숙생이 둘 있었다. 이 아가씨들은 지붕 위까지 기어올라가는 방법을 찾아내 그대로 감행했고, 마침내 그 '젊은이'를 볼 수 있었다. 그런데 그 사람은 늙은 망명 귀족으로, 눈 멀고 영락한 신세를 한탄하며 다락방에서 심심풀이로 피리를 불고 있었다.

작은 수도원

쁘띠 삑쀠스의 울 안에는 세 개의 건물이 따로따로 서 있었다. 수녀들이 살고 있는 큰 수도원, 학생들이 들어 있는 기숙사, '작은 수도원'이라고 불리는 건물이었다. 작은 수도원은 정원이 딸린 일련의 긴 건물로, 그곳에는 온갖 수도회에 속하는 늙은 수녀들이 함께 살고 있어서, 이를테면 대혁명으로 파괴된 수도원의 잔재 같은 것이었다. 검정과 잿빛과 흰빛 등 갖가지 빛깔이 어수선하게 뒤섞인 온갖 공동체의 혼합, 무릇 생각할 수 있는 한의 수많은 종류의 집합이었다. 그것은 혼합 수도원이라고나 할 수 있을까.

이미 제정시대부터 혁명으로 인해 쫓기고 흩어져 갈 곳 없는 불쌍한 수녀들은, 베네딕뜨 베르나르 수도원의 보호 아래 몸을 의지할 것을 허락받고 있었다. 정부는 이 수녀들에게 얼마쯤 연금을 주었다. 쁘띠 삑쀠스의 수도하는 부인네들은 오래 전부터 연금을 받고 있었다. 이것은 실로 기묘한 혼합체로, 저마다 자기 수도회 규칙을 지키고 있었다.

이따금 기숙생들은 휴가로 이 수녀들을 방문하는 것이 허락되었다. 그러한 젊은 학생들의 마음에 특히 쌩 바질 수녀님과 쌩뜨 스콜라스티끄 수녀님과 자꼬브 수녀님의 추억이 남아 있는 것은 그 때문이었다.

그 피난 수녀 중의 한 사람은 그야말로 자기 집에 돌아온 것이나 마찬가지였다. 이 수녀는 쌩 또르회 수녀로 그 회에서는 단 하나 남은 생존자였다. 쌩 또르회 수녀들의 옛 수도원은 18세기 초부터 바로 쁘띠 삑쀠스의 이 수도원 안에 있었는데, 나중에 마르땡 베르가의 베네딕뜨회 수녀들 소유가 되었다. 이 고결한 수녀는 몹시 가난하여 자기 회의 훌륭한 수도복인 진홍색 케이프가 달린 긴 흰옷을 늘 입고 있을 수 없었기 때문에, 그것을 조그마한 사람 형태의 스탠드에 정성들여 입혀 놓고 있었다. 그녀는 그 인형을 즐겨 사람들에게 보여 주다가, 죽을 때 이 수도원에 기념으로 남겼다. 1824년에는 이 수도원에 쌩 또르회 수녀가 단 한 사람밖에 남지 않았으며, 오늘날에는 그 인형 하나만 남았을 뿐이다.

그런 훌륭한 메르들 외에 이를테면 알베르띤느 부인 같은 세속 여인 몇 사람도 작은 수도원에 기거할 것을 수도원장에게 허락받고 있었다. 그 중에는 보포르 도뿔 부인이며 뒤프레느 후작부인 같은 이들도 있었다. 또 다른 한 부인은, 코를 풀 때 굉장한 소리를 낸다는 것밖에는 어떤 신분의 여자인지 수도원에 통 알려지지 않았다. 학생들은 그녀를 마담 바까르미니 (울림 부인
이라는 뜻) 라고 불렀다.

1820년인가 1821년에 '앵또레뻿드'라는 조그마한 정기 간행물 편집인이었던 장리스 부인이 쁘띠 빽쀠스 수도원 기숙사에 들어오겠다고 희망해 왔다. 오를레앙 공 (뒷날의 루이 필립 왕. 장리스
부인은 그의 가정교사였음) 의 추천이 있었다. 벌집을 쑤신 것 같은 소동이 벌어졌고 메르 보까르들은 모두 벌벌 떨었다. 장리스 부인은 소설을 쓴 일이 있었던 것이다.

그러나 부인은, 자기는 누구보다도 소설을 싫어한다고 주장하고, 지금은 열렬한 신앙의 경지에 이르렀노라고 말했다. 하느님의 힘과 오를레앙 공의 도움으로 그녀는 들어올 수 있었다. 그런데 여섯 달인가 여덟 달인가 있더니, 정원에 나무 그늘이 없다는 이유로 나가 버렸다. 수녀들은 좋아서 어쩔 줄 몰라했다. 부인은 나이가 꽤 많았으나 하프를 여간 잘 타지 않았다.

나갈 때 그녀는 수도자 독방에 글귀를 남겨 놓고 갔다. 장리스 부인은 미신을 믿었으며 또 라틴어 학자이기도 했다. 이 두 가지 점으로 그녀의 프로필을 어느 정도 파악할 수 있겠다. 몇 해 전까지도, 그녀가 돈과 보석을 넣어두던 그 독방의 벽장 안쪽에 다음과 같은 다섯 줄의 라틴어 시가 붙어 있는 것을 볼 수 있었다. 그것은 노란 종이에 붉은 잉크로 부인이 손수 써 붙여 놓은 것으로, 그녀의 말을 빌면, 도둑을 쫓는 영험이 있다는 것이었다.

가치 다른 세 개의 본체(本體), 십자가 가지에 매달리도다.

디스마스와 게스마스, 그리고 그 가운데에는 예수 그리스도.
디스마스는 천국을 원하고, 불행한 게스마스는 지옥을 원한다.
지상(至上)의 힘이여, 우리와 우리의 모든 재물을 지켜주소서.
이 시를 외우라, 네 재물의 안전을 위해.

6세기 라틴어로 쓴 이 시는, 골고다 언덕에서 그리스도와 함께 십자가에 못박힌 두 도둑의 이름이, 보통 알려진 대로 디마스와 게스따스냐, 아니면 이 시에 있는 것처럼 디스마스와 게스마스냐 하는 문제를 일으켰다. 이 시에 있는 알파벳으로는, 지난 세기에 제스따스 자작이 자기는 그 악당의 피를 이어받은 자라고 말한 주장과 모순되는 것이었다. 그것은 어떻든 이 시가 지닌 고마운 영험은, 오스삐딸리에회 수녀들에게 신앙의 한 조항이 되어 있다.

이곳 성당은, 큰 수도원과 기숙사가 완전히 격리되어 지어져 있으나 기숙사와 큰 수도원과 작은 수도원의 공용임은 물론이다. 뿐만 아니라 여느 사람들도 한길 쪽으로 열린 검역소처럼 생긴 입구를 통해 들어오는 게 허용되어 있었다.

그러나 수도원에 사는 사람들 눈에는 결코 외부 사람의 얼굴이 보이지 않게 되어 있었다. 예컨대 이 성당의 성가대석은 하나의 커다란 손에 쥐어진 것처럼 되어 있어, 여느 성당에서처럼 제단 뒤에 있지 않고, 사제의 오른쪽으로 어두컴컴한 방이나 굴을 이루듯 구부러져 있었다. 그리고 그 방은 앞에서 말한 7피트 높이의 휘장으로 가려져 있었다. 그 휘장 뒤로 나무 걸상을 죽 늘어놓고 성가대석의 수녀는 왼쪽에, 기숙생들은 오른쪽에, 평수녀와 예비 수녀들은 안쪽에 저마다 정해진 자리가 있었다.

이로써 성무 일과에 참례하는 쁘띠 삑쀠스 수녀들 모습이 어느 정도 짐작되리라 믿는다. 성가대석이라고 부르는 이 방은 하나의 좁은 통로로 수도원과 통하고 있었다. 성당은 정원 쪽으로 난 창문을 통해 햇빛을 받아들인다. 규칙상 입을 열어서는 안 되는 기도에 수녀들이 참례할 때에는, 의자의 접었다 폈다 하는 소리만으로 그녀들이 자리에 있는 것을 여느 사람들은 알았다.

그늘 속에 떠오르는 몇 사람의 실루엣

1819년부터 1825년에 걸친 6년 동안 쁘띠 삑쀠스 수도원장은 세례명이 이

노쌍뜨인 블리뮈르 수녀였다. 《성 베네딕뜨회 성자 열전》을 저술한 마르그리뜨 드 블르뮈르 집안 출신인 그녀는 원장에 재선되었다. 나이는 60살쯤이고 키가 작달막하고 뚱뚱하며 앞에서도 인용한 기숙생의 편지에 의하면, '깨진 질항아리 같은 목소리로 노래하는' 여자였다. 그렇긴 하나 훌륭한 인물로 이 수도원 안에서 둘도 없는 쾌활한 사람이며, 그 때문에 사람들의 존경을 받았다.

이노쌍뜨 원장님은 이 교단의 다시에 (다시에 부인은 18세기 초 그리스 라틴학자임) 라고도 할 만한 조상 마르그리뜨의 기질을 이어받고 있었다. 글재주있고, 박식하며, 학자인 데다 감식가이고, 역사를 좋아하고, 라틴어에 열심이며, 그리스어와 헤브라이어에 정통하여 베네딕뜨회 수녀라기보다는 차라리 베네딕뜨회 수사 같은 풍모를 갖추고 있었다.

부원장은 씨느레 수녀님으로 눈이 거의 보이지 않는 늙은 스페인 수녀였다.

메르 보까르들 중에서 중요한 사람들을 들면 다음과 같았다.

출납계인 쌩뜨 오노린느 수녀님, 수련장인 쌩뜨 제르뜨뤼드 수녀님, 부수련장인 쌩 땅즈 수녀님, 성물담당 아농씨아씨용 수녀님, 수도원 안에서 한 명뿐인 심술궂은 간호담당 쌩 또귀스땡 수녀님, 그리고 아직 젊으며 몹시 아름다운 목소리를 가진 쌩뜨 메띨드 수녀님(고뱅 양), 피유 디외 수도원과 지조르와 마니 사이의 트레조르 수도원에 있었던 데 장즈 수녀님(드루에 양), 쌩 조제프 수녀님(꼬골루도 양), 쌩 아델라이드 수녀님(도베르네 양), 미제리꼬르드 수녀님(고행을 이겨내지 못했던 씨팡뜨 양), 꽁빠시용 수녀님(규칙에는 상관없이 60살에 들어온 굉장한 부자인 드라밀띠에르 양), 프로비땅쓰 수녀님(로디니에르 양), 1847년에 원장이 된 프레장따시용 수녀님(씨강자 양), 그리고 또 정신이상이 된 쌩뜨 쎌리뉴 수녀님(조각가 쎄락키의 누이동생), 역시 미쳐 버린 쌩뜨 샹딸 수녀님(쒸종 양).

그밖에 또 가장 아름다운 사람으로 23살 된 굉장한 미인이 하나 있었다. 그녀는 부르봉 섬 출신으로 슈발리에 로즈의 피를 이어받았으며, 사교계라면 로즈 양이라고 불렸겠지만 수도원에서는 아쏭프씨용 수녀님이라고 불렸다.

쌩뜨 메띨드 수녀님은 노래와 성가대를 담당하고 있었는데, 곧잘 기숙생 가운데서 성가대원을 뽑았다. 기숙생 중에서 목소리와 키가 알맞은 10살에서 15살까지의 학생을 보통 한 음계가 되도록 7명을 뽑아 어린아이부터 나이에 따라 차례로 나란히 세워놓고 선 채로 노래부르게 했다. 그것을 보면 소녀들로 만든 피리 같은 느낌이 들어, 천사들로 이루어진 판 신의 살아 있는 피리가 아닌가 싶어지는 것이었다.

평수녀들 가운데 기숙생들이 가장 좋아하는 사람은 다음과 같았다. 쌩뜨 외프라지 수녀, 쌩뜨 마르그리뜨 수녀, 아직 어린 티가 가시지 않은 쌩뜨 마르뜨 수녀, 그리고 그 기다란 코로 늘 기숙생들을 웃기는 쌩 미셸 수녀.

이 수녀들은 모두 기숙사의 어린 학생들 누구에게나 친절했다. 수녀들은 오직 자기 자신에게만 엄격했다. 난로는 기숙사 쪽에만 불을 피웠고, 먹는 것도 수도원과 비교하면 기숙사 쪽이 훨씬 나았다. 게다가 여러 가지 시중까지 들어 주었다. 다만 학생이 수녀와 마주쳐서 말을 걸어도 수녀는 결코 대답하지 않았다.

침묵의 규율이 있기 때문에, 수도원 안에서 말은 인간에게서 떨어져나와 생명없는 물건에게 주어지는 결과가 되었다. 어느 때는 성당 종이 말하고, 어느 때는 정원사의 방울이 말했다. 접수구 수녀 곁에 놓여 있는 커다란 소리를 내는 방울이 온 건물 안에 울려퍼지면, 그 울리는 방법의 차이로 하나의 음향 신호가 되어 해야 할 온갖 일을 알리고 볼일이 있을 때에는 이 집에 사는 누군가를 응접실로 불러내기도 했다.

한 사람 한 사람에 대해, 하나하나의 일에 대해 정해진 소리가 있었다. 수도원장은 하나와 하나, 부원장은 하나와 둘, 학과가 시작된다는 알림은 여섯과 다섯이었다. 그러므로 학생들은 교실에 들어간다고 말하지 않고 여섯과 다섯으로 간다고 했다. 넷과 넷은 장리스 부인의 종소리였다. 그 소리는 몹시 자주 울렸다. 호의를 갖지 않은 사람들은 '저건 네 개의 악마^(네 개의 악마란 대소동이라는 뜻도 됨)야' 라고 말했다.

열과 아홉은 중대사건을 알리는 소리였다. 중대사건이란 '벽의 대문'이 열리는 일로, 빗장이 굳게 질러진 그 무서운 철문은 오직 대주교 앞에서만 삐걱거리는 돌쩌귀 소리를 내며 열렸다.

이미 말한 것처럼 대주교와 정원사 말고는 어떤 남자도 수도원 안으로는 들어가지 못했지만 기숙생들은 그밖에 두 사람의 남자를 볼 수 있었다. 하나는 바네스 신부라는 늙고 못생긴 학교 소속 사제로, 그녀들은 그를 성가대석에서 창살 너머로 바라볼 수 있었다. 다른 한 사람은 미술선생인 앙씨오 씨인데, 앞에서도 몇 줄 인용한 기숙생 편지에 의하면 앙씨오 선생이라고 부르며 '징그러운 꼽추 할아버지'였다.

남자들은 모두 상당히 잘 선발된 자들이라는 것을 이로써 알 수 있을 것이다.

이 이상한 집의 상태는 대강 이러했다.

마음 다음에는 돌

정신적인 부분을 스케치한 뒤에 그 물질적 윤곽을 조금 이야기해 두는 것도 쓸데없는 일은 아닐 것이다. 그리고 이것은 독자가 이미 어느 정도 알고 있는 일이다. 쁘띠 삑쀠스 쌩 땅뜨완느 수도원은 뽈롱쏘 거리와 드르와 뮈르 거리와 삑쀠스 골목길과, 지금은 없어졌지만 낡은 지도에 오마레 거리라는 이름으로 나오는 골목길이 서로 교차하면서 만들어낸 넓은 네모꼴을 거의 모두 차지하고 있었다. 이 네 길은 마치 성곽의 해자처럼 그 네모꼴을 에워싸고 있었다.

수도원은 여러 개의 건물과 하나의 정원으로 이루어져 있었다. 전체로 볼 때 여러 가지 양식이 뒤섞인 중심건물은 위에서 내려다보면 마치 지상에 쓰러뜨린 교수대 같은 모습을 하고 있었다. 교수대의 큰 기둥은 삑쀠스 골목길과 뽈 골목길 사이 드르와 뮈르 거리의 한 모서리 전부를 차지하고, 가로대에 해당하는 부분은 창살이 달린 회색의 높고 어마어마한 정면으로 삑쀠스 골목길에 면해 있었다.

62번지라는 표찰이 붙은 정문은 그 끝에 있었다. 이 정문 중간쯤에 먼지와 재로 허옇게 바랜 나지막한 낡아빠진 아치형 문이 있어 거미가 그물을 쳐놓고 있는데, 그것이 열리는 것은 일요일마다 한두 시간과 이따금 수녀의 관이 수도원에서 나갈 때뿐이었다. 이 문이 여느 사람들의 성당 출입구였다.

교수대의 팔꿈치에 해당하는 곳에는 식료품과 그밖의 물건을 주고받는 네모난 방이 있으며, 수녀들은 그것을 '물품 창고'라고 불렀다. 큰 기둥에 해당하는 곳에는 메르들과 일반 수녀들의 독방과 예비 수녀의 거처가 있었다. 가로대에 해당하는 부분에는 조리실과 식당 그리고 성당이 있었다.

62번지의 문과 없어진 오마레 거리의 골목 모퉁이 사이에는 기숙사가 있지만 밖에서는 보이지 않았다. 사각형의 나머지 부분은 정원으로, 그 주위는 뽈롱쏘 거리의 지면보다 훨씬 낮았다. 그래서 담은 바깥보다 안쪽이 훨씬 높았던 셈이다.

정원은 전체적으로 편편하나 가운데가 좀 불룩했는데, 그 위에 뾰죽하게 원뿔형을 이룬 아름다운 전나무 한 그루가 서 있고, 마치 방패의 둥근 창받이 중심에 열십자로 줄이 나 있듯 그 나무 아래에서 4개의 큰 길이 뻗쳐 있었다. 또 그 길 사이로 2개씩 8개의 오솔길이 나 있어, 만약 정원이 원형이었다면 기하학적으로 나 있는 그 길의 배치는 마치 수레바퀴 위에 십자가가 놓인 듯 했을 것이다.

어느 길이나 다 정원을 에워싼 울퉁불퉁한 돌담에 이르고 있기 때문에 길이는 일정하지 않았다. 오솔길 양쪽으로 구즈베리나무가 늘어서 있었다. 정원 안쪽으로는 키 큰 포플러가 죽 늘어선 오솔길 하나가 드르와 뮈르 거리 모퉁이에 있는 낡은 수도원 자리에서 오마레 골목길 모퉁이의 작은 수도원까지 통해 있었다. 작은 수도원 앞에는 작은 정원이라고 불리는 빈 터가 있었다.

이러한 것들에 덧붙여 또 하나의 안마당, 내부 건물의 주요부가 만들어내고 있는 갖가지 각도, 감옥 같은 담, 그리고 뽈롱쏘 거리 건너편으로 죽 늘어서 있는 길고 검은 지붕들, 이런 것들을 아울러 상상한다면, 지금으로부터 45년 전의 쁘띠 삑쀠스 베르나르회 수녀들이 사는 집이 어떠했는지 완벽하게 떠올릴 수 있을 것이다. 이 성스러운 저택은 '1만 1천 악마의 테니스장'이라고 불리던, 14세기에서 16세기 사이에 유행했던 어느 테니스코트 자리에 세워져 있었다.

이 거리들도 모두 빠리에서는 가장 오래된 것이었다. 드르와 뮈르라든가 오마레라든가 하는 이름부터가 모두 몹시 낡은 것들이다. 그뿐 아니라 그런 이름을 가지고 있는 길 자체는 더욱 고색창연하다. 오마레 골목길은 본디 모그 골목길, 드르와 뮈르 (반듯한 담 이라는 뜻) 거리는 에글랑띠에 (들장미 라는 뜻) 라고 불렸다. 인간이 잘라낸 돌로 담을 쌓아올리기 전에 하느님은 꽃을 피우고 있었던 것이다.

베일 아래에서의 1세기

작자는 지금 쁘띠 삑쀠스의 옛모습을 소상하게 살피고 있는 참이므로, 그리고 이미 이 조심스러운 은둔처의 창문 하나를 열고 안을 들여다 보았으므로, 여기서 한 가지 더 이야기해 보기로 한다. 이것은 물론 이 책의 내용과 아무 관련이 없지만, 이 수도원 자체가 독특한 면을 지니고 있음을 이해시키

쁘띠 삑쀠스 쌩 땅뜨완느 수도원 정원

기 위해서는 매우 특이하고 알아둘 만한 값어치가 있는 것이다.

작은 수도원에는 퐁뜨브로의 대수도원에서 온 100살이 다 된 노파가 하나 있었다. 그녀는 대혁명 전에 상류사회 사람이었다. 루이 14세 아래에서 국새상서(國璽尙書)를 지낸 밀로메닐 공에 관한 이야기며 가깝게 지내던 뒤쁠라라는 장관 부인의 이야기를 늘 입에 올리고 있었다. 이 두 이름을 기회 있을 때마다 꺼내는 것이 그녀의 즐거움이며 자랑이었다.

노파는 퐁뜨브로의 대수도원에 대해서도 거기는 마치 도시 같다는 둥 수도원 안에 큰 길이 몇 개나 나 있다는 둥 여러 가지 허풍스러운 이야기를 했다. 그녀는 삐까르디 사투리를 썼기 때문에, 기숙생들은 모두 그것을 재미있어했다. 해마다 그녀는 엄숙하게 서약을 되풀이했으며, 맹세할 때마다 사제에게 이렇게 말했다.

"성 프랑수아 각하는 그것(서약)을 성 줄리앙 각하에게 바치시고, 성 줄리앙 각하는 그것을 성 외제브 각하에게 바치시고, 성 외제브 각하는 그것을 성 프로꼬브 각하에게 바치시고 등등…… 그리고 저는 그것을 신부님 당신에게 바칩니다."

그러면 기숙생들은 두건 밑(은밀히라는 뜻)에서가 아니라 베일 아래에서 살며시 웃는 것이었다. 귀엽고 작은 소리없는 웃음이었으나 메르 보까르들은 눈살을 찌푸렸다.

또 어떤 때 이 100살 먹은 여인은 여러 가지 이야기를 들려 주었다. "내가 젊은 시절에는 베르나르회 수도사라면 근위병에게도 뒤지지 않았다"는 등의 이야기였다. 그것은 한 세기를 이야기하는 것으로 18세기였다.

그녀는 샹빠뉴와 부르고뉴의 4가지 포도주 관습에 관한 이야기도 했다. 대혁명 전에는 어느 고귀하신 분, 이를테면 프랑스의 원수라든가 대공이라든가 궁정 공작이라든가 하는 사람이 샹빠뉴와 부르고뉴의 어느 도시를 지날 때면, 그 시의 대표단이 정중히 맞으러 나와 환영 절차의 하나로서 저마다 다른 4가지 포도주를 따른 4개의 은잔을 헌상했다는 것이었다.

첫째 잔에는 '원숭이의 포도주', 둘째 잔에는 '사자의 포도주', 셋째 잔에는 '양의 포도주', 넷째 잔에서는 '돼지의 포도주'라는 글씨가 씌어져 있었다. 그 4가지 이름은 취하는 정도에 따른 4단계를 나타내는 것이었다. 취기의 첫단계는 마음을 유쾌하게 만들고, 둘째 단계는 감정을 돋우며, 셋째 단계는 감각을 둔화시키고, 맨 마지막은 머리를 마비시킨다는 것이다.

그녀는 벽장에 무언가 비밀스러운 것을 넣어두고 몹시 소중하게 다루고 있었다. 퐁뜨르보의 규칙은 그런 일을 금지하지 않았던 것이다. 그녀는 그 물건을 아무에게도 보여 주지 않았다. 자기가 그것을 보고 싶을 때는 언제나 방문을 꼭꼭 닫고 숨어서 보았는데, 이것 역시 규칙상 허락된 일이었다. 만약 복도에서 발소리라도 들리면, 그 늙은 손으로 되도록 빨리 벽장 문을 닫아 버렸다.

누군가 그 이야기를 꺼내면, 그 수다스러운 여자는 입을 꼭 다물어버렸다. 아무리 호기심 많은 사람도 그녀의 침묵 앞에서는 어쩔 수 없었으며, 아무리 끈덕진 사람도 그녀의 고집 앞에서는 손을 들었다. 그것은 수도원 안에서 일 없이 빈둥거리는 사람들의 화젯거리가 되었다. 100살 먹은 할머니가 보물로 여기는 그 귀중한 비밀스러운 물건은 대체 무엇일까? 무슨 성서같은 것일까? 또는 구하기 힘든 묵주일까? 그렇잖으면 어느 성자의 유품일까? 사람들의 억측은 구구했다.

그 가엾은 할머니가 죽자, 사람들은 부리나케 벽장으로 달려가 그것을 열어보았다. 그 물건은 성찬 접시처럼 헝겊으로 겹겹이 싸여 있었다. 그것은 파엔싸 접시 한 개로, 커다란 주사기를 든 약제사의 제자들에게 쫓겨 날아가는 큐핏들이 그려져 있었다. 추격자들은 저마다 야릇하게 얼굴을 찡그리거나 우스꽝스러운 자세를 하고 있었다. 귀엽고 작은 큐핏들 가운데 하나는 이미 주사바늘에 찔린 상태였다. 그는 몸부림치고 작은 날개를 퍼덕이며 아직도 날아가려고 애쓰지만, 피에로는 악마 같은 웃음을 띠고 있었다.

그림의 뜻은 복통에 항복한 사랑이었다. 이 접시는 매우 진귀한 것으로 어쩌면 몰리에르의 희극에 하나의 착상을 제공하는 영광을 가진 것일지도 모른다. 1845년 9월에 아직 남아 있었다. 보마르셰 거리의 어느 골동품점에 나와 있었던 것이다.

이 할머니는 외부에서 사람이 찾아오는 것을 좋아하지 않았다.

"왜냐하면" 하고 그녀는 말했다. "응접실이 너무나 음침하기 때문이지."

상시 성체조배의 기원
어쨌든 앞에서도 대강 말했듯, 이 무덤 속 같은 응접실은 이곳만의 독특한 장소로 다른 어떤 수도원에도 이처럼 엄격하게 만든 곳은 없다. 더욱이 땅쁠 거리의 수도원 같은 데서는, 물론 수도회가 다르다고는 하나 검은 판자문 대신 갈색 커튼이 드리워져 있고, 응접실 바닥도 판자가 깔려 있으며, 창틀은 온통 흰 모슬린 커튼으로 덮여 화사한 느낌이고, 벽에는 갖가지 액자가 걸렸으며, 그 중에는 베일을 쓰지 않은 베네딕뜨회 수녀의 초상화와, 꽃다발을 그린 그림 몇 점, 그리고 터번을 머리에 두른 터키인의 초상까지 있었다.

프랑스에서 가장 아름답고 큰 마로니에 나무 한 그루가 땅쁠 거리의 이 수도원 정원에 있었다. 18세기 사람들은 그것을 '왕국 안 모든 마로니에의 아버지'라고 하며 자랑으로 삼았다.

이 땅쁠 거리의 수도원은 앞에서도 말한 것처럼 씨또회에서 파생된 베네딕뜨 여자 수도회와 완전히 다르지만, 그래도 역시 상시 성체 조배를 하는 베네딕뜨 여자 수도회에 속해 있었다. 이 상시 성체조배를 하는 수도회는 역사가 그리 오래지 않아 200년 이상 거슬러 올라가지 않는다.

1649년 빠리의 쌩 쒈삐스와 쌩 장 앙 그레브의 두 성당에서 며칠 사이를 두고 두 번이나 '성체'가 모욕을 받았다. 그것은 전례 없는 무서운 신성 모독으로 온 시내가 물끓듯했다. 쌩 제르맹 데 프레의 대수도원장 겸 주교대리는 자기를 따르는 성직자 전원에게 명을 내려 장엄한 성체 거동을 하게 했으며, 로마 교황의 특사가 그 의식을 집전했다.

그러나 그 속죄행위도 지체높은 두 부인, 부끄 후작부인인 꾸르땡 부인과 샤또비외 백작부인을 만족시키지 못했다. '제단의 지극히 엄숙한 성체'에 가한 그 모독은 한순간에 지나지 않았지만, 이 두 정결한 부인의 마음에서 지워지지 않아, 어딘가 수녀원 같은 데에서 '상시 성체 조배'를 하지 않으면 보상되지 않을 것으로 생각되었다.

그래서 한 사람은 1652년에, 또 한 사람은 1653년에, 쌩 싸크르망 ^(성체라는 뜻) 이라는 세례명을 가진 베네딕뜨회의 까뜨린느 드 바르 수녀님에게 어마어마한 금액을 기증하여 성체 신앙심을 목적으로 성 베네딕뜨회 수도원을 하나 건립해 줄 것을 요청했다.

그것을 건립해도 좋다는 첫 허가는 쌩 제르맹의 대수도원장인 메쓰 씨가 '총액 6천 리브르, 매년 3백 리브르 정기 납금이 되지 않는 처녀는 입회시킬 수 없다'는 조건으로 까뜨린느 드 바르 수녀에게 내렸다. 쌩 제르맹 대수도

그 시의 대표단이 정중히 맞으러 나와 환영 절차의 하나로서⋯⋯.

원장의 허락 다음에 국왕이 특허장을 내렸다. 이렇게 갖춘 대수도원장의 허가장과 국왕의 특허장은 1654년에 회계원과 최고 법원에서 인가되었다.

이것이 성체를 상시 조배하는 베네딕뜨 수녀원이 빠리에 설립된 자초지종이며, 법률로 인정받게 된 경위다. 최초의 수도원은 부끄 부인과 샤또비외 부인의 헌금으로 까쎄뜨 거리에 '새로이 건립'되었다. 그러므로 이 수도회는 씨또의 베네딕뜨 수녀원과 관계가 없었다. 이것은 쌩 제르맹 데 프레의 대수도원장으로 말미암아 비롯된 것으로, 성심 수녀회가 예수회의 총회장에서 연유되고, 자선 간호회가 나사로회의 총회장에서 연유된 것과 같다.

이 수도회는 이제까지 그 내부를 이야기해 온 저 쁘띠 삑쀠스 베르나르 수녀원과도 전혀 다른 것이다. 1657년에 로마 교황 알렉상드르 7세는 쁘띠 삑쀠스의 베르나르 수녀원에 특별히 친서를 내려, 쌩 싸크르망의 베네딕뜨 수녀들처럼 상시 성체 조배를 할 것을 허락했다. 그러나 이 두 수도회는 여전히 서로 달랐다.

쁘띠 삑쀠스의 최후

왕정복고 첫무렵부터 쁘띠 삑쀠스 수도원은 기울어지기 시작했다. 18세기가 지나고부터 모든 종교단체에 죽음이 찾아들고 더불어 일반질서도 무너지기 시작했는데, 이 쁘띠 삑쀠스도 마찬가지로 그 한 부분에 지나지 않았다.

명상은 기도와 더불어 인간에게 없어선 안 되는 것이다. 그러나 혁명의 손이 닿았던 모든 것과 마찬가지로, 명상도 형체를 바꾸어 사회의 진보에 방해되는 것에서 진보를 도와주는 것으로 변해 가는 것이리라.

쁘띠 삑쀠스의 건물에서는 사람수가 눈에 띄게 줄고 있었다. 1840년에는 작은 수도원이 없어지고 기숙사도 없어졌다. 이젠 늙은 여자들도 없고 젊은 아가씨들도 볼 수 없었다. 늙은 사람들은 죽고 젊은 사람들은 떠났다.

'그 여성들은 날아가 버린 것이다.'

상시 성체 조배의 규칙은 소름끼치도록 가혹했다. 하느님의 부름을 받고 그것에 몸을 바치는 사람은 적어지고 새로 수도회에 들어오는 사람도 없어졌다. 1845년에는 그래도 평수녀들을 더러 볼 수 있었지만 성가대의 수녀는 하나도 없었다. 지금부터 40년 전에 100명쯤 되는 수녀가 있었다. 15년 전에는 겨우 28명뿐이었다. 지금은 몇 명이나 되는지?

　1847년에는 젊은 사람이 수녀원장으로 뽑혔으며, 이것은 선출 범위가 좁아졌다는 증거였다. 그 원장은 40살도 채 못되었다. 사람 손이 줄어드는 데 따라 고역은 더해간다. 한 사람 한 사람의 과업은 더욱 더 무거워진다. 그리하여 성 베네딕뜨의 무거운 규칙을 짊어져야 할 고통스러운 굽은 어깨가 마침내 10명 안팎밖에 안 되리라는 것은 분명한 사실이 되어가고 있었다.

　더욱이 그 무거운 짐은 적당히 줄어드는 일도 없이, 그것을 질 사람이 많거나 적거나 도무지 변함이 없었다. 그것은 사람을 압박하고 짓눌렀다. 이렇게 해서 수녀들은 죽어갔다.

　이 책의 작자가 아직 빠리에 살고 있을 무렵만 해도 두 사람이나 죽었다. 하나는 25살, 또 하나는 23살이었다. 23살 난 여자는 마치 줄리아 알뻬늏라처럼 아마 이렇게 말했으리라.

　'스물 세 해를 살고 나는 지금 여기 누워 있노라.'(고대 헬베시아의 폐허에 있는 묘비명. 라틴어로 되어 있음)

　수도원이 소녀들의 교육을 단념한 것도 이러한 쇠퇴 때문이었다.

　작자는 사람에게 알려지지 않은 이 기괴하고 어두컴컴한 건물 앞을 지나다가 그 안에 들어가 보지 않고 견딜 수 없었으며, 또 어떤 사람들에게는 도움되리라 싶어 장 발장의 슬픈 사연을 이야기하고 있는 작자에게 귀기울여 주고 따라와 주는 사람들을 그 안으로 이끌어들이지 않을 수 없었다.

　지금은 사뭇 신기하게 생각되지만 사실은 구석구석까지 낡은 관습이 들어찬 이 수도원 안을 우리는 이렇게 둘러보았다. 이곳은 닫혀진 정원이다. '금원(禁園)'(구약 '雅歌' 제14장 12절)이다. 작자는 그와 같은 불가사의한 장소에 대해 자세하게, 그러나 경의를 품고, 적어도 정확성과 경의를 되도록 양립시키며 이야기해 왔다.

　우리는 그 전체를 이해할 수는 없지만, 그렇다고 무엇 하나 소홀하게 보지는 않았다고 단언한다. 사형집행인을 신처럼 숭앙하기에 이른 조제프 드 메스트르의 예찬에서도, 십자가상을 야유하기에 이른 볼떼르의 냉소에서도, 작자는 그 둘로부터 멀리 떨어진 자리에 있었던 것이다.

　볼떼르의 사고방식은 이치에 맞지 않다는 것도 말이 난 김에 덧붙여 두기로 하자. 왜냐하면 볼떼르는 깔라스(18세기 프랑스 상인. 신교도 아들을 개종시키지 않으려고 이를 죽였다는 누명을 쓰고 사형을 언도 받았으나 1765년 볼떼르의 변호로 면죄됨)를 변호한 것과 마찬가지로 그리스도도 변호했어야 옳았기 때문이다. 인간을 초월한 어떤 것이 인간의 모습을 빌어 나타난다는 것을 인정하지 않는 사람들이 있다. 그렇다면 그런 사람들에게 십자가상은 무엇을 나타내는 것일까? 살해된 성현의 존재를 나타내는 게 아닌가?

19세기에 이르러 종교적 관념은 위기에 놓였다. 사람들은 어떤 것을 배우지 못하고 있다. 그러나 하나의 일을 배우지 않더라도 다른 일을 익힌다면 그것은 좋은 일이다. 다만 인간의 마음 속에 공허가 있어서는 안 된다. 또 어떤 종류의 파괴가 자행되고 있다. 다만 파괴된 다음에 새로 무엇인가가 세워지기만 한다면, 그것도 지극히 좋은 일이다.

그때까지는 이미 없어진 것에 대해서도 연구해야만 한다. 그런 것들을 피하며 전진하기 위해서라도 그것들을 알아두지 않으면 안 된다. 과거의 위조물은 가짜 이름을 둘러쓰고 곧잘 미래라고 즐겨 말한다. 이 과거라는 유령은 흔히 그 통행증을 위조한다. 우리는 그 속임수를 파헤쳐야 한다. 경계해야만 한다. 과거는 미신이라는 얼굴에 허위라는 가면을 쓴다. 그 얼굴을 간파하고 가면을 벗겨내야만 한다.

수도원으로 말하자면 여러 가지로 복잡한 문제가 있다. 문명은 수도원을 배척하고 자유는 수도원을 보호한다.

제7편 빠렁떼즈

수도원, 그 추상적 개념

이 책은 하나의 드라마이며, 그 주인공은 '무한'이다.

인간은 조연이다.

그러므로 지나는 길에 한 수도원을 발견하자 우리는 그 안으로 들어가지 않을 수 없었다. 왜냐하면 수도원이란 동서고금을 막론하고 이교(異敎)에도 불교에도 이슬람교에도 그리스도교에도 모두에 본디부터 갖춰져 있는 것으로, 말하자면 인간이 무한을 향해 조절한 렌즈와 같은 것이기 때문이다.

지금은 어떤 특정한 관념에 대해 굳이 덧붙일 때가 아니다. 그러나 신중함과 제한을 굳게 지키며, 또한 분노를 느끼면서 작자는 말해 두지 않으면 안 되겠다. 다시 말해 인간 안에서 무한을 발견했을 때, 그것을 옳게 받아들였을 경우에나 잘못 받아들였을 경우에나 우리는 늘 경의에 사로잡힌다.

유대 교회에도, 이슬람 사원에도, 불교의 사찰에도, 흑인의 사당에도, 거기에는 반드시 우리가 증오하는 추악한 일면과 우리가 숭배하는 숭고한 일면이 있다. 인간이라는 벽 위에 비쳐진 신의 모습, 그것은 사람 마음을 얼마나 깊이 관찰하게 하며, 얼마나 바닥모를 몽상으로 끌어들이는 것일까!

수도원, 그 역사적 사실

역사와 이성과 진리의 견지에서 보면 수도원 제도는 해로운 것이다. 한 나라 안에 수도원이 많이 있으면 교통의 방해물이 되고, 건물이 덧없이 자리만 차지하고, 노동의 중심이어야 할 곳에 게으름의 중심이 형성된다. 커다란 사회공동체 안에 수도원 단체가 있는 것은, 떡갈나무에 잠긴 기생목이나 사람 몸에 돋아난 사마귀와도 같다. 그것이 번영하고 살찔수록 나라는 쇠약해진다.

수도원 제도는 문명 초기에는 유익하여 정신적인 것에 의해 동물적인 본능을 길들이는 데 소용되지만, 민중의 씩씩한 활력을 북돋우는 데는 나쁜 영향을 미친다. 게다가 이 제도가 퇴폐기에 들어갈 때는, 그래도 여전히 본보기 행세를 하게 되므로 그 순결하던 시대에 유익했던 것과 똑같은 이유로 이번에는 유해한 것이 된다.

수도원의 은폐된 생활이 가치있었던 시대는 이미 지났다. 근대 문명의 초기 교육에는 수도원 생활이 큰 도움이 되었지만, 문명의 성장에는 불필요하게 되었으며, 그 발전에는 해로운 것이 되었다. 교육기관으로서 또는 인격형성의 수단으로서 수도원은 10세기에 유익한 것이었으나, 15세기에는 문제점을 지니게 되었고, 19세기에 이르러 배척해야 할 존재가 되었다.

수도원 제도라는 질병은 뛰어나게 훌륭한 두 국민, 몇 세기 동안 유럽의 광명이었던 이탈리아와 그 광휘였던 스페인을 거의 뼛속까지 갉아먹어 들어갔다. 현대에 이르러 이들 두 전통 있는 국민이 이 해독에서 가까스로 회복하기 시작한 것은 다름아닌 1789년(프랑스 대혁명)의 건전하고 힘찬 위생법 덕분이다.

수도원, 특히 금세기 초까지 이탈리아와 오스트리아와 스페인에서 볼 수 있었던 낡은 수녀원은 중세의 가장 어두운 구체적 표현의 하나이다. 이들 수도원 내부는 온갖 공포의 교차점이다. 이른바 가톨릭 수도원 내부는 죽음의 검은 방사선으로 가득차 있었다.

스페인의 수도원은 더욱 음울하다. 거기에는 안개낀 지붕 아래, 그늘로 말미암아 어슴푸레해 보이는 아치 아래 어둠 속에 대성당처럼 높고 바벨탑처럼 웅대한 제단이 우뚝 솟아 있다. 또 거기에는 십자가에 매달린 예수의 거대한 흰 상이 어둠 속에서 사슬에 걸려 있다.

거기에는 흑단 진열대 위에 벌거벗은 채 늘어서 있는 상아로 만든 커다란 그리스도 상이 피에 물들었다기보다 피를 뚝뚝 흘리고 있는 듯하여 두렵기도 하고 또한 장엄하기도 하다. 팔꿈치에는 뼈가 불거지고, 무릎은 벗겨졌으며, 상처에서는 살점이 드러나 보인다. 또 은으로 만든 가시 면류관을 쓰고, 금못에 못박혀 이마에서는 루비 핏방울이 떨어지고, 눈에는 다이아몬드 눈물이 괴어 있다. 다이아몬드와 루비는 마치 젖어 있는 것 같아서, 얼굴을 베일로 가리고 그 상 아래 그늘 속에 무릎꿇는 여자들을 울린다.

그 여자들은 고행자가 입는 말총 내의(살갗을 자극하게 되어 있는 고행용 내의)와 쇠못 박힌 채찍으로 옆구리에 상처를 내고, 버들가지로 엮은 브래지어로 가슴을 짓누르고, 기도를 드리느라 무릎 살갗은 벗겨져 있다. 자신을 그리스도의 아내라고 믿는 여

스페인의 수도원은 더욱 음울하다.

자들, 자신을 천사라고 생각하는 유령들인 것이다. 이 여자들은 생각하고 있을까? 아니다. 원하고 있을까? 아니다. 사랑하고 있을까? 아니다. 살고 있는가? 아니다. 이 여자들의 신경은 뼈가 되고 그 뼈는 돌이 되어버렸다. 그 베일은 암흑으로 엮은 것, 그 베일 밑의 호흡은 죽음의 형언할 수 없는 비극적 숨결과도 같다.

원귀 같은 수도원장은 이 여자들에게 축복과 공포를 준다. 가혹한 순결이 거기에 있다. 이것이 스페인의 낡은 수도원 모습이다. 무서운 헌신의 둥우리, 동정녀들의 동굴, 잔인한 장소.

가톨릭교가 지배했던 스페인은 로마 자체보다 더 로마적이었다. 스페인의 수도원은 유난히도 가톨릭적인 수도원이었다. 그리고 거기에는 마치 터키의 궁전 같은 느낌이 있었다. 대주교는 마치 하늘의 후궁 관리인 같은 존재로, 신을 위해 끌어들인 영혼을 관장하는 이 하렘의 문을 잠그고 감시의 눈을 부라리고 있었다. 수녀들은 오달리스크^(터키 후궁의 여자)이고, 사제는 환관이었다.

신앙이 열렬한 여자들은 꿈 속에서 선택되어 그리스도를 내 것으로 삼았다. 밤이 되면 그 나체의 미청년이 십자가에서 내려와 독방에 황홀을 가져다 주는 것이다. 십자가에 못박힌 그리스도를 터키 황제로 떠받들고 있는 신비의 황후는, 겹겹이 둘러진 높은 벽으로 현세의 온갖 즐거움으로부터 격리되어 있다. 바깥 세상은 한번 흘긋 보기만 해도 부정한 것이 되었다.

'종신감옥^(수도원에서 큰 죄인을 죽을 때까지 넣어두는 지하굴)'은 가죽부대^(동양에서는 죄인을 여기에 넣어 바다에 던졌음) 역할을 했다. 동양에서는 바다에 던졌을 것을 서양에서는 지하에 던졌던 것이다. 그 어느 경우에도 여자들은 팔을 뒤틀며 몸부림쳤다. 한쪽 여자들에게는 파도가 있고, 한쪽 여자들에게는 무덤이 있었다. 여기서는 많은 여자들이 물에 빠져 죽고, 저기서는 많은 여자들이 산 채로 묻혀 죽었다. 너무나도 잔혹한 대조이다.

오늘날 과거를 옹호하는 사람들도 이 사실들을 부인할 수는 없으므로, 그것에 대해 미소로 얼버무리려 애썼다. 그리하여 역사의 폭로를 억누르고, 철학의 주석을 헐뜯고, 난처한 사실이나 꺼림칙한 문제는 모두 생략하기 위해, 기묘하고도 편리한 방법을 유행시켰다.

'공리공론의 잠꼬대'라고 교묘한 자들은 말한다. 덮어놓고 따라하는 자들도 '공리공론'이라고 장단을 맞춘다. 장 자끄 루소도 공리공론가요, 디드로도 공리공론가요, 깔라스와 라바르와 씨르방^{(세 사람 다 1860년대 종교상의 죄(사실무근한)로 말미암아 재판받았음)} 등을 변호한 볼떼르도 공리공론가라는 것이다. 또 누군가가 최근에 주장한 바에 따르면, 타키투스(로마 역사가. 네로의 폭정을 폭로한 사람임)는 공리공론가요 네로는 그 희생자이다. 그리고 이 '가엾은 홀로페르네스(구약에 나오는 猛將. 유대인 여자 유디트에게 속아 잠자는 도중 살해되어 목이 베어짐. 여기서는 네로를 가리킴)'야말로 동정을 받아야 마땅하다는 것이었다.

그러나 사실은 왜곡시키기 어렵고 완강한 것이다. 이 책의 작자는 브뤼셀에서 8리외쯤 떨어진 곳에 자리한 누구나 역력히 중세적이라는 것을 알아볼 수 있는 빌레르 대수도원에서, 수도원 안마당에 해당하는 풀숲 한복판에 있는 땅굴 구멍과 딜 강의 둑 쪽으로 반은 땅 속이고 반은 물 속으로 된 4개의 석굴을 눈으로 직접 본 일이 있었다.

그곳은 바로 '종신감옥'이었다. 이들 지하굴에는 어느 곳에나 철문의 잔재와 변소와 쇠창살이 달린 작은 채광창 등이 달려 있었다. 이 채광창은 밖에서 보면 강물보다 두 자 위에 있고, 안에서 보면 지하 여섯 자 지점에 있으니, 강은 넉 자 깊이로 벽을 따라 창 밖으로 흐르고 있는 셈이다. 땅바닥은 늘 축축하다. '종신감옥'에 갇힌 죄인은 이 눅눅한 땅바닥에 누워 있었다.

어떤 지하굴 속에는 벽에 쇠사슬이 박혀 있다. 또 다른 굴 속에서는 넉 장의 화강암으로 만들어진 네모진 궤짝 같은 것을 발견했는데, 그것은 안에 들어가 눕기에는 너무 짧고 서기에는 너무 낮았다. 옛날에는 그 속에 사람을 넣고 위에 돌뚜껑을 덮었다. 그것이 지금도 엄연히 남아 있어, 눈으로 보고 손으로 만질 수 있다.

이들 '종신감옥', 이들 땅굴, 이들 쇠돌쩌귀, 이들 쇠사슬, 강물이 찰랑거리며 흐르는 이 작은 채광창, 화강암으로 뚜껑이 덮여 있어 흡사 무덤 같은, 다른 점이라고는 안에 들어 있는 것이 죽은 송장이 아닌 살아 있는 사람이라는 것뿐인 이 돌궤짝, 진흙탕이라고 해도 좋을 정도의 이 땅바닥, 이 변소라는 이름의 구멍, 물이 배어나오는 벽, 그러한 것들이 말하는 게 어찌 공리공론이란 말인가!

과거를 존중하는 것은 어떤 조건에서인가

스페인이나 티벳에 있던 것 같은 수도원 제도는 문명에 대한 결핵이라 할 수 있다. 그것은 생명의 뿌리를 잘라버린다. 한 마디로 말해 그것은 인종을 멸망시킨다. 그것은 유폐이며 거세이다. 이 제도는 유럽에서는 하늘이 내린

벌이었다.

　게다가 또 수없이 양심에 가하는 폭행, 강제하는 헌신, 수도원을 발판으로 하는 봉건제도, 넘쳐나는 가족을 수도원으로 쫓는 가장, 위에서 방금 말한 바와 같은 잔혹한 취급, '종신감옥', 침묵의 고행, 벽 속에 갇힌 두뇌, 영원한 맹세 아래 지하굴에 감금된 수많은 불행한 재능, 법의를 걸치고 산 채로 영혼을 매장하는 생활, 그리고 또 국가의 손해 위에 덧붙여지는 개인의 고통, 이러한 것들을 생각할 때, 인간이 만들어낸 두 가지 수의인 가슴받이와 베일 앞에서는 어떤 사람이라도 전율을 느끼지 않을 수 없을 것이다.

　그러나 어떤 점에서는, 그리고 어떤 장소에서는, 수도원 정신이 철학이나 문명의 진보에 아랑곳없이 19세기 한복판에 고집스레 남아서 금욕주의의 기묘한 부흥을 보여 주어 우리의 이 문명사회를 놀라게 하고 있다. 낡은 교육제도를 끈덕지게 유지하려는 모습은 냄새나쁜 향수를 여전히 머리에 바르기를 원하는 것과도 같고, 사람이 썩은 생선을 여전히 먹기를 바라는 것과도 같으며, 어른에게 어린아이의 옷을 아직도 입히려고 하는 것과도 같고, 송장이 된 뒤에도 아직 여전히 살아 있는 사람을 껴안기 위해 돌아오려고 하는 애정과도 같다.

　'배은망덕한 자들이여! 날씨가 좋지 않을 때 그들을 감싸 주지 않았는가! 그런데도 왜 이젠 필요없다고 하는가!'라고 옷은 말한다. '나는 일부러 깊은 바다에서 왔는데'라고 생선은 말한다. '나는 장미꽃이었다'고 향수는 말한다. '나는 너희를 사랑하고 있었다'고 송장은 말한다. 그리고 수도원은 '나는 너희를 문명으로 이끌었다'고 말하는 것이다.

　그들에게는 단 한 마디 이렇게 대답할 수밖에 없다. "이젠 옛날 일이다"라고.

　못 쓰게 된 사물이 무한히 존속되기를 바라고, 미라가 인간을 다스리기를 꿈꾸고, 타락한 교의를 부흥시키고, 성물 상자에 다시 금박칠을 하고, 수도원 벽을 새로 바르고, 성자의 유골 상자에 다시금 축복을 내리고, 미신을 재생시키고, 광신을 다시 북돋우고, 성수반이나 칼의 손잡이를 갈고, 수도원 제도와 군국주의를 부활시키고, 기생자(寄生者)가 불어남으로써 사회가 구원된다고 믿고, 현재에 과거를 강요하는 것은 아무리 보아도 이상한 일로 생각된다.

  그런데도 이같은 이론을 주장하는 이론가들이 있다. 그러한 이론가는 물론 재주꾼들이어서 매우 간단한 방법을 터득하고 있다. 그들은 그들이 이른바 사회질서, 신권, 도덕, 가정, 조상숭배, 낡은 권위, 신성한 전통, 권리의 정당성, 종교 등등으로 부르는 페인트를 과거 위에 칠한다. 그리고는 끊임없이 큰소리로 떠들어댄다.

  "자, 선량한 사람들이여, 여기에 따를지어다."

  이런 논법은 옛날 사람들에게도 잘 알려져 있었다. 고대 로마의 점쟁이들은 그것을 실제로 활용했다. 그들은 검은 소에 석회를 발라 놓고 이렇게 말했던 것이다. "이 암소는 희다"고. 그야말로 '희게 칠한 소(^{희생}의 소)'이다.

  과거가 이미 죽어버렸다는 것을 스스로 인정하기만 한다면 우리는 과거의 어떠한 점에 대해서는 존중하기도 하고, 또 전체적으로 관대하게 보아주기도 하리라. 그러나 만일 과거가 살아 있기를 원한다면 공격하여 숨통을 끊어 놓으려 할 것이다.

  미신이나, 완고한 신앙이나, 거짓 신앙심이나, 편견의 허깨비는 그야말로 허깨비이면서도 생명에 끈덕지게 달라붙어 그 요기 속에 이빨과 발톱을 드러내보이고 있다. 그러한 것에는 마구 덤벼들어 싸워야 한다. 그리고 그 싸움의 기세를 늦추면 안 된다. 허깨비들과의 끊임없는 싸움은 인간의 정해진 숙명 가운데 하나이기 때문이다. 환영의 목덜미를 쳐서 땅바닥에 쓰러뜨리기란 힘든 일이다.

  19세기 한복판에 들어앉은 프랑스의 수도원은 대낮과 마주한 수리부엉이의 학교에 지나지 않는다. 1789년과 1830년과 1848년의 세 차례 혁명을 겪은 도시(^{프랑스 대혁명, 7월 혁명, 2월}_{혁명의 주요 무대였던 빠리}) 한가운데서 당당히 고행을 감행하고 빠리에 로마를 부흥시키고 있는 수도원의 생활은 그야말로 시대착오다. 여느 때라면 시대착오를 타파하고 그것을 소멸시켜 버리기 위해 그 성립연대를 수도원 자신에게 말하게 하기만 하면 된다. 그러나 지금은 여느 때가 아니다.

  그러므로 싸우자.

  싸우자. 그러나 적을 뚜렷이 분간하자. 진리의 특성은 결코 정도를 넘어서지 않는다는 것이다. 진리에 무슨 과장이 필요하겠는가? 반드시 파괴해야 할 것도 있지만, 그냥 밝은 데로 끌어내어 확인해 보기만 해도 되는 것이 있다. 선의에서 우러나온 진지한 검토의 힘! 빛이 충분히 있는 곳에까지 불을 들고 가는 짓은 하지 말자.

그러므로 이 19세기에 삶을 이어받은 우리는 전반적인 문제로서, 그리고 모든 나라의 국민은, 아시아건 유럽이건, 또는 인도건 터키건, 고행을 위한 수도원의 유폐생활을 반대해야 한다. 수도원에 대해 이야기하는 것은 늪에 대해 이야기하는 것과 같다. 그것이 썩었다는 것은 명백하며, 고인 물은 불건전하고 거기서 생겨나는 미생물은 국민을 열병에 걸리게 하고 쇠약하게 만든다.

그것들이 수가 불어나면 성서에서 말하듯 '이집트의 재난'이 된다. 바라문교의 탁발승, 불교의 중, 이슬람교의 수도자, 그리스 정교의 신자, 아프리카 이슬람교의 은자, 타이의 불교승, 또한 이슬람교의 승려, 이와 같은 자들이 마구 불어나 벌레처럼 득시글거리고 있는 나라들을 생각하면 우리는 공포에 떨지 않을 수 없다.

그렇다고는 하나, 그래도 아직 종교상의 문제는 남아 있다. 이 문제는 신비롭고 또 두렵기조차 한 몇 가지 면을 가지고 있다. 이 문제를 잠시 직시하는 것을 허락해 주기 바란다.

원칙으로 본 수도원

많은 사람들이 같은 장소에 모여서 산다. 그것은 어떤 권리에 의해서인가? 단결의 자유에 의해서이다.

그들은 거기 들어박힌다. 어떤 권리에 의해서인가? 자기 집의 문을 열거나 닫는 것은 저마다 자유이기 때문이다.

그들은 밖에 나가지 않는다. 어떤 권리에 의해서인가? 오가는 권리에 의해서이다. 그것에는 또한 자기의 거처에 머무르는 권리도 포함되어 있다.

자기들의 거처에 있으면서 그들은 무엇을 하는가?

그들은 낮은 목소리로 이야기한다. 그들은 눈을 내리깔고 있다. 그들은 열심히 무엇인가를 하고 있다. 그들은 세상과도 도시와도 육욕과도 쾌락과도 허영과도 오만과도 이해와도 인연을 끊고 있다. 그들은 허술한 모직이나 값싼 무명옷을 입고 있다. 거기서는 어느 누구도 자기 것이 하나도 없다. 거기에 들어가면 부자도 가난한 생활을 한다. 자기가 가진 것은 모든 사람들에게 나누어준다. 귀족이나 신사나 왕후로 불리던 자도 농부였던 자와 동등해진다.

하나하나의 독방은 어느 누구의 것이나 다 똑같다. 모두들 똑같이 삭발례를 하고, 똑같은 법의를 입고, 똑같은 검은 빵을 먹고, 똑같은 짚 위에서 자고, 똑같은 재 위에서 죽어간다. 똑같은 자루를 등에 짊어지고, 똑같은 끈으로 허리를 맨다. 맨발로 걷는 것이 규칙이라면 모두 맨발로 걷는다.

거기 비록 한 사람의 왕족이 있다 할지라도 이 왕족도 다른 사람들과 마찬가지로 그림자의 존재다. 이미 어떤 칭호도 없다. 성마저 사라져버렸다. 그들에게는 이름밖에 없는 것이다. 모두 평등하게 세례명만 가지고 있다. 그들은 육친의 가족을 버리고 자기들의 공동체 안에 정신의 가족을 형성하고 있다. 그들에게는 친척도 다른 모든 사람들과 마찬가지다. 그들은 가난한 사람을 돕고 병든 사람을 간호한다. 그들은 자기가 복종할 사람을 스스로 선택한다. 그들은 서로 '우리 형제 자매'라고 부른다.

이렇게 말하면 독자는 작자의 말을 제지하며 외치리라. "하지만 그것은 이상적인 수도원의 이야기다!"라고.

그러나 수도원을 고찰하기 위해서는, 그러한 수도원도 가능하다는 이야기일 뿐이다.

그와 같은 생각에서 작자는, 앞에서 어느 수도원에 대해 존경심을 가지고 이야기해 두었던 것이다. 그리고 중세의 일은 별도로 하고, 아시아의 일도 별도로 하고, 역사와 정치의 문제도 잠시 접어두고, 순수한 철학의 견지에서서, 공격적 논의가 필요없는 입장에서, 그리고 수도생활이란 절대로 스스로 원해서 이루어지는 것이며 오로지 동의에 의해 성립된다는 조건 아래에서, 신중하고도 어떤 점에 관해서는 겸허한 진지성을 가지고 이 수도원이라는 생활공동체에 대한 고찰을 계속해 보기로 하자.

생활공동체가 있는 곳에는 자치사회가 있고, 자치사회가 있는 곳에는 권리가 있다. 수도원은 '평등' '박애'라는 규범 아래 태어났다. 아, '자유'란 얼마나 위대한 것인가! 그리고 얼마나 어엿한 변모일까! '자유'롭기만 하면 수도원을 공화국으로 변모시킬 수 있다.

이야기를 계속하자.

그 4개의 벽 속에 숨어 있는 그들 남자나 여자들은 허름한 모직옷을 걸치고, 서로 평등하며, 서로 형제 자매라 부르고 있다. 그것은 좋은 일이다. 그러나 그들은 그 밖에 다른 일도 하고 있지 않는가?

그렇다.

무엇을?

그들은 그림자를 바라보며 무릎꿇고, 또 두 손을 모으고 있다.

그것은 무엇을 의미하는 것인가?

기도

그들은 기도드리고 있다.

누구에게?

신에게.

신께 기도드린다. 이 말은 무엇을 뜻하는가?

우리의 외부에는 어떤 무한한 것이 있는 것이 아닐까? 이 무한한 것은 단일한 것이며, 내재적인 것이고, 영구 불변한 것이 아닐까? 그것이 무한하다고 한다면, 그것은 필연적으로 본질적인 것이어야 하지 않겠는가? 그것이 본질적인 것이 아니라면 그 점에서 한정될 것이기 때문이다. 또한 그것이 무한하다고 한다면, 그것은 반드시 정신적인 것이어야 하지 않겠는가? 그것이 정신적이 아니라면 그 점에서 유한한 것이 될 것이기 때문이다.

우리는 존재의 관념밖에 스스로 가질 수 없는데 이 무한한 것은 우리들 안에 본질의 관념을 불러일으켜 주는 것이 아닐까? 바꾸어 말하자면 그것은 절대적이고, 우리는 그 절대적인 것에 종속하는 상대적인 것에 지나지 않는 것이 아닐까?

무한한 것은 우리의 외부에 있으면서 또한 우리의 내부에도 있는 것이 아닐까? 이 두 개의 '무한한 것'(이 얼마나 무서운 복수인가!)은 서로 포개어져 있는 것은 아닐까? 둘째의 무한한 것은 말하자면 첫째의 무한한 것의 밑바탕을 이루고 있는 것이 아닐까? 그리고 그 거울이며, 반영이며, 반향이며, 첫째의 심연과 중심을 같이 하고 있는 심연이 아닐까? 이 두번째의 무한한 것 또한 정신적인 것이 아닐까? 이 두번째의 무한한 것은 생각하고 사랑하고 욕구하는 것이 아닐까?

이 두 개의 무한한 것이 다 같이 정신적인 것인 이상, 저마다 그 욕구하는 본체가 있어서 밑에 있는 무한한 것 중에 하나의 자아가 있는 것처럼, 위에 있는 무한한 것 중에도 하나의 자아가 있을 것이다. 밑에 있는 자아—그것

그들은 그림자를 바라보며 무릎꿇고, 또 손을 모으고 있다.

은 곧 인간의 영혼이고 위에 있는 자아—그것은 곧 신이다.

상념에 의해 밑에 있는 무한한 것을 위에 있는 무한한 것과 접촉시키는 일, 그것이 곧 기도드리는 일이다.

인간의 정신에서는 아무것도 배제하지 말도록 하자. 제거한다는 것은 좋지 않은 일이다. 필요한 것은 개혁하고 변혁시키는 일이다. 인간의 어떤 능력은 상념이라든가 몽상이라든가 기도라든가 하는 '미지의 것'을 지향하고 있다. '미지의 것'은 하나의 대양(大洋)이다.

인간의 양심이란 무엇인가? 그것은 '미지의 것'에 대한 나침반이다. 상념, 몽상, 기도, 여기에야말로 위대한 신비의 광채가 있다. 이것들을 존중하자. 영혼에서 우러나는 이들 엄숙한 빛은 어디로 향해 가는가? 그것은 그림자를 향해, 다시 말하자면 광명을 향해 가고 있다.

민주주의의 위대한 점은, 아무것도 부정하지 않고 인간성 모두를 인정한다는 데에 있다. '인권'과 함께 적어도 그 옆에 '영혼의 권리'가 있는 것이다.

광신을 물리치고 무한한 것을 숭배하는 일, 그것이 법칙이다. '창조'의 나무 밑에 엎드려서 별이 빛나는 그 광대한 가지들을 물끄러미 바라보는 것만으로 그쳐서는 안 된다. 우리에게는 하나의 의무가 있다. 그것은 인간의 영혼에 영향을 미치고 기적에 반항하여 신비를 수호하고, 이해하지 못하는 것을 존중함으로써, 부조리한 것을 배척하고, 설명할 수 없는 것에 관해서는 필요한 것만을 받아들이고, 신앙을 건전한 것으로 하며, 종교 위에서 미신을 없애는 일, 즉 신의 주위에서 해충을 구제한다는 의무이다.

기도의 절대적인 정당성

기도의 방법에 대해서 말한다면, 그것이 진지한 것이기만 하면 어떠한 기도도 정당하다. 책을 덮고 무한한 것 속에 몰입하면 되는 것이다.

무한한 것을 부정하는 철학이 있다는 것은 우리도 알고 있다. 병리학상의 분류에도 또한 태양을 부정하는 철학이라는 것이 있지만, 그것은 맹목이라고 일컬어진다.

우리에게 없는 하나의 감각을 진리의 원천으로 삼는 것은 매우 위험한 일이라고 할 수밖에 없다.

지극히 기묘한 것은, 어림짐작의 철학이 신을 보는 철학에 대해서 취하는 오만스럽고 우월적이며 불쌍하다는 듯한 태도이다. 마치 두더지가 이렇게 외치는 것을 듣는 것과 같다.

"저것들이 태양, 태양하고 떠들어대는 것을 보면 정말 불쌍해!"

우리는 큰 세력을 가진 명성높은 무신론자들이 있다는 것을 알고 있다. 그들은 그들 자신의 힘에 의해 진실한 것으로 되돌아와 있으므로, 사실은 무신론자라고 할 수만은 없다. 그들의 경우 다만 정의만이 문제일 뿐이다. 그리고 그들은 위대한 정신의 소유자이기 때문에 신을 믿지 않는다고는 하지만, 대개의 경우 오히려 신을 증명하고 있다.

우리는 그들의 철학에 대해서는 엄정하게 변별하지만, 그들 내면에 깃든 철학자에 대해서는 존경을 아끼지 않는 바이기도 하다.

더 계속해 보자.

또 한 가지 희한한 것은 쉽사리 말로만 만족해 버리는 점이다. 북방의 한 형이상학파는, 아무래도 짙은 안개의 영향인지 '힘'이라는 말을 '의지'라는 말로 대치함으로써 인간의 오성(悟性)에 하나의 혁명을 가져온 것으로 믿고 있다.

'식물은 성장한다'고 말하는 대신 '식물은 의지를 갖는다'고 한다. 하긴 여기에 '우주는 의지를 갖는다'고 덧붙인다면, 이런 말도 아닌게아니라 의미심장한 것이 되었으리라. 거기서 다음과 같은 결론이 날 것이기 때문이다. 즉 '식물은 의지를 갖는다, 고로 식물은 하나의 자아를 갖고 있다. 우주는 의지를 갖는다, 고로 우주는 하나의 신을 갖고 있다.'

반대로 아무것도 선입견으로 배척하려 들지 않는 우리로 말하자면, 이 학파가 인정하고 있는 식물 속의 의지라는 것은, 이 학파가 부정하고 있는 우주 속의 의지보다 더욱 인정하기 어려운 것으로 생각된다.

무한한 것의 의지를, 다시 말해 신을 부정한다는 것은, 무한한 것을 부정하지 않는 한 불가능하다. 이것은 이미 우리가 증명한 바이다.

무한한 부정은 그대로 허무주의에 빠져든다. 모든 것이 '사람의 정신의 한 개념'이 되어 버린다.

허무주의에 대해 논의하는 것은 불가능하다. 논리적인 허무주의자는 토론 상대의 존재를 의심하려 들고, 자기 자신의 존재에 대해서도 확신하고 있지 않기 때문이다.

그의 견해에 의하면, 그 자신도 그 자신에 대해서는 '자기 정신의 한 개념'에 지나지 않을 수 있다.

다만 그가 전혀 깨닫지 못하는 것은, '정신'이라는 말을 씀으로써 자기가 부정한 모든 것을 일괄해서 긍정하고 있다는 사실이다.

요컨대 모든 것을 '아니다'는 한 마디로 귀결시키는 철학에 의해서는 어떠한 사색의 길도 열리지 않는다.

'아니다'는 말에 대한 대답은 하나밖에 없다. '그렇다'는 한 마디이다.

허무주의는 일정한 범위가 없다.

허무라는 것은 없다. 제로는 존재하지 않는다. 모든 것은 무엇인가이다. 무언가가 아닌 것은 아무것도 아니다.

인간은 빵으로 산다기보다 훨씬 더 많은 긍정으로 살고 있다.

보는 것과 보여 주는 것만으로는 아무래도 충분하지 않다. 철학은 하나의 에너지가 아니면 안 된다. 그것은 인간을 향상시키는 것을 그 노력의 결과로 삼아야만 한다. 소크라테스는 아담 속에 들어가 마르쿠스 아우렐리우스를 낳게 해야한다. 바꾸어 말하자면 지복(至福)의 인간으로부터 현명한 인간이 나게 해야 하는 것이다. 에덴 동산을 리쎄옴으로 만들어야만 한다.

학문은 하나의 강심제이어야만 한다. 향락한다는 것은 얼마나 비열한 목적이며 얼마나 시시한 야심인가! 향락은 새나 짐승이 하는 짓이다. 생각하는 것, 거기에 바로 인간 영혼의 진정한 승리가 있다. 사람들의 갈증에 사상을 제공하고, 그들 모두에게 신의 지식이라는 묘약을 주고, 그들 내부에서 양심과 학문을 어울리게 하고, 그 신비로운 호응에 의하여 그들을 올바른 사람으로 만드는 일, 이것이야말로 진정한 철학의 사명이다.

윤리란 온갖 진실의 개화다. 관조는 점차 행동으로 옮아 간다. 절대적인 것은 실제적인 것이어야만 한다. 이상이란, 인간 정신이 그것을 호흡할 수 있고, 마실 수 있고, 먹을 수 있는 것이 아니면 안 된다.

'먹으라, 이것은 나의 살, 나의 피다'라고 말할 수 있는 권리를 가지는 것이야말로 이상이다. 지력(知力)은 신성한 성체 배수다. 오로지 이러한 조건에서만 지력은 학문에 대한 메마른 사랑이기를 지양하여 인류 결합의 유일하고 숭고한 방법이 되는 것이며, 이리하여 철학에서 종교로 승화해 가는 것이다.

철학은, 신비를 마음대로 바라보기 위해 신비 위에 세워짐으로써 호기심을 만족시키는 데 도움을 주는, 그런 단순한 전망대여서는 안 된다.

작자 자신의 사상을 소상하게 설명하는 것은 다른 기회로 미루고, 여기서는 다만 다음과 같은 것만을 알리고자 한다. 즉 신앙과 사랑이라는 두 가지 원동력 없이는, 인간을 출발점으로 생각할 수도 없고 진보를 목적으로 생각할 수도 없다는 것이다.

진보는 목적이며 이상은 그 전형이다. 이상이란 무엇인가? 그것은 신이다. 이상, 절대, 완전, 무한, 이것들은 모두 같은 뜻을 가리키는 말이다.

비난할 경우에 필요한 주의

역사와 철학은 영원한 의무를 갖는데 그것은 또한 단순한 의무이기도 하다. 주교 까이파스, 재판관 드라꼬, 입법자 트리말끼용, 황제 티벨리우스들과 싸우는 일이다. 이것은 분명하고 직접적이고 알기 쉬워 조금도 애매할 것이 없다. 그러나 세속을 떠나서 생활하는 권리는 그 부조리와 병폐에도 불구하고, 인정되고 허용되지 않으면 안 된다. 수도원 생활은 인간의 한 문제이다.

오류의 장소이면서도 결백한, 죄의 장소이면서도 선량한 의지의, 무지의 장소이면서도 헌신의, 고난의 장소이면서도 순교의 장소인 저 수도원에 관해서 이야기할 때에는 대부분 긍정하면서도 한편으로는 부정하지 않을 수 없다.

수도원은 하나의 모순이다. 그 목적은 영원한 안식이며, 그 수단은 희생이다. 수도원, 그것은 결과로서 최고의 자기 희생을 갖게 되는 최고의 이기주의다. 군림하기 위해 왕위를 버린다는 것이 수도원 제도의 표어인 모양이다.

수도원에서, 사람은 향락하기 위해 고행한다. 죽음을 써넣은 어음을 발행한다. 하늘의 광명을 지상의 어둠 속에서 기대한다. 수도원에서는 천국을 상속받기 위한 계약금으로서 지옥을 받아들이고 있다.

베일이나 법의를 걸치는 일은 영원에 의해 보상받는 자살이다.

이와 같은 것을 문제로 삼을 경우 비웃음이 통용되리라고는 생각하지 않는다. 여기서는 선도, 악도, 모두가 진지한 것이다. 올바른 사람은 눈썹을 찌푸리는 일은 있어도 결코 악의 있는 미소는 짓지 않는다. 작자인 나는 분노는 시인하나 악의는 시인하지 않는다.

신앙, 법칙

좀 더 이야기할 것이 있다.

작자는 성당이 책략으로 가득 차 있을 때는 그것을 비난하고, 그것이 세속의 이익과 욕심에 급급할 적에는 구도자를 경멸한다. 그러나 작자는 어떤 경우든 생각하는 사람들 모두를 존경한다.

작자는 무릎 꿇는 자에게 경의를 표한다.

신앙, 그것은 인간에게 필요한 것이다. 아무런 신앙도 갖지 못한 자야말로 불행할지어다!

사람이 멍하니 있다고 해서 아무것도 하지 않는 것은 아니다. 노동에는 눈에 보이는 것과 눈에 보이지 않는 것이 있다.

관조하는 것은 경작하는 것이며 생각에 골몰하는 것은 행동하는 것이다. 팔짱 낀 두 팔도 일하고 있는 것이며, 합장한 두 손도 무엇인가를 하고 있다. 하늘을 우러러 보는 것도 하나의 일이다. 탈레스는 4년 동안 정좌하고 있었다. 그리고 그는 그리스 철학의 기초를 쌓아올렸다.

작자의 의견으로는 수도자가 놀고 있는 것도 아니고, 은둔자가 게으름을 피우고 있는 것도 아니다. '그림자'를 생각하는 것은 하나의 진지한 일이다.

앞에서 말한 것과 서로 모순되는 일 없이, 작자는 무덤에 대한 생각을 끊임없이 달리게 하는 일은 살아 있는 자가 마땅히 해야 할 일이라고 믿는다. 이 점에 대해서는 사제와 철학자의 의견이 일치하고 있다. '살아 있는 자는 반드시 죽지 않으면 안 된다.' 트라프의 수도원장은 호라티우스와 의견을 같이 하고 있다.

자기 생활에 무덤에 대한 현실관을 더하는 일, 그것은 현자의 법칙이며, 또한 고행자의 법칙이다. 이 점에서 고행자와 현자는 일치한다.

물질적 생장이 있다. 우리는 그것을 원하고 있다. 그리고 또 정신적인 위대성이 있다. 우리는 그것에 집착한다.

생각이 얕은 성급한 정신의 소유자들은 말한다.

"신비의 한 옆에 가만히 앉아서 움직이지 않는 저런 사람들은 무엇인가? 무슨 소용인가? 무얼 하고 있는 것인가?"

아아! 우리를 에워싸고 우리를 기다리고 있는 어둠을 앞에 두고, 그 무한한 공간 속으로 빨려들어가 자신이 어떻게 될지도 모르는 우리는, 다만 다음과 같이 대답할 따름이다.

"저 사람들의 영혼이 하고 있는 일보다 더 숭고한 일은 아마도 없을 것이다."

그리고 이렇게 덧붙이자.

"어쩌면 그 이상으로 유익한 일도 없으리라."

결코 기도하지 않는 사람들을 위해 항상 기도드리는 사람들은 필요하다. 작자의 견해로는, 모든 문제는 기도에 깃든 사상의 양에 있다.

기도하는 라이프니츠, 그야말로 위대하다. 예배드리는 볼떼르, 그야말로 훌륭하다. '볼떼르는 신께 하나의 건물을 봉헌한' 셈이 된다.

작자는 현세의 여러 가지 종교에는 반대하지만 진정한 한 종교에는 찬성한다.

작자는 설교의 비참함을 믿는 동시에 기도의 숭고함을 믿는 사람이다.

그리고 또 지금 우리가 지나고 있는 이 순간에, 다행스럽게도 19세기에 그 흔적을 남기지 않을 이 순간에, 그리고 수많은 사람들이 고개를 숙이고 영혼을 높이 쳐들지 못하고 있는 이 시간에, 또한 수많은 사람들이 향락적인 도덕을 받들고 일시적인 추악한 물질적 사물에만 마음을 빼앗기고 있는 그 속에서, 스스로 속세를 떠나는 사람은 누구나 존경할 만한 사람이라고 작자는 생각한다.

수도원에 들어가는 것은 하나의 자기 포기다. 그릇된 방법으로 이루어지고 있는 희생도 역시 희생임에는 틀림없다. 가혹한 오류를 의무로 받아들이는 일, 그것에는 나름대로 위대함이 있다.

그 자체로 말한다면, 그리고 관념적으로 말한다면, 또한 모든 양상을 공평하게 다 알아낼 때까지 샅샅이 진리의 둘레를 더듬기 위해 말한다면, 수도원은, 특히 여자 수도원은 확실히 어떤 엄숙한 면을 가지고 있다. 우리 사회에서 가장 고통을 받고 있는 것은 여자이며, 수도원으로 도피하는 데에는 항의의 뜻이 포함되어 있기 때문이다.

앞에서 어느 정도 윤곽을 잡아둔 저 엄격하고 우울한 수도원 생활은, 결코 거기 생명이 있다고는 할 수 없다. 왜냐하면 그것은 자유가 아니기 때문이다.

그러나 그것은 또 무덤도 아니다. 왜냐하면 그것은 완성이 아니기 때문이다. 그것은 실로 기이한 장소로서, 거기서 보면 마치 높은 산 위에 서서 보는 것처럼, 한편으로는 현세의 심연이 보이고 다른 한편으로는 내세의 심연이 보인다. 또 그것은 두 세계 사이를 가로막고 있는 안개 자욱한 좁은 경계로서, 양쪽에서 동시에 빛이 비치고 어둠이 몰려든다. 거기에는 너무나 약한 생명의 빛과 희미한 죽음의 빛이 뒤섞여 있다. 그것은 무덤이 갖는 희미한 빛이다.

두려움에 떨면서도 오직 믿음으로써 몸을 신께 바치고 있는 그 여자들이 믿고 있는 바를 우리는 믿지 않으나, 종교적이고 지극히 조용한 공포와 부러움 비슷한 그 어떤 연민을 느끼지 않고서는 그 여성들의 일을 생각할 수가 없다.

그 여자들은 바로 신비의 언저리에서 살면서, 이미 닫혀버린 속계와 아직 열리지 않은 천상계 사이에서 지치도록 기다리며, 보이지 않는 광명 쪽으로 얼굴을 돌리고, 그 광명이 있는 곳을 알고 있다고 생각하는 것만을 오직 하나의 행복으로 삼아, 심연과 미지의 것을 동경하며, 움직이지 않는 어둠을 응시하고, 무릎 꿇고, 열광하고, 전율하고, 때로는 영원의 깊은 숨결에 의해 아련히 떨치고 일어서는 영혼을 소유하였다.

제8편 묘지는 주는대로 받아들인다

수도원에 들어가는 방법

장 발장이, 포슐르방이 말한 것처럼 '하늘에서 떨어진' 곳은 이상과 같은 건물 안이었다.

그는 뽈롱쏘 거리 모퉁이를 이루고 있는 정원의 돌담장을 넘어 들어갔던 것이다. 그가 한밤중에 들은 천사들의 찬가는 수녀들이 드린 성무일도의 새벽기도였다. 어둠 속에서 들여다본 그 넓은 방은 성당이었다. 유령이 방바닥에 드러누운 것처럼 보였던 것은 수녀가 속죄의 고행을 하는 것이었고, 그를 놀라게 한 방울 소리는 포슐르방 영감 무릎에 달려 있는 정원사 방울이었다.

꼬제뜨를 재운 장 발장과 포슐르방은, 알맞게 열이 오른 장작불을 쬐면서 한 잔의 포도주와 치즈 한 조각을 밤참으로 먹었다. 그러고는, 이 허술한 오두막집에 있는 하나뿐인 침대는 꼬제뜨가 차지하고 있었으므로, 두 사람은 저마다 한 다발의 짚 위에 드러누웠다. 잠들기 전에 장 발장은 "앞으로는 여기에 있어야 할 것 같소"라고 말했다.

이 말이 아침까지 쉴새없이 포슐르방의 머리를 어지럽혔다. 사실을 말하자면, 두 사람 다 잠을 이루지 못했다.

장 발장은 자베르가 자기의 정체를 알아내어 미행했다는 것을 느끼고 있었기 때문에, 만약 자기와 꼬제뜨가 빠리의 거리로 나가기만 하면 이젠 마지막이라는 것을 잘 알고 있었다. 자기를 향해 문득 불어온 생명의 바람에 이끌려 이 수도원으로 들어온 이상, 장 발장은 여기 머물러야겠다는 한 가지 생각밖에 없었다.

그런데 그와 같은 처지에 놓인 불행한 자에게 이 수도원은 가장 위험한 곳이면서 또한 가장 안전한 곳이기도 했다. 가장 위험하다는 것은, 남자는 아무도 들어와서는 안 되는 곳이므로 들키는 날이면 현행범이 되기 때문에 장 발장으로서는 이 수도원에서 감옥까지는 한 발짝 거리밖에 안 된다고 할 수 있다. 또한 가장 안전하다는 것은 만약 허락을 받아 여기에 살 수 있게만 된다면 아무도 찾으러 올 염려가 없기 때문이다. 불가능한 곳에서 산다는 것, 그것이야말로 바로 영원한 구원의 길이었다.

한편 포슐르방은 머리를 갸웃거리며 생각을 짜내고 있었다. 그는 이 사건이 자기로서는 도무지 알 수 없는 일이라는 것을 솔직히 인정했다. 저런 담장이 있는데 어떻게 마들렌느 씨가 여기로 들어올 수 있었을까? 저토록 깎아지른 듯한 담장을 어린아이를 안고 뛰어넘을 수는 없는 일이다. 그리고 또 저 어린아이는 대체 누구일까? 두 사람은 어디서 온 것일까?

포슐르방은 이 수도원에 들어온 뒤로 몽트뢰이유 쉬르 메르의 소문은 아무것도 들은 적이 없었고, 거기서 무슨 일이 있었는지 조금도 모르고 있었던 것이다. 마들렌느 씨의 얼굴을 보면 무엇을 묻기도 어려웠다. 그뿐 아니라 포슐르방은 이렇게 마음 속으로 생각하고 있었다.

'성자에게는 이것저것 물어보는 게 아니야.'

그의 눈에는 마들렌느 씨가 아직도 불가사의한 후광에 싸여 있는 듯 보였던 것이다. 다만 정원사는, 장 발장의 입에서 흘러나온 몇 마디 말로 미루어 다음과 같은 결론을 내릴 수 있었다.

아마도 마들렌느 씨는 이 어려운 시국으로 말미암아 파산해 버려서 돈을 빌려 쓴 사람들로부터 몰리고 있는 것이리라. 아니 어쩌면 무슨 정치상의 사건과 관련되어 몸을 피하고 있는지도 모른다.

이렇게 생각하자 포슐르방은 조금도 언짢은 마음이 들지 않았다. 이 노인은 프랑스 북부 지방 농민들에게서 흔히 볼 수 있듯이 예전부터 보나빠르뜨 파적인 생각을 가지고 있었기 때문이다. 몸을 숨기기 위해서 마들렌느 씨는 이 수도원을 피난처로 정한 것이리라. 그렇다면 그를 여기에 머물게 해달라고 원하는 것도 당연한 일이다.

그러나 포슐르방이 아무래도 이해가 가지 않는 일은—포슐르방의 생각은 끊임없이 그것으로 되돌아가 골치를 썩이고 있었다—마들렌느 씨가 이 담장 안에 들어와 있다는 사실, 더욱이 어린아이를 데리고 들어와 있다는 사실이었다. 포슐르방은 이 두 사람을 눈으로 보고 손으로 만져 보고, 이야기도 해보았지만 그래도 그것이 사실로 생각되지 않았다. 이 영문 모를 일이 지금 엄연히 포슐르방의 오두막집에서 일어나고 있는 것이다.

포슐르방은 무작정 이리저리 생각을 더듬어 보는 것이었으나, 확실한 사실은 '마들렌느 씨는 내 생명의 은인'이라는 것밖에 없었다. 그러나 이 한 가지 사실만으로도 충분했다. 그것이 그를 결심하게 만들었다. 그는 속으로 생각했다.

'이번은 내 차례야.'

그리고 또 마음 속으로 덧붙였다.

'나를 끌어내려고 수레바퀴 밑에 기어들어온 그 다급한 순간에, 마들렌느 씨는 이것저것 다 따지지는 않았을 거야.'

이제야말로 '내가 마들렌느 씨를 구해 주리라'고 그는 결심했다. 그러나 아직도 그는 이리저리 자문자답을 하고 있었다.

'그는 나를 위해 그토록 돌보아 주었지만, 이 사람이 도둑이라 할지라도 구해 주어야 할 것인가? 역시 마찬가지다. 또 만약 살인자라 할지라도 구해 줘야 할 것인가? 역시 마찬가지다. 성인이라 할지라도 구원해 주어야 할 것인가? 그 또한 마찬가지다.'

그러나 그를 수도원 안에 머물러 있게 하는 일이란, 그야말로 어려운 문제였다! 거의 생각할 수조차도 없는 이 계획 앞에서도 포슐르방은 망설이지 않았다. 삐까르디 태생의 가련한 이 농부는, 헌신과 선의와 그리고 이번에는 갸륵한 목적을 위해서 쓰게 된 시골 늙은이의 재치라는 사다리밖에 가지지 않은 채, 수도원이라는 금제(禁制)의 난관과 성 베네딕뜨의 규칙이라는 가파른 벼랑을 기어올라 보리라고 생각했다.

포슐르방 노인은 평생을 이기주의자로 살아왔으나, 늘그막에 이르러 절름발이가 되고 기운도 없어져 더 이상 세상사에 관심이 없어지고 보니 은혜를 갚는다는 일이 즐거워졌다. 그리고 선행할 기회가 생기자 그것에 뛰어들었는데, 그것은 마치 죽음에 즈음하여 이제까지 맛보지 못한 한 잔의 포도주를 얻어 탐내며 마시는 사람과도 같았다.

여기에다 덧붙여 말할 수 있는 것은, 지난 몇 년 동안 그가 호흡해 온 수도원의 공기가 그의 성격을 순화시켜, 무엇이고 착한 행위를 하지 않고는 배길 수 없는 인간으로 만들어 버렸다는 사실이다.

이러한 이유로 그는 결심했다. '마들렌느 씨에게 몸을 바치자.'

우리는 방금 포슐르방을 '삐까르디 태생의 가련한 농부'라고 불렀다. 이 호칭은 정당한 것이긴 하지만 아직도 불충분하다. 이야기도 이쯤 진전되었으니, 포슐르방 노인이라는 인물에 대해서 조금 설명하는 것도 좋을 듯싶다. 그는 원래 농부였으나, 공증인의 서기 노릇을 한 적도 있었기 때문에 타고난 지혜에 따지기 좋아하는 버릇이 더해져, 그 소박한 성질에 사물을 꿰뚫어보는 힘이 가해졌다.

갖가지 이유로 일에 실패하여 공증인 서기에서 짐수레꾼이 되었고 일꾼으로까지 전락했다. 말을 다루기 위해 욕지거리를 퍼붓고 채찍을 휘두르는 마부처럼 보였으나, 그에게는 아직도 공증인 서기의 기질이 남아 있었다.

그는 타고난 재치가 있어, 귀에 서투른 말씨는 쓰지 않았고, 시골뜨기 치고는 드물게 말을 잘했기 때문에, 다른 농부들은 그를 보고 "제법 모자 쓴 나리 같은 말씨를 쓴다"고들 했다. 아닌게 아니라 포슐르방은 18세기의 무례하고 경박한 표현대로 '도시인도 시골뜨기도 아닌 어중이'계급—당시 성에서 일반 민가에까지 널리 유행하여 평민들이 요긴하게 써먹던 비유의 말로, 이른바 '반평민·반시민', '후추와 소금'이라고 하는 계급—에 속했다.

운명의 손에 여지없이 시달려 이젠 몸도 쇠약해진 가련하고 초라한 늙은이가 되어 버렸지만, 그래도 아직 포슐르방은 마음에 떠오르는 일을 재빨리 해치우는 사람이었다. 이것은 결코 사람을 간악하게 만들지 않는 귀한 성질이다. 그는 단점도 결점도 가지고 있었으나 표면적인 것에 지나지 않았다. 그의 얼굴을 가까이에서 자세히 살펴보면 여간 호감을 주지 않는 그러한 것이었다. 늙은 얼굴에는 심술이나 우둔함을 나타내는 보기 흉한 주름이 조금도 잡혀 있지 않았다.

날이 샐 무렵, 온갖 가지가지 생각을 다 하던 포슐르방 노인이 눈을 뜨니 마들렌느 씨는 짚단 위에 앉아서 잠들어 있는 꼬제뜨의 모습을 지켜보고 있었다. 포슐르방은 반쯤 몸을 일으키며 말했다.

"그런데 당신은 지금 여기 계시지만, 다시 들어오시려면 어떻게 해야 될까요?"

이 말에는 이번 사태가 한 마디로 요약되어 있어, 장 발장을 문득 몽상에서 불러 깨웠다. 두 노인은 머리를 맞대고 의논했다.

"첫째로 말씀입니다, 이 방 밖으로 발을 내딛지 않도록 하셔야 합니다. 어린아이도 당신도 말씀이에요. 한 발이라도 나갔다간 끝장입니다.”

포슐르방은 말했다.

“그렇겠지.”

“마들렌느 씨, ”

포슐르방은 말을 이었다.

“당신은 정말 마침 좋은 때 오셨습니다. 아니 이건, 마침 좋지 않을 때라는 말씀입니다만, 실은 여기 계신 높은 수녀 한 분이 중병중이십니다. 덕분에 이쪽에 대해서는 그다지 주의를 기울이지 않을 겁니다. 그분은 이제 곧 돌아가실 모양이니까요. 40시간의 기도를 올리고 있습니다. 원내 사람들은 모두 정신이 없습니다. 누구나 그 일에 마음을 빼앗기고 있죠. 돌아가시게 된 분은 그야말로 성녀님이니까요. 하기야 여기서는 모두가 성녀지만요. 그분네들과 저의 차이는 그분네들이 ‘우리들의 독방’이라고 부르는 것을 저는 ‘나의 오두막집’이라고 부르는 것 뿐입죠. 여기서는 죽어 가는 사람이 있으면 기도를 올리고, 죽으면 또 기도를 올립니다. 오늘만은 여기 계셔도 안심입니다만, 내일 일은 저로서도 어떻다고 말씀드릴 수 없군요.”

그러자 장 발장은 문득 깨닫고 대꾸했다.

“이 집은 돌담 구석에 있고, 저 허물어진 건물에 가려져 있는데다 나무 숲도 있으니까, 수도원에서 보이지 않을 테지요.”

“그리고 수녀들도 여간해서는 가까이 오지 않습니다.”

“그런데?”

장 발장은 반문했다. 이 ‘그런데’라는 강한 반문의 의미는 ‘여기 숨어 있어도 될 것 아니냐’는 것이었나. 포슐르방은 이 반문에 대답했다.

“계집아이들이 있어서요.”

“계집아이들이라니?”

장 발장은 물었다.

이제 말한 것에 대해 설명하려고 포슐르방이 입을 열었을 때, 종소리가 한 번 울렸다. 그는 말했다.

“수녀님이 돌아가셨습니다. 저건 승천하시는 종소리입니다.”

그리고 장 발장에게 들어 보라는 듯한 몸짓을 해보였다.

종이 또 한 번 울렸다.

"승천하시는 종소립니다, 마들렌느 씨. 시신을 운반해 나갈 때까지 1분마다 온종일 계속 울립니다. 아 참, 그런데, 그애들이 논단 말입니다. 놀고 있는 동안 공이라도 이리 굴러 올라치면, 금지되어 있는데도 몰려와서는 이 언저리를 마구 찾으며 뒤진단 말씀이에요. 정말 성가신 장난꾸러기들이지요, 그 천사들이란."

"누구 말이오?"

장 발장은 물었다.

"계집아이들 말입니다. 당신은 곧 발각되고 말 겁니다. 그들은 커다란 소리로 이렇게 외칠 겁니다. '어머나, 남자가 있네!' 하고. 하지만 오늘만은 염려 없습니다. 쉬는 시간이 없을 테니까요. 하루 종일 기도를 올릴 겁니다. 종소리가 들리지요? 아까 말씀드린 대로 1분에 한 번씩 말입니다. 승천하는 종소리지요."

"알았소, 포슐르방 영감. 기숙생들이 있는 거로군요."

그렇게 말하며 장 발장은 마음 속으로 생각했다.

'잘만 하면 꼬제뜨의 교육을 위해서도 안성맞춤이겠는데.'

포슐르방은 느닷없이 소리높이 외쳤다.

"그렇습죠! 여자아이들이 있답니다. 이 근처에 와서 찧고 까불어 대다가는 당신을 보고 달아나겠지요! 여기선 남자가 있다는 것은 페스트가 있는 것과 마찬가지입니다. 보시는 바와 같이, 제 다리에도 맹수나 되는 것처럼 방울이 달려 있는 형편이니까요."

장 발장은 더욱 깊이 생각에 빠져들었다.

"이 수도원이 우리 두 사람을 구원해 줄 것이다."

그는 중얼거렸다. 그러고는 소리를 내어 말했다.

"그렇소. 어려운 건 이대로 여기 머물러 있는 일이오."

포슐르방은 말했다.

"아닙니다. 어려운 것은 여기서 나가는 일입니다."

장 발장은 피가 심장에서 거꾸로 솟구쳐오르는 것을 느꼈다.

"나가다니!"

"그렇습니다, 마들렌느 씨. 다시 들어오기 위해서는 일단 밖으로 나가시지 않으면 안 됩니다."

그리고 또 종소리가 한 번 울리는 것을 듣고 나서 포슐르방은 말을 계속했다.

"이대로 여기 계셔서 사람을 만나서는 안 됩니다. 어디서 오셨는지가 문제 될 테니까요. 저는 당신을 알고 있으니까 하늘에서 떨어져 내렸다해도 상관없지만, 수녀들로서는 문으로 들어오지 않으면 안 되거든요."

갑자기 다른 종소리가 꽤 복잡스럽게 울려 왔다.

"으음!"

포슐르방은 말했다.

"저것은 메르 보까르들을 부르는 종소리입니다. 회의에 나가는 겁니다. 누군가가 죽었을 때에는 언제나 회의가 열립니다. 이번 수녀는 새벽녘에 돌아가셨습니다. 사람이 죽는 것은 대개 새벽녘입니다. 그건 그렇고, 당신은 들어오셨던 대로 밖으로 나가실 수는 없을까요? 아니 뭐 굳이 물어보려는 것은 아닙니다만, 어디로 들어오셨습니까?"

장 발장은 금방 얼굴이 새파래졌다. 그 무서운 거리로 다시 뛰어내릴 생각을 하니 소름이 오싹 끼쳤던 것이다. 호랑이가 잔뜩 있는 숲 속에서 밖으로 겨우 빠져 나오자 다시 그 속으로 들어가라는 권고를 받은 것이나 마찬가지였다. 장 발장은 아직도 이 근방을 돌아다니고 있을 경관들을 머리에 떠올렸다. 망을 보고 있는 경관들, 여기저기에 서 있을 감시병들, 목줄기를 노리고 있는 무서운 손아귀, 자베르도 어쩌면 아직 네 거리 모퉁이에 버티고 서 있을지도 모른다.

"그건 할 수 없소!"

그는 말했다.

"포슐르방 영감, 나는 하늘에서 떨어진 것으로 해주었으면 좋겠구려."

"물론 저는 그렇게 믿고 있습니다. 물론 그렇게 믿고말고요."

포슐르방은 말을 이었다.

"그거야 더 말씀하실 필요도 없는 일입니다. 하느님께서 당신을 가까이에서 잘 보시고자 손을 끌어올려갔다가 다시 놓은 것이겠지요. 다만 당신을 남자 수도원에 내려 놓으시려다 그만 실수를 하신 겁니다. 자, 또 종이 울리는군요, 이번 것은 문지기에게 시청에 가라는 분부입니다. 시청에서 검시하는 의사를 보내주도록 부탁하러 가는 겁니다. 그야 사람이 죽었을 때 으레 하는 일입죠. 여기 수녀님들은 의사가 오는 것을 그다지 좋아하지 않습니다. 의사라는 건 조금도 믿음을 갖고 있지 않으니 말씀이에요. 의사는 베일을 쳐들어보고, 때로는 다른 데까지도 들춰봅니다. 그런데 이번엔 왜 이다지 성급하게 의사에게 알리기로 한 것일까! 어떻게 된 일일까? 어린아이는 아직도 잠들어 있군요. 저애 이름은 뭡니까?”

“꼬제뜨요.”

“따님이신가요? 아니, 당신은 이 아이의 할아버지라고나 하면 어울리겠는데요?”

“그렇소.”

“이 아이라면 밖으로 내보내기도 수월한 일인데. 안마당 쪽에는 제가 쓰는 출입문이 있습지요. 그 문을 두드리면 문지기가 열어 줍니다. 저는 치룽을 짊어지고, 아이를 그 속에 넣어서 나갑니다. 포슐르방 영감이 치룽을 지고 밖으로 나간다는 것은 아주 예사로운 일이거든요. 당신이 아이에게 아무 소리 말고 가만히 있도록 말씀해 주시기만 하면 됩니다. 아이 위에는 시트를 덮겠습니다. 슈맹 베르 거리에서 과일 장수를 하는 노파 하나를 잘 알고 있는데, 뭣하면 이 아이를 그 집에 맡기기로 하십시다. 귀머거리 노파로 거기에는 조그만 침대도 하나 있습니다.

저는 과일 장수 노파의 귀에다 대고, 이건 내 조카딸인데 내일까지 좀 맡아달라고 소리를 지르겠습니다. 그러고 나서 이 아이는 당신과 같이 다시 돌아오면 된다, 이 말입니다. 저는 당신께서 다시 들어오실 수 있도록 힘쓰겠습니다. 꼭 그렇게 해드리겠어요. 그런데 마들렌느 씨, 당신이 밖으로 나가시려면 어떻게 해야 할까요?”

장 발장은 고개를 가로저었다.

“나는 사람 눈에 띄어선 안 되오. 문제는 거기에 있소, 포슐르방 영감. 꼬제뜨처럼 치룽 속에 들어가 시트 아래 숨어서 나갈 방법은 없겠소?”

포슐르방은 왼손 가운데 손가락으로 귓불을 긁적거렸다. 참으로 난처하다는 표시였다.

그때 세 번째 종이 울려 왔으므로 그쪽으로 정신이 팔렸다. 포슐르방은 말했다.

“저건 검시 의사가 돌아간다는 신호입니다. 의사가 들여다보고 나서 ‘이 사람은 죽었어요. 됐습니다'라고 말한 거죠. 의사가 천국으로 가는 통행증에 도장을 찍으면 장의사에서 관을 들여보냅니다. 돌아가신 분이 메르라면 메르들이, 수녀라면 수녀들이 시체를 관 속에 넣습니다. 그런 뒤 제가 관에 못질을 합니다. 그것이 정원사인 제 임무의 하나입지요. 정원사는 말하자면 장의사도 되는 셈입니다. 관은 바깥 길과 통하고 있는 성당의 아랫방에 두게 됩니다만, 이 방에는 의사 외에 남자는 아무도 들어가지 못합니다. 물론 장의사의 인부나 저 같은 건 사람축에 넣지 않고서 말입니다만. 제가 관에 못을 치는 것도 바로 그 방에서입니다. 그런 뒤에 장의사 인부들이 이곳으로 관을 실러 오고, 그러고 나서 말을 채찍질하면서 가 버립니다. 그렇게 하여 천국으로 가는 것이지요. 아무것도 들어 있지 않은 상자를 가지고 들어와서, 안에 무엇을 넣어 가지고 다시 나갑니다. 그것이 장례식이라는 거지요. '데 프로퐁디스('주여 저를 부르셨나이까'라고 하는 〈죽은 자의 기도〉에 나오는 한 구절)'입니다."

수평으로 비쳐 들어오는 한 줄기 햇살이 꼬제뜨의 얼굴에 닿아 있었다. 꼬제뜨는 아련히 입술을 벌리고 있었으므로 빛을 머금은 천사처럼 보였다. 장 발장은 아까부터 꼬제뜨를 지켜보고 있었다. 그는 이제 포슐르방이 하는 말을 듣고 있지 않았다.

남이 이야기를 듣지 않는다고 해서 그것이 입을 다물어야 할 이유는 되지 않는다. 사람 좋은 정원사 영감은 끈덕지게 이야기를 계속 늘어놓았다.

"보지라르의 묘지에 구덩이를 팝니다. 사람들의 말에 의하면, 이제 곧 폐쇄된다는 이야기도 있지만요. 이 보지라르 묘지는 오래된 묘지인데, 규정에 없는 것이고 정돈도 잘 되어 있지 않아서 없애버린다는 겁니다. 섭섭한 일입니다. 편리하긴 그만이거든요. 거기 제 친구가 한 사람 있습죠. 메스띠엔느 영감이라고 무덤 파는 인부예요. 여기 수녀님들은, 날이 어두워진 뒤에 그곳으로 옮길 수 있도록 허락받고 있습니다. 수녀들을 위해 시청의 특별한 규정이 있는 것이지요. 그런데 원 참, 어제부터 웬 사건이 이리 많이 생겨날까! 크뤼씨픽씨용 메르께서 돌아가시질 않나, 게다가 또 마들렌느 씨는……."

"매장되고 말이지."

장 발장은 음울하게 미소지으며 말했다.

포슐르방은 그 말을 비약시켰다.

"정말 그래요! 여기 들어앉아 버리시면 그야말로 매장되는 거나 같습죠."

네 번째 종소리가 울려 퍼졌다. 포슐르방은 재빨리 방울 달린 가죽 무릎덮개를 못에서 벗겨내려 자기 무릎에 씌웠다.

"이번에는 제 차례로군요. 원장님이 저를 부르고 계십니다. 어디, 가슴 아픈 꼴을 한바탕 치르고 올까요. 마들렌느 씨, 가만히 기다려 주십시오. 기발한 착상이라는 것도 있는 법이니까요. 시장하시면, 저기에 포도주와 빵과 치즈가 있습니다."

그리고 그는 "곧 갑니다! 곧 갑니다!" 하면서 오두막집에서 나갔다.

장 발장은 그가 자기의 멜론 밭을 곁눈질하면서, 절름거리는 다리로 한껏 서두르며 정원을 가로질러 가는 것을 보았다.

그런 뒤 10분도 채 되지 않아 포슐르방 노인은 방울 소리로 수녀들을 놀라 달아나게 하면서, 어느 문 하나를 가만히 두드렸다. 그러자 차분한 목소리가 "영원토록, 영원토록"이라고 대답했다. 즉 '들어오시오'라는 말이었다.

그 문은 심부름시킬 때 정원사를 불러들이는 응접실 문이었다. 응접실은 회의실과 붙어 있었다. 수도원장은 응접실의 단 하나뿐인 의자에 걸터앉아 포슐르방을 기다리고 있었다.

곤경에 빠진 포슐르방

다급한 경우에 불안하면서도 근엄한 표정을 짓는 것은 어떤 성격의 사람이나 어떤 직업의 사람들에게는 흔히 있는 일이지만, 특히 사제나 수도자에게서 곧잘 찾아볼 수 있다. 포슐르방이 들어갔을 때, 그런 이중의 걱정스러운 기색이 수도원장의 얼굴에 뚜렷이 나타나 있었다. 이 아름답고 학식이 많은 블레뫼르 양, 즉 이노쌍뜨 원장은 여느 때는 무척 쾌활한 사람이었다. 정원사는 정중하게 절을 하고 응접실 입구에 가만히 서 있었다. 이노쌍트 원장은 묵주를 만지작거리고 있다가 눈을 들며 말했다.

"아아! 포방 영감이군요."

수도원에서는 그렇게 짧게 줄인 호칭을 썼다.

포슐르방은 다시 허리를 굽혔다.

"포방 영감님, 내가 당신을 불렀어요."

"그래서 이렇게 왔습니다, 원장님."

"당신에게 할 이야기가 있어요."

관은 바깥 길과 통하고 있는 성당의 아랫방에 두게 됩니다

"실은 저도," 내심 겁을 집어먹으면서 포슐르방은 용기를 내어 말했다.

"죄송스럽지만 원장님께 드릴 말씀이 있습니다."

수도원장은 그를 바라보았다.

"그래요! 내게 무슨 하실 말이라도?"

"소원이 있습니다."

"어디 말해 보시구려."

공중인의 서기 노릇을 한 적이 있는 포슐르방 노인은 침착한 농부라고나 할 그런 부류에 속하는 사람이었다. 어떤 종류의 교묘한 무지는 일종의 힘이다. 아무도 그것을 경계하지 않으므로 누구나 보기좋게 속아 넘어가는 것이다. 수도원으로 들어온 지 그럭저럭 2년 남짓한 동안, 포슐르방은 이 수도회 안에서 그런대로 좋은 평을 받고 있었다. 그는 언제나 혼자 정원사 일을 하면서, 오직 호기심만을 만족시키고 있을 뿐이었다. 베일을 늘어뜨리고 오가는 여자들과는 멀리 떨어져 있었으므로, 그가 볼 수 있는 것은 거의 그림자뿐이었다.

그러나 주의와 통찰력을 활용하여 그런 모든 유령에게 육체를 부여함으로써, 얼핏 보아 죽은 것처럼 보이는 그 여자들도 그는 되살려 놓았다. 그는 눈이 유달리 잘 보이는 귀머거리나, 귀가 날카로운 장님 같은 존재였다. 여러 가지 종소리의 의미를 알아들으려고 열심히 노력하여 그것에 성공했기 때문에, 마침내 수수께끼를 간직한 말없는 이 수도원 안에서 그가 모르는 일이란 하나도 없게 되었다. 스핑크스가 모든 비밀을 그의 귀에 속삭여 주었던 것이다. 포슐르방은 모든 것을 알고 있으면서도 모든 것을 숨기고 있었다. 그 점이 그의 교묘한 수법이었다.

수도원 내의 모든 사람이 그를 바보로 생각하고 있었다. 그것은 종교상으로는 위대한 장점이 되는 것이다. 메르 보까르들은 포슐르방을 소중하게 여겼다. 그는 불가사의할 정도로 말이 없었다. 그것이 사람들의 신뢰심을 자아냈다. 게다가 그는 규칙을 잘 지켜 과수원이나 채소밭 때문이라는 분명한 볼 일 이외에는 외출하지 않았다. 그런 조심성이 그에게는 득이 되었다. 그런데다 그는 두 남자한테서 온갖 정보를 얻고 있었다. 즉 수도원에서는 응접실에서 일어나는 자질구레한 일들을 문지기한테서 모두 알아내고, 묘지에서는 무덤 파는 인부한테서 묘지의 여러 가지 색다른 일을 알아내고 있었던 것이다.

"그래서 이렇게 왔습니다, 원장님."

그리하여 그는 수녀들에 대한 두 가지 지식을 가지고 있었다. 하나는 그 삶에 대해서이고, 다른 하나는 그 죽음에 대해서였다. 그러나 그는 무엇 하나 나쁘게 이용하지는 않았고 수도원에서도 그를 신용했다. 늙고 절름발이이고, 아무것도 보려 하지 않는 데다 어쩐지 약간 귀도 먼 듯하니, 여러 가지로 얼마나 다행스러운 일인가! 그를 대신할 사람을 찾아내기란 그리 쉬운 일이 아닐 듯싶었다.

이 늙은이는, 자기가 신임을 받고 있다는 안도감으로, 수도원장과 면대하여, 꽤나 장황한, 그러나 깊은 의미를 지닌 시골뜨기다운 이야기를 늘어놓았다. 자기는 나이가 많다는 것, 몸이 부자유스럽다는 것, 그래서 자기 딴엔 전보다 두 갑절이나 더 힘이 드는 것 같다는 것, 하지 않으면 안 될 일이 차차 많아지기만 한다는 것, 정원이 넓다는 것, 가령 엊저녁같이 달이 밝은 밤에는 멜론 밭에 가마니를 덮어 주어야 하기 때문에 밤을 새워야 한다는 것 등등의 일을 장황하게 이야기하고 나서, 끝내는 다음과 같은 말을 꺼냈다.

자기에게는 아우가 하나 있는데—원장은 약간 놀라는 듯했다—상당히 늙었으므로—원장은 다시 몸을 움직였으나 이번에는 안심이 된다는 듯한 몸짓이었다—만약에 허락만 해준다면, 그 아우를 데려다 같이 살면서 일하는 데 도움을 받고 싶다. 그는 뛰어난 정원사이므로 수도원을 위해서는 자기보다 훨씬 도움이 될 것이다. 그러나 만약 이것이 허락되지 않는다면, 형인 자기는 너무나 기력이 쇠하여 일을 제대로 해내지 못할 것 같으니, 유감스럽지만 그만 두지 않을 수 없을 것 같다. 아우에게는 어린 딸 아이가 하나 있어 반드시 데리고 오리라고 생각되는데, 그 아이는 이 안에서 천주의 품에 안겨 자라게 될 것이고, 어쩌면 장래에는 수녀가 될지도 모른다.

그가 이야기를 마치자, 수녀원장은 묵주알을 세어 넘기던 손길을 멈추고 그에게 말했다.

"저녁때까지 튼튼한 쇠막대를 하나 얻어 올 수 있겠어요?"

"무엇에 쓰시려고요?"

"지렛대로 사용하려는 거예요."

"알겠습니다, 원장님."

포슐르방은 대답했다.

수도원장은 그 이상 아무 말 없이 일어나 옆방으로 들어갔다. 거기는 회의

장으로, 아마도 메르 보까르들이 모여 있을 것이다. 포슐르방은 혼자 남게 되었다.

이노쌍뜨 원장

15분쯤 지났다. 수도원장은 돌아와서 다시 의자에 걸터앉았다.

두 사람은 서로 이야기를 주고받으면서도 저마다 무슨 일에 골몰하고 있는 듯했다. 여기 두 사람이 나눈 대화를 그대로 옮겨 보기로 하자.

"포방 영감님!"

"네, 원장님, 무슨 말씀이신지?"

"당신은 성당을 알고 있겠지요?"

"거기에는 미사와 성무 일과를 드리기 위해 앉는 저의 조그만 자리가 있습니다만."

"그리고 성가대석에도 일하러 들어간 적이 있지요?"

"두서너 번 있습니다."

"거기 있는 돌을 한 장 들어내야겠는데요."

"아니 그렇게 무거운 것을요?"

"제단 옆에 깔아 놓은 포석 말이오."

"지하실(지하
납골실)을 덮고 있는 돌 말씀입니까?"

"그래요."

"그런 경우에도 남자가 둘 있는 편이 좋을 거라고 생각합니다만."

"아쌍씨용 수녀님은 남자처럼 힘이 세신 분이니까 도와주실 거예요."

"여자 분은 아무래도 남자와 다릅니다."

"당신을 도와 줄 사람이라곤 여기엔 여자밖에 없어요. 저마다 할 수 있는 데까지 일을 하면 되는 거죠. 마비용 신부님은 성 베르나르의 서간을 417편 쓰셨는데, 메를로누스 호르스튜스는 367편밖에 쓰시지 못했다고 해서 나는 메를로누스 호르스튜스를 조금도 업신여기지는 않습니다."

"저 역시 그렇습니다."

"선행이라는 것은 자기 힘에 따라 하는 거예요. 수도원은 작업장이 아닙니다."

"그러나 여자는 남자가 아닙니다. 제 아우는 힘이 아주 셉니다!"

"그리고 지렛대를 하나 준비해 와야 해요."

"그런 종류의 돌문에 맞는 열쇠란 지렛대밖에 없을 겁니다."

"돌에는 쇠고리가 달려 있어요."

"거기에 지렛대를 꿰면 되겠군요."

"돌은 회전하게 되어 있어요."

"그건 참 잘됐습니다, 원장님. 지하실을 열겠습니다."

"그리고 성가대의 메르 보까르 네 분이 입회하실 거예요."

"그리고 지하실 문을 열고 나서는?"

"도로 닫아야 합니다."

"그것 뿐입니까?"

"아니오."

"무엇이든지 분부해 주십시오, 원장님."

"포방, 우리는 당신을 신뢰하고 있어요."

"저는 무슨 일이든 하겠습니다."

"무슨 일이든 잠자코 해주겠지요?"

"네, 원장님."

"지하실 문이 열리면……."

"제가 도로 닫겠습니다."

"그러나 그러기 전에……."

"무엇입니까, 원장님?"

"안에 무엇인가 넣어야 해요."

잠시 침묵이 흘렀다. 수도원장은 주저하듯이 아랫입술을 조금 내민 뒤에 다시 입을 열었다.

"포방 영감님!"

"네, 원장님, 무슨 말씀이든지."

"오늘 아침에 메르 한 분이 돌아가신 건 알고 있겠지요?"

"아니오."

"종소리를 못 들었나요?"

"마당 안쪽에서는 아무것도 들리지 않습니다."

"정말인가요?"

"저를 부르는 종소리를 겨우 알아들었을 뿐인 걸입쇼."

"그분은 새벽에 돌아가셨어요."

"게다가 또 오늘 아침에는 바람도 저 있는 쪽으로는 불지 않았습니다."

"크뤼씨픽씨용 님께서 세상을 뜨셨습니다. 천국의 복을 누리실 분이지요."

수도원장은 입을 다물고, 마음 속으로 기도를 드리듯이 한동안 입술을 움직이고 난 뒤 말을 이었다.

"3년 전 일이었는데, 크뤼씨픽씨용 님이 기도드리는 모습을 보고, 어느 장세니스트가—베뛰느라는 부인인데—가톨릭 정교도로 개종했습니다."

"아, 네. 그리고 보니 이제 비로소 승천의 종소리가 들리는 것 같군요, 원장님."

"메르들이 그분을 성당 옆 검시실로 옮겨놓았어요."

"알겠습니다."

"당신 외에 남자는 아무도 그 방으로 들어갈 수 없으며, 또 들어가서는 안 됩니다. 이 점을 잘 기억해 두도록. 고마운 일 아니에요? 검시하는 방에 남자 신분으로 들어갈 수 있다니!"

"더 자주 ('더 자주'라는 말은 속어로서 '이젠 딱 질색'이라는 뜻임) !"

"뭐라고 했나요?"

"더 자주!"

"그게 무슨 말이오?"

"더 자주라는 말입니다."

"무엇과 비교해서 더 자주란 말이오?"

"원장님, 무엇과 비교해서 더 자주라는 말이 아닙니다. 그냥 더 자주라는 말입니다."

"당신 말은 못 알아 듣겠군요. 왜 무슨 일로 더 자주라는 말을 쓰는지?"

"원장님처럼 말하려고 그러는 것입죠, 원장님."

"하지만 나는 더 자주란 말을 한 적이 없는데."

"그렇게 말씀하진 않으셨습니다. 그렇지만 저는 원장님처럼 말해 보려고 그렇게 말한 것입니다요."

이때 9시를 알리는 종이 울렸다.

"아침 9시에, 그리고 모든 시간에 제단의 성체께서 찬양받으시기를!"

수도원장은 기도했다.

"아멘."

포슐르방은 말했다.

마침 알맞게 시간을 알리는 종소리가 울렸다. 그 때문에 '더 자주'에 대한 문제가 일단락되었다. 만약 종이 울리지 않았더라면 수도원장과 포슐르방은 엇갈리는 이 말의 미로에서 도저히 벗어나지 못했을 것이다. 포슐르방은 이마를 문질렀다.

수도원장은 기도를 올리는 모양인지 다시 입 속으로 무엇인가 중얼거리다가는 소리를 내어 말했다.

"크뤼씨픽씨용 님은 많은 사람들을 올바른 신앙으로 개종시켰습니다. 돌아가신 뒤에는 많은 기적을 나타내실 것이 틀림없어요."

"그야 물론 나타내시고 말굽쇼!"

포슐르방은 장단을 맞추며 다시는 실수하지 않으려고 애쓰면서 대답했다.

"포방 영감님, 우리 수도원은 크뤼씨픽씨용 님에 의해 축복을 받았습니다. 하긴 베륄르 추기경처럼 성 미사를 드리면서 운명하고, 또는 '이제 이 몸을 바치나이다' 하는 기도를 외우면서 천주님께 자기 영혼을 돌려보내는 것은 누구나가 할 수 있는 일은 아닙니다. 그러나 그만한 행복은 누리지 못했다 할지라도 크뤼씨픽씨용 님은 성스러운 임종을 하셨어요. 마지막 순간까지 의식을 잃지 않으셨지요. 우리들에게 말씀하시고, 다음으로 천사들에게 말씀하셨습니다. 그분은 우리에게 마지막 소원을 말씀하셨습니다. 만약 포방 당신도 좀 더 믿음이 두터워 그분의 독방에 들어갈 수 있었더라면, 그분은 당신의 다리를 만져 낫게 해주셨을 텐데. 그분은 미소를 짓고 계셨어요. 그래서 하느님의 품에 안겼다는 것을 우리들은 알았습니다. 그 임종은 천국을 생각케 하는 것이 깃들어 있었습니다."

포슐르방은 이것으로 조문의 말이 끝난 것으로 생각하고 "아멘"이라고 말했다.

"포방 영감님, 돌아가신 분의 소원은 이루어 드리지 않으면 안 됩니다."

수도원장은 묵주를 몇 알 넘겼다. 포슐르방은 입을 다물고 있었다. 수도원장은 말을 계속했다.

"나는 이 일을, '주님께' 봉사하고 수도 생활의 실천에 앞장서며 훌륭한 성과를 거두고 계신 수많은 천주님의 성직자들에게 의논드려 보았습니다.”

“원장님, 정원 안쪽에 비해 여기서 승천의 종소리가 더 잘 들립니다요.”

“게다가 그분은, 여느 죽은 사람이라고는 할 수 없는 성자 같은 분입니다.”

“네, 원장님과 마찬가지로.”

“그분은 지난 20년 동안 관 속에 죽 누워 계셨습니다. 우리들의 성부 피우스 7세의 특별 허락을 받으셔서.”

“관을 바치신 분입지요, 황(皇)…… 보나빠르뜨에게”

포슐르방처럼 요령있는 사람이 그런 말을 하다니 엄청난 실수였다. 그러나 다행스럽게도 수도원장은 자기 생각에 골몰해 있었으므로, 그 말이 귀에 들어가지 않았다. 그녀는 말을 이었다.

“포방 영감님!”

“네, 원장님?”

“까빠도시아의 대주교 성 디오도로스는 지렁이라는 의미의 ‘아까루스’라는 단 한 마디만을 자기 무덤에 새겨 주기를 원해서 그대로 실현되었습니다. 그것은 그렇게 해야 할 일이었겠지요?”

“네, 원장님.”

“아뀔라의 대수도원장인 복자 메쏘까네는 교수대 밑에 매장해 주기를 원했는데, 이것도 실현되었습니다.”

“그것도 도리입지요.”

“티베르 강 하류에 있는 뽀르의 주교 성 떼렌체는 오가는 사람들이 자기 무덤에 침을 뱉도록 하려고, 자기 묘식에 부모를 실해한 자의 무덤에 붙이는 표를 새겨 줄 것을 원했는데, 그것도 실현되었습니다. 돌아가신 분들의 의사는 존중하지 않으면 안 됩니다.”

“그렇게 되기를.”

“프랑스 로슈 바베유에서 태어나신 베르나르 기도니스는 스페인 뛰이의 주교였습니다만, 까스띨랴 왕의 뜻을 거스르고, 그 유해는 자기 소원대로 리모즈의 도미닉파 성당으로 옮겼어요. 여기에 반대할 수 있겠습니까?”

“그야 안 됩죠, 원장님.”

“그런 사실은 뿔랑따비 들 드 포스에 의해 증명되고 있습니다.”

또다시 침묵 속에서 몇 알의 묵주를 세어 넘겼다. 수도원장은 말을 이었다.

"포방 영감님, 크뤼씨픽씨용 님은 지난 20년 동안 누워 주무셨던 관에 드신 채 매장되실 것입니다."

"지당하신 말씀입니다."

"그것은 자던 잠을 계속 자는 셈이지요."

"그렇다면 저는 그 관에다 못질을 해야 하겠군요?"

"그래요."

"장의사에서 들여온 관을 쓰지 않게 되겠군요?"

"그래요."

"저는 수도원장님의 명령이시라면 무엇이든 하겠습니다."

"메르 보까르 네 분이 당신을 도와줄 것입니다."

"관에 못질하는 것 말씀입니까? 그럴 필요는 없습니다."

"아니, 관을 내리기 위해서요."

"어디로 내리는데요?"

"지하실 속으로."

"어느 지하실 말입니까?"

"제단 아래."

"제단 아래?"

포슐르방은 펄쩍 뛰었다.

"제단 아래!"

"제단 아래."

"하지만……."

"쇠막대기를 하나 준비해 올 수 있겠지요?"

"네, 하지만……."

"돌에 달린 쇠고리를 이용하여 당신이 지렛대로 그 돌을 들어올리는 겁니다."

"하지만……."

"돌아가신 분의 의사는 존중해 드리지 않으면 안 됩니다. 성당 제단 아래 지하실에 묻혀서 결코 더럽혀진 땅 밑으로는 들어가지 않고 살아 계신 동안 기도를 드리던 곳에 죽어서도 그대로 머무르시겠다는 것이 크뤼씨픽씨용 님의 마지막 소원이었습니다. 그분이 그것을 우리에게 부탁하셨어요. 말하자면 명령하신 것이지요."

"그러나 그것은 금지되어 있는뎁쇼."

"인간에 의해서는 금지되어 있지만, 신에 의해서는 명령되어 있어요."

"만약 탄로난다면?"

"우리는 당신을 믿고 있습니다."

"그야 물론 저는 이 벽의 돌이나 마찬가지입니다만."

"회의가 열렸어요. 지금도 방금 메르 보까르들과 의논을 했는데, 깊이 토론한 결과 크뤼씨픽씨용 님은 소원대로 그 관에 넣어 제단 아래 매장하기로 결정되었습니다. 생각해 보세요, 포방 영감님. 만약 이곳에서 기적이 일어난다면 어떨지를! 우리들의 수도회로서는 더할 나위 없는 하느님의 영광이 아니겠어요! 기적은 무덤에서 나타나는 겁니다."

"그러나 원장님, 만약 위생계의 관리가……."

"성 베네딕뜨 2세는 묘소에 관한 일로 콘스탄틴 포고나튜스 황제께 항거하신 일이 있었습니다."

"그래도 경찰관이……."

"콘스탄틴 황제 때, 골 지방으로 들어온 7명의 독일 왕 중 한 분이었던 꼬노드메르는 수도사들이 신앙에 따라 매장된다는, 즉 제단 아래 묻힐 수 있는 권리를 특별히 인정해 주셨습니다."

"그렇지만 감찰관이……."

"십자가 앞에서 속세는 아무것도 아니에요. 샤르트뢰즈회의 제11대 총회장 마르땡은 자기 수도회 사람늘에게 '세상이 변전하는 농안에도 십자가는 서 있느니라'라는 격언을 주셨습니다."

"아멘."

포슐르방은 마지막의 라틴어에 대해 이렇게 말했다. 그는 라틴어를 들으면 언제나 그런 식으로 얼버무리는 것이었다.

오랫동안 굳이 침묵을 지켜야 했던 사람에게는, 말 상대야 누가 되든 한 사람만 있으면 그것으로 충분한 법이다. 고대의 웅변가였던 짐나스트로스는 감옥에서 나오자마자 몸속에 쌓인 양도 논법과 삼단 논법을 해소해 보려고 우선 처음 맞닥뜨린 나무 앞에 발길을 멈추고, 그것과 토론을 벌이면서 어떻게든 설득해 보려고 무진 애를 썼다는 이야기가 있다. 수도원장은 여느 때는 늘 굳게 침묵을 지켜야 했으므로 말의 저수지가 흘러넘칠 지경이었기 때문에, 마치 수문이 열린 것처럼 큰소리로 입심 좋게 지껄여 대는 것이었다.

"내 오른편에는 베네딕뜨가 계시고 왼편에는 베르나르가 계십니다. 베르나르는 어떤 분이었는가 하면, 그분은 끌레르보의 첫 수도원장이셨어요. 부르고뉴의 퐁따뉴는 그분이 태어나신 축복받은 고장입니다. 그분의 아버님은 떼슬랭이라는 분이고, 어머님은 말레뜨라는 분이셨지요. 그분은 씨또에서부터 시작하여 마지막에는 끌레르보에 이르셨어요. 그분은 샬롱 쉬르 쏜느의 주교 기욤므 드 샹뽀에 의해 수도원장 서품식을 받으셨습니다.

그분은 700명의 수련 수도사를 거느리시고, 160개의 수도원을 세우셨습니다. 1140년에는 쌍쓰의 회의에서 아벨라르를 설복하고, 삐에르 드 브뤼이와 그의 제자 앙리를 설복하고, 또 아뽀스똘릭이라고 하는 일종의 사교도들을 설복했으며, 아르노 드 브레쓰를 격파하고, 유대인들을 죽인 라울 수도사를 분쇄했으며, 1148년에는 랭쓰의 회의를 주관했고, 쁘와띠예의 주교 질베르 드 라 뽀레에게 죄를 내리게 하고, 에옹 드 레뜨왈르에게도 죄를 내리게 하고, 왕과 귀족의 분쟁을 조정하고, 루이르 핀느 왕에게 교리를 설법하고, 교황 유제뉴스 3세에게 조언을 하고, 땅쁠 기사단을 관리하고, 십자군을 지도하고, 평생에 250가지 기적을 행하고 심지어는 하루에 39가지 기적을 나타내신 일도 있었습니다.

또 베네딕뜨는 어떤 분이었는가 하면, 그분은 몬테 카씨노의 대주교였으며, 신성 수도원의 기초를 다진 두 번째 성자이시고, 서방의 바질이라고도 할 만한 분입니다. 그 수도회는 40명의 교황과 200명의 추기경과, 50명의 총대주교와, 1600명의 대주교와 4600명의 주교와, 4명의 황제와, 12명의 황후와, 46명의 왕과 41명의 왕비와 3600명의 성자를 배출했으며, 1400년이 흐른 오늘날까지도 계속되고 있습니다.

한편에는 성 베르나르, 다른 한편에는 위생 담당 관리요, 또 한편에는 성 베네딕뜨, 다른 한편에는 풍기단속관! 국가니, 풍기니, 장의사니, 규정이니, 행정이니 하는 그런 것 따위를 우리가 아랑곳할 게 뭡니까? 아무리 지나가는 행인일지라도 우리가 어떤 대접을 받고 있는가를 본다면 분개할 것이 틀림없어요. 우리는 자신의 유해를 예수 그리스도에게 바칠 권리조차 갖고 있지 않습니다! 당신이 말한 위생이라느니 하는 따위는 혁명이 만들어낸 것이에요. 그리고 주님께서 경찰을 받들어 모셔야 한다는 것이 오늘날의 모습입니다. 입을 닥쳐요. 포방 영감!"

이런 질책을 받으면서 포슐르방은 마음이 불안스러워 안절부절 못하고 있었다. 원장은 계속 말했다.

"수도원에 묘소를 관리할 권한이 있다는 것은 의심할 여지없는 사실이에요. 그것을 부인하는 것은 광신자나 믿음을 얻지 못한 채 헤매는 자들뿐이죠. 우리들은 무서운 혼란 시대에 살고 있습니다. 인간은 알아야 할 일을 알지 못하고, 알아서는 안 될 일을 알고 있는 판국입니다. 모두 오염되고 신앙을 잃었어요.

현대에 이르러서는 위대하신 성 베르나르와 13세기에 생존해 있던 성직자, 소위 가난한 가톨릭교도들의 베르나르라는 한 사제를 구별하지 못하는 사람들이 얼마든지 있습니다. 그런가 하면 루이 16세의 단두대를 예수 그리스도의 십자가와 비교하는 모독을 감히 행하는 자가 있습니다. 루이 16세는 한 나라의 왕에 불과했던 사람이 아닙니까. 그러므로 언제나 주님을 잊지 말아야 해요!

지금은 이미 올바른 사람도 그른 사람도 없는 판입니다. 볼떼르라는 이름은 알아도 쎄자르 드 뷔스라는 이름은 모르고들 있어요. 그러나 쎄자르 드 뷔스는 복자이고 볼떼르는 불행한 사람입니다. 전의 대주교 뻬리고르 추기경은 샤를르 드 공드랑이 베륄의 뒤를 잇고, 프랑스와 부르구앵이 공드랑의 뒤를 이어받고, 장 프랑스와 쓰노가 부르구앵의 뒤를 이었으며, 쌩뜨 마르뜨 신부가 장 프랑스와 쓰노의 뒤를 이어받았다는 사실조차 모르고 있었습니다.

꼬똥 신부의 이름이 사람들에게 알려진 것은 오라뜨와르 수도회를 창립한 세 사람 중 한 분이었기 때문이 아니라 신교도의 왕 앙리 4세에게 그 이름을 서언(맹세하는 말)의 일부로 쓰게 했기 때문이지요. 성 프랑스와 드 쌀을 상류 사교계 사람들이 좋아한 것도, 이분이 노름판에서 속임수를 잘 썼기 때문입니다. 게다가 또 사람들은 종교를 공격하고들 있습니다. 왜 그럴까요. 그것은 나쁜 사제들이 있기 때문입니다. 가쁘의 주교 싸지뗴르가 앙블랑의 주교 쌀로느의 형제였으며, 둘 다 몽몰의 추종자였기 때문이에요.

그러나 그러한 것들이 무슨 소용이겠습니까? 아무리 그런 일이 있다 할지라도, 마르땡 드 뚜르가 성자였다는 것과 그분이 어떤 가난한 자에게 망토 절반을 나누어 주었다는 것은 여전한 사실 아니겠어요? 사람들은 성자를 박해합니다. 사람들은 진실에 대해서는 눈을 감고 있습니다. 암흑이 예사로운 것으로 되어 있습니다. 가장 포악한 짐승이란 눈먼 짐승을 가리키는 것이에요. 누구 하나 진지하게 지옥에 대하여 생각하려고 하지 않습니다.

아아! 마음이 일그러진 민중들이여! 왕의 이름 아래라는 말은 오늘날에 이르러서는 혁명의 이름 아래라는 의미가 되어 있습니다. 사람은 이제 산 자와 죽은 자에 대한 의무를 모릅니다. 성자처럼 죽는 일은 금지되고, 무덤에 대한 일도 세속의 일이 되어 버렸어요. 생각만 해도 소름끼치는 일입니다. 교황 성 레오 2세는 2통의 친서를 써서, 한 통은 삐에르 노떼르에게, 다른 한 통은 비지고트 족의 왕에게 보냈는데, 그것은 죽은 사람에 관한 문제에서 지방관의 권력과 황제의 최고권에 대항하여 싸우고 배격하기 위해서였습니다. 또 샬롱의 주교 고띠에는 이 문제로 인해 부르고뉴 공작 오똥과 대립했어요. 옛날의 행정관은 결국 그 점에 관해서는 동의했던 것입니다.

옛날에 우리들은 세속의 일까지 발언권을 가지고 있었습니다. 씨또의 수도원장은 씨또회의 총회장인 동시에 부르고뉴 의회의 세습 평의원이었습니다. 죽은 사람에 대해서는 우리들 좋을 대로 처리하면 되는 거예요. 성 베네딕뜨는 543년 3월 21일 토요일에 이탈리아의 몬떼까시노에서 돌아가셨지만, 그 유해는 프랑스의 플뢰리 대수도원, 이른바 쌩 브느와 쉬르 르와르 대수도원에 있지 않습니까? 이런 모든 일은 이론의 여지가 없는 일이요.

나는 이단의 성가대원을 몹시 싫어하고, 기도 지상주의자를 미워하며, 그 신도들을 증오하고 있지만, 그 이상으로 내가 꺼리는 것은 누구든 내 말에 반대하고 나서는 사람들일 것입니다. 아르눌 비용과 가브리엘 뷔 쓸랭과 트리떼므와 모롤리큐스와 뤽 다슈리 수도사님들이 펴낸 책을 읽기만 하면 알게 될 거예요."

수도원장은 크게 숨을 쉬고 나서, 포슐르방 쪽으로 돌아앉으며 말했다.

"포방 영감님, 알겠습니까?"

"알겠습니다, 원장님."

"당신을 믿어도 되겠지요?"

"분부대로 따르겠습니다."

“좋아요.”

“저는 이 수도원에 모든 것을 바치고 있습니다.”

“알았어요. 그럼 당신은 관에 뚜껑을 덮어 주어요. 수녀들이 그것을 성당으로 옮길 겁니다. 추도 미사가 있을 겁니다. 그것이 끝나면 모두 방으로 돌아갈 것이니, 오후 11시와 12시 사이에 당신은 쇠막대를 가지고 오세요. 모든 것은 극비리에 진행될 겁니다. 성당 안에는 메르 보까르 네 분과 아쌍씨용 수녀님과 당신 외에는 아무도 없을 거예요.”

“그리고 기둥 앞에서 고행하시는 수녀님이 계십니다.”

“그녀는 절대로 돌아보지 않아요.”

“하지만 소리는 들리겠지요.”

“귀를 기울이지 않을 거예요. 그뿐 아니라, 수도원 안에는 알려지더라도 속세에는 알려지지 않을 겁니다.”

다시 한동안 이야기가 중단되었다. 이윽고 수도원장은 입을 열었다.

“그 방울을 떼어 놓고 가세요. 고행하는 수녀에게 당신이 와 있다는 것을 알릴 필요는 없으니까.”

“원장님!”

“뭔가요, 포방 영감님?”

“검시하는 의사 선생님은 오셨습니까?”

“오늘 4시에 오실 거예요. 검시 의사를 부르러 가는 종은 벌써 울렸습니다. 당신은 종소리를 도무지 듣지 못했군요?”

“저는 저를 부르는 종소리밖에는 주의하지 않습니다.”

“그러면 됐어요, 포방 영감님.”

“원장님, 지렛대가 적어도 6피트는 되어야겠습죠?”

“어디서 구할 거죠?”

“쇠창살이 있는 곳이라면 반드시 쇠막대가 있는 법입지요. 저는 마당 구석에 고철을 산더미만큼 모아놓고 있습니다.”

“밤 12시 45분 전에는 와야 합니다. 잊어버리면 안 돼요.”

“원장님!”

“뭔가요?”

“만약 이 다음에 또 이런 일이 있으시다면, 제 아우는 아주 힘이 셉니다.

터키인 같습죠!”

“되도록 빨리 해주세요.”

“저는 그리 빨리 해내지 못할 겁니다. 몸이 부자유스러우니까요. 조수가 하나 필요하다고 말씀드리는 것도 그 때문입니다. 저는 절름발이거든요.”

“절름발이인 것은 죄가 아니에요. 아니, 하느님의 자비일지도 모릅니다. 하인리히 2세는 대립 교황 그레고리와 싸워서 베네딕뜨 8세를 교황으로 복위시킨 분이지만, ‘성자’와 ‘절름발이’라는 두 가지 별명을 가지고 계셨습니다.”

“두 개의 별뚱(별명이라는 말을 잘못 알아들음)은 컸겠습지요.”

포슐르방은 중얼거렸다. 사실 그는 약간 귀가 먹었던 것이다.

“포방 영감님, 생각해 보니 한 시간은 넉넉히 잡아야 되겠군요. 그것도 많다고는 할 수 없지만, 11시에 쇠막대를 가지고 제단으로 와주시구려. 12시에는 미사가 시작되니, 그보다 15분 전에는 다 끝내 놓아야겠소.”

“수도원에 바치는 저의 정성을 보여 드리기 위해서는 무엇이고 다 하겠습니다. 분부하신 일은 이렇습지요? 먼저 제가 관에 못질을 하고 11시 정각에 성당으로 가 있습니다. 메르 보까르들도 거기에 와 계시고, 아쌍씨용 수녀님도 와 계십니다. 남자가 둘이었으면 더 좋겠습니다만, 뭐, 할 수 없습죠. 저는 지렛대를 가지고 가겠습니다. 우리들은 지하실을 열고, 관을 내려놓고 다시 닫습니다. 그것으로 아무런 흔적도 남지 않을 겁니다. 관청에서도 알 까닭이 없습지요. 원장님, 그러면 되는 것입지요?”

“아니오.”

“그럼 또 뭐가 남았습니까?”

“빈 관이 그냥 있습니다.”

그리하여 이야기가 잠시 중단되었다. 포슐르방은 생각에 잠겼다. 원장도 생각에 잠겨 있었다.

“포방 영감님, 관을 어떻게 하면 좋을까요?”

“그건 땅 속에 묻어야겠습죠.”

“빈 채로?”

다시 또 침묵이 흘렀다. 포슐르방은 왼손으로 몹시 걱정되는 일을 털어 버리는 듯한 몸짓을 했다.

"원장님, 성당 아랫방에서 관에다 못질을 하는 겁니다. 거기엔 저밖에는 아무도 들어가지 못합니다. 그리고 제가 관에다 보를 씌웁니다."

"그건 그렇지만 장의사 인부들이 마차에 싣고 또 무덤에 파묻고 하는 동안, 관 속에 아무것도 들어 있지 않다는 것을 알아차릴 거예요."

"이것 난처하군! 제기……."

느닷없이 포쉴르방은 커다란 소리를 냈다. 수도원장은 성호를 그으면서 타이르듯 정원사의 얼굴을 뚫어지게 바라보았다. '랄'이라는 끝말은 그의 목구멍에 걸려 나오지 않았다.

그는 듣기 거북스러운 그 말을 잊어버리게 하려고 허둥지둥 한 가지 방책을 얼른 꾸며 냈다.

"원장님, 관 속에는 흙을 넣어 두겠습니다. 그렇게 하면 아마도 사람 하나쯤 들어 있는 것 같지 않겠습니까?"

"과연 그렇겠군요. 흙은 사람과 같은 것이에요. 그럼 그렇게 해서 빈 관을 처리해 주겠소?"

"마음 놓으십시오."

그때까지도 불안스럽게 흐려 있던 원장의 얼굴은 다시금 홀가분한 모습을 되찾고 있었다. 원장 수녀는 상사가 부하를 물러가게 할 때와 같은 시늉을 했다. 포쉴르방은 입구 쪽으로 발길을 옮겼다. 그가 막 나가려 할 때, 수도원장은 약간 소리를 높여 말했다.

"포방 영감님, 나는 당신을 만족스럽게 생각합니다. 내일 장례식 뒤에 당신 아우를 내게로 데리고 오시구려. 그리고 그 딸아이도 데리고 오도록 말하시오."

마치 오스띤 까스띨레호 수도사의 이야기처럼

절름발이의 급한 걸음걸이는 애꾸눈의 추파와도 같은 것이어서, 목적하는 지점에 얼른 도달하지 못하는 법이다. 더욱이 포쉴르방은 완전히 어리둥절하고 있었다. 그는 정원 한구석에 있는 오두막집으로 돌아가는 데 이럭저럭 15분이나 걸렸다. 이제 꼬제뜨는 잠에서 깨어나 있었다. 장 발장은 그애를 불 옆에 앉혀 놓고 있었다. 포쉴르방이 들어왔을 때, 장 발장은 그애에게 벽에 걸린 정원사의 치롱을 가리키며 이렇게 말하고 있었다.

"잘 들어라, 꼬제뜨. 우리는 이 집에서 나가지 않으면 안 된단다. 하지만 다시 여기로 돌아와서 편히 살게 될 거야. 이 할아버지께서 저 치룽 속에 너를 넣어 짊어지고 나가실 거다. 너는 어느 아주머니 집에 맡겨지게 될 텐데 거기서 날 기다리고 있거라. 내가 곧 데리러 갈 테니까. 떼나르디에 아주머니에게 붙잡히기 싫거든 내 말을 잘 듣고 아무 말도 해서는 안 된다, 알겠니?"

꼬제뜨는 진지한 얼굴로 고개를 끄덕였다.

포슐르방이 문 여는 소리에 장 발장은 고개를 돌렸다.

"어떻게 됐소?"

"이야기는 잘되었지만, 끝까지 잘될는지 안 될는지."

포슐르방은 말했다.

"당신이 여기 들어오시도록 허가는 받았습니다. 그런데 들어오시려면 일단 여기서 나가셔야 할 텐데 그게 영 곤란한뎁쇼. 아이는 문제 없습니다만."

"이 아이는 영감이 데리고 나가 주겠지요?"

"아무 말 않고 가만히 있을까요?"

"그 점은 장담하겠소."

"하지만 마들렌느 씨, 당신은 어떻게 하지요?"

불안이 감도는 침묵이 잠시 흐른 뒤 포슐르방은 외쳤다.

"어쩝니까, 들어오신 데로 나가셔야죠!"

장 발장은 처음과 마찬가지로 다만 '그건 할 수 없소' 할 뿐이었다.

포슐르방은 장 발장에게 대답했다기보다도 오히려 혼잣말처럼 중얼거렸다.

"게다가 또 하나 걱정스러운 일이 있어. 나는 그 안에 흙을 넣어 놓는다고는 했지만, 잘 생각해 보니 시체 대신 흙을 넣더라도 진짜 같지 않을 거야. 잘 안 되겠는걸. 흙이 그속에서 버석버석 데그럭댄다면 인부들이 금방 눈치를 챌 거야. 어떻습니까, 마들렌느 씨, 아무래도 관청에서 눈치채겠습지요?"

장 발장은 그의 얼굴을 뚫어지게 쳐다보며, 헛소리를 하는 게 아닌가, 하고 생각했다.

포슐르방은 말을 이었다.

"이거 어떻게 한다지, 제기랄……. 어쩔 도리가 없단 말인가? 그런데 당신이 나가실 방법은? 내일까지는 모두 정리가 되어 있지 않으면 안 될 텐데

이 할아버지께서 저 치룽 속에 너를 넣고서 짊어지고 나가실 테니……

요! 내일입니다요, 당신을 모셔 오기로 된 날, 원장님은 당신을 기다리고 계실겁니다요.”

여기서 포슐르방은 장 발장에게 그렇게 결정이 된 것은 자기가 수도원을 위해 노력하는 데 대한 보수라고 설명했다. 장례식에 한몫 끼게 되는 것은 자기 임무 가운데 하나이므로, 자기가 관에 못질을 하고, 묘지에서는 무덤 파는 인부들을 거들어야 한다는 것이며, 아침에 죽은 수녀는 자기가 평생토록 잠자리로 삼고 있던 관 속에 넣어 성당 제단 아래 지하실에 묻어달라고 소원했는데, 그것은 당국의 규칙상 금지된 일이긴 하지만, 죽은 수녀는 아무도 거절할 수 없을 만큼 거룩한 수녀였으므로, 당국의 눈을 속이는 것은 안됐지만 원장과 메르 보까르들은 죽은 사람의 소원을 들어 주기로 결정하고, 자기 즉 포슐르방이 방안에서 못질을 하여, 성당 제단 아래의 돌을 들어내고 지하실에 시체를 내려놓기로 되었다는 것이며, 그리고 그 답례로 원장은 자기 아우를 정원사로, 조카딸을 기숙생으로 받아들일 것을 허락해 주었는데, 그 아우는 물론 마들렌느 씨이고 조카딸이란 꼬제뜨로서, 원장은 내일 밤 묘지에서 거짓 매장이 끝난 뒤 아우를 데리고 오라고 말했지만, 마들렌느 씨가 밖에 나가 있지 않으면 밖에서 데리고 들어올 수가 없으니, 거기에 가장 큰 어려움이 있고, 이어 또 한 가지 어려움은 빈 관을 어떻게 하느냐는 것이었다.

“그 빈 관이라는 것은 뭔가요?”

“관청에서 들여보내 주는 관입니다.”

“어떤 관인데? 또 관청이란 뭐요?”

“수녀가 죽으면, 시청에서 의사가 와서 ‘수녀가 죽었다’고 확인되면, 관청에서 관을 보냅니다. 다음날은 그 관을 받아 묘지로 운반하기 위해 장의 마차와 무덤 파는 인부를 보냅니다. 무덤 파는 인부가 관을 들어올릴 때 그 속에 아무것도 들어 있지 않으면 탄로나지 않겠어요.”

“거기에 뭘 넣으면 될 게 아뇨?”

“다른 시체 말씀이신가요? 그런 게 있어야지요.”

“아니, 그런 것이 아니라.”

“그럼 뭡니까?”

“산 사람을 넣지.”

“산 사람이라니, 누구를요?”

“나 말이오.”

장 발장은 말했다. 앉아 있던 포슐르방은 의자 밑에서 무슨 폭발물이라도 터진 듯 벌떡 일어났다.

“당신을!”

“안 될 건 없잖소?”

장 발장은 겨울날의 햇빛처럼 좀처럼 볼 수 없는 미소를 지었다.

“이봐요 포슐르방, 아까 영감이 ‘크뤼씨픽씨용 님이 돌아가셨다’고 말했을 때 내가 이렇게 말하지 않았소? ‘그리고 마들렌느 씨도 매장되었다’고. 그게 바로 이 말이 아니겠소?”

“웃으며 농담할 일이 아닙니다. 잘 생각을 해얍죠.”

“아니, 나도 잘 생각하고 있소. 여기서 나가야 하지요?”

“물론입니다.”

“내게도 치롱과 시트를 마련해 달라고 말하지 않았소?”

“그래서요?”

“그 치롱은 전나무로 만들어져 있고, 시트는 검은 천이란 말이오.”

“아니, 흰 천입니다. 수녀는 흰 베로 싸서 묻거든요.”

“그럼 흰 천으로 하지.”

“당신은 정말 이상한 분입니다요. 마들렌느 씨.”

교도소에서나 통할 난폭하고 분별없는 착상이라고밖에 할 수 없다는 그런 생각이, 이 주위의 안온한 것들 속에서 우러나와, 포슐르방이 말하는 이른바 ‘수도원의 일상 다반사’와 한데 얽혀드는 것을 보자, 이 정원사는 마치 생 드니 거리의 하수도에서 물고기를 쫓는 갈매기를 본 행인처럼 어처구니가 없어 멍해지고 말았다.

장 발장은 이야기를 계속했다.

“문제는 사람 눈에 띄지 않고 여기서 나가는 일인데, 그것이 한 가지 방법이거든. 그런데 우선 자세한 설명을 좀 해주시오. 매장은 어떤 식으로 하는지? 또 그 관은 어디에 있는지?”

“그 빈 관 말씀인가요?”

“그렇소.”

“저쪽 끝 시체실이라고 불리는 곳에 있는데 평상 위에 올려놓고 초상 때

쓰는 베로 덮어 놓습니다.”

“관의 길이는 얼마나 되오?”

“6피트입니다.”

“그 시체실이란 어떤 곳인가요?”

“아래층에 있는 방으로 쇠창살 달린 창문이 정원 쪽으로 나 있는데, 이 창문은 밖으로 덧문이 닫혀져 있습니다. 문이 2개 있어서 하나는 수도원으로, 또 하나는 성당으로 통하고 있습니다.”

“성당이라면?”

“한길로 닿아 있는 이 건물 안 교회당이지요. 누구나 드나들 수 있는 성당입니다.”

“그 두 문의 열쇠는 가지고 있소?”

“아니오. 저는 수도원으로 통하는 열쇠만 가지고 있습니다. 성당으로 통하는 문의 열쇠는 문지기가 가지고 있습지요.”

“문지기는 언제 그 문을 열던가요?”

“무덤 파는 인부들이 관을 가지러 왔을 때 외에는 안 엽니다. 관이 나가고 나면 곧 문을 닫습니다.”

“누가 관에 못질을 하나요?”

“접니다.”

“그 위에 베를 덮는 건?”

“그것도 제가 합니다.”

“당신 혼자서?”

“경찰의 검시 의사 말고는 아무도 시체실에 들어가지 못합니다. 벽에도 분명히 적혀 있습지요.”

“오늘 밤 수도원 사람들이 다 잠든 뒤에, 나를 그 방에 넣어 줄 수 없겠소?”

“그건 안 됩니다. 하지만 시체실과 이어진 어두운 헛간에 숨겨 드릴 수는 있습니다. 거기는 제가 매장용 연장을 넣어 두는 곳인데, 제가 책임자이고 열쇠도 갖고 있으니까요.”

“내일 장의 마차가 관을 실러 오는 것은 몇 시인가요?”

“오후 3시쯤입니다. 보지라르 묘지에서 해지기 조금 전에 매장하게 됩지요. 거기까지는 꽤 거리가 멀지요.”

“그럼 나는 밤부터 당신의 그 연장을 두는 헛간에 숨어 있기로 하겠소. 한데, 먹을 건 어떻게 한다지? 배가 고플 텐데.”

“제가 갖다 드리지요.”

“2시에는 내가 들어 있는 관에 못질을 하러 올 수 있겠지?”

그러나 포슐르방은 용기가 나지 않는지 손가락 마디를 꺾으며 말했다.

“그런 짓은 못하겠습니다요.”

“뭘 그러시오! 망치를 들고 널에다 못을 몇 개 박을 뿐인데.”

되풀이하여 말하지만 포슐르방으로서는 지극히 놀라운 일도, 장 발장으로서는 지극히 간단한 일이었던 것이다. 장 발장은 몇 번이나 아슬아슬한 고비를 넘겨 왔다. 죄수였던 자는 누구나 빠져나갈 구멍의 크기에 따라 몸을 줄이는 방법을 터득하고 있다.

생사의 기로에서 헤매는 병자처럼, 죄수는 탈주에 대한 욕망에 사로잡히기 쉽다. 탈주란 병의 쾌유다. 병이 쾌유된다면 사람은 무슨 일이든 마다하지 않는다. 발송되는 수화물처럼 나무 상자 안에 들어가 못질이 된 채 반출되어 오랜 동안 상자 안에서 지내고, 공기가 없는 곳에서 공기를 찾아내고, 몇 시간 동안이고 호흡을 조절하며, 죽지 않을 정도로 숨을 참는, 그러한 일도 장 발장의 헤아릴 수 없는 능력 가운데 하나였던 것이다.

더욱이 산 사람을 관에 집어넣는, 죄수들이 흔히 쓰는 이 수법은 또한 황제의 수법이기도 했다. 오스띤 까스띨레호라는 수도사의 저서를 믿는다면, 샤를르 5세가 퇴위한 뒤 마지막으로 다시 한번 쁠롱브라는 부인을 만나려고 했을 때, 그녀를 자기가 있는 쌩 쥐스뜨의 수도원으로 끌어늘이고 다시 내보내기 위해 이 방법을 사용했다고 한다.

포슐르방은 어느 정도 정신을 차리게 되자 소리쳤다.

“그렇지만 어떻게 숨을 쉬시지요?”

“숨이야 쉬겠지.”

“그 상자 속에서! 저 같은 건 생각만 해도 숨이 막히는뎁쇼.”

“송곳이 있겠지요? 입 근처에 여기저기 작은 구멍을 뚫어주시오. 그리고 윗뚜껑도 꽉 달라붙지 않도록 건성건성 못질해 주구려.”

“물론이지요! 그러나 혹 기침이나 재채기라도 나오면 어떡합니까?”

"도망치는 놈이 기침이나 재채기를 할 것 같은가요?"

그렇게 말하고 나서 장 발장은 덧붙였다.

"포슐르방 영감, 결심을 해야 합니다. 여기서 붙들리느냐, 아니면 장의 마차로 빠져나가느냐 하는 것을 말이오."

누구나 고양이가 반쯤 열린 문틈에서 흔히 머뭇거리는 모습을 보는 수가 있을 것이다. 그것을 보고서 "어서 들어와!" 하지 않는 사람은 없을 것이다. 그와 마찬가지로 사람들 중에는, 눈앞에 한 사건이 입을 벌리고 있다가, 꾸물거리고 있는 사이에 운명에 의하여 그 사건의 입이 닫혀서 몸이 짓눌려 버릴 그런 위험이 다가오는데도, 결심을 못하고 망설이기만 하는 사람이 있는 법이다. 지나치게 조심스러운 사람은 고양이 같음에도 불구하고 또한 고양이 같은 태도를 지니고 있기 때문에, 대담한 사람보다 오히려 더 많은 위험에 부닥치는 수가 있다.

포슐르방은 그런 우유부단한 사람이었다. 그러나 장 발장이 태연하므로 그도 결국 그럴 마음이 되고 말았다. 그는 중얼거렸다.

"정말 달리 도리가 없는가 봅니다요."

"다만 한 가지 걱정되는 것은, 묘지에서 어떻게 하느냐, 하는 것이오."

"그 점에 대해서는 제게 좋은 생각이 있습니다."

포슐르방은 외쳤다.

"당신이 관에서 나오실 수만 있다면, 틀림없이 당신을 무덤 속에서 끌어낼 자신이 있습니다. 무덤 파는 인부는 제가 잘 아는 주정뱅이거든요. 메스띠엔느 영감이라는, 포도나무 등걸처럼 늙어 빠진 사람입죠. 이 무덤 파는 인부는 무덤 구덩이에다 죽은 자를 넣지만 저는 그놈을 제 호주머니 속에 넣는다 이 말입니다. 아시겠어요? 대강 이렇게 하는 것이지요. 도착하는 것은 어두워지기 조금 전, 묘지의 철문이 닫히기 45분 전쯤 될 겝니다. 장의 마차는 무덤 앞까지 굴러갑니다. 저도 거기까지 따라갑니다. 제 임무니까요. 저는 호주머니 안에 망치와 끌과 장도리를 넣고 가겠습니다. 장의 마차가 멈추어서면 인부들은 관을 새끼줄로 묶어 무덤 구덩이에 내려놓습니다. 사제가 기도를 드리고, 성호를 긋고, 성수를 뿌리고, 그리고는 지체없이 가 버립니다. 저와 메스띠엔느 영감만이 뒤에 남습지요. 이 영감은 저와 친한 친구예요. 이 영감 놈은 취해 있거나 취하지 않았거나 둘 중 하나일 겁니다. 만약 취해 있지 않으면 이렇게 말해 준단 말이에요. '봉 꾸앵 네 집이 닫히기 전에 한 잔 하러 가세나.' 그러고는 데리고 가서 실컷 취하게 만듭니다. 취하게 하는 데 그다지 시간은 걸리지 않을 겁니다. 언제나 조금은 취해 있으니까요. 나는 놈을 테이블 밑에 뉘어놓고, 묘지로 돌아오기 위해 영감의 허가증을 슬쩍 빼내 가지고는 혼자 돌아옵니다. 그렇게 되면 당신은 그때부터 나만을 상대하면 되는 것이지요. 또 만약 놈이 처음부터 취해 있다면 이렇게 말해 줍니다. '빨리 가 버려, 자네 일은 내가 다 해줄 테니.' 그래서 놈이 가 버리면, 저는 당신을 무덤에서 끌어내는 겁니다."

장 발장은 그에게 손을 내밀었다. 포슐르방은 순박한 시골 사람답게 진심으로 감동하며 그 손을 움켜잡았다.

"이젠 다 되었소, 포슐르방 영감. 일은 빈틈없이 잘될 거요."

'무슨 변동이 일어나지 않는다면 말이지.' 포슐르방은 생각했다. '만약 시끄러운 일이라도 벌어지게 된다면!'

술에 취하게 하는 것만으로는 충분치 않다

이튿날 해질 무렵, 멘느 거리의 많지 않은 통행인들은 해골과 정강이뼈와 눈물 따위를 그린 구식 장의 마차가 지나가는 것을 보고 모자를 벗었다. 이 장의 마차 안에는 흰 천으로 덮인 관이 들어 있고, 그 관 위에는 크고 검은 십자가가 뉘어져 있었다. 십자가는 마치 키 큰 여자가 두 팔을 축 늘어뜨리고 죽어 있는 것처럼 보였다. 검은 장막을 둘러친 4륜 마차 한 대가 그 뒤를 따르고, 그 안에는 기다란 흰 옷을 걸친 사제와 붉은 모자를 쓴 성가대 소년 하나가 타고 있는 것이 보였다. 장의 마차 좌우에는, 소매에 검은 장식이 달린 회색 제복을 입은 무덤 파는 인부 두 사람이 걷고 있었다. 맨 뒤에는 작업복 차림의 한 절름발이 노인이 따랐다. 행렬은 보지라르 묘지를 향해 가고 있었다.

절름발이 노인의 호주머니에서는 쇠망치 손잡이와, 싸늘해 보이는 끌의 날과, 2개의 더듬이 같은 장도리 끝이 비죽이 내밀어져 있었다.

보지라르 묘지는 빠리의 수많은 묘지 중에서도 예외적인 존재였다. 거기에는, 그 근방의 노인들이 옛날 그대로 기마문, 보행문이라고 부르는 정문과 중문이 있었고, 다음과 같은 그곳 특유의 몇 가지 관습이 있었다. 쁘띠 삑쀠스의 베르나르 베네딕뜨회 수녀들은, 앞에서 말한 바와 같이 이 묘지의 한쪽 구석에 따로 저녁때 매장될 수 있도록 특별히 허락되었다. 그 옛날 이 묘지는 그 수도원의 소유지였기 때문이다. 그러므로 무덤 파는 인부들은 여름에는 저녁 무렵에, 겨울에는 밤중에 일을 해야만 했기 때문에 다른 데서는 볼 수 없는 특수한 제약을 받고 있었다.

일반적으로 빠리의 묘지 출입문은 그즈음 해가 저뭄과 동시에 닫히게 되어 있었다. 이것은 시 당국의 규정이었기 때문에 보지라르 묘지도 다른 묘지와 마찬가지로 그 규정을 따르고 있었다. 나란히 있는 기마문과 보행문은 쇠창살 달린 2개의 문이었고 그 옆으로는 건축가 베로네가 세운 작은 정자가 있었다. 묘지의 문지기는 그 정자에서 살고 있었다. 그래서 쇠창살 달린 이 두 문은 폐쇄된 병영의 둥근 지붕 너머로 해가 지면 반드시 미련없이 닫혀지는 것이었다.

만약에 몇 사람의 무덤 파는 인부가 이 시간에 늦어 묘지 안에 남아 있게 되면, 나갈 수 있는 수단은 오직 한 가지밖에 없었다. 그것은 당국의 장의계로부터 발급된 인부 허가증이었다. 우편함 같은 상자가 문지기의 덧문 안에 붙어 있는데, 인부 허가증을 그 상자 안으로 던져넣으면 문지기는 그것이 떨어지는 소리를 듣고 줄을 잡아당겼다. 그러면 보행문이 열리는 것이었다. 만약 인부 허가증을 갖고 있지 않을 경우에는, 자기 이름을 대면, 문지기는 잠자리에 들어가 자고 있을 때라도 일어나 인부의 얼굴을 확인하고 나서 열쇠로 문을 열어 주었다. 인부는 이렇게 하여 밖으로 나갈 수가 있으나, 이때는 15프랑의 벌금을 내야만 한다.

이 보지라르 묘지는 규칙에서 벗어난 여러 가지 특수한 점이 있어 행정상의 통일을 방해하고 있었다. 그리하여 1830년 이후 얼마 안 가서 폐쇄되고 말았다. 동쪽 묘지라 불리던 몽빠르나쓰 묘지가 그 뒤를 이어받았으며, 또 거의 보지라르 묘지의 소유라고도 할 수 있었던 인근의 유명한 술집까지 넘겨받았다. 이 술집 위에는 마르멜로의 열매 하나가 그려진 현판이 하나 걸려 있고, 그것과 각을 이루며 '고급 마르멜로의 집'이라는 뜻의 '봉 꾸앵의 집'이라는 간판이 세워져 있었다. 하나는 술을 마시는 사람들의 테이블 쪽으로, 다른 하나는 무덤 쪽을 향하고 있었다.

보지라르 묘지는 빛 바랜 묘지라고나 했으면 좋을 정도로 완전히 퇴락한 곳이었다. 이르는 곳마다 이끼가 끼어 있고 꽃은 자취도 없었다. 재산이 있는 사람은 보지라르 묘지에 매장되는 것을 별로 좋아하지 않았다. 가난뱅이 같은 인상이 풍겼기 때문이다. 뻬르 라셰즈 묘지가 한결 훌륭했다! 뻬르 라셰즈 묘지에 묻힌다는 것은 마호가니 가구를 갖는 것과 마찬가지로, 거기는 오히려 우아한 분위기가 감돌았던 것이다. 보지라르 묘지는 고색창연한 구역으로, 나무들이 옛날 프랑스 정원처럼 의연하게 서 있었다. 곧은 오솔길, 회양목, 측백나무, 물푸레나무, 해묵은 주목 아래의 낡은 묘석, 높이 우거진 잡초, 이 묘지의 저녁 나절은 처절한 느낌이었고, 모든 것의 윤곽이 그야말로 무시무시하게 떠올라 보이는 것이었다.

흰 천과 검은 십자가의 장의 마차가 보지라르 묘지로 통하는 가로수길에 이르렀을 때, 해는 아직 넘어가지 않고 있었다. 마차 뒤를 따라온 절름발이 노인은 다른 사람 아닌 포슐르방 바로 그 사람이었다. 크뤼씨픽씨용 님을 제단 아래 지하실에 매장하는 일, 꼬제뜨를 밖으로 내보내는 일, 장 발장을 시체실로 데리고 들어가는 일, 그러한 일들이 모두 무사히 이루어졌던 것이다. 말이 난 김에 하는 말이지만, 크뤼씨픽씨용 님을 수도원 제단 아래에 매장했다는 것은, 우리가 볼 때 실로 아무것도 아닌 일이다. 이것은 죄도 아닌, 하나의 의무라고나 할 수 있는 과오라고 할까. 수녀들은 조금도 양심의 가책을 받지 않을 뿐더러, 차라리 자랑으로 느끼면서 그 일을 해냈던 것이다.

수도원에서 사는 사람들에게 '정부'란 교권을 간섭하는 곳에 지나지 않는다. 그것도 언제나 이론의 여지가 있는 간섭을 하였다. 수도원에서는 무엇보다도 항상 계율이 먼저이며, 법전 따위는 한낱 법전에 지나지 않을 뿐이다. 인간들이여, 멋대로 마음대로 법률을 만들어라. 그러나 그것은 어디까지나 너희들만의 것으로 간직하라. 시저에게 바치는 공물은 항상 신께 드린 공물의 나머지에 지나지 않는다. 군주도 교리 앞에서는 무력한 것이다.

포슐르방은 절뚝거리면서, 자못 만족스러운 얼굴로 장의 마차 뒤를 따라가고 있었다. 그의 두 가지 비밀, 그 중에서 하나는 수도원을 위해서 수녀들과 같이 꾀한 것이고, 또 하나는 수도원을 속이고 마들렌느 씨와 꾀한 이중 음모인데, 그것이 동시에 성공한 것이었다. 장 발장의 침착성은 주위 사람에게 옮겨질 정도로 강력하였다. 포슐르방은, 이제 성공은 의심할 나위도 없는 것이라 생각하고 있었다. 남은 일은 아무것도 아니었다.

그 2년 동안에 포슐르방은 무덤 파는 인부를, 얼굴이 동그스름한 사람 좋은 메스띠엔느 영감을 열 번도 더 취해 곯아 떨어지게 만들었던 것이다. 포슐르방 영감은 그 늙은이를 얕잡아보고 있었다. 메스띠엔느 영감을 손아귀에 넣고 마음껏 주무르며, 제멋대로 다뤘던 것이다. 메스띠엔느의 머리는 언제나 포슐르방이 씌워준 모자 그대로였던 것이다. 그래서 포슐르방은 완전히 안심하고 있었다.

장의 행렬이 묘지로 이어지는 가로수길에 이르렀을 때, 기분이 썩 좋아진 포슐르방은 장의 마차를 향해 커다란 두 손을 마주 비비며 조그만 목소리로 중얼거렸다.

"이건 정말 어릿광대 놀음이야!"

갑자기 장의 마차가 멈추어섰다. 철문에 당도했던 것이다. 매장 허가서를 제시해야만 했다. 장의사 사람이 묘지의 문지기와 이야기를 한다. 그 대화는 보통 2,3분 가량 걸리는데, 그 동안 누군지 낯선 사나이가 마차 뒤로 와서 포슐르방과 나란히 섰다. 낯선 사나이는 노동자 차림으로 커다란 호주머니가 달린 윗도리를 걸치고 손에는 곡괭이를 들고 있었다.

포슐르방은 이 낯선 사나이를 쏘아보았다.

"당신은 누구요?"

포슐르방이 물었다.

사나이는 대답했다.

"무덤 파는 인부요."

만약에 포탄을 가슴 한복판에 맞고도 그냥 살아 있는 사람이 있다면, 아마도 이때의 포슐르방이 지은 얼굴 표정과 같았으리라.

"무덤 파는 인부라고?"

"그렇소."

"당신이?"

"그렇소, 내가."

"무덤 파는 인부는 메스띠엔느 영감이 아니오?"

"그랬었지요."

"뭣이! 그랬었다고?"

"영감은 죽어 버렸거든요."

"당신은 누구요?" 포슐르방은 물었다.

포슐르방은 무엇이거나 다 미리 궁리해 두고 있었으나 이것만은, 무덤 파는 인부가 죽었으리라고는 꿈에도 생각지 않았던 것이다. 그러나 그것은 사실이었다. 무덤 파는 인부라고 해서 죽지 않는다는 법이 있는가. 남의 무덤 구덩이를 많이 팠기 때문에, 자신의 무덤 구멍도 누군가가 파게 되는 것이다.

포슐르방은 벌린 입이 다물어지지 않았다. 얼마 만에 간신히 더듬거리며 이렇게 말했다.

"이런 일이 세상에 있을 수가 있나!"

"있지요."

"하지만," 포슐르방은 힘없이 말했다. "무덤은 메스띠엔느 영감이 파는데."

"나뽈레옹 다음에는 루이 18세가 나오고, 메스띠엔느 다음에는 그리비에가 나온 거요. 여보시오, 시골 영감님. 난 그리비에라고 해요."

포슐르방은 새파랗게 질려서 그리비에를 넋잃은 듯 바라보았다. 키가 크고 여위고 창백한, 그야말로 정말 장례식에 어울리는 사나이였다. 의사가 되려다가 잘못하여 무덤 파는 인부로 떨어지고 만 것 같은 그런 풍모였다.

포슐르방은 갑자기 소리내어 웃었다.

"하하하! 참말 기괴한 일도 많지. 메스띠엔느 영감이 죽다니! 메스띠엔느 영감은 죽었지만, 땅딸보 르느와르 영감은 건재하다! 여보시오, 땅딸보 르느와르 영감이 뭔지 알겠소? 6수만 내면 마실 수 있는 포도주병이라오. 쉬렌느의 생포도주 한 병, 허이, 제기랄! 이거 침이 돌아서 살겠나. 그건 정말 빠리의 진짜 쉬렌느거든! 아아, 그가 죽다니! 메스띠엔느 영감이! 애석한 일이야, 정말 좋은 친구였는데⋯⋯. 하지만 당신도 그렇겠지? 당신도 좋은 사람일 거야. 형씨, 우리 같이 가서 한잔 쭉 들이키지 않겠소, 지금?"

사나이는 대답했다.

"나는 공부를 한 사람이오. 제4학급까지 마쳤지요. 술 같은 건 마시지 않소."

장의 마차는 다시 움직이기 시작하여 묘지의 널따란 마찻길을 달렸다.

포슐르방은 자기도 모르는 사이에 걸음이 늦어지고 있었다. 그가 절뚝거리고 있는 것은, 불구의 몸이 말을 듣지 않아서라기보다 걱정이 앞서고 있었기 때문이었다.

무덤 파는 인부는 그보다 앞서 걷고 있었다. 포슐르방은 이 뜻하지 않았던 사나이, 그리비에의 모습을 새삼 훑어보았다. 그는 젊으면서도 늙어보이고, 여위었으면서도 아주 강해 보이는, 그런 부류의 사나이였다.

"여보시오, 형씨!"

포슐르방은 소리쳤다.

사나이는 뒤돌아보았다.

"나는 수도원의 무덤 파는 사람이오."

"동료란 말이로군."

사나이가 대꾸했다.

포슐르방은 무식하나 재치가 있는 사람이었다. 자기가 상대하고 있는 사람은 언변 좋은, 여간한 놈이 아니라는 것을 알아차렸다.

포슐르방은 중얼거렸다.

"그럼 메스띠엔느 영감은 죽었단 말이지……."

사나이는 대답했다.

"완전히 죽었지요. 하느님이 만기가 된 명부를 작성해 보니까, 메스띠엔느 영감의 차례였단 말이오. 메스띠엔느 영감은 죽어 버린 거요."

포슐르방은 기계적으로 되풀이했다.

"하느님이……."

"하느님이죠" 사나이는 힘주어 말했다. "철학자의 말을 빌린다면 영원한 아버지, 자꼬뱅 당의 말을 빌린다면 더없이 훌륭한 존재자가 되는 거요."

"어때, 서로 알고나 지내세."

포슐르방은 더듬거리며 말했다.

"벌써 다 알고 있소. 당신은 시골 영감이고 난 빠리 사람이고."

"같이 한잔 마시기 전에는 알고 지낸다고 할 수 없지. 잔을 비우는 자는 가슴을 털어놓는 법이거든. 나하고 같이 마시러 가세. 거절하는 게 아냐."

"일이 먼저요, 일."

'이젠 그만이로구나.'

포슐르방은 생각했다. 수녀들의 묘지로 사용되는, 구석으로 통하는 오솔길까지는 수레바퀴가 몇 번 돌아갈 정도의 거리밖에 남지 않았다.

무덤 파는 인부가 말을 이었다.

"영감님, 내게는 먹여 살려야 할 조무래기가 일곱이나 있어요. 그놈들을
먹여야 하니까, 나는 술을 마셔서는 안 돼요!"

그리고 그리비에는, 고지식한 사나이가 격언을 외울 때와 같은 자못 만족
스러운 태도로 덧붙였다.

"새끼들의 곯은 창자가 내 갈증의 적이오."

장의 마차는 측백나무 숲을 돌고, 마찻길을 벗어나 오솔길로 접어들어 황
폐한 땅으로 들어서고, 덤불 속으로 뚫고 갔다. 그것은 묘지에 거의 다 왔다
는 것을 나타내는 것이었다. 포슐르방의 걸음은 느려지고 있었다. 그러나 장
의 마차의 전진을 늦출 수는 없었다. 다행스럽게도 땅이 무른 데다 겨울비에
젖어 있어 진흙이 수레바퀴에 달라붙는 바람에 마차는 힘들게 전진하고 있
었다.

포슐르방은 다시 무덤 파는 인부 쪽으로 다가갔다.

"아르장뙤이유의 맛있는 술이 있는데."

그러자 그리비에는 대답했다.

"여보시오, 영감님. 나는 본래가 무덤 파는 인부가 될 그런 사람이 아니
오. 아버지는 '육군 유년 학교' 수위였는데, 나에게 문학 공부를 시켰지요.
그러나 운수 사납게도 증권 거래소에서 손해를 입었소. 그래서 나는 문학가
가 되기를 포기해야만 했던 거요. 그렇긴 하나 지금도 대서 노릇은 하고 있
소."

"그럼 당신은 무덤 파는 인부가 아니구먼?"

포슐르방은 물에 빠진 자가 지푸라기라도 움켜잡는 심정으로 말했다.

"양쪽 다 하지 말란 법이 있나요. 나는 겸직하고 있는 거지요."

포슐르방은 마지막 이 말을 알아듣지 못했다.

"한잔 하러 가세."

그는 또 말했다.

여기서 한 가지 주의해 둘 일이 있다.

포슐르방은 걱정이 되어 안절부절 못하면서도, 술을 마시는 절차에서 어
떤 한 가지 점에 대해서는 밝혀 두려 하지 않았다. 그것은 누가 돈을 치르느
냐는 것이었다. 보통 제의는 포슐르방이 해놓고도 돈은 메스띠엔느 영감이
치렀던 것이다. 한잔 하러 가자는 이 제의는, 무덤 파는 인부가 바뀌었다는

새로운 사정으로 인해 으레 나올 수 있는 당연한 일이었으나, 늙은 정원사 포슐르방은 생각하고 있지 않는 바는 아니나, 어쨌든 이른바 '라블레의 15분간'(음식값을 치러야 하는 불쾌한 시간이란 뜻)에 대해서는 일부러 말하지 않고 있었던 것이다. 포슐르방으로서는, 아무리 걱정스럽긴 해도 스스로 나서서 돈을 치를 생각은 꿈에도 없었던 것이다.

무덤 파는 인부는 상대방을 멸시하는 듯한 웃음을 지으면서 말을 계속했다.

"먹고 살아야지요. 나는 메스띠엔느 영감의 뒤를 이은 것이오. 일단 학교만 끝마쳤어도 철학자가 될 수 있었소. 나는 육체적인 노동을 하는 외에 정신적 일도 하고 있지요. 나는 쎄브르 거리의 시장에 대서소를 가지고 있소. 영감은 '우산 시장'을 아시지요? 크르와 루즈에서 일하는 아가씨들은 모두 내게 부탁하러 옵니다. 나는 아가씨들이 병사들에게 보내는 사랑의 편지를 단숨에 휘갈겨 써주지요. 아침에는 연애 편지를 쓰고, 저녁에는 무덤을 파는 거죠. 이것이 인생 아니겠소, 영감님."

장의 마차는 앞으로 앞으로 나아가고 있었다. 포슐르방은 불안감이 절정에 달하여 주위를 흘끔흘끔 두리번거렸다. 굵은 땀방울이 그의 이마에서 굴러떨어졌다.

"그렇긴 하지만" 무덤 파는 인부는 말을 계속했다. "두 연인을 모실 순 없지. 언젠가는 펜이든 곡괭이든 둘 중 하나는 놓아 버려야겠소. 곡괭이를 잡으면 글쓰는 손이 무디어지거든요."

장의 마차는 이윽고 멈추어 섰다.

성가대 소년이 검은 천을 드리운 마차에서 내리고, 이어 사제가 내렸다. 장의 마차의 작은 앞바퀴 하나가 붕긋하게 쌓인 흙더미 위에 올라가 있고, 그 흙더미 저쪽으로 입을 벌리고 있는 무덤 구덩이가 보였다.

"이건 정말 어릿광대 놀음이야!"

포슐르방은 몹시 낙심하여 중얼거렸다.

4면의 널빤지 속에서

관 속에 들어 있는 것은 누구였던가? 독자들도 아는 바와 같이 장 발장이었다.

장 발장은 그 속에서 살 수 있도록 연구하여, 그럭저럭 숨을 쉬고 있었던 것이다.

실로 이상한 일이지만, 마음이 안정되면 나머지 일은 모두 차분히 진행되는 법이다. 장 발장이 궁리해낸 계획은 엊저녁부터 하나하나 잘 진행되고 있었다. 그 역시 포슐르방과 마찬가지로 메스띠엔느 영감에게 기대를 걸고 있었다. 좋은 결과로 끝나게 될 것을 믿어 의심치 않았다. 이 이상 더 없을 위험한 상황에서도, 이 이상 더 없을 완전한 안심이란 일찍이 없었다.

관의 4면 널빤지는 무서울 만큼 평화로운 기운을 발산하고 있었다. 마치 죽은 사람의 평온이라고나 할 만한 것이 장 발장의 안정된 마음 속으로 파고드는 것 같았다. 이 관 바닥에 드러누워 그는 죽음을 상대로 연출하는 무서운 드라마의 모든 장면을 더듬을 수 있었고 또 현재 더듬고 있었다.

포슐르방이 뚜껑을 덮고 못질한 다음 장 발장은 자기를 옮기는 것을 느끼고, 이어 수레 위에서 흔들리는 것을 느꼈다. 진동이 적어진 것으로 미루어, 그는 돌을 깐 길에서 포장된 길로 나왔다는 것, 즉 변두리 길을 벗어나 한길로 접어들었다는 것을 알았다. 둔탁한 소리가 울렸을 때는, 오스떼를리쯔 다리를 지나고 있다는 것을 알았다. 처음 잠시 마차가 멎었을 때는 묘지에 도착했다는 것을 알았고, 두 번째 멈춰 섰을 때는 '벌써 무덤 구덩이에 다 왔구나' 하고 마음 속으로 생각했다.

돌연 장 발장은 사람들의 손이 관에 닿는 것을 느끼고, 다음에는 널빤지 위를 슥슥 비벼대는 소리를 들었다. 이것은 구덩이 속으로 내리기 위해 관을 새끼로 묶는 것임을 알 수 있었다. 이어서 그는 정신이 아찔해짐을 느꼈다. 아마도 인부들이 관을 마구 다루어 머리 쪽을 발보다 먼저 내려가게 한 모양이었다. 장 발장은 자기 몸이 수평을 유지하며 움직이지 않게 되었음을 알고 간신히 정신을 가다듬었다. 그는 이미 구덩이 속에 내려놓인 것이었다. 그는 오한이 약간 이는 것을 느꼈다.

싸늘하고 엄숙한 목소리가 위쪽에서 들려왔다. 뜻모를 라틴어 한 마디 한 마디를 붙들 수 있을 만큼 천천히 외우고 있었다.

"티끌 속에 잠드는 자도 머잖아 눈을 뜨게 되리라. 어떤 자는 영원한 생명 속에, 어떤 자는 바닥 모를 오욕 속에, 그리하여 언제고 눈을 들어 진실을 보리라."

소년의 목소리가 말했다.

"나는 깊은 슬픔의 심연에서."

장중한 목소리가 다시 시작했다.

"주님, 그에게 영원한 안식을 주옵소서."

소년의 목소리가 대답했다.

"영원한 빛이 그에게 비치소서."

그때 장 발장은 자기 위를 덮고 있는 널빤지를, 네댓 방울의 비가 조용히 때리는 소리를 들었다. 그것은 아마 성수였으리라.

장 발장은 생각했다.

'이제 곧 끝나겠지. 조금만 더 참자. 사제가 가 버리면 포슐르방은 메스띠엔느를 데리고 술을 마시러 가고, 나는 혼자 남게 된다. 다음에 포슐르방이 혼자 되돌아와서 나를 나가게 해준다. 한 시간 정도의 일이야.'

무거운 목소리가 다시 들려 왔다.

"편히 잠들게 하소서."

그리고 소년의 목소리가 말했다.

"아멘."

장 발장은 귀를 곤두세우고 사람 발자국 소리 같은 것이 멀어져 가는 소리를 들었다. 그는 생각했다.

'사람들이 가 버리는군. 이제 나는 혼자다.'

그러나 그때 갑자기 벼락치는 듯한 소리가 머리 위에서 났다. 그것은 처음으로 삽질한 흙이 관 위로 떨어져 내린 소리였다.

이어 두 번째로 삽질한 흙이 떨어졌다. 그가 숨을 쉬고 있던 작은 구멍 하나는 막혀 버렸다. 세 번째로 삽질한 흙이 떨어져 왔다. 이어서 네 번째 삽질한 흙이 떨어져 왔다. 이래서는 아무리 강한 사나이라 할지라도 당해낼 도리가 없다. 장 발장은 의식을 잃었다.

'까르뜨를 잃어서는 안 된다'는 말의 기원

장 발장이 들어 있는 관 위쪽에서는 다음과 같은 일이 일어나고 있었다.

장의 마차가 멀어져 가고, 사제와 성가대 소년이 다시 마차를 타고 출발했을 때, 무덤 파는 인부에게서 눈을 떼지 않고 있던 포슐르방은 이 인부가 수북이 쌓인 흙더미에 똑바로 찔러 놓았던 삽을 허리를 구부려 거머쥐는 것을 보았다.

그때 포슐르방은 마지막 결심을 했다. 그러고는 구덩이와 인부 사이를 막고 서서 팔짱을 끼고 말했다.

"그 돈은 내가 내지!"

무덤 파는 인부는 깜짝 놀라며 그를 바라보고는 대답했다.

"뭐라고요, 영감님?"

포슐르방은 되풀이했다.

"돈은 내가 내겠어!"

"무슨 소리요?"

"술값 말이야."

"술이라니?"

"아르장뙤이유 술이지."

"아르장뙤이유가 어디 있는데?"

"봉 꾸앵네 집에."

"흥, 집어치우시오!"

무덤 파는 인부는 말했다.

그리고 삽으로 듬뿍 뜬 흙을 관 위로 던져 넣었다.

관 쪽에서는 공허한 소리가 돌아왔다. 포슐르방은 몸을 가누지 못해 자기도 그만 구덩이 속으로 빠져들어갈 것만 같았다. 그는 가쁜 숨을 몰아쉬며 쉰 듯한 목소리로 허둥지둥 외쳤다.

"여봐요 형씨, '봉 꾸앵'이 닫히기 전에 어서!"

무덤 파는 인부는 삽으로 다시 흙을 떠서 던졌다. 포슐르방은 말을 이었다.

"돈은 내가 치를게!"

그렇게 말하면서 포슐르방은 무덤 파는 인부의 팔을 붙잡았다.

"내 말좀 들어봐, 형씨. 나는 수도원의 무덤 파는 사람이야. 당신을 도우러 온 것이거든. 이런 일은 나중에 밤에라도 할 수 있잖나. 어떻든 우선 한 잔 하기로 하세."

그렇게 말은 하면서도, 그렇게 절망적으로 끈덕지게 매달리기는 하면서도, 포슐르방은 마음 속으로 암담한 생각을 짓씹는 것이었다.

'이놈이 비록 술을 마신다고 하더라도 내가 원하는 대로 취해 줄는지?'

무덤 파는 인부는 말했다.

"영감님, 그렇게 먹이고 싶다면 이제 싫다고는 않겠소. 마십시다, 그러나 일이 끝나야지 그 전에는 안 돼요."

그렇게 말하면서 인부는 기운차게 삽을 움직였다. 포슐르방은 그것을 만류했다.

"6수짜리 아르장뙤이유 술이란 말일세."

무덤 파는 사나이는 말했다.

"또 그 소리군. 당신은 종치는 사람 같아. 딩동딩동 언제나 같은 소리만 되풀이하니, 이제 그만 좀 해둬요."

그는 두 번째로 뜬 흙을 던졌다. 포슐르방은 이제 자기가 무슨 말을 하고 있는지조차 몰랐다.

"글쎄, 마시자면 마시러 가세" 포슐르방은 소리쳤다. "돈은 내가 낼 테니까."

"아린아이를 잠재우고 나서 갑시다."

무덤 파는 사나이는 말했다. 그는 세 번째로 흙을 떠 넣었다.

그리고는 삽을 흙더미에 찌르면서 덧붙였다.

"오늘 밤은 추울 거야. 아무것도 덮어 주지 않은 채 죽은 여자를 내버려두면 나중에 산발하고 쫓아올 거야."

그러면서 무덤 파는 인부는 흙이 담긴 삽을 들어올리느라고 몸을 구부렸다. 그러자 윗도리 호주머니가 입을 벌렸다. 포슐르방의 핏발선 눈초리는 자연히 이 호주머니로 향하고 거기서 딱 멎었다.

태양은 아직 지평선 저쪽으로 넘어가지 않고 있어 저녁 햇살에 커다랗게 입을 벌린 호주머니 속에서 무엇인가 희끄무레한 게 보였다.

삐까르디 태생 농부의 눈이 가질 수 있는 모든 반짝임이 포슐르방의 눈동자에 집중되었다. 문득 어떤 착상이 떠올랐던 것이다.

삽질하는 데 열중하고 있는 인부 모르게, 포슐르방은 살그머니 뒤로 그 호주머니 속에 손을 넣어 희끄무레한 것을 꺼냈다.

인부는 구덩이 속에 네 번째로 삽질한 흙을 던져 넣었다.

인부가 다시 흙을 뜨려고 돌아섰을 때, 포슐르방은 자못 태연하게 그를 보며 말했다.

"그런데 이 친구야, 까르뜨는 가지고 있나?"

인부는 손을 멈추었다.

"까르뜨라니?"

"해가 저물지 않나."

"저물면 어떻소. 해님은 나이트 캡을 쓰고 어서 물러나시라지."

"묘지의 철문이 닫히는걸."

"그래서 어쩐다는 거요?"

"까르뜨를 가지고 있느냐, 그 말이야."

"아! 내 허가증 말이오?"

인부는 말했다. 그리고 그는 호주머니를 더듬었다.

한쪽 호주머니를 뒤지고 나더니, 그는 다른 한쪽을 다시 뒤졌다. 그리고 또 바지 호주머니에 손을 넣어 한쪽을 살펴보고 다른 한쪽을 훌렁 뒤집어보았다.

"아뿔싸!" 인부는 놀라 말했다. "허가증이 없네. 잊어버리고 온 모양이오!"

"15프랑 벌금이야."

포슐르방이 말했다.

무덤 파는 인부는 새파래졌다. 창백한 사나이가 핏기를 잃으면 새파래지는 법이다.

"허어, 이런 제기랄!" 그는 외쳤다. "15프랑 벌금이라니!"

"100수짜리 세 닢이야"

포슐르방은 말했다.

인부는 손에서 삽을 떨어뜨렸다.

이번에야말로 포슐르방이 우위에 설 차례가 온 것이다. 포슐르방은 말했다.

"뭐 그런 일로. 낙심할 건 없어. 자살까지 해가면서 무덤을 살찌울 필요는 없지. 그러나 15프랑은 어디까지나 15프랑이야. 하지만 벌금을 내지 않아도 될 방법은 있어. 당신은 신출내기지만 난 고참이거든. 이런 수 저런 수 다 터득하고 있지. 친구로서 좋은 수를 하나 가르쳐주지. 한 가지 분명한 것은, 해가 저물어가고 있다는 사실일세. 즉 해는 저 둥근 지붕에 살짝 걸려 있어. 앞으로 5분이면 묘지 문이 닫힌다 이 말이야."

"그렇소."

인부가 대답했다.

"이제부터 5분 동안에 구덩이를 다 채울 수는 없을걸. 이 구덩이는 여간 깊지 않거든. 그러니까 문이 닫히기 전에 다 해낼 수 없단 말이야."

"정말 그래요."

"그렇게 되면 15프랑 벌금이오."

"15프랑이라."

"아직 시간은 좀 있어…… 헌데 당신은 어디에 살고 있소?"

"성문 바로 옆이오. 여기서 15분 가량 걸려요. 보지라르 거리 87번지요."

"죽어라 뛰어가면 여기를 빠져나갈 만한 시간은 있어."

"그렇습니다."

"문을 나서서 곧장 집으로 달려가서 허가증을 가지고 들어오면 문지기가 문을 열어 주거든. 허가증만 있으면 뭐, 한 푼도 돈을 치를 필요가 없어. 그리고 천천히 이 시체를 파묻으면 되는 거지. 나는 시체가 도망가지 않도록 지키면서 당신을 기다려 주겠소."

"덕분에 살았구먼요, 영감님."

"어서 가보게."

포슐르방은 말했다.

무덤 파는 인부는 고마워서 어쩔 줄 몰라하며, 그의 손을 잡아 흔들고는 쏜살같이 달리기 시작했다.

인부의 모습이 숲 속으로 사라져 버린 뒤에도, 포슐르방은 그의 발소리가 들리지 않게 될 때까지 귀를 기울이고 있었다. 이윽고 구덩이를 굽어보며 낮은 목소리로 말했다.

"마들렌느 씨!"

아무 대답이 없었다.

포슐르방은 머리가 쭈뼛했다. 그는 내려간다기보다 차라리 굴러떨어지듯 구덩이 속으로 들어가, 관 머리 쪽에 대고 소리쳤다.

"여보세요, 마들렌느 씨!"

관 속에서는 여전히 대답이 없었다. 포슐르방은 숨도 쉬지 못할 정도로 겁에 질려 있었다. 그는 날카로운 끌과 망치를 집어들고 위의 널빤지를 떼어냈다. 황혼 속에 장 발장의 얼굴이 나타났으나 눈은 감은 채였고 얼굴은 창백했다.

포슐르방의 머리칼은 거꾸로 곤두섰다. 그는 멍하니 구덩이 벽에 기대어 선 채 정신이 아득하여 관 위로 쓰러질 것만 같았다. 그는 장 발장을 바라보았다. 장 발장은 핏기 잃은 얼굴로 꼼짝 않고 드러누워 있었다.

포슐르방은 한숨짓듯 낮고 조그만 목소리로 중얼거렸다.

"죽었구나!"

그러고는 몸을 일으켜, 두 주먹이 양쪽 어깨에 닿을 정도로 깊이 팔짱을 끼고는 소리쳤다.

"살려 드린다는 게 도리어 요꼴이 됐구나!"

그리하여 이 가엾은 노인은 흐느껴 울면서 혼잣말을 하기 시작했다. 혼잣말—독백—이라는 것이 연극에만 있고 자연 속에는 없다고 생각하는 것은 잘못이다. 마음에 강한 충격을 받으면 그것은 곧잘 목소리를 가진 말이 되어 나타나는 법이다.

"메스띠엔느 영감이 틀려먹었어. 죽긴 왜 죽는 거야, 하필이면 이런 때. 죽지 않아도 되잖나 말야. 마들렌느 씨를 죽인 건 그 놈이야. 아아, 마들렌느 씨! 그 분은 관 속에 들어가 계셔. 벌써 돌아가 버리셨어. 이제 모든 게 다 끝났구나. 애당초 알쏭달쏭한 일뿐이었다니까! 아아, 이게 웬일이람! 이렇게 돌아가시다니!

이분의 딸아이는 어떻게 해야 좋단 말인가? 과일 장수 노파는 뭐라고 말할까? 이런 분이 이렇게 돌아가시다니 대체 이런 일이 세상에 있어도 좋단 말인가. 내가 깔린 짐수레 밑으로 뛰어들어오시던 때의 일을 생각하면! 마들렌느 씨, 마들렌느 씨! 정말로 숨이 끊어져 버리셨구나. 그러게 내가 뭐랬나. 내 말은 들으려고도 하지 않으셨으니 요런 꼴이 돼버렸지.

세상에 이런 몹쓸 일이 또 어디 있을까! 이분은 돌아가셨어. 이런 훌륭한 분이. 하느님이 만드신 착한 분 중에서도 가장 착하신 분이. 이제 그 딸아이는? 아니다, 나는 이제 그곳으로 돌아갈 수 없어. 여기 있어야지. 이런 일을 저질러 버렸으니. 늙은이 둘이서 이런 어처구니없는 짓을 저지르다니, 세상에 이런 일이. 한데 처음에 이분은 어떻게 수도원으로 들어오셨을까? 그게 벌써 이런 일이 될 시초였어. 그런 짓을 해서는 안 되었어. 마들렌느 씨,

포슐르방은 이윽고 구덩이를 굽어보며 낮고 조그만 목소리로 말했다. "마들렌느 씨!"

마들렌느 씨! 아, 마들렌느 씨, 마들렌느 시장님. 시장님! 안 들리시는가 보구나. 자, 제발 좀 살아나 주십시오!"

그렇게 말하며 포슐르방은 머리카락을 쥐어뜯었다.

멀리 나무들 사이로 날카롭게 삐걱거리는 소리가 들렸다. 묘지의 철문이 닫히는 소리였다.

포슐르방은 장 발장 위로 몸을 구부렸다. 그 순간 갑자기 그는 펄쩍 뛰어 구덩이 속에서 한껏 뒷걸음질쳤다. 장 발장이 눈을 뜨고 그를 바라보고 있는 것이 아닌가.

사람의 죽음을 보는 것은 무서운 일이지만, 되살아나는 것을 보는 것도 무서운 일이다. 포슐르방은 돌처럼 굳어졌다. 너무나 놀랍고 얼이 빠져, 자기가 대하고 있는 사람이 살아 있는지 죽어 있는지조차도 모르는 채, 자기를 바라보는 장 발장을 그냥 멍하니 바라볼 뿐이었다.

"깜박 잠들었었군."

장 발장은 말했다. 그러면서 그는 윗몸을 일으켰다.

포슐르방은 쓰러지듯 무릎을 꿇었다.

"아아, 마리아님! 이런 무서운 일이!"

그러고는 다시 일어나며 소리쳤다.

"고맙습니다, 마들렌느 씨!"

장 발장은 정신을 잃고 있었을 뿐이었다. 바깥 바람이 그를 소생시켜 주었던 것이다.

환희란, 공포가 조수처럼 밀려나가는 일이다. 포슐르방은 장 발장과 마찬가지로 정신을 차리기에 힘이 들었다.

"당신은 돌아가신 게 아니었군요. 아이구, 사람을 그토록 놀라게 하시다니 당신도 참 너무하셔! 저는 당신이 도로 살아나실 때까지 이름을 부르고 있었습지요. 당신의 눈이 감겨진 것을 보고 이젠 틀렸구나, 숨이 막히신 거야, 라고 생각했어요. 저는 당장에 미쳐 버릴 것만 같았어요. 진짜로 미치나 했어요. 비쎄트르의 정신 병원으로 보내졌을지도 모릅니다요. 글쎄 당신이 만약 돌아가셨다면 저는 어떻게 됐겠어요? 그리고 그 어린 것은! 과일 장수 노파는 뭐가 뭔지 모르게 됐을 거예요. 아이를 갖다 맡겨 놓고서 그 할아버지가 죽어 버리다니 말입죠! 세상에 그런 일이, 아니 정말 그런 일이 또 어

"살려 드린다는 게 도리어 요꼴이 됐구나!"

디 있겠어요! 아아, 당신이 살아 계시다니, 뭐니뭐니해도 이거야말로 정말 고마운 일이 아니겠어요.”

“좀 춥군.”

장 발장은 말했다.

이 말이 포슐르방을 현실, 절박한 현실 쪽으로 완전히 돌려 세웠다. 두 사람은 정신을 차렸으면서도 왠지 까닭 모를 설렘에 가슴이 짓눌린 듯했다. 게다가 주위의 그 음산하고 황량스런 분위기가 머리를 혼란시키고 있었다.

“어서 여기서 나갑시다.”

포슐르방은 외쳤다. 그는 호주머니를 더듬어 준비해 두었던 병을 꺼냈다.

“자, 우선 한 모금 드십시오!”

포슐르방은 말했다.

바깥의 찬 공기로 인해 회복되고 있던 원기는 다시 이 술병 덕분에 훨씬 좋아졌다. 장 발장은 브랜디를 한 모금 마시자 완전히 기운을 되찾았다.

장 발장은 관에서 나와서 포슐르방을 도와 관 뚜껑을 도로 덮었다.

2, 3분 뒤 그들은 구덩이 밖으로 나와 있었다.

이제 포슐르방은 침착함을 되찾고 있었다. 그는 유유히 행동했다. 묘지문은 닫혀 있었다. 무덤 파는 인부 그리비에가 돌아올 걱정도 없었다. 그 ‘신출내기’는 자기 집에서 열심히 허가증을 찾고 있겠지만, 그 허가증은 포슐르방의 호주머니에 들어 있으니까 그의 집에서 찾아낼 수가 없는 것이다. 허가증이 없는 이상 묘지로 돌아올 수도 없다. 포슐르방은 삽으로, 장 발장은 곡괭이로 빈 관을 묻어 버렸다.

구덩이가 완전히 메워졌을 때 포슐르방은 장 발장에게 말했다.

“자, 가십시다. 저는 삽을 가지고 갈 테니 곡괭이를 드십시오.”

어둠의 장막이 내리고 있었다.

장 발장은 움직이고 걷는 일이 얼마간은 부자유스러웠다. 관 속에서 그는 그동안 꼼짝도 하지 않고 시체처럼 죽어 있었다. 4면의 널빤지 속에서 그는 죽음의 관절 경화증에 걸려 있었던 것이다. 그러니까 그는 무덤에서 굳었던 몸을 풀지 않으면 안 되었다.

포슐르방이 말했다.

“마비되셨군요. 한심스럽게도 저마저 요렇게 절름발이니. 이렇지만 않아도 서로 발바닥을 마주 비벼 몸을 풀 수도 있을 텐데 말입니다요."

"뭘, 괜찮소!" 장 발장이 대답했다. "조금 걷노라면 차차 괜찮아지겠지."

그들은 장의 마차가 지나간 길로 해서 덤불을 빠져 나갔다. 닫힌 철문과 문지기가 사는 정자로 오자, 인부의 허가증을 손에 들고 있던 포슐르방은 그것을 상자 속에 떨어뜨렸다. 문지기가 줄을 잡아당기자 문이 열리고, 두 사람은 밖으로 나왔다.

"모두 잘 됐군요!" 포슐르방은 말했다. "정말 용케도 이런 생각을 해내셨습니다, 마들렌느 씨!"

그들은 보지라르의 성문을 아무 문제 없이 통과했다. 묘지 주변에서는 삽과 곡괭이가 저마다 훌륭한 통행증이 되는 것이다.

보지라르 거리에는 인적이 없었다.

"마들렌느 씨" 포슐르방은 집들을 쳐다보며 말했다. "당신은 저보다 눈이 잘 보이시니, 87번지를 좀 찾아보십시오."

"바로 여기요."

장 발장이 말했다.

"한길에는 아무도 없습니다."

포슐르방은 말을 이었다.

"곡괭이를 제게 주시고 잠시 기다려 주십시오."

포슐르방은 87번지 집으로 들어가 가난한 사람의 본능으로, 곧 바로 다락방을 향해 올라갔다. 그리고 어둠 속에서 어느 다락방의 문을 두드렸다. 대꾸하는 목소리가 들려 왔다.

"늘어오시오."

그리비에의 목소리였다. 포슐르방은 문을 밀었다.

무덤 파는 인부의 다락방은 모든 가난한 사람들의 거처가 그렇듯, 가구도 없이 지저분했다. 거기서는 짐짝 같은 나무궤짝—어쩌면 관일는지도 모른다.—이 벽장 대용이 되고, 버터통이 물독을 대신하며, 다 해진 짚방석 하나가 침대 대용이 되고, 돌바닥이 의자나 테이블이 되기도 한다. 한쪽 구석에는, 바싹 여윈 여인과 많은 어린이들이 낡은 융단 조각 위에 한 무더기가 되어 앉아 있었다.

이 가난한 방안은 온통 뒤집어엎은 것 같은 흔적을 남기고 있었다. 마치

지진이 이 방만을 휩쓸고 지나간 듯했다. 이것저것의 뚜껑이라든가 덮개는 모두 벗겨져 있고, 누더기는 사방에 흩어지고, 주전자는 찌그러지고, 어머니는 울고, 아이들은 두드려맞은 모양이었다. 모두가 몹시 화가 나서 마구 휘저은 자취를 역력히 나타내고 있었다. 말할 것도 없이 무덤 파는 인부는 정신 없이 자기의 허가증을 찾으면서 그것이 없어진 책임을 물독에서부터 자기 마누라에 이르기까지 온 다락방 안의 모든 것에다가 덮어씌운 것이리라. 인부는 자못 자포자기에 빠진 듯한 모습을 하고 있었다.

그러나 포슐르방은 어서 이 사건을 처리해 버리려고 서두른 나머지, 자기의 성공이 이런 슬픈 일면을 수반하고 있다는 것을 깨달을 여유가 없었다.

그는 안으로 들어가자 이렇게 말했다.

"당신 곡괭이와 삽을 가지고 왔소."

그리비에는 어처구니없는 듯한 얼굴로 그를 쳐다보았다.

"어, 영감님. 당신이구려?"

"내일 아침에 묘지 문지기에게 가서 허가증을 찾게나."

그렇게 말하고서 포슐르방은 삽과 곡괭이를 방바닥에 내려놓았다.

"대체 어떻게 된 일입니까?"

그리비에는 물었다.

"어떻게 된 일인가 하면, 당신은 호주머니에서 허가증을 떨어뜨린 거야. 그것이 떨어져 있는 걸 당신이 간 뒤에 내가 찾아냈지. 시체도 묻고, 구덩이도 메우고. 당신 일은 내가 대신 다 해놓았어. 허가증은 문지기가 돌려줄 거요. 당신은 이제 15프랑을 치르지 않아도 돼. 어떤가, 신출내기?"

"정말 고맙습니다, 영감님!" 그리비에는 속은 줄도 모르고 좋아서 소리쳤다. "요 다음엔 내가 술을 사지요."

합격한 면접 시험

한 시간 뒤, 캄캄한 어둠 속을 두 사나이와 어린아이 하나가 삑쀠스 골목 62번지 쪽으로 걸어왔다. 두 사나이 가운데 나이 먹은 쪽이 문에 매달린 고리를 쳐들고 문을 두드렸다. 그들은 포슐르방과 장 발장과 꼬제뜨였다.

두 노인은 전날 저녁에 포슐르방이 꼬제뜨를 맡겨 놓았던 슈맹 베르 거리의 과일 장수 노파 집으로 가서 꼬제뜨를 데리고 왔던 것이다. 꼬제뜨는 그

그는 자못 자포자기에 빠진 듯한 모습을 하고 있었다.

24시간 동안 아무것도 모르는 채 그냥 잠자코 떨고만 있었다. 꼬제뜨는 몸이 떨려서 울 여유조차 없었다. 아무것도 먹지 않고, 잠도 자지 않았다.

사람좋은 과일 장수 노파는 꼬제뜨에게 이것저것 물어보았으나 언제나 똑같은 슬픈 눈으로 쳐다볼 뿐 아무 대답도 하지 않았다. 꼬제뜨는 이틀 동안 보고 들은 이 모든 일을 조금도 입밖에 내지 않았다. 지금 어떤 위기에 처해 있다는 것을 꼬제뜨도 알고 있었던 것이다. 그 아이는 얌전하게 있지 않으면 안 된다는 것을 마음 깊이 느끼고 있었다.

겁 먹은 어린이의 귀에 '아무 말도 해서는 안 돼!'라는 이 몇 마디 말을 기묘한 어조로 말했을 때, 이 말이 더할 나위 없이 강력한 힘을 가진다는 것을 누구나 다 겪어 보았으리라. 더욱이 어린아이만큼 비밀을 잘 지키는 사람도 없다.

다만, 침울한 이 24시간이 지나가고 다시 장 발장을 만났을 때, 꼬제뜨는 무어라 말할 수 없는 기쁨의 소리를 질렀다. 생각 깊은 사람이 소리를 들었다면, 지옥에서 놓여 나오는 사람의 절규가 아닌가 싶었을 것이다.

포슐르방은 수도원 사람이므로 입구에서 말하는 암호를 알고 있었다. 그것은 어느 문이나 열리게 할 수 있었다.

이리하여 밖으로 나갔다가 다시 들어온다는 이중의 까다로운 문제는 해결되었던 것이다.

미리 분부를 받고 있던 문지기는, 마당에서 정원으로 통하는 작은 출입문을 열어 주었다. 이 문은 지금으로부터 20년 전만 해도 아직 정문 맞은 편 마당 안쪽 벽에 정면으로 나 있는 것이 한길에서 보였다. 문지기는 이 문으로 세 사람을 들여보냈다. 그들은 출입문을 지나 전날 포슐르방이 원장의 지시를 받았던 그 특별 응접실에 당도했다.

수도원장은 묵주를 매만지며 그들을 기다리고 있었다. 베일을 늘어뜨린 메르 보까르 한 사람이 원장 곁에 서 있었다. 촛불 하나가 조심스럽게 흔들거리고 있었는데 그 희미한 불빛은 말하자면 명색뿐이었다. 수도원장은 장 발장의 모습을 대충 훑어보았다. 내리뜬 눈으로 샅샅이 살펴보면 사람을 가장 잘 알아볼 수가 있다. 그런 뒤 원장은 장 발장에게 질문을 했다.

"동생이란 당신이군요?"

"네, 원장님."

수도원장은 장 발장의 모습을 대충 훑어보았다.

포슐르방이 대답했다.

"이름은?"

포슐르방이 대답했다.

"윌띠므 포슐르방입니다."

그에게는 사실 이미 죽었지만 윌띠므라는 이름의 친동생이 하나 있었다.

"어디 출신인가요?"

포슐르방이 대답했다.

"아미앙 근처 삐끼니입니다."

"나이는 몇 살이지요?"

포슐르방이 대답했다.

"50살입니다."

"직업은?"

포슐르방이 대답했다.

"정원사입니다."

"훌륭한 크리스찬인가요?"

포슐르방이 대답했다.

"온 집안이 모두 그렇습니다."

"이 소녀는 당신 아이입니까?"

포슐르방이 대답했다.

"네, 원장님."

"당신이 아버진가요?"

포슐르방이 대답했다.

"할아버집니다."

메르 보까르는 조그만 목소리로 수도원장에게 말했다.

"대답이 명확합니다."

장 발장은 아직 한 마디도 하지 않고 있었던 것이다. 수도원장은 주의 깊게 꼬제뜨를 바라보고 나서, 조그만 목소리로 메르 보까르에게 말했다.

"추녀가 되겠군."

두 사람의 장로는 한참 동안 응접실 구석에서 지극히 낮은 목소리로 이야기를 주고받았다. 그러고 나서 수도원장은 뒤를 돌아보면서 말했다.

"포방 영감님, 방울 달린 가죽 무릎 덮개를 하나 더 준비하시오. 이제부터 2개가 필요할 테니까."

그 다음날부터는 과연 2개의 방울 소리가 정원에서 들려 왔다. 수녀들은 베일 자락을 쳐들고 몰래 내다보지 않을 수 없었다. 정원 안쪽 나무 아래에서 두 사람의 사나이, 포방과 또 한 사람이 나란히 서서 가래로 흙을 떠 일구고 있는 것이 보였다. 그야말로 일대 사건이었다.

침묵의 규칙은 깨지고, 여기저기서 서로 수군거렸다.

"정원사의 조수래."

메르 보까르들은 "포방 영감님의 동생이야"라고 덧붙여 말했다.

실제로 장 발장은, 규칙에 따라 정식으로 이 지위를 얻었던 것이다. 장 발장은 방울 달린 가죽을 무릎에 대었으니 이후 정식 고용인이 된 것이다. 그는 윌띠므 포슐르방이라는 이름으로 행세했다. 허락받을 수 있었던 가장 유력한 원인은 '추녀가 되겠군' 하며 꼬제뜨를 관찰하고 나서 한 말이었다. 이 예상을 입밖에 내어 말한 수도원장은 곧 꼬제뜨가 마음에 들었고, 그래서 꼬제뜨를 급비생으로 수도원 내 기숙학교에 입학시켜 주었다.

이것은 결코 까닭 없는 일은 아니었다. 수도원에서는 거울을 사용하지 못하게 되어 있으나, 그래도 수도원에 있는 여자들은 자신의 용모를 잘 인식하고 있었다. 그러므로 자신이 아름답다고 생각하는 처녀는 여간해서는 수녀가 되려고 하지 않는다. 하느님을 섬기는 마음은 대개의 경우 용모의 아름다움과 반비례하는 것이어서, 잘생긴 처녀보다 잘생기지 못한 처녀에게 기대를 갖게 된다. 이와 같은 까닭에서 인물이 좋지 못한 소녀 쪽이 훨씬 좋다는 견해가 생겨나는 것이다.

그건 그렇고, 이 사건 덕분에 선량한 포슐르방 노인은 아주 위대한 인물이 되었다. 그는 삼중의 성공을 거두었던 것이다. 장 발장을 사지에서 구해내고 안식처를 주었으며, 무덤 파는 인부 그리비에에게는 벌금을 물지 않게 해준 은인으로 생각하게 되었고, 수도원에서는 크뤼씨픽씨용 님의 관을 제단 아래에 매장함으로써 시저의 눈을 속이고 하느님을 만족케 한 공로자가 되었던 것이다.

쁘띠 삑쀠스에는 시체가 든 관이 있고, 보지라르 묘지에는 시체가 들어 있지 않은 관이 묻혔으니, 공공 질서는 그로 인해 근본부터 어지럽혀졌다는 말이 되는데도, 발각되지 않고 무사히 끝난 것이다. 수도원에서는 포슐르방에게 크게 감사했다. 포슐르방은 가장 우수한 하인이며, 가장 얻기 어려운 정원사가 되었다.

이 일이 있은 뒤, 대주교가 처음 이곳을 방문했을 때, 수도원장은 고백과 얼마간 자랑 섞인 마음으로 대주교에게 이 이야기를 했다. 그러자 대주교는 수도원을 나갈 때, 황제의 고해 신부였으며 뒷날 랭쓰의 대주교가 되고 추기경까지 되는 드 라띨 씨에게 은근히 이 이야기를 들려 주며 칭찬해마지 않았다.

포슐르방에 대한 평판은 점점 높아져 로마까지 전해졌다. 당시 교황이던 레오 12세가, 친척의 한 사람이며 자기와 마찬가지로 델라 쟁가라는 이름을 가진 빠리 주재의 교황 특파 사절에게 보낸 한 통의 편지를 작자는 본 일이 있는데, 거기 이런 귀절이 있었다.

'빠리의 한 수도원에 우수한 정원사가 있는데, 이 사람은 실로 성인이라 할 만한 인간으로 이름은 포방이라고 한답니다.'

그러나 이와 같은 대성공도 오두막집에 사는 포슐르방에게까지는 전혀 들려 오지 않으므로, 그는 자기가 훌륭하다든가 성인이라든가 하는 사실 같은 것은 모르는 채 나무에 접목을 하고, 풀을 뽑고, 멜론 밭에 가마니를 씌워 주고 있을 뿐이었다. 그가 자신의 명예를 전혀 알지 못했다는 것은 마치 쇼트혼 종(種)이나 서리 종의 소가 '뿔 있는 가축 콩쿠르에서 입상한 소'라는 별명이 붙은 자신의 사진이 런던 뉴스에 게재되어 있다는 사실을 전혀 알지 못하는 것이나 같았다.

수도원 생활

꼬제뜨는 수도원에서도 여전히 침묵을 지켰다. 꼬제뜨는 자기가 장 발장의 딸이라는 것을 천진스럽게 믿고 있었다. 게다가 아무것도 몰라서 아무 말도 할 수가 없었으며 설혹 알고 있다 하더라도 또한 무슨 말도 하지 않았을 것이다.

이제까지 보아온 바와 같이 불행만큼 어린아이를 말이 없게 만드는 것은 없다. 꼬제뜨는 이제까지 너무나 쓰라린 고생을 해왔다. 어떤 일이든지, 즉 말하는 것, 숨쉬는 것조차도 두려워했다. 단 한마디 말 때문에 자기 위에 불행이 떨어진 일이 흔히 있었지 않은가! 장 발장의 품에 안기고부터 겨우 안심이 되기 시작했던 것이다.

꼬제뜨는 곧 수도원 생활에 익숙해졌다. 인형 까뜨린느가 없는 것을 쓸쓸하게 여기기는 했지만 입밖에 내어 말하지는 않았다. 그래도 한 번 장 발장에게 이렇게 말한 적이 있었다.

"아버지, 이렇게 쓸쓸하게 될 줄 알았더라면 까뜨린느를 가지고 오는 건데."

꼬제뜨는 수도원의 기숙생이 되었으므로 그곳 학생의 제복을 입어야만 했다. 장 발장은 꼬제뜨가 벗어 놓은 옷을 돌려 받을 수가 있었다. 그것은 꼬제뜨가 떼나르디에의 싸구려 음식점에서 나올 때, 장 발장이 입혀 주었던 상복이었다. 아직 그렇게 낡지는 않았다. 장 발장은 이 옷뿐 아니라 털양말과 단화까지도, 수도원에서는 얼마든지 얻을 수 있는 갖가지 향료와 장뇌를 듬뿍 뿌려서, 어렵사리 얻은 조그만 가방 속에 간수해 두었다. 장 발장은 이 가방을 자기 침대 옆 의자 위에 놓아두고 그 열쇠를 언제나 몸에 지니고 있었다.

어느 날 꼬제뜨가 장 발장에게 물었다.

"아버지, 저 상자는 대체 뭔가요? 아주 좋은 냄새가 나는군요."

포슐르방 노인은 앞에서 말한 것과 같은 자기로서는 전혀 알지 못하는 그 명예 이외에도 여러 가지로 선행에 대한 보답을 받았다. 무엇보다도 그는 그 일로 말미암아 마음이 즐거웠다. 그 다음으로는 둘이서 일을 하게 되어 훨씬 편했다. 마지막으로, 담배를 특히 좋아하는 그는 마들렌느 씨가 온 뒤로 이제까지보다 세 갑절이나 더 많이 피우게 되었을 뿐 아니라, 마들렌느 씨가 돈을 치러 준다고 생각하면 훨씬 느긋한 기분으로 담배를 피울 수가 있었던 것이다.

수녀들은 윌띠므라는 이름을 쓰지 않고, 장 발장을 가리켜 '또 한 사람의 포방'이라 불렀다.

만약 그 순결한 처녀들이 자베르 같은 눈초리를 지니고 있었더라면, 정원 손질이나 그밖의 일로 밖에 나가야 할 일이 생겼을 경우에 나가는 것은, 언제나 늙고 절름발이인 형 포슐르방이지 결코 아우 쪽이 아니라는 것을 알아차렸을지도 모른다.

그러나 항상 하느님께로 눈을 돌리고 있어 사람의 움직임을 관찰할 겨를이 없었기 때문인지, 아니면 서로 동정을 살피는 데에만 정신을 빼앗기고 있었기 때문인지, 수녀들은 이 점에 대해서 조금도 주의를 기울이지 않았다. 그런데 늘 말없이 틀어박혀 있기만 하는 것은 장 발장으로서는 잘하는 일이었다. 자베르는 한 달 이상이나 그 주위를 감시하고 있었던 것이다. 장 발장에게 이 수도원은, 깊은 바다로 에워싸인 섬과 같았다. 이때부터 네 개의 장벽 안이 그의 세계가 되었다. 거기서는 마음껏 하늘을 쳐다볼 수 있었고, 꼬제뜨를 바라보며 행복스러운 마음을 맘껏 느낄 수 있었다.

장 발장에게는 자못 평온한 생활이 다시 시작된 것이었다. 그는 포슐르방 노인과 함께 정원 안쪽 초라한 오두막집에서 살고 있었다. 이 오두막집은 허물어진 건물의 벽토 같은 것을 주워다 얽은 것으로, 1845년까지도 남아 있었다.

그 집은 앞에서 본 바와 같이 방이 3개 있었으나 어느 방이나 가구 같은 것은 일절 없으며 칸막이 벽이 있을 따름이었다. 포슐르방은 그 중에서 가장 좋은 방을 마들렌느 씨에게 주겠다면서, 장 발장이 사양하는데도 억지로 떠맡겼다. 그 방 벽에는 가죽 무릎 덮개와 치룽을 걸어 두기 위한 2개의 못 외에, 장식으로 1793년 왕가의 지폐 한 장이 벽난로 위 벽면에 붙어 있었다.

여기 정확한 복사도를 제시하면 다음과 같다.

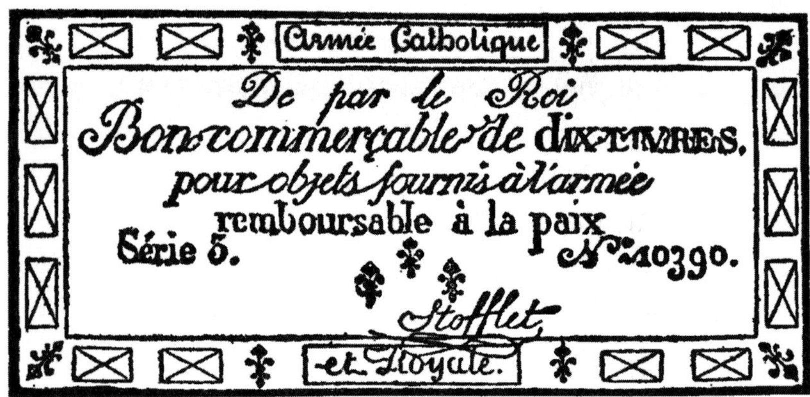

이 방데앙 당의 난(혁명 중에 일어난 왕당파 농민의 난) 때의 지폐는, 전의 정원사가 핀으로 벽에 꽂아 놓은 것이었다. 그 사나이는 전에 슈앙 당의 당원으로서 이 수도원에서 죽고 포슐르방이 그 뒤를 이어 들어왔던 것이다.

장 발장은 정원에서 하루 종일 일을 했다. 그의 일은 정원에 대단히 유용

이 오두막집은 허물어진 건물의 벽토 같은 것을 주워다 얽은 것이었다.

했다. 장 발장은 본래 가지치기 인부였으므로, 지금 다시 기꺼운 마음으로 정원사로 돌아가 있었다. 그가 원예에 대해 온갖 요령과 비법을 터득하고 있다는 것은 독자도 기억하고 있으리라. 장 발장은 그 경험을 이용했다. 과수원의 나무는 거의 모두가 야생목이었으므로, 장 발장은 그것들을 접목하여 훌륭한 열매가 열리도록 했다.

꼬제뜨는 날마다 한 시간씩 장 발장 곁에 있어도 좋다는 허락을 받았다. 수녀들은 침울했으나 장 발장은 친절했으므로, 소녀는 양쪽을 비교해 보고 장 발장을 더욱 따르게 되었다. 정해진 시간이 되면 꼬제뜨는 오두막집으로 뛰어왔다. 그녀가 들어서면 이 헛간 같은 집은 온통 낙원이 되는 것이었다. 장 발장의 얼굴은 기쁨으로 빛났다. 그는 꼬제뜨에게 주는 행복으로 말미암아 자신의 행복도 크게 자라나는 것을 느꼈다.

어떤 사물이든 반사되는 빛은 엷어지는 법이다. 그러나 남에게 주는 기쁨이란 기묘한 것이어서, 엷어지기는커녕 한층 더 밝은 빛이 되어 자기에게 되돌아오고 더욱더 아름답게 작용한다. 쉬는 시간이 되면 장 발장은 꼬제뜨가 놀거나 뛰어다니는 것을 멀리서 바라보았다. 그리고 다른 아이들의 웃음 소리 속에서 그녀의 웃음소리를 가려내는 것이었다.

이제는 꼬제뜨도 웃게 되었기 때문인지 꼬제뜨의 얼굴 모습마저 얼마간 달라졌다. 어두운 그림자는 이미 얼굴에서 사라져 버렸다. 웃음은 태양과 마찬가지로 사람의 얼굴에서 겨울을 쫓아내 버리는 것이다.

꼬제뜨는 여전히 예쁘지는 않았으나 몹시 귀여워졌다. 그 천진스럽고 다정한 목소리로 제법 그럴듯한 말을 재잘거렸다.

쉬는 시간이 끝나고 꼬제뜨가 돌아가 버리면, 장 발장은 그녀의 교실 창문을 물끄러미 바라보았다. 또 밤이 되면 그는 침대에서 일어나 꼬제뜨의 침실 창문을 넌지시 바라보는 것이었다.

그런데 하느님은 또 당신의 길을 걸어간다. 수도원은 꼬제뜨에게 이바지했듯 장 발장의 내면에 뿌려진 저 미리엘 주교의 마음을 지속시키고 완성하는 데에도 이바지했다. 확실히 덕의 일면과 교만은 이웃하고 있는 법이다. 거기에 악마가 걸어놓은 다리가 있다. 장 발장은 자기도 모르는 사이에 그 교만의 일면에, 악마가 걸쳐 놓은 다리에 꽤나 가까이 가고 있었던 터인데, 그때 하느님께서는 그를 쁘띠 삑쀼스 수도원으로 던지셨다.

꼬제뜨는 천진스럽고 다정한 목소리로 제법 그럴듯한 말을 재잘거렸다.

　장 발장은 자신을 주교하고만 비교할 동안에는, 자기의 부족함을 알고 겸손하게 살았다. 그러나 얼마 전부터 자기를 일반 사람들과 비교하기 시작하면서 교만한 마음이 싹트려 하고 있었다. 그대로 내버려두었더라면, 차차 뒷걸음질쳐서 결국은 인간을 증오하게 되었을지도 모른다. 그러나 그런 내리막길을 걷기 시작한 그를 수도원이 붙들어 세웠다.

　수도원은 그가 본 두 번째 유폐 장소였다. 청년 시절, 그에게 인생의 출발이었던 때에, 그리고 그 뒤 바로 최근에, 그는 다른 유폐 장소 하나를 보고 있었던 것이다. 그것은 무섭고도 끔찍한 장소였다. 그곳에서 이루어지는 가혹한 형벌은 재판의 부정과 법률의 죄악이라고 언제나 생각했다.

　그런데 지금 그는 감옥 다음으로 수도원을 보고 있다. 그리고 자기는 전에 감옥에 들어갔었던 자이며, 그런 자기가 지금은 수도원의 방관자임을 생각하면서, 이 두 장소를 서글픈 마음으로 비교해 보는 것이다.

　때로 장 발장은 삽자루에 몸을 의지하고 서서 끝없는 몽상의 소용돌이 속으로 서서히 빠져드는 일도 있었다.

　장 발장은 옛날 동료들을 회상했다. 그 참담함이란! 그들은 새벽녘에 일어나 밤중까지 일했으며, 잠잘 틈도 거의 없었다. 그들은 널빤지로 된 침대 위에서 잤으며, 일 년 중 가장 추울 때 외에는 불도 피우지 못하는 곳에서, 두께 2인치 정도의 매트리스를 사용하는 것밖엔 허락되지 않았다. 그들은 끔찍스러운 붉은 죄수복을 입고 있었다. 그들에게 특별히 베풀어진 의복이라고는 한여름에는 무명 바지, 한겨울에는 마차꾼들이 쓰는 털윗도리를 걸치는 것뿐이었다. 그들은 '노역'하러 갈 때 외에는 술도 마시지 못하고 고기도 먹지 못했다. 그들은 이름도 없이 한낱 숫자로 바뀌어 번호로 불리며, 눈을 내리깔고, 숨을 죽이며, 머리를 깎이고, 몽둥이로 얻어맞으며, 암담한 마음으로 살고 있었던 것이다.

　다음에 그의 상념은 눈앞에 있는 사람들에게로 옮아갔다.

　이 사람들도 역시 머리를 깎이고, 눈을 내리깔고, 목소리를 죽이고, 암담한 마음은 아닐지라도 세상의 비웃음 속에서 몽둥이로 등을 얻어맞는 일은 없으나, 계율의 채찍으로 어깨에 상처를 받으면서 살고 있다. 이 사람들의 경우에도, 인간 세상에서 부르는 이름은 사라져 버리고 엄숙한 세례명만이 있었다. 결코 고기를 먹지 않고, 절대로 술을 마시지도 않으며, 저녁때까지

때로 그는 삽자루에 몸을 의지하고 서서 끝없는 몽상의 소용돌이 속으로 서서히 빠져 드는 일도 있었다.

아무것도 먹지 않는 일이 자주 있었다.

붉은 죄수복은 입고 있지 않았으나 여름에는 무겁고 겨울에는 가벼운 검은 모직 수도복을 내내 입은 채, 무엇 한 가지 벗거나 더 껴입거나 하지 못했다. 계절에 따라 무명옷을 입는다든지 털 외투를 입는다든지 하는 배려조차도 없었다. 게다가 일 년에 여섯 달은, 열이 날 정도로 따가운 서지로 된 옷을 입고 고생하지 않으면 안 되었다.

수녀들은 가장 추운 한겨울에만이라도 불을 피우는 감방에서가 아니라 불기운이 전혀 없는 독방에서 살고 있었다. 잘 때도 두께 2인치의 매트리스 위에서 자는 게 아니라 짚방석 위에서 자는 것이었다. 그런데다 제대로 잠도 자지 못했다. 밤마다 하루의 노동 뒤에 지친 몸을 눕히고서 겨우 눈을 붙였다가는, 아직 몸이 녹기도 전에 눈을 뜨고 일어나서 얼어붙은 듯한 어두운 성당 돌바닥 위에 두 무릎을 꿇고 앉아 기도를 드려야 했다.

또 어떤 날은 차례차례 12시간 내내 돌바닥에 무릎을 꿇거나 얼굴을 바닥에 문지르며 팔을 열십자로 펴고 엎드리는 고행을 하지 않으면 안 되었다.

감옥에 있었던 것은 남자들이었다. 여기 수도원에 있는 것은 여자들이다.

그러면 그 남자들은 무슨 짓을 했던가? 그들은 훔치고, 폭행하고, 약탈하고, 사람을 살해하고, 사람을 죽일 계획을 세웠던 것이다. 강도며, 사기꾼이며, 독살자며, 방화자며, 살인자며, 부모를 죽인 패륜아의 집단이었다. 그리고 이 여자들은 어떤 짓을 했던가? 아무 짓도 하지 않았다.

한쪽에는 강도, 사기, 협잡, 폭행, 간음, 살인, 갖가지 신성 모독, 온갖 종류의 범행이 있었다. 그러나 또 다른 한쪽에는 오직 한 가지 결백만이 있었다. 그것은 거의 신비로운 승천의 경지까지 오른 완전무결한 결백이며, 선행으로 말미암아 아직도 지상에 속해 있기는 하나 거룩함 때문에 이미 하늘에 속하고 있는 것이었다.

한편에서는 작은 소리로 죄악을 속삭이고, 다른 한편에서는 큰소리로 과실을 고백한다. 더욱이 그자들이 속삭이는 죄악은 얼마나 엄청난 범죄이며, 또 그녀들의 고해는 얼마나 가련한 과실인가!

한편에는 독기가, 다른 한편에는 그윽한 향기가 있다. 한편에는 대포 아래 외계와 격리되어 물샐틈 없는 감시를 받으면서 완만하게 환자를 좀먹어들어가는 정신의 페스트가 있고, 다른 한편에는 모든 영혼이 하나의 아궁이 안에서 타오르는 순결한 불꽃이 있다. 저기는 암흑이 있고 여기는 그늘이 있다. 그러나 이 그늘은 빛에 가득 찬 그늘이요, 광휘에 넘치는 빛이다.

두 곳 다 노예 제도를 실행하고 있다. 그러나 감옥에는 해방의 가능성이 있고 언제나 눈에 보이는 법률상의 한계가 있으며 또 탈주라는 것이 있다. 그런데 수도원의 경우는 종신이며, 모든 희망 대신 아득히 먼 미래의 끝에 이르러, 사람이 죽음이라고 부르는 저 자유의 아련한 빛이 있을 뿐이다.

감옥에서 사람은 사슬에 매여 있을 뿐이었으나 수도원에서 사람은 자기 신앙에 묶여 있었다.

감옥에서 우러나오는 것은 무엇이었던가? 무한한 저주, 원한, 증오, 자포 자기의 악의, 인류 사회에 대한 분노의 절규, 하늘에 대한 조소였다. 수도원 에서 우러나오는 것은 무엇이었던가? 축복과 사랑이었다. 그리고 그토록 닮 았으면서도 그토록 상반되는 두 장소에서, 그토록 다른 두 종류의 사람들이 속죄라는 똑같은 행위를 하고 있는 것이다.

장 발장은 한쪽 사람들의 속죄, 즉 개인의 속죄, 자기 자신을 위한 속죄는 잘 이해하고 있었다. 그러나 다른 한쪽 사람들의 속죄, 비난할 만한 점이라 곤 없는 때묻지 않은 사람들의 속죄를 이해할 수가 없었으므로, 전율을 느끼 며 생각하는 것이었다.

'무슨 속죄인가? 어떤 속죄인가?'

그의 마음 속에서 하나의 목소리가 이렇게 대답하였다.

"인간이 가진 고결한 마음 가운데에서도 가장 신성한 것은 남을 위한 속 죄이다."

여기서는 개인의 의견을 일절 배제하기로 한다. 우리는 다만 이야기를 전 하는 사람에 지나지 않는다. 우리는 다만 장 발장의 관점에 서서 그가 받은 인상을 그대로 전할 따름이다.

그는 자기 희생의 숭고한 산봉우리를, 인간이 도달할 수 있는 최고의 덕의 산봉우리를 분명히 보고 있었다. 사람들의 죄를 용서해 주고, 그를 대신하여 속죄하는 그 결백을. 죄를 범한 일이 없는 영혼이 과오를 범한 영혼을 죄에 서 구원하기 위해 봉사하고 고행하고 벌을 구하는 것을. 하느님에 대한 사랑 속에 잠겨 있으면서도, 그러나 언제까지나 그 존재를 추구하고 그것과 구별 되어 애원하고 있는 그 인류에 대한 사랑을. 벌받은 자의 비참과 보상받은 자의 미소를 한데 지닌 부드럽고 가냘픈 그 여성들을. 그리고 자기가 감히 불평을 품은 적도 있었다는 것을 떠올리는 것이었다!

그는 곧잘 한밤중에 일어나서 결백하면서도 엄한 계율에 따라 수녀들이 부르는 감사의 노랫소리를 감동하며 들을 때가 있었다. 그리고 정당하게 벌을 받는 사람들이 하늘을 향해 고함을 지르는 것은, 오직 저주하기 위해서였다는 것을 생각하고 지난날 자기 역시 하느님께 삿대질을 했던 일을 생각하면서, 온몸의 피가 얼어붙는 것을 느꼈다.

마치 하늘의 속삭이는 계시라도 듣듯 강한 힘으로 그를 깊은 몽상에 잠기게 한 것은 다음과 같은 사실이었다. 여기 들어오기 위해서 저 높은 담장을 기어오르고, 장벽을 뛰어넘어 죽음조차도 각오하며 위험을 무릅쓰고, 그처럼 험하고 어려운 탈출을 시도하려고 했던, 예전에 다른 속죄의 장소에서 벗어나기 위해 했던 것과 똑같은 그 모든 노력을 그가 한 것은 결국 이 죄갚음의 장소로 들어오기 위해서였다는 것이다. 이것은 그의 운명의 한 상징이었던 것이 아닐까?

이 건물 역시 하나의 감옥이며, 그가 도망쳐 나온 또 다른 집과 불길할 정도로 닮았으나, 그는 그것이 같은 것이라고는 조금도 생각하지 않았다. 그는 다시금 철문과 빗장과 쇠창살을 보고 있었지만, 그것은 누구를 지키기 위해서였던가? 천사들을 지키기 위한 것이었다. 이전에는 호랑이들 주위에 둘러친 저 높은 담장이, 여기서는 양의 주위에 둘러친 것을 다시금 보는 것이었다.

여기 수도원은 속죄의 장소이면서도 형벌의 장소는 아니었다. 그러나 감옥보다 더 가혹하고, 더 침울하고, 더 무자비했다. 여기 있는 동정녀들은 죄수보다도 더한 복종을 강요당하고 있었다. 살을 에는 차디찬 바람, 그의 청년 시절을 얼어 버리게 했던 그 바람은, 철통과 자물통이 달린 황량한 무덤을 휘몰아쳐 가고 있었으나, 한결 더 모질고 한결 더 세찬 삭풍이 이 비둘기장 안에도 불고 있었다.

그것은 무슨 까닭인가?

그러한 것을 생각할 때, 그의 내부에 있는 모든 그림자는 이 숭고한 신비 앞에 엷어져 갔다. 이러한 생각을 좇는 동안에 교만한 마음이 스러져 갔다. 그는 온갖 반성을 다 해보았다. 자기가 너무나 하찮은 존재임을 느끼며 몇 번이나 울었다. 이즈음 반년 동안 그의 생활 속에 들어온 모든 것이 그를 주

얼어붙은 듯한 어두운 성당 돌바닥 위에 두 무릎을 꿇고 기도를 드려야 했다.

교의 신성한 명령 쪽으로 이끌어가고 있었다. 꼬제뜨는 그에게 사랑을 가르
치고, 수도원은 그에게 겸양을 가르쳤다.

황혼이 깃들 무렵, 정원에 사람 그림자가 없어질 때면, 성당으로 가는 오
솔길 옆 그가 처음 들어오던 날 밤 들여다보았던 그 창 앞에서, 수녀가 엎드
려 속죄의 기도를 드리고 있던 그 장소를 향하여, 그가 때때로 무릎을 꿇고
있는 모습을 볼 수 있었다. 그는 과실을 속죄하는 수녀가 엎드려 기도를 드
리는 그 장소를 알고 있어, 그쪽을 향해 무릎을 꿇고 기도를 드리곤 했던 것
이다. 그는 하느님 앞에 직접 무릎을 꿇는 일은 도저히 할 수 없다고 생각하
고 있었다.

평화로운 정원, 향기 짙은 꽃들, 천진스럽게 떠들어대는 어린아이들, 근엄
하고 검소한 수녀들, 고요에 싸인 수도원. 그를 에워싸고 있는 이 모든 것이
서서히 그의 마음에 스며들고 있었다. 그리하여 그의 마음은 수도원의 정적
과 꽃들의 향기와 정원의 평화와 수녀들의 단순함과 어린아이들 같은 천진
난만함으로 차차 바뀌고 있었다.

그리고 또 그는 자기 일생에 당했던 두 번의 위기를 다 맞아들여준 것은
두 채의 하느님의 집이었다고 생각했다. 처음 집은 모든 문이 닫히고 인간
사회가 그를 몰아냈을 때 그를 맞이했고, 나중 집은 인간 사회가 다시금 그
를 추적하기 시작하고 감옥이 다시 입을 벌린 순간에 그를 맞이했던 것이다.
처음 집이 없었더라면 그는 다시 죄악의 구렁텅이에 빠져들었을 것이고, 두
번째 집이 없었더라면 그는 다시금 형벌 속으로 떨어졌을 것이다.

그의 마음은 감사로 가득 차고, 그의 사랑은 더욱더 깊어 갔다.

이렇게 몇 해가 흘러갔다. 꼬제뜨는 차차 자라고 있었다.

제3부 마리우스

제3부 마리우스

MARIUS

제1편 빠리의 미립자 연구

조그만 존재

빠리에는 어린아이들이 있고, 숲에는 새들이 있다. 그 새는 참새라고 불리고 그 어린아이는 부랑아라고 불린다. 빠리와 개구쟁이, 하나는 커다란 도가니요 다른 하나는 여명(黎明)인 이 두 개의 관념이 결합하고, 이 두 가지 불꽃이 서로 부딪칠 때 거기서 하나의 조그만 존재가 나온다. '조그만 인간'이라고 뺄로따스는 말하리라.

이 조그만 존재는 쾌활하다. 그들은 어떤 날은 식사도 못하지만 마음이 내키면 매일 밤이라도 구경거리가 있는 상점으로 간다. 몸에는 셔츠도 걸치지 않고, 발에는 구두도 신지 않은 맨발로 머리 위에는 지붕도 없다. 공중의 파리와도 같은 신세이다.

나이는 7살부터 13살까지이고, 무리를 이루어 생활하고, 거리를 방황하며 밖에서 자고, 발뒤꿈치 밑까지 늘어진 아버지의 헌 바지를 입고, 아버지에게서 받은 귀가 푹 덮이는 헌 모자를 쓰고 가장자리가 누레진 하나밖에 없는 멜빵을 달고, 뛰어 돌아다니며, 틈을 엿보아 물건을 훔치고, 시간을 허비하고, 파이프를 담뱃진으로 물들게 하고, 저주받은 인간처럼 욕지거리를 하고, 술집에 드나들고, 도둑놈들과 알고 지내며, 거리의 계집들과 친숙하게 지내고, 은어를 지껄이고, 음탕한 노래를 부르고, 그러면서 마음에는 아무런 악의도 없다.

그것은 영혼 속에 결백이라는 하나의 진주를 갖고 있기 때문이며, 진주는 진흙 속에서도 녹지 않기 때문이다. 사람이 어린아이일 동안에는, 신도 그가 결백하기를 갈망하는 것이다.

만약에 이 거대한 도시를 향하여 "저건 도대체 뭐냐?"고 묻는다면, 빠리는 "내 귀여운 아이들일세"라고 대답할 것이다.

부랑아의 몇 가지 특징

빠리의 부랑아, 그것은 조그만 거인이다. 과장하지 않고 말한다면 이 진창 속의 천사는 때로 셔츠를 입고 있을 때도 있으나 단 한 장에 지나지 않으며, 구두를 신을 때도 있으나 바닥이 다 닳아빠진 것이며, 때로는 집도 있고 거기에는 어머니가 있기 때문에 집을 사랑하는 일도 있으나, 어느 편인가 하면 거리 쪽을 더 좋아한다. 거리에는 자유가 있기 때문이다. 제멋대로 놀 수 있고 마음껏 장난도 할 수 있다.

그리고 그들의 가슴 속에는 중류계급에 대한 뿌리깊은 증오가 있다. 그들은 또 그들 나름의 독특한 비유를 지니고 있다. 죽는 것을 가리켜 '민들레 뿌리를 먹는다'고 한다.

그들은 독특한 일을 한다. 승합 마차를 불러 와서 마차의 발판을 내리고, 큰 비가 쏟아질 때면 거리 이쪽에서 저쪽으로 사람을 건네 주고는 품삯을 받는데, 이것을 그들은 '뽕 데 자르를 세운다'(사람으로 멋진 다리를 놓는다는 뜻. 빠리에 뽕 데 자르라는 다리가 있는데 그것에 비유한 것임)고 말한다. 또한 프랑스 국민에 대해 당국에서 발표한 포고를 커다란 소리로 외치며 다니고 포석 틈에 낀 먼지를 긁어낸다. 그들에게는 또 독특한 화폐가 있는데 그것은 길바닥에 떨어져 있는 여러 가지 쇠붙이 조각으로 만들어진 것이다. 이 이상야릇한 화폐는 '누더기'라는 이름으로 불리며, 이 조그만 부랑배 소년들 사이에서 변함없이 매우 규칙적으로 유통되고 있다.

게다가 그들은 독특한 동물을 가지고 있는데, 그것을 구석구석에서 열심히 관찰한다. 무당벌레, 진디, 모기, 아재비, 뿔이 두 개 달린 꽁지를 비틀며 사람을 놀라게 하는 검은 곤충인 '악마' 따위다. 그들은 또 옛날 이야기에나 나오는 것 같은 괴물도 가지고 있다. 그것은 배에 비늘이 있지만 도마뱀은 아니고, 등에 두툴두툴한 사마귀가 있지만 개구리도 아니고, 석회를 굽는 헌 아궁이나 물 없는 웅덩이 속에 살고 있으며, 새까맣고 털이 부숭부숭 나 있고, 끈적끈적하며, 때로는 빠르고, 때로는 느릿느릿 기어다니고, 소리는 내지 않지만 가만히 한 곳을 응시하는 모습은 한 번도 본 일이 없으리만큼 무서운 형상을 하고 있다.

그들은 그것을 도롱뇽이라고 부른다. 조그만 돌 틈에서 이 도롱뇽을 찾아내는 것은 말할 수 없는 즐거움이다. 또 다른 즐거움은 갑자기 포석을 들어올려 쥐며느리를 발견하는 일이다. 빠리의 각 지역은 각각 거기서 발견되는

자유 평등 박애

어떤 재미있는 것들로 이름이 알려져 있다. 위르쉴린느 거리의 재목 하치장에는 집게벌레가 있고, 빵뗴옹에는 지네가 있고, 연병장 도랑 속에는 올챙이가 있다.

빠리의 부랑아들은 딸레랑 (재치 있는 웅변으로 유명한 당시의 정치가) 처럼 말을 잘 한다. 딸레랑에 못지 않게 냉소적이면서도 본심은 훨씬 정직하다. 그들은 뜻밖이라 여겨질 만큼 쾌활하며 그 너털웃음으로 상점의 판매원들을 어리둥절케 한다. 그 목소리의 음조는 고급 희극부터 광대극에 이르기까지 넓은 폭을 지니고 있어 유쾌하게 울려퍼진다.

장례식 행렬이 지나간다. 그 속에 의사가 끼어 있다고 하자. 그러면 "저런!" 하고 한 부랑아가 외친다. "언제부터 의사가 자기 작품을 나르기 시작했지?"

또 다른 부랑아가 군중 속에 있다. 안경이며 시곗줄을 늘어뜨린 한 어엿한 사나이가 화를 내며 돌아본다. "불량한 놈, 내 여편네의 '허리'에 손을 댔지 (손을 댔다는 것에는 홈 친다는 뜻도 들어 있음)?"

"내가 말예요? 그럼 내 몸을 뒤져 보시구려!"

부랑아는 유쾌하다

저녁이면 언제나 이 '조그만 존재'는 어떻게든 손에 넣은 약간의 돈을 가지고 건들건들 극장에 간다. 그러나 이 매혹적인 극장의 문만 일단 들어서면 그들의 모습은 일변한다.

부랑아였던 것이 빠리의 소년이 되는 것이다. 극장이라는 곳은 배를 뒤엎어 놓은 것과 같아서 배 밑바닥의 잡동사니를 넣어두는 곳이 위로 와 있다. 빠리의 소년들이 잔뜩 모여드는 곳은 배 밑바닥이다.

소년과 부랑아의 관계는 나방과 유충의 관계다. 똑같은 것들이 날개가 돋쳐가지고 날아다니는 것이다. 행복에 빛나고, 열광과 환희에 뒤끓고, 날갯짓과도 비슷한 박수를 보내면서 거기에 자리를 차지하고 있기만 하면 이 좁고, 악취가 풍기고, 어둡고, 불결하고, 비위생적이고, 끔찍스럽고, 속이 메스꺼워질 것 같은 배 밑바닥이, 빠라디 (paradis—천국. 빠라디에는 맨 꼭대기 관람석의 뜻도 있음) 라고 불리는 데 손색없이 되는 것이다.

한 인간에게 쓸데없는 성질을 주고 유용한 성질을 제거해 보라. 그러면 거기에 부랑아 한 명이 생겨나리라.

부랑아에게도 어느 종류의 문학적 직관이 갖추어져 있지 않으라는 법은 없다. 그들의 경향은 매우 유감스러운 이야기지만 절대 고전적인 취미는 아닐 듯싶다. 그들은 원래 학구적으로 태어나지 못한 것이다. 그 한 가지 예로 이런 것을 들 수가 있다. 이 소란스러운 소년들의 조그만 사회 속에서 마르스 양(당시 몰리에르나 마리보의 희극을 연기한 유명한 여배우)의 인기는 약간의 야유적인 맛이 가미되고 있었다. 부랑아들은 그녀를 '무슈 양(무슈는 '제1급의'라는 의미와 '부끄럼을 잘 타는'이라는 뜻이나 여기서는 물론 그 반대 의미로 쓰이고 있음)'이라고 부르고 있었다.

그들은 큰소리로 고함을 지르고, 야유하고, 조롱하고, 빈정대고, 싸우고, 거지새끼 같은 누더기와 철학자 같은 헌옷을 걸치고, 시궁창에서 낚시질을 하고, 쓰레기통에서 사냥을 하고, 오물 속에서 쾌활함을 끌어내고, 네거리에서 기발한 생각을 하고, 냉소하고, 비꼬고, 휘파람을 불고, 노래를 부르고, 갈채를 보내고, 욕지거리를 퍼붓고, '알렐루야'와 '마땅뛰를뤼레뜨'를 뒤섞어 부르고, '데 프로퐁디스'에서 '시앙'에 이르기까지 온갖 노래를 흥얼거리고, 찾지 않고도 발견하고, 모르는 것도 알고, 소매치기라도 할 만큼 용맹스럽고, 현명할 정도로 어리석고, 음란하리만큼 시적이어서 올림포스산 위에라도 쪼그리고 앉고, 똥거름 속에서 뒹굴다가 별 속에 파묻혀 나온다. 빠리의 부랑아, 그것은 작은 라블레(16세기의 쾌활한 풍자 시인)이다.

그들은 자기의 양복 바지에 시계를 넣는 조그만 호주머니가 달려 있지 않으면 만족하지 않는다.

부랑아는 절대로 놀라지 않으며 무서워하는 일은 더욱 없다. 미신을 노래로 만들어 비웃고, 허풍스러운 것을 오그라뜨리고, 신비를 조소하고, 유령을 향해 혀를 내밀고, 허식을 타파하며, 허세를 만화로 만들어 버린다.

그것은 그들이 산문적이기 때문이 아니다. 도리어 그들은 장대한 영상을 익살맞은 그림으로 바꾸어 놓는 것이다. 만약에 아다마스또르(바스꼬다가마가 희망봉을 돌 때 배 앞을 막아서 갈 길을 방해했다는 희망봉을 지키는 거인)가 그들 앞에 나타났다 할지라도 그들은 이렇게 말할 것이다.

"요런, 허수아비 도깨비야!"

부랑아는 유익할지도 모른다

빠리는 건달패로 시작되어 부랑아로 끝난다. 이 두 가지에 한해서는 다른 어떤 도시도 따라오지 못한다. 건달패들은 보는 것만으로 만족하고 주는 것을 받을 뿐이지만 부랑아는 무한한 독창성을 발휘한다. 하나는 '프뤼돔므 (1830년에 앙리 모니에가 만들어낸 만화의 인물로서 무능과 평범의 전형임)'이고, 또 하나는 '푸이용 (장난과 발명의 전형)'이다. 오직 빠리만이 이 두 가지를 그 박물지 속에 가지고 있는 것이다. 모든 왕정은 건달패 속에 있고 모든 무정부는 이 부랑아 속에 있다.

빠리 문밖 거리의 이 창백한 아이들은 사회의 현실과 인간의 사물 앞에 사려깊은 증인으로서, 곤궁 속에서 생활하고 성장하고 성숙되고 결실되어 가는 것이다. 그들은 스스로 무사태평하다고 생각하고 있지만 그러나 사실은 그렇지 않다. 그들은 유심히 지켜보면서 무엇이나 웃어 버리려고 하지만 동시에 또 다른 짓도 하려 하고 있는 것이다. 어떤 사람이든 편견이나 남용이나 파렴치나 압제나 부정이나 독재나 불법이나 광신이나 포학이라는 이름이 붙은 사람은 모두 이렇듯 멍청하게 입을 벌리고 있는 부랑아들을 조심하는 게 좋다.

이 아이는 머지않아 자라는 것이다.

이와 같은 부랑아는 대체 어떤 찰흙으로 만들어져 있을까? 아무데나 있는 한줌 진흙으로 만들어져 있는 것이다. 한줌의 진흙과 하나의 숨결, 이것만으로 아담이 만들어지는 것이다. 신만 통과하면 그것으로 족하다. 그리고 신이 이들 부랑아 위를 통과했다.

운명은 이 작은 존재에게 작용한다.

물론 여기서 이 운명이라는 말은 다소 우연이라는 뜻으로 사용한 것이다. 보통의 흔해빠진 흙으로 반죽되어 무지하고, 무식하고, 멍청하고, 비속하고, 비천한 이 난쟁이는 장래에 이오니아 인 (현명한 부족)이 될 것인지, 아니면 보이오티아 인 (어리석은 부족)이 될 것인지? 좀 기다려 보도록 하라. '수레바퀴는 돈다 (호라티우스 《시론》에서).' 빠리의 정신은, 우연으로 어린아이를 만들어내고 운명으로 어른을 만들어내는 이 마신 (魔神)은, 라틴의 도공과는 반대로 싸구려 항아리를 값비싼 고대의 항아리로 만드는 것이다.

그 경계

빠리의 부랑아는 현자의 요소를 지니고 있으므로 이 도시를 사랑하고 동시에 고독을 사랑한다. 푸스쿠스처럼 '도시를 사랑하는 사람'이며 플라쿠스처럼 '시골을 사랑하는 사람'이기도 하다.

생각에 잠기면서 배회하는 것, 다시 말해서 산책을 하는 것은 철학자에게는 바람직한 시간 소비다. 사생아적인 냄새를 풍기면서 추악한 몰골에다 기묘하기까지한 이런 성질을 모두 지닌 어떤 대도시, 그 중에서도 특히 빠리를 둘러싸고 있는 시골이라면 더욱더 그러하다. 교외를 관찰하는 것은 곧 양서류를 관찰하는 것이다. 나무들의 끝, 지붕들의 시작, 잡초의 끝, 포석의 시작, 논밭의 이랑 끝, 가게의 시작, 인습의 끝, 정열의 시작, 신들의 속삭임의 끝, 인간 소음의 시작. 여기야말로 비상한 흥미가 있는 것이다.

그러므로 그다지 사람의 마음을 끌지도 않고, 지나가는 사람들로부터 언제나 '쓸쓸하다'는 형용사로 표현되는 이러한 곳에서 몽상에 잠긴 사람들은 겉보기엔 아무런 목적도 없는 것 같은 산책을 하는 것이다.

이런 것을 쓰고 있는 지은이도 옛날에는 오랫동안 빠리의 성문 근처를 배회하는 산책자였다. 그리고 그것이 지은이에게 깊은 추억의 원천이 되어 있다.

저 키가 작은 잡초지, 저 돌멩이가 많은 오솔길, 저 석회, 저 이회토(泥灰土), 저 석고, 저 황무지와 버려진 땅의 황량한 단조로움, 저 안쪽 깊숙이 갑자기 눈에 띄는 농원의 철이른 야채, 저 벽지와 도시의 혼합된 경치, 병영의 북소리가 훈련에 위세를 더하여 간신히 전투 기분을 내고 있는 저 인기척 없는 허허 벌판의 한쪽 구석, 낮에는 쥐죽은 듯이 고요하고 밤에는 강도라도 나올 듯한 저 은둔처, 바람에 돌고 있는 모양 없는 풍차, 채석장의 채굴차 바퀴, 묘지 구석의 선술집, 햇빛이 넘치고 나비가 떼지어 날고 있는 넓은 공터를 네모지게 끊고 있는 커다란 벽의 신비스런 매력, 이러한 것들이 모두 지은이의 마음을 끌던 것들이었다.

세상 사람들은 거의 아무도 다음과 같은 색다른 장소에 대해서 알지 못한다. 글라씨에르, 시메뜨, 포탄으로 얼룩진 자국이 난 그르넬르 거리의 끔찍스런 벽, 몽빠르나스, 포쓰 오루, 마른 강변의 둑, 몽수리, 똥브 이쓰와르, 그리고 삐에르쁠라뜨 드 샹띠용.

여기에 지금은 버섯이 돋아 있을 뿐인 폐쇄된 낡은 채석장이 하나 있는데, 썩은 판자로 땅바닥에 파놓은 굴을 막아 놓고 있다. 로마의 들판은 사람에게 하나의 관념을 품게 해 주는데 빠리의 교외 또한 다른 하나의 관념을 품게 해준다. 눈앞에 펼쳐진 지평선 속에서, 들이며 집이며 나무밖에 보지 못하는 것은, 그 표면에만 머물러 있기 때문이다.

모든 것의 외관은 신의 생각을 표현한 것이다. 평야가 도시와 인접해 있는 곳에는 마음에 스며드는 무어라 표현할 수 없는 우수가 깃들어 있다. 거기서는 자연과 인류가 동시에 말하고 있다. 지방적 특색이 그곳에 나타나고 있다.

빠리의 변두리라고도 할 수 있는 이 성 밖에 인접해 있는 쓸쓸한 곳을 작자처럼 산책해 본 일이 있는 사람이라면, 여기저기에서 다음과 같은 광경을 본 일이 있을 것이다. 거의 사람이라곤 올 것 같지도 않은 곳에서, 정말 뜻하지 않을 때에 빈약한 울타리 뒤나 음산한 벽 구석에서, 파리한 얼굴의 흙과 먼지 투성이가 된 남루한 더벅머리 소년들이 모여서 떠들썩하게 지껄이면서 도깨비부채꽃을 머리에 꽂고서 유리구슬놀이를 하고 있는 광경을 말이다.

그들은 모두 가난한 집에서 뛰쳐나온 소년들이다. 성 밖 큰 거리에 와서야 그들은 겨우 숨을 쉴 수가 있다. 교외는 그들의 것이다. 그들은 거기서, 언제까지나 진을 치고 논다. 그들은 거기서 천진난만하게 난잡한 노래를 부른다. 그들은 거기서, 아니 좀더 자세히 말하면 거기서 살며 귀찮게 구는 사람들의 눈을 피하여, 5월이나 6월의 부드러운 햇살 속에서, 땅바닥에 판 구멍 주위에 쪼그리고 앉아서 엄지손가락으로 구슬치기를 하면서 말다툼을 하였다. 아무런 책임도 없는 방종이며 방만이며 멋대로 행복한 삶이었다.

그리고 문득 지나가는 무리들의 모습을 발견하면 무슨 일이든지 해서 먹을 것을 벌어야 할 것을 생각해 내고, 낡은 털실로 짠 긴 양말에 가득히 잡아 넣은 풍뎅이나 한 묶음의 리라꽃을 팔려고 한다. 그렇게 이 이상한 아이들과 만나는 것은 즐겁기도 하고 또 슬프기도 한 빠리 주변 운치의 하나이다.

때로는 그러한 소년들의 무리 속에 여자아이가 섞여 있는 수도 있다. 소년들의 누나나 동생일까? 아주 어린 소녀들로서 야위고 상기되고 손은 볕에 그을리고 주근깨가 눈에 띄고, 호밀 이삭이나 개양귀비꽃을 머리에 꽂고, 쾌활하며 눈은 날카롭고 발은 맨발이다. 그 중에는 보리밭 속에서 버찌를 먹고 있는 아이도 보인다. 저녁때는 그 웃음소리가 한층 드높이 들린다. 대낮의 쨍쨍 내려쬐는 햇빛을 가득히 받은 그런 아이들의 무리, 또는 황혼의 어슴푸레함 속에서 언뜻 보이는 그 무리는 몽상에 잠기는 사람의 마음을 오랫동안 사로잡아, 그 광경은 그의 꿈결에도 섞여든다.

빠리는 중심이고 교외는 그 주위이다. 이 아이들에게는 그것만이 온 세계

포쓰 오루

이다. 그들은 그 밖으로는 절대로 나가려 하지 않는다. 물고기가 물에서 나갈 수 없는 것처럼, 그들에게는 성문에서 2리외만 떨어져도 이미 아무 것도 없는 것과 같다. 이브리, 장띠, 아르꾀이유, 벨르빌르, 오베르빌리에, 메닐몽땅, 슈아지 르 르와, 벨랑꾸르, 뫼동, 이씨, 보브르, 쎄브르, 뿌또, 뇌이, 젠느빌리에, 꼴롱브, 로맹빌르, 샬롱, 아스니에르, 부지발, 낭떼르, 앙기앙, 느와지 르 세끄, 노장, 구르네, 드랑시, 고네쓰, 이러한 곳에서 그들의 세계는 끝난다.

역사의 한 모습

이 책의 줄거리가 되는 사건이 있었던 당시에는, 물론 그것은 지금 현대라고 해도 과언이 아니지만, 그 무렵은 지금처럼 거리 모퉁이마다 순경이 서 있지는 않았다(지금은 친절에 대해 말할 때가 아니다). 그래서 빠리에는 부랑아들이 득시글거렸다.

통계에 따르면 1년에 평균 260명의 집없는 아이들이, 울타리 없는 땅이나, 건축중인 집이나, 다리 밑에서 순찰 순경들에게 붙잡혀 수용된 것으로 나타나 있다. 그런 소굴의 하나는 ‘아르꼴르 다리의 제비들(아르꼴르(이탈리아의 도시) 다리는 나뽈레옹이 몸소 위험을 무릅쓰고 진두에 서서 오스트리아 병사들을 무찌른 곳으로 유명하다)’이라고 불린 아이들을 만들어냈다고 해서 지금도 이름이 남아 있다. 어쨌든 이것은 사회의 가장 불행한 증상의 하나다. 인간의 온갖 죄악은 아이들의 부랑 생활에서 비롯되는 것이다.

그렇지만 빠리만은 예외로 해야 했다. 방금 말한 것 같은 추억도 있긴 하지만, 다른 것과 비교해 보면 빠리를 예외로 하는 것은 정당한 것이다. 다른 모든 대도시의 부랑아는 거의 타락한 인간이다. 대개 어디에서건 고립된 소년은 하나같이 세상의 부도덕에 휩쓸려들어가 무관심하게 버려지므로 결국 그 때문에 정직과 양심을 잠식당하게 된다.

그러나 빠리의 부랑아는, 여기서 강조해 두거니와 표면상으론 확실히 마멸되고 상처입고 있지만 그 내부에는 거의 아무런 상처도 없다. 프랑스 민중혁명의 찬란한 성실성 속에 빛을 떨치는, 생각만 해도 멋있는 하나의 사실은, 바닷속에 포함된 염분과 마찬가지로 빠리의 공기 속에 포함된 관념이 만들어내는 일종의 비부패성이다. 빠리를 호흡하는 것은 곧 영혼을 보존하는 것이다.

그들은 모두 가난한 집에서 뛰쳐나온 소년들이다.

그러나 이렇게 말해 보았댔자 가족의 풀린 끄나풀에서 떨어져 허공에 나
불거리는 것처럼 보이는 아이를 만날 때마다 느끼는 비통한 심정은 하나도
사라지지 않는다. 아직도 불완전한 이 현대문명 속에서는 이들 뿔뿔이 흩어
진 가족들이 암흑 속에 내던져져 자기들의 아이가 어떻게 되었는가를 전혀
알지 못하고, 핏줄을 나눈 아이를 그대로 한길에 내버리고 마는 결과가 되는
것도 그리 이상한 일은 아니다.

거기서부터 어두운 운명이 빚어지는 것이다. 이 서글픈 사실은 하나의 숙
어를 만들어내어 '빠리 길바닥에 내던져진다'고 일컬어지고 있다.

말이 났으니 말이지만 이러한 어린아이 내다 버리는 것은 옛 왕정의 힘으
로도 전혀 없앨 수가 없었던 것이다. 이집트나 보헤미아의 일부 하류계급은
상류계급 사람들을 위해서 일하고 권력층에게 혹사당해 왔다. 하류계급의
자식 교육에 대한 혐오는 일반적인 신조로 되어 있었다. '충분치 못한 지식'
이 무슨 소용인가? 이 말이 그들의 입버릇이었다.

그런데 부랑아들이야말로 배우지 못한 아이들의 필연적인 귀결이다. 그런
가 하면 왕정이 아이들을 필요로 하는 경우도 있어서, 그런 때는 거리에서
아이들을 주워 모았다.

더 오랜 옛날로 거슬러 올라가는 것은 그만두고, 루이 14세 때만 하더라
도, 왕은 함대를 하나 만들고 싶다는 그럴듯한 희망을 품고 있었다. 생각은
좋았으나 방법이 문제였다. 바람에 의해 항해하는 범선일지라도 노나 증기
를 이용하여 때에 따라서 자유롭게 배를 끌고 갈 수 없다면 함대란 존재할
수 없다. 그러나 당시의 해군은 오늘날 증기선의 역할을 돛과 노에 의한 군
함이 맡고 있었다. 그러므로 군함이 필요했다.

그러나 이러한 군함은 배를 젓는 죄수에 의해 움직였으므로 죄수가 필요
하게 되었다. 그래서 당시의 재상 꼴베르는 지방 장관과 최고 법원에 명령하
여 될 수 있는 대로 많은 죄수를 양산하도록 했다. 사법관들은 그의 환심을
얻으려고 죄수를 만드는 데 힘을 기울였다. 제식 행렬 앞에서 모자를 쓴 채
로 있는 남자가 있으면, 신교도적 태도라고 하여 당장 군함으로 보냈다. 거
리에서 발견된 아이가 15살로 더욱이 집 없는 아이인 경우에는 역시 군함으
로 보냈다. 이것이 루이 14세의 위대한 정치, 위대한 세기였던 것이다.

루이 14세 시절에는 부랑아가 빠리에서 사라져 버렸다. 알 수 없는 비밀

목적에 사용하기 위해서 경찰이 그들을 붙잡아 간 것이다. 왕이 붉은 피의 목욕탕에 들어간다는 기괴한 억측을 사람들은 공포에 떨면서 소곤거렸다. 바르비에는 이러한 것들을 솔직하게 기록해두고 있다(바르비에 저서 《루이 15세 시대의 역사적 일화적 일기》 4권, 1847~56년. 다른 판으로서 《섭정 시대 및 루이 15세 시대 연대기》 별명 《바르비에 일기》 8권, 1857년 간행). 때로는 아이들이 부족했으므로 경관은 아버지 있는 아이들까지 붙잡아가는 일이 있었다. 아버지는 필사적으로 경관에게 덤벼들었다. 그런 경우에는 최고 법원이 가운데 끼어들어 교수형에 처했다. 누구를? 경관을? 그렇지 않다. 그 아버지들을 교수형에 처했다.

인도 계급제도에나 있을 부랑아 계급

빠리의 부랑아 계급은 이른바 하나의 카스트(인도의 계급 제도로서 신분을 넷으로 나눔. 이것은 몹시 엄격히 지켜지며 하나의 카스트에서 다른 카스트로 옮기는 것은 절대 허용되지 않는다)이다. '아무나 마음대로 들어올 수 있는 게 아니다'고 해도 과언이 아니다.

이 '부랑아(gamin)'라는 말은 1834년에 비로소 활자화된 것으로 속어로부터 문학 용어 속으로 들어온 것이다. 이 말이 나타난 것은 《끌로드 괴》라는 제목의 조그마한 작품(위고의 작품으로 1834년 7월 〈르 뷔 드 빠리〉지에 발표되었음) 속에서이다. 맹렬한 악평을 불러일으켰으나 마침내 이 말은 일반적으로 통용되게 되었다.

이런 부랑아들 사이에서 존경받기 위한 요인은 실로 여러 가지다. 작자가 알고 지내는 한 부랑아는, 어떤 남자가 노트르담 성당의 탑 위에서 떨어지는 것을 보았다고 해서 대단한 존경과 감탄을 받고 있었다.

또 다른 어떤 부랑아의 경우는, 앵발리드(옛 빠리의 상 이군인 병원)의 둥근 지붕에 세워놓은 조각상이 우연히 뒤뜰에 놓여 있었을 때, 거기로 용케 숨어들어가 그 납을 좀 '훔쳤다'고 해서 몹시 존경을 받고 있었다.

또 어떤 자의 경우는 역마차가 뒤집히는 것을 보았대서, 또 한 사람은 한 시민의 눈을 하마터면 도려낼 뻔했었다는 병사와 '아는 사이'였대서 뽐내고 있었다.

보통 사람들이 의미도 모른 채 웃어 넘기는 빠리 부랑아들의 의미심장한 탄성은 다음과 같은 말이 잘 설명하고 있다.

"제기랄! 빌어먹을! 아직도! 아직도 6층에서 떨어지는 놈 하나 못 봤다니!"

이러한 말을 그는 독특하고도 천한 말투로 내뱉는 것이었다.

다음과 같은 대화는 그야말로 시골 사람다운 명문구이다.

"아무개 아저씨, 댁의 아주머니는 앓다가 죽었는데 어째서 의사를 부르지 않았나요?"

"하는 수 없었소, 우리 같은 가난뱅이는 남들의 폐가 되지 않도록 죽어야지요."

그러나 만약 농민들이 지니는 소극적인 조롱이 전부 이 말 속에 담겨 있다고 한다면, 빠리 교외의 소년 소녀들이 지닌 자유분방한 무신론자적 무정부주의적 모든 사고방식은 확실히 다음과 같은 말에 담겨 있다고 할 수 있을 것이다. 어떤 사형수가 호송 마차 속에서 교도사목의 말에 귀를 기울이고 있으면 빠리 거리의 아이들은 외친다.

"저놈 신부하고 얘기하고 있어. 야아, 겁쟁이 같으니!"

종교적인 것에 대해 무언가 대담한 짓을 하면 부랑아는 한층 더 돋보이는 것이다. 자유사상가라는 것이 중요한 것이다.

사형 집행을 보러 가는 것은 하나의 의무로 되어 있다. 그들은 서로 단두대를 손가락질하면서 웃어 대고 온갖 종류의 호칭으로 사형수를 부른다. '다 먹어 치운 밥', '무뚝뚝한 얼굴', '천국의 어머니', '마지막 한 입' 따위로 부르면서 하나도 빠뜨리지 않고 보려고 담을 타고 앉고, 발코니에 기어오르고, 나무에도 올라가고, 철책에 매달리고, 굴뚝에 달라붙는다. 부랑아는 타고난 지붕 잇는 일꾼이요, 타고난 뱃사람이다. 지붕도 돛대도 무섭지 않은 것이다. 그레브의 사형장보다 더 재미있는 잔치는 아무 데도 없다.

상송(대혁명 시대부터의 세습적 집행인)과 몽떼스 교도사목의 이름은 민중들에게 참으로 널리 알려져 있다. 형을 받는 사람을 격려하기 위해 모든 사람들은 고함을 지른다. 때로는 찬탄하는 일도 있다. 라스네르(당시의 유명한 살인범. 스땅달 《라미엘》의 바르베르의 모델. 영화 《천정 특별석의 사람들》에 등장)는 부랑아 시절에 악독 무도한 도트랑이 씩씩하게 죽어가는 것을 보고 장래를 예상케 하는 이런 말을 했다. "나는 놈이 부러웠어." 부랑아들 사이에 볼떼르는 알려져 있지 않지만 빠빠브완느(갓난아이 살해범)는 잘 알려져 있다.

그들은 같은 이야기 속에 정치가와 살인자를 뒤섞어 놓는다. 그들은 사형된 모든 살인자가 마지막 입고 있었던 복장에 대한 것을 이야기에 전하고 있다. 다음과 같은 것들을 그들 모두가 알고 있다. 똘르롱은 화부(火夫)의 모자를, 아브릴은 수달피 모자를, 루벨(베리 공작의 암살자)은 운두가 높고 둥근 모자를 쓰고 있었다. 들라뽀르뜨 영감은 대머리를 그대로 드러내고 있었고, 가스땡 (독살)(의사)은 장밋빛의 매우 아름다운 얼굴이었으며, 보리는 참으로 낭만적인 턱수염을 기르고 있었고, 장 마르땡은 아직도 문제의 멜빵을 메고 있었으며, 르꾸페는 자기 어머니와 말다툼을 하고 있었다. 그것을 보고 한 부랑아는 "바구니 (사형장으로 가는)(마차를 뜻함)를 타고 나서 투덜거리면 뭘해!"라고 소리쳤다.

또 다른 부랑아는 드박께르가 지나가는 것을 보려고 했으나 사람들의 혼잡 속에서 자기 키가 너무 작아 볼 수가 없었기 때문에, 강변의 가로등을 보고서 그 위에 올라갔다. 그러자 보초를 서고 있던 헌병이 눈살을 찌푸렸다.

"올라가게 해 주세요, 헌병나리" 하고 그 부랑아는 말했다. 그러고선 그 헌병을 안심시키려고 이렇게 덧붙였다. "떨어지지 않을 테니까."

"네가 떨어지든말든 난 상관 없어" 하고 헌병은 대답했다.

부랑아들 사이에서는 기념할 만한 사건은 지극히 높이 평가된다. 만약 '뼛속까지' 깊은 상처를 입거나 하면 기막힌 존경을 받기에 이른다.

주먹이 세다는 것도 대단한 존경을 받을 수 있는 한 요소이다. 부랑아가 무엇보다도 즐겨 말하는 것 중 한 가지는 "난 엄청나게 세단 말야, 알겠어!" 하는 말이다. 왼손잡이도 대단한 부러움을 받았고 사팔뜨기도 존경받는 요소의 하나였다.

선왕의 멋진 말

여름이 되면 그들은 개구리로 변신한다. 그리고 저녁때 해가 질 무렵, 오스떼를리쯔 다리나 이예나 다리 앞에서, 석탄을 실은 작은 배라든가 세탁선 위에서 세느 강으로 뛰어들며 풍기 단속법과 경찰법을 위반하는 짓을 끊임없이 저지른다. 경관들도 감시하고 있다. 그 결과 매우 극단적인 사태로까지 번져, 잊을 수 없는 우정어린 한 절규를 낳게 한 일도 있었다.

그 고함소리는 1839년경 잘 알려져 있던 유명한 것으로 부랑아들끼리의 전술상의 신호였다. 호메로스의 시처럼 억양의 리듬이 정연하고, 판 아테나이아 (아태네에서 행해졌던 여)(신 미네르바를 위한 축제) 때의 엘루지아 교의 (옛날 그리)(스의 밀교) 노래와도 같은, 무어라 표현할 수 없는 억양이어서, 마치 고대의 에보에 (바커스 신을 찬미하기)(위하여 기원하는 외침)를 듣는 것 같았다.

그것은 다음과 같은 것이었다.

"어이, 친구들, 이봐! 짭새다. 개라니까! 조심해. 하수도로 도망가!"

간혹 이 모기들 중에는—그들은 스스로를 모기라 부른다—글을 읽을 줄 아는 자도 있었고, 글씨를 쓸 줄 아는 자도 있었다. 그러나 낙서라면 어느 부랑아고 다 할 줄 안다. 무슨 이상한 방법을 동원하는지 몰라도 서로 가르쳐 주고, 공적으로 쓸모있는 온갖 재능을 발휘한다.

1815년부터 1830년까지(루이 18세와 샤를르 10세 치세)는 칠면조(루이 18세를 가리킴)의 울음소리를 흉내내었지만, 1830년부터 1848년까지(루이 필립 왕 치세)는 배(梨—루이 필립을 가리킴)를 벽에 마구 그려 놓고 다녔다. 어느 여름날 저녁, 걸어서 돌아오던 루이 필립은, 매우 작고 어린 한 부랑아가 발돋움을 하고서 땀을 뻘뻘 흘리며 뇌이 궁전의 철책 기둥에 커다란 배를 숯으로 그리고 있는 것을 보았다. 왕은 앙리 4세에게서 이어받은 착한 마음으로, 부랑아를 도와 배를 다 그리고 나서는 그에게 루이 금화 하나를 주며 말했다. "배라면 여기에도 붙어 있단다."

부랑아는 또 떠들썩한 것을 좋아한다. 격렬한 사태가 일어나면 그들은 좋아하는 것이다.

그들은 또 사제를 미워한다. 어느 날, 위니베르씨떼 거리에서 이러한 꼬마들 중 하나가 69번지 집의 정문을 향하여 삐에 드 네(코 끝에 한손의 엄지손가락을 대고 다른 나머지를 펴보여 경멸하는 뜻을 나타내는 짓)를 하고 있었다.

"왜 이 문에다 대고 그런 짓을 하느냐?"고 지나가던 남자가 물었다.

그러자 그 소년은 대답했다.

"여기에는 사제가 살고 있거든요."

과연 거기에는 교황의 특파사절이 살고 있었다. 그러나 그들의 볼떼르주의(반교회주의)가 어느 정도이든간에 만약 복사(미사를 돕는 소년)가 될 수 있는 기회가 생기면 그것을 받아들이기도 한다. 그런 경우에는 정중하게 미사를 돕는다.

또 부랑아들에게는 탄탈로스(그리스 신화에 나오는 인물로, 신의 벌을 받아 지옥으로 떨어져 영원한 굶주림과 갈증에 시달린다)처럼 항상 갈망하면서도 언제나 그 소망을 이룰 수 없는 것이 두 가지 있다. 곧 정부를 뒤엎는 일과 자기 바지를 수선해 입는 일이다.

어엿한 부랑아라면 빠리의 경관을 모조리 잘 알고 있어서 그 중 누구라도 만나게 되면, 그 얼굴을 보고 당장에 이름을 댈 수가 있다. 그리고 구석구석까지 그 특징을 열거한다. 부랑아는 그들의 습관을 연구하고 저마다 하나하나에 대한 특별한 기록을 만들어 가지고 있다. 그들은 경관의 마음 속을 환히 들여다보고 있다. 그들은 거침없이 술술 말할 수 있으리라.

왕은 부랑아를 도와 배를 다 그리고 나서는……

“저자는 ‘배반자’다. 저건 ‘몹시 성질이 나쁜 놈’이다. 저건 ‘기특한 놈’이다. 저건 ‘재미있는 놈’이다.”(이들 배반자, 성질이 나쁜 놈, 기특한 놈, 재미있는 놈이라는 말은 부랑아들이 말하는 경우 특수한 뜻이 있다)

“저놈은 뽕뇌프 다리를 자기 것이라고 생각하는 모양이야. 사람들에게 난간 밖의 가장자리를 걷지 못하게 하거든. 그리고 저놈은 함부로 사람의 귀를 잡아당기는 버릇을 갖고 있단 말이야.” 등등.

고올의 옛 얼

이러한 소년의 기질은 빠리 중앙시장 상인의 아들인 뽀끌랭(몰리에르의 본명임)에게도 있었고, 보마르셰에게도 있었다. 부랑아 기질은 고올(프랑스의 옛 이름) 정신의 한 특색이다. 그것은 마치 포도주에 알코올이 섞여 있듯이 건전한 사고방식 속에 섞여서 힘을 준다. 또한 때로는 결점이 되는 수도 있다. 호메로스를 쓸데없는 잡담가라고 한다면 볼떼르는 부랑아라고 할 수 있을 것이다. 까미유 데물랭(대혁명 때의 투사)은 빠리 문 밖의 아이였다. 기적을 경멸했던 샹삐오네(18세기의 프랑스 장군)는 빠리의 포석이 깔린 길에서 나왔다. 그는 아주 어렸을 때부터 쌩 장 드 보베 성당이며 쌩 떼띠엔느 뒤몽 성당의 회랑을 들락거렸다. 그는 쌩 즈느비에브(빠리의 수호 성녀)의 유물함에 마구 무례한 짓을 했는데, 끝내는 나뽈리에 침입하여 쌩 장비에(나뽈리의 수호 성인)의 술병(성유물)에 모욕적인 명령을 내리기도 했다.

빠리의 부랑아는 정중하면서도 빈정거리기 일쑤고 건방지다. 그들은 또 잘 먹지 못해서 뱃속이 쪼르륵대도 거침없는 입심을 갖고 있으며, 재치가 있으므로 눈이 아름답다. 야훼가 보고 있다 할지라도 그들은 천국의 계단에서 앙감질을 하며 뛰어놀 것이다. 그들은 발길질에 있어서는 말할 수 없이 강하다.

그들은 모든 면에서 성장의 여지가 있다. 그들은 진창 속에서 놀고 있지만 소동이 일기만 하면 벌떡 일어선다. 산탄 앞에서도 달아나지 않을 정도로 대담하다. 그들은 장난꾸러기였다가도 영웅이 된다. 테베의 소년처럼 그들은 사자의 등도 어루만진다. 북치는 소년 바라(대혁명 시대 방데의 전투에서 공화군에 속하여 14세로 용감하게 죽었음)는 빠리의 부랑아였다. 마치 성서의 군마(軍馬)가 ‘바!’라고 외치듯 그들은 ‘진격!’ 하고 외치며, 순식간에 코흘리개 꼬마에서 거인이 된다.

이 흙투성이 소년은 또한 이상 속의 소년이기도 하다. 몰리에르로부터 바라에 이르기까지 그 폭의 넓이를 재어 보자.

즉 모든 것을 한 마디로 요약하면, 부랑아란 불행하기 때문에 오히려 모든 것을 웃어 넘길 수 있는 인간들이다.

빠리를 보라, 이 사람을 보라

다시 모든 것을 요약해서 말한다면 오늘날 빠리의 부랑아는 옛날 로마의 그리스 인들처럼 이마에 낡은 세계의 주름을 가진 어린 민중이다. 부랑아는 국민에게 하나의 자비스러움이요, 또한 동시에 하나의 질병이다. 고치지 않으면 안 될 질병인 것이다. 어떻게 고칠 것인가? 빛으로 고쳐야 한다.

빛은 사람을 건전하게 한다.

빛은 사람을 밝게 한다.

사회의 풍부한 광휘는 모든 과학, 문학, 예술, 교육에서 발생한다. 사람을 만들어야 한다, 사람을. 그들에게 빛을 주라, 그러면 그들이 우리에게 활력을 가져다 준다. 조만간 교육의 보편화라는 빛나는 문제가, 절대적인 진리로 거역할 수 없는 힘을 가지고 제기되리라. 그리고 그때야말로 프랑스 정신을 지켜가면서 정치하는 사람들은 다음과 같은 선택을 하지 않으면 안 될 것이다. 프랑스의 소년이냐, 빠리의 부랑아냐. 빛 속의 불꽃이냐, 어둠 속의 도깨비불이냐.

부랑아는 빠리를 표현하고 빠리는 세계를 표현한다. 빠리는 하나의 전체이기 때문이다. 빠리는 인류의 천장이다. 이 놀라운 도시는 바로 과거와 현재의 온갖 풍습의 한 축도인 것이다. 빠리를 보면 하늘과 별자리들을 가진 모든 역사의 내막을 보는 듯하다.

빠리에는 카피톨(로마의 주피터 신전) 대신 시청을 가지고 있고, 파르테논(아테네의 수호신을 모신 신전) 대신 노트르담 성당이, 아벤티누스 언덕(로마의 티베르 강 근처의 작은 산으로, 귀족에 대한 평민들의 봉기 때 평민들이 농성한 곳임) 대신 포부르 쌩 땅뜨완느가, 아시나리움 학원 대신 소르본느 대학이, 낡은 신전 대신 새로운 빵떼옹(프랑스의 위인을 모시는 사당)이, 비아 사크라(팔라티누스 언덕에서 카피톨 언덕에 이르는 고대 로마의 개선 도로) 대신 불르바르드 지딸리앙 대로가, 안드로니코스의 '바람 신의 탑' 대신 세상 여론이 있다.

그리고 카피톨 산 언덕에 죄인의 시체를 늘어놓던 '게모니' 대신 파리에는 비웃음이 있다. 스페인의 허풍쟁이를 뜻하는 '마호'를 파리에서는 '허영덩이'

라 하고 로마의 티베르 강 건너편 사람들을 일컫는 '트랑스떼베랭'을 '성밖 사람'으로 표현하며, 인도의 짐꾼인 '허말'을 '시장의 발'이라 칭하며, 나뽈리의 거지 '라자로네'를 '도둑패'라고 비꼬고, 런던토박이인 '콕크니'를 '멋쟁이'라 부른다.

다른 땅에 있는 것은 모두 빠리에 있다. 프랑스 18세기의 작가 뒤마르세가 그린 생선 파는 여인은 그리스의 유리피데스가 그린 향초(香草) 파는 여자와 짝이 되고, 원반던지기 선수인 베자누스는 줄타기의 명수 포리오소 속에 되살아나 있고, 밀레스의 용사 테라폰티기누스는 척탄병 바드봉꾀르와 팔을 끼고 다닐 것이며, 골동품 상인 다마지푸스는 빠리의 고물상에 태평스레 들어앉아 있을지도 모르고, 소크라테스가 설교한 아고라(고대 그리스의 광장)는 디드로에게 가르침을 받고, 디드로가 갇힌 뱅센느의 감옥은 소크라테스를 가둘 것이다.

쿠르틸루스가 고슴도치의 불고기를 생각해 냈듯이 그리모 드 라레니에르는 로스트비프를 생각해 냈고, 플라투스가 말한 그네는 에뜨왈르 개선문의 경기구(輕氣球) 밑에서 볼 수 있고, 아플레이우스(BC 2세기 무렵의 라틴 작가임)가 만났다는 삐실르의 칼을 먹는 요술쟁이는 뽕뇌프 다리 위의 군도를 삼키는 요술쟁이이고, '라모의 조카(라모는 18세기 프랑스의 유명한 작곡가임. 조카는 괴상한 방랑자인데, 《라모의 조카》라는 디드로의 소설 속에서 생생하게 그려지고 있음)'는 플라투스의 식객인 뀌르뀔리용과 좋은 한 쌍을 이루고, 마찬가지로 플라투스가 쓴 술꾼 에르가지트는 에그르푀이유의 브랜디를 위해서라면 기꺼이 깡바쎄레스의 식탁으로 갈 것이다.

로마의 네 멋쟁이인 알쎄지마르쿠스와 페드로무스와 디카볼루스와 아르지리푸스는 빠리의 양복점 꾸르띠유를 나와서 라바뛰의 역마차를 탈 것이고, 라틴의 작가 아울류스 겔리우스(BC 2세기 무렵 라틴의 작가, 비평가)가 플라투스 연극의 요리사 콩그리오 역에 감탄했듯 우리 샤를르 노디에는 뿔리쉬넬(이탈리아 희극 광대)의 광대 짓에 정신을 잃고, 마르똥이 암호랑이처럼 무서운 여자는 아니었듯이 빠르다리스까도 결코 용은 아니었고, 교활해서 다루기 힘든 광대 빵똘라부스는 빠리의 까페 앙글레에서 난봉꾼 노멘타무스를 조롱할 것이다.

아름다운 목소리를 지닌 헤르모게네스(그리스 수사학자)는 샹젤리제의 테너 가수라고도 할 수 있고, 그의 주위에서는 호라티우스의 거지 타라시우스가 보베슈(제정시대와 왕정복고 시대에 유명했던 익살 광대)식의 옷을 입고서 돈을 모으고 있다. 뛸르리 공원에는 옷의 단추를 붙잡고 못 가도록 귀찮게 구는 사나이가 있어 2000년이 지난 오늘날에도 사람들로 하여금 플라투스 극에 나오는 "누구냐, 바쁜 나의 망토를 잡아당기는 것은?"이라는 떼스쁘롱의 말을 되풀이하게 한다.

쉬렌느의 포도주는 알바의 포도주와 똑같고, 데조지에의 새빨간 테가 둘린 술잔은 발라트롱의 커다란 술잔과 대응하고, 비오는 밤의 뻬르라셰즈 묘지는 로마의 언덕에 있는 에스킬리애의 도시와 달리 기분 나쁜 빛을 발하고, 5년 계약으로 살 수 있는 빈민들의 무덤은 그리스 노예의 빈 관에 해당하는 것이다.

빠리에 없는 것이 있는지 찾아보라. 트로포니우스^(델포이신전의 건축가. 그의 무덤은 신탁을 내리며 그의 신탁을 받는 자는 한 평생 침울해진다고 함)의 통 속에 있는 것은 모두 메스메르^(독일의 의사로 자기설이라는 일종의 최면술 창시자. 한때 빠리에서 개업했었음)의 통 속에도 있다. 고대의 신비로운 마술사 에르가필라스는 깔리오스트로 속에 되살아났고, 쌩제르맹 백작^(루이 16세 때의 육군 대신)은 바라문 승려 바사판따의 화신이고, 쌍 메다르의 묘지는 다마스크의 이슬람교 사원 우무미에 못지 않은 여러 가지 기적을 나타내고 있다.

빠리는 이솝으로서 만화 인물 메이외^(몹시 심한 꼽추였으나 국민병으로서, 7월 혁명 당시의 부르주아의 전형)를 가지고 있고, 마녀 까니디아로서 트럼프 점을 치는 르노르망 양을 가지고 있다. 빠리는 델포이 신전처럼 너무나 눈부신 현실의 환영에 깜짝 놀랐다. 도도나^(이 도시에는 떡갈나무숲 옆에 주피터의 신전이 있어서 신탁을 내리고 있음)의 신전에서 오래된 의자가 흔들렸듯이 빠리에서도 알맞고 고상한 세발 달린 테이블이 뒤집혔다.

로마가 창녀를 군림시켰듯 빠리는 바람난 젊은 여공을 군림시킨다. 요컨대 루이 15세가 클로디우스 황제만 못하다 할지라도 루이 15세의 애첩 뒤바리^(공포 시대에 단두대의 이슬로 사라졌음) 부인은 클로디우스 황제의 첫 번째 아내인 메싸리나^(음란하기로 유명하며 역시 피살됐음)보다는 훌륭하다. 빠리는 우리가 직접 보아 온 하나의 괴상한 전형 속에 그리스의 누드와 히브리의 궤양과 가스꼬뉴의 야유를 결합해 놓고 있다. 다시 말하면 디오게네스와 욥과 빠이야스^(고대 나뿔리 극에 나오는 익살 광대. 줏대 없는 사람에 비유됨)를 혼합하고, 〈꽁스띠뛰씨오넬(입헌)〉지의 헌 신문을 유령에게 입혀서 열렬한 왕당파 기인 꼬드룍니 또아 뒤끌로를 만들어내고 있다.

플루타크는 '폭군은 결코 늙지 않는다'고 했지만, 로마는 도미티안 황제 아래에서와 마찬가지로 집정관 실라 아래에서도 스스로 참고 견디며 기꺼이 그 술에다가 물을 탔다. 바루스 비비스쿠스 장군의 약간 거드름을 피운 다음과 같은 찬사를 믿는다면, 티베르 강은 하나의 레테 강(지옥의 망
각의 강)이라고도 할 수 있을 것이다. '우리는 그라코스 형제에 대하여 티베르 강을 가지고 있다. 티베르 강의 물을 마시는 것은 곧 반역을 잊는 일이다.' 빠리는 하루에 100만 리터의 물을 마시는데, 그래도 경우에 따라서는 비상 나팔을 불고 경종을 울린다.

그런 점을 제외한다면 빠리는 호인이라 할 것이다. 무엇이든 당당하게 받아들인다. 미녀 비너스의 세계에 관해서도 일체 까다롭지 않다. 그의 미인관은 호텐토트 식이다. 빠리는 웃은 뒤에는 모든 것을 용서한다. 추한 것도 빠리를 돋보이게 하고, 볼썽사나운 것도 빠리를 유쾌하게 하고, 악덕도 빠리의 기분 전환이 된다. 우스운 짓을 하면 우스꽝스러운 놈으로 통한다. 위선이라는 더없이 부끄러운 일도 빠리는 언짢아하지 않는다. 빠리는 문학에 통하고 있으므로 바질르(보마르셰의 '세빌랴의 이발사'
에 나오는 위선자의 전형) 앞에서도 코를 싸쥐지 않고, 프리아쀼의 '딸꾹질'도 아랑곳하지 않은 호라티우스처럼 따르뛰프(몰리에르의 동명 희극의
주인공으로 위선자의 전형)의 기도에도 눈살을 찌푸리지 않는다.

온 세계 어떠한 얼굴이건 빠리의 프로필 속에 없는 것은 없다. 댄스 교사 마비유가 시작한 무도회는 자니쿨룸(로마 산
의 하나) 언덕에서 벌어진 폴리므니 여신의 춤이라곤 할 수 없지만 부인옷을 파는 사람은 사치스럽게 차려입은 여자에게 계속 눈길이 가듯, 마치 뚱쟁이인 스타필라가 처녀 플라네시움에게 눈독을 들이고 있는 모습과 비슷하다.

투기장의 울타리는 로마의 콜로세움(로마의 웅대한 경기장. 그리스도교
순교자들이 맹수의 희생물이 된 곳)이라고는 할 수 없지만 그래도 사람들은 마치 시저가 거기서 보고 있기라도 한 것처럼 힘차게 일어나고 있다. 옛날 시리아의 술집 여주인은 몽빠르나스의 대중 요리집 사게 아주머니보다 한결 애교가 있었겠지만, 베르길리우스가 로마의 술집에 뻔질나게 드나들었듯 다비드 당제르와 발작과 셀레도 역시 빠리의 싸구려 음식점에 들어박혀 있다.

빠리는 군림한다. 천재는 그곳에서 불타오르고, 늘어뜨린 머리에 빨간 리본을 단 익살맞은 어릿광대는 거기서 이 세상의 봄을 노래한다. 유대인의 신 아도나이는 천둥과 번개를 동반하는 12개의 수레 바퀴가 달린 마차를 타고 이곳을 지나간다. 실레노스(바커스 신의 양아버지로
그리스 신화의 익살 광대)는 암탕나귀를 타고 여기로 들어온다. 그 실레노스는 카바레의 주인 랑뽀노 영감이다.

빠리는 우주, 다시 말하면 코스모스와 같은 뜻의 말이다. 빠리는 아테네요, 로마요, 시바리스(이탈리아의 옛 도시)요, 예루살렘이요, 또 빵땡(빠리 교외의 작은 도시)이다. 모든 문명이 여기에 집합되고, 모든 야만이 여기에 집약된다. 빠리는 단두대 하나만 없더라도 몹시 유감스러워질 것이다.

그레브 형장에도 다소 좋은 점은 있다. 이런 양념이 없었다면 이 영원한 제전은 어떻게 되었겠는가? 우리들의 법률은 현명하게도 그것을 예상했고, 그 덕분에 단두대의 칼날은 사육제의 마지막 날에 피를 뿌리는 것이다.

조소하며 군림하다

빠리에 한계 같은 것은 전혀 없다. 다른 어떤 도시도, 자기가 정복한 자들까지도 때로는 조롱하는 이와 같은 위력은 갖고 있지 않았다. "기뻐하라, 오오, 아테네 사람들이여!" 알렉산더는 늘 외치고 있었다. 빠리는 법률 이상의 것, 즉 유행을 만든다. 빠리는 유행 이상의 것, 즉 관례를 만든다.

빠리는 마음만 내키면 바보도 될 수 있다. 때로는 그러한 필요 이상의 짓도 하는 것이다. 그러면 온 세계는 빠리와 더불어 바보가 된다. 그런 뒤에 잠을 깨고 눈을 비비면서 말한다. "참 바보로구나, 나는!" 그리고 인류의 눈앞에서 느닷없이 웃음을 터뜨린다. 이런 도시가 있다는 것은 얼마나 놀라운가! 이상한 것은 이 위대함과 해학성이 잘 조화되어서 그 위엄이 어떠한 모방에도 흐트러지지 않고, 같은 입으로 오늘은 마지막 심판의 나팔을 부는가 하면 내일은 갈대 피리를 불 수가 있는 것이다!

빠리에는 비상한 쾌활함이 있다. 그 쾌활함은 우레를 머금고 있고, 그 익살은 왕의 홀(笏)을 가지고 있다. 그 폭발은 때때로 대수롭지 않은 찌푸린 얼굴에서 일어난다. 그 폭풍, 그 역사적인 날, 그 걸작, 그 장한 일, 그 공훈, 그리고 그 엉뚱한 잘못조차도 세계의 끝까지 전달된다. 빠리의 웃음은 온 땅덩이를 흩날려 버리는 화산의 분화구다. 그 조롱은 불꽃이다. 빠리는 여러 나라 사람들에게 이상과 동시에 기지와 냉소, 웃음거리를 억지로 둘러씌운다. 인류 문명의 최고 기념물도 빠리의 야유를 받아들이고, 그의 장난을 영원한 것으로 만든다.

빠리는 당당한 위용을 지니고 있다. 빠리는 세계를 해방하는 훌륭한 7월 14일을 가지고 있고, 모든 국민에게 테니스코트의 선서(헌법 제정일의 맹세)를 하게 하고, 8월

4일 밤 (1789년 이날 밤 귀족의 특권폐지가 결의되었다)에는 불과 세 시간 만에 천 년의 봉건 제도를 허물어뜨렸다. 이런 논리에서 만장일치제는 빠리의 근본이 된다. 빠리는 모든 고귀한 형태 아래 같은 종류를 번식시켜 간다. 빠리는 그 빛으로 각국에 독립투사를 가득 채워준다. 워싱턴을, 코스큐스코 (러시아에 대해 반란을 일으킨 폴란드 장군)를, 볼리바 (스페인의 지배를 물리치고 콜롬비아 공화국을 세운 미국 장군)를, 보싸리스 (그리스 독립 전쟁의 영웅)를, 리에고 (스페인 장군이며 애국자)를, 뱀을, 마닌 (이탈리아 애국자. 오스트리아 지배에 대해 강력히 저항했음)을, 로페츠를, 존 브라운 (미국의 노예 폐지론자. 교수형에 의한 그의 죽음으로 인해 남북 전쟁이 촉발되었음)을, 그리고 가리발디 (이탈리아 애국자. 이탈리아 통일을 위해 오스트리아 및 나폴리 왕국과 투쟁했음)를.

빠리는 미래의 불이 켜지는 곳이라면 세계 어디에든 존재한다. 1779년에는 보스턴 (1773에 일어난 미국 독립전쟁에 관한 사건)에, 1820년에는 레옹 섬 (1839년의 니카라과 공화국 독립에 앞서는 사건. 레옹 공화국의 옛 도시)에, 1848년에는 뻬스트 (헝가리 독립)에, 1860년에는 빨레르모 (이탈리아의 통일)에 존재했다. 빠리는 하퍼스 페어리의 나룻배에 모여든 미국의 노예 폐지론자들의 귀에, 또한 고찌 여관 앞 아르키의 바닷가 어둠 속에 모인 앙코나 항의 이탈리아 애국자들 귀에, '자유'라는 강력한 슬로건을 소곤거린다. 빠리는 각국에 독립 전쟁의 용사를 만든다. 카나리스를, 키로가 (스페인 장군)를, 삐자깐느를 만들어낸다.

빠리는 지상의 위대한 것을 빛나게 한다. 바이런이 미쏠롱기에서 죽고, 마제트 (페스트를 연구한 프랑스의 의사)가 바르셀로나에서 죽은 것은 빠리의 입김에 불려간 것이다. 빠리는 미라보의 발 아래서는 연단이 되고, 로베스삐에르의 발 아래서는 분화구가 된다. 빠리의 책과 연극과 예술과 과학과 문학과 철학은 인류의 지도서이다. 빠리는 빠스깔, 레니에, 꼬르네이유, 데까르뜨, 장 자끄 루소를 가지고 있고, 매 순간을 통해서 볼떼르를, 각 세기를 통해서 몰리에르를 가지고 있다.

빠리는 자기의 말을 온 세상 사람들의 입으로 떠들어 대게 하고, 그 언어가 이른바 성서의 '말씀'이 된다 (태초에 말씀이 계셨느니라. 이 말씀이 하느님과 함께 계셨으니 이 말씀은 곧 하느님이시니라.《요한복음》제1장 1절). 빠리는 모든 사람의 정신에 진보의 관념을 조성해 준다. 빠리가 만들어내는 해방 교리는 각 세대를 위한 머리맡의 호신용 칼이 된다. 1789년 이래 온갖 민족이 온갖 영웅을 만들어내고 있는 것은 빠리의 사상가와 시인들의 영혼의 힘이다. 그러면서도 역시 부랑아 기질을 발휘하여 빠리라고 불리는 이 거대한 천재는 자기의 빛으로 세계의 모습을 변모시키면서, 테세우스 (그리스의 영웅)의 신전 벽에 부지니에의 코를 그리기도 하고, 피라미드 옆에다 '도둑놈 크르드빌르'라고 낙서하기도 한다. 빠리는 언제나 이빨을 드러내놓고 있다. 다시 말해서

고함을 지르지 않을 때는 웃고 있는 것이다.

이와 같은 곳이 빠리다. 빠리의 지붕 위로 올라오는 연기는 세계의 사상이다. 빠리를 진흙과 돌더미라고 하고 싶다면 그래도 좋다. 그러나 빠리는 무엇보다도 우선 정신적인 존재라고 해야 할 것이다. 빠리는 위대한 것 이상으로 무한대이다. 왜 그런가? 그것은 빠리가 용감하게 행동하기 때문이다.

단호하게 행동할 것. 진보는 이것에 의해서 이루어지는 것이다.

웅대한 정복은 많든 적든 모두 대담성의 대가이다. 혁명이 실현되기 위해서는 몽떼스끼외가 혁명을 예감하고, 디드로가 그것을 설명하고, 보마르셰가 선전하고, 꽁도르쎄가 계획하고, 아루에(볼떼르)가 준비하고 루소가 깊이 검토하는 것만으로는 아직 부족하다. 당똥이 그것을 단행하지 않으면 안 된다.

"과감하게!"라는 이 부르짖음은 이른바 성서의 '빛이 있으라(하느님이 말씀하시기를 빛이 있으라! 하심에 빛이 있었고―《창세기》 제1장 3절)'이다. 인류가 전진하기 위해서는 용기라는 숭고한 교훈이 산꼭대기 위에 영원히 걸려 있어야만 한다. 대담무쌍한 행동이 역사를 눈부시게 해준다. 그것은 인간의 가장 위대한 빛이다. 여명의 빛은 돌아오를 때는 단호하다. 용감하게 시도하고, 도전하고, 고집하고, 노력하고, 자기에게 충실하고, 운명과 맞붙어 싸우고, 비극적인 종말을 두려워하지 않음으로써 오히려 파국을 막고, 때로는 부정한 힘에 대항하고, 때로는 승리의 도취를 경멸하고, 절대로 양보하지 않으며, 저항을 계속할 것. 이것이야말로 모든 민족들에게 필요한 본보기이며, 그들을 분발케 하는 빛이다. 이와 같은 무시무시한 빛이 프로메테우스의 횃불에서 깡브론느 장군의 도자기 파이프에까지 전달되어 가는 것이다.

민중 속에 잠재하는 미래

빠리의 민중들이란, 어른이 되어서까지도 역시 부랑아다. 이 부랑아를 그리는 것은 곧 이 도시를 그리는 일이다. 자유 분방한 참새를 통해서 이 독수리를 연구해 온 것은 그 때문이다. 빠리의 족속들을 볼 수 있는 것은 특히 그 문밖에서이다. 거기에 순수한 피가 있고, 거기에 진정한 얼굴이 있다. 거기서 이 민중들은 일하고 고생한다. 노동과 고통은 인간이 갖는 두 가지 모습이다. 거기에는 헤아릴 수 없을 만큼 숱한 이름도 없는 사람들이 있는데, 그 가운데에는 라뻬의 짐 푸는 인부로부터 몽포쏭(빠리 문밖 한 구역)의 도축업자까지,

매우 색다른 타입의 사람들이 많이 모여 있다. 시세로는 도시의 '쓰레기통'이라고 외치고, 분개한 버크(18세기 영국 정치사상가)는 '하층민'이라고 덧붙인다. 천민들이며, 군중들이며, 평민들이다. 이러한 말들을 입에 담기는 쉽다. 그러나 그래도 좋다. 아무러면 어떻겠는가? 그들이 맨발로 걸어다닌다 한들 그게 어떻단 말인가?

그들은 유감스럽게도 글을 읽지 못한다. 그렇다고 해서 그냥 못 본 체해도 좋단 말인가? 그들이 빈곤하다고 해서 그것을 욕지거리로 삼을 수 있겠는가? 빛도 이 집단을 꿰뚫을 수는 없는 것인가? 저 '빛을!' 하는 부르짖음에 다시금 귀를 기울이고 늘 그것을 잊지 말자! 빛을! 빛을! 과연 이 혼탁은 투명해질 수 없는가? 혁명이란 하나의 변모가 아니겠는가? 자, 철학자들이여. 가르쳐라, 비춰라, 불태워라, 생각하는 바를 숨김없이 털어놓아라, 큰소리로 말하라, 밝은 햇빛 아래를 기쁜 마음으로 달려라, 민중의 광장과 친하라, 좋은 소식을 알려라, 교육을 충분히 시켜라, 권리를 선언하라, '마르세예즈'를 노래하라, 정성을 다하라, 떡갈나무의 푸른 나뭇가지를 쳐내라. 그리고 사상으로 하여금 하나의 선풍을 일으키게 하라.

이 군중들은 훌륭히 승화될 수 있으리라. 때로 번뜩이며 세차게 진동하는 저 광대한 주의(主義)와 도의의 불바다를 이용할 줄 알지 않는가. 그 맨살이 드러난 발과 팔, 누더기, 무지, 비천함, 암흑, 이러한 것들은 이상을 얻기 위해 쓰여질 것이다. 민중을 통해 보라. 그러면 여러분은 진리를 깨닫게 되리라. 여러분이 발 밑에 짓밟고 용광로 속에 넣어서 녹이고 끓이는 이 하찮은 돌멩이도 머지않아 찬란한 결정체가 될 것이다. 갈릴레오나 뉴턴이 천체를 발견한 것도 실로 이 모래알의 덕택이다.

소년 가브로슈

이 소설의 제2부에서 이야기한 사건으로부터 약 9년 가량 지난 후, 땅뺄거리와 샤또 도(기념 분수로 지금의 '공화 광장'에 있었음) 근처에 11, 12살쯤 된 한 소년이 사람들의 눈에 띄었다. 이 소년은 입술에 나이에 어울리는 웃음을 띠고 있었지만, 동시에 더할 나위 없이 어둡고 공허한 마음을 가지고 있었다. 그런 삐뚤어진 마음만 없다면 이 소년은 지금까지 이야기해 온 부랑아의 이상형을 꽤 정확하게 갖추고 있다고 할 수 있을 것이다. 그는 기다란 어른 바지를 괴상한 모양으로

소년 가브로슈

입고 있었으나, 그 옷은 아버지에게서 물려받은 것은 아니었다. 또 그는 소매가 달린 여자 윗도리를 입고 있었으나 그것은 어머니한테서 받은 것은 아니었다. 누군가 불쌍하게 여기고 그런 누더기를 입혀 주었을 것이다. 그에게는 양친이 있었다. 그렇지만 아버지는 그를 생각조차 하고 있지 않았고, 어머니 역시 조금도 사랑해 주지 않았다. 그는 모든 아이들 중에서도 가장 불쌍한 아이, 즉 부모가 있으면서도 고아처럼 자랐다.

이 소년은 거리에 있을 때가 가장 즐거웠다. 포석도 그에게는 어머니의 마음만큼 냉정하지는 않았다.

그의 부모는 그를 세상으로 차 던져버렸다. 그는 아무 거리낌없이 집을 뛰쳐나오고 말았다. 그는 수선스럽고, 안색이 창백하고, 날쌔고, 빈틈이 없고, 장난꾸러기였으며, 강한 것 같지만 허약해 보이는 소년이었다. 그는 거리를 이리저리 쏘다니고, 노래를 부르고, 길바닥에서 구슬치기를 하고, 도랑을 뒤지고, 좀도둑질도 했지만 고양이나 참새처럼 쾌활한 소년이었다. 개구쟁이라고 불리면 웃고, 불량하다고 하면 화를 냈다. 집도 없고, 먹을 것도 없고, 불도 없고, 사랑도 없었지만 자유로웠기 때문에 늘 즐거웠다. 이런 불쌍한 소년들이 어른이 되었을 때에는 대개, 사회 질서라는 맷돌에 짓눌려 버리게 마련이지만, 어린아이인 동안에는 조그맣기 때문에 그것에서 벗어날 수 있다. 아주 구멍이 작아도 어떻게든 빠져나갈 수가 있기 때문이다. 이 소년은 그처럼 내팽개쳐져 있었지만, 그래도 석 달에 한 번쯤은 "그렇지, 엄마나 한 번 만나러 갔다와야겠다!"고 말하는 적이 있었다. 그리고 그는 가로수길도, 곡마단도, 쌩 마르땡 개선문도 다 내버리고서, 강가로 나가 다리를 건너고, 성밖으로 나가서, 살뻬트리에르 구호원이 있는 곳까지 갔다. 그 다음에는 어디로 가는가? 그가 가는 곳이 바로 독자들도 이미 알고 있는 저 50-52번지라는 이중의 번지를 갖고 있는 고르보의 황폐한 집이었다.

그 무렵, 평소에 인기척이 없고 '셋방 있음'이라는 딱지가 언제나 붙어 있는 그 50-52번지의 허물어져 가는 이 집에는, 신기하게도 많은 사람들이 살고 있었다. 물론 빠리에서는 당연한 일이지만, 이 사람들은 서로 아무런 인연도 관계도 없다. 그들은 모두 빈민 계급에 속하는 사람들이었다. 이 빈민 계급은 우선 돈에 쪼들리는 최하층 시민이 점점 더 가난과 고생의 도를 더하면서 사회 밑바닥으로 떨어져 마지막에는 물질 문명이 도달하는 끝인 두 가지 존재, 다시 말해 시궁창을 뒤지는 하수도 청소부와 누더기를 모으는 넝마주이가 되는 그런 부류의 사람들이었다.

장 발장이 살던 때의 '셋집 주인' 노파는 이미 죽었고 그와 몹시 닮은 노파가 그 뒤를 잇고 있었다. 누구인가 이런 말을 한 철학자가 있다. "노파란 결코 씨가 마르는 법이 없다."

이번의 노파는 뷔르공이라는 할멈으로, 평생에 중요했던 일이라고는 삼대에 걸친 앵무새를 키웠다는 일 외에는 아무것도 없었다. 그 세 마리의 앵무새는 차례차례로 그녀의 마음을 사로잡았다.

지금 이 집에 살고 있는 사람들 가운데서도 가장 비참한 사람은 네 식구가 한 가족으로, 아버지와 어머니와 꽤 큰 두 딸이 앞서 말한 그 작은 방 하나에 함께 살고 있었다. 이 가족들은 언뜻 보기에 극도로 가난하다는 것 외에는 그다지 특이한 점은 없었다. 아버지는 방을 빌릴 때 자신의 이름을 종드레뜨라고 했다. 셋방으로 이사한—이사라고 해봤자 셋집 주인 할멈의 멋진 표현을 빌린다면 그야말로 알몸뚱이뿐인 이사에 지나지 않았다—얼마 뒤에 종드레뜨는 전에 있던 노파와 마찬가지로 문지기이며 계단 청소도 겸하고 있는 그 셋집 주인 노파에게 이런 말을 했다.

"할머니, 혹 어떤 사람이 찾아와, 폴란드인이나 이탈리아인이나 또는 스페인인을 찾거든 그건 바로 나인 줄 아슈."

이 일가족이 바로 저 유쾌한 맨발 소년의 가족이었다. 그가 여기에 찾아와도 눈에 띄는 것이라곤 가난과 비참뿐이었다. 그 중에서도 특히 슬픈 것은 도무지 웃는 얼굴이 없다는 것이었다. 난로도 싸늘하게 식었고, 가족들의 마음도 싸늘했다.

소년이 들어가면 가족들은 이렇게 묻는다. "어디서 오는 길이냐?"

소년은 대답한다. "거리에서."

나가려 하면 또 이렇게 묻는다. "어디 가니?"

소년은 대답한다. "거리로."

어머니는 언제나 이렇게 물었다.

"뭣 하러 왔니?"

이 아이는 마치 지하굴 속의 볕을 못본 풀처럼 그렇게 애정 없는 가운데 살고 있었다. 그러나 소년은 그것을 그다지 고통스러워하지 않았고 누구도

원망하지 않았다. 부모란 어떠해야 하는가도 잘 알지 못하고 있었다. 그러나 어머니는 누이들은 귀여워했다.

아직 말하는 것을 잊고 있었으나, 땅뺄 거리에서는 이 소년을 꼬마 가브로 슈라고 불렀다. 어째서 가브로슈라고 불렸는가 하면, 아마도 그의 아버지가 종드레뜨라고 불린 것과 마찬가지일 것이리라.

원래 성씨를 밝히지 않는 것은 일부 비참한 집안의 본능인 듯하다. 종드레 뜨네가 살고 있는 고르보 집의 방은 복도 맨 끝 방이었다. 그 옆의 작은 방 에는, 마리우스 씨라고 불리는 가난한 한 젊은이가 세들어 살고 있었다.

그 마리우스 씨에 대해서는 다음에 이야기하기로 하자.

제2편 대부르주아

90살에 32개의 이

 부슈라 거리나 노르망디 거리, 쌩뚱즈 거리에는 질노르망 노인을 기억하고 있어 기꺼이 이야기해 주는 주민이 아직도 몇 사람인가 남아 있었다. 그들이 젊었을 때 그 노인은 이미 늙어 있었다. 과거라고 불릴 저 막연한 그림자가 어른거리는 광야에 서글픈 눈길을 돌리는 사람들에게 이 노인의 실루엣은 르 땅쁠 부근의 미궁과 같은 수많은 거리에서 아직 사라지지 않고 있었던 것이다.

 루이 14세 시대에는 그 일대 거리에 프랑스 각 지방의 이름을 붙였다. 그것은 마치 오늘날 띠뽈리의 새 지구에 유럽 각 수도의 이름을 붙인 것과 마찬가지였다. 덧붙여 한 마디 한다면, 이것은 하나의 전진이며 거기에는 진보가 뚜렷이 눈에 보였다.

 1831년에 이미 이 세상에 좀처럼 찾아보기 힘든 고령자였던 질노르망 씨는, 단지 장수하고 있다는 그 사실만으로도 유별나게 눈에 띄는 사람이었다. 평범한 사람이었으나 이제는 고령자 중 유일무이한 사람이라는 이유에서 신기한 사람이 되어 있었다. 그는 다소 특이한 노인으로, 너무나도 시대와 동떨어진, 18세기적인 다소 거만하고 완전무결한 부르주아 같았으나, 후작들에게 후작다운 그 무엇이 느껴지듯 옛 시민의 풍모가 아직 남아 있었다. 그는 90살이 넘었으나 꼿꼿하게 서서 걷고, 큰소리로 이야기하고, 눈도 밝고, 술도 세고, 잘 먹고, 잘 자고, 코까지 골았다. 그는 이도 32개를 고스란히 지니고 있었다. 글을 읽을 때 외에는 안경도 쓰지 않았다.

 질노르망 씨는 여자도 좋아했지만 벌써 10년 전부터 여자와의 관계는 일체 끊었다고 스스로 말했다. 이제는 여자들이 자기를 좋아하지 않는다고 그는 말하고 있었으나, 거기에 덧붙여서 "너무 나이를 먹었으니까"라고는 절대로 하지 않고 "너무 가난하니까" 하는 것이었다. 또 이렇게도 말했다.

“내가 재산을 털어먹지만 않았다면! 허허!”

아닌게 아니라 그에게는 1만 5천 프랑 정도의 연수입밖에는 남아 있지 않았다. 그의 꿈은 무슨 유산이라도 상속받아 첩을 거느리기 위해 10만 프랑 정도의 연금을 받는 것이었다. 그것으로 보아서도 알 수 있듯이 그는 볼떼르처럼, 한평생 금방 죽을 듯이 골골거리는 허약한 80 노인들과는 달랐다. 살짝 금이 갔기 때문에 오히려 오래 가는 항아리와는 달리 이 늙은 용사는 언제나 원기왕성했다.

그는 경박하고, 성급하고, 화를 잘 냈다. 무엇이든 그것도 대개는 잘못 알고 마구 화를 내었다. 혹 누군가 그의 말에 반박이라도 하면 지팡이부터 쳐들었다. 마치 ‘위대한 세기(루이 18세 시대를 가리킴)’ 때처럼 사람들을 때리기까지 했다. 그에게는 50살이 넘도록 아직 미혼인 딸이 하나 있었는데 화가 났을 적에는 그 딸을 사정없이 후려치고 걸핏하면 매질을 했다. 그의 눈에는 그 늙은 딸도 8살짜리 어린애쯤으로밖에 보이지 않았던 것이다. 그는 하녀들의 따귀를 힘껏 후려갈기고 “이런 화냥년들!” 하고 말하는 것이었다. 그가 입버릇처럼 입에 올리는 욕지거리의 하나는 “신짝으로 냅다 갈겨버린다”는 거였다.

그에게는 또 기묘하게 태연스러운 점도 있었다. 날마다 한 이발사에게 수염을 깎게 했는데, 한때 미친 적이 있었던 그 이발사는 그를 싫어하고 있었다. 왜냐하면 애교 있고 아름다운 자기 아내에 대한 일로 질노르망 씨를 질투하고 있었던 것이다. 질노르망 씨는 만사에 있어 자신의 감식력에 스스로 감탄하고 있었으며, 자기는 매우 육감이 발달된 인간이라고 떠벌리고 있었다.

다음에 그의 입버릇인 말을 하나 들어본다.

“내겐 정말 굉장한 통찰력이 있어. 벼룩한테 물리면 그게 어느 여자한테서 옮은 놈인지 기가 막히게 알아맞힐 수 있단 말야.”

그가 가장 잘 쓰는 말은 ‘다감한 남자’라는 것과 ‘자연’이라는 말이었다. 물론 그는 그 둘째 번 말을 현대에서 쓰는 것과 같은 넓은 의미로 쓰고 있었던 것은 아니다. 그러나 그는 난롯가에서 사소한 풍자 속에 자기나름의 방법으로 그 말을 집어넣고 있었다.

“자연은” 하고 그는 말하는 것이었다. “문명에다 무엇이든 조금씩 주기 위해 우스꽝스러운 야만의 표본까지도 부여하고 있지. 유럽은 아시아와 아프리카의 소형 표본을 갖고 있는데 이를테면, 고양이는 응접실의 호랑이, 도

대부르주아

마뱀은 호주머니 속의 악어, 오페라 극장의 무희들은 장밋빛 토인 여자야.
그 여자들은 남자를 잡아먹지는 않지만 봉을 삼으려 하거든. 아니 차라리 마
술쟁이라고 할까! 남자를 생굴로 만들어서 쪽 빨아먹어 버리거든. 카라브의
토인들은 사람을 잡아먹고 뼈밖에 남기지 않지만 그 여자들은 굴을 먹고 껍
질밖에 남기지 않는단 말야. 이러한 것이 우리의 풍속인 거야. 우리들을 맹
수처럼 집어삼키지는 않지만 갉아먹고, 죽이지는 않지만 할퀴지.”

그 주인에 그 집

그는 마레 지구의 피유 데 깔베르 거리 6번지에 살고 있었다. 그것은 자기
소유의 집이었다. 이 집은 그후 헐려서 다시 세워지고, 번지도 아마 빠리의
여러 거리들의 번지가 바뀔 때 변경되었을 것이다.

그는 그 집 2층의 낡고 넓은 방을 쓰고 있었다. 그 방은 양쪽이 한길과 정
원으로 각각 면해 있었으며, 양치는 목동들이 그려져 있는 고블랭과 보베 제
품인 커다란 벽포(壁布)가 천장에까지 둘러쳐져 있었다. 천장과 벽판에 그
려져 있는 그림은 안락의자에도 조그맣게 그려져 있었다. 침대 주위에는 꼬
로망델 산 래커를 칠한 9폭짜리 병풍이 둘러쳐져 있었다. 창에는 기다란 커
튼이 드리워져 있고 보기에도 화려하게 물결치는 커다란 주름이 여기저기
잡혀 있었다.

정원은 그 창 바로 밑에 있었다. 이 노인이 기분좋게 오르내리는 12,13층
의 층층대 모서리에 있는 창에서는 특히 정원이 잘 내려다보였다. 그의 방과
잇닿은 서재 외에도 그가 몹시 소중하게 여기고 있는 내실이 하나 있었다.
그 방은 작고 아름다운 방으로 백합꽃이며 그 밖의 온갖 꽃무늬가 그려진,
연한 갈색의 호화로운 벽지가 발라져 있었다. 이 벽지는 루이 14세의 감옥
에서 비본느 씨가 왕의 애인(몽떼스 방 부인)을 위해 죄수들에게 명하여 만들게 한 것
이었다. 질노르망 씨는 그것을 100살까지 장수한 완고한 외종조모한테서 유
산으로 물려받은 것이었다.

그는 아내를 두 번 맞았다. 그의 모습은 조정의 신하와 법관의 중간이라고
나 할까. 평생 신하 노릇은 해본 적이 없지만 생각만 있었으면 법관쯤이야 못
할 일도 없었을 것이다. 그는 쾌활했으며 마음만 내키면 여자를 귀여워해 줄
줄도 알았다. 세상에는 더없이 무뚝뚝한 남편이면서도 정부에게는 다시없이

다정한 애인이기 때문에, 아내에게는 버림받아도 정부에게는 절대로 버림받지 않는 남자가 있기 마련인데, 젊은 시절의 그가 바로 그런 사람이었다.

그는 그림도 볼 줄 알았다. 그의 방에는 조르당스(17세기의 프라망 파의 화가)가 그린 누군가의 훌륭한 초상화가 있었다. 마음 내키는 대로 아무렇게나 그린 것 같은 거친 필치이면서도 세부에 이르기까지 세밀하게 그려져 있었다.

질노르망 씨의 옷차림은 루이 15세 식도 아니고 루이 16세 식도 아니었다. 그것은 집정관 정부 시대의 멋쟁이 신사복 차림이었다. 그는 그 당시까지도 자신을 젊다고 믿어 유행을 따랐던 것이다. 그의 윗도리는 가볍고 얇은 모직물로 넓은 깃과, 기다란 연미와, 큼직큼직한 쇠단추가 달려 있었다. 게다가 짧은 반바지에 죔쇠가 달린 구두를 신고 항상 양손을 바지 주머니에 찔러 넣고 있었다. 그는 늘 당당하게 이렇게 말하는 것이었다.

"프랑스 혁명은 불한당들의 집단이야."

뤼끄 에스프리

16살 때의 어느 날 밤 그는 오페라 극장에서 두 미녀로부터 동시에 추파를 받는 행운을 가졌다. 그 두 사람이란, 그즈음 무르익은 연기로 볼떼르의 찬미를 받고 있던 유명한 배우 까마르고 양과 쌀르 양이었다.

이 두 개의 불덩어리에 둘러싸인 그는 나외리라는 귀여운 소녀 무희에게로 그야말로 영웅적인 퇴각을 감행했다. 이 무희는 그와 마찬가지로 16살로, 새끼 고양이처럼 아직 이름도 알려지지 않았으나, 그는 이 아가씨에게 반해 버렸다. 그의 가슴은 그 추억으로 가득 차 있었다. 그는 곧잘 커다란 목소리로 말했다.

"정말 예뻤어, 저 롱샹에서 마지막으로 보았을 때 기마르 기마르디니 기마르디네뜨는. 머리를 얌전하게 지지고 보기 드문 터키 구슬 장신구를 달고, 갓난아기 볼과 같이 발그스름한 드레스를 입고, 폭신폭신한 머프를 손에 끼고 있었지!"

젊은 시절에 그는 냉 롱되르(런던 제 옷감을 흉내내어 프랑스 인들이 근동 지방으로 수출하기 위해 만든 올지)의 조끼를 입은 적이 있었는데, 그는 곧잘 그 이야기를 했다.

"나는 저 해가 뜨는 동쪽의 터키인 같은 옷을 입고 있었지."

그가 20살 때 우연히 그를 보게 된 부플레르 부인이 제법 잘생긴 남자라고 말한 적이 있었다.

그는 정계나 관계에 진출한 사람들은 어느 놈이건 비천한 속물들이라고 하며 이맛살을 찌푸리고 있었다. 그는 신문들을—그의 말에 의하면 신문이니 잡지니 하는 것을—웃음이 터지려는 것을 참으면서 읽었다.

"제기랄!" 하고 그는 곧잘 말했다. "어처구니없는 놈들이로군! 꼬르비에르! 위만! 까지미르빼리에! 이게 장관들이라니. 내 이름이 장관 질노르망 씨라고 신문에 실려 있다고 상상을 좀 해봐. 어처구니없는 넌센스지. 그런데 이 작자들도 우습기는 매일반이 아닌가 말야!"

그는 고상한 말이나 지저분한 말을 가리지 않고 무엇이든 쾌활하게 지껄였으며, 여자 앞에서도 조금도 사양하지 않았다. 그에게는 묘한 침착성이 있어 우아하게 보이기조차 하는 점잔빼는 태도로 저속하고 음란하고 추잡한 말들을 입에 올리는 것이었다. 그것은 바로 그가 살고 있던 18세기의 무람없는 태도였다.

시에서는 완곡함이 중요시되고 있던 그 시대에도 산문에서는 노골적인 표현법이 통용되고 있었다는 것에 주목해 주기 바란다. 그의 대부는 그가 뒷날 천재가 될 것이라고 예언하고 다음과 같은 의미심장한 세례명을 그에게 지어 주었다. '뤼끄 에스프리 ^('사도 루가 성령'이라는 뜻. 에스프리는 재기라는 뜻도 됨)'였다.

100살까지 살고 싶은 남자

질노르망 씨는 어렸을 때 고향의 물랭 공립중학교에서 여러 번 상을 탔는데, 그가 느베르 공작이라 불렀던 니베르네 공에게서 직접 받았다. 국민의회도, 루이 16세의 처형도, 나뽈레옹도, 부르봉 왕가의 복귀도, 그 무엇도 이 상에 대한 추억을 지워 버릴 수는 없었다. 느베르 공작은 그에게는 세기의 가장 위대한 인물이었다.

"정말 훌륭한 대귀족이었어" 하고 그는 곧잘 말했다. "그 푸른 대수장 ^(성령기사회 훈장을 다는 폭넓은 리본)을 찬 모습은 정말 멋있었지."

질노르망 씨의 눈으로 볼 때, 러시아의 여제 예까쩨리나 2세는 3천 루블을 주고 베스튜셰프로부터 황금 영약의 비법을 사들임으로써 폴란드 분할의 죄를 면하게 되었던 것이다. 이야기가 거기에 미치면 그는 흥분했다.

"황금 영약!" 이라고 질노르망 씨는 외치는 것이었다. "베스튜셰프의 노란 액체, 라모뜨 장군의 몰약, 이것은 18세기에는 반 온스짜리 한 병에 1루이씩이나 했지. 사랑의 파국에는 그만인 영약, 비너스들에 대한 만능약, 루이 15세는 그것을 200병이나 교황에게 선사하셨어.”

만약 그에게 그 황금 영약이란 염화제이철에 지나지 않는 것이라고 말하는 사람이 있었다면 그는 틀림없이 노발대발한 끝에 낙담했으리라.

질노르망 씨는 부르봉 왕가를 숭배하며 공포 속에서 1789년을 보냈다. 어떻게 하여 공포시대 때 살아남았으나, 목이 잘리지 않기 위해서는 얼마나 많은 재치와 기지를 발휘해야 했었던가를 그는 늘 이야기했다. 만약에 누구든 젊은 사람이 그의 앞에서 공화제를 찬미하기라도 하는 날이면, 그는 새파래져서 정신이 아찔해질 만큼 화를 내었다.

이따금 그는 자신의 나이가 90이라는 것에 결부시켜서 “93이라는 해(루이 16세가 처형된 1793년에 관련시킨 말)는 정말 다시는 보고 싶지 않아” 하는 때도 있었다. 그러나 또 어떤 때에는 자기도 100살까지 살 작정이라고 사람들에게 속마음을 드러내기도 했다.

바스끄와 니꼴레뜨

질노르망 씨는 몇 가지 이론을 가지고 있었다. 다음에 드는 것도 그 중 하나이다.

‘만약에 한 남자가 다른 여자들을 정열적으로 사랑하는데 자기 자신에게는 못생기고, 완고하고, 합법적이고, 많은 권리를 갖고 있고, 법률을 방패삼고, 때로는 질투도 하는, 그다지 마음에 들지 않는 아내가 있는 경우에는 그러한 처지에서 벗어나 평화를 누릴 수 있는 방법은 오직 한 가지밖에 없다. 그것은 아내에게 돈주머니를 맡기는 일이다.

권리를 포기하고 자유의 몸이 되는 것이다. 그렇게 하면 아내는 그쪽에 정신이 팔려서, 돈 만지는 데 열중하여 손가락을 시퍼렇게 물들이고, 반타작 소작인이나 청부 소작인들을 조종하고, 소송 대리인을 부르고, 공증인을 부리고, 변호사를 바쁘게 만들고, 법률가를 찾아다니고, 소송에 몰두하고, 증서를 만들고, 계약서를 쓰게 하고, 천하를 차지한 듯 의기양양하게 사고, 팔고, 계산하고 명령하고, 약속하고 타협하고, 계약하고 계약을 해약하고, 양보하고 양도하고, 되찾고, 정리했다가 다시 혼란시키고, 재산을 모으고, 낭비한다.

그리고 그 밖의 온갖 바보 같은 짓을 다 하는데, 그것이 전횡적이고 개인적인 행복이 되어 그녀 자신에게 위안이 된다. 남편한테서 무시당하고 있는 동안 아내는 남편을 파산시키고 만족해하는 것이다.'

이 이론을 질노르망 씨는 자기 자신에게 적용하여 그것이 그의 경력이 되어 있었다. 그의 두 번째 아내가 재산을 현명하게 관리한 결과 어느 날 아내가 죽고 보니 질노르망 씨에게 남겨진 것은 먹고 살 수 있는 만큼의 것, 즉 남은 재산 전부를 종신 연금에 맡기면 연수입 1만 5천 프랑은 되었다. 하지만 그것은 대부분 그와 함께 사라져 없어지게 되어 있었다.

그는 별로 놀라지도 않았다. 유산을 남기는 따위의 생각은 그다지 염두에 두지 않았으니까. 게다가 상속 재산 같은 것은 위태로운 것이어서, 이를테면 국유재산이 되는 수도 있다는 것을 그는 보아왔던 것이다. 그는 정리 공채의 변화도 목격해 왔으며 그러니만큼 공채 원부(公債原簿) 같은 것은 거의 신용하지 않았다.

"그런 것은 전부 깽깡쁘와 은행 말고는 통용되지 않아!"라고 그는 말하는 것이었다.

피유 데깔베르의 집은, 앞서도 말한 바와 같이 그의 소유였다.

그에게는 '수놈과 암놈'인 두 하인이 있었다. 새 하인이 들어오면 질노르망 씨는 으레 그에게 새로운 세례명을 붙여 주는 것이었다. 남자한테는 그의 출신지 이름을 붙여서 니므와, 꽁뜨와, 쁘와뜨뱅, 삐까르 등으로 불렀다. 그의 마지막 하인은 늙고 뚱뚱한 50살 가량의 위인으로 몹시 숨이 차서 스무 걸음도 채 달리지 못하였다. 그런데 그가 바이욘느 태생이라 해서 질노르망 씨는 그를 바스끄^(바이욘느가 있는 피레네 지방의 주민)라고 부르고 있었다.

한편 하녀는 모두 니꼴레뜨라고 불렀다(뒤에 나오는 마뇽이라는 여자도 역시 그렇게 불렀다). 어느 날 문지기처럼 키가 껑충한 요리 잘하고 새침하며 매력적인 하녀 하나가 나타났다.

"월급은 얼마나 받고 싶나?" 하고 질노르망 씨는 물었다.

"30프랑요."

"이름은 뭐라고 하지?"

"올랭삐라고 해요."

"좋아, 50프랑 주겠어. 그 대신 이제부턴 니꼴레뜨라고 해라."

마뇽과 그녀의 두 아이

질노르망 씨의 경우 마음의 고통은 분노로 나타났다. 그는 절망하면 광포해졌다. 그는 갖가지 편견을 가지고 있었고 뭐든지 제멋대로 했다. 그의 외적인 특징이 되는 동시에 내심으로도 만족할 수 있었던 것 중의 하나는 앞서도 지적한 바와 같이, 나이는 먹었어도 혈기왕성하다는 점이었고 또한 남들에게도 한사코 그렇게 보이려고 했다.

그는 이것을 '당당한 명성'을 얻는 일이라고 말했다. 그는 이 당당한 명성 때문에 때로는 뜻밖의 소득을 얻게 될 때도 있었다. 어느 날 태어난 지 얼마 안 되는 통통한 사내아이가 포대기에 따뜻하게 싸인 채 빽빽 울면서, 굴껍질 같은 바구니 속에 담겨서 그의 집으로 들어왔다. 6개월 전에 쫓겨난 한 하녀가, 그 애는 그의 아들이라고 주장했다. 질노르망 씨는 그 당시 만 84살이었다. 마을사람들은 노발대발하여 크게 떠들어댔다. 저 뻔뻔스러운 매춘부가 누구에게 덤터기를 씌우려는 거지? 정말 뻔뻔스럽기도 해라! 그런 터무니없는 중상을 하다니! 그런데 질노르망 씨는 조금도 화내지 않았다. 그런 중상을 받고 오히려 기분이 좋아진 노인은 흐뭇한 미소를 띠고 그 아기를 바라보며 남의 얘기처럼 말했다.

"아니, 뭐 그걸 가지고. 그게 어때서? 그게 뭐 어떻다는 말이지? 쓸데없이 놀라기는. 정말 아무것도 모르는 놈들이야. 샤를르 9세 폐하의 서자이신 앙굴렘므 공은 85살 때 15살 난 철부지 아가씨와 결혼하셨어. 보르도의 대주교인 쑤르디 추기경의 아우이신 알뢰즈 후작 비르지날 각하도 83살에 자깽 의장 부인의 시녀에게서 아들을 얻었고, 그 아이는 실로 사랑의 결정으로서 뒤에 말따 기사단의 기사가 되어 군사 참의관이 되기도 한 사람이야. 근대 위인의 한 분이신 따바로 수도원장은 87살 난 남자에게서 태어난 아들이야. 이런 것은 극히 당연한 일이란 말이다. 성서를 잘 보라구_(구약 성서에는 고령자가 자식을 낳는 이야기가 많이 있다. 이를테면 '룻기'의 보아스)! 그건 그렇고, 이 아기는 내 자식이 아니라는 것을 분명히 선언해 둔다. 하지만 돌봐 주도록 해. 이 아이의 죄는 아니니까 말이지."

그것은 너무도 선량한 행동이었다. 그 여자, 마뇽이라는 그 여자는 다음해 또 한 아이를 그에게 보내왔다. 역시 사내아이였다. 이번만은 질노르망 씨도 두 손을 바짝 들었다. 그는 두 아이를 그 어미에게 돌려보내고 그 어미가 두 번 다시 이런 짓을 하지 않겠다는 조건 아래 아이의 양육비로 한 달에 80프랑을 주겠다고 약속했다. 그는 덧붙여 말했다.

"어머니는 두 아들을 소중히 길러야해. 가끔 내가 보러 갈 테니까." 그리고 그는 실제로 그렇게 했다.

그에게는 사제로, 33년간이나 프와띠에학회 회장을 지내다가 79살로 죽은 동생이 하나 있었다.

"그앤 젊은 나이에 죽었어"라고 질노르망 씨는 말하는 것이었다. 그는 이 동생에 대한 추억을 별로 갖고 있지 않았으나 이 동생은 얌전한 대신 욕심이 많은 사나이여서, 자기는 사제니까 가난한 사람들을 만나면 가진 것을 베풀어야 한다고 생각은 하면서도 실제로는 잔돈이나 가치가 없어진 동전밖에는 준 적이 없었다. 그리하여 천국에 가는 길을 통하여 지옥으로 가는 방법을 발견하고 있었던 것이다.

한편 형인 질노르망 씨로 말할 것 같으면, 자선이라면 아끼지 않고 기꺼이 듬뿍 베풀고 있었다. 그는 친절하고 성급하고 동정심이 많았으므로 만약 돈이 많았다면 그의 처신은 굉장한 것이었으리라. 그는 자기에게 관계되는 일이라면 무엇이든지, 심지어 그것이 나쁜 짓이라 할지라도 당당히 해주기를 바랐다. 어느 날, 그는 상속 문제로 한 대리인에게 야비하고도 시시한 방법으로 사기를 당했을 때에도 다음과 같이 위엄 있게 고함을 질렀다.

"쳇! 정말 더러운 짓거리야! 이런 치사한 짓은 정말 수치라고 생각해. 요즘 세상은 모든 것이, 악당까지도 타락해버렸어. 나쁜 놈들! 나 같은 사람한테서 훔치는 데 겨우 이런 방법을 쓰다니. 숲속에서 강도를 만난 거나 다름없어 (피할 길 없는 방법으로 도둑맞았다는 뜻임). 정말 고약한 도둑질이야. 정말 '숲이여 집정관의 이름을 더럽히지 마라 (베르길리우스의 《전원시》에서 인용한 시구임)' 이거야!"

그는 앞에서도 말한 바와 같이 두 번 아내를 얻었다. 첫번째 아내에게서는 딸이 하나 있었는데 미혼으로 있었다. 두 번째 아내에게서도 딸이 하나 있었으나, 이 딸은 30살도 채 되기 전에 죽었다. 그런데 죽기 전에 사랑해서였는지 우연에서였는지, 아니면 다른 무슨 이유에서인지, 사병으로부터 출세한 한 군인과 결혼을 했다. 이 군인은 공화국 시대와 제정시대에 군대에 몸을 담고 있었는데 아우스테를리츠 전투에서는 훈장을 받았고, 워털루 싸움에서는 대령

태어난 지 얼마 안 되는 통통한 사내아이가 포대기에 따뜻하게 싸인 채……

으로 승진해 있었다.

"그건 우리 집안의 수치야"라고 이 늙은 부르주아는 말하는 것이었다.

질노르망 씨는 무척 담배를 좋아했다. 그리고 특히 그는 한쪽 손끝으로 간단하게 자기의 레이스 넥타이에 주름잡기를 잘했다. 신앙심은 별로 없었다.

저녁 아니면 손님의 방문을 받지 않는 규칙

뤼끄 에스프리 질노르망 씨는 이상과 같은 인물이었다. 그는 머리칼 하나 빠지지 않았으며, 백발이라기보다 오히려 잿빛이라는 편이 더 어울릴 머리를 항상 개의 귀 모양으로 손질하고 있었다. 요컨대 그는 여러 가지 문제점은 지니고 있었으나, 존경할 만한 인물이었다. 그는 18세기적인 인물로 경박하면서도 위대했다.

왕정복고 초기에는, 아직 '젊었던' 질노르망 씨—그는 1814년에 겨우 74살밖에 되지 않았다—는 쌩 제르맹 외곽 시르방도니 거리의 쌩 쒤삐스 성당 근처에 살고 있었다. 그가 마레 지구로 들어온 것은 80살이 지나 사회에서 은퇴할 무렵이었다.

그런데 사회에서 은퇴함과 동시에 그는 오직 자기 습관에만 파묻혀 버렸다. 그가 가장 중하게 여기며 절대로 바꾸려하지 않은 것은, 낮에는 무슨 일이 있어도 문을 닫아 걸고 상대가 누구건, 용건이 무엇이건 저녁이 아니면 절대로 손님을 받아들이지 않는다는 점이었다. 질노르망 씨는 5시에 저녁식사를 하고, 그런 뒤에 문을 열었다. 이것은 그가 살던 세기의 습관으로서, 그는 그것을 전혀 바꾸려고 하지 않았다.

"낮은 천박스러워서"라고 질노르망 씨는 말하는 것이었다. "덧문을 닫아 놓을 도리밖에 없어. 훌륭한 신사는 하늘에 별이 반짝이기 시작할 무렵에 자기 정신에 불을 켜는 거야."

그리하여 질노르망 씨는 어떠한 사람에 대해서도, 설령 상대가 국왕일지라도 높이 방벽을 쳐놓고 있었다. 그것은 실로 그가 살아 온 지난 시대의 고풍스럽고 우아한 마음가짐이었다.

둘이 있다고 해서 반드시 한 쌍이 되지는 않는다

질노르망 씨의 두 딸에 관해서는 앞에서 조금 말해 두었다. 그녀들은 10

년 간격을 두고 태어났다. 젊었을 때 그녀들은 전혀 닮은 데가 없었으며, 성격상으로나 얼굴 생김새로나 서로 자매라는 것이 의심스러울 정도였다. 동생 쪽은 아름다운 영혼의 소유자로, 무엇이든 밝은 쪽으로 마음을 향하고, 꽃이나 시나 음악에 열중하고, 영광의 세계를 동경하고, 열정적이고, 고결하며, 어릴 적부터 마음속으로 어떤 어렴풋한 영웅적인 환상에 자기 몸을 바치고 있었다.

언니 역시 자기 나름의 환상을 가지고 있었다. 그녀가 푸른 하늘 속에서 마음에 그리고 있던 것은 어용 상인, 돈많고 맵시 좋은 양곡 수송계, 마음씨 좋은 남편, 어떤 백만장자, 아니 그보다도 주지사였다. 관청의 환영회며, 목에 목걸이를 늘어뜨린 응접실의 접대원이며, 공식적인 무도회며, 시장의 축사, 자기가 '지사 부인'이라는 사실, 그런 것들이 그녀의 상상 속에서 소용돌이치고 있었다. 두 자매는 어린 시절 그런 식으로 저마다 자기 꿈속을 방황하고 있었다. 두 사람 다 날개를 가지고 있었다. 하나는 천사처럼, 또 하나는 거위처럼.

어떠한 야심도, 적어도 이 세상에서는 충분히 실현되지 않는다. 어떠한 낙원도, 요즘 같은 시대에는 지상의 것이 되지 않는다. 동생은 자기가 꿈꾸고 있던 남자와 결혼하긴 했으나 얼마 안 있어 죽고 말았다. 언니 쪽은 결혼을 하지 않았다.

지금 말하고 있는 이 이야기 속에 등장할 무렵의 언니는, 낡은 순결과 정열로 마음을 불태우는 일 따윈 있을 것 같지도 않은 정숙함과, 흔히 볼 수 없을 만큼 뾰족한 코와 둔한 센스의 소유자였다. 자질구레한 특징의 하나는 이 몇 명 안 되는 가족 외에는 아무도 그녀의 이름을 아는 사람이 없다는 사실이다. 사람들은 그녀를 질노르망 큰아가씨라고 부르고 있었다.

정결한 체하는 행동에서는 질노르망 큰아가씨는 영국의 미혼 여성보다도 훨씬 교묘했다고 할 수 있으리라. 그것은 도가 지나쳐 실로 내숭스러운 정숙이었다. 그녀는 일생 동안에 한 가지 끔찍스러운 추억을 가지고 있었는데, 그것은 어느 날 한 남자에게 자기의 양말 대님을 보였다는 사실이었다.

그 지나친 정절은 나이를 먹어 감에 따라 더욱 심해져 갔다. 그녀의 얼굴을 가린 베일은 한 번도 투명하게 비쳐 보인 적이 없었으며 한 번도 높이 들춰진 적이 없었다. 아무도 들여다볼 생각도 하지 않는 곳까지 그녀는 많은 호크와 안전핀을 사용했다. 정숙한 체하는 버릇의 본질은 요새에 적이 쳐들어올 염려가 없어지면 없어질수록 점점 더 많은 감시병을 배치하는 데 있는 것이다.

그런데, 그렇게 케케묵은 결백의 비밀을 폭로하는 것이 되겠지만, 그녀는 자기 조카인 떼오될르라는 한 창기병 장교에게는, 불쾌한 기색도 없이 키스를 허락하고 있었다.

이렇게 귀여워하는 창기병이 하나 있었다고는 하나, 우리가 그녀에게 붙인 '사이비 정숙녀(貞淑女)'라는 레테르는 실로 그녀에게 꼭 어울리는 것이었다. 말하자면, 질노르망 큰아가씨는 스러져가는 영혼의 소유자였다. 정숙한 체하는 버릇은, 반은 미덕이요 반은 악덕이었다.

질노르망 큰아가씨는 정숙한 체하는 것 외에, 그것과 잘 어울리는 편협한 신앙심을 가지고 있었다. 그녀는 비에르즈회의 회원으로 있어서 어떤 축일 모임에서는 흰 베일을 쓰고 특별 기도문을 중얼거리고, '성혈'을 숭배하고, '성심'을 공경하고, 일반 신도들은 들어갈 수 없는 성당 안 로꼬꼬 제주이뜨 양식의 제단 앞에서 몇 시간이고 조용히 묵상에 잠기고, 거기 있는 수많은 대리석상과 금박칠한 커다란 서까래들 사이로 자기 영혼을 날아가게 하는 것이었다.

성당에는 그녀의 여자 친구가 하나 있었다. 그녀 역시 노처녀였는데 보브와 양이라고 불리는 미련스러워 보이는 여자였다. 그러므로 그 곁에서 질노르망 양은 자기가 마치 민첩한 독수리나 된 듯한 으쓱함을 느끼는 것이었다. '아뉴스 데이'나 '아베 마리아'의 기도문 외에 보브와 양은 갖가지 과자를 만드는 법을 알고 있었을 뿐, 아무런 교양도 갖고 있지 않았다. 보브와 양은 지성의 얼룩이라고는 한점도 없는, 완전무결하게 우매한 백지였다.

한 가지 덧붙이고 싶은 것은 나이를 먹어감에 따라 질노르망 양의 성질이 나빠졌다기보다 좋아져 갔다는 사실이다. 이것은 소극적인 성격의 사람에게는 흔히 있는 일이다. 이때까지 그녀는 심술궂어 본 적은 한 번도 없었다. 그것은 비교적 그녀가 선량했다는 것을 의미한다. 그리고 세월이 흐름에 따라 모진 데가 없어지고, 시간이 흐름에 따라 온화해졌다.

질노르망 양은 자신도 정체를 알 수 없는 막연한 애수에 사로잡혀 있었다. 그녀의 모습 전체에서 느낄 수 있는 것은 시작해보지도 못하고 끝나 버린 일생이 가지는 망연자실함이었다.

그녀는 아버지 집 살림을 돌보고 있었다. 마치 비앵브뉘 각하가 자기 곁에서 누이동생을 떼놓지 않았던 것처럼, 질노르망 씨도 자기 곁에서 딸을 놓아주지 않았던 것이다. 이러한 노인과 노처녀의 가정은 결코 보기 드문 것이 아니며, 약한 사람끼리 서로 의지하고 있는 광경은 언제나 사람의 마음을 감동시키는 것이다.

이 집에는 이 노처녀와 노인 외에도 아이가 하나 있었다. 작은 사내아이로, 질노르망 씨 앞에서는 언제나 떨면서 잠자코 있었다. 질노르망 씨는 이 소년에게는 엄한 목소리로 말했고, 때로는 지팡이를 들어올리기도 했다.

"자, 이리 오너라! 장난꾸러기 개망나니야. 좀더 이리로 오란 말이다!"

"왜 대답이 없니? 고약한 놈! 얼굴이나 좀 보자. 바보 같은 놈같으니!"
등등.

그러면서도 노인은 이 소년을 진심으로 사랑하고 있었다.

이 소년은 노인의 손자였다. 이 소년에 대해서는 나중에 차차 얘기하기로 하자.

제3편 할아버지와 손자

옛날의 객실

세르방도니 거리에 살고 있던 무렵의 질노르망 씨는 매우 훌륭한 상류의 몇몇 살롱에 출입하고 있었다. 질노르망 씨는 귀족은 아니었으나, 출입을 허락받고 있었다. 아니, 오히려 그는 이중의 재치를 가지고 있었으므로, 즉 하나는 실제로 가지고 있었고 또 하나는 가지고 있다고 사람들이 생각했던 것으로 그는 인기가 좋고 대접도 받았다. 그는 자기가 기를 펼 수 있는 경우가 아니고는 아무 데도 가지 않았다.

세상에는 무슨 짓을 해서라도, 사람들의 눈을 끌고 환대를 받고 싶어하는 자들이 있는 법이어서, 자기가 절대적인 권위자가 될 수 없는 자리에서는 익살꾼이 되어 버린다. 그러나 질노르망 씨는 그런 부류의 사람은 아니었다. 자기가 출입하는 왕당파의 살롱에서 행세하는 것은 추호도 그의 자존심을 상하게 하지 않았다. 그는 어딜 가나 절대적인 권위자였던 것이다. 그는 보날 씨(혁명 때의 망명 귀족. 군주제와 가톨릭주의의 절대적인 옹호자)나 방지 쀠이발레 씨(혁명 때의 망명 귀족. 철저한 정통 왕당파)와도 인기를 겨루게까지 되어 있었다.

1817년 무렵에는 그는 빠뜨리지 않고 1주일에 두 번씩 근처에 있는 페루 거리의 T남작 부인 집에서 오후를 보내고 있었다. 이 부인은 존경할 만한 위엄 있는 인물로 남편은 루이 14세 시대에 베를린 주재 프랑스 대사를 지낸 적이 있었다. 이 T남작은 생전에 최면술에 의한 망아의 경지니 환상이니 하는 연구에 열중하고 있었는데, 혁명 당시의 망명으로 인해 몰락하여 죽은 뒤에 남겨 놓은 재산이라곤 다만 메스메르(독일의 의사이자 최면술사. 1778년에 빠리에 나타나 동물자기선을 장치한 통을 써서 병자를 고쳤음)와 그의 통에 관한 기괴한 기록뿐으로 그것은 빨간 모로코 가죽의 표지에다 책 도련에 금박을 한 10권의 수기였다. T부인은 품위를 유지하기 위해 그 기록을 출판하지 않고, 어떻게 해서 남았는지 아무도 모르는 약간의 수입으로 생계를 이어 가고 있었다. T부인은 스스로 '몹시 혼란한 사교계'라고 부르고 있

던 궁정에서 떠나, 고결하고 기품있게 가난과 고독 속에서 살고 있었다. 몇
몇 친구들이 1주일에 두 번 이 미망인의 난로가에 모이게 되어 있어서, 거기
에 순수한 왕당파의 살롱이 형성되고 있었다. 거기서는 모두들 마시면서, 시
국 이야기며 헌법이며 부오나빠르뜨 파(보나파르뜨를 비꼰 호칭)들이며, 시민에 대한 청색
대훈장의 남발이며 루이 18세의 자꼬뱅주의며 하는 것에 관해 그때그때의
분위기가 슬프고 애달프냐, 분하고 원통하냐에 따라 한숨을 쉬기도 하고 증
오의 고함을 지르기도 하는 것이었다. 그리고 샤를르 10세에 이르러 비로소

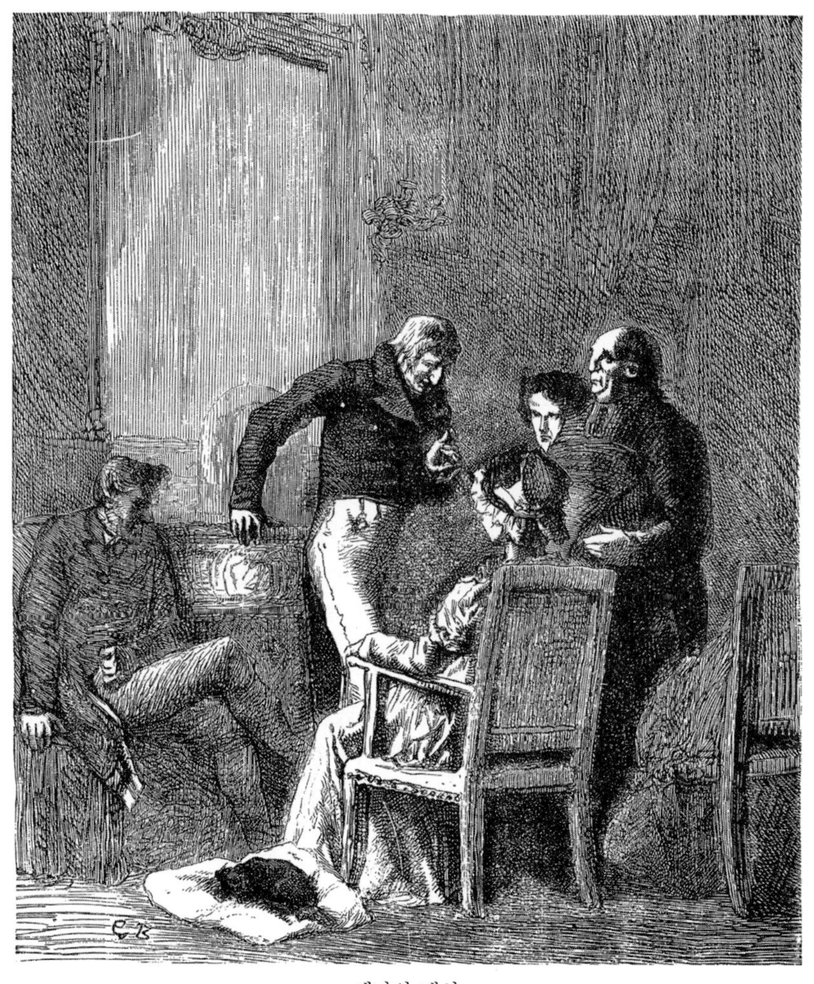

옛날의 객실

왕제에 의하여 주어지는 일루의 희망(샤를르 10세는 루이 18세의 동생이며 샤를르 10세에는 / 황태자 앙굴렘므 공작과 그 동생 베리 공작이 있었음)에 대하여 소곤거리기도 했다.

이 살롱에서는 나뽈레옹이 '니꼴라'라는 이름으로 불리는 속요를 무척 환영하였다. 가장 세련되고 가장 아름다운 사교계의 공작부인들이, 이를테면 '의용병들'(나뽈레옹의 재기에 임하여 / 1815년에 모집된 의용병)을 향한 다음과 같은 노래 구절에 열중했던 것이다.

> 나와 있는 셔츠 자락을
> 바지 속으로 집어넣어라.
> 애국의 용사들은
> 백기(왕실의 / 깃발)를 올렸다는 말을 듣지 말아라.

이 사람들은 통렬하다고 생각되는 재담을 즐기고, 비꼬았다고 여기는 말재주를 재미있어 하고, 4행시나 2행련구를 읊어 가며 즐겼다. 그래서 드까즈 씨나 드쎄르 씨가 참가하고 있던 연약한 데쏠르 내각(1818년 / 12월 성립)에 대해서는 다음과 같은 구절이 있었다.

> 흔들리는 왕좌를 바로잡기 위해서는 갈아 치워라.
> 땅(쏠르―데쏠르의 / 이름과 발음이 같음)과 온실(쎄르―드쎄르의 / 이름과 발음이 같음)과 집(까즈―드까즈의 / 이름과 발음이 같음)을.

그런가 하면 '고약한 자꼬뱅 의원'인 상원의 명부를 작성하여 그 중에서, 이를테면 다음과 같은 구절이 되게끔 이름을 꿰맞추었다. "다마스, 사브랑, 구비옹, 쌩 시르(다마스가 구비옹, 쌩 시르를 군도로 벤다는 뜻이 된다. / 그리고 다마스, 구비옹, 쌩 시르는 모두 육군장관)"
하고는 몹시 유쾌해했다.

이들의 사교계에서는 또한 혁명을 풍자하는 노래가 만들어졌다. 무엇이든 분노를 반대 방향으로 몰고가려는 속셈이 있었던 것이다. 혁명가 '사 이라'의 가사를 바꾸어서 이런 식으로 노래하고 있었다.

> 아아! 좋겠지! 좋겠지! 좋겠지!
> 부오나빠르뜨 파의 목을 잘라라!

노래는 단두대와 같은 것이다. 닥치는 대로 오늘은 이쪽 목을 자르고 내일은 저쪽 목을 자른다. 그것은 하나의 변화에 지나지 않는다.

1816년 무렵의 사건이었던 퓌알데스 사건(로데즈에서 행정관 퓌알데스가 암살당한 왕정복고기의 가장 유명한 형사 사건. 실제는 1817년 3월 2일) 때는 그들은 범인인 바스띠드와 조시옹의 편을 들었다. 퓌알데스가 '부오나빠르뜨 파'였기 때문이다. 또한 그들은 자유주의자들을 '형제이자 친구'라고 부르고 있었는데 그것은 다시 없는 욕이었다. 성당 종탑에 흔히 풍향을 알리는 닭이 붙어 있듯이 T남작 부인의 살롱에도 두 마리 용감한 수탉이 있었다. 하나는 질노르망 씨이고 또 한 사람은 라모뜨 발르와 백작이었는데, 이 백작에 대해서는 사람들이 일종의 경의를 섞어서 서로 소곤거렸다.

"아십니까? 저분이 목걸이 사건(1780년대에 궁정에서 일어난 유명한 목걸이 사건. 라모뜨 백작 부인은 이 사건의 중심 인물의 하나로 처형되었음)의 라모뜨 씨예요."

같은 패거리 사이에서는 그런 기묘한 아량도 있었던 것이다.

여기에 한 마디 말을 덧붙여 두겠다. 부르주아 계급에서는 명예 있는 지위의 사람들이 너무 경솔한 교제를 하면 자기 명예를 손상시키는 것이 되어 누구에게 출입을 허락하느냐 하는 문제는 신중하게 다루었다. 차가운 것이 접근하면 열을 빼앗기듯이 멸시당하고 있는 사람을 가까이하면 타인에게서 받는 존경의 도수가 감소되기 때문이다.

그러나 옛 상류사회는 다른 모든 법칙과 마찬가지로 이 법칙마저도 개의치 않았다. 뽕빠두르 부인의 오빠인 마리니는 수비즈 대공(장군이며 궁정인. 7년 전쟁에 관해서 뽕빠두르 부인과 감정 대립이 있었음)댁에 출입했다. 뽕빠두르 부인의 오빠가 어떻게? 아니 오빠이기 때문이다. 보베르니에 부인(기욤므 뒤 바리의 사생아로 뒤 바리로 불리게 허락되고 뒤에 루이 15세의 애첩이 됨)의 대부인 뒤 바리는 리슐리외 원수(루이 13세의 재상이었던 리슐리외의 조카)댁에서 매우 환대를 받았다. 이러한 사교계야말로 올림포스 산이다. 머큐리 신도 게메네 공도 거기 산다. 도둑일지라도 그것이 신이기만 하면 거기 들어갈 것을 허락받는다.

라모뜨 백작은 1815년에 75살 된 노인으로 묵묵하고 거만한 태도와, 각이 진 쌀쌀한 얼굴 생김과, 더할 나위 없이 예의 바른 태도와, 목 있는 데까지 단추를 채운 옷과, 언제나 포개고 있는 긴 다리를 감싼 길고 헐렁헐렁한 고동색 바지 외에는 사람의 눈을 끌 만한 것이 없었다. 그 얼굴도 바지와 같은 색깔이었다.

그런 라모뜨 씨가 이 살롱에서 인기가 높은 것은 그가 '명사'였기 때문이며, 또한 입에 올리기도 우스운 얘기지만 거짓말도 아닌 것은 그의 이름이 발르와^{(라모뜨 발르와. 발르와}^{는 프랑스 왕가의 이름)} 때문이기도 했다.

한편, 질노르망 씨에 대한 경의는 순전히 그의 좋은 본성 때문이었다. 그는 위에 서야 할 사람이기 때문에 위에 섰던 것이다. 그는 매우 소박하고 쾌활한 가운데에도, 부르주아로서의 거만하고 위압적이고 당당하며 솔직한 예절을 갖추고 있었다. 그의 고령도 거기다 무게를 더하고 있었다. 1세기 가까이나 아무런 사고도 일으키지 않고 살아 간다는 것은 그리 쉬운 일이 아니다. 오랜 세월의 풍상을 견딘 노인의 듬성듬성한 머리카락은 사람들의 존경심을 불러 일으킨다.

더욱이 그는 그야말로 옛 기질의 번뜩임이라고도 할 경구들을 쓸 줄 알았다. 루이 18세에게 왕위를 되찾아 준 프러시아 왕이 그 뒤 뤼뺑 백작이라는 이름으로 이 왕을 방문해 왔는데 루이 14세의 후예인 루이 18세는 상대방을 브란데부르크 후작으로서 매우 예의에 어긋나는 태도로 맞이한 적이 있었다. 질노르망 씨는 이런 대우를 환영하며 이렇게 말했다.

"프랑스 왕이 아닌 왕은, 모두 한 지방의 왕일 뿐이다."

또 하루는 그 앞에서 이런 문답이 오고 갔다.

"〈꾸리에 프랑쎄〉지^{(왕정복고 시대의}^{자유주의자의 신문)}의 주필은 도대체 어떤 형에 처해졌나요?"

"폐사형(閉社刑), 발행정지형입니다."

그러자 질노르망 씨가 참견을 하였다.

"'폐' 자는 떼어 버리지."^{(폐사형에서 폐자를}^{떼면 사형이 됨)}

이러한 종류의 말은 하나의 지위를 확고하게 만들어 주는 법이다.

부르봉 집안 복귀 기념일의 '감사 식전'에 딸레랑^{(변절과 재치로}^{유명한 정치가)}이 지나가는 것을 보자 그는 말했다. "저기 마왕 각하 납신다!"

질노르망 씨는, 당시 40세를 넘었는데 50살이나 된 것처럼 보이는 저 올드미스 딸과 하얀 얼굴에 장밋빛이 돌고 자신에 찬 행복한 눈을 가진 7살 난 미소년을 항상 데리고 다녔다. 이 소년이 살롱에 나타나기만 하면 반드시 온갖 소리가 그의 주위에서 시끄럽게 일어나는 것이었다. "어쩜 예쁘기도 해라!" "아깝군! 가엾은 애야!" 이 아이는 앞서 잠깐 말해 둔 그 소년이다. 그가 그처럼 불쌍한 아이로 불리는 것은 그의 아버지가 '르와르 강의 불한당'^{(나뽈레옹 실각 후 르와르 강 너머로}^{달아난 패잔병을 멸시하는 말)}이었기 때문이다.

이 르와르 강의 불한당이란 앞서 말한 질노르망 씨의 딸의 남편으로 질노르망 씨가 '집안의 수치'라고 불렀던 인물이다.

빨강 유령 (나빨레옹군 의 생존자) 의 한 사람

그 무렵 베르농이라는 자그마한 도시로 들어가서 얼마 안 있어 추악한 철골 다리로 바꾸어지기 전의 그 아름다운 기념 다리를 거닐어 본 사람이라면, 다리 난간 너머로 무심코 아래를 내려다보았을 때 50살 가량의 한 사나이에게 주의가 끌렸을지도 모른다.

그 사나이는 챙이 달린 가죽 모자를 쓰고, 잿빛의 거친 모직 바지에 신사복 윗도리를 입고 있었다. 그 윗도리에 꿰매 붙인 빨간 리본은 낡아서 누르스름해졌는데, 나막신을 신고, 볕에 그을려 얼굴은 시커멓고, 머리칼은 거의 하얗고, 이마에서 볼에 걸쳐 커다란 흉터가 있고, 등도 허리도 구부러져, 그럴 나이도 아닌데 겉늙어 보였다. 그 사나이는 손에는 삽인지 낫인지를 들고, 거의 하루 종일 다리와 잇닿아 있는 담으로 둘러친 지면의 한 곳을 어슬렁거렸다. 그곳은 다리께에서 세느 강의 왼편 둑을 따라 테라스처럼 늘어서 있어 꽃이 만발한 그 아름다운 울안은 좀 더 넓었으면 정원이라고 할 수 있고 좀 더 좁았으면 꽃밭이라고 할 수 있었다. 그러한 울안은 한쪽 끝은 강에 이어지고 또 한쪽 끝은 인가와 닿아 있었다.

방금 말한 그 신사복을 입고 나막신을 신은 남자는 1817년께 이 근처에서 가장 좁은 울안을 가진 가장 초라한 집에 살고 있었다. 그는 그런 집에서 홀로 가난하고 쓸쓸하고 조용하게 살고 있었다. 그리고 젊지도 늙지도 않고, 아름답지도 못나지도 않고, 시골뜨기도 도시 사람도 아닌 한 여자가 그의 치다꺼리를 하고 있었다. 그가 정원이라고 부르는 그 네모난 땅은 그가 키운 아름다운 꽃들로 해서 그 도시에서 소문이 자자했다. 꽃을 가꾸는 것이 그의 일이었다.

노동과 인내와 정성과 물통의 힘으로 그는 조물주 다음으로 훌륭하게 꽃을 피울 수 있었으며, 자연으로부터 잊혀지고 있는 듯한 어떤 종류의 튤립이나 달리아를 만들어냈다. 그의 솜씨는 무척 신기하고 묘했다. 미국산이나 중국산의 희귀하고 값비싼 정원수를 재배하기 위해 에리까의 부식토를 만드는 데 술랑즈 보댕 (당시의 저명한 원예가. 빠리원예협회를 창립함) 보다도 솜씨가 좋았다.

　여름이면 새벽부터 정원의 오솔길에 나가서 모종을 심고 가지를 치고 잡초를 뽑고 물을 주고 선량함과 쓸쓸함과 다정함이 깃든 태도로 꽃들 사이를 돌아다녔다. 때로는 몇 시간씩이나 꿈꾸듯이 가만히 멈춰서서 나뭇가지에서 지저귀는 새들의 노랫소리와 어느 집에선가 들려 오는 아이들의 말소리에 귀를 기울이거나, 그렇지 않으면 풀잎 끝에 달린 이슬방울이 태양빛에 루비처럼 빛나고 있는 것을 들여다보거나 했다.

　그의 식탁은 지극히 소박했고 포도주보다도 우유를 많이 마셨다. 그는 아이에게도 한 발 양보했으며 자기 하녀한테서도 잔소리를 들었다. 사람과 사귀기 힘든 동물처럼 소심하여 좀처럼 밖에도 나가지 않고 그의 집 유리창을 두드리는 거지들이나 그의 주임 신부인 사람 좋은 노인 마뵈프 신부말고는 얼굴을 마주치는 사람도 없었다. 하긴 시내 사람들이나 타관 사람들이 그의 튤립이나 장미에 흥미를 가지고 그 작은 집을 방문할 경우에는 그는 기분좋게 미소지으며 문을 열어 주었다. 이 사람이 저 르와르 강의 불한당이었다.

　역시 같은 무렵 전쟁 기록이니 전기니 〈모니뙤르〉지니 나뽈레옹군의 보고서 따위를 읽어 본 사람이면 거기에 조르주 뽕메르씨라는 이름이 곧잘 나왔던 것을 기억할 것이다. 젊었을 때 이 조르주 뽕메르씨는 쌩뙤즈 연대의 한 병사였다.

　그런데 갑자기 혁명이 일어났다. 생뙤즈 연대는 라인군의 일부가 되었다. 왕정 당시의 옛 연대는 왕정이 쓰러지고 나서도 아직 그 지방의 이름을 간직하고 있다가 1794년에 이르러서야 겨우 여단으로 편성되었던 것이다. 그리하여 뽕메르씨는 각지를 전전하며 스피레스, 우오름스, 노이스탓트, 튜루크하임, 알제, 마이앙스 등지에서 싸웠으며 마이앙스 전투에서는 우샤르의 후위군 200명 중의 하나였다.

　그는 12번째에 있으면서 안데르나흐의 옛 방벽을 방패삼아 헤쎄 대공의 전군에 저항하여 적의 대포가 방벽 바로 위에서 꼭대기의 경사에 걸쳐 돌파구를 열기까지는 주력 부대 쪽으로 퇴각하지 않았다. 마르쉬엔느에서도 몽 빨리쎌의 싸움에서도 끌레베르의 휘하에 있었는데 그는 몽 빨리쎌의 전투에서 총탄에 팔이 꿰뚫렸다.

　그 다음 그는 이탈리아 국경으로 이동했다. 그리하여 주베르와 함께 텐다의 협로를 수비한 30명의 결사대 중의 한 사람으로 들어 있었다. 이 때의 공

노동과 인내와 정성과 물통의 힘으로……

훈으로 주베르는 고급 부관으로 임명되고 뽕메르씨는 소위로 승진되었다. 보나빠르뜨가 '베르띠에는 포병이자 기병이자 척탄병이었다'라고 말했던 저 로디의 싸움에서 뽕메르씨는 빗발치듯 날아오는 포탄 속에 베르띠에 바로 곁에서 활약했다.

또한 노비에서는 자기의 옛 사령관이었던 주베르가 칼을 쳐들고 "전진!" 하고 외친 순간에 쓰러지는 것을 보았다. 작전상 필요에서 자기 부하들을 이끌고 제노아에서 그 연안의 어느 작은 항구로 가는 순항선에 올라탔으나 7, 8척의 영국 범선의 포위에 갇힌 적이 있었다. 제노아인인 선장은 대포를 바다에 버리고 병사들을 중갑판에 숨기고 상선처럼 가장하여 어둠 속으로 달아나려고 했다.

그러나 뽕메르씨는 신호기를 올리는 마스트의 밧줄에 3색기를 잡아매게 하고 영국 경비 함대의 포화 밑을 자랑스럽게 통과했다. 그리고 또 20해리쯤 가서는 그는 더욱더 대담해져 그 순항선으로 영국의 대수송선을 공격하여, 뱃전까지 가득 찰 만큼 많은 병사와 말을 싣고 시칠리아로 군대를 운반하려고 하던 그 배를 포획했다.

1805년에는 페르디난드 대공작으로부터 군츠부르크를 탈취한 말뢰르 사단에 속해 있었다. 베팅겐에서는 제9용기병대의 선두에 서 있던 모팔레 대령이 치명상을 입고 쓰러지는 것을 우박처럼 쏟아지는 탄환 속에서 양팔로 받아 안았다.

아우스테를리츠에서는 적의 포화 밑에 감행된 경탄할 만한 사다리꼴형 전진 속에서 그는 한층 뛰어난 활약을 했다. 러시아 근위기병대가 보병 제4연대의 한 대대를 분쇄했을 때, 뽕메르씨는 그 근위 기병대를 교란시켜서 복수한 사람 가운데 한 사람이었다. 황제 나뽈레옹은 그에게 십자 훈장을 주었다.

뽕메르씨는 계속 부름저를 사로잡은 만투아의 전투, 멜라스를 사로잡은 알렉산드리아의 전투, 맥크를 사로잡은 울름의 전투에 참가했다. 모르띠에가 지휘하여 함부르크를 점령한 나뽈레옹군 제8군단에도 참가했다. 이어 이전에는 프랑드르 연대였던 보병 제55연대로 옮겼다. 에일라우의 전투에서는 이 책 작자의 삼촌뻘이 되는 용감한 루이 위고 대위가 홀로 83명의 부하를 이끌고 두 시간에 걸쳐 적군의 총공격을 막았던 그 묘지에 그도 끼었다 (위고는 《여러세기 전설시집》의 제1편으로 《에일라우의 묘지》를 지었음). 뽕메르씨는 살아서 이 무덤을 나올 수 있었던 세 사람 가운데의 하나였다. 그는 또 프리들란드의 싸움에도 참가했다.

그 후 그는 모스크바를 보고, 베레지나를 보고, 그리고 루첸, 바우첸, 드레스덴, 박샤우, 라이프찌히를 보았으며, 게렌하우젠의 샛길을 보고, 몽메레이유, 샤또 띠에리, 크라우, 마른느 강변, 엔느 강변, 그리고 저 끔찍한 라옹의 진지를 보았다. 아르네 르뒤끄에서 대위가 되어 있던 그는 10명의 카자흐 병사를 칼로 베어 버려, 장군의 생명은 아니지만 부하인 하사의 생명을 구했다. 이때 그는 온몸에 부상을 입고 왼팔에서만도 총알의 파편을 27조각이나 빼냈다.

빠리 함락 1주일 전에 그는 한 동료와 지위를 교환해서 기병대에 들어갔다. 그는 옛 제도 시절에 '두 손 몫'으로 불리고 있던 능력, 즉 병사로서는 칼과 총을, 장교로서는 보병대와 기병대를 똑같이 다룰 수 있는 그런 능력을 가지고 있었다. 이런 능력이 군대 교육으로 완성되어서 특수한 군대, 이를테면 전원이 기병이자 보병이기도 한 용기병이 탄생하는 것이다.

그는 나뽈레옹을 따라 엘바 섬에 갔다. 워털루에서는 뒤브와 여단에 속하는 흉갑기병중대의 대장이었다. 림부르크 대대의 군기를 빼앗은 것은 바로 그였다. 그는 그 군기를 가지고 와서 황제의 발 아래 던졌다. 그는 피투성이였다. 군기를 빼앗을 때 칼로 얼굴을 베였던 것이다. 만족한 황제는 그를 향해 외쳤다.

"그대를 대령에 임명하며 그대에게 남작의 작위를 내리노라. 그대에게 레지옹 도뇌르 4등 훈장을 주겠다!"

뽕메르씨는 대답했다.

"폐하, 제가 죽은 뒤의 아내를 대신하여 감사드립니다."

한 시간 뒤에 그는 오앵의 골짜기에 빠졌다. 그런데 이 조르주 뽕메르씨란 누구였을까? 역시 저 르와르 강의 불한당이었다.

이제 그의 경력에 대해 약간은 알았으리라고 생각한다. 워털루의 전투 이후 뽕메르씨는 조금 전에 말한 오앵의 깊은 고랑길에서 구출되어 다행히 자기편 군대를 만나 야전 병원에서 야전 병원으로 끌려다니다가 마침내 르와르 강 숙영지에 이르렀던 것이다. 왕정복고로 말미암아 그는 봉급이 반으로 깎이고 정해진 거주지로 이송되었다. 즉 베르농에서 감시를 받게 되었다. 국왕 루이 18세는 나뽈레옹의 '100일 천하' 중에 일어난 일은 전부 무효로 간주하고 있었으므로 레지옹 도뇌르 4등 훈장의 자격도 대령의 계급도 남작의 칭호도 그에게는 인정되지 않았다. 그러나 그는 어떤 경우에도 반드시 '육군 대령 남작 뽕메르씨'라고 서명하는 것을 잊지 않았다. 그는 낡아빠진 푸른 예복을 한 벌밖에 가지고 있지 않았으나 외출할 때는 항상 그 옷에 레지옹 도뇌르 4등 훈장의 약장을 달았다.

'그 훈장의 부당 착용'을 이유로 검찰청이 그를 기소할지도 모른다고 검사가 그에게 경고했다. 그 통고가 정식 수속을 거쳐서 그에게 전달되었을 때, 그는 씁쓰레한 미소를 띠고 편지를 썼다. '내가 프랑스 어를 모르게 되었는지 아니면 당신이 프랑스 어를 잘못 쓰게 되었는지 어느 쪽인지는 모르나 어쨌든 내겐 도무지 무슨 말인지 모르겠소.' 그리고 그날부터 1주일 동안 매일 그 붉은 약장을 달고 외출했다. 아무도 새삼스레 그에게 잔소리를 하는 사람은 없었다. 육군 장관과 그 관구의 사령관이 두서너 번 그에게 겉봉에 '뽕메르씨 대령 귀하' 라고 쓴 편지를 보내왔다. 그는 그러한 편지를 뜯어 보지도 않고 돌려보냈다. 마침 그 무렵 세인트 헬레나 섬에 있었던 나뽈레옹도 '보나빠르뜨 장군 귀하' 라고 쓴 허드슨 로우 경의 서신을 역시 같은 식으로 돌려보냈던 것이다. 이런 말투가 허용된다면 뽕메르씨는 결국 입속에 황제와 같은 침을 갖게 되었던 것이다.

이와 같은 예로서 옛날 로마에서 사로잡힌 카르타고의 병사들은 플라미니우스(로마의 집정관, 뒤에 한니발에게 패하여 죽었음)에게 경례하는 것을 거부하여 다소나마 한니발과 같은 넋을 지켰던 것이다.

어느 날 아침 뽕메르씨는 베르농 거리에서 검사를 만나자 뚜벅뚜벅 걸어가서 말했다.

"검사님, 내 얼굴의 흉터는 그대로 달고 다녀도 괜찮겠소이까?"

그에게는 기병중대장 봉급의 반액에 해당되는 빈약한 수입 외에는 아무런 재산도 없었다. 베르농에서는 될 수 있는 한 작은 집을 빌렸다. 거기서 혼자 살고 있었는데 어떻게 살고 있나는 아까 본 대로이다. 제정 시대 때, 두 전쟁 사이에 그는 질노르망 양과 결혼할 만한 틈은 있었다. 늙은 부르주아인 질노르망 씨는 내심 불만이었으나 한숨을 쉬고 다음과 같이 말하면서 그 결혼에 동의하지 않을 수 없었다. "가장 고귀한 가문이라도 피할 수 없는 일이다."(나뽈레옹의 결혼을 가리킴) 뽕메르씨 부인은 어느 모로 보나 훌륭하고 교양도 높고 보기 드문 여성으로 그 남편에 어울리는 부인이었으나 아이 하나를 남기고 1815년에 세상을 떠났다. 이 아이는 고독한 생활을 보내게 된 대령에게 낙이 될 수도 있었을 것이다. 그러나 조부는 막무가내로 손자를 내놓으라고 하며 만약 내놓지 않으면 손자에게 상속권을 주지 않겠다고 선언했다. 아버지는 아들의 장래를 위하여 양보했다. 그리하여 아이를 기를 수도 없게 되었으므로 꽃을 사랑하기 시작했다.

그 밖의 것에서도 그는 모든 것을 단념하고 아무런 활동도 하지 않고 계획도 세우지 않았다. 생각하는 것이라곤 지금 자기가 하고 있는 악의 없는 일들과 과거에 했던 위대한 일뿐이었다. 카네이션을 키우고 싶다고 생각하기도 하고 아우스테를리츠의 전투를 회상하거나 하면서 시간을 보내고 있었다.

질노르망 씨는 이 사위와 전혀 가까이 하지 않았다. 그의 눈으로 본다면 대령은 '불한당'이었고 대령이 볼 때 그는 '괴짜'였다. 질노르망 씨는 가끔 그 '남작 각하'에 대해서 멸시하는 듯이 빈정대는 외에는 대령의 이야기는 전혀 입에 올리지 않았다. 뽕메르씨가 자기 아들이 상속권을 빼앗기고 쫓겨오지나 않을까 염려하여 아이를 만나거나 말을 건네거나 하지 않을 거라는 것은 분명했다. 질노르망 집안에서 본다면 뽕메르씨는 페스트 환자나 다름없었다. 질노르망 집안에서는 아이를 자기네들끼리 원하는 대로 키울 작정이었다. 그런 조건을 받아들인 것은 아마 대령의 잘못이었을지도 모르지만 그는 거기에 만족하고 그리 나쁘게 생각하지도 않으며 자기만 희생하면 된다고 생각했다. 질노르망 씨의 유산은 별것 아니었으나 큰딸인 질노르망 양의 유산은 상당한 것이었다. 미혼으로 있는 이 이모는 물질적으로는 매우 부유했다. 그리고 그 동생의 아들은 당연히 그 상속인이었던 것이다.

마리우스라는 이름의 그 소년은 자기에게 아버지가 있다는 것은 알고 있었으나 그 이상은 아무것도 몰랐다. 아버지 이야기를 해주는 사람이 없었다. 그러나 할아버지를 따라서 가게 되는 사교장에서 사람들의 귓속말이나 흘리는 말이나, 눈짓 같은 것에서 어린 소견으로도 어느덧 눈치를 채게 되어 마침내 어느 정도 사정을 알 수 있게 되었다. 그리하여 말하자면 그의 호흡권 내인 그 사교계의 사상이나 의견을, 물이 천천히 떨어져서 스며들듯이 자연히 몸에 익히게 된 그는 자기 아버지를 생각하면 수치심으로 가슴이 죄어드는 듯한 고통을 느끼게 되었다.

소년이 이렇게 성장하고 있는 동안 대령은 두세 달에 한 번 집을 빠져나와 마치 명령을 어기고 추방된 땅으로 돌아가는 죄인처럼 남몰래 빠리로 와서는 이모 질노르망이 마리우스를 미사에 데리고 오는 시간에 쌩 쒤삐스 성당에 가서 기다리고 있는 것이었다. 그런 때 그는 이모가 뒤돌아보지나 않을까 두려워하여 기둥 뒤에 몸을 숨기고 꼼짝하지 않고 숨 죽인 채 자기 아들을 바라보는 것이었다. 얼굴에 흉터가 있는 이 사나이도 그 노처녀가 그토록 무서웠던 것이다.

그가 베르농의 주임 신부인 마뵈프 신부와 알게 된 것도 마침 이 성당이 인연이 되었던 것이다. 이 훌륭한 신부는 쌩 쒤삐스의 교구 재산관리위원의 한 사람과 형제였다. 이 교구 위원은 이 남자가 그 아이를 가만히 바라보고 있는 광경과 그 남자의 볼에 있는 흉터와 눈에 글썽이며 괴어 있는 눈물을 몇 번이나 보았다. 남자답게 생긴 이 사나이가 여자처럼 울고 있는 것이 교구 위원의 마음을 움직였다. 그 얼굴 모습이 마음에 남았다.

어느 날 그는 형을 만나러 베르농에 가다가 다리 위에서 뽕메르씨를 만났고, 이 사람이 쌩 쒤삐스 성당에서 자주 만나는 사나이라는 것을 깨달았다. 교구 위원은 주임 신부에게 그 이야기를 했고 무슨 구실을 붙여서 함께 대령을 찾아갔다. 이것이 계기가 되어 몇 번이나 찾아가게 되었다. 마음을 단단히 닫고 있던 대령도 마침내 서로 사귀게 되어 주임 신부와 교구 위원에게 그의 모든 과거와, 아이의 장래를 위해 자신의 행복을 희생한 경위를 털어놓게 되었다.

이리하여 주임 신부는 대령에게 경의와 동정을 느끼게 되고 대령 쪽에서도 주임 신부에게 호의를 가지게 되었다. 그런데 만약 서로가 지극히 성실하고 선량한 사람들일 경우, 세상에서 이 노신부와 노병사만큼 서로를 쉽게 이해하고 쉽게 융합할 수 있는 사람들도 없을 것이다. 근본적으로 그들은 같은 부류의 인간인 것이다. 한편은 지상의 조국을 위해 몸을 바치고 또 한편은 천상의 조국을 위해 몸을 바치고 있는 것뿐, 그 외의 다른 차이라곤 하나도 없었다.

1년에 두 번 정월 초하루와 쌩 조르주 축일 (4월 23일. 쌩 조르주는 병사의 수호자)에 마리우스는 아버지에게 의무로 편지를 썼으나 이 편지는 이모가 불러 주는 대로 받아 써서 마치 서간문집에서 베껴 쓴 것 같은 느낌이었다. 질노르망 씨가 허용한 것은 그것뿐이었다. 아버지는 매우 정에 넘치는 답장을 보내왔으나 할아버지는 그것을 읽지도 않고 주머니에 쑤셔넣고 마는 것이었다.

'고이 잠드소서'

T부인의 살롱, 그것이 마리우스 뽕메르씨가 알고 있는 세상의 전부였다. 그가 인생을 바라볼 수 있는 창구멍은 그것뿐이었다. 그 창문은 어두컴컴하고 지붕창이라고 할 만한 것이어서 들어오는 것은 온기보다도 냉기였고, 햇빛보다는 암흑이었다. 이 기이한 사회에 끌려나왔을 때 기쁨과 광명뿐이었던 이 소년은 얼마 안 가서 쓸쓸하게 되고 또 어린아이답지 않게 침울해졌다. 거만하고 특이한 사람들에게 둘러싸인 마리우스는 진정한 놀라움으로 자기 주위를 가만히 둘러보았다. 모든 것이 그의 마음에 강한 놀라움을 더해주고 그를 멈칫 서게 할 뿐이었다.

T부인의 살롱에는 많은 존경을 모으는 늙은 귀족 부인들이 있었다. 마또, 노에, 그리고 모두 레비라고 발음하는 레비스, 깡비스라고 발음하는 깡비 같은 노부인들이었다. 그러한 부인들의 고풍스러운 생김새와 성서에 나오는 이름은 소년이 머릿속에 암기하고 있는 구약성서와 뒤섞였다. 이 노부인들이 모두 꺼져 가는 난롯불 주위에 둘러앉아서 푸른 갓을 씌운 램프불을 희미하게 받으며 엄격한 옆얼굴, 회색이나 흰 머리카락에, 칙칙한 색밖에 모르는, 시대에 뒤떨어진 긴 드레스를 입고 이따금 답답하고 엄격한 말을 띄엄띄엄 중얼거릴 때, 소년 마리우스는 겁에 질린 듯한 눈으로 노부인들을 바라보며 어쩐지 여자라기보다는 고대의 장로나 도사를 보는 듯하기도 하고 현실의 인간이라기보다는 망령을 보는 듯한 그런 기분에 사로잡혔다.

그러한 망령들 속에 섞여 있는 것은 이 묵은 살롱의 단골인 많은 신부와 귀족들이었다. 베리 공작 부인의 제1 비서역인 사쓰네 후작. '샤를르 장뜨와느'라는 익명으로 서정 단시집을 낸 발로리 자작. 목둘레를 깊이 파고 금빛 술을 단 새빨간 비로드 옷으로 이 암흑계를 위협하고 있는, 아름답고 재기발랄한 아내를 두고, 아직 젊은데도 머리칼이 잿빛으로 변한 보프르몽 대공. '적절한 예의'를 제일 잘 알고 있기 때문에 프랑스 남자 중의 남자라고 불리는 꼬리올리 데스삐누즈 후작. 애교 있는 턱을 가진 호인 아망드르 백작. 국왕의 서재로 불리는 루브르 도서관의 기둥, 뽀르 드 기 기사. 이 뽀르 드 기

씨는 늙은이라기보다는 낡았다는 느낌이 드는 대머리였는데 곧잘 사람들에게 얘기하는 바에 의하면 1793년 16살 때 기피자로 감옥에 끌려가서 역시 같은 기피자인 80살의 노인 미르쁘와의 주교와 같은 사슬에 묶였다고 한다. 그는 징병 기피자였고, 주교는 사제로서 선서 기피자였다.

그곳은 뚤롱 형무소였다. 그들의 임무는 밤이 되면 낮에 단두대에 올랐던 사람의 몸뚱이와 머리를 주워오는 것이었다. 그들은 피가 뚝뚝 듣는 시체를 등에 짊어졌다. 그래서 두 사람이 입고 있는 죄수복인 소매 없는 붉은 외투는 아침에는 말랐다가 밤에는 다시 젖어서 목덜미에 피가 말라붙어 두터운 껍질이 되었다. 그러한 처참한 이야기는 T부인의 살롱에 얼마든지 있었다.

거기서는 마라를 저주한 나머지 트레스따이용^(백색 테러를 일으킨 혁명 시대의 과격 왕당파 수령의 한 사람)을 극구 칭찬했다. 떼보르 뒤 샬라르 씨, 르마리오 드 고미꾸르 씨, 야유 잘하기로 유명한 우익의 꼬르네 댕꾸르 씨 등등, 요즘 세상엔 보기 드문 몇몇 의원들이 와서 휘스트놀이를 하고 있었다. 대법관 페레뜨는 그 빼빼 마른 다리에다 짧은 반바지를 입고 딸레랑네에 가는 도중 가끔 이 살롱에 얼굴을 내밀었다. 그는 이전에 아르또와 백작과는 친구 사이였다. 그는 미녀 깡빠스쁘 앞에 무릎을 꿇은 아리스토텔레스와 반대로 여배우 기마르를 엎드려 기게 하여, 그것으로 대법관이 철학자의 복수를 해주었다는 것을 세상 사람들에게 보여주었다.

신부로서는 첫째 알마 신부가 있다. 그는 〈라 푸드르〉지의 동료 집필자였던 라로즈 씨에게서 "뭐! 50살도 안 되었다고? 그런 건 보나마나 입에서 젖내나는 치들이야"라는 말을 들은 바로 그 사람이다. 그리고 국왕의 설교 사인 르뚜르뇌르 신부. 아직 그때는 백작도 주교도 대신도 귀족원 의원도 아니고 단추 떨어진 낡은 성직자복을 입고 있던 프레씨누 신부. 쌩 제르맹 데 프레 성당의 주임 신부 크라브낭 신부. 또한 교황의 특파 대사. 이는 당시 니지비스의 대주교 마키 각하로서 뒤에 추기경이 된 사람인데 명상적인 그 긴 코로 유명했다. 또 한 사람 이탈리아의 고위 성직자가 있었다. 그 직함은 빨미에리 신부. 교황청 주교, 7명의 교황청 서기장 가운데 한 사람, 리베리아 대성당 명예 휘호를 가진 참사회원, 열성(列聖) 조사 심문 변호자, 즉 '포스투라토레 디 상티', 이 신분은 열성의 사무에 관계되는 것이며 거의 천국구의 심문 위원장을 의미한다.

마지막으로 두 추기경 라 뤼제렌느 씨와 끌레르몽 또네르 씨가 있다. 라 뤼제렌느 추기경은 작가이기도 하여, 수년 후에 〈꽁쎄르바뙤르〉지의 게재 논문에 샤또브리앙의 이름과 나란히 자기 이름을 서명하는 명예를 가졌다. 끌레르몽 또네르 씨는 뚤루즈의 대주교로 곤잘 빠리로 휴가를 즐기러 와서 는 조카인 또네르 후작—얼마 전에 육해군 대신을 지냈다—의 집에 머물렀 다. 끌레르몽 또네르 추기경은 키가 작고 쾌활한 노인으로 걷어올린 성직자 복 아래로 빨간 긴 양말을 드러내 보이고 있었다. 이 노인의 특징은 '백과전 서'를 미워하는 일과 당구에 열중하는 것이었다.

그 무렵 끌레르몽 또네르의 저택이 있던 마담 거리를 여름 저녁 나절에 지 나가는 사람들은, 멈춰 서서 당구공이 부딪치는 소리와 교황 선거 회의에 나 갈 때 그를 수행하는 까르스뜨의 '명의' 꼬트레 주교에게 "여보게, 점수를 세어 주게, 자 그럼 치겠네" 하고 외치는 추기경의 날카로운 목소리를 들었 다. 끌레르몽 또네르 추기경은 그의 친구이자 쌍리스의 원주교이며 40인의 회원^(아카데미 프
랑세즈 회원)의 한 사람인 로끌로르 씨에 의해 T부인의 살롱에 안내되었다. 로끌로르 씨는 큰 키와 아카데미에 정근한 것으로 유명했다. 당시 아카데미 프랑세즈의 회의가 열리던 도서관 옆 큰 홀의 유리창 너머를 호기심으로 들 여다본 사람들은 목요일마다 반드시 쌍리스의 원주교를 구경할 수 있었다. 그는 산뜻하게 향수를 뿌리고 자줏빛 양말을 신고 늘 등을 문 쪽으로 돌리고 서 있었다. 그것은 분명히 그 작은 깃을 잘 보이게 하기 위해서였겠지만.

이 성직자들은 대부분 성당 사람인 동시에 궁정인이어서 T부인의 살롱의 근엄한 분위기를 더욱 짙게 하고 있었다. 살롱에는 또 5명의 귀족원 의원이 있었는데 비브레 후작, 딸라류 후작, 에르부밀 후작, 당브레 자작, 발랑띠느 와 공작 같은 사람들은 살롱의 귀족 분위기를 북돋아 주었다. 이 발랑띠느와 공작은 모나코의 대공, 즉 외국의 군주였으나 프랑스와 프랑스의 귀족원을 높이 평가하고 있어서 이 두 가지를 기준삼아 모든 것을 보았다. "추기경은 로마의 프랑스 귀족원 의원이고 로드는 영국의 프랑스 귀족원 의원이다"고 늘 말한 것은 바로 그였다. 하지만—왜냐하면 금세기에는 혁명이 곳곳에 있 을 것이니까—이 봉건적인 살롱도 앞서 말한 바와 같이 한 사람의 부르주아 가 지배하고 있었다. 질노르망 씨가 거의 군림하고 있었던 것이다.

이 살롱이야말로 빠리 왕당파의 본질이자 진수였다. 여기서는 명성이 높은 사람들은 설령 왕당파라 할지라도 한 패에서 제외되고 있었다. 명성에는 반드시 무정부주의 같은 냄새가 풍기기 마련이다. 만약에 샤또브리앙이 여기 들어왔다면 르 뻬르 디셴느(1790년에 이 이름으로 과격한 혁명 사상을 고취하는 신문을 낸 에베르의 이야기이지만 이 가명은 빠리 인민 공화파 인민의 대명사가 되고 꼬뮌의 난 때에도 이런 이름의 신문이 부활했음)가 들어온 것 같은 충격을 주었을 것이다. 그러나 공화파에 가담한 왕당파의 몇몇 사람은 이 정통 사교계에 특별히 출입이 허락되었다. 뵈뇨 백작도 조건부로 받아들여졌다.

오늘날의 '귀족' 살롱은 이미 이러한 살롱과 조금도 비슷하지 않다. 현재의 포부르 쌩 제르맹은 이단 냄새가 풍긴다. 헐뜯어서 말하는 건 아니지만 지금의 왕당파는 일종의 선동 정치가이다.

T부인의 살롱에서는 모두 상류 계급의 사람들이었으므로 취미도 화려한 예절을 따라 우아하면서도 거만한 것이었다. 습관은 무의식적인 모든 섬세함을 포함하고 있었다. 그러한 섬세함은 몇 번이나 매장되었으면서도 아직까지 살아 있는 옛 제도 바로 그것이었다. 그러한 습관 중 어떤 것은, 특히 언어 속에 남아 있는 게 그렇지만 실로 이상스럽게 느껴졌다. 단지 표면만을 보는 관찰자들은 얼핏 보기에 케케묵은 것으로밖에는 보이지 않는 그와 같은 것을 시골풍이라고 오인했을지도 모른다. 이를테면 어느 아주머니를 부르는데 '장군 부인'이니 하였다. '연대장 부인'이라는 호칭도 완전히 사라지진 않았다. 아름다운 레옹 부인은 아마 롱그빌르 공작 부인이나 슈브뢰즈 공작 부인 등의 기억 때문인지 대공 부인으로 불리기보다 그러한 호칭으로 불리기를 좋아하고 있었다. 크레끼 후작 부인 역시 '연대장 부인'으로 불리고 있었다.

뛸르리 궁전에서 국왕에게 친근하게 말을 걸 때는 언제나 제3인칭으로 '국왕'이라 하고 절대로 '폐하'라고 하지 않는 그런 미묘한 습관을 만든 것도 역시 이 상류의 소사회였다. '폐하'라는 칭호는 '찬탈자 나뽈레옹에 의해 더럽혀졌기' 때문이다. 또 살롱에서 사람들은 사건이나 인물을 비평했다. 사람들은 언제나 시대를 냉소하고 있어, 덕택에 시대가 어떻게 움직이고 있는지를 이해하지 않아도 됐다. 사람들은 서로 모여서 놀라움을 나누고 서로의 지식을 넓혔다. 메뛰잘렘은 에피메니드에게 가르쳤다(둘 다 태고의 현자. 전자는 오래 산 유태인. 후자는 오래 산 크레타인). 귀머거리는 장님이 모르는 것을 설명했다. 그들은 코블렌츠(대혁명 시대에 귀족 망명자가 모여든 프러시아의 땅) 이래 흐른 시간을 없었던 것으로 했다. 루이 18세의 즉위(1814년)가 신의 가호에

의해 그 치세의 제25년(1789년의 바스띠유 파괴 때부터 헤아림)을 맞이하였으므로 국외로 나간 망명 귀족들도 당연히 그 청년기인 제25년을 맞이하였던 것이다.

모든 것이 조화를 이루고 있었다. 무엇 하나 과격한 것은 없었다. 사람의 말은 하나의 희미한 숨소리에 지나지 않았다. 신문도 살롱과 맞장구를 쳐서 고대의 파피루스와 같게 생각되었다. 하기야 젊은 사람들도 있었다. 그러나 그들은 어쩐지 죽은 것처럼 생기가 없었다. 응접실의 제복 입은 하인들도 늙은이들이었다. 그야말로 시대에 뒤떨어지는 이 하인들에게 역시 같은 종류의 하인들이 시중을 들고 있었다. 그러한 모든 것은 이미 먼 옛날에 생명을 마쳤으면서도 무덤에 끌려가기를 끝끝내 거부하고 있는 것 같았다. 보수(保守), 보수하다, 보수파, 그것이 이곳 사전의 내용의 전부였다. ‘향기롭다(세상의 평판이 좋다)’는 것이 문제였다. 사실 이 훌륭한 사람들의 의견 속에는 향료가 있었다. 그들의 사상에서는 베띠베르(방부·방충제의 향료) 냄새가 났다. 바로 미라의 세계 그것이었다. 주인들은 향료로 채워지고 하인들은 박제로 만들어졌다. 국외로 망명했다가 몰락해 버린 어느 훌륭한 노후작 부인은 이미 하녀가 한 사람밖에 남지 않았지만 여전히 ‘우리집 하녀들’이라고 말하고 있었다.

T부인의 살롱에서 사람들은 무엇을 하고 있었는가? 그들은 과격한 왕당파였다. 과격파라는 이 말이 표현하는 것은, 아마 아직까지도 다 소멸해 버리지는 않았으나, 이 말은 오늘날 이미 무의미한 것이 되었다. 그 이유를 설명하겠다.

과격파라는 것은 한계를 넘는다는 것이다. 왕위를 명목으로 삼아 왕의 홀(笏)을 공격하고, 제단을 명목으로 하여 주교의 관(冠)을 공격하는 것이다. 그것은 사기가 이끌고 있는 것에게 지독한 꼴을 당하게 하는 것이었다. 수레를 끌고 가는 말이 뒷다리로 마부를 차버리는 것이었다. 이단자를 태워 죽이는 고통도 부족하다 하여 화형에다 어려운 주문을 덧붙이는 것이다. 숭배받지 못한다 하여 우상을 비난하는 것이다. 존경이 지나쳐서 모욕하는 것이다. 교황에게서 만족할 만한 교황권을 발견하지 못하고, 왕에게서 만족할 만한 왕권을 발견하지 못하고, 밤에 너무 많은 빛을 발견하려 함이다. 백색을 명목삼아 석고나 눈, 백조나 백합꽃에 불만을 품는 것이다. 어떤 당파에 너무 깊이 개입해서 그것의 적이 되는 것이다. 찬성하는 나머지 반대하는 일이다. 과격한 정신은 특히 왕정복고 제1면의 모습을 특징짓는다.

역사상의 어떠한 시기도 1814년에 시작되어 우익의 실천가 빌렐르 씨가 출세한 1820년 경에 끝나는 이 짤막한 시기를 닮은 것은 없다. 이 6년은 실로 이상한 시기로 시끄러운 동시에 적막하고 즐거운 데 비례하여 침울했다. 새벽빛이 비치는 것처럼 보이면서 지평선에는 아직도 암흑이 가시지 않아 천천히 과거 속으로 가라앉아 가는 대파국(프랑스^{혁명})의 어둠으로 온통 뒤덮여 있었다. 이 빛과 그림자 속에 새롭고도 낡았고, 우스꽝스러우면서도 슬프고, 앳되면서도 늙은 하나의 세계가 있어 졸리는 눈을 비비고 있었다. 귀환과 잠에서 깨는 것만큼 닮은 것은 없다. 그 패들은 화난 듯 프랑스를 바라보고 반대로 프랑스는 그 패들을 짓궂은 눈으로 바라보고 있었다.

이사 갔던 곳에서 왁자하게 도시로 달려온 늙은 부엉이 같은, 사람 좋은 후작들. 이 세상에서 돌아오고 저 세상에서 돌아온 사람들(귀국자^{와 유령}). 모든 변화에 어리둥절하는 '낙오자(옛^{귀족})'들. 프랑스에 있을 수 있게 된 것을 기뻐하여 눈물을 흘리고, 또 조국을 다시 보고 기뻐하다가는 이전의 왕정이 사라져 버린 데에 절망하는 선량한 귀족들. 군국 귀족인 제정의 귀족을 매도하는 십자군 귀족. 역사의 의의를 잃은 역사적인 종족. 나뽈레옹의 군대를 멸시하는 샤를르마뉴 군대의 후예들.

앞서도 말한 바와 같이 검과 검은 서로 모욕을 가했다. 퐁뜨느와 전투의 장검은 가소롭기 짝이 없어 굵은 병이나 다름없다고 하면, 마렝고 전투의 장검은 추악하고 가느다란 칼에 지나지 않는다고 대꾸한다. '옛날'은 '어제'를 비방했다. 이들은 이미 위대한 것에 감동하는 마음도, 우스운 것을 웃을 여유도 없었다. 그 중에는 나뽈레옹을 스카뺑(몰리에르의 작중 인물.^{간사한 하인의 전형.})이라고 하는 사람도 있었다.

그러나 그러한 세계는 없다. 되풀이 말해서, 지금은 그러한 세계의 그 아무것도 남아 있지 않다. 어쩌다 거기서 어떠한 형상을 끌어내어 머릿속에서 다시 한번 살아 있는 모습으로 바꿔 보려고 해도 마치 노아의 홍수 이전 세계처럼 생소한 것으로 보인다. 왜냐하면 그 세계 또한 홍수에 휩쓸려 가 버렸기 때문이다. 두 개의 혁명에 휘말려서 자취를 감추고 만 것이다. 사상이란 그 얼마나 거대한 파도인가! 그 얼마나 재빨리 모든 것을 덮고 파괴하고 매장할 사명을 갖는 것일까! 그 얼마나 신속하게 무서운 심연을 만드는가!

이것이 멀리 가 버린 결백한 옛 시대의 살롱의 모습이었다. 거기선 마르땡

빌르 씨가 볼떼르보다 더 재치를 부리고 있었다.

그런 살롱은 그 자신만의 문학과 정치를 가지고 있었다. 거기서는 피에베가 신용을 얻고 있었다. 아지에 씨의 발언이 법령과 같은 권위를 가지고 있었다. 말라께 강변의 고서적 출판자인 꼴네 씨가 몹시 비평받고 있었다. 거기서 나뽈레옹은 무조건 '코르시카의 식인귀'였다. 뒷날 국왕의 육군 중장 부오나빠르떼 후작의 이름이 역사 속에 기록된 것은 시대 정신에 대한 양보였다.

그러한 살롱도 언제까지고 순수할 수는 없었다. 벌써 1818년부터 몇 명의 이론가들이 고개를 쳐들기 시작하며 불안한 그림자를 드리우고 있었다. 그들의 수법은 왕당파이면서도 왕당파인 것을 변명하는 것이었다. 과격파가 극히 오만하게 구는 데에 이론파는 수치를 느끼고 있었다. 이론파는 영리했다. 그들은 떠들어 대지 않았다. 그들의 정치적 신조에는 거만함이라는 풀기가 적당히 먹여 있었다. 그들의 성공은 당연했다. 그들은 언제나 흰 넥타이를 매고, 윗도리의 단추를 얌전하게 채우고 있었는데, 그것은 물론 효과가 있었다. 이론파의 과오 또는 불행은 늙은이 같은 청년들을 만들어 버린 일이다. 이론파들은 현자와 같은 태도를 취하고 있었다. 그들은 절대적이고 과격한 주의에 온화한 권력을 접목하려 했다. 보수적 자유주의를 파괴적 자유주의에다 대립시키고 있었고 그것이 또한 매우 교묘했다. 사람들은 그들이 이런 말을 하는 것을 흔히 들었다.

"왕권주의에 감사하라! 왕권주의가 늘 적지 않은 역할을 했다. 그것은 전통과 교양과 종교와 존경을 다시 가져오지 않았는가. 그것은 충실하고, 정직하고, 성실하며, 자비롭고, 헌신적이다. 설령 스스로 선택한 것은 아니었지만 국민의 새로운 위대함에 왕국 고래의 위대함을 섞었다. 그것의 과오는 혁명, 제국, 영광, 자유, 젊은 사상, 젊은 세대, 젊은 세기를 이해하지 않은 일이다. 그러나 왕권주의가 우리에게 범한 이런 과오를 우리도 역시 왕권주의에 범하지 않았을까?

우리가 물려받은 혁명은 모든 것에 대해 편협하지 않은 이해력을 갖는 것이어야 한다. 왕권주의를 공격하는 것은 자유주의의 모순이다. 이 얼마나 큰 잘못이며 맹목이란 말인가! 혁명의 프랑스는 역사의 프랑스에, 다시 말해서 자기 어머니에게, 곧 자기 자신에게 경의를 잃고 있다. 1816년 9월 5일 이

후 왕국의 귀족이 받고 있는 대우는 1814년 7월 8일 이후 제국의 귀족이 받은 대우와 비슷하다. 그들은 독수리(나뽈레옹의 문장)에게 부당하게 했으나 우리는 이제 백합꽃(프랑스 왕조의 문장)에 대해 부당하게 했다.

이처럼 인간이란 늘 가혹하게 대할 무언가를 찾고 있다. 루이 14세 왕관의 금을 깎아내고 앙리 4세의 문장을 벗겼다고 해서 무슨 소용이 있는 것인가? 이예나 다리에서 N자(나뽈레옹의 머리글자)를 지운 보블랑 씨를 우리는 조소한다. 그가 도대체 무엇을 했단 말인가? 우리가 현재 하고 있는 것도 그와 같은 것이다. 부빈느의 승리(1214년 필립 오귀스뜨 왕이 독일 황제 오톤 4세를 무찌른 곳임)는 마렝고의 승리와 마찬가지로 우리의 것이다. 백합꽃은 N자와 마찬가지로 우리들의 것이다. 그것은 우리가 계승해야 할 유산이다. 그것을 삭제하는 것이 무슨 소용이란 말인가? 지금의 조국이나 과거의 조국이나 똑같이 부인해서는 안 된다. 어째서 역사의 전부를 원해서는 안 된단 말인가? 어째서 프랑스의 모든 것을 사랑해서는 안 된다는 말인가?"

이처럼 이론파는 비판받기를 싫어하고 변호받는 것을 분개하고 있던 왕권주의를 비판하고 또 변호했다. 과격파는 왕권주의의 제1기를 특징지웠다. 융합은 그 제2기의 성격이 되었다. 열광을 교묘함으로 바꾼 것이다. 이쯤에서 서술을 그치기로 하자.

이 이야기를 하는 동안에 이 책의 작자는 근대사의 이 이상한 시기를 만났다. 그래서 지나는 길에 잠깐 눈길을 멈추어 오늘날에 와서는 이미 아는 사람도 없는 이러한 사회의 기괴한 상태를 더듬어 보지 않을 수 없었다. 그러나 빠르게, 또 아무런 씁쓸하고 냉소적인 생각도 없이 거기에 대해 언급한다. 추억은, 어머니인 조국에 관한 것이므로 친애와 존경을 불러일으켜, 작자로 하여금 이 과거의 한 시기에 애착을 느끼게 한다. 게다가 이 작은 세계도 그런대로 일종의 위대함을 지니고 있었다고 말해두고 싶다. 이렇게 말하면 사람들은 웃을지도 모르지만 멸시하거나 미워할 수는 없을 것이다. 그것은 지난날의 프랑스였기 때문이다.

어쨌든 마리우스 뽕메르씨는 여느 아이들처럼 평범하게 공부했다. 이모 질노르망 양의 손에서 떠났을 때 할아버지는 마리우스를 순수한 고전에 통달한 훌륭한 교사에게 맡겼다. 피어나려 하고 있던 이 젊은 영혼은 사이비 정숙녀에게서 부패한 학자의 손으로 넘어갔다. 마리우스는 수년 동안 공립

중학교를 다닌 후 법률 학교에 입학했다. 그는 왕권주의에 광신적이며 근엄했다. 그는 할아버지의 쾌활하고 냉소하는 태도에 불쾌감을 느껴서 할아버지를 그다지 좋아하지 않았다. 또한 아버지를 생각하면 우울해졌다.

그러나 그는 고상하고 너그럽고 자신만만하며, 종교적이고 열렬한데다 냉정한 열정까지 갖춘 소년이었다. 준엄할 정도로 품위가 있고 거칠 정도로 순결했다.

불한당의 최후

마리우스가 고전 공부를 마친 것과 질노르망 씨가 사교계에서 은퇴한 것은 거의 같은 때였다. 노인은 포부르 쌩 제르맹과 T부인의 살롱에 작별을 고하고 레 마레의 레 피유 데 깔베르 거리 자택에 와서 살았다. 그 집 하인은 문지기 외에 마뇽 다음에 들어온 니꼴레뜨라는 하녀와, 앞서 말한, 천식증으로 헐떡거리는 바스끄가 있었다.

1827년 마리우스는 17살이 되었다. 어느 날 밤 집에 돌아오자 할아버지는 한 통의 편지를 손에 들고 있었다.

"마리우스, 내일 베르농에 가거라" 하고 질노르망 씨가 말했다.

"왜요?" 하고 마리우스가 물었다.

"아버지를 만나 봐라."

마리우스는 멈칫했다. 그는 무엇이고 다 생각해 보았으나 다만 이것만은, 언젠가는 아버지와 만나게 될 일이 있을지도 모른다는 것만은 전혀 생각해 보지 않았다. 마리우스로서는 이렇게 뜻밖이고 이렇게 놀라운 일으, 그리고 또 굳이 말하자면 불쾌한 일은 없었다. 그것은 멀어지려고 하는데 억지로 붙여놓는 것이나 다름없는 일이었다. 고통일 뿐만 아니라 고역이었다.

마리우스는 정치적 반감 외에도, 질노르망 씨가 기분이 좋을 때면 저돌적인 무사라고 부르는 아버지가 자기를 사랑하고 있지 않다고 생각했다. 이처럼 자기를 버리고 남의 손에 맡겨 놓은 것으로 보아 그것은 분명한 일이었다. 조금도 사랑을 못 받는다고 생각한 마리우스도 아버지를 사랑하지 않았다. 그는 이처럼 당연한 것은 없다고 마음속으로 생각하고 있었다.

어이가 없어진 그는 질노르망 씨에게 까닭을 물어볼 수도 없었다. 할아버지는 말을 이었다.

“병이 난 모양이다. 널 찾고 있어.” 그리고는 잠시 후 덧붙였다. “내일 아침에 출발해라. 6시에 출발해서 저녁때 거기 도착하는 마차가 꾸르 데 퐁뗀느(현재의 바르와 광장)에 있을 게다. 그것을 타거라. 매우 급하다는 기별이야.”

그리고 그는 편지를 구겨서 주머니에 넣었다. 그럴 마음만 있었다면 마리우스는 그날 밤에 출발해서 다음날 아침 아버지 곁에 있었을 것이다. 르 블르와 거리 역마차가 당시 밤중에 루앙에 다니고 있어서 그것이 베르농을 지나가게 되어 있었다. 질노르망 씨도 마리우스도 그런 것은 알아볼 생각도 하지 않았다.

다음날 해질녘 마리우스는 베르농에 도착했다. 집들의 불이 켜질 시각이었다. 마리우스는 지나가는 사람을 붙잡고 ‘뽕메르씨 씨의 집’을 물었다. 왜 그렇게 불렀는가 하면 그도 왕정복고 정부와 같은 의견을 가지고 있어 아버지의 남작이니 대령이니 하는 신분을 인정하지 않았기 때문이다.

그 집은 곧 찾을 수 있었다. 초인종을 누르자 여자가 나와 문을 열었다. 손에 작은 램프를 들고 있었다.

“뽕메르씨 씨 계십니까?” 하고 마리우스가 물었다.

여자가 말없이 서 있기만 했다.

“이 집 맞습니까?”

여자가 고개를 끄덕였다.

“지금 뵐 수 있을까요?”

여자는 고개를 가로저었다.

“난 그분 아들인데요” 하고 마리우스가 말했다. “나를 기다리고 계실 겁니다.”

“이제는 당신을 기다리지 않아요” 하고 여자가 말했다.

그때 마리우스는 여자가 울고 있는 것을 알았다.

그 여자는 입구 가까이 있는 방문을 손가락으로 가리켰다. 마리우스는 들어갔다.

난로 위에 놓인 한 자루의 수지 양초가 그 방을 밝히고 있었고 방에는 세 남자가 있었다. 한 사람은 서 있고, 한 사람은 무릎을 꿇고 있고, 한 사람은 셔츠 바람으로 방바닥에 길게 누워 있었다. 그 누워 있는 사람이 대령이었다.

다른 두 사람은 의사와 신부였는데 신부는 기도하고 있었다.

그는 하녀가 말리는 것도 듣지 않고 일어나서 외쳤다.

대령은 사흘 전부터 뇌막염에 걸려 있었다. 병이 나던 시초부터 이상한 예감이 든 그는 아들을 보내 달라고 질노르망 씨에게 편지를 써보냈다. 역시 병은 더 심해졌다. 마리우스가 베르농에 도착한 바로 그날 저녁 대령은 갑자기 착란 상태에 빠졌다. 하녀가 말리는 것도 듣지 않고 일어나서 외쳤다.

"아들은 오지 않아! 내가 가야겠어!" 그러고는 방을 뛰쳐 나가다가 응접실 바닥에 쓰러지고 말았다. 그리고 그는 숨을 거두었다.

의사와 신부가 불려왔다. 그러나 의사도 신부도 이미 늦었다. 아들 역시 너무 늦게 왔다.

어두컴컴한 촛불을 통해서 누워 있는 대령의 창백한 볼 위에 이미 생명이 없는 눈에서 흘러나온 굵은 눈물 방울이 보였다. 눈의 광채는 사라지고 없었으나 눈물은 아직 마르지 않았다. 그 눈물, 그것은 기다리던 아들이 늦게 왔기 때문이다.

마리우스는 처음이자 마지막으로 만난 그 남자를 가만히 바라보았다. 고귀하고 남자다운 얼굴, 뜨고 있지만 이미 아무것도 볼 수 없는 눈, 하얀 머리, 여기저기 칼에 베인 거무스름한 흉터와 총알구멍인 빨간 얼룩이 보이는 억센 팔다리. 마리우스는 신이 선의를 새긴 그 얼굴 위에 용감한 분전의 자취를 남기고 있는 커다란 흉터를 바라보았다. 마리우스는 그 남자가 자기 아버지이며 이미 죽어 있다는 것을 생각하고 전율하며 서 있었다.

마리우스가 느낀 비애는 누군가가 죽어 쓰러져 있는 것을 보았을 때 느끼는 그런 비애였다.

그 방안에는 비통함이, 사람의 마음을 찌르는 비통함이 있었다. 하녀는 한쪽 구석에서 눈물을 흘리고 있었고, 신부는 기도하면서 흐느끼고, 의사는 눈을 훔치고 있었다. 시체도 울고 있었다.

의사와 신부와 하녀는 말없이 고통스러운 눈길로 마리우스를 바라보고 있었다. 그 자리에서 그는 한 사람의 이방인이었다. 마리우스는 거의 마음이 움직이지 않았고 그런 자신의 태도가 거북하게 느껴져서 당황하고 있었다. 그는 손에 들고 있던 모자를 일부러 떨어뜨렸다. 너무 슬퍼서 손에 힘이 빠진 것처럼 보이기 위해. 동시에 그는 후회 같은 것을 느끼고 그런 행동을 한 자신을 경멸했다. 하지만 그런 자기가 나쁜 것일까? 어쨌든 아버지에게는 애정을 느끼지 않으니까 어쩔 수 없지 않은가?

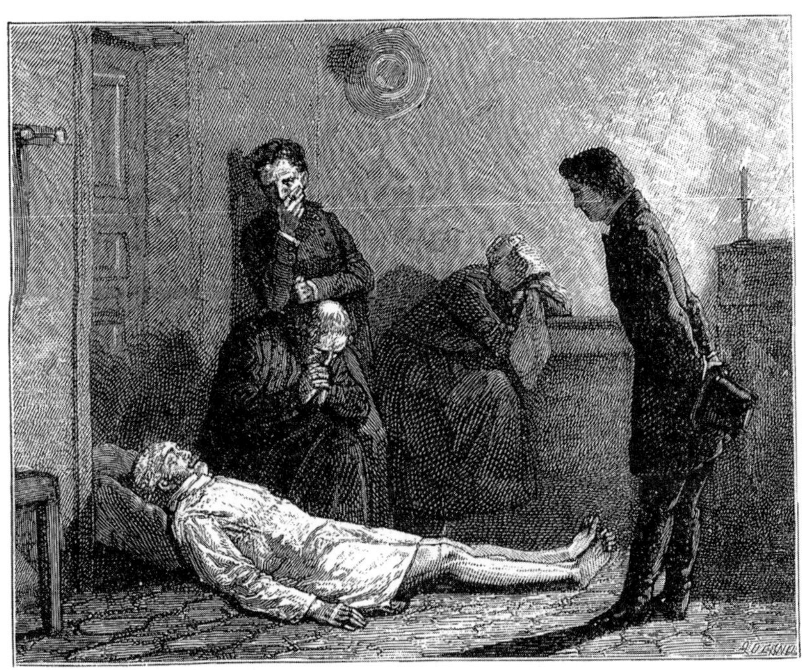

하녀는 한쪽 구석에서 눈물을 흘리고 있었고 신부는 기도하면서 흐느끼고, 의사는 눈을 감고 있었다. 시체도 울고 있었다.

　대령은 아무런 유산도 남기지 않았다. 가구를 죄다 팔아도 겨우 장례식 비용이 될까말까했다. 하녀는 종이쪽지를 한 장 발견해서 그것을 마리우스에게 주었다. 거기에는 대령의 자필로 이렇게 씌어 있었다.

　'나의 아들에게—황제는 워털루의 싸움터에서 나를 남작에 봉하셨다. 왕정복고 정부는 피로써 시불한 이 칭호를 부인하지만 내 아들만이라도 이 칭호를 인정하고 이것을 패용하도록 하라. 물론 내 아들에게는 그러한 가치가 있을 것이다.'

　그 뒤에 대령은 또 이렇게 덧붙여 놓았다.

　'이 워털루 전투에서 한 상사가 나의 생명을 구해 주었다. 그의 이름은 떼나르디에라고 한다. 최근 빠리 근교의 셸 또는 몽페르메이유에서 작은 여관을 경영하고 있을 것이다. 만일 내 아들이 떼나르디에를 만나게 되면 최대한의 호의를 베풀도록 하라.'

　아버지에 대한 경건한 마음에서가 아니라 언제나 죽음이 사람의 마음에 강요하는 그 막연한 경의로 인해서 마리우스는 이 종이쪽지를 간직했다.

대령의 물건이라고는 무엇 하나 남지 않았다. 질노르망 씨는 대령의 장검과 군복을 고물상에다 팔게 했다. 이웃 사람은 정원을 파헤쳐서 진귀한 꽃을 뽑아갔다. 남은 식물은 가시덤불이 되거나 죽어 버렸다.

마리우스는 베르농에 48시간밖에 머무르지 않았다. 장례식을 마치자 빠리로 돌아가서 다시 법률 공부를 시작하고, 아버지에 대해서는 마치 이 세상에 없었던 사람처럼 생각조차 하지 않았다.

이틀 만에 대령은 땅에 묻히고 사흘 만에 잊혀졌다.

마리우스는 모자에 상장을 달았다. 단지 그뿐이었다.

미사에 가면 혁명파가 된다

마리우스는 어린 시절부터 종교상의 습관을 지키고 있었다. 어느 일요일날 어렸을 적에 언제나 이모를 따라 갔던 쌩 쒤삐스 성당의, 성 마리아 회당에서 미사를 드리고 있었다. 여느 때와 달리 멍하게 생각에 잠겨 있던 그는 무심코 어느 기둥 뒤에 자리를 잡고 '교구위원 마뵈프 씨'라고 뒤에 적혀 있는 위트레히트 비로드 의자 위에 웅크리고 앉아 있었다. 미사가 시작된 직후한 노인이 와서 마리우스에게 말했다.

"여보시오, 여긴 내 자리입니다."

마리우스는 얼른 물러서고 노인이 그 의자에 앉았다.

미사가 끝난 뒤에도 마리우스는 몇 걸음 떨어져서 생각에 잠겨 우두커니 있었다. 노인은 다시 그 곁으로 다가와서 말을 걸었다.

"아까는 방해를 해서 미안했습니다. 또 지금도 방해해서 미안합니다. 성가신 사람이라고 생각하시겠지만 그 이유를 설명해 드리겠습니다."

"괜찮습니다" 하고 마리우스는 말했다. "그러실 필요 없습니다."

"아니오!" 하고 노인은 말했다. "나를 나쁘게 생각하면 곤란하니까요. 실은 이 장소가 마음에 들어서 말입니다. 미사를 이 자리에서 드리면 한층 더 고마운 것 같아서요. 왜냐고 생각하시겠죠? 지금 말하죠. 나는 이 자리에서 몇 년 동안이나 계속 두서너 달 만에 한 번 반드시 한 사람의 기특하고 가엾은 아버지가 이 미사에 참례하는 것을 보아 왔습니다. 그 사람은 자기 아들을 보는 데 이밖에는 기회도 방법도 없었던 것입니다. 왜냐하면 사정상 아이

"여보시오, 여긴 내 자리입니다."

를 만날 수 없었기 때문입니다.

그래서 그 사람은 아들이 미사에 오는 시간을 골라 찾아왔습니다. 아들은 자기 아버지가 여기 와 있는 줄은 꿈에도 몰랐습니다. 아마 아버지가 있다는 것조차 몰랐을 겁니다, 순진한 그 아들은 말입니다. 아버지는 이 기둥 그늘에 들키지 않으려고 숨어 있었습니다. 그리고 아들을 바라보며 눈물을 흘리곤 했습니다. 그 어린애를 깊이 사랑하고 있었던 겁니다. 불쌍한 사람이었죠!

나는 그 광경을 여기서 보았던 거요. 그 때부터 이 장소는 내게 신성한 장소가 되었습니다. 그래서 여기 와서 미사를 드리는 게 습관이 되었어요. 나는 교구 위원으로서 당연히 앉을 수 있는 자리보다 이 자리가 더 좋습니다.

나는 또 불행한 그분의 내력도 약간은 알게 되었죠. 장인과 돈많은 처형과 잘은 모르지만 친척도 있었던 모양인데, 그들은 아버지가 아이를 만나면 아이에게서 상속권을 박탈하겠다고 위협했던 겁니다. 그래서 그분은 뒷날 아들이 부자가 되어 행복하게 되도록 자기를 희생하고 있었습니다.

정치적인 의견이 서로 달라서 배척당한 겁니다. 나는 물론 정치적인 의견은 여러 가지 있어도 좋다고 생각합니다. 그러나 세상에는 단순히 의견만으로는 참을 수 없는 사람도 있습니다. 글쎄 워털루 전투에 참가했다고 해서 악마가 되는 것도 아닌 데 말입니다. 그렇다고 해서 아들을 아버지에게서 떼어놓을 수는 없는 거죠. 그 사람은 보나빠르뜨의 대령이었지요. 지금은 죽었을 겁니다. 주임 신부를 하고 있는 내 형님과 같은 베르농에 살고 있었습니다. 이름이 뭐라더라 뽕마리라든가 몽뻬르시라든가! 칼에 베인 커다란 흉터가 있었지요.”

“뽕메르씨 씨가 아닙니까?”

마리우스는 창백해지면서 말했다.

“맞았어요. 뽕메르씨 씨입니다. 당신도 알고 계십니까?”

“네, 그분은 저의 아버지였습니다” 하고 마리우스는 말했다.

늙은 교구 위원은 두 손을 마주 잡고 외쳤다.

“아니! 당신이 그 아들이오? 아, 그렇지. 이젠 벌써 다 컸을 테지. 어떻게 이런 일이! 당신에게는, 당신에게 깊은 사랑을 기울인 아버지가 계셨던 겁니다!”

마리우스는 노인을 부축하며 그의 집까지 바래다 주었다. 그 이튿날 마리우스는 질노르망 씨에게 말했다.

"친구들과 사냥 갈 약속을 했어요. 한 사흘 갔다 와도 될까요?"

"나흘이라도 좋다!" 하고 할아버지가 대답했다. "잘 놀다 오너라."

그리고 자기 딸에게 눈짓을 하고는 나직한 목소리로 말했다.

"연애라도 하는 모양이야!"

교구 위원을 만난 결과

마리우스가 어디 갔었는지는 조금 후에 알게 될 것이다.

마리우스는 사흘 동안 집을 비웠다가 빠리로 돌아오자 곧장 법률 학교 도서관에 가서 〈모니뙤르〉지 묶음을 빌려 왔다.

마리우스는 〈모니뙤르〉지를 읽고, 공화국과 제정시대의 모든 역사, 《세인트 헬레나 회상기^(라스 까즈 지음 나뿔레옹 대담록 1823년)》며 온갖 회상록, 신문, 보고서, 선고 같은 것을 닥치는 대로 읽었다. 대육군의 보고서 속에서 처음으로 아버지의 이름을 발견했을 때는 꼬박 1주일 동안 열에 들떠 있었다.

마리우스는 또 조르주 뽕메르씨의 상관이었던 장군들, 특히 H백작을 만나러 갔다. 마뵈프 교구 위원은 다시 찾아간 마리우스에게 베르농의 생활, 즉 대령의 은퇴와 재배하고 있던 꽃과 그의 고독에 대해 여러 가지 이야기를 들려 주었다. 얼마 안 가서 마리우스는 숭고하고 마음씨 착한, 세상에서 보기 드문 이 대령에 대해, 새끼양 같은 사자라고도 할 수 있는 자기 아버지에 대해 모든 것을 알게 되었다.

이렇게 하여 마리우스는 자기의 모든 시간과 생각을 아버지에 관한 연구에 바쳐서 질노르망네 식구들과 얼굴을 대하는 일이 거의 없어졌다. 식사 시간에는 나왔으나 식사 뒤에 찾으면 어느새 없어졌다. 이모는 투덜거렸다. 질노르망 씨는 미소를 띠었다.

"그럼, 그럼! 계집애 꽁무니를 쫓아다닐 나이지!"

때로 노인은 덧붙였다. "그 녀석! 한때 벌이는 장난인가 했더니 아무래도 진짜 정열을 불태우고 있는 모양이군."

사실 진짜 정열이었다. 마리우스는 아버지를 숭배하기 시작했다. 동시에 이상한 변화가 그의 사상 속에 일어나고 있었다. 그 변화는 다양했고 또 차례차례 다른 곳으로 옮겨갔다. 이 책은 우리 시대의 다양한 정신의 역사를 이야기하려는 것이므로 그러한 변화의 과정을 한 걸음 한 걸음 더듬어 그 모든 것을 지적하는 것은 무익하지 않다고 생각한다. 지금 마리우스가 살펴본 역사는 그를 놀라게 했다. 그 첫 번째 결과는 현혹이었다.

그때까지 공화국이니 제국이니 하는 말이 그에게는 단지 괴물처럼 무서운 것에 지나지 않았다. 공화국이란 황혼 속에 서 있는 단두대였고, 제국이란 어두운 밤에 철걱거리는 칼이었다. 그는 지금 그 안을 들여다본 것이다. 그리하여 혼돈의 암흑밖에 없다고 생각하고 있던 곳에서 두려움과 기쁨이 섞인, 말할 수 없는 놀라움으로 찬연히 빛나는 별을 바라보았던 것이다. 미라보, 베르뇨, 쌩 쥐스뜨, 로베스삐에르, 까미유 데물랭, 당똥을. 그리고 솟아오르는 태양 나뽈레옹을. 그는 자기가 어디 있는지 알 수 없었다. 너무 눈이 부셔서 뒷걸음질쳤다. 이윽고 조금씩 놀라움이 가시고 그 빛에 익숙해져서 현기증을 일으키지 않고도 그러한 광휘를 바라보고 공포심 없이 그러한 인물들을 주시했다.

혁명과 제국이란 그의 꿈꾸는 듯한 눈동자 앞에 광휘를 발하는 먼 풍경이 되었다. 온갖 사건과 인물을 포함하는 이 두 집단이 다시 두 개의 위대한 업적 속에 요약되는 것을 그는 보았다. 그 사실이란 민중에게 반환된 공민권이 지배하는 공화국과, 전유럽의 과제가 된 프랑스 사상이 지배하는 제국이었다. 대혁명 속에서 민중의 위대한 모습이 나타나고, 제국 속에서 프랑스의 위대한 모습이 나타나는 것을 그는 보았다. 참으로 훌륭한 일들이었다고 그는 마음속으로 외쳤다.

현혹된 나머지 종합해서 보기만 한 이 최초의 평가에서 마리우스가 소홀히 했던 사실을 여기서 지적할 필요는 없으리라. 여기서 얘기되는 것은 다만 전진하는 한 정신의 상태이다. 어떠한 진보도 한꺼번에 이룩되는 것은 아니다. 그 사실을 이 기회에 말해둔 다음 이야기를 계속하자.

마리우스가 이때 비로소 깨달은 것은 자신이 아버지를 이해하지 못했던 것과 마찬가지로 여태까지 조국을 이해하지 못했다는 것이었다. 그는 이 두 가지 모두 깊이 알지 못했다. 그는 일부러 암흑의 베일 같은 것으로 자기 눈을 덮고 있었던 것이다. 이제 그는 눈을 뜨고 바라보았고 한편으로 찬탄하고 한편으로 숭배했다.

마리우스는 후회와 부끄러워하는 마음으로 가득 찼다. 그는 마음에 품고 있는 모든 것을 이제 무덤(아버지의 무덤)에서만 말할 수 있다고 생각하고 절망에 사로잡혔다. 아아, 만약에 아버지가 살아 계셨다면, 만약에 아직 아버지가 계셨다면, 만약에 하느님이 동정과 선의에서 아버지를 아직 살아 계시게 했다면, 그 곁에 달려가 힘껏 몸을 던지면서 큰소리로 외쳤을텐데!

"아버지, 제가 왔어요! 저예요, 저도 아버지와 같은 마음입니다. 전 아버지의 아들입니다!"

그리고 힘차게 아버지의 흰 머리를 안으며 그 머리칼을 눈물로 적시고, 그 상처를 바라보고, 그 손을 잡고, 그 옷을 우러러보고, 그 발에 입을 맞췄을텐데! 아아, 어째서 아버지는 이렇게 빨리, 아직 그럴 나이도 아닌데 정의의 심판도 기다리지 않고, 아들의 사랑도 기다리지 않고 돌아가셨단 말인가!

마리우스는 마음속으로 줄곧 흐느껴 울며 끊임없이 "아아!" 하고 탄식했다.

동시에 그는 더욱더 진지해지고, 더욱 신중을 기하고, 자기의 신념과 사상을 더욱 확고하게 다졌다. 진실이 갖는 광명이 쉴새없이 비쳐들어 그의 이성의 부족한 점을 채워 주었다. 그의 내면에서는 일종의 내적 발육이 일어나기 시작했다. 아버지와 조국. 그에게는 새로운 이 두 가지가 가져다주는 자연스러운 성장을 느끼는 것이었다.

열쇠를 손에 쥔 것처럼 모든 것이 열렸다. 그는 이때까지 싫어하고 있던 것을 이해하고, 이때까지 미워하고 있던 것을 다시 보았다. 그는 이때부터 비방하게끔 배운 위업과 배척하도록 배운 위인들에 관해, 거기에 신의 뜻이 있음을, 신성하고 인간적인 의의가 있음을 분명히 보았던 것이다. 어제이면서도 이미 먼 옛 일처럼 생각되는 이전의 자기 의견을 생각하면 마리우스는 자신에게 화가 나서 조소를 금치 못했다.

아버지에 대한 생각을 바꿈과 동시에 그는 자연히 나뽈레옹에 대한 생각도 바꿨다. 그러나 나뽈레옹에 대해서는 역시 노력 없이 되지는 않았다고 해야 할 것이다.

어릴 적부터 마리우스의 머리는 나뽈레옹에 대한 1814년의 왕당파의 의견으로 가득 차 있었다. 어쨌든 왕정복고에 대한 편견과 이해관계와 본능은 모조리 나뽈레옹을 왜곡하는 방향으로 기울어지고 있었다. 복고 정부는 로베스삐에르보다도 한층 더 나뽈레옹을 증오하고 있었다. 그리고 국민의 피로와 어머니들의 증오심을 상당히 교묘하게 이용했다. 보나빠르뜨는 어느새 전설에 가까운 일종의 괴물이 되고 말았다. 앞서도 지적한 바와 같이 아이들의 상상과 비슷한 민중의 상상력에 호소하기 위해 1814년의 당사자들은 온갖 무서운 가면을 차례차례로 그려내고, 장대할 정도의 무서움에서 기괴망측한 무서움에 이르기까지, 티베리우스(잔인한 로마의 황제)에서 괴물에 이르기까지 온갖 무서운 얼굴을 총동원시켰다. 그렇게 하여 보나빠르뜨를 애기할 때 마음속에 증오심만 있다면 흐느껴 울건 웃어젖히건 자유였다. 마리우스도 이른바 ‘그 남자’에 대해 그 외의 생각을 가진 적은 없었다. 그러한 생각은 마리우스의 성질 속에 있는 집요함과 결합되어 버렸다. 마리우스의 마음에는 나뽈레옹을 미워하는 완고한 소년이 자리잡고 있었던 것이다.

역사를 읽고 특히 온갖 기록과 자료를 놓고 역사를 연구해 가는 동안 나뽈레옹의 진실을 숨기고 있던 베일이 차차 마리우스의 눈에서 벗겨졌다. 그는 어떤 거대한 것을 엿보았다. 그리고 다른 모든 경우와 마찬가지로 보나빠르뜨에 대해서도 ‘이제껏 오해하고 있던 것이 아닐까’ 하고 생각하게 되었다. 날을 거듭함에 따라 더욱더 분명히 보였다. 처음에는 마지못해 했으나 이윽고 열중하게 되었다. 마치 불가항력에 이끌리듯 서서히 한 걸음, 한 걸음, 처음에는 어두운 계단을, 다음에는 어렴풋이 비쳐진 계단을, 마지막에는 감격의 빛으로 찬연하게 빛나는 계단을 마리우스는 기어올라가기 시작했다.

어느 날 밤 마리우스는 지붕 밑에 있는 작은 다락방에 혼자 있었다. 촛불이 켜져 있었다. 그는 책상에 팔꿈치를 괴고 열어 놓은 창가에서 책을 읽고 있었다. 온갖 종류의 몽상이 떠올라와 그의 사념 속으로 뛰어들어왔다. 밤은 얼마나 위대한 광경인가! 어디선지도 모를 희미한 소리가 들린다. 지구보다 2백 배나 큰 화성이 횃불처럼 새빨갛게 반짝이는 것이 보인다. 하늘은 까맣고 별은 일제히 깜박인다. 실로 놀라운 광경이다.

마리우스는 ‘대육군’의 전황 보고서를 읽고 있었다. 싸움터에서 쓴 저 호메로스적인 문장이다. 거기서 아버지의 이름을 보았다. 황제의 이름은 항상 나왔다. 대제국의 전모가 드러났다. 무언가 조수 같은 것이 마음속에 부풀어 올라 들끓는 것을 느꼈다. 때로는 아버지가 바람결처럼 그의 곁을 지나면서 귓가에 속삭이는 것 같았다. 마리우스는 차차 이상한 기분에 사로잡혔다. 북, 대포, 나팔, 보조를 맞춘 보병대의 행진, 멀고 희미한 기병대의 질주,

그 모든 소리가 들리는 것 같았다. 이따금 그의 눈은 높이 하늘을 향하곤 끝도 없는 깊이 속에서 거대한 성좌가 빛나는 것을 바라보다가, 다시 책 위에 떨어져서 거기서 또 다른 거대한 것이 소리를 내며 움직이는 것을 보았다. 가슴이 죄는 것을 느꼈다. 흥분하여 몸을 떨고 숨가쁘게 허덕였다. 갑자기 마음속에 무엇이 끓어올라 자기가 무엇을 따르고 있는지도 모르는 채 일어서서 양팔을 창 밖으로 내밀고 어둠 속을, 정적을, 무한한 암흑과 영원한 광막을 응시하며 외쳤다.

갑자기 마음속에 무엇이 끓어올라…… 자신도 모르게 일어서서……

"황제 폐하 만세!"

이 순간부터 모든 것이 결정되었다. '코르시카의 식인귀', 찬탈자, 폭군, 자신의 누이에게 애착한 괴물, 딸마(나뽈레옹이 좋아하던 비극 배우)에게 가르침을 받은 익살광대, 성지 자파(팔레스타인의 항구, 1799년 보나빠르뜨에게 점령되었음)의 침략자, 호랑이 부오나 빠르뜨—이러한 모든 것은 사라지고 그 대신 머리 속에 어렴풋이 밝은 광명이 나타나고 멀리 손이 닿지 않는 높이에 시저의 대리석상의 창백한 환영이 빛나고 있었다. 마리우스의 아버지에게 황제는, 사람들이 칭찬하고 헌신하고 친애하는 대장에 지나지 않았다.

그러나 마리우스에게는 그 이상의 무엇이었다. 황제는 로마의 군단에서 세계 통일의 대업을 이어받은 프랑스 군단을 건설한다는 사명을 띠고 나타난 위인이었다. 파괴에서 나온 놀라운 건설자이며 샤를르마뉴, 루이 1세, 앙리 4세, 리슐리외, 루이 14세, 공안위원회(1793년 4월 국민의회가 만든 위원회)의 후계자였다. 황제는 물론 오점도 결점도 있고 죄악마저도 저질렀을 것이다. 역시 인간이었으니까. 그러나 그 결점도 엄숙한 것이며 그 오점도 빛나고 그 죄악도 힘찬 것이었다. 세계의 모든 국민에게 프랑스인을 '대국민'으로 부르게 할 그런 사명을 띠고 나타난 인간이었다. 아니 그 이상이었다. 칼을 들고 유럽을 정복하고 그가 내뿜는 빛으로 세계를 정복한 프랑스 자신의 화신이었다.

마리우스는 보나빠르뜨 속에서 항상 변경에 버티고 서서 미래를 지켜 주는 혁혁한 거인의 모습을 발견했다. 전제군주이지만 집정관이며 공화국에서 태어나서 혁명을 완수한 전제군주였다. 예수가 '신인(神人, l' homme-Dieu)'인 것과 같이 나뽈레옹은 마리우스에게 '민중인(民衆人, l' homme-peuple)'이었다.

새로 종교에 입문한 사람들이 모두 그렇듯 마리우스는 자기 전향에 완전히 도취되고 말았다. 그는 거침없이 그 속에 뛰어들어 집착하고 너무 깊이 빠져들었다. 그의 성질로 보아 당연한 것이었다. 일단 기울어지면 도중에서 멈추기란 거의 불가능했다. 칼에 열광하는 정열이 마리우스를 사로잡고, 그 정열은 사상에 대한 심취와 함께 머리 속에서 서로 뒤엉켰다. 스스로 그것을 깨닫지 못한 채 힘을 천재와 결부시키거나 아니면 천재와 혼동시키면서 찬미하고 있었다. 다시 말해서 스스로 깨닫지 못한 채 우상숭배의 두 방에 몸을 둔 것이다. 한쪽은 신성(神性)의 방이고 다른 쪽은 야수의 방이었다. 많

“황제 폐하 만세!”

은 점에서 마리우스는 그 밖에도 그릇된 방향으로 나아가고 있었다. 그는 모든 것을 받아들였다. 사람은 진리로 향해 나아가면서도 도중에서 오류를 범하는 일이 흔히 있다. 마리우스는 진지한 열의를 가지고 모든 것을 하나로 뭉쳐서 삼켜버렸다. 그는 새로운 길로 들어섰을 때, 나뽈레옹의 영광을 측량하듯 옛 제도의 오류를 심판하고 참작해야 할 사정을 전부 등한히 하고 있었다.

어쨌든 놀라운 한걸음이 시작되었다. 전에 왕정의 실추를 보았던 그곳에서 마리우스는 지금 새로운 프랑스의 도래를 보는 것이었다. 그가 지향하는 방향은 바뀌었다. 전에 서쪽이었던 것이 지금은 동쪽이 되었다.

그러한 모든 마음의 혁명은 가족에게 들키지 않고 마리우스의 내부에서 일어나고 있었다.

마리우스가 그런 은밀한 생활을 하면서 부르봉 파이자 과격파였던 낡은 외피를 완전히 벗어버렸을 때, 귀족주의, 근왕당, 왕당파의 옷을 벗었을 때, 완전히 혁명파가 되고 깊은 신념을 가진 민주파가 되고 거의 공화파로까지 되었을 때, 마리우스는 오르페브르 강가의 어느 인쇄소에 가서 '남작 마리우스 뽕메르씨'라는 이름의 명함을 100장 주문했다.

그것은 그의 속에 일어난 변화, 아버지를 중심으로 해서 움직인 변화의, 극히 당연한 결과에 불과했다. 다만 마리우스는 아무도 아는 사람이 없어서 어느 문지기에게도 이 명함을 뿌리고 다닐 수가 없었기 때문에 호주머니에 넣어 두었다.

다른 또 한 가지 자연스런 결과는 아버지와 가까워짐에 따라, 아버지에 대한 기억에 가까워짐에 따라, 또한 대령이 25년 동안 분투해온 일들에 접근함에 따라 할아버지에게서 멀어졌다는 점이다. 이미 말한 바와 같이 오래 전부터 마리우스는 질노르망 씨의 기질을 좋아하지 않았다. 이미 두 사람 사이에는 경박한 노인에 대해 진지한 젊은이가 불러일으키는 온갖 부조화가 일어나고 있었다. 제롱뜨(고전 희극의 완고한 노인)의 쾌활함은 베르테르의 우수를 들쑤시고 상처를 낸다. 같은 정치 의견과 같은 사상이 두 사람에게 통했던 동안은 마리우스와 질노르망 씨는 그것을 다리삼아 얼굴을 마주하고 있었다. 그러나 일단 이 다리가 무너지자, 두 사람 사이에는 심연이 생겼다. 게다가 또 어리석기 짝이 없는 이유로 무자비하게 그를 대령에게서 떼어내고 그렇게 해서 아버지에게서 자식을, 자식에게서 아버지를 빼앗은 것이 질노르망 씨였다는 것을 생각하면, 마리우스는 말할 수 없는 반항심이 일어나는 것을 느꼈다.

아버지에 대한 경애 때문에 마리우스는 할아버지를 거의 혐오하게까지 되었다.

그렇다고는 하지만 앞서도 말한 바와 같이 조금도 밖으로 나타내지는 않았다. 다만 마리우스는 더욱더 냉담해져서 식사도 간단하게 하고 집에 있는 일도 드물게 되었다. 그 일로 해서 이모가 잔소리를 해도 무척 온순한 태도로 공부니, 학교의 강의니, 시험이니, 강연회니 하는 구실을 댔다. 할아버지는 절대로 틀림없다고 믿고 있는 자신의 진단을 전혀 바꾸지 않았다.

"여자한테 반한 거야! 나도 경험이 있어."

마리우스는 종종 집을 비웠다.

"도대체 어딜 저렇게 다니는 걸까?" 하고 이모는 물었다.

마리우스가 집을 비우고 떠나 있는 기간은 언제나 극히 짧았다. 그런데 한 번은 아버지가 남긴 분부에 따라 몽페르메이유에 가서 옛날 워털루 전투에서 중사였던 여관 주인 떼나르디에를 찾아간 적이 있었다. 그러나 떼나르디에는 이미 파산하여 여관문을 닫았고, 그 후 어떻게 되었는지 아는 사람이 없었다. 이 때문에 마리우스는 나흘 동안이나 집에 있지 않았다.

"분명히 여자한테 미쳤어, 녀석" 하고 할아버지가 말했다.

그러고 보니 집안 사람들은 그가 셔츠 밑 가슴 위에, 검은 끈에 달린 무엇인가를 걸고 있는 것을 본 것 같기도 했다.

어떤 염문

앞에서 어느 창기병에 대해 잠깐 말한 적이 있다.

질노르망 씨의 조카뻘이 되는 사람의 아들로서 집을 나와 어떤 친척에게서도 멀리 떠나 혼자 병영 생활을 하고 있었다. 이 떼오뒬르 질노르망 중위는 미남 장교로 불리기에 딱 알맞은 모든 조건을 갖추고 있었다. '여자 같은 몸매'로 득의양양하게 군도를 차고 카이젤 수염을 기르고 있었다. 어쩌다가 빠리에 나오는 수도 있었으나 극히 드문 일이었으므로 마리우스는 아직 만난 적이 없었다. 이 두 종형제는 서로 이름밖에 몰랐다. 떼오뒬르는 전에도 말했다고 기억되지만 질노르망 고모의 사랑을 받고 있었다. 그러나 그것은 단지 두 사람이 자주 만나지 않았기 때문이었다. 자주 만나지 않으면 상대방에게서 온갖 장점을 상상하는 법이다.

어느 날 아침 질노르망 이모가 본래의 침착성을 잃지는 않았으나 매우 흥분하여 자기 방으로 돌아왔다. 마리우스가 또 할아버지에게 잠깐 여행을 하고 싶으니 허락해 달라고 막 청을 하고 있는 참이었다. 그날 밤 곧 출발할 작정이라고 덧붙였으므로 이모의 흥분은 한층 더했다. "다녀오너라!" 하고 할아버지는 대답했다.

질노르망 씨는 이마 위까지 양쪽 눈썹을 치켜올리면서 중얼거렸다. "이 녀석 또 외박이겠군. 너무 자주야."

질노르망 이모는 씨근거리면서 자기 방으로 올라가다가 계단 있는 데서 "너무 심하군!" 하고 소리를 지르고 "그런데 도대체 어딜 그렇게 간담?" 하고 중얼거렸다.

그 여자의 눈앞에는 무언가 떳떳지 못한 정사, 어스름 속의 여자, 밀회, 비밀, 그러한 것들을 그려 보고 그 방면으로 약간 관심을 돌려 보는 것도 나쁘지 않을 거라고 생각했다. 비밀을 찾아내어 보는 것은 나쁜 일을 처음으로 파헤치는 것과 같은 취미로, 성녀도 그건 싫어하지 않는 법이다. 열렬한 신앙심 한 구석에는 추문에 대한 호기심도 있는 것이다.

그래서 질노르망 이모는 사정을 알고 싶은 막연한 욕망에 사로잡혔다.

여느 때의 차분함에도 불구하고 조금은 불안한 그 호기심을 감추기 위해 자기 재능에 정신을 쏟으려고 수를 놓기 시작했다. 그것은 이륜 마차의 많은 수레바퀴가 있는 제정시대와 왕정복고시대의 자수의 하나로 무명 헝겊 위에 무명실로 수놓는 것이었다. 지루하기 짝이 없는 일에 완고한 바느질쟁이. 그런 모양으로 그녀가 몇 시간이나 의자에 앉아 있을 때 문이 열렸다.

질노르망 양은 고개를 들었다. 떼오뒬르 중위가 앞에 서서 거수 경례를 하고 있었다. 그녀는 너무도 기뻐서 고함을 질렀다. 나이를 먹고 정숙하며 신앙심 깊은 고모라 해도 자기 방에 창기병이 들어오는 것을 보면 역시 기쁜 것이다.

"난 또 누구라구, 떼오뒬르였구나!" 그녀는 외쳤다.

"지나가다 들렀어요, 고모님."

"자아, 키스해 다오."

"네!" 하고 떼오뒬르는 말했다.

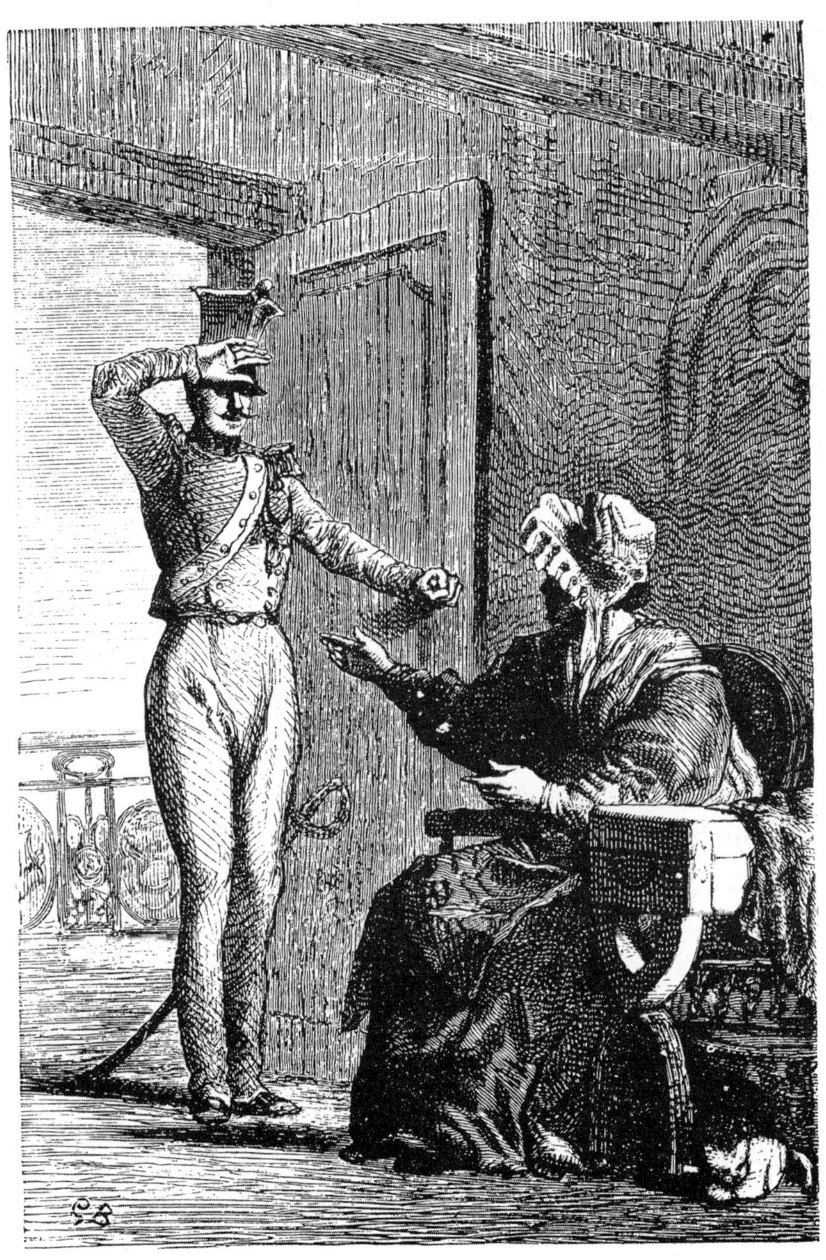

"난 또 누구라구, 떼오뒬르였구나!" 그녀는 외쳤다.

　그러면서 떼오뒬르는 고모를 끌어안고 키스했다. 질노르망 고모는 책상께로 가서 서랍을 열었다.
　"한 1주일 정도는 머무르겠지?"
　"고모님, 오늘 밤에 돌아갑니다."
　"그럴 수가 있니!"
　"도리가 없습니다."
　"자고 가거라, 떼오뒬르야."
　"마음으로는 그러고 싶습니다만 명령이 그러지 못하게 하는군요. 사정은 간단합니다. 주둔지가 바뀌어서 이때까지 믈룅에 있다가 가이용으로 가게 되었습니다. 옛 주둔지에서 새 주둔지로 가려면 빠리를 지나가야 됩니다. 그래서 잠깐 고모님 얼굴을 뵙고 오겠다고 말하고 온 겁니다."
　"이건 일부러 와준 값이다."
　고모는 루이 금화 10개를 그의 손에 쥐어 주었다.
　"사실은 고모님을 뵙는 저의 기쁨을 위해서 주시는 거겠죠, 고모님?"
　떼오뒬르는 다시 한 번 고모를 껴안고 키스했다. 그 때 군복의 금 몰 때문에 그녀의 목덜미가 약간 긁혔으나 그녀는 도리어 기쁘게 여겼다.
　"넌 연대하고 같이 말을 타고 가는 거냐?" 하고 그녀가 물었다.
　"아뇨, 고모님. 전 고모님을 만나고 싶어서 특별 허가를 받았습니다. 졸병이 제 말을 끌고 가 저는 승합 마차로 갑니다. 그런데 잠깐 여쭈어 볼 말씀이 있는데요."
　"무언데?"
　"사촌 동생 마리우스 뽕메르씨도 여행 중인가요?"
　"어떻게 알고 있니?"
　고모는 갑자기 강한 호기심이 일어나서 말했다.
　"여기 도착했을 때 앞 칸막이가 된 자리를 예약해 놓으려고 승합 마차 사무실에 갔었죠."
　"그래서?"
　"한 손님이 벌써 지붕 윗자리를 예약해 두었더군요."
　"이름이 뭐든?"
　"마리우스 뽕메르씨."

"저런 몹쓸 놈 같으니! 아, 네 사촌 동생은 너처럼 품행이 좋은 애가 아니란다. 역마차 속에서 밤을 새우려 하다니!"

고모는 외쳤다.

"저도 그런걸요."

"아니야, 네 경우는 그게 의무니까 하는 수 없지만 그앤 자기 멋대로인 거야."

"무슨 그런 말씀을!" 하고 떼오뒬르는 말했다.

이때 질노르망 고모의 마음에 한 사건이 일어났다. 어떤 생각이 떠오른 것이다. 만약 그녀가 남자였다면 이마를 탁 쳤을 것이다. 그녀는 떼오뒬르에게 묻기 시작했다.

"네 사촌 동생은 아마 너를 모르지?"

"모릅니다. 저는 그를 본 적이 있지만 그는 한 번도 저를 본 적이 없어요."

"그런데 너희들은 함께 여행을 하게 됐구나, 그런 식으로 말이다."

"동생은 지붕 윗자리이고 전 앞 칸막이자리인걸요."

"그 역마차는 어디로 가지?"

"레 장들리 행입니다."

"그럼 마리우스도 거기로 가는구나?"

"저처럼 도중에서 내리지 않는다면 그렇겠죠. 전 가이용 행으로 바꿔 타기 위해 베르농에서 내립니다. 전 마리우스의 행선지에 대해서는 아무것도 모릅니다."

"마리우스! 정말 듣기 싫은 이름이야! 어떻게 그 따위 이름을 붙였는지 몰라! 거기다 대면 네 이름은 역시 좋구나, 떼오뒬르라!"(마리우스는 로마 장군의 이름. 떼오뒬르는 그리스 어로 신을 섬긴다는 뜻이 있음)

"전 차라리 알프레드였으면 좋겠어요" 하고 장교는 말했다.

"좀 들어봐라, 떼오뒬르."

"듣고 있어요, 고모님."

"단단히 들어야 해."

"단단히 듣고 있습니다."

"알았니?"

“네.”

“실은 말이다, 마리우스가 곧잘 집을 비운단다.”

“네에?”

“여행을 하는 거야.”

“그래서요?”

“외박을 하고 온단 말이다.”

“호오!”

“그래서 어찌된 영문인지 알고 싶은데 말이야.”

떼오뒬르는 청동으로 만든 사람처럼 침착하게 말했다.

“여자 궁둥이를 쫓아다니나 보죠.”

그러고는 틀림없다는 듯 엷은 웃음을 띠며 덧붙였다.

“풋내기 계집애를 말예요.”

“틀림없이 그런가 봐” 하고 고모는 외쳤다. 그녀는 질노르망 씨가 지껄이고 있는 것을 듣는 듯한 기분이었다. 그리고 종조부와 그 조카의 아들이 거의 같은 방법으로 강조한 ‘계집애’라는 말로써, 자기가 믿고 있었던 생각이 이제 절대로 확실한 것이 된 듯한 기분이 들었다. 고모는 말을 이었다.

“청이 하나 있다. 마리우스 뒤를 좀 밟아 보렴. 마리우스는 너를 모른다. 그러니까 문제 없을 거야. 계집애가 있다면 그 계집애를 잘 봐 두도록 해. 그리고 자초지종을 편지로 써 보내다오. 할아버지도 기뻐하실 거다.”

그러나 떼오뒬르는 그런 탐정 일에는 별로 흥미가 없었다. 그래도 루이 금화 10개에 무척 마음이 움직여서 잘하면 또 한번 얻을 수 있을지도 모른다는 생각이 들었다. 그래서 그 부탁을 승낙하고 말았다.

“해보겠습니다, 고모님.”

그리고 그는 혼잣말로 덧붙였다.

“감시역이로군, 난.”

질노르망 양은 그를 힘껏 안고 입을 맞추었다.

“떼오뒬르! 넌 그런 분별 없는 짓은 안하겠지? 넌 규율에 따르고 명령에 복종하고 빈틈없이 의무를 지키는 사람이야. 그러니까 가족을 버리고 여자 따위를 만나러 가진 않겠지.”

창기병은 까르뚜슈(18세기 초에 처형된 대도적)가 정직하다고 칭찬받은 것처럼 만족스러운 표정을 지었다.

마리우스는 그런 대화가 있던 날 저녁때, 미행당하고 있는 줄도 모르고 승합 마차를 탔다. 그런데 감시인이란 자는 만사를 젖혀 놓고 우선 잠을 잤다. 까짓거 잠이나 실컷 자자는 기분이 되어 버렸다. 이 아르고스(백 개의 눈을 가지고 그 눈의 반은 잠을 자면서 경계를 게을리 하지 않는 괴물)는 정신없이 하룻밤 내내 코를 골았다.

새벽녘에 승합 마차의 마부가 외쳤다.

"베르농! 베르농 역! 베르농에서 내리실 손님!"

떼오뒬르 중위는 눈을 떴다.

"됐어" 하고 그는 반쯤 졸면서 중얼거렸다. "여기서 내려야지."

그리고 잠이 깸에 따라 그의 기억은 점점 뚜렷해졌다. 고모의 부탁과 루이 금화 10닢과 마리우스의 동정을 알리겠다고 약속한 것이 생각났다. 그러자 웃음이 나왔다.

'이미 마차 안에는 없을 것이다' 하고 그는 군복 윗도리 단추를 채우면서 생각했다. '프와씨에서 내렸는지도 모르지. 아니면 트리엘에서 내렸을지도 몰라. 믈룅에서 내리지 않았다면 망뜨일까? 아니면 롤르브와즈에서 내렸을까? 어쩌면 빠씨까지 왔을지도 몰라. 그리고 왼쪽으로 꺾어 에스트뢰 방면으로 갔거나 오른쪽으로 돌아 라 로슈기용으로 갔거나……. 고모님, 손수 뒤쫓아 보세요. 그런데 도대체 뭐라고 써야 한담, 저 착한 고모한테 말이야?'

그 때 지붕 윗자리에서 내려오는 검은 바지가 앞 칸을 막은 유리창에 보였다.

"마리우스인가?" 하고 중위는 중얼거렸다.

마리우스였다.

마차 아래에는 말과 마부들 속에 섞여서 한 시골 처녀가 손님들에게 꽃을 팔고 있었다.

"부인에게 꽃을 선물하세요" 하고 시골 처녀는 외쳤다.

마리우스는 처녀에게 다가가서 꽃바구니 속에서 가장 아름다운 꽃을 샀다.

"이건 정말" 하고 앞 칸막이 자리에서 뛰어내리면서 떼오뒬르는 말했다. "재미있는데! 도대체 누구한테 저런 아름다운 꽃을 가지고 가는 걸까? 저렇게 아름다운 꽃을 가지고 가는 걸 보니 무척 미인임이 분명해. 좀 보고 싶군."

이번에는 이미 부탁받은 의무 때문이 아니라 자기 자신의 호기심 때문에 즐겨 짐승 뒤를 쫓는 개처럼 마리우스의 뒤를 밟기 시작했다. 마리우스는 떼오뒬르에게 조금도 주의를 기울이지 않았다. 멋진 여자들이 승합 마차에서 내려왔으나 마리우스는 그것을 거들떠보지도 않았다. 그는 자기 주위를 하나도 보지 않는 것 같았다.

'사랑에 정신이 빠졌군!' 하고 떼오뒬르는 생각했다.

마리우스는 성당 쪽으로 걸어갔다.

'그럴 듯한데!' 하고 떼오뒬르는 혼자 말했다. '성당으로? 알겠어. 미사로 약간 양념을 한 밀회라니 근사하겠군! 하느님 어깨 너머로 보내는 추파만큼 즐거운 것은 없을 거야.'

성당에 이르자 마리우스는 안으로 들어가지 않고 뒤켠으로 돌았다. 그리고 맨 뒤쪽의 버팀목 모퉁이로 자취를 감추었다.

"밀회 장소는 밖이로군. 어디 계집애를 좀 보기로 하자."

창기병은 발끝으로 살금살금 마리우스가 돌아간 모퉁이 쪽으로 갔다.

거기까지 가서 그는 놀라 멈춰섰다.

마리우스는 이마를 두 손 안에 파묻고 어느 묘소의 풀밭 속에 꿇어앉아 있었다. 그가 산 꽃다발은 그 무덤 위에 놓여 있었다. 무덤 한쪽에는 머리 부분임을 알리는 흙더미 위에 검은 나무 십자가가 서 있고 흰 글씨로 이름이 씌어 있었다.

'육군 대령 남작 뽕메르씨'

마리우스가 흐느끼는 소리가 들렸다.

'계집애'란 하나의 무덤이었다.

화강암과 대리석

마리우스가 처음 빠리를 떠나 찾아온 곳은 바로 여기였다. 질노르망 씨가 "그녀석 또 다른 데서 잔다"고 할 때마다 마리우스가 찾아온 곳은 이곳이었다.

떼오뒬르 중위는 뜻밖에 묘지에 부딪치자 그만 당황하고 말았다. 묘소에 대한 경의와 대령에 대한 존경 섞인, 스스로도 뭐라고 헤아릴 수 없는 이상야릇한 불안감을 느꼈다. 그는 마리우스를 혼자 묘지에 남기고 물러났으나 그 퇴각에는 규율이 있었다. 망인은 커다란 견장을 달고 떼오뒬르 중위 앞에

마리우스의 흐느끼는 소리가 들렸다.

나타났고, 그는 그것에 놀라 거수 경례를 했다. 고모에게는 뭐라고 쓸지 몰라 결국 아무것도 쓰지 않기로 했다. 마리우스의 연애에 관해 떼오뒬르가 발견한 것에서는 아마 아무런 결과도 일어나지 않았을 테지만, 우연 속에서 흔히 볼 수 있는 저 신비로운 조화로 말미암아 베르농의 그 사건이 알려지지도 않았는데 빠리에서는 한 사건이 일어났다.

사흘째 되는 이른 아침에 마리우스는 베르농에서 돌아와서 할아버지 집에 도착했다. 그리고 승합 마차 안에서 이틀 밤을 지내느라고 지친 그는 한 시간 가량 수영장에 가서 수면 부족을 회복하고 싶었다. 급히 자기 방으로 뛰어올라가서 여행용 프록코트를 벗고 목에 걸고 있던 검은 끈을 끄르자마자 곧 수영장으로 달려갔다. 건강한 노인이면 누구나 다 그렇듯이 질노르망 씨는 아침 일찍부터 깨어 있다가 마리우스가 돌아오는 소리를 들었다. 늙은 발걸음으로 최대한 빨리 마리우스의 다락방으로 올라가 마리우스를 얼싸안고 입을 맞추고 이것저것 물어 보고 그동안 어딜 갔다 왔는지 알아보려 했다.

그러나 80 노인이 올라가는 것보다 청년이 내려가는 편이 더 빨랐다. 질노르망 노인이 지붕밑 방에 들어갔을 때는 이미 마리우스는 거기에 없었다.

침대는 잠자리 그대로였고, 그 침대 위에는 프록코트와 검은 끈이 아무렇게나 던져져 있었다.

"이게 도리어 낫지" 하고 질노르망 씨는 말했다.

그 길로 곧장 그는 응접실로 들어갔다. 거기에는 벌써 큰딸 질노르망 양이 앉아서 수레바퀴 수를 놓고 있었다.

질노르망 씨는 의기양양했다.

그는 한 손에 프록코트를 들고 다른 손에는 목 리본 끈을 들고 있었다. 질노르망 씨는 외쳤다.

"됐어! 이제 비밀을 밝힐 수 있어! 속속들이 알 수가 있게 됐다. 저 엉큼한 난봉꾼의 비밀을, 소설 줄거리를 직접 보게 되었어. 상대방의 초상도 볼 수 있고!"

과연 메달 비슷한 울툭불툭한 검은 가죽의 작은 갑이 끈 끝에 달려 있었다. 노인은 그 작은 갑을 손에 든 채로 한동안 들여다보고 있었다. 마치 굶주린 거지가 자기를 위해 차린 것이 아닌 훌륭한 만찬이 코 밑으로 운반되어 가는 것을 바라보듯이 욕망과 황홀감과 분노가 섞인 표정이었다.

"이 속에 초상이 들어 있는 게 분명해. 나도 기억이 있어. 가슴에 정답게 품고 다닌다구. 바보 같은 녀석! 틀림없이 등골이 오싹해질 만큼 더러운 화냥년일 거야! 요즘의 젊은 놈들은 정말로 취미가 이상하단 말야!"

"어디 봐요, 아버지" 하고 노처녀는 말했다.

단추를 누르자 작은 갑이 열렸다. 그 안에는 고이 접은 한 장의 종이밖에 들어 있지 않았다.

"'역시 그녀로부터 당신에게'라……" 하고 질노르망 씨는 웃어대면서 말했다. "흔해빠진 연애 편지야!"

"어머, 어디 한번 읽어 보죠!" 하고 노처녀가 말했다.

그녀는 안경을 썼다. 두 사람은 종이를 펴서 다음과 같은 글을 읽었다.

내 아들에게―

황제는 워털루 싸움터에서 나를 남작으로 봉하셨다. 왕정복고 정부는 피로써 지불한 이 칭호를 부인하지만 우리 아들만이라도 이 칭호를 인정하여 이것을 패용하기 바란다. 물론 내 아들은 그럴 자격이 있을 것이다.

아버지와 딸이 받은 충격은 도저히 말로 표현할 수 없었다. 그들은 해골이 뿜는 요기라도 쐰 것처럼 온 몸이 오싹 얼어붙는 것을 느꼈다. 서로 말 한 마디 하지 못했다. 겨우 질노르망 씨는 자신에게 말하듯 나직한 목소리로 중얼거렸다.

"이건 저 어리석은 놈의 필적이야."

이모는 그 종이를 이리지리 살펴보나가 작은 갑 속에 집어넣었다.

이와 동시에 푸른 종이에 싼 장방형의 물건이 프록코트의 호주머니에서 떨어졌다. 질노르망 양은 그것을 주워 파란 종이를 펴보았다. 그것은 마리우스의 100장이나 되는 명함이었다. 명함 한 장을 딸에게서 받은 질노르망 씨는 명함에서 다음과 같은 것을 읽었다.

'남작 마리우스 뽕메르씨'

노인은 초인종을 눌렀다.

니꼴레뜨가 나타났다. 질노르망 씨는 끈과 작은 갑과 프록코트를 움켜쥐자 그것들을 모두 응접실 마룻바닥 한복판에 동댕이치면서 말했다.

"가져가라, 이 넝마 조각을!"

더없이 깊은 침묵 속에 꼬박 한 시간이 지났다. 노인과 늙은 딸은 서로 등을 맞대고 앉아서 같은 것을 제 나름대로 생각하고 있는 듯했다. 이렇게 하여 한 시간이나 지났을 때 질노르망 이모가 말했다.

"꼴 좋군그래!"

한참 후에 마리우스가 나타났다. 막 돌아오는 길이었다. 응접실의 문턱을 넘기 전에 그는 할아버지가 손에 자기 명함을 한 장 들고 있는 것을 보았다. 할아버지는 그를 보자 무언가 엄격한 부르주아의 냉소적이고 고압적인 목소리로 외쳤다.

"요놈, 요놈, 요놈! 넌 이제 남작이라며? 잘됐구나. 하지만 어떻게 된 일이지?"

마리우스는 얼굴을 약간 붉히며 대답했다.

"그건 제가 제 아버지의 아들이라는 뜻입니다."

질노르망 씨는 비웃음을 멈추고 엄하게 말했다.

"네 아비는 나야."

"제 아버지는," 하고 마리우스는 눈을 내리깔고 엄숙한 태도로 대답했다.

"겸허하고 용감한 분이었습니다. 공화국과 프랑스를 위해 훌륭히 활약을 했습니다. 지금까지 인간이 만든 가장 위대한 역사 속의 위인이었습니다. 25년간을 야영에서 사셨습니다. 낮에는 산탄과 포탄 아래, 밤에는 눈에 묻히고 흙투성이가 되어 비를 맞으며 사셨습니다. 군기를 두 개나 빼앗았습니다. 스무 군데나 상처를 입었습니다. 그런데 잊혀지고 버림받은 채 돌아가셨던 겁니다. 잘못이 있다면 두 배신자를 너무 사랑했다는 것입니다. 조국과 저를 말예요!"

그것은 이미 질노르망 씨가 잠자코 듣고 있을 한도를 넘어서고 있었다. '공화국'이라는 말을 듣고 그는 일어섰다. 아니 벌떡 일어섰다. 마리우스가 한 말 하나하나에 늙은 왕당파의 얼굴은 새빨갛게 핀 대장간의 불을 풀무질하는 것처럼 변해갔다. 가라앉았던 얼굴빛이 붉어지더니, 진홍색이 되고 다음에는 불꽃으로 탔다.

"마리우스!" 하고 그는 외쳤다.

"고약한 놈! 네 아비가 어떤 인간이었는지 나는 모른다! 알고 싶지도 않다! 그 자식에 대해서는 아무것도 모른다! 얼굴도 몰라! 하지만 내가 알고 있는 것은 그런 인간들 속에는 옳은 인간이 없었다는 사실이야! 모두가 부랑자, 살인자, 혁명당원, 도둑놈이다! 알겠니? 전부가 그렇단 말이다! 그런 놈들을 난 하나도 모른다! 알겠니? 마리우스! 글쎄 네가 남작이라니 돼먹지 않은 어거지야! 로베스삐에르를 위해 일한 놈들은 전부 악한들이었어. 부오나빠르뜨를 위해 일한 놈들은 전부가 강도야! 국왕을, 정통 국왕을 배신한 놈들은 모두 반역자야! 그 비겁한 놈들은 전부 워털루에서 프러시아인과 영국인들 앞에서 달아났어! 내가 알고 있는 건 그뿐이다. 네 아비도 그런지 어떤지 난 몰라! 유감스럽기 짝이 없고 미안한 이야기지만 말야!”

이번에는 마리우스가 대장간의 불이 되고 질노르망 씨가 풀무가 되었다. 마리우스는 온몸이 분노로 떨렸다. 자기가 어떻게 된 건지 모르는 채 머리가 확확 달아올랐다. 마치 성체가 바람에 날려가버린 것을 본 신부나 불상 위에다 침을 뱉고 가는 사람을 보는 승려와 같았다. 그러한 말을 자기 눈앞에서 거리낌없이 할 수 있다는 것은 용서할 수 없는 일로 생각되었다. 그러나 어떻게 하면 좋은가? 아버지는 지금 자기 앞에서 짓밟히고 모욕을 당한 것이다. 그것도 누구한테서? 할아버지한테서가 아닌가! 어떻게 하면 한쪽을 능욕하지 않고 다른 한쪽을 복수할 수 있겠는가? 그가 할아버지를 모욕할 수는 없었다. 그러나 아버지의 복수를 하지 않을 수도 없었다. 한편에는 신성한 무덤이 있고, 한편에는 백발이 있다. 그는 한동안 취한 듯 비틀거렸다. 머릿속에서는 회오리바람이 쳤다. 이윽고 그는 눈을 들고 지긋이 할아버지를 바라보며 우레 같은 소리로 외쳤다.

“부르봉 왕가 타도, 돼지 같은 루이 18세 타도!”

루이 18세는 이미 4년 전에 죽고 없었다.

그러나 마리우스에게는 그런 것은 아무래도 좋았다. 새빨개져 있던 노인의 얼굴이 갑자기 그 머리칼보다도 하얘졌다. 노인은 난로 위에 있는 베리 공작 (앞서 나온 루이 18세의 차남. 1820년에 암살당함)의 흉상을 향해 특별히 장중한 태도로 공손하게 절을 했다.

그리고 천천히 입을 다문 채 난로에서 창으로, 창에서 난로로 두 번 응접실을 왔다갔다 가로지르며 마치 석상이 걷고 있는 것처럼 마룻바닥을 삐걱삐걱 울렸다. 두 번 가로 지를 때, 질노르망 씨는, 늙은 양처럼 망연하게 이 충돌 광경을 바라보고 있던 딸 쪽으로 몸을 기울였다. 그리고 싸늘한 웃음을 띠며 말했다.

"이분 같은 남작님과 나 같은 부르주아가 한지붕 밑에서 함께 살 수는 없다."

노인은 갑자기 몸을 똑바로 세우더니 창백해져서 덜덜 떠는 무서운 모습으로, 분노로 번쩍이는 이마를 치켜올리며 마리우스 쪽을 향해 외쳤다.

"이집에서 나가!"

마리우스는 집을 나왔다.

그 이튿날 질노르망 씨는 딸에게 말했다.

"저 흡혈귀에게는 6개월마다 60 삐스톨(1삐스톨은 금화 100프랑)씩 부쳐 줘. 그리고 앞으로는 절대로 그놈 이야기를 내 앞에서 해서는 안 돼."

그래도 분노가 풀리지 않아 그 화풀이를 어떻게 해야 좋을지 모르는 질노르망 씨는 3개월 이상이나 자기 딸에게 '남남과 같은 쌀쌀한 말투'를 썼다.

한편 마리우스도 격분하여 집을 뛰쳐나갔다. 마리우스의 분노를 더욱 격렬하게 한 사정을 말해야겠다. 이런 가정의 비극을 더욱 뒤엉키게 하는 자질구레한 일들은 언제나 있는 법이어서 결국 그 때문에 부정이 더 늘어나지는 않더라도 손실은 커지게 마련이다.

니꼴레뜨는 할아버지 명령으로 황급히 마리우스의 '넝마조각'을 그의 방으로 가져가다가 저도 모르는 사이 다락방에 이어진 어두컴컴한 층계에서 대령이 쓴 종이쪽지가 들어 있는 검은 가죽 갑을 떨어뜨렸던 것이다. 그 때부터 그 종이쪽지도, 그 갑도 다시는 보이지 않았다. 마리우스는 '질노르망 씨'가—이날 이후 그는 할아버지를 그렇게밖에 부르지 않았다—'아버지의 유언'을 불 속에 던져 버렸다고 믿었다. 마리우스는 대령이 쓴 몇 줄의 문장을 암기하고 있어서 결국은 아무런 손실도 없는 셈이었다. 그러나 그 종이쪽지, 필적, 그 신성한 유품, 그러한 것들은 모두 바로 마리우스의 마음 그 자체였다. 그것들이 모두 어떻게 되었단 말인가.

마리우스는 집을 나갔다. 마리우스는 어디로 간다고 말하지도 않고, 어디로 가는지 자신도 모르는 채 30프랑, 시계, 그리고 몇 가지 옷을 여행가방에 넣어 가지고 집을 나갔다. 시간제의 이륜 마차를 빌려 타고 목적도 없이 라땡 쪽으로 향했다.

마리우스는 앞으로 어떻게 될 것인가?

"이집에서 나가!"

제4편 'ABC의 벗'

역사에 남을 뻔한 한 무리

이 시대는 겉으로는 정치에 냉담한 것처럼 보였지만 밑바닥에는 혁명의 전율이 희미하게 달리고 있었다. 1789년과 1792년의 심연에서 다시금 일어난 숨결이 주위에 감돌고 있었다. 청년들은 변성기—이런 말이 허용된다면—에 있었다. 자기 자신은 거의 깨닫지 못하고 때의 움직임에 영향을 받아 변해 가고 있었다. 문자판 위를 도는 시계바늘은 또한 사람들의 마음속에도 돌고 있는 것이다. 사람들은 당연히 걸어야만 할 전진의 그 첫발을 내딛고 있었다. 왕당파는 자유주의자가 되고 자유주의자는 민주주의자가 되어 가고 있었다.

그것은 무수한 썰물에 뒤섞인 밀물과 같았다. 썰물의 특색은 서로 섞여 돌아가는 것이다. 거기서 참으로 기묘한 사상의 결합이 생겨났다. 사람들은 나뽈레옹을 숭배함과 동시에 자유를 숭배하고 있었다. 우리는 지금 여기서 역사상의 사건을 이야기하고 있다. 이 이야기는 이런 시대가 남긴 모습인 것이다. 정치적 의견이란 다양한 과정을 거쳐가는 법이다. 볼떼르적 왕당주의도 매우 색다른 정치적 입장이었지만, 이와 좋은 쌍을 이루는 보나빠르뜨적 자유주의 또한 기이한 정치적 입장을 지닌 것이다.

그밖에 사상 단체로서는 좀더 진지한 것이 몇 개 있었다. 그런 단체에서는 원칙을 탐구하고 무엇보다도 권리를 추구했다. 절대적인 것에 일념하여 정열을 불태우고 그 무한한 실현을 아득히 먼 곳에서 엿보고 있었다. 절대적인 것은 그것이 요구하는 엄격성 때문에 사람들의 정신을 푸른 하늘 저 멀리로 돌려 무한 속에 떠 있게 한다. 그런데 독단적인 사상만큼 몽상을 낳게 하기에 적합한 것은 없다. 더욱이 몽상만큼 미래를 만들어내기에 적합한 것은 없는 것이다. 오늘날의 유토피아는, 내일이면 살과 뼈를 가진 현실이 될 것이다.

그러한 급진적인 정치 사상에는 이중의 바탕이 있었다. 정체를 파악할 수는 없지만 무언가 불온하고 음험한 움직임이 시작되고 있어서 '세워진 질서'(왕정 복고)를 위협하고 있었다. 그것은 확실히 혁명의 징후이다. 권력자의 속마음이란 바닥을 깨뜨려 보면 뜻밖에도 민중들의 속마음과 통하고 있는 법이다. 다시 말해 민중들 사이에서 부화하려던 폭동, 그것은 군대의 일부에서 계획하고 있던 쿠데타와 호응하고 있었던 것이다.

당시 프랑스에는 독일의 투겐트 분트(19세기 초 독일 학생이 만든 애국 결사)나 이탈리아의 카르보나리(같은 무렵에 생겨난 이탈리아 통일을 위한 비밀 결사) 같은 광대한 지하 조직은 아직 없었다. 그러나 여기저기 숨어있는 어두운 비밀지하도가 파지고 그것은 작은 가지처럼 퍼지고 있었다. 액스에서 꾸그르드라는 비밀 결사를 만들고 있었다. 빠리에도 그런 비밀 결사가 많았지만 그 중에서도 특히 'ABC의 벗'이라는 결사가 있었다.

'ABC의 벗'이란 무엇이었던가? 겉으로는 아이들의 교육을 목적으로 하고 실제로는 어른들의 재교육이 목적이었다.

그들은 스스로 'ABC의 벗'이라고 선언하였다. ABC(아베쎄)란 'Abaissé'(아베쎄라고 발음하면 비천하다는 뜻)로서 민중을 뜻하고 있었다. 그들은 민중을 향상시킬 것을 목적으로 삼고 있었다. 하찮은 말장난일지도 모르지만 웃는 건 잘못이다. 말장난에도 때로는 정치에 중대한 연관성을 갖는 일이 있다. 그 증거로서 이를테면 '까스트라투스는 까스트라로'('고자는 전쟁터의 진영으로'라는 뜻)는 나르세스(콘스탄틴노플의 환관)를 실제로 장군으로 만들었다. 이를테면 '바르바리와 바르베리니'('야만과 바르베리니'라는 뜻. 바르베리니 추기경은 교황이 되어 '도시인'이라는 뜻의 위르뱅 8세라는 이름을 가짐)가 있고, '푸에로스와 푸에고스'(헌법과 아궁지. 스페인의 푸에로는 스페인의 오랜 헌법인데 도시나 지방이나 집의 특권을 지켰다. 이 법을 믿고 민중들은 국왕에게 저항했다), '뚜 에스 뻬투루스 에뜨 스뻬르 항꾸 뻬트람'(너는 베드로라. 내가 이 반석 위에 내 교회를 세우리니 하신 그리스도의 말씀. 베드로 '뻬트로스'와 바위 '뻬트람'의 말장난〈마태복음〉제16장 제18절) 등등이다.

'ABC의 벗'의 수는 그다지 많지 않았다. 그것은 지금 싹트고 있는 비밀 결사였다. 그러나 당파라는 것이 용감한 투사를 낳는 법이라면 이 결사도 거의 당파라고 해도 좋을 법하다. 그들은 언제나 빠리의 두 곳에서 모였다. 하나는 중앙 시장 가까이에 있는 '꼬랭뜨'라고 불리는 선술집이고—이것은 뒤에 다시 문제가 되는 장소다—또 하나는 빵떼옹 근처 쎙 미셸 광장에 있는, 오늘날에는 허물어져 버린 '뮈쟁'이라는 조그마한 까페였다. 이 두 집회소 중 첫 번째 장소는 노동자들이 드나드는 곳이고, 둘째 장소는 학생들이 드나드는 곳이었다.

'ABC의 벗'의 비밀 회합은 대개 까페 뮈쟁의 깊숙한 뒷방에서 열렸다. 그

방은 손님들이 오는 홀에서 상당히 떨어져 있고, 매우 긴 복도로 통하고 있으며, 창문이 둘에, 좁은 그레 거리(지금의 큐 자스 거리)를 향하는 비밀 계단이 붙은 출구가 있었다. 동료들은 거기서 담배를 피우고, 술을 마시고, 카드놀이를 하고, 우스개 꽃을 피웠다. 그들은 여기에 오면 온갖 이야기를 큰 소리로 주고받았지만 어떤 일에 한해서는 낮은 소리로 이야기했다. 벽에는 그것만으로도 경관의 콧구멍을 벌름거리게 하기에 충분한 공화국 시대의 낡은 프랑스 지도가 못에 걸려 있었다.

'ABC의 벗' 대부분은, 몇몇 노동자들과 마음속으로 서로 이해하고 있는 학생들이었다. 중요한 인물의 이름을 들면 다음과 같다. 그들은 이제 어느 정도 역사의 인물이 되어 있는 앙졸라, 꽁브페르, 장 프루베르, 푀이, 꾸르페락, 바오벨, 레글르(Laigle) 또는 레글르(Lesgle), 졸리, 그랑떼르 등이다. 이들 젊은이들은 강한 우정으로 가족 같은 분위기를 만들고 있었다. 게다가 레글르를 빼놓고는 모두 남부 출신이었다.

이것은 주목할 만한 집단이었다. 그러나 현재는 우리들 뒤에 있는 보이지 않는 심연 속으로 사라져 버렸다. 우리의 이야기가 이쯤 왔을 때 이 젊은이들이 비장한 폭거의 그림자 속에 묻혀버리는 것을 보기 전에 여기서 그들의 머리 위에 한 줄기 빛을 비추어 보는 것도 무익하지 않으리라.

우선 앙졸라인데, 왜 맨 처음에 그의 이름을 들었는지 그 까닭을 곧 알게 될 것이다. 그는 외아들이고 부자였다.

앙졸라는 매력 있는 젊은이로 무서운 일을 해낼 만한 청년이었다. 그는 천사처럼 아름다웠다. 야만스러운 안티노우스(로마 황제 아드리앙의 사랑받는 신하였던 매우 미남인 노예)였다. 왜냐하면 그 눈에서 명상의 반짝임이 튀어나오는 것을 보면, 이미 이전 생활에서 혁명의 묵시록을 거쳐왔는가 싶었기 때문이다. 마치 직접 목격한 사람처럼 혁명의 전설을 자세히 알고 있었다. 큰 사건에 관한 매우 사소한 일까지 모조리 알고 있었다. 청년으로서는 드물게 사제와 군인의 성질을 아울러 지니고 있었다. 사제인 동시에 투사였다. 시국과 직접 연결되는 정치적 견지에서 보면 민주주의의 병사이며, 당시의 움직임에서 떨어져서 높은 곳에서 내려다보면 이상을 받드는 사제였다.

깊은 눈동자와 발그스레한 눈까풀, 당장에라도 남을 경멸할 것 같은 두꺼운 아랫입술과 넓은 이마를 가지고 있었다. 얼굴의 많은 자리를 차지한 넓은

'ABC의 벗'

이마, 그것은 지평선에 훤히 트인 하늘을 보는 듯하다. 금세기 초와 전세기 말 일찍부터 유명했던 어떤 청년들과 마찬가지로 그는 넘쳐흐르는 싱싱한 젊음을 지니고 있었다. 때로 창백하게 흐리는 일은 있어도 젊은 처녀들처럼 신선했다.

앙졸라는 이미 어른이었지만 얼핏 보기에 아직 소년인 것 같았다. 나이가 스물 두 살임에도 열 일곱 정도로밖에 보이지 않았다. 실로 진지하여 이 세상에 여자라는 존재가 있는 것조차 모르는 것 같았다. 유일한 그의 정열은 권리에 대한 정열이며, 그의 유일한 사상은 방해물을 뒤엎는 일이었다. 아벤티노 산(고대 로마의 산)에 올라가면 그는 그라쿠스(이 산에 올라가 귀족에게 반항한 형제의 이름)가 되고, 대혁명 당시 국민 의회에 들어가면 쌩 쥐스뜨(27세에 로베스삐에르와 함께 단두대의 이슬로 사라진 국민의회 의원)가 되었을 것이다.

앙졸라는 장미꽃을 들여다본 적이 거의 없고, 봄을 알지 못하고, 새의 노래를 들은 일이 없었다. 에바드네(그리스의 비극 에우리피데스의 《애원하는 여자들》의 등장인물)의 드러낸 젖가슴도 아리스토기톤을 움직이지 못했던 것과 마찬가지로 그의 마음을 움직이지는 않았을 것이고, 꽃도 그에게는 하르모디우스(아리스토기톤과 함께 음모했던 아테네 사람)에게서와 마찬가지로 다만 검을 갖추기 위해서밖에 소용되지 않았다.

앙졸라는 기쁨 속에 있으면서도 엄격했다. 공화국 이외의 모든 것 앞에서 앙졸라는 결벽하게 눈을 내리떴다. 앙졸라는 '자유'라는 대리석 여신을 사랑했다. 그의 말은 강한 영감을 받았고 찬가같은 전율이 흐르고 있었다. 그는 느닷없이 날개를 펴고 날아올라서 사람들을 놀라게 했다. 섣불리 그에게 다가서는 사랑의 처녀야말로 불행하다! 이따금 깡브레 광장이나 쌩 장 드 보베 거리의 가게에서 일하는 바람기 있는 젊은 여공들이 갓 중학교에서 빠져나온 듯한 이 얼굴, 옛날 귀인의 시중을 들던 꼬마둥이 같은 목덜미, 금빛의 긴 속눈썹, 파란 두 눈, 바람에 흐트러진 머리, 장밋빛 뺨, 생기 발랄한 입술, 쪽 고른 치아를 보고 활짝 피기 시작한 이 인생의 아름다운 모습에 욕망을 느껴서 자신의 매력이 어떤 효과를 주는지 앙졸라에게 시험해 보려 하면 돌연 생각지 못했던 매서운 시선이 그 여자에게 돌아갔을 것이다. 그리고 보마르셰의 여자에게 아양을 떠는 세라핌과 《에제키엘》의 무서운 천사를 혼동해서는 안된다고 그 여자에게 가르쳤을 것이다.

앙졸라가 혁명의 논리를 대표하고 있었다고 하면, 꽁브페르는 혁명의 철학을 대표하고 있었다. 혁명의 논리와 혁명의 철학 사이에는 다음과 같은 차이가 있었다. 즉 혁명의 논리는 전쟁에 찬성하는 결론을 내릴 수 있지만 철학은 결국 평화에 이를 수 있을 뿐이다.

꽁브페르는 앙졸라의 사상에서 결점을 보충하고 그것을 완전한 것으로 만들어 갔다. 꽁브페르는 앙졸라보다 관점이 높지는 않았으나 시야의 폭은 넓었다. 꽁브페르가 소망한 것은 보편된 관념에 입각한 폭넓은 원칙을 사람들의 정신에 주입시키는 일이었다. 꽁브페르는 언제나 말했다. "혁명이다, 그러나 우선 문명이다." 그리고 우뚝 솟은 산 주위에 넓고 푸른 지평선을 펼쳐 놓았다. 그러므로 꽁브페르의 견해에는 누구든지 접근할 수 있고 실행할 수 있는 것이 있었다.

꽁브페르의 혁명은 앙졸라의 혁명보다 한결 더 너그럽고 한가하게 숨쉬고 있었다. 앙졸라는 혁명의 신성한 권리를 표현하고, 꽁브페르는 그 자연스러운 권리를 표현하고 있었다. 전자는 생각하는 방법에서 로베스삐에르와 결부되고 후자는 꽁도르쎄의 사상에 가까웠다. 꽁브페르는 앙졸라보다 세상 일반의 생활을 더 잘 알고 있었다. 이 두 젊은이가 역사의 인물이 되었더라면 한쪽은 의인이라 하고, 또 한쪽은 현인이라고 했을 것이다. 앙졸라는 더 남성다웠고 꽁브페르는 더 인간적이었다. '호모'(인간)와 '비르'(남성), 확실히 이것이야말로 두 사람의 미묘한 차이였다.

앙졸라의 엄격함은 꽁브페르의 부드러움과 같았지만 그것은 모두 두 사람의 순결한 천성을 나타냈다. 꽁브페르는 시뜨와이양(혁명 용어. 공민이라는 뜻으로 상대를 부를 때 쓴다)이라는 말을 사랑했는데 그 이상으로 인간이라는 말에 애착을 느꼈다. 스페인 사람들이 말하는 '옴브레'(인간이라는 뜻인데 시뜨와이양처럼 호칭으로 쓴다)라는 말을 기꺼이 썼을 것이다. 그는 뭐든지 닥치는 대로 읽고, 연극을 보러 가고, 대학의 공개강좌를 들으러 나니고, 아라고(천문학자이며 물리학자)에게 광선의 편광 작용을 배우고, 조프르와 쌩띨레르(생물 학자이며 발생학의 창시자)가 안면으로 가는 외경동맥과 뇌수로 가는 내경동맥의 이중 작용에 대해서 하는 강의에 열중했다.

꽁브페르는 시대 풍조에 정통하고, 학문을 한 걸음 한 걸음 깊이 연구해 가고, 쌩시몽과 푸리에의 학설을 비교해 보고(모두 당시의 공상적 사회주의자), 상형 문자를 해독하고, 조약돌을 주워다가 그것을 깨뜨려서 지질학을 연구하고, 기억을 더듬어 누에의 나방을 그리고 《아카데미 사전》에서 프랑스 어의 오류를 지적하고, 뿌이제귀르(프랑스의 원수이며 전술가)와 들뢰즈(박물 학자. 특히 동물의 磁氣를 연구하였다)를 연구하고, 그리고 아무것도, 기적조차도 긍정하지 않고, 그런 반면 무엇이든, 유령조차도 부정하지 않고, 〈모니뙤르〉 기관지를 철해 놓은 것을 뒤적거리며 몽상에 잠기곤 했다.

미래는 학교 교사의 손에 달려 있다고 해서 교육문제에도 관심을 나타냈다. 지적 수준과 도덕 수준의 향상, 과학의 발달, 사상의 보급, 청년기 정신의 육성, 그러한 문제를 위해 사회가 끊임없이 노력할 것을 바랐다. 한편 현재의 연구 방법이 조잡하고 고전이라고 불리는 저 2, 3세기 동안밖에 통용되지 않는 빈약한 문학적 견해가 지배적이어서 관학적인 현학자의 독단이 세력을 펴고, 스콜라 학파의 편견이나 낡아빠진 관습이 남아 있어 머잖아 우리나라의 공립중학교가 굴^(멍텅구리라는 뜻이 있다) 양식장처럼 되어 버리지는 않을까 걱정하고 있었다.

박식하고 결벽가이고, 하는 일이 정확하고, 다재다능하고 노력가이고, 또 동시에 친구들의 말을 빌리면 '공상적일 정도로' 사색가였다. 꽁브페르는 자신의 모든 꿈을 믿고 있었다. 다시 말해서 철도, 외과 수술에 따르는 고통의 제거, 암실 속에서 사진을 현상하는 방법, 전신, 경기구(輕氣球)의 조종법 등등. 게다가 미신이나 전제정치나 편견과 같은 인류의 적이 도처에 만들어 놓은 요새를 거의 대수롭잖게 여겼다. 꽁브페르는 과학이 언젠가는 그런 상태를 일변시킬 것이라고 생각하는 사람 가운데 하나였다.

앙졸라는 결사의 우두머리였고 꽁브페르는 그 지도자였다. 함께 싸울 만한 사람은 전자요, 함께 전진할 만한 사람은 후자였다. 그렇다고 해서 꽁브페르에게 싸울 힘이 없다는 것은 아니다. 그도 장애물에 몸째 부딪치고 힘과 폭발로 공격하는 것을 결코 두려워하지 않았다. 그러나 자명한 이치를 사람에게 설명하고 실증 법칙을 세상에 알려 인류를 조금씩 그 운명과 일치시켜 가는 일이야말로 더욱 바람직한 일이라고 꽁브페르는 생각했다.

빛에 두 가지 종류가 있다고 한다면, 꽁브페르의 성질은 타오르는 빛보다도 밝게 비치는 빛 쪽을 향하고 있었다. 하긴 화재도 새벽처럼 밝다. 그러나 왜 해돋이를 기다려선 안되는 것인가? 화산은 주위를 밝게 비춘다. 그러나 여명은 더욱 널리 비춘다. 아마도 꽁브페르는 불꽃의 숭고함보다도 아름다움의 순백을 좋아했을 것이다. 연기로 흐려진 광명이나, 폭력으로 사들인 진보는 이 부드럽고 성실한 정신을 가진 사람에게는 불만스럽게 생각됐다.

1793년 때처럼 민중이 진리 속에 거꾸로 뛰어드는 것은 그의 마음을 오싹하게 만드는 것이었다. 그러나 꽁브페르는 그 이상으로 정체(停滯)라는 것을 혐오했다. 그는 거기서 부패와 죽음의 냄새를 맡았다. 요컨대 독기보다는 수면에 뜨는 흰 거품을 사랑하고, 시궁창보다는 급류를 좋아하고, 몽포쏭 호수보다는 나이아가라 폭포를 좋아했다. 결국 멈춰 서 있는 것도 서둘러 가는 것도 바라지 않았던 것이다.

혈기 왕성한 친구들이 씩씩한 마음에서 절대에 속하는 것에 정신을 빼앗겨 눈부신 혁명의 모험을 동경하고 있을 때 꽁브페르는 역사가 자연히 진보해 가는 것을 유심히 지켜보기를 바랐다. 꽁브페르가 말하는 좋은 진보란 싸늘할지는 모르지만 순수한 진보, 도식적일지는 몰라도 나무랄 데 없는 진보, 조용하지만 흔들리지 않는 진보였다. 미래가 전혀 손때 묻지 않고 찾아온다면, 그리고 민중의 덕의의 끝없는 진화가 아무것에도 방해되지 않고 실현된다면 꽁브페르는 무릎을 꿇고 합장하고 기도라도 했을 것이다.

‘선은 결백해야 한다’고 꽁브페르는 언제나 입버릇처럼 말했다. 혁명이 실로 위대한 것은 눈부신 이상을 응시하며 무서운 우레 속을 뚫고 피의 바다며 불의 바다를 넘어 그 이상을 향하여 한결같이 날아가기 때문일 것이다. 그러나 진보가 아름다운 것은 거기에 오점이 없기 때문이다. 워싱턴을 한쪽의 대표, 당똥을 다른 쪽의 화신으로 본다면 둘 사이에는 백조의 날개를 가진 천사와 독수리의 날개를 가진 천사만큼 차이가 있는 것이다.

장 프루베르는 꽁브페르 이상으로 온화한 인물이었다. 그는 자기 이름을 즈앙(중세때 장의 호칭)이라 불렀는데, 중세를 연구하는 매우 중요한 동기가 된 강렬하고 의미심장한 정신운동에 영향을 받아 한때 변덕을 조금 부려 그렇게 부른 것이다. 장 프루베르는 여자를 사랑하고, 화분에 화초를 기르고, 피리를 불고, 시를 짓고, 민중을 사랑하고, 여성의 운명에 동정하고, 아이들의 불행에 눈물을 흘리고, 미래와 신을 똑같이 믿고, 그리고 대혁명이, 존경하는 한 인간의 목을, 다시 말해서 앙드레 셰니에의 목을 자른 것을 비난했다. 그의 목소리는 평소에는 가냘프나 돌연 남자답게 울릴 때가 있었다.

박식하다고 할 정도로 학문에 능통하고, 또한 동양 어학에도 거의 학자 수준이었다. 무엇보다 그는 선량했다. 선량함이 얼마나 위대함에 가까운 것인지 아는 사람에게는 명백한 일이지만 시에 관해서 그는 특히 웅대한 것을 사랑했다. 그는 이탈리아 어, 라틴 어, 그리스 어, 헤브라이 어를 알고 있었는데, 그것을 실제로 활용해서 읽는 것이라고는 단떼, 주베날, 에스킬로스, 이사야라는 네 시인뿐이었다. 프랑스 어로 된 작품으로는 라신느보다 꼬르네이유를, 꼬르네이유보다는 아그리빠 도비네를 좋아했다.

장 프루베르는 귀리나 범의귀가 무성한 들판을 산책하기 좋아하고, 세상일에 관심을 기울이는 것 못지않게 구름에 관심이 있었다. 그의 정신은 두 가지 태도를 하고 있어 하나는 사람을 향하고, 다른 하나는 신을 향하고 있었다. 그래서 세상 움직임을 연구하든가 아니면 신에 관한 명상에 잠겼다. 장 프루베르는 하루종일 사회문제를 탐구하곤 했다. 이를테면 임금, 자본, 신용, 결혼, 종교, 사상의 자유, 연애의 자유, 교육, 형법, 빈곤, 조합, 재산, 생산, 분배와, 이와 같은 인류를 어두운 그림자로 뒤덮고 있는 현세의 수수께끼를 탐구했다.

그리고 밤이 되면 저 거대한 하늘에 가득한 별을 올려다보았다. 앙졸라와 마찬가지로 그도 부잣집 외아들이었다. 남과 이야기할 때는 온화하게 말하고 머리를 갸우뚱하고 눈을 내리뜨고, 어색한 웃음을 지었다. 옷차림에 신경을 쓰지 않고 어쩐지 어색해보였고 아무것도 아닌 일에 얼굴을 붉히며 매우 겁장이였다. 그러나 사실은 대담한 사나이였다.

푀이는 부채 만드는 집 직공으로 아버지도 어머니도 없는 고아였다. 그는 온종일 일하여 고작 3프랑의 수입을 올리고 있었다. 그러면서도 세상을 해방할 것만 생각하고 있었다. 아니 또 하나 마음에 품고 있는 것은 공부하는 것인데, 그는 이것을 자기가 해방되는 방법이라고 했다. 푀이는 혼자서 읽고 쓰기를 배웠다. 그의 모든 지식은 자기 혼자서 얻은 것이었다.

푀이는 마음이 너그러웠다. 그 포용력은 무한했다. 이 고아는 민중을 자기 육친으로 삼았다. 어머니가 없었기 때문에 조국에 마음을 기울이고 있었다. 푀이는 조국 없는 사람이 이 지상에 한 사람도 없기를 바랐다. 민중의 자식인 그는 오늘날 우리가 '국민정신'이라고 부르는 사상을 일찍부터 깊이 통찰하여 마음속에 품고 있었다. 특히 역사 공부에 힘을 기울였는데 정부가 하는 짓에 분개하려면 우선 그 근원을 샅샅이 알아야 한다고 생각했기 때문이었다. 이런 젊은 이상가들의 모임은 주로 프랑스에 관심을 두고 있었는데 푀이는 그 가운데서도 프랑스가 아닌 다른 나라에 제일인자였다. 특히 그리스, 폴란드, 헝가리, 루마니아, 이탈리아에 대해 전문가였다. 푀이는 입버릇처럼 이들 나라 이름을 들고, 마치 자기의 권리인 양 끊임없이 어떤 화제라도 아랑곳하지 않고 그 나라들을 들고 나왔다. 크레타 섬과 테살리아에 침입한 터키, 바르샤바에 침입한 러시아, 베니스에 침입한 오스트리아의 폭력 행위에 그는 격렬한 분노를 느꼈다.

특히 1772년의 대폭동(폴란드의 분할)에는 너무 통분을 느껴 부들부들 떨었다. 진실을 품은 분노만큼 최고의 웅변은 없는데 그는 그런 웅변가였다. 1772년이라는 모욕에 찬 그해에 대해서, 배반 때문에 멸망한 숭고하고 용감한 국민에 대해서, 세 나라의 저 범죄 행위, 저 잔악한 기습에 대해서—그 뒤 몇몇 존경할 국민에게 덤벼들어 이른바 출생증명서를 지워 버린 끔찍한 국가 말살의 전형이 되고 표본이 된 그 기습—그는 그칠 새 없이 웅변을 토했다. 현대의 모든 국제사회의 침범 행위의 근원은 폴란드 분할에서 비롯한다. 폴란드의 분할은 현대의 온갖 정치적 죄악을 귀결하는 수학의 정리와 같은 것이 되고 말았다.

최근 100년 이래의 모든 전제군주와 모든 반역자 가운데서 폴란드의 분할을 '변경할 수 없다'고 인정하고, 인준하고, 서명하고, 도장을 찍지 않은 사람은 하나도 없다. 근대 국가의 배신 기록을 살펴보면 이 배신이 맨 처음에 눈에 띈다. 비엔나 회의의 열강국들은 그들의 범죄를 수행하기에 앞서 우선 이 범죄를 참고로 했던 것이다.

1772년은 사냥할 짐승을 몰아댔다는 뿔피리 신호 소리이고, 1815년에는 그 사냥감들을 분배했던 것이다. 그런 것이 퓌이가 언제나 외치는 주제였다. 이 가련한 노동자는 정의의 옹호자가 되고 정의는 그를 위대하게 해줌으로써 보답했다. 왜냐하면 올바른 권리의 주상 속에는 영원한 것이 실제로 있기 때문이다. 오늘날 바르샤바를 타타르가 되게 할 수 없는 것은 현재의 베니스를 게르만이 되게 할 수 없는 것과 마찬가지다. 어느 국왕이라도 그런 짓을 하면 헛수고일 뿐 아니라 명예까지 잃게 된다.

일단 침몰된 조국도 언젠가는 수면에 떠올라 다시 그 모습을 나타내게 마련이다. 그리스는 다시금 그리스가 되고, 이탈리아는 다시 이탈리아가 된다. 정당한 권리로 기성 사실을 뒤엎으려는 항의의 소리는 영원토록 지워지지 않는다. 한 국민을 도둑질한 죄는 시효가 필요치 않다. 그런 심한 사기죄는 장래에도 결코 사라지지 않는다. 한 국민이란, 손수건처럼 이름의 머릿글자를 때 버리면 누구의 것인지 모르게 되는 그런 것은 아니다.

꾸르페락은 드 꾸르페락 씨(M. de Courfeyrac)라는 아버지가 있었다. 왕정 복고 시대의 시민계급은 귀족을 나타내는 'de'라는 말을 무언가 소중한 것으로 생각하고 있었다. 그것은 그들이 귀족 제도라든가 귀족계급에 대해서 품고 있던 그릇된 생각의 하나였다. 이 'de'가 아무런 의미도 없다는 것을 오늘날에는 누구나 다 알고 있다. 그러나 〈미네르브〉지(왕정 복고 초기 왕당파 신문) 시대 소시민들은 이 처량한 'de'를 너무나도 높이 평가하고 있었으므로 어떤 사람들은 그것을 폐지하지 않으면 안된다고까지 생각했다. 그 결과 드 쇼블랭 씨는 쇼블랭 씨, 드 꼬마르땡 씨는 꼬마르땡 씨, 드 꽁스땅 드 르베끄 씨는 뱅자맹 꽁스땅 씨, 드 라파이예뜨 씨는 라파이예뜨 씨라고 저마다 자기를 부르게 했다. 꾸르페락도 뒤질세라 간단하게 꾸르페락이라고 스스로 불렀다.

꾸르페락에 관해서는 이 정도로 해두자. 이 이상으로 꾸르페락을 알고 싶다면 똘로미에스(팡띤느의 연인, 꼬제뜨의 아버지)를 상기하라는 말로 그치겠다.

꾸르페락은 실로 갓 피기 시작한 재치의 꽃이라 부르기에 어울릴 만큼 젊은 활기에 넘쳐 있었다. 다만 그런 자질은 새끼고양이의 귀여움과 마찬가지여서 머지않아 사라져버리고 그 멋진 아름다움도 두 다리로 서면 부르주아가 되고, 네 다리로 서면 밉살스런 수코양이가 되어 버리는 것이다.

이런 종류의 재치는 학교에 들어가서는 차례차례로 나가는 학생들―뒤에서 자꾸자꾸 자라나는 청춘의 싹―이 차례차례로 전달해 가는, '마치 릴레이 선수처럼' 손에서 손으로 건네지는 것이어서 거의 어느 시대에도 같은 유형의 정신을 볼 수 있다. 그러니까 앞서도 지적했듯이 1828년에 꾸르페락이 한 말은 누가 듣더라도 1817년에 똘로미에스가 하는 말을 듣는 것 같았을 것이다. 다만 꾸르페락은 호인이었다. 얼핏 보기에 외면적인 정신은 비슷했지만 잘 살펴보면 똘로미에스와 꾸르페락 사이에는 커다란 차이가 있었다. 그들 내부에 숨겨진 인간성은 전자와 후자가 전혀 달랐다. 똘로미에스 속에는 한 검사가 있는데 비해 꾸르페락 속에는 의협가가 있었다.

앙졸라는 결사의 수령이며 꽁브페르는 지도자, 꾸르페락은 그 중심이었다. 다른 두 사람이 동료들에게 빛을 주었다면 꾸르페락은 열을 주었다. 사실 꾸르페락은 결사의 중심이 되는 데 필요한 자질을 모두 갖추고 있었다. 원만함과 명랑한 성격을 갖고 있었던 것이다.

바오렐은 이미 1822년 6월의 유혈소동 때에 살해된 젊은 랄르망의 장례식에도 참가했다.

바오렐은 언제나 명랑한 사나이며 성장 과정은 나빴지만 교활하지 않고, 한없이 돈을 물쓰듯해서 그 낭비는 도무지 아까운 것을 모르는 듯했고, 말은 웅변이라 할 만큼 유창했고, 그 대담함은 무모하달 정도였다. 참으로 더없이 좋은 사람이었다. 대담한 빛깔의 조끼를 걸치고 시뻘건 기염을 올렸다. 천성이 떠들기를 좋아해서 그것이 폭동이 아니라면 싸움처럼 좋아하는 것이 없고, 혁명이 아니라면 폭동처럼 좋은 것은 없다는 사나이였다. 일단 일이 일어나기만 하면 언제라도 유리창을 부수고, 보도의 포석을 벗겨내고, 정부를 뒤엎으려들기만 했다. 그 결과가 어떻게 되는가를 보고 싶은 것이다. 대학에는 이미 11년 동안 다니고 있었다. 법률학의 냄새를 맡고는 있었지만 공부하지는 않았다.

"절대로 변호사는 되지 않아." 하는 것이 그의 좌우명이었으며, 처박아 놓은 각모(변호사가 쓰는 모자)가 조금 내다보이는 나이트테이블이 그의 문장(紋章)이었다. 때로 법률학교 앞에 나타날 때는 언제나 프록코트에 단추를 정연히 채우고 —빨도(짧은 외투) 같은 것은 아직 만들어내지 않았던 무렵이니까—이상한 데에 와서 감기에 걸리지 않도록 위생상의 주의를 하고 있었다.

학교 정문을 보고는 "어지간히 늙어 빠졌군!" 했고, 학장 드뱅꾸르 씨를 보고는 "굉장한 기념비로군!" 했다. 강의 속에서 샹송의 소재를 찾아내기도 하고, 교수들의 용모 속에서 만화거리를 찾기도 했다. 그는 꽤 많은 학자금을, 1년에 자그만치 3천 프랑이라는 돈을 하찮은 일에 써버리고 있었다. 그는 시골에 있는 부모가 자기를 존경히 하도록 잘해 놓았던 것이다.

그는 부모에 대해서 이렇게 말했다.

"그들은 시골 농민이지 소시민이 아니야. 그들이 사리분별을 조금 할 줄 아는 것은 그 때문이지."

변덕쟁이 바오렐은 마음내키는 대로 여러 까페에 드나들었다. 다른 사람들은 저마다 단골집이 있었지만 그에겐 그런 것이 없었다. 그는 마구 돌아다니기를 좋아했다. 방황이 인간적이라 한다면 할일 없이 배회하는 것은 파리 사람다운 것이다. 그러나 사실은 그는 통찰력이 있고 겉보기와 달리 생각이 깊었다.

  그는 'ABC의 벗'과 다른 그룹의—아직 분명하게 형태를 이루지는 않았지만 머지않아 조직될 다른 단체—연결 역할을 하고 있었다.

  이 젊은이들의 집회소에는 대머리 회원이 하나 있었다.

  루이 18세가 국외로 망명하려던 날, 이 국왕이 길에서 손님을 기다리는 이륜 마차에 타는 것을 도와줘서 공작 칭호를 받은 아바레 후작은 곧잘 이런 말을 하곤 했다. 1814년 국왕이 프랑스로 돌아와서 깔레에 상륙했을 때 한 남자가 국왕에게 청원서를 내놓았다.

  "무슨 청인가?" 하고 국왕이 물었다.

  "폐하, 부디 우체국을."

  "이름은 무엇인가?"

  "레글르라고 합니다."

  국왕은 이마를 찌푸리고 청원서의 서명을 보고 레글르(Lesgle)라고 쓴 이름을 보았다. 그다지 보나빠르뜨적이 아닌 이 철자에 감동하여 국왕은 빙그레 웃었다.

  "폐하," 하고 청원서를 내놓은 남자가 말을 이었다. "제 선조의 한 사람은 개 담당이었는데 레귈르(Lesgueules) (짐승의 입 또는 / 턱이란 뜻)라는 별명이 있었습니다. 그 별명이 제 이름이 된 겁니다. 저는 제대로 레귈르라고 합니다만, 그것을 줄여서 레글르(Lesgle) 또는 좀 다르게 레글르(L'Aigle)라고 하는 사람도 있습니다."

  이 말에 국왕은 드디어 웃었다. 뒤에 국왕은 이 남자에게 모의 우체국을 주었는데, 특별한 생각에서였는지 무심코 그랬는지 그것은 알 수 없었다.

  이 그룹의 대머리 회원이란 바로 이 레글르(Lesgle) 또는 레글르(Legle)의 아들인데 레글르(드 모)라고 서명하고 있었다. 동료들은 간단하게 그를 보쒸에라고 불렀다.

  보쒸에는 쾌활한 청년이었지만 어쩐지 불행의 그림자를 지니고 있었다. 그의 특기는 무엇을 해도 성공하지 못하는 것이었다. 그래서 그는 모든 것을 웃어 넘기고 지냈다. 아직 스물 다섯 살인데 머리가 벗겨져 있었다. 그의 아버지는 집 한 채와 밭 한 뙈기밖에 가진 게 없었다.

  그러나 아들인 보쒸에는 섣불리 투기에 손을 댔다가 실패하여 집과 전답을 순식간에 잃고 말았다. 보쒸에에게는 이제 아무것도 남아 있지 않았다.

학식도 있고 재치도 있었으나 무얼 하건 모두 실패했다. 모든 것이 틀어지고 만사가 그의 기대를 배신했다. 간신히 발판을 만들어 놓아도 그것이 곧 머리 위로 허물어져 내렸다. 나무를 패면 손가락을 다쳤다. 애인이 생겼는가 하면 오래지 않아 딴 남자가 있는 것을 알게 된다. 끊임없이 어떤 불운이 그에게 덮쳐왔다. 그러나 그런만큼 그는 쾌활하게 행동했다.

그는 곧잘 말하곤 했다.

"난 기왓장이 떨어지는 지붕 밑에 살고 있어."

보쒸에는 절대로 놀라는 일이 없었다. 왜냐하면 어떤 사건이라도 모두 미리 짐작하고 있는터라 설사 운이 나빴다 해도 결코 침착성을 잃지 않았다. 마치 농담을 듣고 흘려 버리듯 운명의 심술궂은 처사를 웃으며 받아들였다. 가난했지만 그의 호주머니에는 언제나 끊임없는 유머가 담겨 있었다. 돈은 마지막 1수까지 이내 써버리지만 타고난 너털웃음이 떨어지는 일은 절대로 없었다. 역경이 찾아와도 그는 그것을 옛 친구처럼 정답게 맞아들였다. 파국이 닥쳐오면 다정하게 그 어깨를 두드려 주었다. '숙명'과도 친하게 지내고 이제는 그것을 애칭으로 부르게까지 되었다.

"안녕하시오, 기농 씨."(기농은 불운이란 뜻) 하고 그는 숙명을 부르는 것이었다.

그런 운명의 박해가 보쒸에를 어느 틈에 발명가로 만들었다. 그의 머릿속은 갖가지 아이디어로 가득했다. 돈은 한푼 없어도 그럴 마음만 있으면 '돈을 물쓰듯' 써보일 만한 수단을 생각해 냈다. 어느 날 밤 그는 어떤 말괄량이 여자와 함께 저녁식사를 했는데 '100프랑'어치나 먹어 버렸다. 그 큰 잔치 도중 그는 다음과 같은 비상한 말이 생각났다. "쨍 루이 아가씨, 내 장화를 벗겨 주구려(cinq louis는 5루이, 곧 100프랑이라는 말이 동시에 Saint Louis를 가리킴. 녀사여, 어떻게든지 이 100프랑을 지불해 달라는 뜻)."

보쒸에는 변호사직을 향하여 서두르지 않고 걸어가고 있었다. 즉 그가 법률 공부를 하는 방법은 바오렐 식이었다. 보쒸에는 주소라는 걸 가지고 있지 않았다 해도 과언이 아니었다. 때로는 전혀 숙소가 없었다. 그런 때에는 동료 중 아무에게나 재워달라고 했으나 대개의 경우 졸리에게로 갔다. 졸리는 의학도였다. 그는 보쒸에보다 두 살 아래였다.

졸리는 젊은 노이로제 환자였다. 그가 의학공부를 한 결과는 의사수업을 쌓는 것보다 환자가 되어 버린 일이 더 많았다. 아직 스물 세 살밖에 안됐는데 자기를 환자라고 생각하고 거울 속에 혓바닥을 비춰보며 날을 보내고 있었다. 또한 그는 인간도 자침처럼 자기를 느낀다고 확신하고 있었으므로 밤이면 혈액 순환이 지구의 커다란 자기의 흐름에 거슬리지 않도록 머리는 남으로 발은 북으로 향하도록 침대를 놓았다. 천둥이 치며 비바람이 부는 동안은 자기 맥을 짚어 보았다. 그러면서도 동료들 가운데에서는 가장 쾌활했다. 젊고, 괴팍스럽고, 허약하고, 쾌활한, 부조리한 이 성질들이 그의 속에서는 모두 사이좋게 지내고 있어서 전체로 보아 좀 색다르지만 기분 좋은 인간이 만들어져 있었다. 동료들은 날개가 돋친 듯이 가벼운 자음을 그의 이름에 많이 붙여서 졸르르리(jolllly)라고 불렀다.

"자넨 네 개의 L(⁴리외에 비유한 것임)을 단숨에 날 수 있는 사나이야." 장 프루베르는 늘 이렇게 그에게 말했다.

졸리는 단장 끝으로 곧잘 코를 문지르는 버릇이 있었는데 이것은 기민한 정신을 지닌 사람이 곧잘 하는 짓이다.

이들은 참으로 각인각색이었지만 어느 누구도 한결같이 진지하게 다루지 않으면 안될 젊은이들뿐이었다. 그런 그들은 '진보'라는 하나의 똑같은 신앙을 가지고 있었다.

그들은 모두 프랑스 혁명에서 태어난 직계 아들들이었다. 아무리 경박한 자라도 1789년이라는 연호를 입에 담을 때에는 엄숙했다. 그들 육신의 아버지는 퀘이유땅(대혁명 초기의 온화파)이거나, 왕당파거나, 정통 이론파이거나 했고 또한 현재도 그러했다. 그러나 그것은 아무래도 상관없었다. 태어나기 전에 일어난 시대의 혼란 따위는 젊은 그들에게는 조금도 관계없었다. 주의(主義)라는 순수한 피가 그들 혈관에 흐르고 있었다. 그들은 모두 변함없는 권리와 절대의 의무를 획득하기 위해서 단결한 것이었고, 그 사이에 중간 색채란 없었다.

이 결사에 참가하여 그 동료가 되어 있는 이상 그들은 가슴속에 이상을 그리고 있었다. 이러한 정열과 신념을 가진 그들 속에 단 한 사람, 회의주의자가 있었다. 어떻게 회의주의자가 이들 속에 섞여 들어왔을까? 우연한 일이었다. 그 회의주의자는 그랑떼르라는 이름이었는데 언제나 R자로 서명하고 있었다. 그랑떼르는 무엇이건 믿으려 들지 않는 사나이였다. 물론 그는 빠리에서 공부하는 동안 가장 많은 것을 배운 학생 가운데 하나였다.

이를테면 가장 좋은 커피를 마실 수 있는 까페는 랑블리에이고, 가장 좋은 당구장은 까페 볼떼르이며, 멘느 거리의 에르미따즈에는 맛있는 과자와 예쁜 여자가 있고, 싸게 부인의 집에는 뼈를 발라낸 훌륭한 닭구이가, 뀌네뜨 성문께에선 훌륭한 생선 스튜를 먹을 수 있고, 꽁바 성문께에선 꽤 좋은 백 포도주를 마실 수 있다는 것 따위를 알고 있었다. 온갖 좋은 것이 있는 곳을 알고 있었다. 게다가 그는 싸바뜨$^{(프랑스의 주먹쓰는 운동)}$나 쇼쏭$^{(프랑스의 걸어차기 운동)}$도 할 수 있고, 댄 스도 몇 종류는 알고 있었고, 특히 곤봉술에 능했다. 또 그는 굉장한 술꾼이 었다.

그랑떼르는 정말로 못생긴 사나이였다. 그 무렵의 제화 여직공 중 가장 잘 생긴 이르마 브와씨는 그가 너무 못생긴 데에 어이가 없어서 "그랑떼르에겐 도저히 못 견디겠어" 하는 판결을 내렸다. 그러나 그랑떼르의 자만심은 그 런 정도로 걸리거나 하지 않았다. 그는 여자를 보면 다정한 눈길을 보내 그 것이 어떤 여자라도 "내가 그럴 생각만 있다면!" 하는 듯한 표정을 지었으 며, 동료들에게는 자기가 인기를 얻고 있는 것처럼 믿게 하려고 애를 썼다.

민중의 권리, 인권, 사회 계약, 프랑스 혁명, 공화제, 민주주의, 인간성, 문명, 종교, 진보 같은 말은 모두 그랑떼르에게 아무런 의미도 없었다. 그는 그러한 말을 들으면 엷은 웃음을 띠었다. 회의주의라는, 이 지성에게 들러붙 은 이 메마른 카리에스는, 그의 정신의 완전한 관념을 하나도 남기지 않고 먹어버렸다. 그는 다만 야유와 더불어 살고 있었다.

그의 명백한 진리란 이러했다.

"확실한 것은 단 하나밖에 없다. 그것은 현재 내 술잔에 가득 찬 술이다."

그는 어떠한 헌신도 냉소하고 있었다.

그것이 누구의 누구에 대한 어떤 헌신이건, 형제이건, 아버지이건, 로베스 삐에르의 아우이건, 르와즈볼르이건, 어떤 헌신이건 다 냉소했다.

"남을 위해서 죽었다니, 대단한 진보야" 하고 그는 외치는 것이었다.

그리스도 수난상에 대해서는 이렇게 말했다.

"이건 정말 훌륭하게 성공한 교수형인걸."

방랑자에 노름꾼이고, 여자를 볼줄 모르고 늘 취해 있는 그는 끊임없이 이 런 콧노래를 불러 젊은 몽상가들에게 불쾌감을 주었다.

'귀여워해 주리라, 처녀여. 귀여워해 주리라, 술이여.'

이것을 앙리 4세 만세의 가락에 맞춰 불렀다.

그런데 이 회의주의자는 어떤 대상에 열광하고 있었다. 그 대상은 사상도 아니고, 교의도 아니며, 예술도 아니고, 학문도 아니었다. 그건 한 인간, 다시 말해서 앙졸라였다. 그랑떼르는 앙졸라를 찬미하고 사랑하고 숭배하고 있었다. 이 무정부주의적인 회의주의자는 절대적인 정신을 지닌 사람만이 모인 이 단체 속에서 누구에게 결부된 것일까? 가장 절대적인 정신을 지닌 사람이었다. 앙졸라는 어떻게 그를 진심으로 복종케 했을까? 사상의 힘으로였는가? 아니다, 성격의 힘으로였다. 이것은 종종 볼 수 있는 현상이다. 회의하는 사람이 신념을 지닌 사람에게 결부되는 것은 그림에서 보색의 법칙처럼 당연한 일이다.

우리에게 부족한 것이 우리를 끌어당긴다. 장님만큼 햇빛을 사랑하는 사람은 없다. 난쟁이만큼 연대의 고수장을 동경하는 사람은 없다. 두꺼비의 눈은 언제나 하늘을 우러러보고 있다. 왜? 새가 나는 것을 보기 위해서다.

마음속에 회의가 기어다니는 그랑떼르는 앙졸라에게서 신념이 날개치는 것을 보는 것이 좋았다. 그에게는 앙졸라가 필요했다. 자기 자신이 분명하게 의식하지 않았고 그 이유를 생각해 보려고도 하지 않았지만 그는 앙졸라의 순결하고, 건전하고, 확고하고, 정직하고, 엄하고, 솔직한 성질에 매혹당하고 있었다. 그는 본능적으로 자기와 대조되는 사람을 찬미하고 있었던 것이다. 그의 부드럽고 희미하고 산만하고 병적으로 기형적인 사상은 등뼈에 달라붙듯 앙졸라에게 달라붙어 있었다. 그랑떼르의 정신의 척추는 앙졸라의 확고부동한 척추에 기대고 있었다.

앙졸라 가까이에 있으면 그랑떼르도 어엿한 사람이 되는 것이었다. 무엇보다도 그 자신 외관상 모순된 것 같은 두 가지 요소로 구성되어 있었다. 빈정거리면서도 진지했다. 그는 냉담을 가장하면서도 실은 애정을 품고 있었다. 그의 정신은 신념 없이도 지낼 수 있으나 그의 마음은 우정 없이는 견디지 못했다. 이것은 심한 모순이다. 애정은 신념이기 때문이다. 그의 성질은 그런 것이었다.

세상에는 옷의 안감처럼 남의 이면이 되기 위해 태어난 것 같은 사람이 있다. 이를테면 뽈룩스, 빠트로클, 니쥬스, 유다미다스, 에페스티온, 페크메자가 그런 사람이다. 그들은 누구든 다른 사람에게 기대는 조건 아래서밖에 살 수 없다. 그들의 이름은 언제나 남의 이름 다음에 놓이고 '와' 라는 접속격 조사 뒤에밖에 쓰이지 못한다. 그들의 큰 존재는 그들 자신의 것이 아니다.

그것은 자신의 것이 아닌 다른 사람의 운명의 이면인 것이다. 그랑떼르는 그런 사람 가운데 하나였다. 그는 앙졸라의 등이었다.

그러한 친화력은 당초 알파벳의 글자에서 비롯되었다고 해도 좋으리라. 알파벳의 순서로 보면 O와 P는 떼어놓을 수 없는 관계에 있다. 독자들은 이것을 그대로 O와 P 또는 오레스트와 삘라드라고 발음해도 좋을 것이다.

그랑떼르는 앙졸라의 참다운 위성으로서 이 젊은이들의 그룹 속에 살고 있었다. 그랑떼르의 삶은 거기에 있었다. 그는 그곳에 있지 않으면 마음이 즐겁지 않았다. 그는 친구들이 가는 곳이라면 어디든 따라갔다. 그랑떼르의 기쁨은 술기운이 돈 눈으로 동료들의 모습이 왔다갔다하는 것을 보는 것이었다. 동료들은 그랑떼르가 기분 좋으면 그것으로 그를 너그럽게 보아주는 것이었다.

신념가 앙졸라는 이 회의주의자를 경멸했고, 또 절제가로서도 이 주정뱅이를 멸시했다. 물론 조금은 불쌍하게 여기기도 했지만 그것도 경멸하는 듯한 동정이었다. 그랑떼르는 자기의 우정이 조금도 받아들여지지 않는 삘라드(삘라드는 그리스 신화에서 오레스트에게 충고해주는 벗이다. 그리스 비극은 삘라드를 충실한 벗의 전형으로 삼았다) 였다. 그는 항상 앙졸라에게 심한 구박을 받고, 냉혹하게 배척되고, 거절당하면서도 여전히 되돌아와서 앙졸라에 대해서 이렇게 말하는 것이었다.

"얼마나 아름다운 대리석 같은 놈이냐!"

보쒸에의 블롱도 추도 연설

곧 알겠지만 이미 이야기한 사건과 서로 부합되는 것인데, 어느 날 오후 레글르 드 모는 까페 뮈쟁의 입구 문틀에 매우 기분좋은 듯이 기대어 서 있었다. 마치 사람 모양을 한 기둥이 잠시 쉬고 있는 듯한 모습이었다. 그에겐 몽상 외에는 아무것도 없다. 그는 쌩 미셀 광장을 바라보고 있었다. 무언가에 기대고 있는 것은 선 채 잠자는 방법이나 다름없어, 몽상가에게는 물론 마음에 들지 않을 수가 없었다. 레글르 드 모는 전전날 법학부에서 하찮은 실수를 저지른 것을 생각하고 있었다. 그것은 꽤 막연한 계획이라고는 하나 레글르 드 모 개인의 장래 계획을 변경해 버릴 만한 실수였다. 그러나 그것을 생각하면서도 그는 별로 우울해지지 않았다.

몽상하고 있어도 마차는 지나가고, 몽상가라 해도 마차를 보지 못할 리가 없다. 레글르 드 모는 한가하게 빈둥거리듯 눈을 여기저기로 굴리며 몽상하다가 이륜 마차 한 대가 광장으로 들어오는 것을 보았다. 그 마차는 보통 걸음으로 걸어왔는데 어쩐지 갈길을 방황하고 있는 것처럼 보였다.

저 마차는 누구를 찾는 것일까? 어째서 천천히 가는 것일까? 레글르는 유심히 바라보았다. 마차 속에는 마부와 나란히 청년이 하나 타고 있고 그 청년 앞에는 상당히 큰 여행 가방이 놓여 있었다. 그 가방에는 지나가는 사람에게도 보일 만큼 크고 까만 글씨로 ‘마리우스 뽕메르씨’라는 이름을 쓴 종이를 가방천에 붙여 놓았다.

그 이름을 보자 레글르는 자세를 바꾸었다. 그는 벌떡 몸을 일으켜서 마차 속의 청년에게 외쳤다.

“마리우스 뽕메르씨!”

부르는 소리를 듣고 그 마차가 섰다.

청년 또한 깊은 생각에 잠겨 있었던 듯 했으나 문득 눈을 들었다.

“네?” 하고 청년이 대답했다.

“당신이 마리우스 뽕메르씨요?”

“그렇소.”

“당신을 찾고 있는 참이었소” 하고 레글르 드 모가 말했다.

“왜 나를 찾죠?” 마리우스가 물었다.

무리도 아니다. 마리우스는 할아버지의 집을 지금 막 뛰쳐나온 길이었고 눈앞에 있는 사나이는 난생 처음 보는 얼굴이었던 것이다.

“난 당신을 모르겠는데?”

“나도 당신을 알지 못하오” 하고 레글르는 대답했다.

마리우스는 틀림없이 장난꾸러기가 길 한복판에서 사람을 놀릴 작정이구나 하고 생각했다. 마리우스는 지금 명랑한 기분이 아니었다. 그는 눈살을 찌푸렸다.

그러나 레글르 드 모는 태연하게 말을 이었다.

“당신, 그저께 학교에 나오지 않았지요?”

“그랬던가요?”

“분명히 안 나왔소.”

“당신도 학생이오?” 하고 마리우스가 물었다.

레글르 드 모

"그렇소. 당신과 마찬가지로. 그저께 난 학교에 나가보았지요, 우연히 말이오. 왜 때로는 그런 생각이 들지 않소? 마침 교수가 출석을 부르던 참이었지요. 그런데 이런 때 그자는 참으로 어리석은 짓을 하거든요. 세 번 이름을 불러도 대답이 없으면 그 이름을 지워 버리고, 그렇게 되면 수업료 60프랑이 날아가 버린단 말이지요."

마리우스는 귀를 기울여 듣기 시작했다. 레글르는 말을 이었다.

"출석을 부른 것은 블롱도였죠. 알겠죠, 블롱도를? 유난히 뾰죽한 심술궂은 코를 가진 작자 말요. 그자는 결석자를 끄집어내면 무척 좋아하죠. 그저께는 일부러 P서부터 시작하더란 말이오. 나는 듣지 않았소. P는 내게 아무 관계도 없었으니까요. 호명은 잘 진행되어 갔소. 결석자는 없었지요. 전원 출석이었으니까요. 블롱도는 따분한 표정을 하더군요. 난 입속으로 중얼거려 주었죠. '귀여운 블롱도 씨. 오늘은 아무도 처분할 수 없군 그래'라고 말이오.

그러자 블롱도란 작자가 갑자기 '마리우스 뽕메르씨' 하고 불렀는데 아무도 대답하지 않았소. 블롱도는 희망으로 가슴이 부풀어 한층 더 큰 소리로 '마리우스 뽕메르씨' 하고 되풀이하더군요. 그러고는 펜을 들었어요. 보세요, 내게도 인정이란 게 있지요. 그래서 얼른 이렇게 생각했어요.

지금 여기서 선량한 한 녀석의 이름이 지워지려 하고 있다. 잠깐 기다려. 그는 틀림없이 태평스런 놈이지만 재미있는 놈일 거야. 학생으로서는 훌륭하지 못하군. 품행도 방정한 편은 아니고, 점수를 따려고 애쓰는 놈도 아니고, 과학이니 문학이니 신학이니 철학이니 무턱대고 쓸어넣어서 그것을 자랑하는 박식한 풋내기도 아니고, 지나치게 엄하게 뽐내기만 하는 바보 재주꾼도 아니다. 대학 따위를 고마워하는 남자는 아니다. 틀림없이 존경할 만한 게으름뱅이고, 거리를 빈둥거리든가 교외에 나가 틀어박혔거나, 가게에 근무하는 계집애에게 반해 있거나, 미인의 뒤꽁무니를 쫓고 있거나 어쩌면 지금쯤 내 여자 집에 숨어들어가 있는지도 모르지. 좋아, 그를 도와주자. 블롱도 선생은 골려 줘야지!

이때 블롱도는 바로 말살(抹殺)의 검은 펜에 잉크를 찍어 가지고 교활한 짐승 같은 눈으로 일동을 둘러보며 세 번째로 되풀이했지요. '마리우스 뽕메르씨!' 나는 대답했죠. '네!' 그래서 당신 이름이 지워지지 않은 거요."

“이봐요……!” 하고 마리우스는 말을 하려 했다.

“그리고 내가 대신 지워졌지요” 하고 레글르 드 모는 덧붙였다.

“그건 또 왜요?” 하고 마리우스가 말했다.

레글르는 말을 이었다.

“왜고 뭐고가 어딨소. 나는 대답하기 위해서 교단 가까이 있다가 다시 도망가기 위해서 문 곁으로 갔었단 말요. 교수는 어쩐 일인지 나를 뚫어지게 보더란 말요. 그러나 느닷없이 블롱도 선생, 브왈로가 말한 대로 정말 어쩔 수 없는 놈이더군. L자로 달려들더란 말요. L은 내 머리글자지요. 나는 모 지방 사람으로 레글르라고 해요.”

“레글르?” 하고 마리우스가 말을 끊었다. “참 좋은 이름이군요!”(마리우스는 레글르를 독수리란 뜻으로 알았다)

“그 블롱도 선생이 바로 그 좋은 이름에 달려들어 외치더란 말요. ‘레글르!’ 난 대답했소, ‘네!’ 그러자 블롱도 선생은 손톱을 감춘 호랑이 같은 부드러운 눈길로 나를 지켜보고 빙긋 웃더니 이러더란 말요. ‘자네가 뽕메르씨라면 레글르는 아닐 테지.’ 이건 당신에겐 반갑잖은 말이겠지만 내게는 그야말로 치명적이었소. 그는 그렇게 하고 내 이름을 지워 버렸소.”

마리우스는 놀라서 외쳤다.

“이거 정말 폐를 끼쳤군요…….”

“나는 우선 첫째로” 하고 레글르는 상대의 말을 가로막았다. “어떤 재치 있는 찬사를 보내면서 블롱도를 매장하고 싶어요. 그자가 죽은 것으로 가정합시다. 죽었댔자 그자는 말라빠지고, 창백하고, 쌀쌀하고, 딱딱하고, 고약한 냄새를 풍기는지라 별로 달라질 것도 없지만 말요. 나는 이렇게 말할거요. ‘그대 대지를 재판하는 자여, 기억하라.’ 블롱도, 여기에 잠들다. 코의 블롱도, 블롱도 나지까(코배기 블롱도), 규율의 황소 ‘보스디씨쁠리네’, 훈령의 개, 점호의 천사, 그는 꼿꼿하고, 네모 반듯하고, 정확 엄격하고, 정직하고, 혹독하고, 박정했다. 그가 내 이름을 지웠듯이 신은 그의 이름을 지웠노라.”

마리우스는 말을 이었다.

“정말 뭐라고…….”

“젊은이여” 하고 레글르 드 모는 말했다. “이것이 당신의 교훈이 되었다면 다행이오. 앞으론 어김없이 출석하도록.”

“정말 미안합니다.”

“앞으로 더 이상 이웃 사람의 이름을 지워 버리지 않도록 해주오.”

“뭐라 할 말도⋯⋯.”

레글르는 웃음을 터뜨렸다.

“아니, 난 무척 기뻐요. 아무튼 변호사가 될 비탈길에 굴러들어갈 판이었는데 제명되었으니 오히려 살았소. 덕분에 변호사의 영관은 끊긴 셈이니까. 이제 미망인의 변호도, 고아의 반대변론도 하지 않아도 되게 되었소. 이젠 법복에 아무 볼일도 없소. 실습기간도 소용 없소. 이렇게 제명은 이루어진 셈이오. 이것도 당신 덕분이오, 뽕메르씨. 언제 한번 정식으로 사례하는 의미에서 방문할 작정이오. 그런데 당신 주소는?”

“이 마차 속이오” 하고 마리우스는 말했다.

“유복하다는 증거군요” 하고 레글르는 태연한 표정으로 대답했다. “축하하오. 거기서 사신다면 집세는 1년에 9천 프랑쯤 되겠군그래.”

이때 꾸르페락이 까페에서 나왔다.

마리우스는 침울한 얼굴에 미소를 띠었다.

“난 두 시간 전부터 이 마차 셋집에 있는데 인제 그만 나가고 싶어 견딜 수가 없어요. 그런데 조금 무슨 까닭이 있어서 어디로 가야 할지 난처합니다.”

“여보게” 하고 꾸르페락이 말했다. “나 있는 데로 오게나.”

“내가 우선권이 있지만” 하고 레글르가 말참견을 했다. “난 집이 없는 형편이니까.”

“자넨 잠자코 있어, 보쒸에” 하고 꾸르페락이 말을 이었다.

“보쒸에라니?” 하고 마리우스가 말했다. “당신은 분명히 레글르였다고 생각하는데?”

“거기다 드 모를 덧붙이는 걸세” 하고 레글르가 대답했다. “별명이 보쒸에지.”

꾸르페락은 마차에 올라탔다.

“마부 양반” 하고 그는 말했다. “뽀르뜨 쌩 자끄 여관으로.”

이렇게 해서 마리우스는 그날 밤부터 쌩자끄 여관의 꾸르페락 방에 자리를 잡게 되었다.

마리우스의 놀라움

며칠 사이에 마리우스는 꾸르페락의 친구가 되었다. 젊은 시절엔 대번에 친밀해지고 마음의 상처도 쉽게 아문다. 마리우스도 꾸르페락 옆에 있게 되고 나서는 자유로이 숨을 쉴 수 있게 되었다. 이런 일은 그에게 일찍이 없었다. 꾸르페락은 아무것도 묻지 않았다. 물으려고도 하지 않았다. 이 또래에서는 얼굴이 모든 것을 한꺼번에 말해버린다. 그러니까 말을 주고받을 필요도 없다. 얼굴 표정이 모든 것을 말한다고 해도 될 젊은이가 있는 법이다. 얼굴을 서로 바라보는 것만으로 마음을 서로 알 수가 있는 것이다.

어느 날 아침 꾸르페락이 별안간 마리우스에게 이런 질문을 했다.

"그런데 자넨 어떤 정치 의견을 갖고 있나?"

"그야!" 하고 마리우스는 약간 기분이 상한 듯 대답했다.

"무슨 파인가?"

"민주적 보나빠르뜨 파지."

"안전한 회색 분자군" 하고 꾸르페락은 말했다.

다음날 꾸르페락은 마리우스를 까페 뮈쟁으로 데리고 갔다. 까페에서 꾸르페락은 빙긋빙긋 웃으면서 마리우스 귀에 대고 소곤거렸다.

"혁명 속으로 뛰어들 기회를 자네에게 만들어 줘야겠어."

그렇게 말하고나서 꾸르페락은 마리우스를 'ABC의 벗'의 방으로 데리고 갔다. 그는 마리우스를 다른 동료들에게 소개하고 나서 낮은 목소리로 마리우스에게 무슨 말인지 모를 말을 짤막하게 했다. "학생이야."

마리우스는 온갖 정신이 무리지어 있는 벌집 속에 떨어진 듯한 답답함을 느꼈다. 그러나 그는 신중하고 진실하지만 정신의 날개놀침도 갖고 있지 못한 그런 사나이는 결코 아니었다.

이제까지 고독하게 지내 온 마리우스는 습관과 취미로 말미암아 혼자 자문 자답하는 버릇이 있었기 때문에, 지금 자기 주위를 날고 있는 젊은이들의 무리에서 약간 눌리는 듯했다. 그곳의 다종다양한 독창가들은 한꺼번에 그를 부추기고 사방으로 끌어당겼다. 자유롭게 활동하는 정신의 활발한 교류 속에서 그의 사상은 선풍처럼 소용돌이쳤다. 때로는 너무 혼란해진 나머지 자기의 사상이 멀리 어딘가로 사라져버려, 그것을 다시 되돌리는 데 고통을 느끼는 때도 있었다.

철학이니 문학이니 미술이니 역사니 종교니 하는 이야기가, 이제껏 들어 본 적도 없는 이상한 모양으로 귀에 들어왔다. 예전엔 알지 못했던 사상의 여러 가지를 들여다보는 듯한 느낌이었다. 그리고 그 사상을 넓은 전망 속에 놓고 볼 수 없기 때문에 무언가 무질서한 것을 보는 것만 같아 믿을 수가 없었다.

마리우스는 정치에 관해서 할아버지의 의견을 버리고 아버지의 뜻을 따랐을 때, 이제 자신의 입장은 정해졌다고 믿었다. 그런데 지금 아직도 자신의 입장이 분명하지 않았었나 싶은 의혹이 머리를 들어 마음이 가라앉지 않았으나 그렇다고 자인할 용기도 나지 않았다. 여태까지 거기 서서 온갖 것을 보아온 자기의 각도가 다시 흔들리기 시작했던 것이다. 어디서부터인지 동요가 일어나서 그의 두뇌의 전 영역을 흔들었다. 마음속은 이상야릇한 대혼란에 빠져들었다. 견딜 수 없을 정도의 혼란이었다.

그들 청년들에게는 '범할 수 없는 것'이 아무것도 없는 것 같았다. 마리우스는 온갖 것에 대해서 처음 듣는 말을 서로 주고받는 것을 들었다. 그러한 말은 아직도 조금 어리둥절해 있는 그의 정신에 충격을 주었다.

어느 날 거리에 한 장의 연극 광고가 붙어 있었다. 낡은 상연물로 이른바 고전물인 비극의 제목을 인쇄한 것이었다.

"치워 버려, 소시민들이 좋아하는 비극이야!" 하고 바오렐이 외쳤다.

그러자 꽁브페르가 그 말에 대꾸해서 이렇게 말하는 것을 마리우스는 들었다.

"넌 잘 모르고 있어, 바오렐. 시민계급은 비극을 좋아해. 그 점에서는 너 그렇게 보아 줄 필요가 있어. 가면을 뒤집어쓰고 하는 비극에도 존재 이유는 있다네. 나는 에스킬로스 따위를 들고 나와서 그 존재의 권리를 이러쿵저러쿵 말하는 사람들의 의견에는 찬성하지 않아. 자연 속에도 아직 소묘인 채로 있는 게 얼마든지 있네. 그러나 인간의 창작 속에 모방이 있어도 무방할 걸세. 부리가 아닌 부리, 날개가 아닌 날개, 물갈퀴가 아닌 물갈퀴, 발이 아닌 발, 웃지 않을 수 없게 하는 고통스러운 외침, 이것이 자연이 만들어낸 짐오리야. 그런데 이런 가금도 새에 섞여서 살고 있는 이상 고전주의 비극이 고대 그리스 비극과 나란히 있으면 왜 안되는지 나는 모르겠네."

또 어떤 때 마리우스는 앙졸라와 꾸르페락 사이에 끼어서 우연히 장 자끄 루소 거리를 지나가고 있었다.

꾸르페락이 마리우스의 팔을 움켜잡았다.

"알겠어? 여긴 정말은 쁠뤼트리에르 거리지만 지금은 장 자끄 루소 거리라고 부르고 있어. 60년쯤 전에 한 괴상한 부부가 여기 살고 있었기 때문이지. 장 자끄하고 떼레즈였네. 이따금 여기서 갓난아이가 태어났네. 떼레즈는 아이를 낳고, 루소는 차례차례로 아이를 버렸다네."

그러자 앙졸라는 꾸르페락에게 소리를 질렀다.

"말 조심해, 장 자끄에 대해선! 그 사람은 내 찬미의 표적일세. 그야 자기 아이를 버린 것은 사실일세. 하지만 대신 민중을 아이처럼 사랑했어!"

그들 청년들은 아무 말도 하지 않았다. 다만 장 프루베르만이 황제라는 말을 이따금 나뽈레옹이라고 했다. 다른 사람들은 모두 보나빠르뜨라고 했다. 앙졸라는 '부오나빠르뜨'라고 발음했다.

마리우스는 정체를 알 수 없는 놀라움을 느끼고 있었다. '지혜의 시초'인 것이다.

까페 뮈쟁의 깊숙한 방

이 청년들의 회합에 마리우스도 참석해서 때로는 이야기에 끼어들기도 했는데, 어떤 때는 그의 정신을 밑바닥부터 흔들어 놓았다.

까페 뮈쟁의 깊숙한 뒷방에서 일어난 일이었다. 그날 저녁에는 'ABC의 벗'의 거의 전원이 모여 있었다. 껭게 램프불도 어마어마하게 켜 있었다. 전원이 별로 열을 올리거나 하지 않았지만 떠들썩하게 이런저런 말을 주고받고 있었다. 앙졸라와 마리우스는 잠자코 있었으나 다른 사람들은 제각기 멋대로 문제를 꺼내 토론하고 있었다. 동료끼리 하는 잡담이란 때로는 평화로운 소란을 빚기도 한다. 확실히 진지한 이야기도 들을 수 있지만 농담처럼 되거나 혼란에 떨어지는 일도 있었다. 모두 말을 주고받고 말꼬리를 붙잡고 늘어지거나 했다. 방안 여기저기에서 이야기가 오고갔다.

여자는 아무도 이 방에 들어오지 못하도록 되어 있었다. 다만 루이종이라는, 이 까페에 고용되어 있는 접시닦는 여자만은 예외여서 이따금 그릇 씻는 데에서 '실험실'(학생들의 은어로 요리장)로 가기 위해 방을 지나가는 때가 있었다.

그랑떼르는 완전히 술에 취해서 혼자 한구석을 점령하고는 고함치고 있었

다. 그는 알아들을 수 없는 말을 목청껏 늘어놓으면서 고래고래 소리치고 있
었다.

"목이 말라 견딜 수가 없어. 여러분, 나는 꿈을 꾸고 있네. 하이델베르크
의 술통이 갑자기 쓰러지는 꿈을 말일세. 거기에 거머리를 열두 마리 가량
붙이는데 내가 그 거머리가 되는 꿈일세. 아아, 술을 마시고 싶다. 인생을
잊고 싶어. 인생 따위를 누가 생각해 냈는지 모르지만 정말 끔찍한 발명물이
야. 오래 가지도 않고 가치가 있는 것도 아냐. 살아 있으니까 어처구니없는
짓을 저지르는 거야. 인생은 써먹을 길 없는 장식품이야. 행복이란 사람에게
보이는 쪽만을 색칠한 낡아빠진 창틀이야. 틀림없이 〈전도서〉에 써 있어.
모든 것은 공허하다고 말일세. 아마 실재 인물은 아니었을 테지만 내 생각도
마찬가지야. 영(靈)은 발가벗고 다니기 싫으니까 공허라는 옷을 입는 걸세.
오오, 공허! 과장된 말로 모든 것을 휩싸버리는 공허! 요리장을 실험실로,
댄서를 무용 교수로, 곡예사를 체육 교사로, 주먹대장을 권투 선수로, 약장
수를 화학자로, 이발사를 예술가로, 미장이를 건축 기사로, 경마 기사를 운
동가로, 쥐며느리를 익족류(翼族類)라 부르네.

공(空)에는 표리가 있네. 겉은 호인이야, 유리 구슬 달고 기뻐하는 검둥
이지. 속은 바보일세. 누더기를 걸치고 분발하는 철학자야. 나는 겉을 위해
서는 눈물을 흘리지만 속을 보면 웃어 버리지. 명예와 품위 그 자체도 대부
분은 가짜 금이야. 국왕은 인간의 자존심을 상대로 장난을 하네. 칼리굴라는
말을 명예 집정관으로 삼았네. 찰스 2세는 아로와이요를 기사로 삼았네. 자,
여러분들, 집정관 인시타투스와 준남작 로스트비프 사이에 끼어서 뽐내어
보게나.

인간의 본질 가치에 대해서 말하자면 그것은 모두 존경할 가치가 없네. 이
웃 사람끼리 어떤 말로 칭찬을 하는지 한번 들어보게. 순백한 것이 순백에
대해서 하는 말은 무서운 걸세. 만약 백합꽃이 입을 연다면 비둘기를 얼마나
욕하겠나! 신들린 여자가 믿음이 강한 여자를 욕한다면 살무사나 독사보다
도 더 독살스러운 말이 튀어나오네. 나는 무식한 게 유감일세. 좀 여러 가지
알고 있다면 많은 예를 들려줄 텐데, 난 아무것도 몰라. 그래도 나는 언제나
기지만은 있네. 나는 그로한테서 그림 공부를 하던 때에는 그림 나부랭이를
끄적거리는 대신 시간을 보내기 위해 사과를 훔쳐 먹곤 했지. 라뺑(서투른 그림쟁이)은

라삔의 남성형인 셈이지. 내게 관해선 우선 이런 정도일세.

자네들도 나와 비슷하겠지. 자네들이 아무리 완전하고 뛰어나고 유능하다 해도 그런 건 내겐 상관 없어. 모든 장점은 단점과 통하네. 검약가는 인색한 사람과 가깝고 관대한 사람은 낭비하는 사람과 별 차이 없고, 용기는 허세와 같은 그릇이지. 매우 믿음 깊게 말을 하는 자도 조금은 위선이 있는 법일세. 디오게네스의 외투에 구멍이 있듯이 미덕 속에도 악덕은 있어.

자네들은 피살된 자와 죽인 자, 시저와 브루투스 어느 쪽을 찬미하나? 대개는 살인자의 편을 드네. 브루투스 만세지! 그는 죽였네. 미덕이란 그런 거지. 미덕, 좋겠지. 그러나 그렇다면 광기 또한 좋은 것일세. 그들 위인들에게는 기묘한 얼룩이 있지. 시저를 죽인 브루투스는 소년의 조상(彫像)을 사랑했어. 그 조상은 그리스의 조각가 스트롱질리옹이 만든 것인데 그는 이 밖에도 아름다운 다리라고 부른 아마종 유크네모스의 모습을 조각했네. 그것은 네로가 여행 떠날 때 함께 가져가 버렸네. 결국 스트롱질리옹은 두 개의 조각밖에 후세에 남기지 않았지. 그 두 조상(彫像)은 브루투스와 네로를 일치시킨 셈이네. 다시 말해서 브루투스는 그 중의 하나를, 네로는 다른 또 하나를 사랑했지.

역사란 언제까지라도 변하지 않는 쓸데없는 긴 이야기에 지나지 않네. 어느 시대도 과거 시대의 모방일세. 마렝고의 싸움은 삐드나 싸움을 그대로 옮겨 놓은 것이고, 클로비스 왕의 똘비악 전투와 나뽈레옹의 아우스테를리츠의 전투는 두 방울의 피가 닮은 것처럼 흡사해.

나는 전승을 높이 평가하지 않네. 싸움에 이기는 것만큼 바보 같은 건 없어. 참다운 영광이란 싸우지 않고 상대를 설득하는 일일세. 어쨌든 뭐든지 한번 증명해 보게나. 잘 증명할 수 있다면 자네들은 만족할 테지만 그것도 얼마나 하찮은 만족인가! 사람을 정복한다, 이 얼마나 비참한 만족인가! 아아, 이 무슨 일인가. 곳곳에 공허와 비열만이 가득 차 있네. 모든 것은 성공에 굴복하네. 심지어 문법까지도. '습관이 그것을 원한다면' 하고 호라티우스는 말했네. 그러므로 나는 인류를 경멸하네.

이번에는 전체에서 부분으로 내려가기로 할까? 자네들은 내가 여러 민족을 찬미하기를 바라나? 그렇다면 묻겠는데 대체 어떤 민족을 칭찬하라는 말인가? 그리스 민족인가? 옛날의 빠리 사람이라는 아테네 사람들은, 마치 빠리 사람들이 꼴리니를 죽였듯이 포씨옹을 죽이고 폭군들에게 아첨하여 아나쎄포루스에 이르러서는 피지스트라투스를 보고 '그의 오줌에는 꿀벌이 모여든다'고 말했지. 그리스에서 50년 동안에 나온 가장 저명한 인물은 문법 학자 필레타스였네. 그는 몸이 너무나 작고 여위었기 때문에 바람에 날리지 않도록 신에 납을 달고 다녀야 했다네. 코린트 제일의 대 광장에 실라니옹이 조각한 것이 있는데 프리느의 목록에 실려 있네. 그것은 에피스타투스의 상이었지. 그런데 에피스타투스는 도대체 무엇을 했는가? 그는 다리를 걸어 넘어뜨리는 기술을 발명했을 뿐이야. 그리스와 그 영광은 이런 것으로 요약되네.

그럼 다른 민족으로 옮기세. 나는 영국을 찬양해야 할까? 프랑스를 찬양해야 하나? 프랑스를 왜? 빠리가 있기 때문에? 그러나 옛날의 빠리인 아테네에 대한 내 의견은 이미 말했네. 그럼 영국은? 왜, 런던이 있기 때문인가? 나는 그런 카르타고 같은 도시는 싫네. 게다가 런던은 영화의 도시이지만 동시에 빈곤의 수도이기도 하네. 채링크로스 교구만도 1년에 100명씩 굶어 죽지 않는가? 이것이 알비온일세. 게다가 나는 평소에 점잖은 체하는 어떤 영국 여자가 장미 화관에 푸른 안경을 쓰고 춤추는 것을 본 적이 있네. '영국은 저리 가라'일세! 그럼 영국인 존불을 찬양하지 않는다면 그 동생인 미국인 조나단을 칭찬해야겠나? 나는 이 노예를 잔뜩 거느린 동생을 좋아하지 않네.

'시간은 금이다'는 금언을 빼버리면 영국에 무엇이 남나? '목화는 왕이다'는 표어를 빼버리면 미국에 무엇이 남지? 그리고 독일, 이놈은 꼭 임파액이요, 이탈리아는 담즙이지. 그럼 우리는 러시아에 도취해야겠나? 볼떼르는 러시아를 찬미했네. 그는 또한 중국도 찬미했지. 나도 러시아가 미를, 그 중에서도 특히 강력한 전제정치라는 미를 갖추고 있다는 것에는 동의하네.

허나 전제군주란 불쌍해. 그들의 생명은 위태롭지. 알렉시는 목을 잘리고, 피터는 찔려 죽고, 뽈은 교살당하고, 또 다른 뽈은 구두 뒤꿈치로 짓밟혀 죽고, 몇몇 이반은 교수당하고, 숱한 니꼴라이나 바질이란 자는 독살당했네. 이러한 예는 분명 러시아 황제의 궁전이 비위생적인 상태에 있다는 것을 나타내고 있어.

문명 민족들은 사상가에게 찬사를 들으려고 전쟁을 추켜들고 나온단 말일세. 그런데 전쟁, 개화된 전쟁이라 해도 약사 산 협곡의 트라브칼 산적의 노략질에서 빠스 두뙤즈의 꼬망슈 족 토인의 약탈에 이르기까지 온갖 산적 행위의 형태를 다 모아 놓은 것에 지나지 않네. 뭐라고! 하고 자네들은 내게 말하겠지. 유럽은 그래도 아시아보다 낫지 않느냐고. 나도 아시아가 우스꽝스럽다는 건 인정하네. 그러나 자네들이 어째서 그렇게 달라이 라마를 웃음거리로 삼는지 모르겠어. 자네들 서구 민족은 이사벨라 여왕의 더러워진 속옷부터 프랑스 황태자의 침실용 변기에 이르기까지 온갖 오물을 여성들의 유행품이나 남성들의 사치품으로 그럴 듯하게 받아들이지 않았는가? 나는 인류에게 말하겠네. 우리는 이젠 틀렸다고.

브뤼셀에서는 맥주를 가장 많이 마시고 스톡홀름에서는 가장 많은 브랜디를, 마드리드에서는 초콜렛을, 암스테르담에서는 진을, 런던에서는 포도주를, 콘스탄티노플에서는 커피를, 빠리에서는 압쌩뜨 술을 가장 많이 소비하고 있네. 이것이야말로 유익한 지식일세. 요컨대 빠리가 가장 으뜸일세. 빠리에서는 넝마주이까지도 놀기 좋아하니 말일세. 디오게네스도 피레우스에서 철학자 생활을 하기보다는 빠리에 태어나 모베르 광장에서 넝마주이를 하고 싶었을 걸세.

그리고 또 이런 것도 알아두게나. 넝마주이가 모이는 술집을 한잔 마시는 집이라고 하네. 그 가운데에서도 유명한 술집은 '까스롤'과 '아바뜨와르'지. 그런데 오오, 술집이여, 주막집이여, 대폿집이여, 목로 술집이여, 싸구려 집이여, 카바레여, 넝마주이의 술집이여, 대상(隊商)들의 술집이여.

나야말로 육욕에 불타는 사나이일세. 나는 리샤르의 가게에서 한 사람 앞에 40수짜리 식사를 하네. 나는 발가벗은 클레오파트라를 굴릴 페르시아의 양탄자가 갖고 싶어! 클레오파트라는 어디 있느냐? 아아! 누구라고, 루이종이구나. 잘 있었나."

까페 뮈쟁의 깊숙한 뒷방 구석에서 곤드레가 되도록 취한 그랑떼르는 접시 닦는 여자가 지나가는 것을 붙잡고 그렇게 말하고는 더욱 떠들어 댔다.

보쒸에는 그에게 팔을 뻗쳐 억지로라도 입을 다물게 하려 했다. 그러자 그랑떼르는 더욱더 열을 내어 떠들어 댔다.

"에글르 드 모, 손을 대지 마라(여기서 손이란 말은 동물의 다리, 발을 뜻하는 낱말로 썼다). 히포크라테스가 아르타크세르크세스의 헌옷을 소용 없다고 거절하는 체 해봤자 아무런 효과도 없네. 나를 조용하게 하려고 하지만 그런 걱정은 하지 않는 게 좋아. 첫째 나는 슬픈 걸세. 뭐라고 하면 자네 마음에 들겠나? 인간은 악해. 인간은 추한 존재지. 나비는 잘 만들었지만 인간은 실패작이야. 신은 이 동물을 잘못 만들었어. 인간이 모인 곳을 보게나. 못생긴 물건의 품평회 같네. 어느 놈이고 모두 형편 없는 것들일세. 여자(femme)는 불결(infâme)이란 말과 운이 맞네. 그렇지, 난 우울증에 사로잡히고, 멜랑콜리에 걸리고, 노스탈지아에 시름하고, 게다가 히포콘드리어일세. 초조하고, 화가 치밀고, 하품을 하고, 지루하고, 실망하고, 지긋지긋하단 말일세. 신 따윈, 쓸데없는 존재야!”

“글쎄 조용히 하란 말야. 대문자 R(그랑떼르)!” 하고 보쒸에가 말했다. 그는 몇몇 친구들과 법률 문제에 관한 토론을 하느라고 재판상의 용어를 계속 토하고 있었다. 그 결말은 이러했다.

“……로 말하자면 법률가 부류에 속한다 해도 기껏 아마추어 검사 정도일세만, 나는 이렇게 주장해. 즉 노르망디의 관습법 조항에 의하면, 쌩 미셸에서는 매년 재산 소유자와 유산 상속자 전원과 그리고 각 개인에 의해서 어떤 종류의 ‘대가’가 귀족들을 위해서—다른 사람들에 대한 세금은 별도로 하고—지불되게 되어 있네. 그리고 이것은 모든 장기 소작지, 임대차지, 자유지에 대하여, 그리고 소유지와 국유지에 관한 계약, 저당물과 저당권에 관한 계약에 대하여……”

“한탄하는 님프, 에코여!” 하고 그랑떼르가 콧노래를 불렀다.

그랑떼르 바로 옆 테이블에는 거의 이야기 소리가 들리지 않았으나, 두 개의 작은 컵 사이에 한 장의 종이와 잉크병과 펜이 있는 것을 보니 보드빌의 윤곽이 잡혀 가는 모양이었다. 그 대사업은 소곤소곤 의논되고 있어서 그 일을 하고 있는 두 사람은 열심히 서로 머리를 맞대고 있었다.

“우선 인물의 이름을 정하세. 이름이 정해지면 주제도 금방 생각나거든.”
“좋아, 말해 봐. 내가 쓰지.”
“도리몽 씨 어떤가?”
“연금 소유자인가?”
“그렇다고 할 수 있지.”
“그의 딸은 셀레스띤느.”
“……띤느. 그리고?”
“쌩발 대령.”

"쌩발은 너무 판에 박혀 있어. 난 발쌩이 좋다고 생각해."

이 보드빌 작가를 지망하는 두 사람 옆에는 다른 한 쌍이 있었는데 그들은 주위가 시끄러운 것을 틈타 나직한 소리로 결투에 관해서 의논하고 있었다. 서른 살 전후의 나이든 사람이 열여덟 살 가량의 젊은이를 보고, 상대자가 어느 정도의 솜씨인지 선배나 되는 듯한 얼굴로 조언하고 있었다.

"큰일날 소리! 조심해! 놈은 칼솜씨가 대단해. 솜씨가 정확해. 공격력이 있고, 동작에 무리가 없고, 팔목을 노리지. 싹 물러났다가 한 칼에 찔러 오네. 몸을 똑바로 젖히고 정확하게 다시 쳐오지. 제기랄! 게다가 놈은 왼손잡이야."

그랑떼르의 맞은편 구석에는 졸리와 바오렐이 도미노놀이를 하면서 연애 이야기를 하고 있었다.

"자네 행복하군그래" 하고 졸리가 말했다. "자네 애인은 언제나 웃고 있지 않나?"

"아냐, 그게 그녀의 결점이야" 하고 바오렐이 대답했다.

"애인이 웃고 있는 건 좋은 게 아냐. 웃고 있는 여자는 남자에게 속여 보라고 꼬드기는 것 같으니 말야. 남자는 여자가 쾌활한 걸 보면 후회하는 마음이 나지 않지만 슬퍼하는 걸 보면 양심의 아픔을 느끼거든."

"배부른 녀석! 여자가 웃는 건 참 좋은 거야! 게다가 자네들은 한 번도 싸우지 않았잖아!"

"그건 그렇게 조약을 맺었기 때문일세. 우린 조그마한 신성 동맹을 맺어 서로 국경선을 정하고 절대로 넘지 않기로 했다네. 찬 바람이 부는 쪽은 보의 영역이고, 부드러운 바람이 부는 쪽은 젝스의 영역인 셈이지. 그러니까 우리들 사이는 평화롭지."

"평화가 결국 행복의 소화(消火)로군."

"자넨 어떤가, 졸르르리? 자네와 아가씨의 말다툼은 어찌 되었나? 아가씨라면 알 테지."

"그녀는 여전히 화를 내고 잔뜩 부어 있네."

"자넨 정말 그 사랑 때문에 불쌍할 만큼 말라 버렸어."

"아아!"

"나 같으면 그런 여자는 차버리겠네."

"말하긴 쉽지."

"행동하기도 쉬운 거야. 이름은 뭐지세따였던가?"

"응! 하지만 그렇게 안되는걸. 바오렐, 그녀는 기막힌 여자야. 문학을 좋아하고, 조그만 발에 조그만 손, 좋은 옷맵시에 흰 살결, 거기다 오동통하거든. 눈은 카드 점장이 같은 눈을 하고 말일세. 나는 그만 홀딱 반해버렸어."

"그렇다면 그녀 환심을 사도록 좀더 멋을 부리고 자주 다녀야겠어. 스톱 상점에 가서 고급 양가죽 바지라도 사게나. 효과가 대번에 나타날 걸세."

"얼마쯤 할까?" 하고 그랑떼르가 외쳤다.

셋째 번 구석에 자리잡은 패들은 시를 토론하느라고 열을 올리고 있었다. 이교도의 신화와 그리스도교 신화의 실랑이였다.

논제는 올림포스에 관해서였는데 장 프루베르는 낭만주의 입장에서 변호를 하고 있었다. 장 프루베르가 얌전한 것은 감정이 평온할 때뿐이다. 일단 흥분했다 하면 갑자기 폭발한 것처럼 되고, 들뜬 기분은 그 흥분을 더 북돋아 유쾌해지는 동시에 서정적이 되었다.

"그리스의 신들을 그만 욕하게나" 하고 장 프루베르가 말했다.

"신들은 아직 죽지 않았을 걸세. 주피터가 죽었다고는 생각지 않네. 신들은 공상의 산물이라고 자네들은 말하지. 오늘날 자연계는 그 공상이 사라져버린 흔적인지는 몰라도 아직 온갖 위대한 이교 신화를 느끼게 해. 이를테면 성채 모양을 하고 있는 비뉴말 산^(피레네 산맥)은 지금도 내 눈에는 땅의 여신인 퀴벨레의 모자처럼 보이네. 그리고 밤마다 판^(숲·목축; 수렵의 신) 신이 찾아와서 버드나무 줄기의 조그마한 구멍에 손가락을 대며 피리를 부는 것 같아. 또 이오는 삐쓰바슈의 폭포와 어떤 관계가 있다고 나는 줄곧 믿고 있지."

또 하나 남은 구석에서는 정치 이야기가 오고갔다. 흠정헌법을 헐뜯고 있었다. 꽁브페르는 온화하게 그것을 지지하는 말투였지만, 꾸르페락은 격렬한 기세로 그것을 공격하고 있었다. 공교롭게도 탁자 위에는 유명한 뜨께의 헌법 조문이 들어 있는 담배갑이 하나 놓여 있었다. 꾸르페락은 그것을 움켜쥐고 휘둘러 버석거리는 종이 소리를 내면서 이론을 펴고 있었다.

"첫째, 나는 국왕은 필요 없어. 경제적 견지에서 보더라도 결코 바람직하지 못해. 국왕이란 식객일 뿐이야. 국왕을 떠받들고 있으면 그냥은 지내지 못해. 자, 들어 봐. 국왕이 얼마나 값비싼 것인지. 프랑스와 1세가 죽었을

졸리와 바오렐이 도미노놀이를 하면서 연애 이야기를 하고 있었다.

때 (1547년) 프랑스의 공채는 1년에 3만 리브르였네. 루이 14세가 죽었을 때 (1715년이) 그것은 1마르크에 28리브르로 환산해서 26억 리브르가 되어 있었네. 그런데 데마레의 말에 의하면 1760년의 돈으로는 45억에 해당되고, 오늘날의 돈으로는 120억에 상당한다네.

둘째, 꽁브페르에겐 안됐지만 흠정헌법은 문명의 해로운 방편일세. 과도기를 혼란에서 구하느니, 시대의 변천을 원활하게 한다느니, 동요를 가라앉히느니, 가상의 헌법 실시로 국가를 서서히 군주제에서 민주제로 옮긴다느니, 그런 이론은 모두 억지로 붙인 가증한 이론이야! 안돼, 천만에! 허위의 광명으로 민중을 인도할 수는 절대로 없네. 그런 헌법의 지하실 속에서 주의(主義)는 시들고 색은 바래지기 마련일세. 퇴화는 안되네. 타협은 사양하겠어. 국왕이 국민에게 헌법을 주다니 말도 안되네.

그런 흠정헌법에는 모두 14조문이 있네. 자비를 베푸는 손 옆에 권력을 다시 움켜쥐려는 손톱이 있네. 나는 자네가 말하는 헌법을 단호히 거절하네. 헌법이라지만 가면에 지나지 않아. 허위가 뒤에 숨어 있어. 헌법을 받아들이는 건 국민이 양보하는 것일세. 권리는 완전해야만 비로소 권리라고 할 수 있지. 딱 질색이야. 헌법 같은 건 정말 필요 없어!"

겨울이었다. 난로 속에서는 장작 두 개비가 탁탁 소리를 내며 타고 있었다. 그 소리는 매우 유혹적이어서 꾸르페락은 문득 그쪽으로 마음이 끌렸다. 그는 불쌍한 뚜께의 헌법 담배갑을 구깃구깃하게 움켜쥐더니, 그것을 불에 던졌다. 종이는 순식간에 타올랐다. 꽁브페르는 루이 18세의 걸작이 타버리는 것을 조용히 지켜보며 이렇게 말할 뿐 가만히 있었다.

"불꽃으로 변신한 헌법이군."

이렇게 야유며, 기지며, 조롱이며, 쾌활하다고 불리는 프랑스 기질이며, 유머라고 불리는 영국 기질이며, 저 좋은 취미와 나쁜 취미며, 옳은 이론이며, 궤변이며, 대화의 미친 듯한 불꽃의 가지가지가 방안 여기저기에서 일시에 솟아오르고 엉켜서, 마치 사람들 머리 위에 쾌활한 포격전이 벌어진 것 같았다.

퍼져가는 지평선

젊은이들끼리 일으키는 정신의 충돌에서는 어떤 불꽃이 튀고, 어떤 빛이

번쩍일지 전혀 예측할 수 없어 신기하다. 금방 무엇이 튀어나올지 아무도 모른다. 조용하구나 싶으면 느닷없이 폭소가 일어난다. 익살스럽게 장난을 치다가도 문득 진지해진다. 누군가 아무렇게나 내뱉은 말 한 마디로 그 방안의 공기가 다르게 움직인다. 저마다 하는 생각이 모두를 지배한다. 말 없이 어떤 몸짓을 하기만 해도 뜻하지 않은 장면이 전개된다. 그런 이야기에는 급한 모퉁이가 여러 개 있어 그때마다 이야기의 전망은 대번에 바뀌어 버린다. 결국 우연이 그런 대화를 조종해 가는 것이다.

대수롭지 않은 이야기가 맞부딪치면서 하나의 묘하고 엄숙한 사상이 튀어나와 그랑떼르, 바오렐, 프루베르, 보쒸에, 꽁브페르, 꾸르페락들이 뒤섞여서 주고받는 말들 속을 갑자기 괴도(怪刀)처럼 날카롭게 스쳐갔다.

대화 속에서 어떻게 하여 한 문구가 문득 튀어나오는 걸까? 왜 그 문구가 별로 주의해서 들으려 하지 않는 사람들의 관심을 갑자기 끄는가? 앞서도 말했듯이 그 이유는 아무도 모른다. 그렇게 왁자지껄하는 판에 보쒸에가 꽁브페르에게 무언가 말하려다가 이런 날짜를 내뱉고는 입을 다물었다.

"1815년 6월 18일 워털루."

이 워털루라는 지명을 듣자 물컵이 옆에 있는 탁자에 팔꿈치를 짚고 있던 마리우스가 손등에서 턱을 떼고는 얼굴을 들어 유심히 모두를 지켜보기 시작했다.

"그렇지" 하고 꾸르페락이 외쳤다. "이 18이라는 숫자는 이상한 숫자야. 나는 놀라고 있어. 보나빠르뜨에겐 숙명의 숫자거든. 18 앞에 루이라는 글자를 놓아 봐. 그리고 18 뒤에 무월(霧月)이라는 글자를 놓아 보게(^{나뽈레옹이 쿠데타에 성공한} ^{공화력 8년 무월 18일. 원어로는} ^{18은 무월이라는 말 뒤에 온다}). 저 사나이 운명의 모든 것이 역력히 보이잖는가. 그의 운명에는 결말이 일의 발단에 뒤이어 오는 의미 깊은 특성이 있네."

그때까지 잠자코 있던 앙졸라가 침묵을 깨고 꾸르페락에게 이런 말을 했다.

"자네는 죄악을 말하는데 속죄에 대한 말을 하고 싶은 모양이군."

마리우스는 워털루가 갑자기 튀어나왔을 때 몹시 흥분했으나 이 '죄악'이라는 말을 듣자 더이상 참을 수가 없었다.

마리우스는 벌떡 일어서서 벽에 걸려 있는 프랑스 지도 쪽으로 천천히 다가갔다. 지도 아래 쪽에는 따로 칸막이가 있어서 거기에 조그마한 섬이 그려져 있었다. 그는 그 칸막이 위에 손가락을 대고 말했다.

"코르시카 섬. 이 조그마한 섬이 프랑스를 위대하게 만들었다."

그것은 언 기류를 휘몰아치는 바람이었다. 바야흐로 무슨 일이 일어날 것 같았다.

그때 바오렐은 보쒸에게 무슨 말인가를 대답하면서 곧잘 해 보이는 토르소 같은 포즈를 취하려다가 그만두고 귀를 기울였다.

그 푸른 눈을 아무에게도 돌리지 않고 허공을 지켜보는 것 같던 앙졸라는 마리우스 쪽은 돌아보지도 않고 대답했다.

"프랑스가 위대해지는 데 코르시카 섬 따위는 필요치 않아. 프랑스는 프랑스이기 때문에 위대한 걸세. '사자라는 이름이 있기 때문에'란 말일세."

마리우스는 조금도 물러서려 하지 않았다. 마리우스는 앙졸라에게로 돌아섰다. 그의 목소리는 뱃속으로부터 튀어나와 떨리면서 터졌다.

"맹세코 말하겠네. 나는 프랑스를 경멸하는 게 아닐세! 나뽈레옹과 프랑스를 하나로 간주하는 것은 결코 프랑스를 경멸하는 게 아닐세. 그렇지. 이 점을 좀 이야기하겠네. 나는 자네들 가운데선 신참일세. 그러나 사실을 말하면 자네들에게는 놀라움을 금치 못하네. 우리들의 현재 입장은 무엇인가? 우리는 어떤 사람인가? 자네들은 어떤 사람이고 나는 또 뭔가?

우선 황제에 대해서 말하자. 내가 듣는 바로는 자네들은 마치 왕당파 같아. '우'에 힘을 주어 부오나빠르뜨라고 하더군. 그러나 나의 조부는 더 멋지게 발음한다는 걸 알려두겠네. 조부는 부오나빠르떼라고 한다네. 나는 자네들을 청년이라고 생각했네. 그런데 자네들은 도대체 어디에 정열을 쏟고 있는가? 그 정열을 어떻게 하려고 하는가? 황제를 찬미하지 않는다면 도대체 누구를 찬미한단 말인가? 그 이상의 무엇이 필요하다는 건가? 자네들은 저 위대함을 바라지 않는다지만, 그럼 어떤 위인을 바란단 말인가?

황제에게는 모든 것이 다 갖추어져 있었네. 그는 완전 무결했어. 그의 두 뇌에는 인간 능력의 전부가 담겨 있었네. 그는 유스티니아누스처럼 법전을 만들고, 시저처럼 명령했고, 빠스깔의 번개와 타시투스의 우레를 섞은 듯한 대화를 했고, 역사를 만들고, 역사를 썼네. 그가 쓴 보고서는 《일리어드》 같네.

그는 뉴턴의 숫자와 마호멧의 비유를 결부시켜서 피라미드처럼 위대한 말을 근동(近東)에 남겨 놓았네. 틸지트에서는 황제에게 위엄을 가르치고, 과

학 아카데미에서는 라쁠라쓰의 의문에 대답하고, 참사원에서는 메를랭에게
대항했네. 전자의 기하학, 후자의 소송에 함께 영혼을 주고, 검사들을 대하
면 법률가이고, 천문 학자를 대하면 항성학자였네. 크롬웰이 두 자루의 촛불
가운데 한 자루를 절약해서 꺼버렸듯이 그는 땅쁠에 가서 커튼의 술 하나에
도 흥정을 했네.

황제는 모든 것을 보고, 모든 것을 알고 있었네. 그러면서도 자기 어린아
이의 요람으로 다가가면 부드러운 아버지의 웃음을 띠는 인간이었네. 이윽
고 유럽은 갑자기 겁을 먹고 귀를 기울이기 시작했지. 그의 군대가 행진을
시작한 걸세. 포차의 대군은 움직이고, 배다리는 강 위에 잇닿았고, 구름 같
은 기병대는 선풍 속을 달리고, 함성, 나팔 소리, 도처의 왕좌가 흔들리고,
여러 왕국의 경계선이 지도 위에서 동요되는 가운데 칼집에서 뺀 초인 같은
칼의 소리가 들렸네.

사람들의 눈은 황제를 보았네. 그의 모습을. 손에 불꽃을 잡고 눈을 반짝
거리면서 한쪽 날개에는 대육군을, 다른 날개에는 노련한 근위대를, 우레 소
리 요란한 속에 활짝 펴고 지평선 위에 벌떡 일어서는 그의 모습을 말일세.
황제는 바로 전쟁의 우두머리 천사였네!"

모두들 조용했다. 앙졸라는 고개를 수그리고 있었다. 침묵은 항상 동의든
가 아니면 굴복의 표시이다. 마리우스는 거의 숨도 쉬지 않고 더욱 열을 띠
고 말을 이었다.

"여러분, 올바른 생각을 갖도록 하세! 그러한 황제의 제국에서 산다는 건
한 국민으로서 얼마나 빛나는 운명인가. 더욱이 그 민중들이야말로 프랑스
이고, 그 민중이 자기의 자질을 저 위대한 자질에 더함에 있어서랴!

나타나자 군림하고, 진군하자 승전하고, 모든 나라의 수도를 통과하고, 자
신의 척탄병 중에서 뽑은 부하를 제후에 앉히고, 여러 왕조의 몰락을 선포하
고, 유럽을 단숨에 변모케 하고, 황제를 따라 공격하는 군대는 마치 신의 칼
자루를 쥐고 있는 듯 적이 두려워하게 하고, 그 혼자서 한니발과 시저와 샤
를르마뉴를 계승하고, 하룻밤이 샐 적마다 빛나는 전승을 포고했던 그.

그와 같은 큰 인물을 따르는 민족으로서 앵발리드 광장의 포성을 잠을 깨
우는 시계 소리로 삼고, 마렝고, 아르꼴라, 아우스테를리츠, 이예나, 와그
람! 이들 영원히 빛나는 놀라운 승리의 이름을 광명의 심연 속에 던져넣고,

몇 세기에 걸쳐 하늘 꼭대기에 끊임없이 승리의 성좌를 꽃피게 하고, 프랑스 제국을 로마 제국과 대등하게 만들고, 대국민이 되고 대육군을 낳아서 높은 산이 사방에 독수리를 날려보내듯 지상 구석구석에 대군을 날려보내고, 정복하고 격파하여 승리의 영광이 거듭된 나머지 유럽 유일의 금빛 찬란한 민족이 되고, 역사를 통해서 거인처럼 나팔을 불어 대고, 정복과 후세 사람들의 찬탄으로 세계를 이중으로 정복했네. 정말 숭고한 일이 아니겠는가. 이보다 더 위대한 것이 또 뭐가 있겠나?"

"있지. 자유를 얻는 일이다." 하고 꽁브페르가 말했다.

이번에는 마리우스가 고개를 수그렸다. 간단하지만 냉랭한 이 한 마디는 그의 서사시같은 말의 흐름을 날카롭게 가로막아 그 흐름의 근원까지 마음 속에서 사라져가는 것을 느꼈다. 마리우스가 눈을 들었을 때 꽁브페르의 모습은 보이지 않았다. 아마 마리우스의 열렬한 장광설에 한 마디로 응수해 준 데 대해 만족하고 나가버린 모양이었다. 모두 꽁브페르의 뒤를 따라 나가 버리고 앙졸라만이 남았다. 방안은 텅 비었다.

마리우스와 단둘이 남게 된 앙졸라는 엄숙한 눈초리로 마리우스를 지켜보고 있었다. 그러나 마리우스는 자기의 관념을 더듬어보고 자기는 결코 진 것이 아니라고 생각했다. 마리우스의 가슴에는 아직도 흥분의 열기가 남아 있었다. 그러나 그가 앙졸라를 상대로 3단 논법을 펴려 했을 때, 누군가 계단을 내려가면서 부르는 노래 소리가 들렸다. 꽁브페르의 목소리였다. 그는 이런 노래를 부르고 있었다.

시저가 설령 나에게
영광과 전쟁을 주리라 해도
그 대신 놓고 가라
사랑하는 어머니를.
위대한 시저에게 대답하리라.
왕홀과 전차도 돌려 주겠소.
내게는 어머니가 역시 좋더라.
말해 무얼 하나, 그야 어머니가 좋지.

꽁브페르가 노래하는, 부드럽고, 거친 음조의 이 노래에는 무언가 이상한 위대함이 곁들여 있었다. 마리우스는 생각에 잠겨 눈을 천장으로 돌린 채 거의 의식 없이 되풀이했다.

"어머니? ……"

그때 마리우스는 자기의 어깨에 앙졸라의 손이 와 닿는 것을 느꼈다.

"여보게, 어머니란 공화국을 이르는 말이야" 하고 앙졸라가 말했다.

곤궁

그날 저녁의 일은 마리우스를 깊이 잡아 흔들었고, 그의 마음에 슬프고 어두운 그림자를 새겨 놓았다. 그가 체험한 것은 만약 대지가 의식을 가지고 있다면, 밀 종자를 뿌리려고 괭이로 파엎을 때 땅이 맛보는 듯한 체험이었다. 대지는 그때 상처의 아픔밖에 느끼지 않는다. 싹이 틀 때 생기는 설렘과 결실의 기쁨은 훨씬 나중에야 찾아오는 것이다.

마리우스는 우울해졌다. 그는 간신히 하나의 신념을 굳히던 참이었다. 그런데 이제 그 신념을 버려야 한단 말인가? '아니, 그럴 수는 없다.' 그는 마음에 타일렀다. 의혹에 빠지고 싶지 않다고 그는 분명히 마음에 맹세했다. 그러나 의혹은 시작되었다. 아직 빠져나오지 못한 한 신앙과 또 그 속으로 들어갈 결심도 아직 되어 있지 않은 신앙. 이 두 신앙 사이에 끼어 있는 것은 견딜 수 없었다. 그런 어렴풋한 상태를 기뻐하는 것은 박쥐 같은 영혼뿐일 것이다.

마리우스는 사물을 솔직하게 보는 눈을 지녔으므로 참다운 빛이 있어야만 했다. 의혹의 희미한 빛은 그를 괴롭혔다. 현재 있는 지점에 머물러 있고 싶고 아무리 매달려 있고 싶어도 이겨낼 수 없는 힘에 끌려서 계속 걸어가고, 나아가고, 길을 살펴보고, 방향을 생각하고, 앞으로 더 나가지 않고는 배기지 못했다.

그 힘은 지금 마리우스를 어디로 이끌어가려고 하는 것일까? 그토록 아버지에게 가까이 다가간 지금 다시 아버지에게서 멀어져 가는 것은 무서운 일이었다. 마리우스의 불안은 이것저것 반성해 볼수록 더욱 커져 갔다. 그의 주위 여기저기에 절벽이 솟아 있는 듯 느껴졌다. 조부의 의견에도, 친구들 의견에도 동의할 수 없었다. 그는 조부의 눈으로 보면 무모하기 짝이 없었고, 친구들의 눈으로 보면 뒤떨어져 있었다. 자신이 노인과 젊은이에게서 동시에 고립되어 있다는 것을 깨달았다. 그는 까페 뮈쟁에 나가지 않았다.

의식의 혼란 속에서 마리우스는 생활의 중대한 면을 그다지 생각하고 있지 않았다. 그 생활의 현실은 그렇게 쉽게 잊고 있을 수 있는 것은 아니었다.

현실은 느닷없이 그를 팔꿈치로 찌르러 찾아왔다.

어느 날 아침 여관 주인이 마리우스의 방에 들어와서 말했다.

"꾸르페락 씨가 당신의 보증인이었지요?"

"그렇습니다."

"방값을 주셨으면 합니다만."

"꾸르페락에게 할 이야기가 있으니 좀 와달라고 해주십시오." 하고 마리우스가 말했다.

꾸르페락이 오자 주인은 나갔다. 마리우스는 여태까지 그에게 털어놓으려 하지 않았던 것, 다시 말해서 자신은 의지할 데 없고 친척도 하나 없는 사람이라는 것을 말했다.

"자넨 뭐가 될 작정인가?" 하고 꾸르페락이 물었다.

"모르겠어" 하고 마리우스가 대답했다.

"뭘 할 작정인가?"

"그것도 몰라."

"돈은 있나?"

"15프랑 있네."

"그래서 나더러 빌려 달라는 건가?"

"천만에."

"옷은 있나?"

"이것뿐일세."

"값나가는 물건은?"

"시계가 하나 있어."

"은인가?"

"금이야. 이거야."

"내가 헌옷 파는 집을 알고 있어. 자네 프록코트와 바지를 사줄 걸세."

"그것 잘됐군."

“그럼 바지와, 조끼와, 모자 그리고 윗도리 각각 한 벌밖에 없게 되네.”

“그리고 구두하고.”

“뭐야? 맨발로는 못 걷나? 사치스런 소리를 다 하는군!”

“그것만 있으면 충분해.”

“난 시계포도 한 집 알아. 자네 시계를 사줄 걸세.”

“좋아.”

“아니, 좋아가 아냐. 앞으로 어떻게 살아가려나?”

“뭐든지 하겠어. 적어도 나쁜 일만 아니라면.”

“영어 할 줄 아나?”

“몰라.”

“독일어는?”

“몰라.”

“하는 수 없군.”

“왜?”

“내 친구 하나가 출판을 하고 있네. 백과 사전 같은 것을 만들고 있지. 자네가 독일어나 영어라도 번역할 수 있다면 좋겠다고 생각했어. 보수는 싸지만 그래도 이럭저럭 살아갈 수는 있을 테니까.”

“그럼 영어와 독일어를 공부하겠네.”

“그럼 그때까지는?”

“그때까지는 옷이나 시계를 팔아서 먹지.”

그들은 헌옷 장수를 불렀다. 옷장수는 헌옷을 20프랑에 사갔다. 두 사람은 시계포로 갔다. 시계포 주인은 시계를 45프랑에 샀다.

“이만하면…… 나쁘지 않은데” 하고 마리우스가 하숙으로 돌아오면서 꾸르페락에게 말했다. “지금 15프랑 있으니까 합치면 80프랑일세.”

“그러나 하숙 계산은?” 하고 꾸르페락이 주의했다.

“아참, 잊었군” 하고 마리우스는 말했다.

하숙집 주인은 계산서를 가지고 와서 곧 지불해 달라고 했다. 70프랑이었다.

“10프랑이 남는군” 하고 마리우스가 말했다.

“야단났네” 하고 꾸르페락이 말했다. “영어를 공부하는 동안 5프랑으로 살고 독일어를 공부하는 동안 5프랑으로 먹고 살아야겠어. 어학을 재빠르게 터득하거나 100수짜리 지폐로 가늘고 길게 연명하든가 해야겠군."

이럭저럭하는 동안에 질노르망 이모는 원래 남의 불행한 사정을 보면 타고난 성질을 나타내는만큼 애를 써서 마침내 마리우스의 숙소를 찾아냈다. 어느 날 오전 마리우스가 학교에서 돌아오자 이모의 편지와 봉인된 상자가 하나 와 있었다. 상자 속에는 '60삐스톨', 즉 금화로 6백 프랑이 들어 있었다.

마리우스는 이미 생활 수단도 마련되어 앞으로는 충분히 혼자 생활해 갈 수 있다는 뜻의 편지를 곁들여서 그 서른 닢의 루이 금화를 이모에게 다시 돌려보냈다. 이때 그에게는 3프랑밖에 남아 있지 않았다.

이모는 마리우스가 거절해 보낸 소식을 마리우스의 할아버지에게는 알리지 않았다. 할아버지를 화나게 할 것이 두려웠기 때문이다. 게다가 할아버지는 "그 흡혈귀 이야기는 앞으로 절대 내게 하지 말아라" 하지 않았는가.

마리우스는 뽀르뜨 쌩 자끄 여관을 나와 버렸다. 더 이상 거기서 빚을 지고 싶지 않았기 때문이다.

제5편 불행의 뛰어남

무일푼의 마리우스

마리우스의 생활은 궁해졌다. 옷가지나 시계를 먹어 버리는 것은 너무도 쉬웠다. 그는 이른바 '공수병에 걸린 쇠고기'란 것을 먹었다(몹시 가난 하다는 뜻). 너무나 비참했다. 빵 없는 나날, 잠 못 이루는 매일 밤, 촛불이 없는 밤, 불 없는 난로, 일 없는 나날, 희망 없는 미래, 팔꿈치가 해진 윗도리, 계집아이의 놀림을 받는 낡은 모자, 방세를 치르지 못해서 저녁때면 잠겨 있는 문, 문지기나 싸구려 음식점의 주인 영감이 퍼붓는 모욕, 이웃 사람들의 냉소, 숱한 모멸, 짓밟힌 인격, 좋든 싫든 해야 할 일, 염증, 무료함, 실의의 구렁텅이였다.

마리우스는 깊이 깨달았다. 사람들이 그러한 것들을 얼마나 탐하는지, 아니 그러한 것밖에는 아무것도 탐할 수 없는 경우가 얼마나 많은가를. 청춘 시절에는 여성의 사랑이 필요한 까닭에 자존심도 가져야 하는데, 그는 옷차림이 초라하다고 조롱을 받고, 가난하다고 업신여김을 받았다. 제왕과 같은 청춘을 자랑하며 가슴을 부풀리고 있어야 할 시절에 그는 구멍 뚫린 자기 구두에 몇 번이고 눈을 주고, 빈궁의 부당한 치욕을 느끼고, 비통한 수치로 얼굴을 붉혔다.

마음이 약한 자를 비굴하게 만드는 무서운 시련, 그것은 또 마음이 강한 자를 탁월한 인간으로 만드는 바람직한 시련이다. 그것은 비열한 인간이나 신과 같은 인간을 만들려고 할 때면 반드시 운명이 인간을 던지는 도가니이다.

왜냐하면 하찮고 작은 싸움 속에서야말로 많은 위대한 행위가 이뤄지기 때문이다. 빈궁과 치욕이 여지없이 달려드는 생활에 대해서 어떤 사람들은 끈덕지고 강한 남다른 용기를 떨쳐 한 걸음 또 한 걸음 저항해 마지않는다. 이윽고 그 누구의 눈도 미치지 않고, 어떤 명성도 없으며, 어떤 갈채의 나팔도 불지 않는 곳에서 숭고하고 신비로운 승리를 획득한다.

인생, 불행, 고독, 빈곤이라고 불리는 것들 모두가 싸움터이며 거기에는 영웅이 있다. 그리고 이름도 없는 이 영웅들은 세상에 이름을 날리고 있는 영웅들보다도 더 위대할 수도 있다.

꿋꿋하고도 고귀한 성격은 이렇게 하여 만들어진다. 빈곤은 거의 모든 인간에게 살뜰치 못한 계모이지만 어떤 사람에게는 참다운 어머니이다. 궁핍은 억센 영혼과 정신을 낳아 준다. 궁핍은 유모가 되어 자랑스러운 마음을 키워낸다. 불행은 마음이 숭고한 사람들에게는 양분이 풍부한 젖이다.

한때 마리우스의 생활에는, 방으로 통하는 층계를 청소하고, 치즈 가게에서 브리이 산 치즈를 1수어치밖에 못 사고, 어두워지기를 기다려 빵과 방금 산 한 조각의 치즈를 훔치기라도 한 듯이 살그머니 자기 다락방으로 가지고 올라가는 때도 있었다. 때때로 거리의 사람들은 옆구리에 책을 낀 한 청년이 음식점 여자들 틈바구니에 섞여서 욕을 먹고 떠밀리면서 울상이 되어 길모퉁이 푸줏간으로 도망치듯 들어가는 것을 보았다. 겁을 집어먹고 아직도 마음이 가라앉지 않은 모양인 그 청년은, 가게 안으로 들어가자마자 땀이 맺힌 이마에서 모자를 벗어 들고 놀라서 쳐다보는 푸줏간 안주인에게 공손히 고개를 숙이고, 한번 더 꼬마에게도 고개를 숙인다. 그런 다음, 살이 붙은 양의 갈비뼈를 한 조각 달라 하여 6, 7수를 치르고, 종이에 싼 그 고기를 옆구리에 낀 두 권의 책 사이에 찔러 가지고 가게에서 나오는 것이었다. 마리우스였다.

마리우스는 그 갈비를 직접 끓여 사흘 동안 먹었다. 첫날에는 고기를 먹고, 이튿날은 기름을 먹고, 사흘째는 뼈를 갉아먹었다.

질노르망 이모는 되풀이하여 몇 번이고 60삐스톨을 보내 왔다. 그러나 그때마다 마리우스는 절대로 곤란하지 않다고 돌려보냈다.

앞서 말한 사상의 혁명이 그의 마음속에 일어났을 때, 그는 아직도 아버지의 복(服)을 입고 있었다. 그 뒤로 마리우스는 검은 옷을 벗지 않기로 하였다. 그런데 그 옷이 그 곁에서 떠나갔다. 어느 날 드디어 윗도리가 없어졌다. 지금은 바지도 가 버리려 하고 있었다. 어떻게 해야 할까?

꾸르페락이 이전에 마리우스에게서 진 신세의 답례라고 하면서 낡은 윗도리를 하나 주었다. 마리우스는 어느 집 문지기에게 부탁하여 30수에 그것을 뒤집어꾸며 새 옷처럼 만들었다. 그러나 그 윗도리는 녹색이었다. 그래서 마리우스는 해가 진 뒤가 아니면 밖으로 나가지 않았다. 날이 어두워지면 그 윗도리는 검게 보였다. 언제나 상복을 입고 싶다고 생각한 그는 이렇게 해서 어둠을 입게 되었다.

그런 생활을 하면서도 마리우스는 변호사 시험에 합격했다. 마리우스는 표면적으로 꾸르페락의 방에서 함께 지내는 것으로 되어 있었다. 그 방은 깨끗하게 정돈된 방으로 거기에는 소설의 결본을 섞어 빈 칸을 메우고 있기는 했으나, 법률에 관한 헌 책 몇 권이 꽂혀 있어 변호사가 갖추어야 할 서가의 체재를 갖추고 있었다. 사람들에게서 오는 편지도 모두 꾸르페락의 주소로 오도록 했다.

변호사가 되자 마리우스는 할아버지에게 부드럽지는 않으나 복종과 경의를 깃들여 그 사실을 알렸다. 질노르망 씨는 부들부들 떨면서 그 편지를 받아들고 다 읽고 나자 짝짝 찢어 쓰레기통에 던져 넣었다. 2, 3일 뒤에 질노르망 양은 방안에서 아버지가 혼자 커다란 소리로 뇌까리는 소리를 들었다.

그것은 노인이 몹시 흥분하면 반드시 하는 짓이었다. 질노르망 양은 귀를 기울였다. 노인은 이렇게 말하고 있었다.

"네가 바보가 아니라면 알 거다. 남작하고 변호사를 겸할 수는 없다는 걸."

가난한 마리우스

빈곤도 결국은 다른 일과 마찬가지다. 어떻게든 되어 가는 것이다. 빈곤도 결국에는 어떤 형체를 취하고 정리된다. 사람은 살아 가게 마련이다. 바꿔 말해서 비참하더라도 살아 가기에 충분한 어떤 방식으로 생활을 펼쳐 나가게 마련이다. 마리우스 뽕메르씨의 생활이 어떤 모양으로 마무리되었는지는 다음과 같다.

그는 가장 험난한 고개를 이미 넘어섰다. 길은 여전히 험했으나 전보다는 얼마간 눈앞이 틔었다. 고생을 견디고 용기를 내어 끈기있게 의지를 관철한 보람이 있어서 마침내 1년에 700프랑 가량을 일해서 벌 정도가 되었다. 그는 독일어와 영어를 배웠다. 꾸르페락이 친구의 출판사에 소개해 준 덕택에 마리우스는 문학부에서 약간의 '역할'을 하게 되었다. 내용 견본을 만들고, 외국 신문을 번역하고, 출판물에 주를 달고, 전기를 엮는 것이 그의 일이었다. 수입은 좋을 때도 있고 나쁠 때도 있었으나 최저 700프랑은 되었다. 마

무일푼의 마리우스

리우스는 그 돈으로 생활해 나갔다. 그다지 형편없지는 않았다.

어떤 모양으로 꾸려갔는가? 그것은 이러했다. 마리우스는 고르보 집의 난로도 없는 초라한 방을 1년에 30프랑으로 빌렸으나 가구는 꼭 없어서는 안될 것만 들여놓았다. 그 가구들은 자기 것이었다.

마리우스는 문지기 할머니에게 다달이 3프랑을 주고 방청소를 하게 했고 아침마다 더운 물 조금하고 날계란과 1수짜리 빵을 가져오게 했다. 그 빵과 계란이 그의 점심이었다. 점심값은 계란이 싸고 비쌈에 따라 2수에서 4수 사이를 오르내렸다. 저녁 여섯 시가 되면 쌩 자끄 거리로 나와 레마뛰랭 거리 모퉁이에 있는 판화상 바쎄의 맞은 편 루소라는 음식점으로 저녁을 먹으러 갔다. 수프는 먹지 않았다. 그는 6수짜리 고기 한 접시, 3수짜리 작은 야채 반 접시와 3수짜리 디저트를 먹었다. 그리고 3수를 내면 빵은 마음대로 먹을 수 있었다. 포도주 대신에 물을 마셨다. 그 무렵에도 여전히 뚱뚱하기는 하나 아직도 얼굴에 윤기 있는 루소의 주인 아주머니가 버티고 앉아 있는 계산대에서 계산을 마치고 보이에게 1수를 주면 루소의 아주머니는 생긋 웃음을 보냈다. 그것을 본 다음 마리우스는 밖으로 나왔다. 이처럼 16수에 생긋 웃음과 저녁을 얻었다.

이 루소라는 음식점은 술을 마시기보다 맹물 마시는 사람이 오히려 많아 음식점 (강장제라는 의미가 있음)이라기보다 휴게실 (진정제라는 의미가 있음)이었다. 오늘날에는 남아 있지 않다. 주인은 '물장수 루소'라는 재미있는 별명을 가지고 있었다.

이렇게 점심은 4수, 저녁은 16수로 하루 식사값은 20수면 되었다. 1년에 365프랑이 들었다. 거기에다 방세 30프랑, 할머니에게 30프랑, 그밖에 약간의 잡비가 들었다. 결국 450프랑으로 마리우스는 식사하고, 방을 얻고, 일을 시키고 했다. 또 셔츠 50프랑, 세탁비 50프랑으로 100프랑이 들었다. 어쨌든 650프랑은 절대로 넘기지 않았다. 그리하여 손에 50프랑이 남았다. 이전에 비하면 부자였다. 그는 경우에 따라 10프랑쯤 친구에게 꿔주게도 되었다. 꾸르페락은 한 번 60프랑을 빌려갔다. 방에 벽난로가 없었으므로 마리우스는 간단하게 몸을 따뜻하게 하는 연구를 했다.

마리우스는 언제나 두 벌의 옷을 가지고 있었다. 낡은 것은 '집에서 입는 옷'으로, 새것은 외출용으로 쓰고 있었다. 빛깔은 모두 검은 색이었다. 셔츠는 모두 3장이 있었다. 하나는 입고 하나는 장에 넣어두고, 나머지 하나는

마리우스는 16수에 생긋 웃음과 저녁을 얻었다.

세탁소에 가 있었다. 그래서 낡아서 못 입게 되는 대로 하나씩 새로 마련했다. 그렇다고는 해도 거의가 낡았으므로 윗옷 단추를 턱밑까지 채우고 있어야만 했다.

마리우스가 이렇게 훌륭한 살림을 하게 되기까지는 몇 년이라는 세월이 걸렸다. 힘든 나날이었다. 처음에는 뚫고 나가느라고 애쓰고 나중엔 기어오르느라고 애썼다. 그렇지만 마리우스는 단 하루도 용기가 꺾여 본 적이 없었다. 어떤 빈궁도 참고 견디며 빚만은 지지 않도록 별짓을 다했다. 그는 이제까지 누구에게서도 1수조차 빌린 적이 없다고 자신을 가지고 말했다. 그로서는 빚이란 남에게 예속당하는 시작이었다. 아니 채권자란 노예의 주인보다 더 악질이라고 생각하고 있었다. 왜냐하면 노예의 주인은 다만 노예의 몸뚱이만을 소유할 뿐이나, 채권자는 채무자의 품위를 지배하고 모욕할 수 있기 때문이다. 마리우스는 돈을 꿀 정도면 차라리 먹지 않았다. 그래서 실제 며칠씩 굶은 적도 있었다.

무슨 일이거나 극단에 이르면 서로 통하는 것을 그는 느끼고, 조심하지 않으면 물질적 타락이 정신의 비굴을 초래할 것이라고 단정하여 자존심을 잃지 않도록 명심했다. 다른 입장에 있었다면 오히려 당연한 예절이라고 보아도 좋을 말씨나 태도도 지금의 그로서는 비굴한 것으로 생각되어 애써 꿋꿋한 태도를 취했다. 그러나 너무 지나쳐서 오만으로 보이는 것은 싫었으므로 과도한 언동은 결코 하지 않았다. 얼굴은 강한 마음을 나타내어 언제나 불그레했다. 마리우스는 자신에게 무자비할 정도로 조심스러웠다.

어떤 시련을 당할지라도 그는 마음속의 어떤 막연한 힘의 도움을 받는다는 것을, 때로는 그것으로 지탱된다는 걸 느꼈다. 영혼은 육체에 힘을 빌려주고 때로는 육체를 떨치고 일어서게 한다. 새장을 지탱하는 것은 그 안의 새뿐이다.

마리우스는 마음속에 아버지의 이름과 나란히 또 하나의 이름을 새겨 두고 있었다. 떼나르디에라는 이름이었다. 감격하기 쉽고 무엇이거나 골똘히 생각하는 성질인 마리우스는 그 사나이를 아버지의 생명의 은인으로 생각하고 그 모습을 무슨 후광 같은 이상의 빛으로 싸고 있었다. 그 대담무쌍한 중사는 워털루 싸움터의 포탄 속에서 아버지인 대령을 구했던 것이다. 마리우스는 그 사나이에 대한 기억을 아버지의 기억에서 결코 분리시키지 않고 두 사람을 한데 묶어 숭배하고 있었다. 그것은 대령에게 바치는 큰 제단과 떼나르디에를 위해서 바치는 작은 제단, 말하자면 이단(二段)식 숭배였다. 떼나르디에가 역경에 빠지고 불운의 포로가 되었다는 것을 생각하면 감사하는 그의 마음의 감동은 더욱 커졌다.

그 불행한 여관집 주인이 몰락하고 파산해 버렸다는 것을 마리우스는 이미 몽페르메이유에 가서 알았던 것이다. 그 뒤로 비상한 노력을 기울여 떼나르디에의 발자취를 더듬고, 그가 모습을 감춘 빈곤의 나락 속에서 그의 행방을 찾아내려고 했다. 마리우스는 여러 고장을 찾아 헤맸다. 셀, 봉디에, 구르네, 노장, 라니에도 가보았다. 3년 동안 그는 약간의 저축마저 없애가며 그 사람을 찾는 일에 열중했다. 그러나 아무도 떼나르디에의 소식을 전해 주는 사람은 없었다. 외국으로 건너갔으리라는 생각도 들었다. 채권자들도 마리우스처럼 애정을 가진 것은 아니었어도 그와 같은 정도로 열심히 떼나르디에를 찾았지만 역시 아직 만나지는 못했다. 마리우스는 찾지 못하는 것을 꺼림칙하게 생각하고 자신을 탓하고 원망했다.

그것은 아버지인 대령이 그에게 남긴 단 하나의 부채로서, 그것을 갚느냐 못 갚느냐는 자신의 명예에 관한 일이라고 생각했기 때문이다. '어떻게 해야 하나! 아버지가 전장에서 쓰러져 죽어 가고 있을 때 그 사람은 초연과 산탄의 비를 무릅쓰고 아버지를 찾아내어 어깨에 메고 무사히 구출해 주었다. 더욱이 그는 아버지에게 아무런 은혜도 받지 않고 있었던 때이다. 그랬는데 나는 그렇게 큰 은혜를 떼나르디에에게 입고 있으면서 지금 암흑 속에서 죽음의 고통을 받고 있을 그를 찾아 내어 죽음에서 삶으로 끌어낼 수가 없다니! 아니 아니! 반드시 찾고 말 테다!'

사실 떼나르디에를 찾아낼 수만 있다면 마리우스는 기꺼이 한쪽 팔이라도 희생했을 것이고, 떼나르디에를 빈곤에서 구출할 수가 있다면 온 몸의 피도 마다 않고 흘렸을 것이다. 떼나르디에를 만나는 것, 떼나르디에를 위해서 무엇인가 한다는 것, '당신은 나를 모르십니다. 그러나 나는 당신을 알고 있습니다! 이제 내가 여기 왔습니다! 어서 무엇이든 분부해 주십시오!'라고 떼나르디에에게 말하는 것. 그것이 마리우스에게는 더할 나위 없이 감미롭고 더없이 큰 꿈이었다.

성장한 마리우스

그 무렵 마리우스는 스무 살. 할아버지의 집을 나온 지 3년이 되었다. 두 사람 모두 여전히 서로 다가가려고 하지 않고 얼굴을 마주 대하려고도 하지 않았다. 하기야 만나본들 무슨 소용이 있다는 말인가? 결과는 충돌뿐이리라. 대체 어느 쪽이 상대방을 이길 수 있을까? 마리우스를 청동 항아리라고 하면 질노르망 노인은 무쇠 동이였다.

분명히 밝혀 두거니와 마리우스는 할아버지의 마음을 오해하고 있었던 것이다. 그는 질노르망 씨가 전혀 자기를 사랑하지 않았다고 믿고 있었다. 저 무뚝뚝하고, 완고하고, 그러면서도 명랑하고 사람 좋은 노인, 고함을 지르고, 호통을 치고, 화를 내고, 지팡이를 휘두르곤 하는 노인이 자기에게는 고작해야 희극 중의 제롱뜨 같은 경박하고도 꾀까다로운 애정밖에 품지 않았다고 믿고 있었다. 그것은 오해였다. 자기 아들을 사랑하지 않는 아버지는 있어도 자기 손자를 열애하지 않는 할아버지는 없다. 이미 말한 바와 같이 질노르망 씨는 마음속으로는 마리우스를 열렬히 사랑하고 있었다. 다만 그가 사랑하는 방식에는 그야말로 그다운 질책과 주먹질이 따랐던 것이다.

그런데 그 아이가 없어져 버리자 질노르망 씨는 마음속에 어둡고 허전한 구멍이 생긴 것을 느꼈다. 다시는 그 아이 이야기는 하지 말라고 명령했으면서도 그 명령이 너무나 잘 지켜져 속으로는 섭섭했다. 그 부오나빠르떼 파가, 그 자꼬뱅 당원이, 그 테러리스트가, 그 과격혁명당원이 머지않아 돌아올 것이라는 희망을 처음에는 가지고 있었다. 그런데 몇 주일이 지나고, 몇 달이 지나고, 몇 년이 지나도 그 흡혈귀가 두 번 다시 모습을 나타내지 않자 질노르망 씨는 몹시 낙담했다. "하지만 니는 그놈을 쫓아낼 수밖에 도리가 없었다." 하고 뇌까리면서도 할아버지는 다시금 자문하는 것이었다.

"만약에 다시 또 되풀이한다면 또 같은 짓을 할 것인가?" 그의 자존심은 당장에 "그렇다."고 대답했으나, 그 늙은 머리는 조용히 가로저으면서 "아니야"라고 슬픈 듯이 대답했다.

질노르망 씨는 멍하니 있는 때가 많아졌다. 마리우스가 없는 것이 아무래도 쓸쓸했다. 노인에게는 햇빛이 필요하듯이 애정이 필요하다. 애정은 열이다. 격렬한 성품이었지만 마리우스가 곁에서 떠난 이후 그의 마음속에는 어떤 변화가 일어났다. 할아버지는 비록 무슨 일이 일어나더라도 그 '몹쓸 놈'

에게 한 걸음도 다가가려고 하지 않았지만 역시 괴로워하고 있었다. 한번도 마리우스에 대해 묻지는 않았으나 마음속으로는 늘 생각했다. 그 할아버지는 여전히 르 마레에 살고 있었으나 생활은 점점 우울하게 되어 갔다. 지금도 전과 마찬가지로 괄괄하긴 하지만 그 패기는 마치 고통과 노여움을 머금은 것처럼 경련하면서 거칠게 휘몰아치다가도 금방 어깨를 축 늘어뜨리고 침울한 기분이 되고 만다.

그는 가끔 이렇게 말했다.

"아아! 이놈 돌아오면 실컷 두들겨 줘야지!"

이모로 말할 것 같으면, 마리우스를 그다지 사랑하고 있지 않았으므로 별로 안쓰러울 것도 없었다. 마리우스는 이모에게 흐릿한 그림자에 불과했다. 그리고 마침내는—그녀가 고양이나 앵무새를 길러도 제대로 보살펴 주지 않았던 것처럼, 아니 그 이상으로—마리우스를 염두에 두지 않게 되었다.

질노르망 노인의 은근한 고통이 차차로 늘어간 까닭은 노인이 그것을 모조리 자기 가슴에 접어 넣고 남이 알아차리지 않도록 하고 있었기 때문이다. 할아버지의 비애는 연기마저 다 태워 버린다는, 새로 발명된 큰 아궁이와 같았다. 때때로 참견하기 좋아하는 작자들이 생각없이 마리우스의 일을 화제 삼아 노인에게 묻는 일이 있었다.

"손자님은 뭘 하고 있습니까? 어떻게 지낸답니까?"

그러면 노인은 슬픔을 이기지 못할 때는 한숨을 지으면서, 또 아무렇지도 않게 보이고 싶을 때는 옷소매를 손톱으로 퉁기면서 대답하였다.

"뽕메르씨 남작님은 어딘가 변두리에서 엉터리 변호사질을 하고 있다오." 이런 모양으로 노인이 서글퍼하고 있을 때 마리우스는 더할 나위 없이 명랑했다. 씩씩한 마음의 소유자가 모두 그렇듯이 불행이 오히려 그의 아린 추억을 가시게 하였다. 지금은 질노르망 씨의 일도 정다운 마음으로 떠올랐다. 이제까지는 '아버지에 대해서 심술궂었던' 그 인간에게서 아무것도 받지 않으리라고 완강하게 생각해 왔다. 그러나 현재는 그러한 생각도 처음 느꼈던 분노에 비하면 꽤 누그러졌다. 게다가 또 자기가 이제까지 고통을 받아온 일, 그리고 지금도 괴로워하고 있다는 것이 그로서는 차라리 즐거웠다. 그것은 아버지를 위한 고통이었다. 생활이 어렵다는 사실이 그를 만족시키고 그를 기쁘게 했다. 마리우스는 그 어떤 기쁨을 가지고 '이런 일은 아무것도 아니다'라고 마음속으로 생각했다. 이런 하찮은 일은 일종의 죄갚음이다. 이렇게라도 속죄하지 않으면 아버지에 대해서, 그렇게도 훌륭했던 아버지에 대해서, 불효하고 무심했다는 벌을 무슨 형태로든 받을 것이다. 아버지가 모진 고통을 겪었는데 자기는 조금도 괴로움을 받지 않는 것은 옳지 않다. 더욱이 현재 자기가 겪는 고통이나 빈곤도 대령의 영웅다운 생애에 비교하면 대체 뭐란 말인가? 요컨대 아버지에게 접근하고 아버지를 닮기 위한 방법은 오직 하나, 아버지가 적과 싸워 용감했던 것처럼 자기도 빈곤과 씩씩하게 싸우는 일이다. 이것이야말로 아버지인 대령이 '내 아들은 그럴 만한 가치가 있다'고 했던 유서의 마지막 말에 깃든 자기에 대한 기대인 것이다.

마리우스는 대령의 유언장을 잃어버렸으므로 가슴에 품고 있지는 않았다. 그러나 그 말을 언제나 마음 속에 품고 있었다. 그리고 할아버지의 집을 쫓겨났을 때는 어린아이에 지나지 않았으나 지금은 어른이 되었다. 그것을 그는 느끼고 있었다. 거듭 강조하지만 빈곤은 그에게 좋은 결과를 가져다준 것이다. 젊어서 가난은 잘만 하면 그 사람의 온 의지를 노력으로 향하게 하고, 영혼을 희망으로 차게 해주는 훌륭한 이점을 가지고 있다. 가난은 물질 생활의 허식을 여지없이 벗겨내고 그 보기 흉한 정체를 드러나게 하여 그 결과 이상에 가까운 생활로 인간을 비약하게 한다. 돈 많은 청년에겐 경마, 사냥, 개, 담배, 노름, 미식(美食) 따위의 화려하기는 하나 야비하기 그지없는 숱한 기분전환 거리가 있다. 그것들은 영혼의 저속한 면이 놀아나는 것이기 때문에 영혼의 고상하고 섬세한 면은 등한시된다.

그런데 가난한 청년은 애써 빵을 벌고 그것을 먹고 나면 이제 몽상하는 일 밖에는 아무것도 할 것이 없다. 그는 신이 보여주는 무료 연극을 구경간다. 그는 하늘을, 공간을, 별을, 꽃을, 어린아이를 보고, 자기도 그 속에서 같이 고민하고 있는 인류를, 자기도 그 일부로 빛나고 있는 천지 만물을 바라본다. 인류를 응시하고 거기서 영혼을 발견한다. 마리우스는 몽상하고 자기가 위대하다는 것을 느낀다. 그는 더욱 몽상하고 자기 마음이 사랑에 가득 차 있음을 느낀다. 고민하는 인간의 이기주의를 떠나 관조하는 인간으로서 모든 것에 동정을 안긴다. 그 마음속에서 눈부신 감정이 꽃을 피운다. 그것은 자기 망각과 만인에 대한 연민의 감정이다. 닫힌 영혼에게는 주지 않지만 열려 있는 착한 영혼에게는 아낌없이 주는 그 무수한 즐거움과 친해서 이제 예지의 백만장자가 된 마리우스는 금전의 백만장자를 애처롭게 여기게 된다. 맑디맑은 빛이 그의 정신 안에 비쳐들어옴에 따라 모든 미움은 가슴속에서 사라져 간다. 그래도 마리우스가 불행하다는 말인가? 아니 불행하지 않다. 생활의 빈궁도 젊은이에게는 결코 비참한 게 아니다. 아무리 가난해도 젊은 이라는 것은 건강하고, 힘이 있고, 활발한 걸음걸이와 뜨거운 피를 소용돌이 치게 하며, 검은 머리, 싱싱한 뺨, 장미처럼 붉은 입술, 흰 이빨, 맑은 숨결 은 어느 때나 늙은 제왕이 부러워할 것이리라.

그리고 또 날마다 마리우스는 밥벌이에 종사한다. 그의 손이 빵을 벌고 있 는 동안에 그의 등뼈는 긍지를 얻고, 그의 두뇌는 사상을 얻는다. 일을 마치 면 마리우스는 말할 수 없는 황홀경에 관조와 환희로 돌아간다. 그의 발은 고뇌 속에, 장애 속에, 돌바닥 위에, 가시덤불 속에, 또 때로는 진창 속에 있어도 머리는 빛을 받아 살아가는 것이다. 건강하고, 명랑하고, 온화하고, 평화롭고, 주의깊고, 진지하고, 약간의 것으로 만족하고, 남에게 친절하다. 그리고 많은 부자들이 가지고 있지 않은 두 가지 재산 곧, 자신을 자유롭게 하는 노동과 품위를 안겨 주는 사상을 자기에게 베푸신 신께 감사드린다.

마리우스의 마음속에서 바로 그런 일이 일어나고 있었다. 한 마디로 말해 서 조금 지나치게 관조에 기울어졌다.

대강 착실히 살아갈 만하게 되자 그 상태에 만족하고 가난에도 좋은 점이 있다고 생각하며, 일을 알맞게 하고, 사색하는 시간을 넉넉히 가졌다. 그래 서 때에 따라서는 며칠씩 몽상을 계속하고, 투시가처럼 무아와 내면의 광휘 와 침묵의 황홀경에 잠기는 일도 있었다.

마리우스는 생활 방식을 다음과 같이 결정지었다. 되도록 정신적 일을 하 기 위해서 되도록이면 물질적 일을 줄일 것. 바꿔 말해서 현실 생활에는 몇 시간만 할애하고 나머지 시간 모두를 무한한 것 속에 던질 것. 마리우스는 자기는 아무것도 부족하지 않다고 생각했기 때문에, 이런 의미의 관조란 결 국은 게으름의 한 형태에 지나지 않는다는 것에는 생각이 미치지 못했다. 생 활에 우선 필요한 것을 얻은 것으로 만족하여, 너무나 빨리 휴식을 취했다는 것을 깨닫지 못했다.

물론 마리우스 같은 정력적이고 용감한 성질에서, 그런 상태는 아주 일시 적인 것일 수밖에 없다는 것, 운명의 불가피하고 복잡한 갈등에 부딪치면 그는 금방 잠을 깨리라는 것은 분명하다.

마리우스는 변호사가 되었으면서도 변론대에 서지 않고, 또 질노르망 노인이 생각하고 있는 것과 달리 엉터리 변호사질도 하지 않았다. 몽상이 그를 변호사라는 직업에서 벗어나게 했다. 소송 대리인과 교섭하고, 재판소에 드나들고, 소송 사건을 찾아다니고 하는 일이 그는 진절머리가 났다. 왜 그런 일을 하지 않으면 안 되는가? 마리우스는 생활의 방편을 바꿔야 할 이유도 없었다. 예의 출판사 일은 그다지 눈에 띄지는 않았으나 지금은 마리우스에게 건실하고 또 과히 힘들지 않는 일이 되어 있었다. 이미 설명한 바와 같이 그것으로 충분히 생활해 갈 수 있었다.

마리우스가 거래하는 출판사는 분명히 마지멜 씨가 경영하는 것이었다고 기억되는데, 그 마지멜 씨가 그에게 훌륭한 숙소와 일정한 일을 맡기면서 1년에 1천 500프랑의 급료를 내겠다고 제의를 해왔다. 훌륭한 숙소와 1천 500프랑! 과연 나쁘지는 않다.

그러나 그것은 자유를 버리는 일이다. 월급쟁이가 되는 일이다. 일종의 고용 문인이 되는 것이다! 마리우스의 생각으로는 그것에 응하면 자기의 지위는 향상과 동시에 하락하는 것이었다. 생활은 좋아지나 품위는 떨어진다. 그리고 더없이 아름다웠던 불행이 더럽고 어처구니 없는 부자유로 변해 버린다. 마치 장님이 애꾸가 되는 것과 같다. 그는 그 제의를 거절했다.

마리우스는 고독한 생활을 하고 있었다. 그는 무슨 일이거나 국외(局外)에 머무르는 것을 좋아했으며, 또 전에 너무 겁을 먹었던 일도 있어 앙졸라가 주관하는 그룹에도 결정적으로 참가하고 있지는 않았다. 지금도 사이좋게 사귀고 있으며 경우에 따라서는 서로 힘껏 도울 마음이기는 했으나 그 이상 깊이 들어가지는 않았다.

지금 마리우스에게는 친구가 둘 있었다. 하나는 청년 꾸르페락이고 다른 하나는 늙은 마뵈프 씨였다. 마리우스의 마음은 그들 중 노인에게로 기울어지고 있었다. 마리우스가 마음의 혁명을 이룩한 것은 이 노인 덕분이었고, 또 아버지를 알고 아버지를 사랑하게 된 것도 이 노인 덕분이었다.

"그분은 내 눈의 흑내장을 고쳐주었다."고 마리우스는 말하였다.

과연 그 교구 위원은 결정적인 역할을 했다.

그러나 마뵈프 씨로서는 그때, 섭리의 조용하고 공정한 대행자 노릇을 했던 것에 지나지 않는다. 마뵈프 씨는 때마침 누군가가 가져온 촛불과 같이, 우연히 자기도 모르게 마리우스의 앞길을 비춰 주었던 것이다. 마뵈프 씨는 그 촛불이었지 그것을 가져온 누구는 아니었다.

마리우스가 품고 있는 정치적 의견의 혁명에 대해, 마뵈프 씨로서는 그것을 이해하고, 원하고, 지도할 힘이 전혀 없었다.

마뵈프 씨가 뒤에 다시 나올 것이므로 여기에 그에 대해서 몇 마디 해두는 것도 보람 없는 일은 아닐 것이다.

마뵈프 씨

마뵈프 씨는 마리우스에게 "물론 정치상의 의견은 여러 가지 있어도 좋다고 생각한다"고 말했을 때 자기 본심을 털어놓았던 것이다. 정치상의 의견 같은 것은 마뵈프 씨에게는 아무래도 좋았다. 자기를 건드리지 않는 거라면 어떤 의견이거나 가리지 않고 받아들였다. 마치 그리스 인이 프리아에를 '미의 여신, 선의 여신, 매혹의 여신'이라든가 '에우메니데스'라 불렀던 것처럼, 마뵈프 씨의 정치적 의견이란 말하자면 골똘하게 식물을, 특히 책을 사랑하는 일이었다. 당시는 누구나 'iste(주의자)'라는 끝말이 붙는 호칭을 갖지 않으면 살아가지 못하던 때였으므로, 그도 다른 사람들과 마찬가지로 그러한 호칭이 하나 있었다.

그러나 그는 왕당주의자도 아니고, 보나빠르뜨주의자도 아니고, 입헌왕정주의자도 아니고, 오를레앙 왕당주의자도 아니고, 무정부주의자도 아니고, 다만 애서(愛書)주의자였다.

이 세상에는 숱한 종류의 이끼와 풀과 나무가 있어 그것을 관찰할 수가 있고 2절판이나 32절판 같은 책이 산더미만큼 있어 그것을 읽을 수도 있는데, 사람들은 왜 헌법이다, 민주주의다, 정통 왕위 계승권이다, 왕정이다, 공화제다, 하고 턱없는 일로 정신없이 서로 미워하는지 마뵈프 씨는 이해할 수 없었다.

그는 쓸데없는 인간이 되어 버리는 것을 크게 걱정하여 책을 쌓아 두기만 하는 것이 아니라 탐독하고, 식물학자일 뿐 아니라 원예가이기도 했다. 마뵈프 씨가 뽕메르씨와 알게 되었을 때 두 사람 사이에는, 대령은 꽃에 관해서 하고 있는 일을 마뵈프 씨는 과실에 관해서 하고 있다는 공감을 가졌었다.

마뵈프 씨

마뵈프 씨는 쌩 제르맹의 배에 못지않는 맛좋은 배를 묘목에서 만들어내는 일에 성공했다.

또 요즈음 이름이 알려져 있는 여름자두 못지않게 향기로운 시월자두도 그의 연구로 생산된 것 같았다. 그가 미사에 참례하는 것도 신앙 때문이라기보다는 차라리 온화한 성격 탓이라고 하겠으며, 또 그는 사람의 얼굴을 대하는 것은 좋아하지만 그 시끄러운 목소리는 싫어했으므로, 사람이 많이 모이면서도 말이 없고 조용한 오직 하나의 장소인 교회를 사랑했다. 자기도 국가의 일원으로 다소 도움이 되는 일을 해야겠다고 생각하고, 교구 위원직을 맡았던 것이다. 하기야 그는 튤립의 구근을 사랑하는 것만큼 여자를 사랑한 적이 없고, 또 엘제비르판^(네덜란드의 인쇄업자)을 좋아하는 만큼 남자를 좋아한 일도 없었다. 어느 날 예순 고개를 훨씬 넘은 그에게 누가 물었다.

"당신은 결혼했던 적이 없습니까?"

"글쎄, 잊어버렸는데"라고 마뵈프 씨는 말했다. 가끔 "아아! 돈이 있었으면!" 한 적도 있었다. 하기야 이 말은 누구나 하는 말이 아닐까? 다만 마뵈프 씨의 경우는 질노르망 노인처럼 아리따운 아가씨를 곁눈으로 보면서 그렇게 말하는 것이 아니라 고서를 들여다보면서 하는 말이었다. 마뵈프 씨는 늙은 하녀 하나와 고독한 생활을 하고 있었다. 손가락 통풍기가 약간 있어 관절이 말을 듣지 않게 된 그의 늙은 손가락은 시트 주름 속에서 구부정하게 휜 채 있었다. 마뵈프 씨는 《꼬트레 근방의 식물지》라는 채색판의 책을 출판하여 상당한 평가를 얻었으며, 그 동판을 소유하고 자신이 직접 책을 팔았다. 그 때문에 메지에르 거리에 있는 그의 집에는 하루에 두어 번 사람이 찾아들었다.

마뵈프 씨는 1년에 3천 프랑은 넉넉히 벌었다. 그것이 그의 전재산인 셈이었다. 그는 가난했으나 끈기와 금욕과 시간을 들여 온갖 종류의 귀중한 진본을 수집해 놓았다. 외출할 때는 반드시 책을 한 권 옆구리에 끼고 나가는데, 돌아올 때는 두 권이 되는 일이 흔히 있었다. 그의 집은 단층 건물로 방이 네 개 있고 조그만 뜰이 있었다. 방안의 장식이라고는 액자에 넣은 식물 표본과 옛 거장들의 판화뿐이었다. 그는 사벨이나 소총만 보아도 소름이 끼쳤다. 평생을 대포에 접근하기는커녕 앵발리드에 들어간 일도 없었다. 그의 위장은 상당히 튼튼하고, 그의 형님 하나는 주임사제이고, 그의 머리카락은 새하얗고, 입속에도 마음속에도 이가 없고, 온몸이 부들부들 떨고, 삐까르디 사투리에 어린아이같이 웃고, 겁이 많고, 마치 늙은 염소와 똑같은 모양을 하고 있었다. 그리고 쌩 자끄 문에 있는 출판사 주인 르와이욜이라는 노인 외에 살아 있는 인간으로서는 친구도 아무것도 없었다. 그의 꿈은 쪽을 프랑스에 이식하여 재배하는 일이었다.

마뵈프 씨의 하녀 또한 주인과 마찬가지로 어딘가 빠진 데가 있는 천진한 늙은이였다. 이 착한 노파는 가엾게시리 평생 숫처녀로 늙었다. 씨스티나 성당에서 알레그리의 '미세레레'라도 야옹야옹 불렀음직한 쉴땅^(샤르 땅)이란 수코양이가 노파의 마음을 독차지하고 있어, 그녀가 간직한 꺼져 가는 정열에 어울리는 상대가 되고 있었다.

이 하녀의 꿈은 인간에게 미친 적이 없었다. 자기 고양이를 버리고 다른 것에 마음을 옮기다니 생각도 못할 일이었다. 노파는 고양이처럼 수염이 나 있었다. 노파의 자랑은 언제나 흰 자기의 모자였다. 일요일에는 미사에서 돌아오면 가방에 넣어 두었던 속옷을 꺼내어 세고, 언제나 사기만 할 뿐 만들지 않는 옷감을 침대 위에 늘어놓고 시간을 보냈다. 이 늙은 하녀는 글을 읽을 줄 알았다. 마뵈프 씨는 그녀에게 '라메르 플루타크'라는 별명을 붙였다.

마뵈프 씨는 마리우스가 마음에 들었다. 왜냐하면 마리우스는 젊고도 온화한 성격이었으므로 소심한 그의 마음을 건드리는 일 없이 늙은 마음을 위로해 주었기 때문이다. 온화한 젊은이는 노인에게는 바람 없는 날의 햇볕과 같았다. 마리우스는 아버지가 무훈을 세우고, 화약에 뒤범벅이 되고, 행군하고, 전진하고, 또 칼을 휘둘러 적을 찌르고 찔리고 했던 그 눈부신 싸움의 온갖 장면을 상상하는 일에 싫증이 나면 마뵈프 씨를 찾아갔다. 그러면 마뵈프 씨는 화초가꾸기라는 면에서 그 영웅 이야기를 해 주는 것이었다.

1830년경에 형인 주임사제가 죽고 얼마 지나지 않아 마뵈프 씨의 앞길은 마치 밤이 온 것처럼 캄캄해졌다. 공증인의 파산은 마뵈프 씨가 형과 공동 명의로 가지고 있던 전재산 1만 프랑을 앗아가 버렸다. 거기에 7월 혁명으로 서적상의 위기가 닥쳐왔다. 난세에 가장 팔리지 않는 책은 아마 《식물지》 같은 것이리라. 《꼬트레 근방의 식물지》는 전연 팔리지 않게 되었다. 한 사람도 사러 오지 않은 채 몇 주일이 흘러갔다. 가끔 마뵈프 씨는 입구에서 벨이 울리는 소리를 듣고 기쁨에 몸을 떨었다.

그러자 "선생님," 하고 플루타크 할멈은 서글픈 표정을 지으며 알리러 왔다. "물장수가 왔어요."

결국 어느 날, 마뵈프 씨는 메지에르 거리의 집을 팔고, 교구 위원을 사임하고, 쌩 쒤삐스 성당과 인연을 끊고, 장서는 팔지 않았으나 판화의 일부를 —되도록 애착이 덜한 것을 골라서—팔고, 몽빠르나쓰 거리의 자그마한 집으로 옮겼다. 그러나 거기서 석 달밖에 살지 않았다.

거기에는 두 가지 까닭이 있었다. 첫째로, 마당이 딸린 단층집으로 집세가 3백 프랑이나 되었는데, 그는 2백 프랑 이상 낼 마음은 없었기 때문이다. 또 둘째로, 그 집은 빠뚜 사격장 근처였기 때문에 하루 종일 사격 소리가 들려와 그로서는 견디기 어려웠던 것이다.

그는 자기의 《식물지》와 동판과 식물 표본과 지갑과 장서를 가지고 라 살뻬트리에르 구호원 근처의 오스떼를리쯔 마을의 촌가로 옮겨 앉았다. 그것은 방 셋에 생나무 울타리를 둘러친 우물과 뜰이 딸린 집이었는데 집세는 1년에 50에뀌 (250 프랑) 였다.

마뵈프 씨는 이 기회에 가구를 거의 팔아 버렸다. 이사해 오던 날, 그는 무척 기뻐하여 손수 못을 쳐서 판화와 식물 표본을 걸고 나머지 시간은 뜰의 흙을 팠다. 저녁이 되어 어두운 얼굴로 시름에 잠겨 있는 플루타크 할멈을 보자 웃음 띤 얼굴로 그 어깨를 툭툭 치며 말했다.

"뭘 그래? 쪽을 재배할 거야!"

그 오스떼를리쯔의 촌가를 찾아 마뵈프 씨를 만나는 일이 허락되는 사람은 오직 쌩 자끄의 출판사 주인과 마리우스 두 사람뿐이었다. 하기는 전쟁터 비슷한 이 마을의 이름은 마뵈프 씨로서는 역시 퍽 귀에 거슬리는 이름이었다.

그런데 앞에서도 지적한 바와 같이 예지나 기묘한 도락에, 또는 흔히 예가 있는 일이지만 두 가지 면에 깊이 빠져들어간 사람들의 두뇌는 실생활 면에는 지극히 더디게밖에 익숙해지지 않는다. 그런 사람에게는 자신의 운명조차도 아득한 것으로 느껴진다. 그러한 정신의 집중에서는 무슨 철학 같아 보이는 어떤 수동적 생활 방식이 생겨난다. 생활이 쇠퇴하고, 떨어지고, 밀리고, 심지어 무너져도 자기는 그걸 깨닫지 못하는 것이다.

물론 결국에 가서는 눈을 뜨고야 말지만 그때는 이미 늦다. 그때까지는 행복과 불행이 서로 싸우는 인생의 노름 속에서 그 어느 쪽에도 손을 내밀지

시름에 잠겨 있는 플루타크 할멈을 보자, 웃음띤 얼굴로 그 어깨를 툭툭치며 말했다.
"뭘 그래! 쪽을 재배할 거야!"

않고 도사리고 있다. 아니 자신이 그 내기의 대상인데도 무심한 표정으로 승부를 구경하고 있다.

그리하여 마뵈프 씨는 자기의 희망이 하나 하나, 끝내는 전부 사라져 버리고 주위가 어둠에 잠겨 감에도 아랑곳없이 다소 어리광스럽게 태연한 마음으로 있었다. 그의 정신에는 시계추 운동 비슷한 습성이 있었다. 한번 무슨 공상에 의해 태엽이 감겨지면 그 공상이 사라진 뒤까지도 오래 움직이는 것이었다. 시계는 태엽 감는 것을 잃었다 해서 바로 그 순간에 멎는 것은 아니다.

마뵈프 씨에게 소박한 즐거움이 몇 개 있었다. 그 모두가 전혀 돈이 들지 않는, 그리고 사람들이 예상조차 못할 즐거움이었다. 아주 사소한 우연이 안겨 주는 것이었다. 어느 날 플루타크 할멈이 방구석에서 소설을 커다란 소리를 내어 읽고 있었다. 그러는 편이 머리에 잘 들어온다고 생각했던 것이다. 큰 소리로 무엇을 읽는 것은 자기가 지금 읽고 있는 것을 납득시켜 주는 것이다. 소리를 질러 읽으면서 아마도 자기가 지금 독서하고 있다고 자신에게 증명이라도 하는 모양이다.

플루타크 할멈은 그런 모양으로 힘을 주어 손에 든 소설책을 읽고 있었다. 마뵈프 씨는 무심하게 귀를 기울이고 있었다.

읽어 가는 도중에 플루타크 할멈은 다음과 같은 한 구절에 이르렀다. 용기병 장교와 미녀의 이야기였다.

"미녀는 토라진 체했다. 그러자 용기병은……."

여기서 할머니는 안경을 닦기 위해 잠깐 읽기를 그쳤다.

"부처님과 용." 하고 마뵈프 씨는 조그만 소리로 받아 뇌었다.

"옳아, 정말이야. 옛날에 굴 속에 용 한 마리가 살고 있었는데 입으로 불을 뿜어 하늘을 태웠대. 이미 몇 갠가의 별에 불을 끼얹은 그 괴물은 게다가 호랑이 같은 발톱을 갖고 있었어. 그런데 부처님이 불타는 굴 속으로 들어가 보기좋게 용을 개심시켰다는 이야기야. 플루타크 할멈, 할멈이 지금 읽고 있는 책은 좋은 책이야. 세상에 그 이상으로 아름다운 전설은 없을걸."

그렇게 말하고 마뵈프 씨는 즐거운 몽상 속에 잠겼다.

가난은 비참의 이웃
마리우스는 이 천진한 노인, 자기가 차차로 무일푼이 되어 가는 것을 알아차리고 이제야 놀라면서도 여전히 슬퍼하거나 하지 않는 이 노인이 좋았다. 마리우스는 꾸르페락을 만나는 한편 애써 마뵈프 씨를 찾도록 하고 있었다. 그러나 그것도 아주 드물게, 한 달에 한두 번이 고작이었다.

마리우스의 즐거움은 교외의 가로수 길이나 연병장이나 뤽상부르 공원의 인적 드문 오솔길을 혼자서 오래 산책하는 일이었다. 때로는 야채 재배인의 정원이며, 샐러드용 채소밭이며, 우리에 들어 있는 닭이며, 양수기 물레바퀴를 돌리고 있는 말을 바라보면서 한나절을 보내는 일도 있었다. 지나가는 사람들은 놀란 눈으로 마리우스를 바라보고 그 중에는 그의 차림새를 수상쩍게 생각하고 얼굴 생김새를 미심쩍다는 듯이 흘끔거리며 지나갔다. 그러나 마리우스는 한낱 지향없이 몽상에 빠져 있는 가난한 젊은이에 지나지 않았다.

마리우스는 이렇게 산책길에 나갔다가 문득 고르보네 집을 발견하고, 부근에 집도 많지 않고 한적하며 방세가 싼 점에 마음이 끌려 거기 살기로 했다. 거기 사람들은 그를 그저 마리우스 씨라고 알고 있을 뿐이었다.

지난날 아버지의 상관이나 동료 중 몇몇은 마리우스의 형편을 알고 찾아오도록 권유하는 사람도 있었다. 마리우스는 거절하지 않았다. 아버지에 관해서 이야기할 수 있는 좋은 기회였기 때문이다. 그래서 가끔 빠졸 백작이나, 벨라벤느 장군이나, 프레리옹 장군의 저택을 방문하기도 하고, 또 앵발리드를 찾아가거나 했다. 그들의 저택에서는 음악이나 무도의 모임이 있었다. 그런 날 저녁에는 마리우스는 새 옷을 입고 갔다. 그러나 길바닥에 깐 돌도 갈라져 나갈 만큼 추운 날이 아니면 그와 같은 파티나 무도회에는 가지 않았다. 왜냐하면 마차를 타고 갈 돈이 없는 터에 구두에 조금이라도 흙이 묻은 채로 그 집에 도착하기가 싫었기 때문이다.

마리우스는 때때로 이런 말을 했는데 그것은 결코 빈정거림이 아니었다.

"살롱이라는 데는 구두를 빼놓고는 온 몸뚱이가 흙투성이라고 해도 아무 상관 없는 곳이다. 거기서 환영받으려고 하면 오직 하나만 완전 무결하게 하면 된다. 양심이냐고? 아니, 구두다."

정열은, 사랑의 정열을 제외하고는 모두 몽상 속에 사라져 버린다. 마리우스의 정치열도 이윽고 몽상 속으로 자취를 감춰 버리고 말았다. 그것은 1830년의 혁명이 마리우스를 만족시키고 그의 마음을 진정시켰다는 사정도 있었다. 그렇다고는 해도 다만 정치적인 일로 분개하지 않게 되었다는 것뿐 그 밖에는 모두 전과 같았다. 그는 전과 같은 의견을 가진 것이며 다만 그것이 완화된 것뿐이다. 적절히 말하자면 지금의 그는 정치적 의견을 갖지 않고 오직 정치적 공감을 가질 뿐이었다. 지금은 어떤 당파에 속해 있는가 하면 인류의 당파에 속해 있었다.

마리우스는 인류에서도 프랑스를 택하였다. 프랑스라는 국가에서도 민중을 택하였다. 민중에서는 여성을 택하였다. 특별히 그는 여성에게 연민을 가졌다. 현재의 그는 사실보다도 사상을 좋아하고, 영웅보다도 시인을 좋아하고, 마렝고 전투 같은 사건보다는 '욥기' 같은 책을 찬양하고 있었다. 그리고 또 하루를 명상 속에 보낸 뒤, 저녁때 가로수 길을 걸어 돌아오면서 나뭇가지 사이 너머로 펼쳐진 가없는 하늘을, 형언할 수 없는 황혼의 빛을, 심연을, 그림자를, 신비를 바라볼 때, 오직 인간에게 관련되는 일들은 모두가 자질구레하게만 느껴졌다.

그는 이제야말로 인생의 진리와 인간 철학의 진리에 도달했다고 믿었다. 아닌게아니라 올바른 확신이었다. 그리고 그는 하늘만을, 진리를 깨달은 인간이 우물 밑바닥에 있으면서도 쳐다볼 수 있는 유일한 하늘만을, 지켜보게끔 되었다.

그렇다고 해서 장래의 계획이나 설계나 준비나 고안을 중단한 것은 아니다. 그런 몽상 상태에 잠긴 마리우스의 내면을 만약 누가 들여다봤다면, 아마도 그 영혼의 순수함에 눈이 부셨으리라. 사실 남의 속마음을 육안으로 들여다볼 수가 있다면, 인간은 그가 하는 사색보다 몽상으로 그를 더욱 확실히 비판할 것이다. 사상에는 의지가 깃들어 있지만 몽상에는 없다. 몽상은 아주 자연스럽게 일어나는 것이므로 거대한 것이나 관념적인 것을 지향하는 몽상에서도 인간 정신의 형태를 잃지 않고 간직하고 있다. 아니 운명의 광채에 대한 인간의 무분별하고 비정상적인 동경처럼 영혼의 밑바닥으로부터 직접, 그리고 거짓없이 솟아나오는 것은 없다. 그러한 동경 속에서야말로 조직적이고 추리적이며 정돈된 사상 속에서, 훨씬 더 쉽게 각자의 진정한 성격을 알아볼 수가 있다. 몽상이야말로 그 사람을 가장 잘 닮는다. 사람은 저마다 성질에 따라 미지의 것과 불가능한 것을 꿈꾸는 것이다.

1831년 중반 무렵에 마리우스의 시중을 드는 노파가 이웃에 사는 가없은 종드레뜨 가족이 쫓겨나게 되었다는 말을 마리우스에게 전했다. 마리우스는 거의 날마다 밖에서 지내고 있으므로 옆방에 사람이 들어 있다는 것도 똑똑히 모르고 있었다.

"왜 쫓겨나는 겁니까?" 마리우스가 물었다.

"방세를 내지 않았기 때문이죠. 두 차례나 밀렸다우."

"얼마나 되는데요?"

"20프랑예요."

마리우스는 서랍 속에 30프랑을 모아둔 것이 있었다.

"자," 하고 마리우스는 노파에게 말했다. "여기 25프랑 있습니다. 그 가엾은 분들의 방세를 치르십시오. 나머지 5프랑은 그들에게 주시고요. 내가 주었다고는 말하지 말고요."

대역

때마침 떼오뒬르 중위가 소속한 연대가 빠리에 주둔하게 되었다. 그것이 질노르망 이모에게 제2의 수단을 줄 기회가 되었다. 그녀는 처음에 떼오뒬르에게 마리우스를 감시하도록 시키려고 했으나 이번에는 떼오뒬르가 마리우스의 뒤를 잇게 하려고 마음먹었다.

그것은 위험한 기도였으나, 청년이라고 하는 새벽녘의 빛은 때로 노인이라는 폐허에는 쾌적한 것이고, 아닌게아니라 할아버지는 젊은이의 모습을 집 안에서 보기를 은근히 바라는 모양이므로 다른 또 하나의 마리우스를 보여 주는 것도 한 방책이었다. '상관 없어' 하고 이모는 생각했다. '책에서 보는 사소한 오식 같은 거야. 마리우스가 아니라 떼오뒬르라고 읽으면 돼.' 조카의 아들이라고 하면 손자뻘이다. 변호사가 없으므로 창기병을 불러들이는 거다.

어느 날 아침, 질노르망 씨가 〈라 꼬띠디엔느〉지인가 뭔가를 읽고 있는데 딸이 들어와 아주 부드러운 목소리로 말했다. 자기가 총애하는 인간에 관한 말을 할 참이니까.

"아버지, 떼오뒬르가 오늘 아침에 문안드리러 오겠다는군요."

"누구야, 떼오뒬르라니?"

"아버지 조카님의 아들 아녜요?"

"아아, 그래?" 하고 아버지는 말했다.

할아버지는 다시 신문을 읽기 시작하고 떼오뒬르인가 뭔가 하는 조카의 아들 아이의 일은 더 생각지도 않다가 얼마 뒤에는 공연히 기분이 언짢아졌다. 그는 무엇이든 읽게 되면 거의 언제나 기분이 언짢아지는 것이었다. 질노르망 씨가 지금 손에 들고 있는 '신문'은 물론 왕당계 신문으로, 그 신문은 신랄한 논조로 내일도 또 일어날 것이 예상되는 조그만 사건 하나를 보도하고 있었다. 당시의 빠리에서 일상 다반사처럼 되어 있는 사건 하나를—법학부와 의학부 학생이 정오를 기해서 빵떼옹 광장에 집합하기로 되어 있다—토의하기 위해서다. 의제는 시국에 관한 문제로 국민군의 포병에 관한 문제였다. 루브르 안뜰에 비치한 대포를 에워싼 육군 대신과 '시민군'의 의견 충돌에 관해서이다. 학생들은 그에 대해서 '토의'하게 되어 있다. 그것만 읽어도 벌써 질노르망 씨는 화가 치밀지 않을 수 없었다. 질노르망 씨는 마리우스를 생각했다. 그놈도 학생이니까 아마도 다른 애들과 같이 '정오에 빵떼옹 광장으로 토의'하러 가겠지.

질노르망 씨가 그 일을 언짢게 생각하고 있을 때, 평상복의 떼오뒬르 중위가 질노르망 양의 안내를 받으면서 조심스럽게 방으로 들어왔다. 평복을 입은 데는 자기 나름대로 속셈이 있었다.

창기병은 이렇게 판단했던 것이다.

"저 완고덩어리 영감도 있는 돈을 몽땅 종신 연금에 집어 넣지는 않았을 테지. 유산을 얻을 수만 있다면 종종 평복을 입는 것도 헛일은 아닐 거야."

질노르망 양이 큰 소리로 아버지에게 말했다.

"떼오뒬르가 왔어요, 아버지!"

그리고 작은 소리로 중위에게 말했다.

"무슨 말씀을 하시더라도 옳다고 그래."

그렇게 말하고 그녀는 물러갔다.

중위는 이런 까다로운 회견에는 별반 익숙하지 않았으므로 주저주저하면서 "안녕하셨습니까, 할아버님?"이라는 인사말을 입속으로 웅얼거리고, 무심코 군대식 경례를 붙일 뻔하다가 얼른 보통식대로 고개를 숙여, 결국 이것도 저것도 아닌 인사가 되어 버렸다.

"오, 너냐. 잘 왔다. 게 앉거라" 하고 질노르망 씨는 말했다.

그렇게 한 마디 하고서 그는 바로 창기병의 일을 잊어버렸다.

떼오뒬르가 걸터앉자 질노르망 씨는 일어났다.

질노르망 씨는 두 손을 주머니에 찌르고 방안을 이리저리 서성거리면서 양쪽 주머니에 하나씩 들어 있는 시계를 떨리는 늙은 손가락으로 주물럭거리며 큰 소리로 지껄이기 시작했다.

"그 몹쓸 코흘리개들이 빵떼옹 광장에 집합한다고! 나 원 기가 차서! 젖비린내 나는 놈들이! 코를 누르면 젖이 나올 것들이. 그 주제에 내일 정오에 토의한다고! 도대체 어떻게 된다는 거야? 어떻게? 나락에 떨어질 게 뻔히 보이는군! 혁명 공화당 놈들이 세상을 이렇게 만들었다고! 시민 포병이라고? 시민 포병에 관해서 토의한다고! 국민군이 쏘는 대포소리에 대해 대낮에 대로상에서 거리낌없이 떠든다고! 아니, 어떤 놈들이 끼어 있는거야? 어디 좀 두고 보자, 자꼬뱅주의가 어디로 끌고 가는가. 나는 뭣이고 걸겠다. 장담한다. 1백만 프랑이라도 걸고 단언하지만 전과자나 방면된 죄수 따위밖에 놈들 패에 끼지 않을걸. 공화주의자하고 전과자, 잘 어울릴 테지. 까르노는 말했지. '날더러 어디로 가라는 거냐, 이 배신자야.' 푸셰(나뽈레옹을 배반하고 왕정복고에 협력함)는 대답했지! '어디나 좋을 대로 가란 말이다, 천치 같으니!' 이것이 공화주의자들이 하는 수작이야."

"그렇습니다, 바로." 하고 떼오뒬르가 말했다. 질노르망 씨는 잠깐 고개를 돌려 떼오뒬르를 보더니 다시 말을 이었다.

"그 몹쓸 망나니가 비밀결사에 들어가다니. 엉뚱하게시리! 넌 왜 내 집을 나갔지? 공화주의자가 되기 위해서냐. 허지만 국민은 네가 말하는 공화제 같은 건 원하지도 않아. 그렇고말고. 국민은 양식을 가지고 있으니까. 옛날부터 국왕이 계시고 앞으로도 국왕이 계시리라는 걸 모두 알고 있으니까. 국민은 결국 국민에 지나지 않는다는 걸 터득하고 있으니까, 국민은 공화제 같은 건 문제도 삼지 않아, 공화제 같은 건 말이다.

알았냐, 천치 같은 녀석! 몹쓸 놈 같으니! 엉뚱한 짓이나 하고 돌아다니고서! 르 뻬르 뒤셴느에 정신을 빼앗기고, 단두대에 추파를 던지고, 1793년이라는 계집을 위해 발코니 아래서 연가를 부르고 기타를 치는 정말 그런 젊은 놈들에게는 침을 뱉어 주고 싶다. 그토록 쓸개빠진 놈들만 모였으니! 어느 놈이고 하나 예외는 없어. 거리에 나가 흐르고 있는 공기를 마시기만 하면 금방 제정신을 잃어버린단 말야. 19세기는 독을 품고 있어. 조그만 녀석

도 염소 같은 수염이라도 나면 상당한 뭐가 되기나 한 것처럼 늙은 부모를
내버린단 말야. 그게 공화주의자고 낭만주의자라고 떠들어 대면서. 도대체
낭만주의자란 뭐야? 도대체 어떤 건지 좀 들려 주렴. 모두 미친 짓이다. 1
년 전에 그 미친 소동은 너희를 《에르나니》로 몰고 갔다. 한데 좀 묻겠다.
도대체 뭐냐, 《에르나니》란? 대구(對句)의 집합체가 아닌가 말이다. 프랑스
어로 썼다고조차 할 수 없는 글이 아니냐? 그런 축들이 이번에는 루브르 궁
안뜰에 대포를 끌어들인다니. 그런 짓만 하는 게 요즘의 불한당들이야."

"지당하신 말씀입니다. 할아버님" 하고 떼오뒬르가 말했다.

질노르망 씨는 다시 말을 이었다.

"박물관 안뜰에 대포를 끌어들인다고! 무엇 때문에? 대포로 무엇을 쏘려
는 거냐? 벤베데레의 아폴론상에 산탄이라도 퍼부을 작정인가? 탄약통이
어째서 메디치의 비너스하고 상관있다는 거냐? 정말, 요즘 젊은 놈들은 전
부 무뢰한이다! 놈들의 뱅자맹 꽁스땅(자유
당)은 얼마나 보잘것없는 인간인가.
게다가 악당이 아니면 모두 백치니. 놈들은 추한 것은 뭐든지 해치우고, 궁
상맞은 꼴을 하고, 여자라면 설설 기면서 그런 주제에 침을 흘리면서 뒤를
쫓다가는 하녀들의 비웃음을 산다. 정녕 놈들은 당당하게 고백하지 않는 사
랑의 동냥아치다. 못생긴데다 멍텅구리야. 띠에르쓸랭이나 뽀띠 같은 대사
를 되풀이하고 자루 같은 옷에 마부의 조끼, 거친 무명 셔츠에 두꺼운 모직
바지, 게다가 초라하고 두꺼운 가죽신을 신고 어중이 떠중이 몰려들어 되지
도 않는 소리를 지껄이고 있다. 그 품위 없는 은어를 주워 모으면 뚫어진 구
두창도 넉넉히 고치고 남을 거야. 그런 쓸개빠진 조무래기들이 저마다 정치
적 의견이랍시고 휘두른단 말야.

정치적 의견을 갖는 일은 엄금하지 않으면 안 돼. 이론을 날조하고, 사회
를 변형시키고, 왕정을 파괴하고, 법률을 땅에 떨어뜨리고, 지하실과 다락방
을 거꾸로 하고, 문지기와 국왕을 뒤바꾸고, 유럽을 혼란시키고, 세계를 재
건한다는 놈들이 세탁부들이 짐수레에 올라탈 때, 종아리를 살그머니 들여
다보고 좋아한다! 아아, 마리우스! 이 몹쓸 녀석아! 광장에 지껄이러 가려
는 거냐! 협의하고 토론하고 대책을 강구한다고? 놈들은 그것을 대책이라
고 하렸다. 한심한 일이로다! 소동은 소동이라도 요즘은 싸구려가 되고 어
처구니없는 것이 돼버렸어.

"그렇고말고요. 정말 지당하신 의견입니다." 하고 중위가 외쳤다.

나는 옛날에 대혁명이라는 혼돈을 보았는데 오늘날에는 진창을 볼 뿐이다. 학생이 국민군에 관해서 토의한다니, 오즈브와나 까도다슈 족(미개 야만족)에도 없는 일일 것이다! 홀랑 벗은 알몸뚱이에 깃이 달린 공 같은 것을 이마에 붙이고 몽둥이를 휘두르고 다니는 야만인도 저 바슐리에들만큼 교양이 없지는 않아. 가증스런 풋내기들, 귓구멍은 뚫렸답시고 으스대고선! 그런 놈들이 토의하고 궤변을 논한다. 세상도 끝이다. 의심할 나위 없이 이 가련한 지구 덩어리도 끝장이다. 마지막에 딸꾹질이 필요하다니까 프랑스가 지금 그것을 하고 있다. 어디 토의해 보라고, 몹쓸 녀석들아! 놈들이 오데옹 극장 복도 같은 데서 신문을 읽으니까 이런 일이 일어나는 거야. 단돈 1수를 내고 신문을 읽고서는 그것만으로 양식이다, 지식이다, 마음이다, 영혼이다, 정신이다, 하고 아는 체한다. 거기서 못된 것만 배워가지고 부모 형제의 곁을 뛰쳐 나간다.

신문이란 모두 페스트처럼 위험해! 〈드라뽀 블랑〉지 조차도 위험하다. 사실 마르땡빌르라는 기자는 자꼬뱅 당원이었지 않았나. 아아! 이게 무슨 일이냐! 너는 이 할아비를 절망시키고 그래도 아무렇지 않으냐, 너는!"

"분명히 그렇습니다" 하고 떼오뒬르가 말했다.

그리고 질노르망 씨가 한숨 돌리고 있는 틈에 창기병은 사뭇 의젓한 얼굴로 덧붙였다.

"정말 신문은 〈모니뙤르〉지만 있으면 되고, 책은 《군사연감》만 있으면 됩니다."

질노르망 씨는 다시 말을 이어 갔다.

"놈들은 씨에에스 같은 자들이야. 국왕을 죽인 반역자가 원로원 의원이 되다니! 놈들은 모두 결국엔 그렇게 들어앉을 테니까. 처음에 시민 제군 어쩌고 하면서, 장차 백작님이라고 불리고 싶기 때문이야. 정말 뻔뻔스러운 백작님이지. 9월의 학살자! 철학자 씨에에스야. 하지만 나는 정신이 바로 박힌 인간이니까 그따위 철학자들의 철학 같은 건 띠볼리 어릿광대의 코안경만큼도 문제 삼고 있지 않아. 언제였던가? 말라께 강변에서 본 원로원 의원들은 꿀벌무늬(나뽈레옹의 무늬)로 수놓은 자주빛 비로드 망토를 두르고 앙리 4세풍의 모자를 쓰고 있었는데 꼴불견이었지. 마치 호랑이에게 문안드리는 원숭이 같았어.

시민 제군, 나는 단언하지만 그대들이 말하는 진보란 미친 짓이요, 그대들이 말하는 인류는 환영에 지나지 않고, 그대들이 저지른 혁명은 죄악이며, 그대들 공화국은 괴물이다. 그대들이 자랑하는 순결하고 젊은 프랑스는 매음굴에서 태어났다. 나는 그대들 앞에서 주장한다. 설령 그대들이 무슨 신분이든, 신문기자이거나 경제학자이거나 법률학자이거나, 또 그대들이 자유, 평등, 박애를 단두대의 칼날이 알고 있는 이상으로 잘 알고 있다고 할지라도 말이다! 나는 단언한다, 친애하는 제군!"

"그렇고말고요. 정말 지당하신 의견입니다" 하고 중위가 외쳤다.

질노르망 씨는 몸짓을 하려다 말고 고개를 돌려 창기병 떼오뒬르의 얼굴을 물끄러미 쏘아보더니 말했다.

"멍텅구리구나, 넌."

제6편 두 별의 마주침

별명—새 이름의 유래

마리우스는 그 무렵 중키의 미남 청년이 되어 있었다. 검고 숱이 많은 머리, 훤칠한 이지적인 이마, 정열가답게 퍼진 콧방울, 진지하고 조용한 태도, 그리고 얼굴 전체에 어딘지 기품 있고 사려 깊고 티없는 느낌이 있었다. 옆얼굴 선은 둥그스름하면서도 꿋꿋해서 알자스—로렌 지방을 통해서 프랑스인의 용모 속에 전해져 온 저 게르만 족 같은 부드러움이 풍기고, 또한 로마인 가운데의 고대 게르만인의 특징처럼 레옹 족을 아키리아 족과 구별하는 저 완만함을 보이고 있었다.

마리우스는 지금 사색하는 인간의 정신이, 깊이와 솔직함이 거의 같은 균형으로 성립되는 그 나이에 이르고 있었다. 중대사에 부딪칠 경우 멍청해 보일 것 같기도 하나 돌연히 뛰어나게 우수한 인간으로 보일 때도 있었다. 태도는 신중하고 냉철하고 예의가 발라 버릇없는 데가 없어 보였다. 불그레한 입술과 하얗고 쪽고른 이 또한 매우 매력적이어서 그의 미소는 얼굴 전체의 엄격한 느낌을 부드럽게 해주었다. 때로는 맑은 이마와 육감적인 그 미소가 묘하게 대조적으로 보일 때도 있었다. 그의 눈은 작았으나 눈동자는 컸다.

빈곤의 밑바닥을 헤맬 무렵 마리우스는 자기가 지나가면 젊은 처녀들이 돌아다보는 것을 알아채고 죽을 만큼 괴로운 마음으로 그곳에서 도망치거나 숨어 버리거나 했다. 자기의 낡아빠진 옷을 보고 웃는 것이라고 생각했던 것이다. 실제로는 처녀들은 그의 점잖은 맵시를 보고 멍청해져 있었던 것이다.

그렇게 지나가는 아름다운 처녀들의 기분을 멋대로 오해하고 있는 동안에 마리우스는 붙임성 없는 사람이 되어 버렸다. 어쨌든 여자라면 내빼곤 하여 그의 마음에 드는 여자는 한 사람도 없었다. 그런 이유로 그의 생활은 무미한 것이 되었다. 꾸르페락의 말을 빌리면 바보 같은 생활이었다.

꾸르페락은 마리우스에게 이렇게 말했다.

"그렇게 점잔만 빼지 마(그들은 서로 너나들이하는 사이였다. 자연히 너나들이하는 사이가 되는 것은 젊은이들끼리의 우정의 특질이다). 한 마디 충고하겠는데 그렇게 책만 노려보고 있지 말고 조금쯤은 여자도 좀 봐. 계집애란 좋은 거야, 마리우스! 그렇게 도망가거나 빨개져 있기만 하면 정말 바보가 되고 말걸."

꾸르페락은 또 언젠가 길에서 만났을 때 이렇게 말했다.

"안녕하시오, 사제님."

꾸르페락에게서 이런 말을 들은 뒤 1주일 가량 마리우스는 전보다도 더 여자란 여자는 젊건 늙건 멀리하고 더욱이 꾸르페락마저 피했다.

그러나 이 넓은 세상에서 마리우스가 도망가지도 않고 그 반대로 아무런 관심도 갖지 않는 여자가 둘 있었다. 물론 그들도 여성이라고 불린다면 그는 깜짝 놀랐을 것이다. 한 사람은 그의 방을 청소해 주는 수염이 난 노파였다.

꾸르페락은 노파에게 이런 말을 했다.

"할멈이 수염 난 걸 보고 마리우스란 놈은 수염을 안 기른단 말야."

또 한 사람은 그가 종종 보는 어느 집 소녀였는데 한 번도 마음을 써본 일이 없었다.

벌써 일 년 전부터 마리우스는 뤽상부르 공원의 인적 드문 오솔길에서, 묘목원의 울타리를 따라 나 있는 오솔길에서 한 남자와 어린 처녀의 모습을 종종 보게 되었다. 그 두 사람은 그 오솔길에서도 가장 호젓한 웨스트 거리 쪽 끝에 언제나 같은 벤치에 나란히 앉아 있었다. 자기의 마음 속만을 들여다보는 사람이 그렇듯 산책을 하면 마리우스도 아무런 생각 없이 그 오솔길로 가곤 했는데 그때마다 거의 매일 그 두 사람이 와 있었다.

남자는 60살 가량의 어딘지 우수가 깃든 근엄한 모습이었다. 보아하니 퇴역 군인들에게서나 흔히 볼 수 있는 단단하지만 피로한 기색이 온몸에 엿보이고 있었다. 거기다 훈장이라도 달고 있었다면 마리우스는 '퇴역 장교구나' 했을 것이다. 호인다워 보였지만 어쩐지 접근하기 어려운 데가 있어서 결코 남과 눈길을 마주치려고 하지 않았다. 푸른 바지에 푸른 프록코트, 그리고 머리에는 테가 넓은 모자를 썼는데 언제 보아도 새로운 것인 듯 보였다. 검은 넥타이에 새하얗지만 거친, 마치 퀘이커 교도가 입는 듯한 셔츠를 입고 있었다.

어느 날 옆을 지나가던 상점에서 일하는 말괄량이가 "깔끔한 홀아비군" 했다. 머리는 새하얬다.

소녀가 처음 그를 따라와서, 둘이서 앉기로 정한 그 벤치에 앉았을 때, 소녀는 아직 13, 4살밖에 되어 보이지 않았고, 보기 흉할 정도로 여위고 겁먹은 듯했고, 이렇다 할 특징도 없었으나 눈만은 상당히 아름다워질 것처럼 보였다. 다만 그 눈은 약간 마음에 걸릴 정도로 줄곧 치켜뜨곤 했다. 차림새는 바탕이 두꺼운 검은 메리노 천의 서투른 바느질 솜씨의 옷을, 다시 말해서 수도원의 기숙생이 입을 듯한, 늙은이 같으면서도 어린애 같은 옷을 입고 있었다. 그들은 아버지와 딸처럼 보였다.

아직 노인이라고 할 수 없는 나이든 남자와 아직 다 컸다고 할 수 없는 그 소녀에게 마리우스는 처음 2, 3일 동안은 눈길이 끌렸으나 그 다음부터는 마음에 두지 않았다. 그들 쪽에서도 마리우스를 보려고 하지 않는 것 같았다. 조용한, 그리고 태연한 듯한 모양으로 서로 이야기하고 있었다. 계집애는 즐거운 듯 끊임없이 재잘거리고 있었다. 늙은이는 그다지 말이 없었으나 이따금 형용할 수 없는 애정이 넘친 눈길로 딸을 바라보고 있었다.

어느 틈엔지 마리우스는 무의식적으로 그 오솔길로 산책하는 습관이 들어 버렸다. 그리고 언제나 그들의 모습을 보았다. 그것은 이렇게 해서였다.

마리우스는 거의 언제고 두 사람이 앉아 있는 벤치 반대되는 끝에서부터 그 오솔길로 들어갔다. 오솔길을 쭉 걸어서 그들 앞으로 지나갔다가 다시 되돌아와서 처음부터 끝까지 다시 같은 걸음을 되풀이했다. 그는 산책을 할 때마다 그곳을 대여섯 번 왔다갔다하고 그 산책을 1주일에도 대여섯 번 했으나 그들과 아직 눈인사 한번 주고받지 않았다. 그 남자와 소녀는 어쩐지 남의 눈을 피하고 있는 것 같았다.

그런데 남의 눈을 피하는 그런 모양이 오히려 묘목원 옆길을 산책하는 대여섯 명의 학생들의 주의를 끌게 되었다. 그들 가운데는 학교에서 돌아오는 착실한 학생도 있었지만, 당구를 치다가 돌아오는 학생들도 있었다. 당구를 치다가 돌아오는 꾸르페락도 한동안 두 사람을 관찰했으나 소녀가 못생긴 것을 알고 곧 조심스럽게 물러났다. 그는 달아나면서 빠르트 인처럼 두 사람에게 별명의 화살을 쏘았다.

소녀의 옷과 노인의 머리칼이 강하게 눈길을 끌었으므로 소녀를 '마드무아젤 라느와르(검은 웃양)', 아버지를 '무슈 르블랑(백발 씨)'이라고 이름을 붙였다. 정말 잘 어울리는 별명이고 아무도 그들과 말을 한 적이 없어서 전혀 이름도 알지 못했기 때문에 모두가 이 별명을 쓰게 되었다.

학생들은 "아, 르블랑 씨가 여전히 벤치에 와 있군!" 했다. 마리우스는 그편이 훨씬 편했기 때문에 다른 친구와 마찬가지로 그 알지 못하는 사람을 르블랑 씨라고 불렀다. 우리도 편의상 그들처럼 그를 르블랑 씨라고 부르자.

마리우스는 그렇게 해서 처음 1년 동안 거의 매일 같은 시각에 그 두 사람을 보았다. 노인은 그의 마음에 들었지만 소녀에겐 아무런 느낌도 일어나지 않았다.

'빛이 있었느니라'

2년째가 되자, 즉 이야기가 조금 앞서 중단됐던 그때로 돌아가면, 마리우스의 뤽상부르 공원 산책 버릇은 그 자신도 이유를 잘 알지 못한 채 끊겨 6개월 가까이 그 오솔길에 발을 들여놓지 않았다.

어느 날 마리우스는 다시 그곳에 가보았다. 상쾌한 여름날 아침이었다. 날씨가 좋은 날이면 누구나 그러하듯 마리우스도 마음이 들떠 있었다. 들려 오는 온갖 새소리며 나뭇잎 틈 사이로 올려다보이는 푸른 하늘 한 조각 한 조각이 마음 속에 스며들어 오는 것 같았다.

마리우스는 곧장 '자기의 오솔길'을 향했다. 그리고 길 끝에 이르자 역시 그 낯익은 두 사람이 여전히 그 벤치에 앉아 있는 것이 보였다. 그러나 가까이 다가가 보니 노인은 전과 변함없었으나 소녀는 다른 사람처럼 보였다.

지금 눈앞에 보이는 소녀는 키두 크고 아름다운 여자로서, 아직 어린이이 시절의 순진하고 귀여운 사랑스러움을 그대로 담고 있는 한창 나이의, 더없이 매혹적인 모습을 나무랄 데 없이 갖추고 있었다. 그것은 15살이라는 짧은 말만이 표현할 수 있는 잠깐 사이의 순결한 나이였다. 금빛 어린 멋진 갈색 머리, 대리석 같은 이마, 장미 꽃잎을 연상케 하는 뺨, 감동에 파리해지는 눈, 눈부시게 하얀 살결, 빛과 같은 미소가 흐르고 음악처럼 말소리가 흘러나오는 아름다운 입매, 라파엘이 성모 마리아라고 그렸음직한 머리가 장구종이 조각한 듯한 비너스의 목 위에서 쉬고 있었다.

그리고 사람의 넋을 잃게 하는 그 얼굴을 더욱 나무랄 데 없는 것으로 보이게 하는 것은 아름답기보다 귀여운 그 코였다. 곧지도 않고 굽지도 않았다. 이탈리아 형도 아니고 그리스 형도 아닌 빠리 인의 코였다. 다시 말하면 어딘지 영리해 보이고 섬세하고 다듬어져 있지는 않지만 순수하게 느껴지는, 화가를 절망케 하고 시인을 매혹케 할 그런 코였다.

소녀는 언제나 눈을 내리깔고 있었기 때문에 마리우스는 바로 곁을 지날 때 그 눈을 볼 수 없었다. 다만 짙은 그늘과 부끄러움이 깃든 긴 밤색 속눈썹이 보였을 뿐이었다.

그러면서도 그 아름다운 소녀는 자기에게 이야기하고 있는 백발 노인의 목소리에 귀를 기울이면서 끊임없이 미소짓고 있었다. 그 순진한 미소는 눈을 내리깔고 있는 만큼 더없이 매혹적이었다.

마리우스는 얼핏 보았을 때 소녀는 이 사나이의 다른 딸이겠지, 틀림없이 먼젓번 소녀의 언니겠지 하고 생각했다. 그러나 언제나 하듯이 산책길을 따라 두 번째로 그 벤치에 가까이 가서 유심히 살펴보고 나서야 전에 보았던 소녀라는 것을 알았다.

반년 동안에 그 소녀는 처녀가 되어 있었던 것이다. 다만 그것뿐이었다. 이런 일은 당연한 현상이다. 여자라는 건 어느 시기가 되면 순식간에 봉오리가 터져서 눈깜짝할 사이에 꽃이 되어 버리는 것이다. 어제까지만 해도 어린 아이라고 생각하여 별로 주의도 하지 않았던 것이 오늘은 이미 그대로 보고 지나칠 수 없게 되는 것이다.

그 처녀는 크게 자라났을 뿐만 아니라 이상적인 여자가 되어 있었다. 4월이 되면 사흘 동안에 활짝 꽃이 피어 버리는 나무가 있듯이 반년 동안에 아름답게 활짝 피어난 것이다. 처녀의 4월이 돌아온 것이다.

가난해서 검소하게 살던 사람이 하루 아침에 무일푼에서 큰 부자로 변하여 홍수처럼 돈을 쓰고, 갑자기 눈부신 생활을 시작하고, 너그럽고 화려한 사람이 되는 예를 이따금 본다. 그것은 연금이 굴러들어왔기 때문이다. 어제로 지불 기한이 만기가 되었기 때문이다. 그 아가씨도 반년치의 연금을 받았던 것이다.

그리고 또 지금은, 비로드 모자에 메리노 옷을 입고 학생 구두에 빨갛게 드러낸 손이었던, 기숙생 같은 꼴을 한 옷차림이 아니었다. 아름다워짐과 동시에 취미도 갖추어졌던 것이다. 산뜻하게 차려입은 그 모습은 수수하고, 우아함을 넉넉하게 풍기고 있었고, 일부러 꾸민 티도 없었다. 검은 비단옷에 같은 천의 케이프를 두르고, 모자는 흰 크레이프였다. 흰 장갑을 통하여 매우 화사해 보이는 그 손은 중국 상아로 만들어진 파라솔 자루를 만지작거리고 있고, 비단 구두는 그 자그마한 발 모양을 그대로 그려내고 있었다. 옆을 지나칠 때 온 몸의 옷치장에서 젊디젊은, 스미는 듯한 향기가 풍겨 왔다.

노인은 여전한 모습이었다.

마리우스가 두 번째 가까이 갔을 때, 처녀는 문득 눈을 들었다. 그 눈은 짙은 하늘의 푸른 빛을 띠고 있었다. 그러나 가려진 하늘 속에 감돌고 있는 것은 아직 어린애 같은 눈길이었다. 처녀는 무심코 마리우스를 바라보았다. 마치 단풍나무 그늘을 뛰어다니는 새끼 원숭이를 바라다보듯이, 벤치 위에 그림자를 드리우고 있는 대리석 수반을 바라보듯이. 마리우스도 역시 딴 생각을 하면서 산책을 계속했다.

마리우스는 네댓 번 처녀가 있는 벤치 곁을 지나갔지만 처녀 쪽으로는 눈길을 돌리지도 않았다.

그날부터 마리우스는 또 예전대로 날마다 뤽상부르 공원을 찾아갔다. 그리고 예전대로 거기에 있는 '아버지와 딸'을 보았으나 이제는 그들에게 주의를 기울이지 않았다. 예전과 마찬가지로 지금 아름다워진 처녀를 바라보긴 하지만 별로 마음에는 두지 않았다. 마리우스가 여전히 처녀가 있는 벤치 바로 옆을 지나다니는 것은 다만 습관에 지나지 않았다.

봄의 탓

어느 따뜻한 봄날, 뤽상부르 공원은 그늘과 햇살에 넘치고, 하늘은 마치 아침에 천사들이 씻은 듯싶게 맑게 개어서 우거진 마로니에 숲 속에서는 참새들이 귀여운 목소리로 지저귀고 있었다. 마리우스는 마음을, 자연을 향하여 활짝 열어젖히고 아무 생각 없이 다만 살아 있다는 느낌에 깊게 숨을 들이쉬면서 벤치 옆을 지나갔다. 어린 처녀가 그에게로 눈길을 들었다. 두 사람의 시선이 마주쳤다.

그때 어린 처녀의 눈길에 무엇이 깃들어 있었던가? 그것은 마리우스로서도 뭐라 말할 수 없는 것이었다. 거기에는 아무것도 담겨져 있지 않았다. 그리고 모든 것이 담겨 있기도 했다. 이상한 빛이 번쩍인 것이다.

처녀는 고개를 숙이고 마리우스는 산책을 계속했다.

마리우스가 방금 본 것은 어린아이의 순진하고 단순한 눈길이 아니었다. 그것은 빙긋이 열리려다가 다시 곧 닫혀 버린 신비로운 심연이었다. 소녀들은 누구나 때로 그런 눈길로 바라보는 날이 있다. 거기에 부딪힌 사람이야말로 재난이다!

아직 자기를 잘 알지 못하는 영혼의 그런 첫 눈길은 여명의 하늘과 같은 것이다. 알지 못하는 그 어떤 찬란한 것의 눈뜸이다. 장엄한 어둠을 어렴풋이 비추는 뜻하지 않은 번쩍임, 현재의 때묻지 않은 모든 것과 미래의 모든 정열로 이루어진 그 번쩍임의 위험한 매력은 어떤 말로도 표현할 수 없으리라. 그것은 우연히 나타나서 기다리는 목적 없는 애정이다. 순수한 마음이 자기도 모르게 쳐놓은, 스스로 바라지도 않고 알지도 못하는 사이에 사람의 마음을 사로잡는 올가미인 것이다. 그것은 한 여자로서 남자를 바라보는 눈길인 것이다.

그런 눈길이 떨어진 곳에서 깊은 꿈이 생겨나지 않았던 일은 없다. 온갖 순수함과 정열이 한데 숨어 있는 그 천상적(天上的)이고 숙명적인 눈길의 빛은 요염한 여자들의 어떤 교묘한 추파보다도 남자의 마음 깊숙이 향기와 독에 가득 찬, 이른바 사랑이라고 불리는 아스름한 꽃을 갑자기 피게 하는 마력을 지니고 있다.

저녁때 다락방으로 돌아간 마리우스는 문득 자기 옷을 내려다보고 처음으로 자신의 초라하고 볼썽사나운 꼴을 깨닫고 '평소에 입는' 옷으로 뤽상부르 공원을 산책한다는 것이 얼마나 촌스러웠던가를 깨달았다. 그 평소에 입는 옷은 장식끈까지 해어진 모자와, 마차꾼이 신는 것 같은 허술한 구두와, 무릎이 닳아서 허옇게 된 검은 바지와, 양팔꿈치께가 얇아진 검은 윗도리였다.

큰 번민이 시작되다

다음날 여느 때와 같은 시각에 마리우스는 옷장에서 새 윗도리와 새 바지와 새 모자와 새 구두를 꺼냈다. 그렇게 옷 한 벌이 갖추어진 차림에 장갑까지 끼고, 그야말로 호화로운 옷차림으로 뤽상부르 공원으로 나갔다.

도중에서 꾸르페락을 만났으나 모르는 체하고 지나쳤다. 꾸르페락은 집에 돌아오자 친구들에게 말했다.

마리우스는 호화로운 옷차림으로 뤽상부르 공원으로 나갔다.

"지금 마리우스의 새 모자와 새 윗도리하고 만났다네. 녀석은 그 속에 들어 있더군. 아마 시험이라도 치러 가는 모양이야. 몹시 멍청한 얼굴이던걸."

뤽상부르 공원에 이르자 마리우스는 우선 연못을 한 바퀴 돌며 백조를 바라본 뒤에, 머리가 이끼로 시커매지고 허리가 한쪽 떨어져나간 조각상 앞에 서서 오랫동안 그것을 바라보고 서 있었다. 연못가에는 40살 가량의 배가 불룩하게 나온 한 부르주아 남자가 5살 가량의 사내아이 손을 잡고 말하고 있었다.

"무슨 일이고 너무 지나쳐선 안 돼. 알겠니? 전제주의나 무정부주의는 똑같이 멀리해야 한다."

마리우스는 그 부르주아가 하는 말에 귀를 기울였다. 그런 다음 다시 한번 연못을 삥 돌았다. 그러고 나서야 겨우 '자기의 오솔길' 쪽으로 발을 돌렸는데, 느릿느릿하게 마치 그쪽으로 가는 것이 그다지 내키지 않는 것 같았다. 꼭 가지 않고는 배길 수 없는 동시에 가는 게 아무래도 망설여지는 그런 모양이었다. 그러나 자기 자신은 전혀 그것을 깨닫지 못하고 여느 때와 마찬가지로 산책하고 있다고만 여겼다.

오솔길에 이르자 저쪽 끝 '그들의 벤치'에 르블랑 씨와 어린 딸이 앉아 있는 것이 보였다. 마리우스는 윗도리의 단추를 제일 위까지 채우고, 주름이 잡히지 않도록 몸통게를 잡아당기고, 반들반들 윤나는 바지를 만족스럽게 둘러보고 나서 벤치를 향하여 전진을 시작했다. 그 걸음걸이는 마치 이제부터 무언가를 공격하려는 듯했다. 사실 정복해야겠다는 속셈은 분명히 있었다. 그러므로 나는 '한니발은 로마를 향하여 전진을 시작했다'고 하듯이 '그는 벤치를 향하여 전진을 시작했다'고 표현한 것이다.

그렇기는 하나 마리우스는 전혀 무의식적으로 몸을 움직이는 데 지나지 않아 그의 정신적 문제나 학구적 몰두가 일시 끊긴 것은 결코 아니었다. 그는 그때 이런 생각을 하고 있었다.

'〈대학 입학 자격 시험 참고서〉는 하찮은 책이다. 인간 정신의 걸작으로 라신의 비극을 세 가지로 들어서 해설했으나 몰리에르의 희극은 단 하나밖에 들지 않은 점을 보면 어지간한 바보들이 쓴 것에 틀림없다.'

그러나 귓속에는 무언지 날카로운 소리가 울리고 있었다. 점점 벤치 가까이로 다가가면서 그는 윗도리 주름을 펴고 눈을 어린 처녀에게서 떼지 않았다. 그녀가 거기에 있다는 사실만으로 오솔길 저편 끝은 파랗고 아련한 빛으로 가득 차 있는 것처럼 보였다.

가까이 다가감에 따라서 마리우스의 발걸음은 점점 더 느려졌다. 벤치를 향하여 어느 지점까지 오자 오솔길 끝까지는 아직도 상당한 거리가 있었으나 그는 거기서 걸음을 멈추고, 자기도 영문을 알지 못한 채 휙 돌아섰다. 길 끝까지 가지 않았다는 사실을 알아차리지도 못했다. 처녀가 멀리서 그를 알아보고 새 옷차림을 한 그의 훌륭한 맵시를 보았는지 어떤지 알 수 없었다. 그러나 그는 누군가가 뒤에서 보더라도 훌륭하게 보이도록 몸을 꼿꼿이 펴고 걸었다.

반대편 끝까지 가자 거기서 되돌아와서 이번에는 전보다도 조금 더 벤치 가까이로 다가갔다. 가로수 세 그루를 사이에 둔 지점까지 갔으나 거기서 왠지 더 앞으로 갈 수 없을 것 같아 잠깐 망설였다. 처녀의 얼굴이 이쪽을 향해서 갸우뚱하는 것을 본 듯했다. 그렇지만 마리우스는 남자답게 용기를 내어 망설여지는 마음을 억누르고 다시 앞으로 나가기 시작했다. 잠시 뒤에는 벤치 앞을, 몸을 꼿꼿이 펴고 귀밑까지 빨개지면서 오른쪽으로도 왼쪽으로도 한눈팔지 않고 정치가처럼 윗도리 주머니에 손을 집어넣고 지나갔다. 지나친 순간—마치 요새의 대포 밑 같았다—그는 심장이 무섭게 두근거리는 것을 느꼈다.

그녀는 전날과 같은 비단 옷에 크레이프 모자를 쓰고 있었다. 뭐라 형용할 수 없는 아름다운 목소리가 그의 귀에 들려 왔다. '그녀의 목소리'에 틀림없었다. 그녀는 조용히 이야기하고 있었다. 그녀는 참으로 아름다웠다. 마리우스는 그녀를 보려고도 하지 않았지만 아름답다는 것을 느꼈다. '그러나 그녀도,' 하고 그는 생각했다. '만약 프랑스와 드 뇌샤또 씨가 자기가 쓴 것인 양 《지일블라스》의 간행본 첫머리에 실은 〈마르꼬스 오브레곤 데 라론다〉에 관한 논문이 사실은 내 작품이라는 것을 안다면 나를 인정하고 존경심을 갖지 않을 수 없겠지!'

마리우스는 벤치 앞을 지나서 바로 앞 오솔길 끝까지 가자 거기서 되돌아서 다시 아름다운 처녀 앞을 지났다. 이번에는 얼굴이 몹시 새파랗게 질렸다. 게다가 마음 속으로 심한 불쾌감을 느꼈다. 그는 벤치와 어린 처녀에게서 멀어졌다. 그리고 그녀에게 등을 돌리면서도 그녀가 이쪽을 보고 있는 것 같아 자기도 모르게 무언가에 발이 걸려 넘어질 뻔했다.

마리우스는 다시는 벤치 가까이 가려고 하지 않았다. 오솔길 가운데까지 오자 걸음을 멈추고 여느 때의 그라면 결코 하지 않는 일이지만, 두리번거리며 주위를 둘러보면서 거기에 있는 벤치에 앉아 몽롱한 마음으로 생각했다.

'요컨대 내가 저 사람들의 흰 모자나 검은 옷에 반해 있는 만큼 저 사람들도 이 윤나는 바지와 새 윗도리를 보고 아무것도 느끼지 않진 않으리라.'

마리우스는 15분 가량 앉아 있다가 마치 후광에 싸인 듯한 그 벤치를 향해서 다시 한번 전진하려는 듯이 일어섰다. 그러나 그는 그 자리에 우뚝 선 채 움직이지 않았다. 15개월이 지난 지금에야 그는 매일 처녀와 함께 와서 벤치에 앉아 있는 저 신사도 아마 자기를 알아차리고 이렇게 열심히 배회하는 것을 이상하게 여기리라는 것을 생각해 냈던 것이다.

그리고 또 지금에 와서야 마리우스는 아는 사이도 아닌 저 사람을 르블랑 씨라고 별명으로 부른다는 것은 입 밖에 내어 말은 하지 않더라도 다소 실례됨을 비로소 깨달았다.

이렇게 해서 마리우스는 몇 분 동안 고개를 숙이고 선 채 손에 든 지팡이 끝으로 모래 위에 그림을 끄적거리고 있었다. 그러다가 갑자기 벤치와는 반대 방향으로 르블랑 씨와 처녀에게 등을 돌리고 자기 집으로 와 버렸다.

그날 저녁 마리우스는 저녁 식사를 하러 가는 것을 잊어버렸다. 저녁 8시가 되어서야 그것을 깨달았다. 그러나 쎙 자끄 거리까지 가기에는 이미 너무 늦었었다. "쳇!" 하고 그는 빵 한 조각을 먹었다.

그는 옷에 솔질을 하고 차근차근 개어 놓은 뒤에야 겨우 잠자리에 들었다.

부공 할멈은 몇 번이나 놀라다

이튿날 부공 할멈은—이건 꾸르페락이 고르보 집의 현관지기이고, 셋집 주인이며, 가정부인 그 노파에게 붙인 이름으로 노파의 본명은 이미 말했듯 부르공 부인이라 했는데, 아무도 존경할 줄 모르는 꾸르페락이 그렇게 불렀던 것이다 (원어는 mame Bougon인데, 투덜거리는 아낙네라는 뜻)—마리우스가 또 새 옷을 입고 나가는 것을 보고 어안이 벙벙했다.

마리우스는 또다시 뤽상부르 공원으로 갔다. 이번에는 오솔길 가운데쯤에 있는 벤치에서 더 앞으로 나가지 않았다. 어제처럼 그는 거기에 앉아서 멀리

서 흰 모자와 검은 옷이, 특히 그 파르스름한 빛이 분명히 보이는 것을 바라
보고 있었다. 마리우스는 거기서 조금도 움직이지 않고 앉아 있다가 뤽상부
르 공원이 문을 닫을 무렵이 되어서야 비로소 집으로 돌아갔다. 그는 르블랑
씨와 처녀가 공원을 떠나는 것을 보지 못했다. 그래서 마리우스는 그들이 웨
스트 거리의 뒷문으로 나갔다는 결론을 얻었다. 그 뒤 몇 주일이 지나고 나
서 그때 일을 회상했을 때, 도대체 그날 저녁은 어디서 식사를 했는지 도무
지 생각나지 않았다.

그 이튿날, 벌써 사흘째 되는 날, 부공 할멈은 또다시 놀랐다. 마리우스가
또 새 옷을 입고 나갔기 때문이다.

"사흘이나 계속해서!" 하고 할멈은 외쳤다.

부공 할멈은 뒤를 밟아 보리라 결심했다. 그러나 마리우스는 성큼성큼 큰
걸음으로 걷고 있었다. 노파의 걸음으로는 마치 하마가 영양의 뒤를 쫓아가
는 꼴이었다. 이내 마리우스의 모습은 보이지 않게 되어 할멈은 헐떡거리면
서 집으로 돌아왔다. 지병인 천식 때문에 거의 숨이 막혀서 잔뜩 화가 나 있
었다.

"어떻게 된 거야" 하고 할멈은 투덜거렸다. "매일 새 옷을 입고 이렇게
사람을 뛰게 하다니!"

마리우스는 또 뤽상부르 공원에 와 있었다. 어린 처녀는 이미 르블랑 씨와
함께 와 있었다. 마리우스는 책에 정신이 팔려 있는 체하면서 될 수 있는 대
로 가까이 다가갔으나 그래도 아직 그들과 꽤 멀리 떨어진 곳에서 걸음을 멈
추고 다시 되돌아가서 자기의 벤치에 앉았다. 그리고 그대로 4시간쯤 참새
가 마치 놀리기라도 하듯 마음내키는 대로 오솔길 위에 내려앉았다 날아갔
다 하는 것을 바라보면서 시간을 보냈다.

그렇게 해서 보름쯤 지났다. 마리우스는 여전히 뤽상부르 공원에 다녔는
데 그것은 산책이 아니라 자기도 모르게 그저 늘 같은 자리에 앉으러 간다는
것뿐이었다. 그 자리에 다다르면 한 발짝도 움직이지 않았다. 그는 남의 눈
에 띄고 싶지 않았기 때문에 매일 아침에 새 옷을 입기로 했다. 그리고 다음
날도 그 다음날도 똑같은 짓을 되풀이하는 것이었다.

어린 처녀는 분명 놀랄 만큼 아름다웠다. 굳이 한 가지 비평 비슷한 말을
한다면 슬픔을 띤 눈길과 해맑은 미소가 아무래도 어울리지 않아서, 그래서

인지 얼굴이 착잡해 보이고 그 때문에 때로 부드러운 얼굴은 사랑스러우면서도 기묘하게 느껴질 때가 있었다.

사로잡힌 몸

두 번째 주일도 다 간 어느 날, 마리우스는 여느 때와 마찬가지로 자기 벤치에 앉아서 손에 책을 펴들고 있었으나 벌써 두 시간이 지나도록 한 페이지도 넘기지 못했다.

그때 문득 그는 소스라쳤다. 오솔길 저쪽 끝에서 큰일이 일어난 것이 아닌가. 르블랑 씨와 처녀가 벤치를 떠나고 있었다. 처녀는 아버지를 부축하고 나란히 서서 마리우스가 있는 오솔길 중간께로 천천히 걸어오고 있었다. 마리우스는 덮었던 책을 다시 펴서 열심히 읽으려고 했다. 몸이 떨렸다. 후광이 곧장 그에게로 오는 것 같았다.

'아아! 큰일났구나!' 하고 그는 생각했다. '자세를 고칠 겨를도 없구나.'

그러는 동안 백발의 남자와 어린 처녀는 가까이 다가오고 있었다. 마리우스에게는 그 사이가 한 세기나 되는 듯싶었고 일순간인 듯도 싶었다.

'도대체 왜 이리로 오는 걸까?' 하고 마리우스는 이상하게 여겼다. '어쩔 것인가! 그녀가 여기를 지나가는 것이다! 그녀가 걸어간단 말이다. 이 모래 위를, 이 오솔길을, 내 바로 앞을 말이다!'

마리우스는 아찔했다. 자기가 미남자였으면 싶었다. 십자훈장이라도 달고 있었으면 했다. 두 사람의 조용하고 차분한 발소리가 점점 다가왔다. 르블랑 씨가 눈을 부릅뜨고 자기를 노려보겠지 하고 상상했다.

'저 신사는 내게 말을 걸까?' 하고 마리우스는 생각했다. 그가 고개를 숙였다 얼굴을 들어보니 그들은 바로 옆에 와 있었다. 어린 처녀는 지나쳤다. 지나치면서 처녀는 마리우스를 지그시 바라보았다. 생각에 잠긴 듯한 부드러운 눈길로 유심히 그를 보았다. 마리우스는 머리꼭대기부터 발끝까지 오싹해졌다. 처녀의 눈은 그가 여태까지 오랫동안 자기에게 가까이 오지 않은 걸 나무라고 있는 듯 여겨졌다. "그래서 제가 왔어요" 하는 것 같았다.

마리우스는 광명과 심연으로 가득 찬 눈길 앞에서 현기증이 날 지경이었다. 머릿속이 일시에 불붙는 것 같았다. 처녀가 자기에게 와준 것이다. 얼마나 큰 기쁨이냐! 더욱이 말할 수 없는 기막힌 눈길로 나를 지그시 지켜보지 않았던가! 처녀는 여태까지보다 한층 더 아름답게 보였다. 여성다운 아름다움과 천사다운 아름다움이었다. 뻬뜨라르까가 시로 노래하고, 단떼가 그 앞에 무릎을 꿇은 완벽한 아름다움이었다.

마리우스는 푸른 하늘 높이 둥둥 떠 있는 기분이었다. 그와 동시에 구두가 먼지투성이여서 몹시 마음이 상했다.

처녀는 구두도 보았음에 틀림없다고 생각했다.

마리우스는 처녀의 뒷모습이 보이지 않게 될 때까지 바라보았다. 그러고 나서 미친 사람처럼 뤽상부르 공원 안을 걷기 시작했다. 아마 이따금 혼자서 웃기도 하고 커다란 소리로 지껄이기도 했으리라. 아이 보는 여자들이, 마리우스가 넋을 잃고 꿈꾸는 듯한 얼굴로 자기들 가까이 다가오기 때문에 저마다 자기에게 반한 줄로 착각할 정도였다.

마리우스는 또 거리에서 처녀의 모습을 볼 수 있기를 바라면서 뤽상부르 공원을 나왔다.

오데옹 극장 회랑 아래서 꾸르페락과 마주치자 마리우스는 말했다.

"함께 저녁식사 하러 가세."

그들은 루소 식당에 가서 6프랑을 썼다. 마리우스는 아귀같이 먹어댔다. 그는 보이에게도 6수를 주었다. 디저트 먹을 차례가 되어서야 그는 꾸르페락에게 말했다.

"신문 읽었나? 오드리 드 쀠이라보가 기막힌 연설을 했더군!"

마리우스는 사랑에 빠져 있었다. 식사가 끝나자 다시 꾸르페락에게 말했다.

"연극 구경시켜 주겠네."

그들은 뽀르뜨 쌩 마리땡 극장으로 가서 《아드레의 여관》을 히고 있는 프레데릭의 연기를 보았다. 연극을 보면서 마리우스는 배를 움켜쥐고 웃어 댔다.

동시에 그는 매우 안절부절못했다. 극장을 나왔을 때 부인복 재봉사 같아 보이는 여자가 도랑물을 건너는 바람에 양말대님이 슬쩍 내다보였으나 마리우스는 그것을 보려고도 하지 않고, 꾸르페락이 "저 정도의 여자라면 기꺼이 내 수집에 넣겠는걸" 하는 말을 듣자 가슴이 울렁거리기까지 했다.

이튿날 꾸르페락이 까페 볼떼르에서 점심을 먹자고 했다. 마리우스는 그 초대에 응해서 전날 이상으로 마구 먹어 댔다. 그는 자꾸 생각에 잠기는 듯했으나 그러면서도 매우 쾌활했다. 기회만 있으면 큰소리로 웃고 싶어했다.

한 지방 사람을 소개받자 정답게 포옹하기도 했다. 마침 학생들이 테이블 주위를 에워싸고 국가가 돈을 들여서 소르본느 대학 강단에서 쓸데없는 강의를 잘라 팔고 있는 데 대해서 토론하고 있었다. 그 토론은 이윽고 끼슈라의 사전과 운율론의 결함 등에 관한 것으로 옮겨 갔다.

마리우스는 그 토론을 가로막고 큰소리로 외쳤다.

"그러나 훈장을 타는 것도 좋은 일이야!"

"이건 좀 어떻게 됐나 본데!" 하고 꾸르페락이 장 프루베르에게 나직이 소곤거렸다.

"아냐" 하고 장 프루베르는 대답했다. "저건 진정이야."

사실 그는 진정이었다. 마리우스는 커다란 정열이 소용돌이치는 저 격렬하고 흔쾌한 처음 시기에 부딪혀 있었던 것이다. 한 처녀의 눈길이 그를 그렇게 만든 것이다. 폭발갱에 화약이 이미 재어져 있는 이상, 발화의 준비가 되어 있는 이상, 거기에 불을 붙이는 것만큼 간단한 일은 없다. 흘끗 던진 하나의 눈길이 곧 도화선이었던 것이다.

이제는 어쩔 수 없었다. 마리우스는 한 여성을 사랑하고 있는 것이다. 그의 운명은 미지의 세계로 들어가고 있었다.

여자의 눈길은 겉으로는 아무렇지 않으나 실은 무시무시한 톱니바퀴와 같다. 사람은 매일 그 옆을 안심하고 별일 없이 지나가고 그 정체를 전혀 깨닫지 못한다. 때로는 그런 것이 있다는 것조차 잊고 있다. 사람들은 오가고, 몽상하고, 지껄이고, 웃는다.

그러다가 갑자기 무언가에 사로잡힘을 느낀다. 그때는 끝난 것이다. 톱니바퀴에 말려든 것이다. 눈길의 포로가 된 것이다. 어디서부터인지, 어떻게 해선지, 사상의 어느 부분에서인지, 또는 방심하고 있던 마음의 어느 틈 사이로부턴지는 모르지만 눈길의 포로가 된 것이다. 잡히기만 하면 이젠 마지막이다. 몸도 마음도 끌려들어가고 만다. 이상한 힘이 사람을 꽉 움켜쥐고 빼앗아 간다. 버둥거려도 소용없다. 이제는 사람의 힘으로는 구해낼 도리가 없다. 톱니바퀴에서 다른 톱니바퀴로, 고뇌에서 고뇌로, 번뇌에서 번뇌로 점점 깊은 곳으로 빠져 간다. 사람도, 그 정신도, 행복도, 미래도, 영혼도, 모조리. 그리고 악한 여자에게 잡히느냐 고결한 여자에게 지배되느냐에 따라서, 무서운 기계에서 풀려나올 때 치욕으로 말미암아 추악해지는가, 아니면 정열로 다시 태어난 듯한 모습이 되어 나오는가가 정해지는 것이다.

여러 가지로 읽히는 U자를 둘러싸고

고독, 일체 것에서의 초탈, 자부심, 독립, 자연에 대한 애착, 나날의 물질적 생활에 대한 활력의 결여, 자기 속에 틀어박힌 생활, 순결에 대한 남모르는 투쟁, 온갖 것에 대한 솔직한 도취, 그런 것이 마침내 마리우스를 정열이라고 불리는 것에 사로잡히게 만들어 버렸다. 아버지에 대한 숭배는 차차 일종의 신앙이 되어 신앙이 모두 그렇듯 영혼 깊숙이 가라앉고 말았다. 그래서 영혼의 전면을 채울 무엇인가가 필요했다. 거기에 사랑이 찾아온 것이다.

꼬박 한 달이 지났다. 그동안 마리우스는 날마다 뤽상부르 공원에 갔다. 그 시간이 오면 그는 가만히 있을 수가 없었다.

"저 친구 근무중이군" 하고 꾸르페락이 말했다.

마리우스는 황홀한 마음으로 매일을 보내고 있었다. 그 처녀도 마리우스를 유심히 보고 있음이 분명했다.

마리우스는 마침내 용기를 내어 그 벤치 가까이로 다가갔다. 그러나 타고난 약한 기질 때문에 또 사랑하는 남자의 조심스러운 본능에서 그는 그 앞을 지날 수가 없었다. 마리우스는 '아버지의 주의'를 끌지 않는 게 좋겠다고 판단했다. 그는 비상한 수를 써서 처녀에게는 될수록 잘 보이되 노신사에게는 잘 보이지 않도록 나무 숲이나 조각상의 받침돌 그늘에 자기의 위치를 정했다.

때로는 꼬박 반시간 동안이나 레오니다스 상이나 스파르타쿠스 상 뒤에 가만히 서서 손에 든 책 너머로 조용히 눈을 들어 아름다운 처녀의 모습을 찾는 일도 있었다. 그러면 처녀도 회미한 미소를 띠고 그 사랑스러운 옆얼굴을 그에게로 돌리는 것이었다. 처녀는 더없이 자연스러운 태도로 온화하게 백발의 노인과 이야기하면서도 그 소녀다운 정열적인 눈동자에 담은 온갖 꿈을 마리우스에게 보냈다. 그것은 세상이 시작되는 날, 이미 이브가 알고 있던 아득한 옛날부터의 교묘한 수법이어서 모든 여자는 그 인생이 처음 시작되는 날부터 그것을 알고 있는 것이다! 처녀의 입은 한 사람에게 대답하고, 눈길은 또 한 사람에게 대답하고 있었다.

그러나 르블랑 씨도 이윽고 무슨 눈치를 채기 시작했다고 해야 할 것이다. 그것은 마리우스가 거기에 가면 르블랑 씨는 곧잘 일어나서 걷기 시작했으므로 끝내 그는 그때까지의 장소를 버리고 오솔길의 다른 한편 끝으로 옮겨 '검투사'상 옆에 있는 벤치에 앉았는데, 그것은 마치 마리우스가 거기까지 자기들을 쫓아오는가 보려는 것 같았다. 마리우스는 그것을 깨닫지 못하고 거기까지 쫓아가는 실수를 저질렀다.

'아버지'는 습관을 깨뜨리기 시작하여 이제는 매일처럼 '딸'을 데려오지 않았다. 때로는 혼자 왔다. 그런 때에 마리우스는 뒤도 보지 않고 돌아가 버렸다. 또 하나의 실수였다.

마리우스는 그러한 조짐에 전혀 주의하지 않았다. 소심했던 시기에 피할 수 없는 자연적인 진전으로서, 맹목적 상태에 빠져 갔던 것이다. 사랑은 더해 갈 뿐이었다. 매일 밤 사랑하는 사람의 꿈을 꾸었다. 더욱이 뜻하지 않았던 행복이 찾아와서 그것이 불에 기름을 부은 결과가 되어 마리우스의 눈을 더욱 막아 버리고 말았다.

어느 날 저녁 해질 무렵 마리우스는 '르블랑 씨와 그 딸'이 막 떠나간 벤치 위에 손수건이 하나 떨어져 있는 것을 발견했다. 그것은 수수한 손수건이었으나 수도 놓여 있지 않은 새하얀 좋은 감에 형언할 수 없는 향기가 감돌고 있는 것 같았다.

그는 정신없이 그것을 주워들었다. 손수건에는 U.F.라는 글자가 적혀 있었다. 마리우스는 그 아름다운 소녀에 대해서는, 가족에 대해서도 이름도 주소도 아무것도 몰랐다. 이 두 글자야말로 그녀에 관해서 파악할 수 있는 실마리였다. 귀중한 머리 글자였다. 그는 당장에 그 위에 상상의 누각을 쌓기 시작했다. U는 세례명을 나타내고 있음에 틀림없다. '위르쉴르일까!' 하고 그는 생각했다. '참으로 아름다운 이름이구나!' 그는 손수건에 키스하고 그 향기를 맡고 낮에는 가슴에 대보고 밤에는 입술에 대고 잤다.

"그녀의 영혼의 향기가 느껴진다!"

마리우스는 소리 높여 말하는 것이었다.

사실 그 손수건은 노신사의 것으로 무심코 주머니에서 떨어뜨렸던 것이다. 그러나 그것을 주운 뒤부터 마리우스는 언제나 그것에 입을 맞추거나 가슴에 대고 뤽상부르 공원으로 나갔다. 그 아름다운 처녀는 무슨 영문인지 통 모르므로, 그것이 무슨 의미냐는 신호를 노인에게 눈치채이지 않도록 마리우스에게 보냈다.

"아아, 저 수줍음!" 하고 마리우스는 말했다.

늙은 상이군인도 행복해질 수 있다

나는 '수줍음'이라는 말을 썼고 게다가 아무것도 감출 생각은 없으므로, 황홀감에 젖어 있는 마리우스에게 '그의 위르쉴르'가 한번 매우 심각한 괴로움을 주었다는 것을 말해 둬야겠다.

그것은 여느 때와 마찬가지로 처녀가 르블랑 씨로 하여금 벤치에서 일어나 오솔길을 산책하게 하던 날의 일이었다. 늦은 봄바람이 세게 불어 플라타너스의 높은 나뭇가지를 흔들어 대고 있었다. 아버지와 딸은 서로 팔을 끼고 마침 마리우스의 벤치 앞을 지나가려던 참이었다. 마리우스는 그들이 지나간 뒤 얼른 일어나서 미칠 듯한 마음으로 그 뒷모습을 눈으로 쫓았다.

돌연 세찬 바람이—전에 없이 기분이 좋아서 아마도 봄 장난할 역할을 맡았음이리라—묘목원에서 휙 불어올라 오솔길 위에 불어닥쳤다. 그리고 마치 베르길리우스가 노래한 님프나 테오크리투스의 목신들에게나 어울릴 귀여운 전율 속에 어린 처녀를 휩쌌는가 싶더니 그녀의 옷을, 이시스 여신의 긴 옷보다도 신성한 그 옷을 거의 양말대님 있는 데까지 걷어올려 아리따운 종아리가 보였다. 마리우스는 그것을 보았다. 견딜 수 없이 화가 났다.

처녀는 깜짝 놀란 여신의 몸짓처럼 아름답게 얼른 드레스 자락을 끌어내렸다. 그래도 마리우스의 마음은 가라앉지 않았다. 분명히 오솔길엔 자기뿐이다. 그러나 누가 보고 있었을지도 모른다. 만약 누가 있었다면! 그런 일을 용납할 수 있겠는가! 그녀에게 방금 일어난 일은 참으로 몸서리가 쳐질 만큼 언짢은 일이다!

하지만 그녀가 나쁜 것은 아니었다. 죄가 있다면 바람뿐이다. 그러나 마리우스의 마음에는 세류뱅 속에 숨겨져 있는 바르똘로가 무럭무럭 고개를 들어 이제는 아무래도 불만스러워져 자기의 그림자에게까지도 질투하고 있었다. 실제로 이런 일 때문에 육체에 대해 심하고 이상한 질투심이 사람의 마음 속에서 눈을 뜨고 부당하게까지 멋대로 날뛰는 것이다. 게다가 이 질투심을 젖혀 놓고도 그 매혹적인 종아리는 그에게 아무런 쾌감도 주지 않았다. 차라리 지나가는 여자의 양말이라도 보는 편이 유쾌한 일이었을 것이다.

'그의 위르쉴르'가 오솔길 끝까지 갔다가 르블랑 씨와 함께 되돌아와서 마리우스가 다시금 앉아 있는 벤치 앞을 지날 때 마리우스는 퉁명스런 눈으로 흘끔 처녀를 노려보았다. 어린 처녀는 눈을 치뜨면서 몸을 약간 뒤로 젖혔다. 그것은 "어머, 웬일이시죠?" 하는 뜻이었다.

그것은 그들의 '첫 말다툼'이었다.

마리우스가 처녀를 눈으로 나무란 것과 거의 동시에 누군가가 오솔길에 나타났다. 그는 허리가 꼬부라지고 머리가 새하얀 주름살투성이의 상이 군인으로 루이 15세식의 군복을 입고 가슴에는 병사의 쌩 루이 훈장(루이 14세가 제정한 기사 제도의 훈장. 대혁명으로 폐지되었으나 1815년부터 1830년까지 부활했음)인 십자로 얽은 군도가 달려 있는 붉은 나사의 조그마한 타원형 약장(略章)을 달고 있었다. 더욱이 윗저고리의 한쪽 소매는 팔이 없어 축 늘어졌고, 턱에는 은빛 수염이 자랐고, 한쪽 다리는 의족이었다.

마리우스는 그 남자가 매우 흐뭇해하는 듯이 보였다. 또 그 심술궂은 인간이 다리를 절름거리면서 자기 곁을 지날 때에는 매우 친근감이 깃들인, 유쾌한 듯한 눈짓을 받은 양 생각되기까지 했다. 우연의 덕분으로 마치 서로 의논이라도 한 듯 함께 좋은 구경을 하지 않았느냐고 하는 눈짓이었다.

이 마르스(싸움의 신)의 떨거지 같은 놈, 뭐가 그렇게 기쁘단 말인가? 그 의족과 처녀의 종아리와 도대체 어떤 관계가 있단 말인가? 마리우스는 질투의 절정에 달했다. '이 녀석도 그 자리에 있었던 게 틀림없어!' 하고 그는 생각했다. '이 녀석도 틀림없이 보았을 거야!' 그는 그 상이 군인을 때려죽이고 싶은 충동을 느꼈다.

시간이 지나가면 아무리 날카로운 칼 끝도 무뎌지게 마련이다. 마리우스의 '위르쉴르'에 대한 화도 제아무리 옳고 정당했다 해도 어느 틈에 그것은 엷어지고 말았다. 그는 드디어 처녀를 용서했다. 그러나 용서하기란 참으로 힘든 일이었다. 그는 사흘 동안이나 처녀를 원망하고 있었다.

그러나 이런 일이 일어났음에도, 아니 그런 일이 일어났기 때문에 마리우스의 정열은 더욱 더 불타오르고 열렬해져 갔다.

일식

'처녀'가 위르쉴르라는 이름이라는 것을 마리우스는 어떻게 해서 알아냈는지 또는 알아냈다고 믿었는지, 그것은 지금 독자들이 본 그대로다.

욕망은 사랑하는 동안에 생겨난다(식욕은 먹고 있는 동안에 일어난다는 비유). 처녀의 이름이 위르쉴르라

그는 허리가 꼬부라지고 머리가 새하얀 주름투성이의 상이군인으로…….

는 걸 안 것만으로도 굉장한 일이었다. 그러나 동시에 대수롭지 않은 일이기도 했다. 마리우스는 3주일 동안에 그 행복을 다 맛보았다. 이제는 좀 더 다른 행복을 바라게 되었다. 처녀가 살고 있는 곳을 알고 싶었다.

마리우스는 이미 '검투사'상 옆의 벤치의 함정에 빠져 첫 실수를 저질렀다. 또 두 번째 실수도 저질렀다. 르블랑 씨가 혼자 오자 뤽상부르 공원에서 뒤도 돌아보지 않고 나가 버린 것이 바로 그것이다. 그리고 드디어 세 번째 실수를 저질렀다. 더욱 굉장한 실수를. 그는 '위르쉴르'의 뒤를 밟았던 것이다.

처녀는 웨스트 거리의 가장 왕래가 적은 곳에 있는 새로 지은 수수한 4층 건물에 살고 있었다.

마리우스는 뤽상부르 공원에서 처녀를 본다는 행복에 처녀가 살고 있는 집까지 따라간다는 행복을 덧붙였다. 마리우스의 갈망은 점점 커져 갈 뿐이었다. 그는 이미 처녀의 이름을, 적어도 세례명을, 그 사랑스러운 이름을, 참으로 여자다운 이름을 알고 있었다. 또 어디에 살고 있는지도 알고 있었다. 이번에는 처녀가 어떤 사람인가 알고 싶어졌다.

어느 날 저녁 마리우스는 두 사람의 뒤를 좇아 그 집에까지 갔다. 정문 안으로 들어간 두 사람의 모습이 보이지 않게 되자, 자기도 따라서 들어가 대담하게 문지기에게 물었다.

"지금 들어간 분은 2층에 사는 사람입니까?"

"아뇨" 하고 문지기가 대답했다. "4층에서 살지요."

이것으로 한 걸음 나아간 셈이다. 이 성공은 마리우스에게 용기를 불어넣어 주었다.

"앞으로 향한 방입니까?" 하고 마리우스는 물었다.

"물론입죠!" 하고 문지기가 말했다. "집이란 반드시 길 쪽을 향해서 짓는 법이니까요."

"그래 어떤 사람입니까?" 하고 마리우스는 질문을 바꾸었다.

"연금 생활자이죠. 무척 친절한 분이랍니다. 그렇게 부자도 아니지만 불행한 사람들을 아주 잘 돕는답니다."

"이름은 뭐라고 합니까?" 하고 마리우스는 다시 물었다.

문지기는 고개를 들고 말했다.

"당신은 탐정입니까?"

마리우스는 좀 겸연쩍었으나 무척 기뻐하면서 돌아왔다. 훨씬 진전된 것이다.

'됐어,' 하고 마리우스는 생각했다. '위르쉴르라는 이름도 알았고, 연금 생활자의 딸이라는 것도 알았고, 저 웨스트 거리의 4층에 산다는 것도 알았어.'

이튿날 르블랑 씨와 딸은 뤽상부르 공원에 잠깐 모습을 나타냈다. 그리고 아직 해가 높은데 돌아가 버렸다. 마리우스는 여느 때처럼 웨스트 거리까지 그 뒤를 따라갔다. 정문 앞까지 오자 르블랑 씨는 딸을 먼저 들어가게 하고 자기는 문에 들어가기 전에 걸음을 멈추고 홱 돌아서서 마리우스를 유심히 지켜보았다.

다음날 그들은 뤽상부르 공원에 오지 않았다. 마리우스는 온종일 헛되이 기다렸다. 해가 지고 나서 웨스트 거리에 가보니 4층 창문에서 불빛이 새어 나오고 있었다. 그는 그 불빛이 꺼질 때까지 창문 밑을 왔다갔다했다.

다음날도 또한 아무도 뤽상부르 공원에 나타나지 않았다. 마리우스는 온종일 기다리다가 다시 창문 밑으로 가서 밤의 파수꾼 노릇을 했다. 파수를 서는 동안 어느 틈에 10시 반이 되었다. 마리우스는 저녁 식사를 아무거나 적당한 것으로 때우기로 했다. 열은 앓는 사람을 좀 먹고 사랑은 사랑하는 사람을 살찌게한다.

그렇게 해서 일 주일이 지났지만 르블랑 씨와 딸은 내내 뤽상부르 공원에 나타나지 않았다. 마리우스는 슬픈 억측을 했다. 그러나 차마 대낮부터 정문에서 파수를 볼 용기는 없었다. 해 저문 뒤에 나가서 유리창에 비치는 불그스름한 불빛을 올려다보는 것만으로 참았다. 창문에 이따금 사람의 그림자가 비치는 걸 보면 마리우스의 가슴은 두근거렸다. 8일째 되는 날 그가 창문 아래에 갔을 때 불빛이 보이지 않았다.

"저런! 아직도 불이 켜져 있지 않다니. 벌써 밤인데 외출했을까?" 하고 마리우스는 중얼거렸다.

그는 기다렸다. 10시, 12시, 밤 1시까지. 4층의 어느 창문에도 불빛은 하나도 비치지 않고, 또한 아무도 그 집에 들어오지 않았다. 그는 몹시 우울하게 되어 그 자리를 떠났다.

그 이튿날—마리우스는 다만 내일이라는 날만을 생각하며 살고 있었고,

그에게는 이미 오늘이라는 날은 없었던 것이다—이튿날도 역시 아버지도 딸
도 뤽상부르에 나타나지 않았다. 마리우스가 두려워했던 대로였다. 날이 저
물자 그는 그 집 앞으로 갔다. 창문에 불빛은 보이지 않았다. 덧문이 닫혀
있었다. 4층은 캄캄했다.

마리우스는 문을 두드리고 안으로 들어가 문지기에게 물었다.

“4층에 사는 분은 어떻게 되셨습니까?”

“이사하셨습니다” 하고 문지기는 대답했다.

마리우스는 비틀거리면서 힘없는 소리로 물었다.

“언제요?”

“어제입니다.”

“이사 간 데는 어딥니까?”

“글쎄요, 모르겠는데요.”

“그럼 새 집 주소도 알리지 않고 가 버렸습니까?”

“네.”

그리고 나서 문지기는 얼굴을 들고 바라보더니 상대가 마리우스인 것을
알았다.

“아, 당신이었군요!” 하고 문지기는 말했다. “역시 당신은 경찰이었군
요?”

제7편 빠트롱 미네뜨

갱도와 광부들

어떤 인간 사회에도 극장에서 말하는 이른바 '나락'이라고 하는 것이 있다. 사회의 땅에는 때로는 선을, 때로는 악을 파내기 위해서 가는 곳마다 갱도가 파져 있다. 그런 작업은 서로 겹쳐 행해진다. 상층에 갱도가 파져 있는가 하면 하층의 갱도도 있다. 어두컴컴한 지하갱은 때로는 문명의 밑에서 저절로 무너져 버리기도 하고, 무관심하고 태만한 우리들 발에 밟혀 버리는 수도 있는데, 그 지하갱 자체 내에도 상층과 하층이 있다. 지난 18세기의 백과전서(디드로, 달랑베르를 중심으로 18세기 철학자들이 공동집필한 백과전서. 구제도와 대결한 계몽주의의 집대성으로 평가됨)도 그런 갱도 중의 하나로 지상에까지 드러난 갱도였다. 원시 그리스도교를 비밀히 품고 있던 저 암흑은, 단지 하나의 기회를 기다리다 로마 황제 아래에서 폭발하여 인류를 그 광명으로 가득 채웠던 것이다. 신성한 암흑 속에는 언제나 광명이 깃들어 있게 마련이다. 화산이 품고 있는 암흑은 언제 불길을 내뿜을지 모른다. 용암의 시초는 모두 어둠 속에 싸여 있는 것이다. 최초의 미사를 올렸던 저 로마의 지하 묘지는 단순한 로마의 굴은 아니었다. 그것은 세계로 통하는 지하도였다.

사회 구조 아래는 이와 같은 무섭도록 복잡한 폐허가 있고 갖가지 종류의 동굴이 있다. 종교의 갱도가 있는가 하면 철학의 갱도가 있고, 징치의 갱도가 있는가 하면 경제의 갱도, 혁명의 갱도가 있다. 어떤 사람은 사상을, 어떤 사람은 수학을, 어떤 사람은 분노를 곡괭이로 파들어 간다. 이 동굴에서 저 동굴로 사람들은 서로 부르고 또 대답한다. 유토피아는 그들 갱도를 통하여 지하 속으로 들어간다. 거기서 유토피아는 사방에 가지를 뻗쳐 간다.

때로는 서로 만나 손을 잡기도 한다. 장 자끄(장 자끄 루소)는 디오게네스에게 자기 곡괭이를 빌려주고, 디오게네스는 장 자끄에게 자기 불을 빌려준다. 때로는 유토피아와 유토피아가 서로 땅 속에서 싸우는 때도 있다. 깔뱅은 쏘시니아스의 머리를 움켜잡는다. 그러나 그러한 모든 힘이 하나의 목적을 향해 전진하는 것을, 그 광대한 활동력이 어둠 속을 오가고 오르내리면서 상층에서 하층으로 외부에서 내부로 천천히 자리를 바꾸어 가는 것을, 아무도 막을 수는 없다. 그것은 사람이 알 수 없는 곳에 모여 꿈틀대는 하나의 거대한 힘이다.

그러나 사회는 자기도 모르는 사이 표면만을 보고 아무런 변화도 없다고 생각하고 있는 사이 그 발굴 작업으로 하여 그 안의 내장이 완전히 바뀌어 버리는 것이다. 지하층이 여러 층인 만큼 작업도 가지 각색이요 발굴도 가지 가지다. 그런데 이러한 깊은 발굴 작업에서 과연 무엇이 캐내어질 것인가? 그것은 미래다.

지하 깊숙이 내려가면 갈수록 그 속에 있는 노동자는 더욱더 알 수 없는 존재가 된다. 사회철학자가 인정할 수 있는 단계까지라면 그 작업은 옳다. 그러나 그 단계를 일단 한 걸음 넘어서면 일은 바로 종잡을 수 없는, 마구 뒤섞인 것이 돼버리고 만다. 거기서 깊이 내려가면 그때는 무섭고 두려운 것이 된다. 그리고 어느 깊이까지에 이르러서는 이미 문명정신을 갖고 끌어낼 수는 없다. 말하자면 인간이 숨쉴 수 있는 한계를 넘어 버린 것이다. 거기서 더 내려가면 어쩌면 괴물 같은 것이 출몰할는지도 모른다.

내려가기 위해 만들어진 층계는 매우 기이하다. 그 계단 하나하나는 철학이 근거로 할 수 있는 단계와 통해 있고 각 계단에는 그곳을 판 작업자가 한 사람씩 지키고 서 있다. 숭고한 자가 있는가 하면 매우 이상한 모양을 하고 있는 자도 있다. 요한 후스(^{종교 개혁의 선구자}_{의 한 사람인 체코인}) 밑에 루터가 있고, 루터 밑에 데까르뜨가 있고, 데까르트 밑에 볼떼르가 있고, 볼떼르 밑에 꽁도르쎄가 있고, 꽁도르쎄 밑에 로베스삐에르가 있고, 로베스삐에르 밑에 마라(^{프랑스 혁명}_{의 지도자})가 있다. 또 마라 밑에는 바뵈프(^{대혁명 시대 공산}_{주의적 선동가})가 있고, 그 밑에도 얼마든지 연이어져 있다.

더욱 아래로 어렴풋이 보이는 곳과 전연 보이지 않는 곳의 경계에는 앞에서의 인물들과는 전혀 다른 어두운 그림자들이 흐릿하게 보인다. 그것은 아마 아직 이 세상에 존재하지 않은 인물들의 그림자이리라. 어제의 사람들은 벌써 유령이지만 내일의 사람들은 아직 태아에 불과하다. 그러나 정신의 눈은 그것을 흐릿한 안개 속에서도 분명히 가려내는 것이다. 태 속에서 잠자고 있는 미래를 꿰뚫어보는 것은 철학자의 작업 가운데 하나이다.

태아 상태에 있는 혼돈으로 가득 찬 세계, 그것은 얼마나 이상한 환영인가!

쌩 시몽이며 오웬(로버트 오웬, 영국의 공업 가로 사회 개량의 선구자)이며 푸리에 같은 이들도 그 측면 갱내에 있다.

그러한 지하의 개척자들은 자기는 언제나 고립되어 있다고 믿고 있으나 사실은 그런 것이 아니라 어떤 눈에 보이지 않는 신성한 끈으로 자기도 모르게 서로서로 연결되어 있는 것이다. 그들의 일이 너무나 다종다양하기 때문에 그들이 그렇게 믿는 것은 무리가 아니다. 그리하여 때로는 어떤 사람이 켜드는 광명이 다른 사람이 켜든 불빛과 전혀 상반되는 경우도 있다. 천국을 보는 자가 있는가 하면 지상의 비극을 보는 자도 있다.

그러나 어떻게 대조적으로 보든 그러한 작업자들은 제일 윗계단에 있는 자로부터 제일 아랫 계단에 있는 자에 이르기까지, 또 가장 현명한 자에서부터 가장 어리석은 자에 이르기까지 모두 하나의 유사점을 가지고 있다. 그것은 자기를 버리는 것이다. 마라도 예수처럼 자기를 잊고 있다. 그들은 자기를 버리고 내던지고 자기를 조금도 돌보지 않는다. 그들은 자기 이외의 것만을 본다. 그들은 모두 공통적인 눈을 가지고 있는데, 그 눈은 절대만을 찾고 있다. 제일 위에 있는 사람의 눈은 멀리 하늘을 보고 있다. 또 제일 아래 있는 사람도, 설사 아무리 알려져 있지 않은 인간이라도 그 눈썹 밑에는 어렴풋이나마 무한한 것에 대한 빛이 어려 있다. 그 별과 같은 눈동자야말로 그들을 나타내는 표시로, 그것을 지니고 있는 사람이 어떤 일을 하고 있든 모두 존경받을 만한 가치가 있다.

어두운 눈동자는 이것과는 다른 표시이다.

그러한 눈동자에서 악이 비롯된다. 눈이 흐리멍덩하게 흐린 사람은 경계하고 두려워하지 않으면 안 된다. 사회 조직 속에는 암흑의 갱부도 끼어 있는 것이다.

어느 깊이까지 도달하면 인간은 이미 파들어가는 것이 아니라 묻혀 버리는 꼴이 되고 광명도 사라져 버리고 만다.

이상 말한 모든 갱도 밑에, 그러한 모든 통로 밑에, 진보와 유토피아의 그 광대한 지하조직 밑 땅속 아득한 곳에, 마라보다 밑에, 바뵈프보다 아래에, 그 밑에, 훨씬 밑에, 위에 있는 계단과는 아무런 연관도 없는 곳에, 가장 마지막 갱도가 있다. 그것은 매우 무서운 장소다. 우리가 처음 나락이라고 한 곳은 바로 그곳을 말한 것이다. 그곳은 어둠에 찬 무덤이요, 눈먼 장님들이 우글대는 굴이다. '밑바닥'인 것이다.

그곳은 바로 지옥으로 통하는 곳이다.

밑바닥

거기서는 나를 잊는 마음도 사라져 버린다. 악마가 어렴풋이 모습을 나타내기 시작한다. 사람들은 저마다 자기만을 위해 살아 있다. 맹목적인 자아가 성난 소리를 지르고 뭔가를 찾고 뭔가를 더듬고 뭔가를 갉아먹고 있다. 사회의 우골리노(단떼의 《신곡》에 나오는 13세기 이탈리아의 잔인무도한 왕. 아이들과 함께 탑에 갇혔는데 굶어 죽은 자기 아이의 머리를 씹어먹었다 함)가 그 구렁텅이 속에 있다.

그런 무덤 속에서 꿈틀거리는 무시무시한 그림자들은 거의 짐승이나 유령과 모습이 같고, 세계의 진보에 마음을 쓰기는커녕 사상이나 언어도 전혀 모르고 오직 자기 혼자만의 욕망을 채우는 데만 온 정신을 쏟는다. 그들은 의식도 거의 없고 그들 마음을 차지하고 있는 거라고는 오직 일종의 무서운 허무뿐이다.

그들에게는 어머니가 둘이 있다. 둘 다 무정한 계모, 곧 무지와 빈곤이다. 또 동료 하나를 가지고 있다. 그건 결핍이다. 그들이 만족을 느끼는 방법은 오직 하나, 식욕을 채우는 것밖에 없다. 그들은 거의 동물적일 정도로 늘 먹고 마시는데 몰두한다. 다시 말해 광포할 정도이다. 그것도 폭군 같은 것이 아니라 호랑이처럼.

그러한 악귀들은 고통을 견디다 못해 끝내 죄악을 범하고 만다. 그것은 필연적인 귀결이요 무서운 인과관계요 암흑 세계의 논리다. 사회의 나락 속을 헤매고 다니는 소리, 그것은 결코 절대로 찾아 헤매는 소리가 아니라 채워지지 않는 물질에 대해 항의하는 소리다. 거기서는 인간은 드라공(날개와 발톱을 가지고 불을 토해낸다는 전설에 나오는 용)으로 변하는 굶주림이 그 출발점이요 악마가 되는 것이 그 도달점이다. 그러한 굴 속에서 라스네르(당시 유명한 살인범)가 생겨나는 것이다.

우리는 앞서 제4편에서 상층 광구의 하나인 정치 혁명 철학의 대갱도를 보았다. 이미 말한 것처럼 그곳에서는 모든 것이 고상하고 순수하고 훌륭하고 성실하다. 물론 그곳에서도 인간은 과오를 저지를 수 있고 또 실제로 저지르고 있다. 그러나 과오도 영웅적인 요소를 품고 있는 한 존귀한 것이다. 거기서 행해지고 있는 일체의 작업은 모두 '진보'라는 이름을 가지고 있기 때문이다.

이번에는 좀 더 다른 심연, 보기에도 무서운 심연을 들여다볼 차례다.

분명히 말해 두지만 사회 밑바닥에는 크나큰 동굴이 가로 놓여 있는데, 그 것은 무지가 일소될 때까지 영원히 존재할 것이다.

이 동굴은 동굴 중 가장 아래 있고 또 어느 동굴과도 적대 관계에 놓여 있다. 그것은 모든 것에 대한 '증오' 그 자체다. 이 동굴은 철학자를 모르고 그 곳의 칼은 한 번도 펜으로 바뀌어 만들어진 적이 없다. 그곳의 어둠은 잉크병의 숭고한 검은 색과는 전혀 비슷하지도 않다. 그 숨막힐 것 같은 천장 밑에 도사리고 있는 손가락은 아직 한 번도 책을 펴 들어본 일이 없고 신문을 펼쳐 본 일도 없다. 큰 도둑 까르뚜슈에 비교하면 바뵈프도 개척자이고, 악한 신테르한네스에 비교하면 마라도 귀족 축에 든다. 이 동굴은 모든 것을 붕괴시키는 걸 목적으로 하고 있다.

모든 것, 그 모든 것이란 말 속에는 이 동굴이 증오하는 상층의 갱도도 포함되어 있음을 뜻한다. 이 동굴에 떼지어 있는 추악한 자들은 단지 현존하는 사회 질서에 구멍을 뚫어 나갈 뿐만 아니라 철학에도, 과학에도, 법률에도, 인류의 사상에도, 문명에도, 혁명에도, 진실에도 구멍을 뚫어 나간다. 이 동굴은 강도니 매음이니 살해니 암살이니 하는 명칭을 가지고 있다. 그것은 암흑이요, 혼돈만을 바란다. 이 동굴의 천장은 무지로 이루어져 있다.

다른 모든 동굴은, 즉 이 동굴 위에 있는 동굴들은 오직 하나의 목적만을 가지고 있다. 그것은 이 동굴을 도려내 버리는 것이다. 철학이 진보라든가 그 외 갖가지 기관을 활용하여 하려는 일은, 그리고 현실을 개선해 가는 동시에 절대를 바라보며 도달하려는 것은 다름 아닌 바로 이 목적인 것이다. '무지'라는 동굴을 파괴하는 것은 바로 '죄악'이라는 두더지를 퇴치하는 것이다.

이상을 한 마디로 요약한다면 다음과 같다. 즉 사회의 단 하나의 위험, 그 것은 '암흑'이다.

인류는 동등하다. 모든 인간이 다 같은 흙으로 빚어졌다. 적어도 이 세상에는 하늘이 정해 준 운명에 있어서는 하등 차별이 없다. 전세에서는 다 같은 어두움, 현세에서는 다 같은 육체, 내세에서는 다같은 한줌의 재. 그러나 인간을 만드는 원료에 무지라는 것이 섞이게 되면 그 원료는 시커멓게 변질한다. 그 지울 수 없는 검은 빛은 인간 내부 깊숙이 침투하여 거기서 악으로 변질되는 것이다.

바베 괼르메르 끌라끄수 몽빠르나스

끌라끄수와 괼르메르와 바베와 몽빠르나스, 네 불한당이 1830년부터 1835년까지 빠리의 밑바닥을 지배하고 있었다.

괼르메르는 신의 자리에서 쫓겨난 헤라클레스라는 소리를 듣는 남자였다. 그는 아르슈마리옹 거리의 지하수도로를 은신처로 삼고 있었다. 키가 6피트, 대리석 같은 가슴, 청동같이 단단한 팔의 근육, 동굴에서 밀려나오는 것 같은 숨소리, 거인 같은 체구, 새처럼 작은 머리, 그는 마치 파르네즈의 헤라클레스가 두꺼운 무명 바지에 무명 윗도리를 걸친 모습과 흡사했다. 괼르메르의 그런 조각 같은 체격으로 보아 그는 능히 괴물도 때려눕힐 수 있을 것 같았다.

그러나 괼르메르는 자신이 직접 괴물이 되는 편이 훨씬 낫다고 생각했다. 좁은 이마, 넓은 관자놀이, 마흔도 안 됐는데 벌써 주름진 눈꼬리, 뻣뻣하고 짧은 머리칼, 수염이 덮인 볼, 멧돼지 같은 턱수염, 이러한 것으로 그 생김새를 눈앞에 떠올릴 수 있을 것이다. 그의 근육은 노동을 바라고 있었으나 그의 어리석은 머리는 그걸 원하지 않았다. 그는 힘이 넘치는 게으름뱅이였다. 그는 살인도 눈 하나 깜짝하지 않고 해치웠다. 세상에선 그를 식민지 태생이라고 말했다. 1815년에는 아비뇽에서 인부 노릇을 했다니까 브륀느 원수 사건 ^(네덜란드와 이탈리아의 전투에서 명성을 떨쳤던 장군. 1815년 아비뇽에서 암살됨)에도 틀림없이 조금은 관계했을 것이다. 괼르메르는 그후 인부 노릇을 그만두고 악한이 된 것이다.

바베의 호리호리한 체격은 괼르메르의 체격과는 아주 대조적이었다. 바베는 몸이 약하고 또 제법 박식했다. 몸이 작아 언뜻 경망해 보였으나 의외로 마음 속을 알아볼 수 없었다. 햇빛에 그 뼈까지 훤히 들여다보일 듯했으나 그 눈을 통해서는 아무것도 볼 수 없었다.

그는 자칭 화학자였다. 보베슈 ^(나뽈레옹 시대와 왕정복고 시대의 유명한 어릿광대) 밑에 들어가서 어릿광대 노릇을 한 일도 있고 보비노 ^(보베슈와 비슷한 무렵의 어릿광대) 패에 끼어서 재담꾼 노릇을 한 일도 있다. 쌩 미엘에서는 가극단의 배우 노릇을 한 일도 있다. 행티깨나 있는 남자로 말재주도 있고 뜻깊게 빙그레 웃기도 잘하고 유난스런 몸짓을 했다. 그의 직업은 거리에서 '국가원수'의 석고상이나 초상화를 파는 일이었다. 그 외에

바베와 괼르메르와 끌라끄수와 몽빠르나스

이 빼는 일도 했다. 축제일 같은 때는 여러 가지 요술을 부렸다.

나팔과 노점을 가지고 있었는데 그곳 간판에는 이렇게 써 있었다. '치과 의사 바베, 아카데미 회원, 금속과 비금속에 관한 물리적 실험을 하여 이를 해 넣고 다른 치과 의사가 하지 못하는 치근까지 뽑음. 치료비는 이 하나에 1프랑 50쌍띰, 두 개엔 2프랑, 세 개엔 2프랑 50쌍띰, 이 절호의 기회를 이용하시라'(이 '절호의 기회를 이용하시라' 하는 말은 '될수록 이를 다 빼라'는 뜻이었다).

바베는 결혼하여 아이도 몇 낳았다. 그러나 자기 아내와 아이들이 지금 뭘하고 있는지 그는 전혀 모른다. 사람이 손수건을 떨어뜨리듯이 그는 아내와 아이들을 어딘가에 떨어뜨리고 만 것이다. 이 암흑 세계에서는 대단히 의외의 일이었으나 그는 신문을 읽을 줄 알았다. 어느 날, 아직 가족과 함께 노점을 밀고 다니고 있을 때 〈메싸제〉지에서 어떤 여자가 얼굴이 송아지 같은 아이를 낳았는데 그 아이는 충분히 자랄 것 같다는 기사를 읽은 그는 이렇게 외쳤다.

"거 굉장한 횡잰데……. 하지만 우리 마누라는 그런 애를 낳을 만큼 그렇게 재주가 없어."

그후 그는 모든 것을 집어던지고 '빠리에 손을 대기로' 결심했다. 이것은 그 자신이 한 말이다.

끌라끄수는 어떤 인물이었던가? 그건 그대로 캄캄한 밤이었다. 그는 하늘이 새카맣게 칠해질 때를 기다려 모습을 나타내는 것이다. 밤이 되면 굴 속에서 나왔다가 날이 새기 전에 들어간다. 그 굴이 어디에 있는지 아무도 모른다. 한 치 앞도 보이지 않는 캄캄한 어둠 속에서 동료와 애기할 때도 그는 반드시 몸을 돌리고 애기했다. 끌라끄수란 이름은 본명이 아니었다. 그는 스스로 "내 이름은 빠 뒤 뚜(아무것도 아니라는 뜻)다" 하고 말했다.

어쩌다 갑자기 촛불이라도 비치게 되면 그는 급히 가면을 썼다. 그는 입술을 움직이지 않고 말하는 복화술을 할 줄 알았다. 바베는 곧잘 이런 말을 했다. "끌라끄수는 두 가지 목소리를 내는 밤의 새다." 끌라끄수는 정체를 알수 없는 무서운 부랑자였다. 정말 이름이 있는지 어떤지 그것조차도 불분명했다. 끌라끄수는 그의 별명이었다. 목소리를 낼 수 있는지 어떤지 그것도 알 수 없었다. 입으로 애기하기보다 배로 애기하는 때가 많았다. 또 얼굴이라는 게 있었는지도 의심스러웠다. 아무도 그 가면 아래 숨은 얼굴을 본 일이 없었다. 그는 연기처럼 사라졌다간 또 땅속에서 솟듯이 나타나곤 했다.

지극히 불쌍한 인간도 하나 있었다. 몽빠르나스라는 존재였다. 그는 채 스물도 안 된 귀여운 얼굴을 한 소년이었다. 붉은 열매 같은 입술, 아름다운 검은 머리, 봄날의 광채가 감도는 눈매, 그러한 그가 벌써 악덕을 몸에 익히고 갖가지 죄악에 물들어 있었다. 악이란 악은 모두 경험했기 때문에 이제는 최대의 악을 바라고 있었다. 부랑아였던 것이 불량 소년이 되고, 불량 소년이었던 것이 다시 강도 살인범이 되었다. 그는 얌전하고 여성적이고 다정하고 날씬하고 그리고 잔인했다. 모자는 늘 왼쪽으로 약간 올라가고 모자 밑으로 머리칼이 약간 나오게 썼다. 그건 1829년에 유행한 스타일이다. 그는 강도질을 해서 살고 있었다.

몽빠르나스의 프록코트는 일류 양복점에서 만든 것이었는데 상당히 닳아 있었다. 몽빠르나스, 그는 비참한 생활을 하면서도, 살인을 하면서도 유행을 따르는 남자였다. 이 청년이 저지르는 모든 범죄의 원인은 단순히 사치를 하고 싶다는 욕망에 있었다. 처음 어느 불량기 있는 여공으로부터 "당신 정말 잘생겼어" 하는 말을 들은 것이 그의 마음에 검은 자국을 남겨 그때까지 아벨이었던 그를 당장 카인으로 만들어 버렸다. 자기가 잘생겼다는 것을 안 그는 자꾸만 모양을 내고 싶었다.

그런데 첫째의 사치는 아무 일도 하지 않는 무위(無爲)였다. 그리고 가난한 자의 무위는 그대로 범죄와 통하는 것이다. 부랑자 중에서도 몽빠르나스만큼 세상이 두려워하는 존재는 없었다. 18살 때 이미 사람을 몇 명이나 죽인 경험이 있었다. 어두컴컴한 골목길을 지니기다 이 소년의 습격을 빋고 얼굴이 피투성이가 되어 양팔을 쫙 벌린 채 넘어진 행인의 수도 한둘이 아니었다.

머리를 지지고 포마드를 흠뻑 바르고 몸에 꼭 붙는 옷을 입고 여자처럼 날씬한 허리에 프러시아 장군처럼 가슴을 확 펴고 큰길을 지나노라면 젊은 여자들의 감탄하는 속삭임, 멋지게 맨 넥타이, 짧은 쇠몽둥이를 호주머니에 감추고 단추 구멍에다 꽃 한 송이를 꽂은, 이것이 그 살인자의 멋부린 모습이었다.

한패의 구성

이 4인조 악당은 프로테우스(그리스 신화에 나오는 바다의 신으로 자유자재로 변신했다 함)처럼 마음대로 모습을 바꾸고 경찰의 눈을 피해다니며 '나무도 되고 불도 되고 물도 될 수 있을 만큼 갖가지 모양이 되어' 비독(악당이었으나 개심하여 경찰관이 됨. 발작하고도 친교가 있고 《회상록》이 있음. 탐정)의 끈질긴 추적을 피하고, 서로 이름을 빌려주고, 방법을 가르쳐 주고, 저마다 자기의 암흑 속에 숨고, 자기 은신처를 동료들끼리도 비밀로 하고, 몸의 특징을 마치 가면 무도회에서 가짜 코를 떼듯 떼어 버리고, 때로는 네 사람이 같은 인물이 아닌가 생각할 만큼 똑같이 차리고, 때로는 민완 경관으로 유명한 꼬꼬 라꾸르마저도 네 사람을 그냥 모인 사람들로 착각할 만큼 교묘하게 변장했다.

이 네 사나이는 사실은 네 사람이 아니었다. 빠리를 무대로 큰 일을 하고 있는 머리가 넷인 하나의 수수께끼 같은 도적이었다. 말하자면 사회의 굴 속에 서식하는 기괴한 악의 강장동물이었다.

많은 부하를 사방에 심어 놓고 지하 연락망을 한 손에 꽉 쥐고 있었기 때문에 바베, 괼르메르, 끌라꾸수, 몽빠르나스 이 네 사람은 사실상 세느 지방의 모든 악의 우두머리나 같았다. 그들은 길을 지나가는 행인들을 습격하여 하층사회의 우상이 되었다. 이런 종류의 일을 하려고 하는 사람, 또는 착상이 떠오른 사람은 모두 그 실행 문제를 놓고 그들과 의논하러 왔다.

네 악당은 구상을 들으면 그 연출은 자기들이 맡았다. 그러면 모든 것이 각본대로 움직여 가는 것이다. 그들은 아무리 악한 일이라도 일단 도와주어야 한다고 생각하거나 돈이 충분히 될 것이라는 확신만 서면 언제든지 그일에 필요한 적당한 인원을 몇 명이고 빌려 주었다. 그들은 한패 중에 누가 범죄 계획을 세워 부하가 필요하다는 것을 알면 서슴없이 가세할 인원도 보충해 주었다. 그들은 암흑 속에 한떼의 배우들을 거느리고 있어 동굴 속에서 일어나는 온갖 범죄에 그들을 손발처럼 부리고 있었다.

그들은 해질 무렵에 일어나 대개 살뻬트리에르 구호원 근처 들판에 모였다. 그리고 거기서 회의를 시작했다. 그때부터 12시간 동안이 그들의 시간이고 그 시간을 어떻게 쓸 것인가가 거기서 결정되는 것이다.

'빠트롱 미네뜨', 이것이 암흑 사회에서 그들에게 주어진 이름이었다. 오늘날엔 상당히 퇴색했지만 한때 꽤 유명했던 속담에 '개와 늑대 사이'라는 말이 저녁을 의미하는 것과 마찬가지로 '빠트롱 미네뜨'라는 말은 아침을 의

미했다. 이 빠트롱 미네뜨라는 호칭은 그들이 일을 마치는 시간을 가리키는 모양이었다. 새벽은 유령이 사라지는 때이기도 했지만 강도들이 흩어지는 시간이기도 했다. 이 4인조 강도는 이 별명으로 세상에 알려졌다.

언젠가 중죄 재판소의 소장이 직접 라스네르라는 유명한 범죄자를 감옥으로 찾아가 그가 부인하고 있는 죄상에 대해 물어본 일이 있다.

"그럼 누가 했단 말야?" 하고 묻는 재판장의 말에 라스네르는 다음과 같이 대답했다. 그 말은 사법관인 그에게는 알아들을 수 없는 말이었으나 경찰에게는 모두 통하는 대답이었다.

"아마 빠트롱 미네뜨의 짓일 것이다."

때로는 등장 인물의 이름만 보고도 그 연극의 내용을 상상할 수 있는 경우가 있다. 그와 같이 강도의 이름만 보고도 그것이 어느 땐가를 짐작할 수도 있다. 여기 빠트롱 미네뜨의 심복들에게 붙여진 이름을 들어 보자. 어느 것이나 다 특수한 기록 속에 남아 있는 이름들이다.

빵쇼… 별명 프랭따니에, 또는 비그르나이유.

브뤼종… (브뤼종이라는 왕조가 있었는데 이에 대해서는 뒤에 언급할 생각이다).

블라트뤼엘… 앞에 잠깐 나온 일이 있는 도로 수리공.

라뵈브

피니스떼르

오메르 오귀… 흑인.

마르디 스와르

데뻬슈

뽕뜰르와… 별명 부끄띠에르.

글로리외… 전과자.

바르까로쓰… 별명 뒤뽕 씨.

레스빨라나드 뒤 쒸드

뿌싸그리브

까르마뇰레

크류이드니에… 별명 비자로.

　　망제당뗄

　　레 삐에 장 네르

　　드미 리아르… 별명 되 밀리야르 등등.

　　대강 이쯤 해두고 별로 악질이 아닌 자의 이름은 생략하기로 하자. 여기 열거한 이름들은 저마다 뭔가를 상징하고 있다. 그것은 단순히 하나의 개인을 나타내고 있는 것이 아니라 그 종족 전체를 나타내고 있다. 이것들은 모두 문명의 제일 밑바닥에 돋아난 추한 버섯의 변종을 나타내는 이름이다.

　　이들은 보통 사람들에게는 얼굴이 알려져 있지 않고 거리에 오고가는 보통 사람들과는 다른 생활을 하고 있었다. 낮엔 거친 밤일에 지쳐 대개 잠을 자러 갔다. 그들이 자는 곳은 석탄 난로 속이거나 몽마르트르나 몽루지의 폐쇄된 채석장이거나 또 때로는 하수도 속 같은 곳이다. 하여튼 그들은 땅속에 스며드는 것이다.

　　그런 인간은 지금 어떻게 되었는가! 그들은 지금도 여전히 존재하고 있다. 그들은 항상 존재하고 있는 것이다. 호라티우스도 그들에 대해 이렇게 말했다. '매음, 아편, 밀매, 구걸, 어릿광대'라고. 사회가 현재와 같은 현상을 유지하는 한 그들도 여전히 남아 있을 것이다. 그 어두운 동굴 천장 밑에서 그들은 영원히 사회의 밑을 흐르는 물방울에 의해 계속 생겨날 것이다. 다만 이름과 껍질만이 달라질 뿐이다.

　　개인은 사라지지만 종족은 존속한다.

　　그들은 모두 같은 능력을 지니고 있다. 건달에서 부랑자에 이르기까지 그 종족은 그들 나름대로 순수성을 유지하고 있다. 그들은 남의 주머니 속을 꿰뚫어볼 수 있고 안주머니에 시계가 들었는지 어떤지 민감하게 알아낸다. 금이나 은엔 그들의 후각을 자극하는 독특한 냄새가 있다. 사람들 중에는 쉽게 물건을 빼앗을 수 있을 것같이 보이는 단순한 인간들도 있다. 그들은 그러한 사람을 끈기있게 뒤쫓는다. 외국인이나 시골뜨기가 지나가면 그들은 거미처럼 몸을 부르르 떨며 좋아한다.

　　그런 종족을 한밤중 한적한 길에서 만나면, 아니 흘끗 모습만 비쳐도 무서워 떤다. 그들은 인간 같지가 않다. 살아 있는 안개라고나 할까, 언제나 어둠과 합쳐 모습을 구별할 수 없고 그림자 외에는 영혼이라는 것을 전혀 가지고 있지 않다. 어쩌다 순간적으로 어둠에서 나와 모습을 나타내는 적도 있으나 그것은 단지 그 짧은 순간에 그의 흉악한 생명을 소모하기 위해서만이다.

그러한 원한에 찬 영혼들을 일소하려면 어떻게 해야 하는가? 광명밖에 없다. 넘쳐흐를 정도의 광명이 필요하다. 박쥐는 새벽이 되면 맥을 못 쓴다. 사회 밑바닥에 광명을 밝게 비추어야 하는 것이다.

제8편 마음씨 나쁜 가난뱅이

마리우스는 모자 쓴 처녀를 찾다 챙 넓은 모자 쓴 남자를 만나다

여름은 지나갔다. 이어 가을도, 그리고 겨울이 왔다. 르블랑 씨도 그 젊은 처녀도 뤽상부르 공원에 나타나지 않았다. 마리우스는 오직 그 다정하고 사랑스러운 얼굴을 다시 한번 보고 싶은 생각밖에 없었다. 그는 끊임없이 찾아 헤맸다. 사방을 돌아다녔다. 그러나 아무런 실마리도 없었다. 마리우스는 이미 열렬한 몽상가도 아니었고 과단성 있는 힘찬 남자도 아니었다. 운명에 대한 불굴의 도전자도 아니었고, 미래 위에 미래를 쌓아올리는 두뇌도 없었고, 계획과 설계와 자부심과 사상과 의지에 찬 젊은 정신도 아니었다.

마리우스는 말 그대로 헤매는 개였다. 그는 암담한 슬픔에 빠졌다. 모든 것이 끝장이었다. 일도 하기 싫고, 산책에도 싫증이 나고, 혼자 우두커니 앉아 있기에도 질렸다. 예전에는 그토록 여러 가지 형태와 빛과 소리와 충고와 전망과 지평선으로 가득 차 있는 것 같이 보이던 자연도 이제는 그의 앞에 텅 비어 있을 뿐이었다. 모든 것이 일시에 사라져 버린 것처럼 느껴졌다.

그래도 사색만은 여전히 계속하고 있었다. 왜냐하면 그 외에는 할 일이 없었으니까. 그러나 사색에서도 이미 즐거움을 맛볼 수 없었다. 사색이 끊임없이 낮은 소리로 속삭이는 제안에 그는 은근히 이렇게 대답하고 있었다. "그게 대체 무슨 소용이야?"

그는 몇 번이나 자기를 나무랐다. 왜 그 여자의 뒤를 쫓았던가? 그녀의 모습을 보는 것만으로도 나는 그토록 행복했는데! 그녀는 말끄러미 나를 바라보았다. 그것만으로도 훌륭한 일이 아니었던가? 그녀는 나를 사랑하고 있는 것 같았다. 그것으로 충분하지 않았던가? 그런데 나는 그 이상 무엇을 바랐던가? 그 이상 아무것도 없는데도, 나는 바보였다, 잘못 생각했다 하고. 그는 자기 성질대로 꾸르페락에게 아무 말도 하지 않았는데, 꾸르페락 역시 그의 성격대로 모든 것을 그냥 보아 넘겼다. 그리고 처음엔 마리우스가 연애에 빠진 것에 깜짝 놀랐으나 곧 그것을 축복해 주었다. 그러는 동안 마리우스가 침울하게 가라앉아 있는 것을 보고 그에게 말을 걸었다.

"자네, 무슨 일이 있는 모양이군. 자, 어디 쇼미에르(몽빠르나스 대로에서 열리던 공개 무대. 학생간에 인기가 있었다)에라도 가보세."

9월 어느 맑게 갠 날, 마리우스는 꾸르페락과 보쒸에와 그랑떼르에게 끌려서 쇼미에르의 무도회에 간 일이 있었다. 혹시 거기서 그녀를 찾을 수 있을지도 모른다고 생각했기 때문이다. 그러나 무슨 꿈같은 이야기였던가! 물론 그녀는 거기서 찾을 수 없었다. "잃어버린 여자는 대개 이런 데서 찾는 법인데." 그랑떼르는 혼잣말처럼 중얼거렸다.

마리우스는 친구들을 남겨둔 채 혼자 걸어 돌아왔다. 몸이 나른하고 열이 오르고 시야가 흐려져 눈앞이 캄캄했다. 연이어 그를 앞질러 가는 명랑한 마차 소리와 먼지에 정신이 얼떨떨해지고 맥이 탁 풀려, 길가 호두나무 가로수의 강한 향기에 머리를 식히며 그는 집으로 돌아왔다.

생활은 다시 고독의 빛을 짙게 띠기 시작했다. 마음이 산란하게 흩어진 그는 고뇌에 사로잡혀 덫에 걸린 이리처럼 고통 속을 헤매었고, 모습을 감춘 그녀를 찾아 여기저기 돌아다녔다. 마리우스는 사랑 때문에 얼이 빠져 있었다.

한 번 마리우스는 어떤 남자와 만나 이상한 인상을 받은 일이 있었다. 앵발리드 거리 근처의 좁은 길에서 서로 스쳐 지나갔는데, 노동자 같은 복장을 한 그 남자의 긴 챙이 달린 모자 밑으로는 새하얀 머리칼이 보였다. 마리우스는 그 흰 머리의 아름다움에 깜짝 놀라 그 남자를 유심히 보았다. 남자는 천천히, 뭔가 몹시 괴로운 생각에 잠긴 듯한 걸음걸이로 걸어왔다. 이상하게도 마리우스는 그 남자기 꼭 르블랑 씨처럼 생각되었다. 머리칼도, 모자 밑으로 보이는 옆얼굴도, 걸음걸이도 르블랑 씨 그대로였다. 다만 좀 쓸쓸해 보이는 것만이 다를 뿐이었다.

하지만, 그렇다면 저 노동자 옷은? 저건 어떻게 된 걸까? 르블랑 씨가 변장을 했다면 그건 무슨 뜻일까? 마리우스는 무척 놀랐다. 잠시 후에 제정신으로 돌아온 그는 우선 그 남자의 뒤를 쫓아가 보기로 했다. 그것이 그가 찾아 헤매는 단서를 잡는 동기가 되지 않으리라고 누가 장담할 것인가? 하여튼 다시 한번 그 남자를 자세히 보고 수수께끼를 풀 필요가 있었다.

그러나 그렇게 생각했을 때는 이미 때가 늦어 그 남자의 모습은 아무 데도 없었다. 그 옆 어느 좁은 골목으로라도 들어간 거겠지, 하고 생각했으나 마리우스는 그 남자를 찾을 수가 없었다. 그를 본 것이 그 후 며칠 동안 마음에 걸렸으나 마침내 그 인상도 사라져 버렸다. '결국' 그는 생각했다. '비슷한 다른 사람인지도 몰라.'

주운 것

마리우스는 여전히 고르보 저택에 살고 있었다. 그는 그 집의 누구에게도 주의를 기울이지 않았다.

물론 그 무렵 거기에 살고 있는 사람이라고는 그와, 그가 언젠가 집세를 치러 준 일이 있는 종드레뜨 집 식구뿐이었다. 게다가 그는 한 번도 종드레뜨 아버지와 어머니, 딸들과도 이야기를 나눈 일이 없었다. 다른 사람들은 모두 이사를 가거가 죽거나 집세를 치르지 않아 쫓겨나 버렸다.

그해 겨울 어느 날 오후 잠깐 햇살이 비쳤는데 그 초라한 햇살은, 그날이 마침 주님의 봉헌 축일인 2월 2일이었기 때문에 그때부터 시작되는 혹독한 추위의 전조처럼 생각되었다.

마뗴 랑스베르그가 다음과 같은 두 행의 고전적 시구를 남기고 있는 것도 그러한 해에 시상을 얻어서였다.

해가 비치거나 반짝여도
곰은 돌아온다, 제 굴 속으로

마리우스는 막 그의 굴에서 나오는 길이었다. 해는 서서히 져 가고 있었다. 저녁식사를 하러 갈 시간이었다. 어찌 됐든 식사만은 하지 않으면 안되었다, 지극한 사랑을 품고 있는 인간도. 아아! 인간이란 얼마나 약한 것인가!

마리우스가 문을 열고 나왔을 때 마침 부공 할멈이 기억해 둘 만한 이런 혼잣말을 중얼대며 그곳을 쓸고 있었다.

"요새 세상에 싼 게 뭐가 있담, 뭐든지 다 비싸니. 그저 값싼 건 노동뿐이야. 이 세상에서 노동은 공짜로 얻을 수 있으니까!"

마리우스는 쌩 자끄 거리로 가기 위해 성문으로 뻗친 큰길을 천천히 걸어

올라갔다. 무슨 생각에 골똘히 잠겨 머리를 푹 숙인 채 걸었다.

갑자기 어둠 속에서 마리우스는 누군가의 팔꿈치와 세게 부딪치는 것을 느꼈다. 고개를 돌리니까 누더기를 걸친 두 처녀였다. 하나는 키가 크고 야위었고 다른 하나는 그보다 약간 키가 작았다. 둘 다 무엇에 쫓기는 듯 숨을 헐떡이며 도망치고 있었다. 처녀들은 마리우스의 앞에서 달려오고 있었으나 이쪽을 보지 않았기 때문에 스쳐가다가 그와 부딪쳤던 것이다.

어둠을 통해서 본 처녀들의 얼굴은 창백하고 머리는 흐트러지고 몹시 더러운 모자에 초라한 스커트를 입고, 발은 맨발이었다. 그네들은 달리면서 뭐라고 얘기를 주고받았다. 키큰 쪽이 소리를 죽여 이렇게 말했다.

"개가 왔잖아. 난 멍하니 있다가 하마터면 잡힐 뻔했어."

키 작은 쪽이 대답했다.

"나도 봤어. 그래서 막 정신없이 뛰었지 뭐야!"

마리우스는 그런 점잖치 못한 은어에서 이 두 처녀가 경찰이나 헌병을 피해 간신히 여기까지 도망쳐 왔다는 것을 알 수 있었다.

처녀들은 마리우스 뒤 가로수 그늘로 숨어 들어갔다. 그 모습은 어둠 속에 얼마 동안 희뿌옇게 떠 있다가 마침내 스러져 버렸다.

마리우스는 잠깐 발을 멈추고 서 있다가 다시 걸음을 옮겨 놓았을 때, 발밑에 뭔가 잿빛 나는 작은 꾸러미가 떨어져 있는 것을 보았다. 그는 허리를 굽혀 그것을 주워들었다. 그것은 봉투 모양이었는데 속에는 종이가 들어 있는 것 같았다.

"그래, 가엾은 처녀들이 떨어뜨리고 간 거로군!" 그는 말했다.

마리우스는 되돌아서 처녀들을 불렀으나 이미 보이지 않았다. 멀리 간 것이라고 생각하여 그는 그 꾸러미를 주머니에 넣고 식사를 하러 갔다.

도중에 무프따르 거리로 가는 샛길에서 그는 어린애의 장례식을 보았다. 관은 검은 베로 덮이고, 촛불 하나가 비치는 속에 다리가 셋인 의자 위에 놓여 있었다. 조금 전 어둠 속에서 만났던 두 처녀가 문득 생각났다.

'불쌍한 어머니들!' 마리우스는 생각했다. '자식이 죽는 것보다 더욱 슬픈 일이 있다. 그건 자식이 옳지 않은 길을 걷는 것을 보는 일이다.'

그러나 이윽고 보통 때와는 다른 슬픔을 불러일으킨 그런 어두운 그림자도 마음 속에서 사라지고 그는 다시 언제나의 상념에 사로잡혔다. 마음에 떠

누더기를 걸친 두 여자아이는 달리면서 뭐라고 얘기를 주고받았다.

오른 것은 뤽상부르 공원의 아름다운 숲 속에서 맑은 공기와 햇빛에 젖으며 사랑과 행복을 맛본 그 6개월간의 추억이었다. '내 생활은 어쩌면 이렇게 침울해졌는가!' 그는 생각했다. '젊은 처녀들은 여전히 내 앞에 많이 있다. 그러나 예전엔 전부 천사 같이 보였는데 지금은 모두 시체를 파먹는 마녀처럼 보인다.'

'네 개의 얼굴을 가진 괴물'

이날 밤 자려고 옷을 벗던 마리우스는 문득 윗도리 주머니에 손이 가자 길에서 주운 그 꾸러미가 생각났다. 그는 까맣게 잊고 있었다. 꾸러미를 풀어 보는 것도 괜찮으리라 생각했다. 만일 정말 그 처녀들이 떨어뜨린 것이라면 속에 주소가 적혀 있을지도 모르고, 그렇지 않으면 떨어뜨린 주인에게 돌려줄 무슨 단서라도 발견될지 모른다.

그는 봉투를 살펴보았다. 봉투는 봉해져 있지 않고, 속에는 편지 네 통이 들어 있었다. 그것도 역시 봉해지지 않은 채였다. 편지에는 각각 수신인의 이름이 적혀 있었다. 네 통 다 지독한 담배 냄새를 풍기고 있었다.

제일 첫 편지에 적힌 이름은—'중의원 앞 광장, ○○번지 그뤼슈레 후작 부인'이었다.

내용에는 틀림없이 뭔가 단서가 될 것이 있을 것이고, 게다가 편지는 봉함이 되어 있지 않으니까 별로 실례되지는 않을 것이라고 마리우스는 생각했다.

내용은 다음과 같았다.

후자부인께

인자와 경애의 덕은 사회를 한층 굳게 맺어 주는 미덕입니다. 충성 때문에, 또 정통 왕위 계승의 신성한 대의를 사랑하기 때문에 몸을 희생하고 그 대의를 지키기 위해 스스로 피를 흘리고 재산도 모조리 바쳐 지금은 더할 수 없이 곤궁한 처지에 빠져 있는 이 불행한 스페인 사람에게, 제발 당신의 그 기독교도적인 동정의 눈길을 보내주시기 바랍니다. 교육과 명예를 갖추고 있으면서도 온몸에 상처를 입은 이 군인이 지극한 곤란 속에서 생활을 이어나갈 수 있도록, 당신의 그 고귀한 신분은 틀림없이 도움을 베풀어 주시리라 굳게 믿어 의심치 않습니다. 당신께서 항상 제창하시는 인

류애와 후작부인으로서 불행한 국민에게 기울여 주시는 관심에 간청하는
바입니다. 그들의 소원은 반드시 성취될 것이며 그들의 감사하는 마음은
내내 부인의 아름다운 추억에 남게 될 것입니다.
　삼가 경의를 표하는 바입니다.
　프랑스로 망명하여 조국으로 돌아가려 하나 여비가 없어 곤란을 받고
있는 스페인 왕당파 기병 대위

돈 알바레스

주소가 서명에 전혀 붙어 있지 않았다. 마리우스는 두 번째 편지를 읽으면
주소를 알 수 있을지도 모른다고 생각했다. 그 겉봉에는 이렇게 써 있었다.
'까쎼뜨 거리 9번지 몽베르네 백작부인 귀하'
마리우스가 읽은 건 다음과 같은 내용이었다.

　백작부인께
　저는 여섯 아이를 거느린 불행한 어머니입니다. 막내는 아직 여덟 달밖
에 되지 않았습니다. 저는 그 아이를 낳은 후로 줄곧 시름시름 앓는데다,
다섯 달 전에는 또 남편한테서까지 버림을 받아 한푼 없는 처지에 지독한
고생으로 허덕이고 있는 여자입니다.
　백작부인의 동정을 바라며 깊은 경의를 바치는 바입니다.

발리자르의 아내 올림

마리우스는 세 번째 편지를 폈다. 그것도 앞의 두 통과 마찬가지로 애원하
는 내용의 편지였다.

　쌩 드니 거리의 페르 모퉁이, 잡화상, 선거인 빠부르조 귀하
　저는 최근 프랑스 극장에 한 편의 희곡을 써보낸 문인의 한 사람입니다
만, 귀하의 이해 있는 배려와 동정을 바라 이처럼 실례를 무릅쓰고 글을
올리는 바입니다. 저의 희곡은 역사에서 취재한 것으로 줄거리는 제정 시
대 오베르뉴를 무대로 전개됩니다. 문체는 극히 자연스럽고 간결하여 다
소의 가치는 있을 것으로 믿습니다. 대사도 네 군데나 노래로 불립니다.

희극성과 진실과 기발한 장면, 그 위에 인물의 성격들이 매우 다양하고 전편에 낭만적인 색조가 경쾌하게 넘치고 있습니다. 그 모든 것이 하나로 융합된 줄거리는 관객을 신비한 세계로 이끌고 수많은 감동과 곡절을 거쳐서 대단원을 내리게 됩니다.

제가 특히 마음을 쓴 것은, 현대인이 차차 강하게 바라는 욕구, 즉 바람이 부는 데 따라 방향을 바꾸는 '유행'이라고 하는 저 변덕스러운 바람개비를 만족시켜 주는 것입니다.

이러한 모든 장점을 갖추고 있는데도 불구하고 저의 희곡은 일부 특권을 가진 작가들의 시기와 이기주의 때문에 상연을 거부당할지도 모를 염려가 있습니다. 왜냐하면 신인은 항상 실망의 쓴 고배를 마셔야 한다는 것을 저는 잘 알고 있기 때문입니다.

저는 귀하가 문인들에 대해 특히 관심을 가지신다는 소문을 듣고 감히 이렇게 저의 딸을 보내어 이 추운 계절에 빵도, 땔감도 없는 저희 일가족의 사정을 호소하는 바입니다. 저는 이번에 쓴 희곡을, 그리고 앞으로 쓸 모든 희곡을 귀하에게 바치고 싶습니다. 귀하는 제발 이 청을 받아들여 주시길 바랍니다. 이것은 오직 귀하의 보호 밑에 몸을 의탁하고 동시에 귀하의 고귀한 이름으로 저의 작품을 장식할 명예를 제가 얼마나 열망해 마지않는가를 증명해 보이고 싶기 때문입니다. 만일 귀하가 다소나마 도움의 손길을 뻗쳐 주신다면 저는 곧 시 한 편을 귀하에 대한 감사의 표시로 지으렵니다. 그 시가 제 힘이 미치는 한 완전한 것으로 완성됐을 때는 희곡 첫머리에 넣어 무대에 올리기 전에 우선 귀하께 바칠 작정입니다.

빠부르조 씨와 영부인에게 진심으로 경의를 표하며

문인 장플로

붙임—설사 40수쯤이라도 상관없습니다.

딸을 보내고 제가 직접 찾아뵙지 못하는 실례를 용서해 주시기 바랍니다. 슬프게도 저는 몸에 걸치는 입성 때문에 외출도 할 수 없는 형편입니다.

마리우스는 마지막으로 네 번째 편지를 폈다. 수신인은 이렇게 되어 있었다. '쌩 자끄 뒤 오 빠 성당의 인자하신 나리께' 그 편지에는 다음과 같이 적혀 있었다.

인자하신 나리께.

만일 나리께서 저의 딸과 동행해 주신다면 저의 가족의 비참한 상태를 아시게 될 것입니다. 그때 저의 신분 증명서도 보여 드릴 생각입니다.

이러한 편지를 읽으시면 고결한 마음을 가지신 나리께서는 틀림없이 따뜻한 동정을 베풀어 주시리라 믿습니다. 왜냐하면 진정한 철학자는 항상 감동을 느끼는 법이니까요.

동정심 많은 나리, 저의 가족은 더할 수 없이 비참한 가난을 견디지 않으면 안되는 처지입니다. 그렇다고 해서 얼마 안되는 구제를 받기 위해 당국으로부터 증명을 받아야 한다는 건 얼마나 비통한 일입니까. 그것은 마치 남이 나를 구원해주기를 기다리면서 주림에 시달리고 굶어 죽을 자유도 없이 꼼짝하지 않고 앉아 있어야만 하는 것과 같습니다. 운명은 어떤 사람에 대해서는 너무 가혹하고 어떤 사람에 대해서는 너무 관대하고 너무나 친절한 것 같습니다.

나리께서 직접 왕림해 주시거나 또는 쾌히 희사해 주시기를 기다리겠습니다. 이만 저의 충심으로부터의 경의를 받아 주시기를 바라며 펜을 놓습니다.

참으로 고결한 분에게

당신의 지극히 천한 종으로부터
배우 P. 파방뚜

이 네 통의 편지를 읽어도 마리우스는 사정을 다 알 수는 없었다. 첫째, 어느 편지의 서명에도 주소가 첨부되지 않았다. 또 그들 편지는 돈 알바레스, 발리자르의 아내, 시인 장플로와 배우 파방뚜, 네 사람이 쓴 것으로 되어 있으나 기묘하게도 그 필적은 모두 똑같았다. 한 사람이 쓴 것이라고밖에 달리 생각할 수 없었다.

게다가 그러한 추측을 한층 뒷받침하는 것이 있었다. 즉 네 통 다 변변찮은 누르스름한 종이에 쓴 데다 똑같이 담배 냄새를 풍기고 있고 분명히 문체를 바꾸려고 무척 애를 쓴 것 같았으나 틀린 맞춤법이 시인 장플로의 편지에서나 스페인 대위의 편지에서나 같은 곳에서 태연히 되풀이되어 있는 것이다.

그 조그마한 수수께끼를 풀려는 노력은 결국 헛되게 끝나고 말았다. 만일 그것이 길에서 주운 물건이 아니라면 단순한 장난이라고 보았을 것이다. 마리우스는 거리에서 우연히 주운 편지를 상대로 마음을 쓰기에는 너무나 슬픔에 잠겨 있었다. 마치 그 네 통의 편지 사이에 가려 그는 술래잡기라도 하는 듯한 느낌이었다.

그 편지에는 마리우스가 길에서 만난 그 처녀들의 것이라는 증거가 하나도 없었다. 그것은 아무런 가치도 없는 휴지 조각에 불과했다. 마리우스는 편지를 봉투 속에 넣자 그대로 방 한쪽 구석에 집어던지고 자리에 누웠다.

이튿날 아침 7시경, 그가 일어나 아침식사를 마치고 막 일을 시작하려는데 누군가가 조용히 문을 두드렸다.

본래 그는 가진 거라곤 아무것도 없었으므로 이따금 그것도 아주 드물게, 뭔가 급한 일을 하는 경우를 제외하고는 문을 잠그는 일이 한 번도 없었다. 설사 방을 비우고 나갈 때도 대개는 열쇠를 그냥 문에 걸어 놓은 채 나가곤 했다.

"뭘 잃어버리면 어떻게 하려고 그러세요." 부공 할멈은 곧잘 주의를 주었다.

그럴 때마다 마리우스는 "잃어버릴 게 있나요" 하였다.

그런데 어느 날, 정말로 다 떨어진 구두 한 켤레를 잃어 부공 할멈으로부터 그것 보라는 듯한 눈총을 받은 일이 있었다.

다시 문 두드리는 소리가 조용히 났다.

"들어오세요." 마리우스는 대답했다.

문이 열렸다.

"왜 그러세요, 부공 할머니?" 마리우스는 책상 위 책이며 원고에서 눈을 떼지 않은 채 말했다.

부공 할멈과는 다른 누군가의 목소리가 대답했다.

"실례합니다, 저어……."

그것은 잘 알아듣기 어려운, 목이 콱 잠긴 듯한 쉰 목소리였다. 브랜디나 보드카로 목을 덴 노인과 같은 소리였다.

마리우스는 깜짝 놀라 뒤를 돌아보았다. 거기에 젊은 여인 한 사람이 서 있었다.

가난 속의 한 떨기 장미꽃

나이 어린 처녀가 반쯤 열린 문 안에 서 있었다. 천장으로 뚫린 창문이 바로 문 맞은쪽에 열려 있어 그녀의 얼굴에 엷은 빛을 던지고 있었다. 창백하고 바싹 말라 뼈만 앙상한 여자였다. 셔츠와 스커트 이외엔 아무것도 걸치지 않은, 맨몸과 같은 몸은 몹시 추운 듯 달달 떨고 있었다. 허리는 허리띠 대신 끈으로 졸라매고, 머리도 끈으로 묶었다. 뼈가 앙상한 어깨는 셔츠 밖으로 드러나고 핏기 없는 갈색 얼굴은 퍽 신경질적으로 보였다. 쇄골께는 흙빛이고, 두 손은 얼어서 빨갛고, 입은 무심하게 벌리고, 이는 몇 개가 빠져 있고, 멍하고 흐릿한 눈은 대담하고 천하게 보였다. 몸을 보면 발육이 부족한 처녀 같았으나 그 눈은 추한 노파였다. 말하자면 50살과 15살이 함께 섞여 있는 몰골이다. 연약하면서도 언짢게 보여 사람에게 동정의 눈물을 흘리게 하는가 하면 혐오감으로 등골을 오싹하게 하는 사람이 있는데, 바로 그런 느낌을 주는 처녀였다.

마리우스는 벌떡 일어나 마치 꿈속에서 나오는 망령과 같은 모습을 한 그 처녀를 멍하니 바라보았다.

특히 가슴 아픈 것은 그 처녀가 날 때부터 그렇게 추하지는 않았을 것 같다는 점이다. 어렸을 때는 상당히 사랑스러웠을 것임에 틀림없었다. 한창 물이 오른 처녀다운 아름다움이, 타락한 생활과 가난한 생활 때문에 생긴 겉늙음과 싸우고 있었다. 그 16살 처녀의 얼굴 위에 숨쉬고 있는 그러한 아름다움의 잔재는, 겨울날 새벽 살벌한 구름에 가려 사라져 버리는 그 엷은 태양을 생각케 했다.

그녀의 얼굴은 마리우스에게 아주 낯선 얼굴은 아니었다. 어디선가 본 기억이 나는 얼굴이었다.

"무슨 일로 오셨습니까?" 마리우스는 물었다.

젊은 처녀는 술 취한 죄수 같은 목소리로 대답했다.

"편지를 가지고 왔어요, 마리우스 씨."

처녀는 마리우스라고 그의 이름을 불렀다. 그녀가 마리우스에게 용건이 있어 온 것은 확실했다. 그렇다면 이 처녀는 누구일까? 어떻게 그의 이름을 알고 있는 것일까?

들어오라는 말을 하기도 전에 처녀는 방 안으로 들어왔다. 거리낌없이, 그리고 기분 나쁠 정도로 침착하게 방 안과 아직 치우지 않은 침대를 힐끔힐끔 보면서. 처녀는 맨발이었다. 그리고 스커트엔 커다란 구멍이 몇 개나 뚫려 있어 긴 다리와 여윈 무릎이 들여다보였다. 처녀는 추워서 벌벌 떨고 있었다.

처녀는 편지 한 통을 마리우스에게 내밀었다.

마리우스는 봉투를 뜯으면서 눌러붙인 풀이 아직 채 마르지 않은 것을 알았다. 편지는 그리 멀지 않은 곳에서 온 것이 분명했다. 그는 읽어 내려갔다.

친절한 이웃 청년에게

6개월 전, 저희들을 위해 방세를 대신 지불하여 주신 것을 잘 알고 있습니다. 젊은 분이여, 당신에게 신의 축복이 내리시기를. 큰딸이 사정 애기를 여쭐 테지만 저의 일가족 네 식구는 이틀 전부터 빵 한쪽 없이 지냈습니다. 게다가 아내는 병으로 누워 있습니다. 만일 제 생각이 틀리지 않았다면, 마음이 너그러우신 당신은 딸의 말에 동정을 베푸시고 저희들을 불쌍히 여기셔서 다소의 은혜를 내려 주시리라 기대합니다.

인류의 은인에게 최대의 경의를 표하며,

종드레뜨

붙임—친애하는 마리우스 씨, 딸은 당신의 분부를 기다리고 있습니다.

이상한 사건이 어젯밤부터 마리우스의 신경을 자극하고 있는 때에 이 편지가 뛰어든 것은 마치 동굴 속에 한 줄기 촛불이 비쳐든 것과 같았다. 갑자기 모든 것이 환히 드러났다. 그 편지도 앞서 네 통의 편지외 똑같은 곳에서 나온 것이었다. 필적도, 문체도, 맞춤법의 오자도, 종이도, 담배 냄새가 나는 것도 똑같았다.

다섯 통의 편지, 다섯 통의 사정 이야기, 다섯 개의 이름, 다섯 개의 서명, 그러나 그 모든 서명을 한 사람은 단 한 사람인 것이다. 스페인 대위 돈 알바레스도, 불쌍한 어머니 발리자르도, 극시인 장플로도, 늙은 배우 파방뚜도 네 사람 다 사실은 종드레뜨라는 이름이었던 것이다. 물론 그 종드레뜨라는 사람 자신이 정말로 종드레뜨라는 이름인지 어떤지 의문이지만. 마리우스가 이 집에 살기 시작한 것은 꽤 오래 됐지만 앞서도 말한 대로 이웃 사람들과 만나기는커녕 서로 모습을 볼 기회조차 없었다.

마리우스의 마음은 늘 다른 곳을 향해 있었다. 마음이 향하는 곳에 눈도 향하는 법이다. 마리우스는 종드레뜨 가족과 몇 번이나 복도며 계단에서 만난 일이 있으나 그에겐 모든 것이 그림자에 불과했다. 마리우스는 그들에 대해 전혀 무관심했기 때문에 어젯밤 길에서 종드레뜨 집 처녀들과 부딪치고도 그들을 알아보지 못했던 것이다. 게다가 지금 자기 방에 들어온 처녀를 보고도 혐오와 연민이 혼합된 감정 속에서 막연하게 어디서 본 듯한 얼굴이라고만 겨우 생각해 냈던 것이다.

그런데 그것이 이제는 완전히 분명해졌다. 마리우스는 모든 것을 알았다. 이웃 사람인 종드레뜨 씨는 살기가 어려워 친절한 사람의 선의를 이용하기 위해 많은 사람의 주소를 찾아 장사를 하고 있었던 것이다. 돈 많고 동정심 많은 사람을 지목해 놓고 가명으로 편지를 써서 그것을 딸들을 시켜 보낸다. 딸들에게는 퍽 위험한 일이나 아버지는 딸들을 그런 위험한 처지에 넣어서라도 감행하지 않으면 안될 만큼 어려운 처지에 놓여 있는 것이다. 상대에게 운명을 걸고, 그 승부에 자기의 딸들을 거는 것이다.

마리우스는 어제 이후의 비밀도 깨달았다. 그때, 처녀들이 숨을 헐떡이며 뭔가에 쫓겨 도망치던 것이며, 은어로 얘기를 주고받은 것으로 미루어 그 불쌍한 처녀들은 역시 뭔가 수상한 일을 하고 있었던 게 틀림없었다. 그래 이런 모든 점을 종합해 보건대, 결국 현재 인간 사회 한복판에 어린애도 아니고 처녀도 아니고 그렇다고 부인도 아닌 비참한 두 인간이—가난이 낳은 더러움이기는 하나 죄가 없는 인종의 괴물 같은 모습이—선명히 떠오르는 것이었다.

이름도 나이도 성별도 없는 가엾은 사람들, 그들에게는 이미 선도 악도 없다. 유년 시절을 지나고 나면 그들에게는 이 세상에 아무것도 남지 않는다. 자유도, 덕도, 책임도 갖지 않는 것이다. 어제 핀 꽃이 오늘은 시들어 가는 영혼, 길에 떨어져 진흙투성이가 되어 마침내 수레바퀴 밑에 깔릴 꽃과 같은 영혼이 된다.

그런데 마리우스가 놀람과 비통에 찬 눈으로 바라보고 있는 동안에도 젊은 처녀는 거리낌없이 유령처럼 방안을 이리저리 왔다갔다하고 있었다. 살이 다 드러난 것도 상관없이 서성거렸다. 꾸깃한 낡은 셔츠가 이따금 허리께

"편지를 가지고 왔어요, 마리우스 씨."

까지 미끄러져 내렸다. 처녀는 의자를 움직이기도 하고, 서랍장 위에 얹어놓은 화장 도구를 만지작거리기도 하고, 마리우스의 옷을 살짝 만져 보기도 하고, 방안 구석구석을 살펴보기도 했다.

"어머, 거울도 있군요." 처녀는 말했다.

그리고 마치 방안에는 자기 혼자만 있는 양 유행가 나부랭이며 후렴을 중얼대고 있었는데 목이 꽉 막힌 듯한 그 목소리는 오히려 가련한 느낌마저 주었다. 그 뻔뻔스러움 속에는 뭔가 어울리지 않는 서글픔과 비굴한 구석까지 엿보였다. 뻔뻔스러움은 수치인 것이다.

처녀가 방안을 돌아다니고, 마치 작은 새가 햇빛에 놀라거나 부러진 날개를 파닥거리는 것처럼 뛰어다니는 것을 보는 것만큼 가슴 아픈 일은 없었다. 지금과 다른 교육을 받고 다른 운명을 타고났다면 이 젊은 처녀의 명랑하고 자유 분방한 행동도 어느 정도는 사랑스럽고 귀엽게 보였을지도 모른다. 동물의 세계에서는 비둘기로 태어난 것이 물수리로 변하는 일은 절대로 없다. 그러한 변화는 인간 세계에서나 볼 수 있는 것이다.

마리우스가 생각에 잠겨 있는 동안 처녀는 멋대로 돌아다녔다. 이윽고 책상 옆으로 다가왔다.

"아, 책이군요." 그녀는 말했다.

처녀의 흐릿한 눈이 반짝하고 빛났다. 처녀는 다시금 외쳤다. 그 어조는 누구나 다 느낄 수 있는, 뭔가를 자랑할 때 넘쳐흐르는 행복감이 역력히 나타나 있었다.

"나도 읽을 줄 알아요."

처녀는 책상 위에 펼쳐 놓은 책을 번쩍 들어 꽤 유창하게 읽어 내려갔다.

"……보뒤앵 장군은 그의 여단 5개 대대를 이끌고 워털루 평야 한복판에 있는 우고몽 성을 공격하라는 명령을 받았다……."

그녀는 갑자기 읽기를 멈추었다.

"아아, 워털루, 저 알아요. 옛날의 전쟁이죠. 아버지도 간 일이 있어요. 아버진 군대에 계셨어요. 우리 식구는 모두 열렬한 보나빠르뜨 당이에요. 워털루에선 영국군과 싸웠죠?"

그녀는 책을 내려놓고 펜을 집어들며 큰소리로 말했다.

"저, 글도 쓸 줄 알아요."

처녀는 펜을 잉크에 적셔 가지고 마리우스 쪽으로 돌아섰다.

"보고 싶으세요? 잠깐 써보여 드릴까요?"

처녀는 미처 대답할 사이도 없이 책상 위에 있던 흰 종이에 이렇게 썼다.

'Les cognes sont 1à(개가 있다).'

그리고 펜을 던져 놓고 말했다.

"철자법도 하나 안 틀렸죠? 자, 잘 보세요. 저흰 모두 교육을 받았어요. 동생도 저도, 우리가 전부터 이런 건 아니에요. 절대로 이렇지는……."

여기서 그녀는 문득 말을 끊고, 투명하지 않은 눈동자로 마리우스를 똑바로 쏘아보며 갑자기 소리를 내어 웃기 시작하더니 모든 고통을 파렴치로 누른 듯한 어조로 말했다.

"흥, 바보처럼!"

그리고 명랑한 곡조로 노래를 부르기 시작했다.

배고파요, 아빠

어디 있니, 먹을 게

추워요, 엄마

어디 있니, 입을 게

떨어라,

로로뜨야!

울어라,

자꼬야!

1절을 마치자 처녀는 큰소리로 말했다.

"마리우스 씨, 당신 이따금 연극 보러 가세요? 전 가끔 가요. 제 동생이 배우하고 친해서 가끔 표를 갖다 주거든요. 하지만 관람석은 별로 좋아하지 않아요. 좁고 어쩐지 거북해요. 어떤 땐 아주 뚱뚱한 사람도 있고 이상한 냄새를 풍기는 사람도 있어요."

그리고 그녀는 마리우스를 말끄러미 바라보더니 약간 이상한 표정을 짓고 말했다.

"마리우스 씨. 아세요, 당신 아주 잘생긴 남자라는 거?"

두 사람에게 동시에 같은 생각이 스치고 지나갔기 때문에 처녀는 빙그레 웃고 마리우스는 얼굴을 붉혔다. 그녀는 옆으로 다가가 마리우스의 어깨에 한 팔을 얹었다.

"당신은 저를 주의해 보지 않았지만 전 당신을 잘 알고 있어요. 마리우스 씨, 이 집 계단에서 종종 만났고, 또 당신이 오스떼를리쯔 근처에 사는 마뵈프 양반 댁에 들어가는 것을 그 근처를 돌아다니다 몇 번 보았어요. 당신한테 정말 그 머리가 어울려요, 그 흐트러진 더벅머리가."

처녀는 목소리를 될수록 부드럽게 하려고 했으나 그럴수록 오히려 목소리는 더욱 낮아질 뿐이었다. 말소리의 일부분은 마치 잘 소리가 나지 않는 건반처럼 목에서 입술까지 나오는 사이에 사라져 버리는 것이었다.

마리우스는 자기도 모르게 한 걸음 뒤로 물러섰다.

"아가씨." 마리우스는 그의 그 독특한 냉정하고도 무게 있는 목소리로 입을 열었다. "저기 있는 저 꾸러미, 아마 당신 거 같은데 돌려드리겠소."

마리우스는 이렇게 말하고 편지 네 통이 든 꾸러미를 집어들어 처녀에게 내밀었다.

처녀는 손뼉을 치며 소리쳤다.

"어머, 이걸 찾아 얼마나 헤맸는지 몰라요."

그리고 봉투를 받아들고 열어 보았다.

"얼마나 찾아다녔는지……. 동생하고 같이! 그런데 당신이 주웠군요. 큰길에 떨어져 있었죠? 큰길이 틀림없어요. 그렇군요. 막 뛰어가다 동생이 잘못해서 떨어뜨렸어요. 글쎄 집에 돌아와 보니까 없잖아요. 우리는 매맞고 싶지 않아서—그래요, 정말 하나 소용없어요, 정말 소용없죠. 정말로—그래서 우린 이렇게 말했어요. 편지는 모두 보냈지만 어디서고 거절이었다고! 그런데 어쩌면 여기 있을 줄이야. 하지만 이 편지 어떻게 제 것이라는 걸 아셨죠? 아아, 그렇군요. 글씨가 같으니까. 그럼 어제 저녁 우리가 길에서 부딪친 분은 바로 당신이었군요. 저희는 잘 보지 못했어요. 제가 동생한테 묻긴 했어요. '지금 그 사람 남자였니?' 그러니까 동생이 이렇게 대답하잖아요. '응, 틀림없는 남자였어.'"

그렇게 말하며 그녀는 '쌩 자끄 뒤 오 빠 성당의 인자하신 나리님께' 보내는 편지를 펴들었다.

"어머, 이건 미사에 가는 할아버지한테 드릴 편지예요. 지금이 꼭 알맞은 시간이에요. 이제라도 전하러 가야지. 아침 값 정도는 틀림없이 줄 거야."

그녀는 다시 깔깔 웃으며 다음과 같이 덧붙였다.

"저희가 오늘 아침 식사를 하면 그게 어떻게 되는 건지 당신 아세요? 그 저께 아침과 그저께 저녁과 어제 아침과 어제 저녁 식사를 오늘 아침 한꺼번에 먹는 게 돼요. 어차피 우린 들개와 같으니까요. 배가 차지 않으면 배가 터질 때까지 먹거든요."

이 말은 마리우스에게 그녀가 마리우스의 방에 무슨 일로 찾아왔는가 하는 것을 생각나게 했다. 그는 조끼 주머니를 뒤졌으나 아무것도 없었다. 젊은 처녀는 여전히 지껄여 댔다. 그건 마치 마리우스가 거기 있는 것을 전혀 의식하지 않고 지껄이고 있는 것 같았다.

"저녁때가 되면 전 곧잘 밖으로 나가요. 그리고 집으로 돌아오지 않는 때도 종종 있죠. 여기 오기 전 지난 겨울엔 우리는 다리 밑에서 살았어요. 얼어죽지 않으려고 서로 몸을 꼭 붙였지요. 동생은 곧잘 울곤 했죠. 물이란 참 우울한 것이더군요. 난 물에 빠져 죽고 싶을 때면 언제나 '안돼, 물이 너무 차' 하고 자신을 달래곤 했어요. 전 어디 가고 싶으면 늘 혼자 나가요. 그러다 어떤 땐 도랑 속에서도 자죠. 한밤중 길을 걷노라면 나무가 교수대처럼 보이기도 하고, 시커먼 집이 노트르담 탑처럼 보이기도 하고, 흰 벽을 강으로 착각하여서 '어머, 저기 물이 있네' 하고 생각하는 일도 있어요.

별은 마치 등불처럼 연기를 내기도 하고 바람에 불려 사라지는 것 같았어요. 또 어떤 때는 말이 제 귀에 콧김을 불어넣는 것 같아 깜짝 놀라는 때도 있어요. 밤인데 어디선가 아코디언 소리며 제사 공장의 기계 소리가 들려 와요. 이게 대체 무슨 소릴까? 누군가가 돈을 던지는 것 같아 전 정신없이 뛰기 시작해요. 그러면 뭐든지 빙글빙글 돌죠. 모든 것이 빙글빙글 돌아요. 밥을 못 먹으면 참 기분이 이상해요."

처녀는 어리둥절한 표정으로 마리우스를 쳐다보았다.

마리우스는 주머니 구석구석까지 뒤져 마침내 5프랑 16수의 돈을 꺼냈다. 그것은 지금 그가 가지고 있는 전부였다.

'하여튼 이거면 오늘 저녁 식사대는 되고,' 그는 생각했다. '내일은 또 어떻게 되겠지.'

마리우스는 16수만 남기고 5프랑을 그녀에게 주었다. 그녀는 그 돈을 얼른 받아쥐었다.

"됐어, 해가 떠올랐네." 처녀는 소리쳤다.

그리고 마치 그 아침해가 그녀의 머릿속에 쌓인 은어의 눈사태를 녹일 힘이라도 가진 듯 그녀는 마구 지껄여댔다.

"5프랑! 아, 반짝이는 은화야! 황제다! 이런 누추한 방에서! 정말 놀랐어! 당신 정말 대단하군요. 저 당신한테 홀딱 반했어요. 우리 집 식구가 이틀간 실컷 먹고 마시게 됐어요. 비프스테이크에 수프에 배 터지게 먹게 됐어요."

그녀는 슈미즈를 어깨 위로 끌어올리고 깍듯이 인사를 했다. 이어 다정스럽게 손짓을 하고는 문 쪽으로 걸어가며 말했다.

"안녕, 하여튼 아버지한테 가봐야겠어요."

나가려던 그녀는 서랍장 위에서 먼지가 하얗게 쌓이고 곰팡이가 슨 마른 빵껍질을 발견했다. 그녀는 그리 달려가 빵껍질을 집어 씹으며 중얼거렸다.

"아이, 맛있어라! 그런데 왜 이렇게 딱딱하죠? 이가 부러질 것 같아."

그러고는 나갔다.

하늘의 도움으로 엿본 구멍

마리우스는 5년 동안 가난과 빈궁과 고뇌 속에 살아 왔지만 자신은 아직 진정한 비극은 잘 모르고 있다는 것을 알았다. 진정한 비극, 그것을 방금 본 것이다. 눈앞을 스쳐 지나간 그 아귀 같은 여자가 바로 그것이다. 과연 남자의 비참함을 본 것만으로는 아직 아무것도 안 본 거나 다름없다. 여자가 비참한 경우에 빠진 것을 보지 않고서는 아무것도 말할 수 없다. 아니 여자의 비참함만을 보고서는 아직 아무것도 보았다고 말할 수 없다. 어린애의 비참한 경우를 보지 않으면 안된다.

남자란 최후의 궁지에 빠지면 마지막 수단에 손을 대게 마련이다. 그렇게 되면 재난을 입는 것은 그의 주위에 있는 힘없는 인간이다. 일, 임금, 빵, 땔감, 용기, 선의, 모든 것을 남자는 한꺼번에 잃고 만다. 밖의 햇빛이 사라지게 되면 안의 정신의 빛도 사라지게 마련이다. 그러한 어둠 속에서 남자는 여자와 아이의 연약함을 이용하여 그들을 억지로 굴욕적인 생활로 밀어넣는 것이다.

그렇게 되면 상상할 수 없는 여러 가지 무서운 사태가 벌어진다. 절망을 싸고 있는 벽은 무너지기 쉬워, 거기서부터 사방으로 악덕과 죄악의 길이 열리게 된다.

건강, 청춘, 명예, 순결하고 미숙하여 아직 환경에 적응하기 어려운 육체, 진정, 순결, 수치심, 이러한 모든 영혼의 표피는 어둠 속에 수단을 찾아 헤매는 손, 오욕에 부딪혀 거기에 순응하는 손, 그런 더러운 손에 멋대로 희롱을 당하고 마는 것이다. 아버지도, 어머니도, 어린애도, 형제도, 자매도, 남자도, 여자도, 딸도, 모두 한덩어리가 되어 성별이며, 혈연이며, 나이며, 더러운 것과 깨끗한 것이 뒤범벅이 된 저 안개와 같은 혼합 속에서 마치 광물이 생성되듯 뭉쳐 버리고 만다. 그들은 운명의 움집 속에서 서로 몸을 기대고 웅크리고 있다. 그리고 서로 슬픈 눈으로 바라보고 있다. 아아, 불쌍한 사람들! 그들은 어쩌면 그렇게 창백한가! 그리고 얼마나 싸늘한가! 마치 우리들과는 다른, 태양에서 훨씬 멀리 떨어진 유성에서 사는 것 같다.

그 처녀는 마리우스에게는, 말하자면 지옥에서 온 처녀였다. 그녀는 마리우스에게 밤의 추악한 일면을 드러내 보인 것이다.

마리우스는 지금까지 너무 꿈과 정열에 도취해 있느라고 옆사람들은 거들떠보지도 않은 것을 생각하고 거의 자책 비슷한 감정을 느꼈다. 그들의 방세를 치러 준 것만은 사실이지만 그것은 극히 기계적인 행위로 그런 경우에 처하면 누구나 할 수 있는 일이었다.

마리우스로서는 좀더 좋은 일을 했어야 했다. 얼마나 어이없는 일인가! 그 버림받은 사람들, 세상에서 소외되어 어둠 속을 더듬으며 살아가고 있는 사람들, 단 한 겹의 벽을 사이에 두고 무릎을 맞대다시피 하고 살아 오면서, 어떤 의미에선 그들의 손이 미칠 수 있는 인간 연결의 가장 마지막 고리라고도 할 수 있는 위치에 있으면서도 자기 옆에, 산다기보다 거의 죽음 직전에서 허덕이고 있는 소리를 들으면서도 자기는 아무런 주의도 하지 않았던 것이다. 매일 그들이 왔다갔다하고 이야기를 주고받는 소리가 끊임없이 벽을 통해 들려 왔으나 귀도 기울이려고 하지 않았던 것이다. 게다가 그들의 말소리에는 늘 신음소리가 섞여 있었는데도 자기는 들으려고도 하지 않았던 것이다.

자기의 생각은 늘 다른 곳에 있었다. 꿈 속에, 있지 않은 환상에, 공중에 뜬 사랑에, 광기에 찬 곳에, 그런데 한편에서는 자기와 같은 인간이, 예수 그리스도에 있어서의 형제가, 민중으로서의 형제가 자기 옆에서 죽어 가고 있었던 것이다. 하릴없이 죽어 가고 있었던 것이다. 자기는 오히려 그들의 불행에 부담이 되고 그들의 불행을 한층 채찍질한 결과가 되었다. 만일 그들이 다른 사람을, 자기 같은 몽상가가 아니라 좀 더 주의깊은 사람을, 평범하고 동정심많은 이웃을 가지고 있었더라면 그 사람은 틀림없이 그들의 가난에 주의를 기울이고, 그들의 비참한 고난을 알고 훨씬 전부터 그들을 거두어 구원해 주었을지도 모른다. 하기야 그들은 물론 타락하고 부패하고 비천하고 비열했다.

그러나 생활이 어려워지고도 여전히 품위를 잃지 않는 인간이란 그리 흔치 않다. 게다가 어느 경지에까지 이르면 불운과 파렴치는 서로 혼합돼 구별할 수조차 없이 되고, 또 한 마디의 말, 즉 비참한 사람들, 레 미제라블이라는 숙명적인 말로 표현되는 것이다. 그것은 대체 누구의 죄인가? 그들이 구렁텅이에 깊이 빠지면 빠질수록 한층 커다란 자비의 손을 베풀어야 하지 않는가?

진실로 성실한 마음을 가진 사람이 대개 그렇듯, 마리우스도 이따금 자기 자신에 대해 선생이 되고 지나칠 정도로 자기를 질책하는 일이 있었다. 지금도 그는 그처럼 자기를 훈계하며 종드레뜨 씨네 방과의 사이에 놓인 벽을 지그시 쏘아보고 있었다. 마치 그 벽을 통해 동정에 찬 시선을 보내고 그 불행한 사람들을 따뜻하게 감싸려고 하는 것 같았다. 벽은 가름대와 널빤지 위에 엷게 회를 바른 것으로, 이미 말했듯이 저쪽 말소리가 낱낱이 손에 잡힐 듯 들려 왔다.

지금까지 그것을 깨닫지 못한 것은 그가 너무 꿈에만 빠져 있었기 때문이리라. 그 벽은 종드레뜨 씨 쪽이나 마리우스 쪽이나 다 벽지가 발라져 있지 않았다. 그래서 초라한 구조가 몽땅 그대로 드러나 보였다. 거의 무의식적으로 마리우스는 그 벽을 살펴보고 있었다. 때로는 몽상도 사고(思考)와 마찬가지로 사물을 살피고 관찰하고 깊이 파고드는 경우가 있다.

그는 갑자기 벌떡 일어났다. 벽 가장 높은 곳, 천장 부근에 판자 세 장이 이어진 틈 사이로 삼각형 구멍이 뚫린 것이 눈에 띄었다. 그 구멍은 전엔 회로 발라져 있었으나 지금은 그것이 떨어져 서랍장 위에 올라가면 그 틈으로 종드레뜨 씨네 집 안을 들여다볼 수 있게 되어 있었다. 동정 속에도 당연히 호기심은 섞여 있게 마련이다. 그 틈새는 몰래 엿볼 수 있는 구멍이 되어 있었다. 남의 불행을 구멍으로 몰래 훔쳐보는 것도 그들을 도와주기 위한 거라면 용서받을 수 있으리라.

'저 사람들이 어떤 사람들인가 좀 보자.' 마리우스는 생각했다. '어떤 처지에 있을까.'

그는 서랍장 위로 올라가 눈을 구멍에 바싹 대고 들여다보았다.

집에 웅크리고 있는 야수와 같은 인간

도시에도 숲 속과 마찬가지로 동굴이 있어서, 그 속에는 도시에 사는 가장 악질이고 무서운 것이 도사리고 있다. 다만 도시에 도사리고 있는 것은 난폭하고 더럽고 작고 추한 데 반해, 숲 속에 도사리고 있는 것은 난폭하고 야성적이고 크고 아름다운 것이 다를 뿐이다. 소굴을 비교해 보아도 야수의 소굴은 그래도 인간의 그것보다는 낫다. 바위굴은 움집보다는 나은 것이다.

마리우스의 눈에 비친 것은 하나의 움집이었다.

마리우스 자신도 가난하여 그의 방에 무엇 하나 없었으나 그의 가난은 기품이 있는 만큼 그의 지붕밑 방은 깨끗하고 산뜻했다. 그런데 이제 그가 들여다본 방은 무덥고, 더럽고, 코를 들이밀 수도 없을 만큼 냄새가 나고, 불결하고, 어두컴컴하고, 지저분했다. 가구라곤 오직 다리가 하나 달린 짚의자와 다 떨어진 책상과 깨진 병이며, 접시와 방 한구석을 차지하고 있는 뭐라 말할 수 없이 더러운 침대 둘뿐이었다. 그리고 빛이리곤 겨우 기미줄이 잔뜩 낀 천장에 뚫린 네 개의 유리창으로 들어오는 희미한 햇빛뿐이었다. 그 햇빛에 비친 사람들의 얼굴은 마치 유령의 얼굴 같았다. 벽은 마치 나병 환자의 피부처럼 갖가지 상처가 난 자리는 뭔가 무서운 병 때문에 흉하게 일그러진 사람의 얼굴 같았다. 습기가 마치 눈꼽처럼 벽에 배어 있었다. 난잡한 그림이 숯으로 여기저기 그려져 있는 것이 보였다.

마리우스가 들어 있는 방바닥은 더러 떨어지기는 했으나 어쨌든 벽돌이 깔려 있었다. 그런데 이 방은 바닥돌도 깔려 있지 않을 뿐 아니라 마루도 깔려 있지 않고, 일 년 내내 발에 밟혀 시커멓게 된 횟바닥 위를 그대로 걷게 되어 있었다. 그 울퉁불퉁한 바닥에는 때가 두껍게 끼어 아직 한 번도 청소한 일이 없는 것 같았다. 그리고 그 위에 낡은 덧신이며 뒤축이 찌그러진 구두며 다 떨어진 누더기 따위가 아무렇게나 널려 있었다. 그래도 그 방에는 난로가 하나 놓여 있었다. 방세가 일 년에 40프랑이나 되는 것은 그 때문이었다. 그 난로 속에는 별별 것이 다 쑤셔박혀 있었다. 곤로며 남비며 깨진 판자며 못에 걸린 누더기며 새장이며 재며, 그리고 불도 조금 있었다. 장작 두 개비가 시름없이 연기를 내뿜고 있었다.

그 지붕밑 방이 한층 살벌해 보이는 것은 그 방이 터무니없이 크기만 하기 때문이었다. 방 구석구석에 툭 튀어나온 부분이며, 모퉁이며, 어두운 구멍이 있고, 천장 서까래가 그대로 드러나 보이는가 하면 만(灣)도 있고 곶(串)도 있었다. 그것 때문에 밑모를 무서운 곳이 곳곳에 생겨서 거기에 손바닥만한 거미며, 발만큼 큰 쥐며느리며, 또 뭔가 정체를 알 수 없는 괴물 같은 인간까지가 숨어 있을 것 같았다.

더러운 침대가 하나 문 옆에, 그리고 또 하나가 창 옆에 놓여 있었다. 둘 다 한쪽이 난로에 꽉 붙어 있어서 마리우스가 있는 곳에서 정면으로 바라보였다.

마리우스가 들여다보고 있는 구멍 쪽 바로 옆 구석 벽에는 검은 나무 액자에 낀 색깔 있는 판화가 하나 걸려 있었는데, 그 아래에는 커다란 글씨로 '꿈'이라고 씌어 있었다. 잠자고 있는 여자와 어린애를 그린 그림이었다. 어린애는 여인의 무릎에서 자고 있고 그들의 머리 위 공중에서는 독수리 한 마리가 부리에 왕관을 물고 날고 있고, 여인은 잠든 채 그 왕관을 어린애 머리에 씌우지 못하도록 손으로 막고 있었다. 원경으로는 나뽈레옹이 영광에 싸여 황금빛 기둥머리가 있는 푸르고 굵은 둥근 기둥에 등을 기대고 있었는데 그 기둥에는 이런 글자가 새겨 있었다.

마렝고
아우스테를리츠
이예나
와그람
엘로트
이 액자 밑에는 기다란 판자 하나가 마루 위에 비스듬히 세워져 있었다.

그는 서랍장 위로 올라가 눈을 구멍에 바싹 대고 들여다보았다.

그림을 뒤집어 놓은 것인지 낙서를 한 액자인지 아니면 거울을 벽에서 떼어 놓은 채 잊고 걸지 않은 것인지, 아무튼 그런 것 중의 어느 하나인 듯했다.

탁자 위에는 펜과 잉크와 종이가 놓여 있고 그 옆에는 나이가 60세 가량 돼 보이는 남자가 한 사람 앉아 있었다. 몸이 작고, 여위고, 창백하고, 눈에 사나운 기색이 있고, 교활하고, 잔인하고 불안해 보이는 사나이였다. 보기에도 무서운 인간이었다.

만일 라바떼르가 그 얼굴을 관찰했다면 콘도르의 상과 검사의 상이 혼합된 얼굴이라고 판단했을 것이다. 시체를 파먹는 새와 재판하는 인간이 서로 흉하게 얽혀, 재판하는 인간은 시체를 파먹는 새를 비열하게 만들고, 시체를 파먹는 새는 재판하는 사람을 무섭게 만들고 있었다.

이 남자는 반백의 긴 수염을 기르고 있었다. 여자 셔츠를 입고 있기 때문에 털투성이의 가슴과 흰 털이 섞인 두 팔이 그대로 보였다. 그 셔츠 아래로는 때 낀 더러운 바지와 발가락이 내다보이는 긴 구두가 보였다. 파이프를 입에 물고 담배를 피우고 있었다. 그 방에는 빵은 한 조각도 없었으나 담배만은 있었던 것이다. 남자는 뭔가 쓰고 있었다. 보나마나 마리우스가 읽은 것 같은 편지를 쓰고 있을 것임에 틀림없었다.

탁자 한쪽에는 불그레한 낡은 책 한 권이 놓여 있었다. 도서 관람실 같은 데서 흔히 볼 수 있는 12절판인 것으로 보아 소설책인 것 같았다. 표지에는 굵은 대문자로 이런 제목이 박혀 있었다. 《신, 왕, 명예, 그리고 부인들, 뒤크레 뒤미닐 지음, 1814년》. 뭔가를 쓰면서 남자는 큰소리로 떠들고 있었다.

이런 말이 마리우스의 귀에 들려 왔다.

"평등한 건 하나도 없어, 죽은 다음에도! 뻬르 라쉐즈 묘지엘 가봐! 지체 있는 부자놈들은 높은 곳에, 아카시아 가로수를 사이에 두고 길엔 자갈이 쫙 깔려 있지. 놈들은 묘지까지 마차를 타고 간단 말이야. 그런데 미천한 놈, 가난한 놈, 보잘것없는 놈들은 대체 뭐야. 놈들은 모두 제일 밑바닥에 묻히지. 무릎까지 빠지는 진창에, 웅덩이 속에, 질척질척한 곳에, 그런 곳에 묻혀 하루라도 빨리 썩으라고. 성묘를 가려고 해도 흙속에 빠지지 않고서는 갈 수가 없다니까!"

여기서 말을 끊더니 그는 갑자기 책상을 주먹으로 탕 치고는 이를 갈며 덧붙였다.

"아아, 세상을 와작와작 씹어 버리고 싶다!"

40살로 보이는가 하면 100살로도 보이는 뚱뚱한 여자가 맨발로 난로 옆에 쭈그리고 앉아 있었다. 그녀도 역시 몸에 걸치고 있는 거라곤 속옷 하나와 낡은 천을 조각조각 이은 메리야스 스커트뿐이었다. 초라한 앞치마가 스커트를 반쯤 가리고 있었다. 앞으로 허리를 굽히고 있었으나 키는 무척 커보였다. 남편에 비하면 대단히 큰 여자였다. 머리칼은 흰 머리가 희끗희끗한 붉은 빛 나는 갈색으로 그 머리칼을 손톱에 때가 긴 넓적한 손으로 이따금 긁고 있었다.

그녀 옆 마룻바닥에는 탁자 위에 있는 것과 모양이 같은 책이 펼쳐진 채 놓여 있었다. 아마 같은 소설의 연속편인 듯싶었다.

마리우스가 한 침대로 눈길을 돌리자 몸이 호리호리한 창백한 소녀가 걸터앉아 있었다. 역시 거의 벌거벗은 몸으로 두 발을 늘어뜨린 채 무슨 애기를 듣고 있는 것도 보고 있는 것도 아닌, 마치 살아 있는 것 같지도 않았다. 마리우스의 방에 찾아왔던 처녀의 동생이 틀림없었다. 그 소녀는 12, 3살 가량 돼 보였다. 그러나 주의해 살펴보니 분명 15살은 돼 보였다. 어제 저녁 큰길에서 "그래서 정신없이 도망쳐 왔어" 하고 말한 그 소녀였다.

처음엔 발육이 부진하다가 나중에 갑자기 키가 훌쩍 크는 그런 허약 체질의 소녀였다. 가난한 생활이 그런 이상야릇한 체질을 만드는 것이다. 그런 사람은 유년기도 소녀기도 없다. 15살이 되어도 12살로밖에 보이지 않고, 16살이 되면 이미 20살로 보인다. 오늘은 아직 소녀인데 내일은 이미 여자가 되는 것이다. 마치 인생을 큰 걸음으로 성큼성큼 걸어 빨리 끝을 맺으려는 것 같다. 아직은 그 소녀는 어린애로 보였다.

다시 주의해 살펴보니까 그 방에는 일하는 기색이 전혀 없었다. 옷감 짜는 기계고, 실 잣는 물레고, 바느질 도구도 일체 없었다. 구석에 다만 뭔가 수상쩍은 쇠붙이 조각이 뒹굴고 있을 뿐이었다. 이러한 게으름이야말로 절망과 죽음 직전 사이에 찾아오는 그 암울한 권태인 것이다.

마리우스는 오랫동안 그 음침한 방안을 들여다보았다. 그것은 무덤 속처럼 소름이 끼치는 곳이었다. 왜냐하면 그곳에는 꾸물대는 인간의 영혼, 또 우물우물 움직이고 있는 생명이 느껴졌기 때문이다.

지붕밑 방, 움 속, 가난한 사람이 우글대는 사회 구조의 최하층의 굴, 그것은 무덤이 아니라 무덤의 대합실이다. 그러나 부자가 자기 집 입구에 화려함의 극치를 늘어놓듯 가난한 자의 곁에 있는 죽음도 그 문앞에 비참의 극치를 늘어놓는 법이다.

남자는 어느 새 입을 다물고, 여자도 말이 없고, 소녀는 숨도 쉬지 않는 것 같았다. 다만 펜으로 종이를 긁는 소리만이 가늘게 들려왔다.

남자는 쓰던 손을 멈추지 않고 말했다.

"빌어먹을, 빌어먹을! 모두가 빌어먹을!"

솔로몬의 한탄(솔로몬의 한탄은 '허무하도다, 허무하도다! 모두가 허무하도다')을 흉내낸 듯한 그 말을 듣고 여자가 한숨을 쉬었다.

"여보, 그렇게 화내지 말아요." 여자가 말했다. "몸을 해치면 안되잖아요. 당신은 참 사람이 너무 좋아요. 그런 사람들한테 일일이 편지를 내고, 당신도 참!"

비참한 생활을 하고 있는 사람들은 추운 때처럼 서로 몸을 바싹 붙이고 있으나 마음은 제각각 흩어져 있다. 전에는 이 여자도 진실한 애정을 가지고 그 남자를 사랑했겠지만, 오랜 세월 가난한 생활을 하며 매일같이 서로 다투는 동안 그 사랑도 이미 사그라져 버렸으리라. 이제 그 여자의 남편에 대해 남은 것은 사랑의 타다 남은 재뿐일 것이다. 그러나 예전에 부르던 다정한 호칭만은 세상에 흔히 있듯이 여전히 남아 있다.

그녀는 지금도 남편을 향해 "여보, 당신" 하고 부르고 있었다. 그러나 그것은 이미 말뿐, 마음은 벌써 잠자고 있었다.

남자는 다시 쓰기 시작했다.

전략과 전술

마리우스는 가슴이 답답해지는 것을 느끼고 그 자리를 물러나려고 하다가 갑자기 무슨 소리를 듣고 그 자리에 머물렀다.

저쪽 방문이 홱 열린 것이다. 큰딸이 문에 나타났다. 진흙투성이가 된 커다란 남자 구두를 끌고 들어서는데 빨간 복사뼈까지 진흙이 튀어 있었다. 그녀는 다 떨어진 낡은 망토를 걸치고 있었다. 그 망토는 한 시간 전 마리우스를 찾아왔을 때는 입지 않았던 것으로 보아 될수록 가련하게 보이기 위해 문 뒤에 벗어놨다가 나중에 나가면서 다시 입었는지도 모른다.

여기서 말을 끊더니 그는 갑자기 책상을 주먹으로 탕 치고는 이를 갈며…….

큰딸은 방으로 들어오자 뒤로 문을 닫고 숨을 헐떡거렸다. 잠시 서서 한숨을 돌리고 나더니 기쁜 표정으로 소리쳤다.

"와요!"

아버지는 그쪽으로 눈길을 돌리고 어머니도 고개를 돌렸으나 동생은 꼼짝도 하지 않았다.

"누가?" 아버지가 물었다.

"그분 말예요!"

"자선가 말이냐?"

"네."

"쌩 자끄 성당의?"

"네."

"그 늙은이가?"

"네."

"지금 곧 온다는 거냐?"

"제 바로 뒤에 와요."

"그게 정말이냐?"

"네, 정말이에요."

"그래, 정말 온단 말이지?"

"마차를 타고 와요."

"마차를 타고? 꼭 로스차일드 같구나."

아버지는 벌떡 일어났다.

"그런데 어떻게 된 거냐? 마차를 타고 온다는데 네가 먼저 왔으니. 대체 어떻게 된 거야? 그래, 주소는 잘 가르쳐 줬냐? 복도 맨 끝 오른쪽 문이라고 잘 말했냐? 틀리지 않으면 좋으련만! 그래 성당에서 만났냐? 내가 쓴 편지는 읽었냐? 네게 뭐라든?"

"아이, 아버지도," 딸은 말했다. "성미도 급하셔. 들어 보세요. 제가 성당으로 들어가니까 할아버지는 늘 앉는 자리에 앉아 있었어요. 편지를 드렸지요. 할아버지는 그걸 읽어 보시더니 '집은 어디지?' 하고 묻지 않겠어요. '제가 안내하겠어요' 하고 대답했죠. 그랬더니 '아니, 어딘가만 가르쳐줘요. 내 딸이 뭘 좀 사겠다고 하니까 마차를 빌려 타고 당신과 같은 시각에 도착하겠소.' 그래 주소를 가르쳐 드렸죠. 집을 가르쳐 주니까 뭔가 깜짝 놀라는 듯 잠시 망설이는 기색이더니 곧 '아, 좋소, 가겠소' 하고 말했어요. 미사가 끝나고 제가 지켜보고 있으려니까 할아버지는 딸을 데리고 성당에서 나와서 같이 마차에 탔어요. 복도 맨 끝 오른쪽 문이라는 걸 자세히 알려 드렸어요."

"하지만 그것만으로 어떻게 꼭 온다고 믿니?"

"조금 전에 마차가 르 쁘띠 방끼에 거리로 오는 걸 봤거든요. 그래 막 뛰어왔어요."

"어떻게 그 마차라는 걸 알았니?"

"번호를 똑똑히 봐 뒀어요."

"몇 번이었니?"

"440번."

"그래 넌 참 영리한 계집애다."

딸은 뾰로통한 표정으로 아버지를 말끄러미 바라보다가 신고 있는 구두를 쳐들어 보였다.

"그야 물론 영리하고말고요. 하지만 저 이제 이런 구두는 신지 않겠어요. 지긋지긋해요. 첫째 몸에 해로워요. 그리고 더럽고, 밑바닥이 젖어서 걸을 때마다 찍찍 소리가 나요. 차라리 맨발로 걷는 게 낫겠어요."

"그렇겠구나." 아버지는 딸의 거친 말과는 반대로 부드러운 어조로 말했다. "그러나 맨발로는 성당 안엔 못 들어가는걸. 가난뱅이도 구두만은 신어야 해. 맨발로는 하느님 앞에 못 가니까." 그는 불쾌한 듯 말했다.

그리고 다시 지금 마음을 사로잡고 있는 얘기로 돌아갔다.

"그래, 틀림없이 오겠지? 틀림없이?"

"온다니까요. 곧 뒤따라 올 거예요." 딸은 대답했다.

남자는 자리에서 벌떡 일어났다. 얼굴에 갑자기 확 빛이 비친 것 같았다.

"이봐, 들었지?" 그는 아내에게 말했다. "자선가가 온대. 어서 불을 꺼."

어머니는 어리둥절하여 꼼짝하지 않고 서 있었다. 아버지는 마술사 같은 재빠른 솜씨로 난로 위에 있는 단지를 내려서 타고 있는 장작 위에 물을 부었다. 그리고 딸들에게 말했다.

"넌 그 의자의 짚을 빼라."

딸은 그 말이 무슨 말인지 잘 알아듣지 못했다. 아버지는 자기가 직접 의자를 잡고 발뒤꿈치로 차 의자에서 짚을 뺐다. 한쪽 발이 의자 속으로 쑥 들어갔다. 그 발을 빼며 아버지는 딸에게 물었다.

"밖이 춥냐?"

"네, 무척 추워요. 눈이 내려요."

아버지는 창가 침대 위에 앉아 있는 작은딸을 돌아보며 벼락같이 고함을 질렀다.

"빨리 침대에서 내려와. 게으른 계집애 같으니! 아무것도 안하는 주제에! 넌 유리창을 깨!"

소녀는 몸을 부르르 떨고 침대에서 내려왔다.

"유리창을 깨!" 아버지가 다시 고함을 질렀다.

소녀는 어쩔 줄 몰라 쩔쩔맬 뿐이었다.

"그래도 못 알아 듣겠어?" 아버지는 되풀이했다. "유리창을 한 장 깨란 말야!"

작은딸은 그때야 발끝으로 올라가 주먹으로 유리창을 쳤다. 유리는 무서운 소리를 내며 아래로 떨어졌다.

"됐어." 아버지는 말했다.

아버지는 침착하면서도 성급했다. 방 구석구석을 재빨리 살펴보았다. 마치 전쟁이 시작되려는 때 마지막 준비를 하고 있는 장군과 같았다.

그때까지 한 마디도 입을 열지 않던 어머니도 천천히 일어나며 느릿느릿 말했다. 마치 입속에 얼어붙은 말을 밖으로 밀어내듯이.

"아니, 어쩌려고 이래요?"

"당신은 침대에 누워" 하고 남자는 대답했다.

생각할 겨를도 주지 않는 어조였다. 어머니는 하라는 대로 침대 위에 훌쩍 들어가 누웠다. 그러자 한쪽 구석에서 흐느껴 우는 소리가 들렸다.

"왜 그래?" 아버지가 소리쳤다.

어두운 구석에 서 있던 작은딸이 거기서 나오려고도 하지 않고 피투성이가 된 손을 내밀었다. 유리를 깰 때 다친 것이다. 그녀는 어머니가 누워 있는 침대 옆으로 가 훌쩍훌쩍 울었다.

그러자 어머니가 벌떡 일어나 소리쳤다.

“이것 봐요, 괜히 멍청한 짓을 시켜 가지고. 유리를 깨다가 손을 베었잖아요!”

“오히려 잘됐어.” 남자는 말했다. “그렇게 되라고 시킨 거야.”

“뭐라고요? 잘됐다고요?” 아내는 떠들었다.

“시끄러워!” 아버지는 벼락같이 소리쳤다. “이제부터 입만 떼면 용서 안 한다!”

그리고 자기가 입고 있는 셔츠를 쭉 찢어 딸의 피투성이가 된 손을 재빨리 싸주었다.

그리고 그는 자기의 찢어진 셔츠를 만족스럽게 내려다보았다.

“됐다, 이편이 훨씬 나아.” 그는 중얼거렸다.

차디찬 북풍이 창을 치고 방 안으로 불어 들어왔다. 밖의 안개도 흘러들어와 하얀 솜이 보이지 않는 누군가의 손으로 뿌려지듯 방안에 엷게 퍼졌다. 깨진 유리창으로 눈이 내리는 것이 보였다. 전날 봉헌 축일의 날씨로 보아 예상되었던 추위가 과연 찾아온 것이다.

아버지는 잊은 것이 없나 확인이나 하듯 주위를 한 번 둘러보았다. 그리고 헌 부삽으로 젖은 장작이 완전히 파묻힐 때까지 재를 휘저었다. 그러고는 일어나서 난로 옆으로 다가갔다.

“자, 이제 자선가를 맞을 준비는 다 되었다” 하고 말하였다.

움집에 비친 햇살

작은딸은 아버지 옆으로 다가가 아버지 손에 자기 손을 올려 놓았다.

“좀 만져 봐요. 이렇게 차요.” 그녀는 말했다.

“뭘! 너보단 내 손이 훨씬 더 차다” 하고 아버지는 대답했다.

어머니가 대들 듯 큰소리로 외쳤다.

“당신은 언제나 남보다 나아요. 고통만 해도…….”

“닥쳐!”

어머니는 험악하게 쏘는 눈초리에 아무 소리도 더 하지 못했다. 방안은 일순 조용해졌다. 큰딸은 모르는 척 망토에 묻은 흙을 털고, 작은딸은 여전히 느껴 울고 있었다. 어머니는 그런 작은딸의 얼굴을 감싸안고 키스를 퍼부으며 중얼거렸다.

"자, 이제 고만. 착한 애지. 또 아버지한테 혼나려고."

"혼내긴 누가 혼내?" 아버지는 큰소리로 말했다. "천만에. 울어, 울어. 그게 오히려 낫다."

그리고 큰딸을 쳐다보며 말했다.

"애, 어떻게 된 거냐? 안 오잖아! 만일 안 오는 날이면 괜히 불을 끄고, 의자를 부수고, 셔츠를 찢고, 유리창만 깬 게 되잖아!"

"게다가 아이 손만 다치고." 어머니가 중얼거렸다.

"자, 봐라." 아버지는 계속 지껄였다. "이 방구석에 바람이 몰아치는 걸. 만일 그 영감이 오지 않으면, 아아, 정말 못 참겠다. 일부러 기다리게 하느라고 이럴 거야. 영감탱인 이렇게 생각하고 있는 거야. '뭐 좀 기다리게 하면 어때, 어차피 그게 장사니까!' 참 지긋지긋한 놈들이야. 놈을 그냥 콱 죽여버렸으면 얼마나 후련할까! 그 부자놈들을, 그 부자놈들을 그냥 한 놈도 남기지 않고! 그놈을, 그 자선가놈을. 믿음이 깊은 척하고 미사에 가서 되지 못한 신부놈들한테 알랑대기나 하고, 되잖은 소릴 지껄이며 우리들한텐 꽤나 지체높은 척하는 그놈들. 우리에게 망신을 주고 겨우 4수어치도 안되는 옷을 갖다주고서 뽐내는 놈들. 빵이라고! 내가 바라는 건 그게 아니야. 돈이야, 돈. 아아, 돈이 갖고 싶다. 그런데 돈은 한푼도 안 낸단 말이야. 돈을 주면 뭐 다 마셔버리니까 게으른 너희놈들에겐 안된다나? 그럼, 놈들은 뭐야? 대체 어떤 인간이야? 본래 어땠는데? 도둑놈이었잖아. 도둑질 하지 않고 어떻게 부자가 돼. 아아, 세상을 그저 한꺼번에 싸들고 공중으로 홱 집어던졌으면 좋겠다. 그럼 모두 산산조각이 나겠지. 그렇게는 되지 않더라도 모두 한푼 없는 거지는 될 거야. 그렇게만 돼도 좋겠어! 그런데 대체 어떻게 된 거야? 자선가란 놈은! 그놈 혹시 번지를 잊어버린 게 아냐? 늙어빠진 놈이……."

그때 누군가 문을 가볍게 두드렸다. 남자는 뛰어가 문을 열고 정중하게 머리를 숙인 다음 사랑하는 사람에게 아양을 떨듯 미소를 지으며 소리쳤다.

"어서 오십시오, 나리! 안으로 들어오십시오. 동정심 많은 나리, 그리고 어여쁘신 아가씨도, 어서."

나이가 지긋한 남자와 젊은 처녀가 방문에 나타났다. 마리우스는 여전히 그 자리에 서 있었다. 그때 마리우스가 느낀 것은 도저히 인간의 말로는 표현할 수 없는 것이었다.

'그녀'였던 것이다.

사랑을 한 경험이 있는 사람은 이 '그녀'라는 말이 내포하고 있는 눈부신 의미를 너무도 잘 알 것이다.

틀림없는 '그녀'였다. 마리우스의 눈에는 순간 안개 같은 것이 확 끼어

그녀의 모습은 잘 보이지 않았다. 그러나 그녀는 모습을 감추고 사라져 버린 그 그리운 처녀, 여섯 달 동안 그에게 빛을 보내던 그 별에 틀림없었다. 그 눈동자, 그 이마, 그 입매, 어둠 속으로 사라져 버린 그 아름다운 얼굴에 틀림없었다. 한번 모습을 감춘 환영이 다시 나타난 것이다.

다시 나타난 것이다. 이런 어두컴컴한 곳에, 이런 지붕밑 방에, 이 숨막힐 듯한 움막에, 이 무서운 장소에! 마리우스는 미친 듯 몸을 부르르 떨었다. 아아, 그녀다. 그의 심장은 무섭게 뛰고 눈조차 보얗게 흐려졌다. 눈물이 왈칵 쏟아질 것 같았다. 아아, 그토록 찾아헤맸는데, 이제 겨우 만났다! 마치 오랫동안 잃었던 자기의 영혼을 다시 찾은 듯한 기분이 들었다.

그녀는 그전과 조금도 변한 데가 없었다. 다만 얼굴색만이 약간 더 창백해진 것 같았다. 고상한 얼굴은 자줏빛 비로드 모자로 감싸였고 몸엔 검은 공단 망토를 두르고 있었다. 긴 옷 아래로는 비단으로 짠 구두를 신은 작은 발이 보였다.

그녀와 같이 온 사람은 르블랑 씨였다. 그녀는 두어 걸음 방 안으로 들어와 커다란 보퉁이를 책상 위에 올려놓았다.

종드레뜨의 큰딸은 문 뒤에 비켜 서서 그 비로드 모자며 비단 망토며 그 아름답고 행복해 보이는 얼굴을 우울한 눈초리로 바라보고 있었다.

우는 소리 하는 종드레뜨

더러운 그 방은 무척 어두웠기 때문에 밖에서 들어온 사람에게는 마치 굴속에 들어온 것 같았다. 두 사람은 주위가 흐릿하니 보이지 않아 주저하며 걸어들어왔다. 그러나 방안의 사람들은 어둠엔 이미 익숙해 두 사람의 모습이 똑똑히 보였으므로 아주 샅샅이 살피고 있었다.

르블랑 씨가 친절하면서도 우울한 눈초리로 다가와 종드레뜨에게 말했다.

"자, 여기 보퉁이에 새 옷과 양말과 담요가 들어 있소."

“아, 천사처럼 자비하신 나리께서 이렇게까지 해주시니” 하며 종드레뜨는 머리가 마룻바닥에 닿을 정도로 허리를 굽혔다.

그리고 두 사람이 비참한 방안을 둘러보고 있는 동안 아버지는 큰 딸 위에 허리를 굽히고 이렇게 작은 소리로 재빠르게 속삭였다.

“자, 봐라. 내 말이 맞지? 헌옷만이라잖아, 돈은 안 내놓고. 그저 이놈이나 저놈이나 다 같아. 그런데 참, 이 늙다리한텐 무슨 이름으로 편지를 냈더라?”

“파방뚜.” 딸은 대답했다.

“배우였지, 그래.”

딸한테 그 말을 물은 건 그로서 퍽 다행한 일이었다. 그때 마침, 르블랑 씨가 그에게 몸을 돌리고 이름을 생각해 내려고 애쓰며 이렇게 말했기 때문이다.

“정말 동정합니다. 그런데 이름은……”

“파방뚜라고 합니다.” 그는 서슴지 않고 대답했다.

“파방뚜 씨. 그래 그래, 이제 생각나는군요.”

“전에 배우였지요. 나리. 몇 번이나 대성공을 거두었었죠.”

여기서 종드레뜨는 지금이야말로 ‘자선가’의 마음을 사로잡을 절호의 기회라고 생각했다. 그래서 시장판의 약장수 같은 과장된 어조와 길바닥의 거지 같은 비굴한 목소리를 한데 섞어 떠들어 댔다.

“전 딸마의 제자입니다. 나리, 전 딸마의 제자죠. 한땐 저도 상당히 날렸죠. 아아, 그런데 지금은 운이 아주 막혀 버려서. 이것 보십시오, 자비하신 나리. 이처럼 빵도 없고 불도 없는 형편입니다. 가엾게도 아이들은 불도 없이 떨고 있습니다. 하나밖에 없는 의자는 속이 다 빠져 버리고, 유리창도 깨져 버렸어요! 이렇게 추운 날씨에! 게다가 아내는 병이 나 누워 있고!”

“병에 걸렸다니 참 안됐군요.” 르블랑 씨는 말했다.

“아이는 또 상처까지 입고……” 종드레뜨는 덧붙였다.

작은딸은 낯선 사람에 정신이 팔렸다. 소녀는 ‘아가씨’를 바라보느라고 울음을 그치고 있었다.

“울어! 엉엉 울란 말야!” 종드레뜨는 딸에게 속삭였다.

그러면서 그는 어린 딸의 다친 손을 꼬집었다. 그럴 때 아버지의 솜씨는

"어서오십시오, 나리! …… 어여쁘신 아가씨도, 어서."

요술쟁이처럼 재빨랐다. 어린 딸은 큰소리로 비명을 질렀다.

마리우스가 마음 속으로 '나의 위르쉴르'라고 부르고 있던 아름다운 처녀가 급히 다가갔다.

"아이, 가엾어라." 그녀는 말했다.

"좀 보세요, 어여쁜 아가씨." 종드레뜨는 말했다. "피투성이 손목을! 하루에 6수 벌자고 기계 일을 하다 이렇게 된 거랍니다. 자칫했으면 손목이 아주 달아날 뻔했어요."

"정말입니까?" 노신사가 깜짝 놀라 물었다. 어린 소녀는 그 소리를 듣자 더욱 더 큰소리로 울었다.

"네, 슬프게도 사실입니다. 자비로운 나리!" 아버지는 대답했다.

종드레뜨는 아까부터 이상한 눈초리로 '자선가'를 흘긋흘긋 훔쳐보고 있었다. 지껄이면서도 쉴새없이 기억을 더듬는 듯 상대방의 모습을 주의깊게 살펴보았다. 그러다 갑자기 손님들이 소녀를 불쌍히 여겨 이것저것 묻고 있는 동안, 힘이 없는 듯 침대 위에 누워 있는 아내 옆으로 다가가 재빨리 말했다.

"저 남자를 잘 보아 둬!"

그리고 다시 르블랑 씨를 향해 돌아서서 이 말 저 말 한탄을 늘어놓았다.

"살펴 보십시오, 나리! 저는 옷이라곤 여편네가 입던 셔츠밖에 없습니다. 그것도 다 떨어진 겁니다. 이 추운 겨울에 윗옷이 없어 밖에 나갈 수도 없어요. 윗옷 한 벌만 있어도 마르스 양을 만나러 갈 텐데. 그 여배우는 저와 무척 친한 사이입니다. 그 여배우 아직 라 뚜르 데 담 거리에 살고 있습니까? 전 그 배우와 같이 지방 공연을 다닌 일도 있습니다. 둘이서 함께 성공을 거뒀었죠. 셀리멘느는 틀림없이 제게 행운의 손길을 뻗쳐줄 것입니다. 엘미르는 벨리제르에게 적선을 해줄 겁니다.

하지만 이런 꼴을 해가지곤 어쩔 수가 없어요. 그런데 집에는 한 푼도 없습니다. 아내가 병이 들었어도 한 푼도 없어요. 딸이 몹시 다쳤어도 돈 한 푼 없어요. 그런데 아내는 숨이 막힐 것 같다고 합니다. 나이가 나이인 데다 신경이 약한 탓이죠. 어떻게든 해줘야 할 텐데, 딸도. 하지만 병원비, 약값을 뭘로 치릅니까? 동전 한 푼 없으니! 이러니 10쌍띰 한 닢에도 무릎을 꿇어야 할 형편입니다. 나리, 이게 예술가의 말로인가요? 그렇습니까? 어여쁜 아가씨, 우리를 보호해 주시는 너그러우신 나리, 그게 옳은 겁니까? 덕성과 호의를 지니고 그 향기로 성당을 채우시는 두 분 나리, 저의 가련한 딸도 거기 기도하러 가서 매일 두 분의 모습을 지켜보고 있습니다……. 저는 딸들을 퍽 신앙심 깊게 키우고 있으니까요. 딸들은 배우로 만들고 싶지 않았습니다. 어쨌든 딸이란 건 저도 여러 번 보아 왔지만 잘못 실수하기가 쉬운 거니까요. 전 언제나 엄격하고 쓸데없는 말은 절대로 하지 않습니다. 다만 명예니, 도덕이니, 덕성이니 하는 말만 귀에 못이 박이도록 들려 주죠. 딸한테 물어봐도 압니다. 어쨌든 여자란 똑바로 바른 길을 걷지 않으면 안됩니다. 저희 딸에겐 저 같은 아버지가 있습니다. 집이 없어 끝내는 몸을 파는 그런 가엾은 애들과는 다릅니다. 교육을 시키지 않고, 맘대로 내버려두면 계집애란 타락하기 꼭 알맞죠. 저희 파방뚜 집안엔 그런 딸은 하나도 없습니다. 전 딸을 될수록 품행단정하게 키우려고 합니다. 온순하고 정직하게 하느님을 믿는 여자가 되도록 말입니다. 정말입니다.

그런데 나리, 훌륭하신 나리, 저희가 내일 어떻게 되는지 아십니까? 내일은 2월 4일, 집 주인에게 집세를 줘야 할 마지막 날입니다. 그야말로 마지막 운명의 날이죠. 오늘 밤 치르지 않으면 저희 네 식구, 큰딸과 저와 저 열에 뜬 아내와 다친 어린애가 여기서 밖으로 내쫓깁니다. 길바닥에, 길거리로 쫓겨나요. 의지할 곳도 없이 빗속으로 눈속으로, 방세를 못 내서, 4기분, 1년치를, 60프랑이 없어서 말입니다.”

종드레뜨는 거짓말을 했다. 4기분이라면 사실은 40프랑밖에 안되었고 마리우스가 2기분을 치러 주고 아직 6개월이 지나지 않았으니까 4기분이 밀려 있을 리가 없었다.

르블랑 씨는 주머니에서 5프랑을 꺼내 탁자 위에 놓았다.

종드레뜨는 그 틈을 타서 큰딸 귀에 속삭였다.

“망할 늙은이 같으니, 그따위 5프랑 가지고 뭘 어쩌란 말야. 의자하고 유리값도 안되잖아. 적어도 그만한 비용은 내야지.”

그동안 르블랑 씨는 푸른 프록코트 위에 걸치고 있던 짙은 갈색 외투를 벗어 의자 등에 걸쳐 놓았다.

“파방뚜 씨.” 그는 말했다. “지금 제가 지니고 있는 건 5프랑밖에 안되니 딸을 집에 데려다주고 저녁에 다시 오겠소. 오늘 밤 꼭 치러야 한다고 하셨죠?”

종드레뜨의 얼굴이 확 밝아지며 기묘한 표정이 되었다. 그는 급히 대답했다.

"네, 나리. 8시까지 꼭 집주인한테 줘야 합니다."

"그럼 6시에 오리다. 60프랑을 가지고."

"아아, 자비하신 나리!" 종드레뜨는 어쩔 줄 몰라 소리쳤다.

그리고 곧 목소리를 낮추어 아내에게 이렇게 덧붙였다.

"알았어? 저 사람 얼굴을 잘 봐 둬."

르블랑 씨는 아름다운 딸의 팔을 잡고 문쪽을 향해 돌아서며,

"그럼 이따 밤에 다시 오겠소. 안녕히 계십시오" 하고 말했다.

"6시라고 하셨죠?" 종드레뜨가 다시 한번 확인했다.

"6시 정각에."

그때 외투가 그냥 의자 등에 얹혀 있는 것을 보고 큰딸이 말했다.

"나리, 옷을 잊으셨어요."

종드레뜨는 험악한 눈으로 딸을 보며 어깨를 들먹거렸다.

르블랑 씨는 돌아보고 빙그레 웃으며 대답했다.

"잊은 게 아니라 놓고 가는 거요."

"아이구, 저희를 지켜 주시는 나리." 종드레뜨는 말했다. "너무 감격해 전 눈물이 나옵니다. 제발 마차까지만이라도 배웅을 하도록 허락해 주십시오."

"밖에 나오려거든," 르블랑 씨는 말했다. "그 외투를 입고 나오시오. 날씨가 몹시 추우니."

종드레뜨는 더 기다릴 것 없이 재빨리 그 갈색 외투를 걸쳤다. 종드레뜨가 앞장서고 세 사람은 나갔다.

국영 마차 삯 1시간당 2프랑

마리우스는 그러한 광경을 하나도 놓치지 않고 보고 있었으나 사실은 하나도 보고 있지 않았다. 그의 눈은 그녀 위에 못박혀 떨어지지 않았고, 그의 마음은 그녀가 그 방에 한 발 들여놓는 순간부터 그녀를 송두리째 잡고 놓지 않았다. 그녀가 거기 있는 동안은 그는 육체적인 모든 지각력이 끊어지고 영혼이 단 한곳에 집중하는 황홀한 상태에 있었다. 그는 그녀를 보고 있었다기보다 비단 망토를 입고 비로드 모자를 쓴 하나의 빛을 보고 있었다. 설사 시리우스 별이 방안에 들어왔대도 그처럼 눈앞이 황홀하지는 않았을 것이다.

처녀가 보퉁이를 풀고 옷이며 담요를 꺼내놓고, 병든 어머니를 위로하기도 하고, 다친 소녀에게 친절히 물어보기도 하는 동안, 그는 그녀의 일거일동을 주의해서 살피고 그 말소리를 들으려 열심히 귀를 기울였다. 마리우스는 그녀의 눈이며, 이마며, 아름다운 얼굴이며, 몸매며, 걷는 모습은 너무나 잘 알고 있었으나 그 목소리는 아직 들어 본 일이 없었다. 꼭 한 번 뤽상부르 공원에서 두세 마디 들은 적이 있기는 하나 그것도 확실하지 않았다. 그래서 그녀의 음성을 듣기 위해서라면, 그 음악을 조금이라도 마음에 담아두기 위해서라면, 그는 나머지 생명의 10년이라도 기꺼이 바칠 것 같았다. 그러나 그 소리는 종드레뜨의 줄곧 지껄여 대는 우는 소리와 나팔 같은 큰소리에 모조리 묻혀 버리고 말았다. 그 때문에 마리우스는 한껏 황홀한 기분 속에서도 화가 치밀었다. 마리우스는 그녀를 눈으로 잡고 있었다. 이 무서운 움막에, 이런 추악한 인간들 속에 모습을 나타낸 것이 그 신성한 여성이라고는 도저히 믿어지지 않았다. 마치 두꺼비 떼 속에서 벌새를 발견한 듯한 느낌이었다.

그녀가 방에서 나갔을 때, 마리우스는 한 가지 생각밖에 없었다. 그것은 그녀를 쫓아가서, 그녀의 뒤를 따라가서 어디 사는가 확인할 때까지는 그녀에게서 떨어지지 말자. 이렇게 기적적으로 만난 이상 다시는 그녀를 놓치지 말자! 마리우스는 서랍장에서 뛰어내려 모자를 집어들었다. 그리고 문고리를 비틀고 방에서 나가려다 문득 무슨 생각이 들어 걸음을 멈췄다. 복도는 길고 계단은 가파른 데다 종드레뜨는 떠들어 대고 있을 테니 아직 그들은 마차에 오르지 않았을 것이다.

만일 마리우스가 복도나 계단이나 입구에서 그들과 부딪쳐 그가 여기 사는 것을 아는 날엔 또 그를 경계하여 다시 모습을 감출지도 모른다. 그렇게 되면 이번에도 끝장이다. 그럼 어떻게 할까? 잠시 더 기다릴까? 하지만 기다리는 동안 마차가 가 버릴는지도 모른다. 마리우스는 어쩔 줄을 몰랐다. 그러나 결국 될 대로 되라는 심정으로 방문을 열고 나왔다.

복도에는 이미 사람의 그림자가 없었다. 마리우스는 계단을 뛰어내려갔다. 계단에도 인기척이 없었다. 급히 계단을 내려 길로 나가 보니 그때 마차는 마침 쁘띠 방끼에 거리 모퉁이를 돌아 빠리 시내를 향해 들어가고 있는 참이었다.

마리우스는 그쪽을 향해 뛰어갔다. 큰길 모퉁이까지 가자 마차가 빠른 속도로 무프따르 거리로 내려가는 것이 보였다. 마차는 벌써 상당히 멀어져 도저히 따라갈 것 같지 않았다. 어떻게 하나? 뛰어 따라갈까? 그러나 그것은 도저히 불가능했다. 게다가 어쩌면 마차 속에 있는 사람이, 누군가 전속력으로 달려오는 것을 보고 다름아닌 자기라는 것을 알게 될지도 모른다. 그때 마침 뜻밖에도 국영 마차 한 대가 큰길을 달려오는 것이 보였다. 이제 오직 한 가지 수단은 그 마차를 타고 그들을 따라가는 수밖에 없었다. 그것은 가장 확실한, 그러면서도 위험하지 않은 수단이었다.

마리우스는 마부에게 세우라고 손짓을 하고 큰소리로 외쳤다.

"시간제로!"

마리우스는 단추가 떨어진 낡은 작업복에 넥타이도 매지 않고 한쪽이 찢어진 셔츠를 입고 있었다. 마부는 말을 세우더니 눈을 껌벅거리면서 왼손을 내밀고는 마리우스 앞에서 엄지손가락과 집게 손가락을 마주 문질러 보였다.

"뭐요?" 마리우스는 물었다.

"선불이요." 마부가 대답했다.

마리우스는 16수밖에 가지고 있지 않은 것을 생각해 냈다.

"얼마요?" 그가 물었다.

"40수입니다."

"돌아와서 치르죠."

마부는 대답 대신 휘파람으로 '라 빨리쓰'를 불며 말에 채찍질을 하고 가버렸다. 마리우스는 마차가 멀어지는 것을 멍하니 바라보았다. 24수가 없어서 기쁨을, 행복을, 사랑을 잃는가! 또다시 어둠 속으로 멀어져야 하는가! 겨우 눈앞이 밝아졌는가 했더니 다시 장님이 되어버리다니! 그는 오늘 아침 가엾은 처녀에게 준 5프랑을 생각하고 후회가 막심했다. 그 5프랑만 그대로 가지고 있었으면 그는 구원을 받고 소생하여 지옥과 어둠 속에서 벗어날 수가 있었는데! 고독과 우울과 외로움에서 헤어날 수가 있었을 텐데! 자기의 어두운 운명의 끈을 그 아름다운 금빛 끈에 맬 수가 있었는데! 그러나 그 금빛 끈은 그의 눈앞에 나타났는가 하자 또 다시 뚝 끊기고 말았다. 그는 절망에 잠겨 움막으로 돌아왔다.

사실 그는 그 순간 르블랑 씨가 밤에 다시 오겠다고 약속했으니까 그때 다시 교묘히 뒤쫓으면 된다는 생각을 할 수도 있었으리라. 그러나 그는 훔쳐보는 데 너무 열중한 나머지 거의 아무 소리도 듣지 못했던 것이다. 계단을 올라가던 마리우스가 문득 큰길 저쪽 바리에르 데 고블랭 거리 인적이 없는 담벼락게를 보았을 때, '자선가'의 외투를 둘러쓴 종드레뜨가 누군가와 이야기하는 것이 보였다. 그와 이야기하는 상대는 거리에서 '불량배'라고 소문이 난 인상이 고약한 남자 중 하나였다. 그런 놈들은 늘 수상쩍은 얼굴을 하고 이상한 소리로 혼자 지껄이며, 항상 뭔가 나쁜 일을 꾸미고 있는 것 같았다. 그리고 낮엔 대개 자는 것을 보면 일은 밤중에 하는 모양이었다.

두 남자는 소용돌이치며 내리는 눈발 속에 꼼짝하지 않고 선 채로 이야기를 나누고 있었다. 그런 모양을 만일 경찰이 보았다면 분명 수상쩍게 생각했을 테지만 마리우스는 거의 관심도 두지 않았다. 그러나 마리우스는 슬픔에 마음을 빼앗기고 있으면서도 그 불량배가 아무래도 빵쇼와 비슷하다고 생각했다. 별명을 프랭따니에라고도 하고 비그르나이유라고도 한다고 언젠가 꾸르페락이 귀띔해 준 일이 있는 그는, 이 근방에선 상당히 위험한 인물로 알려져 있었다. 독자는 아마 이 이름을 벌써 앞에서 읽었을 것이다.

이 빵쇼라고도 하고, 비그르나이유라고도 하고, 프랭따니에라고도 하는 남자는 후에 수많은 형사 재판에 걸려 악당으로 이름을 떨쳤으나, 당시는 아직 소문으로만 악당으로 알려져 있었다. 오늘날 그의 이름은 강도나 살인자 사이에서 전설적인 존재로 남아 있다. 그는 왕정 말기에 벌써 한 파를 형성하고 있었다.

저녁때 해질 무렵 죄수들이 여기저기 모여 수군거릴 때, 포르스 감옥 사자 굴에서 화제가 되는 것은 언제나 그였다. 그뿐만이 아니있다. 그 감옥 변소에서 나오는 지하 하수로는 1843년 30명의 죄수가 백주에 탈옥하는데 이용됐는데, 바로 그 지하 하수로가 순시도로와 마주치는 변소 바닥돌 위 벽을 보면 '빵쇼'라는 그의 이름이 발견된다. 그것은 그가 몇 번이나 탈옥을 꾀하면서 대담하게도 새겨놓은 것이다. 경찰은 벌써 1832년경부터 그에게 주의를 기울이고 있었으나 그는 아직 본격적으로 일을 시작하지는 않고 있었다.

가난한 자가 슬퍼하는 자에게 주는 도움
마리우스는 집 층계를 천천히 올라갔다. 그리고 자기 방으로 들어가려는 순간, 종드레뜨의 큰딸이 따라와 복도에 서 있는 것을 알아챘다. 그는 그 처녀가 보기도 싫었다. 자기의 돈 5프랑을 가지고 있는 것은 그녀였으나 이제 와서 달라고 해봤자 이미 소용이 없었다. 국영 마차는 이미 가버렸고 마차도 아득히 사라져 버린 지 오래다. 첫째 돌려달라고 해도 주지 않을 것이다. 그리고 앞서 찾아왔던 사람들의 주소를 물어봐도 소용이 없을 것이다.

그녀들이 그것을 모를 것은 뻔했다. 왜냐하면 파방뚜라고 서명한 편지의 겉봉에는 '쌩 자끄 뒤 오 빠 성당의 인자하신 나리'라고만 되어 있었으니까.

마리우스는 방으로 들어가 뒤로 문을 닫았다. 그런데 문이 닫히지 않았다. 돌아보니 손 하나가 열린 문을 꽉 잡고 있었다.

"뭐요?" 그는 물었다. "누구요?"

종드레뜨의 딸이었다.

"난 또 누구라고!" 마리우스는 약간 거친 어조로 말했다. "무슨 일로 또 왔소?"

그녀는 생각에 잠긴 듯 대답하지 않았다. 아침결의 그 뻔뻔스러움은 말끔히 가시고 없었다. 방에 들어오려고도 하지 않고 복도의 어둠 속에 서 있었기 때문에 마리우스에게는 반쯤 열린 문으로 간신히 그 모습이 보였다.

"말해요, 무슨 일이오?" 마리우스는 재촉했다.

그녀는 흐릿하게 빛나는 우울한 눈을 들어 그를 보며 말했다.

"마리우스 씨, 우울하신 것 같은데 무슨 일이 있나요?"

"내가?" 마리우스가 되물었다.

"네."

"아무 일도 없소."

"아니에요, 있어요."

"별일 없대두요."

"아니 분명히 있어요."

"나를 내버려두시오."

마리우스는 다시 문을 닫으려 했으나 그녀는 여전히 문을 잡고 놓지 않았다.

"그러지 마세요, 마리우스 씨." 그녀는 말했다. "당신은 부자도 아니면서 오늘 아침 저에게 무척 친절하게 해주셨죠? 그러니까 지금도 친절하게 해주셔야 할 게 아녜요. 오늘 아침은 먹을 것을 주셨으니까 이번엔 생각하고 계

두 남자는 눈발 속에 꼼짝하지 않고 선 채로 이야기를 나누고 있었다.

신 것을 말씀해 주세요. 당신께 슬픈 일이 있으신 거예요. 얼굴에 다 나타나 있어요. 저는 당신이 슬퍼하시면 싫어요. 어떻게 하면 기분 좋아질 수 있을까요? 제가 도와 드릴 수는 없나요? 저를 시켜 주세요. 당신의 비밀은 묻지 않겠어요. 저도 어쩌면 당신의 도움이 될지도 모르잖아요. 아버지 심부름을 하고 있으니까 당신의 심부름도 잘할 수 있어요. 편지를 가지고 간다든가, 누구의 집을 찾아간다든가, 이집 저집 찾아다닌다든가, 주소를 찾는다든가, 누구의 뒤를 따라간다든가 하는 일이라면 저만큼 잘하는 사람은 없을 거예요. 말씀해 주세요, 네? 마음 속에 생각하고 계신 걸. 그럼 제가 누구에게든 가서 말을 전해 드릴게요. 남에게 사정을 얘기하면 일이 해결되는 수도 있어요. 저를 시켜 주세요."

그때 한 가지 생각이 마리우스의 머리를 스치고 지나갔다. 물에 빠진 사람은 지푸라기에라도 매달린다고 하지 않는가? 마리우스는 종드레뜨의 딸에게 다가갔다.

"그럼 들어 봐⋯⋯." 그는 입을 열었다.

그녀는 눈에 가득 기쁜 빛을 띠고 말했다.

"네, 그렇게 반말로 말씀해 주세요. 전 그게 훨씬 좋아요."

"방금 노인 한 분을 모시고 왔었지? 그 따님하고⋯⋯."

"네."

"그분들 주소를 모르나?"

"몰라요."

"그걸 알아다 줘."

처녀의 우울하던 눈이 겨우 밝아지는가 싶더니 다시 어두워졌다.

"그 일인가요, 제가 해드릴 일이란?"

"그래."

"그분들 알고 계세요?"

"몰라."

"그럼 이런 거군요." 그녀는 급히 말했다. "지금은 그 처녀를 몰라도 앞으로 알고 싶다는 얘기군요."

'그분'이라는 말이 '그 처녀'로 바뀐 이면에는 뭔가 뜻깊은 괴로운 감정이 깃들어 있었다.

종드레뜨의 딸이었다.

“하여튼 할 수 있어, 없어?” 마리우스는 물었다.

“그 예쁜 처녀의 주소를 알아 오는 거요?”

‘그 예쁜 처녀’란 말에도 또 어떤 감정이 비치고 있어 그것이 마리우스를 역겹게 했다. 그는 말을 이었다.

“어쨌든 그 노인과 처녀의 주소 말이야. 그분들의 주소를 알아 올 수 있어?”

그녀는 그를 똑바로 쏘아보았다.

“뭘 주시겠어요?”

“뭐든지 원하는 걸.”

“뭐든지 원하는 거라고요?”

“응.”

“그럼 알아다 드릴게요.”

그녀는 고개를 숙이고 문을 확 잡아당겼다. 문은 닫혔다.

마리우스는 마침내 혼자가 되었다. 그는 힘없이 의자에 주저앉아 침대에 얼굴을 파묻고 종잡을 수 없는 생각에 잠겨 오랫동안 멍하니 엎드려 있었다. 아침부터 여러가지 일이 일어났다. 천사가 나타났다 사라진 일이며 종드레뜨의 큰딸이 지금 한 말, 끝없는 절망 속에서 한 줄기 빛이 비치기 시작했던 일, 그러한 모든 일이 뒤범벅이 되어 그의 머리에 꽉 찼다. 갑자기 마리우스는 꿈에서 깨어 일어났다. 종드레뜨가 귀에 거슬리는 커다란 소리로 이렇게 말하는 것이 들려 왔다. 그 말은 몹시 그의 관심을 끌었다.

“아니 틀림없어. 어디선가 꼭 본 녀석이야.”

종드레뜨는 누구를 두고 하는 말일까? 누구를 보았다는 걸까? 르블랑 씨? ‘나의 위르쉴르’의 아버지를 말하는 걸까? 그렇다면? 종드레뜨는 그 사람을 알고 있는 걸까? 나의 삶을, 어둠 속에서 건져내줄 모든 귀중한 사실을 뜻밖에도 이제 갑자기 알게 되는 걸까? 나의 사랑하는 사람이 누군가를 결국 알게 되는 걸까? 그 젊은 처녀가 누구인가를? 그 아버지가 누구인가를? 그 두 사람을 싸고 있는 짙은 어둠이 마침내 환하게 밝혀질 때가 온 걸까? 베일이 찢기는 때가 온 걸까? 아아, 하늘이여!

그는 서랍장 위로 올라갔다. 올라갔다기보다 거의 뛰어올라갔다. 그리고 벽 틈으로 난 작은 구멍 옆에 자리잡았다. 그는 다시 종드레뜨의 누추한 방

안을 들여다보기 시작했다.

르블랑 씨가 준 5프랑의 용도

방안 광경은 별로 달라진 데가 없었다. 아내와 딸들은 보퉁이에 든 것을 꺼내 모직의 팔달린 조끼며 긴 양말을 신고 있었다. 새 담요 두 장도 침대 위에 놓여 있었다.

종드레뜨는 방금 돌아온 모양이었다. 밖에서 돌아온 사람답게 숨을 헐떡이고 있었다. 큰딸은 난로 옆 바닥에 앉아 동생의 손에 붕대를 감아 주고 있었다. 아내는 놀란 표정으로 난로 옆 침대에 누워 있었다. 종드레뜨는 방안을 성큼성큼 왔다갔다했다. 그의 눈초리는 이상하게 빛났다.

아내는 남편 앞에서 기가 죽은 듯 웅크린 채로 잠시 망설이다가 결심한 듯 입을 열었다.

"정말이에요? 확실해요?"

"틀림없다니까. 벌써 8년이나 지났지만 확실히 기억해. 낯익은 얼굴이야. 보자마자 금방 알았어. 그런데 당신은 보고도 몰랐단 말야?"

"몰랐어요."

"그러니까 내가 뭐랬어. 주의해서 보라고 했잖나. 몸이고 얼굴이고 하나도 안 늙었어. 어찌된 까닭인지 세상에는 언제고 늙지 않는 놈들이 있지. 그리고 그 목소리도. 달라진 건 옷뿐이야. 흥, 사기꾼 늙은이 같으니라고, 이제 꼼짝없이 붙잡은 거나 같아."

그는 걸음을 멈추고 딸들에게 말했다.

"너희들은 나가 있어. 흥, 보고도 몰라보다니 거 이상한데?"

딸들은 자리에서 일어났다. 어머니는 중얼거렸다.

"손을 다쳤는데도요?"

"바깥 공기가 오히려 나아." 종드레뜨가 말했다. "어서 나가!"

이 남자가 누구에게나 두 말 못하게 할 인간이라는 것은 보나마나 뻔했다. 두 딸은 밖으로 나갔다. 그녀들이 문을 열고 나가려고 하자 아버지는 큰딸의 팔을 잡고 보통 때와 다른 어조로 말했다.

"5시 정각에 돌아와야 해, 둘 다. 알았냐? 할 일이 있어."

마리우스는 한층 주의를 기울였다.

아내와 단둘이 되자 종드레뜨는 다시 방안을 말없이 두서너 바퀴 돌았다. 그리고 한참 동안 입고 있던 여자 셔츠 자락을 바지 허리띠 밑으로 밀어넣었다. 갑자기 그는 몸을 아내한테 돌린 다음 팔짱을 끼며 큰소리로 말했다.

"한 가지 좋은 걸 알려 줄까? 그 처녀는 말이야……."

"뭐예요?" 아내는 물었다. "그 처녀가 어쨌단 말예요?"

마리우스는 의심할 여지가 없었다. 그녀에 대해 말하는 것이 틀림없었다. 무서운 불안에 쫓기면서도 마리우스는 귀를 기울였다. 전생명이 모두 귀에 집중된 것 같았다.

그런데 종드레뜨는 허리를 굽히고 낮은 소리로 아내에게 속삭였다. 그리고 몸을 일으키더니 마지막 말만 커다란 소리로 말했다.

"바로 그 처녀야."

"그게?" 아내가 말했다.

"응, 바로 그게!"

남편은 대답했다.

아내가 말한 '그게'라는 말에 포함된 의미는 어떠한 말로도 표현할 수 없는 것이었다. 놀람과 격정, 그리고 증오와 분노가 한데 섞인 무서운 어조였다. 주인이 그녀 귀에 속삭인 말은 불과 두세 마디, 아니 어쩌면 이름뿐인 것 같았으나 그것을 듣는 순간 그때까지 잠자는 듯 멍해 있던 아내는 갑자기 커다랗게 눈을 뜨고 흐리멍덩한 표정에서 무서운 얼굴로 변했다.

"설마, 그럴 리가." 아내는 소리쳤다. "우리 계집애들은 맨발에 옷 한 벌 없는 신세인데 설마 그럴 리가. 비단 망토에 비로드 모자에 구두, 없는 것이 없던데! 몸에 지니고 있는 것만 해도 넉넉히 200프랑은 되겠더라. 아무리 보아도 귀부인이던데. 아니 그럴 리가 없어요. 당신이 사람을 잘못 본 거예요. 그놈은 얼굴이 아주 흉칙했는데 이 사람은 그렇지 않잖아요. 정말 그렇게까지 못생긴 얼굴은 아니에요. 그놈일 리가 없어요."

"아니 틀림없어, 그놈이야. 이제 곧 알게 돼."

자신 있는 말을 듣자 종드레뜨의 아내는 시뻘겋고 커다란 얼굴을 잔뜩 일그러뜨리며 천장을 쳐다보았다. 그러자 마리우스에게는 아내가 주인보다도 더 무섭게 생각되었다. 마치 암호랑이 눈을 한 암퇘지 같았다.

"세상에!" 그녀는 중얼거렸다. "우리 딸들을 가엾은 눈으로 바라보던 그

예쁜 계집애가 그 거지 계집애라니! 아아, 그년의 배때기를 발로 힘껏 차줬
으면 좋겠다.”

아내는 침대에서 벌떡 일어났다. 머리를 풀어헤치고 코를 벌름거리며 입
을 헤벌리고 두 손을 뒤로 쥔 채 가만히 서 있었다. 그리고 다시 침대 위에
벌렁 드러누웠다. 남편은 아내를 본 척도 하지 않고 여전히 방안을 천천히
거닐었다. 잠시 후에 그는 아내 옆으로 다가가 아까처럼 팔짱을 끼고 그 앞
에 떡 버티고 섰다.

“또 하나 좋은 걸 가르쳐 줄까?”

“뭔데요?” 그녀는 물었다.

그는 낮은 소리로 불쑥 대답했다.

“나도 이제 한밑천 잡았어.”

종드레뜨의 아내는 ‘이이가 돈 거 아냐?’ 하는 눈초리로 똑바로 영감을 쏘
아보았다. 종드레뜨는 계속해 말했다.

“제기랄! 나도 꽤 오래 동안, 불이 있을 땐 굶어죽고 빵이 있을 땐 얼어
죽는 그런 신세를 면치 못했지. 이제 가난은 지긋지긋해! 내 고생이고 남의
고생이고. 농담이 아니야. 웃을 일이 아니란 말야, 이 바보야. 나도 이제 좀
배를 채워야겠어. 실컷 먹고 마셔야겠단 말야. 만날 잠이나 자고 빈둥빈둥
놀기나 하고. 나도 이제 슬슬 재미좀 봐야겠어. 나도 이제 죽기 전에 부자
행세를 좀 해봐야겠단 말이야.”

그는 방안을 한 바퀴 돌고 나서 다시 덧붙였다.

“다른 놈들처럼.”

“대체 그게 무슨 말이에요?” 아내가 물었다.

종드레뜨는 고개를 흔들고 눈을 껌벅이며 무슨 실연을 하는 거리의 장사
꾼처럼 소리를 높였다.

“무슨 소리냐고? 들어 봐, 이런 거야.”

“쉿!” 아내가 주의를 주었다. “소리가 너무 커요. 남이 들으면 어떻게 해
요.”

“흥, 듣긴 누가 들어. 옆방 사람 말인가? 아까 나가는 걸 봤는데 뭘. 또
설령 있어도 들을 게 뭐야. 그따위 얼치기 녀석이. 그리고 아까 나가는 걸
내 눈으로 똑똑히 봤으니까.”

그렇게 말하면서도 종드레뜨는 본능적으로 소리를 낮췄으나 마리우스에게
는 하나 남김없이 다 들렸다. 다행히 눈이 내려 거리의 마차 소리가 무디게
들렸기 때문에 마리우스는 두 사람의 얘기를 빠짐없이 들을 수 있었다.

마리우스가 들은 것은 다음과 같은 이야기였다.

"잘 들어. 크로이소스(리디아 왕국의 왕. 대부호의 대명사.)를 사로잡는 거야. 아니 이미 사로잡은
거나 마찬가지야. 벌써 계획은 다 섰어. 도울 사람도 다 생각해 놨고. 놈은
오늘 밤 6시에 온다. 60프랑을 가지고 말야. 제기랄, 임자도 들었지? 조금
전에 내가 한 말, 60프랑이니, 집 주인이니, 2월 4일이니 하는 말 말야. 사
실은 1기분밖에 밀린 게 없어. 바보 같은 녀석! 아무튼 녀석은 저녁 6시에
이리 올 거야. 그때면 옆방 녀석도 저녁 먹으러 갈 거고, 부공 할멈도 시내
로 접시를 닦으러 가니까 이 집안엔 아무도 없어. 옆방 녀석은 11시까지는
돌아오지 않을 거고. 딸년들은 지키라고 내보내야지. 당신도 좀 도와줘야 할
거야. 그렇게 되면 그놈은 이쪽 마음대로 할 수 있어."

"만일 뜻대로 안되면 어떡하죠?" 아내가 물었다. 종드레뜨는 약간 두려운
몸짓을 하고 말했다.

"말을 듣게 해야지" 하며 그는 소리내어 웃었다.

그가 웃는 것을 마리우스는 처음 보았다. 그것은 차디차고, 끈적끈적하고,
으스스 떨리게 하는 웃음이었다.

종드레뜨는 난로 옆에 놓인 옷장 문을 열고 안에서 낡은 모자를 꺼내 옷
소매로 턴 다음 머리에 썼다.

"자, 그럼." 그는 말했다. "난 이제부터 나가 보겠어. 여러 놈 더 만나 봐
야 해. 두고봐, 단번에 해치울 테니까. 될 수 있는 대로 빨리 돌아올게. 이
것 참 재미있는 노름인데, 집이나 잘 봐."

그리고 주머니에 손을 찌르고 잠시 생각하더니 소리 높여 말했다.

"그놈이 날 못 알아본 건 참 운이었어. 만일 알았더라면 다시는 오지 않을
건데. 그리고 아마 곧장 내뺐을 거야. 이 수염이 나를 구해 준 거나 마찬가
지지. 이 로맨틱한 수염! 이 멋있고 귀여운 로맨틱한 수염이 말이야."

종드레뜨는 다시 웃었다. 그는 창 옆으로 다가갔다. 눈은 여전히 펄펄 내
려 잿빛 하늘을 가리고 있었다.

"에잇, 지긋지긋한 날씨."

그는 중얼거렸다.

그리고 외투 앞자락을 여몄다.

"이거 왜 이렇게 커. 하긴 뭐 아무렴 어때." 그는 덧붙여 말했다.

"그래도 그 늙다리가 이걸 놓고 가서 참 다행이야. 제기랄, 만일 이것도 없었더라면 꼼짝도 못할 뻔했는걸. 세상이란 다 이럭저럭 살게 마련이야."

종드레뜨는 모자를 깊숙이 눌러쓰고 밖으로 나갔다.

밖으로 나가서 몇 발짝 걸어갔을까 했을 때, 문이 다시 열리고 그 틈으로 검붉은 야수 같은 그의 옆얼굴이 나타났다.

"참, 잊었어." 그는 말했다. "난로에 숯불을 좀 피워 놔."

그러더니 '자선가'한테서 받은 5프랑짜리 화폐를 아내 앞치마에 던졌다.

"난로에 불을 피우라고요?" 아내가 되물었다.

"응."

"얼마나?"

"두 삽 가득."

"그럼 30수 들겠군요. 나머지론 먹을 걸 장만하죠."

"바보 같으니, 그럼 안돼."

"왜요?"

"5프랑을 한꺼번에 다 쓰면 어떻게 해."

"왜, 안될 게 뭐예요?"

"나도 뭐 좀 살 게 있어."

"뭘 사려고요?"

"좋은 거 살 게 있어."

"얼마나 들어요?"

"여기 어디 철물점 있었지?"

"무프따르 거리에 있어요."

"아, 그래. 길 모퉁이에 있었지."

"그런데 얼마나 있으면 돼요?"

"50수, 아니 3프랑은 있어야 해."

"그럼 뭐 먹을 걸 장만할 돈은 없군요."

"오늘은 먹는 건 그렇게 중요하지 않아. 더 중대한 일이 있어."

"알았어요. 당신 말대로 할게요."

아내가 이렇게 말하자 종드레뜨는 문을 닫았다. 그리고 복도를 지나 계단을 쿵쾅거리며 내려가는 소리가 마리우스의 귀에 들렸다.

때마침 1시를 알리는 종소리가 쌩 메다르 성당에서 울려 왔다.

조용한 곳에서 그들 두 사람은 주님의 기도를 생각하지 않았다

마리우스는 몽상가임엔 틀림이 없었으나 앞서도 말한 대로 용기가 있고 견실한 성격의 소유자였다. 혼자 조용히 생각하는 습관은 그에게 침착성과 동정심을 키워 쓸데없는 일에 화를 내는 힘은 덜어주었으나, 부정한 것을 보았을 때 분개하는 힘을 약화시키지는 않았다. 마리우스는 바라문 교도의 친절과 재판관의 날카로움을 아울러 가지고 있었다. 두꺼비 같은 인간을 동정하는 한편 뱀 같은 인간을 밟아 죽일 만한 용기도 가지고 있었다. 마리우스가 지금 들여다본 것은 어김없는 뱀굴이었고 그가 눈앞에 본 것은 틀림없는 괴물의 소굴이었다.

"이런 악독한 놈들은 짓밟아 줄 필요가 있다." 그는 중얼거렸다.

마리우스는 안개에 싸인 흐릿한 수수께끼가 풀리길 바랐으나 하나도 해결된 것은 없었다. 오히려 수수께끼는 한층 더 엉킨 것 같았다. 뤽상부르 공원에서 만난 아름다운 처녀와 자기가 르블랑 씨라고 부르는 남자에 대해서는, 종드레뜨가 그들을 알고 있다는 사실 외에 무엇 하나 더 안 것이 없었다. 그리고 조금 전의 수상한 말로 미루어 그들 사이에 뭔가 계획이 진행되고 있는 것만은 확실했다. 잘 알 수는 없었으나 무서운 계획에 틀림없었다. 그들 두 사람에게 무서운 위험이 다가오고 있는 것이다.

처녀가 저녁에 오지 않으면 혹시 위험을 모면할지 모르나 처녀의 아버지는 결단코 피할 수 없으리라. 그렇다면 그 사람들을 구하지 않으면 안된다. 종드레뜨 가족의 무서운 계획을 좌절시키고 그 거미집을 부숴 버리지 않으면 안된다. 그는 오랫동안 종드레뜨의 아내가 하는 행동을 지켜보았다. 그녀는 방 한구석에서 낡은 풍로를 꺼내자 이번엔 쇳조각을 뒤져 뭔가를 찾기 시작했다.

그는 될 수 있는 대로 소리가 나지 않도록 조용히 서랍장에서 내려왔다. 이제부터 일어나려는 일에 무서운 공포를 느끼고 종드레뜨 가족에게 깊은 증오를 느끼면서도, 한편 사랑하는 사람을 위해 뭔가 할 수 있는 기회가 온 것을 기쁘게 생각했다.

그런데 어떻게 하면 좋을 것인가? 두 사람에게 알려 줘야 할까? 하지만 그들이 어디에 있는지 모르지 않는가? 마리우스는 그들의 주소를 모른다. 두 사람은 잠시 그의 눈앞에 나타났는가 싶다가 다시 밑모를 깊은 빠리의 심연 속으로 빠져 버리고 말았다. 그럼 저녁 6시, 르블랑 씨가 올 시간에 문에서 기다리다가 올가미가 쳐 있다는 것을 알려 줄까?

그러나 그렇게 하면 종드레뜨와 그의 패들에게 자기가 기다리고 있는 것을 들킬 것이다. 그렇게 되면 사람들이 별로 다니지도 않는 데다가 또 그들이 더 강하므로 이쪽을 사로잡든가 아니면 멀리 쫓아 버릴 것이다. 그러면 마리우스가 구하려던 사람의 운명은 마지막이다. 지금 1시를 쳤다. 잠복은 6시에 실행될 모양이었다. 마리우스에게 남은 시간은 앞으로 5시간이었다.

할 수 있는 일은 한 가지밖에 없었다.

마리우스는 비교적 좋은 옷을 입고 목도리를 두르고 모자를 쓰자 마치 이끼 위를 걷듯 소리없이 살짝 방에서 나갔다.

한편 종드레뜨의 아내는 여전히 쇳조각을 뒤적이고 있었다.

집에서 나오자 마리우스는 쁘띠 방끼에 거리를 향해 발길을 돌렸다. 그는 그 거리 중간쯤에 있는 어느 울타리 옆으로 갔다. 그것은 넘어 다닐 수 있는 낮은 울타리로 그 너머는 빈터였다.

마리우스는 생각에 잠겨 천천히 걸어갔다. 눈 위여서 발자국 소리는 거의 나지 않았다. 그때 문득 가까운 곳에서 사람들의 말소리가 들렸다. 그는 고개를 쾍 돌렸다. 한낮인네도 괴괴한 길엔 인기척 하나 없있다. 그린데도 사람의 말소리는 분명히 들렸다.

마리우스는 문득 울타리 너머를 넘겨다볼 생각이 났다. 과연 그곳에는 남자 둘이 돌담에 기댄 채 눈 속에 앉아 소곤소곤 이야기를 하고 있었다. 두 사람 다 본 적이 없는 얼굴이었다. 한 사람은 작업복을 입은 수염이 많은 남자고, 다른 한 사람은 누더기에 더벅머리의 사나이였다. 수염이 많은 남자는 둥근 그리스식 모자를 쓰고 있었고 또 한 남자는 모자를 쓰고 있지 않아 머리에 눈이 쌓여 있었다.

그들 위로 고개를 내밀자 그들의 말소리를 들을 수가 있었다. 더벅머리의 남자가 상대를 무릎으로 쿡 찌르며 말했다.

"빠트롱 미네뜨가 끼면 실수를 안할 텐데."

"그럴까?" 털보가 대답했다. 더벅머리가 말을 이었다.

"한 사람 앞에 5백 프랑씩 주면 되겠지. 그러나 일이 틀어지는 날엔 5, 6년, 넉넉잡아 10년이면 되겠지."

상대는 주저하는 듯 그리스식 모자 밑을 긁적거리며 대답했다.

"그건 현실 문제야. 그렇게는 되지 말아야지."

"그러니까 이 일은 틀림이 없단 말야." 더벅머리가 말했다. "아저씨의 마차에도 말을 매어놓을 테니."

이어 그들은 어제 게떼 극장에서 본 연극 이야기를 시작했다. 마리우스는 돌아서서 다시 길을 걷기 시작했다.

어쩐지 그 수상쩍은 두 사람의 대화는 종드레뜨의 무서운 계획과 관계가 없지 않은 것처럼 생각되었다. 확실히 '그 일'에 틀림없었다.

그는 마르소 성밖 쪽으로 걸어가다 문득 눈에 띈 어느 가게에 들어가서 경찰서가 어디냐고 물었다. 상점 주인은 뽕뜨와즈 거리 14번지라고 가르쳐 주었다.

마리우스는 그쪽을 향해 발길을 돌렸다.

빵집 앞을 지날 때, 그는 2수로 빵 하나를 사먹었다. 아무래도 저녁은 못 먹게 될 듯싶었기 때문이다. 걸으면서 그는 신에게 감사했다. 만일 아침에 종드레뜨의 딸에게 5프랑을 주지 않아 르블랑 씨를 마차로 따라갔더라면 그는 이런 사실을 하나도 알지 못했을 것이다. 그리고 종드레뜨 가족의 계획을 막을 수도 없었을 것이고, 르블랑 씨도 또 그의 딸도 함정에 빠졌을 것이다.

경관이 변호사에게 '주먹' 두 개를 주다

뽕뜨와즈 거리 14번지에 가자 그는 2층으로 올라가 경찰서장에게 면회를 신청했다.

"서장님은 만나실 수 없습니다." 급사 같은 젊은이가 대답했다. "하지만 대리인 경위님은 계십니다. 만나보시겠습니까? 급한 일이신가요?"

"그렇소." 마리우스는 대답했다.

급사는 그를 서장실로 안내했다. 키큰 남자 하나가 격자무늬 칸막이 저쪽

남자 둘이 돌담에 기댄 채 눈 속에 앉아 소곤소곤 이야기를 하고 있었다.

에 놓인 난로에 기대듯 서서 커다란 외투 소매를 두 손으로 걷어올리고 있었다. 모난 얼굴, 입술이 얇아 의지가 약해 보이는 입, 뻣뻣하고 숱이 많은 반백의 수염, 사람의 주머니 속까지 들여다보는 것 같은 눈, 그러나 그 눈은 꿰뚫어보는 눈초리라기보다 뒤져보는 듯한 날카로운 눈초리였다. 그 남자는 종드레뜨 못지않게 잔인하고 무서워 보였다. 개를 만나는 것이 이리를 만나는 것만큼이나 사람을 불안하게 만드는 수도 있는 것이다.

"무슨 일입니까?" 그는 무뚝뚝한 어조로 물었다.

"서장님은?"

"지금 안 계십니다. 내가 그 대리요."

"극비의 일로 왔는데요."

"말씀하시오."

"아주 급한 일입니다."

"그러니까 어서 말씀하시오."

그 남자는 침착하면서도 성급했기 때문에 상대를 두렵게 하는 동시에 안심시키는 데가 있었다. 다시 말해 상대방에게 공포와 신뢰를 함께 느끼게 했다. 마리우스는 자초지종을 얘기했다.

어떤 사람이, 자기는 얼굴밖에 모르는 사람이지만 그 사람이 오늘 밤 봉변을 당하게 되었다. 자기, 즉 변호사 마리우스 뽕메르씨는 그 악당의 바로 옆방에 사는 사람인데, 벽 너머로 그들의 계획을 엿들었다. 계략을 꾸며낸 장본인은 종드레뜨라는 남자다. 성문 근처에 사는 불량배들과 공모한 모양인데 그 중 특히 빵쇼, 별명을 프랭따니에, 또는 비그르나이유라고 하는 남자가 의심스럽다. 종드레뜨의 딸들이 망을 보기로 되어 있다. 봉변을 당할 사람에게 알려 주려고 해도 그의 주소와 이름을 모르기 때문에 도저히 어쩔 수 없다. 요컨대 오늘 저녁 6시, 로삐딸 거리에서는 가장 사람의 왕래가 한산한 50-52번지 집에서 일을 치르기로 되어 있다.

이 번지를 듣자 경위는 얼굴을 들고 냉정하게 말했다.

"그럼 그 복도 맨 끝방이오?"

"네, 그렇습니다." 마리우스는 대답하며 다시 덧붙였다. "그 집을 잘 아십니까?"

경위는 잠시 묵묵히 서서 구두 뒤꿈치를 불에 쬐다가 대답했다.

“네, 본 일이 있죠.”

그리고 마리우스에게보다 자기 넥타이를 상대로 얘기하듯 눈을 내리뜨고 입속으로 중얼거렸다.

“빠트롱 미네뜨가 한몫 낀 게 틀림없어.”

이 말을 듣자 마리우스는 깜짝 놀랐다.

“빠트롱 미네뜨요?” 마리우스는 물었다. “저도 확실히 그런 이름을 들었습니다.”

그리고 쁘띠 방끼에 거리 울타리 뒤 눈 속에서 더벅머리의 남자와 털보가 하던 얘기도 경위에게 전했다.

경위는 중얼거렸다.

“더벅머리 남자는 뷔르공일 거요. 털보는 드미 리야르가 틀림없고, 별명으로 되 밀리야르라고 하는 자지.”

그는 다시금 눈을 내리깔고 생각에 잠긴 채 말했다.

“그 아저씨라는 자도 대개 짐작이 가오. 이런, 또 외투를 태웠군. 아무 소리 안하면 꼭 이렇게 불을 피워 놓는단 말이야. 음 50-52번지라고? 전에 고르보 저택 자리군.”

경위는 마리우스를 바라보았다.

“당신은 더벅머리와 털보밖에 못 봤소?”

“빵쇼도 본 일이 있습니다.”

“조그만 멋쟁이 남자가 하나 어슬렁거리는 건 본 일이 없소?”

“없습니다.”

“식물원(동물원을 비꼰 말)의 고끼리같이 뚱뚱한 남자는?”

“못 보았습니다.”

“옛날 마술사 같이 생긴 남자는?”

“못 보았어요.”

“네 번째로…… 하긴 이 사나이는 누구한테도 자기 모습을 보이지 않지. 밑에 부리는 부하놈들도 본 일이 없으니까. 당신이 보지 못했대도 조금도 이상할 게 없소.”

“못 보았는데 대체 어떤 사람들입니까?” 마리우스가 되물었다.

그 말에는 대답하지 않고 경위는 말했다.

"물론 아직 그놈들이 나올 때가 아니니까."

다시 침묵이 흐른 다음 경위는 계속해 말했다.

"흠, 50-52번지라, 그 집은 나도 잘 알고 있소. 그놈들한테 들키지 않고 안에 들어가기란 어려울 거요. 놈들은 우리가 온 걸 알면 연극은 하지 않을 테지. 대단히 부끄럼을 타는 녀석들이라 구경꾼이 있으면 싫어하죠. 안되지, 그렇게 해선 안되고. 놈들 스스로 노래하고 춤추게 만들고 싶어, 나는."

그는 혼잣말을 하고 나서 마리우스를 뚫어지게 바라보며 다시 입을 열었다.

"당신 무섭소?"

"뭐가요?"

마리우스가 되물었다.

"그놈들 말이오."

"당신이 느끼는 것과 비슷한 정도겠죠!" 경위가 아직 자기에 대한 말투를 고치지 않는 것을 알고 마리우스는 다소 퉁명스럽게 대꾸했다. 경위는 더욱 더 마리우스를 똑바로 쏘아보며 무척 거만한 태도로 말했다.

"그렇게 말하는 걸 보니까 당신은 상당히 용감하고 솔직한 사람 같소. 용기는 죄악을 두려워하지 않고 정직은 관헌을 무서워하지 않는 거니까."

마리우스는 그 말을 가로막았다.

"그런데 대체 어떻게 하실 작정입니까?"

경위는 다만 이렇게 대답했다.

"그 집 세든 사람들은 밤중에 돌아와서 문을 열 때 쓰는 열쇠를 모두 하나 씩 가지고 있는데 당신도 가지고 있겠죠?"

"네, 가지고 있습니다." 마리우스는 대답했다.

"지금 가지고 있소?"

"네."

"그럼 내게 주시오." 경위는 말했다.

마리우스는 조끼에서 열쇠를 꺼내어 경위에게 건네며 말했다.

"충분한 준비를 해 가지고 와야 할 거라고 생각하는데요."

경위는 시골 출신 아카데미 회원이 각운(脚韻) 교육을 하는 것을 듣는 볼 떼르 같은 눈으로 잠깐 마리우스를 노려보았다. 그리고 두 손을 커다란 외투 주머니에 푹 찌르더니 두 자루의 작은 강철 권총을 꺼냈다. 바로 주먹이라고 불리는 권총이었다. 경위는 그것을 마리우스에게 내밀면서 재빠른 어조로 힘있게 말했다.

"이걸 가지고 집으로 돌아가서 방에 가만히 숨어 있으시오. 빈 방이라고 생각이 들도록. 둘 다 두 발씩 장전이 되어 있소. 그리고 놈들을 잘 살피시오. 벽에 구멍이 있다고 했죠? 놈들이 와도 한동안은 손을 쓰지 말고 가만히 계시오. 그리고 좋은 때라고 생각하는 순간 그들을 꼼짝 못하게 한 발 쏘시오. 너무 일러서는 안되오. 그 뒤는 내가 알아서 다 처리할 테니까, 알겠소? 한 발이오. 허공이고 천장이고 아무 데나 쏘아도 좋소. 다만 너무 빠르지만 않도록 조심하시오. 놈들이 일을 시작하는 걸 기다려야 하오. 당신은 변호사니까 내 말을 잘 알아듣겠죠?"

마리우스는 두 자루의 권총을 받아 웃옷 주머니에 넣었다.

"거기 넣으면 불룩해 보입니다." 경위가 말했다. "바지 주머니에 넣으시오."

마리우스는 권총을 바지 주머니에 각각 넣었다.

"자아," 경위가 말했다. "이젠 잠시도 지체할 시간이 없소. 지금 몇 시죠? 2시 반. 7시라고 했죠?"

"6십니다." 마리우스가 대답했다.

"아직 시간은 있지만," 경위가 말했다. "그래도 우물쭈물해선 안되오. 내가 한 말을 잊지 않도록, '빵' 하고 한 발이오."

"네, 염려 마십시오." 마리우스는 대답했다.

마리우스가 문을 열고 나가려고 하자 경위는 그에게 소리쳤다.

"그리고 만일 ㄱ 안에 무슨 일이 생기면 내게 누굴 보내시오. 자베르를 찾으면 되니까."

종드레뜨가 물건을 사다

그로부터 조금 지나 3시쯤, 꾸르페락은 보쒸에와 같이 무프따르 거리를 지나가고 있었다. 눈은 점점 더 심하게 쏟아져 천지를 분별하기가 어려웠다. 보쒸에가 꾸르페락에게 이렇게 말했다. "이렇게 줄곧 눈이 쏟아지는 걸 보니 하늘에는 흰 나비의 유행병이라도 돌고 있는 모양이야." 그 순간, 보쒸에는 마리우스가 이상한 차림을 하고 성문 쪽으로 올라가는 것을 발견했다.

"저거," 보쒸에는 소리쳤다. "마리우스 아냐?"

"그래 맞아. 틀림없이 마리우스인데." 꾸르페락이 말했다.

"하지만 말은 걸지 마."

"왜?"

"마리우스는 지금 정신이 없어."

"뭣 때문에?"

"저 얼굴 안 보여?"

"얼굴이 어떻단 말야?"

"누구 뒤를 쫓는 것 같지 않아?"

"글쎄, 그러고 보니까." 보쒸에가 말했다.

"저 눈을 봐." 꾸르페락이 말했다.

"대체 누구 뒤를 쫓는 걸까?"

"뭐 보나마다 멋쟁이 아가씨겠지. 목하 연애중이시니까."

"하지만 여긴 귀여운 아가씨도 멋쟁이 아가씨도 없잖아. 여자는 한 명도 없어."

꾸르페락은 주위를 둘러보며 소리쳤다.

"그럼 남자 뒤를 쫓는 거야."

과연 한 남자가, 뒷모습이라서 얼굴은 보이지 않으나 희끗희끗한 머리가 눈에 잘 띄는 한 남자가 마리우스 바로 스무 걸음쯤 앞에서 걸어가고 있었다. 그 남자는 헐렁헐렁한 새 외투와 몹시 낡아빠진 바지를 입고 있었다.

"저게 누구야?"

"저 사람?" 꾸르페락이 받았다. "시인이야, 시인. 시인은 곧잘 토끼가죽 장수 같은 바지를 입고 귀족 같은 외투를 입으니까."

"마리우스가 대체 어디를 가나 볼까?" 보쒸에가 말했다. "그리고 저 이상한 남자도 어디 가는지 보고. 두 사람 뒤를 쫓아가 보지 않겠어?"

"보쒸에!" 꾸르페락이 소리쳤다. "에글르 드 모, 너 참 싱거운 녀석이구나. 남자를 쫓는 자를 쫓아가다니!"

그래서 둘은 온 길을 다시 돌아갔다.

사실 마리우스는 종드레뜨가 무프따르 거리를 지나가는 것을 발견하고 조심해서 뒤를 쫓아가는 것이었다.

종드레뜨는 벌써부터 자기를 지켜보는 눈이 있는 줄은 꿈에도 모르는 채로 마리우스 앞을 걸어가고 있었다. 그는 무프따르 거리를 벗어났다. 마리우스는 종드레뜨가 그라시외즈 거리에 있는 가장 더러운 어느 집으로 들어가는 것을 보았다.

종드레뜨는 약 15분 정도 그 안에 있더니 이윽고 나와 다시 무프따르 거리로 돌아왔다. 그리고 이번엔 다시 삐에르 롱바르 거리 한 모퉁이에 있는 철물점으로 들어갔다. 잠시 후 그 상점에서 나올 때 그가 흰 자루가 달린 얼음처럼 매끄러운 커다란 끌을 외투 속에 감추며 나오는 것을 마리우스는 놓치지 않고 보았다. 종드레뜨는 쁘띠 장띠 거리를 올라가 왼쪽으로 빠져 쁘띠 방끼에 거리로 총총히 사라졌다. 해도 점점 저물어가고 그쳤던 눈이 다시 내리기 시작했다.

마리우스는 종드레뜨가 들어간 쁘띠 방끼에 거리 모퉁이에 몸을 숨기고 동정을 살폈다. 거리에는 사람의 그림자 하나 없었기 때문에 그 이상은 따라가지 않았다. 따라가지 않은 것은 그로서는 다행이었다. 종드레뜨는 조금 전 마리우스가 더벅머리 남자와 털보가 이야기를 주고받는 것을 본 울타리까지 가자, 고개를 돌려 아무도 보는 사람이 없나 살핀 다음 울타리를 넘어 모습을 감추었기 때문이다. 그 울타리에 둘러싸인 빈터는 전에 전세 마차의 마부 노릇을 하던 남자의 집 뒤뜰과 이어져 있었다. 그 남자는 소문이 나쁜 마부로 이미 옛날에 파산했으나 헛간에는 아직 낡은 마차 몇 대가 남아 있었다.

마리우스는 종드레뜨가 돌아오기 전에 집으로 가는 것이 현명하다고 생각했다. 게다가 시간도 거의 돼 가고 있었다. 부공 할멈은 매일 밤 시내로 접시를 닦으러 갈 때마다 바깥문을 잠그고 가기 때문에 저녁 무렵이 되면 으레 문은 잠겨 있었다. 마리우스는 자기 열쇠를 경위에게 주어 버렸다. 따라서 그는 빨리 집으로 돌아가지 않으면 안되었다. 벌써 땅거미가 지고 있었다. 어둠의 장막이 거의 다 내려온 듯싶었다. 지평선 위에도 하늘에도 태양빛을 받고 있는 건 오직 하나, 달뿐이었다. 달은 살뻬트리에르 구호원의 나지막한 지붕 저쪽에 빨갛게 걸려 있었다.

마리우스는 급히 50-52번지로 돌아왔다. 문은 아직 열려 있었다. 그는 발끝으로 살금살금 계단을 올라가 복도 벽에 몸을 바싹 붙이고 자기 방으로 미끄러지듯 들어갔다. 독자도 기억하고 있다시피 그 복도는 양쪽에 지붕밑 방이 죽 늘어서 있고 모두 세를 주게 되어 있었다. 그러나 지금은 모두 비어 있었다. 부공 할멈은 늘 그 방문들을 열어젖혀 놓고 지냈다. 그 중의 한 방문 앞을 지날 때, 마리우스는 아무도 살지 않는 방에 사람의 얼굴 넷이, 천장으로 스며들어오는 저녁 빛에 흐릿하게 비치는 것을 흘긋 본 듯한 느낌이 들었다.

그러나 눈치채이고 싶지 않았기 때문에 마리우스는 그것을 확인하려고는 하지 않았다. 마리우스는 마침내 아무한테도 들키지 않고 소리 하나 없이 자기 방으로 들어갈 수 있었다. 참으로 알맞게 돌아왔다. 뒤따라 부공 할멈이 나가며 문을 잠그는 소리가 들렸다.

1832년에 유행한 영국식 가요가 다시 들려오다
마리우스는 침대 위에 걸터앉았다.

벌써 5시 반은 됐을 것이다. 이제 30분만 있으면 사건이 일어나려고 하고 있다. 어둠 속에서 시계 초침이 돌아가는 소리를 듣는 양 마리우스는 자기 심장이 뛰는 소리를 듣고 있었다. 지금 어둠 속에서 진행되고 있는 두 가지 사건, 즉 한편에서 다가오는 죄악과 다른 한편에서 다가오는 정의에 대해 그는 깊이 생각했다. 두렵진 않았으으나 이제부터 일어나려는 일을 생각하자 온몸이 떨려오는 것을 느끼지 않을 수 없었다. 뜻밖의 일에 부딪히면 누구나 그렇듯, 그는 오늘 하루가 마치 꿈처럼 생각되었다. 그래서 악몽에 사로잡힌 기분을 떨쳐 버리기 위해 이따금 바지 주머니에 손을 넣고 차디찬 강철 권총에 손을 대보지 않으면 안되었다.

눈은 이제 내리지 않았다. 달은 안개 속에서 점점 밝게 떠오르고, 그 달빛은 하얗게 쌓인 눈을 비춰 방안은 꼭 해질녘 같았다.

종드레뜨 방에는 불이 켜져 있었다. 마리우스는 벽에 난 구멍이 피처럼 빨갛게 빛나고 있는 것을 보았다.

사실 그것은 촛불이라고는 생각되지 않았다. 게다가 종드레뜨의 방에서는 인기척이 전혀 없었다. 사람이 움직이거나 이야기하는 기색이 전혀 없고 숨소리조차 들리지 않았으므로, 얼음 같은 깊은 침묵이 흐르고 있는 그 방에서 만약 빛이 새어나오지 않았더라면 옆방은 바로 무덤이라고 생각했을지 모른다.

마리우스는 구두를 살짝 벗어서 침대 밑에 넣었다.

마리우스는 급히 50-52번지로 돌아왔다.

몇 분이 흘렀다. 마리우스는 계단 아래층 문이 삐걱거리며 열리는 소리를 들었다. 그리고 묵직한 발소리가 재빨리 계단을 올라와 복도를 지나갔다. 옆 방 문고리가 찰카닥하고 열렸다. 종드레뜨가 돌아온 것이다. 갑자기 여러 사람의 떠들썩한 소리가 들렸다. 식구들은 모두 방안에 있었던 것이다. 다만 주인이 없기 때문에 어미늑대가 나가고 없는 새끼늑대들처럼 말없이 틀어박혀 있었던 것이다.

"나다." 종드레뜨가 말했다.

"어서 오세요, 아버지!" 딸들이 소리쳤다.

"어떻게 됐어요?" 어머니가 물었다.

"다 잘돼 가." 종드레뜨가 대답했다. "어어, 발이 꽤 시려운데. 응, 잘했어. 그렇게 입어야지. 그래야 놈이 안심하거든."

"아무 때고 밖에 나갈 수 있게 했어요."

"내가 한 말 잊지 않았겠지?"

"염려 마세요."

"그런데……." 종드레뜨는 말을 하려다 입을 다물었다.

마리우스는 그가 뭔가 무거운 것을 탁자 위에 놓는 소리를 들었다. 사 온 끌을 내려놓는 모양이었다.

"그래 그래." 종드레뜨는 다시 말했다. "저녁은 다 먹었나?"

"네." 어머니가 대답했다. "큰 감자 세 개에 소금을 쳐서 먹었어요. 불이 있길래 구웠지요."

"잘했어." 종드레뜨는 말했다. "내일은 외식하러 데리고 나가지. 오리랑 갖가지 요리가 나오는 데로. 샤를르 10세의 만찬처럼 말야. 만사형통이거든!"

그러고는 소리를 낮춰 덧붙였다.

"쥐덫은 쳐 있고 고양이들도 다 와 있어."

종드레뜨는 더욱 소리를 낮춰 말했다.

"그걸 불에 넣어 둬."

마리우스는 부젓가락인가 뭔가 쇠붙이로 숯을 뒤적거리는 소리를 들었다. 종드레뜨는 계속해 말했다.

"문에 기름을 발라 소리가 나지 않도록 해두었나?"

"네." 어머니가 대답했다.

"지금 몇 시야?"

"곧 6시가 돼요. 조금 전에 쌩 메다르에서 반을 쳤으니까."

"그래." 종드레뜨는 말했다. "너희는 망을 봐야겠다. 이리와. 그리고 내가 하는 말을 잘 들어."

무언지 속삭이는 소리가 들렸다. 잠시 후 종드레뜨의 목소리가 다시 커졌다.

"부공 할멈은 나갔나?"

"네." 어머니가 대답했다.

"옆방은 분명히 비었구?"

"네, 하루 종일 안 돌아왔어요. 그리고 지금은 저녁 식사를 하러 갈 시간 아녜요?"

"확실하지?"

"네, 확실해요."

"그래도," 종드레뜨는 말을 이었다. "정말 비었는지 어떤지 다시 한 번 봐도 해롭지 않아. 야, 너 촛불을 가지고 한 번 가봐."

마리우스는 납작 엎드려 소리가 나지 않도록 침대 밑으로 기어들어갔다. 그가 숨자마자 문틈으로 불빛이 새어들어왔다.

"아버지!" 하고 외치는 소리가 들렸다. "나갔어요." 큰딸의 목소리였다.

"안에 들어가 봤니?" 아버지가 물었다.

"아뇨." 딸은 대답했다. "하지만 문이 잠겨 있으니까 나간 게 아녜요?"

아버지가 외쳤다.

"그래두 안에 들어가 봐."

문이 열리고 마리우스는 종드레뜨의 큰딸이 촛불을 들고 들어오는 것을 보았다. 그녀는 아침과 똑같은 모습이었다. 다만 촛불에 비쳐 훨씬 무섭게 보였다. 큰딸은 곧장 침대 쪽으로 다가왔다. 마리우스는 순간 말할 수 없는 공포를 느꼈다. 그러나 그녀는 침대 옆에 있는 거울 앞으로 다가왔던 것이다. 그녀는 발꿈치를 들고 거울을 들여다보았다. 옆방에서는 쇠붙이를 움직거리는 소리가 들렸다. 큰딸은 손바닥으로 머리를 쓰다듬고 거울 속에서 웃어 보이며 음산하고 쉰 목소리로 노래를 부르기 시작했다.

우리의 사랑은 1주일 사랑
아, 행복은 어찌도 그리 짧은가!
1주일 사랑하는 것도 괴로웠거늘
사랑은 영원해야 하는 것
영원, 영원해야 하는 것.

그동안 마리우스는 떨고 있었다. 아무래도 그의 숨소리를 그녀가 들은 것만 같았다. 큰딸은 창문 쪽으로 다가가 밖을 내다보며 반 미친 사람처럼 큰 소리로 말했다.

"빠리가 만일 하얀 셔츠를 입는다면 얼마나 보기 싫을까."

그리고 다시 거울로 돌아와 얼굴을 앞에서 옆에서 홀린 듯이 비추어보며 갖가지 표정을 지어 보였다.

"야!" 아버지가 저쪽에서 소리쳤다. "뭘하고 있는 거야?"

"침대 밑이랑 가구 아랠 들여다보고 있어요." 그녀는 머리를 만지던 손을 멈추지 않고 대답했다. "아무도 없어요."

"바보 같으니!" 아버지가 또 소리쳤다. "그럼 빨리 돌아와야 할 거 아냐. 꼼지락거릴 때가 아냐!"

"네, 갈게요. 지금 가요!" 그녀는 대답했다. "정말 눈코 뜰 새가 없어."

그녀는 다시 흥얼흥얼 노래하기 시작했다.

당신은 나를 버리고 영광을 찾아갔네
그러나 내 슬픈 마음은 그대 뒤를 쫓아
어디까지나.

그녀는 거울을 마지막으로 한 번 들여다보고 나서 뒤로 문을 닫고 나갔다. 잠시 후 마리우스는 두 처녀가 맨발로 복도를 지나가는 소리와 종드레뜨가 그들에게 외치는 목소리를 들었다.

"잘 지켜. 하나는 성문 쪽이고 하나는 쁘띠 방끼에 거리 쪽이야. 잠시도 문간에서 눈을 떼지 마. 그리고 뭐가 조금이라도 얼씬거리기만 하면 곧 이리 달려와. 알았어? 빨리 와야 해. 열쇠를 가지고 있지?"

그녀는 손바닥으로 머리칼을 쓰다듬고……

큰딸이 투덜거렸다.

"눈 속에서 어떻게 맨발로 지킨담."

"내일 번쩍번쩍 윤이 나는 빨간 구두를 사주지."

아버지가 대답했다.

딸들은 계단을 내려갔다. 잠시 후에 바깥문이 닫히는 소리로 봐서 그녀들이 밖으로 나간 것을 알 수 있었다. 집에는 이제 마리우스와 종드레뜨와 그 아내 세 사람밖에 없었다. 하긴 마리우스가 조금 전에 열린 방문 안 어둠 속에서 흘끗 본 수상한 사람들이 또 있는지는 몰라도.

마리우스가 준 5프랑의 용도

마리우스는 다시 그 서랍장 위로 올라갈 때가 왔다고 생각했다. 눈깜짝할 사이에 젊은이답게 몸을 날려 구멍 옆에 올라섰다.

마리우스는 옆방을 들여다보았다.

종드레뜨의 방안은 묘하게 변해 있었다. 마리우스는 조금 전에 비치던 불빛이 무엇인지 알았다. 촛불 하나가 낡은 촛대에 켜 있긴 했으나 실제로 방안을 비추고 있는 건 그 불빛이 아니었다. 방안은 난로 안에 놓인 꽤 큰 쇠 풍로에 피운 숯불 빛이 반사돼 비치고 있었다. 그 풍로는 종드레뜨의 아내가 오전에 준비해 놓은 것이었다.

숯불은 무섭게 피어올랐다. 풍로는 빨갛게 달고 파란 불길이 흔들흔들 흔들려 빨간 불 속에 꽂힌 끌의 모양이 분명히 보였다. 그것은 종드레뜨가 삐에르 롱빠르 거리에서 사 온 끌이었다. 문 바로 옆에는 무엇에 쓰려고 준비해 놓았는지 쇠붙이와 노끈이 두 무더기 놓여 있었다. 그 속에 무엇이 있는지 모르는 사람이 이 분위기를 본다면 몹시 불길한 생각을 하는 동시에 예사로운 일처럼 여겼을지 모른다.

이렇게 불빛이 비치고 있는 방안은 지옥의 입구라기보다는 철공소 같았고, 종드레뜨가 그 불빛 속에 서 있는 모습은 대장장이라기보다는 악마 같았다.

숯불이 너무 세기 때문에 탁자 위에 켜놓은 촛불도 화로 쪽으로 향한 면은 녹아내려 비스듬하게 굽어 있었다. 디오게네스가 흉악한 도둑 까르뚜슈로 변해서 들고 걸으면 꼭 어울릴 것 같은 낡은 네모진 구리 등 하나가 난로 위에 놓여 있었다.

풍로는 난로 속의 거의 다 탄 장작 옆에 놓여 있었기 때문에 숯불의 가스가 벽난로 굴뚝으로 빠져나가 방안에서는 그다지 냄새가 나지 않았다.

달빛이 유리창으로 스며들어 빨갛게 물든 지붕밑 방에 하얀 빛을 던졌다. 행동하는 동안에도 역시 꿈을 버리지 않는 마리우스의 시적인 마음에는, 그 달빛이 마치 지상의 추한 꿈에 녹아 버린 천상의 사상처럼 생각되었다.

이따금 깨진 유리창으로 바람이 들어와 숯 냄새를 없애 주었기 때문에 화로가 있는 것을 숨겨 주었다.

종드레뜨의 방안은 고르보 저택에 대해 한 얘기를 생각해 보면 알 수 있듯이, 은밀한 폭력 행위의 무대나 범죄의 은닉 장소로 쓰기에는 아주 적당한 장소였다. 그것은 빠리에서 가장 왕래가 적고 가장 외떨어진 집의 가장 구석 방이었다. 만일 잠복이라는 것이 이 세상에 없었다고 하더라도 거기 사는 사람들이 그런 생각을 해냈을 것이다.

집의 가장 구석에 있는 데다 많은 빈 방이 이 방을 큰 길에서 멀리 떼어놓았고, 단 하나밖에 없는 창은 돌담과 울타리에 둘러싸인 넓은 빈터에 면해 있었다.

종드레뜨는 담배를 피워물고 짚을 빼낸 의자에 걸터앉아 한 모금 들이마셨다. 아내는 낮은 소리로 그와 이야기를 주고받고 있었다.

만일 마리우스가 꾸르페락처럼 아무것도 아닌 일에 곧잘 웃는 사람이었다면 지금 종드레뜨 아내의 모습을 보는 순간 자기도 모르게 웃음을 터뜨렸을 것이다. 그녀는 샤를르 10세 대관식에서 문장기(紋章旗)를 들고 줄지어 들어가는 시종 무관의 모자와 똑같은 깃털이 달린 검은 모자를 쓰고, 메리야스 페티코트 위에 거친 격자무늬의 커다란 숄을 두르고, 아침에 딸이 투덜대던 남자용 구두를 신고 있었다. 조금 전에 종드레뜨가 감탄하며 "응, 잘했어. 그렇게 입어야지. 그래야 놈이 안심하거든" 하고 떠든 건 바로 이 차림을 보고 한 말이었던 것이다.

종드레뜨로 말하면 르블랑 씨가 주고 간, 그에게는 너무 큰 새 외투를 아직 벗지 않고 있었다. 그 옷은 꾸르페락의 눈에 전형적인 시인의 옷차림으로 비친, 전혀 어울리지 않는 외투와 바지였다.

종드레뜨가 갑자기 소리를 높였다.

"참, 그래. 날씨가 이러니까 그놈은 마차를 타고 오겠군. 저 등불을 켜들고 아래로 내려가서 문 뒤에 서 있어. 마차가 멎는 소리가 나면 곧 문을 열고 그놈이 들어오도록 계단과 복도를 비춰줘. 그리고 그놈이 여기에 들어오면 얼른 당신은 아래로 내려가 마부에게 돈을 치르고 마차를 돌려보내.”

“돈은요?” 아내가 물었다.

종드레뜨는 바지 주머니를 뒤져 그녀에게 5프랑을 건네 주었다.

“이 돈이 무슨 돈이에요?” 아내는 소리쳤다.

종드레뜨는 자랑스럽게 대답했다.

“옆방 녀석이 오늘 아침에 준 거야.”

그리고 이어 말했다.

“참, 의자 두 개가 더 있어야 해.”

“왜요?”

“앉아야지.”

마리우스는 종드레뜨의 아내가 태연히 다음과 같이 말하는 소리를 듣고 등골이 오싹해지는 것을 느꼈다.

“그래요, 그럼 옆방 걸 좀 가져오죠 뭐.”

그녀는 곧 문을 열고 복도로 나갔다.

마리우스는 서랍장에서 내려와 침대 밑으로 들어갈 겨를이 없었다.

“초를 가지고 가.” 종드레뜨가 소리쳤다.

“괜찮아요.” 아내는 대답했다. “초를 가져가면 오히려 방해가 돼요. 의자를 둘 가져와야 하니까. 그리고 달빛도 비치고 있고.”

마리우스는 종드레뜨의 아내가 둔한 손놀림으로 그의 방문 열쇠를 더듬어 찾는 소리를 들었다. 문이 열렸다. 그는 너무 놀라 멍한 채 그 자리에 못박혀 버렸다.

종드레뜨의 아내가 들어왔다.

천장에서 새어들어오는 달빛이 방안의 어둠을 커다랗게 두 개로 나누고 있었다. 어두운 쪽이 마리우스가 기대 서 있는 벽을 덮고 있기 때문에 그의 모습은 그늘에 묻혀 보이지 않았다.

종드레뜨의 아내는 눈을 쳐들었으나 마리우스는 보지 못하고 의자 두 개를, 즉 마리우스가 가지고 있는 의자 모두를 들고 나가서 문을 닫아버렸다.

아내는 방으로 돌아왔다.

“자, 의자 가져왔어요.”

“그리고 저기 등불,” 주인은 말했다. “빨리 가지고 내려가.”

아내는 이르는 대로 총총히 사라졌다.

방에는 종드레뜨 혼자만이 남아 있었다. 그는 의자 두 개를 탁자 양쪽에 놓자 숯불에 꽂아놓은 끌을 한 번 뒤집어 놓고, 난로 앞에 낡은 칸막이를 가져다 세워 풍로를 감춘 다음, 노끈을 쌓아놓은 곳으로 가서 무엇을 찾는지 허리를 굽혔다.

그러자 마리우스는 조금 전에 단순한 노끈이라고 생각했던 것이 사실은 가름대와 사다리를 걸치기 위한 갈고리 두 개가 달린 완전한 노끈 사다리라는 것을 알았다.

이 노끈 사다리와 문 그늘에 쌓아놓은 쇠붙이 더미에 섞여 있는 몇 개의 철봉 같은 큰 도구는, 아침엔 종드레뜨의 방에 없던 것으로 오후에 마리우스가 없는 사이에 옮겨다 놓은 것이 분명했다.

'저건 모두 자물쇠 장수의 연장인데.' 마리우스는 생각했다.

마리우스가 이런 물건에 조금이라도 지식이 있었더라면 지금 자물쇠 장수의 연장이라고 생각한 것 속에 자물쇠를 부수기도 하고 문을 비틀어 열기도 하는 연장과, 물건을 자르기도 하고 쪼개기도 하는 연장이 몇 개 섞여 있다는 것을 알았을 것이다. 그것은 도둑들이 'Les cadets(^막_내)'라는 이름과 'les fauchants(^{베는}_것)'이라고 부르는 두 가지의 섬뜩한 연장이었다.

양쪽에 의자를 놓은 탁자와 난로는 바로 마리우스 맞은쪽에 있었다. 풍로가 가려졌기 때문에 방안은 이제 촛불만이 비추고 있다. 그래서 탁자 위의 아주 작은 물건들도 기다란 그림자를 던지고 있었다. 주둥이가 깨진 주전자의 그림자가 벽의 절반을 덮었다. 거기에는 뭔가 정체를 알 수 없는 정적이, 보는 동안 자기도 모르게 오싹 소름이 끼치는 그런 침묵이 흐르고 있었다. 어떤 무서운 일이 곧 일어날 것만 같았다.

종드레뜨는 깊은 생각에 잠긴 듯 담뱃불이 꺼진 줄도 모르고 있다가, 의자로 돌아와 걸터앉았다. 촛불 빛이 그 잔인하고 교활한 얼굴 전체를 비췄다. 어두운 마음 속에서 뭔가 자문자답하는 듯 이따금 눈살을 찌푸리기도 하고 갑자기 오른손을 번쩍 쳐들어 보기도 했다. 한참 동안 그런 이상한 문답을 혼자 주고받더니 문득 생각이 미친 듯 탁자 서랍을 열어 속에 감추어 두었던

긴 칼을 꺼내 손톱을 자르며 칼날을 시험해 보았다. 그러더니 다시 칼을 탁자 서랍에 넣고 닫아 놓았다.

한편 마리우스는 오른쪽 바지주머니에 넣어둔 권총을 꺼내 방아쇠를 세워 놓았다. 그때 권총이 찰칵하고 작은 소리를 냈다.

그 소리에 깜짝 놀라 의자에서 일어난 종드레뜨는 "누구야?" 하고 소리쳤다.

마리우스는 숨을 죽였다. 종드레뜨는 잠시 귀를 기울였으나 이내 껄껄 웃으며 말했다.

"제기랄, 벽에서 난 소린가 보군."

마리우스는 권총을 힘껏 움켜쥐었다.

마주 보게 놓여진 마리우스의 의자 두 개

갑자기 멀리서 쓸쓸한 종소리가 울려 유리창을 흔들었다. 6시 종이 쌩 메다르 성당에서 울리기 시작한 것이다.

종드레뜨는 그 하나하나를 고개를 끄덕이며 세었다. 여섯 번째가 울리자, 그는 촛불의 심지를 손끝으로 끊었다. 그리고 방안을 서성거리다가는 이따금 멈춰 서서 복도에 귀를 기울였다.

"그놈이 오기만 하면!" 그는 중얼거렸다. 그리고 다시 의자로 돌아왔다.

종드레뜨가 의자에 걸터앉자마자 문이 열렸다. 종드레뜨의 아내가 문을 연 채 복도에 서서 흉하게 일그러진 미소를 띠고 있었다. 등불에서 비치는 희미한 불빛이 그녀의 얼굴을 밑에서 올려비췄다.

"어서 오십시오, 나리." 그녀는 말했다.

"어서 오십시오, 자비하신 나리님."

종드레뜨는 벌떡 일어나 말했다.

르블랑 씨가 모습을 나타냈다. 그는 침착하고 의젓하게 들어왔는데, 그 때문에 성스럽게까지 보였다. 그는 탁자 위에 루이 금화 네 닢을 내놓았다.

"파방뚜 씨." 그는 말했다. "우선 방세와 일시 생활비를 가져왔소. 나머진 또 다음에……."

"하느님의 은총이 내리시기를, 자비하신 나리님." 종드레뜨가 말했다.

그리고 재빨리 아내에게로 가서 말했다.

"마차를 돌려보내."

종드레뜨가 르블랑 씨에게 너저분한 소리를 늘어놓는 동안 그의 아내는 살짝 방에서 나갔다. 그리고 곧 돌아와 남편 귀에 속삭였다.

"보냈어요."

아침부터 쉴새없이 내린 눈은 거리에 꽤 많이 쌓여 조금 전에 마차가 도착했을 때도 소리가 나지 않았고 지금 돌아갈 때도 소리가 나지 않았다.

그동안 르블랑 씨는 의자에 앉아 있었다. 종드레뜨는 르블랑 씨 맞은편 의자에 앉았다.

그런데 이제부터 시작되는 장면을 확실히 떠올리기 위해 독자는 다음과 같은 배경을 상상해 보길 바란다. 얼어붙은 밤, 눈에 덮여 커다란 수의같이 달빛에 하얗게 빛나는 살뻬트리에르 지역의 정적, 그 주위의 음산한 큰길과 길고 검은 느릅나무의 행렬을 여기저기 붉게 물들이고 있는 가로등 불빛, 4분의 1마일 안에 사람의 그림자라곤 하나 없을 것 같은 땅, 그 정적과 공포와 밤 한복판에 놓여 있는 고르보 집, 그 집 한구석 가장 외떨어진 곳에 어둠에 싸여 촛불이 비치고 있는 종드레뜨의 널따란 지붕밑 방, 그 방안에 탁자를 사이에 두고 마주 앉은 두 남자, 침착한 르블랑 씨와 빙그레 웃고 있는 무시무시한 종드레뜨, 한쪽 구석에 서 있는 암늑대 같은 종드레뜨의 아내, 그리고 벽 뒤에 숨어 한 마디도 놓치지 않고 동작 하나하나 빼놓지 않으려고 신경을 잔뜩 곤두세운, 권총을 움켜쥔 마리우스.

마리우스는 이상한 전율을 온몸에 느끼지 않을 수 없었다. 그러나 그것은 공포는 아니었다. 그는 권총을 힘껏 움켜쥐고 단단히 결심했다. '자, 때만 오면 저 비열한 악당을 잡고 말 테다.'

좀 가까운 곳 어딘가에 경찰들이 잠복하여 신호가 오기만을 기다리고 있다고 그는 생각하고 있었다.

그리고 종드레뜨와 르블랑 씨의 이 대결에서 마리우스는 자기가 알고 싶어하는 일이 완전히 드러나기를 은근히 바랐다.

어두운 방 한구석이 마음에 걸리다

의자에 앉은 르블랑 씨는 침대 쪽을 바라보았다. 텅 비어 있었다.

"상처 입은 딸아이 손은 좀 어떻습니까?" 르블랑 씨가 물었다.

"그게 좀 좋지 않아서……." 종드레뜨는 근심스러운 얼굴에 감사의 미소를 띠며 대답했다. "몹시 나빠요. 지금 언니가 부르브 병원으로 치료를 하러 데리고 갔습니다. 곧 만나실 수 있을 겁니다. 금세 돌아올 테니까요."

"부인께선 많이 좋아지신 것 같군요." 르블랑 씨는 종드레뜨 아내의 기묘한 차림을 힐끔 보며 말했다. 아내는 르블랑 씨와 문 사이에 문을 가로막듯이 서서 위협하는 듯한, 곧 달려들 듯한 기세로 르블랑 씨를 보고 있었다.

"저 사람은 다 죽을 지경이죠." 종드레뜨는 말했다. "하지만 어쩔 수 없어요. 나리, 워낙 지독한 여자라, 저건 여자가 아니라 암소입니다."

종드레뜨의 아내는 칭찬을 받고 감격한 듯, 귀여움을 받은 괴물처럼 흉하게 웃으며 남편에게 말했다.

"당신은 정말 친절하신 분이셔, 종드레뜨."

"종드레뜨?" 르블랑 씨가 반문했다. "당신 이름은 파방뚜 씨가 아니었소?"

"파방뚜는 본명이고 종드레뜨는 별명입니다." 주인은 당황해 말했다. "배우의 예명이죠."

그리고 르블랑 씨가 보지 않게 어깨를 으쓱하여 아내를 위협하고, 야단스런 코먹은 소리로 억양을 만들어 떠들어 대기 시작했다.

"우린 언제나 의좋게 지냈죠. 만일 그것도 없다면 우리에게 무슨 재미가 있겠습니까. 그토록 우린 불행한 사람들입니다. 존경하는 나리님! 당장 솜씨가 있어도 일거리가 없고 기운이 있어도 직업을 얻을 수 없는 형편입니다. 정부는 대체 뭘 하는지 알 수 없습니다. 그렇다고 나리, 전 결코 자꼬뱅 당도 부장꼬 당도 아닙니다. 정부에 악의를 갖고 있진 않아요. 하지만 만일 제가 장관이라면 전혀 다른 정책을 쓸 것입니다.

이젠 저는 딸들에게 상자 만드는 일을 시킬 생각까지 하고 있는 형편입니다. 뭐? 상자를 만든다고? 하고 놀라실지 모릅니다. 하지만 하지 않으면 안돼요. 그 싸구려 일을. 다 입에 풀칠이나 하는 수단이죠. 어쩌면 이렇게 몰락할 수 있을까요. 나리님, 저도 한때는 꽤 잘 살았습니다. 아아, 그때 잘 살던 때의 그림자가 아직 남아 있습니다. 그림 한 장인데 그것마저도 팔아야 할 형편입니다. 어쨌든 먹고 살아야 하니까요. 그저 뭐니뭐니해도 먹고 사는 게 가장 중요하니까요."

아무렇지 않은 척했으나 사실은 교활하고 날카로운 표정을 잃지 않은 채 종드레뜨가 떠들고 있는 사이, 마리우스가 힐끗 보니 방 한 구석에 지금까지 없었던 사나이의 모습이 보였다. 그 사나이가 문 소리가 나지 않게 살짝 들어온 것이다. 그는 낡고 닳고 얼룩이 지고 솔기가 터진 자줏빛 조끼를 입고 커다란 골덴 바지에 나막신을 신고 있었다. 셔츠를 입지 않아 목덜미가 드러나고 벗겨진 팔엔 문신이 있고 얼굴은 시커멓게 더럽혀져 있었다. 그는 가까운 침대에 걸터앉아 묵묵히 팔짱을 끼었다. 그러나 바로 종드레뜨 아내의 뒤에 있었기 때문에 그 모습은 분명히 보이지 않았다.

사람의 주의를 끄는 그 자석과 같은 본능으로 르블랑 씨는 마리우스와 거의 같은 순간에 고개를 돌려 뒤를 보았다. 그리고 다음 순간 르블랑 씨가 깜짝 놀라는 것을 종드레뜨는 놓치지 않고 보았다.

"아아, 이것 보십시오." 종드레뜨는 아첨하는 듯한 말투로 코트의 단추를 끼며 큰소리로 말했다. "어떻습니까? 주신 코트입니다. 잘 맞지요. 제게 아주 꼭 맞습니다."

"저분은 누구입니까?" 르블랑 씨가 물었다.

"저 사람?" 종드레뜨가 대답했다.

"아아, 이웃집 사람입니다. 신경쓰지 마십시오."

이웃집 사람이라는 그 사나이의 인상은 아주 괴상했다. 그러나 약품 공장이 밀집해 있는 쨍 마르소 성 밖 근처에는 공장 노동자들이 대개 얼굴에 검은 칠을 하고 다녔다. 그래서 그런지 르블랑 씨는 종드레뜨의 말을 그대로 믿고 안심한 듯 의젓하고 신뢰감 깃든 태도를 되찾았다. 그는 다시 말을 이었다.

"아, 실례했습니다. 아까 무슨 말씀을 하셨죠, 파빙뚜 씨?"

"그건 저어, 저를 돌보아 주시는 나리님." 종드레뜨는 탁자 위에 팔꿈치를 괴고 커다란 뱀 같은 약삭빠른 눈으로 지그시 르블랑 씨를 보며 말했다. "그림을 한 장 팔고 싶다고 말했습니다."

문 쪽에서 가벼운 소리가 났다. 두 번째 남자가 들어와 종드레뜨 아내의 바로 뒤 침대 위에 걸터앉았다. 그 남자도 먼저 남자처럼 팔을 드러내고 잉크인지 그을음인지 얼굴을 시커멓게 칠하고 있었다. 그도 문자 그대로 방에 미끄러져 들어왔으나 역시 르블랑 씨는 곧 눈치를 챘다.

"조금도 개의치 마십시오." 종드레뜨는 말했다. "이 집에 같이 사는 친구들입니다. 그런데 방금 말씀드렸다시피 그림을 한 장 팔고 싶은데 대단히 귀중한 그림입니다. 잠깐 보시겠습니까?”

그는 일어나 조금 전에 말한 널빤지를 세워 둔 벽으로 다가가 그 널빤지를 뒤집어 먼저대로 벽에 걸어 놓았다. 보니까 과연 그것은 그림 비슷한 것으로 불빛을 받아 흐릿하게 드러나고 있었다. 마리우스 쪽에서는 종드레뜨가 가리고 있었기 때문에 그 그림이 어떤 것인지 확실히 보이지 않았다. 다만 아무렇게나 그린 그림이라는 것만은 확실했으며 중심 인물 같은 것에는 극장의 간판이나 병풍의 그림같이 여러 가지 색으로 덕지덕지 바른 것이 간신히 눈에 띄었다.

“그게 무슨 그림입니까?” 르블랑 씨가 물었다.

종드레뜨는 소리쳤다.

“거장의 그림인데 값이 상당히 나가는 겁니다. 자비하신 나리님! 제겐 제 두 딸만큼이나 소중한 겁니다. 이걸 보고 있노라면 여러 가지 추억이 떠오릅니다. 하지만 방금도 말씀드렸듯이 제 형편이 워낙 어려워서 이것도 팔까 하고……”

우연인지 아니면 뭔가 불안을 느껴서인지 그림을 보고 있던 르블랑 씨의 눈이 힐끗 구석으로 돌아갔다. 거기엔 벌써 남자가 넷 있었다. 셋은 침대에 걸터앉고 하나는 문지방 바로 옆에 서 있었다. 넷 다 팔을 내놓고 시꺼먼 얼굴에 꼼짝도 하지 않고 있었다. 침대에 앉은 셋 중 하나는 벽에 기댄 채 눈을 감고 있어 마치 자는 것같이 보였다. 그는 꽤 나이가 든 남자로 시커먼 얼굴 위에 흰 머리칼이 늘어져 있어 퍽 무서운 인상을 주었다. 다른 두 사람은 아직 젊었다. 하나는 털보고 하나는 머리가 길었다. 어느 누구도 제대로 된 구두를 신은 사람이 없었다. 덧신을 신었거나 아니면 맨발이었다.

종드레뜨는 르블랑 씨의 눈이 그 남자들에게 못박혀 있는 것을 알았다.

“모두 제 친구입니다. 바로 옆에들 살기 때문에,” 그는 말했다.

“석탄 속에서 일하기 때문에 얼굴이 저 모양이죠. 모두 난로를 때는 인부들입니다. 상관 마십시오, 나리님. 그보다 이 그림을 사주십시오. 비참한 저를 동정하셔서. 비싸게는 말씀드리지 않겠습니다. 얼마나 받으면 적당할까요?”

“하지만,” 르블랑 씨는 종드레뜨를 이윽히 바라보며 조심스럽게 입을 열

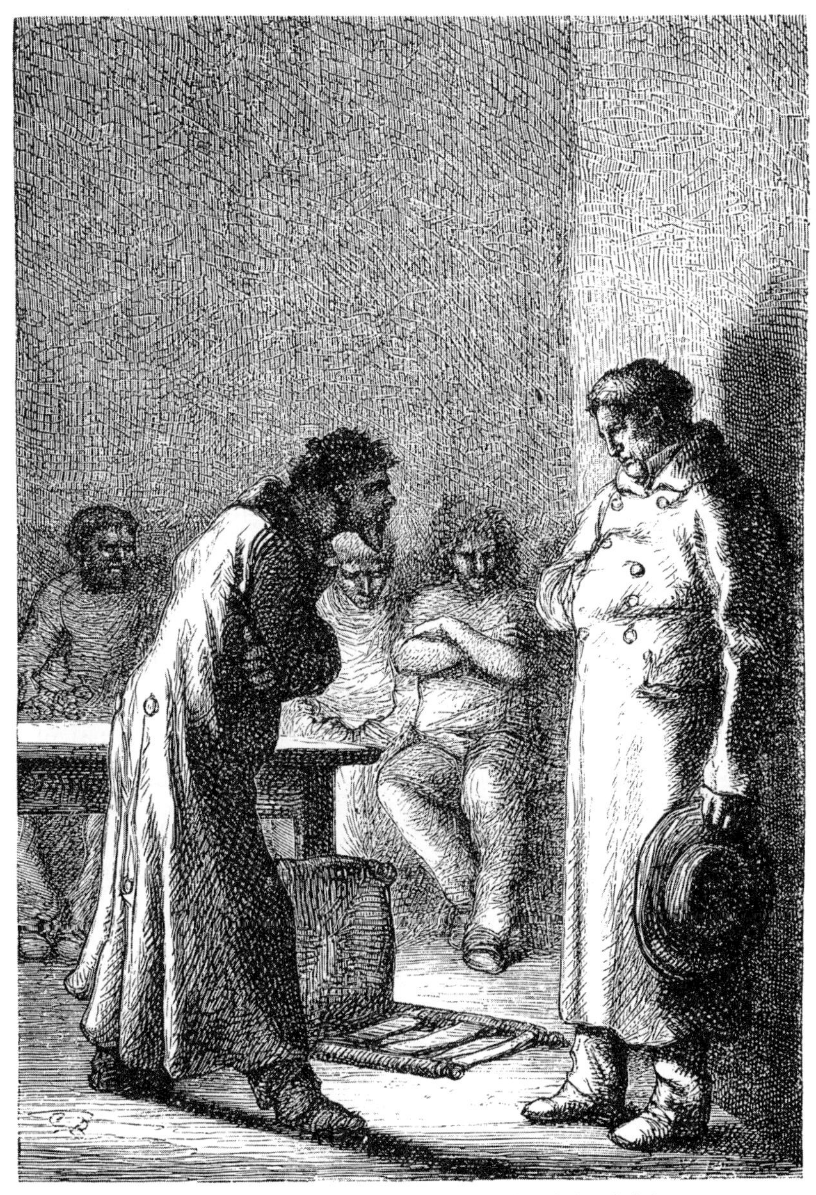

종드레뜨는 아첨하듯이 "제게 아주 꼭 맞습니다" 하였다.

었다. "그건 술집 간판이나 뭐 그런 거군요. 3프랑 이상 더 나가겠습니까?"

종드레뜨가 나직이 대답했다.

"지갑을 가지고 오셨습니까? 1천 에뀌까지 해드리죠."

르블랑 씨는 벌떡 일어나 벽에 등을 대고 재빨리 방안을 둘러보았다. 그의 왼쪽, 창문 쪽에는 종드레뜨가, 그리고 오른쪽 문쪽으로는 종드레뜨의 아내와 네 남자가 있었다. 남자들은 꼼짝하지 않은 채 그를 쳐다보지도 않았다. 종드레뜨는 상관하지 않고 여전히 애걸하는 목소리로 떠들어 댔다. 그 멍한 눈초리와 하소연하는 듯한 목소리를 듣자 르블랑 씨는 이 남자는 어쩌면 가난 때문에 반쯤 미친 것이 아닌가 생각했다.

"만일 나리가 이 그림을 사주시지 않는다면, 자비하신 나리님." 종드레뜨가 말했다. "전 이제 어쩔 수 없습니다. 강에라도 몸을 던지는 수밖에 도리가 없습니다. 저는 두 딸에게 상자 만드는 법을, 선물 상자 만드는 법을 가르쳐 주려고 하는 겁니다. 그러려면 유리가 아래로 떨어지지 않도록 판자를 곁에 댄 탁자며, 특수한 화로며, 나무랑 종이랑 헝겊에 바르기 위해 저마다 다른 풀을 담을 세 칸짜리 풀그릇도 필요하고, 마분지를 자르는 절단기며, 본을 뜰 틀이며, 쇠장식을 박을 망치며, 핀셋 등 여러 가지가 필요합니다. 그리고 이런 것들을 전부 갖춰 종일 일을 해봤자 하루에 4수, 14시간 일해 겨우 4수밖에 벌지 못합니다. 상자 하나 만드는 데 열세 번이나 손이 가야 돼요. 종이를 적셔야 하고, 더럽혀선 안 되고, 풀은 따뜻하게 해야 하고, 정말 말도 안 됩니다. 그리고 겨우 하루에 4수, 그거로 어떻게 먹고 삽니까?"

종드레뜨는 떠들면서 그를 바라보고 있는 르블랑 씨에게는 눈길을 돌리지 않았다. 르블랑 씨는 종드레뜨를 쳐다보고 종드레뜨는 문께를 보고 있었다. 마리우스는 숨막힐 듯한 기분으로 두 사람을 번갈아 바라보았다. 르블랑 씨는 '이 사람 혹시 머리가 이상한 게 아닌가?' 하고 의아하게 생각하고 있는 것 같았다. 종드레뜨는 어조를 갖가지로 바꿔 가며 애걸하는 소리를 두세 번더 되풀이했다.

"이제 강물에 뛰어드는 수밖에 없습니다. 어제도 각오하고 오스떼를리쯔 다리까지 가서 계단을 서너 개 내려갔었지요."

순간 종드레뜨의 흐릿한 눈이 무섭게 빛을 뿜고 그 조그맣던 가슴을 앞으로 쑥 내밀며 흉악한 형상을 띠었다. 그는 르블랑 씨를 향해 한발짝 다가갔

검은 종이로 복면한 남자 셋이 나타났다.

는가 싶더니 순간 벼락같이 고함을 질렀다.

"그따위 건 문제가 아냐! 이놈, 내가 누군지 알아보겠나?"

잠복

그것은 때마침 방문이 갑자기 열리며 푸른 작업복에 검은 종이로 복면을 한 남자 셋이 모습을 나타냈을 때였다. 앞에 선 깡마른 남자는 끝에 쇠가 달린 긴 몽둥이를 들고 있었다. 두 번째 사나이는 거인 같은 몸집에 도살용 칼자루 한가운데를 날이 아래로 가도록 쥐고 있었다. 세 번째 사나이는 어깨가 떡 벌어진 남자로 첫 번째 사나이만큼 마르지도, 두 번째 남자만큼 체격이 크지도 않았다. 역시 손에 무엇인가 들고 있었는데 그것은 어느 감옥에서 훔쳐내 오기라도 한 듯 대단히 큰 열쇠였다.

종드레뜨는 그들 세 사나이가 오기를 기다리고 있었던 모양이다. 몽둥이를 든 남자와 그 사이에 몇 마디 빠른 말이 오갔다.

"준빈 다 됐나?" 종드레뜨가 말했다.

"응." 깡마른 남자가 대답했다.

"몽빠르나스는 어디 갔어?"

"그 자식은 도중에서 자네 딸하고 희롱하고 있어."

"딸이라니, 어느 딸?"

"큰딸."

"마차는 와 있나? 아래?"

"응."

"마차에 말도 대놓고?"

"응, 대놨어."

"두 마리라고 했는데, 말은 좋은가?"

"응, 아주 좋은 말이야."

"내가 대기하라는 데에다 대기해 놨겠지?"

"응."

"됐어, 그럼." 종드레뜨가 말했다.

르블랑 씨는 얼굴이 창백해졌다. 그는 방안을 한 번 둘러보았다. 자기가 어떤 함정에 빠졌는가를 안 듯 놀라면서도 조심스런 표정을 하고 천천히 자기를 둘러싸고 있는 사람들의 얼굴을 차례차례 바라보았으나 그 태도에는 공포 같은 건 전혀 없었다. 그는 거기 놓인 탁자를 임시 방패로 삼고 있었다. 조금 전까지 친절한 노인으로만 보이던 르블랑 씨는 눈깜짝할 사이에 전투 태세를 갖춰 위협적인 자세로 의자 위에 건장한 주먹을 올려놓고 있었다.

이 노인이 위험 앞에서 이런 민첩하고 용기있는 태도를 취하는 것을 보면, 그는 태어날 때부터 친절한 동시에 경우에 따라서는 순간적으로 용감해질 수 있는 성질을 가진 사람이라는 것을 알 수 있었다. 자기가 사랑하는 여자의 아버지라면 자기와도 아주 관계가 없는 남은 아니다. 마리우스는 아직 잘 알지 못하는 그 노인을 자랑스럽게 생각했다.

종드레뜨가 조금 전에 '난로를 때는 인부들'이라고 말한 남자들, 즉 팔을 온통 드러낸 세 사람은 벌써 쇠붙이 더미에서 하나는 커다란 가위를, 하나는 무거운 쇠지렛대를, 그리고 또 하나는 쇠망치를 꺼내들고 한 마디 말도 없이 문 옆에 쭉 늘어서 있었다. 나이먹은 남자만은 침대에 걸터앉은 채 여전히 눈을 감고 있었다. 그 옆에 종드레뜨의 아내가 걸터앉아 있었다.

마리우스는 얼마 안 가서 자기가 끼어들 때가 왔다고 생각했다. 그는 복도를 향해 돌아서 오른손을 천장을 향해 쳐들고 언제든지 총을 쏠 수 있도록 준비를 갖췄다.

종드레뜨는 몽둥이를 든 남자와 이야기를 마치자 다시 르블랑 씨를 향해 한껏 낮고 음침한 소리로 낄낄 웃으며 아까 하던 질문을 되풀이했다.

"이 내가 누군 줄 아직 모르겠는 모양이지?"

르블랑 씨는 그의 얼굴을 똑바로 보며 대답했다.

"모르겠소."

그러자 종드레뜨는 탁자 옆으로 바싹 다가왔다. 그리고 촛불 위에 몸을 덮듯이 하고 팔짱을 낀 다음 그 광대뼈가 두드러진 잔인한 얼굴을 르블랑 씨의 온화한 얼굴 바로 앞에 바싹 들이댔다. 그러고는 르블랑 씨가 자기도 모르게 한 걸음 물러설 만큼 금방이라도 물어뜯을 듯한 야수 같이 울부짖으며 고함을 쳤다.

"내 이름은 파방뚜가 아니야! 종드레뜨도 아니고! 내 이름은 떼나르디에야. 몽페르메이유의 여관 주인이지. 알겠어? 떼나르디에야. 자아, 이제 내가 누군지 알겠나?"

르블랑 씨의 이마로 붉은 빛이 엷게 스쳐 지나갔다. 그러나 그는 목소리를 높이지도 않고 떨지도 않고 언제나처럼 조용히 말했다.

"잘 모르겠는데요."

마리우스의 귀에는 그 대답이 들리지 않았다. 만일 어둠 속에서 그를 본 사람이 있었다면 마리우스가 눈을 커다랗게 뜨고 마치 감전이라도 된 듯 멍하니 선 것을 보았을 것이다. 종드레뜨가 '내 이름은 떼나르디에야'라고 한 순간, 마리우스는 마치 얼음 같은 칼날에 심장을 찔린 듯 온몸을 부들부들 떨며 벽에 기댔던 것이다.

동시에 신호를 보낼 참이었던 권총을 든 손은 서서히 아래로 내려가 종드레뜨가 다시 '알았어? 떼나르디에야' 하고 되풀이 말했을 때는 권총이 손가락에서 거의 떨어질 뻔했다.

종드레뜨가 자기의 정체를 밝힌 것은 르블랑 씨를 동요시키지는 않았으나 마리우스의 정신을 통째로 뒤흔들어 놓았다. 그 떼나르디에라는 이름을 르블랑 씨는 모르는 것 같았으나 마리우스는 알고 있었던 것이다. 이 이름이 그에게 어떤 의미를 가지고 있는가를 독자는 기억하리라.

그야말로 마리우스의 마음 속에 언제까지나 살아 있던, 아버지의 유언 속에 적혀 있던 바로 그 이름이었던 것이다. 마리우스는 그 이름을 머릿속 깊숙이 기억 제일 깊은 곳에, 그 신성한 명령 '떼나르디에라는 사람이 나를 구해 주었다. 만일 내 자식이 떼나르디에를 만나거든 최선의 호의를 베풀기를 바란다'는 글 속에 깊이깊이 간직해 왔던 것이다. 그 이름을 독자도 기억하고 있겠지만 마리우스의 마음엔 하나의 신앙의 대상이었다. 그는 그 이름을 아버지의 이름과 똑같이 숭배해 왔다.

그런데 이 무슨 운명의 장난이란 말인가! 이 남자가 떼나르디에라니! 이 남자가 그토록 찾아헤매도 찾을 수 없었던 바로 그 몽페르메이유의 여관 주인이라니! 마침내 찾았다. 그러나 이게 어찌된 일인가! 아버지의 목숨을 구해 준 사람이 천하 없는 악한이라니! 마리우스가 몸을 바쳐 은혜를 보답하려는 사람이 바로 이 괴물일 줄이야! 뽕메르씨 대령을 구해 준 사람이 지금 폭력 행위를 하려 하고 있다. 마리우스에게 아직 그 전모가 드러나진 않았으나 어쩐지 살인 냄새가 물씬 나는 폭력 행위를 저지르려 하고 있다. 그런데 그 상대는 누구인가? 아아, 이게 무슨 숙명이란 말인가! 무슨 운명의 장난

금방이라도 물어뜯을 듯한 야수 같이 울부짖으며 고함을 쳤다.

이란 말인가!

아버지는 관 속에서 그를 향해 떼나르디에에게 최대한의 호의를 베풀라 명령하고 있다. 4년이라는 세월 동안 마리우스는 줄곧 아버지의 빚을 갚으려는 한결같은 마음을 지녀왔다. 그런데 이제 한 악한을 범행 현장에서 경찰에 넘기려는 순간 운명이 그를 향해 '그 남자야말로 다름아닌 떼나르디에다'라고 외칠 줄이야! 아버지의 목숨은 워털루의 총탄이 퍼붓는 비장한 싸움터에서 한 남자에 의해 구출되었다.

그런데 마침내 그 남자를 찾아내어 은혜를 보답하게 된 순간 교수대로 보답하게 될 줄이야! 언젠가 떼나르디에를 발견하면 그의 발 앞에 몸을 던지려고 마음깊이 맹세해 온 그가 아니던가! 그런데 실제로 그 남자를 찾은 지금 이건 대체 어찌된 영문인가! 그렇다면 자기가 지금까지 그를 찾아 헤맨 건 그를 사형 집행인의 손에 넘겨주기 위해서였는가! 아버지는 그에게 '떼나르디에를 도와주라'고 소리치고 있는데 그 떼나르디에를 파멸시키는 것으로 아버지의 신성한 명령에 응하려 하고 있는가!

자기 목숨을 걸고 아버지를 죽음에서 구해 준 사람을, 구함을 받은 사람의 자식이, 그 사람에 대한 의무를 짊어지고 있는 마리우스 자신이, 쌩 자끄 광장에서 처형시켜 무덤에 계신 아버지에게 보이려 하고 있는가! 아버지의 유언을 그토록 오래 가슴에 간직해 온 지금 설마 이토록 반대의 일을 해야 될 줄이야. 정말 이 얼마나 기구한 일인가!

그러나 한편 이 잠복의 현장을 뻔히 보면서 그것을 막지 않을 수도 없지 않은가! 그건 당치 않은 소리다! 피해자가 봉변을 당하는 걸 보면서도 살인범을 묵인하다니! 이런 무도한 인간에게 무슨 감사의 마음을 지녀야 한단 말인가!

4년 동안이나 마리우스가 품어 온 생각은 이 순간 산산조각나고 말았다. 그는 부들부들 떨었다. 만사는 그의 의지 하나에 달려 있었다. 그의 눈앞에서 다투고 있는 사람들의 운명은 모두 그들도 모르는 사이에 어느덧 그의 손에 들어와 있었다. 만일 그가 권총을 쏘면 르블랑 씨는 구출되고 떼나르디에 씨는 파멸한다. 또 만일 권총을 쏘지 않으면 르블랑 씨는 희생되고 그리고 떼나르디에는 어쩌면 무사히 도망칠지도 모른다. 한쪽을 파멸시켜야 하는가, 다른 쪽을 죽도록 내버려두어야 하는가!

어느 쪽도 다 후회가 따른다. 어떻게 하면 좋은가? 어느 쪽을 택해야 하는가! 더없이 강하게 박힌 기억에, 마음 깊이 새겨진 맹세에, 더없이 신성한 의무에, 더없이 소중한 유언에 거역해야 하는가! 아버지의 유언을 거역해야 하는가! 그렇지 않으면 공공연히 죄악이 행해지는 걸 가만히 보고만 있어야 하는가!

그의 귀에는 한편에선 그의 '위르쉴르'가 아버지를 구해 달라고 애원하고 한편에선 아버지 대령이 떼나르디에를 구하라고 외치는 소리가 들려오는 듯싶었다. 그는 꼭 미칠 것만 같았다. 무릎이 와들와들 떨렸다. 그러나 침착하게 생각할 겨를도 없이 사태는 긴박하게 바로 그 앞에 다가와 있었다. 자기 의지 하나로 해결되리라고 생각했던 회오리에 이젠 자신까지 휘말려든 것 같았다. 그는 거의 정신을 잃고 쓰러질 것만 같았다.

한편 떼나르디에는—이 남자는 이제부터 달리 부르지 않고 이 이름만으로만 부르겠다—미친 듯, 승리에 취한 듯 탁자 앞을 왔다갔다했다.

떼나르디에가 갑자기 촛불을 움켜쥐어 벽난로 위에 거세게 놓는 바람에 불은 하마터면 꺼질 뻔했고 촛농이 마구 벽에 튀었다.

그리고 떼나르디에는 르블랑 씨를 향해 무서운 얼굴로 소리쳤다.

"눌릴 수도 있고 그을릴 수도 있다! 삶을 수도 있고 뼈를 추려 구울 수도 있다!"

그리고 다시 격분해서 어쩔 줄 몰라하며 서성거렸다.

떼나르디에는 고함쳤다. "결국 네놈을 잡았다. 자선가 양반! 누더기 걸친 백만장자 나리! 인형을 준 나리! 늙은 료크리쓰(옛날 코미디에 나오는 전형적인 흉인)! 넌 내가 누군지 모르겠다고? 그래 바로 8년 전 1823년 크리스마스 전날 밤, 몽페르메이유의 우리 여관에 찾아온 게 네놈이 아니란 말이지? 우리한테서 팡띤느의 딸 '종달새'를 꾀어간 것이 네놈이 아니란 말이지? 그때 누런 외투를 입고 왔던 놈이! 흥, 오늘 아침 여기 올 때처럼 누더기 보퉁이를 들고 왔던 놈이 네놈이 아니란 말이지! 여보 마누라, 남의 집에 양말짝을 꾸린 보퉁이를 들고 다니는 것이 아마 이 녀석 버릇인 모양이지! 인자하신 영감, 백만장자 나리! 네놈은 아마 잡화상인 모양이지? 가난뱅이들에게 가게에 있는 잡동사니들을 골고루 나눠 주게. 쳇, 거룩한 양반. 굉장한 배우군! 흥, 내가 누군지 모르겠다고!

하지만 난 네놈의 정체를 안다. 나는 다 안단 말이야! 네놈이 여기 나타난 순간 난 금세 알았다. 여관이라고 깔보고 함부로 남의 집에 들어와서, 거지 같은 꼴을 하고, 정말 한 푼 던져주고 싶을 만큼 딱한 꼴을 하고 와서 사람을 속여 함부로 남의 장사 밑천을 털어간 다음 그것도 모자라서 숲 속에서 나를 위협했지. 그리곤 내가 몰락한 꼴을 보고는 헐렁한 외투에 자선 병원의 더러운 담요 두 장을 갖다 주고 그것으로 만사 끝난 걸로 알았겠지. 하지만 그렇게 만만히 일이 끝나지 않을 것이라는 걸 이제부터 가르쳐 줄 테다. 더러운 거지새끼, 어린애 도둑놈!"

떼나르디에는 문득 입을 다물고 잠시 생각에 잠긴 것 같았다. 그의 분노는 론느 강물처럼 구멍 속으로 흘러들어가는 듯했다. 마침내 떼나르디에는 마음 속으로 하던 말을 매듭이라도 짓듯 탁자를 주먹으로 치며 큰소리로 외쳤다.

"착한 척하고!"

그리고 다시 르블랑 씨에게 호통을 쳤다.

"그렇지, 날 잘도 속여 먹었지. 내가 이렇게 된 것도 알고 보면 다 네놈 탓이다! 단돈 1천 5백 프랑에 빼앗어 가고선, 내것이었던 계집앨, 부잣집 딸에 틀림없는 계집앨, 그것도 큰돈을 짜내 일생 먹고 살 수 있었던 계집애를! 나는 그 지긋지긋한 싸구려 음식점을 하면서 손님들에게 다 뜯겨 재산을 있는 대로 털어먹은 형편이었지만 그 계집애만 있었으면 그것도 모두 메울 수 있었다.

에잇, 우리 집에서 마신 술이 녀석들에게 모조리 독약이라도 되어 버렸으면! 하지만 그따위 것은 아무래도 상관 없어. 네놈은 그 종달새를 끌고 갈 때 나를 바보 얼간이라고 생각했지? 네놈은 그때 숲 속에서 내게 몽둥이를 휘둘렀어. 그때는 나보다 네놈이 더 강했지.

하지만 오늘은 틀려, 하하하! 우습다, 정말 우스워. 나는 말했지, 전 배우입니다, 파방뚜라고 합니다, 마르스 양이랑 무슈 양과 공연한 일도 있습니다. 집주인이 오는 2월 4일까지 집세를 치르라고 합니다. 그렇게 말하니까 이 양반 방세 기한이 2월 4일이 아니라 1월 9일이라는 것도 모르더라 이거야! 참 어이 없는 바보지. 그래 얼마나 가져오나 보니까 겨우 필립 은화 네 닢이야! 구두쇠 같으니! 100프랑쯤 던져줄 호기도 없는 주제에! 그것도 낡아 빠진 술책에 걸려서! 아하, 참 우스운 일이다. 이 바보 같은 놈! 이젠 꼼짝없이 잡았다. 오늘 아침 식사엔 네놈의 다리뼈를 빨아 주마! 그러나 저녁 식사 때는 네놈의 심장을 씹어 먹겠다!"

떼나르디에는 입을 다물었다. 숨이 찼던 것이다. 그의 작은 가슴은 대장간의 풀무처럼 헐떡였다. 그 눈에는 비겁한 승리의 기쁨이 넘치고 있었다. 그것은 잔인하고 비겁한 약자가 지금까지 무서워하기만 하던 상대를 마침내 넘어뜨리고, 지금까지 아첨하기만 하던 상대를 모욕했을 때의 기쁨이며, 소인이 골리앗의 머리를 밟고 섰을 때의 기쁨이요, 늑대가 거의 다 죽게 됐으나 아직 고통을 느낄 정도의 생명은 남아 있는 황소를 이제부터 막 물어뜯으려는 순간의 기쁨이었다. 르블랑 씨는 상대의 말을 가로막지 않고 쭉 듣고 있었으나 상대가 말을 마치자 입을 열었다.

"난 당신이 하는 말을 잘 모르겠소. 당신은 아마 무슨 착각을 하고 있는 모양이오. 나도 당신과 똑같은 가난뱅이지 절대로 백만장자가 아니오. 난 당신을 모릅니다. 당신은 사람을 잘못 본 모양이오."

"뭐라고?" 떼나르디에가 헐떡이며 소리쳤다. "뻔뻔스럽게 또 나를 속일 생각이야? 숨소리도 못 낼 주제에. 이 늙다리 같으니! 나를 본 일이 없다고? 이래도 모르겠어, 내가 누군지를?"

"실례입니다만 당신은," 르블랑 씨는 이런 경우에 어쩐지 어울리지 않으나 여전히 힘있는 정중한 어조로 대답했다. "퍽 악한 사람 같군요."

악인이 민감하고 괴물이 격하기 쉽다는 걸 모르는 사람은 없을 것이다. 이 악한이라는 말을 듣자 떼나르디에의 아내는 자리에서 벌떡 일어나고 떼나르디에는 곧 때려부술 듯이 의자를 움켜쥐었다.

"꼼짝 마, 당신은!" 그는 아내에게 소리쳤다. 그리고 르블랑 씨를 향해 돌아서며 외쳤다.

"악한 놈이라고! 흥, 너희 놈들이 우릴 그렇게 부른다는 건 알고 있다. 부잣집 나리들이 말이야! 그야 물론이지. 난 빈털터리에다 몸을 가릴 옷도 빵도 없다. 그러니까 악한이지! 벌써 사흘이나 굶었어. 그러니까 악한일 수밖에! 너희 놈들은 발이 뜨뜻하게 사꼬스키(당시 유명한 구둣방) 덧신을 신고 솜외투를 입고, 마치 대주교 같은 차림으로 문지기가 있는 2층에 살며, 송이버섯을 먹고, 1월달엔 40프랑이나 하는 아스파라거스를 산더미같이 먹고, 완두콩을 먹어 배가 잔뜩 부르고, 밖의 날씨가 추운지 어쩐지 알려면 슈발리에 기사의 온도계가 몇 도를 가리키고 있나 신문을 보기만 하면 되지.

하지만 우리는 우리 몸이 온도계다! 추위가 몇 도나 되는지 우린 시계탑이 있는 강가까지 일부러 가보지 않아도 돼! 우린 보지 않아도 잘 알아. 혈관의 피가 어는 것을 보면, 심장에 얼음이 끼는 것을 보면. 그럼 우린 이렇게 말하지. 이 세상에는 하느님도 없나! 그런데 너희 놈들은 우리 굴에 와서 우릴 악한이라고 함부로 부르고 있다. 두고 봐, 네놈을 당장 요리해 버릴 테니! 알겠어? 좀 안됐지만 지금 당장 먹어 치울 테다! 백만장자 나리! 하지만 마지막으로 이것만은 알아둬라. 난 이래 봬도 한때는 의젓한 사람이었다. 영업허가도 가지고 있었어. 선거권도 있었고, 난 훌륭한 시민이었다. 이 나는 말이야! 그런데 네놈은 그 중 어느 하나도 가지고 있지 않다!"

여기서 떼나르디에는 문 옆에 선 남자들 쪽으로 한 걸음 다가갔다. 그리고 부르르 몸을 떨며 덧붙였다.

"어디 감히 나한테 와서 구두 고치는 놈들한테나 하는 말투로 지껄이고 있으니!"

그리고 한층 흥분한 듯한 어조로 르블랑 씨에게 덤벼들었다.

"그리고 한 가지 더 기억해 둬, 이 자선가 나리! 난 너처럼 조금도 수상한 놈은 아냐! 어디 사는 누구라고 이름도 변변히 못 대고 남의 집에 와서 어린애를 뺏어가는 그런 놈이 아니란 말야! 난 이래봬도 프랑스 군인이야. 훈장까지 탄 인간이란 말이야! 워털루에도 갔었어! 그리고 싸우는 도중에 무슨 백작이라는 장군도 한 사람 구해 준 일이 있지! 그 사람은 자기 이름을 댔는데 너무 작아 들리질 않았어. '고맙소'라는 말밖에 못 들었지. 난 그 인사보다는 이름이 듣고 싶었어. 그랬으면 다시 만나는 것에도 많은 도움이 됐을 텐데.

여기 있는 이 그림은 데비드가 브뤼셀에서 그린 건데 누굴 그린 건지 아나? 바로 나를 그린 거야. 데비드가 내 공적을 기념하기 위해 그린 거야. 이게 바로 그 장군을 등에 업고 총탄이 퍼붓는 속을 뚫고 나오는 장면이지. 대강 이런 이야기지. 그렇다고 내가 그 사람에게 무슨 덕을 입고 있었던 건 아냐. 그런데도 나는 목숨을 내놓고 그를 구해 준 거야. 그때 받은 증명서는 지금도 주머니에 잘 간직하고 있지. 난 이래봬도 워털루의 병사야. 알겠어, 이 늙은이야! 자아, 이제 이런 얘기는 그만하기로 하지. 난 돈이 필요해.

그것도 적은 돈이 아니라 큰돈이 필요해. 막대한 돈이 필요하단 말야. 만일 말을 듣지 않으면 네놈을 실컷 괴롭히다 죽여버리겠다!"

마리우스는 아까부터 마음의 고통을 억지로 누르며 듣고 있었다. 그러나 혹시 다른 사람이나 아닐까 하는 마지막 희망마저 완전히 끊어지고 말았다. 이 남자야말로 조금도 틀림없는 아버지 유언 속의 떼나르디에인 것이다. 마리우스는 조금 전에 아버지에게 던져진, 그런 은혜를 모른다는 말에, 만일 자기가 지금 변명해 주지 않으면 영원히 돌이킬 수 없이 된다는 것을 생각하고 몸을 부르르 떨었다.

그는 더욱 당황했다. 게다가 떼나르디에가 주워섬기는 말이며 어조, 그리고 몸짓이며 한 마디 할 때마다 불길이 훨훨 타오르는 눈에는, 그리고 모든 것을 털어놓는 악랄한 마음의 폭발이며, 허세와 비열과 교만과 비굴과 분노와 우매함이 서로 뒤섞인 태도며, 진실에 찬 불평과 거짓된 감정이 혼합된 넋두리며, 폭력의 쾌감을 즐기는 악한다운 뻔뻔함이며, 염치고 부끄러움이고 다 내동댕이친 벌거벗은 영혼이며, 모든 괴로움이 갖가지 증오와 어울려 타오르는 그 불길 속에는, 죄악처럼 고개를 돌리게 하고 가슴을 치는 뭔가 진실에 찬 것이 깃들어 있었다.

대가의 그림, 떼나르디에가 르블랑 씨에게 팔고 싶다고 한 데비드의 작품이란 독자도 눈치챘겠지만 그 싸구려 음식점의 간판이었다. 그것은 독자도 기억하다시피 그 자신이 그린 그림으로 몽페르메이유가 파산할 때 남은 유일한 물건이었다.

때마침 떼나르디에가 자리를 옮겨 마리우스의 시선을 방해하지 않게 되었으므로 마리우스는 그 그림을 똑똑히 볼 수 있었다. 과연 그 처덕처덕 칠해진 그림에는, 전쟁터 장면과 포연이 피어오르는 배경에 한 사나이를 등에 업고 있는 사나이의 모습이 생생히 그려져 있었다. 그 두 사나이가 바로 떼나르디에와 뽕메르씨, 곧 구원 받은 대령과 그를 구해 준 상사인 것이다.

마리우스는 마치 술에 취한 듯했다. 그 그림을 보고 있으려니까 흡사 아버지가 다시 살아 돌아온 듯한 느낌이 들었다. 그것은 이미 단순한 몽페르메이유의 여관 간판이 아니라 하나의 부활이었다. 마리우스는 심장의 고동이 관자놀이에 울리는 것을 듣고, 워털루의 대포가 귓가에서 울리고, 그 음침한 널빤지 위에 어슴푸레하게 그려진 피투성이의 아버지가 가슴을 쥐어뜯으며,

일그러진 모습으로 지그시 자기를 쏘아보고 있는 듯한 느낌이 들었다.

떼나르디에는 한숨을 돌리자 핏발선 눈으로 르블랑 씨를 쏘아보며 낮고 무서운 소리로 말했다.

"이제부터 곤죽을 만들어 주겠는데, 그 전에 뭐 할 말 없나?"

르블랑 씨는 아무 말도 하지 않았다. 일순 조용해진 틈을 타 누군가 쉰 목소리로 교활하고 으스스하게 소리쳤다.

"장작을 패는 거라면 내가 함세, 내가!"

도살용 도끼를 든 남자가 농담을 한 것이다.

말이 떨어지기가 무섭게, 머리칼이 곤두서고, 시커멓고 더러운 커다란 얼굴이 문 안으로 쑥 들어와 삐죽한 송곳니를 드러내며 무시무시하게 히죽 웃었다.

"왜 가면을 벗고 그래?" 떼나르디에가 화가 나 소리쳤다.

"웃어보고 싶어서." 사나이는 대답했다.

르블랑 씨는 아까부터 떼나르디에의 일거일동을 눈으로 쫓으며 틈을 노리고 있었던 모양이었다. 한편 분노 때문에 눈도 머리도 아찔해진 떼나르디에는, 문은 막혀 있고, 사로잡힌 상대는 무기가 없으나 자기는 있고, 아내도 한몫으로 치면 아홉이나 되는 사람이 한 사람을 상대로 하고 있기 때문에, 마음을 푹 놓고 방안을 왔다갔다하고 있었다. 그가 도끼 든 사나이에게 호통을 칠 때 르블랑 씨에게는 등을 돌리고 있었다.

그 틈을 타 르블랑 씨는 재빨리 의자를 차 던지고 탁자를 쓰러뜨리더니 가볍게 몸을 날려 떼나르디에가 몸을 돌리기도 전에 창께로 갔다. 그리고 잠깐 사이에 창문을 열고 창틀에 올라가 뛰어넘으려 했다. 르블랑 씨의 몸이 반쯤 밖으로 나갔을 때 여섯 개의 우악스런 손이 그를 낚아채 힘껏 방안으로 끌어들였다. 달려든 것은 난로 일을 한다는 세 인부였다. 동시에 떼나르디에의 아내도 르블랑 씨의 머리칼을 잡고 늘어졌다.

떠드는 소리를 듣고 다른 악한들도 복도에서 뛰어들어왔다. 침대 위에 취한 것처럼 앉아 있던 늙은이도 선로 공사에서 쓰는 망치를 들고 비틀거리면서 달려들었다.

'난로 인부' 중 한 사람의 얼굴이 촛불에 슬쩍 비쳤는데, 마리우스는 그가 얼굴에 검은 칠을 하긴 했으나 프랭따니에 또는 비그르나이유라고 하는 별

떼나르디에의 아내도 르블랑 씨의 머리칼을 잡고 늘어졌다.

명을 가진 빵쇼라는 것을 확실히 알았다. 그는 양끝에 납덩이를 매단 도살용 몽둥이 비슷한 걸 르블랑 씨 머리 위에 번쩍 쳐들고 있었다.

마리우스는 그 광경을 보고 더 이상 참을 수 없었다.

"아버님," 그는 마음 속에서 중얼거렸다. "용서해 주십시오!" 그의 손가락은 권총 방아쇠를 더듬었다. 그리고 막 당기려는 찰나 갑자기 떼나르디에의 고함 소리가 터졌다.

"해치지 마!"

희생자의 필사적인 도망은 떼나르디에를 화나게 하기는커녕 오히려 침착하게 했다. 떼나르디에의 내부에는 두 개의 인간, 즉 잔인한 인간과 교활한 인간이 도사리고 있었다. 그때까지는 꼼짝 못하는 먹이를 앞에 놓고 승리에 도취해 있는 동안, 잔인한 인간이 자신을 점령하고 있었다. 그러나 피해자가 몸부림치며 반항하려고 하자 갑자기 교활한 인간이 되어 있었다.

"해치지 마." 그는 되풀이 소리쳤다.

말한 사람 자신은 몰랐으나 이 말은 무엇보다 효과를 발휘해 발사 직전의 권총을 멈추게 하고 마리우스의 힘을 억눌러 버렸다. 마리우스는 위급한 시간은 지나갔다고 여기고, 그 새로운 사태를 좀 더 두고 볼 필요가 있다고 판단했다. 그동안에 다른 기회가 생겨 위르쉴르의 아버지를 죽도록 내버려둬야 하든가, 아니면 아버지의 은인을 파멸시켜야 하든가, 둘 중의 하나를 택해야 하는 난처한 입장에서 자기를 해방시켜 줄지도 모르지 않는가?

무서운 격투가 벌어졌다.

르블랑 씨는 주먹을 움켜쥐고 늙은이의 가슴을 한 대 치고 방 한가운데로 펄쩍 뛰어들어가 마주 공격해오는 두 공격자를 마룻바닥에 넘어뜨린 다음 두 사나이를 무릎으로 각각 깔고 앉았다. 르블랑 씨에게 깔린 두 사나이는 마치 커다란 맷돌에 깔린 것처럼 헐떡였다. 그러자 남은 네 사람이 르블랑 씨의 두 팔과 목을 움켜잡고 밑에 깔린 난로 인부 위에서 덮쳤다. 르블랑 씨는 아래위로 꽉 끼어 아랫놈들을 짓누르는 동시에 위에서 덮쳐 누르는 패들의 힘에 못이겨 신음소리를 냈다. 그러더니 마치 맹견이나 사냥개의 습격을 받은 멧돼지처럼 차차 무서운 악한들 속에 파묻혀 보이지 않게 되었다.

마침내 그들은 르블랑 씨를 창가로 끌고가 마룻바닥에 벌렁 누이고 달려들어 짓눌렀다. 떼나르디에의 아내는 여전히 머리칼을 움켜잡은 손을 놓지 않고 있었다.

"당신은 봐, 솥이 찢어지잖아." 떼나르디에가 말했다.

아내는 투덜투덜하며, 마치 암늑대가 숫늑대의 말에 복종하듯이 남편이 이르는 대로 했다.

"자네들은," 떼나르디에가 말했다. "그놈의 몸을 뒤져."

르블랑 씨는 이제 반항하기를 단념한 모양이었다. 악한들은 달려들어 그의 몸을 뒤졌다. 그러나 6프랑이 든 지갑과 손수건 외에는 아무것도 없었다. 떼나르디에는 그 손수건을 자기 주머니에 넣었다.

"뭐야, 지갑도 없잖아?" 그가 말했다.

"시계도 없는데." '난로 인부' 중 하나가 말했다.

"어쨌든 대단한 늙은이군."

커다란 열쇠를 든 복면한 남자가 성난 소리로 중얼거렸다.

떼나르디에는 문 옆으로 가 노끈 뭉치를 그들에게 던졌다.

"그놈을 침대 다리에 묶어."

그리고 르블랑 씨에게 한 대 맞고 쓰러져 꼼짝하지 않는 늙은이를 보고 물었다.

"블라트뤼엘은 뻗었나?"

"아니," 비그르나이유가 대답했다. "취해서 그래."

"한구석으로 치워." 떼나르디에가 말했다.

그러자 '난로 인부' 두 사람이 늙은이를 발길로 차서 쇠붙이 더미 옆으로 밀었다.

"바베, 뭣하려 이렇게 많이 데리고 왔어?" 떼나르디에가 몽둥이 든 사내에게 작은 소리로 말했다. "쓸데없이."

"할 수 없잖아." 몽둥이 든 사나이가 대답했다. "모두 끼겠다는 걸 어떡해. 워낙 일거리가 없는 때라."

르블랑 씨가 쓰러져 있는 침대는 거칠게 다듬은 네모진 나무 다리가 네 개 달린, 자선 병원에서나 쓰는 그런 초라한 침대였다. 르블랑 씨는 그들이 하는 대로 내버려두었다. 불한당들은 그를 일으켜 다리를 마룻바닥에 꿇리고 침대 다리 중 창에서 가장 먼 쪽, 즉 난로 바로 옆에 칭칭 동여맸다.

마지막 매듭이 꽉 매어지자 떼나르디에는 의자 하나를 들고 와서 르블랑 씨의 바로 코앞에 놓고 털썩 주저앉았다. 떼나르디에는 아주 딴 사람이 된 것 같았다. 그의 표정은 지금까지의 그 미친 것 같은 표정에서 침착하게 가라앉아 교활하기 짝이 없는 표정으로 바뀌어 있었다.

마리우스는 마치 관리처럼 유순해진 그 미소를 보면서 이것이 조금 전까지 입에 거품을 물고 날뛰던 그 얼굴인가 하고 쉽사리 믿어지지 않았다. 그리고 너무나 기괴하여 도무지 믿어지지 않는, 흡사 호랑이가 갑자기 소송 대리인으로 변모하는 것을 본 듯한 느낌에 형언할 수 없는 놀라움을 느꼈다.

"노형……." 떼나르디에가 입을 열었다.

그리고 아직 르블랑 씨를 붙잡고 있는 악한들에게 저리 가라고 손짓했다.

"저리들 좀 가 있어. 이 양반하고 얘기 좀 하게."

모두 문 쪽으로 물러났다. 떼나르디에는 말을 계속했다.

"노형, 창문으로 뛰어내리려 하다니 잘못 생각했어. 다리가 분질러졌을지도 모르니까. 어때, 서로 조용조용히 얘기를 하는 게. 내가 알아차린 걸 우선 얘기하지. 말하자면 이런 거야. 노형은 아직 한 번도 소리를 지르지 않았다는 점이야."

떼나르디에의 말은 사실로, 마리우스도 너무나 불안한 나머지 그것을 미처 깨닫지 못했던 것이다. 르블랑 씨는 두세 마디 뭐라고 말을 하긴 했으나 그것도 전혀 큰소리를 내지 않았고, 창 옆에서 여섯 놈들과 격투할 때조차 이상하게도 침묵을 지켰던 것이다.

떼나르디에는 계속 말했다.

"하긴 노형이 도둑놈이니 뭐니 소리쳤어도 우린 조금도 상관이 없었지만 말야. 사람 살리라고 떠들었어도 우린 조금도 난처할 게 없어. 이렇게 모두 달려들면 누구든지 조금은 아우성을 치는 게 당연하지. 그렇다고 달리 더 혼을 내기야 하겠나. 재갈도 물리지 않아. 왜 그런지 가르쳐 줄까? 이 방은 아무리 시끄럽게 떠들어도 밖에선 전혀 몰라. 이 방이 좋은 건 그것뿐이지. 여긴 말하자면 움 속이나 같아. 여기선 폭탄을 터뜨려도 제일 가까운 경비초소에도 술취한 사람이 코고는 소리쯤으로밖에 안 들려. 대포를 쏘아 봤자 펑 소리만 들리고 벼락이 떨어져봤자 픽 소리 정도야. 아주 편리한 집이지.

하지만 노형이 소리를 지르지 않은 건 역시 잘했어. 칭찬해 주지. 나도 짐작하고 있어. 소리질러 봤자 뻔한 거지. 오는 건 경찰이야. 경찰 다음에 오는 건 재판소지. 그래서 노형이 소리를 지르지 않은 거지. 그러니까 노형은 우리와 똑같이 경찰이나 재판소는 싫은 거야. 다시 말해—이건 벌써부터 대강 짐작하고 있었지만—노형에겐 남에게 알리고 싶지 않은 게 있는 거야. 그러니까 우리는 서로 애기가 잘 통할 거야.”

이렇게 말하면서도 떼나르디에는 마치 두 눈에서 튀어나오는 날카로운 칼끝으로 포로의 양심을 꿰뚫으려는 듯 눈 하나 깜짝하지 않고 똑바로 쏘아보았다. 그러나 그의 말투는 한껏 심술궂고 건방지면서도 또 지극히 온순하고 세련되어 한 마디 한 마디를 신중하게 골라 하는 것 같았다. 그래서 조금 전까지 강도에 지나지 않는 악한으로 보였던 이 남자가 갑자기 ‘신부가 되기 위해 많은 공부를 한 인간’처럼 느껴졌다.

포로가 끝까지 지키는 침묵, 자기의 생명을 내놓고라도 지키려는 그 신중함, 먼저 소리부터 지르는 게 당연할 터인데 참는 인내성, 이런 모든 것을 떼나르디에가 지적하고 나서야 마리우스는 크게 깨달았다. 사뭇 안타깝고도 놀라웠다.

떼나르디에의 그 올바른 관찰은 꾸르페락이 ‘르블랑 씨’라는 별명을 붙인 그 신비한 인물을 싸고 있는 어둠을 한층 짙게 하는 것인 듯 마리우스에게는 생각되었다. 그러나 르블랑 씨가 어떤 사람이든 그는 지금 밧줄에 묶여 살인자들에 둘러싸인 채 시시각각 무덤을 향해 발걸음을 옮기고 있었다. 아니 무덤에 거의 반쯤은 발을 들여놓은 거나 다름없었다. 그런데도 그는 떼나르디에의 성난 얼굴 앞에서 마치 달콤한 소리를 듣는 듯 조금도 두려워하지 않고 있었다. 마리우스는 이러한 경우의 숭고하고도 고뇌의 빛을 띠고 있는 얼굴을 보고 자기도 모르게 감탄을 금치 못했다.

그것은 확실히 두려움을 모르는 영혼, 당황할 줄 모르는 영혼이었다. 아무리 절망적인 상태에 빠져도 마음의 놀라움을 억누를 수 있는 인간이었다. 이처럼 절박한 위기에 처해 있으면서도, 이처럼 피할 수 없는 궁지에 놓여 있으면서도 그의 태도에는 물에 빠진 사람과 같은 고통의 표정은 조금도 보이지 않았다.

떼나르디에는 태연한 태도로 일어나 난로 앞으로 가서 칸막이를 밀어 옆에 놓인 침대에 기대 세웠다. 그러자 거기엔 숯불이 벌겋게 핀 풍로가 보이고, 그 속에 빨갛게 단 끌이 박힌 것이 포로의 눈에 똑똑히 보였다.

떼나르디에는 다시 르블랑 씨 옆으로 와 걸터앉았다.

"자아, 아까 얘기의 계속인데," 그는 말했다. "이제 얘기가 서로 잘 통할 거야. 그러니 서서히 일을 처리하도록 하지. 조금 전에 화를 벌컥 낸 건 내가 나빴어. 어떻게 해서 그렇게 됐는진 모르지만 너무 성급하게 굴다보니 마음에도 없는 말을 한 것 같아. 내가 노형이 백만장자라고 믿고 돈이 듬뿍 필요하다고 말했는데 그건 잘못이었어. 아무리 백만장자라고 해도 비용이란 드는 거니까. 그건 누구나 마찬가지야. 나는 노형을 파산시키려는 건 아니야. 다시 말해 발가벗기진 않겠단 말이야. 나는 말이야, 승산이 있다고 함부로 서투른 짓을 하는 그런 놈은 아니야. 내 쪽에서도 양보를 하고 좀 희생을 하지. 그저 20만 프랑만 있으면 돼."

르블랑 씨는 한 마디도 말을 하지 않았다. 떼나르디에는 계속해서 말했다.

"상당히 많이 봐준 거야. 물론 나야 노형의 재산이 얼마쯤 되는지 확실히 모르지. 하지만 돈에 그리 옹색하지 않다는 것만은 분명히 알고 있어. 노형 같이 인자한 사람이 가난한 사람에게 20만 프랑쯤 베풀어 줬다고 별건 아닐 거야. 확실히 노형도 그리 사리에 어두운 사람은 아니니까 오늘 내가 이렇게 애쓰는 걸 보고, 또 오늘 밤 이렇게 무대를 잘 꾸며 놓고 이 사람들을 동원한 걸 보면 그까짓 데느와이에 상점에 가서 15수짜리 포도주에 고기 조각이나 씹을 정도의 돈을 우려내려고 이러는 건 아니라는 걸 잘 알 거야. 20만 프랑이야. 합당한 값이지. 그만한 돈만 주머니에서 선뜻 내주면 만사는 끝나는 거야. 나머지는 손톱만큼도 걱정할 필요가 없어. 지금 당장은 없다고 말할는지도 모르지. 하지만 나는 그렇게 경우가 없는 놈은 아니야. 지금 당장 달라는 게 아냐. 한 가지 부탁할 게 있는데 지금부터 내가 말하는 대로 받아쓰기만 하면 돼."

여기서 떼나르디에는 말을 끊고 풍로 쪽을 향해 한 번 빙긋 웃은 다음 한 마디 한 마디에 힘을 주어 덧붙였다.

"미리 말해 두지만 쓸 줄 모른다고 버텨 봤자 소용 없어."

그때 떼나르디에의 웃음을 봤다면 종교 재판의 대심문관조차 부러워했을 것이다.

떼나르디에는 탁자를 르블랑 씨 앞으로 밀어놓고 서랍 속에서 잉크병과 펜과 종이를 꺼내 놓았다. 열린 채 둔 그 서랍 속에는 기다란 칼날이 번쩍 빛나고 있었다.

"써." 그는 명령했다.

포로는 마침내 입을 열었다.

"어떻게 쓰란 말이오? 난 묶여 있지 않소?"

"참 그렇군. 큰 실례를 했는데." 떼나르디에는 말했다.

그리고 비그르나이유를 향해 말했다.

"이 양반 팔을 늦춰 줘."

별명을 비그르나이유, 또 프랭따니에라고도 하는 빵쇼가 떼나르디에의 명령을 좇았다. 포로의 팔이 자유로워지자 떼나르디에는 펜에 잉크를 찍어 그에게 내밀었다.

"알겠어? 노형은 지금 우리한테 붙들려 있어. 죽고 사는 게 우리 손에 달렸어. 어떤 인간도 노형을 여기서 빼내가진 못할 거야. 나도 본의 아니게 거친 짓을 하고 싶진 않아. 난 노형의 이름도 주소도 몰라. 하지만 미리 말해두는데 지금부터 노형이 쓴 글을 가지고 간 사람이 돌아올 때까지는 그대로 좀 묶어 둬야겠어. 자, 내가 이르는 대로 써."

"뭐라고 쓰란 말이오?" 포로가 물었다.

"내가 쓰라는 대로 써."

르블랑 씨는 펜을 받아 쥐었다. 떼나르디에는 말하기 시작했다.

"나의 딸아……."

포로는 부르르 떨며 떼나르디에를 올려다보았다.

"'나의 사랑하는 딸아'라고 써." 떼나르디에가 고쳐 말했다. 르블랑 씨는 그대로 했다. 떼나르디에는 계속해 말했다.

"곧 이리 오너라."

떼나르디에가 잠시 말을 중단하였다.

"참, 노형은 늘 친절한 말투를 쓰지?"

"누구에게 말이오?" 르블랑 씨가 물었다.

"그야 물론……" 떼나르디에가 말했다. "그 꼬마 말이지. 종달새 말이야."

르블랑 씨는 조금도 동요하는 기색 없이 대답했다.

"모르겠군, 무슨 소린지."

"몰라도 좋으니까 그냥 써." 떼나르디에가 말했다.

"곧 오너라. 꼭 네가 와야 한다. 이 편지를 너에게 전하는 사람이 너를 안내할 테니까. 기다리겠다. 안심하고 오너라."

르블랑 씨는 모두 받아썼다. 떼나르디에가 다시 말했다.

"참, 그 '안심하고 오너라'는 말은 지워. 그러면 무슨 이상한 일이 아닌가 의심할지도 모르니까."

르블랑 씨는 그 부분을 지웠다.

"자아, 그럼 서명을 해. 노형 이름이 뭐지?"

포로는 펜을 내려놓으며 대답했다.

"이 편지 누구에게 보내는 거요?"

"잘 알면서 그래, 그 꼬마지 누구야. 방금 말했잖아."

떼나르디에는 분명히 그 젊은 처녀의 이름을 입 밖에 내기를 꺼려하고 있었다. 그는 '꼬마'니 '종달새'니 하며 될 수 있는 대로 그녀의 이름을 입에 올리지 않으려고 애썼다. 그것은 공범자들 앞에서도 자기의 비밀만은 지키려는 교활한 인간의 조심성에서였다. 이름을 말해 버리면 그들에게 '일을 몽땅' 넘기는 것이 되고 그들에게 알릴 필요가 없는 것까지 다 알리는 결과가 되기 때문이었다.

그는 말을 이었다.

"서명해, 이름이 뭐라고."

"위르뱅 파브르." 포로는 대답했다.

떼나르디에는 고양이처럼 재빨리 주머니에 손을 넣어 르블랑 씨에게서 뺏은 손수건을 꺼냈다. 그리고 머리 글자를 찾아 그것을 촛불에 비추어 보았다.

"U.F. 그렇군, 위르뱅 파브르라. 좋아, U.F. 라고 서명해."

포로는 서명했다.

"접으려면 두 손이 필요하겠군. 이리 줘. 내가 접을 테니."

떼나르디에는 종이를 다 접고 나서 말했다.

"이번엔 수신인 이름을 써, '파브르 양'이라고. 그리고 노형 집 주소를 써. 노형이 여기서 그다지 멀지 않은 쌩 자끄 뒤 오 빠 부근에 살고 있다는 건 나도 알아. 매일 그 근처 성당에 나오니까. 하지만 어느 거린지는 자세히 몰라. 자, 자기가 지금 어떤 입장에 놓여 있는지 알 테지. 이름을 속이지 않은 것처럼 주소도 속이지 않도록 해. 직접 써."

포로는 잠시 생각에 잠겨 있다가 다시 펜을 받아들고 썼다.

'쌩 도미니끄 당페르 거리 17번지. 위르뱅 파브르 씨댁, 파브르 양.'

떼나르디에는 떨리는 듯한 손으로 그 편지를 움켜쥐었다.

"여보 마누라!" 그는 소리쳤다.

떼나르디에의 아내가 뛰어왔다.

"자, 편지. 어떻게 하는 건지 알고 있겠지. 아래에 마차가 대기하고 있어. 지금 곧장 나가. 그리고 일이 끝나는 대로 곧 돌아와."

그리고 도살용 도끼를 든 남자를 향해서 말했다.

"자네 마침 가면을 벗고 있으니까 내 마누라를 따라가게. 마차 뒤에 타고 가. 마차 어디다 대놨는지 알지?"

"물론." 남자는 대답했다.

그리고 도끼를 방 한구석에 내려놓고 떼나르디에의 아내 뒤를 따라갔다. 두 사람이 나가자 떼나르디에는 열린 문으로 고개를 내밀고 소리쳤다.

"이것 봐! 편지 떨어뜨리지 않도록 조심해. 20만 프랑을 지니고 간다고 생각해."

그러자 떼나르디에 아내의 갈라진 목소리가 들렸다.

"염려 마세요. 품속에 잘 간직했으니."

1분도 되기 전에 말에 채찍질하는 소리가 들리고 그 소리도 차차 멀어져 들리지 않게 됐다.

"이제 됐어." 떼나르디에도 중얼거렸다. "상당히 빠른데. 저렇게 달리면 45분 정도면 충분히 다녀오겠이."

떼나르디에는 의자를 난로 앞으로 바싹 갖다 놓고 팔짱을 끼더니 흙투성이 구두를 풍로 가까이 댔다.

"어이, 발 시려." 떼나르디에는 말했다.

방에 남은 것은 떼나르디에와 포로, 그리고 사나이 다섯 명이었다. 이들 다섯 명은 될수록 무섭게 보이도록 복면을 쓰기도 하고 얼굴을 시커멓게 칠하기도 하여 마치 숯장수나 흑인이나 악마처럼 가장하고 있었으나 모두 어리석고 무지하게 보였다. 그런 모습을 보고 있으려니 이런 패들이라면 과연 아무런 분노도 동정도 느끼지 않고 태연히, 일종의 심심풀이로 범죄를 저지를 수 있겠다는 생각이 들었다. 그들은 한쪽 구석에 몰려서서 마치 짐승처럼 가만히 웅크리고 있었다. 떼나르디에는 발을 쬐고 있었다. 포로는 다시 입을 굳게 다물었다. 조금 전까지의 그 살벌한 소동에 비해 지금은 섬뜩할 정도로 조용했다.

촛불은 벌써 심지가 커다랗게 뭉쳐 빛이 희미했고 어느 정도 삭아 괴물들의 머리가 벽이며 천장에 보기 흉한 그림자를 던지고 있었다. 방안에서는 취한 늙은이의 코고는 소리밖에 아무 소리도 들리지 않았다.

마리우스는 갖가지 불안에 쫓기며 꼼짝하지 않고 기다렸다. 수수께끼는 아까보다도 훨씬 알 수 없게 되었다. 떼나르디에가 '꼬마'라고 하고 '종달새'라고 한 것은 대체 누구를 말하는 걸까? 바로 자기의 그 '위르쓀르'를 두고 하는 말일까? 포로는 '종달새'라는 말을 들어도 별로 놀라는 기색도 없이 태연히 '모르겠군, 무슨 소린지'라고만 대답했다.

그러나 한편 손수건에 새긴 U.F. 라는 두 글자는 알았다. 그건 위르뱅 파브르라는 이름의 머리글자인 것이다. 그러니까 이제부터는 그녀를 위르쓀르라고 부를 필요는 없어졌다. 마리우스가 가장 똑똑히 들은 것은 바로 그 말이었다. 그는 내내 걷잡을 수 없는 불안에 쫓기며 마치 못박힌 듯 서서 그 무서운 광경들을 지켜보고 있었다. 그리고 너무도 엄청난 광경에 거의 정신을 잃고 아무 생각도 할 수 없게 되었다. 무슨 일이건 어떤 사건이 일어나기만 기다릴 뿐 생각을 가다듬지도 못하고 결심하지도 못한 채 망연히 기다리기만 했다.

'어쨌든' 그는 혼자 중얼거렸다. '떼나르디에의 아내가 오면 종달새가 그 처년지 아닌지 곧 알 수 있다. 그러면 모든 건 분명해진다. 만일 오는 게 그녀라면 나는 나의 생명과 피를 바쳐서라도 그녀를 구해 주자. 어느 누구도 나를 방해할 수는 없을 것이다.'

이럭저럭 30분이 흘렀다. 떼나르디에는 뭔가 좋지 않은 생각에 마음을 빼앗기고 있는 것 같았다. 포로는 손끝 하나 까딱하지 않았다. 그러나 마리우스의 귀에는 벌써부터 뭔가 낮고 둔한 소리가 조금씩 간격을 두고 들려 오는 것 같았다.

떼나르디에가 갑자기 포로를 향해 말했다.

"파브르 양반, 이런 말은 지금 해두는 게 나을 것 같아서 하는 말인데."

떼나르디에의 말은 이제부터 일어나려는 사태의 예고처럼 생각되었다. 마리우스는 귀를 기울였다. 떼나르디에는 계속해 말했다.

"마누라는 곧 돌아올 테니 초조해하지 말고 기다려. 종달새는 틀림없는 당신 딸인 것 같으니까 그동안 소중하게 키워 온 건 지극히 당연한 일일 거야. 그러니까 이제부터 하는 말을 잘 들어. 당신이 써준 편지를 가지고 지금 우리 마누라가 당신 딸을 만나러 갔어. 내가 마누라한테 옷을 갈아입으라고 한 건 당신도 들었지? 당신 딸이 순순히 따라오게 하기 위해서야.

두 사람은 마차를 타고 올 거야. 뒤엔 우리 패의 한 사람이 탈 거고. 성문 있는 데까지 오면 튼튼한 말 두 필을 맨 마차가 기다리고 있지. 우선 당신 딸을 거기까지 안내할 거야. 그리고 마차를 내려 당신 딸하고 우리 패는 그 마차를 타고, 내 마누라는 이리로 돌아올 거야. 그리고 '다 끝났어요' 하고 내게 말하게 돼. 당신 딸은 조금도 해치지 않아. 그냥 마차에 태워 어딘가로 데리고 가서 거기 안전하게 둘 거야. 그리고 당신이 20만 프랑만 보내면 곧장 이리로 데리고 와. 그러나 만일 경찰에 알리거나 하면 그땐 우리 패가 즉시 종달새를 목졸라 죽이게 되지, 알았어? 대강 그런 계획이야."

포로는 한 마디도 입을 열지 않았다. 잠깐 쉰 다음에 떼나르디에는 말했다.

"얘기는 아주 간단해. 당신 마음 여하에 따라 사태는 조금도 악화되지 않을 수도 있어. 난 모든 걸 털어놓았어. 잘 알아들으라고 일러 준 거야."

그는 말을 끊었다. 그러나 포로가 여전히 침묵을 깨뜨리지 않자 떼나르디에는 다시 입을 열었다.

"우리 마누라가 와서 종달새가 마차를 타고 출발했다고만 하면 곧 밧줄을 풀어 주지. 그 나음엔 집에 돌아가서 자든 밀든 마음대로 해. 당신 지유니까. 내게 악의가 없다는 건 이것으로 분명히 알았겠지?"

무서운 상상이 마리우스의 머릿속을 스치고 지나갔다. 어떻게 되는 건가? 그 처녀는 이리 오지 않고 다른 데로 끌려가는 건가? 저 괴물 중의 한 놈에게 잡혀 어딘지 모를 곳으로 끌려간단 말인가? 그렇다면 어디로? 그게 만일 정말 그녀라면! 아니 그녀임에 틀림없다. 마리우스는 갑자기 심장의 고동이 멎는 것 같았다. 어떻게 하면 좋은가? 권총을 쏠까? 그래서 악당들을 하나 남김없이 경찰의 손에 넘길까? 하지만 그래도 그 도살용 도끼를 든 무서운 사나이는 그녀를 데리고 어디론가 숨어 버릴 것이 아닌가. 마리우스는 떼나르디에가 조금 전에 한 말을 생각하고 그 잔인한 말의 뜻을 되씹어 보았다.
'만일 당신이 경찰에 알리거나 하면 그땐 우리패가 즉시 종달새를 목졸라 죽일 거야.'

이렇게 되고 보니 마리우스는 단지 아버지의 유언을 좇기 위해서만이 아니고 사랑하는 사람의 목숨을 구하기 위해서도 부득이 가만히 있어서는 안 되겠다고 생각했다. 이 무서운 사태는 벌써 한 시간 전부터 진행되고 있으나 시간이 갈수록 점점 더 심각해졌다. 마리우스는 끔찍한 가지가지의 장면들을 머리에 떠올리며 뭔가 희망의 줄이 없나 찾았으나 무엇 하나 발견할 수 없었다. 그의 마음이 이렇게 불안에 쫓기고 있는 반면에 옆방은 음침할 정도로 조용히 가라앉아 있었다.

그 침묵 속에 계단 아래서 문이 열렸다 닫히는 소리가 들렸다.

포로는 밧줄 속에서 몸을 꿈틀 움직였다.

"마누라가 왔군." 떼나르디에가 말했다.

그가 말을 채 끝내기도 전에 과연 떼나르디에의 아내가 얼굴이 새빨개져 가지고, 숨을 헐떡이고, 눈을 번쩍이며 뛰어들어왔다. 그리고 커다란 손으로 양 무릎을 치며 큰소리로 외쳤다.

"속였어, 주소를!"

뒤이어 그녀와 함께 갔던 악당도 들어오더니 방 한구석에 세워 놓았던 도끼를 집어들었다.

"주소를 속였다고?" 떼나르디에는 아내의 말을 되뇌었다.

그녀는 계속해 떠들었다.

"아무도 없어요. 쌩 도미니끄 거리 17번지에는 위르뱅 파브르라는 사람은 그림자도 없어요. 다른 여러 사람한테 물어봐도 아무도 몰라요."

그녀는 숨이 차 잠시 말을 끊었다. 그리고 곧 다시 말을 이었다.

"당신 이 영감한테 당한 거야. 당신은 사람이 너무 좋아서 탈이에요. 나 같으면 저놈의 영감 턱을 벌써 네 쪽으로 갈라 놨겠어요. 그래도 못마땅하게 굴면 그 자리에서 산 채 구워 삶아 버리겠어. 그래야만 딸년이 어디 있는지, 그 보물단지가 어디 있는지 가르쳐 줄 거예요. 나 같으면 그렇게 했어요, 나 같으면. 참 사내는 계집보다 바보라는 말이 옳아. 아무도 없어. 17번지엔 차 들어가는 커다란 문만 있어요. 쌩 도미니끄 거리엔 파브르는커녕 파 자(字)

도 없어요. 말을 몰아 마부에게 팁을 줘가며 샅샅이 뒤졌지. 그 집 문지기한 테도 물어보고 그 집 여자한테도 물어봐도 그런 사람은 전혀 모른대요.”

마리우스는 안도의 숨을 깊이 내쉬었다. 그녀, 위르쉴르라고 불러야 할지 알루에뜨(종달새)라고 불러야 할지 알 수 없으나, 어쨌든 그녀는 위험을 모면한 것이다.

흥분한 아내가 고래고래 고함치고 있는 사이 떼나르디에는 탁자 위에 걸 터앉았다. 그리고 잔인한 생각에 잠긴 듯 아무 말 없이 오른쪽 다리를 흔들 흔들하며 풍로만 지그시 쏘아보았다. 이윽고 무시무시한 어조로 포로를 향 해 천천히 입을 열었다.

“주소를 속였다고? 네놈은 대체 어떤 속셈이지?”

“시간을 끌려고 그랬지!” 포로가 우렁찬 소리로 외쳤다.

그와 동시에 그는 몸에 감고 있던 밧줄을 털어 버렸다. 밧줄은 이미 끊겨 있었다. 한쪽 다리만 침대에 묶여 있을 뿐이었다.

일곱 사나이가 깜짝 놀라 덤벼들 틈도 없이 포로는 난로 앞으로 다가가 풍 로 위에 손을 뻗쳤다가 몸을 쭉 폈다. 그 모습을 본 떼나르디에와 그의 아 내, 다른 악당들은 너무나 놀라 방 한구석으로 몰려가 멍하니 그를 지켜보고 있었다. 포로는 무시무시한 몸짓으로 불꽃이 탁탁 튀는 새빨갛게 단 끝을 번 쩍 쳐들고 있었다.

훗날, 이 고르보 집 사건에 대해 재판소의 수사가 행해졌는데, 경찰의 현 장 검증 때 두 개로 쪼개 특수한 세공을 한 2수짜리 동전이 이 지붕밑 방에 서 발견되었다. 이 2수짜리 동전은 바로 유형수들이 암흑 속에서 흑막에 가 린 어두운 목적을 위해 끈기 있게 만드는 놀랄만한 수공품으로, 탈옥하기 위 해 쓰는 도구의 하나였다.

비범한 기술로 만들어진 이런 무섭고도 정교한 작품이 귀금속류에서 차지 하고 있는 위치는 은어의 비유가 시에서 차지하는 위치와 비슷하다. 언어의 세계에 비용 같은 시인이 있는 것과 마찬가지로 유형수 중에는 벤베뉴또 첼 리니 같은 세공사가 있었다. 자유를 그리워하는 죄수는 이렇다 할 도구 없이 도 작은 칼이나 낡은 칼을 이용해 1수짜리 동전을 두 쪽의 넓은 조각으로 잘 라 밖의 무늬에 흠집 하나 내지 않고 안을 도려내 그 옆에 나사고리를 만들 어 둘을 합치면 감쪽같이 먼저대로 하나가 되게 만들 수 있었다. 그것은 언제든지 비틀어 열 수도 또 닫을 수도 있었다.

그것은 말하자면 하나의 훌륭한 상자였다. 그 상자 속에 시계 태엽을 숨겨 놓는데 그 태엽을 잘 쓰기만 하면 죄수의 쇠사슬 고리며 쇠창살을 자를 수 있었다. 그런 불행한 유형수는 언뜻 보면 단순히 1수짜리 동전 하나를 가지고 있는 것 같지만 사실은 그렇지 않다. 그는 자유를 손에 쥐고 있는 것이다.

뒷날 경찰이 가택 수색을 하다 그 지붕밑 방 창 바로 옆 침대 밑에서 두 쪽으로 갈라져 떨어져 있는 것을 발견한 2수짜리 동전도 바로 이런 종류였던 것이다. 그와 함께 바로 그 2수짜리 동전에 들어갈 만한 크기의 시계 태엽도 발견되었다. 포로는 아마 악당들이 주머니를 뒤질 때 재빨리 그것을 감췄다가 후에 오른손이 조금 자유로워지자 그것을 비틀어 태엽을 꺼내 밧줄을 끊은 모양이었다. 그리고 보면 마리우스가 앞서 들었던 그 희미한 소리도 저절로 설명이 된다.

혹시 들킬까봐 몸을 굽힐 수 없었던 그는 왼쪽 다리에 묶인 밧줄만은 끊지 못했던 것이다.

악당들은 겨우 제정신으로 돌아왔다.

"걱정 마." 비그르나이유가 말했다. "아직 한쪽 다리가 묶여 있으니까 도망치진 못해. 내가 맡지. 그 다리를 묶은 건 나니까."

그러자 포로가 커다란 소리로 말했다.

"너희들한텐 안됐지만 내 목숨은 그렇게 애쓰면서 지킬 만큼 소중한 게 못돼. 또한번 너희들이 억지로 입을 열게 하고, 쓰고 싶지 않은 걸 쓰게 하고, 말하게 한다면……."

그는 왼팔을 걷어올렸다. 그리고 다시 말했다.

"보라구."

그는 팔을 뻗어 드러난 살에 오른손에 들고 있던 벌겋게 단 끌을 갖다 댔다.

'지직' 하고 살 타는 소리와 함께 고문실 특유의 냄새가 방안에 퍼졌다.

마리우스는 너무나 무서워 정신을 잃고 비틀거렸다. 악당들조차 몸을 떨었다. 그러나 그 이상한 노인의 얼굴은 거의 꿈쩍도 하지 않았다. 그리고 빨갛게 단 끌이 상처에 닿아 연기를 내는 동안에도 계속 태연했다. 그는 엄숙한 표정에 거의 아름답기까지 한 눈을 들어 떼나르디에를 쏘아보았다. 그 눈에는 증오의 빛이라곤 전혀 없고 완전히 승화된 고통 속에 엄숙한 위엄만이

그는 팔을 뻗어 드러난 살에 오른 손에 들고 있던 시뻘겋게 단 끝을 갖다 댔다.

떠돌고 있었다.

위대하고 고귀한 인격의 소유자가 육체적인 고통을 견딜 때는 그 영혼이 외부에 나타나고 그 고귀한 품성이 이마 위에 역력히 드러나는 법이다. 마치 부하의 반란이 대장으로 하여금 자기의 힘을 발휘하게 만드는 것처럼.

"가엾은 놈들." 그는 말했다. "내가 너희들을 두려워하지 않는 것처럼 너희들도 나를 두려워할 건 없다."

말하고 나서 그는 끌을 팔에서 떼어 열어 둔 창밖으로 휙 던졌다. 빨갛게 단 끌은 어둠 속에서 빙글빙글 돌다 멀리 떨어져 눈 속에 묻혀 버렸다.

포로가 말했다.

"나를 너희들 마음대로 해라."

그는 이제 맨손이었다.

"그놈을 잡아라." 떼나르디에가 소리쳤다.

불한당 둘이 달려들어 포로의 어깨를 움켜잡고 복면을 한 목소리가 굵은 남자가 그의 맞은쪽에 버티고 서서 조금이라도 움직이면 머리를 커다란 자물통으로 내려칠 준비를 했다.

그때 마리우스는 벽 바로 밑에서, 너무 가까워 얘기하는 사람의 모습은 보이지 않았으나 이렇게 작은 소리로 속삭이는 이야기를 똑똑히 들었다.

"이렇게 되면 방법은 한 가지뿐이야."

"죽여 버려."

"그래."

그것은 떼나르디에와 그의 아내가 의논하는 소리였다. 떼나르디에는 탁자로 다가가 서랍을 열고 칼을 꺼내 들었다.

마리우스는 권총을 지그시 잡아당겼다. 한 시간 전부터 그의 마음 속에는 두 개의 소리가 있었다. 하나는 아버지의 유언을 지켜야 한다는 소리였고, 또 하나는 잡힌 사람을 구해주라는 소리였다. 이 두 소리는 끊임없이 서로 다투며 그를 몹시 괴롭히고 있었다. 그는 지금까지 줄곧 그 두 의무 사이에서 타협할 길은 없을까 하고 막연한 희망을 품어 왔으나 가능한 기회는 한 번도 나타나지 않았다. 그동안에 위기는 더욱 절박해지고 이미 기다릴 수 있는 한도를 지나쳐 버렸다. 포로에게서 몇 발짝 떨어지지 않은 곳에 떼나르디에가 칼을 들고 생각에 잠겨 있었다.

마리우스는 어쩔 줄 몰라 주위를 둘러보았다. 절망의 극에 달한 사람의 최후 수단이었다. 그러다 그는 갑자기 몸을 부르르 떨었다.

마리우스의 발치께 탁자 위에 달빛이 비추면서 그 위에 놓인 종이 한 장이 마치 그에게 보이기라도 하듯 훤히 드러나 있었다. 그 종이에는 오늘 아침 떼나르디에의 큰딸이 쓴 다음과 같은 커다란 글자가 보였다.

'개가 있다.'

한 가지 생각이 섬광처럼 마리우스의 마음을 재빨리 스치고 지나갔다. 그거야말로 그가 찾던 방법, 그를 괴롭혀 온 문제의 해결, 살인을 미연에 방지하고 피해자를 구출하는 길이었다. 그는 서랍장 위에 꿇어앉은 채 팔을 뻗어 그 종이를 집어올렸다. 그리고 벽에서 회를 한 덩어리 떼어 그것을 종이에 싸 벽 틈으로 옆방 한가운데를 향해 던졌다.

위기일발이었다.

떼나르디에는 마지막 생각, 마지막 결심을 하고 막 포로를 향해 다가가고 있는 중이었다.

"뭐가 떨어졌어요." 떼나르디에의 아내가 소리쳤다.

"뭐야?" 남편이 물었다.

아내는 급히 다가와 종이에 싼 것을 집어들었다.

그녀는 그것을 남편에게 주었다.

"어디서 떨어졌어?" 떼나르디에가 물었다.

"무슨 소릴 하는 거예요." 아내가 물었다. "어디서 떨어지다니. 뻔하잖아요, 창으로 들어왔죠."

떼나르디에는 급히 종이를 폈다. 그리고 그것을 촛불 가까이 가지고 갔다.

"에뽀닌느 글씨야. 빌어먹을!"

그가 손짓하자 아내가 얼른 다가왔다.

그는 쪽지에 쓴 글자를 아내에게 보이고는 낮게 잠긴 목소리로 덧붙였다.

"빨리 사다리를 걸쳐! 먹이를 쥐덫에 걸어둔 채 도망가야겠어."

"저놈 목을 안 자르고요?" 아내가 물었다.

"그럴 틈이 없어."

"어디로 달아난다지?" 비그르나이유가 뒤를 받았다.

"창문으로." 떼나르디에가 대답했다. "뽀닌느(에뽀닌느 애칭)가 창으로 돌을 던진 걸 보니까 이쪽은 아직 포위되지 않은 모양이야.”

복면을 한 목소리 굵은 남자가 들고 있던 자물통을 내려놓더니 두 손을 번쩍 쳐들고 아무 말 없이 재빨리 세 번 폈다 오므렸다 했다. 그것은 군함을 탄 승무원들이 서로 주고받는 전투 준비의 신호와 비슷했다. 악당들은 포로를 움켜쥐고 있던 손을 놓았다.

그리고 눈깜짝할 사이에 밧줄 사다리가 창틀에 갈고리를 걸고 밖으로 늘어졌다.

포로는 주위에 일어나는 일에 조금도 마음을 두지 않았다. 그는 깊은 생각에 잠긴 것 같기도 하고 기도하는 것 같기도 했다. 사다리가 내려지기가 무섭게 떼나르디에가 소리쳤다.

“마누라, 이리 와.”

그러면서 창 쪽으로 뛰어갔다. 막 창틀을 넘어서려고 할 때 비그르나이유가 거칠게 그의 목덜미를 움켜쥐었다.

“이봐, 이 늙은 여우야. 우리가 먼저야!”

“우리가 먼저 나가야 해.” 악당들은 서로 아우성쳤다.

“이 유치한 새끼들.” 떼나르디에가 말했다. “이래 봤자 괜히 시간만 낭비하잖아!”

“좋아, 그럼.” 악당 중의 하나가 소리쳤다. “제비를 뽑도록 하자, 누가 제일 먼저 내려가야 하나.”

떼나르디에가 소리쳤다.

“미친놈들, 제정신이 아니군. 어쩌면 그렇게 모두 바보냐. 시간을 그렇게 낭비하잔 말야? 제비를 뽑자구? 가위 바위 보로 할까, 지푸라길 뽑을까, 이름을 써서 모자에 넣을까…….”

“내 모자에다 하면 어때?” 문 쪽에서 소리가 났다.

모두 깜짝 놀라 돌아보았다. 자베르였다.

그는 모자를 벗어들고 빙그레 웃으며 그것을 내밀고 있었다.

반드시 피해자부터 잡아놓고 봐야 한다

자베르는 그보다 훨씬 전에 해가 지자마자 여기저기 부하를 배치해 놓고 자기도 고르보 집 맞은쪽 큰길 건너 가로수 그늘에 몸을 숨기고 있었다. 자베르는 먼저 그의 소위 '그물주머니'의 입을 벌려놓고 집 옆에 서서 망을 보고 있는 두 처녀를 그 속에 몰아넣으려고 했다. 그러나 실제로 잡을 수 있었던 것은 아젤마뿐이었다. 에뽀닌느는 자기 자리를 떠나 어디론가 사라졌기 때문에 체포할 수가 없었다. 그리고나서 자베르는 언제든지 쳐들어갈 수 있도록 만반의 준비를 갖추고 약속한 신호가 오기만을 기다렸다.

그러나 마차가 왔다갔다하는 것을 보고 자베르는 초조하여 무척 걱정이 됐다. 마침내 불한당들이 그 안으로 들어가는 것을 보고 '저기가 소굴임에 틀림없다'고 생각하고, 도저히 참을 수 없어 바로 지금이 '기회다'라고 믿고 권총 소리가 울릴 때까지 기다릴 것 없이 곧장 들어가기로 굳게 결심했던 것이다.

자베르가 마리우스의 열쇠를 가지고 있던 것은 독자도 기억하고 있으리라.

그는 마침 적당한 때 나타난 셈이었다.

당황한 불한당들은 도망치려고 할 때 버렸던 무기에 다시 덤벼들었다. 그리고 순식간에 무시무시한 불한당 일곱 명은 한곳에 몰려 방어 태세를 갖추었다. 하나는 도살용 도끼를 들고, 하나는 큰 자물통을 들고, 하나는 도살용 몽둥이를 들고, 다른 놈들은 부젓가락이며 가위며 망치를 들고, 떼나르디에는 칼을 들고 있었다. 떼나르디에의 아내는 딸들이 의자 대신 쓰던, 창 옆의 큰 돌을 잡고 있었다.

자베르는 모자를 도로 쓰고, 팔짱을 끼고, 지팡이를 겨드랑이에 끼고, 칼도 빼들지 않은 채 방안으로 두어 걸음 들어왔다.

"꼼짝 마라!" 그는 소리쳤다. "창으로 나갈 것 없어. 문으로 나가야지. 그쪽이 더 안전하다. 너희는 일곱이지만 우린 열다섯 명이야. 오베르뉴의 시골뜨기처럼 맞붙어 싸울 필요는 없어. 조용히 하는 게 좋아."

비그르나이유는 작업복 밑에 감추어 두었던 권총을 꺼내 떼나르디에의 손에 건네주며 귀에 대고 속삭였다.

"저게 자베르야. 난 저 사람은 못 쏴. 자네 쏘아 보겠나?"

"좋아!" 떼나르디에가 대답했다.

"그럼 쏴 봐."

떼나르디에는 권총을 잡고 자베르를 향해 겨누었다. 자베르는 그의 바로 서너 걸음 앞에까지 왔으나 꼼짝 않고 그를 노려보며 다만 이렇게만 말했다.

“쏘지 마. 쏘아 봤자 빗나갈 테니!”

떼나르디에는 방아쇠를 당겼다. 총알은 빗나갔다.

“내 뭐랬어.” 자베르가 말했다.

비그르나이유는 몽둥이를 자베르의 발 앞에 던졌다.

“당신은 염라대왕이오. 항복하겠소, 나는!”

“너희들은?” 자베르가 다른 불한당들에게 물었다.

모두 입을 모아 대답했다.

“우리도 항복하겠소.”

자베르가 침착하게 말했다.

“그래, 그럼 좋아. 내 말대로 얌전한 놈들뿐이군.”

“한 가지 부탁이 있소.” 비그르나이유가 말했다. “감옥에 있는 동안 담배 피우는 것만은 눈감아 주시오.”

“알았어.” 자베르가 대답했다. 그리고 뒤를 돌아보며 소리쳤다.

“이제 다들 들어오라!”

칼을 든 헌병과 호신용 지팡이 (^{손에 칼이}_{든 지팡이})와 곤봉을 든 한떼의 경찰관이 자베르의 말을 듣고 한꺼번에 방안으로 몰려들어왔다. 불한당들은 그 자리에서 체포되었다. 흐릿한 촛불에 비친 그들의 그림자가 방안을 가득 채웠다.

“모두 수갑을 채워라.” 자베르가 소리쳤다.

“옆에 오기만 해봐라.” 누군가 째지는 듯한 소리를 질렀다. 그건 분명 남자의 소리는 아니었으나 그렇다고 여자의 소리라고도 할 수 없었다.

바라보니 떼나르디에의 아내가 창 옆 한 모퉁이에 진을 치고 있었다. 소리친 것은 바로 그녀였다. 헌병과 경찰관들은 뒷걸음질쳤다. 그녀는 숄을 벗어 던지고 모자만을 쓰고 있었다. 떼나르디에는 그 뒤에 웅크리고 앉아 떨어진 숄을 뒤집어쓰고 그 속에 숨듯이 하고 있었다. 그녀는 그런 남편을 자기 몸으로 막듯이 하고 두 손으로 돌을 머리 위에 번쩍 쳐들고 바위를 던지려는 거인처럼 몸의 균형을 잡고 있었다.

“조심해.” 그녀는 고함쳤다.

모두들 복도로 몰려섰다. 한가운데는 금세 비었다. 떼나르디에의 아내는 아무 소리 못하고 잡힌 불한당들을 흘겨보며 목이 잠긴 갈라진 목소리로 중얼거렸다.

그녀는 두 손으로 돌을 머리 위에 번쩍 쳐들고……

“비겁한 놈들 같으니!”

자베르는 빙긋 웃고 떼나르디에의 아내가 쏘아보고 있는 텅빈 방 한가운데로 걸어 들어갔다.

“가까이 오지 마. 나가!” 그녀가 부르짖었다. “안 그러면 박살내어 죽여버릴 테다.”

“굉장한 투척병이군.” 자베르가 말했다. “아주머니한텐 남자처럼 수염이 있지만 난 여자처럼 손톱이 있어.”

자베르는 말하면서 여전히 앞으로 걸어나갔다.

떼나르디에의 아내는 머리를 흐트러뜨리고 무서운 형상으로 두 다리를 딱 버티고 한 번 몸을 뒤로 젖혔는가 하자 돌을 번쩍 들어 바로 자베르의 머리께를 향해 힘껏 던졌다. 자베르는 몸을 굽혔다. 돌은 그의 머리 위를 아슬아슬하게 스쳐 구석에 가 부딪치면서 커다란 회벽 한 덩어리가 떨어져 저쪽 벽으로 떼굴떼굴 굴러가다 바로 자베르의 발 앞에서 멎었다.

동시에 자베르는 떼나르디에 부부에게 달려들었다.

자베르의 커다란 손은 아내의 어깨와 떼나르디에의 머리를 동시에 움켜쥐었다.

“수갑!” 자베르는 소리쳤다.

경찰관들이 일제히 방안으로 들어와 불과 몇 초 동안에 그의 명령을 이행했다. 떼나르디에의 아내는 결박된 자기 팔과 남편의 팔을 내려다보고 마룻바닥에 털썩 주저앉아 울부짖었다.

“우리 딸들은 어쩌나!”

“벌써 잡혔지.” 자베르가 말했다.

그동안에 경찰관들은 문 옆에서 깊이 잠든 늙은이를 발견하고 흔들어 깨웠다. 그는 중얼중얼하며 눈을 떴다.

“다 됐나, 종드레뜨?”

“응, 다 됐어.” 자베르가 대답했다.

불한당 여섯 명은 수갑에 채워진 채 우두커니 서 있었다. 불한당들은 모두 유령 같았다. 셋은 새카맣게 칠을 하고, 셋은 복면을 하고 있었다.

“복면을 벗지 말고 있어.” 자베르가 말했다.

그리고 포츠담 종전에서 열병하는 필립 2세 같은 눈초리로 얼굴들을 둘러

본 다음 세 '난로 인부'에게 말했다.

"잘 있었나, 비그르나이유? 그리고 브뤼용, 되 밀리야르?"

그리고 이번엔 복면한 남자들을 향해 도살용 도끼를 들고 있는 남자에게 말했다.

"잘 있었나, 괼르메르?"

다음은 곤봉을 든 남자에게 말했다.

"바베도 잘 있었나?"

목소리가 굵은 남자에게 말했다.

"잘 있었나, 끌라끄수?"

그때 불한당들이 잡아둔 포로가 자베르의 눈에 띄었다. 포로는 경찰관이 들어온 이후 한 마디도 하지 않고 고개를 떨어뜨리고 있었다.

"저 사람 밧줄을 풀어 줘." 자베르가 말했다. "그리고 아무도 밖으로 나가지 못하게 해."

자베르는 촛불과 필기 도구가 놓여 있는 탁자 앞으로 가 위엄을 갖추고 걸터앉아 주머니에서 날인이 되어 있는 서류를 꺼내 조서를 꾸미기 시작했다. 지극히 형식적인 조서를 몇 줄 쓰자 그는 눈을 들었다.

"이자들한테 묶여 있던 사람을 이리 데려와."

경찰관들은 주위를 둘러보았다.

"어떻게 된 거야?" 자베르가 물었다.

"도망친 거 아냐?"

불한당들의 포로였던 르블랑 씨, 아니 위르뱅 파브르 씨, 위르쉴르의 아버지, '종달새'의 아버지는 어디론가 사라지고 없었다.

문은 경찰들이 지키고 있었지만 창문은 그렇지 않았다. 포로는 밧줄이 풀리자 자베르가 조서를 꾸미고 있는 사이, 혼란과 소동과 어둠을 이용해, 그리고 사람들이 자기를 주의해 보지 않는 틈을 타 살짝 창에서 뛰어내린 것이다. 경찰관 한 사람이 창으로 뛰어가 내려다보았다.

밧줄 사다리가 흔들리고 있을 뿐 밖엔 사람의 그림자도 없었다.

"큰일났군." 자베르는 중얼거렸다. "제일 큰 놈을 놓쳤어."

제2부에서 울고 있던 어린아이

이러한 사건이 로삐딸 큰길가 집에서 일어난 이튿날, 오스떼를리쯔 다리 쪽에서 온 것 같은 한 소년이 퐁뗀블로의 성문 쪽을 향해 오른쪽 보도를 걸어오고 있었다. 거리는 어두웠다. 소년은 창백하고 몸이 여위었다. 누더기에 2월인데도 얇은 바지를 입은 터에 목청껏 노래를 부르고 있었다.

쁘띠 방끼에 거리 모퉁이에서 허리가 굽은 노파 하나가 가로등에서 비치는 희미한 불빛 아래 쓰레기통을 뒤지며 뭔가 찾고 있었다. 소년은 지나가다가 그 노파와 부딪혀 한두 걸음 물러나며 큰소리로 말했다.

"이크, 이건 뭐야? 난 또 커다란, 커다란 개인 줄 알았지."

소년이 두 번째로 énorme⁽거대한⁾라는 말을 할 때는 노파를 놀리는 듯 소리를 높였는데, 그 어조를 글자로 표현한다면 'un énorme, un ÉNORME chien!'이 될 것이다.

노파는 화가 잔뜩 나 몸을 일으켰다.

"이 꼬마새끼!" 노파는 욕을 퍼부었다. "꾸부리고 있지만 않았으면 그냥 한 대 걷어차 주는 건데."

소년은 재빨리 노파에게서 비켜섰다.

"역시 개가 틀림없군." 그는 말했다.

노파는 화가 머리끝까지 치밀어 이번엔 완전히 몸을 일으켰다. 그러자 불그레한 가로등 불빛이, 창백하고 울퉁불퉁하고 눈가의 주름이 입가까지 내려온 주름투성이의 얼굴을 정면으로 비췄다. 몸은 어둠 속에 묻히고 얼굴만이 드러나 보였다. 그것은 마치 희미한 불빛에 떠오른 하나의 '노쇠'의 가면과 같았다. 소년은 노파를 유심히 바라보았다.

"할머니는……" 소년은 말했다. "내가 좋아할 만한 미인하고는 아주 거리가 멀군요."

그는 다시 발걸음을 옮기며 노래 부르기 시작했다.

꾸 드 사보 왕은
사냥에 나가셨네
까마귀 사냥에.

세 구절까지 노래를 마치자 그는 입을 다물었다. 소년은 50-52번지까지 와 있었다. 바깥문이 잠겨 있는 것을 보자 소년은 문을 발길로 힘껏 차기 시작했다. 그 센 발소리는 소년의 발이 차는 것이라기보다 그가 신고 있는 어른의 구두가 차는 소리였다.

그러자 아까 쁘띠 방끼에 거리 모퉁이에서 만났던 노파가 고함치며 달려왔다.

"왜 그래, 왜 그래? 문이 부서지잖아? 집이 다 허물어진단 말이야!"

그래도 소년은 여전히 찼다. 노파는 숨을 헐떡이며 소리쳤다.

"아니 왜 남의 집을 그렇게 차고 그래?"

순간 노파는 갑자기 입을 다물었다. 소년을 본 기억이 났기 때문이다.

"아니 너, 아까 그 꼬마놈 아냐!"

"아, 할머니세요?" 소년이 말했다. "안녕하세요, 부공 할머니? 조상님들을 좀 만나러 왔어요."

노파는 얼굴을 찡그리며 대답했다. 그것은 노쇠와 추악을 잘 이용하여 최대한의 증오를 나타낸 표정이었으나 애석하게도 어둠에 가려 보이지 않았다.

"아무도 없어, 이 망나니야!"

"그래요, 아버진 어디 갔어요?"

"포르스 감옥에."

"저런, 그럼 어머니는요?"

"성 라자로 감옥에."

"그래요! 그럼 누나들은요?"

"마들로네뜨 감옥에."

소년은 귀 뒤를 긁적거리며 노파를 바라보고 말했다.

"그래요!"

그리고 발뒤꿈치를 휙 돌려 돌아갔다. 문에 기대 서 있던 노파의 귀에는, 얼마 안 있어 겨울 바람에 나부끼는 검은 느릅나무 가로수 밑으로 차차 멀어져 가는 소년의 맑은 노래 소리가 들렸다.

꾸 드 사보 왕은
사냥에 나가셨네

까마귀 사냥에.
말은 죽마(竹馬)
그 아래 지나가다
벌금 2수 물었네.

송면(宋勉)
강원도 고성군 통천면 장전에서 출생
메이지대학 문학부 불문과 졸업
와세다대학원 문학연구과 박사과정 졸업
와세다대학 문학박사 학위 취득
고려대학교·이화여자대학교·연세대학교 교수
한국불어불문학회 회장
논문 : 〈Bouvard et Pécuchet의 기원〉(1968) 등 다수
저서 : 《프랑스 문학사》《플로베르―그 문학사상과 소설미학》
《플로베르의 형이상학》《프랑스 사실주의문학론》
《소설미학》《프랑수아 비용―그 생애와 시 세계》
역서 : 《비용 시전집 유언집》《위고 레미제라블》

World Book
83

Victor Hugo
LES MISÉRABLES
레 미제라블 Ⅰ
빅또르 위고/송면 옮김
1판 1쇄 발행/1973년 10월 1일
2판 1쇄 발행/2002년 8월 8일
3판 1쇄 발행/2008년 11월 20일
3판 4쇄 발행/2013년 1월 20일
발행인 고정일/발행처 동서문화사
창업 1956. 12. 12. 능독 16-345(윤)
서울 강남구 도산대로 163(신사동)
☎ 546-0331~6 (FAX) 545-0331
www.dongsuhbook.com

＊잘못 만들어진 책은 바꾸어 드립니다.

＊

편찬·필름·제작 일체 「동판」 자본으로 이루어짐에 따라
출판권 소유권자 「동판」에서 제조출판판매 세무일체를 전담합니다.
사업자등록번호 211-87-75330
ISBN 978-89-497-0504-0 04080
ISBN 978-89-497-0382-4 (세트)